U0113779

剑桥中国史

总主编／〔英〕崔瑞德 〔美〕费正清

THE CAMBRIDGE HISTORY
OF CHINA

VOL.15：THE PEOPLE'S
REPUBLIC,PART2,REVOLUTIONS WITHIN THE
CHINESE REVOLUTION,1966-1982

剑桥中华人民共和国史

下卷 中国革命内部的革命 1966-1982年

〔美〕R．麦克法夸尔 费正清／编

俞金尧 孟庆龙 郑文鑫 张晓华 等译

李殿昌 校订

中国社会科学出版社

图字:01—2006—0617 号

图书在版编目（CIP）数据

剑桥中华人民共和国史.下卷，中国革命内部的革命：1966—1982 ／
［美］麦克法夸尔，［美］费正清编；俞金尧等译.—北京：中国社会
科学出版社，1992.8（2020.·1 重印）

书名原文：The Cambridge History of China Vol. 15：
The People's Republic，Part 2：Revolutions within
the Chinese Revolution，1966—1982

ISBN 7 - 5004 - 1185 - 5

Ⅰ．剑…　Ⅱ．①麦…②费…③俞…　Ⅲ．①中国—现代史—
1966—1982　Ⅳ．K27

中国版本图书馆 CIP 数据核字（2006）第 067625 号

出 版 人	赵剑英
策划编辑	郭沂纹
责任编辑	郭沂纹
责任校对	李小冰
责任印制	戴　宽

出　　版	中国社会科学出版社
社　　址	北京鼓楼西大街甲 158 号
邮　　编	100720
网　　址	http://www.csspw.cn
发 行 部	010 - 84083685
门 市 部	010 - 84029450
经　　销	新华书店及其他书店

印刷装订	环球东方（北京）印务有限公司
版　　次	1992 年 8 月第 1 版
印　　次	2020 年 1 月第 21 次印刷

开　　本	650 × 960　1/16
印　　张	70.5
插　　页	5
字　　数	1000 千字
定　　价	113.00 元（精装）

The Cambridge History of China

Volume 15

The People's Republic，Part 2

Revolutions within the Chinese Revolution

1966—1982

edited by Roderick MacFarquhar and John K. Fairbank

© Cambridge University Press **1991**

Cambridge

London • New York • Port Chester

Melbourne • Sydney

根据剑桥大学出版社 **1991** 年版译出

译 者 的 话

  《剑桥中国史》是剑桥多种历史丛书中的一种，各卷由研究中国相应历史时期的专家学者编辑，卷内各章由各课题的专家撰写，包括世界各国的中国史研究工作者，在一定程度上代表了西方中国史研究的水平和动向，在国际学术界有较大影响。

  《剑桥中国史，中国革命内部的革命（1966—1982年）》是《剑桥中国史》第15卷的中译本，全面系统地叙述了1966—1982年中华人民共和国的最新历史进程，其重点是对"毛泽东对中国式道路的寻求"、"文化大革命"的发生与毛泽东思想发展的关系及由此产生的深远影响，进行了深入、谨慎、求实的研究。后毛泽东时代，继承人邓小平对中国发展所作出的巨大贡献及中国经济的巨大变化，是本书的又一论述重点。同时，本书对这一时期中国的政治、经济、对外关系、教育、文艺及知识分子等，也分别予以充分的研究和考察，并作出相应的评价。本书最后部分对台湾省也进行了深入细致的叙述和评析。本卷撰写人皆为研究这一时期中国问题的国外专家，他们向读者展示了所有这些方面的相互关系，为关心中国"文化大革命"及其后果的一切读者提供了一部弥足珍贵的参考书。

  翻译出版《剑桥中国史》是为了给我国学术界提供参考、以资借鉴。他山之石，可以为错；他山之石，可以攻玉。只要具备"为错"、"攻玉"条件的他山之石，就是我们所需要的，对我们是有益的。就本卷而言，我们认为各章作者的态度是比较实事求是的，引用了大量的原始材料，对许多问题的叙述和分析较接近客观。另一方面，由于东西方文化观念上的巨大差异以及意识形态方面的尖锐对立，本卷作者们的某些观点和结论是我们所不能接受的。在这里，我们特此申明。特别是其中的某些作者，将中国的台湾作为"中华民国"看待，是我们不能同意的。不过，考虑到翻译著作的特点及全部 15 卷的《剑桥中国史》之学术性质，本卷的翻译仍本着忠实于原著的态度，作者的观点、对材料的取舍以及术语的使用等敬请读者自行鉴别。书中引用的中文材料，尤其是一手材料，我们尽可能查对原文；少数引文未能查到，从英文回译，并将引号删除，尚祈读者见谅。此外，对于原文中的错误、不明确之处，我们尽力作了纠正和补充。

本书是集体劳动的结晶。参加本书翻译的有（按所译章节先后为序）：俞金尧、时和兴、鄢盛明、王云周、徐再荣、胡北海、刘峰、包茂宏、郑文鑫、齐霁、韩立民、孟庆龙、李庆红、赵成根、胡叶平、张宙星、鲍静、熊进、王明毅、苏征宇、张薇、张军、李光祥、周骏、张勇、姜江华、李凉、张涛、田淑芳、秦立德、张丹、戴清、邵燕君、周阅、史成芳、匡纮远、袁克修、王丹妮、张晓华、明立志、王东海、冀飞、李耀星、孙学敏、温瑞茂、亦文和日天。本书大部分章节由李殿昌校订，俞金尧、孟庆龙、匡纮远、陈福生、郝名玮、郑文鑫、徐再荣、日天校订了部分章节（第一章、第二章部分、第三章、第四章部分、第五章、第七章、第九章部分、第十一章部分）。全书由孟庆龙负责统稿工作，浦鞍平通看了全稿，出版社有关领导及历史编辑室的同志们详细审阅了全书，并对原文中的不少错误和不当之处进行了纠正和补充。在翻译过程中，徐景慧、毕建康、王眉、刘兴成、高珊、向有等做了大量的核查引文和文字工作。

为了使本书早日与广大读者见面，中国社会科学出版社的领导给予了大力支持；历史编辑室和负责出版发行的同志也多方协助。

由于我们水平有限，译文错误及不妥之处恳请读者指正。

1992 年 6 月 20 日

目　　录

第一章　1949—1976 年的毛泽东思想

伦敦大学东方和非洲研究院研究中国的政治系
名誉教授　S. 施拉姆

第一篇　"文化大革命"：混乱中的
中国，1966—1969 年

第二章　中国陷入危机

布鲁金斯学会高级研究员　哈里·哈丁

第三章　中苏对抗：中国北部边疆地区的战争与外交

美国公共政策企业研究所中国研究项目主任
托马斯·鲁宾逊

第二篇　"文化大革命"：为继承权而斗争，1969—1982年

第四章　毛的接班人问题和毛主义的终结

哈佛大学历史和政治学教授
罗德里克·麦克法夸尔

第五章　对美开放

兰德公司负责国际政策研究的经理
乔纳森·波拉克

第三篇　"文化大革命"及其后果

第六章　中国的经济政策及其贯彻情况

哈佛大学政治经济学教授
德怀特·H. 珀金斯

第七章　教育

苏珊娜·佩珀

第八章　文艺创作与政治

乌得勒支大学比较文学教授　杜韦·福克玛

"文化大革命"的发端:作家遭受思想攻击,文化机构陷入

第四篇　共产主义统治下的生活和文学

第九章　共产主义统治下的农村

圣迭各加利福尼亚大学社会学教授
理查德·马德森

第十章　人民共和国的城市生活

安阿伯密执安大学社会学教授
马丁·金·怀特

第十一章　共产主义统治下的文学

伯克利加利福尼亚大学东语教授　西里尔·伯奇

第五篇 分离的省份

第十二章 国民党统治下的台湾,1949—1982 年

约翰·霍普金斯大学国际研究进修学院
讲师 拉尔夫·克拉夫

后记 统一的重任

罗德里克·麦克法夸尔

地图、表目录

总 编 辑 序

由于现代世界相互联系日益紧密，从历史上认识世界就愈发变得必要，历史学家的任务也就更为复杂了。事实和理论互为影响，资料激增，认识也在提高。仅仅总结已知的事件就令人生畏，然而，对于历史的思考来说，认识的事实基础越来越必不可少。

自 20 世纪初起，剑桥历史丛书已经在英语世界中为多卷本史学著作树立了一个样板，丛书的各章都是在各卷主编的主导之下由有关专家撰写而成。由阿克顿勋爵规划的 16 卷本《剑桥近代史》于1902—1912 年间问世。随后又陆续出版了《剑桥古代史》、《剑桥中世纪史》、《剑桥英国文学史》以及关于印度、波兰和英帝国的剑桥史。原来的《近代史》现在已为 12 卷本的《新编剑桥近代史》所替代，而《剑桥欧洲经济史》现在也接近完成。其他的剑桥史学著作有伊斯兰史、阿拉伯文学史、伊朗史、犹太人史、非洲史、日本史以及拉丁美洲史。

就中国而言，西方史学家面临着一个特殊的问题，中华文明史比任何一个西方国家的文明史都来得广泛而复杂，它只是比作为整体的欧洲文明史略少头绪而已。中国的历史记载浩如烟海，详尽而广泛。很多世纪以来，中国的历史学一直是高度发达和成熟的。但是，直到20 世纪中叶之前，尽管欧洲的汉学家们有过重要的、开拓性的辛勤耕耘，西方对中国的研究所取得的成绩几乎限于翻译少量古典著作，以及编写主要的王朝史及其制度史史纲。

近来，西方学者更为充分地利用了中国，还有日本的丰富的史学传统，大大地增进了我们对过去的事件和制度的明细认识，以及对传统历史编纂法批判性的理解。此外，现在这一代的西方中国史学家在继续依靠迅速发展着的欧洲、日本和中国的汉学研究扎实基础的同时，还能利用现代西方历史学的新观点、新技术以及社会科学的近期发展成果。近期的历史事件在对很多旧观念提出疑问的同时，也使一些新问题突出起来。在这众多方面的影响之下，西方在中国学研究方面的革命性变革的势头正在不断增强。

1966年，在开始规划《剑桥中国史》时，其目的是为西方的历史读者提供一部内容丰富的、基础性的中国史著作：即按当时的认识写一部6卷本的著作。自那时以来，当代研究成果的不断涌现，新方法的应用，学术向新领域的扩展，进一步推动了中国史的研究。现在，《剑桥中国史》已扩充为15卷，而且还必须舍弃诸如艺术史、文学史等专题史，经济学和工艺学的很多方面内容，以及地方史的所有宝贵资料。这一事实表明中国史研究的长足进步。

近几十年来，我们对中国过去的认识所取得的惊人的进展今后将会继续，并会加快。西方史学家对这一巨大而复杂的课题所作的努力是值得的，因为他们所在国家的人民需要对中国有更广更深的了解。中国的历史属于全世界，这不仅是因为它有此权利和必要，还因为它是激发人们兴趣的一门学科。

费正清

丹尼斯·特威切特

第 15 卷 序

第 14 卷《剑桥中国史》阐述了到 1965 年"文化大革命"前夕为止的中国共产党改造社会的历史。那个时候，这个国家似乎已从"大跃进"的灾难中恢复了元气，当局正在着手实施其耽搁了的第三个"五年计划"。尽管中国在此前与苏联分道扬镳，但它看起来还只是一个变异的斯大林模式的国家。实际上，包括最高领导层在内的所有中国人，以及全部外国观察家都没有意识到，毛泽东即将发动一场运动，以改变那种形象，这是一场除了牺牲生命以外，在各个方面都将比以往所经历过的任何运动破坏更为严重的运动。

"文化大革命"的先兆已在第 14 卷中作了分析。在第 15 卷里，我们力图追溯一连串事件的进程，而大多数中国人对这些事情至今仍知之不多。我们从分析共产党夺取政权以后毛的思想的发展入手，致力于理解他发动这一运动的原因。对于"文化大革命"，当时人们有颂扬之词，以后回顾时往往又有完全相反的说法。我们就竭尽全力来解答这两种相互对立观点的证据。

我们接着考察毛的革命在他 1976 年逝世后又如何为一个新的革命所继续。毛为了在精神上改造中国作了最后的努力，并孤注一掷，而他的继承者邓小平开创了一个全新的道路。他打开了中国的大门，努力从经济上改造这个国家。"文化大革命"远没有使中国人变得更为革命，其结果，似乎是使他们为抛弃卡尔·马克思的原则、支持亚当·斯密的理论准备了条件。本卷的大多数撰稿人都对这一新道路在 80 年代早期的情况作了分析。那时候，邓的实验正取得初步的重大成就。

关于政治、经济、外交、教育及知识分子各章的顺序，我们仍遵循第 14 卷的编排。但除此而外，另有两章我们把视线从北京的决策者那里转落到中国的民众上，看看这场革命对他们意味着什么。我们还越过台湾海峡，把目光落向这个海岛省份。该省利用其与连续不断动荡的大陆相隔绝的状态，用一种不同的方法改变了自身。

本卷是涉及 19 世纪和 20 世纪的第 6 卷，也是最后一卷，至少对这一版本的《剑桥中国史》来说是这样。与以前一样，我们的注脚表明我们从别人那里获益匪浅。我们也乐于指出，由于在过去 10 年里北京坚持开放政策的结果，我们引用中国学者的文句已大大增加。

……

罗德里克·麦克法夸尔

费正清

第 一 章

1949—1976 年的毛泽东思想

　　像列宁一样，毛泽东夺取政权后，又继续发展他以前在野时形成的思想。情况不同了，他对自己以前所采取的立场进行修改、补充，阐述得更详细。在许多方面，他的思想是连贯的，但其中也有惊人的断裂与相悖之处。此外，毛也探索了他以前从未涉足过的新的领域。

　　毛泽东思想发展的一个重要内容，是他一贯从事的把马克思主义（或马克思列宁主义）与一个落后农业国家的社会经济实际、与中国的历史遗产相结合的事业。这份遗产在毛看来依然是那么实际。在夺取政权以前，这一工程的首要任务是为农民提供一个比十月革命模式所显示的政治作用更大的理论依据，尤其是为农村包围城市的战略提供证明。在这方面，也许有人认为，可能 1949 年毛泽东本人就是这么想的：中国的理论与实践和苏联的理论与实践更接近了。在农村和城市取得政权之后，中国共产党能有力地发展现代工业，进而创造一个自己设想的"无产阶级先锋队"领导的阶级基础，在共产党统治下开辟一条赶上先进国家的道路。

　　在人民共和国的最初几年间，这种趋势似乎就要出现了，但很快发生了逆转，而且在 1949 年建国 10 年之后，中苏关系比从前任何时候都更疏远了。《剑桥中国史》第 14 卷记载了这段历史，并分析了其中的原因。当然，我们感兴趣的是毛泽东及其思想在这些方向性变化中所起的作用，这里我们要论证的是，部分原因在于农民在中国社会依旧所起的作用，部分原因则是农民意识对于毛本人的影响。然而，这并不是全部的答案。从斗争精神与牺牲精神方面而言，从经济工作中的分散经营与自力更生方法而言，延安模式的影响也必须给予重视。另外，还有一个显然很重要但难以估价的因素，就是前文已经提

1

到的毛将马克思主义与中国实际相结合。虽然他在1938年就已经提出并实施了"马克思主义中国化"进程，但到了50年代初就不再提起了，这主要是由于斯大林不能容忍在国际共运中，除他之外，还有其他的理论权威存在。斯大林的这种感情在很大程度上是针对毛泽东的想法的。

毛确信，中国文化是一项伟大的、也许是一项独一无二的历史成就。这种成就加强了他的民族自豪感。另一方面，他目标十分明确，就是要用渊源于民族传统的思想和价值去丰富马克思主义，并使它成为革命转变、并最终西方化的强有力的思想武器，而不是用披着马克思主义外衣的新传统主义去取代它。然而，我们越来越难以确定"毛泽东思想"的基本结构究竟是中国的还是西方的，尤其是对其晚年的思想，就更难判断了。

他的有关矛盾的理论更是如此。人们自然可以问，在毛最后的15年里，他是否仍像过去那样对这种理论问题感兴趣呢，或者只是全力以赴地为实现他自己确定的革命目标而奋斗呢？毛的思想中另一个模糊的地方，是他非常重视"主观能动性"与上层建筑的作用，这一点在他的整个革命生涯中始终如一。这在一定程度上反映了一种普罗米修斯式的推动力，这在现代中国以前的文化中并不突出，在欧洲文明中也不显著。绝不能把它看作毛的思想中的一个传统成分。另一方面，在一定程度上统治者品德的优劣可以看作是人民幸福的首要保证，认为道德教化是社会控制的关键手段，这可以在帝王统治时期的中国找到十分相似的例子。

当然，在毛泽东的最后岁月里，他被明确地比作秦始皇，是伟大的革命先驱和运用革命暴力的大师。然而，与此同时，作为延安遗产的真谛的组成部分（尽管常常被误解），群众参与和依靠群众的思想也得到前所未有的广泛宣传。

无产阶级政党与农民拥护者，现代化进程与革命战争精神，马克思主义与中国传统，宿命论与主观能动性，道德救世与技术救世，独裁专制与人民民主——所有这些问题，都是毛1949—1976年间反复思考的矛盾问题中的一部分。

　　毛泽东在处理这些或那些问题的过程中，留下了许多复杂的著作。在对此进行讨论的过程中，我们采取了部分按专题、部分按年月顺序讨论的方法。就许多重要方面而言，1957 年下半年是毛一生中的一个重大转折时期，其标志是他的观点与个性都发生了变化，这些变化一直伴随着他最后的 19 年。因此，关于毛泽东思想许多方面的论述都将被分为 1957 年以前和 1957 年以后两个相等的部分。但是，我们不会生搬硬套这一模式，毛晚年的一些极为重要的思想实际上是在 1957 年以后才形成的。

从人民民主到人民内部矛盾

统治方式

　　确切地说，第一个主题是关于这样一个问题，即毛的思想在 1957 年似乎并没有决定性变化，而从井冈山到延安，从延安到 20 世纪 60 年代却有很大的连续性。整个这段时期，坚持政治精英的坚强领导，是他思想的显著标志。

　　实际上，这个特征是“群众路线”本身的一个组成部分。在“文化大革命”期间，它常常被浪漫化和感情化，用以象征允许人民自我解放，并自发地管理他们自己。事实上，当毛泽东把政府的作用看作是教育作用的一部分时，他并不具有斯帕克的思想，即让“学生”自己完全自由地决定他们该学什么。相反，要正确理解“群众路线”，就必须看到，它不是列宁“民主集中制”的否定，或与其相反的东西，它与“民主集中制”是互补的。“群众路线”所强调的只是领导与被领导关系当中的一个特殊的方面。①

---

① 有关毛思想与行为中“传统”与“现代”因素之间复杂而模糊关系的讨论，参见斯图尔特·R. 施拉姆：“党的领袖还是真正的统治者？——毛泽东个人权力的基础和影响”，见 S. 施拉姆主编《中国国家权力的基础与范围》。

同时，我们必须认识到，"群众路线"这个思想确实体现了中国共产党理论与领导方法上的一个真实而重要的方面，这种理论和方法是以党的经验为基础的。在江西时期，就已开始非常重视与群众的密切联系，其显而易见的原因在于，假如没有这样的联系，脆弱的根据地就难以生存。① "群众路线"这一术语并不是由毛泽东首先提出来的，它的提出明显归功于周恩来和陈毅。② 然而，这一思想在1929年12月的古田会议决议中有特殊的表达，它是毛的思想的核心，而且是毛给了这一概念明确、系统的表达。1943年在延安，中国共产党首次系统总结并表达了自己的经验。毛的经典定义就是在当时提出来的。请看下面一段：

> 凡属正确的领导，必须是从群众中来，到群众中去。这就是说，将群众的意见（分散的无系统的意见）集中起来（经过研究，化为集中的系统的意见），又到群众中去作宣传解释，化为群众的意见，使群众坚持下去，见之于行动。③

正像画着重号部分所明确表示的，虽然群众受到革命运动领袖们的信任，但他们最终还是要去领会和掌握别人的思想。他们自己对于构筑一个系统化的理论体系是难有作为的。这一点与列宁的思想有明显的相似之处，所以毛大约在提出"群众路线"的同时，也以其列宁式的严厉态度再次强调必须接受由革命精英们集中指导的原则。"一部分同志"，他在1942年2月1日的讲话中抱怨说：

> 他们不懂得党的民主集中制，他们不知道共产党不但要民主，尤其要集中。他们忘记了少数服从多数，下级服从上级，局

---

① 见《剑桥中国史》第13卷 S. 施拉姆撰写的一章，第820—822、826—866页。

② 例见丁伟志、石仲泉："群众路线是我们党的历史经验的总结"，载《文献和研究》1983年，第420—428页，尤其是第421—422页。

③ 《毛泽东选集》英文版第3卷，第119页。（《毛泽东选集》第3卷，人民出版社1991年版，第899页。——译者）

部服从全体，全党服从中央的民主集中制。①

　　毛极力主张下面要发挥主动和积极参与，上面要坚定地进行集中领导。他所界定的范围很广，中间的侧重点有不断变化的余地。从延安时期开始，毛泽东的侧重点是不断变化的。然而，至少是直到"文化大革命"前为止，他一直认为集中领导归根结底比民主更为重要。

　　不过，虽然毛绝不是一个列宁斥之为"尾巴主义"的那种人（更准确的翻译是"屁股主义"），也就是说，跟在群众后头跑而不是去领导他们的那种人，但是，他比列宁（不用说斯大林）更注意去倾听并考虑人民的意见，至少直到 60 年代一直是这样。然而，"群众路线"的另一个方面必须注意到。有待解决的不光是领导与被领导的关系问题，而且是党员及党的支持者的性质，特别是他们的社会成分。

　　按照马克思和列宁的观点，共产党是无产阶级的政党，即使列宁扩大了运动的社会基础，给农民以相当的地位。然而，从 1927 年开始，毛在继续谈论无产阶级的主导地位的同时，又从更广泛的社会阶层中吸收了新的成分：农村流氓无产者、店主、职员、低级公务员以及知识分子等等诸如此类，甚至还包括"民族资本家"、"爱国绅士"和其他一些人。这些阶层中的大多数相对说来都享有较少的社会特权，从这个意义上说他们属于"人民"而不属于"特权阶层"。虽然情况都一样，在苏联，"群众"（或"劳苦大众"）其实基本上是工人阶级加上农民当中可靠成分的同义语，它用来替代阶级这个更为精确的标签，以强调追随者的初期特点，因而他们需要领导。对于毛来说，"群众"表示绝大多数中国人民，这些人最终都能推动革命。②

　　在毛的社会主义发展模式中，各不同阶级到底处于什么样的地

---

①　《毛泽东选集》英文版第 3 卷，第 43—44 页。（《毛泽东选集》第 3 卷，人民出版社 1991 年版，第 821 页。——译者）

②　关于从另一个角度对这一问题所进行的讨论，见邹谠："中国共产党国家形成和建设过程中的马列主义党、群众和公民"，载 S. 施拉姆《国家权力的基础》。

位，将在后面进行探讨。然而，他必须面对的"群众"异质性这一简单事实，对他所努力创造的政治秩序中领导的本质与功能不无影响。

当毛在1944—1945年作为一种权宜之计提出与国民党成立"联合政府"的设想最终化为泡影，并为内战的硝烟取代之后，就再也没有任何理由继续维持关于党的直接政治目标的极其模糊的提法了。因此，1949年6月30日，在毛泽东为纪念中国共产党成立28周年所撰写的一篇文章中，他详述了准备在三个月之后建立的"人民民主专政"的确切本质。

实际上，早在1939年5月，毛就已经介绍过"人民民主"的概念。在纪念"五四"运动20周年的讲话中，他说"在目前的阶段上，不是实行社会主义，而是破坏帝国主义和封建主义，改变中国［现在的］这个半殖民地半封建的地位，建立人民民主主义的制度"。① 到了1949年，毛指出新人民民主政权的特征时，提出了他在《新民主主义论》中使用过的"国体"与"政体"的区别。② 因为毛泽东及其他一些作者是在马克思主义的框架中看待这一问题，所以，在中华人民共和国建国初期，他们主要是从阶级意义上去界定国体就不足为奇了。因此，在1952年首次出版的一本供基层干部政治学习用的参考书中，作者说了下面一段话：

> 国体是国家的阶级性质。国体问题是社会各阶级在国家中的地位问题，即国家政权的阶级支配问题，在很大程度上，目前世界上各种国家的国体可分为三种类型：(1)资本主义的国体，实行反动的资产阶级专政；(2)社会主义的国体，实行工人阶级专政；(3)新民主主义国体，实行工人阶级领导的以工农联盟为基础的各个革命阶级的联合专政。③

---

① 竹内实编《毛泽东集》第6卷除了中文原有改动以外，英文版的《毛泽东选集》第2卷第243页译文相当不确切，"人民民主制度"被简化为"人民民主"。

② 《毛泽东选集》英文版第2卷，第351—352页。（《毛泽东选集》中文版第2卷，人民出版社1991年第2版，第677页。——译者）

③ 陈北鸥编：《人民学习词典》，第2版，第288—289页。

　　这是毛在 1939—1940 年间就已作出的划分。1949 年建立的国家之所以叫人民专政，而不叫无产阶级专政，是因为它被看作是一种混合形式，以适合于当时从战后恢复到建设社会主义"过渡时期"的环境。虽然按照马克思主义原理来说，在一个资本主义已经取得发展的社会中，权力要么只由无产阶级来掌握，要么由资产阶级来掌握，而不能由任何中间阶级或阶级联合体掌握。但是，列宁在 1905 年就提出"工农革命民主专政（revolutionary-democratic dictatorship of the workers and the peasants）"的方案，用来表示在建立真正的无产阶级专政之前政治制度的特征，在这种政治制度下，俄国可以推行某些改革。毛的"人民民主专政"直接承继了列宁主义的概念。在二三十年代，列宁的概念曾被共产国际应用于中国和其他亚洲国家。①

　　1949 年，毛泽东将中国的统治权描述为一个同心圆，也可以比作一个原子或葱头。其核心由工人阶级所组成，他们将通过据说能代表其利益的政党来进行统治。围绕核心的是农民，据说他们构成无产阶级最可靠的同盟军。接着是小资产阶级，他们是主要的追随者。至于民族资产阶级，他们具有二重性。他们是爱国者，但同时也是剥削者。所以，他们踌躇于"人民"的边缘，永远存在着滑入"非人民"的阵营、敌视革命的危险。

　　这四个阶级（当然，这相当于斯大林 20 年代的"四个阶级集团"）行使"人民民主专政"。既然"国体"不仅包括国家的阶级本质，而且也包括统治（专政）的方式，那么，剩下"政体"所能涵盖的意义是什么呢？在中华人民共和国早期②大多数关于政体的定义都是引用毛在《新民主主义论》中的说法，在这里毛写道：

　　　　至于还有所谓"政体"③ 问题，那是指的政权构成的形式问

---

① 毛关于各阶级在中国革命中的作用及无产阶级领导权的思想发展，《剑桥中国史》第 13 卷。
② 参见《人民大宪章学习手册》，第 135 页，及《人民大宪章学习资料》，第 31 页。
③ 在初版中，此词为"政权"，而不叫"政体"，但后者被用在下一段的第一句中，从而对这一质的内涵产生根本的影响。（《毛泽东集》第 7 卷，第 165—166 页。）

题,指的一定的社会阶级取何种形式去组织那反对敌人保护自己的政权机关……中国现在可以采取全国人民代表大会、省人民代表大会、县人民代表大会、区人民代表大会直到乡人民代表大会的系统,并由各级代表大会选举政府。但必须实行无男女、信仰、财产、教育等差别的真正普遍平等的选举制,才能适合于各革命阶级在国家中的地位,适合于表现民意……这种制度即是民主集中制……

国体——各革命阶级联合专政。政体——民主集中制。这就是新民主主义的政治,这就是新民主主义的共和国。①

当然,这段话是毛泽东在 1940 年写成的。当时他仍然在与国民党结成的统一战线内进行活动,而且在当时,中国共产党处于比较弱的地位,到了 1949 年,他的"新民主主义共和国"思想强调的是对"反动"阶级实行专政的需要,而不再强调在普选基础上的直接选举,而这正是真正民主的关键。另一方面,"民主集中制"的命题作为新国家基本的组织原则,继续原封不动地存在下去。

毛泽东坚持诸如民主集中制等列宁主义的关键口号,以此来显示他对苏联榜样的忠诚。但是,在 1949 年 6 月 30 日的文章(指"论人民民主专政"——译者)中,他同时也使用了一些不同的概念和术语。例如他使用了旧式的词语"独裁"作为"专政"的同义词。固然,在过去,当马克思主义的表达方式在汉语里还没有完全规范一致的表达时,作为对"专政"的翻译,这种混合使用曾不时出现。然而,毛泽东不会不意识到"独裁"这种翻译方式对其读者产生的传统联想,就像他不会没有意识到中国古代术语"大同"的含义一样。"大同"一词早在半个世纪之前就被康有为改写。毛泽东则将它当作"共产主义"的同义词。

1953 年,以毛为首的一个委员会开始起草中华人民共和国宪法,

① 《毛泽东选集》英文版第 2 卷,第 352 页。(《毛泽东选集》中文版第 2 卷,人民出版社 1991 年第 2 版,第 677 页。——译者)

当时有人作了一首八行押韵诗，归纳了这一政治制度的正确功能：

> 大权独揽，
>
> 小权分散；
>
> 党委决定，
>
> 各方去办；
>
> 办也有诀，
>
> 不离原则；
>
> 工作检查，
>
> 党委有责。①

换句话说，应该有公民和下级干部的参与，但必须牢牢保持在集中控制之下。

1956 年 4 月 25 日，毛在中共中央政治局扩大会议上以《论十大关系》为题所作的讲话，无疑是他 1949 年以后所发表的六个最主要讲话之一，是他有关管理哲学的两三项最富权威的论述之一。以我之见，即使毛在报告中所阐述的经济思想在很大程度上是从起草者的报告中引申出来的，他这篇讲话的重要性、权威性是不容置疑的。这点下文还要谈到。

对讲话第五部分关于中央与地方关系的理解，必须放在全文中。从全文看来，他最重要的主张是，任何政策目标的片面和教条地追求都属自我拆台。因此，如果你真的想发展重工业的话，你就不能忽视轻工业和农业；而要在内地建设新的工业中心，你就应该合理利用沿海地区现有的工业。对于我们这里所要关心的问题，毛以类似辩证法的推理方式说：

> 中央与地方的关系也是……一个矛盾。解决这个矛盾，目前

---

① 《工作方法六十条》，载于《毛泽东思想万岁》（附录），第 34 页。（S. 施拉姆译；也可见杰罗姆·陈编《毛泽东的文章与目录》，第 68—69 页。）

要注意的是应当在巩固中央统一领导的前提下，让地方办更多的事情，以调动他们的积极性。就目前的情况看，我认为需要扩大一点地方的权力。眼下地方的权力太有限，这不利于我们建设社会主义。①

归根结底，毛继续强调的是国家作为一个整体的内聚力与效率的极端重要性，而且重视在规定范围内的分散和基层的积极性。在总结《论十大关系》第五部分的内容时，他声明：

> 必须有充分的积极性和充分的独立性……自然，我们在同时也必须告诉下面的同志不能乱来，必须谨慎从事。能够统一的，他们应当统一……不能统一的……也不应强求统一。两个积极性总比只有一个要好得多……简言之，地方应当有相当程度的权力。这有利于我们建设一个强大的社会主义国家。②

我所引用的是非官方文本，官方的版本中对集权的强调更加强烈。关于这一点，新的文本增加了这样的话："为了建设一个强大的社会主义国家，必须有中央的强有力的统一领导，必须有全国的统一计划和统一纪律，破坏这种必要的统一，是不允许的。"③

在毛逝世三个月之后，《论十大关系》的官方文本出版。虽然此时不同版本强调内容的不同已非常清楚，但因当时缺乏有关资料来源以及对于这一关键版本编辑过程的信息，我们不可能评价版本之间的差别有什么意义。的确，一些观察家认为当时加上的新的段落是伪造

---

① 这里的引文来自 1967—1969 年红卫兵整理的毛讲话版本，见 S. 施拉姆《毛泽东同人民的谈话：谈话和信件（1956—1971）》，第 71—72 页。（参见《毛泽东选集》第 5 卷，人民出版社 1977 年版，第 275 页。——译者）

② 施拉姆：《毛泽东同人民的谈话》，第 73 页。（参见《毛泽东选集》第 5 卷，人民出版社 1977 年版，第 277 页。——译者）

③ 《毛泽东选集》英文版第 5 卷，第 294 页。（《毛泽东选集》第 5 卷，人民出版社 1977 年版，第 276 页。——译者）

的。随后出版的信息使我们得以澄清这些问题。

这篇讲话详细谈及我们所关心的统治方式，它是第一次试图确定经济发展的全局性战略。1956 年 2 月至 3 月的一个半月间，毛泽东在一些党和政府领导人的陪同下，听取了一大批经济部门的汇报，并形成了一些结论。1956 年 4 月 25 日，他在政治局扩大会议上总结了他对这些结论的理解；5 月 2 日，在最高国务会议召开前，他修改了他的讲话，重申了他讲话的实质内容。官方的版本是那两次讲话结合而成的。①

尽管毛一直强调一个高度中央集权的国家，但他在 1956 年最为关切的是扩大地方的权威，因为他当时考虑的是现存的集权程度已经达到自我拆台的地步。1956 年 4 月的中央政治局会议上，还有另外一个讲话，他说："下级与上级的关系就像是老鼠见了猫一样。好像魂都吓跑了，许多事情不敢说。"②

但是，有效的中央集权怎样与"适当"的地方权力相结合呢？以毛的观点看，这个问题与纵向的双重领导有不解之缘（见《剑桥中国

---

① 4 月 25 日讲话在当时只在党内高级干部中传达；1965 年 12 月，《论十大关系》传达到了县及相当于县级的干部。这个讲话标明的日期是 4 月 25 日，但实际上却是 1956 年 5 月 2 日讲话的版本。后一次因为要对非党群众传达，所以就可以理解在处理诸如与苏联的关系等各种问题时，变得不那么明确和强硬。（举例说，在公布"百花齐放"的口号时，毛在 5 月 2 日实际上脱离了他 4 月份的立场，但那一段将在后一章论述的谈话就没有收入 1965 年 12 月的文本中。）红卫兵以《论十大关系》为题重印的是毛在 5 月 2 日讲话的删节本，这个版本在 70 年代被翻译到西方。只是到了 1975 年 7 月，在邓小平的建议下，这两次讲话才被结合起来成为官方版本。编辑工作是在邓的领导下由胡乔木做的。在当时经毛的同意在党内传达，只是到 1976 年 12 月才公开出版。根据这些事实，我在讲话刚一披露就写的那篇文章的题目（S. 施拉姆："华主席编辑毛的文学遗产：'论十大关系'"，载《中国季刊》第 69 卷［1977 年 3 月号］）现在看来有点可笑了。

上面注释中的所有信息均来自《关于建国以来党的若干历史问题的决议·注释本》（第 243—245 页）（下文简称《1981 年决议·注释本》），这本书由中共中央文献研究室编辑。这个机构专门负责出版毛泽东（也包括其他领导人如刘少奇、周恩来和邓小平）著作，其权威性是无疑的。这本书公开出版的版本比最初在 1983 年出现的内部版本内容稍微丰富，因而也就受到青睐。关于《论十大关系》这篇文章，有关的段落实际上是一致的。

② 《毛泽东思想万岁》（1969 年），第 35 页；《毛泽东思想杂录》（1949—1968 年），第 30 页。

史》第14卷第2章)。这在《论十大关系》第五部分中明确提了出来：

> 现在几十只手插到地方，使地方的事情不好办。……各部不好向省委、省人民委员会下命令，就同省、市的厅局联成一线，天天给厅局下命令。这些命令虽然党中央不知道、国务院不知道，但都说是中央来的，给地方压力很大。……这种情况，必须纠正。……我们希望中央各部要好好注意，凡是同地方有关的事情，都要先同地方商量，商量好了再下命令。

> 中央的部门可以分成两类。有一类，它们的领导可以一直管到企业，它们设在地方的管理机构和企业由地方进行监督；有一类，它们的任务是提出指导方针，制订工业规划，事情要靠地方办，要由地方去处理。①

上面引文中的最后一段，是关于1956—1957年所采取的政策，即在中央各部仅仅保留对大型或重要企业，特别是重工业领域的企业的直接控制。而把其他的工商业企业交给地方去搞（见《剑桥中国史》第14卷第3章）。这种结果所形成的复杂模式一直是许多研究者研究的对象。20年以前，弗朗兹·舒尔曼对他所谓"分权模式Ⅰ"和"分权模式Ⅱ"所作的划分至今仍不失其价值。"分权模式Ⅰ"指将决策权转给生产经营单位自己掌握，而"分权模式Ⅱ"意味着将权力下放给某些下级或地方行政机构。他把陈云看成是第一种模式的倡导者，这种模式将把中国引向南斯拉夫式的经济道路。毛泽东和刘少奇则是第二种模式的支持者。然而，他发现，陈云的集权方法是分权模式Ⅰ和分权模式Ⅱ的"矛盾"组合。②

哈里·哈丁用六重标准来研究这一问题，同样得出结论说，1957

---

① 这一文本基于中国官方文本，在翻译出版的《毛泽东选集》第5卷，第293页。但翻译在有些地方有所修改，使用了S.施拉姆在《毛泽东同人民的谈话》第72页中的词语。（参见《毛泽东选集》中文版第5卷，1977年版，第275—276页。——译者）
② 弗朗兹·舒尔曼：《共产党中国的意识形态和组织》，第167—175、196—198页。

年秋季八届三中全会所采纳的政策（实际上是由陈云起草的）是一个
"折衷主义"方案，是集权与分权的结合。① 事实上，这样一个矛盾
的或"折衷"的方案反映了当时领导层中每一个人的特点，所不同的
只是他们强调的重点不一。舒尔曼又进一步说，在"大跃进"年代，
这项在"真正的对立统一体"中结合集权与民主的政策，是由"一般
政策推动的集中和特定政策推动的分散"所组成。② 明确地说，他这
里称作"一般政策推动"基本上是指毛在 1953 年顺口溜中的"大
权"；"特定政策推动"（或产生这种推动力的权利）相当于"小权"。

1958 年 1 月 31 日，毛泽东修订了《工作方法六十条》，这一指
示实际上为"大跃进"制订了蓝图。在这个指示的第 28 条，第一次
摘录了 1953 年的那首顺口溜，然后做了如下解释：

> "大权独揽"是一句成语，习惯上往往指的是个人独断。我
> 们借用这句话，指的却是主要权力应当集中于中央和地方党委的
> 集体，用以反对分散主义。难道大权可以分揽吗？……所谓"各
> 方去办"，不是说由党员径直去办，而是一定要经过党员在国家
> 机关中、在企业中、在合作社中、在人民团体中、在文化教育机
> 关中，同非党员接触、商量、研究，对不妥当的部分加以修改，
> 然后大家通过，方才去办。③

我们将会看到，这段文字既是为了处理上下级关系，也是为了强
调党的协调作用。毛有意强调"大权独揽"这个家喻户晓的格言与
"独断"一词之间的相似性。按他的说法，独断通常表示个人的专断
或独裁决策。这再次表明，他没有在强调需要强有力的集权统治方面

---

① 哈里·哈丁：《组织中国：官僚问题（1949—1976）》，第 107—115、175—182 页。舒
　尔曼和哈丁都是根据关于陈的观点的第二手材料；陈云自己的话现在可以在尼古拉
　斯·拉迪和肯尼思·利伯撒尔编的《陈云的中国发展战略：一种非毛主义的选择》一
　书中见到。
② 舒尔曼：《共产党中国的意识形态和组织》，第 86—87 页。
③ 《毛泽东思想万岁》（附录），第 34—35 页（由 S. 施拉姆翻译）。

退缩——或者说他在实践中努力贯彻这种思想。

那么, 这种集权怎样与基层真正的、意义重大的"小权"(虽然是下级权力)结合呢? 主要是通过党的协调作用来实现的, 主要的内容毛在1953年顺口溜的评论中已经提到。虽然他在这里没有使用"一元化"的字眼, 但他在这里所强调的东西是他的思想核心。"一元化"意为"一体化","使之坚如磐石"、"使之成为一元论者", 这在延安时期他的统治哲学中已大部分成型。[①] 在 1956 年 4 月的讲话中, 他回忆延安时期, 为了对付根据地过于分散和地方闹独立的紧急情况, 中央委员会通过了关于加强"党性"(从俄语 partiinost 翻译而来)的决议, "实行了一元化", 他接着说, "但也保留了大量的自主权"。[②]

1958 年, 毛对于 1953 年顺口溜的评论中, 指出了这样一个事实, 一长制已经名声扫地。在人们所见到的最基本的组织原则中, 他认为"集体领导与个人作用相结合", 等同于"党委与第一书记相结合"。[③] 这可以看作是毛对延安时期所理解的一元论领导的重新肯定, 是作为反对高岗对这一问题的观点提出来的。对于高岗来说, 一元化非常接近于"铁板一块"的意思, 按他的观点, 铁板一块模式的组织暗含的是, 诸如工厂之类的每一个实体都只能向外部某个权威负责, 这个权威在实际中就意味着北京相应的部。作为与这一权威保持联系的代表, 工厂厂长在自己的工厂内部也就必须拥有无可争辩的权威。

<hr>

[①] 关于这一概念意义演变的更详细讨论, 见 S. 施拉姆: "中央集权国家的分权: 理论与实践 (1940—1984)", 载 S. 施拉姆编: 《中国国家权力的基础与范围》, 第 81—125 页, 特别是第 87—89 页; 关于"一元化"一词, 也见《剑桥中国史》第 13 卷, 第 864—866 页, 施拉姆写的一章。

[②] 《毛泽东思想万岁》(1969 年), 第 36 页; 《毛泽东思想杂录》, 第 31 页。"关于增强党性的决议"1941 年 7 月 1 日由政治局通过 (鲍大可: 《毛的中国》, 第 156—160 页), 当时没使用"一元化"一词, 但强调了集中与"统一意志、统一行动和统一纪律"的重要性。毛公开认为这一讨论是确立党的一元化领导的第一步, 这在 1942 年到 1943 年有进一步的表达。

[③] "1958 年 1 月在南宁会议上的讲话", 《毛泽东思想万岁》(1969 年), 第 148 页; 《毛泽东思想杂录》, 第 79—80 页; 《毛泽东思想万岁》(附录), 第 34—35 页。

按照毛的观点，一元化领导不仅仅要在中央一级实行，而且也要在地方实行。甚至"小权"也不能没有领导而乱来。毛的观点在 50 年代末期是流行观点。一元化的领导的代表只能是各级党委。毛明确提出，无论在中央还是在地方，党的控制首先是原则问题的决定，然后是督察这些原则的执行情况。

关于党的领导地位的进一步讨论，我们最好是放一放，在研究"大跃进"时期毛整个的政治和经济战略以后，再回过头来讨论。现在，要完成对于统治方式的讨论，我们回忆一下他在 1962 年 1 月的讲话就可以了。在那篇讲话中，毛泽东在提出民主集中制必须"既在党内又在党外"贯彻之后，就像在延安时期那样，他又一次强调说，集中甚至比民主更重要。他接着说，真正的集中只有在民主的基础上才有可能。这有两个原因，一方面，如果不允许人民表达自己的意愿，他们就会"生气"，就会灰心丧气，因而也就不会自愿地和有效地参与政治工作和经济工作。另一方面：

> 没有民主，意见不是从群众中来，便不可能制定出好的路线……我们的领导机关，就制定好的路线、政策和办法这一方面来说，只是一个加工工厂。大家知道，工厂如果没有原料，就不可能进行加工……如果没有民主，不了解下情，情况不明……那就难避免不是主观主义的，也就不可能达到统一认识、统一行动，不可能实现真正的集中。①

在这里，"民主集中制"一词的使用，既包括有效的"集中统一"与来自下面的积极支持与首创精神相结合的两难困境，又包括了"群众路线"所提倡的上下意见交流的问题。毛关于这一系列问题的主要观点清楚地反映在他的加工工厂的比喻当中。的确，如果没有不断的信息和建议反馈，这个工厂就生产不出任何有意义的东西，但归根结底，正确的路线也只能由中央的大脑精心提炼出来。

---

① S. 施拉姆：《毛泽东同人民的谈话》，第 163—164 页。

"加工工厂"一词前面的反义副词"仅仅"并没有改变这样一个事实，即决策从这里产生。

广义说来，这就是从延安时期到60年代早期毛关于民主与集中的观点。与此同时，正像这一部分开头所说的，虽然他对这些问题的看法总的来说基本一致，但是也不可否认，他在1957—1958年间的侧重点也有所变化。这一变化与毛在经济问题和阶级斗争领域逐渐增长的激进主义密切相关，我们将在后面讨论这个问题。然而，它对于我们这里所考虑的权力结构问题有着直接的影响。

我们已经看到，在毛泽东由他最终所追求的一个"强大社会主义国家"理想所局限的范围内，他的确努力使人民积极参与国家事务，只是在实践中政治选择范围却很狭小。尤其是，毛很少考虑去建立一个结构与功能俱皆民主的政治机制，而不只是说说代表"人民"而已。

当然，这只是自1978年开始的中国对他的批评之一，我们在本章的结论部分将重新回到这个问题上。然而，重要的是要说明，从"大跃进"时期开始，毛泽东比过去更少关注制度的重要性。一言以蔽之，直到1956年或1957年，在从国家的阶级特性意义上，而不是从政治功能意义上去界定民主时，他仍然认为国家结构是必须加以考虑的问题。

例如，1956年4月，毛在讨论集权与分权问题时指出：

> 我们的宪法规定，立法权集中在中央。但是在不违背中央方针的条件下，按照情况和工作需要，地方可以搞章程、条例、办法，宪法并没有约束。[①]

1957年2月27日，在《关于正确处理人民内部矛盾》的讲话中，毛强调说，民主是手段而不是目的，而且他还嘲笑西方议会民主

[①] 《毛泽东选集》英文版第5卷，第294页。这里基本上是按非官方的文本（施拉姆：《毛泽东同人民的谈话》，第72页），不包括后来明确所指的全国人民代表大会作为最高立法机关。（参见《毛泽东选集》第5卷，1977年版，第276页。——译者）

和两党制这样的民主思想和实践。① 他对中国自己的政治制度浮想联翩、十分自豪，但是，他至少是注意到了它的存在。中国仍然存在的为数不多的反革命分子，他们在宪法里被作为专政对象，即使这样，在讨论到他们是否应该得到大赦的问题时，毛泽东用形象化的语言说道："这是宪法已经规定了的。你是主席，你是不是要去看看宪法？"他对这一难题很有特点的回答是提出建议，虽然并非全部，但这种人的大多数都应该释放，不过这个建议当然不能作为政策公开宣布。②

到"大跃进"时期，毛确实已很少注意这些制度的完善了。但是，因为毛泽东思想的这种演变是在经济与社会领域进行着的革命所引起的激进气候的直接结果，在考察毛晚年对待政治权力的问题以前，让我们转入经济与社会问题的讨论。

发展模式

在研究毛关于社会主义发展模式的思想时，我们有必要介绍性地强调一下，他对于现代化与工业化的态度一贯是积极的。近些年有一种倾向，认为毛是某种田园诗式的乌托邦信徒，是与我们所谓的先进工业社会不同的"稳定状态"经济的坚决支持者。实际上，在他主宰中华人民共和国命运的整个 27 年间，毛从未停止过提倡快速的经济进步，而且是以数字形式来规定：多少吨钢、多少吨粮食，诸如此类。

前些年，"现代化"一词常被用来作为西方文化的自豪感的表现，因为似乎它表示加入了"现代"世界，亚、非各民族就必须走美国或欧洲人的道路。事实上，毛自己丝毫没有这种考虑，而且从 40 年代到 60 年代，他一直用这些术语来确定中国的经济目标。譬如，1945 年 4 月在党的七大所作的报告中，他就说，中国的农业必须有所进步，从其"古老的落后水平"提高到"现代化的水平"，以便为工业

---

① 《毛泽东选集》英文版第 5 卷，第 398 页。（参见《毛泽东选集》第 5 卷，1977 年版，第 367—368 页。——译者）

② 这段话已从 1957 年 6 月编辑的毛泽东讲话中删去（《毛泽东选集》英文版第 5 卷，第 398—399 页）。见《学习文选》，第 201—202 页，毛 1957 年 2 月讲话的内容在后文将详细讨论。（参见《毛泽东选集》中文版第 5 卷，第 376—378 页。——译者）

提供市场,"从而造成将农业国转变为工业国的可能性"。①

以毛的观点,工业是头等重要的,因为它在保证中国富强方面发挥了和可能发挥巨大的作用。他在《论人民民主专政》一文中提醒人们注意,"我们还有帝国主义在旁边,这个敌人是很凶恶的"。毛又说(需要说明的是,这在选集版本中已删去):"中国取得真正的经济独立还需要相当长一段时间。只有当中国的工业已经发展了,中国在经济上再也不依靠外国了,她才能享受真正的独立。"②

本章导言部分讲述了农民在中国社会长期的重要性,以及这一事实和农民意识形态对毛泽东自身的影响。这个因素确实存在,而且至关重要,但从 1955 年,尤其是从 1958 年开始,这一因素才更加强烈地表现出来。相比之下,在取得胜利的前夕,毛闭口不提,或者说,他无论如何是贬低党的农村工作经验的重要性。他在 1949 年 3 月指出:

> 我们的工作重点是在乡村,在乡村聚集力量,用乡村包围城市,然后取得城市。采取这样一种工作方式的时期现在已经完结。从现在起,开始了由城市到乡村并由城市领导乡村的时期。党的工作重心由乡村移到了城市。③

换言之,迄今为止我们所走的都是一条非正统的道路,因为这是我们能取得胜利的唯一道路,但是从今以后,我们将以正统的马克思主义或列宁主义方式去行动,从城市的工业环境出发,去引导和启发农村落后的农民。1949 年 6 月,在《论人民民主专政》一文中,毛的这一看法已非常明显。那篇文章宣称,由于帝国主义和国内反动势

---

① 《毛泽东集》第 9 卷,第 244 页。(有关农业现代化的文句已从官方文本《毛泽东选集》第 3 卷英文版第 297 页中的这一讲话中删去)(参见《毛泽东选集》第 3 卷,1991 年版,第 1074 页。——译者)

② 《毛泽东集》第 10 卷,第 304 页。同见《毛泽东选集》英文版第 4 卷,第 421 页,这里最后两句引文不见了。(参见《毛泽东选集》第 4 卷,1991 年版,第 1479 页。——译者)

③ 《毛泽东选集》英文版第 4 卷,第 363 页。(《毛泽东选集》第 4 卷,1991 年版,第 1426—1427 页。——译者)

力仍然存在，所以国家权力不能废除，恰恰相反，目前的任务是要加强人民的国家机器。毛继续说，"具备这个条件后，中国就可能在工人阶级和共产党的领导下稳步地由农业国进到工业国，由新民主主义社会进到社会主义社会和共产主义社会，消灭阶级和实现大同"。毛认为，在引导中国"从农业国进到工业国"发展的任务方面，教育和改造民族资产阶级是相对容易的。他指出，"严重的问题是教育农民。农民的经济是分散的，根据苏联的经验，需要很长的时间和细致的工作，才能做到农业社会主义化"。①

毛强调教育农民，强调工人阶级在"人民专政"中的领导地位，以负起教育的责任，清楚地表明了他在 1949 年 3 月所宣布的城乡之间的重心转移。

另一个饶有兴趣的事实也表明了这一点。以前有一种说法，认为农村的"半工人阶级"也像城市的工人阶级一样，是革命的领导阶级。这种提法 1950 年春天由刘少奇提议，而后被中央委员会通过，毛于 1951 年 12 月放弃了这种提法。虽然在此之前毛自己也曾把"半无产阶级（贫农）"称作新民主主义革命的领导阶级，但现在他发现，把领导权给城市工人以外的任何阶级都是"错误的"。这明显地标志着他向更加正统的马克思主义的转变。②

此外，在 50 年代早期，为了改变党的阶级成分，中共曾力图吸收大量工人，输入新鲜血液，通过这一措施，上述思想倾向转变为实际的行动（见本书第二章）。

虽然毛在 1962 年曾经声明，在建国初期除去"照搬苏联"③ 别无选择，但他并不像苏联那样，把工业革命与社会主义革命混为一谈。虽然在毛的社会主义发展思想中，科学技术现代化是核心的和关键的组成部分，但人们也有理由提出疑问，他在 1949 年所怀有的关于中国

---

① 《毛泽东选集》英文版第 4 卷，第 418—419 页。（《毛泽东选集》第 4 卷，人民出版社 1991 年版，第 1477 页。——译者）

② "致刘少奇"，1951 年 12 月 15 日，《毛泽东书信选集》，第 427—428 页。

③ S. 施拉姆：《毛泽东同人民的谈话》，第 178 页。

革命的宏大蓝图,是否将最终证明与这种技术现代化思想相一致。

由毛明确制定的经济政策一开始是稳健的。比如在 1950 年 6 月,他要求"保存富农经济以利于早日恢复农村生产",而且在总结总目标时说:

> 合理地调整现在工商业,切实而妥善地改善公私关系和劳资关系,使各种社会经济成分,在具有社会主义性质的国营经济领导之下,分工合作,各得其所,以促进整个社会经济的恢复和发展。有些人认为可以提早消灭资本主义实行社会主义,这种思想是错误的,是不适合我们国家的情况的。①

就是在第一个五年计划开始之后,毛对于这些问题的看法也基本上是保持一致的。1953 年 8 月,他把过渡时期的"总路线"规定为"在一个相当长的时期内,基本上实现国家工业化和对农业、手工业、资本主义工商业的社会主义改造"。②

1954 年 9 月,他指出:

> 我国人民应当努力工作、努力学习苏联和各兄弟国家的先进经验,老老实实,勤勤恳恳,互勉互助,力戒任何的虚夸和骄傲,准备在几个五年计划之内,将我们现在这样一个经济上、文化上落后的国家,建设成为一个工业化的具有高度现代文明程度的伟大的国家。③

1954 年 11 月,毛泽东提醒刘少奇和周恩来注意,他认为刚在《人民日报》发表的苏联政治经济学教科书摘要中有一个"说法是错误的":"在社会主义全部或大部建成以前不可能有社会主义经济法

---

① 《毛泽东选集》英文版第 5 卷,第 29—30 页。(《毛泽东选集》第 5 卷,人民出版社 1977 年版,第 18—19 页。——译者)
② 同上书,第 102 页。(同上书,第 89 页。——译者)
③ 同上书,第 148—149 页。(同上书,第 133 页。——译者)

则。"① 毛批判这一观点，明确显示他对中国提法的理论依据十分关注，即中国在一定程度上已具有社会主义性质。

不过，毛直到 1955 年 3 月还承认，社会主义道路将是一个漫长的过程：

> 在我们这样一个大国里面，情况是复杂的，国民经济原来又很落后，要建成社会主义，并不是轻而易举的事。我们可能经过三个五年计划建成社会主义社会，但要建成为一个强大的高度社会主义工业化的国家，就需要几十年的艰苦努力，比如说，要有 50 年的时间，即本世纪的整个下半世纪。②

但到 1955 年年中，毛的态度突然发生了变化，而且（像《剑桥中国史》第 14 卷第 2 章阐述的）他还在农村发动了一场更快速的合作化运动，几乎是在一夜之间，改变了整个中国社会的气氛。毛的新思想，还有他新的分析框架，鲜明地体现在他为《中国农村的社会主义高潮》一书所写的按语中，这些按语和序言是在 1955 年底写出来的，他在 7 月 31 日号召加速合作化，到这时，正在展开的合作化进程比他自己预想的还要快。③

从这些论题当中，我们可以清楚地看到"大跃进"、甚至是"文化大革命"某些基本思想的萌芽，比如毛相信动员起来的群众，通过他们的主观努力，具有改变他们自己及其环境的无限性。举个例子，有一个"王国藩合作社"，被人称为"穷棒子社"，他们用自己的努力，在三年时间内积累了"大量的生产资料"。在赞扬王国藩合作社的一段按语中，毛评论道："难道六万万穷棒子不能在几十年内，由于自己的努力，变成一个社会主义的又富又强的国家吗？"在另一段

---

① 《致刘少奇、周恩来》，1954 年 11 月 18 日，《毛泽东书信选集》，第 484—485 页。
② 《毛泽东选集》英文版第 5 卷，第 155 页。（《毛泽东选集》第 5 卷，人民出版社 1977 年版，第 139 页。——译者）
③ 参阅《中国农村的社会主义高潮》，毛的按语在《毛泽东选集》英文版第 5 卷第 235—276 页收录。（《毛泽东选集》第 5 卷，1977 年版，第 225—259 页。——译者）

按语中，注意到在 1955 年上半年全国已有几千万农户加入了合作社，并因此完全改变了中国的面貌，毛评论说："这是大海的怒涛，一切妖魔鬼怪都被冲走了。"①

在农民热情和奋斗精神的鼓舞下，毛在 1955 年写道：

> 对比一下我们国家与苏联：(1) 我们有根据地 20 年的经历，又有三次国内革命战争的锻炼；我们（取得权力的）经历异常丰富……因此，我们能够很快地建立一个国家，并完成革命任务。（苏联是一个新建立的国家；在十月革命时期，他们既没有军队又没有政府机器，而且党员数量很少。）(2) 我们享有苏联和其他民主国家的帮助。(3) 我们的人口众多，而且位置优越。［我们的人民］工作勤奋、吃苦耐劳，如果没有合作化，要想得到农民是不可能的。中国的农民甚至比英国与美国的工人都好。我们必然能够更好更快地实现社会主义。②

因此，早在 1955 年毛就表示，因为他们是在农村进行了 20 年的斗争之后获得政权的，而不是在首都突然取得政权，所以中国共产党人在 1949 年时比列宁及其同志们在 1917 年更懂得在基层群众中行使权力，并获得他们的支持。另外，以毛之见，中国的农民为建设社会主义社会提供了丰富的人力资源。

然而，这绝不是一种毛当时努力推动的片面的"乡村"革命。虽然他 1955 年 7 月 31 日关于合作化讲话的一个显著特点，是要求在中国，集体化应先于机械化，但也不是要走得过早，因为对拖拉机、水泵和其他工业产品的准备是很紧迫的。从更广泛的意义上讲，毛继续坚持他在 1949 年提出的观点，按照这一观点，"严重的问题"是"教育农民"。这里的含义很明确，那就是，通过使他们学习城市所创造

---

① 《中国农村的社会主义高潮》，第 5—6、159—160 页。(《毛泽东选集》第 5 卷，人民出版社 1977 年版，第 227、233 页。——译者)
② 《毛泽东思想万岁》(1969 年)，第 27 页；《毛泽东思想杂录》，第 29 页。

的知识，尤其是技术知识，必须把这些乡村居民引入现代世界。在这一过程当中，科学家、技术人员和其他知识分子将起关键作用。的确，1956 年 1 月，在他宣布关于农业发展十二年纲要时已认识到这一点。他指出，中国人民"应该有一个远大的全面规划，要在几十年内，努力改变中国在经济上和科学文化上的落后状况，迅速达到世界上的先进国家水平"。他还说，"为实现这个伟大目标，决定一切的是要有干部，要有数量足够的、优秀的科学技术专家"。①

因此，在 1956 年 1 月，毛要求用说服和理解的方式对待从旧社会过来的知识分子。在中央召开的关于知识分子问题的会议上，毛强调中国是一个工业和技术的各个方面都落后的国家，而且一些方面处于依赖的地位，因为它还不能生产一些自己所需要的关键产品。他还评论说：

> 有的同志说些不聪明的话，说什么"不要他们也行"（指知识分子）！"老子是革命的"！这话不对。现在叫技术革命，文化革命，革愚蠢无知的命，没有他们是不行的，单靠我们老粗是不行的。②

20 世纪 50 年代中期，毛对于建设社会主义的主要看法，最恰当地总结在他 1956 年 4 月 25 日在政治局会议上的讲话——《论十大关系》中，此文有令人信服的总结。这篇著名讲话的各个方面都讲了同样的意思：要懂得事物的内在联系，不要顾此失彼。因此，正像我们所看到的，他要求在政治领域扩大地方的权力和给地方更多的自主性，以利于建设一个强大的社会主义国家。在经济领域，他提出减少以牺牲农业和轻工业为代价的对重工业过多的优先权。（但不像有人有时说的把关系颠倒过来，）他认为一味重视重工业无异于自残。但与此同时（这表明了他当时的平衡与公平思想），他提出应适当注意

---

① 1956 年 1 月 25 日的讲话见 1956 年 1 月 26 日《人民日报》。引文见阿兰纳·卡埃尔·当高斯与 S. 施拉姆翻译编辑的《马克思主义和亚洲：导论与阅读材料》，第 293 页。
② 《毛泽东思想万岁》（1969 年），第 34 页。

进一步发展上海和其他沿海城市现存的工业基础，而不是把所有能得到的资源都投入到整个内地去扩大工业。①

如前所述，在起草这篇讲话时，毛仔细考虑了陈云以及其他经济工作方面的专家的意见。《论十大关系》从总体上讲无疑代表了他自己妥协的立场，企图以此来获得党内广泛的赞同。然而，毛在个别问题上采取温和与妥协态度，丝毫也不能表明他准备在所有方面向大多数领导人的意志低头。

1955年，在他发动加速农业合作化进程的运动中，毛泽东已经表示出，在他十分关切的问题上，他要对与他意见相左的人进行粗暴打击的倾向。② 1956年年中，他又以一种更隐蔽、但却是更可怕的态度再次表露了同样的褊狭。1956年早期毛曾经相信，农村社会主义"高潮"成果，将能促进所有的经济工作的发展。面对出现的矛盾与不平衡，1956年6月20日《人民日报》发表了周恩来负责起草的《反对冒险主义》的重要社论。事先，毛曾经审阅了社论，但他并没有表示任何意见，给他的同事们的印象是他已赞同了这一讨论，然而在实际上，他对此是有所保留的。当他承认不能要求经济发展**太**快时，他仍相信中国经济是可以很快发展的。在"大跃进"前夕，他开始发泄他的感情。在此之前有一年半的光景，他总是对这篇社论怀藏怨恨，对周恩来尤其如此。③

---

① S. 施拉姆：《毛泽东同人民的谈话》，第61—83页；官方的文本见《毛泽东选集》英文版第5卷，第284—307页。（参见《毛泽东选集》第5卷，人民出版社1977年版，第268—277页。——译者）

② 见《剑桥中国史》第14卷的讨论，也可参阅施拉姆在《党的领袖还是真正的统治者?》当中所做的分析，第214—216页。

③ 关于毛持续的乐观与急躁情绪，见他在1956年11月15日八届二中全会上的讲话，《毛泽东选集》英文版第5卷，第332—335页。（中文版，第313—329页。——译者）毛对关于"急躁冒进"批评的心理反应的重要意义，在近期中国关于这一时期的记述中广为强调。在1986年4月24日的一次对话中，龚育之认为它可能是通向"文革"之路的第一步。关于"文革"期间毛对于这篇社论发怒的迹象的总结，见罗德里克·麦克法夸尔《"文化大革命"的起源：1.人民内部矛盾（1956—1957）》，第86—91页（求实出版社，第101—104页。——译者）。关于周恩来对起草1956年6月20日社论的贡献，胡华主编：《中国社会主义革命和建设讲义》，第146页。

同时，在 1956 年春季和夏季，毛不仅提出了"百花齐放"的口号，而且也对阶级与阶级斗争问题、共产党与其他社会力量的关系问题、是非关系问题等采取了非常温和的态度。他在 1957 年 2 月 27 日《关于正确处理人民内部矛盾》的讲话中，更为详细地论述了这些问题。但毛在此之前的讲话中已多次提到这些问题。由于"阶级斗争"在 1957—1976 年间所具有的重要作用，有必要专门对这一主题进行详细讨论。

人民、阶级与矛盾

1957 年 2 月之前，毛考虑这些问题的理论框架基本上是在 1937 年的《矛盾论》中形成的。在这篇文章中，毛认为，虽然矛盾"贯穿于每一个发展过程的始终"，虽然所有的矛盾都包含着斗争，但它们不一定都是对抗性的，对于不同性质的矛盾应该采取不同的解决方法。在毛当初写的这篇论文的原文中，他把"非对抗性矛盾"的范围规定得非常宽泛，对阶级斗争的范围规定得也就很严格了：

> 例如，共产党内正确思想与错误思想的矛盾，文化上的先进与落后，经济方面城市与乡村的不同，生产力与生产关系，生产与消费，交换价值与使用价值，各种不同的劳动分工，工、农在阶级关系上的矛盾，以及自然界中的生与死，遗传与变异，冷与热，白天和黑夜——没有一种是以对抗形式而存在。[1]

1951 年的校订本当然构成了我们这里所考察的这个时期正统的思想意识的标准，在这个版本中，毛泽东划分界限更为谨慎，他解释说，"共产党内正确思想和错误思想的矛盾，……在阶级存在的时候，这是阶级矛盾在党内的反映"。"但如果犯错误的人坚持错误，并扩大下去"，这种矛盾也就有可能发展为对抗性的。他还指出，城乡矛盾，

---

[1] 尼克·奈特：《毛泽东的"矛盾论"：一份公开文稿的注释翻译》，第 38 页。（译稿在中文基础上略作修改。）

在资本主义社会里面,在中国的国民党统治区里,都是"极其对抗"的矛盾,但在根据地里面,在社会主义国家里是非对抗的矛盾。①

就这篇著作的语气而言,这里存在着重大的差别。它反映了毛泽东对强调阶级斗争的需要,他要在整个 50 年代或多或少地掀起阶级斗争。但是,就两个仅有的、对新政权构成严峻问题的阶级而言(正像我们从前文关于《论人民民主专政》研究中所看到的),他 1951 年划分界限时对它们的态度没有重大变动。无产阶级与资产阶级之间的矛盾仍然要"通过社会主义革命"方式来解决;而在社会主义社会里工人与农民之间的矛盾,1937 年设想的是通过"农业社会主义化"解决,现在他提出要用"农业集体化与机械化"的办法,这确实比以前具体多了。②

1950 年 6 月,在七届三中全会上,毛泽东作了题为《不要四面出击》的讲话(该讲话已收入《毛泽东选集》),他在当时的这个讲话中坚定了他基本温和的态度。换句话说,就是不要同时与很多阶级进行斗争。在总结党在目前对于中间阶级即民族资产阶级的态度时,他指出:

> 全党都要认真地、谨慎地做好统一战线工作。要在工人阶级领导下,以工农联盟为基础,把小资产阶级、民族资产阶级团结起来。民族资产阶级将来是要消灭的,但现在要把他们团结在我们身边,不要把他们推开。我们一方面要同他们作斗争,另一方面要团结他们。③

以毛的观点,到 1952 年 6 月,事情已经发展到了这样的地步,工人阶级与民族资产阶级之间的矛盾已成为中国的"主要矛盾",因

---

① 《毛泽东选集》英文版第 1 卷,第 344—345 页。(《毛泽东选集》第 1 卷,人民出版社 1991 年版,第 335 页。——译者)

② 尼克·奈特:《毛泽东的"矛盾论"》,《毛泽东选集》英文版第 1 卷,第 321—322 页。

③ 《毛泽东选集》英文版第 5 卷,第 35 页。(《毛泽东选集》第 5 卷,人民出版社 1977 年版,第 23 页。——译者)

此再把民族资产阶级界定为"中间阶级"就不合时宜了。[①]

　　然而，他在 1952 年 9 月写给黄炎培的信中说，在整个"一五"计划时期（到 1957 年止），要求一大部分资产阶级接受社会主义思想，那是不合理的。他们必须接受工人阶级指导，但要求他们接受工人阶级的思想，放弃赚钱的念头，那是"不可能的，也是不应该的"。[②]

　　1955 年夏，毛泽东又进一步推动农村的阶级斗争，特别是区别"上"中农和"下"中农，把这两部分人之间的界限当作中国农村社会的基本分界线。1955 年 10 月召开的中共七届六中（扩大）全会正式认可了他的农村路线。在这次全会的总结报告中，毛总结了当时的形势，再次提到共产党人的两个联盟，一个是同农民的联盟，另一个是同民族资产阶级的联盟。这两个联盟都"很必要"。但在这两个联盟中，同农民的联盟是"主要的，基本的，第一位的"，而同资产阶级的联盟是"暂时的，第二位的"。在强调这两个联盟间的相互关系时，他说：

　　　　1950 年，我在三中全会上说过，不要四面出击。那时，全国大片地方还没有实行土地改革，农民还没有完全到我们这边来，如果就向资产阶级开火，这是不行的。等到实行土地改革之后，农民完全站到我们这边来了，我们就有可能和必要来一个"三反"、"五反"。农业合作化使我们在无产阶级社会主义基础上，而不是在资产阶级民主主义的基础上，巩固了同农民的联盟。这就会使资产阶级最后地孤立起来，便于最后地消灭资本主义。在这件事情上，我们是很没有良心哩！马克思主义是那么凶哩，良心是不多哩，就是要使帝国主义绝种，封建主义绝种，资本主义绝种，小生产也绝种。

---

①　《毛泽东选集》英文版第 5 卷，第 77 页。（《毛泽东选集》第 5 卷，人民出版社 1977 年版，第 65 页。——译者）

②　"致黄炎培"，1952 年 9 月 5 日，《毛泽东书信选集》，第 441—443 页。

毛解释说：在头三个五年计划的 15 年里（其中三年已经过去），"国际国内的阶级斗争会是很紧张的"。① 农业和资本主义工商业的社会主义改造，正像上文刚引述的，毛在他的讲话中说，大约需要三个五年计划的时间，而实际上到 1956 年底就全部完成了（见《剑桥中国史》第 14 卷第 2 章）。到 1956 年早期，毛泽东对未来充满信心，并感觉到自己的地位日益巩固。正像我们所看到的，他对阶级斗争采取了更加温和、更加稳健的方针，尤其是对于资产阶级知识分子的作用。他还强调了科技工作者的重要性。

另一件能够反映这一倾向的事情是，不再像先前那样，在接纳新党员时歧视非无产阶级成分。正像我们已经指出的，为了改变党的阶级成分，中华人民共和国建国初期，党作出了艰苦的努力，吸收更多的工人入党。然后，1956 年，新党章取消了以前对于非工人成分的较为严格的审查。其理由正如邓小平在党的八大作的报告中所指出的，"以前的社会成分的划分已经或正在失去其意义"。我们有必要回顾一下邓小平观点的详细内容，因为它们为我们提供了毛在他生命最后 20 年间关于阶级观点发展的背景材料：

> 工人和职员已经只是一个阶级内部的分工；……贫农和中农现在都已经成为农业生产合作社的社员，他们之间的区别很快就只有历史的意义；……知识分子的绝大多数在政治上已经站在工人阶级方面，在家庭出身上也正在迅速改变着；……每年都有大批的农民和学生变为工人，每年都有大批的工人、农民和他们的子弟变为职员和知识分子，每年都有大批的农民、学生、工人和职员变为士兵；……把这些社会成分分为两类还有什么意义呢？②

① 《毛泽东选集》英文版第 5 卷，第 213—215 页。（《毛泽东选集》第 5 卷，人民出版社 1977 年版，第 197—199 页。——译者）

② 《中国共产党第八次全国代表大会》英文版第 2 卷，第 213—214 页。（《邓小平文选（1938—1965）》，人民出版社 1989 年版，第 233—234 页。——译者）

邓在这里更加注重为革命工作的主观态度与愿望，而不是家庭出身，在这方面，他的观点与毛的思想是协调的。毛这时的思想发展趋势未变（虽然不是前后始终完全一致）。毛指出，中国社会的阶级斗争正迅速消失。但是在这一点上，他的思想与后来兴起而且将党冲垮的潮流显然是背道而驰的。当然，这并不意味着毛泽东当时不同意他的观点。甚至在 1966 年"文化大革命"的第一个高潮期间，当康生抱怨八大政治报告含有阶级斗争熄灭论时，毛还承认他在 1956 年也持有这种观点："报告我读过，而且是经大会通过的。我们不能让刘、邓两人单独承担责任。"①

毛是怎样又是为什么开始戏剧性地改变他对于阶级和阶级斗争的态度，而在 10 年后把刘少奇打成"头号走资派"呢？一般的情况众所周知。值得强调的一个方面是中国知识精英关键性的更新换代，这无论如何是不可避免的，但 1957 年的几个事件却加速了这一进程。在 1949 年以后的最初几年间，中国所必需的技术干部与管理干部，大多数是旧社会留下来的，他们出身于"资产阶级"，或在西方受过教育，或在从欧美或日本留学回来的人执教的大学中受过教育。毛认为这些人的忠诚是可以得到的，他们是专家，也可以变红。毛在 1956 年春天提出的"百花齐放"政策，主要是考虑到这样一个目的，在提高他们的修养、改造他们的过程中，把 1949 年以前的知识分子拉进来，积极参与政治生活和社会生活。

他在 1956 年 4 月 25 日最初向党阐述《论十大关系》时，重申"党内的原则上的争论"是"社会上阶级斗争在党内的反映"，同时，强调了交流思想的重要性，尤其是在科技领域与国内外人们的交流。② 在政治局讨论他的报告的过程中，提出了"百花齐放"的口号。在 4 月 28 日的进一步讨论中，毛指出，只要一个人的观点正确，就会有越来越多的人相信它。他又补充说，党在文学领域里的方针应

---

① S. 施拉姆：《毛泽东同人民的谈话》，第 269 页。
② 《毛泽东选集》英文版第 5 卷，第 301—306 页。（《毛泽东选集》第 5 卷，人民出版社 1977 年版，第 284—288 页。——译者）

该是"让百花齐放",在学术上的方针是"让百家争鸣"。①

在1956年5月2日最高国务会议上提出的《论十大关系》文稿中,毛第一次系统地阐述了对这一问题的思想。他作了高度的概括,宣布春天已经到来,应该允许"百花齐放",而不只是放那么几朵。他回忆说,"百家争鸣"的提法来自春秋战国时期,当时有百家主要的哲学家们,他们各树一帜,自由争论。他说,目前我们也需要"百家争鸣"。在宪法规定的范围内,各种学术派别都可以在互不干涉的情况下争论他们思想的对错。他说,我们仍未弄清李森科的思想是对还是错,所以让每个学派在报刊上各抒己见。②

人们不仅在报纸上讨论李森科的思想,而且在1956年8月,又以"百家争鸣"为口号,在青岛召开了为期两周的大型学术会议,就遗传学中的不同观点进行辩论。③ 有一个与会者随后在《光明日报》上发表了一篇热情洋溢的文章,毛泽东个人决定应该在《人民日报》转载,并亲自补加了一个副标题:"发展科学的必由之路"。④

关于人民内部矛盾既相互关联又互相区别的思想,在1956年秋天首次出现,那是在苏联反斯大林主义和波匈事件之后。1956年11月15日,他在八届二中全会上作报告,指出中国社会的阶级矛盾已基本得到解决,然而他也坚决支持阶级斗争、支持对反革命分子实行无产阶级专政,并且反对赫鲁晓夫通过议会道路和平过渡的思想。⑤

根据现有资料,毛在1956年12月4日致黄炎培的信中首次使用"人民内部矛盾"这一确定概念。黄是民主党派的一位主要代表人物。

---

① 《1981年决议·注释本》,第253—254页。

② 同上书,第254页。

③ 有关这次会议正式讨论的全部记录在近30年之后才出版。见《百家争鸣——发展科学的必由之路,1956年8月青岛遗传学座谈会记录》。

④ 前引书,第10页(导言)。更完整的阐述见龚育之:"发展科学必由之路——介绍毛泽东同志为转载《从遗传学谈百家争鸣》一文的信和按语",载《光明日报》1983年12月28日。

⑤ 《毛泽东选集》英文版第5卷,第341—348页。(《毛泽东选集》第5卷,人民出版社1977年版,第363—375页。——译者)《1981年决议·注释本》,第513页。

在这封信中，毛指出，虽然阶级斗争在中国（如反对帝国主义及其走狗的斗争）"已经基本上解决了"，但在将来，人民内部的问题将"不断涌现"。① 显然，这意味着人民内部矛盾将日益增多。

1956 年 12 月 29 日，《人民日报》发表了题为《再论无产阶级专政的历史经验》的社论，② 这是毛关于这一问题思想的第一次公开解释。③ 这篇文章的目的在于与由波匈事件所引起的对斯大林和苏联经验的过分否定进行论战，文章以稍微强烈的观点评论说，谁也不能采取"把人民内部的矛盾放在敌我矛盾之上"的立场，并指出，"否定阶级斗争、不分敌我的人，决不是共产主义者，决不是马克思列宁主义者"。④

1957 年 1 月 27 日，在省市自治区党委书记会议上，毛指出，"在（社会主义）建设时期，我们关于阶级斗争和人民内部矛盾方面的经验还不充分。这是一门科学，我们必须很好地研究它"。⑤

一个月之后，毛发表了《关于正确处理人民内部矛盾》的著名讲话，用大量篇幅精辟阐述了这门学说。在这篇讲话的原文中，毛表示对 12 月的社论持保留态度（即使是他亲自修改过）。⑥ 他说，社论未明确阐述民族资产阶级问题，尚未说清楚同民族资产阶级的矛盾属于人民内部的矛盾。的确，在特定的环境下，这种矛盾可以转变为对抗性矛盾，但是我们不能错将善意的批评当作恶意中伤。列宁没有来得及正确地分析这一问题，而斯大林根本就没有作这一

---

① "致黄炎培"，1956 年 12 月 4 日，《毛泽东书信选集》，第 514—515 页。（毛自己明白副词"基本上"是什么意思。）

② 译文见英文"无产阶级专政的历史经验"，第 21—64 页。

③ 这一表达的新提法在当时很广泛，这些总的来说都是毛的思想。（这一段话见 S. 施拉姆：《毛泽东的政治思想》，1963 年版）毛在未公开出版的文稿中没有事先表达这一思想的事实由廖盖隆确认，见"社会主义社会中的阶级斗争和人民内部矛盾问题"，廖盖隆：《全面建设社会主义的道路》，第 245 页。

④ "无产阶级专政历史经验"，第 25 页。

⑤ 《1981 年决议·注释本》，第 532 页。

⑥ 《毛泽东思想万岁》（1969 年），第 89 页；《毛泽东文集》，第 61 页。这一资料只是表明这次，会议是在 1957 年 1 月召开的。在英文版《毛泽东选集》中的日期是 1 月 27 日（第 5 卷，第 359—383 页），但其中没有这段内容。

区分的尝试：

> 你只能赞同，不能反对；你只能为他的功绩和美德唱赞歌，
> 而不能批评；如果你批评了，他就会把你当作敌人，你就会有被
> 送进集中营或处死的危险。

> "左"倾机会主义者，也就是所谓"左派"，他们打着左的旗
> 号，但是他们并非是真正的"左"派，因为他们把敌我矛盾扩大
> 化。比如，斯大林就是这么个人。

毛泽东说，中国也犯过同样的错误，尤其是在肃反运动中。[①]
关于中国与苏联的分歧以及相关的战争与和平问题，在毛 2 月
27 日讲话的原稿中占有很长而且很重要的篇幅。这在下文关于中
苏破裂的部分中还要讨论。讲话还涉及了本章无暇展开的各种不同
的问题，诸如在计划生育工作中流行的"无政府主义"，[②] 现阶段的
中国无力普及中等教育等等。[③] 就我们这里所关心的问题，毛宣布，
中国社会"基本的"矛盾是生产力与生产关系、经济基础与上层建
筑之间的矛盾。[④] 与此同时，他明确宣布，在他看来，阶级斗争在
中国基本上已经结束。[⑤]
在毛 1957 年 2 月讲话的官方文本当中，我们也可以发现同样
强调了人民内部矛盾的重要作用。例如，他指出："正是这些矛
盾 [人民内部矛盾] 推动我们社会向前发展"；在毛看来，因为
矛盾是变化的原动力，所以推动社会向前发展的特殊矛盾，或特
殊类型的矛盾，在逻辑上当然是主要矛盾。另外，在同一段中，

[①] 《学习文选》，第 193—195 页。关于这段话在 1957 年 2 月初稿中的另一个文本，见
《毛主席文献三十篇》（北京：特钢厂 1967 年版），第 94—95 页。

[②] 《学习文选》，第 209 页。

[③] 同上书，第 211 页。

[④] 同上书，第 212—213 页。

[⑤] 参阅前引书，尤其是第 201 页。也可见苏绍智在《试论我国现阶段的阶级状况和阶
级斗争》一文中的评论（《马克思主义研究文选》第 6 期，第 35 页）。（中文版载于
《学术月刊》1979 年 10 月号，第 1 页。）

毛继续说：

> 社会主义社会的矛盾同旧社会的矛盾，例如同资本主义社会
> 的矛盾，是根本不同的。资本主义社会的矛盾表现为剧烈的对抗
> 和冲突，表现为剧烈的阶级斗争，那种矛盾不可能由资本主义制
> 度本身来解决，而只有社会主义革命才能够加以解决。社会主义
> 社会的矛盾是另一回事，恰恰相反，它不是对抗性的矛盾，它可
> 以经过社会主义制度本身，不断地得到解决。①

这些论述似乎是支持了近几年中国几位主要理论工作者提出的观点，意思是毛在 1956 年末和 1957 年初的思想就是从 1955 年到 1956 年间社会主义改造完成之后，人民内部矛盾（一般说来，它不能被当作阶级斗争的一种形式）取代了阶级斗争而成为中国社会的主要矛盾。②

与构成中国社会各阶级间矛盾密切相关的一个问题是知识分子作用问题。毛对消灭知识分子队伍中阶级差别问题采取了相对宽容和缓和的态度。他的这一态度表现在 1957 年 1 月的一次讲话中。他指出，在中国，80％的大学生仍然是地主、富农、上中农与资产阶级的子弟，他认为，"这种状况应当改变，但是需要时间"。③ 不过，在关于"人民内部矛盾"讲话的原文中，他着重强调了让知识分子自我改造的重要性，不让他们放任自流。他说，他们所要求的一切，不过两件事情：一个是高工资，另一个是"讨老婆"或"嫁老公"——换句话说，"吃东西和生孩子"。④

---

① 《毛泽东选集》英文版第 5 卷，第 393 页。（《毛泽东选集》第 5 卷，人民出版社 1977 年版，第 372—373 页。——译者）

② 廖盖隆："社会主义社会中的阶级斗争和人民内部矛盾问题"，第 246—253 页。苏绍智：《试论我国现阶段的阶级状况和阶级斗争》，第 22—26 页。

③ 《毛泽东选集》英文版第 5 卷，第 353 页。（《毛泽东选集》第 5 卷，人民出版社 1977 年版，第 333 页。——译者）

④ 《学习文选》，第 207 页。

毛对诸如此类目标是鄙视的（不消说在这两方面他自己却是享用够的）。他在 1957 年 2 月 27 讲话中谈到物质享受的腐蚀作用，说中国人有两个特点：生活水平低，文化水平低，而这两个特点都有两方面的含义：

> 如果中国变富了，有了西方世界的生活水准，她就不再需要革命了。西方世界的财富已成了他们的缺点，这些缺点就是他们不再想革命了……他们高水平的生活还没有我们的文盲来得好。[笑声]①

我们将会看到"大跃进"期间，毛的思想中的这种倾向大量出现，并进一步表现出来。然而，与此同时，在 1957 年初，毛对于资产阶级及其知识分子总体上还是都留有好感的。

直到 1957 年 5 月 2 日，《人民日报》发表了一篇社论。据一位消息灵通的中国专家说，这篇社论"完全反映了毛泽东同志当时的观点"。社论说，"随着社会主义改造的决定性的胜利，我国无产阶级同资产阶级之间的矛盾，已经基本上解决，几千年来的阶级剥削制度的历史已经基本上结束"。社论最后指出，中国的主要矛盾已经不再是敌对阶级间的矛盾，而是人民"对于建立先进的工业国的要求同落后的农业国的现实之间的矛盾"，以及其他一些性质类似的矛盾。②

但是在 5 月中旬，由于连续猛烈的批评，毛的态度发生了根本变化，他觉察到在党员中"有许多人"是修正主义者或"左"倾机会主义者，他们的思想是"资产阶级思想在党内的反映"，他们"与社会上资产阶级知识分子有千丝万缕的联系"。③

---

① 《学习文选》，第 225—226 页。

② "为什么要整风"，《人民日报》1957 年 5 月 2 日。关于上面的引文涉及的毛对社论的肯定，见廖盖隆："关于学习《决议》中提出的一些问题的解答"，《云南社会科学》1982 年 3 月第 2 期，第 104—105 页（1981 年 10 月 8 日在云南党政干部会议上的发言）。

③ "事情正在起变化"（1957 年 5 月 15 日），《毛泽东选集》英文版第 5 卷，第 440 页。（《毛泽东选集》第 5 卷，人民出版社 1977 年版，第 423 页。——译者）

在 1957 年 6 月改写他 2 月的讲话时，毛修饰了他当初阶级斗争已经结束的结论，进一步写道："我们国内革命时期的大规模的急风暴雨式的群众阶级斗争已经基本结束，但还有阶级斗争。"① 这段话还是比较温和的，但是毛的语气在逐渐加强。因此，到 1957 年 7 月，当"百花齐放"运动逐渐演变成为"反右运动"时，他断言："为了建成社会主义，工人阶级必须有自己的技术干部队伍，必须有自己的教授、教员、科学家、新闻记者、文学家、艺术家和马克思主义理论家队伍。……这个任务，应当在今后十年至十五年内基本上解决。"固然，他说这支新的队伍应该包括旧社会过来的"真正经过改造站稳了工人阶级立场的"知识分子，但是很显然这支队伍的大多数成员是要阶级出身好的年轻人。他说："在这个工人阶级知识分子宏大新部队没有建成以前，工人阶级的革命事业是不会充分巩固的。"②

至于现存的知识分子，毛轻蔑地警告他们：

> 知识分子是工人阶级、劳动者请的先生，你给他们的子弟教书，又不听主人的话，你要教你那一套，要教八股文，教孔夫子，或者教资本主义那一套，教出一些反革命，工人阶级是不干的，就要辞退你，明年就不下聘书了。③

从此以后，毛日益看到到处都是"反共产党和反人民的牛鬼蛇神"。④

---

① 《毛泽东选集》英文版第 5 卷，第 395 页。(《毛泽东选集》第 5 卷，人民出版社 1977 年版，第 418 页。——译者)

② "一九五七年夏季的形势"(1957 年 7 月)，《毛泽东选集》英文版第 5 卷，第 479—480 页。(《毛泽东选集》第 5 卷，1977 年版，第 462—463 页。——译者)

③ "打退资产阶级右派的进攻"(1957 年 7 月 9 日)，《毛泽东选集》英文版第 5 卷，第 469—470 页。(《毛泽东选集》第 5 卷，1977 年版，第 453 页。——译者)

④ 同上书，英文版，第 444 页。

毛对"中国式道路"的寻求

正如本章的导言所论述的那样，总的来看，1957年秋的反右运动不仅是中国政治生活而且是毛泽东思想发展的一个重大转折点。这一时期所发生的种种变化，涉及毛的理论兴趣和毛对政治思考的各个方面，从经济学到哲学，从中国国内问题到与苏联的关系等。不过，在相当大程度上，毛泽东思想中这些新趋势的核心及导致这些新趋向出现的动力，都可以从他关于"建设社会主义"的思想中找到。

决定论与乌托邦梦想："大跃进"理论

如同刚才指出的那样，这时毛的情绪与思想所发生的一个重要变化，是对知识分子态度的急剧转变。1957年初参与"大鸣大放"的专家、学者，以其严厉的、对毛的思想的否定性、诋毁性的批评，使人们对毛不顾他的许多老同志的反对而推行的这些政策、进而对毛的观点发生怀疑，这就动摇了他的威望与权威。因此他转而粗暴地反对他们。此后，除了培养新的根红苗正的知识分子以外，毛更愿意依靠广大群众的热情和创造性。

至于那些在"百花齐放"期间辜负了他的信任的可怜的书呆子们，有谁需要他们呢？因此，和他1956年认为科学家是决定因素的观点完全相反，毛反复重申并积极推行了一些政策，强调"一切聪明才智都来源于人民群众"，"知识分子是最无知的"。1958年3月，他宣称：

> 从古以来，创新思想、新学派的人，都是学问不足的青年人，他们一眼看出一种新东西，就抓住向老古董开战。……美国富兰克林发明了电，他是卖报的孩子，……高尔基只读了两年小学。当然学校也可以学到东西，不是把学校都关门了，而是说不一定在学校。[1]

---

[1] S. 施拉姆：《毛泽东同人民的谈话》，第119—120页。

不论我们发现这段语录以及毛在"大跃进"期间发表的其他许多反知识分子的言论多么精辟有力，如果我们把其中的任何一段，当作他对这些问题的观点的全面而公允的表述，那就错了。在这个时期，他仍力求在紧张状态中保持一个整体，力求处置好处于两个极端的问题，如人民群众的创造性与经济发展所必需的科技投入，或中国的乡村社会与城市社会等。

1958年12月，毛写信给陆定一，支持了清华大学党委关于纠正在处理物理系教员时所犯"左"倾错误的报告，并要求将该报告印发各处。这份报告说，人们普遍认为，"社会主义革命时期知识分子是革命对象，向共产主义过渡期间他们更是革命对象。因为他们绝大多数都是资产阶级知识分子、剥削阶级，连团员助教也被认为是革命对象"。在这种流行的观点看来，把这些人全都留在身边的唯一原因是为了树立斗争的对象。如果教授们拒绝接受改造、拒绝自愿削减工资，那么就该把他们送往养老院。

毛和清华大学党委一样，以需要团结一切可能团结的各类教师和研究人员为无产阶级的教育、文化和科学事业服务为理由，彻底地否定了这一观点。[1] 尽管如此，毛的主要兴趣毫无疑问已经改变，把希望转向了人民群众和农村。

除了毛对城市知识分子的不满以外，促使他的思想转向农村的一个重要因素，是创立更大规模的农村组织以适应机械化和水利灌溉这种不断增长的趋势。这也是党的政策转向农村的主要推动力。早在1955年底，在他为《中国农村的社会主义高潮》一书所写的一则编者按中，毛就宣布了大社的优越性，并写道："有些地方可以一个乡为一个社，少数地方可以几乡为一个社，当然会有很多地方一乡有几个社的。"[2]

在1956年春至1957年秋这段时间里，反对"冒进主义"的运动

---

[1]　"致陆定一"，1958年12月22日，《毛泽东书信选集》，第554—555页（出于某种考虑，这里略去了该大学的名称）。毛的信和有关文件的原文都收录在《万岁》（1969年）一书中第267—269页。

[2]　《毛泽东选集》第5卷，人民出版社1977年版，第257—258页。英文原注为《社会主义高潮》，第460页；《毛泽东选集》第5卷，第273—274页。

和其他因素，使毛倡导的某些更加激进的政策黯然失色，总的来看，毛的这一意见并没有付诸实施（参见《剑桥中国史》第 14 卷第 2、3 章中有关开始"大跃进"的政治和经济发展的论述）。不过，在 1957—1958 年的冬天，一个合并现存的高级合作社的运动出现了。毛在 1958 年 3 月成都会议上全力支持这个运动。1958 年 4 月 8 日，中央委员会发布了一个意思一样的指示，部分内容如下：

> ……农业生产合作社如果规模过小，在生产的组织和发展方面势将发生许多不便。为了适应农业生产和"文化大革命"的需要，在有条件的地方，把小型的农业合作社有计划地适当地合并为大型的合作社是必要的。[1]

这个指示正好是在毛参观四川红光的"大社"的消息在报上登出的当天发布的（毛 3 月中旬视察该地，当时成都会议正在进行之中）。[2] 这一巧合实在太明显了，不会是偶然所致。

正如已经指出的那样，建立大型组织的冲动的出现，是出于要在农村创立一个更为有效的基层组织这样的考虑，其中首要的是促进水利工程发展的考虑。因此，就在 1958 年 3 月的成都会议上，以及在成都会议之前的南宁会议上，毛竭力主张大社。他又花费大量时间来听取有关修建巨坝控制长江水流的"三峡"工程的不同意见，并主持会议进行这方面的决策。所有这些也就不足为怪了。[3]

在成都会议早期，"大社"还不正式赋予行政和军事功能。这两方面的功能是 1958 年 8 月北戴河会议所批准的"人民公社"最显著

---

[1] 《1981 年决议·注释本》，人民出版社 1985 年版，第 324 页。英文原注为《1981 年决议·注释本》，第 323—324 页。这里所说的毛在成都会议上突然支持大社，在中国之外可以看到的有关他在会上三次演讲的原文中都没有出现。（S. 施拉姆：《毛泽东同人民的谈话》，第 96—124 页。）

[2] 戴维·S.G. 古德曼：《中华人民共和国的中央与省：四川和贵州（1955—1965）》，第 144—145 页。

[3] 参见李锐《论三峡工程》，第 8—10、94—99、171、245 页和其他各处。

的特色之一。因此，人们不能说，两者都是公社，只不过是叫法不同而已。不过，大社已经开始具有这方面的一些特征，因而它们是发展过程中的一个阶段，很快就成为公社。

当然，公社出现的历史本身不是我们这里要关心的问题，但上述的这些事实却与这一章的主题有关，因为它们表明了毛自己的思想和行动对于 1958 年夏天突然到来的体制革命有着直接的作用，并且将在 1/4 世纪的时间里塑造中国的农村社会。

对于这一倾向的美妙想法，我们不仅可以在毛对农村社会的认同中发现，而且也可以从 1955 年集体化运动中就已支配他的太平盛世的梦想里看到。从毛于 1956—1958 年间在文章里反复阐述的主题中我们可以发现这些思想。根据他的思想，中国人民可以从他们处于"一穷二白"的状态中，获取一些有利条件。1958 年 4 月，他写道："穷则思变，要干，要革命。一张白纸，没有负担，好写最新最美的文字，好画最新最美的图画。"[①]

在这里，毛把他 1957 年 2 月 27 日的讲话中曾用不同语言表述过的两个互相联系的观点统一起来了。当时，他在讲话中谈到中国"文盲"的优越性大于西方的财富。从总体来说，农民是全体中国人民中最为贫穷的部分，也就是说，他们受到物质享受的侵蚀较少，对现代世界的狡猾奸诈最为无知，从这一意义上说，他们在道德和革命能力方面具有明显的优势。

毛的思想中这种倾向的深刻根源可以追溯到过去，追溯到他胜利地进入北京城之前在农村的 22 年艰苦斗争。我在《剑桥中国史》第 13 卷中关于"1949 年以前的毛的思想"这一章的结语中指出，50 年代晚期的经济政策的特性不能根据"延安模式"来描述，因为具体情况太不相同。[②] 不过，它同延安和井冈山精神确实有着某

---

① 《毛泽东著作选读》，（乙种本），中国青年出版社 1965 年版，第 249 页。英文原注为《红旗》第 1 期（1958 年 6 月 1 日）第 3—4 页；《北京周报》第 15 期（1958 年 6 月 10 日）第 6 页。

② 《剑桥中国史》（英文版）第 13 卷，第 868—869 页。

种连续性。

这种连续性在 1958 年 8 月毛泽东在北戴河会议上的讲话中表现得分外鲜明。这次会议正式批准组建人民公社。毛在会上反复提倡取消工资制，重新采用战争年代实行的供给制，他声称，人活着只搞点吃的，同狗就没有什么区别了，"不搞点帮助别人，不搞点共产主义，有什么意思呢?"他断言工资制是一种"资产阶级法权"，其结果是"发展个人主义"。他评论说，有些人硬说平均主义会助长懒惰，但实际上等级制才是这样。[①]

毛明确地把整个社会的斗争精神与牺牲奉献精神和过去的武装斗争联系起来。他说，"我们共产主义也是从军队首先实行的。中国的党是很特别的党，打了几十年仗，都是实行共产主义的"。现在，在与帝国主义和自然所进行的双重斗争中，目标同样是清楚的，采用供给制度绝不会削弱人民的主动性和献身精神。[②]

在论述公社包含着"共产主义萌芽"时，毛把公社与城市对立起来。城里人要"正规化"，充斥着高高在上的大衙门。在号召拼命干、大炼钢铁时，毛指出，有些人批评后院炼钢是"农村作风"或"游击习气"，实际上，这样的观点是"资产阶级思想"的表现，它已经丢弃了我们党的许多优良传统。[③]

1958 年 9 月 29 日在与一位记者的谈话中，毛又一次公开指责那些认为动员群众搞工业生产是"不正规"或是一种"农村作风"的人。[④] 不过几个月后，即 1959 年 7 月，他不得不承认这一指导失误，导致了"大规模的混乱"，并且是对资源的极大浪费。[⑤]

毛计划推行军事共产主义式的供给制，周恩来根据各个部提供的

---

① 1958 年 8 月 21 日上午和 1958 年 8 月 30 日上午的讲话。《学习文选》，第 304、306—307 页。

② 1958 年 8 月 30 日的讲话。出处同上，第 318 页 (也参见 8 月 21 日的演讲第 306 页)。

③ 1958 年 8 月 17 日、8 月 21 日 (上午) 和 8 月 30 日 (上午) 的演讲，出处同上，第 302、305—307 页各处，第 318 页。

④ S. 施拉姆:《毛泽东的政治思想》，第 353 页。

⑤ S. 施拉姆:《毛泽东同人民的谈话》，第 144—146 页。

资料作了精细的估算，结果表明，与工资制相比，供给制的昂贵简直是灾难性的。①毛的计划才被劝阻。顺便说一句，毛泽东在 1958 年 1 月的南宁会议上发动、并在 3 月的成都会议上猛烈抨击了 1956 年"反冒进"的人，而周恩来就是他抨击的主要对象。尽管如此，周能够在这个问题上劝阻毛，足见了周的执著和威信。②不过，虽然毛承认这种想法在眼前是不现实的，但他继续做着这样一种乡村乌托邦梦。

　　然而，早在 1958 年 11 月的第一次郑州会议上，毛就清楚地认识到农民对自身的物质利益表现出某种依恋。他声称："在没有实现农村的全民所有制以前，农民总还是农民，他们在社会主义的道路上总还有一定的两面性。"在 1959 年 2—3 月的第二次郑州会议上，他几次重申了这一论断，并认为，在现阶段，在工农关系中仍然扮演着"老大哥"角色的是工人，而不是农民。③

　　也许，无论是在实践上还是在内心里，毛从来就没有真正地解决这样的一个两难命题，即农民阶级既是社会的中坚，同时在社会主义建设中又是工人阶级的"小弟弟"。

　　毛泽东在"大跃进"时期试图创立关于社会主义发展的总体模式中特别富有启发性的象征，就是"继续"或"不断"革命的理论。毛在 1958 年 1 月的《工作方法六十条》中，这样阐述这一理论：

　　　　我们的革命是一个接一个的。从 1949 年在全国范围内夺取

---

① 廖盖隆："历史的经验和我们的发展道路"，《中共研究》1981 年 9 月号，第 123 页。这份报告最早是提交给 1980 年 10 月 25 日由中央党校主持召开的中共党史学术讨论会的，后来在中国正式出版的只是修改后的文本。完全有理由相信台北复制的原件是真实的。它被翻译在《问题和研究》1981 年 10 月号、11 月号和 12 月号上。这里所引的部分出自 10 月号第 84 页。至于新的文本，参见廖盖隆《党史探索》，第 308—365 页。在正式出版的文本中，有关五六十年代的历史全貌作了极大的压缩，并且没有包括周在劝说毛放弃"供给制"中所起的作用的有关细节。
② S. 施拉姆：《毛泽东同人民的谈话》，第 122 页，其中特别是 1958 年 3 月 22 日的谈话部分。
③ 《万岁》(1969 年)，第 247 页；《万岁》(1967 年)，第 12、17、49 页等。

政权开始，接着就是反封建的土地改革，土地改革一完成就开始
农业合作化，……社会主义三大改造，即生产资料所有制方面的
社会主义革命，在 1956 年基本完成，接着又在去年进行政治战
线上和思想战线上的社会主义革命〔即反右运动〕。……但是问
题没有完结，今后一个相当长的时期内每年都要用鸣放整改的方
法继续解决这一方面的问题。现在要来一个技术革命，以便在十
五年或者更多一点的时间内赶上和超过英国。①

由于这段话说得清清楚楚，经济、社会、政治和文化改造同时进
行是"大跃进"的特点，总的来说，这同毛对革命的总的看法一样。
与此同时，在 1958 年毛的眼里，技术水平和物质生产水平的迅速提
高是很重要的部分。号召进行"技术革命"及 1957 年 12 月宣布的
"十五年赶超英国"的口号，明显地表示了对生产和技术的重视。

确实，在"大跃进"的高潮中，毛曾两次把中国现代化进程的开
端和变革的时间定在 19 世纪末，那时，张之洞开始实施他的工业计
划。1958 年 9 月，毛根据机床的数量衡量进步的程度；1959 年 2 月，
他的计量标准则是中国工人阶级队伍的增长。这两次，他都比较了
1949 年前后中国在追赶世界上发达国家方面所取得的成就。②

当然，这并不意味着毛把工业化或经济上的总体发展看作革命的
全部实质之所在。1958 年 5 月，党的八大二次会议正式宣布开始
"大跃进"，毛在会上的一次讲话中表明了他要加速经济增长的决心，
但他又指出，革命并不是经济发展的唯一结果：

我们不提"干部决定一切"的口号，也不提"苏维埃加电气
化就是共产主义"。我们不提这个口号，是否就不电气化？一样
的电气化，而且更化的厉害些。前两个口号是斯大林的提法，有

---

① 《万岁》(附录)，第 32—33 页；译自 S. 施拉姆《毛泽东和他 1958—1969 年的永远革
命理论》，载《中国季刊》第 46 期(1971 年 4—6 月)，第 226—227 页。
② 《万岁》(1969 年)，第 245 页；《万岁》(1967 年)，第 15 页。

片面性。"技术决定一切"，——政治呢？"干部决定一切"，——群众呢？在这里缺乏辩证法。斯大林对辩证法有时懂，有时又不懂。①

因而，虽然中国想要实现"电气化"，也就是说像苏联那样迅速地发展经济（这里用的是列宁的一种比喻的说法），但毛认为这个过程是与人的转变紧密相连的。

这样"大跃进"就并行不悖地包括了许多各不相同的灵感和强制命令，同时坚持技术革命与政治动员仅是这方面的一个实例。这类矛盾中最显著的就是，一方面用"政治是统帅"这一口号来强调党的统一领导，另一方面，经济上的主动性和控制权分散到这样一种程度，以致连毛后来都承认，行之有效的计划经济基本上不再存在了。这个问题的出现，在很大程度上是因为在 1956 年重新采用"双重领导"制度造成的（参见《剑桥中国史》第 14 卷第 3 章）。这一制度在 1958 年对党极为有利，以至于各级领导的实际控制权都在党的干部手中，而他们没有任何办法来检测经济决策的广泛后果，即便他们想要这样做。

当时，毛认为这没有什么好担忧的，因为不平衡是推动事物发展的"普遍的客观规律"。② 在这一意识形态公式的背后是这样一种信念，那就是把所有的人都动员起来在经济发展中发挥能动作用是绝对必要的。反转过来说，这不仅强调作为专家对立面的人民群众的创造性，而且实际上赋予全体"革命人民"（专家或至少是他们当中的"红色"专家）无限的能力，去改造他们自身的环境。因而，在那些在"大跃进"时期明显地反映出了毛的观点的思想著作中，我们发现了诸如"人有多大胆，地有多大产"或甚至是"主观创造客观"这样令人瞠目结舌的言论。③

---

① 《万岁》（1969 年），第 204 页。
② S. 施拉姆：《毛泽东和永远革命理论》，其中特别是第 232—236 页。
③ 见吴江在《哲学研究》1958 年第 8 期第 25—28 页上的文章。S. 施拉姆：《毛泽东的政治思想》，第 99、135—136 页。

或许可以这样说,在"大跃进"时,即 1968 年 5 月事件前的十年,毛就领会并阐明了"想象会变成力量!"的口号。后来巴黎的学生使这一口号名噪一时。当然所不同的是毛大权在握。1958 年夏,总的来看,不是冷静观察而是不断的狂热,作为确定真理和事实的标准。

1958 年 9 月毛在进行形势总结时宣称全国的粮食产量差不多翻了一番,并可望在 1959 年再翻一番。以至于很快就会发现,粮食太多,即使喂了牲口也有余,于是,就会出现如何处理粮食的问题。[①]

1958 年 12 月 9 日在武昌召开了中央委员会第六次全体会议。毛泽东在会上发表讲话,他在全会召开前举行的非正式讨论中,再次提出了"实事求是"的口号。他解释说,这就意味着在计划工作中,需要既热情又冷静,既要有崇高的志向,同时又要进行大量的科学分析。毛具体地说道,当他在预计 1962 年钢产量达到 1.2 亿吨时,他仅仅是考虑到中国对钢的需求,而"没有考虑到可能性的问题"。他说实际上这样的目标既不可能也不现实。中国人民不应该把向社会主义的过渡和向共产主义的过渡混为一谈,或企图先于苏联进入共产主义。[②]

在 1959 年的头几个月里,当"共产风"刮遍全国时,毛本人再次陶醉在幻想之中。1959 年 3 月,他对安娜·路易斯·斯特朗说,如果钢产量能像 1958 年那样达到 1959 年所订的目标,那么就可以每年有 600 万吨钢用于农机设备的生产,机械化很快就可以实现。[③] 到 7 月,他终于认识到土高炉是一种鲁莽的冒险行为,他应该对此负责。[④] 不过,经济上取得突破性进展的时间表虽然很快朝着更加现实的方向作了修改,但是,经济高速发展这一决定性的根本目标仍然没有改变。

为了实现这一目标,就需要全国上下进行有效的通力合作。因此,在 1959 年 7 月毛对"大跃进"高潮时期摧毁了计划体制一事也

---

① 《万岁》(1969 年),第 228 页。

② 《万岁》(1969 年),第 262—263、264—265 页;《杂录》,第 141—142、144—145 页。

③ 安娜·路易斯·斯特朗:《与毛泽东的三次会见》,载《中国季刊》第 103 期,1985 年 9 月号。

④ S. 施拉姆:《毛泽东同人民的谈话》,第 143 页。

承担了责任①，赞同了 1959 年初采用的"全国一盘棋"的口号。

　　毛认为有必要对工业领域实行更加有效的集中控制，与此同时，他又带头在公社实行所有权和控制权的下放。1959 年 3 月，在调整有关核算与分配的基本单位是否应下推一级或两级的激烈争论中，毛选择了后者这个比较大胆的解决办法。②（这里讨论的单位是"生产队"，通常译为"production team"，这意味着在 1959 年，现在所说的队就大致相当于过去的高级社）中间方案坚持要把后来取消了的相当于行政管理区域的实体作为基本的核算单位，毛反对这一方案。有关这方面的详情以及对后来发展，参见《剑桥中国史》第 14 卷第 8 章。

　　人们使毛相信，人民公社制度基本上是正确的，通过 1959 年春和初夏的调整，很容易得到巩固。③ 或许他认为，由他亲自动手修正他以前设计的，或者说至少由他推广的制度中的缺陷就可以消除党内可能对他的批评。如果他真是这样想的，那么他也实在是太失望了。在 1959 年 7、8 月间的庐山会议上，彭德怀、张闻天和其他人公开抨击了"大跃进"的一整套政策。④

　　庐山会议上这场冲突影响之大，无论怎样估计也不算过分，不仅是在毛对待他的同事们的态度上，而且在他的思想实质上。正如 1957 年一样，他犯了判断错误，但这番经历不仅没有使他吸取教训，相反却使他对自己的尊严变得更加敏感起来。结果，从心理角度看，庐山会议以后，毛泽东不仅力图打击每一个同他意见不一致的人，而且愈发认为他提出的任何一个想法都是正统的标准。换句话说，任何与毛所规定的正统标准相左的意见，即便不是彻头彻尾的反革命，也

---

① 　S. 施拉姆：《毛泽东同人民的谈话》，第 142 页。

② 　《万岁》（1967 年），第 106—107 页（1959 年 3 月 15 日的信）。

③ 　斯特朗：《与毛泽东的三次会见》，第 496—497 页。

④ 　实际上，张闻天三小时的中间发言比彭德怀的"意见书"要更系统，用了更精确的理论术语。参见李锐（当时曾出席了庐山会议）在"重读张闻天同志的'庐山发言'"一文中所做的分析，载《读书》1985 年第 8 期，第 28—38 页。张闻天演讲的原文已收录在《张闻天选集》中正式出版，见第 480—506 页。

是"修正主义"。①

合成物或折衷主义:毛思想中的中国成分与马克思主义成分

毛作为统治者的自我形象的产生,势必产生另一个二元性的问题,即马克思主义与中国传统的关系问题。自50年代后期起,这一问题在他的思想中日益突出。1958年5月,在党的八大二次会议上,毛宣称,"大跃进"的新政策带有与中国革命的"先生"——苏联比一比的意图。他还说,"我们有两个生身父母,一是国民党社会,二是十月革命"。② 他明确表示把这一说法用于政治学和经济学。

在毛承认的两个"生身父母"中,十月革命的重大意义不用作什么评论或解释。他一直说,中国从列宁、斯大林以及从1917年以来的苏联经验中学到了进行革命,特别是建立社会主义国家的理论与实践经验。另一方面,与"国民党社会"的关系,其所指远比初看的深刻得多。他说,中华人民共和国是由1949年的中国人民创造的,因此,它不仅反映了在国民党统治的20年,也反映了他们在整个漫长的历史过程中所形成的思想、态度和风俗习惯。

固然,中国需要一场在马克思主义理论指导下的革命改造,但这并不意味着要把这个国家变成苏联的复制品。1959年3月,毛说:"有些东西不要什么民族风格,比如火车、飞机、大炮,而政治、艺术就应该有民族风格。"③ 在这一论断背后,我们可以再次感到毛在1938年所表达的信念,即对过去的总结不仅为今天制定正确路线提供了素材,而且也提供了"方法"。

到"大跃进"时,毛就这样把马克思列宁主义、苏联传统和中国历史的经验教训相提并论,不分高低,一边是马克思列宁主义、苏联传统,一边是中国历史的教训,甚至认为国民党社会是现阶段革命的

---

① 用英文对庐山事件及其意义作了最全面最精确的描述的是罗德里克·麦克法夸尔,见《"文化大革命"的起源,2."大跃进"(1958—1960)》,第187—251页。
② 《万岁》(1969年),第222页;《杂录》,第121页。
③ 《万岁》(1967年),第48页。

"双亲"中更重要的一个。六、七年后，他强调的重点又进了一步，多次对党内的同志说："我是土哲学家，你们是洋哲学家。"①

在 1964 年和 1965 年，毛称自己是一个"本国的"或"土生土长"的思想家。这并不意味着他放弃了马克思而选择了孔子。但无论如何有一点是可以肯定的，直到他生命最后一刻，他的思想中的传统根源仍是十分重要的。不过，在 20 世纪 50 年代晚期到 60 年代初期毛的思想中的中国成分与西方成分是怎样确切地结合在一起的呢？他们是融合在一起了或是合并成了一个新的合成物？如果真是这样，那么两个组成部分中的哪一部分决定了他的整个思想体系的结构？"毛泽东思想"在本质上仍然是马克思主义的变种，因而归根结底仍然是一种西方化的载体？或者毋宁说，他的思想的逻辑和模式日益中国化？或者根本就没有体系，没有清晰的结构，只是由毫无关联的成分组成的一个不牢固的东西，里面有两个理论框架在运作，它们有时相互强化，有时相互矛盾？

毫无疑问，正如已经指出的那样，随着时间的推移，毛的思想的性质和他本人对它的感知发生了变化。在人民共和国的头几年里，他仍然把源于西方的理论——马克思主义——和中国文化视为他一心要编织的新的社会和政治组织结构的经线和纬线。但是到 50 年代后期，他对马克思主义理论的解释开始沿某些方向发展。这些方向既反映了"大跃进"政治气候的影响，又反映在对源出于中国传统的思想方式的越来越多的强调。

在《矛盾论》中，毛泽东毫无保留地接受了马克思和黑格尔辩证法的"三个基本规律"（对立面的统一和斗争，质量互变，否定之否定），但在同时，他突出"对立统一法则"，说它是"思维的根本法则"，似乎把它放在其他两个基本规律之上。② 诚然，列宁是曾说过

---

① S. 施拉姆：《毛泽东同人民的谈话》，第 225、239 页。

② 《毛泽东选集》合订本，人民出版社 1964 年版，第 310 页。英文原注为《毛泽东选集》第 1 卷，第 345 页。亦请参见 S. 施拉姆在《剑桥中国史》第 13 卷中关于 1949 年以前毛的思想一章。在"论辩证唯物主义"一文中，毛明确地肯定列宁发展了马克思主义的辩证法，它包括三大法则（《毛泽东集》第 6 卷，第 300 页）。

"可以把辩证法简要地确定为关于对立统一的学说"。1957年1月毛引用了这句话又马上接着说："这就会抓住辩证法的核心，可是这需要解释和发展。"① 另一方面，毛归根到底倾向于这样一种观点，即对立统一规律本身概括了辩证法的全部精髓。

1938年斯大林在为《联共（布）党史》所写的《论辩证唯物主义和历史唯物主义》一节中，列举了马克思主义辩证法的四个"基本特征"：一切现象都是互相联系的；自然界处于不断的运动和变化之中；发展的方式是从渐渐的量变导致质变或"飞跃"；矛盾是一切事物本身所固有的，对立面之间的斗争"就是发展过程的内在内容"。②

1957年1月在同党委书记们的谈话中，毛明确地就这一问题对斯大林的观点提出不同看法。他既批评了斯大林四个方面的分类在哲学上是不恰当的，也批评其在政治上的含义：

> 斯大林……讲，马克思主义辩证法有四个基本特征。他第一条讲事物的联系，好像无缘无故什么东西都是联系的……就是对立的两个侧面的联系……他第四条讲事物的内在矛盾，只讲对立面的斗争，不讲对立面的统一。

显然，这里指的是1938年以后斯大林对阶级斗争的强调，而在这个阶段，毛并不愿把阶级斗争激化到同样的程度。但是随后他继续论述了在辩证法思想方面他与斯大林的区别：

> 苏联编的《简明哲学辞典》第四版关于同一性的一条，就反映了斯大林的观点。辞典里说："像战争与和平、资产阶级与无产阶级、生与死等等现象不能是同一的，因为它们是根本对立和

---

① 《毛泽东选集》第5卷，人民出版社1977年版，第345页。英文原注为《毛泽东选集》第5卷，第366页（1957年1月27日的讲话）。
② 《联共（布）党史简明教程》，人民出版社1975年版，第117—121页。英文原注为《联共（布）党史简明教程》，第106—110页。

互相排斥的。"……这种说法，是根本错误的。

在他们看来，战争就是战争，和平就是和平，两个东西只是互相排斥，毫无联系……战争与和平既互相排斥，又互相联结，并在一定条件下互相转化。和平时期不酝酿战争，为什么突然来一个战争？……

生与死不能转化，请问生物从何而来？地球上原来只有无生物……生与死也在不断地互相斗争、互相转化。①

资产阶级与无产阶级不能转化，为什么经过革命，无产阶级变为统治者，资产阶级变为被统治者？……

对立面的这种斗争和统一，斯大林就联系不起来。苏联一些人的思想就是形而上学，就是那么硬化，要么这样，要么那样，不承认对立统一。因此，在政治上就犯错误。我们坚持对立统一的观点，采取"百花齐放、百家争鸣"的方针。②

在第二个月，毛泽东在《关于正确处理人民内部矛盾》的原文中，用极为类似的措辞，重复了许多对斯大林作为一个哲学家的批评。他说，斯大林虽然不是完全没有辩证法，但是是相当缺乏辩证法的。他的辩证法是"吞吞吐吐的辩证法"。毛的总结是，斯大林70％是个马克思主义者，30％是个非马克思主义者。③

虽然正像我们所看到的那样，政治上的经验教训是显而易见的，但毛关于阶级斗争的观点在6个月后发生了急剧的转变。不管怎样说，哲学的含义多少是更加晦涩难懂，或至少是更模棱两可。关于生与死之间相互关系的讨论，无疑使人想起了论述自然界盛衰枯荣的古老的道教辩证法。但是，毛在1957年4月说，"辩证法不是循环论"。④

---

① 在英文原文里，此段与下段合为一段，没有分开。这里按《毛泽东选集》第5卷中文版原文处理，将其分为两段。——译者

② 《毛泽东选集》第5卷，人民出版社1977年版，第347—349页。英文原注为《毛泽东选集》第5卷，第367—369页。

③ 《学习文选》，第212—213、220页。

④ 《万岁》（1969年），第104页；《杂录》，第66页。

上文所引的 1957 年的那段话,以及毛的其他许多论述,反映了毛对辩证过程的本质的基本看法,问题是,怎么可能在保持这种看法的同时,又依然归属于现代的马克思主义体系?毛对这一两难问题的解决简单得惊人——简单到了这种程度,以至于在面对它时,我(据我所知,还有所有研究这些问题的外国学者)百思不解其意。

1958 年 1 月,毛在《工作方法六十条》一文上署了名。当这份指示以草稿形式转发时,毛有这样的一句话,10 年前我是这样翻译的:"对立统一规律,量变质变规律,肯定和否定规律是永远存在普遍存在的。"① 这里所说的"肯定和否定规律",我认为是一种中国政治和哲学语言中屡见不鲜的省略语句。"肯定和否定"意在引出黑格尔和马克思主义的"肯定、否定、否定之否定"。基于这样的设想,对照其 60 年代中期所提出的观点,我随后写道,毛在 1958 年"重申了"恩格斯关于三大规律的经典公式。②

事实表明,刚才所引证的中文表述,实际上应翻译为"否定之肯定规律",人们正是这样来理解,而且在当时的中国被当作毛主席的一个重大的理论创造。③

这似乎是一个非常深奥的论点,除了那些对马克思的学说进行细致辨析的注释者外,似乎对任何别人都不会产生兴趣。实际上,它的政治意义和理论意义都是非常重大的。首先,在哲学领域有一个毛的个人权威问题。最近,有一个学者写了一本书,他在延安时

① S. 施拉姆:《毛泽东和永远革命理论》,第 228 页。

② 迪克·威尔逊编:《在历史天平上的毛泽东:一个初步评价》一书中的"马克思主义者施拉姆"这一部分,第 63 页。早在 1976 年,史蒂夫·秦就领会了这一论述中包含着一个新的巨大的背离,但不幸的是后来他又返回到原处,把这一论述当成是指"肯定之否定"。秦:《毛泽东的思想:形式与内容》,第 60、66—67 页等。

③ 参见 1960 年出版的两本重要的毛的著作选编(仅供内部使用):《毛泽东哲学思想(摘录)》,第 195—220 页;《毛泽东同志论马克思主义哲学(摘录)》,第 150 页及以后各页。两本书都有冠之以"否定之肯定规律"标题的扩充章节,尽管其资料都选自延安时期和 50 年代中期,内容是关于新与旧、中国与外国思想的结合问题,等等。(或许值得一提的是,第一本书的各章节是根据主题进行编排的,书中有关于辩证唯物主义讲稿的笔记。对此,毛在 1963 年与埃德加·斯诺的会谈中否认他是原作者。)

期曾是毛的哲学研究小组的成员，他宣称："毛泽东同志在《工作方法六十条》中把惯称的否定之否定规律改称否定之肯定规律。这是他并未进行更多的论述而遗留下来需要哲学界进行探讨的一个重要问题。"①

几乎不需要对前面一句话中加了着重号的字的意义作详尽阐述。因为，由毛泽东引入指示、此后也从未详细阐述的短语，在长达 20 年的时间里成了一条新的规律，被中国的哲学家们断然接受。这完全可与斯大林在生物学、语言学和其他领域里的所谓"天才贡献"相媲美。

不过，隐藏在这一理论创造之下的毛的思想倾向也是值得注意的。1983 年 3 月，周扬竟然这样明确地说，由于斯大林把"否定之否定"当作黑格尔的遗迹加以摈斥，毛也没能纠正斯大林的这一"偏颇"，结果最终毛开启了导致毁灭性暴行的"文化大革命"的大门。周扬观点的核心是，毛对这个旧概念的担心表现出了这样一种倾向，即夸大辩证过程中连续阶段的绝对对立与相互排斥的性质，而忽略了"否定"意味着在抛弃被否定的事物的某些成分的同时，也保留了其他成分，并将它们合成为一个新的综合物。② 如果这就是毛的意思之所在，那么这一新理论确实直接导致了"文化大革命"中打倒一切和否定一切的观念。

而杨超则断言，在毛看来，每一次否定都使前一阶段的大部分被

---

① 杨超：《唯物辩证法的几个理论问题》（以下称《辩证法问题》），第 211 页。这本书起初是专门直接研究毛的思想的，书名为《论毛主席哲学体系》（内部讨论稿），共 2 册（以下称《毛的哲学体系》），后经修改而得今名。关于杨超在 1939 年参加毛的哲学研究小组一事，参见温济泽在《全国毛泽东哲学思想讨论会论文选》一书第 69 页的"毛泽东同志在延安时期是怎样教我们学哲学的"一文。除毛之外，该小组的其他成员有：艾思奇、何思敬、和培元、陈伯达。

② 周扬："关于马克思主义的几个理论问题"，《人民日报》1983 年 3 月 16 日第 4 版。这篇文章是根据周扬在马克思逝世一百周年之际的演讲写成的。由于它提到了社会主义制度下的异化问题，因而在 1983—1984 年冬的"反精神污染"运动中受到了批评。但迄今为止还从未有人认为周扬对毛的辩证法的分析是错误的。要想了解有关这一演讲的发表及其受到的批评的情况，请参见 S. 施拉姆《三中全会以来中国的意识形态和政策（1978—1984）》一书，第 41—56 页。

消除。他也提到毛怀疑这个旧公式，并用一个"丰富其内容"的新概念代替之。因为毛认为这意指整个过程的最终结果是回归到最初的肯定，而不是上升到新的更高的水平。并且他还说，毛相信"肯定"和"否定"是对立的辩证统一，就像他相信和平与战争、生与死、无产阶级和资产阶级等的统一一样。在毛看来，一切事物都是由"肯定和否定组成的矛盾统一体"。①

也许把上述两种观点合在一起，就能对毛引入这一新概念企图达到的目的有一个合理的正确理解。显然，"否定之肯定"的论述所强调的事实是，在历史发展的过程中，新的事物总是在不断地涌现出来。不过它也认为，这样的新事物并不仅仅是作为一种对以前产生的事物的对立面而出现的（否定之否定），而且它们还受历史的主体，如各个阶级或是那些自称为阶级的代言人的领袖和政党的肯定或维护。换句话说，"否定之肯定"既引发了无休止的变化，这是"不断革命的本质"（这并不奇怪，因为这两个词在1958年1月的《六十条》中曾被一起使用过），同时也引发了意志的作用。或换种方式说，它是为了适应于从强调经济基础到强调上层建筑的进一步转变。

根据毛的思想的实际政治意义，否定之肯定的概念，最好或许可以看作是上文曾经谈到过的"一穷二白"这一说法的象征性的表述。换句话说，它是这样一种说法，即否定的东西可以转变成肯定的东西，或是在被称为"肯定"而不是（否定之）"否定"的转化过程中，包含有许多消极因素的局面能够转化成一个新的、更有发展前途的局面。如果我们接受周扬的分析，那么这种"肯定"将存在于要求迅速而全面变迁的不切实际的希望之中，而不是存在于以已经取得的成就为基础的、逐步的、渐进主义的战略之中。

这样，在60年代，毛就超越了仅仅对否定之否定重新进行命名并在某种程度上重新进行定义的范围，彻底否定了马克思列宁主义这个基本概念。在1964年8月18日与康生、陈伯达关于哲学的谈话

---

① 《辩证法问题》，第199—217页，其中特别是第212—213页；《毛的哲学体系》，第247—263页。

中，康请主席"谈谈有关三大范畴的问题"。显然他知道主席有新思想要提出，果然，主席就开始谈了：

> 恩格斯讲了三个范畴，我就不相信那两个范畴。（对立统一是最基本的规律，质量互变是质和量的对立统一，否定之否定根本没有。）质量互变，否定之否定同对立统一规律平行的并列，是三元论，不是一元论。最根本的是对立统一。质量互变就是质与量的对立统一。没有什么否定之否定。肯定、否定、肯定、否定……事物发展的每一个环节，既是肯定又是否定。奴隶社会否定原始社会，对于封建社会又是肯定，封建社会对奴隶社会是否定，对资本主义社会又是肯定，资本主义社会对封建社会是否定，对社会主义社会又是肯定。[①]

第二年，在 1965 年 12 月的杭州会议上，即"文化大革命"的前夕，毛再次非常明确地总结了他的观点：

> 辩证法过去说是三大规律，斯大林说是四大规律，我的意思是只有一个基本规律，就是矛盾的规律。质和量，肯定和否定……内容和形式，必然和自由，可能和现实等等，都是对立的统一。[②]

在过去，一些西方学者，包括弗雷德里克·韦克曼和我本人都认为，在以上这一发展中，毛是在转向或复归于更为传统的辩证法观点。[③] 不管人们是否接受这样的观点，可以肯定的是，在 60 年代，中国传统思想对毛的整个思想的影响日益突出。

---

① S. 施拉姆：《毛泽东同人民的谈话》，第 226 页。
② 同上书，第 240 页。
③ 弗雷德里克·韦克曼：《历史与意愿》，第 323—326 页；S. 施拉姆："马克思主义者"，第 63—64 页。

毛对中国传统文化的态度发生变化的一个重要标志，是他对孔子的评价。毛曾把"五四"时期的中文教师斥为把"一大堆古典式死尸式的臭文章，迫着向我们的脑子里灌"的"顽固的先生"。[①] 而早在1938年，毛就开始采取这样的观点，认为古典文化遗产既有积极的方面，又有消极的方面，因此必须区别对待。另一方面，从"五四"时期以来，他一贯相信用儒家思想来回答 20 世纪的问题的反动性和有害性。但在同时，从 30 年代到 50 年代，他默认了儒教经典著作残篇中所记载的各种态度，如孔子周游四方，以及"每事问"[②] 的做法，他"不耻下问"[③] 的态度，《孟子》中的劝告，如"说大人则藐之"。[④]

然而，就在 1964 年，毛转向中国的经典著作寻求灵感。这使他对孔子产生了惊人的好感。1964 年 2 月在关于教育问题的座谈会上，毛在批评这位圣贤轻视体力劳动以及对农业缺少兴趣的同时，他又说：

> 孔夫子出身贫农，他放过羊，也没进过中学、大学……他自小由群众中来，了解一些群众的疾苦。后来他在鲁国当了官，也不太大……[⑤]

接着在 8 月，毛在与康生和陈伯达关于哲学的谈话中，毛以赞同的口气从《诗经》中引用了一段话，并评论道："这是怨天、反对统

---

① "人民群众的大联合"，S. 施拉姆译自《中国季刊》第 49 期（1972 年 1—3 月），第 80—81 页。

② 《毛泽东著作选读》（甲种本），人民出版社 1965 年版，第 21 页。英文原注为《毛泽东著作选读》，第 34 页。（《文选》第 7 卷，第 2 页；莱格：《中国古典名著》第 1 卷，第 178 页。）

③ 《毛泽东选集》合订本，人民出版社 1964 年版，第 1331 页。英文原注为《毛泽东选集》第 4 卷，第 378 页。（《文选》第 5 卷，第 14 页；莱格：《中国古典名著》第 1 卷，第 178 页。）

④ S. 施拉姆：《毛泽东同人民的谈话》，第 82 页。（《孟子》第 6 卷第 2 册，第 34 页；D.C. 罗：《孟子》，第 201 页。）

⑤ 同上书，第 208 页。

治者的诗。孔夫子也相当民主。"①

在毛的政治观点中，也许"中国的民族风格"最典型的表达，在于他强调道德价值的政治意义，以及在更一般的意义上强调国家的教育职能。1958 年 1 月，毛在那个为"大跃进"制订蓝图的指示中，号召培养新的共产主义的知识分子，他是这样说的：

> 中央各部，省、专区、县三级，都要比培养"秀才"。没有知识分子不行。无产阶级一定要有自己的秀才。这些人要较多地懂得马克思主义，又有一定的文化水平、科学知识、词章修养。②

秀才或"有教养的人才"一词，是帝制时代考试制度中最低层次毕业生（生员）的俗称，带有十足的传统内涵，不能把毛故意使用这词当作幽默风趣。毫无疑问，毛并非毫无保留地欣赏这个词，但这词含有儒家正统学说核心的、根深蒂固的信念，那就是人们受教育是为了做官，而一旦受了教育就有义务承担起权力的责任。

另一个对过去的附和，是毛在 1958 年 5 月党的八大二次会议上提出的观点，即"外行领导内行"是一个普遍规律。确实，他知道一年前右派分子们提出过这个问题，他们声称外行不能领导专家，造成了极大的混乱。③ 换句话说，他的这个命题是对这种观点的驳斥，他在"六十条"一文中已经驳斥过这种观点。这种观点认为："我们是小知识分子，不能领导大知识分子。"④ 除了正规院校的毕业生对那些在 1957 年春批评过毛的"资产阶级学术权威"的不满之外，不难看出，毛在 1958 年 5 月的这次讲话中所提出的"政治家是搞人与人的相互关系的"这一观点，又一次肯定了政治生活和社会生活的道德基础。

---

① S. 施拉姆：《毛泽东同人民的谈话》，第 215 页。
② 《万岁》（附录），第 37 页。（"六十条"中的第四十七条。）
③ 《万岁》（1969 年），第 210—211 页；《杂录》，第 110—111 页。
④ S. 施拉姆译自《毛泽东和他的永远革命理论》，第 227 页。

几个月后，1958 年 8 月在北戴河会议上，在讨论法治（像韩非子所倡导的那样）和人治（像儒教所倡导的那样）的问题时，毛声称：

> 不能靠法律治多数人，多数人要养成习惯。……宪法是我参加制定的，我也记不得。……我们每个决议案都是法，开会也是法。治安条例也是靠成了习惯才能遵守……我们各种规章制度，大多数，百分之九十是司局搞的，我们基本不靠那些，主要靠决议，……（我们）不靠民法刑法来维持秩序。人民代表大会，国务院开会有他们那一套，我们还是靠我们那一套。①

这一段话除了有关于中国共产党与政府机构的关系的含义之外，毛在这里非常有力地表述了国家作为最高教育者的传统作用的思想。

1964 年 4 月，毛同公安部部长谢富治讨论了劳动改造问题。毛说："归根结底究竟是人的改造为主，还是劳动生产为主，还是两者并重？是重人、重物，还是两者并重？有些同志就是只重物，不重人。其实人的工作做好，物也就有了。"谢对此回答说："我在浙江省第一监狱宋硕中队，向犯人宣传了'双十条'（亦称前十条和后十条，是当时所搞的社会主义教育运动的指导方针。该运动在《剑桥中国史》第 14 卷第 7 章中已有论述）……读后，绝大多数原来不认罪的犯人认罪了，许多顽固犯人也有转变。"②

我不认为对政治犯宣读一项关于社会主义教育运动的指示，绝对等同于从前召集百姓宣读敕令（上谕），不过在相信道德劝诫是政治领导的一个重要方面来说，这里确实有某种内在的连续性，或许毛没有明确讲出的观点是：新社会的知识分子的政治观点应该是"马克思主义"或"无产阶级的"，他们又是"资产阶级的"，因为他们肯定是资本主义制度下发展起来的现代知识的承担者，而就他们对自身作用

---

① 8 月 21 日的讲演，《学习文选》，第 310 页。
② 《万岁》(1969 年)，第 493 页；《杂录》，第 347 页。

的认识而言，他们在某种程度上又是"封建的"。

就本章开头部分讨论的权力问题而言，马列主义与中国传统的关系问题在这一领域也许是一个更为模棱两可的问题。在总体上说，晚清帝制时代国家的正统观念所规定的儒家与法家学说的综合，是等级制度与专制主义的。在很大程度上列宁主义也是这样。就此而论，马列主义与中国传统殊途而同归。此外，如果毛把政治看成是永远优先于经济，并最终形成社会变动模式的"纲"，那么，他在这个问题上不但师从了列宁，也继承了在社会秩序方面盛行中国两千年的一元论和国家中心论。① 与此同时，毛的思想与中国的传统也有重要的区别：他把人与社会机构同时看成是正确思想的改造力量的主体和政治活动的目的。

我们在前一部分已经看到：毛关于国家思想的重心在于中央集权。这一思想明显地贯穿在他从 40 年代到 60 年代的所有论著中。所以，他不仅对秦始皇而且对中国历史上其他强有力的统治者多次褒扬就不足为怪了。1959 年他写道："殷纣王（通常称之为'暴君'）精通文学和军事，秦始皇和曹操全都被看作坏人，这是不正确的。"②1958 年 5 月在中共八大会议上的一次讲话中毛有一段著名的话，毛把秦始皇吹捧为"厚今薄古的专家"，并用赞许的口气引用了得到秦始皇恩准的李斯的奏议："以古非今者诛"。他还吹嘘说，秦始皇帝不过活埋了"四百六十个儒"，而中国共产党已经处决了百倍于此数的反革命知识分子。③

那么，毛泽东从另外的中国传统，常常被看作不成功的和与帝制格格不入者的意识形态——道教——那里学到了什么呢？我们已经指出，毛领导下的中华人民共和国的历史以一系列连续的运动为特征，只是间或点缀一些平静的时光。这种模式构成了 G. 威廉·斯金纳和

---

① 关于这个问题，请参见 S. 施拉姆为《国家权力的范围》和《国家权力的基础》所写的前言，以及第二本书中所收的各篇文章，其中特别是雅克·格内特和许华茨的文章。
② 施拉姆：《毛泽东同人民的谈话》，第 101 页。
③ 《万岁》（1969 年），第 195 页。

埃德温·温克勒所称的"依从循环"。毛自己把这种现象看成是"激烈斗争"与"静止巩固"相交替的"波浪式发展"。[1]

安格斯·格拉姆曾经评论过老子"倡导以**无为**作为一种治世之策,而不是放弃治世"。[2] 毛在他生命的最后 20 年先是退居"二线",然后,尽管他又**重新保持权威**,却始终(除在几次红卫兵集会上露面外)深居简出,这样的担任主席角色的方法,与《庄子》"天道"一章中所阐述的原则有着某些奇妙的相似性:

> ……古之王天下者,知虽落天地,不自虑也;辩虽雕万物,不自说也;能虽穷海内,不自为也……帝王无为而天下功……此乘天地,驰万物,而用人君之道也。[3]

纵观毛一生,尤其是他在 1949 年以后的思想和行为模式,归根到底,毛显然更多地受到中国的"伟大"传统而不是受到"渺小"传统的强烈影响。[4]

这些有关统治者作用的思想,这些与传统密切相关的思想,在毛生活的最后 10 年变得更加重要。他在经济和政治问题上越来越"左"的态度也构成了"文化大革命"的根源之一。对形势发展的第三个因素、在很多方面也是关键性的因素就是中苏关系中矛盾的逐渐暴露以及毛对这些变化的反应。

中苏分裂的原因与后果

中国共产党从创立伊始,苏联对其发展的影响当然就是广泛而深刻的。从 20 世纪 20 年代到 40 年代以至以后的时期内,莫斯科曾是

---

[1]　施拉姆:《毛泽东同人民的谈话》,第 106—107 页。

[2]　安格斯·格拉姆:《列子一书》,第 10 页。

[3]　《庄子》,上海古籍出版社 1989 年版,第 73 页。英文原注为安格斯·格拉姆《庄子:〈庄子〉一书中主要的七章和其他著作》,第 261 页。

[4]　关于这一问题更进一步的讨论,可参见 S. 施拉姆:"党的领袖还是真正的统治者?"

世界共产主义运动的领导中心和精神源泉。毛对于苏联在这两方面所扮演的角色，明显地持有不同态度。毛逐渐地，而且是比较晚地对苏联模式的正确性产生了怀疑。相反，对于中国不仅是共产主义事业中的一个小伙伴，而且应该使中国完全从属于一个世界革命组织，在革命过程中丧失个性的观念，毛在任何时候都是不会接受的。

在某种意义上说，毛 1936 年同埃德加·斯诺的谈话对这个问题已作了总体概述。当斯诺问，共产主义胜利后，在苏维埃中国与苏维埃俄国之间，是不是会出现"某种实际上合并的政府"时，毛回答说："我们解放中国不是为了把这个国家转让给莫斯科！"毛泽东反驳了斯诺的猜测，并补充说："中国共产党不能为俄国人说话，或者为第三国际而执政，而只能代表中国人民大众的利益。"[1]

延安时期苏共和中共、毛与斯大林之间关系的演变，不属本章讨论的范围。然而为了说明 1949 年以后发生的情况，注意一下毛对斯大林在 1945 年内战爆发后的艰苦时期的所作所为的评价，看来是合适的。在 1962 年 9 月召开的中国共产党中央委员会的一次会议上，毛回顾了 1960 年以来中国因"反赫鲁晓夫"被迫将注意力离开国内事务的情形，他批评道，"你看，社会主义国家，马列主义中出现这样问题"，接着，他追述了以前的一切事情，继续说：

> 其实根子很远，事情很早就发生了。就是不许中国革命。那是 1945，斯大林就阻止中国革命，说不能打内战，要与蒋介石合作，否则中华民族就要灭亡。当时我们没有执行，革命胜利了。革命胜利后，又怀疑中国是南斯拉夫，我就变成铁托。以后到莫斯科，签订中苏同盟互助条约，也是经过一场斗争的。他不愿意签，经过两个月的谈判最后签了。斯大林相信我们是什么时候起呢？是从抗美援朝起，1950 年冬季，相信我们不是铁托，不是南斯拉夫了。[2]

---

[1] S. 施拉姆：《毛泽东的政治思想》，第 419 页。
[2] S. 施拉姆：《毛泽东同人民的谈话》，第 191 页。

1949年6月,在内战胜利前夕,毛仍然宣布,与苏联的联合将作为新中国外交政策的基石。对此,他作了如下总结:"在国外,联合世界上以平等待我的民族和各国人民,共同奋斗。这就是联合苏联,联合各人民民主国家,联合其他各国的无产阶级和广大人民,结成国际的统一战线。"

"你们一边倒。"在回答一个虚构的对话者的这一指责时,毛对其之所以采取这一政策作了详细的说明:

> 正是这样。一边倒,是孙中山的四十年经验和共产党的二十八年经验教给我们的,深知欲达到胜利和巩固胜利,必须一边倒。积四十年和二十八年的经验,中国人不是倒向帝国主义一边,就是倒向社会主义一边,绝无例外。骑墙是不行的,第三条道路是没有的。①

虽然这是1949年就已经明确宣布了的外交路线,但是斯大林的态度使毛执行起来并非总是那么轻松、愉快。像毛后来回忆的那样,他于1949年12月出访莫斯科,为了获得斯大林对中国提供在毛看来是必要的、甚至是最低限度的帮助和支持,耗费了他两个月的谈判时间,"等于一场斗争",当然,问题的一个方面是中国和苏联之间的民族利益冲突,以及这两个大国在50年代以"社会主义阵营"著称的大统一体中的地位冲突。毛在1958年3月的一次讲话中解释了他自己在1950年莫斯科谈判中的态度:

> 1950年,我和斯大林在莫斯科吵了两个月,对于互助同盟条约,中长路,合股公司,国境问题,我们的态度:一条是你提出,我不同意者要争,一条是你一定要坚持,我接受。这是因为顾全社会主义利益。②

---

① 《毛泽东选集》第4卷,第415页。
② S. 施拉姆:《毛泽东同人民的谈话》,第101页。

当然，在这些冲突的背后隐藏着的不仅仅是斯大林对另一个最终可能成为苏联竞争对手的强大的共产主义势力的崛起缺乏热情，或者至少对于世界舞台上如何维护"社会主义的利益"这个问题上要求享有发言权，而且还有毛与斯大林在中国革命应走什么样的道路这个问题上长达 20 年的冲突。对于 20 年代和 30 年代的事情，毛在 1962 年 1 月 30 日的一次重要讲话中说：

> 中国这个客观世界，整个地说来，是由中国人认识的，不是在共产国际管中国问题的同志们认识的。共产国际的这些同志就不了解或者说不很了解中国社会、中国民族、中国革命。对于中国这个客观世界，我们自己在很长时间内都认识不清楚，何况外国同志呢？[1]

"认识中国这个客观社会"当然就意味着抓住在一幅员广大而且农民占绝对多数的国家进行共产主义革命的特殊情况，设计一个以土地改革和农村根据地的游击战为基础的斗争形式。而且它也意味着设计一套新办法，以便一旦夺取政权的斗争取得胜利后立即改造社会和发展经济。假如从 1953 年开始的第一个五年计划到 1958—1960 年的"大跃进"中苏之间的冲突发展尚未公开化的话，那么困难时期里，中苏对这些现实问题的冲突就渐趋白热化。

在这个时期，国外和国内发展之间的关系问题，是一个复杂的问题，毫无疑问，二者是作用与反作用的关系。在 1956 年秋天波兰和匈牙利的动乱之后，中国人可能很快就明白了，莫斯科今后所能提供的经济援助会减少，因为要稳定东欧局势，必须在那里付出更多的代价。就这点来说，中国特别在 1958 年开始强调"自力更生"的政策，并不完全反映了毛个人的武断，而且也是对国际形势客观现实的一种

---

[1] 施拉姆：《毛泽东同人民的谈话》，第 172 页。在官方出版的文件中对这一点并未作出如此的强调，以至于外国同志更难了解中国革命。（参见《北京周报》1978 年第 27 卷第 14 期。）

对策。与同一时期在某些其他国家充当顾问和技术专家的"丑陋的美国佬"相比,"丑陋的俄国佬"显然不算更有魅力。而且抛开中苏经济和技术合作这些心理和外交方面的问题,中国的经济发展规划依靠外国专家来领导,就产生了更为根本的问题,即中国人在塑造他们自己的未来当中起什么作用。

毛在1962年1月30日的讲话中有一段话,明确而有力地表明了他对中国走社会主义道路的相互联系的各方面问题的总的态度。他说在1949年以后的最初几年:

> 情况就是这样,由于我们没有经验,在经济建设方面我们只得照抄苏联,特别是在重工业方面,几乎一切都抄苏联,自己的创造性很少。这在当时是完全必要的,同时又是一个弱点,缺乏创造性,缺乏独立自主的能力。这当然不应当是长久之计。从1958年起,我们就确立了自力更生为主、争取外援为辅的方针。[①]

毛的这段论述,强烈地显示出应有的民族尊严。他说,照抄外国的经验,虽然在当时是必要的,但绝"不能是"中国人民的长期战略。在1958年,当"人民公社"和"大跃进"的经济和社会试验刚开始实行时,毛就直言不讳地表示,他知道苏联可能会对中国拒绝盲从他们而不满——而且他们不能不介意。在关于打破"盲目迷信"苏联样板尤其是在军事领域的样板的必要性的讨论中,他指出,"有人说,苏联顾问同志看到我们不准备照搬他们的作战条令,这使他们很不高兴,说了些难听的话。我们也要问这些苏联同志:你们照搬中国的条令了吗?如果他们说不搬,那么我们也会说:如果你们不照搬中国的条令,我们也不会照搬你们的条令"。[②]

毛坚持破除苏联模式的动机,并不简单地是出于自尊;在1958年前,他日益对苏联模式在苏联自身的价值及其中国的可行性产生怀

---

① S. 施拉姆:《毛泽东同人民的谈话》,第140—141页。
② 同上书,第126—127页。

疑已经好几年了。1956 年 4 月《论十大关系》的讲话，标志着他试图探索建设社会主义的中国道路理论体系的开始，毛宣称：

> 我们比苏联和一些东欧国家做得好些。像苏联的粮食产量长期达不到革命前最高水平的问题，像一些东欧国家由轻重工业发展不太平衡而产生的严重问题，我们这里是不存在的。……苏联的办法把农民挖得很苦。……他们这样来积累资金，使农民的生产积极性受到极大的损害。你要母鸡多生蛋，又不给它米吃，又要马儿跑得快，又要马儿不吃草。世界上哪有这样的道理！[①]

尽管毛泽东对苏联经济发展的经验有这些疑虑，而且尽管他批评了斯大林迷信阶级斗争和斯大林作为辩证法理论家的缺陷，他对赫鲁晓夫 1956 年发动的非斯大林化运动的方式和性质，仍持严肃的保留态度。现在，到了我们更加系统地考察他对这件事情的反应的时候了。

非斯大林化与"现代修正主义"

中国对苏共二十大的反应，是长期以来推测和争论的主题。这些推测和争论只是根据一方或另一方所发表的零碎材料。现在有了大量文献材料，尽管还不完整，但可考察这个问题了。《剑桥中国史》第 14 卷第 6 章已讨论了这个问题。早在 1956 年 4 月，中国共产党中央委员会即对斯大林做出了评价，纵观其一生，三分错误，七分成绩。毛在《论十大关系》中指出，1956 年 4 月 5 日《人民日报》社论就是"按照这个分寸"写的，尽管具体数字实际上并没有在社论中出现。[②] 毛认为三七开评价是"公正的"，虽然斯大林错误地指导了中国革命。[③]

---

① 《毛泽东选集》第 5 卷，人民出版社 1977 年版，第 185、291 页。对本章第一部分里所阐述的理由，毛泽东《论十大关系》的官方文本比红卫兵翻印本对苏联的批评更加坦率。这个文本已收在施拉姆《毛泽东同人民的谈话》中。

② 《历史的经验》，第 18—19 页。

③ 《毛泽东选集》第 5 卷，人民出版社 1977 年版，第 304 页。

半年之后，针对波匈事件的后果，毛在 1956 年 11 月 25 日中共八届二中全体会议上作了关于"斯大林这把刀子"和"列宁这把刀子"的著名评论。在毛看来，即使是前一把刀子，也不能用反对"所谓的斯大林主义"的名义简单地把它抛弃。尽管他批评了斯大林的错误，但他觉得应当保护苏联领导人的声誉。至于"列宁这把刀子"，作为反对"议会道路"坚持"十月革命"的模式，毛强调，无论如何都不能丢掉。[①]

这种思想倾向在 1956 年 12 月 29 日的《人民日报》社论《再论无产阶级专政的历史经验》中得到继续，与 4 月的那篇社论相比，这篇更加强调斯大林的功绩和社会主义条件下阶级斗争的连续性。另一方面，在 1957 年 2 月 27 日关于人民内部矛盾的讲话中，毛泽东详细说明了他对斯大林以及相关的理论和具体问题的看法，其中多少有点不同的态度。

本章第一节里我已经引述了关于斯大林一贯排除异己的一段文字，紧接着这段话，毛以镇压反革命为题，对中国与苏联之间运用与滥用革命暴力的差别作了比较：

> 比较起来，我们这个国家的肃反工作究竟做得怎样呢？是很好还是很不好？缺点是有，但是和别国比较起来，我们做得比较好，比苏联好，比匈牙利好。苏联太"左"，……和匈牙利比较，没有那样右。

他也承认，中国过去有时也犯"左"的错误，但大多是在南方根据地时期，受苏联影响而发生的；1942 年关于反对乱杀、滥抓的指示已经纠正了这些错误。甚至在那以后，也曾有些缺点，但丝毫不同于斯大林执政时的苏联："他那个东西搞得不好。他有两面，一面是真正肃清了反革命，这是对的，另一方面杀错了许多人，许多重要的人物，例如党代表大会的代表。"

[①] 《毛泽东选集》第 5 卷，第 341—342 页。

在这里，毛首先提到赫鲁晓夫在秘密报告中提出的被害者数目，然后承认中国在 1950—1952 年镇压了 70 万人，他认为中国的分寸掌握得还"基本上正确"。[①]

除了批评斯大林把所有持不同政见者送入集中营或处死的政策之外，像他在 1957 年 1 月对党的书记们的一次谈话中所讲到的那样，毛再次提到斯大林作为一个马克思主义理论家的缺陷。但这次，他走得更远，说与马克思和列宁，当然还有斯大林相比，他在哲学上有独到见解：

> 人民内部的矛盾如何处理的问题还是一个新的问题，马克思、恩格斯对于这个问题谈得很少，列宁简单地谈到，他讲到社会主义社会对抗消失了，矛盾仍然存在着。那就是说，资产阶级打倒了，但人民之间有矛盾。列宁来不及全面分析这个问题的性质。人民内部矛盾有没有可能转化成对抗性矛盾呢？应该说是有可能的，但列宁没有详细观察这个问题。斯大林在很长时期内把这两类矛盾混淆起来了。[②]

列宁没有能对人民内部矛盾这一概念作出阐释，毛认为这是由于在革命胜利后的最初日子里缺乏经验。[③] 另一方面，斯大林也未能进行阐述，毛将此归咎于斯大林本人对辩证法的理解不全面。[④]

毛总结了苏共二十大对斯大林的批评，指出此事有双重性质。一方面，破除对斯大林的迷信，揭开盖子，这是"一个解放运动"。但

---

① 《学习文选》，第 197—198 页。官方修订的版本的相应部分中甚至没有提及苏联（《毛泽东选集》第 5 卷，第 396—399 页）——不必奇怪，因为这份文献首次公开发表是在 1957 年 6 月，那时任何这样的否定性注释都不会有问题。

② 同上书，第 194 页。毛泽东关于非对抗性矛盾的思想与列宁、斯大林的比较，施拉姆：《有关中国"永远革命"理论文件集》，第 32—38 页。在 1957 年 2 月 27 日讲话的官方文件中，毛对他前辈的评价转而相反。他说："这个规律，列宁讲得很清楚。"（《毛泽东选集》第 5 卷，第 392—393 页。）

③ 同上书，第 211—221 页。

④ 同上书，第 212—213 页。

是在另一方面，赫鲁晓夫不加分析，不考虑对世界其他地区的影响，他处理这个问题的方式是错误的。毛说，在与苏联人面对面的讨论中，我们已提出过意见，说他们是大国沙文主义者。①

当 1957 年 11 月毛泽东再度访问莫斯科，参加共产党和工人党代表会议时，毛谈到那时说他仍是"满腔被抑制的愤怒，主要对斯大林"。尽管他没有详细说明原因，因为这都是过去的事情了。但是他接着用独特的口气明确地说："在斯大林时代，没人敢畅所欲言。我两次来莫斯科，第一次是压抑的。尽管说的都是'兄弟党'，但实际上是没有平等的。"

他说，现在，我们"必须承认，我们的苏联同志作风有很多转变"。接着，他表明了自己的意见，"首先，我们现在必须承认苏联是头，苏联共产党是会议召集人，其次，现在这样做是无害的"。② 尽管已有的莫斯科会议纪要说明毛与赫鲁晓夫之间有种亲切友好的气氛，但是这样一个官样文章并不能表明毛对苏联的思想意识和政治权威的什么崇拜。会后不到一年，冲突的迹象暴露出来了，从任何角度来说这都不会令人惊讶。当然，双方关系恶化的一个主要因素是莫斯科反对"大跃进"这一新经济政策。

毫不奇怪，苏联人只看到毛的新方式中的某些异端，而没有看到他的许多方针和目标与列宁主义逻辑是基本一致的。他们对 1958 年夏天成立的人民公社持非常悲观的态度，先是赫鲁晓夫个人在私下嘲笑，不久就在公开场合进行奚落（见《剑桥中国史》第 14 卷第 11 章）。

无疑，苏联人也对他们所见到的中国人在工业生产领域提出的夸夸其谈的要求感到震惊和恼怒。尤其令他们吃惊的是，在 1957 年 11 月的共产党和工人党会议上，毛就在他们的鼻子底下提出了在 15 年

---

① 《学习文选》，第 223—224 页。（这个文集中收录的原文实际上印成了"我们的大国沙文主义"。但是，我认为"我们"是"他们"的印刷错误。否则，毛可能是指，在他批评赫鲁晓夫对斯大林问题的处理时，苏联斥责中国的大国沙文主义。那就是他坚持要在这类问题上发表意见。）

② 1957 年 11 月 14 日的讲话，见迈克尔·舍恩霍斯的译文，载于《共产主义研究杂志》1986 年 6 月第 2 卷第 2 期。

内赶超英国的钢产量和其他主要工业品产量的口号，这是其中最为极端的一个口号。①

毛解决国内问题的新办法及与此密切相连的更加不愿依赖苏联援助的态度，本身就意味着中苏关系日益疏远。直到 1956 年 12 月，毛还明确重申他在 1949 年第一次提出来的"一边倒"政策：

> 社会主义阵营主要是苏联和中国。中国和苏联靠在一起，这个方针是正确的。现在还有人怀疑这个方针，说"不要靠在一起"，还认为可以采取中间路线的地位，站在苏联和美国之间，作个桥梁，就是南斯拉夫的办法，这个办法就是两边拿钱，这里边也拿，那里边也拿，这样做法好不好呢？我认为站在中间，这个办法并不好，对民族不利，因为一边是强大的帝国主义，我们中国是长期受帝国主义压迫的，如果站在苏联美国之间，看起来是很好的，独立了，其实是不会独立的。美国是靠不住的，他会给你一些东西，帝国主义怎么能给我们吃饱呢？不会给你吃饱的。②

然而，在 1958 年，毛与赫鲁晓夫的关系急剧恶化，远远超出了"大跃进"政策逻辑发展所隐含的范围。这一不断加深的分歧并不简单是，甚或主要是关于非斯大林化争论的结果，尽管如我们所知，毛对赫鲁晓夫没有与他商量就掀起非斯大林化运动的做法强烈不满。但同时，毛对斯大林对中国采取的高压政策也强烈不满，他在一定程度上是赞成赫鲁晓夫为缩小斯大林形象所做的努力的。1958 年 3 月他指出："佛像比真人大好几倍，是为了吓人……斯大林就是那样的人，中国人当奴隶当惯了，似乎还要当下去，中国艺术家把我和斯大林画在一起时，总把我画得矮一些，盲目屈服于那时苏联的精神压力。"

---

① 见毛 1957 年 11 月 18 日的讲话，在同一本杂志中有舍恩霍斯的译文。这些情况在胡惠强的文章"大炼钢铁运动简况"中也有介绍，此文载《党史研究资料》第 4 辑，第 726 页。

② 《毛泽东思想万岁》(1969 年)，第 62—63 页。

1958 年 4 月，他又说："我们这位斯大林同志有点老爷味道……过去苏联与我们的关系是父子、猫鼠关系。"①

但是他仍然在 1958 年 3 月的成都会议上说，反对赫鲁晓夫"一棍子打死斯大林"的做法。斯大林的错误应当批判，但是我们必须认识到他也有正确的一面，而对于这正确的一面，"我们必须崇拜，永远崇拜"。

尽管他在这点上有保留，但他在 1958 年 3 月那次成都会议上的讲话中还是尊重赫鲁晓夫的，把他看作从地方党组织中涌现出来的年富力强的优秀革命者的典范："地方工作同志，将来总是要到中央来的。中央工作的人总有一天非死即倒的。赫鲁晓夫是从地方上来的。地方阶级斗争比较尖锐，更接近自然斗争，比较接近群众。这是地方同志比较中央同志有利的条件。"②

我想，我们可以肯定，在 1958 年年中以后，毛在提到赫鲁晓夫时再也没有用过这种基本肯定的词语。当然，导致两人之间关系恶化的决定性事件是 1958 年夏季的外交政策危机（或一系列危机）。赫鲁晓夫试图在没有北京参与的情况下解决 1958 年 7 月的中东冲突，这显然是产生麻烦的一个主要根源。更为重要的因素也许是毛确信苏联领导人正在试图控制中国的外交政策。

1959 年 7 月 29 日，毛与彭德怀的对抗在中央委员会庐山会议上达到高潮。当时毛对三份国外批评人民公社的文件（其中包括赫鲁晓夫在美国关于这一问题的谈话的新闻报道），写了一个简要的批语。三天以后，他把这些材料和他的批语的副本送给一位老同志，并附上一个便条，上面写道：

> 一个百花齐放，一个人民公社，一个大跃进，这三件，赫鲁晓夫之流是反对的，或者是怀疑的。我看他们是处于被动了，我

---

① S. 施拉姆：《毛泽东同人民的谈话》，第 99 页，又见《毛泽东思想万岁》（1969 年），第 183 页。

② S. 施拉姆：《毛泽东同人民的谈话》，第 114—155 页。

们非常主动，你看如何？这三件要向全世界作战，包括党内大批
反对派和怀疑派。①

　　显然，毛对于那种认为他所提出的建设社会主义的方式与马克思
主义正统观念不一致的意见，既愤恨又蔑视。与此同时，对国内也有
人像苏联人那样在某种程度上持保留态度的担心，大大加剧了他对毁
谤人民公社言论，更广泛地说对赫鲁晓夫干涉中共内部事务做法（其
方式是批评公社，与彭德怀的关系等等）的不满。
　　接着，1959 年秋发生了塔斯社声明事件，随后又是与苏联的一
系列冲突，毛在十中全会上对此作了如下概述：

　　……1959 年 9 月中印边界问题，赫支持尼攻我们，塔斯社
发声明以后赫压我国，十月在我国国庆十周年宴会上，在我们讲
台上，攻击我们。1960 年布加勒斯特会议"围剿"我们，然后
两党（中国和苏联）会议，26 国起草委员会，81 国莫斯科会议，
还有一个华沙会议，都是马列主义与修正主义的争论。②

　　毛在这段话中用的"围剿"一词，曾是 30 年代蒋介石为了策划
由他发动的消灭共产党人的战役而使用的术语，这个词生动地反映出
他已察觉到以前的同志对他的敌对程度。但是，尽管毛对这种敌视感
到愤慨，但面对这种敌视仍非常冷静。在 1960 年 3 月的一次讲话中，
他解释了他自信的原因：

　　所谓大反华，究竟是一些什么人，有多少呢？不过是一些西
方国家的帝国主义分子，其他一些国家的反动派和半反动派，国
际共产主义运动中的修正主义分子和半修正主义分子，以上三类
人，估计总共只占全人类的百分之几，例如说 5% 吧。最多不过

① "致王稼祥的信"，见《毛主席对彭、黄、张、周反党集团的批判》，第 14 页。
② 施拉姆：《毛泽东同人民的谈话》，第 190—191 页。

占 10%。……所以他们反华，对我们来说，是好事，不是坏事，证明了我们是真正的马克思列宁主义者，证明了我们的工作还不错。……美国和我们的仇恨更大一点，但也不是天天大反其华，也有间歇性。……不但现在有较小的间歇性，而且将来会有较大的间歇性，……［例如说］，我们全党全民真正团结一致，我们的主要生产项目的总产量和按人口平均的产量，接近和超过他们了，这种较大的间歇性就会到来，即是说这会迫使美国人和我们建交，并且平等地做生意，否则他们就会被孤立。①

毛在 1960 年预测的中美关系改善在后来的 10 年里并未变为现实。与此同时，中国与苏联的关系迅速恶化至极点。在毛讲了上面详细引用的这段话一个月之后，中国人发表了题为《列宁主义万岁》的社论和其他一系列文章，展开了一场大规模的思想攻势，表面上是针对毛所说的"反华大合唱"成员的"修正主义分子"，即南斯拉夫人，实际上矛头所向都是苏联的"半修正主义"，在毛的著作中，他们很快就成了众所周知的主要敌人。1962 年 1 月，毛泽东在七千人大会上实际上发出了推翻苏联现政权的号召，这时，形势到了决定性的转折点。

他在这次讲话中有这样一段话（1967 年作为指示发表），毛说：

苏联是第一个社会主义国家，苏联共产党是列宁创造的党。虽然苏联的党和国家的领导现在被修正主义篡夺了，但是，我劝同志们坚决相信，苏联广大的人民，广大的党员和干部是好的，是要革命的，修正主义的统治是不会长久的。②

尽管这一讲话在当时并没有公开发表，但是苏联领导人还是很快就确信了这样一个事实，即毛认为他们离经叛道。总的来说，莫斯科和北京的决裂在 1963—1964 年的公开论战中充分显示出来。中苏论

---

① 《毛泽东思想万岁》（1969 年），第 316—318 页。
② S. 施拉姆：《毛泽东同人民的谈话》，第 181 页。

战的历史在《剑桥中国史》第 14 卷第 11 章已作了叙述，即使把 1963 年 9 月 6 日至 1964 年 7 月 14 日中国回击苏联人的 9 篇文章的作者都归于毛的名下，我也不想在这里评价它们的内容。在这一内容里，与此有关的是，毛本人是怎样迅速地给在 9 月初刚刚开始的反苏言论赋予了思想和政策的实质内容。

在 1963 年 9 月下旬，政治局召开了一次扩大会议。在 9 月 27 日，毛在会上作出了"新疆反修斗争的指示"。他说，第一点是要做好经济工作，提高全体人民的生活水平，不但使人民的生活水平超过国民党时期，而且要超过"修正主义统治下的苏联"。应当少征购粮食。为了与边境那边的情况相比处于优势，棉布、茶、糖等物资的供应应当"比那边充分些"。

在这种背景下，毛接着阐明了第二点指示：

> （2）新疆在反修正主义斗争中要加强政治挂帅，加强思想政治教育，加强各民族干部和人民反修正主义的学习……汉族干部应学习少数民族的语言文字，正确处理民族关系。坚持阶级观点，执行阶级路线，相信各民族干部和人民的绝大多数，进一步增强民族团结，以保证反修正主义斗争的胜利。

要注意的第三点是教育当地的汉族人尊重当地少数民族的风俗习惯。毛要求帮助解决那些被派往新疆的汉族劳动者的"婚姻和其他困难"，毛在这一标题下发出的号召表露出某些意味深长的思想。第四点是要密切注视边境地区的形势，加强"边疆的反修斗争"。第五点是要警惕"苏联现代修正主义分子"的"颠覆和破坏，以及他们的军事入侵"。最后一点是讲反修斗争中的"一元化领导"。[①]

事实上，毛泽东确信中国很快就能够赶上苏联的生活水平，不仅是它的中亚部分，而且要赶上苏联整个国家的生活水平。1964 年 1 月他对路易斯·斯特朗说：

----

① 《毛主席关于国内民族问题的论述选编》，1978 年 10 月，第 40—41 页。

> 赫鲁晓夫认为,现在中国是五个人穿一条裤子,大家喝清水
> 白菜汤。他说这个话的时候,正是他那里裤子太少而清水汤太多
> 的时候。他的日子比我们好过不了多少。①

不管毛实际上是否相信这点,但他确信,苏联试图用它在社会主义阵营中的老大哥地位来扩大它自身的经济利益。1960年在他关于苏联政治经济学教科书的读书笔记中,毛就已经批评了莫斯科在"经互会"中的经济专业化政策。"经互会"是苏联支配东欧的经济组织。这一政策的图谋是使某些国家对它们的某些先进邻国,尤其是对苏联处于农业原料供应国的地位。② 这一点一直使他气愤,在1964年1月与安娜·路易斯·斯特朗的谈话中,毛宣称,"社会主义国家的问题是赫鲁晓夫想让他们生产单一的经济产品以满足苏联的需要……当儿子真难当"。③

因此,在50年代末和60年代初,毛泽东的语调日益表现出坚定的民族主义倾向,这不仅仅是对帝国主义封锁中国的反应,也是对苏联大国沙文主义的回击。与这种倾向和中苏关系的一般演变相联系的,是日益增长的激进主义,首先表现为对阶级斗争的强调。这种"左"的转向,就像在本章第一节所指出的那样,是"大跃进"政策的自然派生物,但是又被毛对赫鲁晓夫"土豆烧牛肉的共产主义"的厌恶进一步予以推动。此外,由于对苏联内部出现修正主义的震惊,毛泽东开始觉察到中国本身也存在类似的现象。因而,又有另一因素注入了这一复杂的过程,这一过程终于在"文化大革命"中达到高潮。

内部的敌人:毛泽东逐渐沉湎于阶级斗争

正如本章第一节结尾所指出的,1957年夏天毛大大地改变了他

---

① 斯特朗:《与毛泽东的三次会见》,第504页。
② 《毛泽东思想万岁》(1967年),第226—227页;《杂录》,第296页。
③ 斯特朗:《与毛泽东的三次会见》,第504页。

对中国社会矛盾性质的看法，这种转变对经济政策的后果我已作了探讨，它在哲学领域的某些含义也已提及。既然对 1957 年以后毛的思想倾向与中苏冲突之间的关系已作了回顾，现在该是研究中国中心主义，对马克思的一种激进解释，以及由于对过去英雄品质的怀恋所引起的"左"倾情绪等诸种因素合在一起如何导致毛进行史无前例的试验的时候了。

20 世纪 60 年代初期，毛泽东的思想和政治态度日益激进，其中的关键因素当然是他更加尖锐而固执地强调中国社会内部阶级斗争的存在和重要性。因此让我们先简要回顾一下从"大跃进"到"文化大革命"前夕一段时期内毛关于阶级和阶级斗争的观点的演变。

在 1957 年 10 月 9 日召开的三中全会的讲话中，毛第一次系统地论述了他的新观点。他放弃了前一年在党的"八大"上正式通过的观点。就像我们看到的那样，他本人在 1957 年 2 月还重复了这一观点，大意是说现阶段中国的基本矛盾是生产力和生产关系的矛盾。现在毛却断言：

> 无产阶级和资产阶级的矛盾，社会主义道路和资本主义道路的矛盾，毫无疑问，这是当前我国社会的主要矛盾。……过去主要是无产阶级领导人民大众反帝反封建，那个任务已经完结了。那么，现在的主要矛盾是什么呢？现在是社会主义革命，革命的锋芒是对着资产阶级，同时变更小生产制度即实现合作化，主要矛盾就是社会主义和资本主义，集体主义和个人主义，概括地说，就是社会主义和资本主义两条道路的矛盾。八大的决议没有提这个问题。八大决议上有那么一段，讲主要矛盾是先进的社会主义制度同落后的社会生产力之间的矛盾。这种提法是不对的。[①]

以上所引的毛的被修正了的提法在现在的中国当然被认为是不正

---

① 《毛泽东选集》第 5 卷，人民出版社 1977 年版，第 475 页。

确的。无论正确与否，强调反对资产阶级的阶级斗争和"两条路线"之间的阶级斗争却成了毛晚年思想的主要特征。在随后的 19 年中，毛泽东在提倡阶级斗争的热情和严厉性以及在分析现存阶级关系方面当然有很大的偏差、转折和波动，但大方向没变。

在"大跃进"前夕，毛用相当古怪的术语表达了他对中国社会阶级结构的看法。他指出，"人们之间的相互关系决定于三大阶级之间的关系"：(1)"帝国主义、封建主义、官僚资本主义、右派分子以及他们的代理人"；(2)"民族资产阶级"，他说这里所指的是除右派分子以外的这一阶级的所有成员；(3)"左派，即劳动人民、工人和农民"，对于最后一类，毛泽东后又附带作了补充："其实是四个阶级，农民是另一个阶级。"①

在 1958 年 4 月 6 日汉口会议上的讲话中，毛纠正了一种反常现象——没有指出农民的特殊作用，却继续把"帝国主义"包括在中国现存的阶级当中。这一次，他对这一问题作了如下阐述：

> ……国内有四个阶级，两个剥削阶级，两个劳动阶级。第一个剥削阶级为帝国主义、封建主义、官僚资本主义、国民党残余，30 万右派也包括进去。地主现在分化了，有改造过来的，有没有改造过来的。没有改造过来的地、富、反、坏和右派分子。这些人坚决反共，就是现在的蒋介石、国民党，是敌对阶级，如章伯钧等。党内的右派分子也是一样的，……这些人加起来大约占人口的 5%，就是 3000 万……这是敌对阶级，尚待改造。一要斗，二要拉。要把 10% 分化出来，就是大胜利。……几年以后，他们把心交出来，真正转变，可以摘掉帽子。②

第二个剥削阶级，是民族资产阶级，包括农村富裕中农。毛把他们说成是摇摆不定的和机会主义的阶级。关于"两个劳动阶级，工人

---

① S. 施拉姆：《毛泽东同人民的谈话》，第 112—113 页。
② 《毛泽东思想万岁》(1969 年)，第 180—181 页；《杂录》，第 85—86 页。

和农民",毛指出:"过去心不齐,意识形态,相互关系没有搞清楚。"
他接着指出:"工人农民在我们党的领导下,做工,种田,我们在相
互关系问题上,过去处理不恰当。"

"大跃进"的后果,使毛以前结合了客观标准和主观标准的关于
阶级问题的观点因一点新因素的加入而被修正。这种新因素就是干部
和知识分子中的特权分子构成了萌芽状态的阶级的观点。这一倾向是
同上面所谈到的一代人的变化相联系的,长期以来,人们一直认为,
因为资产阶级出身的知识分子习惯了某种生活水平,所以必须付给他
们高薪。关于这一问题,中国报纸在 1956—1957 年曾展开过广泛的
讨论。1957 年 1 月,毛本人也为此进行辩护,因为他说过出"一点
钱""买"资本家以及与他们有联系的民主人士和知识分子的话。①
显然,同样的照顾并不适用于新培养出来的年轻人,他们没有这样的
奢望,也许他们被认为有较高的政治觉悟。

我已经提到,在 1958 年 8 月的北戴河会议上毛提倡"供给制"。
当然,他的这次讲话当时没有公开发表,但其思想的主要内容在 1958
年 10 月《人民日报》转发的张春桥的文章中得到了体现。张的文章于
9 月份在上海首次发表,实际上绝不仅仅是张和毛的观点偶然巧合的一
致,这是一种精明的政治谋略的结果。上海的"左"派市长柯庆施出
席了北戴河会议,他在电话里向张春桥通报了他关于毛讲话的笔记。
这给张春桥的文章提供了灵感。一看到这篇文章,毛就决定在北京转
载。因此,毛的这一举动既表明他易于接受奉承,也表明上海环节
(如果此时尚未形成上海网的话)在此时就已经开始发挥作用了。②

毛在《人民日报》上为张春桥的文章写了编者按。他说,文章所
表达的观点"基本上是正确的",但他认为有"一些片面性",而且,
对历史过程解释得"不完全"。③ 但是,即使毛认为张对破除"资产

---

① 《毛泽东选集》第 5 卷,人民出版社 1977 年版,第 337 页。
② 关于柯庆施所起作用的材料,见 1986 年 4 月 23 日我同胡华的谈话。1986 年 4 月 24 日
　我与龚育之的谈话又进一步证实了这一点。
③ 张春桥:"破除资产阶级法权思想",见《人民日报》1958 年 10 月 13 日。

阶级法权的观念"或马克思所界定的资产阶级法律规范过于急躁,用这一用语所提出的问题在他以后的讲话和文章中却一再出现。简言之,毛认为在社会主义制度下按劳分配所造成的不平等与马克思论及资本主义社会时所界定的"资产阶级权利"在性质上是相似的。正是这一点为他的下述论点提供了理论基础:由于党内存在一大批依恋其特权的高级干部,因此,党是产生资产阶级或具有资产阶级思想的分子的温床。[①]

我已经强调了1959年庐山中央全会的重要性。这次会议成为日益强调阶级斗争的转折点。毛指责彭及其盟友是混入中国共产党内部的反马克思主义的"资产阶级分子"。[②] 毛声明,庐山的这场斗争已经是阶级斗争了,是"过去十年社会主义革命过程中资产阶级与无产阶级两大对抗阶级的生死斗争的继续",而且预言,这种斗争"至少还要延续20年"[③](结果是毛几乎全力促使这种斗争发生)。

在讨论"文化大革命"前这段时期毛泽东"在阶级斗争问题上的

[①] 中国最近对毛泽东思想的这一倾向的最有权威的分析,见石仲泉的"马克思所说的'资产阶级权利'和毛泽东对它的误解"一文,载《文献和研究》1983年,第405—417页。该文修改后又在《红旗》1985年第11期(第12—22页)上公开发表。像最近发表的其他许多文章一样,这篇文章明确断言,从"大跃进"开始,毛在把"资产阶级权利"的概念引入中国政治言论中起着主要的作用。通常被译为英文"bourgeois right",即"资产阶级权利"这一术语出自马克思最有权威的著作《哥达纲领批判》,在这本书中,马克思运用它批判了"不折不扣的劳动所得"这一概念(见《马克思恩格斯选集》,第317—321页)。在德语中,法权是指权利和法律秩序,权利指的是有权取得某个人的劳动(或人身权利的)报酬这一层意思。马克思在此提到这个法权问题时,实际上是指这两方面的意思,在他明确指出"平等的权利按照原则仍然是资产阶级的法权"以后,他接着指出:"权利,就他的本性来讲,只在于使用同一的尺度……"换句话,使某人有权利这种意义上的权(或权利)是由法制或类似法律的准则所规定的。中国人由于不接受为毛所使用的"资产阶级法权"(按字面意义讲,指"资产阶级的法律权利")这一译名,进一步混淆了其中的意思。1979年以来,它往往被译成"资产阶级权利",那就更有个人主观权利的意味。总之,毛最担心的就是他所注意到的这样一个事实,即"按劳分配"的社会主义原则的严格运用,并没有考虑个人的社会需要,因而在某种程度上来说,这就像资本主义的劳动工资制一样,是很残忍的。

[②] 1959年9月11日对军事委员会的讲话。S. 施拉姆:《毛泽东同人民的谈话》,第147—148页。

[③] "机关枪和迫击炮的来源",1959年8月15日,《中国的法律和政府》,第73页。

错误"时，邓力群指出了毛日益增长的激进主义的另一根源："事实上，1958 年以后，毛基本上没有注意经济工作，这就影响了毛对阶级和阶级斗争形势的估计"。[①] 不应望文生义地认为上述说法意味着毛此后对与经济有关的任何问题都没有兴趣。毕竟，正是在 1960 年他写了研究苏联政治经济学教材的读书笔记，而且现在说 1961 年 3 月关于人民公社问题的"六十条"是他亲自主持起草的。[②] 所以，邓力群的观点是，毛虽然还不断地谈到经济制度的政治方面和思想方面，但他对经济学或者经济现实并没有多少认真的兴趣。从这个意义讲，邓的结论无疑是有道理的。

从 1959 年以来，毛越来越坚信，中国共产党内的官僚主义倾向不仅仅是"工作作风"中的缺点所造成的，而是反映了共产党及其干部中阶级性质的最初变化，不仅是毛，刘少奇及其他同志长期以来也一直谴责这种倾向。毛对苏联情况的观察在很大程度上助长了这种看法。他在 1960 年就社会主义社会在消灭阶级以后又出现了"既得利益集团"问题作了评论。虽然这些评论出现在他研究苏联政治经济学教材的读书笔记中，但这番话显然也是想适应用于中国。

今天的中国确有一些学者认为，毛对苏联"修正主义"进行分析的主要目的是制造一个武器，以对付中国共产党内部那些不同意他观点的人。这或许有些言过其实，毫无疑问，毛对赫鲁晓夫的俄国深感厌恶，在他看来，它所具有的一切都已停滞不前了。事实上，毛还追溯了苏联体制弊端的最初根源。他断言，十月革命之后，苏联没有彻底解决好"资产阶级权利"的问题。结果，出现了对沙皇时代等级制度的怀恋，多数党员是干部子弟，普通工人农民没有提升的机会。[③] 他还指出，苏联没有彻底破坏资产阶级的自由；因而也就没有建立起无产阶级的自由；中国的政治和思想革命一直比较更彻底些。[④] 毛最

① 邓力群在 1981 年 8 月 11 日和 12 日举行的全国党史资料征集学术讨论会上回答关于 1981 年 6 月 27 日决议问题时的发言。见《党史会议报告集》，第 145 页。

② 陶凯："开始全面建设社会主义的十年"，见《学习历史决议专辑》，第 121 页。

③ 《学习文选》，第 305 页。（1958 年 8 月 21 日上午的讲话。）

④ 同上书，第 311 页。（1958 年 8 月 21 日下午的讲话。）

严重关切的仍是这种有害倾向可能会在中国生根的危险。这时，毛已经看到，中国干部中被这种毒素感染的人是两个特点造成的。在他以后的有关思想中，这两种特点一直处于中心位置。一方面，他们依恋根据"按劳分配"原则即"资产阶级权利观念"所带来的特权；与此同时，他们的行动又像封建地主一样。毛说："人这种动物很有趣"，"稍有一点优越条件就觉得了不起"。[1]

1962 年 1 月，在一篇主要强调必须继续与旧的反动阶级（地主和资产阶级）进行斗争的讲话中，毛说他们"仍妄图复辟"。同时他又明确指出，在社会主义社会中"还会产生新的资产阶级分子"。[2]1962 年 8 月，在十中全会前的北戴河中央委员会预备会议上，毛宣布："《中国农村社会主义的高潮》（由毛亲自编辑）一书中一段按语讲资产阶级消灭了，只有资本主义思想残余的影响，讲错了，要改过……资产阶级是可以新生的，苏联就是这个情况。"[3]

就实际情况看，资产阶级可以"新生"这一说法留下一个有争议的问题，即毛指的是旧的资产阶级可以再生，还是说资产阶级的幽灵或本质能够以一种新的、能适应社会主义社会条件的形式而获得新生，这是我们关心的中心问题。他可能是指第二种情况，即德热拉斯和其他人所称的"新阶级"——尽管毛本人从未使用过这个词。然而，这些"新资产阶级分子"究竟仅仅是孤立的个人，他们因滥用职权而腐化堕落呢，还是所有干部都因其拥有的权力和特权而倾向于成为这种人物呢，关于这一点，毛在 60 年代中期似乎还难以作出判断。

60 年代初，他强调金钱的腐蚀作用和用钱换来的好处，这是他的第一个倾向。于是，在继续承认物质刺激在中国现阶段是必要的同时，他又认为，物质刺激应当服从于政治思想领域的"精神鼓励"，

---

① 《毛泽东思想万岁》（1967 年），第 192 页。早先提到的"像地主一样装腔作势"，见毛在 1958 年 11 月就斯大林的《苏联社会主义经济问题》所作的讲话，载《毛泽东思想万岁》（1969 年），第 117—118 页。

② S. 施拉姆：《毛泽东同人民的谈话》，第 168 页。

③ 《毛泽东思想万岁》（1969 年），第 424 页。

个人利益应当服从集体利益。①

在 1962 年 1 月 30 日中央工作会议上的讲话中，毛把"五类分子"同他们个人的社会根源联系起来。他说："人民民主专政要压迫的是地主、富农、反革命分子、坏分子和反共的右派分子。反革命分子、坏分子和反共的右派分子代表的是地主阶级和反动资产阶级。这些阶级和坏人，大约占全国人口的百分之四五。这些人是我们要强迫改造的。"②

在 1962 年 9 月至 10 月召开的十中全会上，毛提出了"千万不要忘记阶级斗争"的口号，并亲自修改了概括他思想的全会公报。③ 就像五年前他在三中全会上的讲话和庐山的争论一样，这一次标志着进一步转向大搞"阶级斗争"的政策。但是，正在成为斗争对象的这些阶级的性质和地位基本上仍是模糊的。在 1962 年 1 月的讲话中，毛曾提到"这些阶级和坏人"。换句话说，尽管毛说反革命分子和其他"坏分子"代表地主和反动的资产阶级，但他们未必都来自这些阶级。从 1962 年夏至 1963 年春，"社会主义教育运动"正在形成过程之中。在此期间，毛的两段话特别强调了党内离心倾向的阶级根源，但与此同时，他仍然强调通过教育继续进行改造的重要性。

8 月 9 日，毛在北戴河的谈话中指出：

> 党员的成分，有大量小资产阶级，有一部分富裕农民及其子弟，有一批知识分子。还有一批未改造过的坏人，实际上不是共产党，名为共产党，实为国民党。……知识分子，地富子弟，有马克思化了的，有根本未化的，有化的程度不好的。这些人对社会主义革命没有精神准备，我们没有来得及对他们进行教育。④

---

① 《毛泽东思想万岁》（1969 年），第 206、210 页。（现在，人们知道他在讨论苏联教材的会议上的论说是根据他在 1960 年关于苏联政治经济学教科书的读书笔记编辑而成。）
② S. 施拉姆：《毛泽东同人民的谈话》，第 169—170 页。
③ 《1981 年决议·注释本》，第 359 页。
④ 《毛泽东思想万岁》（1969 年），第 426 页。

1963 年 5 月，在关于社会主义教育运动的第一个指示（即"前十条"）公布前夕，毛对党的阶级构成作了完全不同的分析，但还是用极为类似的措辞谈到了"改造"问题：

> 从党内成分来看，我们党内主要成分是工人、贫雇农，主要成分是好的。但是党内有大量的小资产阶级分子，也有一批是知识分子，还有相当数量的地主、富农的子女。这些人有的马克思主义化了，有的化了一点，没有全部马克思主义化，有的完全没有化，组织上入了党思想上没有入党。这些人对社会主义革命没有思想准备。另外，这几年还钻进一些坏人，他们贪污腐化，严重违法乱纪。……这个问题要注意，但是比较好处理。主要问题是没有改造好的资产阶级分子、知识分子和地主、富农子女，对这些人要做更多的工作。因此，对党员干部进行教育、再教育，这是一个重要任务。[1]

显然，从这两段引文中可以看出，对于毛来说，尽管客观的社会出身仍很重要，但通过政治教育对整个阶级进行个人改造也同样是一个关键的方面。如果情况是这样，那么，毛在 1963 年比 1962 年更强调"改造"，即主观标准。

1964 年 5 月，随着社会主义教育运动的展开，毛在听取四位副总理汇报工作时宣布：

> 一定要很好的注意阶级斗争。农村"四清"是阶级斗争，城市"五反"也是阶级斗争。……城市要划成分。至于如何划法，将来做时要作出标准。不能唯成分论，马、恩、列、斯出身都不

[1] 《资料选编》（北京，1967 年 1 月），第 277 页。该指示的全部译文载于理查德·鲍姆和弗雷德里克·C.泰维斯的《四清：1962—1966 年的社会主义教育运动》，第 58—71 页（毛的这段话是在第 70—71 页），该文是中国致苏联的第 9 封公开信中首次公开发表的。S. 施拉姆：《毛泽东的政治思想》，第 367 页。

是工人阶级。[①]

在一条未注明日期，但几乎可以肯定是写于 1964 年下半年的关于划分阶级的指示中，毛明确论述了主观标准和客观标准之间的关系：

> 划分阶级有必要……这两个，（客观的）阶级成分和本人表现要区别，主要是本人表现。划分阶级主要是把坏分子清出来。
>
> 阶级出身和本人表现，也要加以区别，重在表现，唯成分论是不对的。问题是你站在原来出身的那个阶级立场上，还是站在改变了的阶级立场上，即站在工人、贫下中农方面？又不能搞宗派主义，又要团结大多数，连地主富农中的一部分人，也要团结，地富子弟，要团结，有些反革命分子、破坏分子也要改造，只要愿意改造，就应当要他们，都要嘛。[②]

可以认为，过去有几个相互矛盾的对立面尚能在能动的和创造性的紧张关系中共存，到毛的晚年却开始分离了，从而释放出一股能量，最终驱使毛的思想和行动走向破坏性的轨道。在几个决定性的、相互关联的方面，以前的统一体从 1962 年秋八届十中全会开始解体。毛越来越把享有特权的领导者同其他社会成员之间的关系看作对抗性矛盾，而不是人民内部矛盾。由此，从这一洞察中产生的不可避免的后果是：一个包括所有享有特权的当权派在内的实体，即中国共产党已根本不能在与群众的接触过程中得到锻炼和净化，而必须彻底打碎，至少要打碎一大部分。

毛泽东思想结构在 20 世纪 60 年代开始发生极为复杂的分解或解体过程，除了党或党内特权分子与群众的关系之外，还涉及其他许多

---

① 《杂录》，第 351 页；《毛泽东思想万岁》（1969 年），第 494—495 页。
② 《杂录》，第 351 页；另见《毛泽东思想万岁》（1969 年），第 602—603 页。（关于这一论述的日期，另参见京都大学人文研究所于 1981 年出版的"1949 年以后毛的论著索引"第 2 卷中的讨论，第 47 页。）

对矛盾。我已经用相当篇幅探讨了马克思主义与中国传统的相互作用，也曾探讨了苏联模式与中国经验之间的关系问题。

中苏冲突对毛泽东哲学思想的形成也起了重要的作用，它为"一分为二"这一核心思想提供了历史背景。1963年10月26日，周扬在中国科学院作了一个题为《哲学和社会科学工作者所面临的战斗任务》的报告。这篇报告在毛70寿辰之日（1963年12月26日）公开发表，这也实在太巧了。很明显，它代表了毛泽东本人的思想。在报告中，周扬用"一分为二"的原理分析了从马克思时代至当时的工人运动史。[①]

事实上，毛本人早在1957年11月18日莫斯科会议上就使用过这一表达方式。尽管他当时强调的不是社会主义运动内部的分裂，而是这样一些事实：所有社会，包括社会主义社会，都"充满"了矛盾；任何事物都有好与坏两个方面，他得出结论："一分为二，这是个普遍现象，这就是辩证法"。[②]

紧接着周扬1963年的讲话发表后，"一分为二"这一口号首先唤起了在中共党内进行（用毛的话来说）反走"资本主义道路当权派"的要求。换句话，这意味着号召进行阶级斗争（正如《剑桥中国史》第14卷第10章论述的那样，这也是为了清除和迫害杨献珍及其他提出相反提法——"合二为一"的人）。

毛宣称，这一原理构成了"辩证唯物主义的核心"。并由此得出结论，说电子也像原子最终要被分裂。但他首先相信的是，不论现在还是将来，社会范畴和政治力量都会不断地发生分裂。[③]

归根结底，毛与其他领导成员的冲突当然是围绕着建设社会主义应当采用何种基本的政治和经济战略问题展开的。但文化领域也是一个重要的战场。60年代初期，毛认为，文学和哲学的某些发展不仅是

---

① 《北京周报》1964年第1期，第10—27页；参见《红旗》1963年第24期，第1—30页（"一分为二"这一词出现在第4—5页）。关于毛与这一报告的关系，S. 施拉姆：《三中全会以来中国的意识形态和政策（1978—1984）》，第44—45页。

② 《毛泽东选集》中文版，第5卷，人民出版社1977年版，第498页。

③ 安娜·路易斯·斯特朗：《与毛泽东的三次会见》，第499—500页。

种种不良倾向的表现，而且已成为通过上层建筑机构向社会主义根基发动进攻的武器。因此，在八届十中全会上，毛第一次以令人信服的方式表达了他的这一忧虑，并同时发出阶级斗争的号召，这绝不是偶然的：

> 现在不是写小说盛行吗？利用写小说搞反党活动是一个大发明。凡是要想推翻一个政府，先要制造舆论，搞意识形态，搞上层建筑，革命如此，反革命也如此。[①]

这一论述的明显含义是：在被夺取政权 13 年以后，"反革命阶级"依然在中国进行活动，企图推翻无产阶级专政。为阻止他们的破坏活动，有必要在上层建筑领域里进行经常性的斗争。正是在这里，"无产阶级专政下继续革命"的理论呈现其萌芽状态。在"文化大革命"的十年间更成为庞然大物。由于这一时期毛的阶级概念有些含糊不清，这一理论的发展显然进一步表明他强调的重点是上层建筑和主观力量，而这从一开始就是毛的思想的特征。

正如毛在八届十中全会上关于阶级斗争的号召导致了社会主义教育运动一样，这一论述也推动了文艺批判运动，鼓励了江青去发动京剧改革。在《剑桥中国史》第 14 卷第 10 章里，我已对这些政策及其后果进行了描述和分析，这里只需简要地提及毛继续火上浇油的两条指示就足够了。1963 年 12 月，毛抱怨艺术、文学和戏剧的许多部门仍由"死人"统治。他宣称："社会和经济基础已经改变了。""为这个基础服务的上层建筑之一的艺术部门，至今还是一个大问题……许多共产党人热心提倡封建主义和资本主义的艺术，却不热心提倡社会主义的艺术，岂非咄咄怪事？"1964 年 6 月，他的判断更加严酷了，他说，中国作家协会"15 年以来，基本上（着重点是毛加的）不执

---

① S. 施拉姆：《毛泽东同人民的谈话》，第 195 页。毛在其当时尚未公开发表的 1960 年关于苏联政治经济学教科书的读书笔记中，对宣传工具的影响力以及政治斗争的决定性领域——上层建筑，已经表示了同样的关心。《毛泽东思想万岁》（1969 年），第342—343 页；《杂录》，第 266 页。

行党的政策"，做官当老爷不去接近工农，跌到了修正主义的边缘。如不认真改造，他们将会变成另一个裴多菲俱乐部。① 换言之，他们将会变成彻底的反革命，并将作为反革命受到处置。

与此同时，从 1963—1964 年，毛愈来愈怀疑知识分子在革命和发展中的作用。毛并没有使他对知识分子的不信任发展到像"四人帮"那样以"臭老九"来丑化他们的地步，他转向了比"大跃进"时期更为极端的教育政策。他在 1964 年 2 月说："书不能读得太多，马克思主义的书要读，也不能读得太多，读十几本就行。读多了会走向反面，成为书呆子，成为教条主义、修正主义。"②

毛之所以向艺术、文学、哲学和教育所有这些不同的领域中间知识分子的头面人物发动进攻并不是因为他们是剥削群众的特权分子（尽管他可以证明他们就是特权人物），而是因为他们没有接受他乌托邦的斗争哲学，没能全心全意地执行他的指示。

1964 年夏，毛尖刻地指责了全党在物质生活方面的腐败现象，他说："现在几包烟就能买通一个支部书记，把女儿嫁给他就更不必说了。"③

这里提到基层干部表明，在刘少奇拿出"修改了的后十条"前不久，毛并非完全不同意这样的观点：社会主义教育运动应当针对基层和较高的领导层。无论如何，毛更担心的是享有特权的城市精英的态度和行为。1964 年 6 月，在一次关于第三个五年计划的谈话中，毛说道：

> 不要老是挣钱，挣来了钱，就乱花钱……对资产阶级知识分子，按政策，必要时可以收买，对无产阶级知识分子，为什么要收买？钱多了一定要腐化自己，腐化一家人和周围的人……苏联的高薪阶层，先出在文艺界。④

---

① 这些是 1967 年 5 月出版的关于艺术和文学的"五个战斗性文件"中的两个。1963 年 12 月 12 日和 1964 年 6 月 27 日指示的译文（这里稍有修改）见《北京周报》1967 年第 23 期，第 8 页。
② S. 施拉姆：《毛泽东同人民的谈话》，第 210 页。
③ 同上书，第 217 页。
④ 《毛泽东思想万岁》（1969 年），第 498—499 页。

正如我们在《剑桥中国史》第 14 卷第 7 章中所讨论的，毛泽东与刘少奇的最后冲突是在 1964 年 12 月发生的。当时，毛对那些他认为歪曲并篡改了他关于社会主义教育运动的原定战略的东西感到不满，因而提出了新的二十三条指示。毛后来声称，刘拒绝接受这一指示。在这段时期，他发表了大量关于"新资产阶级"的讲话，这些讲话反映了这样一个观点：在新资产阶级中，权力而不是金钱成为决定性因素。

也许值得一提的是，尽管阶级成分与工资差别问题显然是毛特别关心的问题，但即使在这时，他对此仍表现出一种宽松和幽默的态度，而这在"四人帮"那些沉闷和狂热的理论家的文章中是很少见的。毛说："吃多和占多是件相当复杂的事。""像我们这样的大人物，有汽车，有带暖气的房子，有司机。我只挣 430 元，我雇不起秘书，但我必须雇。"①

在理解这段话时，我们不能不参考毛在 1964 年早些时候所说的这样一句话："宣统的薪水一百多元太少了，人家是个皇帝。"② 人们有这样一种印象，对毛来说，除了"工人"、"贫农"、"革命烈士后代"等等外，还有另一种成分，那就是统治者。凡与毛的地位，与这位以前皇帝地位不同的人，是不能允许他们继续迷恋其特权的。

因而，在 1964 年 12 月 20 日的一次讨论中，他再一次谴责了干部中那些主要关心自己拿更大的工资份额的"当权派"，并同意给其中的"极端恶劣分子"戴上"新资产阶级分子"的帽子。但他警告不要过多地估计他们的人数。并且说，对他们不要提"阶层"，叫分子或集团就行了——很明显，他们的人数还很少，不能构成一个完全的阶级。③ 一星期以后，也就是 1964 年 12 月 27 日，毛宣称，中国共产党"至少有两派"，一个社会主义派和一个资本主义派。这两派就这样体现了中国社会的主要矛盾。④

---

① 《毛泽东思想万岁》（1969 年），第 587 页。
② S. 施拉姆：《毛泽东同人民的谈话》，第 198 页。
③ 《毛泽东思想万岁》（1969 年），第 582—588 页。
④ 同上书，第 597—598 页。

这些论述以及毛把社会主义教育运动的矛头指向"走资本主义道路的当权派"的决心，当然直接导致了他与刘少奇及党内其他人的冲突，并导致"文化大革命"。

"文化大革命"的意识形态

在讨论毛在"文化大革命"期间的思想实质以前，向我们自己明确提出如下问题是十分必要的：毛为什么要发动"文化大革命"？他的这一决定同上文所阐述的"大跃进"及"大跃进"以后所出现的综合征之间有什么关系？他采取这种极端的行动路线是否因为他的思想受到了歪曲或曲解，或者像他自己认为的那样是因为某些现实问题在困扰着他——这首先是要惩罚并最终消灭批评他的那些人的愿望？

尤其在讨论毛关于辩证法、阶级斗争的那些正在变化的观点时，我已指出，在我看来，这两个过程的因素均在起作用，但主导因素是第二个。换言之，其思想的政治根源和心理根源显然要比理性方面的东西更为重要。正如一位中国作者所说的，人们使毛完全相信，只有他本人的观点才是对马列主义唯一正确的解释。在毛看来，任何不同意其观点的人自然是修正主义者。结果，"事实愈证明他的思想不能付诸实践，他愈把这视为阶级斗争的反映，……视为党内出现'反革命修正主义分子'的反映"。①

专政、造反和灵魂改造

在"文化大革命"形形色色的思想及政策发明中，以激进的方式号召怀疑党和各种形式的权威（主席的权威除外）是这场动乱之初最为引人注意的现象。回顾起来，毛对上层领导的否定并不像当时表现

---

① 王年一："毛泽东同志发动'文化大革命'时对形势的估计"，见《党史研究资料》第4期，第772页。为进一步探讨"文化大革命"的心理根源，可参考S.施拉姆的论文："党的领袖还是真正的统治者？"，第221—224、233—237页。还可参考他的"剧变的限度：对'伟大的无产阶级文化大革命'在中华人民共和国政治发展中的地位的看法"，载于《中国季刊》1986年12月第108期，第613—624页。

出来的那样广泛，尽管如此，他也实在走得太远了。

　　毛在 1960 年对苏联那本教科书的评论中宣称："不管什么，历史不是英雄创造的，而是人民群众创造的。"① 然而，直到"文化大革命"前夕，毛一直坚持这样的观点，即群众只有得到正确的领导，才能发挥其创造历史的作用。1965 年 12 月，与党的大规模冲突来临之际，他又向前迈了一步，宣布民主就意味着"群众的事情要由群众自己来管理"。他接着说，有两条路线：一是完全依赖少数人，二是动员群众。他说，"民主政治""必须依靠每个人来管理事情，而不能只依靠少数人"。与此同时，他再次号召要依靠"上级党的领导和基层广大的人民群众"。② 只是到了 1966 年 3 月"文化大革命"真正开始时，毛才发出了更为激进的号召，提出群众可以不需要党的集中领导：

　　　　中宣部是阎王殿，要打倒阎王殿，解放小鬼。我历来主张，凡中央机关做坏事，就要号召地方造反，向中央进攻。地方要多出几个孙悟空，大闹天宫。③

　　两个月以后，这些"猴王"高举着毛的语录，包括"造反有理"这一口号，突然登上了历史舞台。"造反有理"这一口号是毛在 1939 年创造的，并把它归功于斯大林——这是种种讽刺中的讽刺。④ "敢于造反，是无产阶级党性的基本原则"，清华大学附中的红卫兵宣称，"革命者就是孙猴子，……我们要抢大棒，显神通，施法力，把旧世界打个天翻地覆，打个人仰马翻，打个落花流水，打得乱乱的，越乱越好！我们要搞一场无产阶级的大闹天宫，杀出一个无产阶级的新世界。"⑤ 这些红卫兵所要打碎的旧世界，当然，是受党控制的；他们不

① 《毛泽东思想万岁》(1967 年)，第 206 页。
② 《毛泽东思想万岁》(1969 年)，第 630 页。(1964 年 12 月 21 日与陈伯达和艾思奇的谈话。)
③ 同上书，第 640 页。
④ 《毛泽东集》第 7 卷，第 142 页，译文见施拉姆《毛泽东的政治思想》，第 427—428 页。
⑤ 《人民日报》1966 年 8 月 24 日；《北京周报》1966 年第 37 期，第 2—21 页。

准备去纠正它，而是要在"文化大革命"的动乱中使之冰消瓦解，用一个全新的秩序去代替它。

毛本人从未宣布过这样的目标。他在 8 月 23 日的一次中央工作会议上说："主要问题是各地所谓'乱'的问题。采取什么方针？我的意见是乱他几个月……没有省委也不要紧，还有地委、县委哩！"[①]

照字面理解，"几个月"可能是 3 个月或 4 个月，最多也就是 6 个月。其本质上是要使"文化大革命"更像一次普通的整风运动。尽管如此，由于接受了这样一种观点，即一段时期内，党只能以基层党委的形式存在，中央机构已被有效地打碎并停止工作。毛至少是在冒险，他不惜打碎他曾经为之奋斗 40 多年的政治机器，以便从中清除他的敌人。

随着事情向着这一方面的发展，到 1966 年底和 1967 年初，党的生存受到了严重的威胁，毛不得不在列宁主义与无政府状态之间作出选择。他毫不犹豫地选择了前者。1967 年 2 月，他在与张春桥和姚文元谈话时提到，上海有些人要求取消所有的部长，"这是极端的无政府主义，是极端反动的。现在都不愿叫某某人某某长，而叫勤务员、服务员。其实这只是形式，实际上总还是长的"。[②] 在讨论到反对把政府机关称作公社时（张和姚在上海就是这样做的），毛质问道："我们党放在哪里？……在一个公社里必须要有党；公社能代替党吗？"[③] 随后 9 年的历史充分证明，在毛看来这是不可能的。

此时，另一种矛盾也逐渐变得尖锐起来。毛一贯认为，应该是党指挥枪，而绝不允许枪指挥党。但是，自 1960 年以来，中国人民解放军在中国政治生活中起着越来越重要的作用。当然这一趋势开始时实际上乃是毛企图在林彪掌握的人民解放军中形成一个权力基础的一种战术调动，这是因为他感到党正脱离了他的控制，而绝不是因为他

---

① 《毛泽东思想万岁》(1969 年)，第 653 页。
② S. 施拉姆：《毛泽东同人民的谈话》，第 277 页。
③ 《毛泽东思想万岁》(1969 年)，第 670—671 页；另见《杂录》，第 453—454 页。

思想中有了任何革新或突然的变化。但是，无论他本人当初的意图如何，实施这种战术很快把毛引向一些具有重大理论含义的方向。

在 1964 年 2 月发动"向人民解放军学习"的运动（见《剑桥中国史》第 14 卷第 7 章）中，工业企业、学校以及全国其他各单位，都用军队的方式建立了政治部。这是事态发展中最重要的东西。军队不仅为这些部门提供了模式，而且还向它们提供了人员。这是毛事先就已亲自决定好的。1963 年 12 月 16 日，他在给林彪、贺龙、聂荣臻元帅和肖华将军的一封信中说道：

> 国家工业各个部门现在有人提议从上至下（即从部到厂矿）都学解放军，都设政治部、政治处和政治指导员，实行四个第一和三八作风。我并提议解放军调几批好的干部去工业部门那里去做政治工作。……看起来不这样是不行的，是不能振起整个工业部门（还有商业部门、农业部门）成百万成千万干部和工人的革命精神的。……这个问题我考虑了几年了。[1]

这种依靠军队而不是党去领导其他组织的做法，在国际共产主义运动史上是没有先例的。同样具有象征性的重要意义的事实是，到 1964 年，中国人民解放军已逐渐成为中国人民思想上和文化上的导师。正是军队在 1964 年 5 月编辑出版了第一部"红宝书"《毛主席语录》。另外，虽然至今人们并不认为毛参加了语录的编辑工作，但他是语录的作者，该书序言的绝大部分出自 1960 年 10 月军委会议的决议，[2] 而这一决议是毛亲自改写和批准的。因此，这一阶段确定了 1966—1972 年间无政府状态与军队控制之间的辩证关系，同时也确定了毛泽东思想中各个极点的进一步和最终的分离。

---

[1]　《资料选编》，第 287 页。

[2]　1960 年 10 月 20 日的决议由 J. 切斯特·郑翻译，收录在《中国红军的政治》第 66—94 页。与《毛主席语录》的前言的相应的部分在第 70 页。另见同一卷第 30 页。值得注意的是，"毛主席亲自"修改了这一决议。

"文化大革命"时期的许多似是而非的悖论与青年人的作用毫无关系。一方面,在运动一开始毛向红卫兵们发出号召,要求他们像他和他那一代学生在 1919 年冲上历史舞台一样,争当先锋。但是,另一方面,1966 年及其以后的方针却又极大地削弱了这些受过教育的精英们的作用。红卫兵的无组织无纪律及自我放纵行为可以部分说明毛为什么这样做。1968 年 12 月开始,毛把他们送往农村向农民学习,去提高"无产阶级觉悟"。在此之前,1968 年夏曾为此批评过红卫兵。但这种悖论也反映出,在毛的思想和政策中,并没有十分清楚地认识到专业知识和受过高等教育的专业人员在社会主义建设中的重要作用。

从理论上讲,所有这些矛盾均可在"又红又专"的口号下达到更大的统一。但事实上,"文化大革命"的后果使重点发生了很大偏差,其方向不是用政治来补充知识和技能,而是用政治代替了知识和技能。于是,正如我们所看到的,毛所孜孜以求的现代化事业的整个基础实际上被大大地削弱了。

很多过分行为的根源乃是 1968 年 7 月 21 日毛发表的一项指示。这项指示说:

> 大学还是要办的,我这里主要说的是理工科大学还要办,但学制要缩短,教育要革命,要无产阶级政治挂帅,走上海机床厂从工人中培养技术人员的道路。要从有实践经验的工人农民中间选拔学生,到学校学几年以后,又回到生产实践中去。[①]

1968 年 7 月 28 日毛对上面这段文字作了评论,也可能是对 7 月 28 日他与红卫兵领袖的谈话作的评论。在这个评论中毛本人看上去并不是特别关心用于实践的技术,在某些方面他甚至怀疑正规教育的价值。他说:"大学还要办吗?""要不要招生呢? 如果要招呢;比如讲文科,你不招也不行。我那个讲话是留有余地的,并不是说文科一

---

① S. 施拉姆:《毛泽东的政治思想》,第 371 页。上海机床厂的例子可参见《北京周报》1968 年第 37 期,第 13—17 页。

定不要办，我今天讲的是理科、理工科"。然而，毛又继续说道："如果文科搞不出什么名堂，那就拉倒。"他说，高小学的东西到初中重复，高中学的东西到大学又重复，他认为，最好的办法是像恩格斯和他自己年轻时候那样：自学或自修大学（像毛在 1921 年所做的那样）。他最后说："真正的大学是在工厂和农村。"①

在理解这些话时，应考虑到这样一些事实，即与此同时，毛向他的那些红卫兵对话者们传达了一个非常严厉确实也非常无情的信息：即联欢会结束了，过去两年来他们一直热衷的活动再也不能被容忍了。在这种情况下，毛在某些事情上对他们表示赞同，给药丸包上糖衣，这是可以理解的。毛接着还说，考试是浪费时间，"所有的考试都应废除，彻底废除。谁考马克思、恩格斯、列宁和斯大林呢？谁考林彪同志呢？谁考我呢？谢富治同志，叫学生们都回学校去"。②

学生们确实将被召回学校，虽然学校的考试规则被废除了（至少在一段时间内），但社会秩序却有力地恢复了。在向红卫兵领袖解释为什么不得不停止这一已经使成千上万人流血牺牲、两败俱伤的争斗时，毛宣称：

> 群众就是不爱打内战。……"文化大革命"，就是斗、批、改，搞了两年！你们现在是一不斗，二不批，三不改。斗是斗，你们少数大专学校是在搞武斗。现在的工人、农民、战士、居民都不高兴，大多数的学生都不高兴……你们能用这种方式联合成一个王国吗？

毛警告说："如果你们不能（解决问题），我们可以采取军管，叫林彪下命令。"③当然毛确实这样做了，但是不管苏联人和各种各样

---

① 《毛泽东思想万岁》（1969 年），第 693、706、695 页；另见《杂录》，第 475、488、471 页。
② 《毛泽东思想万岁》（1969 年），第 714 页；另见《杂录》，第 496 页。
③ 《毛泽东思想万岁》（1969 年），第 698、688 页；另见《杂录》，第 481、470 页。

的"左"派怎样想,军队专政绝不是毛的理想。他"采取军管"是因为除了中国人民解放军以外没有其他手段能够阻止这场派性斗争。这种派性之间的战斗不仅仅是用砖头和弹弓打,而且还用步枪,甚至迫击炮和其他重型武器。一旦局势变化、条件允许,毛就会重新确立党对"枪"的领导。他在1971年8月至9月与大军区司令员的一次谈话中论证了这一步骤的合理性。他指出,中国人民解放军在复杂的政治和经济事务中行使领导权,不是最好的办法。他说:"军队历来讲雷厉风行的作风我赞成。但是,解放思想不能雷厉风行,一定要摆事实,讲道理"。事实上,这些讲话的主要目的是要恢复党的统一领导,使军队服从于党。毛说:"地方党委成立了,应当由地方党委实行一元化领导。如果地方党委已经决定了的事还拿到部队党委去讨论,这不是搞颠倒了吗?"①

在中国以外的人普遍认为,1969年4月召开的中国共产党第九次全国代表大会标志着"文化大革命"的结束。回顾历史,尽管刘少奇在这次会议期间所受到的正式贬黜具有重要的象征意义,但是,从1966—1976年所发生的一系列抛物线状的事件就是这样,也许我们能像中国人在1978年十一届三中全会以来所说的那样,更为准确地将其称为"文革十年"。然而,从九大开始,我们确实看到毛泽东思想中出现了一些重要的新主题和新公式。

马克思与秦始皇:模棱两可的遗产

到目前为止,我一直使用"文化大革命"这一术语作为一个简便的标签来描述,从1966年开始的这段时期,还没有进一步探究它的含义。在深入分析所谓"伟大的无产阶级'文化大革命'"的思想内容以前——因为这场运动在1969年以后继续展开了,让我们首先考察一下这一表达方式的正确含义。

姑且不论"伟大"这一形容词,它纯粹是为了修饰或加强语气,那么,这是"无产阶级"的吗?是"文化"的吗?是一场"革命"

---

① S.施拉姆:《毛泽东同人民的谈话》,第296页。

吗？很清楚，毛相信这三者都是名副其实的。在我看来，这三者都不真实。但是，毛为何认为它们是名副其实这一问题，正是理解他最后10年的一切思想的核心所在。

事实上，毛赋予他 1966 年发动的这场运动的三种属性，其理由却是完全重叠的，因而它们或是一起成立，或是都不能成立。换言之，这场运动是无产阶级的、文化的，又是革命的，否则其中任何一个属性都不能恰当地概括它的特征。

假如我们按照通常排列的顺序来分析这三种属性，那么"无产阶级"可能首先意味着"与城市工人阶级有关"。从这个意义上说，1966 年的这场动乱绝不是无产阶级的。就像我们在下一章要指出的，在其初期和形成时期，这场运动的突击队是学生而不是工人。尽管工人中那些所谓的"造反派"后来在各种政治事件中起了重要作用，但他们的介入却很少体现马克思赋予城市无产者的那种纪律性和对技术现代化的倾向性。

就稍为宽泛的意义来说，如果"文化大革命"能促进工业的发展，从而壮大工人阶级，并为无产阶级居于主导地位的社会奠定物质基础的话，也可以合法地称之为"无产阶级"的。但事实并非如此。1968 年 12 月，毛发出了知识青年上山下乡接受贫下中农再教育的指示。对此作出的解释是，城市工人的子女将在农村从贫农那里接受"深刻的阶级教育"。① 正如我所反复强调的，虽然毛从未停止过号召加速经济的发展，甚至认为"文化大革命"的政策将会带来经济与技术的奇迹，但他对经济发展的后果却表现出愈来愈多的忧虑。

1958 年 8 月在北戴河，毛曾呼吁要恢复延安精神，不过当时的重点集中在经济目标上。另一方面，在 1969 年 4 月召开的新的第九届中央委员会第一次全体会议上，毛以怀旧的语气说道，很多很多的同志为夺取政权而被敌人杀害了。他接着说：

　　多年来我们都是没有薪水的。没有定八级工资制，就是吃饭

① 《北京周报》1968 年第 52 期，第 6—7 页。

有个定量，叫三钱油，五钱盐。一斤半米就了不起了。……现在进了城，这是好事。不进城，蒋介石霸住了这些地方；进城又是坏事，使得我们这个党不那么好了。[①]

虽然毛断定，进入城市归根结底是正确的，但他对现代化及其经济发展重要性的态度却是非常模棱两可的。

即使"文化大革命"既没有反映城市工人阶级的作用或也没有反映城市工人阶级的理想，它仍可在唯一一种意义上称之为"无产阶级"的，这就是它与毛界定的"无产阶级"思想一致。我们已提到过毛在 50 年代末 60 年代初开始用以观察阶级的三重构架。在"文化大革命"期间，虽然客观的阶级出身从未被人们看作是无关紧要的东西，但作为衡量阶级属性的主要标准的主观因素一般来说具有高度的、决定性的意义。

列宁曾按照正统的马克思主义语气写道，"区分阶级的根本标准是人们在一定的社会生产中所处的地位"。1966 年 11 月，毛的魔鬼才子康生说，列宁的阶级定义已经证明是不充分的，因为阶级差别也属于政治和思想范畴。1970 年康生更加明确地指出："资产阶级存在的最明显的特征是经济上的剥削关系。在社会主义社会里，尽管各阶级之间仍有经济矛盾，但阶级的存在则只是反映在它的思想上和政治上。"[②]

在这一时期的中国，这个意义上的阶级究竟在哪里和以什么方式"表明其自身存在"？我们暂时撇开这个问题不谈。显然，以思想标准划分阶级，实际上是把毛在 1966 年发动的这场运动的"无产阶级"性质问题引入了文化领域。换言之，这场"革命"只有在它也是文化的情况下，才是无产阶级的。

一些天真的观察家当时宣传了这样一种观点，即 1966 年的事件与"五四"运动一样，在同等意义上构成了一场"文化革命"，并且

---

① S. 施拉姆：《毛泽东同人民的谈话》，第 288 页。
② 《毛泽东选集》第 5 卷，1977 年版，第 18—19 页。

真正继承了"五四"运动的传统，这实在是荒谬的。而用毛逝世后中国流传的一个充满苦涩的笑话："文化革命"是革文化的命，以此来描述这场动乱倒是更接近事实。然而，正如我们所看到的，这场动乱的发生的确是出于毛对某种文化现象的反应，它始终以强调文化和心理改造为标志。

可以举出几个表明这种倾向的例子，这些都能明确地反映毛的长期信念。如通过灌输或思想改造来改变人们的态度，就能改变他们的客观属性，强调"一场触及人们灵魂的伟大革命"。也就是说，"文化大革命"是要构成一个主观改造过程，以造就一种新的政治实体。还有概括了这些思想和政治全部内容的"斗私、批修"这个口号，其含义是，即使在那些老革命家和无产阶级战士的思想中（也许毛本人不属此列），也可以发现"资产阶级"倾向。

最后，无论这场斗争的后果多么激烈，也无论它释放出的狂热有多么疯狂，这样一些事情能被称之为革命吗？从广义上讲，"革命"这个词有两种为人们普遍接受的含义。或者是指不同的阶级、社会集团或政治派别夺取政权；或者是指运用已经获得的权力去改造社会。理论上说，按照毛的观点，中国自 1949 年特别是 1955 年以后，已经完成了第二种意义上的社会主义革命。但是，我曾经指出，"社会主义建设"的具体经济内容在他最后十年的计划中却没有得到广泛的表现。思想态度的转变当然是社会转变的一种形式。但即使是这样，其最终所起的作用相对来说也是有限的。在毛的思想中居于支配地位的仍是从"资产阶级"手中"夺取政权"。

在这个"无产阶级专政"统治了 17 年之久的国家里，这种事情之所以可能发生，仅仅是由于把党内的"资产阶级分子"和"走资派"，即那些胆敢在物质刺激到文学和哲学问题上不同意毛泽东的任何意见的人，重新定义为阶级敌人，并要从他们手中夺回权力。所以，归根结底，"文化大革命"是一场"革命"是由于对其目标所作出的思想和文化上的规定。

具有讽刺意义的是，"文化大革命"以公开宣布赞成巴黎公社式的群众民主开始，以赞美十恶不赦的中央集权的专制暴君秦始皇而告终。在这 10 年中，人们看到林彪的沉浮和解放军影响的兴衰，也看到支持"皇帝周围（或女皇周围）的法家领导集团"的党在沉浮和失去她的部分光辉。[1]

林彪没落的原因，可能是由于他不愿意接受军队重新服从党的领导这一事实，除此之外，其他方面的原因在这里几乎没有什么兴趣。这一事件，尽管让人弄清了中国政治体制的职能，但它与我们对毛泽东思想的分析几乎毫无关系。另一方面，"批林批孔运动"不仅对汉学家是一个迷人的主题，而且在理论上也有重要的意义。

在这一点上，这场运动的一个重要方向是 1973—1974 年发展起来的对秦始皇的狂热崇拜。"上海激进派"也在宣扬这样一种由一个独裁者统治的中央集权的思想，这只是一种表面上的自相矛盾，因为无政府状态和专制统治是国家的两种弊端，二者相互影响、相互作用。

正如我们所看到的，在"大跃进"期间，毛毫不犹豫地颂扬秦始皇，并将他看成一位先驱。但这并不一定意味着毛在当时和后来，对秦帝国统一的历史意义持有与 1973—1975 年间的思想家们相同的看法。那时，据说毛在前面引用过的 1958 年的演说中，详细阐明了"革命暴力的进步作用，揭露了攻击秦始皇就是攻击革命暴力，攻击无产阶级专政的反动实质"。[2] 70 年代中期的材料对此从未直接做过结论，但它们所暗含的意义却很清楚，即就是像秦始皇这样的历史人物，如有可能的话，也应当彻底平反。林彪批评毛是个暴君。与此相反，正直的人应当把秦始皇看作一位革命领袖，把秦的独裁看作一种原始的无产阶级专政。

很明显，按照这一推论，随着王朝的建立，不仅仅要变革国家政权组织，而且也应改变"时尚风气"，即改变统治阶级。因此，从奴隶社会向封建社会的转变便被提前到公元前 5 世纪乃至公元前 3 世

① 梁效："研究儒法斗争的历史经验"，《红旗》1974 年第 10 期，第 60 页；另见《北京周报》1975 年第 2 期，第 11 页。

② 靳志柏："批孔与路线斗争"，见《红旗》1974 年第 7 期，第 32 页；另见《北京周报》1974 年第 33 期，第 11 页。

纪，而毛本人早些时候（在《中国革命和中国共产党》一书第一版中）曾认为这个转变是在公元前 11 世纪。可以设想，自 1939 年以来，毛或许已经改变了对这一问题的看法。无论如何，1972—1974 年间提出的这一观点是某些中国历史学家长期以来持有的观点。然而，即使在公元前 3 世纪末统治阶级发生了变化，即"新兴的地主阶级"以法家思想为指导，自觉地改造中国社会，依此类推，说用马克思列宁主义、毛泽东思想武装起来的中国共产党人今天也在那样做，那就完全是另一回事。这一观点完全是非马克思主义的，从历史上看它是荒谬的，而认为毛一贯信奉这一观点也是没有根据的。

能为这一系列论点作辩解的，似乎是向其他人表明中国早在其他国家之前就具有革命政权和革命思想。换言之，在提出秦始皇的类比方面，姚文元和"四人帮"的其他理论家们实际上都是林彪的信徒。他们把"阶级斗争"奉为一种像搞一连串的宫廷政变那样的极端老式的中国政治观点。尽管毛对中国的文化遗产感到自豪，但他的态度更老道些，很少有狭隘的民族主义。

然而，正如我们所强调的，60 年代中期，在当时产生的紧张冲突中，相反的见解出现了全面的分离倾向，在这一背景下，毛泽东思想中的马克思主义和中国传统这两种截然对立的倾向进一步发生了分裂。

正如前面已经提到的，可以认为，由于中国传统文化在毛思想中的复活，尤其是由于受到一种类似道家根据潮水的涨落来理解对立物之间关系的倾向的影响，毛的哲学观点此时发生了变化，他不再把历史变革的方向纳入辩证法过程的结构中。但毛对革命前景的悲观主义也是由于他担心中国和苏联会出现"复辟"而产生的。毛因为实行了他本人和周恩来仅在一两年前制定的较为温和的路线，他的头脑中再次想象出"修正主义"的幽灵。1973 年，毛同意了"批林批孔"运动，周恩来成了运动的真正目标。正是这同一幽灵的作用，又使他全心全意地支持由张春桥和姚文元在 1975 年春发起的"学习无产阶级专政的理论"的运动。[①]

---

① 廖盖隆："历史的经验"，第 147 页。

约瑟夫·埃谢里克把列宁和毛作了区别。列宁"总是认为资本主义复辟的主要危险是'小生产经济'的自发的资本主义倾向";而毛则认为复辟的主要危险是党和国家机构里出现一个新的阶级。[①] 这种方法使埃谢里克提出了这样一个观点,即在一个走修正主义和资本主义"复辟"道路的社会主义国家里,新的资产阶级可能成为世袭的统治阶级。他提请人们注意毛在 1960 年读苏联教科书笔记中有关批评干部子弟的缺点的那段引人注目的谈话:

> 我们的干部子弟很令人担心,他们没有生活经验和社会经验,可是架子很大,有很大的优越感,要教育他们不要靠父母,不要靠革命先烈,要完全靠自己。[②]

在回顾毛在 60 年代对斯诺和其他人就中国青年的缺点所作的评论时,埃谢里克认为,在毛看来,这些干部的子女可能继承他们父母的地位和特权,因而就会构成一个"既得利益集团",由于集团本身的存在数代不变,它最终将使自己转变为一个阶级。[③]

这个论点存在的问题是,它没有对官僚阶层和社会上其他人之间的关系作认真的分析,或者对称它为一个阶级这一论点提出任何论据。我并不是说凡以阶级的统治为中心,而不是以生产资料所有制为中心;或把现存的社会主义制度看作本文所说的"新阶级"或"新资产阶级"统治的"国家资本主义"的论点都毫无道理。在过去的 30 年里,从德热拉斯到巴罗,许多人正是这样做的。此外,根据一切已有的事实,似乎表明毛本人在晚年也有这个倾向。他不仅接受了康生的观点,认为在社会主义社会里阶级表现在"思想上和政治上",而不是根据人们与生产资料的关系来划分,但他实际上的确赞成在

---

① 约瑟夫·埃谢里克:"关于'资本主义复辟':毛和马克思主义理论",见《现代中国》第 5 期(1979 年 1 月),第 57—58、71—72 页。

② 《毛泽东思想万岁》(1969 年),第 351 页。

③ 埃谢里克:"关于'资本主义复辟'",第 66—68 页。

1975 年和 1976 年间提出的观点，认为在中国，应当主要地或果断地到党内去找资产阶级。此外，毛接受了这个逻辑推论。这个推论是从这样一个前提出发的，即这些"新资产阶级分子"是通过社会主义制度，也就是国家机器的途径来剥削工人和农民的。①

然而，即使我们断定毛在 70 年代初持有这一观点，但他也没有提出系统的观点来论证它的正确性——的确，那时他也许不能这样做。在我看来，写过有关这些问题的那些西方学者，也没有替他那样做过。②

关于新旧资产阶级之间的关系问题，张春桥和姚文元根据毛的说法，用相当篇幅论述领导干部中特权阶层的自私和腐朽行为时，将这些"极端孤立的人"看作那些实际上妄图复辟资本主义的"被推翻的反动阶级"残余分子的工具。姚文元写道：

> 　　如果不限制"资产阶级权利"和物质刺激的作用，资本主义发财致富、争名夺利的思想就会泛滥起来，化公为私、投机倒把、贪污腐化、盗窃行贿等现象也会发展起来，资本主义的商品交换原则就会侵入到政治生活以至党内生活，瓦解社会主义计划经济；就会产生把商品和货币转化为资本和把劳动力当作商品的资本主义剥削行为……而当资产阶级在经济上的力量发展到一定程度时，它的代理人就会要求政治上的统治，要求推翻无产阶级专政和社会主义制度，要求全盘改变社会主义所有制，公开地复

---

① 关于毛在晚年的观点的这一论述与 1982 年 4 月和 5 月我在中国社会科学院和其他地方进行讨论时，一些严肃的理论工作者通常表达的见解是一致的。另见廖盖隆："历史的经验"，第 135—136 页。

② 关于这一问题，还可参见理查德·克劳斯的《中国社会主义的阶级斗争》一书。他比埃谢里克对这一问题的研究作出了更为重要的贡献。对于以阶级出身为基础的阶层与"作为政治行为者的阶级"之间的关系问题的许多方面，克劳斯进行了极其敏锐的和富有启发性的分析。但我认为他的错误与埃谢里克一样，在于认为毛在其晚年主要以特权和对生产方式的控制（这些都是由干部从他们与国家的关系中获得的）为标准来划分阶级。

辟和发展资本主义制度……①

这段分析同样蹩脚，与新的官僚主义精英控制着生产资料这一说法相比，它更不符合实际。难道在革命后长达 1/4 世纪之久的中国，1949 年以前的资产阶级真的如此强大吗？首先，党内的"新阶级分子"——他们醉心于现存秩序下他们手中掌握的权力和利益——怎么能心甘情愿地参与包括生产资料私有制在内的真正的资本主义复辟？他们肯定会认识到，在这样一种制度下，他们将在装备极差的情况下与往日的"真正"的资本家进行竞争，并且很快就会失去他们的特权地位。在明确根据 50 年代末期以来毛本人著作里出现的思想倾向而建立起来的社会里，这两种情况都提出了"新阶级"的作用问题。

在很大程度上，毛主要关心的是，革命以后的中国，"资产阶级"态度如贪恋金钱、享受和特权等等是否会复活的问题。在他看来，物质报酬上的不平等会助长这种偏向——因而无论适当与否，他支持 1975 年反对"资产阶级法权"的运动。但归根结底，他更关心的是改造"内心"或"灵魂"的斗争。毛之所以将他的注意力集中在党内的"资产阶级分子"上，其部分原因是由于这种人享有更多的、很可能腐化他们的特权，享有更多的、会使他们去腐化其他人的权势。

同时应当强调的是，毛认为腐化的根源不仅仅是指权力的报酬，而且还有权力本身。1976 年 5 月，人们引用了毛在有生之年发出的最后几条指示之一。这条指示指出，革命将来还会发生，因为"小官、学生、工、农、兵不喜欢大人物压他们"。② 没有什么办法能证实这条语录的真实性，但听起来它却十分像是无拘无束的毛所说的。尽管毛由于需要继续担任领导职务，致力于国家的强大，他显然对任何人——除了他这个皇帝本人——被委以权力表示怀疑。

我已反复强调过，在毛的晚年，他的思想和行为中显著的极端倾

---

① 姚文元：《论林彪反党集团的社会基础》，第 7—8 页。
② 《北京周报》1976 年第 21 期，第 9 页。

向，在相当程度上是从他关于保证完全彻底地、系统地实现马克思主义的理想和原则，例如反对阶级敌人的斗争，缩小城乡差别和建立一个更加平等的社会等一系列必要措施所作出的结论为基础的。这一源于西方的思想，不管它被作出什么奇怪的诠释，它仍是毛思想的一个重要组成部分，但中国的影响和传统的影响在毛的头脑中，在中国政治制度中，仍占有的日益增大的位置，这是不可否认的。

　　除了以上所讨论的对秦始皇的崇拜以外，这种倾向的另一方面是强调要忠于领袖和他的思想，这是通过"忠"的符号来表示的。像红卫兵这样的"无产阶级革命派"不仅能熟背"红宝书"，能够在每个场合背诵合适的语录，并以此显示他们掌握了毛泽东思想。而且，他们还"无限忠于毛主席"，在 20 世纪 60 年代末和 70 年代初的中国，这种高于一切的品质是区分真假革命者的试金石。

　　在《左传》鲁成公九年里写道："无私，忠也。"这句话的大致意思可以理解为："无私的人是真正的忠（于统治者）"，在毛的晚年，中国人反复学习这一公式，倒背如流。一方面，真正无私的，愿意像雷锋那样做一个"永不生锈的螺丝钉"，为人民服务的人，是毛主席真正的和忠实的信徒和真正的无产阶级革命者；反过来说，忠于毛泽东和毛泽东思想的人，正是由于这一事实，成为无私的无产阶级革命者，并赋予其他一切革命美德。[①] 就这方面而言，就像他举秦始皇为例一样，毛到晚年完全从一个擅长用中国人民喜闻乐见语言来表达马克思主义思想的领袖变成一个折衷主义者，一个传统的价值观念和传统思想在自己思想中起着愈来愈大作用的人。

结论　对毛的思想遗产的探索

　　"毛泽东思想"或"毛泽东的思想"一词至少有三种不同的含义。首先，它是指在毛的漫长的一生中，由各个时期著作的原始资料所展

[①]　S. 施拉姆的论文："党的领袖还是真正的统治者？"，论述了"忠"的含义，并较广泛地讨论了毛晚年统治的性质。参见第 223—225、233—243 页。

现的毛本人实际上的思想。其次，它可能包含这层意思：在中国，从50年代到毛逝世（其实是到1978年12月的十一届三中全会）为止，别人赋予它的想法；也就是说，它可能是指某特定时期的正统学说，如在1951年以后出版的《毛泽东选集》和在其他公开发表的毛的讲话和著作里，包括"文化大革命"期间当作"最高指示"的语录里的正统学说。第三，它是指毛的全部著作中仍被看作正确的，并由周恩来、刘少奇、朱德和其他人在他们的著作中进一步作了补充和发展的毛的某些思想，不包括那些反映他晚年错误的著作。中国人现在就是这样做的。

在本章，我继续进行了在《剑桥中国史》第13卷最后一章开始的尝试，即分析了从1917—1976年，毛泽东思想在第一种意义上的发展。本章还探讨了建立在毛著作基础上的正统观念的变化问题。但在1949年以前并不存在这个问题，因为那时还没有官方正式出版的毛泽东著作，也没有对"毛泽东思想"如此正统的解释。现在，我的任务是要概括一下毛的理论贡献的实质，但是，我的这一做法是在与中国普遍采取的立场和方法相当不同的基础上进行的。

经常有人认为，中国现在的领导人对毛泽东的思想所采取的态度完全是武断的、随心所欲的和嘲讽的——换言之，被他们冠之以"正确的"毛的那些思想，是为了论证他们在完全不同的基础上制定的政策服务的。这种看法似乎过于简单。如今那些尽力对"毛泽东思想"进行解释和阐述的人，大部分都是在毛的领导下从事革命斗争几十年的老战士，他们除了要接受足够的毛的思想遗产以证明他们是毛的合法继承人以外，也只能将毛泽东时代的许多思想和实践融入他们自己的思维中。现在重新解释毛思想的目的就是如他们所说，是为了界定毛的思想遗产中哪些部分是正确的，要从真正的马克思主义与中国需要相结合的双重意义上来确定。我们要承认他们这样做不是不合理的。

然而，即使情况是这样，中国正在进行的对毛及其思想的重新评价的目的、逻辑性和判断标准，也是与本章完全不同的。在此，我要分析的是构成毛从1949—1976年关于社会主义发展问题的思想的本质。

过去，本章作者把毛泽东对社会主义建设理论的积极贡献的本质，称之为"主流的毛主义"。并提出，这个主流可以在1955—1965

年，更确切地说，可在 60 年代初期找到。① 换言之，"主流的毛主义"可解释为由毛设想的"中国社会主义道路"的合理内核，它不包括"大跃进"和"文化大革命"的过激行为。通过进一步的思考和分析，我发现这个用法并不十分满意。如上所述，1958—1966 年间的进程在许多方面都是不可抗拒的。在这两次激进的试验过程中，"左"的思潮势不可挡，它应被看成毛的最后 25 年（如果不是他的整个一生）里更加独特的东西。相比之下，毛在 60 年代初期，后又在 70 年代初期采取的立场则较为谨慎和现实。

毛在 1964 年 3 月说："凡事都是一分为二的。""我这个人也是一分为二的。"② 作为结论，这也许是必须首先说明的最根本的东西。一方面，毛的思想，尤其是 50 年代和 60 年代的思想，始终是由各种根本不同的思想和指示很不稳定地并列在一起的，另一方面，他在这些思想成分之间设法构建的暂时的和不稳定的综合性理论，在"文化大革命"的冲击下开始迅速解体。

如果我们考察一下毛在"大跃进"期间和"大跃进"之后阐述过的经济思想，在我看来，我们必须承认，这些思想远不像近年来根据"文化大革命"时对"两条路线斗争"的解释所做的理解那样片面和简单化。我们发现，他同样强调精神鼓励和物质刺激、又红又专、大小工业并举。"两条腿走路"的方针，从某些方面来说，是他整个经济战略的核心。它是靠两条腿尽可能快走的方针，并不是要靠小工业和土办法一条腿跳跃。

然而，即使在毛泽东从 1958 年夏天过分的幻想中退却以后，他对发展的看法在某些方面也反映出他根本没有认清工业化和技术进步的含义。这些方面之一是毛对知识分子的态度，我在前面对此曾予以相当多的注意。另一方面是他对政治程序和领导与群众的关系的看法。

1960 年，毛泽东在讨论苏联宪法时说，这部宪法给了劳动者工作、休息和受教育的权利，但它没有给人民治理国家、经济、文化和

---

① S. 施拉姆：《毛泽东：初步再评价》，第 71 页。
② 《毛泽东思想万岁》（1969 年），第 477 页；另见《杂录》，第 343 页。

教育的权利,而这些权利是社会主义条件下人民最基本的权利。① 在《读书笔记》中与此相似的一段里,毛用的是"管理",② 而不是"治理"一词。尽管两个措辞在意义上有细微的差别,但两者都是模棱两可的。它们的模棱两可再次反映了我们在毛的"群众路线"的理论和实践中已注意到的矛盾。由红卫兵翻印的、出现于毛本人的语录中的"管理"一词,它的意思可能是"经营"、"支配"或"监督";廖盖隆的文章中所引用的"治理",则表示"整顿"、"清理"或"安排"。第一个词显然更具体一些,因为它反映了一个组织构成而不只是简单的过程。至于毛的意思实质上究竟是打算使工人或劳动者随时关心正在发生的事情,使他们确信政治权力的运用符合他们的愿望,还是指他们实际上应当亲自管理事情,这两方面都是模糊不清的。

毛的"读书笔记"的一个英译本将"管理"译成 run 和 manage(经营),而另一个则译成 administer(行政管理)和 take charge(负责)。③ 我更喜欢用 supervise(监督),其意思不是指全体劳动者都在同等程度上行使管理的权力,因为这种译法更符合我所理解的毛在60年代的思想。应当承认的是,这一选择是武断的,但它并不比其他的译法更武断。实际上,模棱两可客观存在着,存在于毛本人的语言和思想中。

另一个恰当的例子是,1965年的那段话宣称,民主是指"群众的事情由群众来管理"。④ 至于"由"一字,在群众是有效力量的意义上,它的意思可能是指依靠群众,或者通过群众。换句话说,就是把事情摆在群众面前,与他们商量。这里将它译成是"通过",因为在1965年12月的同一段引文中,毛清楚地阐明了需要来自上级党的领导,这进一步证实了那时毛仍坚持他反复而明确地陈述过的观点,即集中比民主更重要。然而,到1965年,他对这一问题的看法显然已开始改变。

---

① 廖盖隆:"全面建设社会主义的道路",第2页。
② 《毛泽东思想万岁》(1969年),第342—343页。
③ 毛泽东:《对苏联经济学的批判》,见《杂录》,第266页。
④ 《毛泽东思想万岁》(1969年),第630页。

在"大跃进"前后的这段时期内，强调集中制表现的形式是，坚持党的领导起关键性和决定性的作用。正如在本章第一部分所提到的，毛恢复了在延安时十分强调的使党的领导一元化或一体化的思想。

总的说来，毛在"大跃进"期间的观点是，一体化或一元化不仅在国家，而且必须在地方得到贯彻。此外，即使 1953 年那几句顺口溜里提到的"小权"也不能放，否则必导致混乱。一元化的代表只能是各级党委。党的控制，不管在中央还是在地方，正如毛在 1958 年所阐明的，首先是就原则问题作出决定，然后去督察其执行情况。

随着"文化大革命"的临近，这一整套哲学逐渐被放弃了。因为毛泽东对应该发挥"一元化"作用的党的合法性和政治上的正确性，在理论上产生了怀疑，随后在实践中加以否定。在 1964 年 7 月 14 日给苏共的《九评》那段著名的论述中，可以发现对将要发生的事情的最初和最有戏剧性的暗示之一。这段话指出，如果干部被阶级敌人（由"地、富、反、坏、牛鬼蛇神"组成）"腐蚀侵袭，分化瓦解"，那么，"不要很多时间，……就不可避免地要出现全国性的反革命复辟。马列主义的党就一定会变成修正主义的党，变成法西斯党，整个中国就要改变颜色了"。[①]

在 1967 年 2 月与张春桥和姚文元的谈话中，毛虽然再次断言必须有一个作为领导核心的党，虽然他继续努力用某种方式把对党的需要与反天才论和鼓励来自下层的首创精神——这种首创精神成了证明"文化大革命"有理的借口（如果不是主要动机的话）——结合起来。由于群众对党的等级制度和政府官员"造反"的权利仅仅是靠某个大人物某种个人权威来保证的，因而整个事业被歪曲和败坏了。不久这种个人权威终于正式地与秦始皇的权力联系在了一起。

人们必须根据这一点来理解王洪文在党的第十次代表大会[②]和

① 《红旗》1964 年第 13 期，第 31—32 页；另见《北京周报》1964 年第 29 期，第 26 页。（源出于毛对 1963 年 5 月 9 日关于浙江干部参加生产劳动的一份文件所作的评语。）

② 《红旗》1973 年第 9 期，第 22、27 页；另见《北京周报》1973 年第 35 期，第 36、25、28 页。

张春桥在 1975 年 1 月全国人民代表大会上，[①] 为实现党对政府机构和其他一切机构的"一元化领导"而发出的号召。因为到此时，张春桥和毛本人对组织之间的关系都没有多大兴趣，而只是对实施毛的个人权威感兴趣。从此以后，真理和权力不属于党，而属于毛主席。因为历史赋予这位领袖以教导中国人民和指引他们走向共产主义的使命。

在毛泽东从井冈山和延安时期到 60 年代的整个生涯中，他一直把民主和集中当作政治进程中相互联系不可分割的两个方面，它们彼此联系、相互促进。而在"文化大革命"中却出现了两个截然不同的概念。"造反"代替了民主，对伟大领袖和舵手的"忠"代替了集中，就像看待民主和集中的关系一样，毫无疑问，毛把这些倾向看作一个辩证统一体，彼此密切联系，在原则上他并不拒绝接受它们。不过，虽然他自己承认"首长"的必要性，但他任由一种形势在发展：在这种形势下，社会和经济的各级"首长"实际上并不能发挥其作为"首长"的作用，因为，尽管他们被认为负有责任，但他们却无权作出决定。在国家一级，领导和群众之间的联盟采取的只是松散的公民投票的民主形式，这使人伤心地回想起早先的民主模式。在基层，它产生的是特别委员会的专断统治、军事管制、冷酷无情和骚乱的混合物。

这些思想的根源要追溯到 60 年代，尤其在 1963 年初，毛曾反复强调，要坚持"一分为二"的原理。因为只有当党实际上是由一个人代表和由一个人身上体现时，"一元化"和"一分为二"（以及它们的组成部分之间相互斗争的倾向）这两条原理才能共存。换言之，只有当中国共产党的一致性和完整性是在毛的领导下时，党才能够虽会分裂但又能保持统一，才能够实现它的一元化使命。因为毛主席本身是不会分离的（尽管我们在前面引用过他的话，说他也是一分为二的[②]），而且永久地掌握权力，即使他的思想充满了矛盾。

毛的思想，正如我通篇所强调的，是马克思主义和中国遗产相互

---

① 《红旗》1975 年第 2 期，第 17 页；另见《北京周报》1975 年第 4 期，第 19 页。
② 指毛泽东"我这个人也是一分为二的"。——译者

结合的产物，这一双重性是解释毛泽东思想的核心所在。在毛的晚年，领袖终于成了崇拜的偶像和真理的源泉，这一事实与马克思主义理论是不一致的，实际上与毛本人在 1971 年的说法也是不相符的。他曾指出，《国际歌》否认"救世主"的存在。[1] 这样说，实际上并不是把毛的统治完全当作东方专制主义的一种形式，也不是指以他名字命名的思想主要是中国的而不是西方的。对领袖的崇拜毕竟有充分的西方或西方化根源——包括斯大林的红色法西斯主义，还有希特勒、墨索里尼的最初理论。此外，在文化移入的复杂过程中，如果西方的新思想能够被用来服务于中国的旧目标和旧价值观，那么，中国的传统思想同样可以转向外来的思想所阐述的目标。[2] 因此，很难断定最终何者占上风，但对这一问题有待于进一步探讨。

在 50 年代中期和 60 年代中期之间，毛泽东改变了拒绝接受张之洞"中学为体、西学为用"原则的态度。他在 1956 年 8 月"同音乐工作者的谈话"中，采用了他从 1938 年以来一直坚持的比较平衡的观点，即中国在保持自身特色的同时，还必须向西方学习很多东西。他宣称，马克思主义是"放之四海而皆准的普遍真理"。虽然它必须与各国革命的具体实践相结合，但这种"产生于西方的基本理论"构成了中国新制度的基础或者"体"。[3] 另一方面，1965 年 12 月他在杭州时说，实际上，张之洞是对的，"西方的'体'不能用……只能用西方的技术"。[4]

正如上面已提到的，即使毛在那一次讲话中说他是一个"土生土长的哲学家"，这句话的意思不能理解为毛不再打算从马克思那里或从西方吸取任何东西。这句话只是强调如果想使从西方借用的东西能够得到很好的利用，那么中国的革命学说今天就必须扎根于她的文化和传统之中。然而，这并不是一个通过分析毛的理论体系，用纯理性

---

[1] S. 施拉姆：《毛泽东同人民的谈话》，第 297 页。

[2] 关于这一问题，见施拉姆："党的领袖还是真正的统治者？"

[3] S. 施拉姆：《毛泽东同人民的谈话》，第 85—86 页。

[4] 同上书，第 234—235 页。

的措辞就能够得到有效解决的问题。根深蒂固的感情因素也渗入其中，甚至使他的政治理论或思想观点受到了渲染。

1958 年 3 月，毛在成都宣称："首先是阶级消亡，然后是国家消灭，最后是民族消亡，全世界都是如此。"[①] 1970 年 12 月 18 日，毛在和埃德加·斯诺的谈话中，对此作了如下论述：

> 什么叫民族啊？包括两部分人。一部分是上层、剥削阶级、少数，这一部分人可以讲话，组织政府，但是不能打仗、耕田、在工厂做工。百分之九十以上是工人、农民、小资产阶级，没有这些人就不能组成民族。[②]

在晚年，毛把阶级斗争看作一部分"大人物"与全体人民之间的斗争，他在 1970 年的讲话再次表明了他的这一倾向。但是他的这些讲话正如他在 1958 年的讲话一样，认为民族作为一种主要的社会组织形式具有根本主义。

虽然毛总是不容置疑地把中国当作"中心地区"，把中国文化当作"中心之花"（"中华"），但我们不应从毛的这一性格中得出像苏联人和他们的支持者，以及托洛茨基和持各种观点的其他"左"派分子通常所提出的结论，即毛毕竟是一个没有多少马克思主义思想的、旧式的中国民族主义者。

事实表明，特别是在"文化大革命"十年间，毛数十年里潜心打造的综合体基本上分崩离析了，至少就他思想和态度来说是如此。1976 年，当毛去"见上帝"或"见马克思"的时候（或许两者都见）——以前他曾对埃德加·斯诺这样说过——出自《左传》和类似典籍的道德和政治标准膨胀起来了，一个由其继承者开创的新时代开始了。

---

① 《毛主席关于国内民族问题的论述选编》，第 8 页。

② 同上书，第 6—7 页。（这段引文出自中国官方关于这次谈话的记录。据我所知，斯诺从未在自己的著作中用过这段话。）

然而，如果我们不去考察毛最后这段可悲的和反常的岁月，而只分析他在 1935—1965 年间形成的较为严肃的思想理论，那么，归根结底，它构成的是一种源于西方的、相当革命的思想和西方化的载体。

毫无疑问，西方化的影响和毛泽东的不容置辩的中国中心主义之间的重要联系，已在毛所谓的"落后的辩证法"的观点中得到了阐释。他在 1960 年的《读书笔记》中，最典型地阐释了"主流的毛主义"。毛在其中一节里提出了"落后国家的革命是否更困难"的论题。不必说，他的结论是否定的。他说，资本主义出现两三个世纪以后，在西方先进的国家，资产阶级的毒害极深，影响了包括工人阶级在内的社会的各个阶层。因此，列宁的"国家愈落后，它由资本主义过渡到社会主义就愈困难"这一论断是不正确的：

> 其实经济越落后，从资本主义过渡到社会主义愈容易，而不是愈困难。人越穷，越要革命。……在东方，像俄国和中国这样的国家，原来都是落后的，贫穷的，现在不仅社会制度比西方先进得多，而且生产力的发展速度也比他们快得多。就资本主义各国发展的历史来看，也是落后的赶过先进的，例如在 19 世纪末叶，美国超过英国，后来 20 世纪初德国又超过英国。[①]

今天的中国当然放弃了这种过分乐观的幻想，而强调发展生产力是改造社会制度的前提。毛在刚才所引的这段话里表达了这样一种观点，即在西方（其含义是，在中国，一旦经济发展了）"最重要的问题是人民的改造问题"。不管怎样，这一观点至今尚未被一同抛弃。

也许，对中国在世界上的地位的洞察和对人与道德在政治生活中重要性的强调，最终仍将是毛泽东对革命理论和实践的主要贡献，因为这种洞察力是根植于对悠久历史的观察之中的。

---

① 《毛泽东思想万岁》（1969 年），第 333—334 页；另见《杂录》，第 258—259 页。

第一篇

"文化大革命"：混乱中的中国，1966—1969年

第 二 章

中国陷入危机

　　无产阶级"文化大革命",按照中国官方算法,从 1966 年初起直到大约十年后毛泽东去世时为止,是 20 世纪最突出的事件之一。"文化大革命"的情形,想起来仍栩栩如生:身着军装的年轻的红卫兵们挤满了北京宽广的天安门广场,当他们看到伟大舵手站在天安门城楼上时,不少人热泪盈眶;老干部们头戴高帽,脖子上挂着"牛鬼蛇神"的牌子,被抓上卡车,那些年龄只相当于他们 1/3 的年轻人强迫他们沿着大城市的主要街道游街;报纸见方的大字报上充斥着对高级领导人的修正主义与反革命行为的辛辣谴责。红卫兵带着的"红宝书"——用塑料包装的毛主席语录的小册子——是年轻的造反派反抗成年人权威的象征。

　　纯粹从叙述的角度看,无论对发动者个人还是对整个承受了它的社会来说,"文化大革命"只能被看成是一场悲剧。这场运动在很大程度上是毛泽东个人决策的结果。毛在革命胜利后时代仍孜孜不倦追求革命纯洁性,这是他发动"文化大革命"的动机;他在中国共产主义运动中具有独一无二的超凡的地位,这使他有资本发动"文化大革命";他对群众运动充满信心,这就决定了运动的形式。毛的开阔的视野和改造八亿中国人命运的能力成了神话,从而产生了一位比真实的毛泽东更伟大的人。

　　可是,就像在古典悲剧中一样,这些貌似英雄的品质最后溅上了致命的污点。毛对革命纯洁性的追求导致他夸大和错误估计了中国在 20 世纪 60 年代所面临的问题。他个人的权威使他有能力发动各种社会力量,却没有足够的能力来控制它们。随着群众运动逐渐演变成暴力、派系斗争和骚乱,毛认为群众一旦发动起来就能拯救国家的观念被证明完全错了。毛本希望"文化大革命"能成为他对中国和马列主义最重要和最持久的贡献，结果倒成了他晚年的重大错误。

由于毛具有操纵中国的能力，所以，他个人的悲剧同时也就是整个民族的悲剧。当今的中国领导人都把"文化大革命"描绘成国家的大灾难。虽然"文化大革命"对经济的破坏不如"大跃进"严重，生灵涂炭的情形也不如太平天国起义时期、日本侵华时期和共产党革命时期，但由"文化大革命"带来的事业的中断、精神的崩溃以及所付出的生命的代价都具有毁灭性。运动对中国政治和社会的影响恐怕要几十年方能消除。而且，"文化大革命"所付出的这些代价基本上是毛对中国形势的估计和提出的对策的结果。毛认为中国正处在复辟资本主义的边缘，提出阻止复辟的最好方法是发动城市青年。

从另一种观点，即从政治分析的角度看，"文化大革命"又是非常有趣的。政治学家们常常提及政治发展过程中的"危机"：现行的政治机构由于经济处于过渡阶段、知识界发生骚动，以及政治的动员、社会的变革等原因①，遇到了挑战甚至被动摇，发生了危机。如不进行有效的改革，政治危机就可能发展成暴力、混乱、反叛甚至革命。从这个意义上讲，"文化大革命"初看起来，就像20世纪许多其他发展中国家所经历的，似乎是政治现代化过程中的一场危机。中国共产党在城市中面临着高层次的抗议，因为城市里对许多社会、经济和组织政策存在着广泛的不满。中共既无法压制这些持不同意见者又无法有效地迎合他们。这种情形的结果，无论是在中国还是在其他地方，都是混乱和无政府状态，直到军队干预，恢复秩序，开始重建政治体制为止。

不过，"文化大革命"的独特之处是，这场危机是由这位政权领导人自己引发的。使共产党的合法性产生疑问的正是毛自己，发动各种社会力量削弱他自己政权的也是毛，为人们的抗议和不满提供了政治、意识形态词汇的仍是毛。这个曾经发动革命反抗旧政权的人现在又发动革命来对抗自己亲手缔造的新政权。

---

① 伦纳德·宾德等编：《政治发展的过程与危机》。

但是，毛的第二次革命不如第一次革命成功。根据毛的观点，成功的革命，既是立又是破：建设一个新秩序，同时破坏一个旧秩序。毛第一次革命的指导思想中，不仅有对现存体制的批判，而且有对未来新政治经济体制的整体设想。与此相类似，第一次革命不仅发动了广大对现实不满的人，而且创造了具有高度纪律性的、能在夺取政权后有效执政的革命组织——中国共产党。与此相反，毛的第二次革命既无明确的指导思想，也没有产生能执行新的方针政策的统一组织。它推倒了旧政权，留下的却只是一片混乱。

本章是对"文化大革命"前期三年半的历史作一描述和分析，也就是从1965年底的前奏到1969年4月中国共产党第九次全国代表大会的召开。这一时期被某些学者称为"文化大革命"的"红卫兵阶段"，其余的称作"狂热阶段"。正是在"红卫兵阶段"，毛所引发的政治危机陷得最深，混乱最严重，生命代价最高。

这三年半的时间可分为几个小阶段，每一阶段在本章中都将逐个论述。第一阶段，从1965年秋至1966年夏，毛与党的机构的矛盾上升。在这一阶段，毛开始发展自己的权力基础，与他认为是修正主义分子的党的领导人相对抗。毛利用他的政治资本，罢免和贬谪了一些军队、文化部门、北京市政府和政治局里他所不满意的人。然后，在1966年8月的八届十一中全会上，毛使中央委员会正式批准在更大规模上批判修正主义。

第二个阶段，从八届十一中全会到1966年底。在此期间，毛对党的机构的攻击迅速遍及全国，红卫兵充当了主要工具。但这一时期的结果，却与毛的初衷相左。很明显，他原希望红卫兵会形成统一的群众运动，领导干部们也会坦诚地接受来自这些特殊组织的批评。这样，经过"文化大革命"的洗礼，党的方向得到纠正，党的权威也完整无损。事实上，结果却完全是另一番景象，红卫兵分裂成互相对立的派别，一派攻击党的机构，另一派保护党的机构。省、市级的领导开始时压制群众运动，尔后与之合作，最后采取逃避态度。红卫兵各派系之间及群众运动与党的机构之间的对抗不断升级，不仅没有加强党的权威，反而削弱了党的权威。至1966年底，中国许多重要城市的政治机构完全瘫痪。

在第三阶段，即从 1967 年 1 月至 1968 年年中，毛下令：向已名声扫地的党的机构夺权。究竟采用何种程序夺权，毛经过数周犹豫之后，决定政权应当分享，在省、市级，由"文化大革命"中诞生的群众组织、运动中生存下来的领导干部和人民解放军三者联合掌权。问题是三者中无一完全可靠。群众组织动辄搞暴力和无政府，领导干部与人民解放军（尤其在省、市级）则联合起来压制最难驾驭的红卫兵积极分子。毛已不能完全控制他自己释放出的各种社会力量，他唯一的办法是使鹬蚌相争。结果是再度混乱。毛最后得出结论，阻止全面崩溃的唯一办法是遣散红卫兵，让军队恢复秩序。

这一决定标志本章将要讨论的最后一个阶段的开始：重建中国政治体制。这一过程的最高潮是 1969 年 4 月党的九大。九大选举了新的中央委员会，批准了新的中央政治局，通过了新的党章。由于军队在这一阶段发挥了突出作用，所以九大决定许多领导职务由军官担任，甚至国防部长林彪被指定为毛的接班人也就不足为奇了。可是，尽管军队在军外的权力迅速增长，也不足以恢复政治稳定。权力仍被三者分享——发动红卫兵的激进知识分子、备受攻击而幸存下来的老干部及压制红卫兵的军队。正如本书以后几章所描述的，"文化大革命"红卫兵阶段留下的遗产是长期的不稳定，直到毛泽东去世，清除了激进派，邓小平出任中国的主要领导后，这种不稳定势态才得以完全清除。

走 向 对 抗

政治冲突的根源

在 20 世纪 60 年代初期，毛泽东对中国的政治形势越来越不满。在一个接一个的问题上，党通过了一系列毛认为不必要和不能接受的政策，如：农业恢复搞承包，工业中采用物质刺激，公共医疗过分集中在城市，双轨制教育的发展，文学艺术中一些传统主题和风格的再现等等。这些政策大多是在反右和"大跃进"之后为恢复社会团结，提高生产力而制订的。可在毛的眼中，这些措施只会产生一定程度的不平等、特殊化、特权阶层和不满，而这些与他的社会主义社会是完全不相容的。[①]

由于毛与某些主要同事之间个人关系日渐紧张，毛对党的政策就更加不满。首先，毛认为背叛他的事件越来越多了。虽然在 1958 年底，毛据说自愿从日常领导事务中退下来，但他日益不满的是党的某些领导，尤其是总书记邓小平，在一些重大问题上未与他商量就作了决定。在 1966 年 10 月毛曾说："一开会（邓）就在我很远的地方坐着。1959 年以来，六年不向我汇报工作。"[②] 1961 年 3 月，当毛发现邓未与其商议而在农业改组问题上作出了一些重大决定时，曾讥讽地问："是哪个皇帝作的这些决定？"[③] 60 年代新闻与文学中出现针对其领导方式的含沙射影的批评，毛对此感到很恼火，对那些负责文化事务的官员（包括彭真和陆定一）听之任之的态度更为气愤。

此外，毛由于无法使官僚机构执行自己的意志而日渐灰心。1962年至 1965 年间，在他一直感兴趣的五个领域内，毛曾试图改变党在"大跃进"后所采取的一些政策。他曾阻止农业包产到户的潮流；提议改革高等教育的课程设置和考试制度；批评公共医疗设施过分集中在城市；建议创立农民组织来揭发农村公社党政干部的腐败无能；谴责文化领域中传统主题和修正主义理论的重新抬头。

尽管党的机构对他的每一倡议最终都作出了相应的反应，但他们的做法使毛不无道理地觉得他们是半心半意，极不热情的。一部分原因是由于许多高级领导人继续支持党在"大跃进"后所实行的政策，不愿因有毛的指示就加以改变。对毛的指示的消极反应也部分说明了

---

① 有关毛与他的同事们在 60 年代初的冲突，参见安炳炯《中国的政治与文化革命：政策进程的动力》；哈里·哈丁：《组织中国：官僚问题（1949—1976）》第 7 章；罗德里克·麦克法夸尔：《"文化大革命"的起源，2."大跃进"（1958—1960）》；肯尼思·利伯撒尔撰写的《剑桥中国史》第 14 卷中的章节。

② 杰罗姆·陈编：《毛泽东的文章与目录》，第 40 页。

③ 帕里斯·H. 张：《中国的权力和政策》（修订本），第 131 页。

官僚机构的意图，一面按部就班，尽量多地维持现行路线政策，一面按照毛的指示，采取一些新的行动。除此以外，毛的意图往往是用含混不清的语言表达出来，他善于着重批评一些他不喜欢的做法，却不善于提出具体的改进办法。

不论怎样，毛得出结论，官僚们的消极反应，精神生活中传统的"资产阶级"观念的出现，以及国民经济战略中过分强调效益等等一起构成的修正主义的危险——根本脱离真正的社会主义发展道路——正在中国出现。起初，毛以低调提出他对这方面的担忧。如在1962年，他号召全党克服修正主义，但又说这一任务不应"干扰我们的（日常）工作……或占非常主要的地位"。[①] 同样重要的是，起初他是通过温和又非常传统的方式来克服党内修正主义倾向：在官僚机构内部发动一场学习马列主义原理和向模范干部学习的运动。

但是，这些措施并没奏效，毛的警告就更尖锐了。他最后得出结论，修正主义比他预料的还要广泛，党内最高层的一些领导人不愿有效地处理这一问题，很可能，是他们自己也有修正主义思想。在1965年9月的一次工作会议上，毛就问他的同事们，"中央出了修正主义，你们怎么办？很可能出，这是最危险的"。[②]

渐渐地，这些针对修正主义的警告变成了发动"文化大革命"的系统理论基础。很重要的一个事实是，运动的理论依据尚未完善之前，运动已经开始了。但是，1967年发表的两篇社论，中国人认为是充分表述了毛的"无产阶级专政下继续革命"[③] 的新理论。尽管这些文章不是毛本人所撰写，但没有理由怀疑文章反映的不是毛的观点。

---

① 斯图尔特·施拉姆编：《毛泽东同人民的谈话》，第193—195页。
② 杰罗姆·陈编：《毛泽东的文章与目录》，第102页。
③ 《人民日报》和《红旗》杂志编辑部："一个历史性的伟大文件"，1967年5月18日，《北京周报》1967年5月19日，第10—12页；《人民日报》、《红旗》杂志、《解放军报》："沿着十月革命开辟的道路前进"，1967年11月6日，《北京周报》1967年11月10日，第9—11页。最近出版的材料说明，后一篇文章是在陈伯达与姚文元的监督下起草的，见孙敦璠编：《中国共产党历史讲义》下册，山东人民出版社1985年版，第268页。

概括起来说，这些社论的结论是，在毛看来，社会主义革命成功的最大威胁不是来自外部的进攻，而是国内资本主义的复辟。毛相信，斯大林死后苏联的经验证明，如果修正主义分子在执政的共产党内篡得了权力，资本主义复辟就会出现。为了避免出现这种情况，有必要经常与可能走资本主义道路的"党内当权派"作斗争。实际上，在工业国有化和农业集体化之后，这将是社会主义社会阶级斗争的主要形式。这种进行阶级斗争的方式在一场"文化革命"中将"大胆地唤起基层的广大群众"，不仅批判党内当权的修正主义分子，而且批判存在于他们自己思想上的自私和自由化的倾向。因为修正主义的根源在于人类的自私自利，所以必须要有一场持续数十年的"文化革命"才能保持社会主义社会的纯洁。

铸造毛的权力基础

到 1964 年，对党的机构发动攻击的力量基础开始建立。这一力量基础的各部分开始是逐个形成的，相互间似乎没有协调。其中一个部分是由社会和经济政策而非人为操纵所产生的，这些政策在社会中，尤其是在城市青年中制造了一群社会地位低下、幻想破灭的人。第二部分是在毛的妻子江青的指挥下，在知识界和文化界逐渐形成的。第三部分是由国防部长林彪在部队中组成的。在 1964—1966 年间，这三支力量有组织地形成了一个政治联盟，在毛的领导下可以有足够的力量发动伟大的无产阶级"文化大革命"，反对地位牢固的党的机构。

人民解放军　毛的权力基础上最关键的部分，是林彪领导的人民解放军，因为解放军控制了中国有组织的武装力量。[①]　林彪在 1959

---

① 关于人民解放军在 60 年代初期的情况，见约翰·吉廷斯："中国军队在'文化大革命'的作用"，载《太平洋事务》第 39 卷第 3—4 期（1966—1967 年秋季号和冬季号），第 269—289 页；约翰·吉廷斯：《中国军队的作用》第 12 章；埃里斯·乔菲："林彪领导下的人民解放军：政治干预的前奏"，载约翰·M. H. 林德贝克编《中国：一个革命社会的管理》，第 343—374 页；埃里斯·乔菲：《党与军队：中国军官的职业化与政治控制（1949—1964）》。

年庐山会议后接替彭德怀任国防部长。他一直非常注重在军队中恢复政治工作——一项一箭双雕的政策，一方面保证武装力量对毛领导的忠诚，另一方面提高自己在毛眼中的身价。林在人民解放军的基层单位重建了党支部（原文如此——译者），复活了在彭德怀领导时期日渐松散的政治部工作系统，加强了党的军事委员会对军队的控制，林还强化了军队的政治教育项目，主要以新编的《毛泽东语录》作为基础教材，这种语录小册子成了以后红卫兵携带的"红宝书"的原型。

同时，林也寻求恢复一些革命时期的军事传统。在50年代，30年代和40年代游击战的组织原则和战术原则被搁置一旁，采用了具有正规军特点的原则。建立了正式的军衔制。民兵的地位降低，彭德怀建议以更为正规的军事预备役制度取而代之。早期的"军事民主"不见了，更强调军阶等级和军事纪律。苏联军事理论（注重阵地战与现代化装备）取代了用原始武器打运动战的毛泽东的军事思想。

反对抛弃人民解放军的革命遗产而采用这些"外国战略战术原则"的呼声早在50年代中期已很强烈。所以在50年代最后几年，当彭德怀还担任国防部长时，有些恢复某种平衡的做法已在进行。但是，在林彪的领导下，这一"重新革命化"的过程加速了。新的军事条例强调一些传统观念，如政委与军事指挥员的联合领导，维持部队忠诚与士气的政治工作的重要性，军民的紧密关系，官兵平等，等等。军事战略再次强调步兵（与技术兵种相对立），民兵（与正规军相对立）的重要性，强调小分队战术（与诸兵种协同的大规模军事行动相对立）。最后一个尤具象征意义的步骤是在1965年废除了军衔制，将士们取下了50年代中期以来一直穿、戴的苏式制服与识别标志，重新穿上延安时代的无任何标志的草绿色军装。

可是，林彪也不允许自己的这一系列政策削弱人民解放军的战斗力。尽管他声称取得军事胜利，人的因素比武器更重要。林还是支持空军的现代化和研制中国的核武器。他说，政治教育在部队训练中应占最优先地位，但他也督促部队将更多的时间花在军事操练上而不是政治学习上。林多次重申人民解放军要遵循人民战争原则，但民兵活动规模比"大跃进"时的高潮时期缩小了很多，农村民兵组织更多地从事农业生产、维护治安而不是军事活动。

这样，在 60 年代初，林不仅恢复了部队的政工系统和一些传统军事思想，也成功地于 1962 年与印度在边界打了一仗，两年后又引爆了中国第一颗原子弹。这些成就表明，人民解放军的"红"并不是以失去"专"为代价的。

60 年代初期人民解放军的非凡表现与同期众所周知的党政机构的软弱无力形成明显对比。所以，毛把林彪看成比刘少奇或邓小平更能干的组织管理者和更为忠诚的副手，并且把人民解放军作为政府机构学习仿效的楷模就不足为怪了。为此，1964 年 2 月，发起了"向人民解放军学习"的全国性运动。作为运动的一部分，政府机构以人民解放军的政治部作典范建立了自己的政工部门，这一机构负责政府官员的日常政治学习。政工部门中约 30%—40% 的职位由军队转业干部或直接从部队借调的军官担任。[①]

林彪自然很乐意让军队充当这一新角色。实际上，很有可能是林彪首先提议在政府机构中设立政工部门，更有可能是林彪提议将政府机构的政工部门统一由解放军总政治部管辖。如果这一建议被采纳，将会大大增加军队在政府事务中的影响，侵犯了党在这一领域内的传统责任。虽然刘少奇同意毛的决定，在政府机构内设立政治部，但他坚持政治部应由负责经济工作的党的机构来管辖，而不受军队政治机关领导[②]。

尽管如此，"向人民解放军学习"的倡议和政府机构中政工部门的设立使解放军和林彪对政府事务比 50 年代初以来的任何时期都具有更大的影响。1966 年 2 月，人民解放军召开了一次讨论文化工作的会议，名义上只限于军队内部的文艺工作，实际上对全国文艺界都

---

① 关于向人民解放军学习的运动，见安《中国政治》第 6 章；约翰·吉廷斯："'向解放军学习'运动"，载于《中国季刊》第 18 期（1964 年 4—6 月）；哈丁：《组织中国》，第 217—223 页；拉尔夫·L. 鲍威尔："经济中的政委：中国的向解放军学习运动"，载《亚洲概览》第 5 卷第 3 期（1965 年 3 月），第 125—138 页。

② 北京国际广播电台（1967 年 12 月 16 日）引自约翰·吉廷斯："从'文化大革命'看党与军队的关系"，载约翰·威尔逊·刘易斯编《中国党的领导与革命力量》，第 395 页。

有很大影响。① 1966 年 3 月，林给一次全国性的工贸会议写了一封信，号召经济管理者们更积极地学习毛主义——这是一个相对来说无足轻重的信件，但却标志着林对全国性的经济工作有了更大的发言权。②

激进的知识分子　最初的毛联盟中的第二支力量是激进知识分子的小集团，到 1966 年年中，他们充当了"文化大革命"的思想裁判者和群众发动者。纠集这帮极"左"宣传家和作家的关键人物是毛的妻子江青，她很快认识到，毛与党的机构的紧张关系给她带来了可以实现自己政治野心的极好机会。

江青 1937 年去延安参加共产主义运动之前，是上海的一个二流演员和文艺圈中名声不太好的女人。她与毛 1938 年的初次接触给这个野心勃勃的女人从舞台转向政治提供了机会。由于她复杂的背景，她与毛的婚姻遭到许多高级领导人的坚决反对，只是在她同意 30 年内不参加政治活动后，这桩婚姻才得以认可。③ 由于健康原因，她在 50 年代遵守了自己的诺言，但到 60 年代初，她健康状况好转（虽然脾气依旧），开始着手一项新的工程：改造中国文化。她承担这一任务，一是她早期的舞台生涯使之勉强说得过去，而主要则是毛对文化领域内的"修正主义"日渐不满，给了她实质性的鼓励与支持。

江对京剧改革的最初努力遭到一些颇有名望的表演家的蔑视和负责文化事务的官员的反对，新闻界对她也不屑一顾。④ 遇到这些阻力，江转而求助于北京和上海的一批较年轻而相对激进的文人。与那些有名望的知识分子相比，他们年纪较轻，地位较低，较少从世界范围来看问题，受马克思主义影响更彻底。自 1957 年的反右运动以来，出于信念和职业的原因，在有关学术和文化问题上，他们中许多人都采取了较为激进的态度。他们在 60 年代初期文化气氛比较宽松时，

---

① 肯尼思·利伯撒尔：《中共中央和政府会议研究指南（1949—1975）》，第 238—239 页。

② 高英茂编：《林彪事件：权力政治和军事政变》，第 321—322 页。

③ 罗斯·特里尔：《白骨精：毛泽东夫人传》，第 154 页。

④ 关于江青在此时期的作用及其与激进知识分子的关系，见默尔·戈德曼《中国的知识分子：建议和异议》第 3 章；罗克珊·威特克：《江青同志》，第 321—322 页。

经常与他们更具自由化倾向的上司进行论争。[①]

江青与这些激进知识分子中的两部分人发展了关系：一部分集中在北京中国科学院哲学社会科学学部（包括关锋、戚本禹和林杰），另一部分集中在上海市委宣传部（包括当时任宣传部部长的张春桥以及姚文元）。前一部分人学有专长，精通历史和哲学，与之相比，上海这一批人在新闻批评方面更有经验，更懂得创造性的艺术。在北京方面，多年担任毛泽东私人秘书和理论家的陈伯达促进了江青与这些人的交流；在上海方面，中共华东局书记柯庆施为他们的联系提供了便利，与其他许多领导人不一样，柯庆施在"大跃进"失败后，仍然紧跟毛。

1963—1966 年期间，江青与她的文人小集团将主要精力放在文艺事务上，尤其是她感兴趣的京剧和其他表演艺术的改革。（在这一行动中，共产党中南局书记陶铸也支持了江青）可是，随着毛与党的机构之间的对抗逐渐加剧，这些激进文人开始转向更为公开化的政治问题，正如我们将要看到的，他们既批判毛的对手，同时也为"文化大革命"准备了理论基础。

毛阵营中的这第二支力量，用洛厄尔·迪特默的话来说，充当了"帝王亲信"的角色。[②] 这些激进文人没有丰富的经历，政治立场比较教条和理想主义，除了通过江青与毛有所联系外，并无独立的政治声望。他们在现行的政治秩序中没有多大的既得利益，清楚地认识到反对现行体制比耐心地去适应更有助于他们飞黄腾达。一旦毛发现他们的忠诚、他们的宣传技巧、他们对激进理论的娴熟，使他们可以用作攻击党的机构的工具时，他们的权力也就增大了。

群众基础　毛联盟中的最后一支力量，在 1966 年年中和年底以前还处于隐蔽状态的是群众基础，主要由中国城市社会中那些自认为地位较低的人组成。似是而非的是，正是毛推动下出台的两项政策大

---

① 上海的与北京的之间的区别，参见戈德曼《中国的知识分子》第 3 章。

② 洛厄尔·迪特默："中国政治中的权力基础：'四人帮'垮台的理论和分析"，载《世界政治》第 31 卷第 1 期（1978 年 10 月），第 42 页。

大加剧了中国城市社会的紧张状态：学校招生和安排就业时要重新强调阶级成分；从郊区农民中招收一些临时工进工厂干活。实施这两项政策据说是为了建立一个更平等的社会。

毛的群众基础中最积极的一部分是高中和大学里的学生。他们参加"文化大革命"的红卫兵运动主要出于年轻人正常的理想主义，理想主义使他们与毛一样对地位优越的社会成员，对不平等，对60年代中期困扰着中国的官僚机构的迟钝感到愤慨。毫无疑问，这些学生也很愿意得到因参加毛的反修运动而带来的地位与权力。

此外，60年代初期的教育政策也给中国学生带来分裂与痛苦。上小学和初中的机会增加了，而同时，高中和大学的招生人数却比"大跃进"时大大减少了，主要原因是国家在经济衰退时期要努力紧缩过大的财政开支。重点中学与非重点中学之间有很大的差别，前者的学生比后者的学生有更多的机会接受高等教育。此外，在1964—1965年间，规定没有上大学和进工厂的中学生要大量送往边疆和农村，[①] 这一政策成为后来大规模上山下乡的前兆。

往上爬的机会减少了——这就是永久送往农村的真正危险所在——广大学生便全力关心着晋升的标准。表面上，决定学生上重点中学、大学和安排理想工作有三条标准：家庭成分、学习成绩和政治表现。但是到60年代中期，标准的重心变了，家庭出身和政治表现变得越来越重要，学习成绩则不怎么看重了。到"文化大革命"前夕，最幸运的是那些出身于干部或军人家庭的学生，他们的学业成绩并不见得比别人好，但由于把家庭出身作为升高中、上大学和入团的重要标准，他们就得到更多的优惠。其次是来自工农家庭的学生，他们良好的家庭出身可以弥补其学业的平凡。处于最底层的是出身资产阶级或知识分子家庭的学生，他们常常成绩最好，但他们"很差"或

---

① 关于60年代初期的教育政策，见约翰·加德纳："知识青年与城乡差别（1958—1966）"；约翰·威尔逊·刘易斯编："共产党中国的城市"，第235—286页；唐纳德·J.芒罗："共产党中国的平均主义思想与教育真相"，林德贝克：《中国》，256—301页。

"中等"的家庭成分成了他们升迁的最大障碍。[①]

正如学生们一样，城市工人也因 60 年代初的政策而分裂了。50 年代的经济政策在固定工与学徒、技术工人与非技术工人以及在较大的国营工厂工作和在较小的集体企业工作的工人之间就已经产生了裂隙。在任何情况下，前者都比后者得到的工资和工作福利多。

在中国采用苏联模式而导致的这些差别，又因 1964 年在工业中实行"工人—农民制度"而进一步扩大。根据这一政策，要按照工厂企业的具体需要，从郊区公社招收一些临时工或非全日制工人。官方认为这一制度有利于减少城乡之间的社会和经济差别，因为它产生了一个同时既是农民又是工人的阶层。可是，真正实行起来，这个亦工亦农原则就显得并不像所说的那么高尚了：工厂很高兴有机会雇用临时合同工，与固定的正式工人相比，他们的工资低，也没有资格得到国营企业提供的退休金和公费医疗，随时都可以因表现不好被解雇。[②]

亦工亦农制实行的结果，不但没有缓和反而加剧了社会紧张。这一就业政策不但产生了深感不满的工人下层阶级（他们虽然与正式工干同样的活，收入却更少，更没有工作保障），而且还使更多的人产生跌入社会底层的恐惧。许多国营企业倾向于将原本属于正式工的工作分配给更有弹性的亦工亦农制工人。这样，学徒工眼看着升迁的机会消失了，就是正式工人也面临着被送往农村变成合同制工人的危险。

当"文化大革命"于 1966 年年中爆发时，群众性大规模抗议受到鼓励，这些团体的愤懑和个人的痛苦形成了"红卫兵"运动的燃料。像任何一场复杂的社会运动一样，在"文化大革命"中，每个人在 60 年代中的社会经济地位与其政治倾向之间存在着一种松散的联系。但"红卫兵"运动中一个常见的模式是出身"较差"或"一般"、

---

① 中国学生的分类参照李洪勇（音）：《中国"文化大革命"的政治：个案研究》；史坦利·罗森：《红卫兵派性与广州的"文化大革命"》。

② 李洪勇（音）：《中国"文化大革命"的政治》，第 129—139 页。

感到他们往上爬的机会逐渐减少的学生以及在经济分工的阶梯上位置较低的工人一起向党的机构发泄他们的愤怒。①

危机出现

当中国领导人就对越南的军事方针与战略、对文学界人士的政策及整党等问题的争论日趋激化时，我们上面讨论的问题与紧张状态在1965年秋至1966年夏之间达到了顶点。这些争论使得林彪和江青在毛的支持下，将他们的潜在对手靠边站，加强了他们对部队和文化机构的控制，从而使毛的政治基础更加稳固。就人民解放军而言，中国对逐步升级的越南冲突应作何反应的争论使他们有机会清洗了总参谋长罗瑞卿。罗是能够向林彪控制军队提出挑战的潜在对手。在文化领域，针对一出历史剧的论战——此剧被认为是指责毛的——最后导致罢免了北京市委第一书记，重组党的宣传部，任命陈伯达、江青和康生——一个长期以来与毛关系密切的公安工作专家——担任即将开展的反修运动的领导。几个月以内，毛已与刘少奇彻底决裂，将运动从文化领域扩展到高等院校和政府机构。

1966年春，毛政治阵营的三支力量——军队、激进的知识分子和希望破灭的青年——逐渐融合成相对紧凑的联合阵线，他们可以充当"文化大革命"的急先锋。1966年2月，在一次军队文艺座谈会上，江青和林彪正式建立了联盟，此前，江青与军队几乎没什么联系，但在这次会议上，江青充当了部队文艺工作领导人的角色。在紧接着的以后几个月里，毛泽东周围的激进官员和军队领导人开始在城市不满现实的人中寻求支持。六七月间，陈伯达、江青和康生领导下的"文革"领导小组开始与北京主要高校师生中的激进分子建立联系，鼓励他们猛烈攻击学校、党和政府的领导人。至7月底，解放军就已开始为主要大学里出现的"左"派组织提供补给和后勤支持。

最后，1966年8月，中国共产党中央委员会在北京召开了人数

---

① 马克·J.布里奇、戈登·怀特：《当代中国的微型政治：对一技术单位在"文革"中和"文革"后情况的分析》。

不全的会议。参加会议的中央委员刚过半数，会议大厅里塞满了红卫兵，这次会议通过一项决议，批准发动城市人民起来批判"走资本主义道路的当权派"。这一决议的结果，到年底就变成了毛和他的追随者对党的全面进攻。"文化大革命"从此进入最混乱、最具破坏性的时期。

罗瑞卿 林彪的军事方针在解放军的高层领导中并非未遇挑战。林的主要对手是总参谋长罗瑞卿，早在 1964—1965 年间，他就怀疑林的军事方针是否适当，当时美国对越南战争的干预正逐步升级，在南部边界给中国造成了意想不到的威胁。[①]

回顾起来，罗瑞卿向林彪挑战现在还有些令人感到意外。1949年以前，罗大部分时间都是担任政委，50 年代担任公安部长（而非一支部队的司令）。所以，没有理由怀疑罗会反对强调思想教育和政治忠诚，而这正是林彪当国防部长的特色。除此之外，林和罗在共产党革命过程中有着良好的私人关系，早在 30 年代红一军团时，罗就在林的手下任职，后又在红军大学和抗大（延安抗日军政大学）担任林的副手。1959 年，林彪当上了国防部长，罗就被提升为总参谋长。即便对罗的任命不是林彪提出的，但至少也得到了他的认可。

自 50 年代初以来，林彪一直受各种慢性病的折磨，如战伤、胃病、肺结核，或者是一种综合征，使得他时不时地减少自己的体力活动和政治活动。60 年代初，这些毛病的复发，明显地使林和罗瑞卿的关系变得非常紧张。至少可以说，罗曾希望，林的疾病可使他对军队有更大的指挥权；或者换句话说，罗可能曾希望林辞去国防部长的职务，自己取而代之。根据一戏剧性的描述，说罗曾当着林的面讲"一个病人应把自己的位子让给称职的人！少管闲事！不要碍手碍脚！"[②]

[①] 有关罗瑞卿的情况，参见哈里·哈丁、梅尔文·格托夫《清洗罗瑞卿：中国战略计划中的政治斗争》；迈克尔·亚胡达："苏联政策研究和中国的战略争论（1965—1966）"，载《中国季刊》第 49 期（1972 年 1—3 月），第 32—75 页。

[②] 哈丁、格托夫：《清洗罗瑞卿》，第 10 页。

随着美军在越南战争中下的赌注越来越大——其程度完全出乎中国领导人的预料——两人紧张关系也加剧了,罗开始建议做好军事准备,以防美国将战火烧到中国。正如罗在 1965 年 5 月所说的:

> 战争一旦打起来,有准备和没有准备是大不一样的……战争准备的立足点,又必须放在可能出现最困难最严重情况的基础上。既要准备帝国主义小打,也要准备帝国主义中打和大打。既要准备帝国主义使用常规武器,也要准备帝国主义使用原子武器。

罗更进一步说,如果战争打到中国,人民解放军应当在预筑阵地上保卫祖国,然后发起反攻,跨过边界将敌人消灭"在洞穴里"。[1]

罗的这些建议,可能代表了职业军人的观点,对林彪来说是无法接受的。至少有一点,罗所倡议的线式防御与人民战争原则相抵触,根据人民战争的理论,中国军队应当诱敌深入,使敌方的供应线拉得过长然后各个击破。罗还坚持如他 1965 年 9 月所说的,"千条万条,最重要的一条"是准备打仗的思想,[2] 意即人民解放军应重新安排优先考虑的事情,至少暂时要这样做,以高度重视军事准备工作。这两点意见中,后者可能更引起争议,解放军当时在政府事务中发挥着比以前更大的作用,而且是与党的机构对抗的毛的力量阵营中关键的一部分,如果采纳罗的意见,就是对这一过程的反动:他们将要消除解放军对政治事务的影响,这样解放军基本上就从毛联盟内撤了出来。

林彪和罗瑞卿的争议在 9 月初达到高潮,当时两人都发表文章纪念第二次世界大战结束和日本投降 20 周年,文中两人就中国的国防政策发表了完全不同的见解。[3] 罗认为中国"一定要有足够的估计和

---

① 罗瑞卿:"纪念战胜德国法西斯,把反对美帝国主义的斗争进行到底!",《北京周报》第 20 期(1965 年 5 月 14 日),第 7—15 页。

② 罗瑞卿:"人民战胜了日本法西斯,人民也一定能战胜美帝国主义",《当代背景材料》第 770 期(1965 年 9 月 14 日),第 1—20 页。

③ 见前引书;林彪:《人民战争胜利万岁》。

全面的准备"以防美国进攻中国。与此相对照，林指出美国人未必如此莽撞，即使他们真的敢来，也有足够的时间来发动"几亿拿武器的中国人民所形成的汪洋大海"。这是罗最后一次公开讲话，到 11 月底，他从公众的视野中一下子消失了。林彪开始罗织各种罪名来控告他这位同事，并将这份起诉书于 12 月 8 日交给了在上海召开的中央会议。这次会议任命了一个以叶剑英元帅为首的七人小组，调查林控告罗的各条罪状。

调查组很快就走访一圈，在来自军队各部门代表的陪同下，于 1966 年 3 月与罗作了后来被描述为"面对面"的斗争。罗的自我检讨以不深刻为由遭到拒绝，之后，他试图从关押他的楼房跳楼自杀，但并没有死。4 月 8 日，调查组结束了工作，最后向中央建议罢免他担任的中央书记处书记、国务院副总理以及在军队担任的各种职务。结案报告在 5 月初的中央政治局扩大会议上获得通过，有理由相信，当时担任北京市委第一书记和政治局委员的彭真在调查过程中曾为罗辩护过，但他的观点遭到拒绝。①

罗瑞卿事件因为两点理由而显得重要。其一，它充分表明毛和林既有意愿也有能力撤换任何不赞同他们的政策和向其地位挑战的人。其二，这一事件使毛和林加强了对中国专政机器中两个最关键部门的控制。罗被撤销总参谋长之职，后由杨成武接替，使林能对人民解放军主力部队发挥更大的影响。此外，清洗罗之后，公安部接着又撤换了罗以前的一些下属，于是，康生控制了国家安全机器。

吴晗和彭真　在罗瑞卿受到猛烈攻击的同时，毛开始注意知识分子中的持异议者。②他把火力集中在《海瑞罢官》上。此剧作者为吴晗，一个作家兼学者，当时担任北京市副市长。毛指责这出历史剧名

---

① 关于罗的命运，见安《中国政治》，第 203—204 页；利伯撒尔：《研究指南》，第 248—249 页。

② 关于吴晗事件，见安《中国政治》，第 195—213 页；戈德曼：《中国的知识分子》第 5章；杰克·格雷、帕特里克·卡文迪什：《危机中的中国共产主义：毛主义与"文化大革命"》第 4 章；李：《"文化大革命"的政治》第 1 章；詹姆斯·R.普西：《吴晗：借古讽今》。

义上写的是明朝一个正直的官员被嘉靖皇帝不公平地罢了官，实际上是影射毛在 1959 年庐山会议上清洗彭德怀。毛最初可能鼓励吴写此剧本，但这却没能影响他对此剧的最终判决。

在处理吴晗和海瑞剧的问题上，毛使用了钳形攻势。一开始，他把批判吴晗剧本的任务交给了彭真领导的"文化革命"五人小组，该组织成立于 1964 年。这一举动将彭真置于极为困难的境地，因为作为市委第一书记，当然要对自己的副市长的行为负责。彭真或许出于与吴晗密切的个人关系和对知识分子问题持较为宽容的态度，他很快就表明他要采取什么手段了：只提剧中所说的历史事件而不谈其寓意，并且举行公开讨论，显示"真理面前人人平等"。[①]

毛事先就意识到彭对此事的倾向性，便与此同时走了第二步棋。他让姚文元——一个与江青关系密切的上海文人——准备一篇批判《海瑞罢官》的文章。毛还特别强调，姚的文章应着重说明他认为是关键的一点：吴晗的意图是说彭德怀就是历史上的海瑞。姚的文章发表以前，毛看过三次，这充分证明了毛对此事的兴趣和卷入程度之深。[②]

姚的文章——对吴晗直接的严厉的攻击——于 11 月初在上海发表。在此之前，北京的五人小组还没有对吴晗一案采取任何正式行动。彭真万分愤怒，这不仅因为自己的下属受到如此严厉的批评，还因为他认为没有得到党的有关部门的正式批准就擅自发表这样一篇文章，是违背了党内斗争的原则。在五人小组成员之一、宣传部长陆定一的帮助下，彭真成功地阻止了中央和北京市各大报登载姚的文章。只是在周恩来秉承毛的指示亲自干预之后，这篇文章才出现在报纸上，广为转载——首先登在《解放军报》上并加了吹捧性的编者按，然后又上了《人民日报》并附上一个怀疑性的简介。

---

① "无产阶级'文化大革命'大事记（1965 年 9 月—1966 年 12 月）"，《联合出版物研究署》第 42 期，第 349 页；《共产党中国译文集：政治和社会学情报》（1967 年 8 月 25 日），第 3 页。

② 姚文元："评新编历史剧《海瑞罢官》"，《文汇报》1965 年 11 月 10 日。

　　尽管彭真最后未能压制住姚文元文章而不让其见报，但他还是努力使对知识分子的批评限制在他认为比较适当的水平上。由于有五人小组中大多数人的支持（其中只有康生是毛立场的强硬支持者），彭继续阻止发表更多的由戚本禹之类的激进文人所写的文章，他认为这些文章对吴晗来说太过分了。他坚持这一立场而不顾毛对他的直接批评。12月底，毛谴责彭无视海瑞和彭德怀之间的类比。彭则找到一些较为勉强的理由为自己辩护，他说彭德怀和吴晗没有私交，所以吴晗没有参加任何宗派活动。但彭真还是答应毛：五人小组将在两个月之内就此问题作出最后结论。

　　五人小组就此问题至少开了两次关键性的会议：第一次是在1966年1月2日，第二次是在2月4日。虽然各种迹象都表明毛对他们的报告一定会不满——12月毛与彭真的谈话和康生的多次警告——五人小组还是决定坚持彭真原来的态度。2月3日，宣传部两名副部长，姚溱和许立群概括五人小组多数人的观点起草了一个报告。

　　这一文件（即著名的"二月提纲"）承认文化领域内存在着资产阶级倾向问题，但同时强调必须在学术范围内讨论这一问题。[①] 提纲意思是说，处理"像吴晗一类人"的问题有两种不同方法，一种方法是将这类事件看作政治问题，将一切不同意见和非正统观点都认为是反社会主义和反革命的，应当使用行政手段来压制；相反，第二种方法是将这类事件当作严肃的学术问题对待，应当根据"实事求是"的原则以理服人。

　　提纲明确地选择了第二种方法，宣布党的知识分子政策应遵循"百家争鸣"原则，目标应当是通过多做学术工作来消除不同意见和非正统观点，而不是通过"政治上打击他们（意见不同的知识分子）"，这应当是一个宽大为怀的过程，批评者"不要像学阀一样武断和以势压人"。最重要的是，提纲建议反对资产阶级思想的斗争应当

―――――――――

① "文化革命五人小组关于当前学术讨论的汇报提纲"，见《中国共产党无产阶级"文化大革命"文件集（1966—1967年）》，第7—12页。

"有领导"地"慎重"地进行,而且要经过"较长一段时期"。

"二月提纲"在两个重要方面与毛和依附江青的激进派的观点明显不同。它故意回避就吴晗是否有意借海瑞来间接批评毛罢免彭德怀的问题作出任何结论,这样就避开了毛先前明确交给他们的任务。此外,提纲既批评了被认为是修正主义学者的吴晗,也批评了以姚文元为代表的激进文人。五人小组虽没有点名批评任何激进的作者,但它指责某些"革命'左'派分子"的行为像"学阀",它甚至号召整顿"左"派中的错误思想。

2月5日,"二月提纲"在刘少奇主持的中央政治局常委会上进行讨论并通过。彭真和其他成员接着就去武汉和毛讨论此事,不出所料,毛明显反对这个提纲中对激进分子措辞严厉,而对吴晗却未提出明确的批判。虽然如此,彭回到北京后还是声称毛已认可"二月提纲",2月12日,中央委员会批准该文件下发。

1965年秋,姚文元对吴晗直截了当的批判与彭真及中宣部较为温和的态度形成明显对比。到1966年2月,五人小组所拟的"二月提纲"与林彪、江青联合授意起草的另一文件形成尖锐对立。该文件是2月2—20日在上海召开的军队文艺座谈会纪要,此次会议形成了江青与林彪的政治联盟。[①] 像先前姚文元写的文章一样,此座谈会纪要(即中国人所说的"二月纪要")是在毛的亲自监督下起草的,据说经过毛的三次修改,才在党内传达。

"座谈会纪要"对知识分子采取的立场与"二月提纲"正好完全相反。它不仅将中国的文化生活说成是革命的观点与修正主义观点之间的"16年尖锐的阶级斗争",而且声称文化界是"反党、反社会主义的黑线专了我们的政"——这是对宣传部和五人小组领导的尖锐攻击。"座谈会纪要"号召积极地、大规模地批判这些倾向,而不像"二月提纲"所要求的那样,以宽容的态度从学术观点上去批评。

"座谈会纪要"不再理睬吴晗与海瑞剧,因为此时的问题不再是

---

① "林彪同志委托江青同志召开的部队文艺工作座谈会纪要",《北京周报》第10卷第23期(1967年6月2日),第10—16页。

吴晗，而是彭真、陆定一领导的中宣部，以及他们控制的五人小组的行为。在 3 月底的一次工作会议上，毛泽东严厉批评了彭真、吴晗和"二月提纲"，并威胁要解散五人小组、北京市委和中央宣传部。毛以中国古代神话中得到的生动联想，对康生谈话时说：

> 中宣部是阎王殿，要打倒阎王，解放小鬼……各地应多出些孙悟空（猴王），大闹天宫。如果彭真、北京市委和中宣部再包庇坏人，那么北京市委和五人小组都要解散。去年 9 月，我就问一些同志，如果中央出了修正主义，你们怎么办？很有可能。[1]

工作会议召开后，彭真清楚地意识到，再不服从毛已毫无用处。为了尽一切努力保住自己的职位，他鼓励北京市委加强对吴晗的批判，还开始攻击邓拓——另一个曾撰文影射毛的领导的北京市官员，甚至开始准备自我检讨。根据一红卫兵的叙述，4 月初，彭真还召集五人小组成员、中宣部领导以及北京市委主要成员在他家里开了一次联席会议，他动情地说自己在这场文化领域内的革命中犯了严重的错误，但坚持认为在其余的政治生涯中，自己堪称楷模。他请求各位同事帮助他："古话说得好，在家靠父母，出门靠朋友，我现在盼望得到你们的帮助。"[2]

但这太迟了。在 4 月 9—12 日的书记处会议上，彭发现自己不仅遭到康生、陈伯达的批判，也成了邓小平与周恩来的批评对象。书记处决定解散彭真的五人小组，并向政治局提议组成新的"文化革命"领导小组，使之能更加同情毛的立场。[3] 在这戏剧性的发展过程中，刘少奇正好不在北京，不合时宜地去访问巴基斯坦、阿富汗和缅甸了，这样就未能带头站出来保护彭真和陆定一。

　　政治局五月会议　到此为止，两个主要的目标——罗瑞卿和彭

---

① 《毛泽东思想杂录》第 2 卷，第 382 页。

② 安：《中国政治》，第 207 页。

③ 利伯撒尔：《研究指南》，第 246—247 页；《大事记》，第 10—11 页。

真——的最后命运在 5 月 4—18 日的政治局扩大会议上被最后决定了，会议最重要的部分是林彪的即席发言，其主要材料，据后来指控，是张春桥提供的。[①] 林在讲话中将罗瑞卿的问题与彭真和陆定一联系起来，指责此三人暗中与中央办公厅主任杨尚昆合谋发动军事政变以推翻毛及激进分子。林演戏般对政治局委员们说："你们可能已闻到了——火药味。"

林大谈军事力量在夺取政权中的作用，以此来支持他那些异想天开的指控。他还突出地谈到，在中外历史上，军事政变都非常盛行，每一朝代都发生过谋杀和篡权，而第三世界自 1960 年以来，"每年平均发生 11 次政变"。虽然这些事实是想用来说明林对罗、彭、陆、杨的控告是合乎情理的，但另一方面也反映了林醉心于使用军事力量来实现自己的政治目标。林还表示，他吸取了历史教训并已采取行动：按照毛的指示，已经派遣忠实可靠的部队进驻广播电台、军事设施和北京市公安部门以防止发生"内部颠覆和反革命政变"的任何阴谋行动。

同样有趣的是林对毛谄媚拍马，树立毛的高大形象。他一面指控罗、彭、陆、杨"反对毛主席和反对毛泽东思想"，一面继续称赞毛的天才，并把是否忠于毛当作选拔党和政府官员的最重要的标准。"毛主席经过的比马克思、恩格斯、列宁的都多……在当代世界上没有第二个人……毛主席的话，毛主席的著作和毛主席的革命实践都表明他是无产阶级的伟大天才……毛主席著作里的话句句是真理，一句顶一万句……谁反对他，全党共讨之，全国共诛之。"

政治局扩大会议同意并批准了调查罗瑞卿问题的小组工作报告，并指示在党内和军内传达。会议于 5 月 16 日发出一通知，后来江青声称是她起草的，主要讲了文艺界的一些问题。[②] "五·一六通知"

---

① 利伯撒尔：《研究指南》，第 248—249 页；高：《林彪》，第 326—345 页；《人民日报》1978 年 5 月 18 日，见外国广播信息处《中国动态》1978 年 5 月 24 日，E2—11。

② "中共中央通知"，《"文化大革命"文件集》，《当代背景材料》第 852 期（1968 年 5 月 6 日），第 2—6 页。关于江青的作用，见威特克《江青同志》，第 320 页。

撤销了"二月提纲",指责提纲企图"使运动向右转",混淆文艺界正在讨论的政治问题,妄图通过批判所谓"学阀","将矛头指向'左'派"。通知谴责彭真,要他对"二月提纲"负责,决定解散五人小组,重新设立"文化革命"小组,隶属于政治局常委(意即在毛的领导之下),而不像此前那样,五人小组隶属于中央书记处(意即邓小平和刘少奇领导之下)。鉴于五人小组的主要成员处理"文化革命"问题时反对毛的观点,新的"文革"小组主要由毛个人的支持者和江青周围激进的文人组成。陈伯达担任组长,康生任顾问,组员有江青、张春桥、王力、关锋、戚本禹、姚文元等(原文如此 ——译者)。

成立新的"文革"小组的主要目的是继续批判文艺界的"资产阶级"思想,同时,"五·一六通知"警告,党和政府的各级领导可能会遇到与彭真、罗瑞卿相同的命运。通知指出:

> 一定要清除那些混进党里、政府里、军队里的资产阶级代表人物。一旦时机成熟,他们就会要夺取政权,由无产阶级专政变为资产阶级专政。这些人物,有些已被我们识破了,有些则还没有被识破,有些正在受到我们信用,被培养为我们的接班人,例如赫鲁晓夫那样的人物,他们正睡在我们的身旁。

这样,"通知"表明毛的反修运动大大升级了:从主要是针对知识分子的运动扩大到针对全党的运动。

5月政治局会议为重组北京市委、中央宣传部和书记处做好了准备。6月初正式宣布:派中共中央华北局第一书记李雪峰取代彭真任北京市委第一书记;派中共中央中南局第一书记陶铸取代陆定一任中宣部部长;杨尚昆担任的中央办公厅主任一职则由汪东兴接替,汪当时任公安部副部长,掌握着首都精锐的卫戍部队。5月底6月初罢免了这么多高级领导人,充分表现了毛在自己认为十分重要的问题上寸步不让的决心,同时也说明了他完全有能力撤换那些不服从他意志的人。更为重要的是,每一次改组——总参谋部、"文革"小组、北京市委、中宣部、书记处——都壮大了毛的阵营,削弱了抵制和反对他的力量。换句话说，每一次清洗即便没有平息毛的愤怒，至少也为他在党内将反修运动扩大化提供了便利。

五十天 "五·一六通知"发出了"资产阶级代表"已经"混进党里、政府里、军队里"的警告，这预示着毛要在全中国对"修正主义"来一次彻底的大清洗，不只限于文艺领域而是在整个国家机构。在远离北京的华中某地，毛深居简出，把这一任务交给了刘少奇。毛后来说他早已怀疑刘是修正主义分子，其他激进分子则认为刘就是"五·一六通知"里所说的被培养为毛的接班人的"赫鲁晓夫式的人物"。

无论刘是否完全意识到毛对他的怀疑，他在 1966 年 6 月都面临着进退两难的处境。一方面，如果他要想保住自己的位子，就必须以最大的热情和最高的效率来与修正主义作斗争。另一方面，他又不得不在一定程度上保持中央对政治动员的速度进行控制，尤其是在大学校园内，他还要保护自己已受到损害的政治基础。从刘在 1966 年 6 月至 7 月上旬 50 天时间的一系列行动中可以看出他在努力摆脱这种困境。在这一段时间里，由于毛不在北京，主要由他负责党的日常事务。

到这个时候，激进的师生，尤其是北京的师生，都已获悉关于"文化大革命"的争论，并且了解到毛对"二月提纲"的态度。一部分原因是一些年轻教师本人就是党员，可以看到有关文件，如"五·一六通知"，这些文件通常在党内传达。还有一个原因是新成立的"文革"小组在北京主要的高校派驻了代表以发动群众支持他们。[1]

5 月 25 日，北京大学的一些激进教授和助教在聂元梓——哲学系的一个助教——的率领下，写了一张大字报，批评学校领导支持"二月提纲"的自由化政策，压制学生就海瑞事件引发的政治问题举行大辩论。根据"文化大革命"结束以后发表的有关材料，聂当时得到了"中央理论调研组"的直接支持，该组织由康生的妻子曹轶欧领

---

[1] 孙敦璠：《中国共产党历史讲义》下册，第 247 页。

导，曹携"从北大点火，往上搞"的指示来到北大。①

毫不奇怪，学校当局立即采取行动压制这种行为。在此事上，他们得到了周恩来的支持。在聂的大字报贴出的当天晚上，周就另外派出一个中央工作组，批评了聂的行为。但是，毛泽东在得知大字报的内容之后，指示全国报纸、电台在 6 月 1 日刊登和广播大字报并加上鼓励性的评论。这一决定，再加上随之而来的整个北京大学领导机构的改组，无疑说明作为反修运动一部分的群众运动是天生合理的。同时，中央宣传部改组之后，对中央新闻媒体也换上了另一班人马。这样，《人民日报》上出现的煽动性社论也就越来越多。

由于上述鼓励，全国各地的大、中学校校园里都贴出了师生员工写的大字报。大多数大字报是有关教育方面的，如招生程序、学期考试、课程设置等是谈得最多的问题，但也有一些是指责学校领导甚至更高一级的官员支持修正主义政策的。这些不满意见的总爆发，就像在北大一样，许多是得到陈伯达、江青和康生领导的"文革"小组的鼓励的，是他们进行协调的。没多久，学校的领导权威就垮台了，学生和教工的纪律观念也丧失殆尽。

这一迅速的政治衰退过程——不同意见的崛起和现存权威的垮台——成了刘少奇颇为担忧的问题。② 在没有得到毛的明确指示的情况下，他决定采取几项措施，希望借此既能显示他反对修正主义的决心，同时又能将学生运动置于党的领导之下。一开始，他命令各大学暂停招生半年，以获得时间对大学的考试制度和课程设置重新审查并加以改革。同时，他下令成立了工作组——大概有 400 个工作组，10000 多名组员——并将他们派到大、中学校以及金融、贸易、工业、交通等政府部门。由于共产党在过去的整风运动中，经常派工作组，所以刘毫不怀疑地认为他的决定是正常的、恰当的、

---

① 北大的事件见《红旗》第 19 期（1980 年 10 月），第 32—36 页。

② 关于"五十天"，见安《中国政治》第 9 章；琼·多比尔：《中国"文化大革命"史》第 1 章；洛厄尔·迪特默：《刘少奇与中国"文化大革命"：群众批评的政治》，第 78—94 页；哈丁：《组织中国》，第 225—229 页。

无可非议的。

导致刘少奇最后毁灭的并不是派遣工作组这一做法，而是给工作组行动作的指示。工作组明显被告知，政府机构里有大量的官僚主义的一般干部和高校里的教职员应当受到批判，甚至可以解除他们的职务。例如，在财政部据说有 90％ 的干部受到批判；在文化部，工作组被授权可以罢免 2/3 的官员的职务。在大学里，许许多多的一般行政人员和教师受到攻击，长达 10 年的恐怖统治就此开始。

工作组也得到指示，在全国的主要大、中学校恢复党的领导，并将学生运动置于其控制之下。7 月 13 日，政治局召开会议，在回顾了北京市各中学的"文化革命"情况之后得出结论：学校的主要工作是"恢复党支部的领导"和"增强工作组的力量"。① 安徽省委第一书记用更为直率的语言道出了同样的观点，他说，"凡是领导权不在我们手中的单位，必须立即派去工作组，把领导权夺回来"。②

重申党对学生运动的领导意味着要遣散激进的学生及支持他们的教师。国家政策还是允许学生示威、游行、贴大字报，但只限于校内。可是，许多地方的党委和工作组急于控制学生运动，采取了更为严厉的手段。在一些地方，大字报和游行都被禁止，有些地方则规定，只有经工作组同意后方可进行此类活动。有些激进的学生被开除出团，部分被押上了批斗会，有的甚至被送往农村劳改一段时间。由于这一系列严厉措施，工作组在许多大学恢复了一定的正常秩序。

一部分学生听从劝告停止了政治活动，还有一部分因为种种限制反而加深了他们的对抗情绪。他们成立了一些秘密组织来与工作组对抗，有的还冠以"红卫兵"的称号，尽管刘少奇将他们定为"秘密的（所以）也是非法的"组织也无所畏惧。③ 另外一些学生组织也在工作组的授意下成立了，他们支持工作组。换句话说，出现了这样的结

---

① 孙敦璠：《中国共产党历史讲义》下册，第 250 页。
② 合肥电台 1966 年 7 月 16 日消息。
③ "大事记"，第 25 页。

果：学生运动不仅部分停止，而且剩下的一些积极分子也分化了。

工作组压制激进派的问题很快就在党的最高层领导中引起较大的争议。7 月初，蒯大富——清华大学非常激进的学生之一——受到驻校工作组的批评，这件事成了北京党的高层会议的议题。刘少奇在会上说蒯是一个惹是生非的家伙，康生则替他辩护，认为他有权反对党内的修正主义。直到此时，众人才认识到蒯大富之类的积极分子与康生任顾问的中央"文革"小组有着直接的联系，而蒯与之斗争的工作组却是根据刘少奇的指令派驻的，更为针锋相对之处在于工作组的领导人不是别人正是刘少奇的妻子王光美。① 这样，刘的政治前途就不可避免地与工作组的举动系在一起了。

在毛泽东看来，工作组正在重犯 60 年代早期农村社教运动时刘少奇所犯的错误。② 那场运动是为了反对农村干部中的腐败现象和资本主义倾向而发动的。刘的做法是，派遣大量工作组到基层党组织，限制农民参加整党，批判大批公社干部，削弱高一层领导的职权。在毛的眼里，60 年代中刘在政府机关和高校的一系列整治措施与过去的错误如出一辙。大批基层干部受到批斗，群众运动受到限制，完全没有认识到修正主义的根源就在于高级官员的同情态度。

十一中全会

毛对刘少奇主持政府机构中反修运动的表现和对激进学生运动的处理十分愤怒，因此 7 月中旬他突然中断在杭州的停留返回北京。在返回首都途中，毛畅游长江——这一行动旨在证明在未来的政治斗争中他的身体没有问题。毛在杭州期间一直在工作（虽然是幕后活动），但这是数月以来第一次公开露面，因而受到中国新闻媒介前所未有的颂扬。新华社对毛此举的报道开头为"七月十六日这一天长江水面笑逐颜开"。继而在讲到汉口一火力发电厂的一个民兵见到毛主席时，

---

① 安：《中国政治》，第 218 页。

② "关于社会主义教育运动"，见安《中国政治》第 5 章；理查德·鲍姆：《革命的序幕：毛、党和农民问题（1962—1966）》；哈丁：《组织中国》第 7 章。

139

"兴奋得忘记了自己在游泳,举起双手高呼:'毛主席万岁!''毛主席万岁!'他跃起来又沉下去,喝了几口水,觉得长江的水特别的甜"。然后,世界职业马拉松游泳协会主席邀请毛参加即将举行的两次比赛。因为据新华社的报道,毛主席的泳速几乎是世界纪录的四倍。[1]

一到首都,毛就召集了有各地党委书记和中央"文革"小组成员参加的会议,会上毛要求撤销由刘少奇派出的工作组。"工作组不懂,有些工作组搞了些乱事……工作组起了阻碍运动的作用。(学校的事)要依靠学校内部的力量,工作组是不行的。我也不行,你也不行,省委也不行。"[2] 北京市委立即宣布从该市所有大中学校撤出工作组,并由各校师生员工选举产生的"文化革命小组"取而代之。[3]

但是北京市委的迅速投降并未使毛平静下来。他开始为召开中央全会做准备。这次全会是1962年以来的第一次,将批准已经采取的措施,并使他关于在中国发动一场反修革命的长远目标的设想合法化。会议在8月初召开,出席会议的中央委员和候补中央委员可能刚过半数——这反映出党内分歧很深,会议召开得也很仓促。与会者不仅有非中央委员的党的干部,而且有"来自北京高等院校的革命师生代表"。[4] 此外,林彪明显加强了军队对首都地区重要单位的控制——因而使他加紧了在5月的政治局扩大会议上首次宣布的对这个城市的控制。即使如此,毛自己后来也承认他得到与会代表支持的人数刚刚超过半数。[5]

这次人数不齐的中央委员会会议在三个主要方面作出了决定。人事方面:同意提升七个毛的主要支持者,而那些在过去几个月中抵制他或没有正确理解其意图的则被降级。全会批准了5月政治局会议关于免除彭真、罗瑞卿、陆定一和杨尚昆的职务的决定,以及将彭和陆

---

[1] "每季大事和文献",《中国季刊》第28期(1966年10—12月),第149—152页。

[2] 陈:《毛泽东的文章与目录》,第26—30页。

[3] 孙敦璠:《中国共产党历史讲义》下册,第250页。

[4] 利伯撒尔:《研究指南》,第255—257页。

[5] 《毛泽东思想杂录》第2卷,第457—458页。

开除出政治局的决议。刘少奇由于对"五十天"运动的错误处理，被免除了党的副主席职务，并在党的排列顺序中由第二位降到第八位。林彪则代替刘成为第二把手，并且成为党唯一的副主席，从而取代了刘成为毛的接班人。新的"文革"小组领导人陈伯达和康生，由政治局候补委员提升为政治局委员。与"文革"小组关系越来越密切的公安部部长谢富治被指定为政治局候补委员，被任命为中央书记处书记，全盘负责政治和法律事务，这个位置以前由彭真占据。

新进政治局的人不全是林彪或江青的亲信。八届十一中全会作出的其他人事决定似乎反映出毛、林和"文革"小组与党和军方的妥协。一些与江青、陈伯达或林彪没有密切联系但富有经验的党和军队的干部，也被补进"文革"小组。四个资深的省级领导人——陶铸（新任宣传部部长）、李雪峰（新任北京市委第一书记）、宋任穷和刘澜涛也被选为政治局委员。三位人民解放军元帅——叶剑英、徐向前和聂荣臻——也被增选进政治局，也许这是一种平衡林彪日益增长的政治影响的手段。

在政策方面，刘少奇作了正式政治报告，但他的报告在林5月作的关于政变的谈话和毛8月下旬给清华大学附中红卫兵的一封友好的信面前就显得黯然失色。这两份材料分发给了大会代表。[①]全会公报回顾了60年代初的重大问题，肯定了一切与毛泽东有关的观点，间接批评了刘少奇的某些做法。毛关于"社会主义教育运动"的方针（体现在1963年5月的"前十条"和1965年1月的"二十三条"中）被说成是处理农村组织问题的正确方针。全会赞扬毛对培养社会主义接班人的关心和他提出的社会主义社会继续存在阶级斗争的理论。全会也赞同他提出的向大寨大队、大庆油田和人民解放军学习的号召。

最后，全会通过了"文革十六条"，"十六条"表达了毛对这场运动的观点，[②]运动的主要目标是要"改变全社会的精神面貌"，是要：

---

① 孙敦璠：《中国共产党历史讲义》下册，第251页。

② 《中国共产党中央委员会关于无产阶级"文化大革命"的决定》。

斗垮走资本主义道路的当权派，批判资产阶级的反动学术"权威"，批判资产阶级和一切剥削阶级的意识形态，改革教育，改革文艺，改革一切不适应社会主义经济基础的上层建筑。

主要方法是发动"广大的工人、农民、战士、革命的知识分子和干部"，决定声言，即使这些人可能会犯错误，但"文化大革命"成功的关键在于"党是否敢于发动群众"，无论是抵制还是试图控制这场运动都是不妥当的。

"十六条"反映出中央委员会内部的严重分歧。"十六条"对"文化大革命"制造的混乱可容忍到何种程度这一问题十分含糊不清。一方面，决定承认在"文化大革命"中会出"乱子"，但又用毛 1927 年在《湖南农民运动考察报告》中的话说：革命"不能那样雅致，那样从容不迫，文质彬彬，那样温良恭俭让"。决定也提出了运动的总目标："整党内那些走资本主义道路的当权派，把那里的领导权夺回到无产阶级革命派手中。"决定禁止任何形式的对参加革命的大、中学生的报复行为。

另一方面，由于周恩来、陶铸的提议，决定也包括了一些明显意在限制"文化大革命"行为的条款。[①] 强调团结"百分之九十五的干部"的可能性，禁止使用强迫和暴力。这样在很大程度上，使普通科学家、技术人员、干部以及乡村的党政机关，免于卷入整个运动。决定坚持"文化大革命"不能妨碍经济生产，并且规定即使"资产阶级的学术'权威'"和党内的修正主义分子必须批判，但未经党委的批准不能在报纸上点名批判他们。

即便如此，十一中全会的基调与这些正式要求防止出现偏向的警告仍有明显差距。甚至在大会期间，毛写了一张"大字报"，张贴在中央全会会议厅外面，他在大字报里指责"某些领导同志"——很明显，这指的是刘少奇和邓小平——在"五十天"里"站在反动的资产

---

① 《人民日报》1986 年 1 月 5 日；外国广播信息处：《中国动态》1986 年 1 月 24 日，第 12—22 页。

阶级立场上"，派出工作组去学校和政府机关。[①] 十一中全会通过决定，撤销了三个政治局委员（总共有 21 个政治局委员）的职务，这两件事合在一起，标志着十一中全会的深刻意义：毛泽东个人发动的对党的机构和知识分子的全面进攻合法了，为了进攻就需要在更高程度上发动群众和进行更激烈的政治斗争。

权威的垮台

红卫兵的出现

八届十一中全会批准了毛用"发动群众"的"文化大革命"去批判"一切不适应社会主义经济基础的上层建筑"的修正主义倾向的设想。这样，全会就把毛思想中从 60 年代初就形成的两个主题结合在一起：第一，党本身要对中国从"大跃进"以来产生的修正主义负责；第二，反击修正主义最好的方法则是发动中国的普通群众——尤其是年轻人——反对之。

十一中全会通过的"文化大革命""十六条"设想出一个群众参加的机制。这个机制仅存在几个星期。计划是：在基层单位，从工厂和公社到大学和政府机关，建立由群众推选的"文化革命"委员会，它以 1871 年巴黎公社为模式，革委会成员由普选产生，并且随时接受选举人的批评，可随时被撤换。简言之，他们在由其组成的机构中要有广泛的代表性。

重要的是，无论如何，文化革命委员会不会取代党委和行政机构。相反，十一中全会的决定多少有点矛盾地把它们说成是"保持我党和人民群众密切关系的桥梁"。一方面，这些委员会被看成是批判修正主义和反对"旧思想、旧文化、旧风俗和旧习惯"的常设机构，但在另一方面，决定又强调他们将仍然置于"中国共产党的领导之下"。

---

① 陈：《毛泽东的文章与目录》，第 117 页。

从毛主义者的观点来看，问题是"文化革命"委员会这个构想具有内在的缺陷，这些缺陷削弱了革委会的战斗力。一开始就规定革委会接受党的领导，这就使得地方党委有可能与之合作，或通过群众"推选"，确保思想比较保守的人成为委员会成员，从而控制委员会。规定委员会由推选产生，实际上保证了至少在大学，委员会代表了日益分化的学生团体的利益。在许多情况下，"文化革命"委员会为高干子女所操纵，这不仅因为干部家庭的子女肯定要在大学生中建立最大的单个组织，而且因为上级党委有可能赞成其同僚的大学生子女成为群众运动的领袖。更重要的是，"文化革命"委员会只关心他们自己各个单位的问题，而不是更广泛的国家政策问题，而国家大事却是毛主义者要他们关心的"文化大革命"更重要的问题。

但是立即有了另一种群众参加的方式，这就是红卫兵。就在十一中全会批准"文化革命"委员会的构想之前，毛泽东给清华大学附中的红卫兵代表复信，很巧妙地认可了这种组织形式。虽然十一中全会决定连红卫兵的名字提都没提，但会议大厅里却有红卫兵的代表。与"文化革命"委员会相比，红卫兵肯定会超出只关心基层团体事务的范围，向考虑更广泛的问题和批判高级领导人的方向发展。而"文化革命"委员会似乎有可能落入党的机构的控制之下，红卫兵可能更乐意听中央"文革"小组的话。[①]

因此，在十一中全会闭幕后一周之内，北京开始了一系列的大规模红卫兵集会。虽然"文化革命"委员会从未被抛弃，甚至在这一年的后一段时间里还偶尔见诸报端，但很清楚，他们与红卫兵相比已黯然失色了。从1966年8月18日至11月26日的三个月中，红卫兵组织在人民解放军的后勤支援下，先后组织了由全国各地1300万红卫兵参加的8次集会。[②] 有关这些事件的电影片展现了这些欣喜若狂的年轻中学生的生动形象：一些人泪流满面，高呼革命口号；另一些人向远在天安门城楼上检阅他们的超凡人物挥舞着毛主席语录本。连红

---

① "关于这两种组织形式的相互影响"，参见哈丁《组织中国》第8章。

② 孙敦璠：《中国共产党历史讲义》下册，第254页。

卫兵组织的名字都带有军事色彩，如"红旗营"、"三面红旗团"、"彻底革命团"等等。许多红卫兵身穿军装，毛自己也佩戴了一幅红卫兵袖章，这就传递了一个明确的信息，即红卫兵得到了毛和人民解放军的支持。"文革"小组以中央委员会的名义发布的指示授予红卫兵组织示威游行、使用印刷机械、出版报纸和张贴大字报来批判任何一级党委的权利。

本章前面部分讨论了红卫兵运动招致的许多社会经济的分裂和不满，尤其是阶级背景和学习成绩之间的紧张关系：它们哪一个应是中国教育体制成功的标准。除此之外，红卫兵的发动还受到其他几个因素的推动：被国家领袖召唤参与国家事务的激动之情；参加"文化大革命"会对个人前途产生根本影响的机遇感；暂停上课和入学考试使数百万大中学生解除了学业负担，而更重要的是，想周游全国以"交流革命经验"的红卫兵可以免费乘坐火车。被红卫兵组织所吸引的不仅有城市青年，而且有很大一部分是在 60 年代初下放到农村去的年轻人，他们乘当时混乱之机回到了城市。

但是在 1966 年秋，红卫兵运动并未实现毛所预期的目标。一开始，红卫兵仍沉迷于那些毛主席肯定认为是次要的、甚至琐碎的问题中。他们认真执行十一中全会关于破"四旧"（旧思想、旧文化、旧风俗和旧习惯）的指示。红卫兵走上街头，寻找"资产阶级"文化的证据。留长发的青年男女被拦在街上当场剃光头，穿紧身裤的妇女须接受"墨水瓶测验"：如果墨水瓶从裤腰放进去不能痛痛快快地落到地上，就要把裤子割成碎条。店主们被迫取下写有传统店名的牌子，换成更革命的牌子。红卫兵们常常自作主张，更改街道名称，有时还为改成什么名称更进步而争论不休。一群红卫兵提议改变交通信号，使代表革命的颜色红色表示"走"而不是"停"。

另一个来自北京一所中学的红卫兵组织，列了一份有一百个"破旧立新"的样本的单子，给"文化大革命"增添了一些情调。他们让"流氓阿飞"去"剪掉长发"，"脱掉你的火箭式皮鞋"。他们要求人们戒酒、戒烟，丢弃"养蟋蟀、养鱼、养猫、养狗这类资产阶级习惯"。他们说，"洗衣店不要为'资产阶级家庭'洗衣"，"浴室要把不给资产阶级的孝子贤孙服务，不给他们按摩作为一条规定"。这群红卫兵还要求把他们自己学校的名称"第 26 中学"改名为"毛泽东主义中学"。①

一些红卫兵的活动更不令人愉快。教师和学校行政人员，在中国常常被视为主要的"资产阶级"代表，说不清有多少人被他们自己的学生骚扰、拷打或折磨——常常致死。以前的资本家和地主的家常被以搜查"私货"或藏匿财物为名遭到侵袭和抢劫。艺术品被没收，典雅的家具被毁坏或被涂成红色，墙壁上刷满毛泽东的语录。一些成分不好的阶级（如地主）成员，被集中起来赶出大城市。仅在北京大学，100 位教职员工的家被搜查，书籍及其他个人财产被没收，有260 人被迫在脖子上挂着列有自己"罪行"的牌子被"监督"劳动。②尽管没有怎么得到官方的支持，愚笨莽撞的暴力和兽行持续发生且不断加剧了对中国"资产阶级"，特别是知识分子的恐怖统治，而这恐怖统治是从这年早些时候的"五十天"里在党的领导下开始的。

从一开始，红卫兵运动就为严重的派性所困扰，他们主要分歧点是"文化大革命"的主要目标。在很大程度上，学生之间的分野是60 年代初教育政策所导致的错误方针。③ 出身干部或军人家庭的学生主张红卫兵运动要在党的领导下，他们试图缓和对党的机构的批评，把斗争矛头引向其他目标：知识分子、学者、前资本家和地主，以及在中国城市社会中带有"资产阶级文化"标签的阶层。

相反，出身资产阶级背景的学生，则把"文化大革命"看成是一次消除 60 年代初他们所遭受的歧视的机会，那时越来越注重阶级背景使得他们在大学招生、入团和入党及工作分配问题上处于不利的地

---

① 《中国大陆杂志选》第 566 期（1967 年 3 月 6 日），第 12—20 页。

② 对红卫兵暴力的描述，见戈登·A. 贝内特、罗纳德·蒙塔珀图《红卫兵：戴小艾政治传记》；肯林：《上天的报应：一个中国年轻人的日记》；《红旗》1980 年 10 月 19 日，第 32—36 页。

③ 关于红卫兵运动内部的分化，见李《"文化大革命"的政治》；罗森：《红卫兵的派性》；安尼塔·詹："中国社会结构的反映：广州学生变化中的看法"，载《世界政治》第 34卷第 3 期（1982 年 3 月），第 295—323 页。

位。在他们看来，红卫兵运动给他们提供了前所未有的机会，以证明其参加革命行动的程度将不会受其讨厌的家庭出身的限制，也使他们有机会向党的机构合法地发泄不满。在"五十天"里遭到压制和迫害的毛主义的同情者现在看到了推翻工作组强加给他们的裁决的可能性。他们说他们反抗工作组是反对"错误的"党的领导，是造反行为——十一中全会上通过的"十六条"保证他们享有这个权利。

对北京和广州的红卫兵组织的许多事例的详细研究可以看出学生运动中出现的分裂，一份对广州近 2200 名中学生的抽样调查表明，占压倒多数的（73％）干部子弟参加了保卫党的组织，而半数多点（61％）的知识分子的子女和许多（40％）出身"资产阶级"家庭的学生参加了造反派组织，尽管分析有所不同，但同样的数据表明，"保皇派"组织吸引的大部分成员（82％）是干部和工人的子女，而"造反派"组织则主要从知识分子家庭（45％）吸收其成员。①

从毛主义者视野看这是一个最大的讽刺，因为情况不像当时大讲特讲的那样，参加反修革命运动最激进的学生并不是无产阶级的代表，而是资产阶级自己的代表。然而，从一种不太强烈的意识形态的观点来看，学生运动内部的分化就更容易理解了。对党批评最激烈的是那些从党的教育政策中得益最少的人，是那些其家庭是党的"阶级路线"的主要受害者的人，而那些支持党、反对对党进行攻击的人，则是在入党、上大学和工作分配等现行体制中受益最多的党的官员的子女。

党机构的反应

红卫兵运动并未按照毛的意图发展，却陷入混乱、派性和暴力，这可归咎于许多原因。部分地是因为"十六条"所包含的对群众运动的限制不足以抵消该文件、党的官方报纸和中央"文革"小组领导人富有煽动性的言辞；部分是因为"文化大革命"明显偏离了十一中全会最初的设想，不是由革命委员会在党的领导下进行，而是由红卫兵

----

① "中国社会结构的反应"表 2，第 314 页。

来搞，红卫兵则把反对党的权威当作其权利和义务了。也许最重要的一条是因为党的决定，这个决定要发动数百万不成熟的年轻人，在当时十分激烈的政治环境中，鼓励他们进行"革命斗争"，并将任何把他们置于领导或控制之下的企图谴责为"压制群众"，而他们斗争的目标却又模糊不清。

红卫兵运动出现困难的另一原因，是党内的反对。官员们对这样做法感到迷惑不解，即他们的好坏要由身穿军装、手舞红色毛的语录本、组织松散的几伙大中学生来评价。但显然他们的饭碗已难以保得住。十一中全会的决定公开宣布要解除党内走资派的职务。而且林彪在十一中全会的讲话中谈到同一个问题时，措辞更为直白。林彪说："文化大革命"要依据三条政治标准"对干部进行全面的审查和调整"。这三条标准是：他们"高举不高举毛泽东思想红旗"，"搞不搞政治思想工作"以及"对这场革命是否热情支持"。符合这些标准的将获得提升或保留官职；不符合标准的将被免职，以便将支持和反对毛计划的人之间"的僵局"打破。[1]

令人吃惊的是，事态很快变得越来越明显了——倒霉的不只是他们的名利了。如上文所述，截至当时，已有不知多少教师和校长被自己的学生拷打、折磨甚至杀害。党的干部绝难避免遭受类似的暴力行为。仅在红卫兵运动的头几个月，就至少有一位党的干部——天津市委第一书记在激进学生搞的批斗会上丧命，另一个——黑龙江省的潘复生——在饿了四天后住进医院。[2]

在一些地方，干部可能已注意到党的命令而无拘无束地接受红卫兵的审讯和批判。但官员们接受审讯和批判的方式总的看来，他们是想尽力拖延、转移或破坏这场运动。[3] 刚开始，一些干部试图完全禁

---

① 高英茂：《林彪》，第 346—350 页。

② 迪特默：《刘少奇》，第 132 页。

③ 关于党的官员对红卫兵运动的反应，见帕里斯·H. 张："省级党的领导人在'文化大革命'中的生存策略"，载罗伯特·A. 斯卡拉皮诺编《中华人民共和国的精英》，第 501—539 页；理查德·鲍姆："困难条件下的精英行为：'文化大革命'中的'挡箭牌'教训"，载斯卡拉皮诺编：《精英》，第 540—574 页。

止红卫兵组织,根据是他们还没有得到十一中全会的正式批准。另一种策略则与"五十天"中工作组采取的方法相似,他们允许红卫兵成立组织,然后对其活动规定严格的限制,禁止他们举行示威游行、张贴大字报,或者出版他们自己的报纸。

然而,在北京举行的大规模的红卫兵集会以及赞扬性的社论在中央党报的发表,很快使得否定红卫兵组织的合法性成为不可能。随后地方干部开始采取一种更为圆滑的方法。一些人试图牺牲几个下属(用中国象棋作比喻,中国人常用"丢车保帅"这个习语来形容这种策略)的方法来证明他们忠心耿耿而不使自己有危险。有些人举行"大辩论"讨论他们的党委是否真正实行了"革命"领导,但又巧妙地控制会议以确保产生正确的结果。一些人在墙上刷上毛主席语录以阻止红卫兵张贴大字报和标语,因为他们坚信用大字报盖住毛主席的话就等于是对毛主席的亵渎。其他人正通过把他们的干部转移到地方兵营内以躲避红卫兵,因为激进的学生是不得进入兵营的。

然而,省和地方干部的主要策略还是鼓励成立保守的群众组织以保护他们免遭激进学生的批判。通过各大中学校的党组织和共青团做工作,就有可能把那些维持现状对其有利害关系的学生组织起来,把那些较激进的红卫兵组织描绘成寻求向党报复的资产阶级家庭的成员。通过工会做工作,地方领导人还把更为保守的工人组织进"赤卫队",以保护党和政府的办公地免遭激进的红卫兵的袭击。这些措施的结果,使起初以大中学校校园为基地的红卫兵运动,开始向外转向工业劳动大军的队伍。

这一策略得到了中央一系列规定的帮助。具有讽刺意味的是,这条规定对党的机构有利,对"文革"小组不利。起初,中央的政策只准许出身于"红五类"——工人、农民、士兵、干部和革命烈士——家庭的学生加入红卫兵组织,并且禁止"资产阶级"家庭出身的学生参加红卫兵运动。这不仅限制了学生运动的规模——在 1966 年夏末秋初,只有 15%—35%的大中学生是最早的红卫兵组织的学生,[1] 但

---

[1] 李:《"文化大革命"的政治》,第 85 页。

这又自相矛盾地正好把红卫兵成员局限在更有可能保护党的机构的学生之中。

为什么官员们用所有这些方式抵制红卫兵运动？其答案部分在于，面对一场他们肯定认为是无政府的和失控的红卫兵运动，他们有自我保护的欲望。但是地方和省的官员肯定还认为他们在北京有人撑腰，而且最好的战略就是尽力渡过这场运动最险恶的时刻，并希望尽快把这场运动引向结束。毕竟无论是刘少奇、邓小平还是周恩来都没有被十一中全会开除出政治局。刘的确在排列表上靠后了，但他依然是人民共和国的主席。邓和周保留了党的总书记和国务院总理的职务。前中南局第一书记陶铸在 6 月初被任命为党的宣传部部长，他也试图防止红卫兵运动产生太多的受害者。所有这些中央领导人，在他们的讲话中，都积极支持为把红卫兵成员限制在"红五类"家庭的学生中，保持红卫兵组织的团结和纪律，并以少数服从多数的原则使激进的少数派服从较保守派的多数派所做的各种努力。

毛主义者的反应

因此，到 9 月底，对毛、林和中央"文革"小组来说，"文化大革命"并未按初衷发展已是愈益明显了。对"四旧"批判太多，却几乎没有怎么批判最主要的官员。只有几个低级别官员被迫辞职。党的机构的主要趋势是躲避、暗中破坏和应付这场运动。

因此，10 月初，"文化大革命"大大地激进化了，中央"文革"小组的力量加强了，党的机构削弱了。这个情况最先反映在 10 月 1 日国庆节之际的一系列讲话和社论中，其中大多数社论是由中央"文革"小组成员执笔的。这些讲话批评了党的干部对"文化大革命"的抵制，重申红卫兵有权反对党组织，强调"文化大革命"的主要目标是党内的修正主义分子，而不是保守组织所说的"四旧"。也许更重要的是，他们还宣布要推翻对红卫兵组织成员的限制，从而使出身"坏"家庭成分的激进学生能够合法地参加这场群众运动。

此外，从 10 月 9 日到 28 日在北京举行了一次中央工作会议，以对到当时为止的"文化大革命"的进展作出评价，并寻找克服运动所遇到的阻碍的办法。[①] 首先，毛和林向代表们再次保证了这场运动的目的，以寻求代表们对"文化大革命"的支持。他们许诺，只要是欢迎而不是试图躲避群众的批评，大多数干部是可以"过""文化大革命"的"关"的。毛说："你们有错误就改嘛？改了就行，回去振作精神，大胆放手工作。"毛甚至进行了自我批评，他承认在 60 年代初出现修正主义，部分原因是他"退居二线"和决定放弃负责日常工作的结果。而且，毛承认他未料到发动红卫兵会产生"大问题"。[②]

但参加中央工作会议的代表仍未被宽心，本来预计三天的会议开了两个多星期，原以为平和的气氛也变得越来越紧张。[③] 陈伯达在一篇报告中指出，在 60 年代初已很明显的"无产阶级"和"资产阶级"的路线斗争现在又在"文化大革命"中得到了反映。毛泽东和林彪不再对有顾虑的干部给予安慰，而是猛烈地攻击那些试图妨碍和躲避运动的干部。毛抱怨"只有极少数人坚决地把'革命'一词放在其他之前，绝大部分人把'畏惧'放在第一位"。林把党的抵制归咎于中央一些干部的阻挠，并点名说刘少奇和邓小平可能应对此负责。他们二人被迫在会上作了自我批评。

1966 年事态发展的结果，大大减少保守派群众组织的影响。[④] 年底，北京的一些保皇派组织进行了最后一次反抗，他们攻击激进的红卫兵组织，批评林彪，捍卫刘少奇，坚持认为正确的路线是"踢开中央'文革'小组，自己闹革命"。但他们显然已是强弩之末。一些保守组织作了自我批评，有些被激进的学生接管，另一些则因他们的首领被公安局逮捕而垮台。

中央"文革"小组在 1966 年底也加强了群众对党的机构的进攻。

---

① 利伯撒尔：《研究指南》，第 259—262 页。这几个日期与利伯撒尔说的不一样，是孙敦璠的说法，见《中国共产党历史讲义》下册，第 255 页。

② 陈：《毛泽东的文章与目录》，第 40—45 页；杰罗姆·陈编：《毛泽东》，第 91—97 页。

③ 孙敦璠：《中国共产党历史讲义》下册，第 255 页。

④ 关于十月工作会议以后的事件，见多比尔：《"文化大革命"史》第 3 章；迪特默：《刘少奇》第 5 章；李：《"文化大革命"的政治》，第 118—129 页。"文革"升级也反映在这一时期发布的中央指示中，见"文件汇编"。

放松对加入群众组织的条件限制使得激进派人数剧增。与此同时，中央"文革"小组加强了与那些他们认为最有同情心的组织的联络，驱策他们合并成更大、更有战斗力的团体。在 11 月和 12 月，已允许红卫兵进入工厂和公社，工人也有权组织他们自己的"革命造反"组织，这就打破了以前由党委机关把持的对组织工人、农民的有效的垄断。免费乘车去北京已被取消，以鼓励红卫兵结束他们的"革命旅行"，返回他们所在的城市和省去进行反对地方党委的"革命"。

最重要的是，中央"文革"小组开始为群众组织指明要攻击的高层官员，并向友好的红卫兵提供材料，作为他们用来进行批判的根据。红卫兵代表带着哪个干部要经受"考验"的十分具体的指示从北京来到大的省城。激进的红卫兵组织已被告知刘少奇和邓小平反对毛泽东，可以作为批判对象。中央"文革"小组还向红卫兵提供了刘、邓在 10 月中央工作会议上所作自我批评的副本，11—12 月，攻击二人的大字报开始大批出现。根据 1980—1981 年在审判"四人帮"的法庭上提供的证据，张春桥曾于 12 月 18 日在中南海接见清华大学激进学生代表蒯大富，要他公开羞辱刘和邓。据说张说要"把他们搞臭"，"不要半途而废"。[①]快到年底时，陶铸因为企图保护省委、中宣部和文化界的干部免遭批判，以及据说要剥夺中央"文革"小组对这场运动的领导权而被撤销职务。其他五位重要的中央官员——杨尚昆、罗瑞卿、陆定一、彭真和贺龙在北京的群众集会上被连续批斗、辱骂了数小时。

这些事件传递的信息非常清楚：在中国，除了毛泽东本人以外，没有一个人可以免遭批判；而且批判的方式的确是很严厉的。

省级权力的垮台

1966 年最后 3 个月，"文化大革命"升级造成的结果，在中国因地方不同而各异。在较边远的省份，发动激进的学生是困难的，因而

---

① 《中国历史上的一次大审判：对林彪、江青反革命集团的审判（1980 年 11 月—1981 年 1 月）》，第 35 页。

省的领导人尚能牢固地守住自己的地盘。而那些已发动起来的省份，其结果就不是如毛所期望的那样了，不是地方官员整风而已，而几乎是省级权力机关的彻底垮台。

上海就是这后一种情况的典型。[①] 10 月份中央领导人火上浇油的言辞推动了第一个激进的全市范围的工人组织——"上海市工人造反总司令部"在 11 月初的成立。该组织显然是由一些低层干部（如国棉十七厂的王洪文，他在后来的"文化大革命"中成为全国性的显赫人物）在激进学生的帮助下，主要组织下层工人，如徒工、临时工而建立的。根据有些说法，上海市市长曹荻秋虽然有些勉强，但出于某些原因，还是按中央关于"文化大革命"的指示办。但是他抵制建立"工总司"，理由是中央尚未准许建立独立的工人组织；这样的组织也必然干扰生产。

当"工总司"去找曹以寻求官方的承认和物质支援时，曹拒绝了他们的要求。一气之下，"工总司"的头头们强征了一列火车开往北京以把他们的问题提交给中央领导。曹命令火车停在上海郊外某站的一条侧线上，在那里，他的代表再一次试图解释他的态度，给他们做工作。

起初中央"文革"小组支持曹的立场。但在工人拒绝返回工厂之后，北京激进的领导人派张春桥去同他们谈判。张春桥给了曹荻秋重重的一记上钩拳：同意承认"工总司"，条件是他们的革命行动不得妨碍正常的生产任务——对于这个决定，曹荻秋除了同意之外别无选择。

在聂元梓到了上海之后，市政府的地位进一步被削弱，聂显然随身带来了揭露市教育局局长为修正主义者、指责曹荻秋庇护他的指示。在她抵达之后，一群激进分子接管了地方报纸《解放日报》，命令它印发聂的讲话。几天之后，市政府停止了抵抗。

然而曹的权力的垮台，并非主要是激进的工人和知识分子的行动

---

① 这一时期上海事件的材料可见尼尔·亨特《上海日记："文化大革命"目击记》；安德鲁·G. 沃尔德：《张春桥和上海一月风暴》。

所致,而是更保守的上海市民反动员的结果,他们的行动至少有一部分是自发的。在《解放日报》被(激进派)占领期间,"赤卫队"和其他支持者们曾试图冲击报社大楼,把它重新夺回来。邮电工人拒绝分送载有聂的讲话的报纸。"赤卫队"要求曹拒绝向激进派"投降",不再向他们作任何更多的让步。

根据安德鲁·沃尔德的认真研究,曹对这种两极分化过程的反应是,两派"送到他办公室的任何要求他统统签署"。[①] 其结果是社会上弱势群体的组织纷纷提出经济利益方面的要求。那些降为临时工和被解雇的合同工工人要求恢复原职和补偿工资。固定工人四处活动,要求增加工资和提高福利,指责激进派干扰生产会使他们奖金减少。

在激进派和保守派之间爆发了武斗和骚乱,据报道,在一次有 8 个保守派分子被打死的事件发生之后,"赤卫队"号召总罢工。加上已被围困的市政府的战略是满足各派的要求,这就导致了上海经济的崩溃:挤兑存款、抢购商品、供电和交通中断。到 12 月底,这座中国最大的城市已陷入一片混乱。

夺　权

"一月风暴"

上海的形势是到 1966 年底为止中国城市形势最极端的形式的代表。从根本上来说,三种过程在起作用,它们合在一起,导致了党的权力的崩溃。首先是发动中国社会的大部分人,这些人对党的官僚机构提出了更大的要求。这个过程开始是北京的毛主义者故意组织一支力量以批评党。但一经这个过程开始之后,它就自发地向前发展,毛主义者动员起来的力量引起了一种反动员的力量(一些是自发的,一些是组织程度很高的)来支持党的机构。

因此,这一发动群众的过程导致了中国社会的高度分化,反映了

---

① 沃尔德:《张春桥》,第 36 页。

党的最高层领导中业已存在的激烈的派别斗争。在号召中国的学生（后来为工人）去批判党内的修正主义时，毛似乎天真地相信他们会作为一支比较统一的力量去行动——毛自 20 年代中期以来就说过也写过的这个"民众大联合"将在"文化大革命"的进程中形成。[1] 事实恰恰相反，群众动员加深了中国社会的分裂，特别是把干部家庭的子弟与资产阶级家庭的子弟分隔开来。把熟练的固定工人同欠熟练工人和临时工分离开来。

再次，与动员和分化相伴产生的是对党的权威的否定。通过授权红卫兵去造党内修正主义者的"反"，主张人民只应服从与毛泽东思想一致的党的指示，毛主义者在事实上剥夺了党的绝对合法性，但又没有用其他任何权力结构来取而代之。与此同时，取消下边的党组织的合法性又加重了对上层党的权力的否定。因为被围攻的党组织试图处理群众提出的种种要求时想取悦于每一个人，但最终谁也取悦不了。上海的经验生动表明了当政府无法控制日益加剧的动员和反动员进程时，就会出现权力危机。

实际上，毛对权力崩溃的解决办法是授权激进派把信誉扫地的（或顽抗到底的）党委撇在一边，组织新的政治权力机构取而代之。上海又一次充当了这一阶段"文化大革命"的先头兵。[2] 1967 年 1 月 6 日的上海群众集会正式肯定了所发生的事实：撤销了曹荻秋及上海市其他官员的职务。同日，中央"文革"小组代表张春桥由北京返回上海，以建立一个新的市政府，取代已被推翻的市委。在他的鼓励和中央"文革"小组的支持下，由激进的"工总司"的人马形成的组织发布了恢复社会秩序和经济生产的命令：要求把工人们经济方面的不满搁置到"文化大革命"的"后一阶段"，工人们留在原岗位；冻结企业和银行基金。与此同时，造反派组织在人民解放军的支持下，开始接管工厂、码头、报纸和其他经济企业单位。这些行动开始后不久

---

[1]　有关毛泽东的思想倾向的论述，见 S. 施拉姆："从'人民群众的大联合'到'大联盟'"，载《中国季刊》第 49 期（1972 年 1—3 月），第 88—105 页。

[2]　有关上海事件的论述，见沃尔德《张春桥》第 7 章。

便采取了最后一步：激进派组织宣布新的上海市政权机关组成，它将承担旧的上海市委和市政府的政治和行政职能。

在这个月的后半个月里，这种夺取政权的方式得到中国各地的认可。1月22日，《人民日报》发表的一篇辛辣的社论鼓励全国的激进组织起来从党委手中夺权：

> 千重要、万重要，掌握大权最重要！于是，革命群众凝聚起对阶级敌人的深仇大恨，咬紧牙关，斩钉截铁，下定决心：联合起来，团结起来，夺权！夺权！！夺权！！！一切被反革命修正主义分子、被坚持资产阶级反动路线的顽固分子所窃取的党、政、财等各种大权，统统要夺回来！①

第二天，中央委员会正式发布的一条指示重申了《人民日报》要人民群众"向党内一小撮走资本主义道路的当权派和坚持资产阶级反动路线的顽固分子手里"夺取权力的号召。它把"文化大革命"描绘成不像十一中全会决议所说的，只是一场对中国的资产阶级和修正主义倾向的批判，而是"一个阶级推翻另一个阶级的大革命"。②

中央"文革"小组的目标的激进化是与"文革"小组人员构成的激进化相伴产生的。1967年1、2月，所有在前一年任命的人民解放军、地区和省的党组织的代表都被免除了职务——当然是和陶铸一起被免职的，他作为中宣部部长在12月被清洗时就丧失了"文革"小组成员的资格。这再次意味着，中央"文革"小组只反映了与江青、康生和陈伯达有联系的激进的知识分子的利益。他们的观点再也不会受高级的党和军队的官员的影响了。

中央委员会1月23日的指示还在第二个方面使"文化大革命"进一步升级。整个1966年下半年，人民解放军在"文化大革命"中

---

① 1967年1月22日《人民日报》，见《北京周报》1967年1月27日，第7—9页。
② "中共中央、国务院、中央军委和中央文革小组关于支持革命左派群众的决定"，1967年1月23日，载"文件汇编"，第49—50页。

扮演了多少有点不沾不靠和态度暧昧的角色。可以确定的是，它以某些方式积极地站在了毛主义者一边：为江青攻击现行的文艺路线提供了一个论坛；在1966年春，通过《解放军报》为激进观点提供了喉舌；在一些重要会议期间（如5月的中央工作会议和8月的十一中全会），保证了北京的安全；向红卫兵提供后勤支援。然而从其他方面来看它又置身局外，甚至采取了敌对的立场。十一中全会决议特别规定了军队不受中央"文革"小组管辖，其他指示也显然命令军队在群众组织之间以及激进组织与党的机构之间的冲突中采取"不介入"姿态。在许多地区，军队还为地方和省里党的官员提供庇护，并动用力量镇压激进组织，起了"防空洞"的作用。

而后，直到1月23日，在毛主义者的联盟中最积极的成分一直是以"文革"小组为象征的激进的智囊团和以激进的红卫兵和革命造反派组织为典型的基本群众。现在，鉴于在整个秋季出现的全国范围内的对峙局面和在1966年底前后开始出现的权力垮台，毛决定把军队——此乃其政权基础的第三支力量——更直接地投入到这场冲突中去。1月23日的指示（其中引用了这位主席最新发布的一条指示："人民解放军应该支持'左'派广大群众"）命令武装部队取下任何不介入的伪装，不要再当"保卫一小撮党内走资本主义道路的当权派和坚持资产阶级反动路线顽固分子的防空洞"，要"积极支持广大革命'左'派群众的夺权斗争"，从而"决定性地消灭"一切敢于反抗的"反革命和反革命组织"。

然而，一俟决定了授权群众夺权之后，其他同样重要的决定仍待作出。谁应夺取政权？谁应行使权力？通过何种组织？也许关于此事最紧迫的问题是"群众"是否能真正地担当起给他们的任务。1月22日的《人民日报》社论使用的语言及第二天中央委员会的指示，提出了一种马克思主义的农民起义：一种推翻那些篡夺政权后并背离正确路线的人的农民起义。但是中国的"群众"是分成许多忙碌于争权夺利的利益集团的，而且不谙政治管理，不是一支能够行使有效的政府职能的统一的政治力量。

这些问题都在1月底遍及全国的"夺权"浪潮中得到了反映。在一些地方，互相竞争的群众组织均纷纷声称已夺取政权，并向北京请求支持。在其他一些地方，党的官员利用友好的群众组织发动后来所说的"假"夺权。还有某些地方，群众代表进入党政机关办公室，要出用以在官方文件盖印的图章后再出来，相信占有了权力的象征即意味着夺取了权力。正如周恩来所言，权力被党"放弃"了，但红卫兵却未能有效地"保住"它。[①]

这些困难的程度之大在中国中央的新闻媒介承认的事实中可以看得出来。1月底全国发生的13起夺权事件中只有4起得到了认可。发表在2月1日党的理论刊物《红旗》上的一篇重要社论，实际上默认了马克思主义的农民起义思想是不切实际的。编者按指出，夺权不应简单地由群众组织的"大联合"，而应由态度足够"革命的"、由"革命群众"代表、当地驻军、党政官员的"三结合"来实施。群众代表的存在可能反映了"文化大革命"初始的民粹主义精神。但是如编者按所承认的："只依靠这些革命群众组织的代表是不行的"，没有"三结合"的其他两种成分，"无产阶级革命派就不能解决好在他们的斗争中夺取政权和使用政权问题……即使他们取得了政权，他们也不能巩固政权"，干部的需要，是因为他们有行政经验，十分了解政策和计划；军队代表，如我们将要看到的，是"三结合"中最重要的部分，将能够保证秩序和镇压任何对夺权的反抗。[②]

在这个问题解决之后，毛主义者的中枢要解决的第二个问题就是新的权力机构的形式了。在短期内，毛主义者曾几度打算围绕巴黎公社的原则来重组中国：所有干部通过全体选举，都从普通公民中产生，与普通工人同酬，向选民定期汇报工作，可随时被免职。这些原则，其关于政府形式的含义完全不同于经典的官僚机构，已被马克思、恩格斯和1917年之前的列宁所认可，他们要引入种种无产阶级

[①] 菲利普·布里奇海姆："毛的'文化大革命'：夺权斗争"，载《中国季刊》第34期（1968年4—6月），第7页。

[②] 《红旗》第3期（1967年2月1日），出自《联合出版物研究署》第40期，第86页；译自《红旗》（1967年3月1日），第12—21页。

专政的政治机构形式来替代，用列宁的话说，"资产阶级社会所独有的"官僚机构。[①]

在 1966 年，存在时间不长的巴黎公社成立 95 周年之际，巴黎公社模式在中国激进分子中是很时髦的。早在十一中全会之前，2 月份的《红旗》上刊登的一篇长文，重述了巴黎公社的历史，主张巴黎公社的原则适用于中国。全会批准成立"文化革命"委员会，规定这些新的组织要体现公社的原则。尽管如此，全会仍同时规定这些委员会将是补充、而不是取代官僚化的党和国家的机构。[②]

以此为背景，一经 1967 年 1 月作出要从党和国家的官僚机构中夺权的决定之后，激进的中国人又回到巴黎公社模式上去就不会令人惊讶了。2 月 1 日的《红旗》上的编者按完全重复了一个世纪之前马克思关于无产阶级不能简单地接受资产阶级国家机器，而是必须建立新的组织形式的评论，坚持认为中国的革命造反派不能仅仅从现存的党政机构中夺取权力，而必须要建立全新的组织机构。虽然它对要建立的新的组织形式没有提供任何明确的指导方针，但它强烈地暗示要遵循巴黎公社的模式。为了贯彻这一建议，许多在 1 月底新成立的省市政府宣布：按照巴黎公社的原则，其官员将通过群众选举挑选并接受群众的监督和免职。有的地方如上海和哈尔滨，实际上自称是"人民公社"。

然而，从 1967 年初的形势来看，这一步骤与早些时候号召群众起来夺权一样不现实。以上海的情况为例，上海一点也没有立即实行巴黎公社式的民主。在组织公社问题上，张春桥无视直接选举的原则，只应允将来在某个时候"条件成熟"时举行这样的选举。实际上，上海公社成立后马上就有人不满地说张牺牲其他组织的利益，偏

①　弗拉基米尔·伊·列宁："国家与革命"；亨利·M. 克里斯曼编：《列宁的主要著作》，第 290 页。

②　《红旗》第 4 期（1966 年 2 月 15 日），见《联合出版物研究署》第 35 期，第 137 页，译自《红旗》（1966 年 4 月 21 日），第 5—22 页；《决定》摘要见第 9 页。关于这一时期巴黎公社模式的使用见约翰·布赖恩·斯塔尔："回顾革命：中国人眼中的巴黎公社"，载《中国季刊》第 49 期（1972 年 1—3 月），第 106—125 页。

祖工人造反总司令部的代表，并动用人民解放军去镇压反对派。一些人抱怨他忽视了工人在去年 12 月提出的经济要求，指出他是前上海市宣传部部长，现在是中央"文革"小组成员，很难说自己是一个"普通公民"了。正如安德鲁·沃尔德所指出的："尽管上海公社依凭幻想塑造了一个乌托邦形象……但支持它的人可能不到上海关心政治的劳动人口的四分之一，其生存主要依赖于人民解放军。"[①]

毛泽东认识到谈论"人民公社"会产生立即实行民主的期望，而这在群众充分动员而意见完全对立的情况下不可能实现之后，他便把张春桥和姚文元召回北京，劝他们更换上海公社这个名称。毛所关心的是忠实地实行巴黎公社模式会导致政治权威进一步垮台、干部和军队的代表被排除出"三结合""班子"、恢复秩序和镇压"反革命"的能力丧失殆尽，以及以后再为重组后的中国共产党安排一个角色都有不少难题。所有这些倾向均被这位主席列为"最反动"之列。[②]

因此在 2 月 19 日，毛召见张和姚的第二天，中央委员会禁止在国家、省和市各级使用"人民公社"一词。[③]（当然，公社在农村依然故我，仍是农村最高一级的经济和政治管理机构的名称。）取而代之的是，中央委员会恢复使用了革命年代里的一个名称——"革命委员会"——来描述夺权后形成的"革命的、负责的、无产阶级的临时政权组织"。这个历史参照名称很适当，因为 40 年代的革命委员会也是群众代表、党的干部和军人组成的作为在刚刚被红军"解放"的地区的临时政府的三结合机构。但在 1967 年使用这个名称也强调了关键的一点：像它们在延安时代的前任一样，文化革命委员会现在只被视为在某种更为长久的组织建立之前的临时政府。似乎毛这样做是想用某些方式降低"文化大革命"所产生的很高的群众动员的程度。

---

① 沃尔德：《张春桥》，第 61 页。

② 关于毛的评论，见《毛泽东思想杂录》第 2 卷，第 451—455 页；《联合出版物研究署》第 49 期，第 826 页；《有关共产党中国的译文集》（1970 年 2 月 12 日），第 44—45 页。

③ "中国共产党中央委员会关于对夺取政权的宣传和报道问题的通知"，1967 年 2 月 19 日，"文件汇编"，第 89 页；陈：《毛泽东的文章与目录》，第 136—137 页。

1967 年初的第三个紧迫问题是成立这些革命委员会的程序。由于普选思想被放弃，党的机构又一片混乱，"三结合"中唯一能在全国组织革命委员会的便是人民解放军了。因此，北京批准的程序是：推翻地方党委之后，地方卫戍部队（负责城市）或军区（负责省）领导将组成"军事管制委员会"，负责维持秩序，维持生产，并开始挑选群众代表、干部、军官进入革命委员会。军队实质上变成了一个全国性的工作组，它不仅负责决定哪些干部能在"文革"中幸存下来，而且还决定哪些群众组织能加入革命委员会。[①]

1967 年初推翻党委的行动被中国人自己称之为"一月革命"，国外则说这等于是武装夺权。但不论是比作一场群众革命还是说成一场军事政变，都不是充分认识这段时期的办法。诚然，一月革命里有一定程度的公众的不同政见、有群众组织和 1949 年以来不为人们所知的政治抗议。但是，官方的言论还是说，一月夺权的主要目的与其说是推翻权威，还不如说是恢复秩序。也应该承认，由于国家落入军队统治之下，夺权的主要受益者是人民解放军。但 1967 年初军队干预中国政治是执行了中央文职权力机关的训谕而不是为了对抗他们。换句话讲，如果说中国 1967 年 1 月发生的事件可以算是一场革命的话，那也是一场来自上层的革命；如果这些事件导致了军事统治，其结果也是一个文官集团决定利用军队去推翻另一个集团而已，不是一场反对文职权力机关的军事政变。

"三结合"的主要参加者

三结合机构是创建革命委员会的正式框架，三结合也就成了此后十个月里的主要问题。在多少行政单位和在什么级别的政府中夺权？在各个革命委员会成立时，如何在三结合的三方之间均衡权力？

三结合原则还十分清楚地说明了"文化大革命"在中国政治中造成的主要分歧。在省、市一级，干部、群众组织和军队都争着在革命委员会中占一席之地。在北京，三结合的每一方都在党的最高领导层

---

① 哈丁：《组织中国》，第 253 页。

中有自己的靠山：周恩来和其他资深文职干部代表干部的利益；江青、陈伯达和康生领导的"文革"小组代表激进的群众组织的利益；林彪及其在军事委员会中的同伙代表军队的利益。

但如果说这三个垂直系统内部是团结的话，也是不正确的。正像在激进的和保守的红卫兵组织的群众之间存在着冲突一样，在军队内部，同情和反对林彪的部队之间也有分歧，在愿意跟着"文化大革命"走和要抵制它的两派干部之间亦有分裂。重要的是，这三个组织系统，抑或它们在北京的大靠山，没有一个能获得或保持住毛泽东的绝对支持。

通过对中国"文化大革命"中三个垂直系统各自的利益和行为的分析，首先是从残存的党和国家的官僚机构入手，有助于人们去理解在 1967 年剩下的时间里和 1968 年上半年发生的事件。到 1967 年 1 月底，显然中国的每一个党政官员都面临着激进组织的批判、免职，甚至人身攻击。一些干部已经下台，其中包括"文化大革命"初期的目标，如彭真、陆定一、罗瑞卿；以及 1966 年底红卫兵运动的激进化和 1967 年 1 月第一次夺权浪潮的受害者，如陶铸和曹荻秋。其他人如刘少奇和邓小平，以及周恩来和他的副总理们受到了严肃批评，但实际上没有被免职。其他地方，大批干部还命运未卜。各级干部都在观望，看他们是否能被任命到军队扶持下正在组建的革命委员会中，而他们的下属则保留了职位，权力虽被削弱了，但没有被彻底剥夺。

如周恩来所代表的那样，干部们所关心的，首要的是减缓"文化大革命"对党和国家机关的冲击。周在这场运动中自始至终的目的是，尽最大可能：（1）使党和国家的要害部门免遭"文化大革命"最具破坏性的活动的冲击；（2）阻止群众组织在未经上级批准的情况下夺权；（3）限制任何群众组织活动的地域范围；（4）确保正常的生产和行政工作的进行。[①] 此外，周力图保护一大批高级干部免受红卫兵

---

① 对周恩来在"文化大革命"中的作用的论述，见托马斯·W. 鲁宾逊："周恩来与'文化大革命'"，载托马斯·W. 鲁宾逊编《中国的"文化大革命"》，第 165—312 页。

的攻击。据说在 1 月份，他邀请了二三十名内阁部长来中南海，轮流住在戒备森严的领导人的寓所里，并把许多地区、省和大城市的第一书记转移到北京，以使他们免遭当地红卫兵的骚扰和批斗。①

　　尽管干部们在限制"文化大革命"的范围上有着共同的利益，但在中国不同的官僚集团中也存在着不同的看法。有些干部，尤其是低层干部，把"文化大革命"视为一次能青云直上的机会，或借机对那些心存芥蒂的同事进行报复。因而，在一些省、市和自治区，出现了低层干部与激进的群众组织串通一气，从他们的上级手中夺权的形式。湖南省委书记华国锋，河南省委候补书记兼秘书长纪登奎，当然还有上海的张春桥，都是很重要的例子——所有这些人都直接因为"文化大革命"而在他们的省里爬上了更为重要的位置。这就为以后的纷争埋下了伏笔。因为通过这种方式从"文化大革命"中得到好处的干部，在 70 年代后半期与"文化大革命"的主要受害者发生了对抗。

　　第二个重要的垂直系统是中央"文革"小组和由它发动、保护并在某种程度上由它指挥的激进的群众组织。中央"文革"小组的主要目的似乎一直是搞臭尽可能多的干部，给群众组织以最大限度的活动范围和自主权，并使群众代表最大限度地加入革命委员会。为了达到这个目的，早在 1966 年 8 月，"文革"小组就开始拟出一份包括中央委员、省级党政领导人、全国人民代表大会代表和中国人民政治协商会议委员的名单。（他们认为政协委员是革命年代里的"起义分子"和 1949 年以后的"修正主义分子"）。1967 年底和 1968 年，这份名单的范围进一步被扩大。例如，据说到 1968 年 8 月，康生炮制了一份包括一百多位中央委员和 37 位中央纪律委员会委员在内的长名单，要把这些人开除出党。② 此外，中央"文革"小组顺顺当当地利用红卫兵组织去组织群众游行，批斗党和国家的官员，从其家宅中强取可用以进行诽谤的材料，甚至对被他们怀疑为"修正主义分子"的人搞

①　孙敦璠：《中国共产党历史讲义》下册，第 260—261 页。
②　同上书，第 271 页。

逼供信。有时甚至还连及他们的家人、保姆和工作人员。[1]

中央"文革"小组的这些活动导致了它在"文化大革命"中与其他两个垂直系统发生激烈的冲突。中央"文革"小组试图把政治斗争的范围扩大到实际上包括各级官僚机构的所有官员。而干部们则显然力争把"文化大革命"的打击对象限制在少数人身上。中央"文革"小组希望激进群众组织在夺取党政机构权力中拥有更大的自主权，而像周恩来那样的文职官员，则试图把夺权置于上级权力机关的控制之下，并把群众组织的功能严格限于监督，而不是行政管理方面。

此外，关于军队在"文化大革命"中的作用问题，中央"文革"小组与人民解放军的冲突也开始加剧。1967年1月，当夺权刚开始之际，陈伯达就把"文化大革命"与40年代中国革命的最后阶段作了比较。而后，他说，红军夺取政权，实行军管，并且自上而下发布命令，而在"文化大革命"中，"夺取权力的"是"群众"，而不是军队。[2] 因而，毛给予人民解放军在瓦解党的机构、组织革命委员会中的作用，比中央"文革"小组愿意提供的要大得多。更糟糕的是，地方驻军并不总是根据中央"文革"小组的要求，把群众代表如数安插到革命委员会，或者不是把中央文革小组所支持的群众组织的人安排进革命委员会。因而，革命委员会的建立，不可避免地要导致某些心怀怒气的红卫兵组织去攻击地方军队的司令部，并因此使人民解放军和北京的中央"文革"小组之间关系紧张。

这导致了"文化大革命"中的第三个垂直系统——人民解放军本身的激烈冲突。如我们已看到的，军队的地位在整个1966年和1967年初稳步地提高了。现在，"文化大革命"一旦进入夺权阶段，军队在中国政治中发挥的作用就更大了。其职责不仅是为向党组织夺权助一臂之力，就像1月23日它奉命行动的那样，而且也保证维持以后的秩序。对第二个目标所采取的措施是：对重要仓库、银行、电台和

---

[1] 《大审判》一书中这类事例到处可见。

[2] 《火车头》1967年2月7日，载《中国大陆报刊概览》第3898期（1967年3月14日），第4—7页。

工厂派驻军队；对春耕实行军事监督；对民航实行军事管理；以及在那些已经夺权的重要行政管理区域建立军事管制委员会。[①] 在"文化大革命"中，共计有 200 万人民解放军参与了民事。[②]

从总体上看，在"文化大革命"中，军队似乎只关心一件事：维持秩序和稳定；防止中国的政治和社会结构垮台；进而避免中国出现易遭外来侵略的弱点。此外，有些军官也希望最大限度扩大军官们在新成立的革命委员会中的影响、增加军队代表的人数、保护军队免遭红卫兵的攻击，因为这与他们自己利益息息相关。

但是，除了这些共同利益之外，"文化大革命"中军队内部的分歧看来与不同阶层干部内的分歧或这个国家的群众组织内的分歧完全一样大。[③] 有些分歧是结构性的，主要是由于人民解放军分成地方部队和主力部队而产生的。主力部队——包括海、空军和地面精锐部队——装备精良，并且直属中央指挥。相反，地方部队由装备轻型武器的陆军部队组成，归省军区（每个省军区都与省相对应）和大军区（由几个相邻的省组成）指挥，承担广泛的地方性事务。

在"文化大革命"中，主力部队更忠实地执行来自林彪的中央指示，这不仅是因为他们直接受命于林彪亲信充斥的总参谋部和军事委员会，而且也因为他们是林彪在 60 年代初就开始着手的军队现代化的主要受益者。相反，地方部队，其首长往往与地方党的领导人关系密切，它常常以保守的方式，充当省、市党的机构的保护人。例如，于尔根·多姆斯的研究表明：在"文化大革命"开始时，29 个省军区司令员中，只有 5 人支持这场运动，8 个司令员只是在将地方群众组织置于他们的控制之下后才在名义上表示了支持，

①　军队介入不断升级可追溯到中央的指示，见"文件汇编"。
②　埃德加·斯诺：《漫长的革命》，第 123 页。
③　见于尔根·多姆斯："'文化大革命'和军队"，载《亚洲概览》第 8 卷第 5 期（1968 年 5 月），第 349—363 页；于尔根·多姆斯："军队在革命委员会成立过程中的作用（1967—1968）"，载《中国季刊》第 44 期（1970 年 10—12 月），第 112—145 页；哈维·W. 内尔森："'文化大革命'中的军事力量"，载《中国季刊》第 51 期（1972 年 7—9 月），第 444—474 页；内尔森："'文化大革命'中的军队官僚"，载《亚洲概览》第 14 卷第 4 期（1974 年 4 月），第 372—395 页。

反对的有 16 个。①

军队中的第二类分裂是围绕着个人小圈子而形成的。在共产党革命的后半期，红军被分成五大"野战军"（原文如此——译者），每一路野战军负责解放中国的一部分地区。在这一时期建立起来的人事关系构成了 1949 年以后很长时间里军官派系的基础。人们普遍认为，在 1959 年被任命为国防部长后，林彪力求巩固他对人民解放军的控制，对他曾指挥过的野战军（四野）的军官恩惠有加，而对其他野战军军官则进行压制。②林彪事件之后，他被指控曾收集对其他野战军高级军官的诽谤材料，特别是对聂荣臻、徐向前、贺龙和叶剑英的诽谤材料，这些人挫败了他建立个人对军队的绝对控制的企图。③

作为评估三结合主要参加者的最后一个组成部分，强调一下毛与三个独立系统中的每一个系统之间时不时地出现的紧张关系和冲突是非常重要的。很显然，毛与党和国家干部的分歧是主要的，因为他所怀疑的修正主义正是他们，而他指导"文化大革命"反对的也就是他们。另一方面，毛似乎注意到需要有经受过锻炼的行政管理干部，担任革命委员会的委员，他说希望这些干部能经受住"文化大革命"的"考验"（"谁要打倒你们？我也是不想打倒你们的，我看红卫兵也不要打倒你们。" 1966 年 10 月他在中央工作会议上这么说），④毛也保护了一些高级政府官员，特别是周恩来，使其免遭红卫兵的批判。

但毛与林彪和中央"文革"小组也有分歧。虽然毛在 1959 年选择了林当国防部长，并在 1966 年的八届十一中全会上挑选他做他的接班人，但这位主席显然对林在历史和意识形态问题上的许多观点表示怀疑。1966 年 7 月初他在给江青的一封信中，批评林夸大军事政

---

① 多姆斯："军队在革命委员会成立过程中的作用"。

② 对中国军事政治中野战军作用的分析，常见的参考书有：威廉·W.惠策恩、黄震遐：《中国的高级指挥：共产党军事政治史（1927—1971）》；也见钱玉生（音）：《衰退的中国革命：军队中的不同意见与军队的分化（1967—1968）》；威廉·L.帕里什："中国军队政治中的派系"，载《中国季刊》第 56 期（1973 年 10—12 月），第 667—669 页。

③ 《一场大审判》，第 82—89 页。

④ 陈：《毛泽东的文章与目录》，第 45 页。

变和军事力量在中国和发展中国家历史上的重要性，批评他抬高对毛的个人崇拜。毛对他的妻子写道："我历来不相信，我那几本小书，有那样大的神通"，"在重大问题上，违心地同意别人，在我还是第一次"。[①]

毛对林的很多批评同时可以被看作是对中央"文革"小组的批评，因为中国新闻界在1966年中期对毛泽东思想的颂扬和对毛的吹捧问题上，中央"文革"小组与人民解放军负有同样重要的责任。1月份毛关于上海公社的一些讲话表明，毛很关注中央"文革"小组中的无政府主义倾向，以及他们要打倒所有的国家干部的企图。[②] 没有证据表明毛愿意批准群众组织动用军队，江青及其在中央"文革"小组的同党有时却准备那样干。

如果三个独立系统的任何一方显示出不服从或抗拒的迹象，毛有各种各样的资源和策略来对付它们。干部最易于控制，因为当时他们的权力基础最为薄弱。中央文革小组是个工具，毛可以让它加强对党和政府官员的批评，相信这很快就会在激进群众组织的行动中反映出来。更为具体的是，毛能够确定哪些干部从革命委员会中排除出去，哪些干部要受惩罚，哪些干部要给予保护。

相反，人民解放军拥有的权力比政府官员大得多，因为军官们控制着有组织的军队，这对当时中国政权的稳定是必不可少的。但军队是能受到控制的——控制军队的一个办法是增加激进群众组织批判军队干部的错误，一个办法是可以通过军队指挥系统惩治犯错误的军官。1967年春，对"文化大革命"态度冷淡的五个大军区和六个省军区司令员就是这样被免职或调离的，在此后的年月里又有不下八个省军区司令员遭到同样的命运。就像我们将要看到的，在极端情况下，毛和林可以把主力部队调到省军区司令员特别顽固的省份。

毛也有种种方法去控制群众组织。他可以对激进群众组织的活动

---

① 《中国的法律和政府》第6卷第2期（1973年夏季号），第96—99页。

② 《毛泽东思想杂录》第2卷，第451—455页；《联合出版物研究署》第49卷，第826页；《有关共产党中国的译文集》（1970年2月12日），第44—45页。

167

加以限制，在红卫兵和革命造反派走向分裂，以及暴乱眼看就要失控时，他就缩小他们批判文武官员的活动余地。此外，毛和他的代表还可根据某些组织是否执行中央指示而将它们定为"革命的"或"反革命"的组织，还可授权地方驻军去镇压或解散那些被认为是反革命的群众组织。

平衡的演变

由于有这么多裂痕——每个体系内部的裂痕、三个体系之间的裂痕，每个体系和毛泽东之间的裂痕——因此，在1967—1968年成立革命委员会是一件极其复杂的任务。仅有黑龙江、上海、贵州和山东这几个地方的革命委员会在1967年的头两个月顺利成立。这些省的关键是它们另外还存在着一套候补领导班子，这通常是"文化大革命"前的省、市党的机构。党的机构能迅速填补1月发生的权威崩溃所造成的空白。在其他省，现有的军队和文职领导分裂了，群众组织里裂痕既深又大，革命委员会的成立是一个时间相当长的过程，其中包含着持续的冲突和斗争。

1967年3月到1968年10月这20个月基本上是三个相互竞争的组织体系之间的平衡演变的时期。在此期间革命委员会成立了，革命委员会里每个组织体系都不时地挖其他组织体系的权力，或自己权力被别人挖走。在此期间毛有能力决定三个独立体系之间的力量平衡，尽管毛的决定显然是对干部、军队和群众组织行动的反应，尽管他从未完全控制局势。这一时期三方力量此消彼长情况，可通过研究四个关键的转折点而得到很好的了解：1967年2—3月的"二月逆流"，1967年7月底的"武汉事件"，9月初清洗所谓激进的"五·一六"组织，杨成武代总参谋长被解职以及1968年夏天遣散红卫兵。

从起源和结果看，这些转折点中每一个都是重要的。每个事件的发生都是由于三个关键的独立系统内部及它们三者之间的紧张关系造成的。从毛泽东的角度来看，每个事件都反映出这三个组织系统中有一个或几个是不可靠的。"二月逆流"表明党的高级干部仍在抵制"文化大革命"和红卫兵运动；"武汉事件"证明高级军官，尤其是大军区一级的，趋于同保守的群众组织站在一起，反对激进的对手；"五·一六"事件和1968年中遣散红卫兵反映了群众运动和"文革"小组的领导人对暴力和天下大乱有特殊的嗜好。

总之，三个事件也产生了统治这个时期中国政治的三个组织系统之间权力平衡的变化。虽然这三个系统开始时都是三结合的平等参加者（至少理论上是这样），但到1967年年底，人民解放军的优势显然超过了干部和群众组织。1968年夏红卫兵解散，数百万年轻人下乡插队，他们参加三结合的人就从中国政治舞台上彻底消失了。

二月逆流　1966年8月的十一届中央全会正式通过的关于"文化大革命"的决定预见到了一场正在兴起然而却受到压制的群众运动。强调发动群众和开展群众批判（尤其是在年轻人中），预示着国家党政官员的生活会弄得更加复杂。但在三个方面作出了有重要意义的限制。第一，"十六条"中列出的干部政策把严厉批判和宽大处理相结合。十一中全会认定，绝大多数干部是"好的"或"比较好的"，并且暗示一旦他们进行了"严肃的自我批评"，并且"接受了群众的批评"，他们就可以留在或重新回到自己的岗位上。第二，运动以党的名义进行，而且将在中央委员会的领导下进行，如果不是由下面的党组织来领导的话。第三，人民解放军中的"文化革命"与社会其他部门中的运动分开，由中国共产党中央军事委员会而不是"文革"领导小组的领导。

可是，到1967年1月底，大量情况表明，"文化大革命"越过了所有这些界线，很多高级干部，包括彭真和罗瑞卿，都被激进的群众组织"拘留"，而没有任何拘留证和其他法律手续。其他人头戴高帽子，脖子上挂着罗列了他们的"反革命罪行"的牌子，在中国城市的大街小巷游街示众。至少有一位国务委员、煤炭部部长张霖之被毒打致死，其他高级干部的肉体受到凌辱。刘少奇和邓小平受到了恶毒的口头攻击。

授权群众组织"夺权"和创立"上海公社"，表明甚至连党的领导这个原则都正在被抛弃，因为，正如毛自己指出的，在巴黎公社的结构中，没有先锋党领导的位置。更有甚者，"文化大革命"的混乱局面已扩散到武装部队的基层之中。因为解放军已奉命"支左",干预地方政府。而且,林彪本人似乎急切地唆使他在武装部队的追随者,用红卫兵的方式批判那些资深元帅,如朱德、贺龙和叶剑英,因为这些人有可能对林彪对武装部队的控制发起挑战。①

为了对付这些问题,中央当局在2月发出了一系列指示和声明,旨在控制"文化大革命"产生的混乱。为了政治稳定,进行了四个方面的努力。第一,正如我们已经看到的,建立"巴黎公社"模式,主张直接民主选举,不要党的领导,结果只能产生宗派主义和无秩序,被毛亲自否定。"巴黎公社"模式被革命委员会模式和人民解放军奉命"支左"干预所替代了——这两种办法都是为了恢复国家秩序和纪律而提供一种组织框架。作为落实三结合的一个部分,中央的宣传工具开始了一场宣传毛的政策的运动,毛的政策要求对"文化大革命"开始前,或是在"文化大革命"的头几个月"犯有错误"的干部采取比较宽大的政策。

第二,毛也进行干预,限制红卫兵组织武斗。在2月1日给周恩来的信中,毛批评了那种打着批判旗号,强迫挨批的干部"戴高帽子,油漆涂脸和游街"的倾向。毛把这种行为说成是"某种形式的武装斗争",宣布"我们必须坚持说理斗争,要摆事实,讲道理,并使用劝说方式……卷入打人事件的任何人都应按法律处理"。②1月28日军委发布了一条指示,其中也有类似的反对使用武力的命令。据说这个文件是在叶剑英、徐向前和聂荣臻这样老帅的倡议下起草的,然后经过毛批准。该指示宣布:"不允许无命令自由抓人,不允许任意抄家、封门,不允许体罚和变相体罚。不许戴高帽子,不许游街,不许抄家。认真提倡文斗,坚决反对武斗。"③

第三,还力图限制"文化大革命"对那些维持经济生产和政治秩

---

① 《文件集》,第19—20、21页;《大审判》,第160、164页。
② 《联合出版物研究署》第49卷第826期;《有关共产党中国的译文集》(1970年2月12日),第22页。
③ 《文件集》,第54—55页;也见迪特默《刘少奇》,第152—153页。

序至关重要的政府和军事机构的冲击。2月，命令外边的群众组织离开所有党中央各部和那些负责国防、经济计划、外交、公安、财政金融和宣传的中央政府各部、局；军队里的夺权被限制在诸如研究机构、学校、文化机构和医院等这样的外围机构；并且，7个极重要的军区都"延缓"任何形式的"文化大革命"运动。[①] 另外，中央委员会和国务院进一步发布指示，要求对所有的秘密文件和档案保密，包括党和国家领导人的个人档案，群众组织用来批判领导人的许多证据材料都来源于此。[②]

最后，中央的指示也试图把群众组织可以活动的范围缩小到这样的程度，即如果这些指示都得到执行，红卫兵运动将会走向终结。群众组织接到通知，要停止为"交流革命经验"而进行的全国大串联，而且接到了要他们返回家乡城镇的指示。通知中学生返回学校，重新上课。而且"边上课，边闹革命"。在"一月风暴"中开始自发形成（或受到中央"文革"领导小组的鼓励）的"全国红卫兵联盟"变得非常强大，具有难以控制的潜在危险，这个联盟被当成是"反革命组织"并被命令立即解散。工人队伍中的不满人员，尤其是合同工、临时工和被调往边疆地区工作的工人接到通知，要求他们留在自己的岗位上，这些人提出的要求留待"文化大革命"后期解决。[③]

来自政府和军队系统的一批党的高级干部为这些变化所鼓舞，开始对"文化大革命"的总的思想发起冲击。[④] 这些官员包括叶剑英、聂荣臻和徐向前元帅，以及副总理陈毅、李富春、李先念和谭震林。他们利用周恩来总理在2月中旬召开的一系列有关"抓革命、促生产"的会议之机，表达对"文化大革命"的不满。这些老干部明确提

---

① 《文件集》，第56、61、66、71—72、78—79、89页。

② 同上书，第84页。

③ 同上书，第72、82、83、85、87—88页。

④ "二月逆流"的叙述来源于1979年2月26日《人民日报》，见外国广播信息处《中国动态》1979年2月28日，E 7—20；1984年10月21和22日《新华日报》中聂荣臻回忆，见外国广播信息处《中国动态》1984年1月6日，K 21—24；也见李《文化革命的政治》第6章；多比尔：《"文化大革命"史》第5章。

出了四个原则性的问题：群众运动要不要党的领导；冲击那么多的老干部是否正确；把军队搞乱是否应该；以及在此基础上，"文化大革命"是应该继续下去，还是像这些官员明确表示的那样应迅速结束。

2月中旬的一个下午，在北京中南海内的怀仁堂发生了这几次会议中最富有戏剧性的一幕。在这次会议上，争论的两派严格地沿长桌的两边落坐，周坐在会议桌的顶端，他的左手是陈伯达、康生、谢富治和中央"文革"领导小组的其他成员；总理的右手是三个元帅、五个副总理和国务院官员余秋里、谷牧。会议很快转为两派之间的嗓音比赛。主管农业工作的副总理谭震林从桌旁起立，宣布他打算辞职。他被陈毅和周恩来劝阻。

中央"文革"领导小组的成员很快把这次会议的记录（后来指责这个纪录是歪曲事实）呈送给毛泽东。毛对会上所表达的一些意见非常恼火，他认为这是否定他的领导。得知毛生气后，激进派很快就把二月份的几次会议说成是"二月逆流"，并以此为论据，发动一场把所有尚存的高级干部从职位上清除出去的运动。

因此在某些方面，中南海的这些会议的结果与"大跃进"期间、1959年夏天的庐山会议相似。就两次运动的时机来说，中国都处在毛泽东发动的激动人心的群众运动之中。在这两次事件中，运动所产生的破坏性结果已经变得很明朗，并且都在进行限制不良后果的努力。但在这两次运动中，一些高级官员不但批评运动的过分之处，而且还对运动总体上发表某些反对意见。在这两次运动中，毛都把批评看成是对他个人领导地位的挑战。结果是，两次运动不但在其反面影响已经明朗后仍持续了很久，而且一些意在纠正那些后果的措施也被取消或被推迟执行。

"二月逆流"否定二月初所做的恢复秩序的尝试，从而使"文化大革命"重新激进化。这种发展势头的一个标志是，把对刘少奇和邓小平的批判从红卫兵的大字报和小字报转移到了党的官方出版物上，尽管使用了像"中国的赫鲁晓夫"、"党内第二号走资本主义道路的当权派"这样的代名词。假如分别担任国家主席和党的总书记的刘、邓都是这样，那么，对全国所有干部都应冲击了，对此原存有的任何疑

虑都一扫而光了。与此措施相关的一项措施是，对党、政、军内的
"资产阶级代理人"发起猛烈攻击的 1966 年的"五·一六通知"，在
它通过一周年纪念日出现在大众传播媒介上。

　　由于有这些变化壮胆，在整个 1967 年春天，激进的群众组织对
许多现存的政府官员发起了更为强烈和频繁的批判。一个突出的靶子
就是谭震林，他是"二月逆流"最积极的参加者之一，他的坦率直言
使他成为激进派首当其冲的打击对象。在怀仁堂的那次斗争白热化的
会议上，谭称蒯大富是一个"反革命小丑"。蒯是清华大学的激进分
子，中央"文革"领导小组的爱将。据说谭给毛和中央委员会递交了
许多书面报告，力请结束"文化大革命"，他在其中一份报告中称江
青为"当今的女皇武则天"。根据同情激进派的记录，谭还企图恢复
"一月风暴"期间被推翻的农业部官员的职务。

　　激进派的另一个目标是罢外交部长陈毅的官。像谭震林一样，陈
丝毫不隐瞒自己对"文化大革命"和红卫兵运动的尖刻态度。有一份
记录，尽管可能是伪造的，但流传甚广，其中写道，陈毅一次与一群
红卫兵对决，他挥舞着自己的那本小红书《毛主席语录》说："现在
该轮到我发言了，让我给你们引用毛主席语录第 271 页的一段话，毛
主席说：'陈毅是个好同志'。"红卫兵是否能发现中文版的语录上没
有这一页，那是红卫兵的事了。[①]

　　但是许多激进派群众组织的最终目标，或许也是中央"文革"领
导小组的最终目标，是周恩来。周被激进派认为是"二月逆流"的
"幕后支持者"，是谭震林、陈毅等这类官员的保护者。在北京贴出的
许多大字报以冲击谭和陈开始，而以批判周恩来结束。

　　"二月逆流"就是以这种方式使高级干部日益处于易受攻击的、
被动的地位。确实，毛还不时进行干预，再三肯定他的信念：95％的
中国干部是可以挽救的。至少在一个时期，毛和周也把一些干部从群
众批判和肉体打击中解救出来。周本人受毛的保护，而周则竭力保护
像廖承志、陈毅、李富春和李先念这样的干部。就在这个时刻，周把

---

① 　多比尔：《"文化大革命"史》，第 220 页。

许多省、市官员带到北京，以便能够保证他们的人身安全。

但是这样的措施没能保护每一个人，也没能阻止老资格的文职官员的政治地位的进一步削弱。1967 年夏天某个时候，刘少奇和邓小平被软禁。中央"文革"领导小组开始攫取中央政治局和国务院的许多权力。激进派继续用"二月逆流"作为高级干部反对"文化大革命"、反对中央"文革"领导小组、反对毛领导的证据。在"文化大革命"中的三个独立系统里，老一辈官员现在处于最软弱的地位。

武汉事件 1967 年中期，中国最重要的三个变化是：在激进的和保守的群众组织之间，在解放军内部保守和激进的部队之间，以及在"文革"领导小组和武装部队之间出现了严重的分裂。7 月 20 日的"武汉事件"（中国人称"7·20 事件"，依据事件发生日期而名之），为理解这些分裂的发展及其含意提供了最好的例证。①

人民解放军奉命监督全国省、市一级革命委员会的组建，当时，这项任务主要分配给了各大军区及其下辖的地方驻军和卫戍部队。许多军区司令员与当地党的负责人有密切的私人关系，这使得他们倾向于与较为保守的群众组织站在一起来保护党组织。同样，人民解放军维持秩序和纪律的倾向把自己置于与较为激进的群众组织的冲突之中，这些激进的群众组织力图推翻一切官员，他们为了"革命"，忽视经济生产。

所以，在 2 月间，许多军区司令以中央最近发布的有关限制"文化革命"的指示为由，开始压制最难驾驭的激进组织。在武汉军区，司令员陈再道作出了许多决定，他首先是与"工人总司令部"脱离关系，然后命令这个激进组织联盟的总司令部解散，理由是，它们一直在从事危害社会秩序及经济稳定的破坏性活动。

对"二月逆流"的批判给北京和各省的激进派带来机会，他们抗

---

① 对"武汉事件"的叙述根据陈再道的"武汉'7·20 事件'始末"，见《革命史资料》第 2 期（1981 年 9 月），第 7—45 页；和托马斯·W. 鲁宾逊："武汉事件：'文化大革命'时期的地方冲突和省级官员的造反"，载《中国季刊》第 47 期（1971 年 7—9 月），第 413—438 页。

议人民解放军"镇压""左"派群众组织。4 月 2 日，《人民日报》刊登一篇社论，呼吁"正确地对待革命小将"（也就是红卫兵）。这篇社论是以武汉和成都军区对现状不满的激进派所提供的材料为基础写成的。同一周，中央委员会和中央军委各自发布指示，大大削弱了解放军镇压激进群众组织的能力。① 这些指示剥夺了军队宣布任何群众组织是"反革命"组织以及压制那些批判过军队领导人的组织和进行大规模逮捕的权力。从此以后，对群众组织进行分类的权力只有北京来掌握，而那些被军区司令员们贴上反革命标签的群众组织将得到宽恕。据说，这些指示是林彪和中央"文革"领导小组成员共同努力的结果。这件事表明，至少在这一点上，毛主义者的联盟之中的这两派之间还有高度的合作。

由于这些指示大大削弱了人民解放军恢复秩序的能力，它们也就大大增加了保守和激进的群众组织之间的冲突程度。激进派开始从军械库夺取武器，而在华南，他们从开往北越的军火运输船上夺取武器。与此相应，有些地方的人民解放军给比较保守的群众组织提供武器。武斗事件大大增加，不仅造成人员伤亡，而且还影响经济生产。在武汉，主要的结果就是激进派发起了一系列的抗议和示威活动，要求扭转这个城市的"逆流"。显然，这些活动得到了江青本人的支持。

由于 4 月初的指示规定，只有中央有权决定参加派性斗争的群众组织的政治性质，所以陈再道请求会见周恩来和中央"文革"领导小组，讨论武汉的形势。根据陈本人的叙述，会议的结论是：武汉军区的行动基本上是正确的，应该通知武汉的激进派停止对军区的冲击。对陈来说不幸的是，在北京正式宣布之前，有关该文件的消息就在武汉泄露了出来。这就促使江青指责陈再道是在利用他的胜利搞小动作，并使她壮起胆子废除这一协议。

在此期间，武汉群众组织之间的斗争也加剧了。5 月中旬，成立了一个"百万雄师"保守组织。该组织的宗旨是保卫军区和大多数老干部。据陈再道说，在武汉，参加"百万雄师"的人当中党员占

① 《文件集》，第 111—112、15—116 页。

85％，而且至少获得了大多数当地驻军的暗中支持。陈宣称，军区在派性斗争中正式采取中立态度，并且呼吁它们团结起来。不过，对所有卷入派性斗争的人来说，陈及其部属的真正偏向大抵是心知肚明的。

于是，第二轮会议于7月中旬在武汉召开，以求重新解决该城市存在的问题。从北京前往参加会议的有周恩来、中央军委的两位代表（李作鹏和杨成武）、中央"文革"领导小组的两位成员（王力和谢富治）。毛也亲自参加了几次会议。会上，毛和周都批评陈在2月份解散"工人总司令部"，并且命令恢复这个组织。但毛明确敦促参加派性斗争的群众组织联合起来，而且否认有任何打倒陈再道的企图。

随后，周返回北京，留下谢和王向武汉各派传达会议结果。不论公正与否，这两人将毛和周的指示说成是否定军区，批评"百万雄师"和支持该市激进的群众组织。为这些变化所激怒的"百万雄师"的代表们猛烈冲击谢、王下榻的宾馆。然后，有一群当地卫戍部队的士兵抓住了王力，把他拘留起来，可能还打了他。谢只是因为他的正式职务是副总理和公安部长而得到宽恕。

由于周火速赶回武汉，保释王力，并调动大量的海军和空降部队夺取了武汉的控制权，终于把暴乱压制下去。王、谢和陈再道都离开武汉，飞往北京。前两人获得了英雄般的欢迎，后者则遭到批判和审问。

像"二月逆流"一样，"武汉事件"的直接后果显然有限得很。激进派把陈的问题描述成一场兵变，因此，人们以为他将因为其不忠行为而受到严惩。但是，像谭震林一样，陈再道受到的处分比想象的要轻得多。他被解除了军区司令员的职务，但在其他方面，对他处理相当宽大，而且在林彪倒台后不到两年便恢复了职务。陈本人把此归因于毛和周的善意。但人们也许要问，林彪对他手下一位军区司令员，不管他如何桀骜不驯，遭"文革"领导小组如此羞辱，究竟会持怎样的欢迎态度。

"五·一六"兵团的清洗　尽管"武汉事件"对主要参加者的影响不是太大，但从更广泛的方面来看，其影响是毁灭性的。激进派，包括中央"文革"领导小组的成员要求抓住这一机会,进一步攻击北京和各省的保守派和"修正主义分子"。7 月 22 日,仅在"武汉事件"两天以后,江青提出了"文攻武卫"的口号。① 她那个级别的领导人支持席卷全国的武斗,这还是第一次。她的声明只是使恢复秩序的一切努力复杂化。

这种膨胀的激进主义目标包括在中国的外交官、外交部和周恩来。许多国家的外交官受到骚扰,英国驻华代办处被付之一炬。一个以前曾驻印度尼西亚名叫姚登山的年轻外交官,在外交部策动一场夺权斗争,他不仅直接把矛头指向陈毅,而且还暗指周恩来,因为周试图保护陈。② 为了批判"陈再道的后台老板",揪出为了保护最大多数人而挺身而出的"另一个刘少奇",③ 这一时期激进派书写的墙报号召打倒"旧政府"。激进的红卫兵想把周揪出来"批斗",公然在办公室把他堵了两天半时间。

不过,这时最重要的目标不是周恩来,而是人民解放军自己。8 月初,《红旗》杂志的一篇社论号召激进派打倒"军内一小撮走资本主义道路的当权派"。④ 人民解放军中可能有修正主义分子,这大概算不得什么新观点。1966 年的"五·一六通知"里有这个意思,1967 年上半年的许多社论中也有这个说法。但"武汉事件"所产生的后果使得这样一个口号具有爆炸性,而且产生了许多直接的后果。军区司令员,包括一些与林彪关系密切的人都受到冲击:广州军区司令员、国防部长的得力干将黄永胜被激进的红卫兵比作"广州的谭震林"。⑤ 如果再不制止,这样一种提法将威胁到中国军队维持任何一种秩序的能力。

---

① 《中国大陆报刊概览(增刊)》第 198 期(1967 年 8 月),第 8 页。
② 有关这一时期外交部的斗争,参见梅尔文·格托夫:"中国'文化大革命'的外交部和外交事务",鲁宾逊:《"文化大革命"》,第 313—366 页。
③ 关于这一时期重新复活的激进主义浪潮,见李《"文化大革命"的政治》第 8 章,以及多比尔《"文化大革命"史》第 8 章。
④ 《红旗》第 12 期(1967 年 8 月),第 43—47 页。
⑤ 多比尔:《"文化大革命"史》,第 207 页。

毛、周和林在反对"文革"小组的煽动上是一致的：对林来说，因为它威胁到军队的团结及其合法地位；对周而言，因为它危及他对外交事务和国务院的控制，并使他自身的政治地位受到冲击；对毛来说，因为它使中国更加远离他在追求的、令人难以捉摸的团结目标。

所以，8月下旬，"文革"小组改组。最激进的四名成员——王力、穆欣、林杰和关锋——被解职，第五个即戚本禹4个月后倒台。陈伯达当主编的党的理论刊物《红旗》向来是"文革"小组的喉舌，现在被迫停止发行。以1966年"五·一六通知"命名的"五·一六"兵团也受到指控，因为他们用"二月逆流"作借口，先是批判余秋里，然后又批李先念、李富春和陈毅，而所有这一切的最终目的是推翻周恩来本人。8月，将攻击周恩来的大字报的罪责落在激进派身上。①

9月5日，中国的全部四个中央权力机关——中央委员会、军事委员会、国务院和"文革"小组——联合发出指示，企图结束全国的武斗，恢复人民解放军被砸烂的权威。禁止红卫兵组织从军队手中抢夺武器，军队不经中央指示，不得向群众组织转交武器。现在，允许人民解放军在万不得已的情况下使用武力，以对付抗拒军队恢复秩序计划的群众组织。②

同一天，江青在北京的一次红卫兵集会上发表谈话，她设法让自己及"文革"小组的幸存者疏远与那四个被解职的人的关系。她不点名地提到他们，把"五·一六"组织说成是一小撮企图夺取群众运动控制权的"极'左'分子"。她把"揪军内一小撮"的号召斥为这些想把中国引向混乱的极"左"分子设下的"陷阱"。她继续为自己提出的"文攻武卫"进行辩解，同时她认为，中国目前的形势在任何情况下都没有使用武力的正当理由。尽管她竭力否认自己对"五·一六"

---

① 有关"五·一六"兵团垮台的情况，请看《当代背景材料》第844期（1968年1月10日）；巴里·伯顿："'文化大革命'的极'左'阴谋：'五·一六'兵团"，载《亚洲概览》第11卷第11期（1971年11月），第1029—1053页。

② 《中国大陆报刊概览》第4026期（1967年9月22日），第1—2页。

兵团负有任何个人责任，但事实上，江青等于被迫发表了一篇表示自我批评的讲话。[①]

8月的混乱和"五·一六"事件对"文化大革命"的进程有重要的影响。第一，就像我们在下面将要看到的，它把"文化大革命"的重心从旧的政治秩序的破坏转为新的政治秩序的创立。9月，毛泽东根据他整个夏天巡视全国的情况，透露了他为今后的"文化大革命"所作的"伟大战略部署"。这个部署实质上是要结束混乱，在22个尚未组织革命委员会的省级单位以最快速度成立革委会。

到1967年底，"革命委员会"有条不紊地组织起来了，而且激进的群众组织和军区司令员之间的平衡也因这年夏天几个事件的发生而重新调整，形势对后者有利。1968年春天，正如我们很快就看到的，激进主义最后一次回潮，但它从未达到1967年8月的水准。毛被迫在群众运动和人民解放军之间，也就是在继续混乱和政治稳定的唯一希望之间进行选择的时候，毛选择了后者。结果是，在新的地方革命委员会中，军队现在能够相对稳定地向着使自己的统治地位制度化的方向迈进。

"五·一六"事件也改变了北京的中央领导层中的联盟形式。在中央"文化革命"领导小组的所有主要成员中，与"五·一六"清洗的牺牲品关系最为密切的，从而也是受到最严重削弱的人是陈伯达。"五·一六"事件的全部五个牺牲品显然都是陈直接控制的《红旗》杂志的副主编。在60年代初期北京激进的知识分子和新闻机构中，他们都与陈有密切的联系；《红旗》停刊只能被解释为对陈的编辑方针的否定。在意识到自己的地位正在削弱以后，陈伯达便转而寻找新的政治靠山。看来他已选择了林彪。这是一场双方互有所求的政治联姻。陈伯达能给林彪提供意识形态和理论上的点缀，而这显然是林自己公开讲话中所缺少的。作为回报，林彪可以给陈伯达提供独立系统——人民解放军——的支持，军队似乎不可避免地从"文化大革命"中脱颖而出，处于最有力的地位。1967年底，陈伯达开始与林

[①] 《中国大陆报刊概览》第4069期（1967年11月29日），第1—9页。

彪更紧密地工作在一起，献上他以前提供给毛和中央"文革"领导小组的那种捉刀代笔的服务，这似乎是合情合理的。

清洗杨成武和压制红卫兵　纵使发生了"五·一六"事件，但在1968年春天和初夏，激进的群众运动还有一次回光返照。解放军领导层发生一次神秘的改组，这使激进派昙花一现的复兴成为可能：1968年3月，代总参谋长杨成武和空军政委、北京卫戍区司令员一道被解职。[①]

清洗杨成武看来是"文化大革命"所造成的分裂的一个典型事例：各省激进派和保守派之间的分裂，周恩来和中央"文革"领导小组之间的冲突，以及人民解放军内各不同野战军派系的代表间的紧张关系。所有这些冲突似乎都在杨成武的突然失宠中起到了自己的作用。

一直到1967年底，杨一直负责解决许多省里的冲突，就像他7月份陪毛去武汉完成类似的任务那样。不论在山西还是河北，杨都支持保守派反对他们较为激进的对手。在山西，杨拒绝支持激进的省革命委员会主任反对该省较为保守的军官们的挑战。在河北，杨支持保守的军事组织和群众组织的联盟反对一个一直得到谢富治撑腰的与激进派类似的联盟。

更有甚者，杨成武和北京卫戍区司令傅崇碧站在周恩来一边，与中央"文革"小组和激进的群众组织交锋。显然，杨和傅对与周关系密切的一大批军队干部提供了军事保护。戚本禹被解除职务后，杨鼓动傅崇碧派小队士兵以逮捕戚的同党为名，冲击中央"文革"小组办公室，并遍翻档案，搜查他们的罪证。不管杨的最终目的是什么，对包括江青和谢富治在内的中央"文革"小组的剩余成员来说，认为杨正在为控告他们寻找材料不是没有道理的。

---

① 解除杨成武职务的材料是由事件的参加者包括那些与林彪亲近的人提供的。参考：《林彪》，第488—500页，在《新华日报》（1984年10月9—10日）和外国广播信息处《中国动态》1984年11月5日聂荣臻的文章（第18—21页），以及在《北京晚报》1985年4月12日及1985年5月1日的傅崇碧的文章（第9—10页）。也见哈维·W. 内尔森：《中国的军事体制：中国人民解放军的组织研究》，第97—101页。

　　最后，杨成武也卷入了军队内部两败俱伤的斗争。尽管杨与林彪历史上有些关系，但是，在革命的最后几年他是在军委直属的第五（大概是指杨、罗、耿兵团，解放军序列上没有第五兵团——译者）野战军而不是在第四野战军工作。杨与包括空军司令吴法宪在内的杨最亲密的助手们的关系是相当紧张的，而林显然怀疑杨的忠诚。同时，林也把清洗杨成武当成是打击他自己的对手聂荣臻和徐向前的一种手段，聂和徐曾是杨成武所在野战军的上司。

　　因而，杨成武被指控为支持第二次"二月逆流"而受到陷害，像第一次一样，第二次"二月逆流"的本意是保护保守力量，尤其是保护高级干部免受激进派的冲击。他被解职的直接影响有两个方面。第一，它使林彪加强对中央军委办公厅的控制，办公厅负责对武装部队的日常控制。现在林彪能够把他的五个亲信塞进这个要害部门，这五个人是：吴法宪；黄永胜，原任广州军区司令员，现在代替杨成武成为总参谋长；海军政委李作鹏；总后勤部部长邱会作；林的妻子叶群。[①]

　　杨成武事件的第二个后果是激进群众组织的活动回潮，并且合法化。他们提出抗议，宣称新的革命委员会不具代表性。在山西、河北、山东和广东，暴乱尤为广泛。在北京，清华大学对立的双方以校内建筑物为工事保护自己，他们在大楼前面设置水泥路障和铁丝网，而且用弩机向仇敌发射砖块。

　　在广西这样的省份里，革命委员会尚未成立，武斗更容易发生。对立的组织都从开往越南运送军需物资的列车上偷取武器。他们用机关枪、火箭筒甚至用防空武器互相战斗。人们在香港附近的水域发现了沿珠江漂流而下通常被捆绑起来的尸体。它们是武斗的牺牲品。

　　正是清华大学的武斗引起了对群众运动的最后镇压和解散红卫兵。7月底，毛命令保卫党中央领导人的精锐保安部队——8341部队，与北京一个针织厂和印刷厂的工人一起进驻清华。几天后，7月

---

① 孙敦璠等编：《中国共产党历史讲义》下册，第270—271页。

28 日夜，毛接见了清华和北大的学生领袖。听到蒯大富抱怨：有一只"黑手"把工人派到学校来镇压红卫兵，毛说："黑手仍没抓住，黑手不是别人正是我。"毛对红卫兵搞武斗，而不把握"文化大革命"的大方向表示不满：

> 你们现在是一不斗，二不批，三不改。斗是斗，你们少数大专学校是在搞武斗。现在的工人、农民、战士、居民都不高兴，大多数的学生都不高兴，就连拥护你那一派的也有人不高兴，你能用这种方式把全国团结起来吗？[①]

除非红卫兵能把事情办好，否则，毛警告，"我们将诉诸军管（对学校），并且要林彪实施指挥"。

此后不久，正如毛所威胁的，"工农毛泽东思想宣传队"在军官监督下开始进驻中国的主要大学。8 月 5 日，毛把巴基斯坦访问团赠送给他的一些芒果转送给清华的宣传队，代表个人对他们的行动表示支持。毛压制红卫兵的理由是："文化大革命"的领导权应该掌握在"工人阶级"手中，而不是在学生手里。8 月中旬，毛发布指示，宣布"要充分发挥工人阶级在'文化大革命'中和一切工作中的领导作用"，几周后，他命令，与"解放军战士"配合的"工人群众"应领导"无产阶级教育革命"。[②]

姚文元曾写过论海瑞的文章，发起了"文化大革命"。8 月底，他又写了一篇文章，该文实质上突然结束了"文化大革命"的红卫兵阶段。姚的题为《工人阶级必须领导一切》的文章，严厉批评过激的群众运动。而文章作者正是靠群众运动爬上权力宝座的。文章说，红卫兵运动的无政府主义和宗派主义是由于参与者的"小资产阶级"观点。姚表示："现实状况告诉我们：在这种情况下，单靠学生、知识分子不能完成教育战线的斗、批、改，及其他一系列任务，必须有工

---

① 《毛泽东思想杂录》第 2 卷，第 470 页。
② 陈：《毛泽东的文章与目录》，第 105 页。

人、解放军参加，必须有工人阶级的坚强领导。"① 由于实行这样的领导，遗留的群众组织被解散，红卫兵的报纸和期刊都停止发行。

到年底，在遣散红卫兵组织的同时，开始了数百万年轻人的上山下乡运动。12 月，毛又发出了一个指示，认为"知识青年到农村去，接受贫下中农的再教育，很有必要。要说服城里干部和其他人把自己初中、高中、大学毕业的子女，送到乡下去"。到 1970 年底，约有540 万青年人被转送到农村。大部分人去祖籍农村落户，但也经常被安置到偏远和边疆地区。很少有人对自己还能返城回家抱任何希望。②

政治体制的重建

随着 1967 年 8 月底清洗"五・一六"兵团和翌年春天遣散红卫兵，"文化大革命"的重心从对旧秩序的破坏转变为创立新秩序——从中国人所谓的"斗批"时期转变为"批改"时期。重建政治体制包括两个重要方面：完善革命委员会组织和重新恢复党自身的地位。

这一时期值得特别注意的是：在形式上，中国"新"政治秩序的结构与"文化大革命"前夕存在的那种结构几乎没有什么差别。③"文化大革命"以沿着巴黎公社的路线，"推翻"官僚机构并建立直接民主的乌托邦式的夸张辞藻开始的。但是，当政治重建的工作实际上已开始以后，重建的蓝图远不是那么富有远见卓识。干部们在"五・七"干校接受"再教育"。他们在那里参加体力劳动和政治学习，认为这样就能培养他们更为无私和更为有效的工作方式。人们认为革命委员会及其监督下的官僚机构比之以前的机构更加精悍能干，而且更加忠实于毛主义的价值。而且由于其中包括了少数群众代表，这些组织被认为更能代表大众利益。然而，重建时期的组织路线在这两个方

---

① 《北京周报》第 11 卷第 35 期（1968 年 8 月 30 日），第 3—6 页。

② 托马斯・P. 伯恩斯坦：《上山下乡：中国青年从城市走向农村》，第 57—58 页。

③ 关于"文化大革命"所造成的机构变迁的叙述和估价，见哈丁《组织中国》第 8—9 章。

面仍然十分明确：政府机构仍按官僚政治路线来建设；中国共产党仍是一个指导革命委员会工作的列宁主义的组织。

新的政治体制区别于以前的政治体制的地方是它的成员而不是它的机构。军队官员比50年代初以来的任何时候都扮演了更为重要的角色。尤其是在级别较高的组织中。老一辈的政府官员靠边站，让位于那些缺乏经验、文化程度较低、视野狭窄而且更不称职的男男女女，尽管这些人并不比前者年轻多少。接纳新党员的工作重新开始。而且强调要大量吸收从红卫兵运动中涌现出来的群众积极分子。此外，由于"文化大革命"的牺牲者、积极分子和旁观者之中所造成的冲突尚未解决，结果，党政机构受到了宗派主义的严重浸染。

毛的"战略部署"

1967年9月，毛泽东为结束"文化大革命"制订了所谓的"伟大战略部署"。在为前20个月的混乱辩护的同时（"不要怕制造麻烦，我们制造的麻烦越大，越好。"），毛承认，乱子已达到了它的目的，现在应迅速结束。毛告诫说："车子开得太快就要翻，因此，谨慎是必须的。"①

毛认为，当务之急是在中国29个省成立革命委员会。直到此时，成立革委会的进程十分缓慢，令人烦恼：1967年1月至7月底，在省一级仅有6个革命委员会成立。毛指示：现在我们必须"发展和巩固革命的大联合和革命的'三结合'"。毛期望这些任务到1968.年1月能完成。

毛认为两条指导方针有利于其余的革命委员会的成立。首先，毛现在准备让人民解放军主宰这个进程，（即使没有主宰的名分）因而毛愿意向人证明军队是有权威的，是忠诚的，他并愿意宽恕军队偶尔犯的过失。就像他在夏末所说的那样："军队的威望必须坚决维护，无论如何都不能有任何迟疑。"有一次，毛以相当宽宏大量的口气提及"武汉事件"，他接着指出："军队在首次执行大规模的支'左'、

---

① 《中国的法律和政府》第2卷第1期（1969年春季号），第3—12页。

支工和支农以及执行军管和军训的战斗任务时犯错误，这是难免的。当时的主要危险是一些人要打倒人民解放军。"① 毛认识到军队的重要性，这反映在他不愿看到翌年春天杨成武解职后，人民解放军成为大批判的靶子。②

第二条指导方针是，毛认识到，如果革委会中的群众代表来自于广泛的群众组织，而不是仅仅从那些得到地方军队司令员们支持的群众组织中产生，那么，就能加速革命委员会的成立。这一强调包容性的观念在一份通知中得到具体体现。这份通知说，解放军应该"支'左'不支派"。毛的一个指示指出："工人阶级……没有理由一定要分裂成为势不两立的两大派组织。"③ 1967年底，新闻界对宗派主义和无政府主义不断发起猛烈攻击，配合宣传毛关于全国团结的理想。现在，宗派主义和无政府主义都被说成是"小资产阶级"意识形态的表现。

1967年夏天毛巡视全国后，革命委员会分两个阶段建立起来了。1967年8月至1968年7月，18个省成立了革命委员会。最后五个省，如福建和广西这样分裂很深的省，以及像新疆和西藏这些敏感的边疆地区的革命委员会是在7月对红卫兵运动最终压制下去后产生的。总之，革命委员会是在一系列协商之中诞生的。在这些协议中，地方军队指挥员和北京的领导人力求硬把互相竞争的群众组织拢到一起。

由于毛规定革命委员会应当广泛地代表各种观点，因此，革命委员会通常是庞大臃肿的机构。每个委员会都由100—250人组成。④不过，革命委员会的常务委员会是比较有效的机构，通常比"文化大革命"前存在的类似的党和政府领导组织还要小。常务委员会的构成

① 内尔森：《中国的军事体制》，第83页。
② 菲利浦·布里奇海姆："毛的'文化大革命'：巩固权力的斗争"，载《中国季刊》第41期（1970年1—3月），第5页。
③ 《解放军报》1968年1月28日；《北京周报》1968年2月2日，第8—9页。
④ 弗雷德里克·C.泰维斯：《中国的省级领导层："文化大革命"及其后果》，第27、29页。

随时代趋势的变化而变化，在较为激进的时期任命的群众代表多一些，在较为温和的阶段任命的群众代表就较少一些。尽管在这一时期成立的革命委员会中，群众代表占据了相当数量的位置（在182个主任和副主任中占61个），但实权仍掌握在军队手里。23个主任中，有13个是部队司令员，5个是专职政委。第一副主席中，有14人是军队司令员，5人是政委。其余的都是党的干部，群众代表一个都没有。①

过了较长的一段时间后，毛也预见到，一旦在全国各省把革命委员会当作省一级的政府建立起来，就应进行党的重建。从一开始，毛主席就把"文化大革命"看成是一个净化党的运动，而不是毁灭党的运动。就像在八届十一中全会的"十六条"中所说的那样，"文化大革命"委员会的目的就是用作联系党和群众的桥梁，而不是使其扮演一个党的替代物的角色。与此相似，红卫兵的目的就是推翻党内的"走资派"，而不是推翻整个党组织。我们可以回忆一下，毛在1967年初反对把巴黎公社的模式应用于中国的主要原因是：党在这种结构中的地位不明确。这一点下面还会谈到。"如果一切都变成了公社，那么党怎么办？我们把党放在什么位置？……无论如何必须有一个党！不管我们怎么称呼它，都必须有一个核心。可以称之为共产党，或社会民主党，或国民党或一贯道，但必须有一个党。"② 如果党被红卫兵和革命委员会置于一边，那只是个暂时现象，不是"文化大革命"的最终目的。

1967年9月，毛认为到了考虑重建党的时候了。毛说："党组织必须恢复，而且党的各级代表大会应该召开。"毛是乐观的，他认为能较快地完成这一任务："我看，大约就在明年这个时候（即1968年9月）召开第九次党代会。"③ 毛把重建党的任务交给了张春桥和姚文

---

① 这些数据出自理查德·鲍姆的"中国：醋泡黄瓜的年月"，《亚洲概览》第9卷第1期（1969年1月），第1—17页。

② 《毛泽东思想杂录》第2卷，第453—454页。在共产党的历史中，在民主革命时期"一贯道"是一个反动的秘密会社。

③ 《中国的法律和政府》（1969年春季号）第2卷第1期，第3—12页。

元，还有谢富治。"文化大革命"时期谢负责政法工作，也出尽了风头。10 月 10 日，姚提交了一个初步报告，为党的重建设计了一个由上而下的基本原则。[①] 姚的报告拟定出一个严密的程序，要求先召开一次全国党的代表大会，选举新的中央委员会，并通过一个新的党章。参加党代会的代表将与各省"协商"后由中央指定。党代会结束后，就开始下级党组织的重建工作。根据姚的报告，各级新党委至少要具体体现三个"三结合"的原则，即每一个委员会都由老、中、青；工、农、兵及群众、部队官员和干部结合而成。

在姚的报告的基础上，11 月 27 日，中央委员会发出了一个"关于召开党的第九次全国代表大会的意见的通知"。12 月 2 日，又发布了一个"关于整顿、恢复和重建党的机构的意见"的文件。这些文件遵循了姚报告的要点，作了两个重要补充。第一，"通知"增加了一个决定，它其实从"文化大革命"一开始就隐隐约约存在着：现在林彪成了毛的接班人。"通知"宣布："大批同志建议，党的九大要大力宣传林副主席是毛主席的亲密战友和接班人，而且为了进一步加强林副主席的崇高威望，这一点要写进九大的报告和决议。"

第二，中央委员会的文件通知各基层党组织重新开始过"组织生活"。为指导基层党组织的整顿，省革委会内部成立党支部，通常被称作党组，其任务是开始纯洁党员队伍，开除那些已蜕变为修正主义分子的党员，并从"文化大革命"的积极分子中吸收"新鲜血液"。

八届十二中全会

尽管预期在 1967 年秋天开始党的重建工作，但直到 1968 年 9 月最后一批省、市、自治区的革命委员会成立之后，这一进程才真正开始。不过，这个重要任务一旦完成，残存的中央领导人就迅速召开了第十二次中央全会，这次会议于 10 月 13—31 日在北京举行。

---

① 　关于姚的报告和随后的两个党的文件，见李《"文化大革命"的政治》，第 296—301 页。

像 1966 年 8 月的十一中全会一样，十二中全会是党中央的一次残缺会议，中央委员会的正式委员中，只有 54 人出席了会议，勉勉强强代表了这个机构现存委员的法定人数。[①] 此外，像前一次中央全会一样，非中央委员充塞了十二中全会。但是，1966 年的特邀观察员是红卫兵运动中的"革命师生"，而 1968 年的特邀代表是中央"文革"小组的成员、各省革委会的代表和"中国人民解放军的主要负责同志"——即官员。换言之，这些人现在都是"文化大革命"的幸存者和受惠者。[②]

激进派怀着勃勃野心参加了这次会议：他们要争取大会承认前两年发生的事件，并完成最高层党的机构的清洗。与第二个目标相比，他们在第一个目标上取得了更大的成功。这次全会最后的公报赞扬了"文化大革命"所取得的成就，歌颂了毛关于"无产阶级专政下继续革命"的理论，坚信毛在这场运动中所作的很多"重要指示"和林的"许多讲话"是"完全正确"的，并称"中央'文化革命'小组在贯彻执行毛主席的无产阶级革命路线的斗争中，起了重要的作用"。会议拥护毛对"文化大革命"的评价，认为"文化大革命""对于巩固无产阶级专政，防止资本主义复辟，建设社会主义是完全必要的，是非常及时的"。会议宣布："这个波澜壮阔的无产阶级'文化大革命'，已经取得了伟大的、决定性的胜利。"这次中央全会还放眼于未来，通过了一个新的党章草案，并宣布将在"适当的时候"召开党的第九次全国代表大会。[③]

这次全会宣布的最重要的决议大概是刘少奇被撤销了党内外一切职务，并被"永远"开除出党。在这一议题上，全会的决议——"文

---

① 有关十二中全会的参加者，见胡耀邦："理论工作务虚会引言"，载《三中全会以来重要文献选编》（上），人民出版社 1982 年版，第 48 页；邓小平："对起草《关于建国以来党的若干历史问题的决议》的意见"，见《邓小平文选（1975—1982）》，人民出版社 1983 年版，第 255—274 页。

② 十二中全会公报，见《北京周报》第 11 卷第 44 期（1968 年 11 月 1 日），附录，第 5—8 页。

③ 党章草案的文本见联合研究所的《中国共产党中央委员会文件》（1956 年 9 月至 1969 年 4 月），第 235—242 页。

化大革命"期间，刘首次在正式公布的文件上受到点名批判——用煽动性的语言污蔑刘，把他定为"埋藏在党内的叛徒、内奸、工贼"，是一个."罪恶累累的帝国主义、现代修正主义和国民党反动派的走狗"。然而，中央全会会后散发的证明材料（至少在西方能看到的材料）主要涉及刘在革命早期的 1925 年、1927 年和 1939 年的活动，几乎没有提及他在人民共和国成立以后的表现。[①] 这表明，全会在如何叙述刘在 1949 年以后的活动时，不能取得一致意见。

在中央全会的小组讨论会上，"文革"小组和林彪对 1967 年的"二月逆流"发起了猛烈的攻击。奇怪的是，毛在中央全会的闭幕讲话中对那段插曲所持的观点比过去更为缓和。现在，毛主席把怀仁堂那次臭名昭著的会议看成是中央政治局成员行使自己的权利，对一些重大的政治问题发表自己意见的一个机会。不过，全会公报还是把"二月逆流"斥责为对"以毛主席为统帅、林副主席为副统帅的无产阶级司令部的一次攻击"。毛对此不置可否。

尽管他们尽了最大的努力，但是，除了谭震林已在前一年遭清洗外，激进派仍没能把最积极地参与"二月逆流"的任何一个人排挤出中央委员会。李富春、李先念、陈毅、叶剑英、徐向前和聂荣臻全都留在中央委员会。最为重要的是，中央"文革"领导小组不但要把邓小平赶出中央委员会，还要把他与刘少奇一道，永远开除出党。这一建议在毛泽东本人干预后遭到否决。[②]

除了这几点以外，十二中全会几乎没有作出什么重要决策。全会含含糊糊地提到将在工宣队领导下进行"教育革命"，但没有说要采取什么特别的方案。与此相似，全会把"文化大革命"说成是"正在促进并将继续促进我国的社会主义建设出现新的飞跃"，但没有宣布新的经济计划。"文化大革命"可能想要否定 60 年代初期毛认为是

---

① 指控刘少奇的题目为"关于叛徒、内奸、工贼刘少奇罪行的审查报告"，见联合研究所编《中国共产党中央委员会文件》，第 243—250 页。
② 关于十二中全会这些方面的情况，见孙敦璠《中国共产党历史讲义》下册，第 274 页；聂荣臻的回忆见《新华日报》1984 年 10 月 23 日，外国广播信息处：《中国动态》1984 年 11 月 7 日，第 20—21 页。

"修正主义的"某些经济、社会政策,但全会表明尚未确立任何新的、可以取代它们的政策。

党的第九次全国代表大会

1969 年 4 月召开的第九次党代会反映了许多相同的倾向。林彪在大会上作政治报告,报告的主要内容试图证明"文化大革命"是"对马克思列宁主义的理论和实践的一个伟大的新贡献"。① 林彪赞扬了军队和"文革"领导小组自 1966 年以来所取得的成就。他不指名地提到了幸存的政府高级干部,又一次批判"二月逆流"("这里说成是 1966 年冬季到 1967 年春季出现的那股逆流")是对"文化大革命"的"猖狂反扑",其目的是"为资产阶级反动路线翻案"。

关于国内政策,林的政治报告——与十二中全会的公报一样——实际上没有什么内容。报告只是指出经济形势一片大好——"农业生产连年获得丰收"、"工业生产……出现了一片蓬蓬勃勃的局面"、"市场繁荣"、"物价稳定",并断定"无产阶级'文化大革命'的伟大胜利,必将继续促使经济战线……出现新的跃进"。报告还宣称,"在文化、艺术、教育、新闻、卫生等部门"的夺权将结束"知识分子"和"走资本主义道路的当权派"对这些部门的一统天下,但没有说明将有什么新政策出台。报告还用相当篇幅提及从党内开除一些老党员,吸收一批新党员。但是,对这个即将开始的过程,报告没有提供任何新的线索。

九大对中国政治重建的贡献在于它对新党章和党中央领导人所作的决议。与上一次在 1956 年党的八大通过的党章相比,新的党章强调毛泽东思想的指导作用和继续进行阶级斗争的重要性——这两种提

① 林彪的报告见《北京周报》第 12 卷第 18 期(1969 年 4 月 30 日),第 16—35 页。关于该报告的起草有不同说法。周恩来在 1973 年的十大报告上说,由林彪、陈伯达起草的初稿"被中央委员会否定"。见《中国共产党第十次全国代表大会文件汇编》。最近,胡耀邦声称,这个报告是由康生和张春桥起草的。胡耀邦:"理论工作务虚会引言",第 57 页。

法在以前的党章中都没有出现过。[①]另外，入党的机会现在只给那些阶级出身好的人。1956年的党章向所有"参加劳动、不剥削他人劳动"及承担党员义务的人敞开大门。相反，1969年的党章原则上把党员的来源局限在工人、贫下中农和军人家庭出身的人。

新党章最重要的特点是简略而缺乏精确性。新党章只有12个条款，所占篇幅大约只有1956年党章的1/5。新党章没有一处提到党员的权利，也没打算要详细地阐明各级党委的结构和权力、处分党员的程序、召开党的全国代表大会的周期，及党和国家之间的关系——所有这些都是以前的党章的重要特点。从党的结构中被撤销的组织有：领导中共党组织的书记处、主持党的日常工作的总书记和负责党内纪律的监察委员会的全部组织系统。因此，九大所产生的党的组织结构，比起"文化大革命"前的组织结构，必然更加灵活更加缺乏制度化，因而也更容易受到高层领导人物的操纵。

党的九大不仅为"文化大革命"后的中国，看来也为毛以后的时代选举了一个新的中央领导班子，林彪作为唯一的副主席和"毛泽东同志的亲密战友和接班人"正式写入新党章，从而确定了他的地位。上一届中央委员会的167名委员，在九大重新当选为中央委员的仅54人。一大批没有进革命委员会的省、自治区的党的领导人，还有一些重要的经济专家，如以前一直在国务院工作的薄一波、姚依林，此时都被排除在党的精英集团之外。在经历了一场由激进派发起的旷日持久的运动之后，大部分与"二月逆流"有关的老一辈文职官员和军官，尽管还保留了中央委员会委员的资格，但都丢掉了在中央政治局的职位。九大最主要的牺牲者是邓小平，他被贬出了中央委员会。不过，党代会的正式文件仍没有点名批判他。

很清楚，参加大会的代表和大会选出的中央委员会证明了"文化大革命"对中国政治体制的影响。第一，他们表明了军队突出的地位。对大会纪录片的一份分析表明，在1500名代表中，大约有2/3

[①] 1969年党章见《北京周报》第12卷第18期（1969年4月30日），第36—39页。1956年党章，联合研究所：《中国共产党中央委员会文件》，第1—30页。

的人身着军装。与 1956 年八大选出的中央委员会军队代表占 19％的数字相比，这届中央委员会中，解放军代表占了 45％。[1] 军队的崛起是靠牺牲文职官员和群众代表而实现的，前者是"文化大革命"的主要对象，后者则一直被认为是"文化大革命"的主要受益者。在新的党中央机构里，群众代表极少。的确，有 19％的中央委员"来自群众"，但是，他们往往都是老工人、老农民，而不是"文化大革命"中涌现出来的年轻的群众积极分子。军官代表数量大也意味着文职官员的代表数量下降了，尤其是国务院官员的代表数减少了，他们约占中央委员的 1/3。众所周知，人民解放军和那些政府领导人所受的教育不同，他们的人生道路也不相同，中央委员会构成上的这种变化，关系到文化教育程度的下降和国外生活阅历的减少。

第二，与第一点同等重要的是，大会证明了"文化大革命"期间造成的权力分散。1956 年，约有 38％的中央委员是省里任职的干部，其余的都在中央党政军各部委任职。相反，在 1969 年，整整 2/3 的中央委员是地方代表。不过，这种倾向在中央政治局的反映还不太明显。"文化大革命"前夕，中央政治局委员中只有 3 人可算是省、自治区的代表。相比之下，选进九大中央政治局的专职地方大员有 2 人（纪登奎和李雪峰），军区司令员 3 人（陈锡联、许世友和李德生）。

第三，从九届中央委员会可以看到，尽管权力还没有转移到年轻人手里，但却转移到了资历较浅的一代领导人手中。确实，人们讲到九大产生的中央委员会的一个特点是"年纪不轻经验不足"。170 位正式中央委员中，有 136 人在"文化大革命"前没有担任过中央委员（在 279 位中央委员和候补中央委员中占 225 人）。但由于第九届中央委员会的平均年龄约为 60 岁，因而，这届中央委员会比它刚取代的

---

[1] 关于第九届中央委员会的成分，以及与上一届中央委员会成分的比较分析，戈登·A. 贝内特：《中国的第八、九、十次党代会、党章和中央委员会：党章纵览及比较分析》；罗伯特·A. 斯卡拉皮诺："中共领导层的变化：第八、九届中央委员会比较"，斯卡拉皮诺：《精英》，第 67—148 页。

中央委员会仅稍稍年轻一点，而实际上，它比 1956 年选出的第八届中央委员会当时的年龄要大。此外，由于地方军队领导人、省里第二梯队的地方官员和群众代表充实进中央委员会，进入第九届中央委员会的人的级别明显比上一届要低。

从最后发展的结果看，这届中央委员会正式通过的政治局说明了北京最高层的权力继续分散。除毛和林之外，25 位政治局委员和候补委员中，与林关系密切的中央军队官员 5 人；与中央"文革"小组有关系的 6 人；与林彪没有密切关系的大军区和省军区司令员 3 人；"文化大革命"期间受到冲击的高级文职官员 2 人；另有一位用来制约林彪的人民解放军元帅；由于"文化大革命"而登上权力宝座的党的中层干部 3 人；还有 3 位早过鼎盛期的老资格的党的领导人。因而，中央政治局的成分反映了"文化大革命"的受害者、幸存者和获益者之间，军队和运动期间上台的文职激进分子之间，林彪及其在中央军队领导层的对手之间，以及中央军事机构与大军区司令员之间的分裂。

总之，尽管有结束红卫兵运动暴乱的成功尝试，尽管开始了重建中国政治体制的初步努力，但是，党的第九次全国代表大会留给了这个国家一个捉摸不定的政治形势。"文化大革命"后的政策轮廓没有确定：权力在明显代表不同利益的集团间分割；党和国家的结构模糊不清，而且非制度化。尽管林彪在名义上是毛泽东的接班人，但他的权力基础极为脆弱。在此后的两年里，林企图让军队永久性地支配政府事务，提出了一个他以为会受到广泛欢迎的政纲。他想以此来加强他的权力基础。但是，这些努力最终导致了林在政治上的垮台，而且落得个身败名裂的下场。

结　　论

我们如何公正地评价"伟大的无产阶级'文化大革命'"第一阶段的起因与发展、后果和意义呢？由于这些事件很复杂，红卫兵出版物提供的资料又不确切，加之对发生在不到 20 年前的事件缺少从历史角度进行总结的材料（如本文一样），因此我们被搅得混乱不堪，这项工作变得异乎寻常地困难。

自九大以来中国和西方对"文化大革命"的评价易走极端，而且不断变化，我们的分析工作和这些评价纠缠在一起难解难分。60 年代后期和 70 年代初期，中国把红卫兵运动描绘成一场创造性的和有效的运动，用毛泽东的话来说，"公开地、全面地、由下而上地发动广大群众来揭发我们的黑暗面"。那个时代的官方解释是，"文化大革命"使得中国工人阶级"粉碎修正主义，夺回被资产阶级篡夺了的那一部分权力"，因而"保证我国继续沿着社会主义道路大踏步前进"。① 迟至 1977 年，甚至在清洗"四人帮"之后，中国领导人继续用热情的语言描述"文化大革命"。在党的第十一次代表大会上，华国锋说："毫无疑问，我国这次无产阶级'文化大革命'，必将作为无产阶级专政历史上的伟大创举而载入史册，随着历史的前进，越发显示它的灿烂光辉。"确实，华国锋断言，作为继续与党内资产阶级和资本主义影响作斗争的方式，深入的"文化大革命""今后还要进行多次"。②

然而，两年之后，中国的官方路线发生了彻底的改变。1979 年中，叶剑英把"文化大革命"描述为"我国人民遭到一场大灾难"。最近流行的解释是，中国从未存在过资本主义复辟的危险，毛对 1966 年中国政局的判断"与现实背道而驰"，"文化大革命"后期提出的纲领是不切实际和空想的，红卫兵是天真烂漫和易受影响的青年，受到"野心家、冒险家、机会主义者、政治堕落者和社会渣滓"的蛊惑。③ 1981 年通过的关于党的历史的正式决议谴责"文化大革命""使党、国家和人民遭到建国以来最严重的挫折和损失"。④

---

① 这些引言源自林彪在党的第九次代表大会上的报告，见《北京周报》第 12 卷第 18 期（1969 年 4 月 30 日），第 21 页。

② 《中国共产党第十一次全国代表大会文件汇编》，第 51—52 页。

③ 《北京周报》1979 年 10 月 5 日，第 15、18、19 页。

④ 《关于建国以来党的若干历史问题的决议》，外国广播信息处：《中国动态》1981 年 7 月 1 日，第 14 页。

西方也跟中国完全一样，对"文化大革命"进行重新评价。70年代期间，许多美国人把"文化大革命"描述成毛想实现自己愿望的有益的范例，毛的愿望是，在经济发展过程中维护公有社会的、平均主义的和大众的价值以及他的信念："官僚和现代化不会必然导致生活质量的提高。"据说这场运动的起因在于毛对社会的"高尚理想"，即"关于统治和服从的划分将会变得模糊，领导者与被领导者的差别将缩小……而被领导者将更直接地参与决策过程"。据信，"文化大革命"将制定出社会经济纲领，防止中国"在官僚主义和国家主义的泥坑中僵化"。[1]

在中国人对"文化大革命"持更加批评的态度之同时，西方观察家也采取同样的做法。他们把毛的"狂热"与希特勒和斯大林的"狂热"相比较，把"文化大革命"比作宗教裁判所和大屠杀。这场运动的起因不再追溯至高尚的理想，而追溯到对 60 年代中期中国社会和政治问题的曲解。从 1966—1976 年的十年被描述成"混乱和破坏"时期，产生了"这个古国曾经历过的、最有害的极权主义政权之一"，通过"摧残知识分子，消灭学校，以及……使中国的经济崩溃，'文化大革命'使中国的现代化至少倒退十年"。[2]

对"文化大革命"的解释有如此急剧变化，这使我们对自己的能力产生疑问，即我们还能不能准确而公正地描述 60 年代后期的骚乱事件。然而，我们可以根据目前对"文化大革命"已有的了解，对这场运动的起源和后果作如下评价。

起　源

"文化大革命"的最终责任公正地归因于毛对 60 年代初期和中期中国社会面临问题的判断。毋庸置疑，毛指出的缺点中有许多确实扎

---

① 这些引言源自哈里·哈丁："重新评价'文化大革命'"，载《威尔逊季刊》第 4 卷第 4 页（1980 年秋季号），第 132—141 页。

② 这些引言源自哈里·哈丁："来自中国的蔑视：中国研究的新趋势"，《亚洲概览》第 22 卷第 10 期（1982 年 10 月），第 934—958 页。

根于耳闻目睹的现实之中。地方党组织特别是农村党组织变得很腐败和效率低下，国家和党的高级行政机构人浮于事、业务生疏，沉湎于官僚作风。"大跃进"以后采取的社会和经济政策虽然使工农业生产复苏，但这是以熟练工人和不熟练工人之间、拥有肥沃土地的公社和那些大自然对之不那么慷慨的公社之间、聪明的学生和他们比较普通的同班同学之间以及城市居民和农村居民之间的不平等的加深为代价的。

但是，毛以极端的方式突出了这些问题。他把官僚主义和不平等的产生解释为这样一种迹象，即中国正沿着修正主义道路前进，而其根源在于党的最高领导层中隐藏着的"资本家"和"资产阶级分子"。通过这种做法，毛把他毕生对中国阶级斗争的关心归纳为一个合乎逻辑的结论。毛一生中前 2/3 的大部分时间从事反对他认为是中国人民的敌人的革命。50 年代中期的一个短时期内，在农业集体化和工业国有化取得意想不到的成功后，毛暂时认为中国的阶级斗争现在基本上结束了。但长期坚持这样的结论对他是困难的。到 1957 年下半年的反右运动，他发展了这样的观点，即在社会主义阶段，如同在社会主义以前的时期一样，对抗阶级之间的斗争继续成为主要的政治矛盾。而且如果不在 1959 年党的庐山会议上，那肯定在 1962 年 1 月的党的八届十中全会上，毛得出结论，认为阶级斗争的焦点是在党的领导人内部本身。

因此，当代的中国领导人和知识分子批评毛下述一点时是不无道理的：毛习惯于寻找中国社会问题的阶级根源和把党内意见的分歧看作是阶级斗争的反映。正如一名中国历史学家地所言，"毛认为社会存在不平等和弊病是阶级斗争没有抓好的标志"。[①]

毛也深受 50 年代后期和 60 年代初期苏联发展的影响。面临莫斯科试图操纵中国的外交政策和控制中国经济以及苏联内部不断增加的不平等和衰退迹象，毛推测，苏联外交政策和国内政策中明显的"大

---

① 邵华泽："关于'文化大革命'的几个问题"，见全国党史资料工作会议和纪念中国共产党 60 周年学术讨论会秘书处编《党史会议报告集》，第 353 页。

国沙文主义"和"修正主义"只能表明苏联共产党领导阶层的变质。一旦得出这个结论，毛就合乎逻辑地推论，中国也存在相似的倒退危险。

在毛对苏联的分析中，他很强调从斯大林到赫鲁晓夫政治交班的后果。尽管毛也毫不犹豫地批评斯大林的缺点，但他仍相信，总的说来，斯大林是一位伟大的马克思主义革命家。关于赫鲁晓夫，毛主席得出相反的结论。自从苏联共产党二十大以来，毛似乎越来越相信斯大林的继承人就是一名修正主义分子，他的上台使十月革命诞生地发生资本主义复辟完全成为可能。考虑到 60 年代中期毛已是高龄老人，苏联这个教训是深刻的。正如 1966 年 6 月他对胡志明所说的，"我们都是 70 岁以上的人了，总有一天被马克思请去。接班人究竟是谁——是伯恩斯坦、考茨基还是赫鲁晓夫——我们不得而知。要准备，还来得及"。[1]

了解毛在选择接班人过程中对付出现修正主义的战略，对理解"文化大革命"的起因和后果也具有极端的重要性。毛的办法是号召中国的大学和中学学生首先在自己的校园，然后在较高级的党的官僚机构中批判中国的资本主义倾向。然而，自相矛盾的是，60 年代中期毛对中国青年持很大的怀疑态度。1965 年，他对埃德加·斯诺说，由于中国的年轻人没有亲自经历过革命，他们可能"同帝国主义讲和，让蒋介石集团的残余分子回到大陆，站到国内仍然存在的极少数反革命分子一边去"。[2] 但是，毛看来很自信——自信得缺乏依据，正如以后的情况所证实的——依靠青年既有助于锻炼他们，也有助于清洗共产党。在这个意义上说，"文化大革命"为整整一代中国人提供了一个革命经历，它也同时提供了一种检验老一代共产党官员的革命信仰的方法。

这个战略至少在两个方面是毛主义所特有的。首先，这体现了他

---

[1] 邵华泽："关于'文化大革命'的几个问题"，见全国党史资料工作会议和纪念中国共产党 60 周年学术讨论会秘书处编《党史会议报告集》，第 356 页。

[2] 毛的话引自斯诺《漫长的革命》，第 221—222 页。

的思想中长期存在的平民主义成分：他相信，即使是先锋党也需要通过它所领导的人民的批评，进行整风和改造；他相信中国的群众应参与甚至是国家的最高事务。1967年秋，毛在评价"文化大革命"的后果时，强调这种平民主义理想已实现的程度："这种大好形势的重要特征是群众充分发动起来了。以往的任何群众运动从未像这场运动一样得到如此广泛和深入地动员。"[①]

其次，毛的"文化大革命"战略也反映了他依靠不可靠的人揭露党的领导人中阴暗面的倾向。毛故意从那些对社会主义缺乏坚定信仰的集团中寻求对党的批评，这并不是没有先例。50年代中期，在"百花齐放"运动中，他在知识分子中就采取过这种做法。在60年代初期的社会主义教育运动中，他动员农民清洗农村党组织，尽管与此同时，他承认，甚至在较穷的农民中也存在自发的资本主义倾向。而现在，在60年代中期，他将动员成百万学生——在最好的情况下是天真的和未成熟的青少年；在最坏的情况下，用毛自己的话说，是准备"否定这场革命"的人——向党内的修正主义发动攻击。[②]

尽管这个战略是毛的特征，但对共产党来说，仍是极不正统的。正如弗雷德里克·泰维斯指出的，动员学生批判"走资本主义道路的党内当权派"至少与三个重要的党的传统背道而驰：党的领导人不能因政策问题上的观点受到惩罚，而且即使他们处于少数地位也应该允许他们保留自己的意见；党的整风运动产生的结果应该是温和的鼓励，而不是"无情打击"；如果允许群众参与党的整风，这种参与应该处于正常的党组织或者特别的党的工作组的坚强领导之下。[③] 况且，通过非正常程序发动"文化大革命"，面对大多数党中央领导人的不情愿或反对，毛同时违反了第四条准则：党的集体领导和多数统

---

① S.施拉姆：《毛泽东的政治思想》(修订版)，第370页。

② 斯诺：《漫长的革命》，第223页。

③ 弗雷德里克·C.泰维斯：《中国的领导人、合法性和冲突：从有超凡魅力的毛到继承政治》第3章。

治原则。

只有在中国共产主义运动中拥有像毛一样独一无二权威的领导人，才能成功地同时抛弃所有这些准则。因而，可以毫不夸张地作出结论，即"文化大革命"的主要责任——这场运动影响了成百上千万中国人——在于一个人。没有像毛泽东这样一个人，就不可能有"文化大革命"。

但是，如果说毛是"文化大革命"的一个必要条件，那么他不是一个充分的条件。首先，如同我们知道的，撇开毛自己的个人合法性不谈，他还拥有决定性的政治资本。这些资本包括：第一，非常深厚的群众基础。这种群众支持包括真心拥护的和机会主义的，热情的和默认的。有些人参加"文化大革命"是出于对毛的忠诚，因为毛从帝国主义和军阀手中解放了他们的国家。其他人参加"文化大革命"就如同 80 年代许多人支持改革的理由一样：他们担心苏联发展模式会使中国走上僵化、不平等和独裁的道路。还有一些人因对个别干部特别不满而成为红卫兵和革命造反派。正如一名原红卫兵说的，中国人利用"文化大革命""对他们的上级进行一切报复，从微小的侮辱到重大的滥用政策"。①

随着时间的推移，这种群众基础开始解体，因为许多参加"文化大革命"的人对这场革命引起的暴力和混乱有了清醒的认识。然而，在 1966 年下半年和 1967 年初，毛有能力动员足够的群众支持，从根本上动摇中国共产党的基础。对这样的结果，中国人民本身必须承担一些责任。

毛也依靠中国领导人内部的政治支持。如同我们在这一章中反复强调的，毛的资本包括北京和上海的一群野心勃勃的政治理论家和组织者，他们能更系统地发展毛对中国修正主义威胁的相当不完整的论述，通过操纵大众媒介提高毛的个人魅力，动员城市社会中的已清醒过来的一部分人，并在一定程度上引导群众运动的行动。同时，毛也得到人民解放军中重要人物尤其是林彪和高级指挥官中主要人物的支

———————————

① 梁恒、朱迪思·夏皮罗：《文革之子》，第 47 页。

持，他们在 1966 年初向毛主席提供政治支持，在那一年晚些时候对红卫兵运动提供后勤支持，在 1967 年初推翻党的权力机构，然后在 1967 年年中至 1969 年年中之间着手恢复秩序。

但是，党的其他机构因没有更强有力地抵制毛也必须承担责任。现在对"文化大革命"的官方提法特别强调 1967 年 1 月以后出现的中央和地方各级对毛的抵制。1967 年的"二月逆流"因是特别增光的事件被挑出来作为中国共产党反对"文化大革命"而进行的"不懈斗争"的范例。但到这个时候，"文化大革命"已受到中央委员会第十一次全会的认可。动员、冲突和混乱的力量已经不可逆转。

党的机构如果能早点以更团结的行动反对毛、而不是对他的决策作出让步，那或许能中止"文化大革命"。特别重要的是周恩来的帮助，1965 年 11 月，他让姚文元的关于海瑞的文章广泛印发；1966 年 4 月，他参与对彭真的批判；9 月他对激进学生如蒯大富的辩护和后来在 1966 年 12 月对"文革"小组的辩护，以及没有旗帜鲜明地支持 1967 年的"二月逆流"。尤为重要的是，新近发现周是一个文件的起草人，这是对官僚主义进行最辛辣斥责的文件之一，这个文件导致了"文化大革命"，而以前认为这个文件是毛泽东起草的。[①] 这就让人以为，周可能确实认为，需要采取严厉的措施对付官僚主义僵化的危险。或者，周支持毛是出于个人对毛的赤胆忠心，或者是他明哲保身。邓小平后来承认，这两种情况中无论是哪一种，周在"文化大革命"期间的所作所为中国人民都已经"原谅"了他。[②]

但是，不应该单单挑选周作为指责的对象。叶剑英和杨成武参与起草清洗罗瑞卿的报告。[③] 1966 年 4 月，邓小平似乎与周一起参与对彭真的批判。而且总的说来，整个政治局都同意撤销罗瑞卿的职务，改组北京市委，于 1966 年 5 月清洗党的书记处和宣传部，在 8 月举

① 《人民日报》1984 年 8 月 29 日，见外国广播信息处《中国动态》1984 年 8 月 31 日，第 1—4 页。
② 邓小平："答意大利记者奥琳埃娜·法拉奇问"，见《邓小平文选》，第 329—330 页。
③ 利伯撒尔：《研究指南》，第 243、249 页。

行的党的八届十一中全会上正式通过了关于"文化大革命"的"十六条"。

关于党的领导人在"文化大革命"初期与毛合谋问题，党史的正式决议对此沉默不语。但是，中国的历史学家更乐意提供材料。如同一位历史学家所说的，政治局在通过"五·一六通知"这样的决议时并不相信这些决议是正确的，或者甚至是因为感到非通过不可；但是政治局还是赞成毛的决定，因而必须对"文化大革命""承担一定的责任"。①

在解释 1966 年春夏党的机构沉默时，中国人强调毛的个人权威对政治局和中央委员会中其他同事的重要性。这种解释意指毛既在中国群众也在党的领导人中间享有超凡魅力的地位。这种解释使人进一步联想到，在 30 年代后期和 40 年代，毛领导中国共产党在敌我力量极大悬殊的情况下取得胜利的能力，这种能力使他享有一贯正确的威信，这种威信只在"大跃进"的灾难中稍被降低。

近来中国的报道披露，毛事实上是要中国共产党在林彪和刘少奇之间选择一人做他的继承人，而党的许多领导人最初就同意林彪是更好的人选。用邓力群的话说（邓在"文化大革命"前是刘少奇的秘书，在 80 年代初期负责宣传工作），毛对林彪的偏爱"不能说没有得到党内的支持"。这是因为，与刘少奇相比，林对毛更为忠诚，似乎对意识形态有更深的信仰，而对军事问题肯定更加懂行。那时，中国面临美国在越南战争中逐步升级，也面临与苏联日益严重的军事对抗，党的许多高层领导人显然被这种论据所说服，即"管好中国这个国家，中国这个党，光懂政治不懂军事不行"。②

正如毛要对"文化大革命"的起因负责一样，他也必须对其后果承担大部分责任。这场运动中大多数最具破坏性的后果——特别是暴力、混乱和伤亡——可以认为是毛所用战略的结果。这结果如果说不

---

① 金春明："'文化大革命'的十年"，见中共党史研究会编的《学习历史决议专辑》，第 159—160 页；邵华泽："关于'文化大革命'的几个问题"，第 378 页。

② 邓力群："学习《关于建国以来党的若干历史问题的决议》的问题和回答。"

是必然的，也是可预料的。在发动群众时，毛同意使用极有煽动性的语言，把这场运动完全看作是中国革命势力和反革命势力之间的一场摩尼教徒式的斗争。他使中国社会内深藏的分裂和不满表面化，却没有创设任何机制来组织或引导它释放出来的社会力量。他似乎预见到一场自我约束的革命运动，但产生的却是一种分裂的和宗派的力量，对于这种力量，毛本人、"文革"小组，甚至军队都只能进行有限的控制。他指望党的干部欢迎并支持群众对他们自己的领导人的批评，而党的干部为维持自己的地位却试图压制或操纵群众运动，这本不足为怪，他却感到失望和痛恨了。

换言之，毛的战略的缺点是，他只在 1966 年至 1969 年之间进行半场革命。他未能设计出一个切实可行而持久的、可供选择的政治制度来取代他想推翻的政治制度，或者把他动员起来的政治资本从破坏性的力量转变成建设性的力量。从这个意义上说，"文化大革命"是20 世纪第二次不成功的中国革命。1911 年，孙逸仙（孙中山）成功地推翻了清王朝；但他未能创建有效的共和制度以代替被推翻的王朝，中国从而陷入军事统治之下。60 年代后期，毛成功地从党的机构中夺取了政权，但他未能设计出有效的民众机构取代列宁主义的党—国家机构。政权再次落入中国军人手中。

在为毛的辩护中，说得最多的是，在"文化大革命"高潮期间，毛确实在总体上减轻了"文化大革命"对党的机构和社会的破坏性影响。毛试图阻止武斗和人身迫害，在他签发的许多中央指示中很明确，禁止拷打、搜查住所、抢劫、监禁和损坏个人财产。[①] 他批评扰乱群众运动的宗派主义，要求革命委员会包融所有互相竞争的群众组织的代表。毛不但反复强调干部中的大多数是好的，而且亲自保护过许多高级官员免受攻击，这些官员中最重要的是周恩来。[②]

[①] 尤其见于 1967 年 6 月 6 日指示，禁止"打、砸、抢、抄、抓"，见《中国共产党无产阶级"文化大革命"文件集》，第 463—464 页。近来中国的解释把这个指示归功于毛本人，见金春明："'文化大革命'的十年"，第 164 页。

[②] 威特克：《江青同志》，第 363 页。

问题是这些干预措施在控制"文化大革命"中的派性和暴力方面并未取得完全成功。归根到底，毛能够重新控制这场运动的唯一办法是完全否定这场运动。而毛拒绝这样做。他从未放弃"文化大革命"的概念、支持这场运动的理论或者这场运动反映出来的战略。毛也从未抛弃要对许多暴力事件负责的助手。直到他生命终结，他继续相信"文化大革命"是确保他死后中国沿着真正的革命道路前进的一场及时的、必要的和合适的运动。

后　果

1966—1969 年的"文化大革命"具有某种全对或全错的特性。中国社会的重要部分彻底受影响，同时，同样重要的其他国家部门几乎没有触动。与此相类似，"文化大革命"的有些后果已证明是暂时的，而其他后果在未来几十年里将继续影响中国。

"文化大革命"对中国农村，对生活在那里的 6.2 亿人口（60年代后期统计数）基本上没有多大影响。靠近大中城市的为数不多的公社，尤其是那些城市所辖县城郊区的公社例外。这些郊区确实经历过"文化大革命"的某些活动，比如农民参加公社和生产队一级的夺权斗争，以及在附近城市参加群众抗议活动。理查德·鲍姆根据中国新闻通讯社的报道，在对中国农村"文化大革命"的详细研究中证明，1966 年 7 月至 1968 年 12 月之间有 231 个地方发生农村骚动。在这些骚动事件中，42％发生在郊区县，尤其是北京、上海和广州周围；另外 22％发生在距大中城市 50 公里以内的地方。相比之下，不到 15％的骚乱事件发生在距城市 100 公里以外的地方。当然，鲍姆的调查结果并不意味着只有 231 个公社直接参加"文化大革命"。但是他的统计资料确实启发我们，"文化大革命"的红卫兵阶段除了对中国的主要城市外没有多深的影响。这确实主要是一场城市运动。[①]

---

① 理查德·鲍姆："农村的'文化大革命'：剖析一种有限的造反"，见鲁宾逊《"文化大革命"》，第 367—476 页。

如果说在"文化大革命"中农村只受到轻微的触动，那么城市居民未受它影响的就只有极少数了，因为这场运动实际上在中国的每一所高中、每一个工厂、每一所大学、每一间办公室和每一家商店里进行着。1980 年，胡耀邦在接受南斯拉夫记者采访时，估计有 1 亿人——几乎是城市人口的一半，实际上所有到了工作年龄的人——在反右运动、"文化大革命"和其他毛主义的运动中受到"不公正"的对待。将少许一点夸张考虑在内，我们认为胡耀邦说的数字相当准确地表明了"文化大革命"对中国城市的总体影响。[①]

经济上，"文化大革命"的红卫兵阶段中国遭受的损失惊人地小。1966 年和 1967 年，谷物产量上升，1968 年大幅度下降，但 1969 年又恢复到 1966 年的水平。1968 年收成差可能部分与那一年的政治动荡有关，但也反映了这样一个事实，即 1968 年的天气比 1967 年的要坏得多。况且，次年谷物产量的迅速恢复表明，"文化大革命"对农业产量只存在有限的和暂时的影响。

在工业中，类似的情况是显而易见的。1967 年工业产量下降约13％，这是由于工厂和运输线的正常工作遭到破坏造成的。结果，1967 年和 1968 年国家收入、支出和国有企业的投资急剧下降。但是，工业经济很快恢复。1969 年的工业产量再次超过 1966 年的水平，次年，国家收入、支出和投资跟着上升。[②] 到 1971 年初，据西方估计，工业生产已完全恢复，恢复到 60 年代初期规划的增长率水平。[③]

---

① 1980 年 6 月 21 日，见外国广播信息处《中国动态》1980 年 6 月 23 日，西方有些解释错误地把这 1 亿受害者的责任只归于"文化大革命"，见《华盛顿邮报》1980 年 6 月 8 日。
② 关于工农业产值的统计数字引自（小）阿瑟·G.阿什布鲁克："中国：经济现代化和长期成绩"，见（第 97 届）美国国会联合经济委员会《四个现代化下的中国》第 1 卷，第 104 页。关于国家收、支出和投资的统计数据来自 1984 年 3 月 19 日《北京周报》，第 27—28 页。
③ 罗伯特·迈克尔·菲尔德、凯思林·M.麦克格林、威廉·B.阿布尼特："中国的政治斗争与工业增长（1965—1977）"，见（第 95 届）美国国会联合经济委员会《毛以后的中国经济》第 1 卷，第 239—283 页。

因此，"文化大革命"的这个阶段对中国经济的影响在范围和持续时间上是有限的；这些影响肯定远远不如 10 年前"大跃进"对中国经济的影响严重。但是，"文化大革命"对文化和教育事业的影响要大得多。[①] 中国的舞台和银幕除了在江青的支持下写的一小部分"革命"影片、戏剧和芭蕾舞之外，停止上演任何艺术作品。传统文学和外国文学作品不让卖了，图书馆和博物馆关闭了。1966 年夏，大学停课，同年秋季，中学教育暂停，好让学生们参加"文化大革命"。尽管次年春恢复了中学教育，但在随后的四年里大学教室仍是一片漆黑。直到 1970 年夏，第一个大学生新班才招收新生，甚至这种做法也被限制在一小部分高等院校里。

从严格的课程角度来说，"文化大革命"初期对中国教育体制的危害只是温和的。危害更大的是 1969 年以后实行的政策，使课程政治化，减少教育时间，要求过长的体力劳动，以及根据阶级出身而不是学习上有无造就前途挑选学生。另一方面，许多文化和教育机构蒙受严重的物质损失。许多图书馆和博物馆的收藏品遭到损害、破坏或失散。红卫兵损害或破坏了大量历史古迹、宗教建筑和文物。而军队被派往大学恢复秩序后，他们征用学校建筑物为己有。直到 1976 年毛泽东去世后，这些后果中仍有许多没有得到完全补救。

在文化和教育领域，"文化大革命"最严重的后果是对学者、作家和知识分子的影响。关于 1966—1969 年间文化界遭受迫害和折磨的人数仍未有确切的统计数字，但 1980—1981 年对"四人帮"的审判提供了一些可作为例证的资料。这次审判的起诉书说，文学和艺术界中有 2600 人、教育部下属机构中有 14.2 万名干部和教师、研究机构中有 5.3 万名科学家和技术人员、卫生部部属的医学院和研究机构中有 500 名教授和副教授"受到错误的指控和迫害"，其中有些人

---

① 关于"文化大革命"对教育制度的影响的讨论，引自玛丽安·巴斯蒂："'文化大革命'期间的经济困难和教育改革中的政治理想"，载《中国季刊》第 42 期（1970 年 4—6 月），第 16—45 页。

(具体数字不详) 被迫害致死。[①] 绝大多数人遭受本单位红卫兵组织的折磨,有少数人成了江青个人的牺牲品。江青 30 年代在上海的经历有损她的形象,她担心这方面的资料会被她的对手泄露出去,于是组织几个小组查抄上海作家和艺术家们的家,没收有关她过去的信件和照片。

对党和政府领导人的粗暴对待与对知识分子的迫害相比是有过之而无不及。政治清洗率极高。在自治区和省一级,清洗率达 70%—80%,6 个自治区党委第一书记中的 4 个、29 个省委第一书记中的 23 个成为"文化大革命"的受害者。在党的中央机构里,清洗率约 60%—70%,23 名政治局委员中的 9 名、13 名书记处成员中的 4 名以及 167 名中央委员中的 54 名,在"文化大革命"中幸免于难,政治地位丝毫无损。在这场运动结束时,15 名副总理和 48 名内阁部长中只有约半数的人仍留在国务院。[②]

当然,在整个官僚机构中清洗率并不一样。[③] 关于"文化大革命"对组织机构影响的研究表明,某些职能领域(特别是农业、工业、规划、文化和教育)的人员调整比例比其他领域(如国防、财政和贸易)的人员调整比例要高一些;职位愈高,愈有可能成为"文化大革命"的受害者,这当然是预料之中的事;而有点讽刺意味的是,非党员干部在"文化大革命"中受到的损害比党员干部受到的损害少。参照中国公布的数字,清洗涉及的干部人数参考中国说法进行粗略的估计,总共大约有 300 万人,他们被列为修正主义分子、反革命分子或"党内走资本主义道路的当权派"。70 年代后期,他们的名誉得以恢复。这个数字表明,在拥有 1500 万至 2000 万官员的官僚机构

① 《一场大审判》,第 182、183 页。

② 关于清洗率,见贝内特《中共第八、九和第十届党代表大会、党章和中央委员会》,唐纳德·W. 克莱因、洛伊斯·B. 黑格:"第九届中央委员会",载《中国季刊》第 45 期(1971 年 1—3 月),第 37—56 页;斯卡拉皮诺:"中共领导层的变化";泰维斯:《中国的省级领导层》。

③ 理查德·K. 迪奥:"'文化大革命'对中国经济界杰出人物的影响",载《中国季刊》第 42 期(1970 年 4—6 月),第 65—87 页。

中，多达 20％的官员被清洗。

"文化大革命"不像斯大林时代的大清洗和大屠杀。"文化大革命"的大多数受害者在这场运动中幸存下来，并在毛逝世和"四人帮"被打倒以后重新获得政治地位。但是，中国官僚分子的经历仍是不愉快的。许多人——可能多达 300 万人——被送到通常位于农村地区的"五·七干校"，参加体力劳动，进行紧张的思想学习，并与附近的农民结成"紧密的联系"。虽然有些干部，特别是那些比较年轻的，觉得这种经历在若干方面有收获，但对年龄较大的干部，尤其是那些留在干校与家庭分居两地的干部来说，"五·七干校"确是长时间的身体煎熬。

其他官员经历的命运比在"五·七干校"做定额工作悲惨多了。有些人被隔离在自己的工作单位里，经受严重的心理折磨，目的在于劝说他们"坦白"自己政治上的渎职行为，不知道有多少人遭受拷打和折磨。有些人被害死，有些人死于关押，其他人自杀。1967 年刘少奇被软禁在家中，这一年晚些时候，他遭到红卫兵的殴打，1969 年死于狱中。贺龙作为中国军队的一名元帅，被软禁在家期间因营养不良而被送到医院治疗，而后死于葡萄糖注射引发的糖尿病酮酸中毒。[①] 死于"文化大革命"期间的其他著名的高级官员包括：彭德怀和陶铸，两人都是政治局成员；两位北京市党委书记刘仁和邓拓；吴晗，《海瑞罢官》一书的作者，同时是北京市副市长；上海市市长曹荻秋和副市长金仲华；公安部副部长徐子荣；罗瑞卿，原参谋长，曾试图自杀。

这些领导人的子女们也受到政治迫害和肉体折磨。有些人，如邓小平的女儿，与其父母一起流放外地。其他人，如邓的儿子，在红卫兵手中折磨得终生残废。据说周恩来的一个养女遭到红卫兵的折磨。而其他人因他们是官员的子女，常常受到尖锐的批判和凌辱。

"文化大革命"造成的死亡总数我们不得而知。在起诉"四人帮"时提到 729511 人，受到"四人帮"及其同伙的蓄意"陷害和迫害"，

[①]　戴维·邦纳维亚的《北京裁决：审判"四人帮"》一书中此类材料随处可见。

据说其中 3.48 万人被迫害致死。这些人包括：河北近 3000 人，云南 1.4 万人，内蒙古 1.6 万人以及中国人民解放军 1 万人。[1] 福克斯·巴特菲尔德根据一个消息灵通的中国人的估计，认为有 40 万人死于"文化大革命"期间。[2] 根据一些特殊省份如福建和广东的死亡人数做出的推断有些偏高，从 70 万人至 85 万人不等，这些数字是根据经受暴力和混乱程度高于平均水平的省份推断出来的。有理由估计，1967 年中国约 1.35 亿城市人口中的约 50 万人直接死于"文化大革命"。

除了刚才考虑的直接后果外，1966—1969 年的事件也有长远的影响。首先，红卫兵岁月产生了支离破碎的领导和软弱无力的政治机构的爆炸性结合。中央和省领导分成几派：资深的党的官员、解放军军区和主力部队的指挥员、群众代表以及"文化大革命"中上台的低层干部。党的权威出现了严重问题，取代了党的革命委员会只被当作政府的临时机构。"文化大革命"批倒了 60 年代初期的社会经济政策和组织准则，但是，新的领导人在用什么取代它们的问题上又无统一意见。

在随后的 7 年半时间里，权力分散形成的格局主宰了中国政治，直到 1976 年 9 月毛泽东逝世。首先，文职领导人和军队领导人对军队在"文化大革命"后的作用问题上存在着斗争。林彪要使军队控制文官政治，并使其制度化的努力并不成功，1971 年秋他坠死之后，努力使人民解放军脱离文职事务的尝试更为奏效。60 年代后期还产生了关于"文化大革命"后的纲领的定义的斗争，使得想恢复 60 年代初期政策的、更为保守的官员与希望对工农业和文化生活制定一整套更加平等和民粹派纲领的、激进的领导人相互对立。而在党的九大选出的政治局里，权力分散十分明显，此后，受"文化大革命"之害的官员（如邓小平）、领导"文化大革命"的理论家和组织者（如江青），结束"文化大革命"的军人（如林彪）和"文化大革命"中幸

---

[1] 《一场大审判》，第 21 页。

[2] 福克斯·巴特菲尔德：《中国：在苦海中生存》，第 348 页。

存下来的中层干部（如华国锋），为继承毛泽东权力而不可避免地展开严重的斗争。总之，1966—1969 年"文化大革命"的"狂热阶段"带来了七八年动荡幅度较小的岁月，只有在 1976 年 10 月清洗"四人帮"和 1978 年 12 月邓小平的改革纲领出现时，"文化大革命"的影响才被清除。

然而，1976 年秩序的恢复以及 1978 年经济政治改革的开始并不标志着"文化大革命"的后果最终消失。当中国进入 80 年代中期时，"文化大革命"两个持续的后果显著而广泛地存在着。一个后果是根深蒂固的宗派主义，几乎影响着每一个政府机关、工商企业和党委。派系冲突是在"文化大革命"高潮时因夺权而产生，在组建革命委员会过程中因坚持要广泛同意和具有代表性而保存下来，并在 70 年代中期因恢复"文化大革命"中大批受害者的名誉又得到加强。派系冲突严重削弱了政治机构的效能，因为决策和人事任命都成了派系利益的俘虏。

另一个后果是，60 年代后期的事件在中国的年轻人中产生了严重的信任危机。由于 400 多万高中和大学学生——他们中有许多人原是红卫兵——在 1968 年和 1969 年被安置到农村，正常的学校教育中止了，这意味着他们的前途发生急剧而常常是破坏性的变化。尽管到 70 年代末，几乎所有人都回到他们的家中，但是，大多数人无法完成教育这一事实意味着他们的职业道路和生活机遇变得更糟了。如此灾难深重的事件是以马克思主义的名义发动的，这个事实损害了他们对意识形态的信仰；"文化大革命"削弱了他们对现存政治制度的信心，而党对此又无能为力。

幻想破灭的过程在不同的时间里发生在不同的青年身上。对有些人来说，转折点是"一月风暴"后限制和解散红卫兵，这是一个明显的信号，那些一度被告知自己是领导这场运动的人，现在成了这场运动的替罪羊。对其他人来说，关键事件是在 1966—1967 年"大串联"期间或在随后几个月的上山下乡期间发现中国农村是何等贫穷。有一名原红卫兵经历过这些后觉醒，1967 年他逃到香港后，在与美国学者的交谈中，发泄他的愤怒和失望，他是代表整整一代人说下述这番话的。

> 我无法描述对（1967年）3月以来事态发展方向的愤怒。那些兔崽子们（解放军及他所在中学里的军训排）把我们全都扔出窗外……在进行一场真正的革命时，我们确实成功地夺取了权力。现在，这些杂种们把权力全部抛弃了。
>
> ［我在农村的生活时期］是另一次扩大眼界的经历。［农民们］无休止地抱怨他们的艰苦生活。他们说，即使在好年成也只有极少的粮食可吃……他们感到，甚至在国民党统治下的时代也比这好些，那时人们能劳动，节省些钱，用于投资，并改善自己的生活……他们也喜欢刘少奇胜过喜欢毛，因为他们把刘少奇和小块私有地联系在一起，小块私有地给了他们节俭的机会，并走上成功发迹的阶梯……我以为只有走资本主义道路的人和反革命分子才会有这种想法。但我恰恰是从一位革命的贫苦农民口中听到这些话的，他为党工作了20多年。……在短短的10天中，在农民生活和态度的现实面前，我对我的世界观产生了怀疑。[①]

各人幻想破灭的后果也不相同。对一些年轻人来说，他们是中国所谓"失落的一代"，其后果是政治上的愤世嫉俗、工作中的消极被动和缺乏创造性以及不断增加的物质主义和对财富的渴望。人们普遍认为，70年代后期犯罪和反社会活动的增多要归因于年轻人中间的这种信任危机以及与之相结合的"文化大革命"期间法制的松弛。对其他人，尤其是那些1966年前受过一些大学教育的人来说，在农村的时光提供了读书、思考和讨论国家前途的机会。以后，这些原红卫兵中有许多人构成一群较年轻的知识分子，在70年代后期和80年代初期，他们帮助制定后毛泽东时代经济改革的总体纲领和具体政策。

到了80年代后期，这话说来有点矛盾，"文化大革命"的混乱事实上却是后毛泽东时代改革的一个重要条件。在"文化大革命"期间

---

① 贝内特、蒙塔珀图：《红卫兵》，第214—217、222—224页。

那么多老干部遭受如此沉重的折磨而仍然活下来，一俟这场运动结束，这个事实对创建经济和政治解放的领导层颇有帮助。红卫兵运动期间成千上万知识青年和知识分子幻想的破灭，促进许多激进主张的诞生，这些主张日后转变成了具体的改革。而以防修名义发动的"文化大革命"使中国共产党遭到严重削弱，党想抵制政治和经济秩序的建立也力不从心了。这种秩序远比毛在苏联看到的、他本人坚决反对的那种秩序更甚。总之，如果没有"文化大革命"，后毛泽东时代的改革不可能走得这么远或进行得这么快。

但是，"文化大革命"的长远影响仍不明确。我们还不清楚"文化大革命"是否会成为将来发生类似事件的先例，抑或会使中国对这类事件产生免疫能力。当然，从 80 年代的情况来看，"文化大革命"所打的预防针效果似乎较大。红卫兵造成的损失（又没有任何可弥补此损失的成就）警告人们不能很快再发动类似"开门"整风的事件。然而，随着时间的推移，记忆有可能变得模糊，回顾"文化大革命"时会觉得它比现在更崇高和更受人尊敬。如果这样的话，"文化大革命"仍可能作为中国另一场政治权力斗争，或者通过发动群众清除国家的不平等、腐败和精英统治的另一个尝试的范例。问题是后毛泽东时代的改革是否能充分使政治制度化、经济繁荣、社会稳定和文化现代化，如果能做到这一点，即使"文化大革命"打的预防针效果逐渐减弱后，"文化大革命"也没有什么吸引力。

第 三 章

中苏对抗:中国北部边疆地区的战争与外交

在"文化大革命"的"活跃期"（直到 1969 年），中国由于被内部动乱耗尽了国力，在外交政策方面有意采取了低姿态。"文化大革命"的外交政策是尽可能减少外事。中国故意在外交上孤立自己，把外国人挡在国门之外，降低与其他国家贸易往来的规模，避开一切国际性组织，用毛主义的华丽辞藻代替切合实际的政策手段。一时之间，中国不再是全球政治甚至不是亚洲国际关系中的重要一员了。

然而，对这一简短时期的研究，可以清楚说明中国外交政策的几个事实真相。其中之一是，中国的内部发展与国际环境的互相依赖和互相渗透。[①]虽然在"文化大革命"时期中国人几乎把全部注意力都集中在内部事务上，但"文化大革命"的起因也有部分国际因素，它的发起时间因中国之外的事态发展而被推迟，其影响不但被中国的邻国直接感受到了，而且被离北京非常遥远的国家和外交部门强烈地感受到了，它的方向因 1969 年及 1969 年以后的战争威胁而突然发生了转变。

另一个事实是，中国的内政和国际活动深受美苏两国的政策和行动的影响。美国对越南的干涉，在 1965 年曾引起中国领导层战略性的争论。这场争论促使领导层分裂成支持和反对"文化大革命"路线的两派；1968 年苏联对捷克斯洛伐克的干涉引起了中国领导人对苏联沿中国边界集结军事力量的恐慌，并促成了次年初中国军队乘苏联

---

① 这个观点来源于托马斯·W.鲁宾逊："中国外交政策的政治与战略层面"，载唐纳德·赫尔曼编《中国与日本：新的均势》，第 197—268 页；托马斯·W.鲁宾逊："1959—1976 年中国外交政策的调整三部曲"，载 K.J.霍尔斯蒂等编《国家为何重组：战后世界各国外交政策的调整》，第 134—171 页。

人不备对珍宝岛的袭击。俄国人出人意料的强烈反应导致了"文化大革命""活跃期"的结束。

第三个事实是，"文化大革命"影响了中国高级官员的命运。他们中的许多人自愿或被迫地对外交政策问题发表意见，仅仅是为了有效地参加各派之间紧张激烈的斗争——这是整个 60 年代中国政治的特点。因此，一旦清洗阶段来临，他们就使自己易受毛主义者和红卫兵的攻击。

同样重要的一点是，"文化大革命"外交政策和中国领导人因此在外交方面面临的困境成了一面镜子，这面镜子对随后十多年中国的外交政策产生了更为重大的影响。不但北京向世界的全面开放——除外交外，还有经济和体制方面——是从"文化大革命"的极端政策中向后退的结果，而且中国与美国的和解（这是 70 年代中国外交政策的基础）也是"文化大革命"中的一系列决策所促成的。因此，尽管这个时期对过去和未来外交政策的连续性而言是个例外，但对随后发生的事情来说，它又是一个新的起点。①

最后一点，我们对"文化大革命"时期中国的外交政策现可重新做出评价。研究表明，北京的外交政策比当时人们普遍认为的要更积极，参与得更多。中国不但在中苏边界采取了许多行动（这些行动是在中国首都经过深思熟虑以后决定的），并一直与美国保持接触（讨论越南和大三角战略政治等问题），而且还继续进行着进出口贸易、对外援助及接待高层次来访者的工作，虽然其规模已大为减小。中国自我孤立的时期很短。此外，还有"文化大革命"时期暴力活动和狂热的思想意识向外蔓延，对世界的影响。香港爆发大规模骚乱，几乎陷入无政府状态，缅甸和柬埔寨在红卫兵于两国首都引发暴力活动后改变了对华政策。对苏联驻北京使馆的围攻，直接针对撤离使馆的俄国外交人员家属的民众暴力活动，以及中国红卫兵在莫斯科和其他地

---

① 参阅乔纳森·波拉克撰写的本书第 5 章；G. W. 乔德赫里：《世界事务中的中国：1970 年以来的中国外交政策》；托马斯·芬加等编：《中国对独立自主的追求：20 世纪70 年代的政策演变》；罗伯特·萨特：《"文化大革命"以后的中国外交政策》。

方反对苏联的滑稽举动，都引起了克里姆林宫的强烈反感。苏联虽然暂时保持了克制态度，但从 1969 年以后，这些事件造成了其在军事和外交方面的激烈反应——使此类事件"不再重演"。

不过，总的说来，"文化大革命""活跃期"的外交政策似乎并不像开始时表现得那样异常。事实上，它与 1965 年以前及 1969 年以后北京奉行的外交政策总体上是一致的，是由同样复杂的各种决定性因素造成的。其基本准则和"能动变量"是相同的。本章认为，虽然在国际社会中几乎消失，但实际上中国对它众所周知的国内外双重压力仍一一作出反应。

就国内而言，这些压力有三种形式：① 政治、人的个性及二者背后的政治文化的影响；中国古往今来的经验教训，特别是中国共产党在 1949 年以前的形成和发展时期的"教训"；以及意识形态（包括马列主义、毛泽东思想及中国人的世界观）的影响。

国际压力也有三种形式：美国和苏联——唯有这两个国家对北京来说是至关重要的——的政策；全球国际体系（政治、经济和安全）的总格局、亚洲地区体系的状况及二者各自正在使用的"控制规则"；与其他有关国家的利益和中国国力的增长相关的中国国家利益的复杂性。"文化大革命"期间中国的外交政策表明，当中国共产党决定冒险违背本国政策和国际惯例的一些基本准则时，它付出了多么大的代价。

"文化大革命"外交政策的起源

我们的研究是在粗线条的年代顺序的基础上进行综合分析。首先，我们从以下三个方面来研究"文化大革命"外交政策的起源：把意识形态方面的修正主义概念从中苏关系向中国国内的政治和社会经济领域的扩展（特别是在毛泽东的头脑中）；由于美国对越南的军事干涉和中国领导层关于如何对此作出适当反应的争论，使"文化大革

① 这一观点出自笔者未发表的手稿："对中国外交政策的解释：作用因素与分析水平"。

命"的发起时间推迟；这些事件与外交政策中的其他争议问题对中共高层领导人之间的私人关系的影响。每一个方面都是国际和国内因素复杂混合在一起的最好例证。

从20世纪50年代中期中国开始批评克里姆林宫对斯大林问题的处理开始，到毛泽东得出中国也和苏联一样，正在走意识形态上的修正主义和资本主义复辟之路的结论为止，其间的道路既漫长又曲折，但也是清晰可辨的。[①] 毛认为，苏联外交政策走上了这样的歧途——对美国实行和平共处、冒险主义和投降主义和对中国奉行沙文主义、分裂主义和全面敌视——其原因是以赫鲁晓夫及其继任者勃列日涅夫为首的苏联领导集团，蓄意违背了真正的列宁主义革命路线和社会主义建设事业，在苏联复辟了资本主义。60年代初，中国在九篇论战文章中把上述问题都明确地列为克里姆林宫的罪行。[②]

如果不是毛泽东对共产党执政后社会主义的发展问题得出逻辑上的和经验主义的结论的话，中苏之间的论争会是纯粹的外交政策问题。按照毛的逻辑，苏联一贯犯如此重大的错误，必定有其马克思主义理论方面的实质性原因。真正的社会主义国家不可能犯这样的错误，所以，苏联已不再是一个社会主义国家，并已逐步复辟了资本主义。苏联共产党因而是一个资本主义性质的资产阶级团体，具有以垄断国家财产为表现形式的政治集团和帝国主义的阶级的所有特征。由于苏联在列宁和斯大林时期是社会主义，又由于个人不可能把莫斯科引向资本主义，所以，苏联倒退的原因必定是，在工业现代化的过程中产生的生产力和生产关系的矛盾，以及政治的、意识形态的和社会的上层建筑（即俄国的过去）对经济基础的重大影响。由于苏联是第一个因而也是最老的社会主义国家，修正主义就有机会在那里泛滥。

---

① 1956—1964年间中苏争论的资料非常丰富。关于其他事项，见唐纳德·S.扎戈里亚《中苏冲突（1956—1961）》；威廉·E.格里菲思：《中苏分裂》、《中苏关系（1964—1965）》；亚历山大·达林编：《国际共产主义的分歧：1961—1963年间的文献》；理查德·洛温塔尔：《世界共产主义运动：世俗信仰的崩溃》。

② 有人重印了其中的大部分文章，见哈罗德·C.欣顿编《1949—1979年中华人民共和国文献概览》第2卷，第1051—1193页。

若果真如此，则在所有社会主义国家就有可能发生同样的倒退，其表现特征在年轻的社会主义国家也可能出现，虽然其程度要浅得多。具体来说，修正主义的迹象在中国也该显现出来了，因为到 60 年代，中国共产党已执政十多年了。

毛泽东一直是个信奉实验社会科学的马克思主义者，在完成上述逻辑推理（其证据在他的著作及在他指导下完成的中央文件中随处可见）后，[1] 即转入经验主义的领域以求得证实。他自然找到了要找的东西，并确信他的同事们——他们负有发展地域广阔且地区差别很大的国家的重任，而运用的是极不完善的社会主义组织方法——平时的行政方面的、官僚主义的及思想意识的行为就是修正主义的一种表现，因此，他们就是"走资本主义道路的当权派"。这即是说，毛认为中国国内存在着修正主义。我们可以从他对社会主义教育运动和党的几乎所有领导人（他的妻子江青、林彪以及其他少数几个除外）的行为的日益不满中，追寻出他的这种看法的轨迹来。[2]

1965 年初，毛断定只有进行一次大规模的清洗才能拯救中国和中国共产党，而且发动得越早越好，以免党内的资本主义势力变得过于强大。毛确曾准备把社会主义教育运动扩大成为"文化大革命"。[3] 为此，寻找个人的或阶级的盟友、确认国际形势对中国仍然有利等，都是非常有必要的。为实现第一个目标，毛让自己在党内的可疑对手刘少奇、邓小平和彭真负责推行社会主义教育运动，以此来检验他们的忠诚；让国防部长林彪负责军队中的社会主义教育运动，负责编印毛主义语录——"红宝书"，并帮助学生组建红卫兵；开始把贫苦农

① 译文见《毛泽东思想杂录》，另见约翰·布赖恩·斯塔尔和南希·安妮·戴尔编《解放后毛泽东的著作：书目和索引》。

② 关于这个时期的权威研究著作，是理查德·鲍姆《革命的序幕：党和农民问题（1962—1966）》；张旭成：《中国的权力和政策》；安炳炯：《中国的政治和"文化大革命"》；弗雷德里克·泰维斯：《中国的政治和清洗：整顿与共产党准则的衰落（1950—1965）》；威廉·F. 多雷尔："中国'文化大革命'"发起阶段的权力、政策和意识形态"，载托马斯·W. 鲁宾逊编《中国的"文化大革命"》，第 21—112 页。

③ 张旭成：《中国的权力和政策》，第 147—156 页；鲍姆：《革命的序幕》，第 11—42 页；安炳炯：《中国的政治和"文化大革命"》，第 89—122 页。

民组织起来，把他们变成进行阶级斗争的一支特殊力量。[1] 这一切都需要时间。实际上，1965年的大部分时间都花在了这些活动上。

然而，在毛处心积虑决定把中国推向极端的时候，国际环境变得越来越险恶了。自肯尼迪政府进行军事干预支持南越政府以来，越南的内战日趋激烈。1964年夏末的北部湾事件和美国对北越油库和海军基地的报复性轰炸，使战争进一步升级了。林登·约翰逊宣称不进一步扩大战争，而是要通过谈判结束战争，他并以此为政纲于1964年11月当选为美国总统。尽管如此，当越共军队在波来古成功地袭击了美国顾问的住处并摧毁美国飞机后，美国总统乘机恢复了对北越更为猛烈的定期轰炸，并增加了美国在南越的地面部队的数量。轰炸持续不断，美国似已经卷入了越南战争。对中国而言，最急迫的问题是：华盛顿是否会派美国军队侵入北越，迫使中国政治局像它曾向世界表示的那样，出兵与美国地面部队开战（像在朝鲜那样）?[2]

果真如此的话，不管毛认为他关于发动内部革命的想法对拯救中国的社会主义有多么重要，都必须把这种想法搁置一边。还有一个次要问题是，如果要共同保卫北越，中国需要（如有可能）苏联多大程度的合作。有段时间，尤其是1965年2月美国发动空袭之后，俄国人一直在强烈要求与中国和其他社会主义国家采取"联合行动"保卫北越。[3] 如果毛同意苏联的要求（这在当时的情况下虽然是最低限度的要求，但仍足以使中国降低反苏的调门），他自己贬低克里姆林宫的外交政策和根除中国国内刚刚抬头的修正主义的双重战斗将遭受严重挫折。

因此，毛非常不愿意改变与俄国人的敌对状态，更何况自1960年以后，中国的外交政策一直在致力于与苏联争夺国际共产主义运动的领导权。1965年初，苏联召集的有19个共产党参加的三月会议因故失败（遭到了中国及其他一些国家的共产党的抵制），而中国发起

---

① 泰维斯：《中国的政治和清洗》，第493—601页；安德鲁·C.沃尔德：《张春桥和上海一月风暴》；理查德·鲍姆和弗雷德里克·C.泰维斯：《四清：1962—1966年的社会主义教育运动》；托马斯·鲁宾逊：《林彪的政治军事生涯·第二部（1950—1971）》。

② 斯坦利·卡诺：《越南史》；莱斯利·H.盖布尔和理查德·K.贝茨：《越南的讽刺》。

③ 唐纳德·S.扎戈里亚：《越南的三角关系：莫斯科、北京和河内》。

的打算排除并孤立苏联的第二次亚非会议（第二个万隆会议）在阿尔及尔即将召开，对中国领导人来说，他们的成功似乎已近在眼前。[1]为此，中国必须既坚持反苏，又援助越南反对美国。其中的关键有两点：（1）得到美国的明确承诺或默许：在继续空中轰炸的同时，不从地面入侵北越；（2）有效地武装越南人，让越南人靠自己力量抵御美国的军事压力。

中国成功地实现了两个目标。对于美国空袭的升级，中国在外交和军事上都作出了特别的反应。这导致中美之间达成了一项默契，[2]美国的保证就是从这项默契中得出的。虽然到 1967 年才得以完全确认美国不会入侵北越，但在 1965 年夏，这一点就比较清楚了，即美国很可能会把地面行动局限在南越，华盛顿已理解并时刻留意着中国发出的警告。[3] 武装越南人要花很多时间，因为中国需在华南新建机场，提高军工生产，把产品运给北越人，帮助河内进行军事训练，与河内联合进行军事演习，把配备防空师的 5 万解放军铁道兵部队派往越南等等。[4] 不过，这些承诺最终都实现了。

当决定在两条战线上同时作战以后，毛泽东就信心十足地一边与克里姆林宫作斗争，一边准备发动"文化大革命"了。然而，他的时间表无疑被美国的军事干预打乱了。本来应该在 1965 年夏天就发生的事情（即"文化大革命"的开始）直至 11 月份才得以发生。内部两个方面和外部两个方面的事态同时交织在一起，使人们难以按时间顺序得出合乎逻辑的结论。

在内部，当中国领导层在为怎样对美国的挑战和与苏联签订一项意识形态方面的和平条约的要求作出最佳反应而争论不休时，毛则希

---

[1] 查尔斯·纽豪泽：《第三世界政治：中国和亚非人民团结组织（1957—1967）》。

[2] 艾伦·S. 惠廷："中华人民共和国外交政策中的武力使用"，《美国政治和社会科学院年刊》第 402 期（1972 年 7 月），第 55—66 页；艾伦·S. 惠廷：《中国的威慑微积分学》第 6 章。

[3] 艾伦·S. 惠廷："我们是怎样几乎与中国开战的"，《展望》第 33 期（1969 年 4 月 29 日），第 6 页；埃德加·斯诺："毛泽东访谈录"，《新共和》第 152 期（1965 年 2 月 27 日），第 17—23 页。

[4] 《战略概览（1966）》，《纽约时报》1965 年 1 月 17 日、1966 年 8 月 12 日。

望看到党内的对手们如何执行分配给他们的实施"二十三条"的任务。[1]由于同一班人马同时卷入了两个方面的事态,自然易于混淆甚至中断正常的工作任务。这使毛更加相信他在党内的对手在为苏联的修正主义事业服务。

在外部,因越南冲突的发生和苏联成功地使河内在中苏争论中回到了中立立场,反苏运动和与之相关的中国率领新近摆脱殖民统治的国家反对两个超级大国的努力都遭到了挫折。[2] 此外,1965 年秋,中国的外交政策在阿尔及尔、雅加达和许多北非国家的惨重失败,使人们对毛泽东关于第三世界各国的革命与中国革命并肩前进的论断产生了怀疑。这些事件都有一个发展过程,这就进一步推迟了"文化大革命"的发动时间。

观察家们已经对中国领导层 1965 年关于越南战争的战略争论进行了许多分析研究。尽管存在不同的看法,但某些结论是可以成立的。[3] 最重要的一点是,虽然确实发生过争论,但有迹象表明,毛在 1965 年夏就可能已经确认:中国无需担心美国对北越的入侵;传统的人民战争模式是可行的,定会在越南最终证明它是成功的(虽然增加了诸如防空武器等现代化装备),因此,北京无须对莫斯科作出重大让步。[4]

因此,总参谋长罗瑞卿发出的认真备战(包括平息内部的政治冲

---

[1] 泰维斯:《中国的政治和清洗》,第 546 页。"二十三条"的译文见鲍姆和泰维斯的《四清:1962—1966 年的社会主义教育运动》一书的"附录 F"。

[2] 威廉·E. 格里菲思:"中苏关系(1964—1965)",《中国季刊》第 25 期(1966 年 1—3 月),第 66—67 页。

[3] 哈里·哈丁和梅尔文·格托夫:《清洗罗瑞卿:中国战略计划中的政治斗争》;邹谠编:《中国在危机中》第 2 卷,《中国在亚洲的政策和美国的选择》中由拉阿南和扎戈里亚撰写的章节;迈克尔·亚胡达:"苏联政策研究和中国的战略争论(1965—1966)",《中国季刊》第 49 期(1972 年 1—3 月),第 32—75 页;唐纳德·S. 扎戈里亚和尤里·拉阿南:"论苏联政策研究——答迈克尔·亚胡达",《中国季刊》第 50 期(1972 年 4—6 月),第 343—350 页。

[4] 这个阶段,毛对美国和苏联的抨击都很猛烈。例如,1966 年 3 月 29 日他对来访的日本共产党代表团的谈话,见迈克尔·B. 亚胡达《中国在世界事务中的作用》,第 185 页;另阅 1966 年 8 月 12 日发表的《公报》,见《北京周报》第 34 期(1966 年 8 月 9 日),第 4—8 页。

突、以民用经济的受损为代价增加军工生产和军事预算、同意苏联提出的采取"联合行动"的建议等）的呼吁，就显得太不识时务了。[①]它背离了政治方向，是极其危险的，因为它把国内的反修防修斗争摆到了次要位置，将使解放军脱离国内政治斗争的中心（它充当着为"文化大革命"做准备的组织指挥部和中国青年的模范军），并使之仅仅成为外交政策的工具。另外，必须继续把人民战争理论放在首位，因为只有这样，才能在尽可能少地消耗中国军事资源的情况下，使中国的敌人（资本主义和修正主义者）陷入走投无路的绝境。

最后，争论使毛的对手公开了他们的意见。一派是以罗瑞卿为首的职业军人，持相对强硬的立场，力主在越南抗击美国，而对苏联则主张在实际政策上（即使不在意识形态方面）作必要的和暂时的让步。另一派是以刘少奇和邓小平为代表的理性主义者和修正主义者，他们看重国内事务，担心介入越南战争和增加军事预算会严重限制经济的快速增长和阻止必要的社会经济改革。为了使介入越南战争一事变得毫无必要，为了恢复苏联的经济援助和与苏联的大规模贸易，这派人在中苏政策分歧方面显然也准备向苏联作出让步。两派均认为中国的外交政策应向苏联靠拢。但两派对越南问题的立场有区别，因而在国内政策孰轻孰重方面意见也不尽一致。毛及其追随者（特别是林彪，甚至可能包括周恩来）站在两派之外。他们赞成继续坚决反苏，也赞成继续支持越南抗美。他们对美国在印度支那的行动看得不太重（毛1月份对埃德加·斯诺的谈话可以为证）。[②] 他们坚决反对理性主义者——不论在事实上还是在毛泽东眼里，他们都是修正主义者——提出的改变国内政策的建议。

毛对付两派的策略很相似，即让他们搬起石头砸自己的脚。[③] 因此，他让修正主义者负责社会主义教育运动的后期工作，让职业军人

---

① 罗瑞卿："纪念战胜德国法西斯，把反对美帝国主义的斗争进行到底！"《红旗》1965年第5期；《北京周报》第8卷第20期（1965年5月14日），第7—15页。

② 斯诺："毛泽东访谈录"，《新共和》第152期（1965年2月27日），第17—23页。

③ 详细情况参阅《剑桥中国史》第14卷中肯尼思·利伯撒尔撰写的章节。

在党委会上或在文章中发表意见。由于美国在越南行事十分谨慎,苏联在意识形态的争论中未获胜利,以及 1965 年秋初印度尼西亚和非洲的形势发生具有讽刺性的逆转,① 使得中国较容易地解决了关于外交政策的争论。9 月初林彪发表的论人民战争的文章,② 是争论已获解决的信号:中国将不直接介入越南战争,也不对苏联作任何让步,此后,中国将把外交政策摆在次要位置。

所以,林彪的文章(甚至林自己也承认文章非他本人所写,文章观点对中国人来说也不是什么新鲜事)发表的时机和象征意义比其内容更为重要。文章重申了中国人关于革命战争进程的经典信条,把原来的模式从中国农村类推到了"世界农村",③ 但它绝对不是反对发达国家的宣战书。联系中国在第三世界已经或即将遭受种种失败的情况来看,该文更像是坚信最终会获得胜利并恢复革命进程的政治宣言。从这个意义上讲,该文是一篇保守的宣言。④ 然而,联系"文化大革命"的背景来看,该文的发表表明中国将把力量更多地用于确保在国内继续进行革命,而不是用于向外输出人民战争。因此,"文化大革命"共有两发信号弹:一是 1965 年 9 月 3 日林彪论人民战争的文章,二是 11 月 10 日姚文元批判吴晗的文章。⑤ 二者是相辅相成缺一不可的。

按照因果关系和时间顺序来说,"文化大革命"的起源也与 1964年和 1965 年中国对第三世界政策的失利有关。在受到 1960 年苏联顾问的撤离、苏联经济援助的断绝和"大跃进"及其后"三年自然灾

---

① 阿瑟·J.多门:"印度尼西亚的未遂政变",《中国季刊》第 25 期(1966 年 1—3 月),第 144—170 页;"每季大事和文献",《中国季刊》第 26 期(1966 年 4—6 月),第 222—223 页。

② 林彪:"人民战争胜利万岁!"《北京周报》第 8 卷第 36 期(1965 年 9 月 3 日),第 9—30 页。

③ 许华茨关于"毛主义战略的基本特征"的论述,见《中国的共产主义与毛的崛起》,第 189—204 页。

④ 托马斯·W.鲁宾逊和戴维·P.莫津戈:"林彪论人民战争:中国重新审视越南。"

⑤ 姚文元:"评新编历史剧《海瑞罢官》",上海《文汇报》1965 年 11 月 10 日;《解放军报》1965 年 11 月 10 日。

害"萧条期的震动之后,中国的外交政策基本上处于沉寂状态。同时,毛左右更为务实的助手们在努力使国家走上正常的轨道。1962年10月的中印冲突使北京又在外交政策方面活跃起来。[①] 不过,此时外交政策的基础已不仅仅是反对美国和苏联,而是增加了一项:扩大与第三世界国家的联系和在第三世界推动革命。北京认为中国的使命已经变为充当亚洲、非洲和拉丁美洲新获独立的国家或不发达国家的领袖了。这不仅是为了在与俄国人的竞争中战胜他们,也是为自身利益的一项策略。支持世界各地社会主义和反帝革命的利他主义思想,与向全球各地扩张势力的国家利益——这对中国而言是第一次——结合了起来。这样的政策与毛个人的革命热情正相符合,因为它的成功可被视为中国革命确实是历史的先驱的明证。

因此,从1963—1965年底,中国的外交政策非常重视第三世界,并在第三世界花费了大量的财力、物力。[②] 表面看来,中国取得了很大的进展。1963年末至1964年初,周恩来总理访问了非洲,1965年夏又去了一次。[③] 中国开始实施一项以非洲为中心的对外援助计划,并向外提供军用物资,训练外国的反对派领导人。北京试图抵消苏联在第三世界各个组织中的影响(它获得了一些成功),把它们变成为中国政策服务的工具。北京对亚非人民团结组织尤其重视,准备1965年夏在阿尔及利亚召开"第二次万隆会议"把俄国人排除在这次会议之外。

但是,中国的努力遇到了障碍。第一,中国显然在试图操纵别人,它更感兴趣的是挫败俄国人,而不是帮助前殖民地发展经济。第二,中国缺乏推行其计划的"力量":北京的雄心壮志往往远远超过其实际能力,无法在远离国土的地方投入足够的力量。第三(也是最重要的),中国的政策存在极为突出的矛盾:一方面试图领导一个统

---

① 惠廷:《中国的威慑微积分学》第3—4章,第22—28页;J.切斯特·郑编:《中国红军的政治》。

② 详细情况参阅纽豪泽《第三世界政治》;彼得·范内斯:《革命与中国的外交政策:北京对民族解放战争的支持》。

③ 罗伯特·A.斯卡拉皮诺:《周恩来在非洲的足迹》。

一的第三世界，另一方面又给各国共产党提供武器，支持他们推翻本国的政府。所以，中国的第三世界政策未能全面成功是不足为奇的。苏联并不打算不经战斗就放弃阵地。第三世界在反对西方的问题上并不是铁板一块，也不是中国人认为的那样都接受了社会主义。亚洲和非洲的许多政治家越来越怀疑中国的意图，一直在寻找中国人耍两面派的证据，并常常找到此类证据，如贮藏武器的秘密地点或受中国援助的反政府游击队的训练基地。①

令人吃惊的倒是中国的第三世界政策很快就支离破碎。周恩来的非洲之行只获得了无关紧要的成功。② 他因双重政策而受到了被访问国家首脑们的责难，被迫在口头上作了让步。1964 年，中国在刚果创建革命根据地的活动因美国和比利时军人的英勇善战而遭到了失败。1965 年初，受中国援助的一起谋杀布隆迪总统的阴谋被破获后，该国断绝了与北京的外交关系。中国人为之付出了艰辛努力的阿尔及尔会议被"无限期"推迟，因为非洲的政治家普遍对周恩来的操纵和不择手段的反苏活动感到不满，也因为中国很快就把对本·贝拉——阿尔及利亚国家元首，在 6 月末会议举行之前不久就不合时宜地被推翻了——的宠爱转移到了继任的布迈丁身上。原定的第二次亚非会议一直未能举行。中国人的一切努力都白费了。周恩来两手空空地回到了中国。③

中国还通过帮助建立"泰国爱国阵线"、给该阵线提供中国武器和训练人员来支持泰国的"人民战争"。这些活动引起了曼谷的敌视，使美国在泰国的影响大为增加。④ 中国人在南亚的表现活像一只纸老

① 罗伯特·A. 斯卡拉皮诺："非洲和北京的统一战线"，《时事》第 3 卷第 26 期（1965年 9 月 1 日），第 1—11 页。
② W. A. C. 阿迪："周恩来在出访中"，《中国季刊》第 18 期（1964 年 4—6 月），第 174—194 页；唐纳德·W. 克莱因："北京驻非洲的外交官"，《时事》第 2 卷第 36 期（1964 年 7 月 1 日），第 1—9 页；于之乔："中国与非洲关系概览"，《亚洲概览》第 5 卷第 7 期（1965 年 7 月），第 321—332 页；布鲁斯·D. 拉金：《中国与非洲（1949—1970）：中华人民共和国的外交政策》，第 38—88 页。
③ 详细情况见纽豪泽《第三世界政治》。
④ 丹尼尔·D. 洛夫莱斯：《中国与泰国的"人民战争"（1964—1969）》。

虎。1965年夏，中国怂恿巴基斯坦人进攻印度的卡奇沼泽地，继而卷入外交交涉，向印度发出了近似于最后通牒的声明。但到最后关头，当新德里态度强硬时，中国都无所作为。他们发现苏联总理柯西金横插一竿，在塔什干为印巴冲突进行斡旋，① 大为沮丧。

这一切都打击了北京对第三世界的热情。但是，理性地说万事开头难，付学费是正常的。1965年9月，中国在印度尼西亚遭到了更严重的挫折。当时，受中国支持（也有人说给予物质援助）的印尼共产党企图通过暗杀本国高级将领使印尼军队变得群龙无首，然后在雅加达发动政变夺取政权。这个计划未竟全功，幸存的军队将领发动反击，在全国各地大力镇压印尼共产党，几天之内砍了几十万人的脑壳。② 由于中国人明显地与这次事件有严重牵连，也由于死亡人数太多（更不用说印尼共产党的生存问题了。事件发生后，该党立即被宣布为非法，从印尼的政坛上消失了），北京的声誉立马遭到巨大的损害。扬帆出征的中国革命政策航船就完全失去了的助力。

这些事件均发生在外国，其中几件乃趋势发展所致，中国无力控制。然而，在每一次事件中，中国的政策都在当地引起了负反应。如果"文化大革命"不是紧随着中国在印度尼西亚的大挫折爆发的话，中国的第三世界政策的失败肯定会更加显眼。事实上，这些事件（特别是雅加达和阿尔及尔的事件）发生的时机对毛很有利，给他多提供了一个从无法坚守的外交阵地上后撤的借口。自从跟俄国人分裂和国家从"大跃进"的灾难中恢复元气以后，毛就把中国引入这个阵地。毛和林彪没有承认失败。他们搬出了斯大林的老式理论：历史是波浪

---

① 巴巴尼·森·格普塔：《亚洲的支轴》，第141—241页。

② 安东尼·C.A.戴克：《"红野牛"精神：处在莫斯科和北京之间的印度尼西亚共产党人（1959—1965）》，第479页；约翰·休斯："中国与印度尼西亚：失败的罗曼史"，《时事》第19期（1969年11月4日），第1—15页；戴维·P.莫泽戈：《中国对印度尼西亚的政策（1949—1967）》，第303页；谢尔登·W.西蒙：《破裂的三角关系：北京、雅加达和印度尼西亚共产党》，第674页；贾斯特斯·M.范德克罗弗："中国和印度尼西亚的伙伴关系"，《环球》第8卷第2期（1964年夏），第332—356页。

式前进的，暂时的挫折是预料之中的。① 总之，"文化大革命"给了中国领导人这样一个机会：把全国人民的注意力从外交问题上引开，（通过毛主义者的宣传）把失败说成是胜利，宣称北京手里仅有的政策工具——巧舌如簧——就是唯一必要的工具。

而且，在 1966 年初中国遭遇致命的打击。这打击几乎成了中国假革命角色的注脚。第一件，达荷美（今贝宁——译者）和中非共和国发现，中国驻在两国的外交官在明目张胆地从事颠覆活动，故两国均断绝了与中国的外交关系。② 第二件，古巴领导人菲德尔·卡斯特罗——此人被视为领导第三世界国家共产主义革命获得成功的典范——与中国决裂，使北京的拉丁美洲政策宣告破产。卡斯特罗与北京决裂先由于中国干涉古巴内政（古巴发现中国人在古巴军官中散发反苏小册子）和利用古巴对大米的需求，诱使哈瓦那改变对苏联的态度。③ 此后，卡斯特罗坚定地站在了苏联阵营一边（苏联人通过对古巴的经济和军事援助使卡斯特罗留在苏联阵营内，而中国人在这两方面都难与苏联人相抗衡）。第三件（也许最具象征意义），加纳左派总统恩克鲁玛在刚刚抵达北京后就被推翻了。④ 他的继任者很快就断绝了与中国的关系，因为中国人继续把恩克鲁玛视为该国真正的领导人。

从此时直至 70 年代末，中国都不得不把革命政策放到一边，因为中国面临着苏联的军事挑战，需要与华盛顿缓和关系，需要恢复社会秩序和发展经济。但在"文化大革命"的"活跃期"，毛声称的外交政策是完全按原则制定的，是最纯洁的。毛自圆其说之词居然使他免遭难堪，原因在于莫斯科和华盛顿都不太重视中国。此外，内乱中

---

① "中共中央［关于文化大革命］的通知"，1966 年 5 月 16 日，见《北京周报》第 21 期（1967 年 5 月 19 日），第 6—9 页；林彪："在中共中央政治局扩大会议上的讲话"，1966 年 5 月 18 日，见《中国法律和政府》第 5 卷第 4 期（1969/1970 年冬季号），第 42—62 页。

② 拉金：《中国与非洲》，第 167—193 页。

③ 塞西尔·约翰逊：《共产党中国与拉丁美洲（1959—1967）》。

④ 拉金：《中国与非洲》，第 167—193 页。

的中国只把经济的发展和与外界的联系放在次要位置。1966—1969年间，中国的革命雄辩术达到了登峰造极的境界。中国人在香港、仰光和莫斯科等地虽然也进行过一些可称之为"革命"的活动，但是，把这些活动视为中国的内部动乱在国外的表现也许更合适些。在很大的程度上，革命活动和北京外交政策的大部分内容一样，都退居幕后了。

"文化大革命"初期的外交政策，
1965—1967 年

"文化大革命"期间，中国外交政策主要是按下述两个设想制订的：中国能够按照自己的意愿与外部世界打交道和国际环境继续对中国有利（如此异想天开）；也就是说对外事务不会发生需要中国对外交政策给予过多注意或者发生需要花费过多财力物力的事件，没有外部力量对中国内政构成严重威胁。总的想法是割裂国内和国外事态之间一直存在的那种密切联系，把中国与外界隔开，以北京确定的时间和条件来处理与其他国家和人民间的关系和问题。事实上，这些都是自以为是的主观推想，既反应了整个"文化大革命"精神的不切实际，也反映了毛的傲慢与自大：坚信只有他自己发现了真理，其他人（包括外国人）只要得到正确和充分的教育，就会自觉同意真理的正确性。由于这些臆想是"文化大革命"时期产生的，所以未遇到任何麻烦。但当中国违背它自己的信条以后，国际环境即以可怕的军事威胁的方式对中国展开了报复，迫使它改变"文化大革命"的进程和外交政策的方向。而且，即使在中国将其国内问题与对外事务人为地完全分隔开来期间，内外问题，仍然保持着一定的联系。总而言之，"文化大革命"的决策、各个阶段及每个阶段的转折点都反映在北京的对外立场、政策和行动上，只是程度上打了一个大折扣而已。

"文化大革命""活跃期"的外交政策可分为三个阶段。第一阶段，1965 年 11 月"文化大革命"的非正式开始到 1966 年 8 月中共八届十一中全会正式宣布"文化大革命"开始不久为止。在这期间，北京基本未参与什么国际性活动。中国对苏联、美国和越南冲突的方针已经确定；第三世界政策基本停留在口头上；领导层的注意力被转移到了内部团结上，所以不可能或者不需要制定新的外交政策。

第二阶段，从 1966 年 8 月红卫兵上街到 1967 年夏天动乱达到高潮——以"武汉事件"和火烧英国代办处事件为代表——为止。在这个阶段，中国严格按"文化大革命"的条件对待外部发生的事件；中国的外交行动和与其他国家的政府和人民之间的接触，几乎与中国国内的动乱程度完全一个节拍。因此，当时中国对外政策发生的两件重大事件也都成了国内问题：红卫兵接管外交部，外交部长陈毅暂时去职；对外国驻华外交人员的粗暴待遇，特别是受官方指使的对苏联和英国外交官的暴力事件。在北京的政策的影响下，在中国国境线上也发生了一系列事件。从这个意义上讲，中国对外关系仅仅是内部动乱向外蔓延的结果，尽管这种蔓延在香港、柬埔寨和缅甸表现得比较严重。

第三阶段始于 1967 年夏，当时中国领导人作出了中止暴力活动、实行军管和解决毛的继承人问题的决定。这些措施及苏联的军事活动直接导致了下列事件的发生：1969 年 3 月的中苏边界冲突；4 月，中共九届一中全会决定把中国支离破碎的外交政策重新收拢；10 月，周恩来和柯西金在北京机场会晤后，苏联停止了对中国的政治和军事压力，此外，还最终促成了中美和解。因此，"文化大革命""活跃期"结束时，中国的外交政策基本上恢复了"文革"刚开始时的模样。中国不但卷入了与超级大国的纠纷之中，而且，国内事务与外交政策间固有的密切联系也恢复了。

第一阶段，1965—1966 年

在第一阶段，北京在外交政策方面只担心三点。第一，如果美国对越南的干预进一步升级，是否需要中国作出更直接的反应；第二，如何与莫斯科保持不即不离的关系，也就是说，关系虽坏，但不要太坏；第三，如何对待印度尼西亚迫害华侨的事件及雅加达和印尼其他地方的暴民对中国外交机构的袭击。1965 年末及 1966 年全年，美国大幅度增加了对北越的空袭，并连带轰炸了停靠在海防港口的中国船只及河内和其他地方的中国军事援助人员和工程技术人员。[①] 这自然又一次引起了北京的担忧：是否应该采取更直接的行动，特别是在美国人把战火烧到中国南部的情况下。但是，美国竭力不让空袭扩大到中国领空，双方达成了两国空军不交锋的默契。[②] 不言而喻，只要中国继续向北越提供军需物资、在北越驻军并建立维修设施，中国人必会处在美军空袭的威胁之下。所以，这个时期的特点是北京说得多，做得少；随着美军空袭的日益频繁和残酷，北京发出的调门也越来越高；在中国各个城市举行群众集会；当美国战斗机侵入中国领空时它只采取防卫措施而不进行实际的攻击。在这种情况下，中国注定要拒绝约翰逊政府首次提出的建议：[③] 通过改变对台湾问题的态度和不扩大越南的军事活动来改善中美关系。中国对美国发出的这些明确的和解暗示不感兴趣。尽管如此，美国还是一再提出这些建议，加上苏联的军事压力，最后终于引起了中国的重视。

中苏关系主要受下述两个方面的制约。第一，苏联在越南冲突中的作用；第二，北越和美国在苏联调停下和解的可能性（不管这种可能性在当时有多少）。[④] 考虑到美国已几次试图利用克里姆林宫的调停（虽然这些调停基本上未见效）把越南人拉到谈判桌边，中国人非常担心苏美会"互相勾结"，作出与国际缓和有关的决策。美国的几次努力都无结果，因为河内不打算再次在未获全胜的情况下结束战争。[⑤] 但这丝毫未减轻中国人的疑虑：苏美两国可能避开越南问题和战略武器控制问题而达成全球性谅解，包括取消苏联对中国的核保护（旨在抗击美国的进攻）。因此，北京继续利用一切机会攻击苏联：在次数日益减少的中苏双方都参加的共产党内部会议上，在中国国内规模日益扩大的反苏集会上，在中国的新闻媒介中，[⑥] 一有机会（只要不引起苏联真

① 《纽约时报》1966年7月1日第4、11版。

② 惠廷：《中国的威慑微积分学》，第170—183页。

③ 《纽约时报》1968年11月1日，第1、10版。

④ 亨利·基辛格：《白宫岁月》，第226—269页。

⑤ 卡诺：《越南史》第12章。

⑥ 纽豪泽：《第三世界政治》第4章；外国广播信息处：《远东动态》1966年8—10月。

正具有威胁性的强烈反应），中国就直接抨击俄国人。所以，北京拒绝出席 1966 年初在莫斯科召开的苏共第 23 次全国代表大会，以及后来苏联召开的其他会议，并谴责俄国人向其他主要的共产党递交了秘密信件。北京拒绝苏联在信中对中国的一切指责，特别驳斥了关于中国阻止苏联的军事设备通过中国领土运往河内（这种指控似乎确有其事）的传言（和苏联的谴责），并故意实施一项傲视克里姆林宫的计划——明确颁布了在黑龙江和乌苏里江控制苏联船只航行的规定。[①]

虽然北京和河内的关系几乎完全受美越冲突的制约，但有迹象表明，两国共产党并非真正亲密无间。河内怀疑北京把阻断苏联的供应当作一种政治筹码，其目的不仅仅是为了反苏。在武元甲已经决定由游击战转为用大部队进行正规战以后，中国告诉越南人应该怎样进行斗争（如林彪论人民战争的文章），河内很难对此表示赞赏。此外，越南劳动党也不喜欢中共的这种做法：迫使越南在中苏争论中站在中国一边而不顾此举会对越苏关系带来多大的伤害。

最后一点，即使在早期，胡志明和他的同事们就知道中国不赞成北越收复南越，重建一个统一的越南，更不希望出现一个由越南控制的共产主义的印度支那。[②] 中国对东南亚的长期政策似乎是：可以共产主义化，但不能统一。由于当时面临着美国的军事威胁，双方把分歧暂时放在了一边，但北京很清楚，就中国的利益而言，越南共产党的独立性太大。中国人最了解自力更生的好处，他们在反对俄国人的

---

① 关于秘密信件及有关事情，参阅"每季大事和文献"，《中国季刊》第 26 期（1966 年 4—6 月），第 216—217 页；关于界河航行规定，见《人民日报》1966 年 4 月 20 日；苏联人未接受这些规定，如果接受的话，他们就等于承认中国对所有的有争议的岛屿和这两条界河的航道都拥有主权。

② W. A. C. 阿迪："中国与越南战争"，《密宗》第 8 卷第 6 期（1966 年 11—12 月），第 233—241 页；安泰顺（音）："中苏争端与越南"，《环球》第 9 卷第 2 期（1965 年夏季号），第 426—436 页；哈罗德·C. 欣顿："中国与越南"，见邹谠编《中国在危机中》第 2 卷，第 201—236 页；约翰·W. 刘易斯：《中国与越南》，见芝加哥大学政策研究中心编《中国简报》，第 53—56 页；劳伦斯·普拉特：《北越与中苏紧张关系》，第 197 页；罗伯特·A. 鲁本和罗伯特·法雷尔合编：《越南与中苏争端》，第 120 页；唐纳德·S. 扎戈里亚："莫斯科、北京、华盛顿与越南的战争"，见阿伦·A. 施皮茨编《当代中国》，第 14—20 页。

运动中就很好地运用过这个方针。他们当然不愿看到这种斗争手段被用来反对他们自己。因此，70 年代中越冲突的种子，在 60 年代，尤其是"文化大革命"时期，双方对待对方的态度中就已扎下根了。①

这个阶段，中国的外交政策越来越被动。北京无力有效地回应印度尼西亚对中国国家利益的挑战，就是对这一点的生动说明。1965年 9 月，印尼共产党的政变计划流产以后，苏哈托政权大肆迫害所有共产党员及共产党嫌疑分子，允许军队和普通公民对共产党及嫌疑分子发现多少杀掉多少，常常对他们的家属也不放过。② 中国当然很尴尬，很痛心，但却无能为力。然而，当袭击蔓延到印尼华侨身上并进而波及到中国在雅加达和其他城市的外交官和其他官方人员及设施时，中国进行合法干预的道路就畅通无阻了。1966 年春夏，袭击、抄家、强行搜查、抢劫中国大使馆和一些领事馆、驱逐中国外交人员的事件相继发生，使印度尼西亚的反华暴力活动达到了高潮。然而，中国除了提出抗议、撤回官方人员及留学生、取消经济援助之外，仍然无所作为。当华侨普遍受到迫害时，中国外交部曾要求印度尼西亚允许中国派船接回所有希望返回的人。③ 1966 年末，印度尼西亚允许一艘中国客轮前去接运华侨。中国最后共接回 4000 余名华侨。

鉴于印度尼西亚如此挑衅，中国应立即断绝外交关系。然而，想不到中国当时会采取那么软弱的政策。在每个阶段，采取断然措施的都是印度尼西亚而非中国。只是到后来，在 1967 年"文化大革命"的动乱达到高潮的时候，红卫兵暴徒闯入并焚烧了印尼驻北京大使馆，形势才转为对印度尼西亚人不利。而在 1965 年，由于"文化大革命"的苗头已经显露，加上北京还不能把它的力量投放到远离国土

---

① 尤金·K. 劳森:《中越冲突》;廖广胜(音):《中国的排外主义和现代化:国内政治和外交政策之间的联系(1860—1980)》;戴维·W.P. 埃利奥特编:《第三次印度支那冲突》中由萨特、波特和加雷特撰写的章节。

② 唐纳德·欣德利:"印度尼西亚的政治权力与 1965 年 10 月政变",《亚洲研究杂志》第 27 期(1969 年),第 237—249 页;多门:"印度尼西亚的未遂政变",第 144—170 页。

③ "每季大事和文献",《中国季刊》第 28 期(1966 年 10—12 月),第 193 页;第 29 期(1967 年 1—3 月),第 196—197 页。

的地方，致使中国的外交政策基本上处于被动应付的状态。在与苏联、美国和越南的关系中，中国唯一可用的选择是，对其他国家所作出的举措、对国际事件，以及在北京无发言权的重大问题上所做的决定，做一些口头上的反应而已。

第二阶段，1966—1967 年

在 1966 年 9 月至 1967 年 8 月"文化大革命"的红卫兵时期，中国的外交政策完全是骚乱、暴动和复仇活动——在一年多的时间里，中国的内政就是如此——的产物。中国不再对国外的事态作出反应，因为外界也准确地断定中国不仅甘愿处于孤立，而且更希望外界不要打扰它。其时，中国的外交政策只是对国内事态作出反应。一度红卫兵夺占外交部并揪出陈毅进行批斗和戏弄，这时北京的外交政策就降低到在外交部大楼正门口与吵吵闹闹的"革命"青年进行谈判的水平了。中国终于获得了长期奋斗的目标：彻底摆脱外国的要求和控制。不过，这是以完全失去外交政策为代价的。

中国内部的动乱规模和它对外部世界的言词抨击程度几乎是完全成正比。1967 年 6 月外交部被整垮以前，中国一直在通过群众集会推行其外交政策。这使人回忆起了巴黎公社的情景。因此，当中国想对苏联的某些行动发泄不满时，就在苏联驻京大使馆前举行大规模的示威游行。第一次示威发生在 1967 年 1 月。这次示威整整持续了三个星期，日夜不停。① 此外，北京企图在苏联首都向克里姆林宫传授革命的艺术：中国留学生途经莫斯科时，下车到红场煽动俄国人，引起了流血冲突，然后在西伯利亚的归途上向火车内的乘客展示包扎着伤口的绷带（他们说伤口是沙俄式的骑兵的殴打造成的）。他们在苏联的各火车站进行反克里姆林宫的宣传。② 在此阶段，在其他国家（特别是英国、缅甸和印度尼西亚）驻华大使馆前的游行示威也时有发

---

① 《远东动态》1967 年 1 月 30 日。
② "每季大事和文献"，《中国季刊》第 29 期（1967 年 1—3 月），第 193—195 页；第 30 期（1967 年 4—6 月），第 242 页。

生，旨在报复各该国政府的所谓罪恶行径，或者仅仅是针对（中国人看来）他们所具有的社会政治特点。

当俄国人成为中国人开口必骂的目标时，中苏关系当然就更加恶化了。当双方针锋相对、互相驱逐外交及其他人员（特别是记者）时，两国的外交关系有好几次几乎断绝。[①] 中国在其他国家——如法国和伊拉克——的留学生也在当地苏联使馆前举行示威。当警察与他们的带头人冲突时，这些人就成了英雄人物。

中国国际广播电台把（除用毛的语录赞美"文化大革命"之外的）全部精力用于对苏联广播，播音时间增加至每天24小时。中国人曾直接袭击在华的苏联公民，这是他们所犯的付出代价最大的错误。不但苏联大使馆的部分房屋遭到了抢劫，而且停泊在大连港的一艘俄国船上的官员们也因拒绝佩戴毛泽东的像章而被押到市内游街示众。[②] 此外，经北京机场撤离的苏联外交人员的家属，受到了临时召集起来的成千上万红卫兵的嘲笑、威胁和唾骂。[③] 这些行动在1969年和1969年以后因苏联人激烈的报复而使中国付出了沉重的代价。中国还在所有的出版物上继续攻击克里姆林宫，指责苏联与美国"互相勾结"；在国内外推行修正主义；蓄意利用国际共产主义运动（的残余势力）来反华；对越南假支援真出卖等等。[④] 但是，由于北京与莫斯科的关系已冻结，而且中国根本不想改善，故而，双方外交关系的地位已不很重要了。更重要的是边界地区的军事形势（虽然还未公开）。在中苏边界，边界事件和军队的集结活动已屡见不鲜，[⑤] 发生爆炸性事件的舞台已经搭好。爆炸性事件很快发生，中国暂时停止"文化大革命"就很有必要了。

这个阶段，中国基本上实现了外交政策的目标：使本国与外部世

---

① "每季大事和文献"，《中国季刊》第30期（1967年4—6月），第244页。

② O.B. 鲍里索夫和B.T. 科洛斯科夫：《苏中关系（1945—1970）》，第294—295页。

③ 《苏中关系（1945—1970）》，第304页。

④ 1966年9月至1967年夏的每一期《北京周报》上至少有一篇这样的文章。

⑤ 托马斯·W. 鲁宾逊："中苏边界争端：背景、发展和1969年3月的冲突"，《美国政治学评论》第66卷第4期（1972年12月），第1177—1183页。

界隔绝，而且愈彻底愈好。例如，除官方委派的人员外，其余的外国人都被要求离开中国。外国高级官员的来访或者被中止，或者被减至最低限度。但中国并未被密封住，特别是在社会动乱、夺权、示威游行和乱找替罪羊的活动盛行的情况下，向外蔓延是不可避免的。最严重的事件发生在香港。

香港的骚乱

对激进分子来说，香港这块英国尚存的殖民地是一个吸引人的和必然的目标。当外交部停止运转，中国的外交政策决定权落入早已变得急于表现满腔革命热情的地方官员手中时，英国的这块殖民地迟早会直接感受到街头革命行动的威力。另外，香港一点就着。它是盛行一时的自由资本主义的最后一个堡垒，是过去卡尔·马克思描述的资产阶级丑恶社会的最典型的现代例证，香港自然符合毛泽东主义进行社会经济革命的标准。

事情开始于 1967 年 5 月初香港的一次劳资纠纷。如果不是中国插手其间，鼓励罢工工人，公开支持工人及其家属的游行示威的话，这场纠纷无疑会很快解决。从纠纷一开始，中国的支持就传到了香港，其中包括通过广播电台播送指示；在维多利亚商业区的中国银行大楼安装转播大陆电台消息的高音喇叭；付钱给罢工工人和示威群众；中国工会还通过了支持罢工的决议。这样，劳资纠纷很快演变成了全面骚乱，并进而威胁到了英国的殖民统治。大逮捕开始了，有时一天中就有数百人被捕。罢工先波及其他的私人企业，后来发展到交通、煤气供应等公共服务机构，最后还蔓延到了政府部门。

但是，英国政府坚决迎接这些挑战，向香港派遣了一艘载有直升机和海军陆战队的航空母舰。同时，香港的警察（99％是华人）面对袭击没有乱，也未加入骚乱者的行列。然而，随着中国国内秩序的进一步混乱，香港的危机在 7 月份更加严重了。广东地方政府显然是自作主张地部分开放了中国内地和香港的边界，致使边界村镇发生了不少严重事件，其中包括用机枪射死几名香港警察的事件。由于边界半开半闭，基地设在中国的恐怖分子潜入了九龙中心地区。到夏末为止，共发生了大约 160 起与中国工人的恐吓有关的炸弹爆炸案。[1]

中国人一开始就把香港的劳资纠纷提到了外交的高度。首先，中国向港英当局正式提出了五项要求（如果英国同意这些要求，香港的政权将落到骚乱者手中）；第二，让大批群众包围英国驻华代办处，肆意辱骂英国外交官，其严重程度是 20 世纪的中国绝无仅有的。7 月和 8 月，英国驻北京代办处建筑物和上海领事馆也遭到了破坏；第三，在中国驻伦敦代办处周围挑起骚乱（这又被用作进一步侵犯英国在华外交豁免权和严格限制英国官方代表的借口）。[2] 这些使事态逐步升级的行动很可能和外交部精心安排的旨在把英国赶出香港殖民地的一系列措施无关，甚至不是毛泽东、周恩来和其他在"党中央"（到 1967 年夏，除直接的军事管制外，这是中国仅剩的中央政权机关）任职的领导人的决定。相反，它们似乎反映了下述事实：外交部在逐步解体；外交政策实际上掌握在下级官员姚登山及追随他的红卫兵手中；[3] 陈毅手中无权；甚至周恩来也不得不（据说是违心地）把自己和香港的革命活动联系起来。

在正常情况下，英国驻华代办唐纳德·霍普森和驻上海领事彼得·休伊特受虐待事件，就足以使英国断绝与中国的外交关系。[4] 仅焚烧代办处事件就已提供了充足的理由。但是，由于某些原因，伦敦没有采取这一合乎逻辑的步骤。最明显的原因是，如果与中国没有外交关系，香港将陷入极端危险的境地（实际上，虽然香港的骚乱非常严重，但贸易、旅游和生产仍保持旺势，亦很少有抽走资本之现象）。此外，伦敦意识到，中国人的悖常行为是中国外交政策堕落为国内民众暴力活动的一个组成部分的结果。这场风暴可能会很快平息下来，事实的确如此。英国决心向中国表明：恐吓政策不会奏效；如果中国

---

① 威廉·希顿："毛主义的革命战略与现代殖民："'文化大革命'在香港"，《亚洲概览》第 10 卷第 9 期（1970 年 9 月），第 840—857 页；爱德华·厄尔·赖斯：《毛的道路》，第 364—375 页；"每季大事和文献"，《中国季刊》第 31 期（1967 年 7—9 月），第 212—217 页。

② 《中国季刊》第 32 期（1967 年 10—12 月），第 221—223 页。

③ 后面将更多地谈到姚登山的情况。

④ 《纽约时报》1967 年 5 月 25 日；《远东经济评论》1967 年 8 月 1 日，第 229 页。

想继续做一个文明国家，就必须按文明国家的原则行事。这个观点留有 19 世纪的痕迹。

英国的这个策略最后得到了报偿。1967 年末，随着外交部工作秩序的恢复和全国范围内军事管制的实行，香港殖民地的社会秩序恢复了正常，边界回到了合作控制的正常状态，而且（最重要的是）驻北京的英国外交官被准许在北京市内活动。中国像往常一样，无中生有地声称取得了胜利，然后解除了对英国驻华外交官的压力。不过，完全解除压力还需要一段时间，直到 1968 年夏，伦敦才得以开始把驻华外交官接出中国。然而，即使到了这时，路透社记者安东尼·格雷仍在受软禁（始于 1967 年 7 月），一直到 1968 年底。同时，英国的船长和海员们仍常常遭扣押、审讯和驱逐，至少有一名英国公民（维克斯—吉玛公司的工程师乔治·瓦特）因被指控犯有间谍罪而被判处三年徒刑。（维克斯—吉玛公司的其他职员于 1968 年 7 月被驱逐出境，他们一直在修建一家合成纤维厂。）[1]

"文化大革命"期间英国人在中国的遭遇是此类事件中最极端的例子。但西欧大多数国家的经历与此也大体相似，尽管中国使馆在各驻在国首都屡生事端，这些国家决定继续保留驻华使馆，或者至少保持与中国的经济关系。中国的邻国或中国影响所及的国家的经历有一些不同。它们更直接地感受到了"文化大革命"向外蔓延所造成的影响，虽然受影响的时间短一些，方式更温和一些。柬埔寨和缅甸爆发了危机，印度、尼泊尔、锡兰（斯里兰卡）、肯尼亚和阿尔及利亚也感受到了"左"派造成的压力。[2]

在东南亚的蔓延

金边的形势因越南战争而变得复杂起来。西哈努克亲王想利用中国声称的友谊，阻止越南冲突向西蔓延，尽管北京一直在支持他的反

---

[1] "每季大事和文献"，《中国季刊》第 36 期（1968 年 10—12 月），第 172 页。

[2] "每季大事和文献"，《中国季刊》第 31 期（1967 年 7—9 月），第 219—221 页；第 32 期（1967 年 10—12 月），第 225—226 页；第 34 期（1968 年 4—6 月），第 192 页；第 35 期（1968 年 7—9 月），第 194—197 页；拉金：《中国与非洲》，第 125—147 页。

对派武装力量——红色高棉。中国的目的是不让柬埔寨领导人过分担心越共利用柬埔寨领土进行活动；让金边保持对越南的绝对独立；维持红色高棉的活动，但不把它公开当作中国的工具；支持西哈努克在中苏争论中的中立立场。[①] 北京的困难在于它不能控制事态的发展。不但俄国人、美国人、越南人和柬埔寨人都各行其是，而且在"文化大革命"的这个阶段，中国革命的向外输出已变成了另一个致乱因素。

1967 年 3 月，中国驻金边使馆向外界散发毛主义的宣传品，鼓励当地华人青年进行红卫兵式的活动，给高棉—中国友好协会提供资金，公开介入柬埔寨的内部政治。[②] 西哈努克对这些故意冒犯他的举措不可能置之不理，虽然他依赖中国的外交支持和经济援助。他被迫采取对策，有效地制止了此类活动。他还严厉抨击了中国的"文化大革命"。[③]

如果中国国内不再生事端，事情本来在 1967 年夏即可得到解决。由于外交部到 8 月份已混乱不堪，周恩来不得不对来访的柬埔寨外交大臣普里萨拉亲王说，中国实际上已失去对驻柬埔寨使馆的活动的控制。[④] 此外，中国仍在支持当时已被西哈努克取缔的高棉—中国友好协会，中国新闻媒介也开始直接攻击这位柬埔寨元首了。这些行动导致西哈努克明确地指责中国干涉柬内政（很准确）。[⑤] 再加上 8 月英国驻华代办处被烧及中国人在缅甸采取了相似的行动，遂导致西哈努克在 9 月份宣布撤回柬埔寨驻北京使馆的全体人员。虽然周恩来随后说服他打消了断交的想法，但造成的损失已无法挽回，两国关系在随后的"文化大革命"岁月中一直很疏远。

在缅甸，事态的发展更趋于极端。它表明，一旦"文化大革命"直接影响到外交部的正常运作，就会立即使原本不错的双边关系产生

---

① 罗杰·M. 史密斯：《柬埔寨的外交政策》；迈克尔·莱弗："柬埔寨与中国：中立主义、'中立'和国家安全"，见 A.M. 哈尔彭编《对华政策：六大洲的观点》；迈克尔·莱弗：《柬埔寨：寻求安全》；梅尔文·格托夫：《中国与东南亚，生存的政治：外交政策相互影响研究》第 3 章。

② 格托夫：《中国与东南亚》，第 77—78 页。

③ 同上书，第 79—81 页。

④ 同上书，第 121 页。

⑤ 同上。

破裂。由于仰光奉行不公开冒犯中国的谨慎政策，也由于北京的目标是在促进两国友好关系，为以后支持共产主义暴力革命奠定基础，故中缅关系历来很好。因此，北京能容忍缅甸的中立和不介入政策，能容忍其对本国"左"倾运动较为严格的控制和在一些政策方面违背中国的意愿，包括对越南冲突和军备控制的态度，以及对第三世界与西方和苏联的最佳立场应该是什么等等。只要缅甸政府能够合作，缅甸国内共产主义运动的力量还比较薄弱（起初分裂为红旗派和白旗派，60 年代中期亲北京的白旗派再次分裂），中国在缅甸就什么也不能（或者不需要）做。因此，中国在 1960 年与缅甸签订了一项边界条约，1961 年又签订了一项友好和互不侵犯条约。1963 年，奈温政府因与"左"派谈判破裂而大力镇压共产党势力时，中国听之任之；而且，1964 年缅甸政府实施的把银行和主要工业企业收归国有的政策影响到缅甸华侨的利益时，中国也没有公开反对。[①]

"文化大革命"开始后，情况就马上不同了。首先，共产党白旗派在内部的一次暴力冲突和血腥清洗后发生转变，变成了毛主义式的纯政治军事组织，由中国培养出来的红卫兵式的干部领导。[②]其次，缅甸在越南冲突、反苏斗争和对待第三世界等问题上没有紧紧追随中国的路线方针，尽管刘少奇、陈毅和周恩来等高层领导人在 1965 年和 1966 年先后访问了仰光。[③]此外，中国驻仰光使馆和新华社分社不但资助当地的华语学校，而且在学校课程中加进了许多毛主义的内容。"文化大革命"爆发后，这方面的内容就更多了。这种做法把华侨学校的学生变成了住在外国的红卫兵。最后，随着 1967 年春夏中

---

① 格托夫：《中国与东南亚》第 4 章。

② 约翰·H. 巴杰利："缅甸与中国：一个小邻邦的政策"，见哈尔彭编《对华政策》，第 303—328 页；罗伯特·A. 霍姆斯："1962 年以来缅甸的对华政策"，《太平洋季刊》第 45 卷第 2 期（1972 年夏），第 240—254 页；林恩·B. 帕斯科："中缅关系（1949—1964）"，见安德鲁·科迪埃编《哥伦比亚国际问题论文集（1965）》；弗兰克·N. 特拉格："中缅关系：友好时代的结束"，《环球》第 11 卷，第 4 期（1968 年冬季号），第 1034—1054 页；贾斯特斯·M. 范德克罗弗："中国在缅甸的颠覆活动"，《印度共产党人》第 3 卷第 1—2 期（1970 年 3—6 月），第 6—13 页。

③ 格托夫：《中国与东南亚》，第 107—108 页。

国外交部的逐步解体，该年早些时候经受"文化大革命"洗礼的中国外交官返回了仰光。他们公开散发毛的语录即"红宝书"、毛的像章和其他具有煽动性的宣传品。当当地政府出面干涉时，他们坚持认为自己有这么做的权利。[①]

这些活动，特别是最后一项活动，对仰光民众和奈温政府来说，确实太过分了。所以，当受中国大使馆支持的学生拒绝按缅甸政府的规定摘下佩戴在身上的毛的像章时，反华骚乱就开始了。骚乱迅速转变为对中国大使馆、新华社、华人学校直至许多缅甸华侨的袭击。这些骚乱未能被仰光警察平息，而是一再扩大，致使中国驻缅甸大使的助手被杀身亡。北京对此事的反应与对香港事件的反应相同（金边的事件此时也都在演变中）。首先，北京于 6 月末发出了一系列警告性的照会，继而向仰光提出了一系列要求（由于这些要求太苛刻，缅甸政府只能拒绝），然后在缅甸驻华使馆周围举行大规模示威，最后又经过外交途径进一步提出了一系列要求。[②]

即使到了这种地步，如果不是北京站出来（这是第一次）公开支持共产党白旗派以暴力推翻缅甸政府的活动而致使形势全面恶化的话，事情仍然是可以了结的。北京抨击缅甸政府和奈温本人，号召缅甸人民武装起来推翻现政府，在本国建立一个共产党政府。北京还让白旗派利用中国的新闻媒介。[③] 形势在 6 月的最后三天内急遽恶化。这显然是中国外交部内的过激分子造成的。他们违背（实际上破坏）了中国政府自 1949 年以来处心积虑维持的对缅甸的立场。缅甸政府和人民均作出了相应的反应。7—8 月，缅甸各地普遍爆发了示威游行，中国支持的宣传机构遭到查封，左翼团体遭到大规模镇压。缅甸政府还发起了一场反对中国及亲华分子的舆论攻势，并驱逐了几名中国记者。[④] 随后，两国不可避免地断绝了外交关系。同年夏，双方各

---

① 格托夫：《中国与东南亚》，第 114 页。
② 同上书，第 115—116 页。
③ 同上书，第 116 页。
④ 同上书，第 117—118 页。

自召回了大使。一年之后，中缅关系才开始恢复。

外交部走向极端

香港、金边、仰光和其他地方发生的一系列事件的原因是多方面的。然而，如果中国外交部在 1967 年夏没有走向极端，外交部长陈毅没有受到人身攻击，外交部的一些档案没有被人为地毁坏，这些事件很可能不会发生。要了解"文化大革命"这个阶段和后来阶段中国的外交政策，就必须就这些事态的发展加以研究，因为它是中国内部事务和外交实践之间的纽带。

"文化大革命"在政府部门的表现是：工作组、红卫兵、革命造反派、革命委员会和其他破坏势力对国务院各部委正常工作的干扰。但是，这些干扰活动的时间先后长短各有不同，它取决于各部的实际情况及"文化大革命"暴力活动的总体方向和发展阶段。外交部是各部委最晚卷入的单位之一，遭受劫难的时间也比较短（虽然在 1967 年夏受到的打击非常严重）。与其他政府机关明显不同的是，外交部在我们所关注的这个时期仍然在运作。但是，它的运作是妥协的产物。中国外交政策的内容和方向与"文化大革命"时期社会秩序的混乱和重新整顿紧密相关。

因此，1966 年夏外交部长陈毅接受了党派往外交部的工作组。不过，他和其他各部部长一样，把工作组用来维护外交部各部门的完整和免受造反学生的干扰。[①] 1966 年秋，中共十一中全会正式决定开始进行"文化大革命"后，毛召回了工作组，允许红卫兵在外交部和国务院其他各部委建立革命委员会。但是，陈毅不许红卫兵干扰中国外交政策的制定和实施。他和往常一样坚守职责。他和其他各部的头头们都在做同样的努力，都采取了拖延的办法，希望局势能够好转。[②]

然而，约束激进主义的瓶盖一旦松开就难以再把它关回瓶里了。

---

① 梅尔文·格托夫："'文化大革命'期中国的外交部和外交事务"，见鲁宾逊《中国的"文化大革命"》，第 317—318 页。（以下简称"外交部和外交事务"）
② 同上书，第 318—322 页。

到 1966 年底至 1967 年初,学生和工人开始到处"夺权"。"一月风暴"有意识地把全国和大多数政府机关(包括外交部)推进了混乱的深渊。1 月 18 日,外交部成立了一个革命造反联络站。始于上年秋天的对陈毅的批判现在变得越来越激烈了。陈毅在一次万人大会上被迫作了自我批评,自己承认有"七大罪状"。[1] 当然,陈和主持这次万人大会的周恩来的想法一样,为的是利用自己的"坦白"来避免造反派干扰外交部的正常运作,并借周恩来的权威,这也意味着是毛泽东的权威来保住自己的职位。这个办法很有效,外交部造反联络站的一些"左"派被搞掉了。以后的两个月中,中国的外交政策仍是较为理智的。

但是,后来局势发生了根本性的变化,导致这种策略到 1967 年初夏便不灵了。首先,中国在这期间召回了所有驻外大使(驻开罗的黄华除外)[2] 及各使馆的大多数高级官员,让他们接受"文化大革命"的洗礼。这项措施显然严重削弱了北京了解和分析国外局势的能力。但是,此举的一个严重后果是,外交部各部门和各驻外使馆(随着外交人员很快返回驻在国)都走向了极端。其次,1967 年 1 月,毛泽东号召解放军支持"左"派夺权。军队临时作为一支稳定秩序和相对保守的力量介入了斗争,在"三结合"(解放军、老干部和红卫兵)时把有经验且不太激进的老干部摆到了首要位置。但是到了 4月,军队就因这种做法(被称为"假夺权")受到了批评,不得不给造反派更多的权力。这样,陈毅在外交部再次受到了压力。这次的压力来自"批判陈毅联络站"。不久,北京举行了反对陈毅的公开游行。1967 年 5 月,经周恩来同意,陈又一次受到了群众的批斗。[3]

再次,造反派在一些争强好胜、能与陈平起平坐的人中推出了自己的带头人来反对外交部长陈毅。1967 年 4 月雅加达驱逐中国代办

---

[1] 格托夫:"外交部和外交事务",第 322—325 页。

[2] 当时只有黄华一人未被召回的原因,现在仍不太清楚。也许是中国领导人认为,在国门之外至少需要留下一名资深的观察员,尤其是在中国在非洲惹出的麻烦已迫使那里的许多外交人员撤回国内的情况下。

[3] 格托夫:"外交部和外交事务",第 326—331 页。

姚登山，中国和印尼就此断交。4 月 30 日，姚返抵北京，在北京机场受到了整个中国领导层的热烈欢迎。此后，他成了北京市的风云人物，在 5 月中旬的一次声讨印度尼西亚的群众集会上出尽了风头。姚回到了外交部后，马上就成了反对陈毅的造反派的领袖人物。陈毅还想使中国的外交事务（和外交部资深官员）再次躲过内部暴力活动的大冲击。[①]

但是，外交部在部内外造反派的联合攻击下分崩离析了。5 月 13 日发生了一系列暴力破坏事件：数百名批陈联络站的造反派攻进外交部，打断了部里的正常工作，殴打官员，把档案弄得乱七八糟，还带走了机密材料。5 月 29 日又发生了类似的事件。此后，外交部基本上就不能正常运作了。上文已谈到，当时中国与香港、柬埔寨和缅甸的关系已急遽恶化，与其他三十多个国家的关系也出现了危机。这种局面主要是 1967 年夏外交部的瘫痪和陈毅派与姚派在部内争权造成的。如果说中国还有外交政策的话，那也是由于周恩来的努力。他不但出面与造反派交涉救陈毅的驾（典型的做法是告诉造反派更全面地调查陈毅的情况，以此来争取时间），而且暂时主管外交部，在自己的办公室里发指示处理部务。[②]

但是，暴力活动在 1967 年盛夏达到了高潮，因为毛认为中国人民需要重温革命经历。各省都发生了武斗。这从两方面对外交部和外交政策产生了影响。一方面，它使中央领导人把几乎所有的注意力都集中到了武斗上。毛及其追随者对北京的外交政策造成的问题熟视无睹，让外交部自己解决内部的纠纷而不给予任何帮助。

另一方面，这年夏天最重要的一次事件——武汉事件，[③] 造就了新英雄王力（尽管是昙花一现）。他回到北京的情况和姚登山一样，风光得很。权力很快冲昏了他的头脑。他选定外交部为行使权力的部

---

① "外交部和外交事务"，第 332—336 页。

② "外交部和外交事务"，第 347 页；托马斯·W. 鲁宾逊："周恩来与'文化大革命'"，鲁宾逊编：《中国的"文化大革命"》，第 259—265 页。

③ 托马斯·W. 鲁宾逊："武汉事件：'文化大革命'时期的地方冲突和省级官员的造反"，《中国季刊》1971 年 7—9 月，第 413—438 页。

门之一。8月7日，他发表讲话。这是他和姚登山对外交部和陈毅发出的最后一击。随后的两周内，造反派完全控制了外交部，陈毅又一次遭到批斗（在8月11日和27日的两次批斗会上，他又交代了一系列新"罪行"）。① 中国的外交政策完全陷入了混乱。

正是在这个时期，中国与缅甸和柬埔寨的关系严重恶化，英国代办处被焚烧。这些都是姚和王的过激行为造成的。姚自作主张给中国驻外使馆打电报，还"到处作报告制造麻烦"，② 俨然以外交部长自居。党中央（即毛和中央"文革"领导小组）对这些过火行动不是不愿制止，就是无力制止，直到8月底为止。

火烧英国代办处事件和蓄意挑起的内乱给国家造成的严重危害终于震惊了毛派领导人。9月1日的一项决定从根本上改变了"文化大革命"的方向：停止"武斗"或"夺权"；红卫兵不再搞串联活动，一律留在原单位；用政治斗争代替武斗作为革国内"走资本主义道路的人"命的主要手段；革命派被告知要停止"打、砸、烧、抄家和阻塞交通"。③ 这个180度的大转弯马上对外交部产生了影响：姚、王及其追随者受到清理和审查；陈毅恢复职权（表面的和象征性的）；驻外使馆奉命停止制造革命；严禁在外交部搞夺权活动。④ 中国和许多国家的关系已经受到了严重伤害，裂痕是不可能在一夜之间弥合的。很长一段时间内，中国与这些国家的关系要么已经断绝，要么非常紧张。但是局势已开始向好的方面转变。

中国外交政策的低谷，
1967—1968 年

1967 年夏季内乱之后一年半的时间里，中国实际上在国际舞台

---

① 格托夫："外交部和外交事务"，第 347—351 页。
② 《红卫报》1967 年 9 月 15 日。
③ 于尔根·多梅斯：《中国国内政治（1949—1972）》，第 188—199 页。
④ 格托夫："外交部和外交事务"，第 364—366 页。

上没有任何作为。但是，中国外交政策的真正悲剧是，1969 年初中国人自己挑起的中苏冲突本来是不必要的和可以避免的。1969 年 3 月初的中苏边界冲突引起了俄国人军事上的过激反应，使此后十年中国的外交政策丧失了主动权。这次冲突几乎完全是由"文化大革命"造成的内部政治问题和毛自己不明智的决定造成的。在此，我们先简要论述一下 1968 年中国的外交政策和几件与对外关系有关的而在时间顺序上并不相联系的事情。

　1968 年是中国与外部世界的关系最疏远的一年。尽管官方发布了禁令，暴力活动全年不断发生，甚至党和政府的重建工作也是过了很长时间才正式开始的。① 中国实际上已把政策工具减到了零。北京只能旁观国外的事态，不时地发表一些评论，并开始恢复与前三年内和中国失和的那些国家间的关系。对于美国，中国只讲它干的坏事，主要是与美国在越南的军事作用有关的一些事情。② 所以，它没有采取任何改善中美关系的举措，甚至一点暗示都没有。直到 1968 年夏苏联人推翻捷克政府之后，情况才发生了变化。

　　对于越南，北京担心的仍是河内可能会与美国认真谈判，而不利用美国停止轰炸和提出各种和谈建议并进行会谈的时机部署下一次战役。③ 尽管有这些担忧，尽管不同意武元甲的军事战略（春节攻势即

---

① 赖斯：《毛的道路》第 24 和 25 章。

② 欣顿编：《中华人民共和国（1949—1979）》第 4 卷，第 425 和 439 号文件；"每季大事和文献"，《中国季刊》第 34—37 期的有关部分。

③ 亨利·S. 阿尔宾斯基："越南危机中中国和苏联的政策"，《澳大利亚季刊》第 40 卷第 1 期（1968 年 3 月），第 65—74 页；陈庆："河内与北京：政策与关系概述"，《亚洲概览》第 12 卷第 9 期（1972 年 9 月），第 807—817 页；G.P. 施德潘德："中国与越南"，《国际问题研究》第 12 卷第 4 期（1973 年 10—12 月），第 568—581 页；伊什沃·C. 欧嘉：《中国对谈判解决越南问题的态度的变化模式（1964—1971）》，第 23 页；D.R. 萨德萨："中国与越南的和平"，《中国报告》第 5 卷第 3 期（1969 年 5—6 月），第 13—18 页；布里安·肖："中国与北越：两条革命道路"，《时事》第 9 卷第 11 期（1971 年 11 月），第 1—12 页；向乃光（音）："河内与北京的关系"，《中国共产党事务》第 1 卷，第 4 期（1964 年 12 月），第 9—21 页；亚历山大·伍德赛德："北京与河内：革命伙伴关系剖析"，《国际问题杂志》第 24 卷第 1 期（1968/1969 年冬季号），第 65—85 页；姚孟贤（音）："中国共产党人与越南战争"，《问题与研究》第 1 卷第 9 期（1965 年 6 月），第 1—13 页。

是证明），中国仍不断向北越提供军用物资和经济援助。然而，中越两国不和的证据也在不断涌现出来。1968 年 6 月，越南驻广州、昆明和南宁的领事馆前，均发生了群众示威，抗议河内（在苏联调停下）接受美国提出的巴黎和谈建议。驻昆明领事馆还遭到了严重破坏。[①]

中国人对俄国人仍是一句好话也没有，新闻媒介在所有问题上对克里姆林宫的指责越来越多。[②] 至少在此前的两年内，中国没有对莫斯科采取过多的不适当的暴力活动。1968 年 8 月，东欧发生了将对中苏关系产生重大影响的事件（与边界有关的问题将在下文述及）：苏联红军入侵了捷克斯洛伐克。此前，北京与亚历山大·杜布切克领导的捷克共产党一直保持着距离，因为捷共奉行的显然是修正主义的改革政策。然而，当俄国坦克出现在布拉格街头时，中国马上转变立场，口头上支持起这位（已被剥夺权力的）捷克领导人来了（虽然不支持他的改革计划）。[③] 苏联的军事入侵使中国人大为震惊。勃列日涅夫提出为克里姆林宫行动辩护的理论（一个国家一旦成为共产党国家，就永远是共产党国家，苏联负责单方面义务确保它们性质不变）以后，中国人就更是紧张不安。勃的理论推而广之，显然中国也会被包括在内。当时，俄国人在文章中指出，中国已不再是一个马列主义的国家。他们对中国的谴责变得十分激烈。[④] 中国担心它自己可能会成为苏联的下一个军事进攻的目标。尽管这种担心缺乏依据，但它却在 1969 年初俄国人血洒乌苏里江冰面的事件中起了相当大作用。按照毛的思维逻辑，残酷的谋杀会使俄国人措手不及，还可能使他们在进攻中国之前有所醒悟。

---

① "每季大事和文献"，《中国季刊》第 35 期（1968 年 7—9 月），第 119 页。

② 1967—1968 年外国广播信息处《中国动态》中的作者的观察。

③ 参阅 1968 年 8 月 23 日周恩来的讲话："中国政府和人民严厉谴责苏联修正主义集团武装占领捷克斯洛伐克"，《北京周报》第 34 期，附录，第 3—8 页。

④ 参阅三篇连载文章，见《共产党人》第 6 期（4 月），第 102—113 页；第 7 期（5 月），第 103—114 页；第 8 期（5 月），第 95—108 页；第 9 期（6 月），第 93—108 页；第 10 期（7 月），第 90—99 页。

　　中英关于香港问题和英国驻华外交官受虐待一事的争执仍在继续。1968 年仍然发生了一些事件，尽管都不像 1967 年那般严重。①
北京与印度尼西亚和缅甸（尤其是前者）的关系（或从外交意义上说，没有关系）亦是如此。1967 年末，为报复早些时候印度尼西亚驻北京使馆遭抢劫，印尼群众洗劫了中国驻雅加达使馆，使馆内的 20 名中国人受了伤，数名印尼人失去了性命，其中的几个是被中国人开枪打死的。② 最后，双方各自召回了驻对方首都的外交人员。西哈努克尽管几存疑虑，公开说中国拥有双重动机，但中柬关系还是有了一些好转。美国轰炸越共阵地和北越在柬埔寨的供应线的决定，直接导致了中柬两国的初步和解。中国答应"全力支持"西哈努克，以帮助柬埔寨赶走美国人。1968 年初，中国的军事援助开始源源不断地运往柬埔寨。③（然而，北京同时也加紧了对反西哈努克的红色高棉的武器供应和军事训练。西哈努克无力说服北京停止给这些叛乱者提供物质援助。这是他数年后被赶下台的因素之一。）

　　1968 年，中国对日本、印度和北朝鲜等对中国来说很重要的三个亚洲国家的政策引起了人们的注目。北京对东京的态度日趋强硬。"文化大革命"开始以后，中国经常拘捕和驱逐日本记者，理由是他们对中国国内的事态打听得过分详细。在 1967 年和 1968 年下半年，一些日本商人也遭到了驱逐。④ 其结果是，前来中国的商人和记者大幅度减少，甚至在广州交易会上亦是如此。这对中日贸易产生了不利影响。1968 年 4 月，中国指责东京在致力于用核武器重新武装自己（后来甚至指责日本和南朝鲜在进行秘密军事合作以反对中国）。⑤ 这是中国外交政策犯的基本错误的最好的一个例

① "每季大事和文献"，《中国季刊》第 32 期（1968 年 4—6 月），第 189—190 页；第 35 期（1968 年 7—9 月），第 193—194 页；第 36 期（1969 年 10—12 月），第 172—173 页；第 37 期（1969 年 1—3 月），第 165—166 页。
② "每季大事和文献"，《中国季刊》第 33 期（1969 年 1—3 月），第 178 页。
③ 《人民日报》1967 年 12 月 28 日第 1 版；格托夫：《中国与东南亚》，第 129—137 页。
④ "每季大事和文献"，《中国季刊》第 35 期（1968 年 7—9 月），第 196 页。
⑤ 《人民日报》1968 年 4 月 5 日第 1 版；1968 年 2 月 28 日第 1 版；李季银（音）：《日本面对中国：战后政治和经济关系》，第 49、163、188 页。

子。这些错误是外交部保存的中国对重要国家的外交政策的档案材料被毁坏造成的。

北京还对印度发起了宣传攻势，号召印度人民通过暴力推翻印度政府。北京给那加游击队秘密提供武器和军事训练，称赞纳萨尔巴里的农民暴动，赞扬比哈尔的骚乱，口头上鼓励印度共产党（当时已分裂为三派）中的亲北京派放弃走议会道路，改走暴力之路。① 《人民日报》在2月份的一篇社论中宣称：" '星星之火，可以燎原'。让印度的农民革命风暴更猛烈些吧！" 自然，印度政府对内对外作出的反应都很强硬。新德里更加接近莫斯科，决意把军队建得更强大，以便抗击中国，还进一步限制了喜马拉雅山边境各邦的外交自治权。1962年中国入侵印度以后，中印间的军事力量对比发生了变化。这种变化在1967年9月得到了验证。当时，中印两国的正规军曾在锡金和西藏边界作战一周，双方互有伤亡。这次战斗胜负难分（这是印度军队的训练和装备都比以前好的结果），所以北京和新德里达成默契，都没有声张此事。②

1968年，中国发现北朝鲜的独立性太大，对北京不利，而且平壤有可能在违背中国意愿的情况下，再次把中国拖入与美国的战争。1月，北朝鲜在其领海以外的水域捕获美国的电子间谍船"普布洛"号，在朝鲜半岛引起了一场危机。更重要的是，1965—1969年间，北朝鲜一直在变本加厉地向南朝鲜渗透，不断在非军事区和南朝鲜境内采取军事行动，大幅度增加军事预算，使之达到了一直在增长的国民生产总值的30％以上。对北京来说更糟的是，平壤向苏联靠拢过去了，不但在意识形态方面是这样，而且还接受了苏联大量的军事援助。而且，中国的红卫兵猛烈抨击北朝鲜的"修正主义"，指名谴责金日成是"百万富翁和贵族"。1968年，中朝两国正规军之间还发生过武装冲突。这可能是由于中国人（像在克什米尔的拉达克山区那

① "每季大事和文献"，《中国季刊》第34期（1968年4—6月），第192页；第35期（1968年7—9月），第195页。

② "每季大事和文献"，《中国季刊》第32期（1967年10—12月），第225页。

样）在双方一直承认是朝鲜人领土的地方修筑公路而引起的。[1] 所以，中国领导人在 1968 年和 1969 年决定改变这种违背中国利益的倾向。唯一的办法是竭力与金日成拉关系交朋友：申明同志友谊；支持他对南朝鲜的政策；提供军事和经济援助；在意识形态方面更宽容一些。这一切当然需要时间。此后几年中，中国一直在修复与北朝鲜的关系。但在"文化大革命"的这个阶段，两国关系的修复工作至少已开了头。

每年投票赞成接纳中国为联合国成员国的国家数目的减少和这些年来社会政治的崩溃对中国外贸的影响，是中国对外关系跌入低谷的最后两个标志。可以这么说，如果没有"文化大革命"，北京会在 1971 年前好几年就能获得中国在联合国的席位。1965 年前的几年中，由于中国对前殖民地国家和它们加入主要国际组织之事采取温和的政策，投票赞成中国进联合国的国家逐渐增多。但是，"文化大革命"改变了增多的趋势。

在"文化大革命"的高潮时期，北京因为进不了联合国，所以常指责联合国（虽然它已不再支持 1965 年印度尼西亚首倡的计划——建立一个针对西方的"革命性"国际组织）。[2]

"文化大革命"的"风暴"必然会影响中国的对外贸易。但是，中国的国际贸易总额下降不多，1965 年是 38 亿美元，1968 年是 37 亿美元，以后迅速上升，1971 年达到 45 亿美元。[3] 当然，绝对数字

---

① 卡罗尔·贝尔："朝鲜与均势"，《政治季刊》第 25 卷第 1 期（1954 年 1—3 月），第 17—29 页；唐纳德·S. 扎戈里亚："北朝鲜与大国"，见威廉·J. 邦兹、金泳昆（音）编《远东事务中的两个朝鲜》，第 19—59 页；金日平（音）："中国共产党与北朝鲜关系的演变"，《亚洲研究杂志》第 13 卷第 4 期（1970 年 12 月），第 59—78 页；罗伊·U. T. 金："中国与北朝鲜的关系"，《亚洲概览》第 8 期（1968 年 8 月），第 17—25 页；约瑟夫·C. 库恩："北朝鲜：在莫斯科和北京之间"，《中国季刊》第 31 期（1967 年 7—9 月），第 48—58 页；金钟（音）：《夹在北京和莫斯科之间的平壤：北朝鲜卷入中苏争端（1958—1975）》。
② 塞缪尔·S. 金：《中国、联合国与世界秩序》，第 99—105 页。
③ A. H. 尤萨克和 R. E. 巴特维奇："中华人民共和国的国际贸易"，见美国国会（第 92 届）联合经济委员会编《中华人民共和国：经济评估》，第 335—337 页。

并不高,因为"文化大革命"以前和"文化大革命"期间的中国与70年代后期以来的中国不同,还未成为贸易大国。由于某些原因,"文化大革命"对外贸的影响确实不太大。首先,对外贸易在国民生产总值中所占的比例非常小。其次,许多出口工业基本未受"文化大革命"的影响或者说受损颇轻。再次,北京的主要出口来源——农业也几乎未受影响。凡贸易受到影响的,原因主要在于交通和某些特殊的行业遭到了破坏,而不在于普遍的动乱。这说明,"文化大革命"在某些特殊的地方和行业表现得很突出。此外,贸易总额的下降是由于中国人倾向于保持每年进出口总额的平衡。所以,当出口下降时,进口亦受到限制。由于粮食进口大幅度减少,按说中国人的日常食物和摄入体内的热量会受到很大影响。但事实并非如此,因为中国动乱主要发生在城市,农业基本上未受干扰。

有一项变化值得注意:由于政治上的原因,中国的对外贸易从60年代初开始一直在摆脱苏联和东欧,转向西方资本主义工业国家(当然美国除外)。1970年,与发达国家的贸易额占中国外贸总额的53%,而1965年只占39%,与共产党国家的贸易额则从1965年的30%降至1970年的20%。这时,中国进口的工业品和技术的大部分、农产品的绝大部分均来自日本和西欧。结果出现了较大的贸易逆差,差额部分由与香港和不发达的非共产党国家间的贸易顺差来弥补。此外,中国与共产党国家的贸易在1970年末也开始有了明显的增加。1970年,中苏贸易额减至4700万美元,但次年又回升到14500万美元。中国与东欧的贸易没有像中苏贸易那样大幅度下降。

鉴于苏联军队的集结(将在下文述及)和1969年中苏边界冲突的政治后果,中苏贸易在1971年就能恢复正常确实是出人意料的。原因似乎是,中国对莫斯科及其东欧仆从国愿意提供的东西——主要是民用飞机和机器零件——非常需要,而对俄国人的政治和军事侵略进行惩罚的能力却严重不足。这个时期中国的对外贸易与北京外交政策的总方向——实际上是变化无常——是一致的。但其绝对贸易额是如此之小,可以说这个阶段中国的外贸主要是象征性的而非实质性的。只是到后来,中国才把外贸当成了一种主要的政策手段。

1969 年的中苏边界冲突

1969 年初，北京决定把长期存在的中苏边界争端军事化。如果没有这个过分称强的决策，"文化大革命"对中国外交关系的总体发展可能只会造成不幸但无大碍的畸变。中国为什么要这么做（尤其是在中国国力尚弱的时候），至今仍是一个难解之谜。1969 年 3 月 2 日乌苏里江珍宝岛上发生武装冲突的原因，至今仍没有一种令人信服的解释。[①]下文试作一些综合分析，尽管主要的事实也许永远不会为人所知。边界事件的发生，大大改变了中国外交政策的方向和"文化大革命"的进程，中美苏战略三角关系的整体格局也发生了相应的变化。[②]

中苏边界争端由来已久，最早可追溯到中国和俄国签订第一批条约的 17 世纪。[③] 然而在 1949 年以后的几年中，中苏之间无边界争端，直到 50 年代末苏共和中共发生争吵，边界问题才再次凸现出来。因此，边界问题不是造成北京和莫斯科不和的原因，但边界却常常是表现中苏分歧的地方。另外还有一些与边界有关的特殊问题造成了中苏关系的紧张，如在某些不动产的确切位置和所属权方面的分歧；与缔结边界条约的历史过程有关的问题；关于履约的分歧；边界地区的管理问题，包括界河航行、岛屿和江岸的归属权等争议问题。[④]

在意识形态分歧导致莫斯科和北京军事同盟解体以前，上述问题常被有意淡化，或者也比较容易解决。中苏分裂之后，此类遗留问题

---

① 鲁宾逊："中苏边界争端"，第 1177—1183 页。

② 弗农·阿斯帕图里安："70 年代的苏联、美国和中国"，《概览》第 19 卷第 2 期（1973年春季号），第 103—122 页；威廉·E. 格里菲思：《世界与大国三角关系》；迈克尔·塔图：《大国三角关系：华盛顿、莫斯科和北京》；罗纳德·J. 亚利姆："三极与世界政治"，《世界事务年鉴》第 28 卷，第 23—42 期；托马斯·W. 鲁宾逊："缓和与中苏美三角关系"，见德拉·W. 谢尔登编《缓和面面观》，第 50—83 页；托马斯·W. 鲁宾逊："战略三角关系中的美国政策"，见理查德·A. 梅兰森编《既非冷战也非缓和?》，第 112—133 页。

③ 安泰顺（音）：《中苏领土争端》。

④ 同上书，第 58—90 页。

再次凸现，成为中苏之间主要的分歧问题。1966年左右军事化倾向的加剧，使人们开始越来越多地关注起边界问题了。这使中苏两国的关系更趋紧张。这些分歧迟早会演变成暴力冲突，并唤醒潜藏的种族、历史和本能的互相提防和担忧。

1960年以来，边界事件日趋增多。俄国人声称，从1962年夏开始，中国"蓄意挑衅"的次数逐年增加。到1967年，边界形势已相当严峻。不但有报道说1967年1月双方在乌苏里江发生了一次冲突，而且俄国人还对中国在"文化大革命"时期疯狂的挑衅行为进行了公开指责。1967年12月7—9日和23日，以及1968年1月末在黑龙江和乌苏里江又发生了一些事件。边界事件虽然在1969年3月2日发生武装冲突以前一直没有中断过，但俄国人逐渐掌握了一种不用武力解决边界纠纷的办法。在3月份的珍宝岛事件中俄国人就使用了这种办法。①

这好像证实了苏联的说法，中国人对俄国人的指责只始于1967年1月23日"入侵"珍宝岛。中国人指责俄国人"撞我渔船，抢我渔网，用高压水龙头喷射我渔民，甚至绑架我渔民"，打伤中国边防战士，抢劫武器弹药，侵犯中国领空。后来，中国还指责苏联的坦克、装甲车和汽艇侵入中国领土领水，"强行驱逐我国居民，捣毁房屋，捣坏生产和生活用具"。② 这些互相指责当时还不过是对边界某些地段的划分存有分歧和发现边界是表现紧张关系的主要窗口的两个不友好国家之间发生的一些普通事件。但是，随着时间的推移，双方都越来越严肃地看待对方的行动。1967年1月"文化大革命"的夺权活动开始后，中苏双方也开始了针锋相对的报复活动。为什么会这样呢？

长期以来，中苏双方在边界部署的军队数量大体相当：中国人在东北边界占优势，俄国人在新疆地区占上风。苏军武器和后勤供应较

---

① 鲁宾逊："中苏边界争端"，第1181—1183页。

② 新华社消息1969年3月3日；《人民日报》1969年3月4日，新华社关于边界冲突的纪录片的报道，1969年4月18日；《中华人民共和国政府声明》1969年5月24日，1969年5月24日新华社电讯，见外国广播信息处《中国动态》1969年5月26日，A1—10；《打倒新沙皇!》，《人民日报》1969年3月3日，《中国大陆报刊概览》第4373期（1969年3月11日），第17—19页。

占优势。1959 年以前，中国人对这种状况既不担心，亦未提出挑战，俄国人也不仗势欺人。60 年代初中苏两国在意识形态上分裂后，双方军队的部署仍保持防御性态势。由于边界事件在 1959 年至 1969 年间每年都有增加，双方可能都相应地加强了边防部队。但在 1967 年以前，双方都没有进行过大规模的增兵，也未改变传统的军事部署。然而，从 1965 年末开始，苏军进入了更高的战备状态，配备了更多更好的武器，部队人数也有所增加。苏联还与蒙古签订了一项新的军事协定，获得了在蒙古驻军和保持基地的权利。[①]

中国方面没有采取相似的行动。1965 年中，中国人正在进行军事战略的争论。"文化大革命"前夕的权力斗争使总参谋长罗瑞卿遭到了清洗。由于林彪竭力运用毛泽东思想提高军队的素质，致使军队丧失了战斗力。此外，越南战争使中国人把注意力主要集中到了南方。因此，中国人对苏军的所有军事动作都未作出相应的反应。[②]

1967 年，因"文化大革命"而生的边界事件层出不穷，这在苏联人看来成了越来越不祥的征兆。他们增加了边防军的数量，因而引起了陈毅的公开指责。[③] 苏联军事集结最重要的步骤是在蒙古领土上部署了战斗力很强的部队。到 1967 年 11 月，几个师的苏联军队已部署在蒙古的永久性基地上。这一大规模的集结打破了双方的军事平衡。中国人竭力调整军事部署，从福州军区抽调了几个师到中蒙边界。北京还开始高度重视边疆各省生产建设兵团的重要性。[④] 但是，中国领导人显然在考虑采取更直接的行动。

1969 年 3 月 1 日深夜，大约 300 名身着白色伪装的中国边防军和正规军从中国一侧的岸边越过乌苏里江上的冰层来到珍宝岛，在一片树林中挖好掩体，架好通往指挥所的电话线（指挥所位于乌苏里江

---

① 鲁宾逊："中苏边界争端"，第 1183—1185 页。

② 哈里·格尔曼：《苏联在远东的军事集结和反华冒险》，第 12—15 页。中国人显然知道苏联在集结军队，还因此指责了莫斯科，参阅鲁宾逊："中苏边界争端"，第 1185—1187 页。

③ 《联合出版物研究署》第 36 期，第 136 页；《国际共产主义译丛》第 852 期（1966 年 6 月 23 日），第 13—14 页。

④ 江一山："共产党中国的军事（1968）"，《祖国》第 59 期（1969 年 2 月），第 20—36 页。

中国一侧),在草垫子上潜伏下来。[①] 3月2日清晨,珍宝岛以南的苏联哨所里值勤的哨兵向上级报告了江岸上中国人的活动情况。上午11时左右,二三十名中国人边向珍宝岛前进边高呼毛主义的口号。苏联指挥官斯特列尔尼科夫率部分人员乘两辆装甲运输车、一辆卡车和一辆指挥车驶向珍宝岛。抵达该岛后,斯特列尔尼科夫和几个人走下车来,像往常一样警告正在逼近的中国人。俄国人按照平常应付此类情况的办法,把自动步枪挎在胸前,挽起胳膊阻止中国人通过。这时双方发生了争执。中国人列队前行,看上去没带武器。但当他们走到离俄国人约20英尺时,第一排的人突然散开到两旁,第二排的人迅速从大衣底下抽出手提机关枪向俄国人开了火。斯特列尔尼科夫和另外六人当场毙命。与此同时,埋伏在俄国人右侧散兵坑中的300名中国人也开了火,打了俄国人一个措手不及。迫击炮、机枪和反坦克火箭筒也从中国一侧的江岸上吼叫起来。后来,中国人向俄国人发起冲锋,双方展开了肉搏战。最后,苏联人被击败了。中国人(据俄国人说)带走了19名俘虏并很快加以杀害。他们还带走了苏军的武器装备(后来进行了展览)。

珍宝岛以北苏联哨所的指挥官布别宁看到发生了战斗,即率部赶往出事地点。他乘坐一辆装甲车来到中国军队的右侧,迫使他们分散了火力。但他也进入了中国人为斯特列尔尼科夫准备的伏击圈。布别宁的装甲车被击中,他受伤后晕了过去。醒来后他设法爬进另一辆装甲车,继续指挥战斗。此后双方展开了激烈的拉锯战。后来,俄国人占了上风,一度曾包围了中国人,最后迫使剩下的50—60名中国人退回了乌苏里江中国一侧。

3月15日的战斗有些不同。[②] 双方的准备都很充分,投入的兵力较多,损失更大,战斗持续的时间更长。双方都是有备而来。与3月2日的冲突不同,说不清究竟是哪一方先挑起3月15日的冲突的。3月14日深夜,俄国的一个侦察小队潜伏在珍宝岛,引诱中国人发动

---

① 鲁宾逊:《中苏边界争端》,第1187—1189页。

② 鲁宾逊:《中苏边界争端》,第1189—1190页。

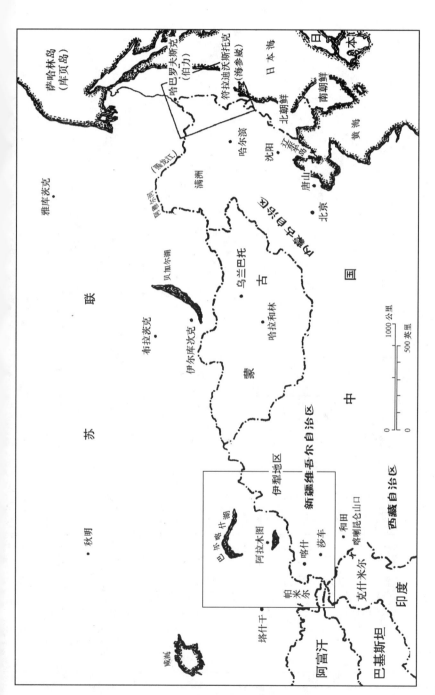

地图 3 中苏边界

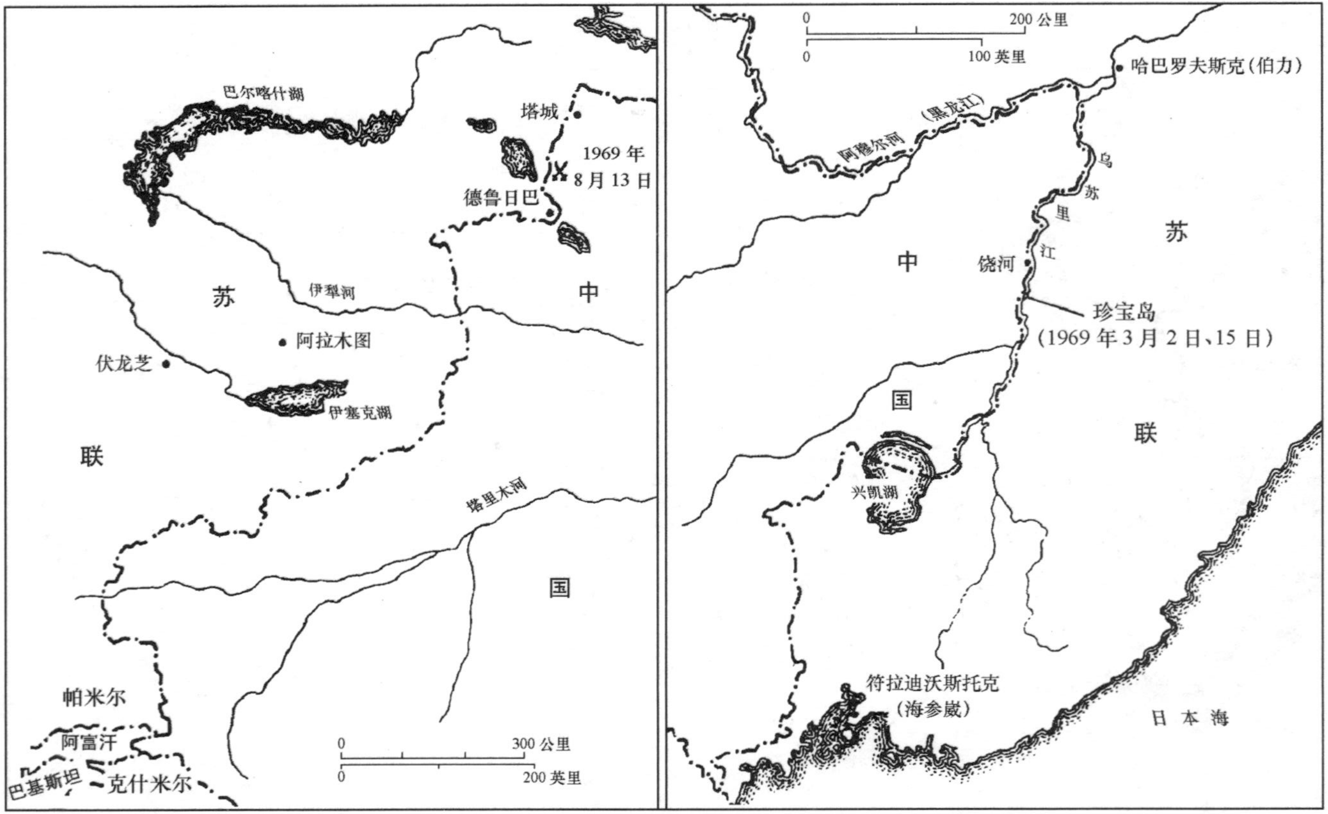

地图 4 中苏冲突（1969 年 3 月、8 月）

正面攻击。中国人说苏方在凌晨 4 点左右向该岛和江湾派了"许多"坦克，袭击了中国的巡逻兵。不知道袭击中国的巡逻兵何以需要如此多的部队。俄国人说他们的两辆装甲车在凌晨巡逻时发现了一队中国人，据说他们是第一天夜里埋伏在珍宝岛上的。无论起因如何，战斗在上午打响了，中方江岸上的迫击炮和大炮吼叫了起来。

中国此次投入的兵力超过了一个团（约 2000 人）。他们冲过冰层攻占了珍宝岛的一小部分。当俄国人看到中国人冲过来，即从装甲运输车中以机枪扫射，试图阻止他们前进，但当他们发现中国人较多时，即撤退了回去。（俄国人报道说中苏兵力是 10∶1）。中国人的炮火不但轰向苏联军队，而且轰向乌苏里江主航道以东冰面，试图阻止苏军重型车辆的运动。俄国人采取美国人在朝鲜战争中运用的战术，先让中国人靠近，然后以大量坦克、装甲车和装甲运输车发起反击。下午 1 点，苏军大炮形成猛烈的阻击火网，向中国江岸上的阵地纵深处猛轰，最远达到了四英里。苏军共发动了三次反攻，三次都攻破了中国人的阵地。前两次反攻因弹药耗尽而退回，但第三次反攻击溃了中国，迫使他们带着伤员和尸体撤回了江岸。晚 7 时，持续九个多小时的战斗终告结束。苏方损失约 60 人（包括边界哨所的指挥官）；中方损失 800 人，双方的数字可能都包括死者和伤者。

1969 年 3 月边界事件的原因

由于我们研究的是一个独立的事件，且缺乏高质量的第一手资料，所以不可能对中国人在 1969 年 3 月 2 日打响第一枪的原因作出最后的结论。或许我们可以从三个方面进行一些探索：中国的地方局势；中国首都的政治斗争；外交政策方面的动机。[①]

就地方局势而言，有三种可能性。

第一，中国边界地区的地方指挥官可能有在边界形势特别紧张时采取军事行动的自由。授予较大军事单位的指挥官以自由处置之权，是守卫漫长国境线的一种合理的管理办法。考虑到地方政治形势变幻

---

① 此处参考了鲁宾逊《中苏边界争端》第 1190—1194 页及所引用的有关材料。

莫测,特别是 1969 年初军队开始在全国行使权力,很可能有性急的指挥官擅自行动。但是,中方的行动实际上(如果我们相信的话)是有计划有准备的。这说明行动是受上级控制的。

第二,3 月 2 日发生的事也可能是偶尔在珍宝岛上相遇的普通巡逻兵之间的局部性冲突。这似乎与一年前中国和印度的冲突相同。如果真是这样,苏联人就会声称中了中国人的埋伏,以此掩盖其作战失利的事实,中国人则会闭口不言,希望不要招致俄国人的报复。这实际上是根据统计资料说话,很难被驳倒。结论是此类事件或迟或早总会发生,终于于 3 月 2 日在珍宝岛上发生了。然而,俄国人提供的战斗过程的详细程度,以及他们表现出的极大的义愤,又不能不使人相信,这次事件确实是经过周密策划的。

第三,在黑龙江省革命委员会、沈阳军区、珍宝岛当地的中国指挥官以及他们在北京的上级领导之间可能存在意见分歧和通信不灵的情况。沈阳军区司令员陈锡联可能想对林彪显示自己的重要性,或者是地方指挥官想对陈显示他们的重要性。但是,军队通常不会这么做。军队是从上到下指挥系统十分严密的组织。如果真的发生了此类竭力显示自己恪尽职守的事情,考虑到它给中国带来的可怕后果,那么有关的当事人肯定会被立即解除职务。但是,就我们所知,没有人因此而被解除职务。

更具说服力的解释也许在国内的政治斗争方面。最大的可能性是,北京的派系斗争非常激烈,某些派系意识到他们实际上是在为生存而战,因而采取了极端措施。1969 年初,中国有许多派系在争夺权力,中央"文革"小组的理论家,周恩来手下的政府官员,林彪领导的军队,尚存的群众革命组织和——借不停顿的动乱来提高自己的权威——毛泽东。然而,有动机、有权力、有指挥系统下达伏击苏联军队的命令的只有毛泽东和林彪两人。江青及其追随者缺乏指挥系统,周恩来不会那么傻,会认为中国能采取这种大胆的行动而不受到任何惩罚。

林彪确实有许多理由要加强自己的权力。他是毛泽东选定的接班人,但他尚未获得能够帮助他度过继承权力后的危险期的那种支持。另外,他不但在"文化大革命"期间树敌不少,而且未能使大家(毛泽东除外）相信他是合适的接班人。在应该由军队还是由政府在"文化大革命"的新阶段（始于 1968 年 9 月 1 日）中控制全国一事上，林、周之间显然存在严重分歧。林也许觉得外国的威胁会给继续实行军管提供更充分的理由。这样，他长期掌权的可能性就增大了。中国问题学者可以找出充分的证据来证明这种可能性，特别是考虑到随后的权力斗争导致了 1971 年下半年林彪的死亡。[①]

第二种可能性是，中央领导层（毛、林、周、江青）一致认为有必要以边界冲突来转移民众对国内紧张局势的关注。随之而来的战争恐慌和由此激发的民族主义情绪，可能会使领导层得以完成基于意识形态观念制定的重建中国的长远规划。这些规划是以前制定的，但被行政官僚们破坏了。显然，到 1968 年底或 1969 年初，有些人希望改变"文化大革命"的进程，恢复社会秩序。另一些人则想继续发展"文化大革命"的所谓"社会主义新生事物"——据说它能保证中国永远摆脱"复辟资本主义"的危险。这两派人之间显然存在严重分歧，且相持不下。如果我们假定毛、林和江青赞成走后一条路（周会被迫追随），那么他们可能会认为采取一次惊人的突然行动才是打破僵局的最好办法。让苏联人出点血会使大众情绪高昂，还可克服政府官员的拖拉作风。这当然有前提条件：苏联的确是个纸老虎，换句话说，即莫斯科的反应是有限度的。如果俄国人反应强烈，那么他们的行径可以被当作证明社会帝国主义的可怕本质——一个国家全面复辟资本主义后会发生什么——的最生动的例子。

最后一个方面是北京外交政策的动机。第一（也是最重要的），1968 年 8 月苏联对捷克斯洛伐克的入侵，克里姆林宫对勃列日涅夫主义的宣扬，贝加尔湖以东红军力量的加强和苏联边界巡逻兵的挑衅行为，都使中国人大为惊恐。毛和其他领导人也许认为他们别无选

---

① 关于林彪失败和死亡的文字材料虽然很多，但有许多是不可信的。这些资料还充满矛盾，使用的时候应特别注意甄别，参阅姚明乐《林彪的密谋与死亡》。这本书基本上是伪造的。较为可信的是高英茂《林彪事件：权力政治和军事政变》。另可参阅鲁宾逊《林彪的政治军事生涯，第二部（1950—1971）》。

择，只能尽早采取行动，给俄国人迎头一击，警告他们不要继续进行军事冒险。中国人不得不冒苏联军事报复的风险，因为俄国的坦克无论如何都能迅速集结在中苏边界。

第二（与第一点密切相关），每当中国共产党发觉敌人的优势兵力即将发动进攻时，其应对策略（这是从上海、江西和延安时期的痛苦经验中总结出来的）都是：在他们自选的时间和地点先发制人，不但能使敌人措手不及，甚至可能完全阻止敌人前来进犯。这就是珍宝岛冲突的由来。①

第三，毛也许担心，尽管他让中国人民了解了以修正主义为基础的社会帝国主义的种种罪恶，但仍需采取一些补充措施，因为修正主义的毒素依然没有根绝，依然存在于中国的政治肌体中，为防止其蔓延，还需要打预防针。这样，中国人民才会永不再受"资产阶级修正主义路线"的诱惑。制造珍宝岛事件是为了在中苏之间播下不和的种子。

最具说服力的解释也许是上述三种动机（它们是相辅相成的）和政治斗争方面的两种动机的综合。后两种动机也是相互关联的，并可作为前三种动机的旁证。而且，这两个方面都还有另外的证据。就国内而言，没有任何迹象表明领导层对如何回应苏联的威胁进行过争论。在此之前有过多次争论（最后一次是前文述及的 1965 年的"战略之争"），其中确实有过对这一问题的争论。它表明各派之间在这个问题和其他更广泛的问题上存在分歧。布拉格事件后再未发生争论，表明领导层的意见比较一致。这也许意味着各派之间的分歧尚不尖锐，也许意味着（这一点更有可能）所有的人都认识到了外来威胁的严重性，意识到如果俄国人发动进攻，"文化大革命"甚至中共的统治都有可能被推翻。

就国际方面而言，北京显然认为苏联的威胁非常严重，中国应该寻求其他外国的援助。不论这对中国某些领导人如何难以置信，当时中国所能求助的国家确实唯有美国。所以，从 1968 年晚秋开始，中国谨慎地对 1965 年以来约翰逊政府经常发出的信号作出了试探性的

---

① 威廉·W. 惠特森：《中国的高层指挥：共产党军事政治史（1927—1971）》第 11 章，"战略与战术"。

回应。其中最重要的是，北京停止了对华盛顿的口诛笔伐，并建议恢复华沙谈判。① 1969 年 3 月以前，中美会谈没有取得多大进展。这并不意味着中国人不认为中国应该利用另一个核超级大国的利益和政策手段来求得对付俄国人的安全保障。

这样，中国的外交政策在这个阶段结束时又回到了开始时的状态。中国的国内政治和外交政策又紧紧地缠绕在一起。中国深深地卷入了苏美纷争，其政策取决于美苏两国的力量消长。当然，这一点是几年之后才变得十分明显的。在这期间，中国因侵犯苏联和违背本国的利益而付出了沉重的代价。它失去了"文化大革命"期间在外交政策方面暂时获得的行动自由（不管这种自由究竟有多大）。毛的首要目标是继续进行"文化大革命"，但其革命性因毫无意义的反苏示威和大挖防空洞的活动而消逝了。

缓和边界危机，1969 年

从第二次珍宝岛冲突开始，苏联采用了向中国实行压力外交的新策略。这个策略把外交和军事压力结合在一起，旨在使中国明白，苏联不但愿意谈判边界问题，而且希望以边界争端的解决为契机全面改善两国关系。这样一来，边界地区的压力就有了双重目的：一是解决苏中关系中存在的重大问题，二是与北京一起就解决意识形态和国家利益方面的分歧进行"会谈"。克里姆林宫认定边界争端的"成功解决"（边界会谈将导致一个谈判解决）是值得全力争取的，纵然这可能会使其他方面在短期内停顿不前。

苏联人冒险采用了压力外交的策略。外交活动与惩罚性的军事行动以及制造中国将会遭受更惨重损失的威胁并举。他们还认为有必要加强其在整个苏联—蒙古—中国边界线上的军事力量，以支持新发起的政治军事攻势，防止第一次珍宝岛事件的重演。克里姆林宫试图通过常规部队的绝对优势控制地区局势，通过诸军兵种部队（包括核武器在内）的绝对优势控制战略局势。这意味着反华的大规模升级。这必然

---

① 托马斯·M. 戈特利布：《中国外交政策的不同派系与战略三角关系的起源》。

打乱苏联的经济秩序,把北京推向西方。当时,为了维护苏联边界的安全,莫斯科抱有投机心理,认为它可以应付中国的任何长期性反应以及任何短期性的反苏政治力量的重新组合。现在看来,这是一次得不偿失的冒险。苏联的边界安全虽然得到了保障,但付出的代价太大:(1)引起了中国的担心和敌视;(2)促使中国下决心实现经济和军事的现代化,以便与苏联相抗衡;(3)难以实现签订边界条约的目标;(4)导致了以美国和中国为首的世界上其他所有强国结成反苏联盟的危险。

关于这些军事举措的严重程度以及它们的内在联系有多大,是否对边界谈判及中苏总的关系形成一股压力(或成了这两方面状况的指示器),这个问题如果没有更准确的资料,是不可能得出站得住脚的结论的。不过,从1969年3月的冲突到9月11日周恩来和柯西金在北京的会晤,苏联显然一直在利用边界冲突作为向北京施加压力的一种手段,以求恢复1964年末中断的边界谈判。自9月会晤和10月20日谈判恢复之后,双方对发生事件的公开报道大体上能反映出谈判进入了哪个阶段,而事件发生的次数、地点和规模则能反映出谈判的进展情况。即使在双方都不公开承认发生了边界事件的时候,双方仍在利用军事冲突来试探对方的防卫能力和加强己方在谈判中的地位。

1969年3月以后的边界事件可分为两类:周恩来和柯西金会晤之前发生的为一类,会晤之后发生的为另一类。1969年3月珍宝岛事件发生后不久,苏联即发起了一场反华运动,并辅以暗示要进行核攻击,要给中国造成灾难性的后果。这场运动在8月末达到了高潮。双方公开承认的冲突发生在6月10—11日,7月8日和22日,以及8月13日。[①] 两国政府还指责对方在4月到7月间挑起了另外数十次

---

① 6月10—11日的事件,见新华社消息1969年6月11日;《纽约时报》1969年6月12日;《真理报》1969年6月12日。7月8日的事件,见新华社消息,《纽约时报》7月8日;《真理报》7月8日;莫斯科广播电台消息,7月10日;外国广播信息处:《苏联动态》7月14日,A30—32。7月20日的事件,见《真理报》9月11日。8月13日的事件,见《真理报》8月13日;《纽约时报》8月14—16日;《基督教科学箴言报》1969年8月14日;《苏联动态》8月15日,A1—4;《消息报》及苏联其他报刊,8月16日;《苏联动态》1974年2月28日,C2—3。

冲突事件。[1]

　　公开报道的沿着边界发生事件的地点相当分散：有些在乌苏里江，就是爆发 3 月冲突的地方；有些在黑龙江中的岛屿上；有些在中蒙边界，而更多的则在新疆和哈萨克斯坦交界的地区，距中国的核试验基地罗布泊和历史上两国间的入侵路线准噶尔山口不远。鉴于中国军队专注于国内"文化大革命"的政治和行政管理事务，鉴于苏联在战略上占有优势，鉴于苏联曾暗示，如果中国拒绝恢复边界谈判，它将采取更严厉的措施，所以很难想象这些冲突是中国首先挑起的。在某些时候，不排除有中国军队先发制人以防苏联发动进攻的情况。[2]但这绝非中国整体战略的一个部分，因为中国的实力相对而言比较弱。相反，我们应该看到，1969 年 9 月 11 日以前是莫斯科使用政治、军事和宣传手段的典型时期，目的是逼迫中国恢复边界谈判（若非如此，中国会拒绝谈判的），并教训中国人不要再重演珍宝岛冲突之类的惊人事件。

　　因此，苏联在采取这些军事行动的同时，还向中国发出了一系列照会，表明了它在边界问题上的立场，还建议通过签订一项边界新条约一举解决所有分歧。莫斯科对中国人根据自己的历史观或思想观提出的诘问避不作答，却始终以军事行动配合外交照会。苏联在 3 月 29 日的声明中要求恢复谈判，[3] 4 月 11 日又重申了一次。[4] 早在 3 月 21 日，苏联总理柯西金就曾打电话给中国领导人，但被泼了一头冷水：林彪拒绝与他通话。[5] 中国领导人显然担心，如不同意恢复谈判，苏联必会采取进一步的军事行动，所以他们拒不与苏联直接对

① 《中国大陆报刊概览》第 4435 期（1969 年 6 月 12 日），第 24 页；新华社消息，1969年 8 月 19 日；《纽约时报》1969 年 9 月 9 日。
② 中共军队历来把先发制人的进攻当作一种实用战术（而不是总体战略）来加以运用，参阅惠特森《中国的高层指挥》。
③ 塔斯社消息，《真理报》，《消息报》1969 年 3 月 30 日（译文见《当代苏联报刊文摘》1969 年 4 月 16 日，第 3—5 页；《苏联动态》1969 年 4 月 1 日，A1—7）。
④ 《苏联动态》1969 年 4 月 14 日，A1。
⑤ 林彪："在中国共产党第九次全国代表大会上的报告"，《北京周报》第 18 期（1969 年4 月 30 日），第 33 页。

话。苏联人继续挑起边界事端,逼迫中国人坐到谈判桌边,同时试探中国人的反应。4月1—24日,中共召开了第九次全国代表大会。毛当时指定的接班人林彪在会上说,中国政府对苏联的建议正在"考虑给予答复"。中国实际上是在拖延时间。[①]

俄国人决定通过界河航行谈判来试探一下中国人是否已做好全面恢复边界谈判的准备(自1951年以来这种谈判每年都要举行)。所以,4月26日莫斯科建议双方于5月在伯力恢复这个低级别的会谈。[②] 中国人迟至5月11日才作出肯定的答复,建议6月中旬举行会谈。[③] 俄国人于5月23日宣布接受中国的建议。[④] 会谈如期举行,但在议事日程方面双方未达成一致意见,7月12日苏联人声称中国人已"断然拒绝"继续会谈。这显然是中国人试图把不平等条约问题列为会谈内容而造成的。像在1968年毫无结果的会谈一样,北京希望这么做能使俄国人拂袖离去。但是,这次俄国人坚持不走,并显然在借助进一步的军事行动(7月8日在黑龙江上发生了一次事件,当时苏联的太平洋舰队正在黑龙江江面上"操练")威胁中国人,在他们发表声明后数小时,中国人就"决定留在伯力,同意继续进行会谈"。[⑤] 后来,谈判内容超过了原先议定的维持界河航行和制定新的航行条例的范围,双方于8月8日分别公布了达成的一项新协议(俄国人强调它对进一步谈判边界问题有重大意义,但中国人却淡化这次会晤)。[⑥]

这次试探使莫斯科确信,只要给予适度的压力,北京是可以坐到

---

① 林彪:"在中国共产党第九次全国代表大会上的报告",《北京周报》第18期(1969年4月30日),第33页。

② 《真理报》1969年5月3日;《消息报》1969年5月5日(译文见《当代苏联报刊文摘》1969年5月21日,第22页)。

③ 《中国动态》1969年5月12日;《中国大陆报刊概览》第4417期(1969年5月16日),第21—22页。中国的照会指责苏联上年未参加会谈,认为中国这次同意参加新一轮会谈是作了宽宏大量的让步。

④ 《苏联动态》1969年5月23日,A4。中国人于6月6日作了答复,见《中国动态》6月9日,A3—4;《中国大陆报刊概览》第4436期(1969年6月13日),第22—23页。

⑤ 《苏联动态》1969年7月14日,A1;《纽约时报》1969年7月14日。

⑥ 《纽约时报》8月9日(苏联的声明);8月12日(中国的声明)。

谈判桌边并签署协议的。苏联使用的主要手段仍是武力威胁。此外，苏联人还坚持在外交和意识形态两方面孤立中国人。莫斯科的对美政策存在固有的矛盾：一方面继续缓和双边关系，另一方面又与美国在第三世界争夺势力范围，并加强其战略力量以与美国争高下。苏联立场的这个弱点不久因中美的和解而暴露无遗。

然而，莫斯科在共产主义世界中拥有重要地位，能够获得盟国对其既定立场的支持。有段时间，莫斯科一直在努力召集所有支持它的执政和在野的共产党举行大会，讨论当时意识形态和外交方面的重要问题，像往常一样，发表一项全体成员都同意作为行动准则的集体宣言。中国当然拒绝参加此类活动，也未参加 1969 年 6 月 5—17 日在莫斯科召开的全世界共产党和工人党代表大会。[①] 会前，苏联人曾向罗马尼亚共产党和其他党保证，他们既不会把会议变成批判中国的大会，也不会宣告把北京排除在共产主义运动之外。然而，苏共总书记勃列日涅夫发表的重要讲话却对中国领导人充满了敌意。在边界问题上，他指责中国蓄意挑起冲突并且把战争看作"积极的历史现象"。他再次建议通过谈判解决争端。勃列日涅夫对中国"毫无根据的领土要求"进行了猛烈抨击，并说："今后发生的事情会表明，中国领导人是不是真的愿意谈判并达成一项协议。"[②] 大会通过的正式文件只字未提边界局势或中国，遵守了苏联人关于不涉及该问题的承诺。[③] 然而，勃列日涅夫会后在《共产党人》杂志发表的文章中却提到了该问题，声称毛的政策"在大会上受到了严厉谴责"。[④]

对于苏联人提出的恢复谈判的建议，中国人经最大限度的拖延之

---

① 这次会议的讲话和文件的译文，见《当代苏联报刊文摘》1969 年 7 月 2、9、16、23、30 日；《苏联动态》1969 年 6 月 18 日。勃列日涅夫的重要讲话，见《当代苏联报刊文摘》1969 年 7 月 2 日，第 3—17 页；讲话摘要，见《纽约时报》1969 年 6 月 8 日。

② 《当代苏联报刊文摘》1969 年 7 月 2 日，第 12 页。

③ 《真理报》，《消息报》1969 年 6 月 18 日第 1—4 版。译文见《当代苏联报刊文摘》1969 年 8 月 6 日，第 14—24 页；《苏联动态》1969 年 6 月 18 日，A21—47。

④ 《共产党人》第 11 期（1969 年 7 月），第 3—16 页（引文在第 4 页）。（译文见《当代苏联报刊文摘》1969 年 9 月 3 日，第 3—8 页。）

后才作出了答复。5 月 24 日，他们又就边界问题发表了一个长篇声明。① 声明提出了中国就一项新条约进行谈判和划定边界线的五个前提条件。这些条件申明了中国在以后的谈判中的立场，摘要如下：

> 苏联人必须承认有关目前中苏边界条约的不平等性质；如果苏联人承认了这一点，中国愿以这些不平等条约"为基础，确定两国边界的全部走向，解决边界上存在的一切问题"。
>
> 俄国人据说是通过违反不平等条约而占据的中国领土，"原则上"必须归还中国。做到了这一点，就"可以根据平等协商、互谅互让的原则，对边界的个别地方作必要的调整"。
>
> 苏联人必须停止一切"挑衅和武力威胁"，包括炮火袭击和核攻击。
>
> 双方均不将边界实际控制线向前推进。至于边境河流中的岛屿，双方以主航道中心线（就是河流中最深处线）决定其归属权。
>
> 在明确划定界线之前，一方居民在另一方领土上"按照惯例"进行的"正常生产活动"（如珍宝岛等岛屿上的居民和帕米尔地区的牧羊人等）不受干扰。

声明还说，如果苏联同意这些条件，中国就恢复谈判，以便达成一项平等的协定。前两项条件正是造成 1964 年谈判破裂的原因。如果莫斯科同意了第一条，就有可能得归还 17—19 世纪俄国占领的大片中国领土，或使克里姆林宫一开始就白白地丢掉进行讨价还价的一个重要砝码。第二条也许具有同样重要的意义（因为俄国人不可能归还如此大面积的领土）。由于边界的划分从未达到让双方均满意的程度，也由于 1917 年以前俄国人确实占据了中国所宣称的是属于它的大片领土，如果苏联同意这项条件，不但会把对这个问题的所有决定权送给北京，而且还得把诸如黑瞎子岛一类的大片土地还给中

---

① "中华人民共和国政府声明"，1969 年 5 月 24 日，见《中国动态》1969 年 5 月 26 日，A1—10；《中国大陆报刊概览》第 4426 期（1969 年 5 月 29 日），第 23—36 页。

国。黑瞎子岛位于黑龙江和乌苏里江的交汇处，是伯力的天然屏障。鉴于苏联一直拒不接受中国关于这段边界的划界建议，中国在声明中提出举行谈判的五项先决条件就显得不太认真。此外，后三项条件的目的在于保卫中国领土，防止苏联的进攻。这将使俄国人无法保卫本国的领土，使之免受中国人在珍宝岛上发动的那种突然袭击，将迫使莫斯科承认，迄今由苏联控制的主航道中国一侧的岛屿的主权属于中国，还将使中国人像过去的许多年中一样，继续在苏联领土上四处活动，因此（在新的紧张环境中）而使发生军事冲突或宣传战的可能性大增。

不过，中国人毕竟稍稍开启了恢复谈判的大门。苏联人看重这一点，所以没有完全拒绝中国的要求。在 1969 年 6 月 13 日给中国的照会中，① 苏联在拒绝中国五项条件的同时，对两国在边界问题上的分歧作了详细的阐述，建议双方在两三个月内举行会谈，达成一项明确的协议。苏联的这种克制态度在照会中表现得很清楚：

> 苏联方面赞成下述各点：（1）对边界线上没有争议的地段，双方申明一致意见，并以条约文本为基础，经共同协商，就边界线的勘定达成一项谅解；（2）对发生了自然变迁的地段，双方可以根据已有的条约，本着互谅互让的原则，考虑当地居民的利益，对边界线进行划分；（3）双方签署共同认可的文件，把达成的协议记录在案。

关于条约，苏联坚持的是"信守公约原则"，而对边界线的勘定，则把注意力集中在自然变迁部分和对已有边界作更精确的划分上。中国对条约坚持"情势不变原则"，提出了恢复谈判的先决条件，但对边界的划分，也同样注重已发生的自然变迁——当然是有利于中国的——

---

① 《真理报》1969 年 6 月 14 日（译文见《当代苏联报刊文摘》1969 年 7 月 9 日，第 9—13 页）。这是苏联回复中国 5 月 2 日的声明和 6 月 6 日的抗议（《中国动态》1969 年 6 月 9 日，A9—13）的一份照会。

部分。①

由于存在这些分歧（它们源于中共和苏共在意识形态领域的不同立场，更源于俄国人的军事优势），谈判并未马上恢复就不足为奇了。由于中国人的拖延策略，且不愿与苏联人面对面进行谈判，莫斯科不得不做出抉择：或者让问题继续悬而不决，或者迫使其有所进展。由于1969年春末夏初边界事件仍持续不断（这显示了自由放任政策的危险性），也由于边境河流航行谈判已表明中国人可以被推到谈判桌边，所以莫斯科决定通过集结军队、有分寸地扩大边界冲突、威胁使用更严厉的暴力手段和要求在不带先决条件的情况下举行谈判，以迫使北京就范。这个过程贯穿于整个1969年夏，但直到9月初，中国人仍不屈服。就在这个时候，胡志明逝世了。他在遗嘱中特别要求俄国人和中国人了结他们的分歧，他在河内的葬礼可为中苏双方代表提供一个中立的会面场所。莫斯科马上提出了这样的一个建议，但是北京不愿在整个夏季都遭受军事打击和核威胁以及中国国内局势仍不稳定的情况下与苏联会谈。所以，由周恩来率领的中国代表团在碰到参加葬礼的苏联代表团之前，就离开河内回国了。②

然而，俄国人还是给北京送去了明确的信息。苏联代表团团长柯西金在从河内回国途中（他的飞机已降落在苏联的塔吉克共和国），接到了莫斯科要他前往北京与周恩来会晤的电报。9月11日，这两位政治家举行了历史性的会晤。③曾竭力避免与俄国人见面的中国领导人明确表露了他们的不快：会晤只持续了不到三个半小时，而且是不顾苏联人的反对在北京机场而不是在市内举行的。此举与过去几个世纪中国人对外国人的蓄意侮慢是一脉相承的。然而，二人达成的协

① 信守公约原则是"有义务执行公约的国际法原则"，意指签约各方必须守信履约。与之相对的是情势不变原则。国际法中的这个原则是指，当事人只有在"情势不变"，即环境无实质性变化的情况下才守信履约。

② 《纽约时报》1969年9月12、13日。

③ 《纽约时报》1969年9月12、13日。显然，罗马尼亚共产党领导人尼古拉·齐奥塞斯库充当了调解人。罗总理扬·杰奥尔盖·毛雷尔奉命参加了胡志明的葬礼，然后前往北京，在柯西金抵达北京前数小时会晤了周恩来。

议实现了苏联一直寻求的目标：恢复边界谈判，停止边界冲突。虽然双方都未正式公布机场协议的内容，但据半官方消息透露，柯西金提出了下述建议：①

　　1. 维持边界地区的现状。

　　2. 避免再发生军事冲突。

　　3. 在边界地区的某些地点建立非军事区。

　　4. 恢复边界谈判，以已有条约和边界现状为谈判的基础，对边界线进行调整。

　　5. 恢复边界居民的迁移活动，特别是苏联工人在中国声称拥有主权的黑龙江沿岸地区的迁移活动。

　　就苏方对要谈的问题和谈判的基础所作的狭窄的理解而言，这显然是一个胜利。不过，前三点对中国也有好处，因为它们在一定程度上缓解了苏联的军事威胁。在何处建立非军事区及非军事区面积的大小问题将使双方产生争议，中国人将利用这些问题阻止或拖延有关边界问题的实质性会谈。不管怎么说，中国人终于同意恢复谈判作为消除苏联的威胁的一种手段，而这也正是俄国人所希望的。

---

① 《世界报》（巴黎）1974 年 11 月 10—11 日。后来，周恩来讲了他对机场会晤的意义的理解（双方未签署文字协议）。在周看来，双方达成了如下共识：（1）在通过谈判彻底解决边界争端之前，维持边界地区的现状；（2）双方尽量避免进一步的武装冲突，并撤走边界线附近的军队；（3）双方通过协商"重新划定边界线"，周认为"这个问题不难解决"，见《纽约时报》1973 年 11 月 24 日（周与 C. L. 舒尔茨伯格的谈话）；《共同社消息》1973 年 1 月 28 日（周与日本众议院议员的会谈）。关于机场谅解的执行，周和柯西金的看法不同。第一，周认为，只有在其他方面的问题都得到重视之后，谈判才能够开始并持续下去，才能最终获得结果。第二，双方对"现状"一词的解释不同。柯西金认为"现状"指的是双方都不再侵犯边界，而周认为它不但指不侵犯边界，而且意味着边界地区的军事平衡不发生重大变化。第三，双方在非军事区的问题上存在分歧。柯西金显然认为它指的是双方军队均撤出某些已发生冲突或可能会发生冲突的地段。周（可能知道柯西金的解释，也可能不知道）认为它指的仅是苏联军队撤出那些有争议的地区，即中国提出主权要求的那些苏联领土。这些分歧是双方难以达成协议的重要原因。

9月11日机场会晤之后,情况马上发生了有益的变化:苏联人停止了对中国人的抨击;[①] 边界事件未再发生;[②] 贸易谈判得以恢复;[③] 此外,两国都在采取步骤互派"文化大革命"初期召回本国的大使。不过,中国人还在拖时间。恢复谈判的确切日期尚未确定,人们至今甚至也不清楚中国人在北京是否同意了柯西金的建议。况且,即使达成了一项协议,双方的解释也会是大相径庭的。事实上,除9月11日发表了一份简短的无具体内容的公报之外,[④] 没有迹象表明双方达成了协议,甚至没有就努力达成一项协议取得一致意见。

身为间谍的苏联新闻记者维克多·路易斯于9月17日在伦敦《新闻晚报》上发表了一篇文章。文章发出了苏联要对中国采取进一步军事行动的暗示性恫吓。文章特别提到了勃列日涅夫主义的内涵——断言苏联有"权"单方面干涉其他社会主义国家的事务,也提到了对罗布泊核基地动用核武器的可能性。这是双方未达成协议的证据之一。证据之二是当时的全苏工会主席亚历山大·谢列平在东京的一篇访谈。[⑤] 谢列平说:"中国人对解决边界问题的态度看上去是积极的"以及"我们希望谈判……得以恢复"。这表明中国人尚未接受苏联的建议,甚至在9月30日尚未给予莫斯科正式的答复。据驻莫斯科的外交官报告,北京甚至在10月1日的国庆节之后仍未作出答复。[⑥]

如何在不失面子的情况下作出必要妥协,以使谈判得以恢复,这

---

① 《纽约时报》1969年9月17日。

② 《纽约时报》1969年9月19日。

③ 1969年9月25日的《纽约时报》报道了美国共产党领导人格斯·霍尔由河内返国途中拜会勃列日涅夫的情况。勃列日涅夫告诉霍尔,柯西金向周恩来提出了三个方面的建议。其一与边界有关,其二与外交代表须保持在大使级有关,其三是要扩大贸易规模。另据报道,10月初贸易谈判已在进行,参阅《苏联动态》1969年10月3日,A4,该处转述的是一位驻莫斯科的南斯拉夫消息灵通人士的话。实际上,贸易谈判可能在8月份就开始了,见《中国动态》1969年10月7日,A2。

④ 中国方面发表的公报说,柯西金是"从河内回国途经北京"。这不是事实。它说明北京是被迫接待柯西金的。见《中国大陆报刊概览》第4498期(1969年9月18日),第25页;《远东经济评论》1969年9月25日,第759页。

⑤ 路透社消息1969年9月30日;《纽约时报》1969年10月1日。

⑥ 《纽约时报》1969年10月4日。

副担子现在落到中国人肩上了。中国人分别于 9 月 18 日和 10 月 6 日向俄国人递交了正式信件（在此期间，苏联显然作过答复，但内容一直未披露），① 最后又于 10 月 7 日和 8 日公开发表了重要声明。在 10 月 7 日的声明中，中国宣布两国政府已同意恢复 1964 年中断的边界谈判。声明还说，中苏两国将在北京举行副部长级谈判（高于莫斯科最初提出的谈判级别）。声明还明确指出，双方在领土问题上的分歧是由俄国或苏联违背"不平等"条约的规定进一步侵占中国领土所造成的。对此，1964 年中苏边界谈判时交换的中国地图上（未公开出版）有详细的标示。10 月 8 日的声明驳斥了苏联 6 月 13 日的照会。② 不过，在声明的最后，中国提出了解决边界问题的五项原则。这些原则确立了北京在即将举行的谈判中所持的立场。就其实质而言，前三项原则与上文述及的中国政府在 5 月 24 日的声明中提出的条件是一致的。后两项原则重复了柯西金 9 月建议的许多内容。这首次表明，中国人愿意在公平合理的基础上通过谈判解决边界问题。不过，这些原则也显现出了中苏之间的两点重要分歧。

第一，中国人想以重新划定两国边界全部走向的新条约代替过去的所有"不平等条约"。这与他们在 1964 年的立场没有区别，但与苏联的建议相去甚远。苏联建议对现有边界作更精确的划分，但不同意在新条约签订之前取消所有旧条约并承认其"不平等"的性质。第二，中国重申了原来的主张：为全面解决边界问题，双方都撤出一切有争议的地区，如中国人所说的俄国人违反"不平等"条约而占据的那些地区。苏联人显然不可能同意这个条件，因为它威胁到了伯力和其他重要地区的安全。

然而，苏联对中国的声明作出了积极的反应。1969 年 10 月 20 日，谈判终于开始了。这样，在珍宝岛事件发生六个月之后，两国又

---

① "中华人民共和国政府声明"，1969 年 10 月 7 日，见《北京周报》第 41 期（1969 年 10 月 10 日），第 3—4 页；《纽约时报》1969 年 10 月 8 日。

② "中华人民共和国外交部文件"，1969 年 10 月 9 日，见《北京周报》第 41 期（1969 年 10 月 10 日），第 8—15 页；《中国大陆报刊概览》第 4517 期（1969 年 10 月 10 日），第 30—39 页。

同意——主要是由于苏联的压力——和平解决边界问题了。对中国来说,谈判的恢复至少可以部分地减轻苏联的军事压力。现在看来,1969 年北京显然根本不打算达成任何妥协性的协议,即不符合它所阐述过的诸项"原则"的协议。参加谈判的苏联代表团于 10 月 19 日抵达北京,团长是外交部副部长库兹涅佐夫,另有成员七名。中国代表团以外交部副部长乔冠华为首,也另有成员七名。①

1969—1975 年的中苏边界谈判

中苏谈判开始后,公开报道的边界事件减少到每年一至三次,而且严重程度大为降低。② 总的来说,中苏双方在 1969 年 9 月以后都严密防守边界线,同时也采取严格措施预防地区性冲突的突然发生,防止因冲突升级而使用杀伤力更大的武器或者投入大量的军队。在大多数情况下,苏联投入的都是受克格勃控制的边防军,中国投入的则

---

① 《纽约时报》1969 年 10 月 8、19、21 日,《真理报》和《消息报》10 月 19 日(见《当代苏联报刊文摘》1969 年 11 月 12 日,第 15 页);《中国大陆报刊概览》第 4523 期(1969 年 10 月 24 日),第 30 页;第 4524 期(1969 年 10 月 27 日),第 27 页;《人民日报》1969 年 10 月 21 日;《北京周报》第 43 期(1969 年 10 月 25 日),第 4—5 页。

② 《纽约时报》1969 年 9 月 19 日;1970 年 11 月 19 日;1972 年 12 月 11 日;《明报》1970 年 1 月 19 日;《新时代》第 36 期(1973 年),第 19 页(指责中国在中蒙边界举行了 151 次"军事演习",蓄意进入蒙古境内 15—20 公里不等,开枪射击牛羊群,肆意辱骂边防战士,散发小册子等宣传品),《共青团真理报》1972 年 1 月 12 日(见《苏联动态》,D7);《洛杉矶时报》1972 年 12 月 11 日;《苏联动态》1972 年 12 月 12 日;《基督教科学箴言报》1972 年 9 月 19 日;《土库曼火花报》1974 年 2 月 15 日(见《苏联动态》1974 年 2 月 15 日,R6—8);《苏联分析家》1974 年 11 月 28 日,第 2 页(刊登了一位前苏联公民对中蒙边界发生的一次大规模战斗的描述。双方均未公开承认这次死伤人数很多的战斗);《每日电讯报》1974 年 12 月 17 日(见《苏联动态》1974 年 12 月 17 日,W1—2);戴维·弗洛伊德报道说 11 月份在中蒙边界发生了五次冲突,但中苏两国政府均予以否认,见《中国动态》1974 年 12 月 19 日,E2;《苏联动态》1974 年 12 月 19 日,C1,尤睦佳·泽登巴尔(蒙古共产党领导人):"超越资本主义,建立社会主义社会",《远东问题》第 4 期(1974 年),第 6—29 页。他在文章中宣称,"成群的中国士兵越过边界,砍伐树木,在森林中纵火,还使感染上严重传染病的牛群赶到蒙古境内"。《远东经济评论》(1974 年 1 月 28 日,第 18—19 页)详细报道了 1970 年 6 月 2 日、1971 年 5 月 26 日和 1973 年 4 月 20 日中国侵犯中蒙边界的事件。

是生产建设兵团。① 1969 年 3 月以后，双方沿边界地区部署的军队数量显然有了大幅度增加，但公开报道的冲突事件却明显减少了。这表明双方心照不宣或明确同意了 1969 年 10 月 8 日中方提出的建议：在共同划定确切的边界线以前，维持边界现状，避免武装冲突，停止向争议地区派遣军队。②

在进一步研究谈判的各个阶段以前，我们先简单考察一下伴随谈判而来的一系列事件的总趋势。北京协议导致边界地区的沉寂、双方军事力量的集结和边界谈判的开始。双方似乎都不希望时常兵戎相见，虽然偶尔也发动一些有预谋的袭击以探测对方的抵抗能力。每一方都指控另一方的这种行动——苏联人指责中国人在离中蒙边界仅数米远的地方进行军事演习，中国人则指责俄国飞机常常侵入中国领空数公里——但双方的反应都不激烈。双方都同意不报道可能会使事态进一步扩大的消息。例如，据传 1974 年在新疆和哈萨克斯坦交界地区发生了大规模军事冲突，但却未见报道。同年 11 月，莫斯科和北京都否认西方关于中蒙边界发生了五次战斗的报道。③

还发生了一些与边界紧张局势有关的特殊事件：1974 年，驻北京的两名苏联外交官以间谍罪被逮捕并驱逐出境；④ 一架苏联直升机

① 1969 年 3 月珍宝岛事件发生之后，中国组建了新的生产建设兵团（特别在内蒙古和东北地区），成员均是原来城市里的红卫兵。

② 这项"建议"只是重申了前 5 个月中中国政府在几份照会中所持的立场，与苏联的建议实际上没有差别。中国后来又提出，两国军队均先从边界线附近后撤一定的距离，欲以此作为达成协议的先决条件。

③ 《每日电讯报》1974 年 12 月 17 日；《真理报》1974 年 12 月 20 日；路透社和法新社消息，1974 年 12 月 17 日（见《中国动态》1972 年 12 月 18 日，E2）；塔斯社消息，1974 年 12 月 19 日（见《苏联动态》1974 年 12 月 9 日，C1）。

④ 新华社消息，1974 年 1 月 19 日，见《苏联动态》1974 年 1 月 23 日，A3—4；《纽约时报》1974 年 1 月 20、21、24 日；新华社消息，见《中国动态》1974 年 1 月 23 日，A1—5；《基督教科学箴言报》1974 年 1 月 25 日；新华社消息，见《中国动态》1974 年 1 月 25 日，A1—2；《经济学家》1974 年 1 月 26 日，第 43 页。中国人声称他们"捕获"了在北京城外的一座桥下向一名中国人提供间谍器材的两名苏联外交官。那个中国人坦白罪行后，中国即驱逐了那两名苏联外交官。苏联方面接着也驱逐了一名驻莫斯科的中国外交官。中国指责苏联在远东进行大规模的间谍活动，参阅《阿特拉斯世界报刊评论》1975 年 2 月，第 15—20 页（转载了《远东经济评论》上的一篇文章）。

及机组人员被中国扣留，俄国人声称该机是在执行医疗救护任务时迷失航向并耗尽了燃料；① 夏季枯水期，苏联禁止中国船只在未经允许的情况下，在伯力附近的通江（苏联称卡扎凯维切瓦水道）航行；② 海南附近发生的一次海运事故；③ 双方在签订年度航运协定方面动作迟缓甚至无所作为等。

更广泛些说，双方都在本国境内采取措施发展经济，增加人口，投资扩建基础设施，强化少数民族对中央的忠诚，从核心地区向边疆地区派遣大批主要民族的居民（中国尤其如此）。苏联政府给愿意到边界附近定居的人发放额外津贴以资鼓励。苏联开始修筑贝加尔湖至黑龙江的铁路，在界河中以前无人居住（或偶尔有人居住）的岛上建立集体农庄，千方百计证明争议地区历来居住着目前属于苏联的民族，还把许多边界城镇的名字改得更斯拉夫化。④

苏联人显然还怀有把新疆变成蒙古那样的缓冲国的强烈野心。一

---

① 苏联直升机于3月14日降落在新疆阿勒泰地区的中国领土上，《真理报》1974年3月21日（见《当代苏联报刊文摘》1974年4月17日，第3页）。中国人把该直升机放置在新疆的哈巴河县（《北京周报》1974年3月29日，第5页），指责俄国机组人员在执行军事侦察任务。此后，双方进行了一系列交涉。苏方力求直升机和三名机组人员安全获释，而中方则利用此事大事宣传，把它当作迫使苏联停止此类活动的手段。当中国人威胁说要审讯机组人员并把他们押往全国各地示众时，苏联曾呼吁国际红十字会进行调解，参阅《纽约时报》3月20、23、28、29日；5月3、6、9日；《苏联动态》（刊登了大量苏联方面的消息）3月29日，C1；4月5日，C1—2；4月29日，C1—2；4月30日，C1—2；5月3日，C1—2；5月6日，C1；5月7日，C6—7；5月13日，C1—10；5月16日，C5—6；5月23日，C1—2；6月10日，C1—2；6月24日，C1；6月28日，C1—2；8月8日，C1—4；11月4日，C3—4；《中国动态》6月24日，A4；《中国大陆报刊概览》1974年4月1—4日，第65—66页；《经济学家》1974年6月22日，第27—28页；《每日电讯报》1974年6月26日。
② 《当代苏联报刊文摘》（1974年6月12日，第4页）转载了5月24日《真理报》的消息。
③ 新华社消息，1971年4月18日（见《中国动态》4月19日，A1）。据新华社报道1971年3月31日，苏联摩托艇"欧内斯特·台尔曼"号撞沉了一艘中国渔船，造成了11人死亡11人受伤的严重海难事故。中国人说那艘苏联船没有积极搭救30名幸存者。俄国人则称（3月31日塔斯社消息），那艘中国渔船在行驶中没有开灯。
④ 《纽约时报》1970年1月28日，2月2日，8月3日；1973年3月8日、25日，8月5日；1975年4月4日；新华社消息1973年3月6日。

直有报道说苏联当局组织了一个本身拥有军事力量的"自由土耳其斯坦运动"（应为"东土耳其斯坦运动"——译者），其成员均是1962年伊犁骚乱时逃离新疆的人。该运动以阿拉木图为基地，由久经考验的原维吾尔族领导人祖农·太也夫[①]将军领导，在70年代初达到了高潮。后来，苏联对该运动的支持大为减少，因为中国政府派大批原来的红卫兵到新疆，使汉族居民的数量猛增到了500多万（新疆总人口近1000万人）。[②] 俄国人指责中国强行同化边境地区，特别是内蒙古地区（据说在内蒙古平息了一次暴动）的少数民族。中国还把15万余名原来的红卫兵送到黑龙江省扩充生产建设兵团，并开始大规模的考古活动以证明边境地区自古以来就是中国领土的一部分。[③]

第一阶段，1969—1970年

举行秘密会谈是双方议定的恢复谈判的条件之一。因此，人们除知道那些明显的事实谈判未达成协议，未取得进展外，看不到有关谈判进程的任何官方资料。不过，根据非官方的消息（大部分来自中国方面）、笔者与参加谈判或与谈判有密切关系的人的谈话记录、新闻报道以及苏中两国国内政治和外交政策的动向，我们还是可以比较清楚地勾勒出谈判进程的轮廓。例如，1969年9月以后，中国领导人显然不顾内部的反对，很快做出了回到谈判桌边的决定。[④] 后来，随着林彪和毛泽东之间矛盾斗争的曝光，国内的反对来自何方就清楚了。此外，谈判开始尚不到一个月，北京就向外界透露谈判陷入了僵

---

① 祖农·太也夫，曾任新疆军区副参谋长，民族军副司令员。1955年被授予少将军衔。——译者

② 哈里森·E. 索尔兹伯里："马可·波罗会承认毛的新疆"，《纽约时报杂志》1969年11月23日；《纽约时报》1970年3月3日，7月5日，8月16日；《远东经济评论》1971年1月16日，第46—47页；《纽约时报》1973年8月5日，1974年1月3日；塔尼亚·雅克："东土耳其斯坦还是'新疆'？"《自由电台研究》1975年3月7日。

③ 《纽约时报》1973年11月8日；《苏联动态》1974年6月18日，C1—2；《远东经济评论》1971年1月16日，第47页；1974年4月8日，第5页；《中国动态》1975年3月19日，E5—6。

④ 《纽约时报》1960年10月12日。

局。11月6日，中共控制的香港《大公报》称，"关于边界问题的谈判，进展并不顺利"，苏联人未接受中国的"原则"（特别是未撤出"有争议的地区"）。文章说，苏联方面试图扩大会谈的范围，把全面和解和"其他目标"包括进来，而且在陈述其主张时"仗势压人"。文章还说，如果俄国人停止这项妨碍谈判的活动，双方是有可能达成一项协议的。① 最后一点无异于承认，在边界地区的军事力量和战略力量大体平衡以前，中国不可能与苏联签订边界条约。由于苏联一直保持着军事优势，此后15年中两国未达成协议也就不足为奇了。

中国人的打算是，保持苏联人对谈判的兴趣，让谈判持续下去，或从另一方面来说，不让莫斯科发现谈判无所进展，从而找到中断谈判和发动军事进攻的借口。不过，在谈判仍在进行的同时，中国领导人并不打算改变对苏联领导集团及其各项政策进行宣传攻势的总路线。因此，中国人是在走钢丝。莫斯科可能随时中断谈判，而北京为了保持对内政策的一致性和发展势头，只能继续对俄国人进行口诛笔伐。中国代表团显然得到了毛的指示，既不同意莫斯科的建议，也不在诸多的"原则"问题上让步。所以，中国人只能就一些非实质性的问题做些努力。其一是军事平衡问题，但这需要时间，特别是在解放军卷入了行政管理事务和已显端倪的毛、林冲突的情况下。其二是努力缓和与美国的冲突，特别是在台湾问题、越南战争、外交承认以及中国在联合国的席位等问题上的冲突。其三是开始在全球范围内建立第三世界国家的反苏联盟，或者至少阻止莫斯科组成这样的一个反华联盟。北京试图在维持谈判进行的同时，在上述问题上都取得进展。我们只有记住这一点，才能理解1969年以来在谈判中发生的许多事情。

中国人没有停止、甚至没有减少对苏联的口诛笔伐。而且，1969年10月20日以后的一个月中，他们多次直接抨击了苏联对边界问题

---

① 这篇文章的译文见《中国动态》1969年11月6日，A1。其他分析，见《纽约时报》11月6、20日；《洛杉矶时报》11月7日；《远东经济评论》1969年11月13日，第334页；《华盛顿邮报》1969年11月21日。

的立场。① 由于与会者在公开场合的姿态可以比较准确地反映出秘密谈判的进展情况，所以，库兹涅佐夫及其副手于 12 月 14 日借口要参加最高苏维埃会议（他是代表之一）而离开北京，使会谈"暂时中止"是毫不奇怪的。② 同时，苏联人对谈判未获进展公开表示失望，指责中国人应对此负责，并恢复了对中国领导层的直接攻击。③ 库兹涅佐夫在莫斯科说，双方甚至未能就议事日程达成一致意见。中国人希望谈判内容仅限于边界问题，而苏联人则想扩大范围，讨论中苏之间的所有分歧问题，并通过在贸易、文化和外交代表的级别等方面的成功进展，最终订立一项边界条约。④ 库兹涅佐夫还说，双方共会晤了 12 次（约一星期会晤一次多一点），他本人一直是北京的大字报攻击谩骂的目标，东道主还禁止他进行社交活动。⑤

1970 年 1 月，中国公开承认谈判开始不久即陷入了僵局⑥：中国提出的在新条约签订之前，莫斯科承认已有条约的"不平等"性质的建议，遭俄国人断然拒绝，后来提出的苏联人在谈判取得进展以前撤出争议地区的要求，其命运亦是如此。在此期间，中国恢复了与美国在华沙的接触——开始了通往 1972 年 2 月发表《上海公报》的漫长而又微妙的进程；中国还采取了亲日政策，试图借此摆脱与最重要的非共产党周边国家之间在外交上的隔绝状态。

1970 年 1 月 2 日，库兹涅佐夫返回北京（这次未带副手、边防军司令瓦金姆·A．马特洛索夫少将）。⑦ 1 月 14 日，谈判再次开

---

① 《华盛顿邮报》1969 年 11 月 21 日；《洛杉矶时报》1969 年 11 月 24 日；《远东经济评论》1969 年 12 月 4 日，第 484 页；《北京周报》第 49 期（1969 年 12 月 5 日）。

② 《纽约时报》1969 年 12 月 21 日。

③ 同上。

④ 《纽约时报》12 月 31 日。

⑤ 同上。

⑥ 《远东经济评论》1969 年 12 月 25 日；1970 年 1 月 9 日（译文见《中国动态》1970 年 1 月 9 日，A1）；《洛杉矶时报》1970 年 1 月 9 日；《金融时报》1970 年 1 月 15 日。

⑦ 《纽约时报》1969 年 12 月 30 日；1970 年 1 月 2、3 日；《中国动态》1970 年 1 月 2 日，A1；《中国大陆报刊概览》第 4574 期（1970 年 1 月 12 日），第 43 页；《真理报》1970 年 1 月 3 日；《北京周报》第 2 期（1970 年 1 月 9 日），第 31 页。

始。① 但是，由于双方在周恩来—柯西金协议（如果真有这个协议的话）的解释、会谈的范围和议事日程等问题上分歧太大，谈判很快又陷入了僵局。② 据说库兹涅佐夫曾表示愿意把乌苏里江上的许多岛屿（包括珍宝岛）移交给中国，还愿意商讨中国提出的帕米尔地区的边界问题，以便清除缔结一项全面的边界条约的障碍。③ 作为交换，中国应该放弃关于不平等条约的观点。但是，中国人拒绝让步，坚持要俄国人按北京的理解来执行九月协议。3月中旬，莫斯科公开承认谈判已经陷入僵局，并警告说，如果没有突破性进展，库兹涅佐夫将被召回苏联（即被低级别的谈判代表取代）。④ 这时候，又出现了发生边界冲突的传言。⑤ 苏联不得不发表正式声明，否认将要对中国发动一次全面的进攻。⑥

这时，双方的宣传攻势达到了高潮。中国希望借大声疾呼苏联的进攻迫在眉睫来防止它的任何进攻，苏联则肆意污蔑毛本人的过去。莫斯科警告中国不要借污蔑和中伤谋求苏联在谈判中作出让步，北京则在纪念列宁诞辰一百周年的一篇重要社论中，指责勃列日涅夫奉行的是希特勒式的对华政策。⑦ 苏共中央宣传部长弗拉基米尔·斯捷帕科夫是负责攻击中国和毛泽东的人。苏联任命他为驻华大使。这是对中国莫大的侮辱，⑧ （后来北京宣布不接受他，他的任命被撤销）勃列日涅夫还就此发表了公开讲话。⑨

---

① 《纽约时报》1970年1月14日；《华盛顿邮报》1970年1月2日。

② 《纽约时报》1970年3月8日。

③ 《纽约时报》1970年3月1日；《中国动态》1970年1月13日，A31；1970年1月17日。

④ 《纽约时报》1970年3月20日。

⑤ 《纽约时报》1970年3月1日。

⑥ 1970年3月14日的《纽约时报》转载了《真理报》的消息（译文见《当代苏联报刊文摘》1970年4月14日，第19页）。

⑦ 《真理报》1969年3月17日；《纽约时报》1969年3月20日、4月1日、15日，5月3日；《人民日报》1970年4月25日。

⑧ 《纽约时报》1970年5月3日。

⑨ 《真理报》1970年4月15日（译文见《当代苏联报刊文摘》1970年5月12日，第1—4页）。

在双方的互相攻击日趋激烈的情况下,库兹涅佐夫于 1970 年 4 月 22 日返回莫斯科,待了 17 天。① 返回前,他显然为打破僵局做了进一步努力,接受了中方提出的把[苏联]军队撤出"争议地区"的建议。② 未经证实的报道称,苏联在接受此建议的同时,仍拒不同意中方提出的维持边界地区的军事现状的要求,并坚持要双方集中讨论具体的领土纠纷问题,而不是笼统的"不平等"条约问题。当中方拒绝了苏方的建议后,库兹涅佐夫便启程回国了。尽管他打破僵局的努力失败了,尽管中国人在列宁的诞辰纪念日对苏联进行了猛烈的抨击,库兹涅佐夫还是于 5 月 7 日回到了北京。但是,谈判没有取得丝毫进展。1970 年 6 月 20 日,库兹涅佐夫被送回莫斯科,③ 据说他是生了病。不管怎样,他以后再未去北京。双方的宣传攻势逐渐减弱了。不过,莫斯科于 5 月 18 日曾对北京进行过猛烈抨击,以回击 4 月 26 日中国对勃列日涅夫的攻击。值得注意的是,苏联人在攻击中国人的同时,只把边界争端视为全部中苏分歧的一个方面。④ 此后一段时间内,中方那种大张旗鼓的攻击也停止了。

柯西金对第一阶段九个月的谈判做了总结。6 月 10 日,他在最高苏维埃的"选举演说"中,指责中国奉行的政策是"不让我们双方总体关系的正常化得以实现或是在北京的边界谈判取得进展"。不过,他又说:"尽管北京的谈判十分复杂(这是中方设置障碍造成的),苏联仍打算继续谈下去,以便达成一项符合苏联、中国和全世界利益的协定。"⑤ 苏维埃最高主席团主席波德戈尔内和苏共中央总书记勃列日涅夫在类似的谈话中重申了这些观点。

谈判完全破裂并不符合中国的利益,因为这可能会使中国在军事

---

① 伦敦《泰晤士报》1970 年 4 月 22 日;《纽约时报》1970 年 5 月 7 日。

② 《洛杉矶时报》1970 年 4 月 16 日。苏联武装力量似乎接受了中方单方面撤军的建议,因为他们可以轻而易举地重返这些争议地区,也可以在不出兵的情况下,通过空军和炮兵的火力控制这些地区。

③ 《苏联动态》1970 年 7 月 1 日,A20,援引 6 月 20 日布达佩斯广播电台的消息。

④ 《真理报》1970 年 5 月 18 日(译文见《当代苏联报刊文摘》1970 年 6 月 16 日,第 1—7 页);《纽约时报》1970 年 5 月 10 日。

⑤ 《纽约时报》1970 年 6 月 11 日;《远东经济评论》1970 年 6 月 18 日,第 4 页。

防卫力量仍然虚弱和外交活动仍无头绪的时候，遭到苏联的进攻。莫斯科也不希望谈判破裂，因为在迫使中国人回到谈判桌边的过程中，它已耗费了如此大量的精力和外交声望。此外，对莫斯科和北京来说，谈判破裂只会进一步加大爆发战争的可能性，这是双方都不希望的，而且战争一旦发生，双方都会遭受惨重的伤亡。所以，双方竭力维持谈判的进行。他们又采用了上一次的办法，先进行每年一次的界河航行会谈。6月，双方同意在7月10日开始会谈。① 这次会谈很快就因双方在程序问题和一些实质性问题上的分歧而陷入困境，六个月后会谈结束。即使到这个时候，中国人也拒不承认签署了一项新的年度协议，而只是（和以前一样）声称在一份会谈"纪要"上签了字。②

第二阶段，1970—1973年

俄国人的下一个招数是更换首席谈判代表。1970年8月15日，苏方派外交部第一副部长列昂尼德·伊利切夫接替库兹涅佐夫。这表明苏联准备打持久战。此外，谈判的外交级别也降低了。伊利切夫原是苏共的宣传专家，苏联可能指望他对中国在意识形态方面的指责进行针锋相对的斗争。③ 苏联还收回了对斯特帕科夫的驻华大使任命，代之以列宁格勒市委书记瓦西里·S.托尔斯季科夫，中国方面则提出外交部副部长刘新权驻莫斯科大使的任命。④ 11月底，这几个人分

---

① 《中国动态》1970年7月1日，A1；《远东经济评论》1970年7月9日，第4、16—17页；《纽约时报》7月11日；《真理报》1970年7月11日（译文见《当代苏联报刊文摘》1970年8月11日，第15页）。

② 《基督教科学箴言报》1970年12月22、24日；《纽约时报》1970年12月21日和25日；《中国动态》1970年12月24日，A1；《北京周报》第1期（1970年1月1日），第7页；《真理报》1970年12月20日（见《当代苏联报刊文摘》1971年1月19日，第26页）。

③ 《远东经济评论》1970年7月23日；《洛杉矶时报》1970年8月16日；《中国动态》1970年8月17日，A1；《北京周报》第32期（1970年8月7日），第8—9页；《真理报》1970年8月16日（见《当代苏联报刊文摘》1970年9月15日，第8页）；《纽约时报》1970年8月16日。

④ 《纽约时报》1970年7月3日，8月16日。

别赴任了。[①] 最后，两国边界省的官员签署了一项在黑龙江两岸进行贸易的地区性协定。[②] 这些行动表明，两国都不愿看到双边关系恶化到除了兵戎相见之外别无选择的地步。在进行了 18 个月的谈判之后，双方于 11 月 23 日宣布签署了一项为期一年的贸易协定。[③]

1970 年秋，伊利切夫显然曾向中方建议，以 8 月莫斯科和西德签订的条约为蓝本，签署一项互不侵犯条约。关于这项建议，我们知之甚少，只知道它很快即被中方拒绝了。[④] 12 月 3 日，伊利切夫飞回苏联，中国驻苏大使刘新权也于是日在莫斯科拜会了库兹涅佐夫。[⑤] 直到最高苏维埃会议（伊利切夫是代表之一）结束后，伊利切夫才于 1971 年 1 月 14 日回到中国。[⑥] 这一次的谈判情况仍未透露，只知道伊利切夫、托尔斯季科夫、周恩来和姬鹏飞（他是外交部代部长）在北京举行了一次未报道详情的会谈。苏方认为这次会谈很重要，在《真理报》上做了报道。4 月，伊利切夫和托尔斯季科夫返回莫斯科参加苏共二十四大，于 4 月 19 日回到了北京。[⑦] 好像是为了表明谈判处在停滞不前的境地，苏联代表团被准许参加了每年一次的外交使团在中国的参观旅行。本来中国是把苏联代表团排除在外的，因苏联公开提出抗议，中国才允许他们参加。[⑧]

后来的事实表明，有两个因素使中国不可能签订一项边界条约。

① 《真理报》1970 年 12 月 3 日，《苏联当代报刊文摘》第 2 卷第 48 期（1970 年 12 月 29 日），第 32 页；《纽约时报》1970 年 11 月 19 日和 24 日。

② 《纽约时报》1970 年 9 月 24 日。

③ 《纽约时报》1970 年 11 月 24 日。

④ 《远东经济评论》1970 年 10 月 10 日，第 4 页；《自由中国周报》1970 年 10 月 25 日。

⑤ 转南斯拉夫通讯社消息，《中国动态》1971 年 1 月 15 日，A3；《真理报》1970 年 12 月 3 日。

⑥ 《真理报》1971 年 1 月 15 日，《当代苏联报刊文摘》第 23 卷第 2 期（1971 年 2 月 9 日）。

⑦ 《真理报》1971 年 3 月 24 日；《中国动态》1971 年 4 月 19 日，A1。

⑧ 《真理报》1971 年 2 月 20 日，《当代苏联报刊文摘》1971 年 3 月 23 日，第 20 页；《基督教科学箴言报》1971 年 5 月 29 日；《中国动态》1971 年 5 月 24 日，A11—12；《真理报》1971 年 5 月 22 日，《当代苏联报刊文摘》1971 年 6 月 22 日；《纽约时报》1970 年 5 月 22 日。

较重要的一个是，毛—林间的权力斗争已到最后关头。根据林彪死后对他的指控，他反对毛把谈判作为防止苏联进攻的手段的策略，不同意毛的反苏军事战略，甚至希望在边界问题上与莫斯科全面妥协。这些情况使中国根本不可能有必不可少的团结一致在军事或政治上来面对苏联。所以，中国在国内政治秩序得到恢复以前，最好的办法就是拖延时间。实际上，中国的国内局势直到 1971 年底和 1972 年初仍未见有好转的迹象。这时候，由于中美关系发生了巨大变化，中国人发现把谈判拖延下去对中国更有利。这是边界条约难以签订的第二个因素。1971 年夏，当时实际主持美国外交事务的亨利·基辛格迈出了具有历史性意义的一步，秘密前往北京，商定了 1972 年 2 月尼克松总统的访华事宜。

这些事件使中国难以进行严肃认真的谈判：如果中国人能够把中美两国在台湾问题上的分歧暂时搁置，并开始全面恢复与美国的外交关系，北京即可拖延与莫斯科的谈判，直到中美关系解冻的影响力得到充分发挥为止。在美国总统访华和《上海公报》发表——这是北京和华盛顿建立新关系的大纲——之前，中国人不会设法让边界谈判取得进展。1971 年秋冬的几个月中，边界谈判处于停顿状态。①

1972 年，莫斯科再次提出了互不侵犯条约的建议。1970 年曾提出过此建议并遭中国拒绝的情况，就是这次透露出来的。② 1972 年 3 月 20 日，伊利切夫返回北京。这项建议显然是他回京后再次向中国代表团提出的。③ 1971 年 12 月 6 日开始的边境河流航行谈判未达成协议，于 1972 年 3 月 21 日暂时中止。④ 中国方面更换了首席谈判代

---

① 宣传攻势仍在继续，参阅 1971 年 7 月 1 日《真理报》上发表的"亚历山大罗夫"的文章（《当代苏联报刊文摘》1971 年 10 月 5 日，第 1—5 页）；《基督教科学箴言报》1971 年 3 月 18 日；9 月 30 日；《国际事务》（莫斯科）1971 年 11 月，第 17—24 页。

② 《真理报》1972 年 9 月 23 日；《纽约时报》1972 年 9 月 24 日。

③ 他返回了莫斯科，以免与尼克松同在北京。

④ 《纽约时报》1972 年 3 月 27 日和 5 月各日；《真理报》1972 年 3 月 21 日（《当代苏联报刊文摘》1972 年 4 月 19 日，第 18 页）；《基督教科学箴言报》1972 年 3 月 27 日。中国方面对伊利切夫返回北京一事未予报道。《中国动态》1972 年 3 月 22 日，A1；《远东经济评论》1972 年 4 月 1 日，第 4 页；1972 年 4 月 8 日，第 9 页。

表，以级别稍低的外交部副部长余湛接替了乔冠华。① 苏联代表团无
事可干，又对中国的一些城市做了一次访问旅行。② 9 月，伊利切夫
回国"度假"，10 月 17 日才回到北京。③ 双方的宣传攻势在这一年渐
渐停了下来，虽然还不时看到中国的攻击言辞，听到苏联否认或指责
中国人的言论。所以，1972 年对中国和苏联而言，都是等待观望的
一年。

1973 年，谈判仍然处于停顿状态。北京发现可以和以前一样，
继续借助拖延谈判来推迟解决边界问题。此外，谈判大厅之外的事态
对谈判进程的影响更为重大。1973 年 8 月，中共召开了第十次全国
代表大会。导致十大召开的是（红卫兵）各派、官僚和军队三个方面
之间的复杂矛盾，又一次使中国未能团结一致反对苏联。虽然莫斯科
的权力斗争没有北京激烈，但克里姆林宫对外交的注意力已被转移到
了其他方面，如勃列日涅夫和尼克松在华盛顿的高峰会谈。水门事
件、与欧安会有关的各种活动，以及是年晚些时候两个超级大国之间
在应付中东战争时产生的危机等。对中美苏大三角关系影响最为重大
的也许是越南战争：随着美国 1972 年和 1973 年逐渐从越战中脱出身
来，以及随之而来的中美和苏美和解进程走走停停的发展特点，莫斯
科和北京都把注意力集中到了战略三角关系的美国方面。最后一点，
直到尼克松访华之后，北京才开始认真对待加强中国边界地区军事力
量的问题，更换了一批军官和政治干部。苏军的大规模集结——为此
中国需要花数年的时间使军事力量更趋于平衡——也是刺激中方推迟
达成协议的因素之一。

这样，俄国和中国都把赌注押到了苏美和中美关系的变化对中苏
冲突的影响上。莫斯科很想与华盛顿和解，原因之一是为了孤立北

---

① 《基督教科学箴言报》1970 年 8 月 26 日。

② 《苏联动态》1972 年 5 月 1 日；《纽约时报》1972 年 5 月 1 日；《中国动态》1972 年 5
月 2 日，A5。

③ 《北京周报》第 31 期（1972 年 8 月 4 日），第 7—9 页；《真理报》1972 年 9 月 30 日，
《当代苏联报刊文摘》1973 年 10 月 25 日，第 16 页；《苏联动态》1972 年 10 月 17 日，
D1；《纽约时报》1972 年 10 月 18 日；《中国动态》1972 年 12 月 15 日，A1。

京，或者至少防止出现一个新的中美组合。这个组合可能包括西欧和日本，成为一个广泛的反苏同盟的中坚力量。北京也在竭力缓和与美国的关系，目的就是将来——不管是多么不现实——搞成这样一个组合以对抗苏联。

因此，中苏谈判在1973年也未取得进展。苏联对中国的批评随国际形势和中国对苏联的抨击程度的变化而变化。[①] 关于越南问题的巴黎会谈开始时，莫斯科停止了对中国的攻击谩骂，试图促成反对美国的中苏联合阵线。[②] 中国指责莫斯科正在对中国进行军事威胁，[③] 柯西金对此予以否认。《真理报》发表了署名"亚历山大罗夫"的文章，对中国的指责进行了反驳。6月14日，勃列日涅夫又提出了签订互不侵犯条约的建议，遭中国人拒绝（苏联领袖哀叹道，中国人"甚至不屑作出答复"）。[④]

1月5日至3月5日，中苏国境河流航行联合委员会举行了例会，但和以前一样，没有任何结果。[⑤] 苏联代表团又在中国各地游历了一圈。[⑥] 7月19日，伊利切夫回国度假并接受指示。但这次他在国内整整待了一年。[⑦] 所以，谈判实际上在1973年年中就中断了。

中国人似乎没有为这个危险的信号而感到特别不安，因为他们的注意力都集中在中共"十大"上。周恩来在向大会作的报告中重申，只要苏联不使用武力或进行武力威胁，中国愿意解决边界争端。周对

---

① 《纽约时报》1972年8月3日，9月6日，11月9日，12月22日；《基督教科学箴言报》1972年8月26日。

② 《纽约时报》1973年2月25日。

③ 《洛杉矶时报》1973年6月6日；《真理报》1973年6月2日（见《当代苏联报刊文摘》1973年6月27日，第4、12页）；《苏联动态》1973年6月1日，D1。

④ 《洛杉矶时报》、《纽约时报》1973年9月25日；《经济学家》1973年9月29日，第42页；《基督教科学箴言报》1973年10月2日；《国际事务》（莫斯科）第5期（1975年5月），第37页。

⑤ 《中国动态》1973年3月9日，A3；《纽约时报》1970年3月9日。

⑥ 《真理报》1973年5月1日。

⑦ 《纽约时报》1973年7月20日。他是1月13日返回北京的，见《纽约时报》1973年2月25日。

中苏关系的评论意味深长，表明中国已不再担心苏联会马上发动进攻；相反，中国警告西方，俄国人目前正在"声东击西"。可能同样重要的是，周声称北京愿意在和平共处的基础上改善中苏关系，其中可能包括边界争端的解决。[①] 10 月底，在周会见 C.L. 舒尔茨伯格时，[②] 在为纪念"十月革命"而发给最高苏维埃（不是给苏共中央政治局）的贺电中，中国方面都重申了这些观点。[③]

第三阶段，1974—1975 年

1973 年年中伊利切夫返回莫斯科后，谈判的第二阶段就结束了。直到 1974 年 6 月 20 日他回到北京后，谈判的第三阶段才开始。[④] 1 月，北京驱逐了几名被指控为苏联间谍的人；3 月发生了直升机事件；中国在离南越不远的西沙群岛采取了军事行动；双方还在卡扎凯维切瓦水道问题上发生了争议。由于上述事件，当时的中苏关系已进入新的低点。前两件事显然是造成伊利切夫 1974 年初无法返京的原因，因为他在莫斯科参与了使直升机和机组人员安全获释的努力。[⑤]第三件事引起了莫斯科的关注，因为它是中国总的边界政策的体现。[⑥] 最后一件事则促使伊利切夫回到了北京。

---

① 《北京周报》第 35 和 36 期（1973 年 9 月 7 日），第 23 页。对于这次代表大会的评论，见托马斯·鲁宾逊："1973 年的中国：复活的'左'倾思想威胁着'新事业'"，《亚洲概览》（1974 年 1 月），第 1—21 页。

② 《纽约时报》1973 年 10 月 29 日。

③ 《纽约时报》1973 年 11 月 11 日；《真理报》1973 年 11 月 10 日（见《当代苏联报刊文摘》1973 年 12 月 5 日，第 6 页）。

④ 《洛杉矶时报》1974 年 6 月 26 日；《纽约时报》1974 年 6 月 26、30 日；《苏联动态》1974 年 6 月 25 日，C1；《金融时报》1974 年 6 月 26 日；路透社消息 1974 年 6 月 26 日；《中国动态》1974 年 6 月 21 日，A1；《世界报》（巴黎）1974 年 6 月 27 日。

⑤ 《真理报》1974 年 5 月 3 日（见《当代苏联报刊文摘》1974 年 5 月 29 日，第 15 页）；《纽约时报》1974 年 3 月 21、24、29 日；《经济学家》1974 年 1 月 26 日，第 43 页；《苏联动态》1974 年 6 月 24 日，C1。

⑥ 《纽约时报》1974 年 2 月 9、10 日；《基督教科学箴言报》1974 年 2 月 15 日；琼·里奥洛特："苏联对西沙群岛争端的反应"，《自由电台快讯》1974 年 2 月 11 日。自 1959 年和 1962 年的中印边界战争以后，这是中国首次动用武力解决领土问题。在莫斯科看来，这件事说明，一旦军事形势对中国有利，中国就会使用武力，为所欲为。

1974年5月22日，苏联外交部就通江（苏联称卡扎凯维切瓦水道）问题给北京发出了一份照会。通江在西南面把黑瞎子岛与大陆分隔开来，是这一三角形岛屿的一个边。黑龙江和乌苏里江形成了该岛的另两条边，伯力在两江交汇处的江岸上，与该岛的东北角隔江相望。苏联在照会中认为两国应以水道而不是两条大江为界。[①] 照会对中国提出的在（夏季）枯水期水道不能航行时，中国船只可通过黑龙江和乌苏里江交汇处的"要求给予有利的对待"，但首次提出中国船只每次通过前均须预先通知。照会称苏联方面有权这么做，其根据是"中俄条约的有关文件"，可能是1860年中俄《北京条约》签订之后的有关文件。[②] 中国人立即拒绝了苏联的观点，[③] 但是他们无法在枯水期驾船驶过流经伯力的江面，因为1967年以后，苏联在通江和黑龙江的分岔处一直配备有炮艇。[④] 苏联人此时提出这个问题，其动机是很明显的：促成直升机机组人员的获释，促使中国人同意全面恢复边界谈判；反驳中国援引主航道中心线为界的原则而提出的黑龙江和乌苏里江上大部分岛屿的主权归中国所有的主张；[⑤] 迫使中国签订一项新的界河航行年度协议（界河航行谈判已于3月21日再次停止，无任何成果）。[⑥]

苏联此举至少实现了部分目标，因为边界谈判于1974年6月底重新开始了。一个月后，谈判仍无进展，伊利切夫离京返国。后回京

---

① 《真理报》1974年5月24日（《当代苏联报刊文摘》1974年6月12日，第4页）；《纽约时报》1974年5月24、25、28日；《苏联动态》1972年5月23日，C1。

② 见内维尔·马克斯韦尔："中苏边界黑龙江和乌苏里江段考"，《现代中国》第1卷第1期（1975年1月），第116—126页。

③ 《纽约时报》1974年5月28日，6月1日；《中国动态》1974年5月31日，A1；《北京周报》第23期（1974年6月7日），第7页。

④ 马克斯韦尔："中苏边界黑龙江和乌苏里江段考"，第122页。

⑤ 《纽约时报》1974年5月24日。马克斯韦尔的观点（看上去合理但缺乏有力的证据）是，莫斯科"坚决要按沿中国一侧的江岸划定界线，意在以此为条件进行讨价还价，换取中国人在与之相关的另一个问题，即以黑龙江和乌苏里江交汇处为界的问题上作出让步"。

⑥ 《中国大陆报刊概览》第5582期（1974年4月2日），第33页；《中国动态》1974年3月25日，A13；《远东经济评论》1974年6月3日，第14页。

不久又于 8 月 8 日启程前往莫斯科。① 考虑到过去的谈判一无所获，我们有理由相信，谈判从此以后不会再恢复了；由于北京把谈判作为对付苏联的权宜之计，故危险期度过以后，谈判有可能被完全放弃。8 月，为参加第二次世界大战后罗马尼亚解放 30 周年纪念大会，柯西金、李先念——周恩来的亲密战友之一——和余湛都到了布加勒斯特。罗马尼亚人想乘此机会居中斡旋，但他们所能做到的仅仅是促成双方徒具形式的握手而已。②

然而，1 月 6 日中国人又把谈判的大门开启了一道诱人的缝隙（或者也许是苏联人通过一些尚不为人所知的劝诱活动使事情有了转机）。这一天，中国为庆祝十月革命给莫斯科发去了一份贺电。在这份不太引人注目的贺电中，中国指出：

> 中国政府一再建议双方真诚地进行谈判。……首先需要签订一项互不侵犯和互不使用武力的条约，维持边界现状，避免武装冲突，双方武装力量在边界争议地区脱离接触，然后，通过谈判彻底解决边界问题。（着重号为作者所加）③

为什么这时候中国人同意了苏联人在过去三年中提出的建议呢？我们可以做出下述几种解释。

第一，中国人提出签订互不侵犯条约的态度是否严肃，还不十分清楚，因为这一条是连带其他建议一同提出的，都不是新东西；某些建议（如苏联撤出北京声称其拥有主权的那些地区等）过去已遭莫斯科拒绝，现在也不可能被接受；而且所有这些建议——包括签订互不

---

① 《纽约时报》1974 年 8 月 19 日，10 月 2 日；《真理报》1974 年 8 月 19 日（《当代苏联报刊文摘》1974 年 9 月 11 日，第 16 页）；《苏联动态》1974 年 8 月 19 日，C1；《中国动态》1974 年 8 月 19 日，D18；《真理报》1974 年 10 月 1 日（《当代苏联报刊文摘》1974 年 10 月 23 日，第 7 页）。

② 《纽约时报》1974 年 9 月 3 日；《基督教科学箴言报》1974 年 8 月 26 日；《中国动态》1974 年 8 月 23 日，A—2。

③ 《曼彻斯特卫报》1974 年 11 月 8 日；《中国动态》1974 年 11 月 7 日，A1—3；《纽约时报》1974 年 11 月 8 日；路透社消息 1974 年 11 月 8 日。

侵犯条约在内——都是作为进一步谈判的先决条件提出来的。第二，由于中国在此之前拒绝了苏联的所有建议，所以需要策略地重申本国对边界问题的主张；提出订立互不侵犯条约的建议是作为夺回一直掌握在莫斯科手中的外交主动权的一种手段。第三，有迹象表明，中国提出签订互不侵犯条约的建议，更多地是为了引起华盛顿而不是莫斯科的注意。中国人发现，美国人只想让中美关系处在互设联络处的阶段而不想进一步改善，因为当时华盛顿在北京和台北都驻有大使级的外交代表。毛泽东向苏联迈出一小步是为了让华盛顿知道，美国不能指望借中苏冲突来迫使北京改变反对美国承认并保护台湾的一贯立场。北京似乎是在告诉华盛顿，中国和美国一样，也可以利用国际政治的大三角关系新格局为本国谋求利益。

致使中国外交政策发生变化的这些原因之间并非没有矛盾，但是中国争取主动权的做法（如果可以这么说的话）达到了预期的目的，至少对莫斯科来说是如此。开始时，苏联的反应很谨慎，态度不明朗。[1] 随后则是坚决拒绝。11月26日，勃列日涅夫在乌兰巴托解释了中国11月份的电文不值得苏联作出积极反应的原因：

> 实际上，北京提出的先决条件就是要苏联边防军撤出一些所谓的"争议地区"。这些地区本来属于我国，中国领导人对此提出了领土要求，并称之为"有争议的地区"。北京公开声称，只有在上述要求得到满足的情况下，它才会同意举行有关边界问题的谈判。……这一立场是绝对不可接受的。[2]

同一天，克里姆林宫在致中国的一份正式照会中说：

---

[1] 《纽约时报》1974年11月9日。

[2] 《真理报》1974年11月27日（见《当代苏联报刊文摘》1974年12月25日，第1—6页）；《纽约时报》，《基督教科学箴言报》1974年11月27日。在此之前，莫斯科曾通过匈牙利的新闻媒介表示，它将拒绝北京的建议，见《苏联动态》1974年11月15日。

　　你方在今年 11 月 6 日的贺电中表示要解决中苏关系中存在的一些问题，并提出了各种先决条件。这是中国领导人以前所持的立场的重复，当然不足以作为达成谅解的基础。①

　　后来，苏联的反应发生了变化。1975 年 2 月初，莫斯科派伊利切夫来到北京，边界谈判再次开始。② 苏联的目的在于察看中国的立场是否真的发生了变化。对中国的电文，他们私下里的反应不同于公开的反应。③ 另外，周恩来在北京召开的第四次全国人民代表大会上发表的讲话中关于边界问题的说明，有寻求和解的倾向。周对莫斯科数次提出的互不侵犯条约和以互不侵犯的原则为基础的条约作了区分，据称，后者是 1969 年他和柯西金机场会晤的成果。虽然周和往常一样把它与苏联撤出"争议地区"的要求联系了起来，但他确实呼吁俄国人"老老实实坐下来谈判，解决一点问题，不要再玩弄那些骗人的花招了"。④ 莫斯科听信了周恩来的话，派伊利切夫到北京观察情况是否确有变化。

　　事实上，情况并无多少好转。中国人表示要审讯苏联直升机机组人员。若果真如此，必会招致苏联实质性的报复。⑤ 12 月，《历史研究》杂志复刊，其中的一篇文章猛烈抨击了苏联的边界政策，要求俄国人撤回驻在蒙古的军队，停止在边界地区进行军事演习，把边界地区部队的数量减至 1964 年的水平。⑥ 第四次全国人民代表大会通过的新宪法正式把反苏主义列为中国外交政策的主要内容。⑦ 莫斯科则

① 《真理报》1974 年 11 月 25 日（见《当代苏联报刊文摘》1974 年 12 月 18 日，第 1 页）。
② 《纽约时报》1974 年 2 月 13 日、18 日；《苏联动态》1974 年 2 月 12 日，C1；《中国动态》1974 年 2 月 12 日，A1；《每日电讯报》1974 年 2 月 13 日。
③ 直到 2 月份谈判才恢复，因为中国忙于筹备 1 月份召开的第四次全国人民代表大会。
④ 《北京周报》第 4 期（1975 年 1 月 24 日），第 25 页；《华盛顿邮报》1975 年 1 月 24 日；《远东经济评论》1974 年 1 月 31 日，第 14—15 页。
⑤ 《苏联动态》1974 年 10 月 15 日，A13。
⑥ 《历史研究》1975 年第 1 期。
⑦ "中华人民共和国宪法·序言"，《北京周报》第 4 期（1975 年 1 月 24 日），第 12 页。

继续展开对北京的宣传攻势，指责中国没有对苏联的一系列建议作出反应，并谴责中国领导层以毛主义代替马克思主义作为党和国家的指导思想，[①] 还呼吁中国人朝边界问题的解决迈出"真正具有建设性的步伐"。[②]

尽管如此，伊利切夫和新上任的中国代表团团长韩念龙（他接替了余湛，据说余湛病了）还是于 1975 年 2 月 16 日举行了会晤。[③] 除了程序和外交礼节问题外，苏联可能还想把直升机机组人员和黑龙江—乌苏里江交汇处的航行问题引入议事日程，因为这些问题已对边界问题的谈判产生了越来越严重的干扰。然而，谈判和前几年一样，不易获得进展，故苏联代表团不久（4 月份）又游览中国南方的一些城市。[④] 1975 年中，人们甚至不清楚，这种时断时续的谈判是否仍在继续。

这样，自 1964 年双方初次会晤后的 12 年中，边界谈判没有取得明显的进展。争端的解决实际上取决于谈判大厅以外的事态发展，特别是毛泽东的长寿和中国关于继承人问题的政治斗争格局。不过，1969 年以后的几年时间并未白白流逝。中苏双方都明晰对方的立场，如果政治形势发生变化，双方可能会在极短的时间内达成协议。但至少在随后的 15 年中，这种政治形势没有出现。

附录　中国和苏联的军事集结，
1969—1975 年

上文已详述了俄国人和中国人的外交活动。无论这些活动多么重要，但与军事集结活动比较起来，它们都不过是次要的。正是苏联军队大规模的迅速增加，才引起了中国人对苏联入侵的担忧，并严重破

---

① 《真理报》1974 年 2 月 22 日亚历山大罗夫的文章，见《当代苏联报刊文摘》1975 年 3 月 19 日，第 1—5 页。

② 《当代苏联报刊文摘》1975 年 3 月 19 日，第 5 页；《纽约时报》1975 年 2 月 23 日。

③ 路透社消息，1974 年 2 月 17 日；《金融时报》1975 年 2 月 19 日；《中国动态》1975 年 2 月 18 日，A1。

④ 《苏联动态》1975 年 4 月 30 日，C1。

坏了 70 年代初苏联国内经济，而且把北京推入了张臂以待的美国人的怀抱。但是，中国后来增加了兵力，足以使俄国人的大规模地面进攻付出惨重的代价。人民解放军虽然不可能阻止红军攻占大批领土，但到 70 年代中期，中国已集结了大量的地面部队，开始将陆军部署到靠近边界的地方。另外，中国还部署了少量的战术和战略核武。这些变化在一定程度上弥补了 70 年代初的实力不平衡。

苏联从一开始就没有打算向中国发动一场大规模的地面进攻，推翻中国政府或夺占中国领土。苏中两国都希望确保边界不受对方掠夺性的破坏。双方的军事集结计划都比较有理智。双方均改变了对美国的立场，使华盛顿缓和了与苏联的关系，结束了越南战争，恢复了与中国的外交接触。

莫斯科对中国在珍宝岛上采取的行动确实大为吃惊，认为它是"文化大革命"的狂热气氛和毛泽东个人的背信弃义造成的。所以，克里姆林宫决定派重兵驻守中苏（和中蒙）边界，使中国再制造1969 年 3 月发生的那类边界事件时将付出惨重的代价，并通过要采取更广泛的军事行动的威胁手段，迫使中国领导人恢复边界谈判。为此，苏联把边界地区部队的数量从 15 个非满员师增至 40 个师，后来更超过 50 个师，还让部队进入了更高级别的战备状态。① 苏联还配备了最先进的武器，其中包括核导弹和战术核弹头；补足了边界地区各师的兵员；经常在水陆边界线上巡逻；加强了在中国核弹射程之内

① 《远东经济评论》1970 年 10 月 24 日，第 4 页；《中共研究》第 3 卷第 7 期（1969 年 7 月），第 9 页；《纽约时报》1969 年 8 月 7 日；《经济学家》1969 年 9 月 21—22 日，1970 年 4 月 12 日；《远东经济评论》1970 年 4 月 30 日，第 112—114 页；《纽约时报》1970 年 7 月 22 日；《远东经济评论》1970 年 9 月 4 日，第 359 页；《基督教科学箴言报》1970 年 1 月 4 日；亨利·布拉德舍："蒙古的苏联化"，《外交事务》第 5 卷第 3 期（1972 年 7 月），第 545—553 页；《经济学家》1972 年 5 月 6 日，第 49 页；《纽约时报》1972 年 9 月 11 日；《基督教科学箴言报》1973 年 9 月 10 日、14 日；F.O. 米克舍："苏联：红色中国——在俄罗斯东部地区看世界第三大国"，《国防与经济》1974 年 10 月，第 424—428 页；《世界报》（德国）1969 年 7 月 10 日；《洛杉矶时报》1969 年 9 月 13 日；《纽约时报》1969 年 11 月 30 日、12 月 30 日，1971 年 10 月 7 日，1972 年 5 月 6 日、9 月 10 日，1974 年 2 月 24 日；《世界报》（巴黎）1970 年 9 月 5 日；《航空航天技术》1974 年 5 月 20 日，第 64 页。

各城市（这样的城市逐年增加）的民防措施；[1] 开始实施一项大规模土建工程，以修建永久性后勤供应基地。[2]

虽然俄国该项计划的目的在于防御，但中国人却认为它具有威胁性。由于北京因意识形态方面的分歧对苏联人抱有根深蒂固的疑虑，也由于北京须从能力和战术方面（苏军战术常常是进攻性的）来对苏联军事机器作出判断，所以它不得不增加军队的数量，调整其部署，并改进其装备。这很快就使中国付出了高昂的代价："文化大革命"的期限被迫缩短；解放军必须既承担行政和工业企业的管理工作，又负起训练和保家卫国的职责；不得不把对巴基斯坦和北越等盟国的支持放到第二位，而把抵御苏联的威胁放在第一位；为避免两面受敌，不得不在台湾问题上对美国作出让步。中国军队的武器装备虽不及苏军的先进，但在数量上与苏军不相上下（尽管他们直到 1972 年，即苏军开始集结后的第四个年头，才向边界地区增派大批军队）。[3] 他们增加军事预算，[4] 派大批城市青年前往北方和西部各省，补充新组

---

[1] 《纽约时报》1969 年 8 月 16 日、10 月 28 日、12 月 7 日，1970 年 7 月 22 日；《远东经济评论》1972 年 2 月 26 日，第 18—19 页；《红星报》1970 年 3 月 5 日第 4 版；南斯拉夫通讯社消息，1971 年 2 月 17 日（见《苏联动态》1974 年 5 月 9 日，R6—7）；《苏联动态》1974 年 6 月 17 日，R19—22；《每日电讯报》1974 年 6 月 15 日；《巴尔的摩太阳报》1974 年 8 月 5 日；《明报》第 103、104、105 期（1974 年 7、8、9 月）上刊登的黄辰时（音）等人的文章；《基督教科学箴言报》1975 年 4 月 23 日。

[2] 《纽约时报》1970 年 2 月 3 日、5 月 19 日，1971 年 11 月 1 日；《苏联动态》1974 年 3 月 20 日，V1。

[3] 《中共研究》第 3 卷第 7 期（1969 年 7 月），第 9 页；《纽约时报》1969 年 7 月 6 日，8 月 17 日、30 日，9 月 12 日，11 月 30 日；《经济学家》1969 年 9 月 21—26 日；《纽约时报》1970 年 4 月 12 日；《远东经济评论》1970 年 9 月 4 日，第 359 页；米克舍："苏联：红色中国"，《国防与经济》（1974 年 10 月）；《世界报》（德国）1969 年 7 月 10 日；《纽约时报》1972 年 7 月 25 日；《每日电讯报》1974 年 7 月 15 日；《基督教科学箴言报》1974 年 11 月 7 日。

[4] 《红星报》1972 年 2 月 25 日第 3 版（见《当代苏联报刊文摘》第 24 卷第 9 期 [1970 年 3 月 29 日]，第 1—4 页；《纽约时报》1972 年 2 月 26 日）；《新时代》（莫斯科）1972 年 11 月 30 日，第 16 页；《远东经济评论》1972 年 8 月 5 日，第 23—24 页；《基督教科学箴言报》1973 年 3 月 23 日；《中国动态》1973 年 12 月 13 日，A4—6；《远东经济评论》1974 年 3 月 11 日，第 33 页；《中国动态》1974 年 4 月 8 日，A12—13；《苏联动态》1974 年 7 月 16 日，C1。

建的生产建设兵团，① 强化民兵组织，② 开始进行应急性的民防活动，
其中包括众所周知的在各大城市大挖防空洞的活动，③ 对省界划分作
出一系列的行政调整——包括把内蒙古的很大一部分划归邻近各省
（据说是为了军事需要）。④ 到 1974 年，这些变化已在一定程度上弥
补了 1969—1976 年军事力量的不平衡。

　　同样重要的是，中国仍在继续进行研制核武器和导弹的计划，不
过其主攻方向已有变化，表明苏联威胁增大，而美国的威胁减小了。
为抵御苏联的威胁，中国特别重视短程和中程导弹，把它们分散部署
在各地半坚固的地方，放弃了部署洲际导弹的计划（美国原是这样估
计的）。中国仍在继续实验和生产核武器。由于原来就有喷气式轰炸
机，加上生产能力有所增加，故而中国的空中运载力量有了很大提
高。⑤ 由于飞机散布在离中苏边界较近的大约 200 个中国空军基地上，

---

① 据 1970 年 10 月 17 日的《远东经济评论》（第 35—36 页）报道，新疆的生产建设兵团
　有 60 万人，内蒙古有 20 万人，黑龙江有 20 万人，青海有 10 万人；《纽约时报》1969
　年 7 月 6 日，11 月 7 日，1970 年 1 月 28 日，3 月 1 日，7 月 22 日；《中国动态》1969
　年 9 月 30 日，G1；《北京周报》1972 年 6 月 23 日，第 22—23 页；1973 年 6 月 2 日，
　第 14—15 页；《远东经济评论》1975 年 3 月 26 日，第 5 页。

② 《纽约时报》1969 年 7 月 6 日，11 月 30 日；《远东经济评论》1971 年 1 月 16 日，第
　46—47 页；《中国动态》1974 年 5 月 23 日，K1—7；《每日电讯报》1974 年 7 月 15
　日；《中国动态》1974 年 8 月 5 日，K1、L1；《远东经济评论》1974 年 11 月 29 日，第
　30—32 页；《中国动态》1975 年 2 月 2 日，第 61—62 页。

③ 《基督教科学箴言报》1972 年 11 月 16 日；《纽约时报》1969 年 11 月 21 日，12 月 28
　日；《远东经济评论》1969 年 12 月 4 日，第 485—486 页；1970 年 1 月 22 日，第 4 页；
　《纽约时报》1971 年 1 月 4 日，6 月 5 日；《远东经济评论》1973 年 4 月 9 日。

④ 《纽约时报》1970 年 6 月 21 日，7 月 5 日、20 日；布拉德舍：“蒙古的苏联化”；1972
　年 1 月 22 日的《远东经济评论》报道了许多细节；《纽约时报》1973 年 7 月 5 日，
　1974 年 1 月 2 日。

⑤ 《纽约时报》1969 年 9 月 13 日，11 月 2 日；《红星报》1970 年 1 月 21 日第 4 版；《远
　东经济评论》1972 年 2 月 26 日；《经济学家》1972 年 5 月 6 日，第 49 页；《纽约时报》
　1972 年 9 月 10 日；《基督教科学箴言报》1973 年 9 月 14 日；《世界报》（巴黎）1970
　年 9 月 5 日；《洛杉矶时报》1974 年 6 月 21 日；《经济学家》1973 年 8 月 4 日，第 36
　页；《文学报》（苏联）1974 年 5 月 15 日，第 9 页（见《苏联动态》1974 年 5 月 21 日，
　C1）；《苏联动态》1974 年 8 月 7 日，C1—2；《纽约时报》1974 年 9 月 29 日；《远东经
　济评论》1974 年 5 月 6 日，第 30—34 页；哈里·盖尔伯：“核武器与中国的政策”，第
　13—17 页；拉尔夫·克拉夫等编：《美国、中国与军备控制》，第 140—143 页。

即使苏联先发制人，亦不能确保彻底摧毁中国的报复能力，确保苏联的任何一个城市（或一小部分城市）不被中国摧毁。因此，到70年代中期，沿边界地区核力量的不平衡已得到了部分的但意义重大的弥补。

对苏中两国军队部署的详情，我们很难作出描述与估计，因为详情是双方都严格保守的秘密。部队的构成也随环境的变化而变化。例如，据说到1975年苏联共调集了45个师的地面部队，其中包括驻在蒙古的2—4个师和隶属于大贝加尔湖军区、可以迅速增援边界地区的一些师。这些部队中，只有大约1/3处于最高战备状态。但是，考虑到苏联自1969年以后在后勤供应、建筑和武器装备的贮存方面投入了巨量的财力物力，调集的部队肯定远远超过45个师。中国方面的情况大体相似。到1975年，沈阳军区和北京军区约有50个师，兰州军区有15个师，新疆可能有8个师。和苏联一样，并不是所有的部队都承担了守卫边界线的任务，不过，遇到紧急情况，更多的部队会被迅速从其他地区调往前线。两国都保留了一定数量的军队以应付其他地方的事态发展：苏联要关注东欧、西欧和中东；中国要留意南亚、福建海峡（原文如此——译者）和朝鲜。两国（特别是中国）还保留了大批部队以担负国内的任务。因此，在不知详情的情况下，我们很难对双方的军事力量做出准确的估计。

地理环境在很大程度上决定了俄国和中国军队的部署计划，也是导致莫斯科和北京采取不同战略的重要因素。由于俄国在西伯利亚和远东部分的人口大都集中在西伯利亚大铁路沿线，又由于这条重要的交通大动脉距中苏边界不远，所以莫斯科不得不把大部分部队和武器装备部署在铁路以南靠近边界的地方。北京当然把这种部署视为对新疆、甘肃、内蒙古和黑龙江的一种威胁。由于俄国人在北方除了冻土带和冰（或者滨海地区的海水）之外，别无退路，所以莫斯科只能采取这种策略：防止中国军队入侵，断然拒绝中国提出的双方军队都撤离边界线的建议。这种情况的严重性对海参崴和伯力而言尤为突出，伯力与中国提出领土要求的岛屿隔江相望。

中国军队不敢过于靠近边界，因为如果靠得太近，就有在新疆、甘肃和内蒙古的沙漠中被苏军摧毁或包围的危险。此外，中国的居民绝大多数都生活在离边界很远的地方。生活在边界附近的是少数民族，他们与苏联一侧的居民有血缘关系。他们（如新疆的哈萨克族）试图与对方重新合并。中国的战略和军队的部署情况是：主力部队留在后方保卫重要城市（如北京等）和军事基地（如罗布泊和双城子的核武器和导弹发射基地等）；向边境地区迁徙大量汉人以监视和压制少数民族，这些汉人同时又是阻挡苏军进攻的准军事人员。他们通过散布各地的农业移民，形成了一道抗击侵略者的长城；一旦苏军入侵中国，军队和人民（大部分是公社社员）将联合起来，利用正规防御战术和游击战术（即"人民战争"）来抵御俄国人。随着移民活动的发展和军事力量的不断壮大，中国军队可能推进到了距中苏边界更近的地方。与此同时，边防部队增加了具有挑衅意味的巡逻和监视活动，这也许是为了预防入侵或对苏联可能的进攻给予警告。

中苏两国战略的中心是双方均拥有大量的核武器。莫斯科的核武器很多，足以对中国的任何入侵活动给予严惩。然而，1969 年的边界冲突发生之前，这仅仅是一个背景因素，而且，即使在 1969 年以后，核武器的使用在通常情况下也并不是一种可行战略，只有在最严重的关头方可使用。尽管可以谈论苏联会采取先发制人的手段，打击中国的核武器生产和实验场所、火箭和核武器贮存处及空军基地，但实际上这是不大可能的。[①] 不过，一旦苏联的地面部队全面展开，中国军队的整个防线就会从战略和战术上都受到威胁，因为苏军各师都配备有战术核武器，且受过在核战场上作战的训练。当时，苏联有能力先发制人，摧毁中国几乎所有的核武器和导弹基地、空军基地、海军基地和地面部队，占领大片中国领土，包括首都地区在内。数以亿计的人将遭到灭顶之灾，其中包括邻近国家的许许多多人。但是，由于核战争会使邻国遭殃，加上苏联因此将会在战略上远逊于美国，以及世界其他各国肯定会形成反苏联盟，上述惨景出现的可能性非常小。然而，中国人必须高度重视这种可能性，并相应地调整其军事和外交立场。

---

① 基辛格：《白宫岁月》，第 183 页。

北京还得面对另外一些情况，其中最严重的是苏联可能介入中国国内为争夺毛的继承权而展开的斗争，支持军方的某一派别，帮它建立一个亲苏联的政府。如做不到这一点，苏联军队也可能乘领导层争夺继承权时期中国虚弱之机，侵入具有重要战略地位的新疆、黑龙江等边界省区。虽然苏联方面认为不存在这些可能性，并马上否认有任何发动进攻的意图，但中国人只能从最坏处做准备，因为他们估计到了苏联军队的实力，且有猛烈抨击苏联意识形态方面的诸项政策的传统。因此，正是强大的苏联军队部署在中苏边界附近的核力量，迫使中国加强了边界防务，在 70 年代初增加了国内常规武器和中短程弹道导弹的生产份额，把解放军从政治经济部门的行政管理事务中解脱了出来，部署在更靠近中苏边界的地方，还中断了红卫兵的革命活动，把他们中的许多人分派到了边界附近的生产建设兵团。

到 1975 年，中国在弥补军事力量的不平衡方面已取得了一些进展。中国把一个步兵师改建成了装甲师。这至少表明北京有进行此类改建的生产能力。北京拥有充足的核报复能力，足以威慑苏联先发制人的进攻，并可威胁到苏联欧洲部分的重要城市（包括莫斯科在内），因此，中国原来微弱的威慑因素已经发展为以分布在各处的地下掩体的导弹（弹头瞄准苏联国土）为基础的威慑战略了。

中苏两国军队构成和部署变化情况，详见表 1 和表 2[①]。

表 1 显示了两国地面部队的总数和构成。1969—1975 年间，中国陆军的数量大幅度增加，大约增加了 30 万人。地面部队从 118 个师增至 142 个师，净增 24 个师。1975 年以前增加的人绝大多数是从与"文化大革命"有关的行政管理事务中脱出身来返回部队的官兵。这批官兵有将近 20 万人。仅此一点就可看出解放军在"文化大革命"期间卷入国内非军事性事务的程度有多深。此外，官兵返回部队的时机与外国旅游者观察到的解放军在工厂、事业单位和行政机关的时间是基本一致的。

---

① 这些资料出自 1968—1975 年间的《军事平衡》（年刊）和 1969—1975 年间的《战略研究》（年刊）。这两份刊物都是由伦敦国际战略研究所出版的。

表 1 　　　　　　　中苏两国军队的数量，1969—1971 年

年　份	军队总数（百万）	陆军总数（百万）[a]	师总数（个）	步兵师	机械化师	空降师	边防军（万）
苏　联							
1969－1970	3.30	2.00	147	90	50	7	25
1970－1971	3.30	2.00	157	100	50	7	23
1971－1972	3.38	2.00	160	102	51	7	30
1972－1973	3.38	2.00	164	106	51	7	30
1973－1974	3.42	2.05	164	107	50	7	30
1974－1975	3.52	2.30	167	110	50	7	30
苏　联							
1975－1976	3.58	2.32	166	110	49	7	30
变化	＋0.28	＋0.32	＋19	＋20	－1	＋0	＋5
中　国							
1969－1970	2.82	2.50	118[b]	108	8	2	30
1970－1971	2.78	2.45	118	108	8	2	30
1971－1972	2.88	2.55	120	110	8	2	30
1972－1973	2.88	2.50	130	120	8	2	30
1973－1974	2.90	2.50	130	120	8	2	30
1974－1975	3.00	2.50	136	119	11	6	30
1975－1976	3.25	2.80	142	125	11	6	30
变化	＋0.43	＋0.30	＋24	＋17	＋3	＋4	＋0

a. 包括防空部队。

b. 只包括主力部队各师，不包括地方部队各师。

资料来源：《军事平衡》（伦敦：国际战略研究所年刊）和笔者 1974—1984 年间与美国、中国和苏联官员的谈话记录。

苏联军队部署和构成情况的变化也可从表中看出来。1969—1975年间，中苏两国军队数量的变化有一些惊人的相似之处。与中国相比，苏军总数净增 27.5 万人，而陆军又净增 32 万人，摩托化步兵师从 90 个增至 110 个，净增 20 个。这些新增的部队都用于抵御来自中国的威胁。装甲部队和空降部队的数目几乎没有什么变化，这与中国的情况十分相似（当然，不同之处是苏联的这两种部队原来就比中国多得多。这表明苏联的工业基础更雄厚）。苏联边防部队增加了大约

6万人，这些人可能都被用于巡逻中苏边界。不过，苏联边防部队的总数约有 30 万，与中国边防部队的总数相等。总之，中苏两国军队新增加的人数是大体相等的。考虑到双方都把对方的威胁看得十分严重，而双方军队新增人数都不很多就显得有些奇怪了。这也许表明，双方战略的实质都是防御。两国军队增加的人数大体相等表明，莫斯科和北京都意识到，一方大规模扩军会使另一方急起直追，从而促成一场双方都得付出极大代价的军备竞赛。

苏中两国军队的部署，1969—1976 年

表 2　　　　　　　　　　　　　　　　　　　　　　　（以师为单位）

			苏　　联		
年　份	东欧	苏　联欧洲地区	苏　联中部地区	苏　联南部地区	苏联远东地区（包括大贝加尔地区）
1968—1969					22
1969—1970	32	60	8	19	28（蒙古2）
1970—1971	31	60	8	21	37（蒙古3）
1971—1972	31	60	8	21	40（蒙古2）
1972—1973	31	60	8	21	44（蒙古2）
1973—1974	31	60	5	23	45（蒙古2）
1974—1975	31	63	5	23	45（蒙古2）
1975—1976	31	63	6	23	43（蒙古2）
变化	−1	+3	−2	+4	+21

						中　　国			
						中苏边界			
年　份	福建	广州武汉	海南	西南地区	西藏	北京东北内蒙古	兰州	新疆	整个中苏边界
1969—1970	28	25	3	12	3	32	11	4	47
1970—1971	28	25	3	12	3	32	11	4	47
1971—1972	28	25	3	12	3	33	11	5[a]	49
1972—1973	25	17	3	12	8[a]	40	15	10[a]	65
1973—1974	20	17	3	12	8[a]	45	15	10[a]	70
1974—1975	25	17	3	12	6[a]	50	15	8[a]	73
1975—1976	25	18	3	12	6	55	15	8	78
变化	−3	−7	0	0	+5	+23	+4	+4	+31

a. 伦敦国际战略研究所这几个年份的《军事平衡》把西藏军区和新疆军区的部队数量合并列出。此表假定比率和前几年的一样，即西藏 3 个师，新疆 4 个师。

　　双方军队在边界地区的部署情况，可作为这些结论（有少数例外）的佐证。表 2 显示的是 1969—1976 年间，每年驻守在有关地区的中苏两国军队数目的变化情况（以师为单位）。原来，中国在北京、东北、内蒙古、兰州和新疆等边界地区部署的军队比苏联在远东部分和南部有关地区（如土耳其斯坦地区）拥有的军队要多。到 1968 年，中国在这些地区有 47 个地面师，苏联在上述地区可能有 22 个师（远东部分 15 个，南部有关地区可能是 7 个）。表 2 清楚地表明，70 年代初苏联军队的集结速度非常之快，而在同一时期，中国军队只略有增加。到 1973 年底，苏军的集结已大体完成。此后增加的主要是后勤供应部队和武器装备，此外还提高了现有战斗部队战备状态的级别。中国军队到 1973 年才开始大举增兵，在 18 个月中从 47 个师增至 70 个师，1975 年中达到了 78 个师。中国军队动作迟缓的原因主要在于国内的政治斗争和北京与华盛顿的关系：直到 1971 年底林彪的问题解决之后，毛及其追随者才得以调集部队，更换将领；[1] 直到 1972 年初尼克松访华后，北京才感到南方的安全有了保障，可以把驻守在与台湾隔海相望的福建前线的主力部队调到北方了。1972—1974 年间调兵活动比较频繁，在这之后的两年中，中国只向边界地区调遣了 8 个师的地面部队。这期间，中国还通过扩建生产建设兵团、训练更多的民兵和加强民防来弥补不足。

　　虽然通过这些统计数字和部队的部署情况，我们可以看出到 1975 年中苏两国在边界地区的军队数量大体相等，但我们不能就此得出结论，认定两国军队的构成和火力强弱也是相等的。表 3 罗列了中苏两国军队拥有战略和战术核武器的数目。苏联的核武器运载工具远远多于中国，核弹头也比中国的多。虽然苏联得保留很大一部分核武器用于遏制美国，或者在欧洲和其他地方对美国及其盟国发动战争，但所剩的用于对付中国的核武器仍然非常之多。这意味着（假定

---

[1]　如要了解详情，可参阅托马斯·W. 鲁宾逊："1972 年的中国：社会经济在不稳定的政治环境中的发展"，《亚洲概览》1973 年 1 月；鲁宾逊："1973 年的中国"，《亚洲概览》1974 年 1 月。

表3　　　　　　　苏联和中国的核武器运载工具，1969—1976年

苏　联

年份	洲际弹道导弹	中、短程导弹	潜艇发射的弹道导弹	图—20 图—95 米亚—4	图—16	图—22	地对地导弹[a]	合计[b]
1969—1970	1050	700	159	150	600	150	900	3709
1970—1971	1300	700	280	140	550	150	900	4020
1971—1972	1510	700	440	140	500	200	900	4390
1972—1973	1530	600	560	140	500	200	900	4430
1973—1974	1527	600	628	140	500	200	900	4495
1974—1975	1575	600	720	140	500	200	900	4635
1975—1976	1618	600	784	135	475	170	1000	4782
变化	+568	−100	+625	−15	−125	+20	+100	+1073

中　国

年份	洲际弹道导弹	中程导弹	短程导弹	潜艇发射的弹道导弹	伊尔—28	图—16	地对地导弹	合计
1969—1970	—	—	—	—	150	—	—	150
1970—1971	—	—	—	—	150	10—20	—	120—160
1971—1972	—	约20	—	—	150	约30	—	200
1972—1973	—	20—30	15—20	—	200	约100	—	335—350
1973—1974	—	约50	15—20	—	200	约100	—	365—370
1974—1975	—	约50	20—30	—	200	约100	—	370—380
1975—1976	2	约50	20—30	—	300	约60	—	432—442
变化	+2	+50	+30	—	+150	+60	—	+282—292

　　注：以1975年为例，如果苏联把核武器总数的20%用于对付中国，可得出下列数字：洲际导弹329枚；中短程导弹125枚；潜艇发射弹道导弹175枚；米亚—4型飞机27架；图—16型飞机95架；图—22型飞机34架；地对地导弹200枚；合计总数985枚（架）。

　　a. 地对地导弹采用的是国际战略研究所的统计数字。这些导弹掌握在地面部队手中。除了地对地导弹之外，还有战术核弹头，但因没有准确的估计数字（国际战略研究所估计1970—1971年有3500枚，其中可能包括900枚地对地导弹），所以没有列入表内。

　　b. 合计总数不包括苏联的任何战斗轰炸机（如米格—17，米格—19，米格—21，米格—23等等）。这些飞机都有运载核武器的能力。据估计，这些飞机和中国的同类飞机一样，其职责是空中拦截或给予非核性的空中支援。

每个运载工具运载的核弹头平均超过一个）苏联拥有非常可怕的破坏力量。到1975年，中国拥有大约430件核武器运载工具（不包括米格—19、米格—21和F—9型战斗机，它们是用于拦截、侦察和战术

支援的），而苏联则拥有 4735 件（不包括数量很大的喷气式战斗机，其中很多是可以携带核武器的）。只要把其中的 20％用于中国战场，也有大约 950 件之多。苏联拥有强大且分散的防空系统，足以拦截和摧毁中国的大部分伊尔－28 和图－16 型飞机。还有一点，苏联的每个地面师都拥有核武器，如地对地导弹或小型的便携战术核武器。据伦敦国际战略研究所的统计，1970 年苏联拥有此类核弹头 3500 枚。假定这些核弹头被用于对付中国的比例和红军被用于对付中国的比例（1975 年 166 个师中有 43 个师用于对付中国，约占 26％）大体相当，那也有 880 枚之多，更不用说莫斯科在常规武器、火炮、装甲车和战场上的机动性方面均占有绝对优势了。因此，到 1975 年为止，苏联的军事力量一直占有很大的优势。

第二篇

"文化大革命"：为继承权而斗争，1969—1982年

第 四 章

毛的接班人问题和毛主义的终结

引　言

"无产阶级文化大革命"是规划中国未来的一种尝试，它的方法是改造中国人民的本性，以实现"一场触及人们灵魂的大革命"。[①]"文化大革命"的主要对象是"那些党内走资本主义道路的当权派"[②]，这些所谓的苏联式的修正主义分子，用剥削阶级腐朽思想腐蚀群众，以达到复辟资本主义的目的。通过进行一场针对这些当权派的阶级斗争，群众将会实现自身的解放。通过教育、文学、艺术等意识形态领域的革命，接受毛泽东思想，中国人民将自觉地形成对资产阶级思想污染的抵御力。

毛泽东的目标是使中国成为一个虽然贫穷但却保持社会主义纯洁性的，更加平均主义、更少特权、更加集体主义、更少官僚主义的社会。在这个社会里，所有人像一个人那样工作着。他们并非因为有中国共产党的领导，而是因为心里有根指南针——毛泽东思想——指引着他们奔向真正共产主义的远大目标。

"文化大革命"的目标是要解决：毛泽东之后，中国向何处去？而在解决这个问题之前，首先要解决：毛泽东之后，谁接班？假如那些所谓的走资本主义道路的人（如国家主席刘少奇）接了这位主席的班，那么中国就会"改变颜色"。因此，中国不仅要有正确的路线和

---

① "中国共产党中央委员会关于无产阶级'文化大革命'的决定"，联合研究所：《中国共产党无产阶级"文化大革命"文件集（1966—1967）》，第42页。

② 同上书，第45、46页。

303

政策的指导，还必须"培养千百万无产阶级革命事业的接班人"。①
在"文化大革命"的大风大浪中，新的领导人将会在斗争中产生，并
经受锻炼，树立无产阶级世界观。毛泽东式的社会主义有朝一日将在
他们手中大放异彩。

在过渡期间，毛泽东不得不清洗中国共产党最高领导层，安排
一个他能够绝对信任会坚持他的路线，并继续传下去的新的接班
人。因此，他进行了本书第二章"中国在危机中"所描述的党内斗
争和清洗。1969 年春天召开的中国共产党第九次全国代表大会，
标志着毛泽东在这场斗争中的胜利，大会按照他的指示，通过了他
个人选定的接班人——国防部长林彪。但是，这又导致了一个新的
谜一样的难题：毛泽东之后，哪一种政治力量掌权？是由业已混乱
一团、大批党员已遭迫害的党统治中国，还是由同样具有光荣革命
传统、在三年"文化大革命"中逐渐崛起、成为国家控制者的另一
种力量——军队来统治中国？这是一个与亿万中国人关系重大、极
端重要的结构性问题。但是，这个问题在很大程度上是在极少数领
导人之间以斗争方式解决的。他们在自己的家里谋划，在中央会议
上交锋，以这个派别或那个集团在斗争中失败，最终形成了唯一可
行的解决方法。

中国政治的军事化

1969 年 4 月的中国共产党第九次代表大会，是林彪个人和人民
解放军在政权结构中的一次胜利。1966 年 8 月十一中全会上林的地
位已经仅次于毛，九大又肯定了他的这一地位。九大通过的新党章，
正式规定他为毛泽东的接班人。主席的一位亲密战友获得如此殊荣，

①　"关于赫鲁晓夫的假共产主义及其在世界历史上的教训"，《评国际共产主义运动的总路
　　线》，第 477 页。这是 1963—1964 年中国共产党为批判苏联共产党的"修正主义"所
　　发表的九评中的最后、也是最重要的一评。这些文献对理解毛泽东在"文化大革命"
　　前夜所关注的问题，是十分关键的。

这在中共历史上是第一次。[①] 林彪在军队中的同事，如第二章所指出的，在这次大会上十分突出，中央委员会里，军队代表由 19％增加到 45％；[②] 在九大之后的九届中央委员会第一次全体会议的选举中，进入政治局的现役军人人数也显著增加。[③]

林彪和军队的上升，在某种程度上也是中国革命一个合乎逻辑的演变结果，实际上也符合中国历史上反复出现的权力更迭模式。在中国历史上往往出现这样的情况：每当政治控制由于经济灾难的影响而垮台的时候，起义便爆发了。以暴力对抗暴力的结果，导致了政府高层的军事化。最后，某个更具雄才伟略、雄心勃勃的起义领袖，有时是一位农民，更多的时候是一个贵族，乘机用暴力推翻旧的王朝，并消灭其他起义领袖，建立新的王朝。而那些在开国皇帝夺取政权斗争中立下汗马功劳的将军们，在新王朝里，就会掌握重要的职位。[④]

---

① 实际上，这在各国共产党历史上也是唯一的一次，只有中国共产党曾把接班人写进党章。没有公开出版的周恩来在九大的讲话中对林彪的过分吹捧，证明了林彪的新的地位；周的讲话收在一个 16 页的（九大）大会讲话汇编中，被迈克尔·舍恩哈尔斯译成外文并加了注解。

　　一位党史学家称，在任命九大主席团时，毛提议由林当主席，他当副主席，这只受到了林彪高呼"毛主席万岁"的干扰。

　　这位党史学家还说，毛早在 1956 年初就有意提议林做他的接班人。似乎在 1956 年 9 月中共八届一中全会投票时，毛只差一票就是一致通过了。据确认，毛没有投他自己的赞成票，也没有投二号人物刘少奇的赞成票，而是投了林彪的票！见谭宗级："林彪反革命集团的崛起及其覆灭"，载《教学参考：全国党校系统中共党史学习讨论会（下）》〔以下简称《教学参考（下）》〕，第 40、42 页。作者非常感谢米切尔·舍恩哈尔斯让他使用这两条资料。

② 参考第二章。鉴于中央领导班子里的每一位老同志在他革命生涯的某个时刻实际上都参加了武装斗争，因此计算中央委员会里的军队代表人数，常常是一个占多少比例的问题。《中国历史季刊》（第 39 期〔1969 年 6—9 月〕，第 145 页）估计约有 40％的军队代表；高英茂〔《中国的法律和政府》（1972—1973 年秋冬季号），第 8 页〕则估计约有 38％；而根据多姆斯的估计，八大中央委员中，解放军代表占 40.3％，九大占 50％，参考于尔根·多姆斯《中国国内政治（1949—1972）》，第 210 页。

③ 参考表 4。

④ 有关西汉取代秦朝的情况，请参考《剑桥中国史》第 1 卷，第 110—127 页；隋唐变迁，则可参考《剑桥中国史》第 3 卷，第 143—168 页；元明变迁，可参考《剑桥中国史》第 7 卷，第 44—106 页。

表4　　　1969年4月中国共产党第九次代表大会政治局委员名单

姓　名	职　务
政治局常委（按职位排名）	
毛泽东（c）	主席
林　彪（c）	副主席
政治局常委（未按职位排名，按姓氏笔画为序）	
陈伯达（c）	"文革"小组组长[a]
周恩来（c）	总理
康　生（c）	"文革"小组顾问
政治局正式委员（未按职位排名，按姓氏笔画为序）	
叶　群（b）	解放军"文革"小组
叶剑英（a）	元帅
刘伯承（c）	元帅
江　青（b）	"文革"小组副组长
朱　德（c）	元帅
许世友（b）	将军，南京军区司令员；江苏省革委会主任
陈锡联（b）	将军，沈阳军区司令员；辽宁省革委会主任
李先念（c）	副总理
李作鹏（b）	将军，海军政委
吴法宪（b）	将军，空军司令员
张春桥（b）	"文革"小组副组长；上海市革委会主任
邱会作（b）	将军，解放军总后勤部部长
姚文元（b）	"文革"小组成员，上海市革委会副主任
黄永胜（b）	将军，中国人民解放军总参谋长
董必武（c）	国家副主席
谢富治（a）	公安部长，北京市革委会主任
政治局候补委员（按姓氏笔画为序）	
纪登奎（b）	河南省革委会副主任

续表

姓　名	职　务

政治局候补委员（按姓氏笔画为序）

李雪峰（a）	河北省革委会主任
李德生（b）	将军，安徽省革委会主任
汪东兴（b）	中央警卫团首长

实际地位排名

毛泽东	
林　彪	
周恩来	
陈伯达	
康　生	
江　青	
张春桥	
姚文元	

说明(1)（a）在 1968 年八届十一中全会上增选进政治局。

（b）在 1969 年九大后增选进政治局。

（c）在 1956 年和 1958 年八大的两次全会上成为政治局成员的。

（2）"文化大革命"前政治局 23 名成员中有 14 名落选。

（3）自"文化大革命"开始以来，政治局 16 名新成员中 10 名是军人。

（4）新的政治局 25 名成员中，12 名是军人，其中 10 名是现役军人。与 1956—1958 年的政治局相比较，那时 26 名成员中只有 7 名是军人，而现役军人只有 2 名。第八届中央委员会：文职委员占 76.3%，解放军占 23.7%；第九届中央委员会：文职委员占 52.5%，解放军占 47.5%。

（5）"文化大革命"前在省里任职的政治局委员有 3 名，在这届政治局中有 8 名。在第八届中央委员会中，各省委员占 37%；在第九届中央委员会中占 58.6%。

　　通常，新王朝取代旧王朝需要经过几十年的时间，这是一个充满战乱的时期，但表面上却是干净利索地选定某年为新天子登基的开国元年，君权就此交替。这种做法掩盖了战乱的实质。这一点，在清朝走向衰落以至最后灭亡的相当长时间里，以及随后几个政权的争夺权力过程中，表现得尤其明显。这场长时间的斗争，以 1949 年中国共产党的胜利为标志达到顶点。

在清王朝于第一次鸦片战争（1839—1842 年）中被英国人打败之后，几十年里，满人同时受到了外国侵略和国内起义的困扰。清王朝的最初反应是按照传统方式重新武装起来，但实践证明，这样做是相当无效的。地方勤王大员因此不得不建立他们自己的武装，以此来补充无能的帝国军队。① 最后，清王朝开始实行国防近代化，这方面的成功，促成了新军的创建者袁世凯的崛起，使他成了政权经纪人和政权执掌人。作为政治权力的经纪人，他导演了 1912 年的末代皇帝退位，同时，作为政治权力的所有者，他支配了中华民国初年的中国政治，② 军人执政的时期开始了。

袁世凯错误地估计了形势，妄图建立一个新的王朝，但仅做了83 天自称的皇帝便一命呜呼。此后，中国便进入军阀混战时期（1916—1928 年）。在这个时期里，无论袁世凯从前的部下还是他的竞争对手，都未能取得足够的优势，替代袁世凯的角色。③ 北京政府已名不副实，政府控制权又走马灯似的从一个军阀转移到另一个军阀手中。那些曾经密谋推翻清王朝，接着就被袁世凯排挤在一边的革命党人，由此越来越清醒地认识到，如果没有自己的军队，就会一事无成，或受制于军阀的不可靠的支持。就在那时，孙中山开始转向莫斯科。1924 年，在苏联顾问的帮助下，他的军事助手蒋介石建立了黄埔军官学校，以培养忠于国民党的革命军军官。④

如果孙中山不是在 1925 年过早逝世，改组后的国民党就可能发展为一个强有力的政治组织，能使它的军队为其革命目标服务。他逝世以后，国民党内部发生了一场争夺继承权的斗争。由于蒋介石握有军权，他很快取得了这场斗争的胜利。当蒋于 1928 年建立国民党政府时，虽然国民党在其中发挥重要作用，但军队却是政权的最终力量

---

① 参见《剑桥中国史》第 11 卷第 4 章。
② 同上书，第 383—388、529—534 页，以及第 12 卷第 4 章。
③ 参见《剑桥中国史》第 12 卷第 6 章。
④ 同上书，第 540 页。

来源。①

按照莫斯科的指示，新生的中国共产党与国民党建立了统一战线，共产党的军官和干部参加北伐，使蒋介石得以取得打倒军阀的战争的胜利。但是，当蒋在1927年向共产党人举起屠刀时，毛泽东同当年的孙中山一样，清醒地认识到，没有自己的军队，中国的政治运动就没有前途，枪杆子里面出政权。② 在井冈山根据地和江西苏区，他和他的同志们创建了革命军队，并形成革命战争的战略，依靠这些，20年后，他们在内战中打败了国民党。③

在共产党领导的、后来称为人民解放军的军队和蒋介石军队之间，存在着根本的区别。毛坚持认为，党应该指挥枪，而枪绝对不能指挥党。④ 人民解放军不能再是另一支军阀部队，甚至也不能像国民党与其军队的关系模式（即军队占支配地位的党军关系模式）那样，而应该是一支共产党领导的、为实现党的革命目标服务的革命军队。

但是，事实并不是如此简单。在战斗最激烈的关键时刻，当生死取决于军事指挥员的决心时，党领导军队的理论原则就难以付诸实施了。⑤ 如果谁像毛泽东那样，既要依靠将军们支持来夺取政权，又过分强调要将军们服从，那就不是明智之举了。⑥ 确实，毛泽东的政治

---

① 参见易劳逸《流产的革命：国民党统治下的中国（1927—1937）》。
② 《毛泽东选集》第2卷，第224页。
③ 参见《剑桥中国史》第13卷第4章。
④ 《毛泽东选集》第2卷，第224页。
⑤ 抗日战争时期，彭德怀发动百团大战，明显违反了毛确定的避免没有胜利把握的大的攻势的原则。在彭的回忆录中，他承认没有同中央军委协商就考虑该战役，包括过早地进攻，是错误的，但他同时引用了毛的一份电报，作为毛同意发动该战役的证据。当事情过去1/4世纪的"文化大革命"中，彭仍在这个问题上受到猛烈的批判，似乎当初发动这场战役，违背了毛的意愿，或者至少违背了他更高明的判断，他的同意，可能仅仅意味着以此维持一个团结的门面。有关毛泽东的抗日战争战略思想，请参考《毛泽东选集》第2卷，第180—183、227—232页；有关彭德怀的观点请参考他的《一个中国元帅的回忆录》，第434—437页。
⑥ 参见雷蒙德·F.怀利《毛主义的出现：毛泽东、陈伯达和对中国理论的探索（1935—1945）》，第68—71页。

权力出自枪杆子；他的方法是保持对军队的政治控制，因为从 1935 年直至他逝世的 40 多年时间里，他一直担任中央军委主席。

而且，当将军们立下了汗马功劳，打下江山以后，怎能拒绝他们分享胜利果实呢？当然不行。50 年代中期，当高岗谋取毛的接班人位置时，他就努力寻求那些他认为在新中国成立后的权力分配中所获甚微的将军们的支持。① 虽然高岗失败了，但党的领导层却从中获得了某种信息。林彪，一位似乎已经被高岗的观点所吸引的军人，很快被提拔进入政治局。1956 年八大以后，十大元帅中有七人进了政治局。②

1959 年，在庐山会议上，当国防部长彭德怀对毛的"大跃进"路线明确提出挑战时，军队在政权中的重要地位得到进一步证实。彭愿意出头可能归因于许多因素，但它的意义在于，只有军队的现任首脑——国防部长具有这样的结构性权力基础，去发动进攻，非难主席的能力和权威。毛一直以为，军队是自己的稳固堡垒，彭却从这里发起突然袭击，使毛感受到了极大的威胁和伤害。这一点，可以从他猛烈的反击中衡量出来。在庐山会议上，只是当他最后把问题上升到要求大家在他和脾气暴烈的国防部长之间做出选择的程度时，才终于迫使其他元帅接受了彭的辞职。③

具有讽刺意味的是，彭德怀虽被贬黜，但解放军在政权中的地位却提高了。林彪取代彭担任了国防部长。林从 30 年代初开始就是毛的信徒，这使主席更加坚信军队对他和他的思想的忠诚。当林彪提倡学习毛泽东思想，并且向军队发行第一套毛语录的"红宝书"时，人民解放军被称为榜样，甚至是中国共产党的学习榜样。④

这样，当毛在"文化大革命"一开始对党的领导人发动突然袭击的时候，他可以相信，另一个主要的革命机构将会支持他。后来，当红卫兵发现打倒省里领导人比预料的要困难时，毛又能够号

---

① 参见《剑桥中国史》第 14 卷第 2 章。

② 明朝开国皇帝朱元璋，通过长期战争夺取政权，他登基后不久，很快就谨慎地授予所有大将以尊贵的爵位。见《剑桥中国史》第 7 卷，第 105 页。

③ 参考《剑桥中国史》第 14 卷第 7 章。

④ 同上。

召人民解放军支"左"。而当因胜利而得意洋洋的红卫兵陷入内讧，发生武斗，中国的许多城市成为武装冲突的战场时，吹响警哨的是一位将军——那是 1967 年夏陈再道在武汉的事。虽然陈将军本人因此受到纪律处分，但极"左"派干部也被清洗了。一年以后，毛号召红卫兵上山下乡，中央"文革"小组的群众基础被瓦解了，林彪和他的将军们在九大取得胜利的道路畅通了。[①]

对毛来说，这个问题是攻不倒地的，他在同事们中说苏联攻击中国是"军事官僚专政"简直不值得一驳。[②] 在其一生中，他始终坚持党对军队的领导；但在他逝世以后，前景却是军队将支配党。共产党可能走国民党的老路。他能接受这种前途吗？

林　彪　的　覆　灭

在一定程度上，中共九大应该标志着正常状态的恢复：毛的"无产阶级革命路线"取得了支配地位，他的政敌被打倒了，一个新的领导集体已经形成，内乱得到控制。早在 1968 年 10 月，毛就宣布"文化大革命"已经取得了"伟大胜利"。在九大的政治报告中，林彪宣告："伟大的无产阶级'文化大革命'取得了伟大胜利。"[③] 谈到前途时，林彪说，要"继续上层建筑领域里的革命"[④]，也就是建立一个发动"文化大革命"所要建立的新社会。对胜利者（如果不是对受害者）来说，当他们能够最后重写历史时，"文化大革命"到此便应该结束了。1969 年这一年，原预定标志着"文化大革命"后一个新的开端，就像 20 年前的解放那样。

但假如这是一次"胜利者的大会"，它本应预示的平静却是短命的，就像人们用这一名称所形容的 1934 年苏联共产党第十七次代表

---

① 参考《剑桥中国史》第 14 卷第 2 章。
② 在中共九届一中全会上的讲话；王年一：《大动乱的年代》，第 395 页。
③ 《当代背景材料》第 880 期（1969 年 5 月 9 日），第 37 页。
④ 同上书，第 34 页。

大会后那样。既然"文化大革命"是一场精英们之间决定谁有权塑造未来的权力斗争,它就远未结束,而且实际上不久就发生了更危险的转折。斗争将在三个领域展开:党的重建;国家机构的重建;以及外交事务。在所有这三个领域的斗争背后,是林彪权力上升招致的波拿巴主义的幽灵。

党的重建

由于所有名正言顺的下级党委都遭到破坏,参加九大的代表恐怕只能通过地方革命委员会和"造反派"组织"协商"产生[1],或简单地根据上级的指定。[2] 既然解放军控制着革命委员会[3],军队代表人数在九大急剧增加,就没有什么好惊奇的了。随着许多解放军干部在九大上得到提升,地方党的建设过程反映军队占优势的现实,就更没有什么好惊奇的了。

早在 1967 年 10 月"五十字建党方针"的批示中,毛就指示,党组织应该由无产阶级先进分子所组成,号召开始党的重建工作。在九届一中全会上,他重申恢复党的组织生活的号召。虽然中央领导人希望从基层开始重建,1970 年又大力宣传北京大学、北京二七机车车辆厂,以及上海国棉 17 厂的整党经验,作为各地整党的样板[4],但各地的党支部仍然难以建立起来。

到 1969 年下半年,整党重点转到县市一级,但即使在这一级,进展也十分缓慢。1969 年 11 月至 1970 年 11 月,全国 2185 个县中,只有 45 个县建立了党的委员会。大概认识到从基层建党的做法已经失败,中央指示先在省一级建立党的委员会。1970 年 12 月,毛泽东的故乡湖南省第一个建立了中共省级委员会,一个叫华国锋的担任省委第一书记。到 1971 年 8 月中旬,全国 29 个省、直辖市、自治区全

---

[1] 这里指那些蓝领工人的组织,红卫兵组织已经被解散。
[2] 解放军政治学院党史教研室编:《中国共产党六十年大事简介》,第 559 页。
[3] 在 21 个省革命委员会中,有 20 个省革委会的头儿是军队干部。见多姆斯《中国国内政治》,第 205 页。
[4] 郝梦笔、段浩然编:《中国共产党六十年》(下),第 610 页。

部建立了党的委员会，解放军在其中占有明显重要的地位。29 个省委第一书记中，有 22 个由解放军将领担任；各省级党委中 62% 的干部是军人。[1]

　　根据"文化大革命"结束以后的报道，在党的重建过程中，清除了大批老干部，同时接纳了大批具有破坏性的"造反派"分子。1968 年 5 月发动了继续"清理阶级队伍"运动。这场运动重点虽是清除极"左"派分子，但据说网撒得太宽，无辜干部也遭到打击。[2] 毛对运动的发展趋势很不满意。看来他本是希望对有经验的干部进行再教育后恢复他们的名誉，重新起用，以此作为恢复秩序和凝聚力的努力的一部分。但更为迫切的问题是林彪和军队显然没有接受毛的指示：要他们帮助重建文职官员的党，使党恢复对军队和国家的控制。[3] 早在最后几个省委组成之前，形势已经十分明朗，解放军要像控制省革命委员会那样控制省委。而且，林彪也表明他要控制省和中央的政权机构。

重建国家结构

　　1970 年 3 月 8 日，毛提出了他的重建国家结构的意见。他提议召开第四届全国人民代表大会，修改和通过新宪法，新宪法规定不再设国家主席。第二天，政治局同意了毛的意见，并在 3 月 16 日确定了有关四届人大会议和修改宪法的几项原则，送交毛审阅，得到了他的赞同。3 月 17 日召开中央工作会议讨论和充实业已同意的事项。但不久林彪亲自参与了有关设置国家主席问题的争论。4 月 11 日，他提出了一个书面建议，并请毛担任国家主席，否则"就不符合人民的心理状态"。[4] 而在 1959 年，毛泽东就把此职交刘少奇担任。毛泽东很快拒绝了林的建议，并在 4 月 12 日告诉政治局："我不能再任此

①　参见多姆斯《中国国内政治》，第 215 页。
②　郝梦笔、段浩然：《中国共产党六十年》（下），第 608—611 页。
③　利普·布里奇海姆："林彪的覆灭"，《中国季刊》第 55 期（1973 年 7—9 月），第 429—430 页。
④　王年一：《大动乱的年代》，第 392—394 页；郝梦笔、段浩然：《中国共产党六十年》，第 613 页。

事，此议不妥。"在4月底的一次政治局会议上，毛又引用公元3世纪三国时期的一个历史故事进行类比，第三次明确表示他不会担任国家主席，并且主张不再设置国家主席一职。

然而林彪继续坚持自己的观点，进行活动。他在政治局的两个军队里的盟友——空军司令吴法宪和海军政委李作鹏——是宪法起草小组的成员，5月中旬，林让他们在宪法修改草案里写上国家主席一款。尽管7月中旬毛第四次表示反对，指出不可因人设事，林的夫人叶群在幕后仍不断要林的支持者们提出设国家主席。叶抱怨地对吴法宪说：不设国家主席，林彪往哪里摆？表明如果毛继续拒绝担任此职的话，林彪对国家主席一职有兴趣。

为什么毛在党章里正式确定的接班人会在这个问题上对抗他呢？为什么林要求得到国家主席这样一个没有实权的礼仪性职位呢？须知当国家主席的威信并不比他在党内的地位高到哪里。菲利普·布里奇海姆认为，新宪法将使林彪在政府中的位置低于周恩来，周是总理，而他只是副总理、国防部长。而且，这暗示毛正在仔细考虑确立林、周联合领导来接他的班，这使林彪很沮丧。[①] 我们也可以认为，毛曾经担任过国家主席，给这个职位抹上了一层光辉，从而使它成为比总理更高的职位，而且"文化大革命"前刘少奇担任国家主席的经历也已经表明，它意味着能在国际舞台上频频曝光，并保证有很大的知名度。

不管怎么说，几乎可以肯定，林彪在这件事中的行为，关键是反映了一种深深的不安全感。他的性格和疾病所造成的相对孤独，又可能加剧了这种不安全感。[②] 早在1966年他就已经作为毛的主要伙伴出现，但他仍然要求得到从来没有给予刘少奇的保证，在党章里确定

---

① 布里奇海姆："林彪的覆灭"（英文版），第432—433页。

② 参阅张云生《毛家湾纪实》，书中随处有这方面的描述。从1966年8月19日至1970年11月17日，张一直是林彪的秘书之一。林似乎怕光、风、水和寒冷，怕出汗。他不爱洗澡，不吃水果。他坚持他的居室保持恒温摄氏21度，上下不超过半度。（叶群喜欢她的居室温度在摄氏18度！）但是，就林彪行使他的职责来说，他的条件最差的方面，是他没有能力或者不愿意阅读文件，因此他的秘书不得不在送到他的办公室的大量文件中，进行挑选和概括，使他能在30分钟内阅读完毕。同上书，第8—12页；王年一：《大动乱的年代》，第373—375、377页。

他为接班人。现在他又希望当上国家主席，寻取进一步的保障。撇开个人心态不说，这种不安全感可能部分地源于一种担心，即他的权力上升的方式是不合法的，而且他同辈的领导人中那些"文化大革命"的幸存者，对此愤愤不平。如果他对毛的支持充满信心，这也倒无关紧要。但毛曾向他建议，既然他（林）也老了，他也应该有一个接班人了，张春桥将是一个很好的候选人。对此他实在感到不安。① 林彪覆灭以后流传出来的文件表明，他似乎已经把毛看成一个随时准备在他最亲近的伙伴背后捅上一刀的人：

> 今天他用甜言蜜语诱惑你，明天就会捏造罪名置你于死地。……回顾过去几十年的历史，（你是否明白）那些他最初支持的人，谁最后没有被他宣判政治死刑？……他以前的秘书，不是自杀就是被捕。他的少数几个亲密战友或可以信赖的助手，也都已经被他送进监狱。②

那么，为什么林彪胆敢公然反抗毛呢？可能他认为主席会宽恕；可能他想利用这个问题试探一下毛对他的态度；也可能因为那些聚拢在他周围的军队里的伙伴，使他感到自己现在已强大到足以迫使毛让步；毕竟，由于红卫兵的得势，毛曾经依靠人民解放军，但后来将军们对局势的忧虑，又促使毛对他们进行了压制。难道将军们在政治局里的支配地位，不能用来促进国防部长的利益吗？

进一步说，在林彪追求国家主席一职的过程中，他还有另一个重要的盟友陈伯达——毛长期的意识形态顾问和一段时期的政治秘书。③ 陈从 1966 年春天中央"文革"小组成立时起，就主持中央"文革"小组的工作，这证明了他和主席的亲密关系。不久他就擢升

---

① 《大动乱的年代》，第 387—388 页。
② 高英茂：《林彪事件：权力政治和军事政变》，第 87 页。这些话可能由林彪儿子所写，但明显反映了更成熟的人的知识和经验。
③ 有关毛泽东有恩于陈伯达的情况，参见怀利《毛主义的崛起》，随处可见有关描述。

到中央领导层的第四位，紧靠毛、林和周恩来之后，从九大上摄制的照片证实了这种地位。然而一年以后，在多年忠诚地为毛服务之后，陈却选择支持林彪，置毛反复讲的观点于不顾。

一种解释是，1969年下半年解散中央"文革"小组，剥夺了陈在九大后的群星中的明星地位，他可能已经感觉到反对极"左"派的运动对自己构成了威胁。[①] 同样，在"文化大革命"开始时结成的支持毛的同盟，由于1966—1969年所发生的一系列事件的影响，已经瓦解了。这可能使陈伯达感到孤立。上海"左"派张春桥、姚文元，通过江青（毛的夫人）这条线同毛联系；确实，年轻的姚似乎已经取代陈伯达，成为毛宠爱的文件起草人。而在"文化大革命"开始时，张、姚，甚至江青都曾是陈伯达在中央"文革"小组的下属。在筹备九大时，陈最初被选为林彪的政治报告的主要起草人，张和姚做他的助手；但当陈不能及时完成一个令人满意的草案时，张和姚取代了他的工作，康生负责监督。康长期以来一直是毛在内部安全领域的助手，与江青是同乡，并有密切联系，陈伯达似乎已对康的这种联系怀有妒忌心。[②]

另一方面，林彪以解放军为基础，巩固了他的地位，似乎不再需要"左"派的支持了。确实，林彪和他的追随者，同江青和她的追随者逐渐分化为两个互相对立的集团；虽然林可能对他的位置是否安全可靠长期以来一直抱有担忧，但他似乎绝对相信短期内可以支配江的集团。可能陈伯达远瞻未来，认为他最好的前途，是像他过去为毛服务那样为林彪服务，[③] 当然，这个决定对陈个人的生涯是灾难性的。

[①] 布里奇海姆："林彪的覆灭"，第432页。

[②] 参见仲侃《康生评传》，第15—16、146—147页。关于陈伯达对康生的妒忌，请参阅张云生《毛家湾纪实》，第190—192页；关于陈在九大上的问题，请参阅该书第210—211页及王年一的《大动乱的年代》第387页。根据该书的介绍，陈伯达发了脾气，并继续进行他的起草工作，但经过几次修改，最后毛采用了张—姚的草案。林彪似乎仅仅对毛介入并最后确定的报告有兴趣。

[③] 1980—1981年冬天审判时，陈伯达说，仅仅是在他"意识到林彪和江青之间的权力斗争之后，才开始同情林彪"；《中国历史上的一次大审判》，第116页。关于两个对立的集团的发展和他对林彪集团的信心，参见张云生的《毛家湾纪实》，第382—389页，王年一的《大动乱的年代》，第382—388页。

有关设置国家主席问题的斗争，在中共九届二中全会上达到高潮。1970 年 8 月 23 日至 9 月 6 日，会议在避暑胜地庐山召开。毛又一次卷入一场与一位国防部长的斗争，虽然这次他对自己的力量无绝对把握，也不能肯定这位部长是否敢于在这个阶段冒直接对抗的风险。

会议开幕前夕，即 8 月 22 日，由毛泽东、林彪、周恩来、陈伯达和康生组成的政治局常委会，开会讨论了全会的主要议题。毛着重强调了加强团结、避免宗派活动的必要性，这是他每次剪除反对派之前的习惯性动作。① 但林彪和陈伯达再次提出保留国家主席职位，要求毛担任这一职务。毛又一次拒绝了这个建议，并一针见血地说谁想当国家主席谁就去当。②

第二天，全会正式召开。周恩来宣布了全会的议程：讨论修改宪法问题；国民经济计划问题；战备问题。没料到，在没有事先向毛打招呼的情况下，③ 林彪（在开幕式上——译者）突然插入长篇讲话，强调在新宪法中把毛的伟大领袖、国家主席、最高统帅的地位，以及毛泽东思想在国家意识形态领域里的指导地位，用法律形式巩固下来非常重要。他暗含着威胁：反对设置国家主席，就是反对毛主席。④

像过去一样，林彪强调毛的卓越天才和伟大作用，以表明他的忠心，从而实现他自己的目的。甚至从"文化大革命"一开始，毛似乎就对这种策略有所警觉，并且为此感到不舒服。⑤ 但

① 参见毛 1959 年在庐山会议上的行为；罗德里克·麦克法夸尔的《"文化大革命"的起源》第 2 卷，第 220 页。
② 郝梦笔、段浩然：《中国共产党六十年》，第 613—614 页。
③ 高皋、严家其：《"文化大革命"十年史（1966—1976）》，第 348 页。
④ 同上书，第 614 页。
⑤ 参见 1966 年 7 月 8 日毛给江青的一封信，该信收在《中国的法律和政府》（1973 年夏季号），第 96—99 页。那年年底，林彪在军事学院的讲话中以把学习毛主席著作推向一个新阶段为主题，吹捧主席为"当代最伟大的天才"，要求每个人在学习马克思列宁主义的过程中，要用 99％ 的精力学习和领会毛主席的著作；参见《问题和研究》第 8 卷第 6 期（1972 年 3 月），第 75—79 页。

255 位中央委员中的大多数人并不了解实情，他们以为林彪是代表中央领导在会议开幕时为会议所作的基调演说。因此他们几乎不可能表示反对。林彪夫人叶群，则要求林彪在解放军里的盟友吴法宪、李作鹏以及后勤部长邱会作，发言支持林彪的讲话，并在他们军种、部门的中央委员中进行游说，以取得足够的优势。林彪在解放军的另一位支持者——总参谋长黄永胜，在北京接到电话，被告知了林的策略和措施。[①] 在 23 日晚政治局举行的讨论经济计划的会议上，吴法宪提出修改第二天的日程安排，以便大会能够听到林彪讲话的录音，并对它进行讨论。那天晚上，没有经过正式同意，陈伯达就忙着起草新宪法中的国家主席一款，收集论天才的语录。[②]

毛是否参加了 8 月 23 日晚的政治局会议，尚不清楚。很可能没有参加。也不清楚吴法宪的建议是否被采纳，第二天上午，全会听林彪讲话的录音。但 8 月 24 日下午，在就其行动计划进行密商后，陈伯达、叶群、吴法宪、李作鹏和邱会作分别在华北组、中南组、西南组和西北组的会议上发表讲话赞同林彪的方针。他们向会议散发恩格斯、列宁和毛有关论天才的语录，以支持林的观点。陈伯达在华北组会议上说，谁要是反对毛担任国家主席，谁就是反对毛泽东同志是天才的说法。他们在分组会议上的讲话被印成简报，四处分发。分组会议上没有人提议林彪为国家主席。[③]

后来据说毛深谙林彪的目的是让中央同意在新宪法中保留国家主席，如果毛坚持拒绝担任这一职务，就由他自己担任。[④] 真是这样的话，全会开幕前毛在政治局常委会议上的讲话，可能是故意告诉林

①　郝梦笔、段浩然：《中国共产党六十年》，第 614 页。
②　《中国共产党六十年大事简介》，第 561—562 页。
③　胡华主编：《中国社会主义革命和建设史讲义》，第 300 页；《中国共产党六十年大事简介》，第 562 页；高皋、严家其：《"文化大革命"十年史》，第 348 页；郝梦笔、段浩然：《中国共产党六十年》，第 614 页。这些讲话的摘要，参见该著作，第 614—615 页；王年一：《大动乱的年代》，第 398—399 页。
④　郝梦笔、段浩然：《中国共产党六十年》，第 615—616 页。

彪，他只不过是自己不想担任这一职务，并非真的反对设置这个职位。这样，林彪和他的支持者们将从中得到鼓励，从而刺激他们提出设置国家主席的建议。而这就会为他们准备足够的绞索。

林彪的支持者们在分组会议上的讲话很快由江青和张春桥报告给了毛，他十分重视并在 8 月 25 日迅速采取了行动。后来毛泽东说，他的夫人江青在这次反对林彪的斗争中立了大功。随着红卫兵上山下乡和内乱得到控制，除了上海之外，江和张的政治基础被瓦解了，因此他们可能再也不愿意看到林彪已经令人生畏的权力、地位进一步膨胀。确实，处于现在的形势下，他们要继承毛的政治遗产，只有摧毁林彪的地位。早在分组会议上，张春桥已经同吴法宪就林彪的纲领发生了冲突。①

毛肯定已经意识到，林的支持者们行动如此迅速，如果他再不表明自己的态度，全会就可能在被瞒骗的情况下支持设置国家主席的建议。甚至张春桥的紧密追随者，他在上海的副手王洪文，也在不明真相的情况下，在上海的核心小组会议上，热烈地，或说是天真地颂扬林彪的基调讲话，还准备在华东组的会议上重申自己的观点。② 因此，8 月 25 日毛召开政治局常委会议，这是一次扩大会议，可能是为了让江青、张春桥等毛的支持者与会。会议决定停止讨论林彪的讲话，收回登载陈伯达令人生气的讲话的华北组简报，责令陈伯达检讨。③

8 月 31 日，毛泽东发表《我的一点意见》，为反击定了调子。在这个文件中，他揭露自己以前的意识形态顾问的"资产阶级唯心论"，谴责他谣言惑众，诡辩生非。毛的这篇文章，为在分组会议上批判陈伯达、吴法宪和林的其他支持者们提供了弹药。④ 但只有

① 郝梦笔、段浩然：《中国共产党六十年》，第 616 页；王年一：《大动乱的年代》，第 402 页。
② 高皋、严家其：《"文化大革命"十年史》，第 349 页。在毛干预以后，王迅速改变调子，转而批评陈伯达。
③ （解放军政治学院）中共党史教研室：《中国共产党六十年大事简介》，第 562 页。
④ 郝梦笔、段浩然：《中国共产党六十年》，第 616 页；毛的讲话全文见王年一《大动乱的年代》，第 403—404 页。

陈伯达被罢了官,这可能是因为可以放心地谴责他为林彪理论观点的代言人。可能更重要的是,陈伯达下台,不会像解除林彪的一个军事盟友的职务那样,对林彪构成直接的威胁。毛了解林彪的实力,而且如同他后来承认的,他也没有做好与林彪对抗的准备。他私下对林彪说,他的副手应该受到保护,但随后又把这番话告诉了其他领导人。[①]

即使这样,林彪已经获得了确切的信息。在短短的两天半时间里,[②] 林彪争夺国家主席一职的努力就宣告失败,这令人生畏地表明了毛控制党的精英人物的力量。因此,在 9 月 6 日全会结束后离开庐山之前,林彪总结了教训后对吴法宪说:"搞文的不行,搞武的行。"[③]

外交政策上的分歧

在党的建设和重建国家结构两方面的争端基本上是权力斗争。在毛和林之间似乎还有过一场政策争论,虽然中国的有关材料对它甚少关注:中国对美国开放问题。既然本书其他部分已经讨论这个问题,[④] 这里仅仅大概描述一下。

导致 1972 年 2 月尼克松总统访华的中美关系的惊人转折,其根源已经人人皆知。1969 年 3 月,中苏在乌苏里江的珍宝岛发生了一次武装冲突,两国关系急剧恶化。这明显地引起了北京的关注:莫斯科是否正在将迄今为止的一系列小的对抗逐步升级。随后在中国西北边境地区发生了一系列摩擦,尤其是 8 月在新疆发生了一次严重的摩擦,谣言开始从东欧方面流传出来:苏联人已通知他们的盟友,它准备对中国的核设施进行一次"外科手术式的打击"。

9 月 11 日柯西金总理和周恩来总理在北京机场的短暂会晤,在某种程度上缓解了紧张局势,但很明显中国人仍然把危险看得十分严

---

① 高皋、严家其:《"文化大革命"十年史》,第 349—350 页。
② 即从 8 月 23 日到 8 月 25 日中午;《"文化大革命"十年史》,第 349 页。
③ 参见胡华《中国社会主义革命和建设史讲义》,第 302 页。
④ 参见本书第 5 章。

重。乌苏里江摩擦发生的当天下午，北京的报纸就把它与1968年夏天苏联入侵捷克斯洛伐克的行动进行类比，苏联人用勃列日涅夫主义为其入侵捷克斯洛伐克进行辩护，该主义主张苏联可以推翻任何一个它不同意的共产党政府。中国领导人面临着在新的环境里如何实现国家安全的问题。

有人认为，珍宝岛冲突是由中国人的一场伏击战挑起的。林彪的意图是：在边境上点把火，促使参加中共九大的代表们认识到英雄的人民解放军的重要性，证明它现在在党内扮演的角色是必要的。[①] 不管这种说法是否正确，毛和周恩来从边境冲突中所汲取的教训正好相反：苏联在边境问题上将采取更加强硬的路线，[②] 而从边境冲突的情况看，如果苏联发动更大规模的进攻，人民解放军将难以有效地保卫祖国。因此北京接受了尼克松政府的主动表示。对华盛顿开放，使苏联不能无所顾忌地侵略中国，因而可以减少苏联侵略的危险性。实际上，甚至在中美建立联系以前，尼克松就已经表明，莫斯科不能设想美国会在苏联侵略面前保持善意的中立。[③] 最初，中苏关系破裂的很重要原因，来自中国人对苏美缓和的不满；苏联人和美国人签署了部分禁止核试验条约以后，中国人开始谴责苏联共产党领导层的修正主义；发动"文化革命"的目的，就是防止在中国出现类似的修正主义。所以毫不奇怪，中美关系的突破是需要费番口舌向中国人作出解释的，[④] 因为中国人受到的宣传教育是以意识形态的原则为重，而不以现实政治为然。

中美关系改善在林彪看来像苏德条约在亚洲的翻版，他对此

---

① 一位参加珍宝岛冲突的29岁的指挥员孙玉国，由解放军总参谋长黄永胜介绍到九大，受到了毛的激动人心的欢迎；参见毛在九大上的简短讲话，该讲话收在"九大主要讲话汇编"中，现藏在哈佛费正清中心。

② 例见内维尔·马克斯韦尔所报道的一名参加了这场冲突的中国军官的估计，"中国对1969年珍宝岛之战的看法"，载《中国季刊》第56期（1973年10—12月），第734页。亦见本书第3章。

③ 亨利·基辛格：《白宫岁月》，第184页。

④ 例见在昆明军区内部传阅的有关文件。这些文件收在《中国共产党的国内政治和外交政策》第115—145页。

十分厌恶。他可能认为，如果中国确实不能单独顶住两个超级大国的同时进攻，那么与修正主义的苏联达成妥协，不是比与帝国主义的美国达成妥协要好？林彪在这个问题上的立场从来没有得到充分的阐述。他后来被斥责为"孤立主义"和"大国沙文主义"，[①] 反对与美国或苏联建立任何联系，[②] 认为中国有足够的实力保护它自己。毛告诉尼克松和其他外国客人，林彪反对与美国建立联系。[③]

如果毛的话真实可信，那么很容易理解他的动机。在中国被孤立、受到威胁的情况下，人民解放军的权力就会大大膨胀。当国家处于危险状态时，由一位伟大的革命元帅接毛的班，就无可争议了。而和平与外交艺术（周恩来的所属范畴）的地位就会下降。

对林彪不幸的是，毛感到必须用外交手段争取时间。10月7日，新华社发表消息，中苏边界谈判即将举行。然而，毛仍然对苏联人存有戒心，10月中旬政治局决定立即警惕起来。1969年10月17日，显然是根据毛对国际形势的冷静分析，林彪发布"一号通令"，命令中国人民解放军进入紧急战备状态，城市开始疏散。

林彪当时在苏州休养，住在蒋介石夫人以前的别墅里。根据曾把林的命令给在北京的总参谋长黄永胜的林彪秘书的回忆，国防部长所关注的是，因为苏联谈判代表团的到来，中国放松警惕，苏联人可能正在准备一场突然袭击。在黄永胜收到命令前两个小时，毛看来也收到了等待批阅的这份"一号通令"，他显然没有撤销这个命令。后来林的命令遭到谴责，可能至少部分是因为苏联人、美国人以及台湾当局迅速作出反应，引起了中国领导层的担忧；这个明显的备战措施，可能被苏联人用作在边境采取进一步军事行动的借口。在林失宠以

---

① 《中国共产党的国内政治和外交政策》，第132页。
② 参见本书第三章。
③ 基辛格：《白宫岁月》，第1061页；1972年7月28日《纽约时报》引用的布里奇海姆的"林彪的覆灭"第441—442页中的一段话。也可参见本书第五章。但林彪的秘书证实，他后期实际上对外交政策没有什么兴趣，参见张云生《毛家湾纪实》，第329—333页。

后，毛能够就他自己引起的这个行动责怪林彪。[①]

　　边界谈判于 10 月 20 日如期开始。同时，中美双方开始接触，在 20 年的敌对和猜疑之后，双方都谨慎地进行探索，亨利·基辛格后来称这段时期的接触为"复杂的小步舞曲"。[②] 到 1969 年底，美国人明白，他们发出的信号、信件和暗示产生了效果。1970 年，在林彪谋取国家主席的同时，中美联系升级，到 1971 年 4 月 21 日当周恩来邀请基辛格访问北京时，[③] 林彪和平夺权的道路已经走到尽头，他被推上了一条更危险的道路。

"抛石头，掺沙子，挖墙脚"

　　几乎可以肯定，林彪决定武力夺权是由他在庐山会议上的政治失败激起的，但促使他那时将计划付诸实施的原因可能是庐山会议后毛发起的针对他的同党的毫不宽恕的运动。1970—1971 年之交的秋天和冬天，林彪肯定已经明白，如果他不迅速采取行动，他就完了。毛的行动看起来像是挑衅性的，似乎他希望迫使林彪采取鲁莽的行动。如果他采取这样的行动，那就会自取灭亡。

　　全会以后批判陈伯达的运动采取以下几种形式：首先，陈伯达自我检讨，并且批判了陈伯达反党、假马克思主义者的实质，1970 年

---

① 张云生：《毛家湾纪实》，第 316—323 页；中共中央党史研究室：《中共党史大事年表》，第 372 页。张的描述使人们清醒地看到，中国领导人中有些人在采取可能导致战争的行动时，是多么轻率。这道疏散命令可能还有另外一个动机：把那些对林彪的权力构成潜在威胁的高级干部遣送出北京。好几位元帅被沿着京广线疏散：陈毅去石家庄，聂荣臻去邯郸，徐向前去开封，叶剑英去长沙，刘伯承去杭州，朱德和原计委主任李富春去广东省从化县。这其中有些人在不久前的庐山会议上曾联合反对林彪；除了李富春之外，所有人都是林彪运用军事手段夺权的潜在障碍。关于疏散过程，请参考聂荣臻的《聂荣臻回忆录》第三部分。叶剑英因为调查陈伯达的任务，不久返回北京。新华社有关中苏谈判的报道，引自基辛格的《白宫岁月》第 186 页，也可参考本书第三章。

② 基辛格：《白宫岁月》，第 187 页。

③ 同上书，第 193、684—703、714 页。基辛格推测，当中美关系正在改善时，7 月 2 日，中华人民共和国的战斗机试图在中国海岸线 100 英里以外拦截美国侦察机的行动，可能反映了北京的内部权力斗争；同上书，第 697 页。鉴于林彪与人民解放军空军司令员吴法宪的密切关系，这可能是一个合理的推测。

11 月至 1971 年 4 月逐渐展开。同时,号召高级干部学习马列主义,向他们推荐了马克思、恩格斯、列宁的六部著作和毛的五篇文章,要求他们通过学习,提高识别唯物主义和唯心主义的能力。事实上,毛是在打击林彪,因为,林彪过去不主张学习马列主义经典著作,把学习毛泽东思想也简化为背诵语录。叶剑英在福建、广东和广西调查了陈伯达的材料,以确定他的罪行。陈的罪行为发动一场整风运动提供了借口,而这场整风明显是用来削弱干部对林的忠诚的。①

毛后来形容他对付林彪及其追随者的策略为"抛石头,掺沙子,挖墙脚"。②"抛石头"指铲除林彪的同盟。在庐山,周恩来私下告诉吴法宪、李作鹏和邱会作,他们应该向中央作检讨。全会结束那天,在庐山脚下的九江机场,林彪与他们三人及黄永胜合影留念,与他们及叶群商议对策,拟定了稳住吴法宪,保住林彪和黄永胜,为了应付周恩来的命令,做一些表面的自我批评的策略。③

但是当书面检查于下个月放在毛的案头时,他对批阅的每份检查都写下了不满意的批语。1971 年 1 月 9 日,军委召开有 143 名军官参加的会议,尽管毛一再严厉批评,林的同党仍既不批判陈伯达,也不进行自我批评。毛对此极为不满,命令将会议通过的有关文件作废。最后,在 4 月 29 日召开的讨论批陈整风运动进展情况的中央会议上,周恩来批评了黄永胜、吴法宪、叶群、李作鹏和邱会作的宗派主义和在政治路线上的错误。④

---

① 中共中央第一个反陈文件于 1970 年 11 月 16 日发布,列举了他的主要错误事实:反党、假马克思主义者、野心家和阴谋家。1971 年 1 月 26 日,中央又发布了陈在整个生涯中的"罪行"材料汇编。2 月 21 日和 4 月 29 日,中央发布两个通知,指出了批陈整风的具体实施方法。见郝梦笔、段浩然《中国共产党六十年》,第 617—618 页;王年一:《大动乱的年代》,第 406—409 页。有关叶剑英的调查情况,见《紫思录:怀念叶剑英》,第 265、294、301—304 页。

② "抛石头,掺沙子,挖墙脚",《中国的法律和政府》第 5 卷第 3—4 期 (1972—1973 年秋冬季号),第 38 页;胡华:《中国社会主义革命和建设史讲义》,第 302 页。

③ 高皋和严家其:《"文化大革命"十年史》第 349—350 页。

④ 郝梦笔和段浩然:《中国共产党六十年》,第 619—620 页;胡华:《中国社会主义革命和建设史讲义》,第 302 页;《中国的法律和政府》第 5 卷第 3—4 期 (1972—1973 年秋冬季号),第 38 页。

"掺沙子"，指选派忠诚毛的人参加由林彪的人控制的机构。九大当选的政治局候补委员纪登奎和张才千将军，于 1971 年 4 月 7 日被任命为军委办事组成员，以抵消黄永胜和吴法宪在军委办事组的权力。毛已经采取了其他组织措施，以保证对人事和宣传的控制。1970 年 11 月 6 日，成立了中央组织和宣传组，直接对政治局负责，领导和监督中央组织部、中央党校、《人民日报》、理论杂志《红旗》、新华通讯社、中央广播事业局和其他一系列机构。该小组组长为康生，成员有江青、张春桥、姚文元、纪登奎和李德生将军。康生随后因病退出，李德生于 1971 年 1 月担任新成立的安徽省委的第一书记，毛的夫人和她的上海同僚留下负责，接管了曾经被陈伯达所把持的宣传王国。① 这样，从红卫兵运动结束以来，他们实现了对一个主要的国家权力领域的控制。②

"挖墙脚"，指改组北京军区。在与他的国防部长紧张对抗不断升级时，毛必须确保控制首都的部队对他而不是对林彪的忠诚。1970 年 12 月 16 日，他提议召开华北会议，讨论华北局和华北军区为什么允许陈伯达成为他们的太上皇。中央没有授权于他。这种谴责也许有点道理——把书生气十足的陈伯达描绘成林彪的代理人，比说他是某支部队的幕后操纵者更容易些——但华北局和华北军区听从陈伯达的命令，可能仅仅反映了任何一位明智的党的干部都会表现出的，对一名中央政治局常委的正常的尊重；很难想象会有人对陈伯达这样的高官的身份提出疑问。然而这无关紧要，对毛来说，任何违反组织纪律的行为，都可能被他用来达到自己的目的。

1970 年 12 月 22 日，华北会议宣布开始，周恩来主持了会议。会议表面上是要批判陈伯达及其在华北地区的追随者，但实际上，在长达一个月的会议期间，改组了北京军区的领导班子：撤换了林彪的追随者，北京军区司令员和第二政委；38 军（它被认为忠于林彪）

---

① 《中国历史上的一次大审判》，第 226 页。
② 郝梦笔、段浩然：《中国共产党六十年》，第 618 页。

也被调出了北京地区。①

"571":林彪的未遂政变

根据后来的证言，林彪于 1971 年 2 月携夫人和儿子视察苏州期间，授意制定政变计划。政变计划是以他儿子林立果为首、以空军为基地的几个较低级军官具体负责制定。促使林彪这样做的原因可能是毛在最近的军委会议上谴责了林彪同党的立场，以及北京军区的改组。林彪将对此作何反应？他显然认为以攻为守是唯一出路。

林彪夺权斗争，除了不合时宜，最令人不可思议的是其如此脆弱的权力。尽管他身为国防部长，但他没有依靠解放军军兵种领导人的政治局盟友。根据 1980—1981 年审判林彪那些幸存的支持者时出示的证据，不管他们在其他方面做了什么坏事，黄永胜、吴法宪、李作鹏和邱会作都没有参与谋杀毛的任何阴谋活动。②

林立果在空军的正式职务是司令部办公室副主任——这是一个关键职位，所有文件都要经过这里——同时兼任作战部副部长，他担任这些职务，完全是由于林彪的影响。根据他的上司吴法宪在 1980 年审判中的证词，从 1970 年 7 月 6 日起，"空军的所有事情都向林立果报告，所有事情都得经他处理，听他的命令"。③

林立果建立了他的阴谋小集团（参见表 5），定名为"联合舰队"，该小组最初是吴法宪授权林立果成立的一个调研小组，绝大多数成员是人民解放军空军的军官。林立果的"司令部"人员，除了他

① 郝梦笔、段浩然：《中国共产党六十年》，第 618 页；胡华：《中国社会主义革命和建设史讲义》，第 302 页。

② 参见《中国历史上的一次大审判》，第 117—125 页。有关林彪政变阴谋的材料从各种渠道汇集起来，但实际上都是官方或半官方的描述，由胜利者写的或基于他们提供的证据写的。关于一位接班人死亡这样重大的事件，有许多理由说明证据一定得经过加工处理的。一旦某一天中共中央内部档案开放了，不能保证不出现另一种解释。为了解剖当时中国政治的实质，似乎仍有必要对流行的最可信的说法进行探究。任何经过修改的描述可能都强调了，中国的命运是由极少数铤而走险的领导人和他们的家庭的野心和阴谋决定的。

③ 同上书，第 93 页。

表 5	林彪集团：同党和同谋者		
林彪[a]			
叶群[a]			
同党			
政治局成员			
黄永胜	人民解放军总参谋长[b]		
吴法宪	人民解放军空军司令员[b]		
李作鹏	人民解放军海军第一政委[b]		
邱会作	人民解放军总后勤部部长[b]		
其他			
郑维山	（北京军区代理司令员？）		
同谋者			
"联合舰队"			
林立果	空军司令部办公室副主任[a]		
王维国	空 4 军政委	南京	
陈励耘	空 5 军政委	浙江	
周建平	南京部队空军副司令员		
江腾蛟	人民解放军前南京军区空军政委[b]		
周宇驰	人民解放军空军政治部副主任	北京[c]	
胡 萍	人民解放军空军司令部副参谋长	北京	
关广烈	人民解放军 0190 部队政委		
李伟信	空 4 军政治部秘书处副处长		
刘沛丰	空军机关党委办公室[a]		
鲁 珉	空军作战部部长	北京	
王 飞	空军副参谋长	北京	
于新野	空军政治部副主任	北京[c]	

a. 在蒙古摔死。

b. 1980—1981 年受到审判。

c. "571" 计划失败后自杀。

自己之外，全部来自控制华东的南京军区。

　　1971 年 2 月，林立果带着空军政治部副主任于新野到杭州；而后又将另一位副主任周宇驰自北京召到上海，从 3 月 20 日至 24 日在上海与他们及空 4 军政治部秘书处副处长李伟信等召开秘密会议，根据他父亲的命令，多次密谋。

　　从他们讨论的情况看得出林氏家族对政治形势的估计。他们认为出击的时机几乎成熟；在政局稳定的情况下拖延时间，会使文职领导人得以巩固他们的地位；毛正采取利用一派打一派的习惯做法，逐步用张春桥来抵消国防部长的权力。[①] 然而，即使在这个阶段，权力"和平过渡"的可能性似乎仍未排除。另一种可能是被人抢班。令人惊讶的是，鉴于九届二中全会及随后发生的一系列事情，有些密谋者仍然认为在未来三年内抢班是不可能的。但林立果至少明白这种前途的危险性："任何事情都难以预料。毛主席威信高，只要毛主席说一句话，任何人都可能被赶下台。"（实为"林彪随时都可能被赶下台"——译者）于新野提出异议说，林彪是毛亲自选定的接班人，林立果提醒他刘少奇也曾享受同样的荣誉。[②]

林彪的第三种选择是"提前"接班。他们考虑了两套方案：搞掉林彪的竞争对手，主要是张春桥；搞掉毛泽东本人。密谋者们对后一套方案没有感到什么不安，只是担心如何向全国解释，不产生消极影响。周宇驰建议，谋害毛泽东的罪名可嫁祸于他人，甚至嫁祸江青，但他补充道，从政治上考虑，林"将为此付出高昂的代价"。最后议定：争取和平（过渡）接班，作好武装起义的一切准备。[③]

林立果决定将政变计划定名为"571"，在汉语里"571"是"武装起义"的谐音。毛的代号为"B—52"。在最初讨论时，政变计划仅仅是逮捕张春桥、姚文元，谋害毛的计划似乎是那天晚上由周宇驰设计的，[④] 可能是针对毛主席在南方的行动所作出的反应。

1971年8月中旬至9月中旬，毛到南方许多省市作了一次短暂巡视，他主要访问了武汉、长沙和南昌，接见了湖北、河南、湖南、广东、广西、江苏和福建各省党、军负责人，[⑤] 和他们进行了谈话，他把林彪的同党在九届二中全会上的行为说成是"两条路线的斗争"，因此，与同刘少奇、彭德怀、高岗和其他被打倒的领导人的斗争具有同样的性质。主席的任何其他行动，都没有他的这些讲话如此深思熟虑，使得林彪惊恐不安。

---

① 高英茂：《林彪事件》，第90—91页。
② 同上书，第92页。
③ 同上书，第92—93页。
④ 同上书，第93—95页。
⑤ 郝梦笔、段浩然：《中国共产党六十年》，第621页。

　　开始时，毛泽东并没有直接点林彪的名，着重谈了他的追随者在九届二中全会上的表现，是"有计划、有组织、有纲领的"，是"突然袭击和地下活动"。但当他谈到"有人急于想当国家主席，要分裂党，急于夺权"时，谁都能明白他实际上指的是谁。他最后提到林彪的名字时，更多的是悲哀而不是愤怒："这次，要保住林副主席，不做个人结论，但他当然要负一些责任。我们怎样对待这些人呢?"①。

　　毛对他自己提出的问题的可能答案是什么，林彪一家是十分清楚的。同样令人感兴趣的是，主席在他的谈话中，明显表明了他进行这场针对他自己选定的接班人的斗争的原因。一方面，他批评了地方党委把他们的决定送交部队党委批准的做法；另一方面，他修改了他以前提的"全国学人民解放军"，加上了："解放军学全国人民"。② 军队控制国家政权所构成的威胁，促使毛做出了以上选择。

　　主席一定明白他的谈话很快会传到林彪那里，他也打算这样做。事实上，他的谈话于 9 月 6 日被报告给海军政委李作鹏，李又分别告诉了总参谋长黄永胜、后勤部长邱会作。黄永胜立即用保密电话通知了叶群，她当时正与林彪、林立果在北戴河度假。两天后，林彪签发了他的武装政变手令："盼照立果、宇驰同志传达的命令办。"同日，林立果飞回北京，为暗杀毛泽东进行最后安排。③

　　从 9 月 8 日到 11 日，林立果和他的"联合舰队"讨论了在毛专列北上回京途中暗杀毛的一系列办法：一是用火焰喷射器、四〇火箭筒打 B—52 的火车；二是用 100 毫米口径的改装高射炮，平射火车；三是炸毁火车必经的桥梁；四是从空中轰炸火车；或者，用手枪面对

---

① 高英茂：《林彪事件》，第 57—61 页。

② 同上书，第 64 页。

③ 《中国历史上的一次大审判》，第 96—97 页。根据后来采访林彪女儿林豆豆所获得的大量材料，黄永胜于 9 月 5 日电话通知叶群。但既然黄永胜打电话时林豆豆不在北戴河，而审判时又出示了电话记录，所以 9 月 6 日似乎更可能是黄永胜打电话通知叶群的时间，参见"生活在历史阴影下的林豆豆"，《华侨日报》1988 年 6 月 15 日第 3 版。可是，大陆最近出版的一本史书称，林立果是由参加毛于 9 月 5 日深夜召集的会议的一位与会者直接告知的；见郝梦笔、段浩然《中国共产党六十年》，第 621 页。

面杀害毛泽东，这样虽然缺少戏剧性效果，却可能更可靠。①

实践证明，所有这些计划都是无效的，当林彪的同伙正在估摸毛的行动时，8月底主席在南昌听到风声，林彪可能正在筹划什么阴谋。② 因此，在返回北京途中，毛采取突然启程、缩短停站时间等策略，出人意料地迅速离开上海，于9月11日开始返回北京，在阴谋者没有准备好以前，专列通过了他可能遭拦截的各个地段。③ 9月12日下午，列车停在北京附近的丰台车站，毛借停车机会把在京的军政高级官员找来，在车上开了两个小时的会议。晚上毛乘坐的列车驶进北京站④。没有说明毛泽东改变行程是否因为得到了有关阴谋活动的情报，细节就更无从知晓。也许是长期游击战争中养成的求生本能，促使他这样做的。不管他南巡的动机如何，这一行动促发了中国人现在所称的"九·一三"事件。

"九·一三"事件

当林立果获悉毛逃脱暗杀的消息时，他立即决定加速实施林彪和叶群此前设想的南逃广州，另立中央的计划；其实，就在林立果主持筹划暗杀计划的同时，林彪、叶群便在着手准备南逃了。他们决定9月13日早晨8时离开北戴河，南逃广州，与林彪的高级军事盟友——黄永胜、吴法宪、李作鹏、邱会作——以及林立果的密谋助手在那里会合。在北京安排妥当后，林立果乘坐一架英国制造的三叉戟飞机飞往北戴河的机场所在地山海关。当时中国只有很少几架三叉戟，为了让他的父母顺利出逃，⑤ 他通过在空军系统的支持者，秘密搞到了这架飞机。要不是她姐姐林立衡的干预，他可能已经成功了。

很多人都知道，林立衡昵称豆豆，林彪很喜欢吃豆子，因而给女儿起了这个小名。豆豆与林彪关系很要好，与她母亲叶群却搞得很

---

① 《中国历史上的一次大审判》，第97页。
② 郝梦笔、段浩然："生活在历史阴影下的林豆豆"，《中国共产党六十年》，第622页。
③ 高皋、严家其：《"文化大革命"十年史》，第379—380页。
④ 胡华：《中国社会主义革命和建设史讲义》，第309页。
⑤ 高皋和严家其：《"文化大革命"十年史》，第381—383页。

僵。叶群对她很粗暴，她和弟弟也不喊她妈妈，却都叫叶群"叶主任"。[①] 在被弄得发狂的情况下，豆豆开始怀疑叶群是不是她的亲生母亲，以至于不得不把当年在延安为她接生的大夫找来，证明叶群确是她的生母。[②] 有一次，豆豆想自杀，叶主任听到消息后说："让她去死"；没有人把此事告诉林彪。[③]

9月6日，借口她的父亲生病，豆豆的弟弟把她从北京接到北戴河。她到达后，林立果向她通报了毛南巡的情况，告诉她这意味着林彪已无退路，并披露了他们设想的三种方案：谋害毛；在广州另立中央；逃往苏联。豆豆与弟弟争论了两天，拒绝了所有上述三个方案，建议林彪像中国老师朱德一样，从众人注目的政治中心位置退下来。[④]

根据豆豆的描述，她考虑的只是父亲的安全。她布置服务人员偷听林彪、叶群和林立果的谈话，以了解他们想干什么；9月8日，她弟弟去北京后，她把情况报告了8341部队。8341部队是中央警卫团的番号，该部队的一个分队布置在她父母的住处附近，用以在任何情况下确保林彪的安全。[⑤] 尽管豆豆焦虑不安，浑身颤抖，但当时没有人胆敢干预，尤其是叶群事先不断散布豆豆因为谈恋爱精神不正常等流言飞语；确实，她很快就要正式订婚了。[⑥]

---

① "生活在历史阴影下的林豆豆"，《华侨日报》1988 年 6 月 14 日。根据一条公认可疑的信息，林豆豆于 1941 年出生在苏联。当时正是林彪在苏联养伤三年的最后一年；参见姚《毛继承人的密谋与死亡》，第 130 页。
② "生活在历史阴影下的林豆豆"，《华侨日报》1988 年 6 月 14 日。可能正是以这个故事为依据，雅普·冯·吉内肯断定豆豆是林彪第一个夫人刘小萌所生，叶群和林彪直到 1960 年才结婚；《林彪沉浮录》，第 263、272 页。叶群嫁给林彪的时间有待确定；见克莱恩、克拉克《中国共产主义传记辞典（1921—1965）》第 1 卷，第 567 页；但 40 年代中期在延安居住过的一个人确认，林彪和叶群是在那时结婚的。有关豆豆在林—叶家庭中的不愉快生活，请参见张云生《毛家湾纪实》，第 256—292、429 页。尽管张对叶群的行为进行了批评性的描述，但他断定，为叶群工作比为江青工作要稍好一些；同上书，第 429 页。
③ 《华侨日报》1988 年 6 月 15 日。
④ 同上。
⑤ 《华侨日报》1988 年，6 月 15 日、16 日。
⑥ 高皋、严家其：《"文化大革命"十年史》，第 384 页。

9月12日下午，在林立果从北京返回以前，林豆豆的订婚仪式已经开始。到来后，他告诉姐姐他是专程赶来参加订婚仪式的，但他随即匆匆离去，与他的父母进行密商。他的举动引起了她的怀疑。大约在晚上10时20分，豆豆亲自向8341部队副团长（原文为"团长"——译者）汇报了情况，这次，这位首长立即报告了北京。[①]

当周恩来在晚上10时30分接到报告时，他正在人民大会堂主持讨论将在四届人大会议上作的《政府工作报告》草稿。他立即打电话向吴法宪和李作鹏查询是否有一架三叉戟飞机在山海关机场。

与此同时，叶群在电话上与邱会作夫人闲谈了一个小时，叶接到林立果系统的人报告说周恩来正查询三叉戟飞机下落后，顿时警觉。晚11时30分，她打电话给总理，告诉他林彪一家想离开北戴河，去一个温泉疗养地。她想以此消除怀疑。当总理问她是空中动还是地上动时，她答道是空中动，但尚没有安排飞机。周告诫她，最近天气不好，他将与吴法宪讨论林的飞行建议。[②]

叶群刚放下话筒，周立即又打电话给吴法宪和管山海关海军航空兵基地的海军负责人李作鹏，命令停在山海关机场的三叉戟飞机不要动，要动的话，必须有周、黄永胜、李作鹏和吴法宪四个人一起下命令才能起飞。在北戴河，叶群在与周恩来通话后，立即采取行动。她与林立果一起，喊醒吃了安眠药睡下的林彪，告诉他有人要来逮捕他。他们焚烧了文件，然后钻进汽车，驶往机场。8341部队警卫人员过于胆小，没敢拦住他们。对叛逃者幸运的是，李作鹏篡改了周恩来的指示，告诉山海关基地，只要周、黄、李、吴四位首长有一个同意，三叉戟飞机就可起飞，而李自己批准起飞。夜里12时32分，林

---

① 高皋和严家其：《"文化大革命"十年史》，第384—386页。另一种说法是豆豆在大约晚上8时30分报告了警卫团副团长（原文为"团长"——译者）；参见"生活在历史阴影下的林豆豆"，《华侨日报》1988年6月16日。王年一：《大动乱的年代》，第427—430页，记载了9月11日和12日林立果的未婚妻张宁所目睹的有关事情。

② 于南："周总理处置'9·13'林彪叛逃事件的一些经过"，《党史研究》1981年第3期，第59页；王年一：《大动乱的年代》，第431页；郝梦笔、段浩然《中国共产党六十年》，第622页；高皋、严家其：《"文化大革命"十年史》，第386页；《华侨日报》。《华侨日报》1988年6月16日认为是周给叶打电话。

彪携带他的夫人和儿子起飞了。[①]

大约午夜时分，周恩来得到报告，林彪夫妇已离开住所。听到这个消息后，周立即命令吴法宪：关闭全国机场，所有飞机停飞，并派一位助手去吴的司令部监视吴法宪。[②] 随后，周驱车前往中南海毛的住处，向他简要汇报了情况。当雷达显示林彪的飞机即将越过国境线进入蒙古时，吴法宪打电话请示是否打下飞机，周请示毛，据说毛意味深长地回答："天要下雨，娘要嫁人，都是没法子的事，要他们去吧！"[③] 由于不了解林彪活动的详细情况，为了毛的安全，周立即安排毛离开住处，转移到人民大会堂。

只是到了这个时候，毛才命令周恩来召集在京的高级官员，召开一次政治局会议。这最清楚地显示了共产党统治中国的方法。会议在凌晨3时举行，但毛没有出席，是出于安全考虑，还是由于他自己选定的接班人的背叛而感到尴尬，不得而知。周恩来向与会者通报了毛昨天下午返回首都以及林彪出逃的有关情况，告诫他们要对发生任何事情做好准备。[④] 直到9月14日下午，周才从中国驻蒙古大使馆获悉，林彪的三叉戟飞机于9月13日凌晨约2时30分在蒙古温都尔汗坠毁，机上的8男1女全部摔死。[⑤]

较近的一篇非官方文章对"九·一三"事件的有关描述提出疑问，集中讨论了以下问题：为什么林彪夫妇不按事先安排的那样往南飞呢？该文认为，林彪一家并没有立即放弃原先设想的南逃广州、另

---

① 《华侨日报》1988年6月16、17日；郝梦笔、段浩然：《中国共产党六十年》，第622页；《中国历史上的一次大审判》，第99页；高皋、严家其：《"文化大革命"十年史》，第387—391页。根据王年一的《大动乱的年代》第432页的说法，飞机要起飞，还必须得到毛的批准。

② 《党史研究》，1981年第3期，第59页。空军司令员吴法宪没能阻止林立果联合舰队的一些成员乘直升机逃跑；《中国历史上的一次大审判》，第99—100页。

③ 参见郝梦笔和段浩然：《中国共产党六十年》，第623页。

④ 《党史研究》1981年第3期，第59页。这篇文章部分目的在于辟谣——周只是在飞机即将越过国境线时，才从毛那里获得林彪出逃的消息。一些学者提供的一个嗅觉欠佳的观点认为，毛似乎故意放林彪逃走的态度，表明中国空军夜间作战能力太有限，以至于无法迫降叛逃飞机。

⑤ 同上。

立中央的计划，毕竟，他们只要飞 8 个小时，就可以实现该计划。文章指出，这架三叉戟飞机在空中飞了近两个小时，而这样一架飞机从山海关飞到温都尔汗要不了一个小时，因此，三叉戟飞机实际上首先往南飞了约 10 分钟时间，然后掉头返回山海关，但发现山海关机场已遵照周恩来指示关闭。为什么林彪一伙放弃南逃计划不得而知，但该文暗示，是周恩来不让林彪着陆，以迫使他飞往苏联，这样他就站在了人民的对立面，成为国家的叛徒。[①] 不管真实情况如何，新中国成立以来对毛的权力及其人身安全最危险的威胁解除了，波拿巴主义的幽灵从此驱除了。

林彪覆灭的影响

林彪之死，使毛和周得以顺利清洗他在政治局中的军队里的盟友。9 月 24 日上午，周恩来召集人民解放军总参谋长黄永胜、空军司令员吴法宪、海军政委李作鹏，以及解放军总后勤部部长邱会作到人民大会堂，宣布解除他们的职务，要他们进行彻底的自我检查，四人离开时都已被捕，并将最终接受审判。林立果联合舰队的幸存者也得到清除。

虽然人民解放军失去了它在文职官员领导班子中最强有力的人物，它的崇高形象也受到损害，但这远非人民解放军在文官政府中结构性支配地位的终结，军队在党政部门中的重要作用仍然在运行。十大元帅之一、周恩来长期的盟友叶剑英，主持改组后的中央军委，负责调查林彪在各大军事单位的活动，[②] 并发挥着越来越重要的政治作用。他

---

① 参见《华侨日报》1988 年 6 月 17 日。一种解释是三叉戟飞机没有直接飞往蒙古，而是转了几个弯，以避开拦截。另一种说法是由中国一位前国家安全官员向一位学者透露的，当时周恩来成功地劝说飞行员返回中国领空，但这个飞行员随后被林立果枪杀，林立果接替了飞行员，但他不能很好地驾驶飞机，致使它坠毁。另一篇由一位自称"了解内幕的人"撰写的著作提出了一种更耸人听闻的说法：9 月 12 日，林彪在参加毛泽东举办的宴会后返回途中，8341 部队根据毛的命令，在北京郊外设置埋伏，用火箭射击汽车，搞掉了林彪。参见姚《毛继承人的密谋与死亡》第 16 章。
② 郝梦笔、段浩然：《中国共产党六十年》，第 624 页；《蒙思录》，第 305—308、346 页。有关林的高级军事盟友的清洗，参见《党史研究》1981 年第 3 期，第 59 页。

对毛和周的忠诚是可靠的，但他毕竟是军队的代表。^① 汪东兴是 8341 部队的负责人，对主席更加忠心耿耿。他主要是一位国家安全官员，而不是军队的一名军官，^② 但他的确不是文职干部。与林彪相比，在毛还政于民、重建文官政府的不断努力过程中，将忠诚地支持毛。

军队干部在省级地方政府中的权力继续得到维持，这可由政治局内的三位将军仍然继续担任省级最高领导职务这一点反映出来：许世友，江苏省革委会主任，南京军区司令员；陈锡联，辽宁省革委会主任，沈阳军区司令员；李德生，安徽省革委会主任，安徽省军区司令员。在"文化大革命"期间，他们都站在毛的右边。

比较难估量的是林彪覆灭对毛泽东所造成的影响。在"文化大革命"最激烈的时候，当毛积聚了足够的力量，从而获得了更换一位领导人所需要的广泛支持时，刘少奇被搞掉了。甚至刘少奇原来的秘书邓力群后来也承认，1966 年时，他也感到毛的接班人应是一位既能处理党务又能处理军队事务的人，这样一种看法可能是对的；而且他证实这是当时党内一种普遍看法。^③ 林彪是一位真正的革命英雄，无疑也是毛长期以来的信徒。主席认为林彪是比刘少奇更合适的接班人这样一种估价，可能招致刘少奇在党内的追随者的反感，但却可能在政界的更大范围内，为人毫不置疑地接受。

---

① 在毛泽东 1971 年夏天南巡期间发表的一系列讲话中，他在 8 月 28 日的讲话里，提到 1935 年他与张国焘的斗争中叶剑英对他所表示的忠诚。要求大家对叶剑英这种在危机的关键时刻立场坚定的精神表示尊敬。这段评价，可在毛泽东讲话的一个未经删改的手稿中找到，现藏在哈佛费正清中心图书馆，它既表明毛泽东永远不忘一恩一怨，也表明叶剑英在这次毛处理军队有关领导人过程中的重要地位。十分感谢迈克尔·舍恩哈尔斯提请我注意这段讲话。
② 《中国人民解放军将帅名录》第 1、2 卷，在为"汪"姓将领写传记时，没有列入汪东兴。
③ 参见邓力群："学习'关于建国以来党内若干历史问题的决议'的问题和回答"，该文收在《党史会议报告集》第 153 页。谭宗级："林彪反革命集团的崛起及其覆灭"，《教学参考》（下）第 42、43 页对这个问题也有类似描述，说明邓力群的观点不是偶然的。根据后一篇文章，当刘少奇在八届十一中全会上遭到批判时，必须在政治局常委里找到一位新的二号人物。邓小平因为也受到批判，被排除在外；陈云，则因为最右；朱德，因为他太老了；周恩来，因为毛泽东对他不满意，而且周自己过去也常说，"我这个人是不能挂帅的"，这样，就只剩下林彪了。参见谭前引文，第 42 页。

但实践证明，这位"最好的学生"不仅不合格，而且，如同周恩来要在 1973 年党的十大上所披露的那样，甚至阴谋暗杀毛主席本人。① 毛怎能在这样长的时间里一直没有识破他呢？他于 1966 年写给江青的、表达对林彪的行为的忧虑的信件，很快在党内公布，② 但这并没有为毛挑选这个危险的人物作为正式指定的接班人的失误提供辩解，而是使得这种失误更加突出了。难道主席不能在那些数十年来一直在自己身边的人中，辨别出叛徒和假马克思主义者吗？

可能同样具有破坏力的是，林彪的覆灭暴露了中国共产党的最高层充满着类似传统中国宫廷政治里的背叛和阴谋，充满大量明显类似皇后和太监、官员和将军的传统礼节。难道"文化大革命"要实现的纯洁政治就是这个样子？"文化大革命"初期的骚乱和清洗，可能使毛绝大多数最亲近的同事的幻想破灭了，几乎可以肯定的是，林彪的覆灭，使这种幻灭感在更大的范围内扩散。③ 在毛泽东逝世后，他的接班人拨乱反正时，这将是政治冷漠的一个根源。

"四人帮"的兴衰

接班人问题

这时，毛所面临的主要问题是，重建高级领导层，特别是选择一

---

① 《中国共产党第十次全国代表大会文件汇编》，第 5—6 页。
② 郝梦笔和段浩然：《中国共产党六十年》，第 625—626 页；也可参见该书注释 [43]。在林彪死后，毛公布这封信如此方便，以至于"文革"结束后，中共党史学家似乎对它的真实性提出了怀疑。为了回答这种怀疑，一位老历史学家回顾了以下一段情节：当林彪知道毛 1966 年的那封信后，他极为焦虑，以至于毛决定不将它公布，并且确实命令销毁它。但正要销毁时，左派宣传家戚本禹向周恩来抗议说，毛的话太珍贵了，不能用这种方式毁坏；总理反复向他保证说，已命令那时的宣传部长陶铸复制一份。林彪摔死后，公布的是这个复印件的复制品，因此容易引起对有关真实性的怀疑。请参考谭宗级在《教学参考》(下)中的描写，第 41 页。这段关于周恩来和林彪的有趣的轶事，最初是由迈克尔·舍恩哈尔斯注意到的。
③ 郝梦笔、段浩然：《中国共产党六十年》，第 624 页。作者那些经历了那个时期的幻灭感的中国朋友，也向作者表达了这种观点。

个可靠的接班人。他曾经希望建立一套培养和选拔接班人的程序，以避免其他极权主义国家所经历的在接班人问题上的斗争，就像苏联在斯大林逝世以后那样。但他的几次努力都失败了。50年代，他设计了"二线"机制，使他的同僚有机会在一线锻炼、曝光，而他自己在二线进行控制。刘少奇代替毛担任国家主席，就是这种努力的一个部分，但是它在刘少奇逝世之前就不存在了；同样地，"最好的学生"模式也在林彪坠死之前失败了。① 主席将如何解决"毛之后，谁接班"的问题呢？更关键的是，他将如何解决"毛之后，中国向何处去"的问题呢？

林彪覆灭以后，三种势力开始在政治局里崛起：激进派，"文革"中的幸存者，"文革"的受益者。激进派是原来围绕在毛泽东身边的极"左"派的余党，就是他们发动了"文化大革命"。到1967年，林彪和中央"文革"小组的利益迅速分化，构成了矛盾，但在重要问题上他们仍然保持一致。随着林彪及其集团的瓦解，以前的联盟只剩下康生、江青、张春桥、姚文元和谢富治。谢富治原来不属于集团核心人物，但由于他担任公安部长，处于十分有利的地位，当"文化大革命"蓬勃发展时他对核心集团就十分有用了。康生，由于他日益恶化的健康状况，似乎越来越扮演一个名义上的角色；谢富治死于1972年。这样，就剩下了江青、张春桥和姚文元。

幸存者指那些高级官员，尽管肯定他们都反对"文化大革命"的主攻方向，但他们都一直与毛泽东进行合作：总理周恩来、副总理李先念，代理国家主席董必武以及朱德、刘伯承和叶剑英三位老帅。所有这些人中，只有周、李和叶在政治上发挥积极的作用，其他三位之所以留在政治局，是因为他们几乎在任何情况下对毛都是忠诚可靠的；确实，刘伯承虽然智力超群，但眼睛失明，没有政治活动能力，保留他的"政治局委员"主要是对革命元勋的优遇。

林彪事件以后，毛似乎感到有必要加强同这些幸存者的关系，因此同意为一批高级官员平反昭雪，恢复名誉，重新安排工作。这些官

---

① 关于毛泽东和邓小平接班人问题的比较充分的讨论，参见罗德里克·麦克法夸尔："北京的交接班"，《纽约书评》第35卷第2期（1988年2月18日），第21—22页。

员在"文化大革命"之初,曾对此提出过尖锐批评,即所谓"二月逆流",并因此被打倒,现在把打倒他们的罪责全部推给了林彪。当其中一位元帅、前外交部长陈毅于 1972 年 1 月逝世时,毛出人意外地参加了他的追悼会,并高度评价了这位老帅。[①]

一件将对中国历史具有深远意义的事是为"党内第二号走资本主义道路的当权派"、前中共中央总书记邓小平平反昭雪。1969 年 10 月,根据林彪的疏散命令,邓和他的一部分家眷从北京转移到江西省,在一个县的拖拉机厂担任钳工,每天工作半天。当林彪覆灭的消息传来时,他在 1971 年 11 月和 1972 年 8 月两次给毛写信,请求允许他为党和国家再做些工作。在收到第二封信后,毛对邓小平的革命功绩作了赞许的批语,同意他返京工作,1973 年 3 月,有关他返京的手续办完,邓小平返回北京。[②] 至于邓小平第二次崛起的原因及其后果,本章后面将要探讨。

第三种势力是那些"文化大革命"的受益者。由于他们的上司遭到清洗,同时也由于他们控制 60 年代后期和 70 年代初期复杂政局的能力,他们在中国政坛上逐渐上升。林彪覆灭后立即涌现出来的这些官员主要是军人:许世友、陈锡联、李德生和汪东兴;但其中也包括一位文职官员纪登奎,他参与了对林彪余党的清洗,逐渐提高了自己的地位。[③]

---

① 郝梦笔、段浩然:《中国共产党六十年》,第 624 页。毛在最后一刻决定参加 1972 年 1 月 10 日陈毅的追悼会,并在追悼会上对柬埔寨西哈努克亲王说,陈毅一直支持他,而林彪却反对他。有关的描写,请参见张玉凤写的 11 篇文章:"毛泽东周恩来晚年二三事",载 1988 年 12 月 26 日至 1989 年 1 月 6 日的《光明日报》。这是毛泽东最后一次参加此类活动。

② 参见高皋、严家其《"文化大革命"十年史》,第 528—530 页;郝梦笔、段浩然:《中国共产党六十年》,第 624 页。有关邓小平居留江西期间更详细的描述,参见袭之悼:"邓小平在 1969—1972 年",载《新华文摘》1988 年第 4 期,第 133—155 页。1972 年 8 月 3 日邓小平的信的复印件现藏在哈佛费正清中心图书馆。在这封信中,他表达了自己对"文化大革命"的支持,指出,没有这个"无比巨大的照妖镜",就无法使林彪和陈伯达这样的人暴露原形,由迈克尔·舍恩哈尔斯推荐给我的这封信,是吹捧和自谦的结合,也反映对林、陈事件的个人看法。

③ 有关纪在清洗林彪余党过程中的作用,参见《华侨日报》1988 年 6 月 18 日。有关纪在毛的庇护下逐渐上升的描写,参见王灵书:"纪登奎谈毛泽东",载《瞭望》(海外版)1989 年 2 月,第 6—13 页。

毛现在所面临的问题是，在这三组人中，显然没有一位合适的能够捍卫"文化大革命"成果的接班人。无疑，周恩来是毛属下最高级的官员，如果主席认为他是自己合适的接班人，他早就可以这样做了，而且能得到广泛赞同。但是，毛不准备把他的极"左"纲领委托给任何一位幸存者。而且，不能想象周会比毛长寿。1972 年 5 月，在例行体检中，发现他患有癌症，是早期。①

原中央"文革"小组的余党，显然是毛寻找一位可靠接班人的地方。但主席一定早已意识到，人民解放军不可能接受一位江青、张春桥那样的，曾经煽起暴力冲突和流血，挑起动乱的人，担任党和国家最高领导职务。"文化大革命"的受益者中，也没有谁具有崇高的威望，从而获得广泛的支持和主席的认可。

在这种困难情况下，毛采取了非常措施。他把一位基层激进派成员像坐直升机似的，迅速提拔到最高领导层。王洪文，在林彪覆灭时年仅 36 岁，原是上海一家工厂的保卫干部，在上海"一月风暴"期间支持张春桥、姚文元，因而迅速崛起，到 1971 年他已是中国人口最多的城市，"左"派大本营上海的实际最高领导人，上海警备区政委。② 1972 年秋天，王洪文被调到北京，10 月，在人民大会堂庆祝西哈努克亲王 50 寿辰的宴会上公开露面，令中国一般官员们大惑不解。③ 1973 年 5 月，根据毛的指示，他又引人注目地进入政治局。同

———————

① 有关在 5 月发现癌症的描述，参见高皋和严家其《"文化大革命"十年史》，第 494 页。《不尽的思念》，第 583 页，提供了早期癌症的有关信息，描述了毛命令成立一个专家小组，专门负责周的治疗。《周总理生平大事记》，第 494 页，却仅仅提供了发现癌症的年份。

② 有关王洪文的生平，参见丁望《王洪文张春桥评传》，第 49—134 页。也可参见高皋、严家其《"文化大革命"十年史》，第 442—448 页。尼尔·亨特的《上海日记："文化大革命"目击记》和安德鲁·G. 沃尔特的《张春桥和上海"一月风暴"》，描述了王洪文崛起时期的有关事件，但对王本人描述较少。

③ 据在场的作者所见，在北京王洪文与要人们如年老的和身体健康的周恩来、李先念、外交部长姬鹏飞等一起握手时，官方并未能说明王洪文担任什么职务。有趣的是，在为西哈努克亲王举行的一次宴会的同样使人惊奇的场合（1973 年 4 月 12 日），邓小平也是初次露面，回到公开的生活中。见约翰·加德纳《中国政治和对毛的继承》，第 62 页。

时进入政治局的还有"文化大革命"的两位受益者：湖南省委第一书记华国锋（他似乎在清除林彪余党的过程中崭露头角）；[1] 以及北京市委第一书记吴德。[2]

很显然，王洪文的崛起，旨在为激进派提供一个易于为人接受的形象。37 岁的王洪文，英俊潇洒，是"文化大革命"中两种最重要的力量的象征：青年和工人。激进派希望通过王洪文，重新激起青年人因红卫兵运动瓦解而消失的热情，同时，王洪文的无产阶级出身，也可以用来吸引城市工人的支持。而且，不管他在上海扮演了什么角色，没有一位将军可以就 1967 年和 1968 年全国性的城市无政府状态谴责他。

1973 年 8 月，中国共产党第十次全国代表大会以后，王洪文被选为中央委员会副主席、政治局常委，从而上升为党内第三号人物。[3] 这样，后来的"四人帮"的第四个成员出台了，他的地位仅次于毛和周恩来。王洪文仅仅只有六年革命斗争经验和政治经历，却要他赶上像周恩来那样的经历了大革命、国内战争、外敌入侵、党内斗争的 60 年风风雨雨的老同志，并且与他们抗衡，这确是一场实力悬殊的较量，是另一场毛主义者将遭受失败的政治赌博。

周恩来的反"左"攻势

当王洪文到达北京时，他的激进派同僚江青、张春桥和姚文元正处于守势。他们从林彪及其军事集团的毁灭中获得了利益，搬掉了他们继承毛的衣钵的一个主要障碍；但林彪的行动玷污了"左"派的事业。他所招致的一些耻辱，不可避免地影响了他以前在中央"文革"小组的盟友。

周恩来利用"九·一三"事件之后激进派的混乱和被动局面，恢

---

[1] 参见丁望《华主席：中国共产党人的领袖》，第 77—80 页。

[2] 郝梦笔、段浩然：《中国共产党六十年》，第 628 页。

[3] 中国人对王洪文直线上升的惊愕，不禁使人想起，当 1988 年美国总统竞选中，副总统布什挑选 41 岁的普通参议员丹·奎尔做自己的副总统候选人时美国政治家和报刊舆论所表现的难以置信。而且，丹·奎尔一旦当选副总统，并不像王洪文那样仅仅拥有潜在的权力。

复了他的长达一年的运动，以稳定局势，促进经济发展。1971 年 12 月，他要求国家计委官员努力消除工业管理制度的无政府状态，恢复经济秩序和责任心。由于受到"左"派的威胁，工厂管理者长期以来不敢维持生产秩序和纪律。但是，在周的推动下，由国家计委制定的管理规定，却遭到了张春桥的否决，因此不能作为正式文件下发。虽然没有统计数字证实，据称这些规定对工业生产无疑具有有益的影响。[①]

在农业方面，周恩来指示，各地必须根据当地的实际情况学习大寨经验，只有在地方条件允许的情况下，才能模仿大寨大队的平均主义做法。[②] 这种平均主义的一个内容是把核算单位由生产队换成生产大队。在"大跃进"后可怖的荒年里，对农民最重要的是如何刺激生产的发展。因此中央决定将生产队作为基本核算单位。生产队是农村人民公社三级组织中最小的、最基层的组织，是农村中最具凝聚力、最和谐的集体单位。在生产队一级核算，意味着收入在生产队里进行分配。把核算单位由生产队转移到生产大队，在贫队和富队之间进行收入再分配，这就导致了平均主义，因而引起不满。从 1968 年开始，激进派号召向大队核算转变，但这种做法在周恩来反击以前，已于 1970 年被制止了。[③] 农村激进主义的另一个标志是要收回农民的自留地，这个方面，他们似乎也早在林彪覆灭以前的 1970 年就往后退了。[④] 统计表明，在 1971 年"九·一三"事件后，粮食产量并没有

---

① 郝梦笔、段浩然：《中国共产党六十年》，第 626 页；见《关于建国以来党的若干历史问题的决议注释本》，第 414—416 页；这些年钢产量数字据国家统计局《中国统计年鉴》(1981) 第 233 页载，1969 年是 1330 万吨，1970 年是 1770 万吨，1971 年是 2130 万吨，1972 年是 2330 万吨，1973 年是 2520 万吨，在这几年（包括林彪的垮台）比以前大幅度增长。阎方鸣和王亚平：《70 年代初期我国经济建设的冒进与调整》(1985)，第 55—60 页；对于 1967—1968 年后"文化大革命"对工业的轻微影响的分析，见本书第 6 章。

② 《1981 年决议·注释本》，第 416 页。

③ 参见戴维·茨威格《中国农业的激进主义 (1968—1981)》，第 57—60 页和第 5 章；还可参见他的"政策执行策略：中国农村的政策'风'和大队核算 (1966—1978)"一文，载《世界政治》第 37 卷第 2 期 (1985 年 1 月)，第 267—293 页。

④ 戴维·茨威格：《中国农业的激进主义》，第 57—60 页和第 6 章。

显著增加，农业生产也没有普遍增长。①

然而，1972 年可以称为周恩来年。文化领域出现松动，在周的鼓励下，一位著名学者发表了一篇论文，提出要恢复教育改革和科学研究。虽然这篇文章没有能够在激进派控制的《人民日报》上发表，并且遭到张春桥和姚文元的反击，但毕竟最后还是在其他报刊上发表了。② 在 1972 年 5 月 20 日至 6 月底于北京召开的有 300 多位中央和地方高级干部参加的一次重要会议上，周深化了对林彪的批判，并且赢得了毛的坚决支持。③ 但是，周恩来没有能够摧毁"左"派，因为说到底，激进派仍然得到毛的支持。到 1972 年 12 月，毛泽东感到反"左"浪潮走得太远了。在张春桥和姚文元的强烈要求下，他最后裁定，林彪不是极"左"，而是极"右"。④ 激进派抓到这根救命稻草，重新开始了进攻。

中国共产党第十次全国代表大会

1973 年 8 月 24—28 日，中国共产党第十次全国代表大会在北京召开。王洪文、张春桥和姚文元负责为十大起草三个主要文件：

① 1969—1973 年粮食产量统计数字：1969 年是 210.9 万吨；1970 年是 239.9 万吨；1971 年是 250.1 万吨；1972 年是 240.4 万吨；1973 年是 264.9 万吨。参见国家统计局《中国统计年鉴》(1983)，第 158 页。

② 1972 年是周恩来年这一估价，出自拉斯兹洛·莱德尼《中国共产党与马克思主义(1921—1985)：自画像》，第 355—356 页。该书讨论了本章涉及的有关问题。周试图利用这个机会，彻底驳斥他在 1932 年曾经叛党的说法，这种说法看来是在康生和江青唆使下精心罗织的。虽然他四处散发毛对他表示信任的简短讲话，几乎直到他逝世为止，"四人帮"仍继续利用这项罪名攻击他。参见《关于国民党造谣诬蔑地登载所谓"伍豪启事"问题的文件》，《党史研究》1980 年第 1 期，第 8 页；伍豪是周恩来当时的化名。参见郝梦笔、段浩然：《中国共产党六十年》，第 626—627 页，该书讨论了周培源论教育改革的文章；默尔·戈德曼：《中国的知识分子：建议和异议》，第 162—166 页，讨论恢复科学研究的尝试。有关周无力控制《人民日报》的情况，参见金春明"'文化大革命'的十年"，第 203—204 页。

③ 郝梦笔、段浩然：《中国共产党六十年》，第 625—626 页。

④ 有关这项在政治上必要、在理论上却站不住脚的重新评价，参见王若水的 10 篇系列文章："从批'左'倒向反右的一次个人经历"，载《华侨日报》1989 年 3 月 12—21 日。

政治报告、修改党章的报告、新党章草案。① 这表明激进派在意识形态领域里重新取得了优势地位。

在十大上，周恩来代表党中央作政治报告，王洪文作关于修改党章的报告。尽管九大以来中国的领导层发生了戏剧性的变化，这两个报告和新党章仍然反映了九大的路线，这并不令人感到惊奇。用王洪文的话说："四年多来的实践充分证明，九大的政治路线和组织路线都是正确的。"② 自然，林彪的名字在新党章中被划掉了，但激进派不会抛弃这个反映了"文化大革命"前三年的理想和成就的文件，相反，他们重申了"文化大革命"的理论，在新党章的总纲部分加进这样的语句："这样的革命，今后还要进行多次。"③ 无法了解他们是否企图使周恩来说类似的话，但在周的报告中，确实没有发现这样的观点。④

新党章增加的其他内容，反映了激进派关注的其他问题：批判修正主义；反潮流；培养革命接班人的必要性；坚持党对其他国家机关，尤其是对军队的绝对领导；不允许压制批评。⑤

在十大结束后召开的党的第十届中央委员会第一次全体会议上，选举了中国共产党新的中央领导班子。选举结果反映了激进派的复活，政治局常务委员会成员大大增加，九大时5位常委，现在增加到9人。9名常委中，毛泽东、王洪文、康生、张春桥可以看作是"文化大革命"目标的坚决支持者；朱德（86岁）和董必武（87岁）是两位德高望重的老人，没有什么政治影响，他们当选为常委主要是满足那些怀旧的高级官员，但（假如与他们协商）他们几乎肯定会支持毛泽东；随后担任沈阳军区司令员的李德生，是一匹黑马，在"文化大革命"初期曾对激进的要求态度暧昧，可以算作激进派的机会主义的支持者。

---

① 郝梦笔、段浩然：《中国共产党六十年》，第628页。
② 《中国共产党第十次全国代表大会文件汇编》，第42页。周恩来在报告中实际上使用了同样的语言；同上书，第9—10页。
③ 同上书，第45页。
④ 威廉·A. 约瑟夫认为，周的报告中含有微妙的暗示，林彪实际上是极"左"而非极右。参见他的《评1958—1981年中国的极"左"思潮》，第138—139页。果真如此的话，那么可以设想，周在王和张向他呈送报告草案之后，他曾修改过。
⑤ 《中国共产党第十次全国代表大会文件汇编》，第47、48、50、52、55页。

这样，在政治局常委中，只有周恩来和叶剑英代表了稳健派的声音。

新当选的政治局成员，如华国锋、吴德、陈永贵（斯达汉诺夫式的农民，大寨大队党支部书记），几乎都是"文化大革命"的受益者，因此可以想象他们会支持"文化大革命"的目标。李先念、谭震林等高级干部，在周恩来短暂的反"左"期间，经过周的努力，得以重新工作，进入中央委员会，但未能返回政治局。

当激进派经过林彪事件的打击，在十大上取得胜利之后，他们便秣马厉兵，准备向他们最可怕的敌人周恩来总理本人发动攻势了。

"批林批孔"

1974年1月18日，毛批示同意转发江青主持选编的《林彪与孔孟之道》。[①] 根据一份材料的记载，最初允许进行这种看来稀奇古怪的联系的，是1973年8月毛对清华大学一个学习小组的讲话。在这个讲话中，毛指出可以将批林批孔结合起来进行。[②] 但是，清华大学的学习小组肯定已经从毛在1973年3月召开的、旨在批判林彪的中央工作会议上的讲话中得到启示，毛在讲话中认为既需要批判林彪，也需要批判孔子。在5月和8月的两首诗中，毛泽东强化了他发出的信息。毛写这两首诗意在批评中国一位高级知识分子郭沫若，因为郭沫若称赞儒家，谩骂儒家的主要反对者，中国的第一个皇帝秦始皇。[③] 中国人常不适当地把毛比作类似秦始皇的开国皇帝，[④] 而秦始皇是遭到中国历代历史学家辱骂的专制统治者。

到8月，毛的讲话肯定已经在政治鉴赏家中广泛地传开，激进派控制的《人民日报》发表了一位广东教授撰写的文章，提出了随后的

---

① "林彪与孔孟之道"，胡华：《中国社会主义革命和建设史讲义》，第316页。
② 乐黛云、卡罗林·韦克曼：《走进暴风雨：奥德赛——一位中国革命妇女》，第323页。
③ 党史教研室：《中国共产党六十年大事简介》，第568页。毛在他与一位神秘的来访的埃及领导人的谈话中，把孔子和秦始皇帝进行了比较；同上书，这里我不能引用有关资料。毛习惯于用郭沫若的诗作陪衬来赋诗填词；例如可参考《中国文学》1976年第4期，第43—44、48—50页。但在《沫若诗词选》中没有收集毛泽东答郭沫若的任何一首最近的诗。
④ 《彭德怀事件》，第36页。

批林批孔运动的一些主要观点，其中包括与当代中国政治关系最密切的那个观点。他引用了孔子的《论语》中的一段话："兴灭国，继绝世，举逸民。"虽然转弯抹角，却明白无误地批判了周恩来重新起用一些高级干部的措施。使人产生这种感觉的一个原因是周的姓氏的缘故，他所批判的一位公元前12世纪伟大的政治家周公，正好与周恩来同姓①（原文如此——译者）。

当这篇文章在中国上下讨论的时候，江青跑到清华，组建了一个班子，为全国性的官方批判运动提供理论武器。② 该小组由前中央警卫团、人民解放军8341部队政委迟群领导。迟群当时是清华大学革委会主任，同时负责首都另一所重点院校北京大学的教育改革。他的助手是谢静宜，也来自8341部队，曾做过江青的秘书（原文如此，实际上，谢在"文革"前是中央办公厅的工作人员——译者），后来调到清华大学担任革命委员会副主任。③

1973年秋天，迟群和谢静宜组织了清华大学和北京大学的12位（后来增加到32位）学者，专门进行研究，撰写文章，把林彪和孔子联系起来，为了现实政治的迫切需要，去进行历史类比。这个理论批判队伍被称为北大—清华两校大批判组，简称"梁效"（两校）。梁效成员搬进专门的办公地点，配给特供伙食，从事收集材料的工作，而这又常常是据江青授意进行的。④ 他们成为"四人帮"在全国上下建立的帮派体系的核心。⑤ 1974年1月18日发布的文件，是"梁效"的第一个重要成果。

---

① "每季大事和文献"，《中国季刊》第57期（1974年1—3月），第207—210页。周恩来就他长期以来一直主管的外交事务发表的讲话，在毛的提议下，1973年11月受到政治局的批评，当然使"四人帮"以为他们的机会来了；王：《大动乱的年代》，第417页。

② 乐黛云、卡罗林·韦克曼：《走进暴风雨》，第323页。清华在发动批林批孔运动中的核心作用，以及江青与这所大学的联系，表明她最初可能是从毛泽东那里得到指示的。

③ 《走进暴风雨》，第303页。有关江青和这两人之间的谈话记载，参见王年一《大动乱的年代》，第479—489页。

④ 《走进暴风雨》，第323—326页。乐对这个批判组的了解很多，因为她的丈夫汤一介是梁效班子的12位学者之一。

⑤ 金春明：《"文化大革命"》，第194页。

表6 　　　　　　1969 年 4 月至 1973 年 8 月领导班子的变化

中共九大	中共十大	原政治局成员获得提升或新入选政治局者
毛泽东　常委	毛泽东　常委	
林　彪　常委	周恩来　常委、副主席	
周恩来　常委	王洪文　常委、副主席	（新入选）
陈伯达　常委	康　生　常委、副主席	（提升）
康　生　常委	叶剑英　常委、副主席	（提升）
叶剑英	李德生　常委、副主席	（提升）
李德生　（候补委员）	朱　德　常委、副主席	（提升）
朱　德	张春桥　常委	（提升）
董必武	董必武　常委	（提升）
江　青（女）	江　青（女）	
叶　群（女）	刘伯承	
刘伯承	许世友	
许世友	陈锡联	
陈锡联	李先念	
李先念	姚文元	
李作鹏	纪登奎	（提升）
吴法宪	汪东兴	（提升）
邱会作	韦国清	（新入选）
姚文元	华国锋	（新入选）
黄永胜	吴　德	（新入选）
谢富治	陈永贵	（新入选）
纪登奎　（候补委员）	吴桂贤（女）　　（候补委员）	（新入选）
李雪峰　（候补委员）	苏振华　（候补委员）	（新入选）
汪东兴　（候补委员）	倪志福　（候补委员）	（新入选）
	赛福鼎　（候补委员）	（新入选）

　　说明：两次大会中只有主席和副主席排了名次，其他人皆按姓氏笔画排列，九大以后政治局的名次重新进行了排列，以便于表明 1969 年至 1973 年之间政治局领导成员的变化。

　　这标志着官方的"批判林彪，批判孔子"运动（"批林批孔"）的正式开始，它由江青和王洪文一手策划，1974 年 1 月 1 日，《人民日报》、《红旗》杂志和《解放军报》联合发表了元旦社论《元旦献词》，为大张旗鼓地开展"批林批孔"运动作舆论准备，预示着它的到来。① 这看起

----

① 　高皋、严家其：《"文化大革命"十年史》，第 495 页。

来像是不断深入的清除林彪在党内和军内的支持者的运动，但又进一步扩大，实际上这场清除余党的运动后来被称为"读书班"，由王洪文负责，企图乘机控制军队。但由康生起草的这个社论，真实目的在于搞垮周恩来，这从上年 8 月第一个借口出台时，就已经昭然若揭了。①

1 月 24 日，据说未经毛泽东批准，但可能得到毛的首肯，江青等人召开了在京部队单位"批林批孔"动员大会；第二天，又召开了在京中央直属机关和国家机关"批林批孔"动员大会，她和姚文元、迟群、谢静宜都在会上作了讲话。② 随后，她和她的大批判组四处活动，甚至插手高度保密的军事机构，发表讲话，或如后来人们描述的那样到处"点火"。③ 这场"批林批孔"运动控制了全国城乡各单位的政治行动，批判文章充斥了新闻媒介。④

批判保守势力的复辟是这场运动的一个主题，强调在要求前进的人和企图倒转历史车轮的人之间，进行长期不懈的斗争。⑤ 另一个主题是在儒家和为秦始皇服务的法家之间进行比较，⑥ 正是法家向秦统治者证明了实行严刑峻法的必要性。他们可能希望通过这种类比，进一步深化反复辟的阶级斗争。在大量的讲话和文章中，周公的罪行遭到了严厉的批判。⑦

---

① 胡华：《中国社会主义革命和建设史讲义》，第 316 页。有关"读书班"目的的描述，参见《蒙思录》，第 295—296 页；关于这些学习小组，迈克尔·舍恩哈尔斯曾请我注意参阅《中共中央党校年鉴》（1984）第 4 页，该书认为它们没有什么野心勃勃的目标。有关康生的作用，参见仲：《康生评传》，第 310—311 页。默尔·戈德曼认为周恩来有能力在一定程度上限制批林批孔运动，参见《中国的知识分子》，第 166—176 页。梁效的一位主要成员曾声称，他从来没有写过或领导写过有意针对周恩来的文章。

② 戈德曼：《中国的知识分子》；郝梦笔、段浩然：《中国共产党六十年》，第 639 页；《大动乱的年代》，第 489—494 页。

③ 乐黛云、卡罗林·韦克曼：《走进暴风雨》，第 325—327 页；高皋、严家其：《"文化大革命"十年史》，第 496—497 页；郝梦笔、段浩然：《中国共产党六十年》，第 634 页。

④ "每季大事和文献"，《中国季刊》第 58 期（1974 年 4—5 月），第 407 页；第 59 期（1974 年 7—9 月），第 627—630 页。

⑤ "每季大事和文献"，《中国季刊》第 58 期（1974 年 4—5 月），第 407—408 页。

⑥ 同上书，第 408 页。

⑦ 《中国共产党六十年大事简介》，第 569 页。

不管这场喻古讽今的大批判对活着的周的心理影响如何，由于身患癌症，总理的身体日渐衰弱，约会也被迫削减了，最后不得不同意手术。[1] 1974 年 6 月 1 日，他离开中南海办公室，住进北京医院，在那里度过了他生命的最后 18 个月。[2] 从那时起，他主要是为了重大政治目的进行出击，[3] 才偶尔离开医院。但如果激进派认为他们长期以来穷于对付的对手将要消失，并为此而得意忘形，那么他们的满足只是十分短暂的。周身患绝症，促使毛着手解决一个重大政治问题，他解决这个问题的方式令他的激进的追随者沮丧透顶。

邓小平的复出

毛必须找到一个人来接替周恩来，主持中央日常工作。虽然主席认为大乱达到大治，可能也为全国性的动乱激动不已，但他同时清醒地认识到，需要一种稳定力量，以避免全面的混乱。在"文化大革命"初期，甚至在更早些时候如"大跃进"时期，周恩来一直发挥这样的作用。虽然他为应付局面（或是为应景）仍可从病床上挺身而起——最值得一提的是，1975 年 1 月 13 日他离开医院，在四届人大第一次全体会议上作政府工作报告——但他已不可能为处理国家每件重大事务而长时间地辛勤工作了。

对毛来说，不幸的是，王洪文令他大失所望。王在上海工作时，毛以为他在这个年轻人身上发现了一些政治技巧。[4] 但王并不具备这些技巧。更重要的是：尽管王洪文地位很高，实践证明他不过是江青和张春桥手中的玩物，[5] 这就破坏了他作为一种独立的新生力量的可

---

① 周坚持要在得到毛的批准之后，再去做手术；参见《不尽的思念》，第 583 页。关于他 1975 年 3 月写给毛，详细报告他的健康状况、请求允许他第三次做手术的信，参见《周恩来书信选集》，第 633—635 页。

② 《周总理生平大事记》，第 504 页；《怀念周恩来》，第 585—586 页。

③ 周因为情感原因也至少离开过医院一次。1975 年 9 月，他在北京饭店最后一次拜访了他 20 年的理发师；《周恩来传略》，第 184 页。

④ 王洪文最引人注目的失败——1975 年未能平息杭州武斗，恢复社会秩序，此类事情还会继续发生；参见加德纳《中国政治和对毛的继承》，第 74 页。

⑤ 金春明："文化大革命"，第 187 页。

信度。虽然"文化大革命"结束以后的历史学家另有所图，但似乎没有理由怀疑他们的证据，即在"批林批孔"运动期间，王洪文和江、张靠得这么紧，以至于促使毛泽东意识到，他不是接替周恩来的合适人选。到毛开始警告王不要与江青拉帮结派时，已为时太晚了。[1]

至于江青，除了在"文化大革命"初期，她代表毛从事一些政治活动外，中国 2000 多年延续下来的男人当权的政治文化，以及植根于这种文化的偏见，使她通往权力的大门向她关闭了。毛意识到，作为一个妇女，江青是一个政治包袱。因为妇女统治违背了儒家的父系继承制度，因为，女性统治者的所谓错误行为历史上都受到男人历史学家们的谴责。从 1974 年起，江青一直试图改变西汉吕后和唐代武则天女皇的反面历史形象。吕后、武则天，以及晚清的慈禧太后，向来是历史学家主要的攻击对象。

令人难以理解的是，虽然江青和她的上海帮仍然在推动和维护"文化大革命"的目标中发挥重要的作用，但在这段时期里，毛不时对他们提出批评，表示不信任，显出一种分离的倾向。婚姻冲突是一种可能的解释。根据特里尔的记载，1975 年江青搬出中南海（中国领导人住在里面），搬进了钓鱼台国宾馆。特里尔的材料说，这是她和毛泽东之间政治上发生了分歧，而不只是感情纠纷。[2] 毛也要人产生这种印象。1974 年 3 月 21 日他对江青说："不见还好些。过去多年同你谈的，你有好些不执行，多见何益？有马列书在，有我的书在；你就是不研究。"1974 年 7 月，在一次政治局会议上，主席在他们的同事面前第一次公开批评其夫人的政治行为，把她和她的盟友称为"四人帮"。他告诉大家，江青"只代表她自己"，她"有野心"，"想当党的主席"。[3] 但在中国政治圈子里广泛流传的一个故事是，江青之所以搬家，是因为她对毛泽东个人生活中某些事情的不满，江青

① 郝梦笔、段浩然：《中国共产党六十年》，第 638 页。
② 特里尔：《白骨精》。
③ 同上书，第 324—325 页；威特克：《江青同志》，第 476 页；郝梦笔、段浩然：《中国共产党六十年》，第 637—638 页。

对此曾大发雷霆。然而，还有另一种说法，不管江青对毛泽东这些生活中的事情怎么看，她实际上早在"文化大革命"前就搬出了毛的住处。现在可以肯定的是，在政治上毛和江青仍然互相需要，不管他怎样责难她，他坚持强调她的错误是可以改正的。[①] 一位中国观察家提供的一项证据表明，毛对"四人帮"的攻击是为了解除他们敌手的武装所放的烟幕的一部分，暗示他与他们已分道扬镳。若果真如此，那么他主要想蒙骗的是邓小平。

1974 年 10 月 4 日，毛再也不能忽视周恩来患病可能造成的影响，提议邓小平接替周总理的位置，担任第一副总理，主持政府日常工作。这样，发动"文化大革命"时的两个主要受害者之一即将重新管理中国了。王洪文的直线上升已经够异乎寻常的了，但重新起用邓小平却更令人大感意外。然而从上一年年底以来，人们都清楚知道。邓小平这颗政治明星正在重新上升以及上升的原因，问题在于人民解放军在政权中的作用如何。

在 1973 年 12 月 12 日的一次政治局会议上，毛泽东已经谈到，他希望将各军区的司令员对调。很显然，他要剥夺他们长期占据的军事指挥位置和已形成的关系网以及他们最近一段时期获得的党政职务。他抱怨说，政治局不管政治，军委不管军事。这是并不太隐晦地告诉军队：离开政治。为了减少将军们对这些提议的不满，毛做了两件事：他提议邓小平进入中央军委，担任总参谋长；他说林彪粗暴对待人民解放军的革命英雄，他受了林彪欺骗，为此还作了自我批评。不管这种解释是否使将军们感到满意，但毕竟他道歉了，并请求地说，过去的就让它过去吧。

毛如愿以偿了：中央军委发布命令对八大军区司令员进行对调，同一天，中共中央任命邓小平担任中央军委副主席兼总参谋长（原文为"重新在中央军委起重要的政治作用"——译者），并决定他进入政治局。交易的成分显而易见。作为对将军们放弃政治权力的回报，他们得到许诺，权力将交到一位可靠的老同志手中。邓小平后来赞许

---

① 特里尔在《白骨精》中记述了这一情节。

地，也许还有点惊讶地说，所有八个军区的司令员都在 10 天以内到他们的新岗位报到了。① 令"四人帮"感到不快的是，1974 年 4 月，邓小平被挑选率中国代表团参加联合国大会特别会议，并在会上发表讲话，向全世界介绍毛的三个世界理论。

毛重新起用邓小平，削弱了"四人帮"潜在的最强大的对手——军队，"四人帮"至少可以因此得到一些安慰。但当毛在 10 月透露他准备让邓小平管理国家时，"四人帮"慌作一团，积极采取激烈的行动，试图使毛放弃他的打算。10 月 18 日，王洪文秘密飞往长沙去见毛，② 通过王洪文和其他特使，"四人帮"诬蔑周恩来装病，在医院里与邓小平秘密筹划，首都现在的气氛大有 1970 年庐山会议时的味道。毛不听他们的抗议，表扬了邓小平的能力。当周恩来不顾重病在身，于 12 月 23 日和王洪文同机飞往长沙去见他时，主席重申了他对邓小平的信任，并提出要执行他早先的建议，任命邓担任军委副主席兼人民解放军总参谋长。为了维持政治平衡，任命张春桥担任人民解放军总政治部主任兼第二副总理。1975 年 1 月 8 日至 10 日，在北京召开了中国共产党十届二中全会，十分警惕的周恩来主持了会议。会议正式通过了上述任命，并且作出了更令人震惊的决定，选举邓小平为党中央副主席、中央政治局常委。③ 这样，毛生平最后一个大的运动的舞台搭起来了。

---

① 《中共党史大事年表》，第 386 页；有关八大军区司令员对调的分析，参见该书第 57 页。关于邓小平的命令，参见《邓小平文选》（1975—1982），第 97 页。
② 有关王洪文去长沙见毛泽东的描述，见周明《历史在这里沉思》第 2 卷，第 196—203 页。
③ 郝梦笔、段浩然：《中国共产党六十年》，第 637—639 页；高皋、严家其：《"文化大革命"十年史》，第 530—537 页。大陆近期的历史学家们不肯就张春桥如何被任命之事表态，也许他们是想避免把他们关于毛在此时恢复邓的工作中发挥了非常积极的作用的设想弄得一团糟。关于毛重召邓的目的，在中国目前仍很流行的一种替代解释是，他想用邓顶替周恩来。据此情形说明，毛担心周可能比他活得长；这位总理患了癌症，但据说主席也在 1972 年底患了严重的中风，这使他相信他可能先死。毛提邓可能部分是因为他认为他是"四人帮"不那么难对付的一位对手；也可能考虑到他俩早些年的密切关系——邓在毛处境非常困难时仍对他忠心耿耿；关于毛、邓之间的关系，见麦克法夸尔《"文化大革命"的起源》第 1 卷，第 140—145 页。

邓小平主持工作的一年

1975 年 1 月，在邓小平接管党政日常工作时，他并没透露出他的想法。[1] 难道他会相信毛已放弃了"文化大革命"并允许他恢复"文化大革命"前夕推行过的那些更为理性的政策吗？

这里有某些令人鼓励的迹象：对像他自己一样的人即使不恢复原职的话，也进行了平反；在毛的支持下，周恩来在第四次全国人民代表大会上的讲话中提出了长远的经济规划和以后众所周知的"四个现代化"——农业现代化、工业现代化、国防现代化和科学技术现代化；[2] 更为重要的是，毛号召要安定团结，并批评了"四人帮"的宗派活动。同时，毛似乎想要在文化界恢复更为宽容的政策。他主张恢复周扬等一些官员的职务，并告诉邓小平文艺应"百花齐放"。在毛的鼓励（也许还是指引）下，邓小平和他的主要支持者叶剑英、李先念在 5 月和 6 月的政治局会议上批评了"四人帮"提出的论断——即第十一次"路线斗争"正在进行，新的领导人犯有实用主义的错误。王洪文一直是个随风倒的人，这次他作了自我批评，随后回上海呆了几个月。但他的三位同志仍顽固地保持沉默。[3]

邓奋力解决一些紧迫问题。[4] 首先是军事问题。这是毛召邓复职的一个主要动机。在《邓小平文选》中重新发表的邓在 1975 年的 8 次讲话中，有 3 次是谈军事问题的。在他正式担任军事职务后不到 3 个星期，邓就对人民解放军机构臃肿、预算庞大、效率低、无纪律、干部队伍中存在帮派主义等提出批评。他强调人民解放军需要服从党

---

[1] 郝梦笔、段浩然主编：《中国共产党六十年》，第 639—640 页。

[2] 周在 1964 年第一次提出"四个现代化"时，他并没有提到毛的支持。参阅加德纳《中国政治和对毛的继承》，第 67 页。

[3] 郝梦笔、段浩然主编：《中国共产党六十年》，第 645—647 页；房维中主编：《中华人民共和国经济大事记（1949—1980）》，第 544—545 页；金春明："文化大革命"，第 212 页。政治路线斗争当然是党内争论的最严重的形式：林彪事件已被列为第十次路线斗争。清除刘少奇是第九次。

[4] 关于邓小平从 1975 年 1 月到 10 月（从 10 月开始，邓不能行使有效的权力）这段时期的活动，可参阅郝梦笔、段浩然《中国共产党六十年》，第 640—641 页。

的政策。在以后的一次讲话中，他在所列的军队的缺点中加上了自负和惰性。[①]

更为紧迫的问题是工人的骚乱。最引人注目的是苏州、南京、南昌和其他地方的铁路工人罢工和阴谋破坏活动，这显然是"批林批孔"运动期间"左"倾分子煽动的结果。4 条主要铁路干线交通中断，引起了巨大的经济混乱。邓利用软硬兼施的手段恢复了秩序，同时也恢复了中央的控制[②]。王洪文一直未能解决杭州"左"倾分子挑起的冲突。邓就出动军队并逮捕了肇事者。[③]

在寻求解决经济方面根深蒂固、长期存在的问题的方法时，邓召开了会议并采取了一系列主动措施。制定了三个重要的政策性文件：《关于加快工业发展的若干问题》（国家计划委员会起草，8 月 18 日公布）；《关于科学院工作的汇报提纲》（胡耀邦、胡乔木和其他人起草，9 月 26 日公布）[④]；《论全党全国各项工作的总纲》（邓力群起草，10 月中旬公布）。[⑤]

在"左"倾分子要求实行更加平均主义的工资制度的煽动下，这一年的 6、7 月份在华中、华南地区爆发了罢工浪潮。这个关于工业的文件解决了这次罢工浪潮的根源[⑥]。文件谈到"一小撮坏人在'造反'和'反潮流'的旗号下阴谋破坏工作"；也谈到了管理"混乱"；生产力低下、质量低劣、保养费昂贵、生产成本高、故障频繁；特别是原材料、燃料和动力工业问题严重。[⑦] 在这一文件提交给国务院

---

① 《邓小平文选》(1975—1982)，第 11—13、27—42 页。

② 于尔根·多姆斯：《中华人民共和国的政府和政治：过渡时期》，第 127 页，房维中主编：《中华人民共和国经济大事记 (1949—1980)》，第 541—543 页。这些铁路干线是：天津—浦口；北京—广州；陇海线（连云港—天水），连接沿海的江苏和西北的甘肃的主要东西干线；连接杭州与南昌的浙赣线。

③ 约翰·加德纳：《中国政治和对毛的继承》，第 74 页。

④ 关于对这两个文件的起草的分析，参阅肯尼思·利伯撒尔《中国的中央文件和政治局政治》，第 33—49 页。

⑤ 房维中：《中华人民共和国经济大事记 (1949—1980)》，第 550—555 页。

⑥ 多姆斯：《中华人民共和国的政府和政治》，第 128 页。

⑦ 齐辛：《"四人帮"案》，第 246、247、257 页。

时，邓在批示中强调要支援农业，引进外国技术，加强工业研究，恢复管理秩序，把质量放在第一位，实施规章制度以及恢复物质刺激。[1] 一个月以后，在讨论《关于科学院工作的汇报提纲》时，邓反复强调要加强培训，提高教育水平，提拔更多的学有专长的领导，花更多的时间进行科研活动（这就暗示在政治上少花些时间）。[2]

正是《论全党全国各项工作的总纲》这个文件对"左"倾分子进行了全面抨击，大量地引用了毛的早期著作来阐明不能因强调革命而妨碍生产的观点："一个地方，一个单位的生产搞得很坏，而硬说革命搞得很好，那是骗人的鬼话。一旦抓了革命，生产就自然地并毫不费力地提高了，这只是那些纵情于神话的人才相信的观点。"[3] 难怪江青公开指责这三个文件为"三株大毒草"，而《总纲》则是"复辟资本主义的政治宣言"。[4]

江青在农业问题上与邓进行了交战。在 9 月 15 日至 10 月 19 日召开的、有 3700 名代表参加的第一次全国农业学大寨会议上，她号召回到 1958 年"大跃进"高潮时期的公社理想上去，并强调平均主义和阶级斗争。在另一方面，邓回顾了 60 年代初期，那时利用各种刺激鼓励农民的积极性。[5]

另一个利用历史或文学作品为当代政治目的服务的古怪例子是，江青在她的大寨讲话中通过贬责一本著名的古典小说《水浒传》中的男主人公来影射邓小平。她宣称，"必须认真阅读这本书，看清这个叛徒的面目。……宋江那个人搞了许多两面诡计"。[6] "……宋江架空了晁盖，难道刚才没有人想架空主席吗？我认为有几个。"[7] 尤为独

---

[1] 《邓小平文选》，第 43—46 页；房维中：《中华人民共和国经济大事记（1949—1980）》，第 550—552 页。

[2] 齐辛：《"四人帮"案》，第 287—295 页。

[3] 同上书，第 227 页。

[4] 中国人民解放军政治学院中共党史教研室编：《中国共产党六十年大事简介》，第576页。

[5] 多姆斯：《中华人民共和国的政府和政治》，第 129—130 页；《中华人民共和国经济大事记（1949—1980）》，第 552—553 页。

[6] 《中国历史研究》第 12 卷第 1 期（1978 年秋季号），第 55 页。

[7] 中国人民解放军政治学院党史教研室编：《中国共产党六十年大事简介》，第 574 页。

特的是，这种《水浒传》比喻并不是她的思想，而是来源于毛对宋江的投降主义或修正主义的批判，"四人帮"中老练的辩论家姚文元迅速抓住了这一主题。[①]

在邓小平当权的一年中，毛的行为是矛盾的。[②]他支持邓的措施，保护它们免受"四人帮"的攻击，但同时又提出了他自己的"左"倾思想，并允许张春桥和姚文元宣扬他们的"左"倾思想。他反对工资差别、按劳付酬和商品交换。他说，在这些方面，中华人民共和国与1949年以前的中国差别不大，只是所有制发生了变化。由于受到毛的讲话的鼓励，张春桥和姚文元在《人民日报》上发表了马克思、恩格斯和列宁关于无产阶级专政学说的33条语录。他们精心挑选了那些能说明他们自己观点的评论。[③]在毛的许可下，张和姚都写了主要的注释性理论文章，以论证他们自己或毛的观点：关于阶级斗争和无产阶级专政的极其重要性；关于商品交换削弱社会主义计划经济的危险性；关于物质刺激鼓励下新生资产阶级分子令人担忧的崛起；关于向集体所有制更高阶段进而向国家所有制推进的紧迫性；以及中国仍然存在变修的危险。[④]

毛的模棱两可可能反映出他举棋不定。这是理智和感情的真正矛盾。这也可能是他身体日渐虚弱的表现。从1974年初至1975年8月，即在毛一只眼睛接受摘除白内障手术时，他已不能看书了。由于他的机要秘书生病住院，毛不得不依靠他的年轻女秘书张玉凤给他读官方文件和报纸。1975年底，毛患了帕金森氏病，已说不出话了，甚至在会见某些外国要人时，只能靠写或发出只有他的随从能理解的咕噜声与他们交谈。根据张的回忆：

他讲话困难，只能从喉咙内发出一些含糊不清的声音字句。

---

① 《中国共产党六十年大事简介》，第573—574页。关于《水浒传》事件的详细论述，参阅戈德曼《中国的知识分子》，第201—213页。

② 郝梦笔、段浩然主编：《中国共产党六十年》，第648页。

③ 同上书，第644—645页。

④ 姚文元："论林彪反党集团的社会基础"；张春桥："论对资产阶级的全面专政。"

由于长时间在他身边工作，我还能听懂主席的话。每当主席同其他领导同志谈话时，我就得在场，学说一遍。但到了他讲话、发音极不清楚时，我只能从他的口型和表情上进行揣摩，获得他点头认可。当主席的语言障碍到了最严重的地步时，他老人家只好用笔写出他的所思所想了。后来，主席的行动已经很困难，两条腿不能走路。如果没有人的搀扶，连一步都走不动了。①

毛的"左"倾侄儿毛远新似乎在 1975 年 9 月底从东北调到北京，充当主席与政治局的联络员。他也反对邓。毛远新像埃古（莎士比亚剧作《奥赛多》中的反面人物——译者）一样，歪曲邓的报告并把他对邓对"文化大革命"忠诚的怀疑都送进主席的耳朵。他找到了一位富有同感的倾听者。②

所有这些因素对毛态度的改变都有关系。但考虑到毛与邓交往甚长，毛不可能在 1973 年就会天真地认为这位从前的走资本主义道路当权派第二号人物的本性已经变了，更有可能的假设是，毛提拔邓小平是一个策略，其目的部分是为了蒙骗军队以更有效地解决"毛之后，哪一派统治"的问题；部分是为了赢得时间以解决"毛之后，谁接班"这一问题。他在 1975 年提出的观点并没有表示他已改变了他在"毛之后，怎么办"这个问题上长期坚持的观点。

周的逝世和邓的下台

甚至在 1976 年 1 月 8 日周恩来逝世以前，批判邓小平政策的浪潮已逐渐兴起。"四人帮"可能觉察到主席对邓的容忍正在消失，于是决定发动一场运动打倒他。正如在"文化大革命"爆发之初一样，

---

① 张玉凤："毛泽东周恩来晚年二三事"，罗斯·特里尔在他的著作《毛泽东》的第395—397、400—401、411—413、417—418 页追溯了毛在 1976 年夏接见连续来访的外宾时所表现出来的日益恶化的健康状况。
② 胡华：《中国社会主义革命和建设史讲义》，第328页；郝梦笔、段浩然：《中国共产党六十年》，第648—649页。有报道说毛远新到 1975 年 12 月就不与他的伯父在一起了，但另有迹象表明，直到毛逝世，他一直留在毛的身边。

初战战场也是在知识界。

一位清华大学的党员干部（或许受到邓的支持者的鼓动）两次写信给毛，诉说了"四人帮"在清华的忠实追随者迟群和谢静宜的思想和生活方式。毛把这视为对"文化大革命"的攻击。11月3日，迟和谢公布了毛支持他们的复信，这标志着"反击右倾翻案风"运动的开始。[①] 他们还抓住这次机会攻击教育部长周荣鑫，因为周应邓的要求，坚持恢复教育标准。[②] "文化大革命"尚存的遗产（或称为"社会主义的新生事物"）之一即一种平均主义的教育制度——它强调更为简单和实用的课程，以便让工农兵更容易上大学[③]——在毛和"四人帮"看来正处于危险之境。

11月底，在毛的指示下，中央政治局召开"打招呼会议"。华国锋在会上宣读了毛的讲话要点，然后将《要点》传达到各省的高级党员干部。毛的讲话和随后颁发的拥护毛的讲话的中央文件的要点是：从7月到9月，政治谣言四起，有人企图分裂最高领导层，攻击"文化大革命"，力图翻案。[④] 毛有效地从邓那里收回了他的权力，并使当时的运动成为"批邓、反击右倾翻案风"运动。

正在此时周恩来逝世了，这突然引发了一场将在年内波及整个中国的政治危机。几个月来，周一直不怎么活跃，但只要他还活着，他便是理性和克制的象征：不管国家变得如何混乱，在某个地方，总会有人来恢复秩序，并保护人们免受"文化大革命"的最坏影响。早在20年代初，邓小平在巴黎勤工俭学时就和周在一起。他在周逝世4年以后，接受记者采访时总结了人们对周的态度：

---

① "反击右倾翻案风"，参阅郝梦笔、段浩然的《中国共产党六十年》第649页。

② 加德纳：《中国政治和对毛的继承》，第75—76页。关于对"文化大革命"期间教育发展的详细分析，请参阅第7章。

③ 其他"社会主义新生事物"包括：江青的革命京剧；农村"赤脚医生"（或护理人员制度）；"五·七干校"（干部要花数月，有时数年时间在那里进行体力劳动）；大寨大队的集体主义竞赛。参阅1976年1月1日《人民日报》、《红旗》杂志、《解放军报》社论："世上无难事，只要肯登攀。"

④ 郝梦笔、段浩然主编：《中国共产党六十年》，第649页。

周总理是一生勤勤恳恳、任劳任怨工作的人。他一天的工作时间总超过十二小时，有时十六小时以上，一生如此。……"文化大革命"时，我们这些人都下去了，幸好保住了他。在"文化大革命"中，他所处的地位十分困难，也说了好多违心的话，做了好多违心的事。但人民原谅他。因为他不做这些事，不说这些话，他自己也保不住，也不能在其中起中和作用。他这样做减少了许多损失。他保护了相当一批人。①

周在逝世前一直担任总理职务。现在选择接班人不可能再推迟了。邓是当然的候选人。选择邓将说明依然愿意保留一位温和派人物掌舵。尽管"左"派对邓的复旧主义政策的批判浪潮日益高涨，但他还没有受到公开的羞辱，还让他在周恩来的追悼会上致悼词②。

但是毛必定已估计到，如果让邓继承周的衣钵，这实质上将使邓的地位不可动摇，在他本人逝世后肯定无法动摇。现在必须打倒邓，否则他最终将除掉那些想真诚地保护毛主义和"文化大革命"成果的人。同样的论据也妨碍了叶剑英、李先念等其他主要幸存者来继承周的职务。

最有可能当总理的激进候选人是"四人帮"中最有能力的成员、位居邓小平之后排名第二的副总理张春桥。但毛很久以前就已确定周的接班人不应是个激进分子。一位激进的总理不但不能维护毛主义，而且会突然引起敌对反应，结果人和纲领都会被推翻。

因此毛不得不选择一位"文化大革命"的受益者。可能毛的精明设想是，这样一个人会非常感激毛并一定能沿着"文化大革命"路线走下去。一个受益者或许也想在领导层中保留一个激进分子，以便平衡老干部对其地位的威胁。这样，这支纯洁的毛主义火炬会在政治局

① "答意大利记者奥琳埃娜·法拉奇问"，载《邓小平文选》(1975—1982)，第303—312页。有人说在"文化大革命"开始时，周恩来对"文化大革命"持肯定态度。请参阅周：《历史在这里沉思》第1卷，第57—58页。
② 邓的讲话刊载在"每季大事和文献"，《中国季刊》第66期(1976年6月)，第420—424页。

里继续燃烧，即使不在它的鼎盛时期。

毛选上了华国锋，其原因尚未被人所知；也许毛在选择合适的继承人时又犯了错误。华作为一位官员，在毛的家乡湖南省的工作很早就受到了毛的注意和赞赏。[①] 也有人认为华在林彪事件后的清洗中起了关键作用，但另一位潜在的候选人纪登奎也是如此。华在一年前的四届人大就任公安部长。毛可能认为这一职务会给这个未经考验的继承人奠定必要的权力基础。在 1 月 21 日和 28 日，毛通知政治局，华应担任代总理并代替邓主管党的日常工作。[②] 毛又命令"文化大革命"的一位军队的受益者陈锡联代替邓的盟友叶剑英主持中央军委的工作，这可能是为了防止华受到包抄。[③] 隐秘的反邓运动得到了加强。

"四人帮"的策略

"四人帮"对华国锋的晋升十分恼怒，尤其是张春桥——他显然对总理一职垂涎已久。[④] 这导致他们犯下重大的战略性错误。大概，这一错误使他们在毛死后保留权力的微小希望也化为乌有。他们没有与潜在的同盟者合作，而是四处出击，有权就抢。

---

① 米歇尔·奥克森伯格、恽赛充（音）："华国锋'文化大革命'前在湖南的岁月（1949—1966）：一位政治多面手的成长"，载《中国季刊》第 69 期（1977 年 3 月），第 29—34 页。

② 为什么要"代理"呢？可以想象，这是出于礼仪上的原因：直至全国人民代表大会任命华为总理以前，不能正式称华为总理。但当他在 4 月获得总理头衔时，那也不是某种宪法程序的结果。毛可能意识到，王洪文没有受到考验就被提拔担任高级职务，这是一个错误。所以毛要试用华一段时间以尽量减少损失——如果华被证明是同样无能的话。或者毛可能想以此暗示邓不是永远被开除而是暂时靠边站，从而避免老同志的反对。后一个假设也许可以解释：毛在攻击邓时，为什么谨慎地说邓的罪行是属于人民内部矛盾，可以得到解决。参阅郝梦笔、段浩然《中国共产党六十年》，第 650 页。

③ 房维中：《中华人民共和国经济大事记（1949—1980）》，第 559 页。根据这一论述，在叶剑英生病期间，由陈锡联代替叶，但由于我看到的其他论述（例如郝梦笔、段浩然：《中国共产党六十年》第 649 页；高皋、严家其：《"文化大革命"十年史》，第 575 页）都没有把它当作一个动机来提，人们必须假定它是由叶对毛有关华的决定的愤怒引起的一种政治病。可以肯定，叶身体一直很好，他参加了 1 月 15 日举行的周的追悼会。

④ 关于张春桥对他个人所受挫折的反应，见高皋、严家其《"文化大革命"十年史》，第 575—576 页。

此时政治局的政治形势对"四人帮"是有利的（见表7）。"文化大革命"前老干部中的幸存者处于守势，他们在管事的政治局委员中为数不多。由于邓小平和叶剑英已靠边站，王洪文和张春桥是本可以利用他们在政治局常委中的有利地位联合华国锋控制党的。华在此关键时刻本会欢迎这种支持的，特别是因为它会得到毛的赞许。"四人帮"的天然盟友是像华一样的受益者。他们相对年轻和活跃；而且，正如毛可能已觉察到的，因为他们获得权力的方式不同，他们会遭到幸存者的怀疑，同时他们也怀疑幸存者。而且，这些受益者包括军界和政界的要人，他们在任何摊牌中都将是重要的同盟者。这些人是：北京军区司令员陈锡联；中央警卫部队（即人民解放军8341部队）司令员汪东兴；北京市委第一书记吴德。[1]

表7　　　　　　周恩来逝世后政治局的政治形势

职　务	（"文革"）激进者	（"文革"）受益者	（"文革"）幸存者
政治局常委	毛泽东 王洪文 张春桥	华国锋	邓小平 叶剑英 朱　德
政治局委员	江　青 姚文元	李德生 陈锡联 纪登奎 汪东兴 吴　德 陈永贵	李先念 刘伯承 许世友 韦国清
政治局候补委员		吴桂贤 倪志福	苏振华 赛福鼎

说明：a. 康生和董必武在1975年去世。

b. 朱德和刘伯承由于年龄和健康原因在政治上已不活跃。

c. 不清楚是何原因，1975年1月在接管这个国家时，李德生"请求免去"他所担任的中共中央副主席、中央政治局常委的职务；参阅《中共党史大事年表》第391页。在内战时期，李一直是刘伯承和邓小平率领的第二野战军的一位司令员。1982年，他为一本描写他们辉煌的军事业绩的书写了序言；参阅杨国宇等编《刘邓大军征战记》，第1—4页。

---

[1]　这些人作为激进者的同盟的恰当性由于这样一个事实——即邓小平在毛死后重新掌权时坚持要他们辞职——而得到了进一步证实。这三人和纪登奎一起被称为"小四人帮"。

但由于没有毛来进行严格的日常控制，"四人帮"又不能忍受任何妥协，反而使他们天生的好战态度放任自流。直到最近一向习惯于充当主席的守门人和代表的江青，[①] 也不甘于为一位政治暴发户充当二把手。早在前一年秋天学大寨会议上，崛起中的华国锋想与江青一起努力实现他们的共同目标，江青就开始攻击华胆怯，称华为"马林科夫式的好好先生"。[②] 现在，"四人帮"不但没有重新估价在华担任代总理以后他们的地位，反而加快了他们反对华的行动。[③] 这样就使华不得不寻求幸存者的支持。于是，相互依赖的现实戏剧性地展现在了人们眼前。

"四人帮"不满足于驱邓损华，他们公然蔑视公众对周恩来的感情（他们必定了解公众对周的感情）。这位总理逝世时没有发布公告说明他将被火葬，也没公布追悼会在何时何地举行。但消息还是走漏了，约有 100 万人伫立在从天安门广场到八宝山公墓的 10 里长安街上，许多人手捧白色的纸花表示哀悼。在一个地方，群众纷纷拥上，阻止了送葬行列，要求按中国的习俗将周土葬。只有在周的遗孀邓颖超从车上下来，向群众说明火葬是周的生前愿望之后，送葬行列才得以继续前进。[④] 在随后的几个星期中，全国各地发生的情况表明：周是深得人心的，而他的敌人是不得人心的。[⑤]

"四人帮"的反应不是暂时有所收敛，而是公然反对对周的悼念。虽然周没有被点名批判，但他们通过控制新闻媒介限制人们公开表达对周的哀悼，并同意对周的政策进行大肆攻击。[⑥] 3 月 25 日，他们终于出格了。由他们控制的上海一家大报《文汇报》在头版发表文章，毫不置疑地把周恩来称作"走资本主义道路的当权派"。在南京，发生了由学生带头反对"四人帮"的强大抗议活动。但是，新闻媒介没

---

① 齐辛："文化大革命"，第 191—192 页。
② 多姆斯：《中华人民共和国的政府和政治》，第 130 页。
③ 高皋、严家其：《"文化大革命"十年史》，第 576—577 页。
④ 罗杰·加赛德：《活跃起来！毛之后的中国》，第 8—9 页。
⑤ 高皋、严家其：《"文化大革命"十年史》，第 582—586 页。
⑥ 同上书，第 581—582 页。

有报道此一事件。学生用沥青把标语写在火车车厢上，消息就传到了北京和其他城市。[1] 此后，在首都的心脏，即天安门的毛的巨幅画像的正前方发生了支持周、邓，反对"四人帮"的更加激动人心的示威。"南京事件"正是这一示威的序幕。

1976年的"天安门事件"

清明节是中国人怀念祖先和扫墓的传统节日。几年前，中共为了消除迷信，将这一天变成了缅怀革命先烈的日子。于是，北京人民利用这一机会来悼念中共最伟大的英雄并借以表达自己对时局的看法。

3月19日，北京牛街小学的学生在天安门广场中央的人民英雄纪念碑旁摆上了第一只花圈。4天后，一个自安徽来的人放上了第二只，并附有悼词。这两只花圈很快就被警察移走了。首都公安局的首脑隐晦地发出了信号："花圈背后有严重的阶级斗争。"3月25日拂晓，一所中学送来了一只花圈，没过多久，一些工人送来了纪念匾。3月30日，出现了第一个人民解放军的花圈。这些纪念物没有再被移走，首都人民深受鼓舞。[2]

3月30日以后，纪念碑下的花圈越来越多，与北京市政府的命令背道而驰。一队又一队，一个单位又一个单位，成千上万的人涌向广场，送来了花圈、悼词，还朗诵着他人的悼词。清明节即4月4日这一天，刚好是星期天，大约有200万人到过广场。

人民英雄纪念碑的底座部分全部被花圈所覆盖，在它的周围，花圈摆了一圈又一圈。大多数花圈都是自制的，上面扎有寄托哀思的白纸花，周恩来的相片贴在中央，旁边挂着两根丝带，写有悼念的文字。许多花圈上还别有颂词和诗歌，还有一些则张贴在纪念碑上。正是这些悼文成了人们关注的焦点，他们挤在一起，急于了解别人是否

---

[1]　高皋、严家其：《"文化大革命"十年史》，第586—597页；郝梦笔、段浩然：《中国共产党六十年》，第652页；加赛德：《活跃起来！》，第160—164页。

[2]　高皋、严家其：《"文化大革命"十年史》，第598—599页。

也和自己有着同样的情感。①

有些纯粹是悼念总理的：

> 他没有遗产，他没有嗣息，他没有坟墓，他也没有留下骨
> 灰。他似乎什么也没有给我们留下，但是，他永远活在我们心
> 里。他富有全中国，他儿孙好几亿，遍地黄土都是他的坟。他把
> 什么都留给了我们，他永远活在我们心里。他是谁？他是谁？他
> 是总理！是我们最敬爱的总理！②

怀有这样的情感当时非常普遍，但人们最热心诵读的还是攻击
"四人帮"的诗篇。其中有些比较隐晦，有些则一目了然：

> 某女士真疯狂，
> 妄想当女皇！
> 给你个镜子照一照，
> 看你是个啥模样？
> 纠集一小撮，
> 兴风又作浪；
> 欺上瞒下跳得欢，
> 好景终不长。……
> 若有人反总理，
> 如同狂犬吠日
> ——梦想！③

---

① 加赛德：《活跃起来！》，第 115—136 页。加赛德是一个会说汉语的英国外交官，他于
1976 年 1 月来英国驻北京大使馆，亲眼目睹了这一系列悲哀的事件。中国有关这些事
情最完整和最生动的描述或许是高皋和严家其所著之《"文化大革命"十年史》的第
598—637 页；4 月 4 日到过广场的大致人数也来源于此书的第 611 页。本文作者 4 月
1—4 日虽在北京，但文中的叙述主要来源于前两种资料。
② 引自加赛德的《活跃起来！》第 117 页。
③ 萧兰：《天安门诗抄》，第 29—30 页，选的这一段只是这本诗集中的一小段，当时广场
上张贴着许多类似的诗文。可参见两卷本的《革命诗抄》，后među童怀周选编成《天安门
诗文集》出版。

面对这些口诛笔伐,"四人帮"暂时认识到了现实。他们与政治局里的"文革"受益者们合谋采取强硬手段。本来,政治局在4月1日的会议上已经认定南京事件是分裂分子和邓小平的支持者制造的。根据这一否定性的判断,北京的警察在4月2日和3日开始采取行动,企图阻止悼念者,搬走花圈。①

4月4日晚,当清明节即将到来时,政治局又开会讨论天安门广场的形势。政治局主要成员朱德、叶剑英、李先念等一些老革命家以及支持他们的许世友将军都未参加,② 邓小平当然也不可能参加了。"四人帮"和"文革"受益者们完全控制了会议。华国锋谴责了天安门广场事件的挑动者,说有些诗是对主席的直接攻击,很多是攻击党中央的,很恶毒。北京市委第一书记吴德则认为这是一次有计划的行动,并说1974—1975年邓小平就为此做了大量的准备工作。他说,"性质是清楚的,就是反革命搞的事件"。③ 江青问中央领导人的安全是否有保障,为什么还不将对手们抓起来。④

在这次会议上,"四人帮"和"文革"受益者们继续合作的基础变得更为牢固了,双方都感到了威胁,他们的主张遭到人们唾弃。如果华国锋的论断是正确的,即毛泽东本人也成了一些悼念诗文攻击的目标,这就意味着他们分享权力的基石已经动摇。⑤ 毛尚在世就发生了这种事情,那么他死后又会发生什么呢? 这样大规模的、前所未有的支持周恩来的高潮至少也说明人们不再把毛当成指引未来的、独一无二的、神一般的领袖了。另外还有一条道路,他们选中了这条路,即他们也反对毛选中的接班人。人们对周的敬意表明他们想要邓小平来接替他的职务,那天晚上与会的每一个人都清楚,邓小平重握大权

---

① 郝梦笔、段浩然主编:《中国共产党六十年》,第652页。
② 同上。
③ 胡华:《中国社会主义革命和建设史讲义》,第331页。
④ 高皋、严家其:《"文化大革命"十年史》,第619页。
⑤ 对毛和他的"封建式"崇拜的最明显的动摇不能不提到秦始皇,人们常将主席与他相提并论:"中国已经不是过去的中国,人民也不是愚不可及,秦皇的封建社会一去不复返了……",引自加赛德《活跃起来!》,第127页。

就等于是他们的灾难。

这样，就有必要迅速采取坚决果断的行动。毛远新将会议结论向他的伯父作了汇报，并且得到了毛的认可，于是，警察很快就开始行动。至 4 月 5 日凌晨 4 时，广场上的花圈和诗文全被清除了；滞留广场看诗文和守护花圈的人被逮捕。[①] 5 时左右，王洪文来到天安门广场，就白天如何行动对警察作了指示。[②]

当局采取行动的消息迅速传开，人们开始从城市的四面八方向广场汇集，这时的行动是个人的而非集体的。但是有一群人——10 个中学生于早上 6 点钟来到广场准备敬献花圈，没料到他们的去路被挡住了，纪念碑周围站满了军人和民兵，说纪念碑要清理。[③] 一个 8 时左右到达广场的外国人说，广场上有 1 万人，冲着广场西边的人民大会堂高喊："还我花圈！还我战友！"[④] 下令群众解散却又不解释为什么移走花圈，这激怒了在场的人们。警方的一辆面包车被掀翻，车里的人因说人群是被"阶级敌人"利用误入歧途而被迫道歉。一个激进分子（可能是清华大学的旁听生）在一旁指责送花圈是悼念"党内最大的走资派"，他很快就被揪了出来并且被迫离开。午后不久，有好几辆警车被焚毁，一个警察指挥部遭到袭击并被付之一炬。[⑤]

下午 6 时 30 分，吴德通过广场上的喇叭发出呼吁，要求群众离开广场。[⑥] 大多数人散去了，根据中国人的说法，只剩下几百人还滞留在广场。[⑦] 到了晚上 9 点 35 分，广场上的灯光突然全部打开，一片通明，扩音器里播放着军乐，集结在天安门后故宫里的工人民兵、

① 胡华：《中国社会主义革命和建设史讲义》，第 331 页。
② 高皋、严家其：《"文化大革命"十年史》，第 621 页。
③ 同上书，第 622 页。
④ "还我花圈！还我战友！"《中共党史大事年表》，第 401 页；加赛德：《活跃起来!》，第 129 页。
⑤ 加赛德：《活跃起来!》，第 129—131 页。
⑥ 广播讲话内容见高皋、严家其所著《"文化大革命"十年史》，第 629—630 页。
⑦ 同上书，第 633 页；郝梦笔、段浩然的《中国共产党六十年》，第 653 页提到有 388 人被捕。加赛德的《活跃起来!》第 132 页说约 4000 人在吴德讲话后仍留在广场，这也是估计数，并非警方记录。

公安人员和卫戍部队突然出现在广场，他们手持棍棒开始殴打群众。至 9 时 45 分，大打出手的场面结束了，受伤的群众被带走受审问。①

当晚召集的会议上，政治局作出结论，认为这一"事件"是"反革命暴乱"。4 月 7 日，主席听了毛远新关于此事的报告之后，下令将《人民日报》关于整个事件的报道和吴德当时的讲话一起发表。邓被解除了所有职务，但允许他保留党籍，以观后效。不知邓当时还发生了什么事，因为就在当天，他被人民解放军神秘地转移到了南方某安全地。他在政治局里的盟友许世友和韦国清控制着那里的驻军。②

4 月 7 日，毛作出了或许是他最重要的决策：命令立即将华国锋提拔到总理和党的第一副主席的职位上。③ 或许是因为形势太危险不能再耽搁，或者是华已经受住了毛的考验；无论如何，毛最后决定了他的接班人。3 个星期后即 4 月 30 日晚上，毛听了这位新的第一副主席汇报全国形势后，对他说："你办事，我放心。"④ 这句话后来被华当成护身符。实际上，华的生存能力并不见得比前三任接班人强，只是毛永远也不会知道这一点了。

毛的逝世

对于讲迷信、讲传统的中国人来说（也就意味着对大多数中国人来说），1976 年是充满凶兆的一年。周恩来于 1 月去世，接着，89 岁高龄的老革命家、老革命战士朱德于 7 月逝世，在早年艰苦的环境中，正是由于他对毛的忠诚才确保了军队服从党的领导。过了 3 个星期，华北煤城——唐山发生了大地震，死亡达 24.2 万多人，重伤 16.4 万人。⑤

---

① 郝梦笔、段浩然：《中国共产党六十年》，第 653 页；高皋、严家其：《"文化大革命"十年史》，第 634—635 页。加赛德引用当代一些非共产党的报道，指出有 100 人被杀，《活跃起来！》，第 132 页。

② 多姆斯：《中华人民共和国的政府和政治》，第 132 页。我尚未发现有任何中方的资料以证实邓的安全是怎样保护的。

③ 郝梦笔、段浩然：《中国共产党六十年》，第 653 页。

④ "你办事，我放心"，见《"文化大革命"十年史》，第 699 页。

⑤ 房维中主编：《中华人民共和国经济大事记（1949—1980）》，第 568 页。

整个国家动荡不安，一方面是由于极"左"分子煽动反对邓小平引起的，另一方面则是公众对邓遭清洗感到愤怒引起的。铁路运输再次发生堵塞；钢产量在 1976 年的头 5 个月比预定指标少了 123 万吨；化肥、棉纱和其他主要工业产品的产量也迅速下降，导致国民财政收入减少了 20 亿元。年度计划的各项指标不得不重新修改。[①]

在自然灾害、政治动乱和经济崩溃同时发生的时刻，精英们也逐渐认识到毛的生命正在走向终结。[②] 在邓被撤职却还未彻底垮台的形势下，"四人帮"应在政治局里巩固与"文革"受益者们在天安门事件中结成的联盟，以确保安全度过前面几周的危险风暴。这样做才是理智的。但是，在 7 月的全国计划工作会议上，他们攻击华国锋，从而失去了最后的机会。很显然，他们已决定必要时动用军事力量，与"文革"受益者们对抗。8 月，随着毛的生命日近尾声，他们自 1967 年以来一直苦心经营的上海民兵开始进入戒备状态。[③]

将军们也开始动起来了。王震将军劝说政治局委员老帅叶剑英与"四人帮"作斗争。叶的老友聂荣臻元帅和杨成武将军也经常与他联系。叶还与其他政治局委员，包括华国锋及其他遭"四人帮"冷遇的"文革"受益者们一起磋商。叶又到了他的故乡——广东，在这里他与邓小平会了面，发现邓也做好了战斗准备：

> 我们要么任人宰割，让党和国家蜕化变质，眼看着让老一辈无产阶级革命先烈用热血换来的江山被这四个人毁灭，甘心历史倒退一百年，要么我们就与他们斗争到底，只要一息尚存。如果我们赢了，一切都迎刃而解；如果我们输了，只要活着，我们就

① 房维中主编：《中华人民共和国经济大事记（1949—1980）》，第 567 页。有关拥邓的群众运动的报道见高皋、严家其《"文化大革命"十年史》，第 641—659 页；对"左"倾分子骚动的分析见前引书第 662—676 页。
② 有关毛在春节前后病情恶化的报道，见张玉凤："毛泽东周恩来晚年二三事。"
③ 郝梦笔、段浩然：《中国共产党六十年》，第 654—655 页；高皋、严家其：《"文化大革命"十年史》，第 678—679 页。9 月上旬，江青再次来到大寨大队，这时突然接到北京来的急电，告知主席病情恶化，据说她并未马上动身，而是继续与卫兵和身边的医护人员玩扑克；高皋、严家其，前引书，第 691 页。

上山打游击，或者我们也可以到国外找一块庇护地，以待时机。目前，我们可以用来与他们作斗争的力量至少有广州军区、福州军区、南京军区。如果再拖下去，连这一点本钱我们也会输掉。①

但是叶还要等一等。他对王震说，毛没死就采取行动不恰当，②他以"投鼠忌器"③ 这一成语来解释为什么要再拖一段时间，意即他不愿毛还在世时，就把他的妻子当作反革命抓起来，这样会使毛受辱。毛于 9 月 9 日午夜过后 10 分钟去世，叶剑英做好行动的准备了。④

逮捕"四人帮"

"四人帮"战略上的错误在于他们未能与"文革"受益者们建立共同的奋斗目标；战术上的错误在于他们在毛死后全都留在北京。林彪曾有过在广东另建一个中央的计划，邓小平下台后躲到盟友的控制区里，实际上，整个中国革命的历史都为他们提供了这一教训：面对强于自己的对手时，应另找一个安全据点。他们没有吸取这一教训。

江青及其同党过于得意忘形了。由于毛的支持，他们扶摇直上，很快地、轻而易举地攫取了大权；在毛的默许下，他们目空一切，大发淫威。他们每个人都滥用特权——中共曾发动一场革命来消灭的东西。但是，正如米洛万·吉拉斯所说，特权是官僚独裁制度的派生

---

① 引自加赛德《活跃起来！》，第 140—141 页；引语的来源不甚清楚。加赛德也并未探讨邓提到的"国外庇护地"的含义。（本段引文无法核对。——译者）

② 薛冶生编：《叶剑英光辉的一生》，第 342—343 页。以前，叶和聂都被授予元帅衔，但"文革"前在林彪的领导下，军衔都被取消。

③ 王年一："'文化大革命'错误发展脉络"，载《党史通讯》1986 年 10 月。

④ 在毛弥留之际，所有政治局委员都一个接一个地与毛作最后的告别，见范硕文"暴风雨般的十月——'四人帮'覆灭记"，载《羊城晚报》1989 年 2 月 10 日、2 月 19 日，被翻译转载在外国广播信息处《中国动态》第 17 页。

物，不可避免。① 在一个世纪以前，这些人就可能是宫廷里的一个阴谋集团，利用与皇上的亲密关系，高高在上，却不知圈外的权力现实。

与宫廷阴谋集团不同的是，"四人帮"在上海有相当大的权力基础，他们本可到上海暂时退避一段时间的。然而相反，他们显然以为与毛关系密切，是政治局常委，又控制了新闻媒介，这些加在一起足可以使他们具备夺取首都的权力的条件。因此，他们倾全力于夺权目标上。毛刚死，江青在黎明前召开的政治局会议上对毛的丧事安排并不关心，而急于马上将邓小平开除出党。②

"四人帮"的行动计划似乎是三管齐下：坚持他们继承毛思想的权利；控制党中央；准备武装对抗。在姚文元的指挥下，各主要新闻机构很快就大肆宣扬据说是毛的临终嘱咐的重要意义："按既定方针办。"如果不这样做，就是"背叛马克思主义，背叛社会主义，背叛无产阶级专政下继续革命的伟大学说"。③ 显然，他们的目标就是阻止任何逆转反邓运动方向、或（这更可怕了）否定无产阶级"文化大革命"的努力。

通过新闻界，"四人帮"制造了对他们有利的政治气氛，影响下层干部对首都力量对比的判断。④ 但这并不等于他们已真正接管了权力。毛死后不久，"四人帮"就想方设法维持他们对省级机构的控制。王洪文在中南海设立了自己的值班室，以中央办公厅的名义给各省委

---

① 米洛万·吉拉斯：《新阶级：共产主义制度剖析》，第 42—47 页。特里尔花了很大篇幅论述江青的特权生活，并将她与中国历史上一些著名的皇后相比较，见《白骨精》第 317—323 页。

② 薛冶生编：《叶剑英光辉的一生》，第 342 页。

③ 郝梦笔、段浩然：《中国共产党六十年》，第 656 页。根据"文革"后的有关报道，1976 年 4 月 30 日，毛的确对华国锋说过"照过去方针办"；见高皋、严家其《"文化大革命"十年史》，第 699 页。有人分析了这两种说法的不同，认为"四人帮"的说法表明要遵循他们代表毛所提出的某些政策，或者要按他们能在毛的文件中找到文字根据的某些政策办；而华国锋的说法仅仅是含糊的连续性。见加德纳《中国政治和对毛的继承》，第 111—113 页。

④ 各省报立即开始转载毛的临终嘱咐；见胡华《中国社会主义革命和建设史讲义》，第 335 页。

下达指示，要求凡有重大问题都要找他。① 9 月 12 日起，"四人帮"
发起攻势向政治局施加压力，要求任命未被定为接班人的江青为毛的
接班人。② 在毛的追悼会上拍下了许多别有用心的照片并公开发行，
使人们以为江青就是毛的接班人。③

"四人帮"步步紧逼，要求迅速作出决策。9 月 19 日，江青要求
政治局常委——这时只有华国锋、王洪文、叶剑英和张春桥四人——
召开紧急会议，她和毛远新要参加，但不让叶剑英参加。会上，江提
议授权毛远新整理他伯父的各种文件，目的是要找或者至少要"发
现"对江青夺权有利的毛的最后遗嘱，最后通过表决决定由中央办公
厅封存毛的所有文件。④

9 月 29 日，政治局再次开会，江青和张春桥企图强行讨论江青
今后担当的角色问题，他们拒绝了叶剑英和李先念的意见（即毛远新
应当返回辽宁的本职岗位），提出反建议——授权毛远新为下一次中央全
会准备政治报告。⑤ 然而"四人帮"得不到多数人的支持，所以毛远新只
好返回辽宁，领导权的问题暂被搁置了。⑥

"四人帮"的第三项措施是准备武力对抗。上海民兵（约 10 万之众）
都发放了武器，并接到了准备战斗的命令。与南京军区司令员丁盛也建
立了秘密联系。王洪文及其同党在与下属们的谈话中都充满了火药味。⑦

---

① 作为政治局常委，王这样做是否真的如后来所说的超越了他的权限，这一点仍不很明
确。两年前，王就曾试图将上海的干部安插进中央和政府部门，到底取得多大进展，
不甚清楚；见仲侃《康生评传》，第 316 页。
② 《康生评传》，第 334—335 页；《中共党史大事年表》，第 403 页。
③ 拉德尼：《中国共产党与马克思主义（1921—1985）》，第 385 页。亲眼目睹 9 月 18 日
葬礼的叙述，见加赛德的《活跃起来!》，第 147—149 页。9 月下旬，一份声称是毛遗
嘱的油印本流入香港，根据该材料，毛在 6 月份曾对一些领导干部提出要求，让他们
在其死后帮助江青"举起红旗"。见丁望《华主席》，第 112 页。
④ 金春明："文化大革命"，第 214—215 页。另一说法提到江青和毛远新曾强迫毛的秘书
交出一些文件，只是在华国锋干预之后才归还；见丁望《华主席》，第 111 页。
⑤ 金春明："文化大革命"，第 214—215 页。
⑥ 薛冶生：《叶剑英光辉的一生》，第 345 页。
⑦ 郝梦笔、段浩然：《中国共产党六十年》，第 655—666 页；金春明："文化大革命"，第
214—215 页。

10 月 2 日，毛远新引起一阵恐慌。他命令〔（沈阳部队）——译者〕一个装甲师开往北京；沈阳军区司令部打电话向叶剑英报告，叶立即命令该师停止前进，返回原地。[①] 尽管"文化大革命"变化万端，或许也正是因为这一点，军事指挥系统的隶属关系纹丝不动，"四人帮"及其追随者根本打不进去。

"文化大革命"以后的历史学家们对"四人帮"搞军事政变也许有些夸大其词。无论怎样异想天开，他们也应该想到以上海的民兵是无法与人民解放军的大多数相抗衡的。上海可能成为他们最后的堡垒，但绝对成不了延安式的走向胜利的跳板。实际上，江青及其同党们一直呆在北京，这就给人们一个印象：他们是在自欺欺人，以为即使毛死后，政治也会一如既往，斗争只能按"文化大革命"的规则继续进行下去，这些规则总是把他们带到巅峰的。但是，他们的庇护者死了，而与他们作斗争的是一批为建立新中国身经百战的老战士——这些人革命时就没有尊重过任何规则，需要时能迅速无情地采取行动。

或迟或早，这样的行动都将采取，原因就如邓小平在他南方藏身之地所说的。叶剑英明显地感觉到，由于华国锋是中共中央第一副主席和国务院总理，他必须担当一关键角色。叶发现华有些犹豫不决。华原打算通过召开中央全会来解决与"四人帮"的争端，但是看到 9 月 29 日中央政治局会议上的对抗，又得到叶的承诺——如果他勇敢地站出来斗争，叶和其他老同志将支持他——之后，华认识到，通过正常程序来解决问题已不合时宜。[②]

紧随着江青与王洪文的挑衅性的讲话之后，《光明日报》10 月 4 日发表了一篇意识形态上要坚决斗争到底的文章，根据一种说法，正是这篇文章最终导致了对"四人帮"采取行动。[③] 由于"四人帮"要

---

① 高皋、严家其：《"文化大革命"十年史》，第 699 页。
② 薛冶生：《叶剑英光辉的一生》，第 344—345 页。
③ 文章是由梁效班子中的两个人写的，显然是在《光明日报》编辑的催促下写成的。作者之一说，文章是事先并未与"四人帮"商讨而仓促成稿的。尽管如此，它却足以使政治局委员之一的陈锡联立即从唐山返回北京与叶剑英进行磋商。

其追随者们 10 月 9 日听好消息，人们普遍担心他们正在策划某种行动。颇为吃惊的叶剑英急忙隐蔽了起来。10 月 5 日，华国锋、叶剑英、李先念在人民解放军总参谋部所在地西山召开了政治局会议（未叫"四人帮"参加）。会上一致同意把江青、王洪文、张春桥、姚文元、毛远新及其主要支持者抓起来。汪东兴和人民解放军 8341 部队负责具体执行。10 月 6 日逮捕了"四人帮"。当江青在住处被捕时，她身边的服务员朝她吐口水。"文化大革命"结束了。①

空 位 期

毛逝世和"四人帮"被清洗后不久，国家迫切需要的是安宁和稳定。必须重新向党、军队和人民保证：动荡的年代已经结束，国家正处于坚定而温和的领导之下。必须使人们有继往开来这样一种似乎有些矛盾的信念。

首先要解决的是那个自从"文化大革命"开始以来造成领导层分裂的问题，即："毛之后，谁接班?"幸存的主要领导人叶剑英和李先念总觉得，仅仅 3 年时间，死的死，被打倒的被打倒，政治局委员已从十大任命的 25 人减至 16 人，再在政治局剩余的成员之间进行新的斗争是不合时宜的。不论才干如何，华国锋有合法的外衣，占据他的位置。他是主席选定的，他又在位，并且领导组成了反"四人帮"的阵营。9 月 7 日（原文有误，应为 10 月 7 日——译者）中央发布了由华国锋继承毛担任党的主席和中央军事委员会主席的消息。由于华国锋还保留着总理职位，他就正式成为毛泽东和周恩来二人的接班

① 对于"四人帮"被捕时具体情况的描写没有一致的说法。根据范文"'四人帮'覆灭记"第 21 页的描写，（可能是由华国锋）召集政治局常委开会讨论《毛泽东选集》第五卷的最后校订和研究在天安门广场建造毛主席纪念堂的议案。王洪文、张春桥作为政治局常委理当出席，他俩于上午 8 时来到中南海的怀仁堂。而姚文元则以他是全国头号宣传家，如果毛选出版前需作最后修改或修饰，显然需要他去执行，以此为借口也邀请他出席。当他们每人到达时，华国锋向他们宣布：中央认为你们犯下了不可饶恕的罪行，并决定调查你们的问题。调查期间，不得与外界接触（意译）。于是汪东兴的手下押走了他们。与此同时，江青和毛远新也分别在他们的住处被捕。

人。由于身兼这两个人的职位，他似乎已处于坚不可摧的地位。然而，他将发现，职位固然带来了威望和特权，但权力却要有更深的根基。

政治局就新领导人达成一致意见。与此同时，政治局还须摧毁国内激进派的基地。幸运的是，上海竟然是一只纸老虎。由于失去了全国性的领导人，"四人帮"在上海的代理人举棋不定，竟被一些极易识破的计谋引诱到北京，从而彻底崩溃，丝毫也未能实施他们要战斗到底的威胁。结果是，只有持续一周的轻微武装抵抗。政治局派出两位候补委员苏振华和倪志福去控制那里的局势；许世友取代了不可靠的丁盛，临时担任南京军区司令员，以便为政治家们提供必要的军事支援。[①] 上海问题解决后，就该由华国锋来领导全国了。

华国锋的困境

从一开始，华国锋的领导就陷于一种无法解决的困境，其标志是毛和周传给他的遗产是相互矛盾的。一方面，毫无疑问，毛希望"文化大革命"的目标和成果能够得到保持。否定"文化大革命"将损害选定华国锋为接班人的那个人的地位，并在实际上否定那个使华国锋从相对默默无闻达到今日显赫名声的整个时期。华国锋合法地位的唯一根据是毛的支持，他迅速采取行动以便确保只有他控制着毛的遗产。10月8日，中央宣布《毛泽东选集》第五卷将在华国锋的指导下编辑出版。同时决定在天安门广场建造毛主席纪念堂，这项决定违背了毛和他的同事们一致同意的历时已27年的准则，即不仿效苏联形式，不以修墓和重新给城市和街道命名的做法来表达对领导人的尊敬。[②] 华国锋毫不怀疑毛继续对自己具有重大意义；他，

---

① 高皋、严家其：《"文化大革命"十年史》，第703—708页；郝梦笔、段浩然：《中国共产党六十年》，第657页；《中共党史大事年表》，第405页。多姆斯在《中华人民共和国的政府和政治》第138页的叙述中认为曾有过更大规模的流血冲突。
② 《中共党史大事年表》，第405页。

可能还有他的那些"文革"受益者的同事们,要把毛对这个国家的持久不变的影响力镌刻入大理石中。

华国锋的护身符是毛的"你办事,我放心"这句不时重复的话。然而,在意识形态领域必须提出一个新口号,来表述毛主席纪念堂的象征意义:毛永远与我们在一起。与此相适应,华国锋批准了汪东兴提出的似乎为毛泽东思想具体定调的准则,即"凡是毛主席作出的决策,我们都坚决维护,凡是毛主席的指示,我们都始终不渝地遵循"。他们的目的是阻止对毛泽东晚年的行为提出质疑,这有助于众所周知的"凡是派"成员上台。① 况且,对毛个人崇拜的维护为对华国锋本人个人崇拜的产生提供了依据和正当的理由,如果这位名气不大的接班人想在党和人民中间树立自己的地位,这种做法是极为需要的。②

但是,华国锋和"凡是派"想披上毛的保护衣这种尝试已经受到在中国南方的邓小平的保护人的挑战。在致华国锋的一封信中,许世友和韦国清质问,对毛泽东的缺点只是不提是否可取,而这些缺点是人皆共知的;信中说,毛对华国锋作为接班人的支持缺少合法性,接班人的合法性必须由中国共产党中央全会确定;信中明白地暗示,如果毛强加在邓身上的错误定论不撤销的话,他们将在中央全会上对华国锋提出挑战。③

华国锋进行了反击。在 1977 年 3 月 10 日至 22 日召开的、讨论粉碎"四人帮"以来的工作的中央工作会议上,华国锋再次肯定了

---

① 首次披露于 1977 年 2 月 7 日的《人民日报》、《红旗》杂志和《解放军报》社论中;《中共党史大事年表》,第 406—407 页;《中国共产党六十年》,第 670 页。

② 《中国共产党六十年》,第 670 页。中国出版界大量出版关于华国锋的书籍和小册子。根据 S. 施拉姆 1984 年撰写的作品,在北京大学图书馆的卡片索引中,约有 300 种关于华国锋个人崇拜的书籍和小册子,根据施拉姆的判断,这只是全国出版的此类图书和小册子的一小部分;S. 施拉姆:"'经济挂帅?':三中全会以来的意识形态与政策(1978—1984)",《中国季刊》第 99 期(1984 年 9 月),第 417 页,注 1。这时,华国锋最受人喜爱的宣传照片是他和毛在一起——可能是已故的毛主席说那番不可思议的祝福词的时候。有些观察家发现,华国锋改变发型以使自己像毛泽东的样子。

③ 多姆斯:《中华人民共和国的政府和政治》,第 146—147 页。

"文化大革命"以来反复提出的"两个凡是"的准则，坚持认为天安门事件是反革命事件，并声称批邓和反击右倾翻案风运动是正确的。在努力为继续执行"左"倾政策辩护时，华国锋甚至谴责"四人帮"是极右分子（在林彪事件之后，"四人帮"也曾使用过这一策略）。

华国锋开始受到党内老同志的责难，著名的老同志有陈云。二十多年前，陈云就是政治局常委，政治局常委会成立前他也是党的最高领导层中的一员，直到"文化大革命"开始为止。陈云和另一位批评者王震把重点集中在几个相互联系的问题上，即天安门事件的评价和第二次恢复邓小平的名誉和要求。他们宣称，这是大家的一致要求。华国锋可能会问，这难道就是叶剑英许诺的老干部对他的支持，作为对他领导反"四人帮"斗争的回报？无论如何，华国锋拒绝了陈云和王震的要求，甚至不许把他们的发言打印在会议记录中。①

这次工作会议的材料中没有提到叶剑英或李先念加入了老同志批评华国锋立场的行列。几乎可以肯定的是，他们的感情很复杂。对一名像叶剑英这样的政治局常委来说，在一大批更年轻的党的官员面前正式批评这个精英群体中的另一名成员是非同寻常的。更重要的是，叶剑英和李先念觉得华国锋在一定程度上跟他们是同心同德的，现在，在某种意义上讲，华国锋既是毛泽东也是他们封授的。叶剑英和李先念毫无疑义地支持 1975 年期间邓小平所做的一切事情，但在 1977 年，他们对邓小平的复出抱着矛盾的心理。如果邓小平不复出，他们作为政界元老，控制中国的政局，指导华国锋；如果邓小平复出的话，他们至少得把部分角色让与邓小平。而邓小平将对他们采取何种态度呢？他会不会觉得他们像周恩来一样，为了在"文化大革命"中生存下去而做了一些他们感到遗憾的事、说了一些他们感到遗憾的话呢？而如果是这样的话，他会像宽恕死者一样宽恕生者吗？

然而，叶剑英和李先念正确地估计了党和军队中感情的力量，意

---

① 郝梦笔、段浩然：《中国共产党六十年》，第 670—671 页；《中共党史大事年表》，第 407—408 页。陈云发言的要点见《陈云文选》，(1956—1985)，第 207 页。

识到,毛泽东逝世后,坚持反对邓的复出将是困难的。他们大概也知道,邓小平可能比华国锋更有能力驾驭"文化大革命"后的转变,而这种转变是众望所归。几年来"左"倾分子煽动起来的政治混乱、宗派斗争和无纪律状态再次对经济造成损害。罢工、蓄意破坏和铁路交通再次瘫痪被广为报道。1976年国民经济计划完成情况大大低于预期目标,其中部分原因是受唐山大地震的影响。在"文化大革命"最后3年,即1974—1976年期间,各方面的损失估计为:钢2800万吨,工业产值1000亿元,国家收入400亿元。[①] 华国锋号召实现"大治",但事实上只有邓可能实现"大治"。

这次中央工作会议后,叶剑英和李先念可能忠告过华国锋,抵制邓对他来说将是一场严重的政治灾难。最好的做法是让邓保证,他将既往不咎。1977年4月10日,邓写信给中央委员会,批评"两个凡是",并提出使用"准确的完整的毛泽东思想"这一提法。随后,中央办公厅的两位"负责同志"来看他,其中一位可能是办公厅主任汪东兴。汪试图在"文革"受益者们即"凡是派"同意邓小平复出之前与邓达成一项妥协。邓从自身的利益出发,不想与他们妥协,并指出,如果"两个凡是"是正确的,就不可能名正言顺地恢复自己的名誉和为1976年的天安门事件平反。即使毛泽东本人也从未说过他讲过的话都是正确的,马克思和列宁也没有。[②]

邓的这封信从未发表过,因此无法确定当时的传闻,即在这封信或是在以往的通信中,邓是不是表示过,他愿意拥护华国锋继续做党的领导人。[③] 这样的某种保证似乎是可能的,否则"凡是派"就没有理由同意让邓出来工作。如果邓做过某种保证,这可能是为什么这封

[①] 房维中:《中华人民共和国经济大事记(1949—1980)》,第573—574页;多姆斯:《中华人民共和国的政府和政治》,第140—142页。

[②] 《邓小平文选》(1975—1982),第51—52页;郝梦笔、段浩然:《中国共产党六十年》,第671页。

[③] 加赛德:《活跃起来!》,第174页。关于在跟华国锋谈话中邓表示对他的拥护,见1976年10月26日,华国锋看望邓小平和在医院中的刘伯承的手稿备忘录,被哈佛费正清中心图书馆收藏。我感谢迈克尔·舍恩哈尔斯使我注意这条材料。

信没有收在《邓小平文选》里的原因：这与华国锋的最终命运形成鲜明的对比。

不管达成了什么样的谅解，邓出席了 7 月 16 日至 21 日召开的中共中央十届三中全会，并恢复了他的一切职务：中共中央副主席、政治局常委、中央军委副主席、副总理和中国人民解放军总参谋长。华国锋的职位得到全会正式批准，他还固执地坚持对"两个凡是"和对"文化大革命"的支持。可见到的邓讲话的文本表明，他重申要完整地看待毛泽东思想，但这一次，他很谨慎，没有正面抨击"两个凡是"。在他下次抨击之前，他得做好准备。相反，他提倡毛的一句旧口号——"实事求是"，这句口号成了后毛泽东时代邓小平政策的精髓。[①]

在这次全会妥协的基础上，中国共产党于 8 月召开了第十一次全国代表大会。这一次轮到华国锋谨慎了，他不再坚持"两个凡是"，也没有重申天安门事件是反革命事件。但是，他清楚地意识到不能批评毛或否定"文化大革命"，否则会损害他自己的地位。相反，他以一大段热情洋溢的颂词开始，歌颂已故的毛泽东主席，接着重申"文化大革命"的必要性和成就、党的十大（在这次大会上华国锋被选入政治局）路线的正确性以及坚持阶级斗争和在无产阶级专政下继续革命的必要性；他还令人寒心地宣称："'文化大革命'这种性质的政治大革命今后还要进行多次。"[②]

在这次代表大会上，邓作为中国共产党第三号领导人出现，排在华国锋和叶剑英（他作了关于新的党章的报告）之后。邓的简短闭幕词是另一篇仅有的、公开发表的讲话。他称华国锋是"我们英明的领袖"，但没有仿效华颂扬"文化大革命"。他避开争论，号召恢复诚实和埋头苦干、谦虚谨慎、艰苦奋斗，当然还有实事求是。但他也不得不妥协，表示支持"抓住阶级斗争这个关键环节"和"在无产阶级专

---

① "实事求是"这句口号源于汉朝；《邓小平文选》，第 55—60 页；《中共党史大事年表》，第 409—410 页。

② 《中国共产党第十一次全国代表大会文件汇编》，第 52 页。

政下继续革命"这一现行路线。这些教条后来受到中国党史学家的斥责。① 无怪乎邓没有把这篇闭幕词收入他的"文选"中，尽管这是在十一大上作的闭幕词，而十一大对他和对中国共产党来说都很重要。

这次代表大会上产生了新的领导层，"左"倾分子被清洗了出去，但受"左"倾迫害的人并没有受到特别的照顾。党的十大中央委员中，有 1/3 的委员落选，其中 75％以上系群众组织代表。另一类很可能是"左"倾分子的人，新近入党的也损失惨重，人数减少 70％以上。

政治局也是一个妥协，但力量对比有利于"文化大革命"的幸存者和"文革"受益者，26 名政治局委员中只有 6 名是"文化大革命"的受害者。赵紫阳当选为政治局候补委员，获得了初步的立脚点，后来他成了邓小平改革纲领的先锋。在新的五人政治局常委中，邓是后来严厉批评华国锋和"凡是派"的唯一成员；华国锋则得到"凡是派"主要拥护者汪东兴的支持；汪东兴因反对"四人帮"有功和作为中国人民解放军 8341 部队首脑所拥有的权力而受到人们的重视；华的共同保护人李先念与叶剑英站在一起。②

华的"大跃进"

华国锋曾考虑过"毛之后，怎么办"的问题。就华的设想而言，它似乎是 60 年代中期激进主义和 50 年代中期经济学的结合，是难以实现的。可以肯定的是，华的双份遗产中更为人普遍接受的部分是周恩来交托的中国四个现代化。除了最狂热的"左"倾分子之外，其他所有人都能团结在这个目标周围。而华国锋确实设想了一个成功的发

① 《中国共产党第十一次全国代表大会文件汇编》，第 191—195 页；郝梦笔、段浩然：《中国共产党六十年》，第 674 页。有报道说，邓小平原计划作的关于实事求是的报告由胡乔木起草，但是，当邓小平被委派致闭幕词时，聂荣臻上交了胡乔木的文章，后来发表在《红旗》杂志上，但没有作为代表大会上的报告；我感谢迈克尔·舍恩哈尔斯提供了这条材料。
② 《中国共产党第十一次全国代表大会文件汇编》，第 227—236 页。关于新的中央委员会和中央政治局构成的更详细的分析，多姆斯：《中华人民共和国的政府和政治》，第 150—151 页。

展计划，以便为许多人闷在心里的问题提供答案，这个问题就是：华国锋有什么权利位居最高职位。"文化大革命"前，他在省里的官僚经历虽无大瑕疵，却也平淡寻常；他年纪较轻从而没有成为红卫兵打击的第一批省级官员；当形势转变再次需要有经验的干部时，他又比较走运；当林彪事件在领导层中留下较大的权力真空时，他因有足够的资历而被调到北京；当王洪文使毛失望时，他由于有足够的能力和比较"左"倾而为毛泽东所接受。没有人能指责华运气好。但是，当中央还有比他资历更深和更高明的人可用时，难道是他的经历使他有足够的正当理由来领导毛和周之后的中国吗？在许多中国人眼里可能并不这样看，因而华需要证明自己的能力。

对华而言，不幸的是，他的承诺超过了中国的实际能力。在1978年2—3月举行的新的（五届）全国人民代表大会第一次会议上，华国锋总理把他宏伟的十年规划（1976—1985年）公之于众，这个规划周恩来在1975年第四届全国人民代表大会上的最后一次报告中预示过。这个十年规划的目标是，到1985年，钢产量达到6000万吨（1977年为2370万吨），石油产量达到3.5亿吨（1977年为9360万吨）。华国锋要求在剩下的8年时间里，建设120个大型项目，14个大的重工业基地，基建投资相当于前28年的基建投资总和。这个规划没有考虑到60年代的教训和70年代的经济损失。[①] 如同本卷第6章中所说，这个规划未经深思熟虑，缺乏精确的资料。想象中赖以扩大生产的油田原只是个想入非非的计划。华的"大跃进"规划严重依赖机械进口，外汇开支庞大。华不仅没有继承周的火炬，反而模仿毛的狂想。他非但没有给自己带来荣誉；反而把中国引向另一场经济灾难。这也会被人用来反对他。

三中全会

邓小平反击华国锋和"凡是派"的方式体现了中华人民共和国权

---

① 房维中：《中华人民共和国经济大事记（1949—1980）》，第595—596页。

力的神秘性质。在党和国家的所有机构中，华是至高无上的领导人，而邓不是。"凡是派"当权，而邓的拥护者们并不掌权。然而，在1977 年 7 月的十届三中全会到 1978 年 12 月的十一届三中全会之间这段较短的时期内，权力关系发生了变化。变化的办法似乎是通过报刊动员高层人物的舆论。

1978 年 5 月 11 日，《光明日报》刊登了一篇用笔名发表的文章（应为特约评论员文章——译者），题目是《实践是检验真理的唯一标准》，这篇文章成了拥邓力量的第二次呐喊。文章的作者胡福明当时是南京大学哲学系副主任、中共党员。后来他自称，1977 年秋他把这篇文章送去发表，反对"两个凡是"，完全是自己主动做的，因为他意识到，如果不驳斥"两个凡是"那样的教条，邓就没有重新掌权的希望。① 这篇文章也许是胡福明自己想写的，但刊登出来的文章却以胡耀邦领导下的中央党校的两位理论家的意见为基础进行了大量的修改和深化。② 这篇文章抨击了无产阶级"文化大革命"的理论基础，而无论是林彪、江青还是华国锋表述的"文化大革命"的理论基础都认为，毛泽东的著作和讲话是永远不变的真理，无论环境怎样改变，也不应该篡改。

令华和汪东兴气恼的是，这篇文章很快刊登在《人民日报》和《解放军报》上，成为点燃如火如荼的全国性辩论的火花。③ 6 月，在全军政治工作会议上的讲话中，邓自己也参加了辩论，当时他再次声

① 见 S. 施拉姆采访胡福明的报告，载于施拉姆所著"经济挂帅?"一文中，《中国季刊》第 99 期，第 417—419 页。
② 例如，胡福明的原标题是"实践是检验真理的一个标准"，被修改为"实践检验是所有真理的标准"，而最后刊登时又改为"实践是检验真理的唯一标准"。迈克尔·舍恩哈尔斯曾详细调查过这篇文章产生的过程，1989 年 2 月 3 日，他在哈佛费正清中心提交了这个课题的研究报告。
③ 郝梦笔、段浩然：《中国共产党六十年》，第 680—683 页；多姆斯：《中华人民共和国的政府和政治》，第 187 页。据舍恩哈尔斯说，胡福明听到主要政治家的消极反应后，变得如此忧虑以至不承认与这篇文章（在内部通报上报道过此消息）有关联，因为这篇文章被改得面目全非。由于罗瑞卿的干预，胡耀邦两名助手中的一位写的补充文章刊在《解放军报》上；这是罗瑞卿 1978 年 8 月去世前最后一项重要的政治行动。

称需要"实事求是"。① 邓机敏地运用毛著作中的引文,证明这个原则并不意味着反对毛,恰恰相反,它要恢复主席本人最优秀的传统和实践。② 邓并以夸张的辞藻得出结论:

> 同志们请想一想,实事求是,一切从实际出发,理论和实践相结合,这是不是毛泽东思想的根本观点呢? 这种根本观点有没有过时,会不会过时呢? 如果反对实事求是,反对从实际出发,反对理论和实践相结合,那还说得上什么马克思列宁主义、毛泽东思想呢? 那会把我们引导到什么方法去呢? 很明显,那只能引导到唯心主义和形而上学,只能引导到工作的损失和革命的失败。③

在这个阶段,这场斗争远非赢定了的。在这次全军政治工作会议初期,华国锋和叶剑英都发表过讲话,但两人都没有赞扬邓的真理旗帜。④ 6 月 24 日,《解放军报》发表拥护邓的文章,《人民日报》马上转载。这篇文章是在罗瑞卿的指导下准备的。⑤ 在"文化大革命"前夕,罗瑞卿被免去总参谋长职务,但在中共第十一次全国代表大会上重返中央委员会;如果在高层人物中都知道这篇文章的作者是罗瑞卿,那无疑会使许多高级官员投到邓的一边。确实,从这时起,辩论热烈起来,到 9 月中旬邓小平在东北的一次讲话中恢复了对"两个凡是"的攻击⑥(而在 6 月份当华和叶剑英在场时,邓避而未谈这些

---

① 《邓小平文选》,第 127—132 页。《人民日报》编辑胡绩伟因转载这篇文章受到该报前任主编吴冷西的斥责,而胡乔木因胡耀邦属下的行为而指责了胡耀邦。因而邓小平的干预是决定性的进展,胡绩伟在《人民日报》上给以大力宣传。见舍恩哈尔斯研讨会。

② S. 施拉姆:"经济挂帅?",第 419 页。

③ 《邓小平文选》,第 132 页。

④ 多姆斯:《中华人民共和国的政府和政治》,第 156 页。

⑤ 郝梦笔、段浩然:《中国共产党六十年》,第 682 页。迈克尔·舍恩哈尔斯告诉我,《解放军报》上的文章是第一篇批判"两个凡是"的文章。

⑥ 《邓小平文选》,第 141 页。

事)。其时 10 个省已开会表示支持邓的立场。[①] 也许使"凡是派"气馁的是,典型的"文革"中幸存者李先念已暗示,他准备抛弃华,支持新的路线。到 11 月,所有省和大军区的领导人都倒向邓一边。也就在这个时候,最初由邓于两个多月前提议召开的中央工作会议于 11 月 10 日在北京举行。[②]

这次会议的主要议程是如何恢复农业和制订 1980 年经济计划。但是陈云再次带头,很快把会议转变成对"文化大革命"的错误的全面辩论。他要求公正地恢复薄一波的名誉(他的革命经历已被玷污);为已于 1966 年底倒台的陶铸恢复名誉;为于 1959 年被免职、并在 60 年代后期受到公开批判的彭德怀恢复名誉,以及应该承认康生所犯的严重错误。但是,对"凡是派"而言,陈云具有挑衅性的建议是他坚持天安门事件的积极性质应予以肯定。[③]

陈云的发言引发了一阵拥护性发言,著名的有谭震林,他要求重新评价"文化大革命"期间的一系列事件。[④] 华显然已预见到这次冲击的发生,并很快使自己适应了这种情况。11 月 15 日,宣布北京市委重新确定天安门事件"完全是革命行动"。次日,华亲自为首次正式批准发行的《天安门诗抄》一书题词。对南京、杭州和郑州的类似事件也早已作了重新评价。[⑤] 随着"凡是派"立场的退让,就不必奇怪他们也准备同意恢复"文化大革命"中大批受害者的名誉了,大多数受害者的命运并不直接掌握在自己手中。

对华和"凡是派"来说,更危险的挫折发生在 12 月 18 日至 22 日召开的十一届三中全会上。这次全会的目的是使 11 月召开的中央工作会议的成果正式化。在全会上,一批"文化大革命"受害者入选

---

① 多姆斯:《中华人民共和国的政府和政治》,第 157 页。

② 郝梦笔、段浩然:《中国共产党六十年》,第 682—683、686—687 页。当时邓小平正在东南亚访问,会议开始时不在。

③ 《陈云文选》(1956—1985),第 208—210 页。

④ 郝梦笔、段浩然:《中国共产党六十年》,第 689 页。

⑤ 加赛德:《活跃起来!》,第 200—201 页;北京市委声明的文本在"每季大事和文献"中,《中国季刊》第 77 期(1979 年 3 月),第 659 页。

政治局，他们人数之多足以使领导层中的人数对比对邓小平有利。陈云官复原职，任中央委员会副主席和政治局常委，并成为一个新机构即中央纪律检查委员会的第一书记，纪律检查委员会负责清洗党内的"文化大革命""左"倾分子。[①] 其他三位邓的拥护者胡耀邦、王震和周恩来的遗孀邓颖超也被选入政治局。另外，9 名资历较深的受害者当选为中央委员。在 12 月 25 日召开的政治局会议上，重新设立处于萌芽状态的中共中央书记处，由胡耀邦任秘书长；同时免去汪东兴的中央办公厅主任职务，在"文化大革命"期间，中央办公厅具有书记处的职能。[②] 汪东兴和"凡是派"的其他成员仍保留其在政治局的职位，但对他们而言，这次全会是不祥之兆。

由于这次中央工作会议和中央全会代表的路线明确抛弃"左"倾主义及其变种，"凡是派"的困境更加突出了。"两个凡是"被否定了。阶级斗争不再是"纲"，四个现代化处于优先位置。"无产阶级专政下继续革命"的理论被丢弃。邓在十一届三中全会上的发言中指出，全面评价"文化大革命"和毛本人的时机还未成熟。[③] 但十一届三中全会通过的政策标志着中国过去十年的政策有了根本的变化。

首先，十一届三中全会采取措施，不再执行华国锋顽固坚持的农业集体化政策。如同上文已指出的，在有关农村社会主义问题上，华与"四人帮"只存在步调上的分歧，而没有目标上的差异。甚至在"四人帮"被清洗后，华国锋仍坚持平均主义，如提倡生产大队核算、限制自留地和农村集市贸易。到 1978 年年中，华地位削弱，[④] 这些政策开始受到责难。十一届三中全会否定了华国锋的纲领和大

① 邓小平在这次全会上的发言中明确说，他痛恨那些搞"打砸抢的、帮派思想严重的、出卖灵魂陷害同志的、连党的最关紧要的利益都不顾的人，对于看风使舵、找靠山、不讲党的原则的人，也不能轻易信任"；《邓小平文选》，第 160 页。

② 关于这次中央工作会议和十一届三中全会的成果以及产生这些成果的一些事件的详细摘要，见中共中央党校党史教研室资料组编《中国共产党历次重要会议集》（下），第 274—280 页。

③ 《邓小平文选》（1975—1982），第 160—161 页。

④ 多姆斯：《中华人民共和国的政府和政治》，第 163—164 页。

寨模式。为了调动中国农民的"社会主义积极性",三中全会恢复了 60 年代初期的政策,并搭起一个框架,作为中国农村彻底重建的开端:

> 人民公社、生产大队和生产队的所有权和自主权必须受到国家法律的切实保护;不允许无偿调用和占有生产队的劳力、资金、产品和物资;公社各级经济组织必须认真执行"按劳分配"的社会主义原则,按照劳动的数量和质量计算报酬,克服平均主义;社员自留地、家庭副业和集市贸易是社会主义经济的必要补充部分,任何人不得乱加干涉,人民公社各级组织要坚决实行三级所有、队为基础的制度,稳定不变。①

甚至在工业领域,华的纲领也没有得到批准。引人注目的是,他的十年规划没有被提到。相反,在十一届三中全会上,陈云的影响再次明显可见,三中全会要求更平衡和更稳定的增长,而不是华所主张的大规模投资重工业。② 华在 6 月召开的全国人民代表大会年度会议上作报告时不得不宣布,三中全会以来国务院重新研究决定在1979—1981 年期间对经济进行"调整、改革、整顿、提高",而不再追求他一年前所赞成的头脑发热的速度。③

民主墙

华国锋和"凡是派"在三中全会上的失败主要是邓小平和他的支持者(即那些一直反对"文化大革命"的干部和军官组成的"沉默的多数")成功动员的产物。但这次工作会议和全会是在这样的背景下召开的:首都出现了公众对邓路线强有力的支持,对天安门事件影响仍记忆犹新的领导层不能不受此形势影响。

---

① 引自"每季大事和文献",《中国季刊》第 77 期(1979 年 3 月),第 170 页。
② "每季大事和文献",《中国季刊》第 77 期(1979 年 3 月),第 169 页。
③ "每季大事和文献",《中国季刊》第 79 期(1979 年 9 月),第 647 页。

"天安门事件"表明，在50年代初期就受到灌输的国家纪律由于"文化大革命"而受到多大程度的削弱。毛曾宣称，"造反有理"。1976年4月5日，首都成千上万人起来造反了，反对毛为他死后选定的政治领导人和经济、社会纲领。70年代中期，中国各地发生了罢工、怠工和纯粹的流氓行为。这表明，不只是政治上已经觉醒的首都居民才认识到中国共产党的权威已受到严重削弱。

毛的逝世以及那些希望全盘否定"文化大革命"的领导人的逐步崛起，在首都又激起了一场支持这一进程的新的群众活动。"天安门事件"是公众为邓和他所坚持的路线平反而进行斗争的第一幕。其后插演的幕间节目是吴德市长下台。吴德对镇压天安门抗议者负有重要责任，在经受了历时18个月的报界隐蔽抨击和大标语公开攻击之后，吴德终于在1978年10月被撤职。① 民主墙算是第二幕，但这一次由于邓本人的反对，帷幕提前落下了。

在中央工作会议开幕一个星期后，第一张大字报出现在长安大街（经过天安门，离广场不远的一条宽阔大街）的一堵墙上。② 这张由一名技工张贴的大字报，点名批评毛支持"四人帮"解除邓小平的职务。早些时候另一张大字报称邓为"活着的周恩来"，并谴责当局对天安门事件的处理。第三张攻击"一小撮高层人物"（显然是指"凡是派"）阻碍对这一事件的所谓反革命性质的重新评价。

支持邓、反对"凡是派"、批评毛成了许多大字报的主题。它们肯定使邓和他在工作会议中的支持者有一种满足感：即在此关键时刻他们获得了民众的支持。但这些写大字报的人并没有就此罢休。不久他们就发行小册子、报纸和杂志；或成立讨论组，"如人权同盟"和"启蒙社"。在第一张大字报贴出的一个星期内，人们不再仅仅满足于阅读民主墙上的大字报，而且积极地争论问题，甚至与外国人一起讨

---

① 加赛德：《活跃起来!》，第194—196页。

② 以下对民主墙的简要概括主要根据加赛德就亲眼所见写的报道《活跃起来!》，第212—298页；加拿大新闻记者约翰·弗雷泽的《中国人：一个民族的肖像》，第203—271页；戴维·S.G.古德曼的《北京街头的呼声：中国民主运动的诗歌与政治》中的分析和诗词。加赛德和弗雷泽与这场"民主运动"的参加者有多次接触。

论。11 月 26 日,美国报业辛迪加专栏作家罗伯特·诺瓦克带着人们给他提供的问题,准备第二天采访邓小平。27 日晚,诺瓦克的同事,多伦多《环球和邮政报》驻北京记者约翰·弗雷泽向听众们发布了这样一则消息:邓已告诉诺瓦克,民主墙是件好事,"大混乱爆发了"。但是当激动的听众听到邓说,民主墙上所写的东西并不都正确时,他们又冷静下来了。① 邓看到接着要发生的事情了。

民主墙是一种比"天安门事件"更为深刻的现象。后者是对毛和"四人帮"的愤怒的短暂爆发;大多数诗词是悼念周恩来或谴责江青的。而在民主墙,中国的年轻人(主要是受过初中或高中教育的蓝领阶层)② 对广泛的政治和社会问题进行探讨。尽管他们经常表现出相当程度的天真,但他们明显地对中国实现"第五个现代化"——民主——的可能性极为热心:

> 五届人大开红花,
> 起草人民新宪法。
> 八亿人民齐欢唱,
> 同心建设新国家。
> 先烈鲜血没白流,
> 换来今日新宪法。
> 保卫民主和民权,
> 促进四个现代化。③

邓小平接受诺瓦克采访时的谈话表明,邓对这场民主运动的最初反应大体上是肯定的。就在那次采访的前一天,邓曾告诉一位日本领导人:"写大字报是我国宪法允许的。我们没有权力否定或批评群众

---

① 弗雷泽:《中国人:一个民族的肖像》,第 245 页。
② 这是对一位中国参与者的分析。引自古德曼《北京街头的呼声》,第 141 页。此人于1979 年 5 月被捕,他批评了知识分子的"傲慢",并指责他们没有参加这场运动。
③ 李宏宽(音):《宪法颂》,引自古德曼《北京街头的呼声》,第 70 页。

发扬民主……群众就要让他们出气！"[1] 不幸的是，关于这场运动，邓小平很快觉察到民主与四个现代化之间的矛盾。而且，不管他最早的反应如何，他发现民主墙在他当时的政治斗争中与其说是一种有利条件，不如说是一个棘手的问题。

这种矛盾在于，政治大辩论可能失控并削弱安定团结（他说过，安定团结对中国经济发展至关重要）。他肯定记得，正是在"文化大革命"初期年轻人大串联的时候，中国的城市陷入了一片混乱，中国的经济遭受了 10 年中最严重的挫折。问题的棘手之处在于，由老干部和人民解放军高级军官构成的"沉默的多数"（邓在与"凡是派"的斗争中主要依靠他们的支持）对于对他们的权威和地位的新威胁感到不安。他们不愿看到推翻"四人帮"之后"文化大革命"又以某种新形式出现。

邓于 1 月 28 日至 2 月 4 日访美。由于担心引起不利的舆论宣传，邓在访美之前没有采取任何措施。尽管邓在国外取得了胜利，但是由于解放军在 2 月中旬至 3 月中旬的中越边境战争（邓十分重视的一件事）中没能给越南一次令人信服的军事教训，邓在此后的地位也许暂时被削弱了。有报道说，在 3 月中旬，邓还告诉他的高级同僚，镇压民主运动可能会导致不良后果：可以镇压反革命，也可以限制阴谋破坏活动，但回到压制不同观点和不愿听取批评的老路上去，将会失去群众的信任和支持。[2] 但他同意服从多数意见，并于 3 月底宣布四个现代化要求国家坚持"四项基本原则"：社会主义道路，无产阶级专政，共产党的领导，马克思列宁主义和毛泽东思想。[3] 邓在阐述提出这些标准的必要性时所作所为的讲话令人想起了 1957 年反右运动开始时毛的所作所为。邓说：

> 有些坏分子……提出种种在目前不可能实现的或者根本不合

---

[1]　加赛德：《活跃起来！》，第 247—248 页。
[2]　引自加赛德《活跃起来！》，第 256 页。
[3]　《邓小平文选》，第 172 页。

理的要求，煽动诱骗一部分群众冲击党政机关，占领办公室，实行静坐绝食，阻断交通，严重破坏工作秩序，生产秩序和社会秩序。

不但如此，他们还耸人听闻地提出什么"反饥饿"、"要人权"等口号，在这些口号煽动下一部分人游行示威，蓄谋让外国人把他们的言论行动拿到世界上去广为宣传。有个所谓"中国人权小组"，居然贴出大字报，要求美国总统"关怀"中国的人权。这种公然要求外国人干涉中国内政的行为，是我们能够允许的吗?[1]

《探索》杂志的编辑、民主运动中的活跃人物魏京生指责邓抛弃了"民主保护者的面具"。3 天之后，北京当局颁布条例限制民主运动，第二天，魏被捕。在 1979 年 10 月的审判中，他被判处 15 年徒刑。[2] 1980 年召开的全国人民代表大会根据同年 2 月中央全会的决议对宪法中保障公民言论自由和集会权利的条款作了修改，删去了毛提倡的进行大辩论和贴大字报的权利。[3] 此时，民主运动已告结束。

华国锋下台

中国党史专家正确评价了十一届三中全会，认为它是 1949 年以后这个历史时期中的一个重要的转折点。如果华国锋有足够的机智或灵敏的话，他本来可以与那些在民主运动问题上反对邓小平的老干部形成共同的事业。也许正是担心真会这样，邓才如此迅速地改变了策略。但事实上，华和"凡是派"陷入"文化大革命"的泥潭不能自拔，因此即使有这种联盟，也不过是短暂的成功。

结果，华孤立无援，眼巴巴看着一个反"凡是派"联盟在最高领导层中形成了。在 1979 年 9 月 25 日至 28 日召开的四中全会上，赵

---

[1] 《邓小平文选》，第 181 页。

[2] 加赛德:《活跃起来!》，第 256—257、262 页。

[3] 《中华人民共和国第五次全国人民代表大会第三次会议文件》，第 169 页。

紫阳被提拔为政治局委员。前北京市委第一书记彭真（他是"文化大革命"开始时继邓小平和刘少奇之后职位最高的受害者）也回到了政治局。另有 11 名杰出的老干部重新进入中央委员会。

在 1980 年 3 月 23 日至 29 日召开的五中全会上，邓实现了更大的突破。华在"凡是派"中的支持者——汪东兴、纪登奎、吴德和陈锡联（即"小四人帮"）被免去一切党政职务。来自大寨的模范农民领袖陈永贵（他被认为无能但没有恶意）被免去政治局委员职务。胡耀邦和赵紫阳被提升为政治局常委。胡是邓的忠实追随者，他在 50 年代一直担任共青团书记。现在他被选为中国共产党总书记——自邓在"文化大革命"初期被撤职后，这一职位一直空缺。新建立的书记处几乎由清一色的邓的支持者组成。最后会议同意，对"文化大革命"中头号走资本主义道路的当权派刘少奇的所有指控都是错误的，应为他平反。[1]

邓的下一个步骤是要消除"凡是派"在国务院的影响。根据五中全会的决议，1980 年 4 月，副总理陈锡联和纪登奎被撤职。但是要免除华国锋的总理职务则较困难。邓主张党政分开，并建议除华之外，一大批老干部（包括他自己）辞去副总理职务，这样也可使国务院成员年轻化。尽管邓要消除两个机构重叠的愿望是真诚的，但这一策略本来就骗不了人，更不用说华了。华本来可以利用其军委主席的职位去寻求军队的支持；但一则关于华在 1980 年 5 月的人民解放军政治工作会议上讲话的简报表明，他原来可能希望在共同坚持毛主义价值观的基础上形成忠诚的纽带。[2] 但是即使军队将领们开始对邓的某些政策感到不安，他们也不可能选华作为他们的领头人。

在 8 月召开的政治局会议（每年召开的人大会议因此推迟到月底召开）之后，高层领导同意由赵紫阳来接替华的总理职务。邓小平、

---

[1]　资料组：《中国共产党历次重要会议集》（下），第 281—289 页。

[2]　华强调道德价值与物质刺激并重。参见"每季大事和文献"，《中国季刊》第 83 期（1980 年 9 月），第 615 页。

李先念、陈云和其他三位老干部适时地辞去了副总理职务，陈永贵也被免去了副总理职务。[①] 新任命了三名副总理，其中包括外交部长黄华。至此，所有"文化大革命"中的受益者都被清除出国务院，国务院成了"文化大革命"的幸存者和受害者的天下。[②]

下一阶段就是败坏华的声誉和撤除其保留的职位。在 11 月至 12 月召开的政治局会议上，在一大批高级干部的请求下，华的履历受到了无情的审查。会议肯定了华国锋在帮助粉碎"四人帮"的斗争中所立下的功劳，但指责他在一系列原则问题上没有纠正自己所犯的严重错误，甚至他在表面上已纠正的错误也再次被指了出来。

华一直坚持使用"文化大革命"的口号；他未曾主动去修补"文化大革命"造成的破坏。他在"文化大革命"之后继续发动反邓运动，拒绝为天安门事件平反。为此，他再次受到攻击。他对匆匆作出建立毛主席纪念堂和出版《毛泽东选集》第五卷的决定负有责任（这两件事可能得到叶剑英和李先念的同意）。他因阻碍对"文化大革命"的受害者进行平反而受到指责。在对待毛问题的态度上和在支持"两个凡是"中，他一直是"固执己见"。他对前两年经济上的盲进及其造成的严重损失负有很大责任。[③] 总之，这次会议认为华"缺乏党的主席所应具备的政治和组织才能。人人都知道，他本不该担任军委主席"。[④]

华信誉扫地，颜面无存，请求免去他所有的职务。但考虑到礼仪

① 邓与其他五位老干部辞职的通告与陈永贵辞职的公告是分开的，措辞也稍有不同，这表明，陈是不体面地离开，而且不是光荣引退。见《中华人民共和国第五次全国人民代表大会第三次会议文件汇编》，第 175—176 页。

② 多姆斯：《中华人民共和国的政府和政治》，第 173—175 页；郝梦笔、段浩然：《中国共产党六十年》（下），第 705—709 页。

③ 郝梦笔、段浩然：《中国共产党六十年》（下），第 709—710 页；中共中央党史研究室：《中共党史大事年表》，第 438—439 页；资料组：《中国共产党历次重要会议集》（下），第 290—291 页。

④ 多姆斯：《中华人民共和国的政府和政治》，第 176 页。

的需要，或许为了给叶剑英留点面子，[①] 华没有受到致命的一击。在中共六中全会作出正式决议之前，他不会被免除党的主席和军委主席的职务。然而，尽管到 1981 年 6 月底，他还一直保留着他的头衔（1981 年 6 月底以后，他被降为党的副主席），但他的职位却立即由别人取代了：胡耀邦任党的主席，邓小平任军委主席——大家都认为他早该担任军委主席了！

最后，由于中国共产党第十二次全国代表大会延期召开，[②] 华保留其中国高级领导层中名义成员身份的时间比原计划延长了约 18 个月。但在 1982 年 9 月，华国锋被降为中央委员。他从前的合作者汪东兴降为中央候补委员的最后一名。华的时期正式结束。

邓小平的纲领

毛之后，谁接班？

1978 年 12 月召开的三中全会清楚地表明，无论华国锋的头衔多么耀眼，他只是一位临时继承人，毛的真正继承人将是邓小平。具有讽刺意义的是，邓的最终胜利在很大程度上是由于毛本人的行为造成的。假如在周生病时毛不把邓召回，那么在总理缺位时，邓也不会成为统治中国的一位显要人物。假如在周死后毛不再将邓打倒，那么邓也不会成为替代"文化大革命"的新政治秩序的象征。当然，由华国

---

① 正如我已指出的，叶对 1976 年粉碎"四人帮"后保留华的领导职务和在 1977 年劝说华重新承认邓的领导职务负有某种责任。1981 年 6 月六中全会开会时，叶剑英没有出席，表面上说是生病了，但他写信表示同意这次人事变动和对华国锋的批评。一份正式的党的报告书认为有必要发表这封信的摘要，以免人们对他的缺席产生误解。资料组：《中国共产党历次重要会议集》（下），第 293 页。

② 多姆斯指出，1980 年 2 月的五中全会曾决定提前召开中共十二大，即在 1982 年十一大的五年任期结束前召开。他认为原先预期召开的时间是 1981 年年初，但由于在对毛的评价问题上和行政改革上出现分歧，会议被迫延期。这样，十一大任期仍按期结束。见《中华人民共和国的政府和政治》，第 183 页。

锋、叶剑英、李先念组成的"三驾马车"本来可能具有更强的优势，从而使那些愤怒的"文化大革命"受害者不得翻身。

邓获得权势的令人注目的特点在于，从一开始，他就避免对他的权力进行有名无实的肯定。在叶剑英不再当毛死后的权力经纪人后很久，邓仍坚持在中共中央副主席的排名上位居叶剑英之下。① 没有迹象表明，邓在任何时候想过要攫取党的主席、总书记或总理职务。相反，他却迅速地把他预期的接班人聚集在他的身边，给他们职位和职责，以便使他们能获得经验和尊敬。这是毛曾提到过但从未付诸实施的一种接班人培养方法。

邓自我克制的主要原因是他决心避免给人以他想扮演毛一样的角色的印象。的确，为了防止任何人企图继承毛的地位，中共十二大通过的《党章》取消了党的主席一职。另外一个预防措施就是企盼已久的对毛的重新评价，其目的是通过冷静地估价毛的功与过，尤其是"文化大革命"期间的功与过，使毛那种神一般的形象非神秘化。中共在对待毛的问题上比苏共对待斯大林问题显得更有勇气。据报道，1956年赫鲁晓夫在作揭发斯大林的秘密报告时，有人指责赫鲁晓夫也是个同谋犯，并大声叫喊："同志，当所有这一切发生时，你在哪里?"而当毛的过错最终被罗列起来时，邓作为一个受害者，没有理由害怕发生这样的问题。

然而，比起1/4世纪以前的赫鲁晓夫，邓更有理由谨慎从事。无论中国人可能认为赫鲁晓夫的秘密报告是多么偏激，赫鲁晓夫一直认为苏共还有尚未受到玷污的列宁的形象可资利用。对于中共，毛既是列宁又是斯大林。如果不谨慎处理对毛的评价，两个形象均可能受到损害，这对党的合法性将造成无可估量的影响。

此外，即使在指责"文化大革命"的那些人中间，也有许多人想使毛得到保护，使毛的一些行动得到肯定。特别是人民解放军的

---

① 叶在给六中全会的信中，曾建议政治局常委前三名的排名顺序应是胡耀邦、邓小平、叶剑英，这就颠倒了他与邓的排位。这也许是出于礼貌，也许是在叶所保护的华国锋下台后的一种现实主义的考虑。但邓却让叶的名字仍然排在他前头。

将领们不想过分地谴责这个曾领导他们走向胜利的人，也不愿过分谴责他们自己在"文化大革命"中的作用。一个策略就是尽可能多地谴责林彪和"四人帮"。从 1980 年 11 月 20 日至 1981 年 1 月 25日，中国当局对还活着的"文化大革命"的领袖们进行了一次纽伦堡式的审判。

这次审判公开了许多他们所犯罪行的证据。据估计，差不多有73 万人受到诬陷和迫害，其中，近 3.5 万人被"迫害致死"。大多数被告温顺地承认了他们的罪行，并与法庭进行了合作。而张春桥在整个审判过程中保持沉默；江青则声嘶力竭为自己进行了辩护，反复声称她只做了毛要她做的事。[1]

这个审判是一种有效的手段，它使那些受害者看到迫害他们的人已蒙受耻辱和惩罚，甚至使某些人能够在公开场合谴责他们。但是，江青的证词说明毛是罪魁祸首，党将不得不寻找某些手段与这一事实达成妥协，以避开对他们进行追根究底的谴责，因为追根究底对幸存者也极为不利。最初曾有迹象表明，毛将被指控在"文化大革命"期间"犯了罪"，但后来并未成为事实。那个时期人民解放军的行为受到了肯定。邓是不会让坐在轮椅里空想的历史学家损害他在人民解放军中的支持者的。[2]

因此，邓在对《关于建国以来党的若干历史问题的决议》起草人员的初次讲话中，就坚持认为最核心的第一条是：

> ……确立毛泽东同志的历史地位，坚持和发展毛泽东思想。……不仅今天，而且今后，我们都要高举毛泽东思想的旗

---

[1] 《中国历史上的一次大审判》，第 102—103 页。关于受害者的具体数字见第 20—21页。对这次审判的一篇很好的分析（附有摘要）收在戴维·邦纳维亚《北京裁决：审判"四人帮"》一书中。关于审判过程的官方的全文本见中国最高人民法院研究室编《中华人民共和国最高人民法院特别法庭审判林彪、江青反革命集团案主犯纪实》；江青的表现可参见第 117—121、194—199、227—241、296—302、341—347、399—414 页。

[2] 多姆斯：《中华人民共和国的政府和政治》，第 180—182 页。

帜。……其中最重要、最根本、最关键的，还是第一条。①

3 个月后，当邓发现刚起草的决议草稿在这一问题上讲得不够充分时，他说："不行，要重新来。"整个文件的调子"太沉闷"；"单单讲毛泽东本人的错误不能解决问题"。② 在此后的意见中，他强调这是一个十分敏感的政治问题。对毛的功过评价不恰当，"老工人通不过，土改时候的贫下中农通不过，同他们相联系的一大批干部也通不过"。邓在此暗示人民解放军也可能通不过。③

成千的官员和历史学家进行了一年多的讨论之后，这一决议于 1981 年 7 月 1 日在中共六中全会上被通过——此时正值中国共产党建立 60 周年。它直言不讳地将"文化大革命"归咎于毛："1966 年 5 月至 1976 年 10 月的'文化大革命'，使党、国家和人民遭到建国以来最严重的挫折和损失。这场'文化大革命'是毛泽东同志发动和领导的。"④ 在分析了这一时期的所有罪行和错误后，决议补上了邓坚持要加的东西。它指出，毛在"文化大革命"中所犯的"左"倾错误终究是"一个无产阶级革命家所犯的错误"。毛在他的晚年混淆了是非，错误地认为他的"左"倾理论是马克思主义的，"这是他的悲剧所在"。⑤ 虽然在"文化大革命"期间，他因保护过一些干部，批斗过林彪、揭露过江青，并执行了一项成功的外交政策而受到了表扬。⑥ 决议最后指出，虽然毛在"文化大革命"中犯了"严重错误"，

---

① 《邓小平文选》，第 276、278 页。

② 同上书，第 282、283 页。

③ 邓在这里指的是：在人民解放军士兵们读到邓在接受一位外国记者采访时对毛的有关评论时，他们表示认可。即：人民军队密切关注着外界舆论对毛的评价。

④ 《关于建国以来党的若干历史问题的决议》，第 32 页。

⑤ 将毛描述成一位悲剧性英雄是对中共在 1956 年赫鲁晓夫秘密报告后，对斯大林的提法的重复。事实上，这一概念是一种突破。迄今为止，苏联和中国都曾像摩棱尼教徒一样强调善与恶、黑与白的简单并列，不允许作模棱两可的区别。如果一个人犯了错误，他要么全面洗雪自己的罪名，要么被指控为一名反动分子或反革命分子，这种对犯了错误的领导人的评价模式对政治和文学都有相当的意义。

⑥ 《关于建国以来党的若干历史问题的决议》，第 41—42 页。

"但是就他的一生来看，他对中国革命的功绩远远大于他的过失"。[①]

在解释毛为什么犯错误时，决议取得了邓所想要的平衡。随着毛的威望的提高，他逐渐骄傲起来并日益凌驾于党中央之上。他的同事没有采取防范行动，结果党的集体领导被削弱了。没有把党内民主加以制度化；制定的法律缺乏应有的权威。斯大林主义的领导模式和中国长期的"封建专制主义"都有它们的影响。[②] 对毛的评价听起来是正确的，但是在解释在无产阶级专政和共产党领导的制度下如何使民主制度化或使法律受到尊重这一问题上，邓的决议所取得的成就并不比赫鲁晓夫的秘密报告好多少。

如果邓不想放弃他曾协助创建的这一制度，他本人将尽力从毛的领导中吸取反面教训。然而，虽然他放弃了毛的头衔和个人崇拜，但他仍没有处理好政治文化中的"封建"倾向。邓曾教训华，职位并不能带来权力或权威。现在他本人不得不接受这样一个推论：简单地放弃头衔并不能推掉权力和权威，而党的决议也不能驱除帝王的传统。尽管他坚决地声明，他每年只参与一两次关键决策，但没有人相信他的话。尽管他已放弃了日常的行政工作，但他的支持者和反对者都把他看作最后的决策者。

在某种程度上，这是一种代际问题。在斯大林以后的俄国，只有幸存者和受益者仍活着。与此形成鲜明对比的是，在毛以后的中国，许多毛的受害者（他们也参加了长征）仍还活着。[③] 他们重新上台，没有因毛的错误而受到玷污，反而由于他们的革命成就而受到表彰。邓可以说他有权利接班，是合法的。像胡耀邦和赵紫阳（邓选他们为他的接班人）这样的人就不可能获得邓那样的合法性了。

在某种程度上，这是一个关系问题。邓在党和军队里有一张由朋友、同事、熟人组成的关系网。这些人对于邓成功地推行政策至关重

---

① 《关于建国以来党的若干历史问题的决议》，第 56 页。
② 同上书，第 48—49 页。
③ 如果布哈林被允许活下来的话，到斯大林死时，他只有 64 岁。十一届三中全会召开之时，邓已 74 岁了。

要，胡耀邦，在较小程度上，还有赵紫阳也都有他们自己的关系网，但他们在权力和威望方面还不足以成为统治中国的人的盟友。

在某种程度上，这还是个已经浮出水面的派系斗争的问题。在毛逝世后初期，这些重掌权力的受害者一致认为当时的紧迫任务是撤掉那些"文化大革命"的受益者，并摒弃那个时代的政策。在这一任务将要完成时，原先的联盟在下一步该如何走的问题上开始分裂。以重新复职的两位德高望重的"文革"受害者陈云和彭真为例，邓并不总是同他们有一致的看法。假如邓能退休，他的同伙也都退休，让胡和赵去应付他们自己的那一代人，那么接班问题本可以比较容易解决。但由于邓的老战友们不愿离开政治舞台，邓只得继续留下以防他们利用老资格干扰他的传人。

在某种程度上，这也是个才干问题。邓小平无疑是出类拔萃的领袖，即使在老一辈革命者中，也是如此。但胡耀邦和赵紫阳都没能证明自己是同样杰出的继承人。

在某种程度上，这也反映了一个尚未完全解决的问题：谁将统治中国，共产党还是人民解放军？

毛之后，哪一派统治？

1980 年下半年，中央政治局在总结华的缺点时，更多考虑的是他作为军委主席的权力，考虑他领导中共的权利则少之又少。然而，在一个党指挥枪的国家里，党选出的任何领袖本应自然地受到将领们的尊重。显然这并不符合华的情况。1976 年华成为军委主席，据推测，这是因为当时那位当然的候选人叶剑英元帅坚持这样做，并站在华一边，授予他权威。当邓在 1977 年年中作为军委副主席和中国人民解放军总参谋长重新掌权时，这些将领们可能更不理睬华了。当邓 1980 年下半年出任军委主席时，他们的世界似乎重新走上正确的轨道了。

邓也许已感到他除了担任毛的头衔中的这一头衔之外别无选择，但他这样做引起的问题与解决的问题一样多。它使军队将领认为他们有权只受国家中具有最高权威的人指挥，他们不受各级官僚的干预而与最高层有着直线联系；虽然国防部长对总理负责，总理又对党负责，但这些都无关紧要，因为所有的大事都在军委讨论解决。因此它证实一个人所共知的事实——人民解放军是一个分离的机构，只是何时需让将领们步调一致而已。

邓的目标是要恢复军队的纪律，结束军队不愿服从命令和执行中央制定的政策的状况。正如我们所看到的，他在 1975 年就提出了这些问题，但他现在承认这些问题尚未解决。[1] 他有理由认为只有他才能管好军队。从他遇到的困难来看，也许他是正确的。这些问题既是政治上的，也是机制上的问题。

1980 年 5 月对刘少奇的平反是一个重大的政治问题。这一举动动摇了发动"文化大革命"的一个主要理由，因此也是对毛的直接否定。军队将领一直要求维护毛的声誉。叶剑英和许世友（许在 1976 年曾保护过邓）没有出席对刘少奇平反的追悼会，以示不满。[2] 1980 年底和 1981 年初两次大幅度地削减军事预算也激怒了这些将领。人民解放军内发动了一场思想教育运动，部分原因可能是为克服上述问题。但是，更为重要的原因可能是这些将领要想反对由邓和那些改革者所竭力倡导的更宽松的政治气氛，因为这种宽松的气氛侵犯了军队的特权。部队作家白桦挨批，就是杀鸡敬猴，是给所有持批判态度的知识分子看的。

面对人民解放军明显的愤怒，邓决定在《关于建国以来党的若干历史问题的决议》中删掉批评人民解放军在"文化大革命"中的作用的论述。但这并没有平息将领们的不满情绪。在 1982 年 9 月中共十二大召开前夕，《解放军报》发表文章，攻击"理论界、文艺界、新闻界的个别负责同志"支持资产阶级自由化观点。邓对这种公然违反军纪政纪的行为迅速作出了反应。十二大闭幕后不久，中国人民解放

---

① 《邓小平文选》，第 29、30、97—98 页。

② 多姆斯：《中华人民共和国的政府和政治》，第 171—172 页。多姆斯认为，至于许，他因没有被任命为国防部长或总参谋长而深感愤怒，这也许是他在此时作出这一行为的另一动机。

军总政治部主任韦国清（韦在 1976 年也曾保护过邓）和海军司令员二人都被解职了。①

邓显然认识到人民解放军与中共之间的关系中存在的机制问题。他试图解决但没有成功。在 1982 年底召开的五届人大五次会议上通过的新的国家宪法中，包括一项重要的制度改革：建立中央军事委员会，该委员会对人大常委会负责并指导人民解放军。根据彭真在全国人大的讲话中所作的解释，"在国家的中央军委成立以后，中国共产党对军队的领导并不会改变。《序言》里明确肯定了党在国家生活中的领导作用，当然也包括党对军队的领导"。② 彭真没有明确指出的是，《序言》中没有谈到作为领导机构的党的军事委员会。那么，党的军事委员会与这一新机构是什么关系呢？

党的杂志上曾发表一篇文章，对要发生的事提供了重要的暗示。这篇文章详细介绍了中央军事委员会的历史，指出某些时期它是党的机构，而在另外一些时期它则是国家的机构。两种形式的军事委员会都是合法的。在谈到成立这一新的国家机构时，作者断言，军事委员会将作为党的机构继续存在。然而，其含意是：断绝中共与人民解放军的直接联系，并像在其他大多数国家一样，使人民解放军只成为国家机构的一个组成部分的时候已经到了。人民解放军的历史说明，这是经常发生的正常的惯例，因此没有什么可担心的。③ 为了获得双重保证，邓除了担任中央军委主席外，也担任人大军事委员会主席，从而使这一新机构获得了合法性。

如果邓的目标是为取消中央军事委员会打下基础，那么他并未取得成功。这个新的委员会提高了人民解放军在国家机构中的地位，使军队不再隶属于国务院的一个部，而隶属于全国人大的一个委员会。

---

① 多姆斯：《中华人民共和国的政府和政治》，第 178—182、185 页。

② 《第五届全国人民代表大会第五次会议》，第 94 页。

③ 阎景堂："中央军委沿革概况"，载朱成甲编《中共党史研究论文选》（下），第 567—587 页。

但是似乎没有任何将领准备把它当作军事委员会的替代物加以接受。相反，正当邓和他的同事们力图全面削减行政开支时，国家却存在着两个相同的军事委员会，——两者都由邓小平和杨尚昆（作为常务副主席）领导。

甚至当邓在 1987 年召开的中共十三大上最终决定率所有的老同志从政治局退下来的时候，他仍不能辞掉军事委员会主席职务。党章规定，军事委员会主席必须是政治局常委，因此邓赞同修改党章，以便让他继续留任。① 邓让新上任的共产党总书记赵紫阳担任军事委员会的第一副主席，这意味着中央军事委员会仍将被保留下来，而新的国家军事委员会则形同虚设。

中央军事委员会最近的历史证实了这几年以来人民解放军已牢固地保持了它在中共机构中的地位。在邓的领导下，文职人员将逐渐控制人民解放军，特别是在 1985 年 9 月举行的几次主要的中央会议期间，他巧妙地安排几乎所有将领退出政治局并果断地减少人民解放军在中央委员会的代表之后。但是军事委员会问题表明，文职人员对军队的控制仍要按照人民解放军提出的条件实施：即必须通过中央军事委员会，而中央军事委员会必须由邓来领导，时间越长越好。也许只有当那些参加过革命的将领们由于退休和死亡退出人民解放军，并且长征成为一段历史而不是一种记忆时，邓以后的一代中共领导人才能取得对军队的领导权，并使它在国家体系中起着常规作用。到那时，可以认为，人民解放军——在革命期间它是夺取胜利的工具，在"文化大革命"期间它是权力的来源②——仍将是国家政治中的一个主要因素。如上所述，人民解放军的政治影响会起什么作用，将取决于中共的纲领和政策。

---

① 《中国共产党第十三次全国代表大会文件汇编》，第 85 页。

② 在讨论《关于建国以来党的若干历史问题的决议》时，有人建议党的九大应宣布为非法，也有人提出党在"文化大革命"期间应被认为已不存在。邓对此非常气愤。可能因为他意识到这种提法意味着正式承认人民解放军是十年动乱中唯一起作用的革命组织，而且也承认在中共不存在的时候它仍然存在，在中共没有统治中国的时候它统治着中国。见《邓小平文选》，第 290—291 页。

毛之后,怎么办?

人民解放军将领们的保守主义是邓小平在振兴中国的运动中不得不考虑的一个因素,因为邓的改革纲领不仅向"文化大革命"中毛主义的极"左"路线提出了挑战,而且向毛和他的同事们在50年代照搬苏联模式时所奉行的所谓"中国化的斯大林"路线提出了挑战。不仅如此,改革还放松了中央的控制并允许更多的思想和行动自由。但这种宽容对那些在"文化大革命"动乱后维护法律和秩序的人们来说,是不受欢迎的。

本书第6章详细论述了经济改革及其影响。[①] 邓废除了1958年"大跃进"期间建立的公社制度,自50年代初期土地改革以来第一次将生产的主动权交还给农民家庭。政府也许会声称没有进行任何意识形态的变革,因为土地名义上仍由集体所有,它只是承包给了农民。农民能自由选择种植方式,自由雇用劳力帮忙,在农村自由市场上自由出售部分产品。[②] 但农民也许担心他们新获得的这些自由可能因为政策再来个180度的变化而被突然夺走。但事实上,私人耕作已得到恢复,甚至在那些农民不愿丧失集体农业安全感的地方也是如此。[③]

正如第6章所说,农民的第二次解放,由于国家提高了收购价格而得到了支持,它对生产和农民收入产生了巨大的影响。其政治含意也是极为重要的。由于8亿农民中大多数已与邓的改革纲领有很大的利害关系,所以当保守思想之风从北京冷冷地刮来时,他们就要发抖。但是,甚至像陈云那样的中国新保守派领导人也曾支持60年代初期所进行的短暂的农业责任制试验。很明显,没有一个北京政界人

---

① 关于早期农村改革的各种形式,可见凯思林·哈特福德:"社会主义农业死了;社会主义农业万岁!:中国农村组织的变迁",伊丽莎白·J.佩里和克里斯廷·汪编:《毛以后中国的政治经济改革》,第31—61页。

② 参见特里·西科勒:"近期改革风中的农村市场和交换",载佩里和汪编的《毛以后中国的政治经济改革》,第83—109页。

③ 哈特福德提出,并不是所有农民都欢迎摧毁公社制;前引书,第138—139页。

物对这场农村新政提出挑战——除非它的经济合理性大大变弱，或它对农村和地区平等的消极影响引起阶级斗争的严重危险。

农村干部起初对他们的新任务和被削弱的控制权深感不快。[①] 但是当他们开始利用他们的政治手腕和关系网来维护他们的地位，并通过充当经济人角色来增加其收入时，他们开始认识到这种新政对他们也是有利的。[②] 从长远的角度看，这场改革对共产党意义重大，相形之下老年干部对这场改革的不信任就无足轻重了。充满活力的富裕农民（往往是从前的干部）被捧为模范，并被吸收为党员。有时，这种情况引起了人们的嫉妒。[③] 但是只要这种发展党员的政策不变，那么共产党将由一个贫穷农民党转变为一个富裕农民党。这对阶级态度和意识形态将具有相当大的意义。中共"为人民服务"的精神气质必定会掺进"致富光荣"的成分。几乎可以肯定，这反过来又将使中共继续避开阶级斗争，把经济发展当作它的主要目标。

正如德怀特·珀金斯所指出的，工业改组和市场改革的复杂性给邓小平和他的同事们带来了更为重大的问题。这不像非集体化那样，采取一个单一的步骤就能取得不可否认的经济突破。相反，城市改革会给许多人造成损失：由于更大的自主权让给了国营企业的经理，官员们丧失了权力；国营企业的经理羡慕"集体"和私营公司享有更大的自由；国营企业中的工人在追求效益的改革中惧怕工作艰苦，就业没保障；他们甚至羡慕非国营企业的工人和乡村农民收入日益提高；城市居民（包括知识分子和学生）因改革引起物价上涨而受到损害。

可以隐约看到的改革纲领对中共的正统观念也有一种根本的威胁。党员干部被告知要"实事求是"，"实践是检验真理的唯一标准"。他们必须接受教育，获取知识，以便迎接新时代的到来。中共党内

---

① 参见理查德·J.莱瑟姆"农村改革对基层干部的影响"；前引书，第57—73页。

② 这一评论是根据作者本人和其他人在中国的观察和交谈所做。

③ 关于进行的一次讨论，参见伊丽莎白·J.佩里："社会骚动：增长中的怨言"，载约翰·S.梅杰编《中国简况（1985）》，第39—41、45—46页。

"红"（政治热情）与"专"（专业技术）两者之间长期存在的紧张关系，过去往往偏重于"红"，而现在则似乎已偏重于"专"了。

这对大约 50％的党员干部是个潜在打击。因为他们是在"文化大革命"期间入党的，主要擅长于政治煽动。但这也给共产党自身的作用打上了一个问号。像苏共和其他党一样，中共关于其先锋作用的主张，深深植根于它的意识形态。即中共由于掌握了马列主义、毛泽东思想这一永远正确的意识形态，因此，能够有把握地理解现在，计划将来，而这一点是非马克思主义者难以做到的。但是，如果现在要从实践或事实中寻求真理的话，那么意识形态有什么作用呢？

意识形态由于"文化大革命"的夸张和赋予毛泽东思想的那种几乎超越自然的力量而被大大地贬值了。[①] 重新强调实践对它是一个严重打击。邓小平宣称，马列主义、毛泽东思想是四项基本原则之一，是不容置疑的。但这并没能解决问题。[②] 虽然坚持中国共产党的领导是四项基本原则之一，但现在似乎只有以它的能力和成功来证明它是合理的，而且由于毛之后的中国面临着不少问题，它的基础是不稳定的。极权主义意识态说它能够解释世界和世界上人的地位。在中国政治文化里，极权主义深深植根于官僚精英这一观念，因为官僚精英誓死捍卫，且又谙熟官僚精英统治。如今对官僚精英的推崇岌岌可危了。

改革者试图把党政职能分开，这使党的作用日益削弱。[③] 把党政职能分开的目的，据说是要党的干部集中精力处理全局性的原则和路线问题。地方政府官员和管理人员（他们并不都是党员）有更大的空间来搞好本职工作，无需考虑意识形态问题。

但在一个高级政府官员实际上都是党的高级干部并参与政治局或中央委员会议事的国家里，"纯粹"的党务工作者的作用是什么？这

---

① 参见乔治·厄本编《毛主席的奇迹：忠诚文学概要（1966—1970）》，第 1—27 页。
② 参见"坚持四项基本原则"，《邓小平文选》，第 172—174、179—181 页。其他三项原则是社会主义道路、无产阶级专政和共产党的领导。
③ "党和国家领导制度的改革"，同上书，第 303 页。

一点并不清楚。当然，他必须开动党的机器，但是在一个阶级斗争和政治运动已让位于经济发展的时代里，它的作用也是不明确的。[①] 胡耀邦在任中共总书记期间，忽视了党政职能的分离，似乎想要作为中国的最高领导人，有权对国家生活中的所有方面发表意见。他多次出国访问，仿佛他是国家元首或政府首脑。[②]

1982 年召开的十二大通过了新党章，其中规定：党必须在宪法和法律的范围内活动，这就进一步限制了党的权力。胡耀邦在报告中解释这一"极其重要的原则"时说，现在从中央到基层，一切党组织和党员的活动都不能同国家的宪法和法律相抵触。[③] 党章的一条条款本身不算什么保证。但是三中全会以后强调法治（——它是对这些精英们曾深受其害的"文化大革命"的无政府状态的反作用），并通过了各种法律法规，至少第一次使人们懂得党的无限权力最终会危及每个人。[④]

对党进行正式限制的同时，也采取了克服"官僚主义"的具体措施。官僚主义的主要表现和危害是：

> 高高在上，滥用权力，脱离实际，脱离群众，好摆门面，好说空话，思想僵化，墨守成规，机构臃肿，人浮于事，办事拖拉，不讲效率，不负责任，不守信用，公文旅行，互相推诿，以

---

① 这种困境大致上与西欧民主国家中党的官员的情况有类似之处。在野时期，党作为党的生命力显得突出。因为它是国家中用以发动"阶级斗争"的煽动性工具，其主要目的是为了罢黜现政府。如果策略是成功的，并且党的领导人成为政府部长，那么党的作用将大大地减弱，因为它的领导人将集中精力管理国家并保证经济的繁荣。从那时起纯粹的党的官员将起到次要作用，很少干预政府政策，但同时要求普通党员保持对政府政策的忠诚。

② 在 1981 年 6 月中共十一届六中全会以后，即在胡担任中国共产党主席的短暂时期内，这也许有某些道理。但在 1982 年 9 月的十二大以后，即主席一职被取消，胡专任总书记之后，这就没有道理了。我使用"形式上"一词，是因为最终的权力当然是在邓手上，不管他名义上的头衔是什么。

③ 《中国共产党第十二次全国代表大会》，第 49 页。

④ 中华人民共和国重新强调法治引起了不少问题。关于对其中某些问题的讨论，可参见 R. 兰德尔·爱德华兹、路易斯·亨金、安德鲁·J. 内森《当代中国的人权》。

至官气十足，动辄训人，打击报复，压制民主，欺上瞒下，专横跋扈，徇私行贿，贪赃枉法，等等。

根据邓的说法，这些行为"不论在我们的内部事务中，或是在国际交往中，都已达到了令人无法容忍的地步"。[①]

对官僚主义的攻击在中共党内并不是新鲜事，它至少可以追溯到40年代初期的延安整风运动。在某种程度上，"文化大革命"本身可以解释为毛为激发群众纯洁的革命热情而力图摧毁官僚主义的最后的、也是最具破坏性的尝试。邓的方式更少具有破坏性，他想激发群众，但其目的是为了创造财富而不是制造革命。为此，党员干部再次被推到一边。

尽管对党的权威有这些限制，但普通农民、工人、管理人员，或知识分子在共产党官员面前仍谨慎行事。习惯于服从和对受苦的记忆抑制了过分地考验这种新的宽容的任何尝试。官僚们也许处于守势，但他们仍有很大的权力。

那也许是历史学家对"文化大革命"的最后定论。到1982年召开的中共十二大，"文化大革命"对党的权威的削弱，随后实行的防止滥用权力的措施，意识形态力量的衰落，农民积极性的发挥和搞活城市经济的尝试——所有这一切显示了社会对国家的潜在作用。这个潜在作用可能比从前中国统一在一个强大的中央政府之下的任何时候都大。毛曾一直强调，坏事能变成好事。在1989年的天安门示威中，这些萌发的社会力量最终对国家权威的统治提出了挑战。

---

① "党和国家领导制度的改革"，《邓小平文选》，第310页。

第 五 章^①

对 美 开 放

　　在毛泽东时代的遗产中，对美开放可说是最重大的事件之一。毛执政 27 年间所采取的主动外交行动中，中美和解最能表明他欲确立中国在世界上大国中的合法地位的决心。就近期意义而言，中美关系的恢复完全改变了"文化大革命"时期中国在国际上的隔离、孤立处境；而其长远意义则是结束了中美间外交长达 20 年之久的不正常状态。如果没有中美关系的恢复，北京在 70 年代和 80 年代登上国际舞台将是很困难的，成就可能要小些。

　　从 1968 年开始出现中美和解的迹象起，毛就对和解的进程起着关键性的作用。尽管他明白中国与西方接近是战略上的必需，但他对中国长期加入现行国际体制是极其不情愿的。战略与政治上的需要使中国同资本主义世界和好，特别是要与美国及 20 世纪上半叶中国的主要对手日本和解。由于心理上和政治上的原因，毛很少承认他所采取的行动是虚弱无力所致，甚至也很少承认中国像它宿敌一样都在积极谋求和解。因而毛从不完全接受将中国与外部世界联系起来后的种种后果。毛的这种态度一直持续到他去世；所以他一直支持其"文化大革命"的盟友反对那些更愿承认中国参与国际事务后带来的政治与意识形态方面影响的领导人。

　　由于那些力图执行毛的外交政策指示的领导人忙于解决中国内政的一些危急问题，中美关系正常化进程一波三折极不顺利，也不完善。国际局势的动荡也干扰了中国的外交进程，致使中国虽然卸掉了以前外交政策所积累下来的沉重包袱（特别是与越南的关系），但是

---

① 本文中的观点是作者的观点，不反映兰德公司及其任何一个政府资助单位的看法。

并没有完全解决与美国和日本的长远关系问题。而最主要的原因可能是中国领导人更迭的影响；领导人的更迭屡屡妨碍了中国许多重大的外交政策目标的实现。由于中央没有明确一贯的外交政策指示，70年代大部分时间内中美关系在飘忽不定中发展。只是到了70年代末，客观的需要和邓小平在国内政治上的复出才使将近10年前便开始的中美关系正常化进程得以圆满结束。

中国与西方国家关系的发展，与其说是双方精心计划的产物，不如说是中美政治制度不断斗争和经常对抗的结果。当毛主席、周恩来总理及其后的邓小平试图恢复自中国内战以来即近乎中断的中美关系时，头几年只是试探性的，极其脆弱。由于中美关系正常化的设计者是少数高层领导人，因此较易取得最初的突破，但同时也使中美关系正常化的进程变得极易停滞不前，或发生逆转。毛的日益衰老，周恩来健康状况的不断恶化，加上尼克松总统政治地位的脆弱，使早日完成中美关系正常化的进程变得更加复杂。毛泽东与周恩来都未能见到他们为之奋斗的目标的实现；理查德·尼克松则因一些与此没有关系的事件而被迫下台，眼看着吉米·卡特夺去了自己巨大外交胜利的荣耀。同样具有讽刺意味的是，曾两次被毛赶下政治舞台的邓小平与20世纪意识形态最强烈、长期以来主张与台湾保持密切关系的美国总统罗纳德·里根一起制订了中美关系的原则，这些原则不依赖双方关系的亲密度，而是依赖共同的安全目标。

是何原因促使中国要与美国恢复关系？北京领导人对此有何争论？出于何种愿望有关领导人才主张建立中美友好关系的？这些愿望是否已实现？中美和解的进程对中国后来看待外部世界有什么影响？这些变化对中国内政有什么影响？最后一个问题，向西方开放是否标志着中国真的与过去作了历史性的告别？抑或是不会持久，仅仅是出于国家安全的紧急需要才这样做的？在谈论这些问题之前，有必要首先简述一下该时期制定外交政策的特点及其对政策变化所产生的影响。

政治进程与中国的外交政策

对美开放反映了长期以来的战略发展变化；这些变化直接影响了北京的安全考虑。下述三点变化特别重要：（1）由于美军在越南的数量逐渐减少，美国在东亚地区的军事存在也相应缩减；（2）与此同时，苏联加紧在亚洲部署常规部队和核力量，直接威胁着中国的安全；（3）尼克松政府公开宣布不参与苏联强压中国的图谋，这是美国对中华人民共和国的安全与领土完整的一种心照不宣但极为重要的承认。北京不可能忽视如此重大的战略发展变化。在此情况下，摆脱"文化大革命"的那种孤立、仇外状态就几乎是不可避免的了。

然而，地缘政治学的逻辑并不能完全解释北京的反应，还必须考虑到负责中国外交政策的个人和机构所起的作用。在考虑到的众多内部因素中，有三点最为重要。第一是领导者个人的作用。毛泽东、周恩来和邓小平这三位中国官员的独一无二的权威极大地影响着中国与西方和解的进程。从60年代末开始对中美关系和解的重新研讨，到70年代初两国关系的初步突破，到70年代末中美全面外交关系的建立，再到80年代初两国关系的再度疏远和重建，他们一直掌管着中国的外交战略决策。其他老资格的官员，特别是极少数高级军事战略家以及外交部内与周恩来长期共事的少数人员，也都在幕后对中美关系和解的进程起着极大的作用。但毛、周及其后的邓对中国政策拥有最后决定权。

1949年以后的绝大部分时间里，这些领导人至高的职权与外交政策高度集权的特点密切相关。虽然其他人对中美关系正常化的进程也有贡献，但是很少有人说自己影响了中国外交政策"大政方针"的制定。比如，在外交与军事事务上，只有毛的名望在他去世后的10年中仍旧保持着光彩。正如1981年6月中国共产党的历史决议中所肯定的那样：

> 他晚年仍然警觉地注意维护我国的安全，顶住了社会帝国主义的压力，执行正确的对外政策，坚决支援各国人民的正义斗

争,并且提出了划分三个世界的正确战略和我国永远不称霸的重要思想。[①]

看来没有理由对这些评论提出疑问,毛的言行在超过 1/4 世纪的时间里主宰了中国的对外关系,其中包括指导中国与美国关系的恢复;周的声望在国际上同样很高;而(从某种更具随意性的政治角度看)邓小平对中国外交政策发展的影响也同样是巨大的。

而在与美国官员的交往中,每位中国领导人都有自己鲜明的风格。就中国官员而言,个性与政策问题是合而为一而不是互相排斥的。因此说,中美关系最初的突破主要取决于亨利·基辛格、周恩来和毛泽东之间建立起来的那种个人与政治的和谐一致;但是这种和谐一致却从未在邓小平与基辛格之间得到发展,特别是当中美外交政策出现分歧的时候更是如此。邓小平明确表示兹比格纽·布热津斯基比赛勒斯·万斯好;其部分原因是这两位美国高级外交官的不同政策倾向,同时也是因为他俩截然不同的个性。从一开始中国高级官员就注重并着力与美国历届政府中的某一官员建立较密切的个人关系。如果缺少这种关系,中美关系就会破裂,或进一步恶化。理查德·所罗门抓住了这种个人之间交往的实质:

> 中国人与人打交道的最基本的特点是,首先设法认清外国官员中谁同情他们的事业、在他们的对手中培养一种友谊和责任感,然后,通过各种计谋来利用这种友谊感、责任感、自疚感和依赖感以达到他们的目的。[②]

80 年代中美关系完全正常化以后,这种现象在维持关系上就不常见了,重要性也下降了。

第二个因素是外交决策的不稳定性。尽管极少数官员决定了中国

---

① 《关于建国以来党的若干历史问题的决议》(1981 年 6 月 27 日),第 41—42 页。
② 理查德·H. 所罗门:《中国人的政治谈判行为》,第 2 页。

外交政策策略，但是他们的决定仍要受到中国官僚体制中当时进行的更为广泛的战略和政治论争的影响。[①] 在关键的外交政策问题上的意见一致也是与在国内政策问题上的意见一致相关联的。60 年代末、70 年代初周的采取积极外交行动的主张是与他重建中国党政机构的工作密切相关的。而那些对中国同时反对两个超级大国的行动最高兴的人在混乱的"文化大革命"中受到的冲击也最少。[②] 尽管有时难以看清这种相关联的政策立场，但周和邓在特定情况下的重要政治地位是明显地影响着他们的外交决策的权能的。

这种相关联的特性还表现出了体制的差异，而这种差异又体现了个人权力之争。官场上有句经典格言："你的立场取决于你的地位。"像对美开放这样具有戏剧性的政策变化，对官场上的政治组合和有限的财富的分配有着实质性的影响。最引人注目的例子是国防部长林彪。他的政治权力和对财富的拥有权实际上直接随着中美关系突破的进展越来越小。关于林彪权势在国内的丧失与毛、周同美国成功地建立起关系之间的某些联系，将在下文探讨。

第三点是个人之间激烈的政治斗争，而不是既定外交政策的明确一贯性。政策的争论仅仅是中国政治进程中固有的激烈的个人权力斗争的一种手段。政策上的分歧虽然曾影响过这种权力斗争，但与政治体制中的宗派倾向相比一般居于次要地位。[③] 这种现象最典型的事例是 70 年代初期和中期为继承毛的位子而展开的激烈斗争。尽管"四人帮"对周、邓以及其他官员的攻击以意识形态为掩护，但实际上是在毛暮年为争取政治优势而进行的一场重大权力斗争。

中国人多次否认派系或权力斗争与外交政策有任何联系。这种否认反映了中国在审查其国家安全战备问题时所存在的固有的微妙性与神秘感。如果让人知道主要领导人在外交政策上有分歧意见，就会在与其他国家打交道时削弱中国的谈判地位。所以说，"四人帮"与邓

---

① 参见理查德·维希《中苏危机的政治》。

② 托马斯·M. 戈特利布：《中国外交政策的不同派系与战略三角关系的起源》。

③ 卢西恩·W. 派伊：《中国政治的动力》。

小平之间的斗争完全是个人之间的斗争，并不涉及到全球战略问题。这似乎有悖于毛、周倡导的地缘政治逻辑。但不幸的是，毛对与西方发展关系既赞成，又讨厌，举棋不定，因为他不放心与西方发展关系给他国内政治带来的后果。尽管条件已经具备，然而响个不停的仍是准备开场的锣鼓。

因此，上述三点在不同时期影响了中国外交政策的走向。毛深信与美国建立关系很有必要，从而为中国全球战略制定了新的方针。毛尽管愈来愈孤独、衰老，但在中国外交事务领域里至高无上的威望与权威则是毫无异议的。然而主席对外交关系的兴趣愈来愈小了，因为他在考虑过世后会产生的政治反响。周恩来身体的日益虚弱意味着毛将不会再有可信任的副手来负责中国的外交政策。因此外交政策便成了邓小平与江青各自领导的敌对集团之间进行的广泛权力斗争的一个组成部分。尽管60年代末那种极度孤立和仇外状态已经结束，但是中国内部的政治斗争仍在阻碍着对外关系的发展。70年代初期和中期，中国国家安全的需要与国内敌对势力之间的互相斗争一直交织在一起。因而70年代的大部分时间里，中国外交活动时断时续，一直处于探索状态。如果想更全面地了解事态发展的相互关系，我们必须先回顾一下促使中国在"文化大革命"后重新进行战略思考的有关事件。

通往北京之路，1968—1972年

如前所述，对美开放起因于对两个超级大国对中国威胁程度的重新评估。"文化大革命"期间，不断传出有关中国内部对美、苏的看法的争论情况；[①]但是北京的领导人似乎在忙于处理当时正在进行的派系斗争及其所造成的混乱局面，尚无暇对中国的安全状况作出明确的评估。只是到1968年8月苏联入侵捷克斯洛伐克之后，他们才注

---

① 如果想看被夸大了的这些争论的话，请参阅戈特利布《中国外交政策的不同派系与战略三角关系的起源》，特别是第30—66页。

意中国的安全问题，因为当时同时出现了下面三种情况：（1）中国党政权力机构的重新组建；（2）美国国内不断高涨的厌战情绪预示着美国将从越南撤军；（3）苏联在中苏边界争议地区不断集结军队，心怀叵测。

（毛提到尚未解决的领土纠纷问题和中国针对苏联的仇外情绪引起了苏联的恐慌，）苏联 1965 年初开始在中苏边境加强军事部署。早在 1966 年初，中国发言人就注意到了苏联在原来防卫力量较少的中苏边境的增兵活动。苏联增派地面部队是准备使用的，首先是进行带有挑衅性的边境巡逻。入侵捷克斯洛伐克和随后发表的社会主义国家"有限主权论"（即著名的"勃列日涅夫主义"）使苏联有可能发动针对中国刚刚起步的核武器研制计划的威胁性的、讨伐性的军事进攻。苏联侵略捷克斯洛伐克以后，周及其他中国领导人开始将苏联说成是"社会帝国主义国家"，即名为社会主义实为帝国主义的国家，认为苏联很可能对中华人民共和国进行突然袭击。

在此情况下，周开始重新考虑在与两个超级大国关系中坚持"两大敌人"的概念的后果。尽管中国在其声明中仍然强调美苏之间的所谓"互相勾结"，但是，苏联直接的军事挑衅与美国对中国所造成的威胁显然是大不一样的。虽然莫斯科不会轻易采取大规模的军事行动攻打中国，但是中苏之间漫长的边境线，使中国极易受到攻击。1945年的满洲之战，使苏军总参谋部十分熟悉中国境内一些可能发生战斗的地区的地形。另外，苏联还掌握所有中国武器系统的详尽情况。尽管苏联东部地区远离其军事供给地，但是不久苏联的后勤供应能力便会得到改善。更为可怕的是，1969 年夏苏联人已将轰炸机从东欧部署到了中亚。美国情报机构认为这些部署可能是在作袭击中国核设施的准备。[①] 美国主要依靠其部署在远离本土几千英里外的空军和海军力量"遏制"中国；而苏联则有其固有的地理优势，它的军事力量（包括地面部队、空军和核武器）就部署在苏联本土上，对中国的工业中心和北京新兴的战略武器都构成了长期的直接威胁。

---

① 艾伦·S. 惠廷："中美缓和"，载《中国季刊》第 82 期（1980 年 6 月），第 336 页。

紧张气氛最终酿成了 1969 年冬的边境流血冲突。冲突是因争夺乌苏里江上的珍宝岛而发生的。正如第三章所述，3 月的敌对行动很可能是中国方面首先挑起的；中国人似乎想不仅是在口头上、而且要在行动上警告苏联的军事集结所造成的危险。然而，苏联方面随后敌对行动的不断升级和莫斯科苏军总参谋部的公开警告，使大规模毁灭性的冲突随时都有可能发生。8 月末，在新疆发生的敌对行动以及苏联官员私下做出的有关可能对中国发动惩罚性战争的不祥暗示，表明情况越来越糟。北京的官员看来是真的担心莫斯科会发动大规模的武装进攻了。

中国对苏联军事、政治压力的不断升级主要做出了以下三点反应：（1）在近期，通过与苏联直接谈判以控制发生大规模军事冲突的危险；（2）从长远考虑，在不过分惹恼莫斯科的前提下于中苏边境部署大批装备精良的军事力量；（3）主动积极从事政治、外交活动，包括直接向华盛顿作出某种表示。这三方面的工作在同时进行，然而第三条，也许是最关键的一条"腿"却行动得最为缓慢。

1969 年夏是中国最有可能受到苏联突然袭击的时期，但是直到 1971 年春末，北京才不再含糊地表示准备接受美国的高层使者。为什么时间拖得这么长？首先，新上台的尼克松政府对中国想重新改善与美国关系的最初表示没有迅速作出反应。1968 年 11 月 26 日，中国外交部发言人宣布中国准备来年 2 月底恢复与美国在华沙的大使级谈判。更重要的是，这位发言人还说中国有兴趣在和平共处五项原则（这是中国长期以来发展国家间关系的准则，但 60 年代中期以来中国对美国的政策中却缺乏这一点）的基础上与华盛顿达成协议。尼克松新政府虽然同意了北京提出的谈判时间，但是尼克松总统原先的对华看法减少了中美关系近期改善的可能性。1969 年 1 月 24 日，中国一位低级外交官在荷兰寻求政治避难；中国为此提出了抗议，但是一直等到 2 月 18 日（预定恢复大使级谈判的前两天）才宣布不参加谈判。一直到 1970 年 1 月华沙谈判才得以恢复。

尽管中国寻求中美和解的意向比较明显，但是美国对中国最初的和解表示却未能积极响应，从而妨碍了 1968 年 10 月中共八届十二中全会提出的积极外交政策的实施。① 10 月 19 日，中国打破了对美越巴黎和谈长达 5 个月的沉默，第一次含蓄地声明支持美越通过和谈结束战争。11 月底，北京重新发表了毛泽东在 1949 年 3 月七届二中全会上的讲话，其中有段引人注目的话是："我们不应当怕麻烦、图清静而不去接受这些谈判……我们的原则性必须是坚定的，我们也要有为了实现原则性的一切许可的和必需的灵活性。"此外，北京将美国描绘成一副孤独、衰败的景象，并发表了尼克松宣誓就职的演说词以资证明。

然而 1 月底，毛自八届十二中全会以来第一次公开露了面。中国高层领导人的大型聚会表明上层可能存在着紧张状态；这种紧张状态可能是国内外事态发展造成的。当中国取消即将开始的中美华沙谈判时，它的外交政策已发生了重大变化。中国外交人员的叛逃被说成是"美国政府精心策划的严重反华事件"，尼克松与林登·约翰逊被视为"一丘之貉"。对美国的评价重又强调了美苏"勾结"；而这一点在苏联入侵捷克斯洛伐克后是不怎么提了的。所有这些都表明了"文化大革命"期间林彪所倡导的强硬外交政策的特性。随着 1969 年初中苏紧张局势的不断加剧，中国外交政策短暂的缓和趋势停止了。中国越来越立足于战争了，其突出表现是沿中苏边境集结军事力量。

然而，在这种情况下，周恩来开始认真地在内部对中国的战略和外交政策做出广泛的重新评估。② "文化大革命"期间，林彪及其亲信完全控制了军事指挥部门，实际上在中国国防战略的制定和执行上取代了其他几位尚健在的元帅。最大的牺牲者是陈毅，他是外交部长，是周恩来最亲密的政治盟友之一。他虽然受到了冲击，但仍是中

---

① 关于引入的此种讨论的更详细的分析，见维希《中苏危机的政治》。

② 此部分是以 60 年代末 70 年代初在中国进行的一些访谈和出版的关于中国外交战略的描述为基础的。参见铁竹伟："陈毅在'文化大革命'中"，载《昆仑》（1985 年 9 月）第 5 期，特别是第 140、142 页；以及军事科学院叶剑英传记写作组《叶剑英传略》，特别是第 271—272 页。

国军事事务上的一个骨干。1968年后期，国内政治有了一定程度的稳定，中国外交政策又开始趋于正常。中苏边境冲突爆发以后，周恩来立即将能起主要政治、战略作用的陈毅放到真正能起积极作用的位子上。

3月5日在珍宝岛发生了第一次冲突，周恩来命令陈毅召集一次国际形势特别讨论会，参加会议的有叶剑英、徐向前、聂荣臻三位元帅（在此之前，毛泽东显然已提出要成立类似的组织，只是中苏冲突促使其立即诞生罢了）。在外交部官员的参与和协助下，讨论会从1969年3—10月总共召开了23次会议，向党中央提出了许多重要报告。讨论的主要问题之一便是苏联是否有向中国发动直接军事进攻的能力和意图，另外尚有美苏是否会互相勾结共同反华的问题。陈毅认为两个超级大国之间的竞争仍然是首要的，实际上是否认了美苏联合反华的可能性。据称，陈毅是与会者中第一个作出这一判断的人，其他人后来也同意了他的观点。陈毅元帅给毛的一份报告中提出，激烈的边界冲突使中国有必要采取积极的外交姿态，首先应立即恢复中美大使级华沙谈判。一年多之后中美会谈终于得以恢复。

尼克松政府公开声明美国不会参与苏联威慑中国的图谋；显然北京领导人受到了这一声明的鼓舞。此外，美国领导人也开始发出信号，有意与北京打开关系。1969年8月1日，尼克松总统（当时正在巴基斯坦访问）向巴基斯坦总统叶海亚·汗表示他有意与北京打开关系，并要叶海亚·汗把他的意思转告中国。[①] 然而，中国人由于起初未能与美国取得政治上的突破，所以没有很好地直接利用美国政策立场的这一转变。对中国人来讲，避免战争的关键所在是与莫斯科会谈；因此，北京很快就邀请苏联总理阿列克谢·柯西金在参加完9月份举行的胡志明葬礼后访问北京（柯西金接受邀请时，已准备返回莫斯科了，但还是接受了邀请。这表明局势是非常紧张的）。周恩来与柯西金达成了10月份恢复中苏边界谈判的协议，中苏关系的严重危

---

① 亨利·基辛格：《白宫岁月》，第180—181页。

机期总算过去了。尽管中苏边界谈判没有什么突破，但是正常的政治、外交接触的恢复却避免了最糟糕的事情的发生。尼克松政府尽管当时对中苏对抗的危险十分敏感，并开始了对中国政策的重大变革的探讨，但也只是才开始寻找与中国对话的渠道。

不过，虽然尼克松政府不断表示有意改善同北京的关系，但1969—1970年美国的政策中仍然有着许多不利于中国政治利益和安全利益的东西。在1969年11月尼克松和佐藤发表的联合公报中，日本第一次公开声明对台湾和南朝鲜的安全负有责任。该公报很难使北京相信美国有与中国和解的意图，也使北京在1972年以前一直警惕并抨击着"日本军国主义"的威胁。尽管尼克松表示有意从越南撤军，并鼓励其亚洲盟国对自己国家的安全负起更大的责任来；但是美国在越南却越陷越深。1970年5月美国侵入柬埔寨；1971年初南越侵入老挝。这些侵略行动无疑拖延了中美关系正常化的进程。与越南的友好关系对北京来说还是很重要的，除非与美国关系正常化的可能性十分明朗了，否则中国人不想破坏与河内的关系。

再者，60年代末70年代初中国外交机构依旧处于混乱状态。直到1969年5月，北京才开始在一定的限度内重派驻外大使。周恩来只有少数几个忠于他的人可以使用。外交部长陈毅的健康状况急剧恶化；能够重新起用的其他高级官员又正忙于党政机关各部门的重建工作。大多数在40年代即熟悉美国、并与美国官员打过交道的人（特别是乔冠华和黄华）在其政治健康状况允许的情况下被指派处理事务。有关的人员再多，他们的政治权力再大，对中美关系正常化都不起决定性作用；只有周和毛本人才能保证政策的实施。

从中共九大结束到林彪死亡这段时间内的政治组合情况一直是十分微妙的。林彪及其亲信直接控制的人民解放军是中国当时最强有力的机构，而军队又拥有独立的运输与通讯系统。林彪及其同党在中央委员会与政治局中占有极大的优势，任何有悖于他们利益的重大决策都很难实施。当中苏边界谈判于10月份恢复的时候，林彪及总参谋长黄永胜便发布了一号通令，声称其目的是为了"加强战备，防止敌人突然袭击"。这些活动很可能是林彪个人搞起来的，没有得到毛泽东的首肯；林彪想借此巩固对军队的控制和强化对政治权力的把持。① 一号通令不仅使所有的部队处于戒备状态，还使林彪将其他大多数元帅疏散出北京，名义上是为了保证他们的安全，实际上则是将他们排挤出决策圈子之外。人们不清楚当时政治局是否仍在正常发挥作用。毛对林彪及其军事小集团的怀疑已相当严重，他搬出了中南海，很长一段时间里住在北京他认为更安全的地方。②

由此看来北京认为对中美初期的接触要绝对保密就比较容易理解了。两国参与谈判官员人数少对保证谈判的成功是重要的。尼克松和基辛格认为，依靠常规的官方渠道将使他们的努力归于失败；而周可能认为这事与其政治生命休戚相关。

中国人从来没有正面详细报道过林彪反对中美和解的情况，他们主要指责他谋害毛泽东的阴谋和后来叛逃苏联的罪行。③ 官方在提及林叛逃时，也没列出林与苏联有什么直接联系的证明，只说林希望能得到苏联的支持。只有周一些婉转的讲话和毛的比较具体的言论可以证实林反对中美关系正常化的说法。周在其 1971 年 4 月 21 日的信中突出表示北京欢迎美国派遣特使；他说之所以拖了 3 个月之久才回复尼克松总统 1 月初的信主要是"因为当时的形势"。④ 基辛格推测周恩来是指 2 月份南越对老挝所采取的行动，或是由于北京当时正在寻找与华盛顿联系的更安全的渠道；而更为合理的解释应是毛与林之间日益紧张的冷淡关系。随着冬末林政治状况的不断恶化（林彪开始失去国防部长的权力），1971 年春，中美和谈的速度在加快。尼克松访华期间，毛进一步指出，"有一伙反动分子反对我们和你们搞好关系……结果，他们乘飞机逃到国外去了。"⑤

其他证据也表明，中国军方在对中美和解开始阶段是持反对意见

---

① 《聂荣臻回忆录》，第 865—866 页。
② 罗克珊·威特克：《江青同志》，第 372 页。
③ 华方（音）："林彪流产的反革命政变"，载《北京周报》1980 年 12 月 22 日，第 19—28 页。
④ 基辛格：《白宫岁月》，第 714 页。
⑤ 同上书，第 1061 页。

的。据基辛格回忆，1970 年 7 月有两架米格 19 飞机企图"拦截并想击落"一架在离中国海岸数百英里以外的上空执行例行搜集情报任务的美国飞机。中国空军进行此类拦截活动已达 5 年之久。[①] 由林彪的亲信吴法宪指挥的空军已坚定地站在"文化大革命"激进派一边，击落美国飞机很可能使中美关系正常化的进程出现偏差，至少会拖延时间。就在基辛格秘密访华几周后，总参谋长黄永胜在庆祝 1971 年建军节的重要讲话中对美国的越南政策进行了猛烈的抨击，说美国与苏联一样对中国的安全构成了威胁。《红旗》杂志在发表黄永胜讲话的同时，刊登了一篇为对美开放进行辩护的权威性的文章。该文对美国和苏联的威胁作了明确的区分，与两个超级大国互相勾结的论点截然不同。[②] 周恩来（在黄永胜发表讲话时正接见詹姆斯·雷斯顿）说黄永胜总长的讲话并不反映中国外交政策的实质，强调中国愿意进一步改善与美国的关系。[③] 叶剑英元帅是唯一一位公开支持中美关系正常化的军人，7 月初，他曾到北京机场迎接基辛格。

　　然而，说林彪为了与周恩来的联美政策相抗衡而采取了"亲苏"立场似乎令人怀疑。林彪死后，一份党内文件曾引用了林彪的一句话（可能只是句气话，而不是有意识说的）："如果周恩来能邀请尼克松，我就能邀请勃列日涅夫。"[④] 1973 年 8 月中共召开十大，周恩来在报告中谴责林彪及其同伙"要投降苏修社会帝国主义，联合帝、修、反，反华反共反革命"。[⑤] 但这些指责并没提出林彪等人从事积极亲苏活动的"证据"来。如果说有什么证据的话，可以列出这么两条：人民解放军在中苏边境进行挑衅性的巡逻及后来全国总动员令的下达。1969 年夏和初秋，战争谣言四起，形势十分紧张；在这种气氛中，与苏联的军事对抗使林彪获得最直接的政治利益。直到 9 月周恩

① 基辛格：《白宫岁月》，第 697 页。
② 中共湖北省委写作组编："团结人民战胜敌人的强大武器——学习'论政策'"，载《红旗》第 9 期（1971 年 8 月 2 日），第 10—17 页。
③ 《纽约时报》1971 年 8 月 4 日。
④ 斯坦利·卡诺："林彪据信已死"，载《华盛顿邮报》1971 年 11 月 27 日。
⑤ 周恩来："在中国共产党第十次全国代表大会上的报告"（1973 年 8 月 24 日所作）。

来在北京机场与苏联总理柯西金会谈后，特别是双方决定恢复 1964 年停止的中苏边界谈判后，中苏紧张局势才得到缓和。是毛和周，而不是林认识到了无限期地立足于打所存在的潜在危险。

林的最大问题是他与毛的关系。1970 年末、1971 年初，他意识到主席对他越来越失望，实际上他也肯定毛已做出要将他赶下台的决定。如果说存在什么林彪与苏联"狼狈为奸"的令人信服的证据的话，那可能就是他的不可饶恕的政治变节了。后来对他的大量指责说明了这一点。但这些指责并没说到点子上。确切地说，所谓的林彪亲苏倾向主要表现在他叛逃和在广东组建独立的政权基地，正如一份内部文件所说的那样，林彪要"南逃广州，另立中央……林彪还企图勾结苏修，对我实行南北夹击……"① 如果林彪在 1971 年 9 月真的能到苏联，他的背叛对莫斯科来讲是宣传与情报上的最大胜利。然而，此事没能成为现实。

在处理中国与两个超级大国关系上，林彪"两面树敌"。他这样做既有政治上的考虑，又有本部门利益上的考虑。作为 60 年代后半期的国防部长，林大大地增加了中国的军费开支，这表明中国在南北边界线上抵抗军事压力的能力十分薄弱。1965—1971 年间，中国国防开支每年平均增加 10%；考虑到"文化大革命"期间的经济状况和混乱情形，这个数字是十分惊人的。这些军费开支主要用于购买武器装备和在中国内地建设新的军事设施上；这表明中国军队在这时期承担了更多的作战责任。② 很难说林欢迎这样的外部军事压力，也很难说他希望中国在同时与华盛顿和莫斯科的对抗中处于孤立与易受攻击的状态。然而，林确实是这种形势下的最大受益者，因为国内的混乱和来自国外的威胁使主席感到林及其军事力量不可或缺。1969 年制定的党章规定林彪为毛的接班人；在中共第九届中央委员会和政治

---

① "关于林彪反党集团反革命罪行的审查报告"，中发，1973 年第 34 号，载高英茂编《林彪事件：权力政治和军事政变》，第 113 页。

② 有关详情参见美国中央情报局国家对外评估中心《中国的防务开支（1965—1979)》，第 2—4 页。

局中人民解放军的势力也进一步加强。这样，林彪的地位实际上已是固若金汤了。

然而，中国政治进程的变化——可能主要是年迈的党主席对林彪的野心产生了越来越多的怀疑——使形势急转直下。回顾一下历史，我们可以看到，几乎在林成为毛的法定继承人之日开始，毛就想除去林了。[1] 尽管对林后来的政治失败有各种不同的说法——主要是说他想谋害毛，其实，所有这些说法中最基本的一点是对权力的不懈争夺。

说林反对与美国改善关系便是这方面最好的证明。在正常情况下，作为军事长官的林对与长期的对手和解，是应该十分谨慎的。当毛和周开始主动表示与尼克松言和时，美国尚深陷在越战之中，还对中国安全形成严重的威胁。但是，这时候是不正常的时期。林成了毛的接班人后，毛决定重新组建在"文化大革命"中严重受损的党和政府权力结构。这些决定对周及其政治伙伴非常有利，而对林的权威和长期的政治地位则产生了不利影响。因此，林对中国外交政策发生重大转变的形势颇感不安，因为他肯定中国与华盛顿的和解是动摇他政治权力的步骤之一。

1970 年 8、9 月间的九届二中全会以后，毛加强了对林的攻击，与此同时，他对美国的态度也日益好转了。10 月 1 日，埃德加·斯诺及其夫人在周恩来的陪同下登上了天安门城楼站在毛的身边，参加中华人民共和国国庆，他们在一起合影留念。这不仅是一个美国公民第一次享此殊荣的问题；毛借此首次公开表示有意改善与美国尚处于试探阶段的关系。[2] 周与尼克松政府的初步联系（1970 年 12 月—1971 年 1 月）表明林同毛一样是赞成与美国进行高层接触的，[3] 但是，林在中美和解过程中的作用是有限的。周在 1971 年 5 月末的信

---

[1]　有关党的文件汇编，见高英茂：《林彪事件》。

[2]　基辛格：《白宫岁月》，第 698—699 页。毛泽东和斯诺的合影直到 1970 年 12 月 26 日毛生日那天才刊登在《人民日报》上。

[3]　基辛格：《白宫岁月》，第 701、703 页；理查德·尼克松：《尼克松回忆录》，第 547 页。

中邀请基辛格秘密访问,同时邀请尼克松随后公开访华,信中只说是得到了毛的赞同,并没有特别提林的名字。[①] 如果还需要进一步说明的话,1971 年 7 月 9—11 日基辛格首次访华期间,周恩来的行为便是很能说明问题的。当这位国家安全顾问向中国高层领导人赠送礼品的时候,周代表中国领导层向他表示了谢意,但是没有提及林的名字。[②] 事实上,林从一开始便是中美和解进程中的多余人物。自从中苏冲突开始以后,林就很少参与制定中国许多重要的外交政策了;这说明他的政治地位在迅速下降,1971 年 9 月他不光彩地叛逃苏联时就全完了。

林似乎完全赞成"文化大革命"的孤立政策和好斗情绪;这与1970 年初已发生变化的形势很不相宜,当时苏联被看成是头号敌人,美国是第二号对手。后来一篇文章评论道:

> 林彪说什么"我们同帝、修、反没有共同的语言,要同他们划清界线,要同他们斗争,要同他们对立,而不能同流合污"。……对敌斗争的一个最主要的战略思想是:团结一切可以团结的力量,组成最广泛的国际统一战线,集中主要力量,去打击最主要的敌人。……"四面出击"还把马列主义者所制定的许多对敌斗争的重要策略思想践踏得一塌糊涂。……实行"四面出击"的结果,自然是造成到处树敌,使我们濒于孤立的处境。[③]

正如阿尔巴尼亚的一份文件所述,与美国和解标志着中国"文化大革命"外交政策的终结:

> 随着尼克松的访华,中国加入了重新划分世界势力范围的帝

---

① 尼克松:《尼克松回忆录》,第 551—552 页。
② 所罗门:《中国人的政治谈判行为》,第 7 页。
③ 张明养:"林彪和'四人帮'极'左'外交路线剖析",载《复旦学报》(社会科学版)1980 年第 2 期。

国主义阵线和竞争者的行列；中国在想要得到自己的那一份。尼克松的访问为中国开辟了与美帝国主义及其同伙和解与联合的道路。同时……与美国结盟标志着中国领导层已脱离了真正的社会主义国家，脱离了马克思列宁主义运动，脱离了人民革命和民族解放斗争。①

最重要的一点是，对美开放结束了中国对内对外长达 10 年之久的意识形态僵化状态。尼克松访华是中美和解进程中对美开放的重大步骤。中国外交政策摆脱了僵化的教条状态；主要的受害者是林彪。

中国的资料对北京没有回答的 1968 年末的那个建议只是一笔带过；又只是附带说一下这可能拖延了中美和解的进程。这些资料还对 1969 年北京对苏联发动攻击的可能性的严重担忧作了轻描淡写的叙述。而尼克松和基辛格却常被描述为急切盼望中国人邀请他们访问北京的人。埃德加·斯诺说，1970 年 11 月初周恩来对美国的意图提出了怀疑：

〔周〕回忆说，1969 年尼克松刚上台时，他声明愿意缓和紧张局势，并且想与中国谈判。尼克松还进一步表示，如果华沙地方不合适，和谈可以在中国举行。北京回答说，这样很好。讨论台湾问题，尼克松本人来行，他派使者来也行。然而，尼克松对此没有作出反应。继而在 1970 年 3 月发生了入侵柬埔寨的事件，中国人据此认为对尼克松的言行不能太认真了。②

但是，这个月底尼克松的另一封私人信件又使北京受到了鼓励，

① 1978 年 7 月 30 日 "致中国共产党中央委员会和中华人民共和国国务院的信"，载外国广播信息处《东欧动态》1978 年 8 月 1 日，第 17 页。
② 埃德加·斯诺：《漫长的革命》，第 11—12 页。除第一句以外，引文的其余部分都在被中方认可的原文中删除了。

但是否作出反应仍有疑虑。12 月中旬，毛对埃德加·斯诺说：

> ……外交部研究一下，美国人左、中、右都让来。为什么右派要让来？就是说尼克松，他是代表垄断资本家的。当然要让他来了，因为解决问题中派、左派是不行的，要跟尼克松解决，在暂时。……我说如果尼克松愿意来，我愿意和他谈，谈得成也行，谈不成也行，吵架也行，不吵架也行，当作旅行者来也行，当作总统来谈也行。[1]

与此同时，毛还非常关注尼克松访华对美国的政治影响："谈到尼克松可能的中国之行，主席特意问到 1972 年是否要举行总统选举？然后他又说，尼克松先生可以先派一名特使来，他本人在 1972 年初以前似乎不宜来北京。"[2] 在中美最初进行试探性接触的时候就出现了"谁需要谁"的争论。首先，北京不希望以需要者的身份出现；是美国想进行这样一次会谈，也是美国想以快刀斩乱麻的方式来解决棘手的台湾问题。

尼克松访华前夕，周恩来在内部作了一个报告，这份自信充分反映在这份报告中：

> 美帝国主义头子的访问……使美国对华政策破了产……苏修利用美国侵略越南的时机，极力扩张其在欧洲与中东的势力范围。美帝国主义没有任何选择，只能同中国改善关系，以便与苏修相对抗。……由于尼克松内外交困，所以，他强烈要求访华，他来时，不得不带些东西来。否则，他会发现他回国后无法向国人解释清楚。[3]

---

[1] 《毛主席会见美国友好人士斯诺谈话纪要》(1970 年 12 月 18 日)；也见斯诺《漫长的革命》，第 171—172 页。

[2] 斯诺：《漫长的革命》，第 182—183 页。

[3] 周恩来："关于国际形势的党内报告"(1971 年 12 月)，参见陈庆编《中国与三个世界》，第 137—138 页。周的报告由台湾渠道获得，看来是一份可靠的真实的文件。

　　周对国内的听众说，尼克松急切地、严肃地要求与中国建立关系。毛和周认为，他们只是顺应美国要建立这种关系的热切愿望。他们声称，尼克松不应空着手来。

　　实际情况要复杂得多。尽管中国人说是尼克松政府（更不用说追求总统职位的许多民主党人了）急于要求得北京之行的准许的，但是中国自己的动机却是掩盖不住的。基辛格秘密访华两周后，《红旗》杂志发表了一篇文章，最坦诚地公开讲述了对美开放的正当理由：竟不含糊地区分了两个超级大国对中国威胁的程度及其对北京安全考虑所产生的影响。虽然名义上是在评价中共在抗日战争时期的战略，但是将"侵略中国的日本帝国主义和现时没有举行侵略的其他帝国主义"之间的差别做了区分却有鲜明的现实意义。文章的作者认为，无产阶级应把帝国主义列强之间的"一切争斗、缺口、矛盾"，统统收集起来，"作为反对当前主要敌人之用"。作者还指出，"毛主席制定的对敌斗争策略原则是坚定的原则性和高度的灵活性的辩证统一"。①

　　中国人与尼克松政府私下达成的谅解依然是个让人琢磨的问题。许多观察家认为，尼克松和基辛格为了使中国人支持美国在其他地区的政策，曾就一些重要问题向中国提出过私下保证。② 十有八九，台湾问题算是其中之一。1970 年末，毛告诉埃德加·斯诺："除非尼克松想谈台湾问题，否则他就不能来。"③ （毛主席的原话是："我看，七二年的上半年他可能派人来，他自己不来，要来谈是那个时候。"——译者）的确，美国驻华沙大使沃尔特·斯托赛尔在 1、2 月份已经向北京转达了美国在台湾问题上的重要让步，美国保证减少（并暗示要最终撤出）其驻台湾的兵力。米歇尔·奥克森伯格说斯托赛尔与中国代办雷阳在 1970 年的两次会晤是"非同一般的"。奥克森伯格说："美国第一次承认，这是一个要由中国人自己来和平解决的

---

① 中共湖北省委写作组："团结人民战胜敌人的强大武器——学习'论政策'，载《红旗》，第 9 期（1971 年 8 月 2 日），第 14 页。

② 例如，西摩·赫什的《权力的代价：尼克松当政时期的基辛格》。

③ 引自上书，第 367 页。

问题。而中国人则放弃了他们以前的立场：即问题不解决，关系就不会改善。"① 作为这种保证的回报，中国人对基辛格和尼克松发出了访华邀请。② 但是，美国当时主要关心的是越南问题，尼克松政府竭力想使中国至少悄悄同意美国撤出这场冲突的战略。

基辛格秘密访华之后，中国人开始敦促河内在维持南方西贡当局现状的情况下与华盛顿达成和解。③ 越南外交部发布的白皮书声称，北京劝告河内"抓住有利时机，首先解决美军撤出越南的问题，并注意解决美国战俘问题。推翻西贡傀儡政权要从缓而行"。然而这份文件表明，中国有其明确的解决问题的次序：

> 1971年7月13日，中国高级代表团（由周恩来率领）说：在与基辛格会晤期间，印度支那是讨论的一个最重要的问题。基辛格说，美国将这个问题与台湾问题的解决联系在一起。美国声称，只有美军撤出印度支那以后，才能撤出台湾。对中国来说，美军撤出南越比中国进入联合国更重要……
>
> 1972年3月初……中国领导人的一位代表解释说，要使中美关系得以正常化，使远东局势得以缓和，就必须先解决越南和印度支那问题。我们不要求先解决台湾问题，因为这是个次要问题。④

越南坚持认为中国人口是心非。越南外长阮基石说：

> 尼克松访华以后，毛泽东告诉范文同总理，他的扫帚要想打

---

① 米歇尔·奥克森伯格："中美关系十年"，载《外交事务》第61卷第1期（1982年秋季号），第177页。奥克森伯格的评论根据的是大量有关这一时期中美谈判所得到的记录。
② 西摩·赫什：《权力的代价》，第361页。
③ 同上书，第375—376页。
④ "过去30年越中关系真相"（1979年10月4日），国外广播信息处印：《亚太动态》（增刊）1979年10月19日，第22页。

扫干净台湾还不够长；我们的扫帚要想将美国人扫出南越也还不够长。他要阻止我们统一，迫使我们承认南越傀儡政权。他为了美国而牺牲了越南。[①]

根据华盛顿的指示，北京向河内传达了美国的警告：如果越南拒绝美国的谈判建议，战争就有重新升级的危险。[②] 中美和解首先最严重地损害了中越关系；这使越南后来认为，加强与莫斯科的关系对减轻来自北京越来越大的政治压力是至关重要的。

1971 年春，中美进行着高度秘密的正式接触；中苏边境最严重危机已经过去。尽管冲突的爆发仍然没有完全排除，但是爆发的可能性已很小了；这主要是因为军队对中国内政的影响消失了，文官权威恢复了。由于中国所受到的压力减弱了，而尼克松又急切期望在 1972 年大选之前使中美关系有所突破，毛和周认为他们手里的牌好多了。

然而，当尼克松即将来访之际，国内的对立再次干扰了中美关系。江青及其同伙清楚地认识到即将到来的总统访问会给周恩来带来政治机会，据说他们公然反对这位总理一手掌管中国外交政策的制定和实施。[③] 在 11 月基辛格第二次访问和 1972 年 1 月亚历山大·黑格先遣访问期间，激进派可能曾提出他们有权指导与尼克松会谈的要求。他们反对的不是中美和解本身（特别是因为毛在和解过程中的核心作用），而是反对总理独掌中国外交政策的大权。黑格访问北京期间，激进派发表了一篇猛烈抨击"美帝国主义"的文章。看来周对这篇文章的发表很生气；他说这篇文章违背了毛主席的战略指示，并不反映中国的外交政策。虽然周把这篇不合时宜的文章所带来的损失限制在了最小范围内，但是林彪死后 4 个月中，激进派的阻碍作用又表面化了。江青用革命现代舞剧招待尼克松一行，表明她赞成对美开

---

① 见阮基石 1982 年 3 月 6 日接受阿姆斯特丹《民族报》采访时的谈话。报道见外国广播信息处《亚太动态》1982 年 3 月 17 日，第 2 页。

② "越中关系真相"，第 22—23 页。

③ 上面这段话中的消息是由一位了解这一时期中美关系的中国官员给作者提供的。

放。这也许是周的有意安排，让激进派表面上介入中美和解的进程。

尼克松访问期间所下的赌注太大，不允许有任何失败。从 1972
年 2 月 21 日周在北京机场柏油路上迎接尼克松总统的那一刻开始，
实际上就保证了尼克松访问的成功。虽然美国不能保证毛会与尼克松
见面，但尼克松到达北京的第一天晚上便造访中南海，这使美国人大
为释怀。第二天，《人民日报》第一版刊登了毛泽东对这次访问的赞
扬。美国记者注意到，周恩来在参加完宴会后亲自校对了校样。毛说
他在 1968 年就"投过你（尼克松）的票"，1972 年仍投他的票。由
于毛将自己严格地限制在幕后，所以毛保证要使尼克松的访问成为周
的成功。

尼克松访问期间，双方都十分关心起草一份确定指导未来中美关
系的广泛原则的文件。1972 年 2 月 28 日发表的《上海公报》就是这
样一份精心拟定的文件。公报同时发表了各自国家的方针政策。① 对
中国人来说，公报有四个方面最为重要：第一，双方保证"任何一方
都不应该在亚洲—太平洋地区谋求霸权，每一方都反对任何其他国家
或国家集团建立这种霸权的努力"。第二，共同声明"任何一方都不
准备代表任何第三方进行谈判，也不准备同对方达成针对其他国家的
协议或谅解"。第三，共同反对"任何大国与另一大国进行勾结反对
其他国家，反对大国在世界上划分利益范围"。第四，美国方面关于
对台政策的一段长篇声明：

> 美国认识到，在台湾海峡两边的所有中国人都认为只有一个
> 中国，台湾是中国的一部分。美国政府对这一立场不提出异议。
> 要重申它对由中国人自己和平解决台湾问题的关心。考虑到这一
> 前景，它确认从台湾撤出全部美国武装力量和军事设施的最终目
> 标。在此期间，它将随着这个地区紧张局势的缓和逐步减少它在
> 台湾的武装力量和军事设施。

---

① 所有引言所用的文本见理查德·H. 所罗门编《中国因素，中美关系和全球舞台》，第
296—300 页。

尽管美国在支持中国坚持的一个中国的立场上的态度不是毫不含糊的，但是尼克松政府决定不支持中国和台湾统一的主张。美国的两位政策分析家在其早些时候出版的著作中提到，美国的立场是"一个中国，但不是现在"。① 周同他的助手们（特别是外交部副部长乔冠华）在这一敏感问题上毫不妥协。为了避免僵局以及保持 1970 年初在华沙曾私下表明的立场，尼克松和基辛格不得不同意中国对台湾拥有主权的观点。

这样，中国人感到在会谈中赢得了一大胜利。他们在公报中只作了最小限度的让步；而美国则面临微妙的任务：即作为执行一项最终撤出台湾的长期政策的一个组成部分，先行实现其减少驻台美军的承诺。在至关民族利益的问题上，中国人认为他们没有为了中美和解而出卖原则。然而，毛和周同意了无限期地延长中国与台湾的分离状态。

中国人认为国家安全的需要比立即解决台湾问题更重要。基辛格在其回忆录中说道：与美国建立可靠的关系改变了中国与超级大国之间的关系性质，使中国免去了两线作战的威胁（况且两面的敌人都很强大），迫使莫斯科在考虑对中国施加压力或公然进攻中国时要三思而行，并使北京不再担心莫斯科和华盛顿会互相勾结实施反华战略。② 1971 年 8 月，美国又私下保证，如果苏联把因印度与巴基斯坦的战争而日趋紧张的中苏关系升级为武装冲突的话，美国将给予中国军事援助。③ 尽管这种可能性与基辛格所讲的相差甚远，但却使北京更加相信华盛顿是把中国的领土完整和不可侵犯作为美国外交政策的基本点的。

无论就所做的还是就所说的而言，中美和解对地区安全的意义也是十分重要的。当尼克松总统表示无意威胁中国时，毛回应道："我

---

① 理查德·穆尔斯廷、莫顿·阿布拉莫维茨：《重新制定对华政策：美中关系和政府的政策制定》。
② 基辛格：《白宫岁月》，第 765 页。
③ 同上书，第 906、910—911 页。

们既不威胁日本,也不威胁南朝鲜。"① 这些谅解不仅使美国部署的反对中国的军事力量减少了,同时表明中国默认了美国军事力量在西太平洋地区的存在,也默认了美日共同安全条约。后来透露出的消息表明,中美关于日本作用问题的争论非常激烈。60 年代末、70 年代初,无论就个人还是就政治而言,北京都十分讨厌日本佐藤政府;这不仅仅是因为佐藤同情台湾,还因为 1969 年 11 月发表了尼克松—佐藤联合公报。这位日本首相在公报中首次声称:"大韩民国的安全对日本自身的国家安全至关重要",还说:"维护台湾地区的和平与安全也是日本安全最重要的因素。"② 美国应允日本在该地区扩大防御作用的前景使中国感到很担心,因为正面对苏联强大的军事压力的中国在与美国建立互相依赖的关系之前,可能要面对复活的日本军国主义。

因此,周和毛曾竭力要尼克松和基辛格澄清日本在该地区的安全作用。对北京来说,一个与美国结盟的日本当然比独自实现防御目标的日本更为有利,哪怕这种防御作用要受美国的允许和支持。根据尼克松后来的披露,双方就安全保障条约是否合宜问题有过"艰苦的谈判"。尼克松说:"我们告诉他们,如果你们试图阻止我们保护日本人,我们就让他们拥有核武器。"中国人则说:"我们不希望这样。"③我们无从证明这些讲话的可信度;但是,这种直率的交谈使我们更容易理解为什么中国当时一再发出"日本军国主义复活"的警告了。这也有助于说明为什么《上海公报》中要提及中国反对"日本军国主义复活和向外扩张"和支持一个"独立、民主、和平、中立的日本"了。④

尽管存在着争议和不确定性,1971—1972 年中美关系的突破还是使中国在中美关系方面的投入得到了较大的收获。尼克松的访问也

---

① 毛泽东和尼克松的谈话在《白宫岁月》第 1061 页有记录。

② 引文见李季银(音)《日本面对中国:战后时期的政治和经济关系》,第 85 页。

③ 尼克松的评论表明的日期是紧接着他在 1975 年辞去总统之职以后。这些资料引自赫什《权力的代价》,第 380 页。

④ 引自所罗门《中国因素》,第 297 页。值得注意的是,在提到美国"对其同日本的友好关系给予最高度的重视"时,中美上海公报中并没有提及《日美安全保障条约》。

为加速改善中日关系铺平了道路。但直到佐藤下台，北京才表示有兴趣全面恢复与日本的外交关系。① 一位以前曾极其仇视中国共产主义的美国总统的访华极大地提高了北京的声望；而一位曾经是中日战争中的一名步兵的田中角荣首相的访华就更具有深远意义了。在极短的时间里，毛和周解决了林彪的问题；1971 年 10 月 25 日台湾被逐出联合国，而当时基辛格正在中国进行第二次访问；苏联孤立中国的幻想破灭了，北京的政治和外交威望极大地提高了。所付出的最大的政治代价是北京与其共产主义世界的长期盟国（特别是越南和阿尔巴尼亚）的关系（疏远）。然而，与地拉那关系的恶化只是个小小的代价；而北京谋求尽快结束越南战争，虽然可能河内将其忠诚转向莫斯科，但与美国密切关系却是件无价的大事。对美开放起初只是顺应 60 年代末形势的深刻变化，但这一进程的开始却影响了整个东亚局势的发展。

停滞与动乱，1973—1976 年

1973 年初，展望中美关系似乎很乐观。尼克松总统取得了 1972 年 11 月大选的巨大胜利；1973 年 1 月 23 日，美越签署了巴黎和平协议。这些不仅预示着中美关系将稳步发展，也缓和了东亚地区的紧张局势（显然，这与美国人从台湾撤军有关）。中国多半期待着美国在尼克松第二个任期结束之前断绝与台湾的关系、并在北京建立美国大使馆，然而不知道是否有美国官员曾对此作过明确的表示。② 另外，中美关系的发展将不再会有越战的干扰。尽管河内领导人十分怀疑中美两国在以牺牲越南利益和使柬埔寨的战争继续恶化为代价而互相勾结，但是这一地区的前景总的来说比以前乐观了。

1973 年 2 月基辛格的访华证实了这种乐观情绪。③ 毛和周对基辛

---

① 李季银（音）：《日本面对中国》，第 106—111 页。

② 有关后一个问题的证据含糊不清。据一位参加了与中国人的讨论的美国人说，邓对基辛格说"美国欠中国一笔债"，因为尼克松在 1972 年时曾承诺在他第二届总统任期期满之前完成中美关系正常化进程。所罗门：《中国人的政治谈判行为》，第 11 页。

③ 亨利·基辛格：《动乱年代》，第 44—71 页。

格的热情接待说明 19 个月来两国关系的改善有了巨大进展。中国领导人由于对中美关系的前景越来越有信心，所以就广泛的战略和外交政策问题进行了讨论。出乎基辛格的意料，周提议在两国首都设立联络处，在两国全面建立外交关系以前作为大使级的代表。尽管周以其娴熟的外交技巧向世人宣称，这个提议来自美国；但是中国人已决定尽快巩固与美国的关系。

然而，1973 年初的乐观情绪是短暂的。数月时间，水门事件的危机困扰着尼克松，使他在政治上难以有所作为，并于 1974 年 8 月辞去了总统职务。毛个人对此感到迷惑不解：一件微不足道的小事会使在职的美国总统下台，真不可思议。后来在与访华的泰国领导人克立会谈时，毛说他正在琢磨美国的科技发明（比如磁带录音机），并且坚持说他难以理解为什么尼克松在白宫用了录音系统便被说是犯了罪。[①] 毛除了对美国法律程序不甚了解之外，还很可能怀疑是那些反对与中国建立关系的美国人在政治上找尼克松的麻烦，因为他们希望中美关系进程出现偏差。

然而，并不仅是美国国内的政治问题影响了中美关系的改善，中国国内正在酝酿着的政治风暴也严重地束缚住了北京在外交政策执行方面的手脚。造成这种不稳定局势的直接原因是周恩来的健康状况越来越坏。1972 年尼克松访华时，周已经知道自己得了癌症，并婉转地向尼克松与基辛格提及自己的健康状况。[②] 周由于知道自己身体状况正在不断恶化，所以急于要解决他拟议中的三大政治问题：扩展中国的外交活动（包括加强与美国的关系）；国内转向实现经济现代化；全面重建党政权力机构。其中第三个问题最重要，争议也最大，因为要为"文化大革命"期间被打倒的一批高级官员"翻案"。首先要为邓小平翻案。1973 年 2 月，邓小平返回北京，4 月首次在外交场合露

---

① 《纽约时报》1975 年 7 月 10 日。

② 所罗门：《中国人的政治谈判行为》，第 7 页。一位奉命为周写传记的中国人断言，在尼克松访华期间，周的癌症就已十分严重了。作者们进一步声称，1966 年以后，周就一直因心脏不好而被困扰。方钜成、姜桂侬：《周恩来传略》，第 115—116 页。

面。不管邓小平复出的原委如何，谁当毛与周的继承人这一政治问题显得十分紧迫了。

外交政策（特别是与华盛顿的关系）与继承人的斗争有什么联系呢？即使回顾历史，也很难弄清那时令人震惊、极富个人色彩的政治状况。解释不清的主要原因在毛。毛在1976年初周去世之前一直不愿采取使邓小平第二次下台的果断行动。1973年2月这位主席在与基辛格会晤时说，中美的贸易状况是"令人遗憾的"，但称赞了联络处的开设。基辛格回忆道，毛还承认"中国……必须向外国学习"。[1]在11月份与基辛格的另一次会晤中，是毛而不是周提出解决台湾问题的办法；而中国人实际上没有提出解决问题的期限。毛当时说："我认为，我们目前不统一台湾也可以……世界上的事情不用办得太快，为什么要这么着急呢？"[2] 基辛格把他与毛的这次非常详细的谈话看成是他任国务卿期间保留下来的"中美关系的圣经"。[3] 最后，毛警告说，中国女人"会带来灾难"，基辛格对她们要小心。[4]

几周后，江青及其同伙便发起了反对周、邓以及与西方和解政策的非常规的战斗。1973年底周已从中美关系的进程中退了出来，把中国的外交政策交给了身体健康的邓小平。基辛格注意到，在后来的会谈中与他谈判的中国对手一次也没有提到周的名字，只提了主席的指示和讲话。总理的退出看来既有健康原因也有政治原因。由于周的有限精力集中到了其他事务上，所以他几乎不再参与外交事务了。

除了中国的政治动乱以外，美国外交政策的战略计划使中美关系的改善更加困难。当美国结束了越南战争，开始重新评估其长期战略目标的时候，周恩来和毛开始怀疑美国可能认为与苏联的关系更加重要，从而越来越忽视中国。尽管华盛顿不断向北京保证将向中国通报美国全球战略的各个重要方面，但是早在1973年2月初周就说美国

---

[1]　基辛格：《动乱年代》，第67、69页。

[2]　同上书，第692页。

[3]　同上书，第697页。

[4]　同上书，第68、694页。

很可能将"苏联这股祸水东引"。① 当逐渐失势的尼克松不能使中美关系正常化，特别是当他寻求与苏联保持并加强合作时，这些怀疑就更加严重了。

杰拉尔德·福特爬上总统宝座并没有给中国人带来什么保证。美国外交轮廓总的未变，仍是基辛格坚持的与苏联缓和。北京领导人认为，基辛格努力加强与莫斯科的关系，表明美国一直在幻想着软化苏联的实力，也说明美国根本不考虑两个超级大国发展关系对中国安全的影响。1974年11月福特与勃列日涅夫的高峰会晤突出表明美国根本不重视中国的利益。苏美不仅就新的战略武器控制条约达成了初步协议，而且在海参崴（符拉迪沃斯托克）举行了会晤：这显然表明美国默许和承认了苏联对有重兵驻守的一直有争议的中苏边境地区的战略要求和政治要求。翌年夏，在赫尔辛基签署的东西方协议使中国人更加不安，因为这些协议使西方接受了战后欧洲的分裂现实，使莫斯科得以抽身在政治上干涉亚洲事务。

毛和周对基辛格提出警告是很客气的；但邓小平却没有同样的克制。1974—1975年间，邓小平的政治地位稳步上升；他的直率性格加深了与华盛顿的分歧。据说基辛格认为邓是个"讨厌的小个子"；而邓同样、甚至更加蔑视他的对手。这种互相敌视还表现在邓的助手与其谈判对手交换意见的时候。中美高级官员之间的个人联系就像其建立起来那样很快就消失了。1972年毛知道尼克松访华将有助于他连选连任；而邓却没有向福特总统发出访华的邀请，反而有意识地邀请了国防部长詹姆斯·施莱辛格（基辛格的主要政治对手）和民主党的重要政治家访问中国。1975年底，福特访华，但成果甚微，只进行了正式的官方的针锋相对的会谈。

然而，这场交锋的发起人是毛和周，而非邓。② 1973年初，当基辛格希望与莫斯科就军备控制和国际安全进一步谈判时，周便明确地表示了他的怀疑。在这位总理看来，美国的战略目标是建立并指导一

---

① 基辛格：《动乱年代》，第52页。
② 同上书，第47—70页。

个联盟，以限制苏联的野心，使莫斯科难以让西方国家具有一种虚假的安全感。

基辛格希望苏联会愿意认真地进行谈判；周对此嗤之以鼻。毛同意周的观点；并强调指出，在苏联势力不断发展而不是削弱的时候，虚假的缓和是危险的。基辛格则认为，越南战争的结束使美国有了更大的选择余地；而中国除了依靠美国来限制苏联的袭击外则别无选择。基辛格在给尼克松的私人信件中说，美国可以"既有茅台，又有伏特加"。他认为，如果由美国来左右这两个共产主义大国，它们之间的矛盾就得不到解决。

基辛格的过分自信来源于中国在台湾问题上的节制和准备公开承认美国东亚地区的安全部署。[①] 1973 年周在与基辛格会谈时，没有提及危言耸听的日本军国主义幽灵复活的问题，而这个问题是双方早期讨论的一个主要问题。相反，这位总理着实称赞了一下日美安全保障条约和北大西洋公约组织。同样，毛指出，美国军队在亚洲的部署"太分散了"。毛与周的意图十分明显：通过承认美国的地区安全作用和警惕苏联的帝国主义计划，北京希望尼克松政府能够认清加强与北京的密切关系要比注重与莫斯科的不稳定的、带有危险性的和解好得多。

另外，基辛格还夸大言辞，说 1973 年将是"欧洲年"，这就是说，美国对各地区和各国的政策是有先后安排，而无战略区分。基辛格讲话中流露出的一种霸气，视中美关系如草芥。北京对此是不会无动于衷的。尽管北京仍准备寻找机会与美国建立更全面的关系，但基辛格的话使中国人专就中美分歧展开了争论。

周带头表示不同意美国的战略思想和决定。这位总理又回到了1972 年毛与尼克松会谈时提出的问题：即苏联长期战略的重心问题。毛虽然自认十分担心苏联在不断加强针对中国的军事力量，但坚持认为莫斯科的首要战略目标是欧洲而不是亚洲。同样重要的一点是：尽管苏联针对中国的军事力量在不断增加，但到 70 年代增加的速度开

---

① 基辛格：《动乱年代》，第 56、67 页。

始减缓了,这表明莫斯科在中苏边境部署军队的能力是有上限的。在这种情况下,中国对美国安全保证(与美国发展关系的动因)的需求就不太急迫了。1973 年 5 月周第一次指出,苏联的突然袭击已被制止住了。[①]

苏联军队集结速度的减缓使周得以重申毛的观点,说苏联军事威胁的主要目标是西方而非中国。毛最担心的事一直是苏美和解可能使苏联对中国增加其政治、军事压力。由此产生了三种结论:第一,是否全部解除苏联对中国国家安全的直接威胁,北京并不十分看重;第二,北京强调欧洲不断增大的军事危险,希望华盛顿与莫斯科把注意力集中在远离中国国土的地区;第三,北京强调其与第三世界拥有共同的利益,认为第三世界是反对两个超级大国的独立的政治、经济力量。

周在 1973 年 8 月召开的中共第十次全国代表大会上很精辟地阐明了中国对这三个问题的基本看法。[②] 这位总理试图避开来自敌人和假定的盟友的双重挑战。谈到莫斯科时,他说,中国尽管"是一块肥肉,谁都想吃",但是历史证明,中国"这块肉很硬,多年来谁也咬不动",更不用说独"吞"了。70 年代初中国官员曾不祥地说过,"苏联在中国边境陈兵百万,威胁着中国的安全"(这一声明使用了不规范的数学表达法,多说两倍以上的数目)。而现在则说区区百万大军不足以入侵和征服中国。一场苏联侵华战争制止住了,那是因为没有人会重犯 30 年代日本人致命的战略错误。谈到两个超级大国时,周说它们之间的"争夺是绝对的、长期的;勾结是相对的、暂时的"。因此,任何反对中国的活动都是佯攻,而不是真的要征服中国,因为"它们争夺的战略重点在欧洲"。周还强调说,第三世界的"觉醒和壮大"是"当代国际关系中的一件大事",因此中国主张建立"反对超级大国的霸权主义和强权政治"的统一战线。

---

① 马奎斯·蔡尔兹:"同周恩来谈话",载《华盛顿邮报》1973 年 5 月 26 日。

② 本章节周的评论出自其"在中国共产党第十次全国代表大会上的报告"(1973 年 8 月 24 日),《北京周报》1973 年 9 月 7 日,第 22 页。

周尽力将中国与争权夺利的大国分开，以便有效地避免对中国的压力和威胁。在美国与其对手苏联的竞争中，中国不想被美国利用——正如毛早先所说的那样，"站在中国肩膀上与莫斯科打交道"。[①]同时，周抨击了认为超级大国的紧张关系已趋于缓和的观点，认为苏美之间的斗争是长期持久的——这反映了两国的"争霸野心"；这是不以"人的意志为转移的"，"总有一天会导致世界大战"。中国不在此列，因为中国在本质上不是帝国主义的，而且也不是"超级大国争夺的焦点"，中国将站在一切受压迫的国家一边，置身于超级大国竞争之外。不管是在国内还是国外，这种说法都有其现实意义。通过不参与（至少是口头上的）超级大国间的争斗，周尽量不引起"左"派的批评。"左"派认为，积极的外交政策会破坏中国的意识形态准则。

"四人帮"对周与邓的怀疑与仇视越来越重，但是，他们只能暗地里攻击中美关系的改善。由于毛个人对中美和解的赞同和林彪不光彩的死亡（更不用说中国在与西方的关系中获得的战略利益了），使这些激进派很难对中美关系进行正面攻击。然而，周与邓都极易受到间接的批评。与西方不断加紧的接触使中国卷入了"大国政治"的旋涡，从而危及中国对第三世界的立场，破坏了中国在国家发展中的独立自主原则，相信了美国在遵守《上海公报》中确定的一个中国的原则的忠诚和友善。在所有这些问题上，江青和她的同伙支持仇视外国人的思想；而这种思想就潜伏在中国的国内政治之中。

中美关系的停滞不前并没有妨碍邓小平采取与西方和解的主要行动。要说有什么区别的话，只是他猛烈地抨击了美国对苏联的政策。这种批评显示了他的勇气。在与美国公开或私下解决棘手问题时，邓小平从来没有被指责为"对美国软弱"过，他的国内政策含有希望西方广泛参与中国现代化的成分；这使他的政治对手得以攻击他为了迅速发展经济而出卖国家的独立与主权。然而，指责美国软弱与姑息退让的是邓而不是激进派。苏联断言：国际安全的需要使中国必须尽快发展经济与技术；邓认为，中国要摆脱衰弱和落后必须不断把苏联的

---

① 基辛格：《白宫岁月》，第 763 页。

这一说法放在心上。

由于没有受中美间政治问题的干扰，中美两国的贸易在 70 年代初发展很快（主要原因是中国的农业歉收）。70 年代中期，中国粮食进口数量减少；这使美国向中国出口的粮食数量骤减；与此同时工业品的贸易额仍很低。虽然华盛顿在向北京转让西方先进技术方面迈出了第一步，但是，日本仍是中国工业设备和整座工厂的主要供应者。迅速增长的石油生产使中国石油出口日本的数量上升，偿还了这些设备所欠下的债务。但是，这些却使邓小平遭到了"左"派的攻击。

尽管有这些严厉的批评；但邓仍然继续挑美国外交政策的毛病。毛使邓接受了他的政治开放方针；他曾直率地对基辛格说："他认为美国未能有效地制止住苏联的扩张主义政策。"[①] 这位主席晚年的思想一直很矛盾；他想反苏，而不愿付出意识形态上的代价。1975 年 1 月，毛没有参加第四届全国人民代表大会，周则是最后一次公开露面；他在会上提出了实现国家现代化的各种措施。毛此时却私下会见了保守的巴伐利亚领导人弗兰茨·约瑟夫·施特劳斯，此人以反苏而闻名。毛在这两件事上的表现明显地表明了他的矛盾行为。苏联的扩张与国内修正主义都是重要问题，但毛不认为有必要区分孰轻孰重。

无论是北京还是华盛顿都没有必要的办法和领导能力去巩固、完善两国的关系。邓指责基辛格和其他美国官员对苏联的不断挑衅所表现出的软弱，以及在中美关系正常化进程中所表现的无能。但是，他避免提及他自己的不利境况。70 年代中期，派系斗争剧烈，邓没有赢得谈判突破的政治自由。毛极为衰弱、变化无常；周自我引退，实际上没有参与任何活动，而邓则忙于迫使他的政敌无法施展其能量。

由于与美国的关系毫无进展，中国人便无意看好美国的力量了。1973 年石油危机，尼克松总统政治上失势，苏联在第三世界连连得手，西贡政府的垮台，在发生所有这些之后，中国人认为美国并非是

---

① 基辛格：《白宫岁月》，第 1060 页。基辛格并未注明毛的那次谈话是在哪一天，但却暗示是在 1975 年底他几次会见这位主席中的一次。

坚定、可靠的伙伴。特别是在 1975 年 4 月南越政府倒台后，这种倾向更加明显了。虽然中国领导人一直在期待这一结局，但这件事使他们更加相信美国是消极被动的，它在战略上是软弱无力的。也就是说，与美国发展亲密关系对北京来说虽然是重要的，但其价值已大大降低了。

1976 年 1 月周逝世、4 月邓第二次下台后，中美关系突破的前景黯淡无光了。为了获得本党总统候选人的提名，福特总统不愿意为同中国和苏联建立密切关系而冒犯、疏远保守势力。任何进一步削弱美国与台湾关系的行动都会严重损害福特与共和党右翼的关系。为此，福特总统选择了维持原状。美国这种无作为政策又给北京重新得势的"左"派提供了攻击目标。7 月，副总理张春桥在会见来访的美国参议院代表团时，全然不顾周和邓先前实施的外交政策，尖刻地指责了美国对台的政策，甚至警告说中国很可能对台北动武。当两种政治制度均面临领导人更迭之时，张春桥讲话使用的语言明显地反映了中美关系的滑坡，同时也反映了政治的不确定性。

1976 年 9 月 9 日毛的逝世和 10 月份"四人帮"的被捕并没有立即改变上述形势。新近出人意料地上升到党和国家高级职位的华国锋同时担任了中共党的主席和政府总理；但他缺乏决定外交政策的威望、经验和政治能力。这一年中国的政治变化太大了，不可能采取大胆的战略行动。华当政期间，各派都在起作用；而在排除"四人帮"的斗争中起重要作用的可能是包括叶剑英在内的高级军事领导人。这一时期的工作重点在国内而不是国外；而中国几个月前刚遭遇政治与天灾浩劫，正苦苦挣扎。推动中美和解的政治与安全形势并没有多大的变化，新上台的领导难以作出决断。毛死后中国断然拒绝苏联有关两国关系正常化的建议，也正表明了当时的形势：世界秩序静止不变。

1976 年 11 月，北京全然不了解的一位民主党人当选为总统；这又引起了新的不稳定。虽然 70 年代中期中国与尼克松、福特政府吵架日益增多，但中国高级领导层对美国官员（特别是对基辛格）是非常熟悉的。水门事件已使中国人开始了解美国的宪法程序；总统选举也已使他们对选举进程的千变万化有了认识。由于两种制度和解的缔造者们都已退出了舞台，中美关系进入了一个不稳定、需要重新调整的时期。

通往正常化之路，1977—1979 年

新总统的当选既给北京带来了忧虑，也带来了希望。一方面，吉米·卡特总统不必背上最终困扰着尼克松和福特的国内政治负担；另一方面，这位新总统对中国人还是一个未知数，因而，北京不得不与基本上不相识的美国高级官员开展培养个人关系的艰苦工作。与此同时，1976 年是中国一个不寻常的年份，周恩来、朱德、毛泽东相继去世；邓小平第二次下台；华国锋出人意料地出任总理和党的主席；唐山大地震；"四人帮"的垮台，等等，反映了中国政治与人事的巨大变化。中国需要喘息的时间。

不过，到这年夏末，万斯国务卿访问北京时，中国的政局已开始趋于稳定。1977 年 8 月，虽然名义上由华国锋主持了党的代表大会，但是，邓小平的复出更引人注意，邓是在刚刚举行的十届三中全会上恢复职务的。华对中美关系改善说了几句不咸不淡的赞许话，强调说，由于美国对中国军事威胁的消除，情况变得有利起来。华还引用列宁的话提醒他的同事："要战胜更强大的敌人，只有……利用敌人之间的一切'裂痕'……另一方面要利用一切机会……来获得大量的同盟者，尽管这些同盟者是暂时的、动摇的、不稳定的、靠不住的、有条件的。"①

如果北京领导人曾希望卡特政府迅速行动，那么，他们的期望很快成为泡影。尽管与中国改善关系是优先考虑的重要政策。但是，在新总统上任伊始的议事日程中，其他问题更为重要。一位参加过这一时期有关中国问题政策制定的政府官员说：1977 年，卡特政府"忽视了中国"。② 确实，此时，美越关系的正常化是更优先考虑的政策。

---

① 华国锋："在中国共产党第十一次全国代表大会上的政治报告"，载《北京周报》1977 年 8 月 26 日，第 60—61 页。

② 奥克森伯格：《中美关系十年》，第 184 页。

当万斯国务卿访问北京时——显然是向中国人传达卡特政府有意与中国建立全面外交关系——中国人强烈反对美国提出的与台湾保持非官方关系，以及万斯坚持的有权向台湾出售武器的主张。① 尽管国务卿重申了《上海公报》，并保证从台湾撤走美国的剩余部队，但是，外交部长黄华却认为，这些保证只是说说而已，是应付中国再三主张的实现全面外交关系的三个条件的外交辞令。② 中国方面提出的三个条件是：华盛顿停止承认台北为中国政府；废除美国—中华民国共同防御条约；撤出美国在台湾的余留军事人员。同样，邓小平（在万斯到达北京的前几个星期刚刚复职）指责美国采取的新立场从福特政府的保证中退却了，卡特政府仿效"日本做法"，这种策略使东京在正式承认北京的同时，与台北仍保持密切的非官方关系。正如万斯所说："看来中国人并不准备认真谈判。"③

中国人以公开和私下的方式表达了自己的不满。当卡特总统有意将万斯之行说成是一次成功的访问时，北京的高级官员（包括邓）很快予以否认。在万斯访华的几个星期里，中国发表了一些傲慢的言论，对美国关心他们"台湾的老朋友"表示不满，声称两国关系正常化后，仍与台湾进行武器交易，是"令人难以容忍的"，将"逼使中国对台湾动用武力"，"台湾这么一大批反革命分子"的存在，意味着国家统一"非用武力不可"。④ 看来，中国对他们在台湾问题上所表现的灵活性特别生气。米歇尔·奥克森伯格认为，邓"由于新近复职，他的权力仍在巩固当中，因而不能贴出'灵活'的标签来，美国必须毫不含糊地切断与台湾的官方关系，对中国这一原则，他不能容

---

① 奥克森伯格：《中美关系十年》，第 182 页。
② 赛勒斯·万斯：《艰难的选择》，第 82 页。
③ 同上。
④ 哈里森·E. 索尔兹伯里："一位高级领导人说，中国对卡特关照台湾'很不高兴'"，见《纽约时报》1977 年 8 月 30 日；路易斯·博卡迪："邓说万斯之行使正常关系受到损害"，见《纽约时报》1977 年 9 月 7 日；"中国高级领导人断然反对台湾与美国协调一致的做法"，见《华尔街杂志》1977 年 10 月 3 日；"中国副总理重申在台湾问题上的强硬态度，叫嚷必然要使用武力"，见《华尔街杂志》1977 年 10 月 4 日。

忍有任何误解"。^①

同样明显的，中国人很快又重新对福特当政期间首先发起的缓和运动进行攻击，这意味着国务卿万斯是对苏联采取"姑息"政策的拥护者之一。根据中国一份权威性的估价报告，苏美关系的改善，既加强了苏联的力量，又对中国构成了直接威胁："……西方又出现了类似 30 年代的绥靖主义思潮。……当代的绥靖主义者也像他们的先辈一样，妄图把苏联这股祸水引向东方，引向中国。……用 20 年后中国将成为第三个超级大国这种虚妄的'预见'来吓唬苏联。……只要看一看苏联社会帝国主义拼命散布'缓和'幻想，竭力鼓励西方的绥靖思潮，就可以明白。"^②

与同福特政府打交道的初期一样，北京决定在卡特政府制定外交政策的竞争对手中选择已占优势的一方。1978 年冬，中国两次向国家安全顾问布热津斯基发出访华邀请。米歇尔·奥克森伯格认为，"中国人求助于世界观与他们较为接近的官员"。^③

邓十分了解布热津斯基与万斯明显的个性差异及政策倾向。华盛顿政策制定者中间的分歧既反映了美国官方的不一致，也反映了美国对中国与苏联策略上的重大分歧。万斯国务卿认为，美国有必要在莫斯科和北京之间"掌握平衡"。在万斯看来，与苏联搞好关系，以及签署长期拖延的第二次限制战略武器协议是美国外交政策的基石。他认为，致力于与中国战略合作会激怒苏联，甚至有可能使美苏关系更为紧张。^④

国家安全顾问布热津斯基和国防部长哈罗德·布朗（特别是前者）不同意万斯的观点。在国务卿看来，布热津斯基和布朗都认为在关系正常化之前，各种（与中国）"加强安全"的措施（互派武官，向中国转让技术，通过第三国向中国出售武器装备，以及其他方式的

---

① 奥克森伯格：《中美关系十年》，第 182 页。
② 任谷平："慕尼黑的悲剧与当代的绥靖主义"，载《人民日报》1977 年 11 月 26 日。
③ 奥克森伯格：《中美关系十年》，第 183 页。
④ 见万斯《艰难的选择》，第 120—139 页。

合作）只会警告而不会激怒莫斯科。由于苏联在第三世界不断取得进展，布热津斯基向卡特总统争辩说："与中国的关系有助于向苏联显示，苏联的做法是适得其反的，是不能不付出代价的。"[1]

围绕着雄心勃勃的现代化计划，中国领导人一致同意与资本主义世界保持更加密切的技术和经济联系。在 1978 年 2 月的五届人大第一次会议上，华国锋提出了十年发展规划，包括建设 120 个大型工业项目，估计需要投资 6000 亿美元，其中约 600 亿—700 亿美元用于购买进口的技术与设备。[2] 尽管后来的结果表明中国的目标大大超出它的国力，但是，这项规划的目标意味着北京将向国外越来越多地寻求它的发展所需要的大部分资金。1978 年 2 月，中国便开始与日本签订了 200 亿美元的贸易协定。

其他方面的发展推动着中美关系的进程。美国在阻止苏联势力渗入第三世界方面不断受挫，使布热津斯基更加积极地制定有关中国的政策。与此同时，邓的权力也在不断巩固。中越关系的迅速恶化又提供了行动的契机。1978 年 5 月，布热津斯基访问北京时，中越关系几乎破裂。晚春时节，越南驱赶了成千上万的中国侨民，并没收了他们的财产，中国后来断绝了与越南的所有经济与技术联系。7 月末，中国发表声明说："在越南当局每一个反华步骤后面，都有着苏联社会帝国主义的巨大阴影。……莫斯科需要的是，争霸东南亚和亚洲的'前哨'。……为了迂回包抄欧洲，孤立美国。"[3] 美国对苏联侵入安哥拉和非洲之角的顾虑与中国对东南亚地区安全的担心联系在一起。"反对霸权主义的最广泛的国际统一战线"终于开始形成，其中包括美国。

中国的政策假定美国实际上成了国际舞台上的温和力量：

---

[1] 引文源自 1979 年 10 月 5 日布热津斯基给卡特总统的备忘录。布热津斯基在《权力与原则》第 566 页中曾引用。

[2] 理查德·鲍姆的"引言"，见理查德·鲍姆编《中国的四个现代化：新技术革命》，第 4—6 页。

[3] 《红旗》杂志评论员文章："从越南当局反华看苏联的战略意图"，载《红旗》第 8 期 (1978 年 8 月 1 日)，第 101—104 页。

> ……苏联还是两个超级大国中更凶恶、更冒险、更狡诈的帝国主义，是最危险的世界战争策源地。……（美国）当前不能不力图保住自己的既得利益，因而在总的战略上不能不处于守势。……苏联决定……削弱和排挤美国在世界各个地区的势力。……①

同时，布热津斯基在与邓的讨论中坚持认为，在台湾问题上，卡特总统"已下了决心"，这表明美国愿意就这一问题与中国进行会谈，寻找一个中国可以接受的方案。卡特总统受国家安全顾问访华成功的鼓舞，于6月份决定，到这年年底大力推进与中国全面的外交关系。作为附加的结果，到10月中旬，他中止了使美越关系正常化的所有计划，以便不致使中美关系正常化进程复杂化。虽然卡特政府没有将这一决定通知中国人，但是，正式的通知似乎是多余的，因为美国与河内的谈判已经失败，而与北京会谈的节奏却加快了。

中国已经取得重大的突破：现在显而易见的是，在美国政策制定过程中，美国人再三声明与中国保持密切关系的重要性。美国准备使自己与中国的安全与发展目标更为一致，替中国向美国的盟友说情。作为美国政策的一部分，它有意修改协定，向中国转让先进技术，包括可能的武器销售和它的欧洲盟国拥有的相应设备。为了进一步表明愿意为中国作出努力，布热津斯基还私下敦促东京尽早批准拖延已久的中日和平友好条约②，该条约中反对霸权主义的条款有使日本与中国的反苏战略保持较为密切的一致的含意，而许多日本人不愿这么做。然而，中国发展的经济机会，华盛顿对条约明白无误的偏爱以及苏联对日本外交的强硬态度，加速了中美关系正常化的势头，同时邓也表明愿意听从劝告，无限期地拖延钓鱼岛问题的解决，这一领土争端曾使中日关系恶化，并有可能使这年春季签订的条约归于失败。中

---

① 《人民日报》社论："毛主席关于三个世界划分的理论是对马克思列宁主义的重大贡献"，载《人民日报》1977年11月1日。
② 布热津斯基：《权力与原则》，第216—218页。

国向日本表示，中国不再恢复中苏友好同盟互助条约，因而不把日本看成是敌手，也证明中国对日本确有诚意。由于中国最终愿意接受最后文件中较为温和的语言，和平友好条约终于于 8 月签订。[①]

毫无疑问，中国人在与美国和日本建立更密切的关系中所作的努力，得到了回报。尽管有旁证表明，邓似乎能说服他那些疑心重重的同事，美国对华政策已迈过了一个重要门槛，但至今也难断定其他高级官员的不满和猜疑程度。例如，华国锋就十分不满美国继续向台湾出售武器的决定，当然这是一个中国领导人无法灵活的问题。邓的灵活余地也有限，但这也是中国谈判人员想要传递的信息，且不管国内辩论激烈到什么程度。

中国最终愿意接受美国与台湾未来关系比较含糊的框架，其中包括美国声称的它有权向台湾出售武器（这与北京的公开抗议不符）。美国不指望也没有得到中国人对这些协定的明确的赞同或认可，但是某种程度的容忍已蔚然成风，况且在关系正常化最后会谈的几个月前，卡特政府拒绝了台湾求购新式飞机的几次要求，限制台湾只能购买编制内飞机的数目。卡特总统还向北京表示，保留继续"向台湾出售严格选择过的、不会对中国造成威胁的武器的权利"。[②]

北京有充分的理由对这些规定感到欣慰，虽然近期美国不会终止向台湾出售武器，但是美国的决定暗示，它准备向台湾出售的武器系统质量是有高限的。美国保留向台湾出售武器的权利这一事实，并不意味着美国将出售另外的武器，而是说可能出售。由于美国继续向台湾出售武器，中国就不宣布和平解决台湾问题的意图，但双方有种默契。从中国政策声明及减少针对台湾的军事部署看，从美国对其意图作出保证和限制军售看，中美政策有很重要的联系，这只能意会，不可言传。中国人似乎想说服台北的领导人，他们不可能从卡特政府那里得到广泛的承诺，随着时间的推移，美国会取消其援助的。由

---

① 本节所引用的更为广泛的讨论，见丹尼尔·特雷蒂亚克的"1978 年的中日条约：钓鱼岛事件的前奏"，载《亚洲概览》第 18 卷第 12 期（1978 年 12 月），第 1235—1249 页。

② 奥克森伯格：《中美关系十年》，第 187 页。

于中国减少在福建省的军事力量，并继续对台湾做出政治姿态，中国也期望美国尽早终止向台湾出售武器。在 12 月中旬中美关系正常化时，华盛顿单方面声明，保留继续向台湾有限度地出售防御武器的权利。这似乎是暂时保全面子的姿态，因为美国同意武器销售暂停一年。

邓得出结论：时间对中国有利。中国的克制态度以及爱国主义和国家统一的感召力最终会将台北带到谈判桌上。1978 年 12 月 15 日发表的关于建立外交关系的联合公报中的措辞，又增加了中国人的这一乐观思想。公报中说："美利坚合众国承认中华人民共和国是中国的唯一合法政府，承认中国的立场，即只有一个中国，台湾是中国的一部分。"因而，明确承认中国地位的语言取代了《上海公报》中的含糊词句，所有"与台湾的商业、文化、贸易以及其他关系"都将"通过非官方途径进行"。[①]

在这种情况下，中国对台湾宽宏大量和几乎仁慈的未来政策的动机是不言而喻的。1979 年 1 月 1 日即中美关系正常化和美国不再承认台北政府的那一天，中国开始向台湾呼吁。全国人民代表大会发表的"告台湾同胞书"，标志着大陆对台湾占领的金门和马祖岛海岸炮轰的结束，并保证"我们的国家领导人……一定要考虑现实情况，完成祖国统一大业，在解决统一问题时尊重台湾现状……采取合情合理的政策和办法"。[②] 这些声明和其他声明表明中国对美国倾心的和平解决台湾未来很敏感。这些声明特别强调北京的信念，即"台湾回到祖国的怀抱和重新统一祖国完全是中国的内部事务"。[③]

邓认为，与台湾相关问题的不确定性相比中国安全的增强和他本人的国内政治地位更为重要。邓说中美两国都是"从全球的观点"出发建立了外交关系，这与 1972 年毛泽东在与尼克松和基辛格会谈时

---

① 见所罗门《中国因素》，第 300—302 页。
② 《北京周报》1979 年 1 月 5 日，第 17 页。
③ 引文源自中美关系正常化协定签署之际中国单方面发表的声明，见所罗门《中国因素》，第 304 页。

所表达的观点一致。[①] 当中美关系首次获得重大突破时，国家安全原则便决定了这一进程的方向和势头，这一原则允许让步和冒险，否则要实现它是极为困难的。在邓看来，美国决策中布热津斯基比万斯占上风是中美关系的最好保证。与基辛格不同，布热津斯基实际上没有与苏联领导人取得相类似的谅解的意图。这对伙伴即中国的脆弱和需求与美国总统热望建立与众不同的全面外交关系之间的合作已经开始，拥护更密切的中美关系的人在各自的政府中取胜。

1978 年 12 月中旬，即将宣布中美建交之际，中共召开了十一届三中全会。邓在国际上的胜利也在这次全会上充分反映出来，中国政治的潮流决定性地偏向邓小平一边，他的经济改革和重新调整，以及把他关键性的政治搭档（包括胡耀邦）安排进政治局的计划现在得到了认可。新上来的党的副主席陈云及时压缩了 1978 年春由华国锋提出的宏大的发展计划。不过，外交政策的突破与其说是邓的国内政治力量加强的源泉，还不如说是一种反映。卡特政府的姿态及让步对促进关系正常化的过程是至关重要的。但是，邓在国内地位的巩固使他拥有这种权威，没有这种权威，双方就不能达成协议，也就不能发生 1979 年 1 月邓那次极为成功的美国之行。

中国对越战争

邓试图立即考验这种新的关系。在邓 1 月份访问华盛顿和东京期间，他非常关注中越边境日益升级的紧张关系。1978 年 12 月初，《苏越和平友好条约》签署。随后，河内于 12 月底侵占了柬埔寨。这证实了中国关于"大小霸权主义者"的侵略意图的断言。由于中美建交协议的缔结和《中日和平友好条约》的批准，邓更无顾忌地表示中国决心"给越南一次教训"。在没有获得华盛顿或东京认可和同意的情况下，中国开始准备对越南发动一次进攻。

这次战争始于 1979 年 2 月 17 日，到 3 月 15 日结束。时间不长，

---

① 邓小平 1979 年 1 月 5 日会见美国记者时的谈话，《北京周报》1979 年 1 月 12 日，第 17 页。

但伤亡惨重。它使中美开始和解以来长期潜伏着的中越关系的恶化达到了极点。自从基辛格秘密访华,特别是尼克松访华以后,河内的领导人意识到中国与越南的利益开始发生分歧。尽管北京在70年代初仍试图与河内维持着在几十年反西方斗争中建立起来的政治关系和私人联系,但越南的需求愈来愈被置于中国更广泛的安全考虑之下——这种考虑始于与华盛顿的关系。1974年1月,中国突然夺取了当时由越南占领的(中国)南海西沙(Hsisha)群岛中的一些岛屿,然而这无助于消除河内对北京更为长远的意图的疑虑。这样,越南战争后争夺东南亚地区控制权的斗争就实实在在地展开了。

名义上,这场斗争的焦点是柬埔寨。① 红色高棉武装在1975年春取得了胜利,并迅速而残忍地推行一种可怕的原始农业共产主义制度,对柬埔寨社会造成了不可估量的破坏,最终导致了近100万柬埔寨人的死亡。红色高棉的极端仇外行动主要针对越南人,波尔布特领导下的武装力量决心使用一切可能的手段根除越南的影响(包括真实的和想象的)。红色高棉需要外部支持,这不可避免地使它与北京的关系更加密切,因为70年代中期北京残余的激进主义和潜在的排外主义与正在柬埔寨实行的教条式共产主义极为相称。因此,北京的内部斗争在印度支那产生了极其有害的后果,这表现在中国愈来愈支持金边的极端主义政府。"四人帮"倒台后,形势仍未好转,因为缺乏经验的华国锋很快就与红色高棉签订了重要的、新的军事和经济援助协定。

的确,中国和柬埔寨除了在意识形态上具有人们所推测的一致性外,双方都强烈地敌视越南。1977年党的十一大之后,邓在政治上重新崛起。在寻求平衡(如果不是协调的话)北京与从前的河内盟友的政治和安全需要方面,他并没有表现出周恩来的灵活或敏锐。越南在1975年取得全国胜利后,就认为没有必要与中国保持先前的关系了。尽管直到1977年底或1978年初,越南倒向莫斯科还是态度暧昧

---

① 关于对这方面的全面论述,参见纳严·詹纳达《兄弟仇敌:战争之后的战争》和罗伯特·S.罗斯《印度支那纷争:中国的对越政策(1975—1979)》。

或可以逆转，但趋势已很明显：越南试图与意欲包抄中国的苏联结成联盟，以减少来自北方强大邻国的挑战。而且，苏联的政治、经济和军事援助使越南能筹划推翻波尔布特政权，并在金边建立一个亲越政府。

到1978年春，北京和河内为避免双方关系出现严重破裂所做的一切努力已告结束；双方领导人都一心一意地寻求必要的外部支持以实现他们的长远目标。邓对越南的反感似乎是强烈的，而且几乎是本能的。其他中国高级领导人对河内公然违抗中国并与莫斯科结盟的企图公开表示强烈的不满。同样重要的是，中国认为越南是一个忘恩负义的盟友，因为在河内几十年的反西方战争中，北京给河内提供了大量道义上和物质上的援助，而越南准备对这种援助抹黑。无论如何，越南对中国华侨的迫害也许是对中国最严重的冒犯：在对所有中国人最敏感的问题上，河内公开对北京的领导人提出挑战。

到1978年秋，越南已开始精心策划对柬埔寨的侵略。河内可能估计到，采取强有力的突击行动推翻红色高棉政权仅能引起北京间接的政治报复，特别是在越南与苏联签订条约之后。这样，莫斯科的安全保证与其说增加了河内的勇气，还不如说消除了河内的疑虑，因为它们将可能是警告中国不要对越南采取任何重大的军事行动。

在与河内关系日益紧张的情况下，邓为取得中美关系突破所做的努力就显得特别迫切。他很有理由推测，使用武力严惩那个刚使美国蒙受耻辱的国家，可以使华盛顿领导人从中获得补偿。尽管没有必要取得华盛顿的明确支持，但与美国建立相当密切的关系，可以防止苏联领导人因北京对它的新条约伙伴采取行动而向中国报复。

因此，1979年2月中旬中国对越南的进攻是对中美新关系的第一次重大考验。邓并没有掩盖他的意图，在访问华盛顿期间，他向卡特总统通报了中国人民解放军即将采取的军事行动的规模和持续时间。布热津斯基所谓的苏中之间第一次"代理人的战争"非常短暂，

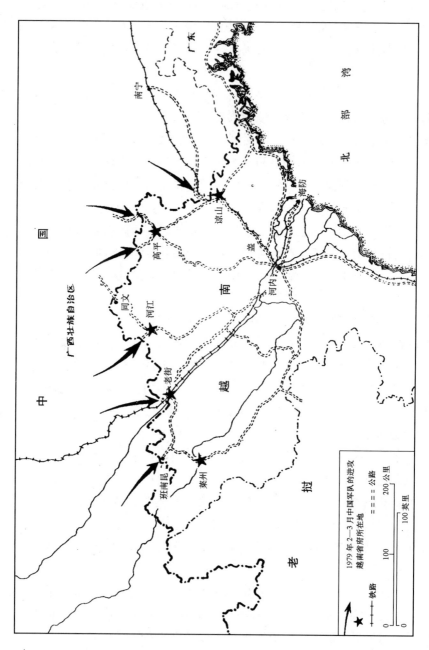

地图 5　中国进入越南(1979 年 2 月 17 日至 3 月 5 日)

持续不到 20 天。[①] 邓不愿使苏联介入一场有限的冲突，因此他不想或不要求美国提供援助。美国已承认中国，并不积极反对北京采取这样的行动，这似乎就是足够的支持。事实上，根据邓的观点，北京对越南的进攻履行了中美"反霸"协议中中国的义务。两国都必须采取相似但又互补的措施惩罚"大小霸权主义者"的侵略行为，这样就使他们更广泛的战略计划复杂起来。在邓看来，中国的对越战争只有放在全球性的而不是地区性的背景下才能得到正确的理解；北京已承担责任，否则，这责任会由美国来承担。

中国的战略思想是自己动手和自己完成。通过强调反越军事行动方面的统一战线以及突出河内与莫斯科的互相勾结，北京扩大而不是减弱了苏联在东南亚的利益和介入。虽然中国的直接军事目标是有限的，但战争以后河内对莫斯科的依赖明显增加。在几个月内，苏联军舰开始定期使用越南在金兰湾的海军设施。自从赫鲁晓夫在 1954 年将旅顺和大连港归还中国以来，莫斯科首次获得了太平洋上的一个前沿基地。具有讽刺意义的是，中国的行动有助于实现中国的预言：即苏联将在东南亚寻找一个据点，以与它早先在安哥拉和非洲之角所取得的突破相匹配。

至此，印度支那战争的战线已画定，它有效地说明了中国对东南亚政策的性质，直到不定的将来。中国试图把抵抗越南占领柬埔寨的、各种利益根本不同的力量联合起来，包括由忠于西哈努克亲王的力量、宋双领导的反共残余分子以及被推翻的红色高棉组成的不可靠的联合。在中国看来，只有建立由"爱国力量"组成的具有广泛基础的联盟，才能瓦解越南征服柬埔寨的长远计划。同样重要的是，北京试图通过与东南亚国家联盟——东盟中那些最有决心抵制河内的国家进行密切合作，动员国际力量反对越南的占领。

对越南在柬埔寨行动的国际性谴责给中国提供了一个非同寻常的

---

① 布热津斯基：《权力与原则》，第 409—410 页。

政治和外交机会。① 自从美国撤离南越，特别是西贡政权垮台以来，北京试图扩大与东盟国家的联系，并使东南亚各国领导人放心，中国与残余的共产党游击队运动的联系是暂时的、无关紧要的。然而，由于许多国家对中国在这一地区的长远意图仍持怀疑态度，因此他们不敢相信北京的保证。尽管东盟国家中极少对越南表示特别的同情，但北京准备对越南使用武力使许多国家深感不安，他们确信中国正在这一地区扩大它的政治和安全利益。

然而，中美和解和越南的入侵使中国在东南亚的形象更加高大。虽然美国没有在政策上与中国进行广泛的协调，但是华盛顿认为北京的政治和外交干预大体上是对美国利益的支持。美国可耻地从越南撤离，此事离现在太近了、太令人痛苦了，以致美国不可能重新直接干预该地区的安全。美国的克制政策使中国承担起东盟国家，特别是泰国安全的间接保护人的角色。仅仅在几年前，这种角色的转换是不可想象的。邓和其他领导人许诺，一旦越南进攻泰国边境，中国将给予泰国军事援助。

对中国来说，更加艰巨的任务是要这一地区的领导人相信，中国的声明反映了中国支持东盟国家安全和领土完整的真诚愿望，而不是损害越南利益去建立中国的势力范围。中国领导人反复强调，他们对这一地区没有长远的野心，他们只是试图迫使越南吐出其侵略果实，最终建立一个独立的、不结盟的柬埔寨。

尽管许多国家对中国的承诺仍表示怀疑，但北京在这方面取得了重要的进展。在 1981 年 7 月联合国召开的关于柬埔寨问题的会议上，中国坚决支持东盟国家，使中国这一进展达到了顶点。中国联合泰国和新加坡，组成一个外交"统一战线"，阻止了除社会主义集团外对由越南扶植的政府的广泛承认。中国在东南亚也成功地孤立了越南。与此同时，北京在这一地区的政治经济联系以及外交透明度大大地增强了。因而，具有讽刺意义的是，这场对越南的惩罚性战争帮助了北

---

① 关于对这一问题的更广泛的讨论，参阅张保民（音）《处在中国和越南之间的柬埔寨》，特别是第 113—133 页。

京创造更大的长远政治机会。

　　然而，从国内情况来看，中国的对越战争留下了一笔麻烦的遗产。邓宣称中国对越战争已取得了圆满胜利，但这话似乎有些空洞。战争造成人和物的损失远远超过原来的估计，从而损害了中国军队的声誉。越南在毗连中国的北方省份重新部署大量前线战斗部队，而对越南在柬埔寨的军事行动却没有起到明显的牵制作用。同样，中国的军事压力并没有迫使河内重新估价它对西方国家的政策。而且，战争的最大后果是，越南在安全方面更加依赖苏联了。

　　事实上，中国（而不是越南）不得不调整它的政策。由于1978年底无节制地购买外国设备和技术，中国的税收负担已很重。中越战争中更新所损耗的装备的费用更使中国的预算资源几近枯竭。不断增加的预算赤字以及过分注重形象的外交政策加重了在新的政治形势下中国潜在的负担和危险。当初与美国和日本关系取得突破性进展所带来的喜悦转瞬即逝，取而代之的是更加冷静地估价与两国关系的潜力，特别是经济领域的潜力。早在1979年2月，中国官员就私下通知日本公司由于预算的限制，中国不可能及时履行建造工业工厂的合同。由于对越战争的代价已完全清楚，因此需要大量缩减基本建设和购买技术的资金。这一问题马上成了决策议程的中心内容，从而导致6月份宣布实施为期3年的"经济调整"政策。[1]

中苏关系的迂回曲折

　　虽然华国锋因在1978年制定雄心勃勃的《十年发展规划》而备受责难，但此间邓的政治威信也受到损害。1979年4月初，卡特总统签署了由美国国会通过的《与台湾关系法》，这一法案所包括的条款和义务（特别是关于台湾的安全）大大超过了卡特政府原来所期望的以及中国原来所预料的范围和程度。[2] 早在3月中旬，中国外交部

---

① 　良清国分："中国对外经济决策中的政治：取消与日本建造工厂事件"，《中国季刊》第
　　　105期（1986年3月），第23页。
② 　原文见所罗门的《中国因素》，第304—314页。

就在私下和公开的声明中警告说，该法案"违反两国建交时双方同意的原则"，这对中美两国刚建立的新关系是"很有害的"。① 4 月份在会见美国参议院代表团时，邓重复了这些警告，并提醒他们，该法案实际上使中美关系正常化协定失去效用。② 与此同时，中美关系的全面恢复以及中国对越南的强硬外交都没有导致美国外交政策议程中更广泛的亲北京倾向。甚至在默许中国今后在东南亚的军事行动方面，华盛顿的官员们仍持谨慎态度。因为他们担心这种默许只能进一步激化这一地区的政治和安全形势。此外，卡特政府竭力达成第二阶段限制战略武器条约（邓和其他领导人强烈反对这一条约）表明，卡特政府优先考虑的是制定美国自身的政策，而不是巩固与北京的关系。

因此，与美国的这种新关系似乎是喜忧参半，它很可能损害邓的政治声誉，如果不是他的领导地位的话。邓比其他高级官员更热衷于发展与美国的关系，包括与西方开展更广泛的经济和技术合作。在取消或推迟与外国公司签订的合同以后，这些机会就更靠不住了（具有讽刺意义的是，日本和西欧公司由于合同被取消而受到了不同程度的损失，尽管它们在中国较早地获得了立足点）。而且，邓对南部邻国的好斗姿态与他希望在少受苏联压力干扰的情况下实施发展计划形成了尖锐的冲突。

正是在这种背景下，中国建议恢复与苏联的谈判。1979 年 4 月 3 日，外交部长黄华照会苏联大使，中国打算使 1950 年签订的为期 30 年的《中苏友好同盟互助条约》期满后不再延长。同时，黄华强调了中国的"一贯主张"，"保持和发展……正常的国家关系"，并建议"就解决两国间悬而未决的问题，改善两国关系举行谈判"。③ 这样，中国主动要求就中苏关系的各个方面进行不附带条件的谈判，这与 1969—1978 年之间的边界谈判不同。

---

① 《洛杉矶时报》1979 年 3 月 25 日。
② 《纽约时报》1979 年 4 月 20 日。
③ 《北京周报》1979 年 4 月 4 日，第 3—4 页。

尽管在 70 年代中期北京和莫斯科都不时努力减少或至少控制边界的军事紧张关系，但是两国都不愿给对方的友好表示以回报。在中苏关系的原则上，莫斯科赞成比较宽宏大量甚至有点夸张的提法，但中国发言人反复表示不能接受这些提法。虽然边界谈判仍不定期进行，但由于双方提出的要求和条件相互冲突，这使得他们进退两难，一筹莫展。中国的姿态更为慎重和有限，最引人注目的是，1975 年 12 月中国送回一架苏联直升机的全体人员（1974 年初，这架飞机因迷失方向进入中国领空。中国外交官承认，原先对他们进行间谍活动的指控根据不足，因此要释放他们）。但是，这样的善意姿态是罕见的，即使有的话，一般只在中等外交级别上进行，没有来自高层政治领导人的支持表示。

因此，外交部的主动做法必然反映上级的决定：即试探一下与莫斯科改善关系，或至少为更广泛地讨论国家关系开辟渠道。确切地说，这与毛去世后不久中国断然拒绝莫斯科的主动步骤形成了鲜明的对比。自从 60 年代双方关系恶化以来，大门至少第一次微微开启了。

河内与莫斯科的关系日益密切，这可能使邓意识到，需要适当缓和与苏联的紧张关系。然而，由于经济倒退、中越边境战争以及领导层内对中国"民主运动"的日益不安，邓出乎意料地在政治上处于守势，因此邓更有可能同意那些外交措施，尽管这些措施削弱了他旨在加强与西方安全合作的计划。[①] 事实上这种通过与莫斯科谈判来稳固中国的安全情势的尝试明显带有党的副主席陈云（他是经济调整政策的主要制定者）的印记。早在十一届三中全会期间，陈就强调中国在购买外国设备方面"必须逐步走"，明确反对《十年发展规划》中包含的过热的建设速度。[②] 同样重要的是，1979 年 4 月中旬，中国宣布恢复已去世的外交部官员王稼祥的名誉。1962 年，王稼祥和陈云一道主张中国应缓和与它的外部敌人的紧张关系，以便把更多的注意力

---

① 在 1981 年初的一次会见中，邓承认"我们，包括我自己，对经济建设一直过于乐观"。引自良清国分《中国对外经济决策中的政治》，第 39 页。

② 同上书，第 23 页。

放在解决国内经济危机上。

如果中国愿意在不附带任何先决条件的情况下进行谈判，那么莫斯科乐于对北京的建议作出积极反应。即使谈判会引起越南的猜疑，中国愿意讨论重大问题还是明显地对莫斯科有利，因为这也意味着中美和解是不稳定的，有其局限性。但在 1979 年 12 月中苏谈判开始时，邓小平在国内的地位又上升了，因此北京立刻指责苏联在谈判中缺乏诚意。事实上，邓起初可能对这样的谈判表示默许，因为他相信谈判也只会显示莫斯科在关键问题上固执己见，毫不让步。然而，由于那个月底苏联发动了对阿富汗的侵略，这使谈判无限期地被延期了。

甚至当邓同意进行中苏谈判时，他仍继续试探与美国发展更为全面的关系的可能性。在 4 月份会见美国参议院代表团时，邓首次提出与华盛顿进行公开的安全合作的可能性，包括军舰互访，购买美国武器（包括先进的战斗机）以及（颇具讽刺性的）在中国领土上用美国监测站以核查苏联执行武器控制条约的情况。[①] 邓认识到这三项建议都带有实质性的问题，并具有敏感性，特别是在《与台湾关系法》通过的情况下更是如此。邓也知道美国的政策仍继续阻止向中国出售任何军事武器。而且，中国在大量削减预算的同时不可能大规模地购买武器。但是他们的大胆建议意味着他想做中美关系中异想天开的事。美国是否认为中国如此可靠和重要，所以应向它提供很敏感的技术、甚至主要的武器设备，或至少表示它愿意考虑这种可能性？美国是否充分注意到它的战略地位的削弱，而把中国军事力量的增长看成是美国战略利益的一项重要收获，即使它使苏美关系改善的可能性严重复杂化？

邓明确表示，他愿意考虑美国向中国提供武器，但他没有提出与美国进行更具约束力的防务合作的方式。中国领导人中没有人——尤其是那个与华盛顿关系最密切的人——会感激和屈服于一个外国，特

① 杰伊·马修斯："中国为美核查《限制战略武器条约》提供便利的资料"，《华盛顿邮报》1979 年 4 月 20 日。

别是那个仍被指责为干涉中国内政的国家。然而，如果美国让中国获得这些敏感的技术，那么这意味着美国愿意把北京看作是一个准同盟者，同样，这也表示华盛顿不再试图在两个主要共产党国家之间实行等距离外交。

邓充分意识到他的主动做法将对当时卡特政府中激烈的官僚争斗产生直接影响。针对国务卿万斯的反对，国家安全顾问布热津斯基和国防部长布朗反复要求总统改变美国对中国的技术转让政策，并且如果西欧向中国出售武器，美国应保持"善意的中立"。由于伊朗局势日益不稳，苏联愈来愈介入阿富汗和南也门，华盛顿的观念发生了变化；1979 年 5 月初，卡特总统向北京建议，建立一种他简称为"萌芽阶段的美中军事关系"。[①] 卡特政府内部就美中军事关系的长远方针上还未达成一致意见，但邓有理由得出结论：美国的政策正在朝着他所希望的方向改变。

可是，北京也似乎对苏联扩张的可能性感到真正的忧虑。由于巴列维国王被推翻后西南亚局势日益不稳，中国愈来愈担心苏联会在波斯湾和印度支那取得大的突破。中国的战略分析家一直在警告，从地缘政治上看，苏联可能分两路向西南亚和东南亚进军。他们断言，如果莫斯科控制了重要的战略要道和交通线，那么，它将在经济上控制西方和日本，不提中国安全的本意似乎是可以理解的；北京认为没有必要让人们注意到它自身的脆弱性。邓在私下的谈话中更为直率。在邓看来，美国对驱逐巴列维的人的反应还远远不够，他怀疑美国有抵制莫斯科在地缘政治上稳步前进的能力。在这种情况下，北京不能确信美国能否被当作抵消苏联力量增长的砝码。

到 11 月初，《红旗》杂志评论员生动地描述了西方脆弱性的黯淡景象，他认为，西南亚日益加深的不稳定"也许甚至会触发超级大国之间的直接对抗"。令人满意的是，"越来越多的人"已理解中国反对霸权主义战略的全球性质，但这位评论员同时又警告说，在形势要求作出更强有力的反应时，某些西方政治家仍企图与苏联修好。他得出

---

① 卡特总统的话引自布热津斯基《权力与原则》，第 421 页。

结论，需要"采取切实措施和实际步骤不断打乱战争策划者的扩张计划，反对绥靖主义政策，在必要时对侵略者采取针锋相对的行动"。[①]评论员的可怕估计似乎同样针对那些仍想与莫斯科和解的中国领导人。

1979年12月底苏联入侵阿富汗充分证实了北京的可怕警告。1月中旬，在一篇关于苏联入侵的权威性评论文章中，《人民日报》观察员将苏联的行动归咎于阿富汗内部的不稳定和美国人的忍让退缩。[②]不过，这位观察员希望苏联的行动会促使西方对苏联的全球战略提出更有力的挑战。基于这种推测，美国过去的行为一直摇摆不定，但苏联昭然若揭的侵略行为肯定会改变美国的看法。正如《红旗》进一步指出的，"苏联社会帝国主义对外扩张的疯狂性和冒险性……得到了新的证实，再也不容人们置疑了。……那种把现在的苏联领导人说成是什么'鸽派'，并把维持世界和平的希望寄托在这个'鸽派'身上的观点，是完全错误的"。[③]

这些警告似乎是既说给国内人、也说给西方人听的。中苏第一轮谈判于1979年12月初在莫斯科结束，双方同意来年春天在北京继续进行谈判。然而，到1980年1月19日——即苏联入侵阿富汗后3个多星期——外交部宣布北京不准备继续谈判，因为在新的情况下，进一步谈判是不合适的。某些中国官员似乎仍不愿放弃与莫斯科的谈判机会，他们认为这次入侵是一种软弱无能和孤注一掷的行为，而不是更广泛和更具威胁性的战略意图的一部分。可是这种更为温和的观点明显代表了少数人的观点。一场旷日持久的战争在西南亚和东南亚开始进行，它预示着"世界上所有爱好和平的国家"应对越南和苏联施加压力。在这种形势下，扩大与美国的合作似乎非常迫切；对苏联和解和灵活性的暗示等于向华盛顿和莫斯科发出错误的信号。

---

① 所有引文出自评论员文章："当前战争危险与保卫世界和平"，《红旗》1979年第11期，第53—58页。

② 观察员文章："警钟敲响了"，《人民日报》1980年1月15日。

③ 本刊评论员："反面教员在给大家上新课——评苏联侵略和占领阿富汗"，《红旗》第2期（1980年1月16日），第46—48页。

中国和南亚

由于莫斯科的入侵，中国对南亚的政策变得灵活了。从 20 世纪 60 年代中期起，北京已把对南亚政策的重点放在维护巴基斯坦的安全与独立上。1965 年和 1971 年，巴基斯坦与印度发生两次边界冲突，均败在占绝对优势的印度军队手下，但巴基斯坦却从中国得到了极为重要的政治与安全支持，其中包括大规模地重建其武装部队。与此同时，中国却不拒绝与印度改善关系。但是，60 年代末 70 年代初，苏联与印度关系的持续发展（特别是在军事领域）以及 1971 年 8 月签订《印苏条约》以后，使中印关系正常化的进程更加困难重重了。此外，中美关系的和解，又使中国与印度和巴基斯坦的关系因苏联和美国在南亚次大陆的利益冲突而逐渐定型。由于巴基斯坦在推进中美关系和解进程中所起的神秘而又卓有成效的作用（包括向北京传递尼克松政府最早的信息，以及基辛格利用巴基斯坦作"掩护"而秘密访华），这一格局更加稳固了。

尽管如此，北京仍抱有希望，以促成巴基斯坦与印度关系的发展，而这在后来成了中国与新德里恢复关系的基础。[①] 纵观整个 70 年代，印度对北京的评论就不那么尖刻了。两国关系在中断了 14 年之后，1976 年双方又重新互派了使节。印度的政策不再放任扩大与苏联的关系，为新德里和北京之间关系的进一步发展提供了可能。尽管中国领导人对这种可能没有投入过分的热情，但是，他们也不想阻止它。1979 年初，印度外交部部长 A. B. 瓦杰帕伊访问了中国，这是近 20 年来中印两国之间的最高级接触。

然而，瓦杰帕伊访华期间，正值中国进攻越南，这使新德里很不愉快地想到了 1962 年北京与印度的边界战争。部分是因为表示对河内的支持，但也因为北京仿佛漠视了印度人的感情，访问还未结束，瓦杰帕伊就一气之下离开了中国。中印双方没有机会认真探讨有关边

---

① 有关这个问题的详细情况，见亚科夫·Y. I. 弗尔茨伯格《中国的西南策略：包围与反包围》，第 63—85 页。

界纠纷，以取得相互谅解。改善中印关系的进程遂告中断。

1979年12月，苏联入侵阿富汗，这使中印关系在短期内得到改善更是困难重重。新德里不愿将此作为大事与苏争论。莫斯科入侵阿富汗，大大加剧了苏美在南亚地缘政治中的争斗，也使北京和新德里的对立形势越来越紧张。由于苏联对阿富汗的入侵，北京进一步加强了对巴基斯坦的支持，既支持伊斯兰堡面对苏联潜在威胁的决心，又为阿富汗境内的抵抗力量开辟了一条军事援助的通道。中印关系若有可能发展，必须具备两个基本条件：消除政治和军事上存在的紧张关系，和适当的外交往来。但在那个时候，这些东西都非常缺乏。

但是，从长远的观点看，和解的大门仍然是敞开着的，特别是80年代初，英迪拉·甘地总理开始使印度摆脱与莫斯科过分牵扯的关系。1981年4月，中国提出为改善中印关系进行谈判，北京的积极姿态促成了这年6月黄华访印。黄华的印度之行，是二十多年来中国外交部长的首次访印。同年12月，双方在北京开始了边界谈判。在这次谈判以及1982年5月中印在新德里举行的第二轮谈判中，两国代表团都重申各自在边界问题上的一贯立场。尽管如此，双方开始谈判的意义超过了谈判未能早早取得突破。[①] 中印不太可能出现公开对抗的关系，但是，由于苏联不断介入阿富汗，以及印度继续担心中巴关系，中印双方政治关系的发展受很大束缚。

树立独立自主的形象，1980—1982年

苏军入侵阿富汗带来了一系列的政治和战略后果。尤其是美国原先认为冷战以来，苏联很少做出格的事，而莫斯科入侵阿富汗的行动改变了美国的看法，并导致了华盛顿修改对华关系的结果。当美国在对华政策上争吵得沸沸扬扬、不可开交的时候，美国国防部长布朗于1980年1月初访问北京，这是美国国防部最高官员的首次访华，而

---

① 杰罗尔德·F. 埃尔金、布雷恩·弗雷德里克斯："中印边界谈判——新德里的观点"，载《亚洲概览》第23卷第10期（1983年10月），第1132—1134页。

苏联入侵阿富汗是促成这次访华的决定性因素。美国的外交政策不再把苏美关系缓和置于优先地位。莫斯科不得不为其侵略行径付出代价。卡特总统从美国参议院撤回对《限制战略武器会谈条约—Ⅱ》的进一步讨论，对苏联实行谷物禁运，并抵制莫斯科奥运会。卡特总统还明确强调，波斯湾的安全对美国的安全利益至关重要。邓几年来的频频游说得到了报偿：美国改变了所有关于中国安全问题的立场。同时，美国政府最终放松了向中国出口各种尖端技术的限制；美国在对中国和苏联的关系上不再维持等距离的形象了。由此，中国领导人更清楚地认识到中国对美国的政治和战略价值。

然而即使在美国国防部长访华的情况下，中国的态度仍是小心谨慎，十分暧昧。按道理，反苏统一战线已把中国拖入日趋恶化的超级大国的关系中，但中国无意陷进美国和苏联之间日趋紧张的冲突中。邓十分清楚，中美关系现在是苏美关系的晴雨表，中国是这一进程的受益者而不是受害者。中国领导人认为，凶神恶煞的扩张主义者苏联，其威胁的矛头首先指向西方和日本，其次才是中国。[1]

1980年，邓小平在中国人民政治协商会议的元旦讲话中表达了这种政治意图。1月16日，在中共中央委员会召集的高级干部会议上，邓在一个重要的政策报告中又对这种意图作了进一步的阐述。[2]邓认为，80年代中国有三个主要目标：第一，"是在国际事务中反对霸权主义，维护世界和平"。第二，"是台湾回归祖国，实现祖国统一"；第三，"要加紧经济建设"。最后一个目标被认为是最重要的。虽然邓承认和平的前景仍不明朗（"80年代是个危险的年代……80年代的开端就不好"），但他仍很乐观：

我们有信心，如果反霸权主义斗争搞得好，可以延缓战争的

---

① 这一看法特别在《人民日报》的特约评论员文章中有所反映。见《人民日报》1980年1月11日，"苏联争霸世界的军事战略"。
② 邓在1月份的论述未见原稿，所有的引文源自"目前的形势和任务"（1980年1月16日），载《邓小平文选》，第203—237页。（书中引文有误。——译者）

爆发，争取更长一点时间的和平……不仅世界人民，我们自己也确确实实需要一个和平的环境。所以，我们的对外政策，就本国来说，是要寻求一个和平的环境来实现四个现代化。

邓小平断言，"对国内形势和四个现代化的未来持怀疑态度是完全错误的"，但他并没有明确指出，中国在反对苏联扩张的同时，如何避免战争。反霸统一战线的概念仍很模糊。最后，邓对台湾的措辞虽然是例行公事式的，但暗示了这个小岛的政治前途可能再次成为华盛顿和北京之间的争斗点。

美国的对台政策使台湾问题扑朔迷离。仅仅在国防部长布朗抵北京前三天，卡特政府宣布恢复对台湾的军事援助。两国关系正常化后，美国履行了暂停一年向台湾出售新武器的诺言，而北京以为美国会在 1980 年继续执行这种政策。相反，卡特政府甚至暗示，美国可能向台湾提供新的战斗机。虽然北京在当时没公开抗议，但美国政府的这些言行无疑对中美关系产生了破坏性后果，使北京怀疑美国的诚意，北京原以为美国会支持它孤立台湾的政策。

总统竞选也日益临近。对中国人来说，美国选举程序的运行令人迷惑不解和无法预测。在尼克松和福特总统时期，中美关系远未达到卡特政府时期的突破性进展，所以北京很希望卡特连任，使中美关系有一个巩固和稳定时期。可是，卡特总统日益增长的政治威望，并未给他的连任前景带来好兆头。像他的前任福特一样，他面临民主党内的重大挑战。

但更多的隐忧来自共和党右翼分子罗纳德·里根的挑战。早在四年前，里根就差一点获得共和党总统候选人提名，现在他迅速击败了共和党内的竞争对手。然而，里根也不同于 1976 年时的卡特，他的政治态度很明确。一方面，他对美苏和解进行了严厉的抨击，而且醉心于向苏联在第三世界的优势发起强有力的挑战。但最重要的是，里根是个反共分子，公开对台湾表示政治上的同情（事实上，尼克松总统 1972 年访华后就派当时的州长里根去台湾，就他访华向蒋介石做解释工作，使蒋放心）。里根也对卡特政府不承认台湾的举动进行了抨击。他在争取提名竞选运动中声称，他打算把美国与台湾的关系升级，有可能去掉"非官方关系"这块遮羞布。

中国对这种前景放心不下，早在里根被提名前，就开始公开警告这种举动会带来的后果。当共和党批准了涉及对台湾关系的党纲时，中国立即认为这是对它的严重挑衅。于是，里根派他的竞选伙伴、前美国驻华联络处主任乔治·布什向中国人解释，力图使中国人放心。尽管共和党采取了前所未有的这一招，但邓小平和中国其他高级领导人仍在不安地注视着即将到来的美国大选。中国经过长期努力与美国建立起来的关系处在危险之中，中国不得不再次估价与美国保持密切关系的价值，并在此基础上重新制定了新的对美外交政策，决定对美关系较少建立在与美国高级官员的亲密与直接的联系上。

1980 年 11 月，罗纳德·里根在大选中彻底击败吉米·卡特，这一结果确实给北京带来了麻烦。当中国猛烈抨击美国对苏联的挑战无能为力时，中国人意识到，卡特总统最终对北京采取了强有力的支持，这是尼克松和福特所不及的。然而，里根不仅不相信与中国密切合作的政治和战略价值，反而多次强调要对台湾的要求给予更多的关注。里根就任总统后不到一星期，台北就重新提出他们对更先进战斗机的长期需求。[①] 美国对台政策最具有说服力的证据，就是美国虽然不再承认台湾，并承诺与北京保持明确的关系，但它不愿中断与台湾的非官方军事联系。北京认为，美国的新式武器仅仅是给台湾壮壮胆，使海峡两岸的统一成为一个难以捉摸的目标。因此，美国继续对台湾承担义务的任何声明以及美台关系从非官方性质的任何升格都严重损害了北京对美国政策的信任感。这样，很有可能在台湾问题上，邓在领导层中机动余地很有限。

为了证明中国对外政策异乎寻常的变化是正确的，邓把中国说成是落后、脆弱和急需外援的国家。同时他认为苏联的挑战是全球性的和咄咄逼人的，并号召受苏联霸权主义势力威胁的所有国家加强合

---

① 亨利·斯科特·斯托克斯："台湾行政院长希望里根送新式武器"，载《纽约时报》1981 年 1 月 25 日。

作，其中包括美国和中国。在这种形势下，中国不可能在其他问题上过分反对华盛顿，这就可能给了美国在不存在利益互补、不需要认识一致的问题上较自由的行动权。因此，作为美国新政府把支持和发展与北京的关系置于重要地位的重要标志，美国处理台湾问题具有重要意义。

美国对华政策的两个重大决定（都是卡特政府遗留下来的问题）需要新政府逐渐解决，一是向台湾出售新式武器；另一个则是允许中国人购买美国的武器和军事技术。对中美两国领导人来说，这两个问题是交织在一起的。当美国前总统福特在 1981 年 3 月底访华时，他提出一个解决方案（当然是里根政府的意图）：美国可以向台湾提供新式武器，同时允许把美国的武器卖给中国。[①]

这样，为了满足台湾对新式飞机的再三要求而不断增加的压力，与里根政府对华基本政策悬而未决的辩论汇集在一起。中国领导人不客气地说：同时向北京和台北出售武器的交易根本行不通，在这种情况下，美国向中国出售武器是不受欢迎的。结果，预期的美国向北京转让机密技术的事被搁置一边，以待美国澄清它的对台政策。中国官员不顾北京面临的潜在危险，还是公开提出中国与华盛顿能否在对付苏联问题上进一步合作，要看是否能圆满解决中美在武器出售问题上的争执。

与美国的纠葛再次引起 1980—1981 年冬春期间长时间的半学术性辩论，辩论的内容是西化的后果及其危害，以及依靠外国的力量对中国安全和发展的危险。[②] 虽然这场争论表面上主要集中在对 19 世纪各式各样改革家的评价上，但毫无疑问，争论与中国迫切需要经济

---

① 迈克尔·帕克斯："福特希望解决向台湾出售武器问题"，载《洛杉矶时报》1981 年 3 月 28 日。

② 关于这些辩论的典型事例见杨东梁："'海防和塞防之争'浅析"，载 1981 年 2 月 10 日《光明日报》，见外国广播信息处《中国动态》1981 年 3 月 5 日，第 3—7 页；乔还田："有关李鸿章洋务运动的讨论情况"，载《人民日报》1981 年 3 月 30 日，见外国广播信息处《中国动态》1981 年 4 月 3 日，第 8—12 页，及乔还田："不应把洋务派的外交活动从洋务运动中抽出去"，载《人民日报》1981 年 5 月 7 日，外国广播信息处：《中国动态》1981 年 5 月 15 日，第 4—7 页。

和技术援助有关。但同时，这些需求又被对外国势力控制的恐惧抵消掉了。这些争论空无一物，用语也不尖锐，与1973—1974年的批孔运动中对周恩来和邓小平的影射批评，或者是1976年因莫须有的"崇洋媚外"罪名而对邓的责难不同。

　　因此，这场新的、寓意丰富的辩论并不是一场重大的倒邓运动的前兆。邓小平的主要任务是继续深入他从1980年以来所进行的影响深远的政治和行政改革，其中包括对中共中央委员会和政治局领导人员的变动。[①] 邓小平的这些计划到1981年初便停顿下来，主要原因：一是在贯彻经济调整政策时遇到了新的困难；二是中国共产党内的保守分子因对邓改革计划的后果产生怀疑而引起的抵触行为。但这一切，都未能阻止邓把华国锋从领导岗位上换下来。1981年6月，华国锋辞去了中共中央主席的职务。1981年底，邓又重新掌握了政治主动权，在1982年9月召开的中国共产党第十二次代表大会上，这种主动权达到了顶点。在这次大会上，改革派牢固地控制了政权。

　　虽然邓的政治势力在1981年暂时还比较弱，但这并非由于对外政策受到挫折。然而，作为中美关系正常化的主要设计师，邓小平因在中美关系中让步过多而可能受到无言的指责。他极力避免因过分亲近西方而受到谴责。因而，是邓的政策而不是他个人重新受到检查和挑战。

　　对晚清政府改革的争论表明，中国的改革有风险，即慢慢地把独立交到邪恶的、反复无常的西方人手中。言外之意是，中国的长远政策是解决这个国家真正的经济和安全需要，同时避免过分依赖外国势力的危险，因西方在华利益是自私的，对中国有潜在的危害。但是，恢复孤立的政策并不是解决问题的办法。在与外界日益增加交往中加强中国外交政策的独立性和主动性，是对国家政策和对邓本人最好的考验和挑战。

　　就在中国民族主义情绪高涨的情况下，6月中旬，美国国务卿黑

---

① 关于此事更广泛的讨论，见 H. 莱曼·米勒"中国的行政革命"，《当代史》第82卷第485期（1983年9月），第270—274页。

格访问了中国。中国人很熟悉黑格，他积极参与了尼克松总统访华的早期计划。在里根新政府中，他和副总统布什一样，是和中国人私交最深的高级官员。黑格在任期间，因白宫官员和国防部就政府安全和外交政策的控制权问题进行了充满敌意的争论而引人注目。黑格也以对北京的同情而知名，他认为进一步发展对华关系在"战略上是绝对必要的"。但是，中国人在参与美国的官僚和政策斗争中似乎不像过去那样自信。

黑格主张中美关系要更密切。中国人当然为此而欢欣鼓舞，但黑格的意见要在政府里占上风还需假以时日。甚至在黑格试图让北京相信美国的意图时——包括美国政府公开表示，中国在武器控制清单上不再受先前规定的限制，在必要的情况下可以按个案处理原则购买最有杀伤力的武器，但是，中国官员还是表达了他们的担心和不满。中国外交部发言人声称："我们已多次声明，我们宁可不要美国的武器，也绝不同意美继续干涉我国内政，售武器给台湾。"① 正如一名新华社记者所评述的，"进一步发展中美两国之间战略关系的关键是美国停止同台湾发展超出民间关系的一切行为"。②

中国人怀疑美国人的意图，因而认为跟美国人合作好处不大。在宴会祝酒词中，黑格热情洋溢地陈述中国对美国利益的重要性。中国外长黄华的调子却是谨慎而含糊不清的。黄华不仅没有提到"苏联霸权主义"（以往中国声明中对苏联的标准用词），而且呼吁国际社会关注中东和南非问题，以及对"国际经济新秩序"的需要，而美国和中国在上述问题上却存在着尖锐分歧。③

而且，对于黑格公开要人们注意中美两国可能愿意扩大防务合作范围，中国人似乎不太高兴。新华社的一篇评论直接提出黑格关于两国关系向前发展的声明和里根总统对台援助的新保证，称，"美国与台湾的关系，特别是美国继续向台湾出售武器是中美关系发展的关键

---

① 新华社 1981 年 6 月 10 日。
② "仍是一着死棋"，新华社 1981 年 6 月 10 日。
③ 新华社 1981 年 6 月 14 日。

问题"。评论进一步说：

> 美国朝野始终有些人在谋求使台湾作为独立的政治实体而取得国际地位。……美国朝野至今还有一种议论，认为中国是讲大局的……中国会吞下美国向台湾出售武器的"苦丸"。这显然是一种被颠倒了的逻辑。[①]

中美两国政治和安全方面的进一步合作似乎受到了损害。在与华盛顿的关系越来越不稳定的情况下，北京开始探索另外的政策。

这一转变最显著的标志是 7 月中旬邓小平对香港一著名记者的谈话。邓小平一贯支持中国外交政策中明确体现的坚定的民族主义色彩。中国其他领导人也许会怀疑中美关系和解的逻辑，但邓小平也明确表示，他不对美国感恩戴德：

> 美国认为中国有求于美国，其实中国无求于人……只是期望各国通力合作，中国希望中美关系向前发展，不向后倒退，但这不是片面的。……美国如果真的搞得中美关系倒退，也没有什么大不了，就算倒退到 1972 年以前的情形，中国也不会垮……中国人是有志气的，决不卑躬屈膝，向人哀求。[②]

所以，中国开始寻求在未来的中美关系难以确定的情况下本国的政治地位。

为了实现这些目标，就有必要调整中国的观点和政策。整个 70 年代，由于中国与美国合作的愿望越来越强烈，北京不再坚持以前的提法，即赞赏第三世界联合起来，反对两个超级大国。中国号召建立国际新秩序，这一号召是更切合实际了。不再煽动重新分配地球资

---

① "发展中美关系的一个关键"，新华社 1981 年 6 月 19 日。
② 见邓在香港的一次会见有关人士的谈话，《明报》1981 年 8 月 25 日。此次会见发生在 7 月中旬，但直到 8 月底才见报。

源，而是不断强调需要各国联合起来，反对苏联的对外扩张。然而，到 1981 年夏末，形势又发生了转变，北京重新开始批评美国对第三世界的政策，并再次声明支持不结盟运动。1981 年 10 月，关于国际合作与发展的 22 国首脑会议在墨西哥的坎昆举行，中国国务院总理赵紫阳（这是他第一次参加国际外交事务）重申了中国对国际经济新秩序的支持，并进一步断言：“两个超级大国在全球范围的争夺，威胁和侵犯了许多国家的独立和安全。”① 至少从赵紫阳声明的意图来看，中国再次把美国和苏联联系在一起，把它们视为国际安全的威胁者。

实际情况更加错综复杂。北京很清楚，里根政府今后会继续考虑向台湾出售武器，同时也会增加对中国的技术转让。但在后一个问题上，中国人小心翼翼，不表示过分的热情，唯恐被误认为中国默许美国重新向台湾出售武器。中国政府估计，与美国保持距离的政治地位，暗示要对中国不利的行为进行政治报复的威胁，会为中国提供一定程度的行动自由和保护。

这种姿态也使中国与华盛顿恢复谈判的大门敞开着。当里根政府对台湾的防务需要进行为期一年的研究接近尾声时，中国官员在讨论美国今后售台武器框架时，暗示会有某些灵活性。虽然北京不能明确同意美国向台湾出售武器，但中国人对美国行为的反应受这些交易的范围和性质的制约。中国也许使自己与华盛顿之间在政治上保持一定的距离，但与华盛顿关系内在的重要性促使北京不愿把中美关系置于危险的境地。

1982 年 1 月，使中美关系朝更积极方向发展的机会终于来了。美国通知北京，美国同意继续与台湾共同生产 F－5E 战斗机，但拒绝了台湾对 F－5G——一种新的更先进的飞机型号的要求。最坏的事情没有发生：通过暗示，里根政府规定了向台湾出售军事技术的最高限度，如果北京能对其邻居继续在政治上保持克制态度。1 月底，

---

① 引文源自赵紫阳出席坎昆首脑会议后在墨西哥国会发表的讲话。新华社 1981 年 10 月 27 日。

中国第一次公开表示，如果中美双方就美国最终停止向台湾转让武器问题制订一个方案，中国打算同意美国在一段时间内继续向台湾出售武器。北京方面声称，非正式的保证是不可靠的：如果没有正式的协议，当美国向台北交付额外的武器时，中美关系有可能倒退，甚至破裂。

华盛顿和北京之间长期的、紧张激烈的谈判左右着随后六个月的议程，谈判涉及的内容是如何为今后的武器出售制订一个合适的方案。整个谈判期间，中方反复警告，中美关系已处在"重要关头"，有"倒退"的危险。虽然北京从未明确表示，一旦未能达成满意的协议将会采取什么行动，但是，双方关系在更广泛的范围内坚持下来了（包括加强防务合作）却是很清楚的。同时，中国对美国的对华政策进行了一系列发自内心的抨击，特别是在美国表示继续对台湾的安全履行责任时。台湾对大陆的领导人来说仍是一个非常敏感的问题，他们经常在私下或公开场合表露出强烈的民族主义论调，充满愤怒。邓小平和其他高级官员对美国的意图保持着警惕和怀疑，这使他们只有很少的机动余地。

尽管谈判充满着紧张和对峙，但中美两国还是于 1982 年 8 月 17 日达成协议，就美国向台湾出售武器问题发表了联合公报。于是，作为中美关系长期保障的第三个重要文件就这样签署了。华盛顿对北京做了重要的让步和承诺：

> 美国声明，它不寻求执行一项长期向台湾出售武器的政策，它向台湾出售的武器在性能和数量上将不超过近几年供应的水平……它准备逐步减少它对台湾的武器出售，并经过一段时间导致最后的解决。①

虽然中美双方官员立即对这个协议作了完全不同的解释，但是，联合公报明确解答了中国人关心的问题，有助于减少北京对华盛顿的

---

① 引自美国官方文本《国务院公报》1982 年 10 月，第 20 页。

猜疑,因而为支撑两国的未来关系建立了更加坚实的基础。但是,对中美关系不容置疑的损害仍需一些时间去弥补。

两国关系的长期不确定性和削弱了的信任都使两国(特别是中国)重新估价中美关系的价值。中国已明确寻求不再依靠与美国亲密关系的对外政策策略,特别是中国对苏美争霸的立场尤其如此。但是,从中国更为广泛的利益和需要来说,看不出有什么变化。1982年4月中旬,《红旗》杂志上的权威性评论文章,再次强调了中国加强与西方经济联系的重要性。这篇文章指出,吸引外国投资、引进先进科学技术,以及进一步扩大对外贸易,都是中国长远发展计划的不可缺少的组成部分。[①] 然而,正如赵紫阳几乎同时对正在中国访问的一位第三世界国家的领导人所说的,中国外交政策的主要原则是强调中国属于第三世界,反对霸权主义,寻求持久的国际和平。[②]

因此,中国试图维护和扩大其对外关系的这些方面,以此加强中国的实力和地位。中国重新阐述外交原则的努力似乎与中国对日关系有特别密切的关系。在主要资本主义大国中,日本最赞成与中国保持长期密切的关系。80年代初,中国对经济的重新估价,以及中美关系的突然恶化,使东京非常不安,因为这些事态的发展削弱了日本假设的基础,而70年代后期的中日合作就是以这种假设为根据的。因而中国领导人再三试图向日本高级官员表示,中日关系不会受中美关系中的政治不稳定的影响。

但是,中国对美国的看法必然使北京带上有色眼镜来对地区政治和安全,包括中日关系进行评估。随着同美国的争吵不断加剧,中国对日本军事实力和政治作用的顾虑再次加重。1982年夏,日本文部省试图在教科书中淡化关于20世纪30年代和40年代日本侵华的用语,激起了北京暴风骤雨般的抗议。从1972年中日关系正常化以来,

---

① 编辑部:"关于我国对外经济关系问题",《红旗》第8期(1982年4月16日),第2—10页。

② 见赵紫阳与几内亚比绍共和国国家元首若奥·贝尔纳多·维埃拉的谈话,新华社1982年4月17日。(应为4月18日。——译者)

中国人在重要的政策声明中首次发出"日本军国主义复活"的潜在危险的警告。中国人对《美日安全保障条约》的支持也采取了更含糊其辞的态度。虽然日本随后收回了拟议中的教科书修改计划，平息了中国领导人的愤怒，但这件事不可避免地损害了中国与日本的政治关系。

所以，在更大程度上，中国对华盛顿和日本开始实行双重政策。在政治方面，中国断然否认与美国和日本在这个地区存在明显一致的政治和军事战略。但这种分歧并不影响中国加强与美国和日本的合作，因为这些关系对中国寻求经济、技术和科学发展的愿望是至关重要的。中国确定了非对抗性的外交政策框架：为了现代化规划的需要，中国寻求全面的合作，但中国避免卷入大规模的政治和战略竞争中去，而这种竞争却是东亚大国关系的特征。

中国把国际紧张和动荡的局势归因于"两个超级大国之间的争霸斗争"。这样，中国仍能自由确定莫斯科或华盛顿对中国的安全构成的威胁程度。在这一点上，中国想与两个超级大国保持一定的距离，更多的是假设，而不是现实。无论是在公开声明，还是在私下表述中，中国继续认为苏联仍处于攻势，对中国安全构成了直接的威胁。随后，中国的战略家们认为，美国可能对苏联进行更有效的挑战，苏联也许会减少武力使用，可这一天还未到来。

最重要的原因是，中国永远不在美苏争霸中充当小卒。正如1982年8月底中国外交部长黄华对联合国秘书长德奎利亚尔所说的："中国不会依附任何一个超级大国，中国不会打'美国牌'去对付苏联，也不会打'苏联牌'来对付美国，也决不允许任何人玩'中国牌'。"① 在中国共产党第十二次全国代表大会上，这一立场正式得到认可。党的主席（不久在新的党章中改为党的总书记）胡耀邦在1982年9月1日党的代表大会上声称，"中国决不依附于任何大国或者国家集团，决不屈服于任何大国的压力"。② 至少，从理论上说，

---

① 据新华社 1982 年 8 月 22 日电。（应是 8 月 20 日。——译者）
② 据新华社 1982 年 9 月 4 日电。

中国完成了向独立自主形象的转变。

这些情形仍使未来的中苏关系的性质极不明确。邓小平、胡耀邦和中国其他高级官员清楚地认识到，与中美之间的分歧相比，中苏敌对是一个长期的、更难处理的问题。胡耀邦在十二大的政治报告中明确指出，苏联在整个亚洲的军事活动，造成对"亚洲和平和中国安全的严重威胁"。胡耀邦敦促苏联领导人，"采取实际步骤，解除对我国安全的威胁"，这对莫斯科履行其改善中苏关系的一贯保证是一个直接的挑战。[①]

在1981年的大部分时间及1982年间，中美之间的矛盾不断发展，莫斯科唱起了赞歌，它显然希望利用华盛顿和北京之间日益恶化的政治关系。当莫斯科从中美勾结的最可怕的噩梦中逐渐醒来的时候，苏联领导人显然采取了积极的办法，向北京暗示其灵活态度。但是，中国人仍心有余悸，特别是苏联毫不减弱它对阿富汗和印度支那的军事行动，虽然两国在国家关系方面都已定下了比较适当的调子，但它们在政治和安全问题上更为广泛的分歧仍不见减缩。特别是中国不希望因它与华盛顿发生麻烦而迫使自己匆匆忙忙转向莫斯科。

然而，到1982年秋，中苏两国的关系出现了越来越多的灵活松动的迹象。中国正式采取独立自主的外交姿态是传给莫斯科的一个信号，中国不再同美国在明显是由于反苏图谋而产生的政策上合作，更为重要的也许是，关于武器出售的条约的签订，终止了中美关系潜在的滑坡，北京感到既然与美国的关系看起来不会再有危险，这就增加了对莫斯科的活动余地。中国人也想调整好自己，以便仔细观察随着勃列日涅夫日益虚弱而迫近的继承问题所带来的任何机会。

1982年10月，中国人决定探试一下苏联人的意向。作为对前年春天克里姆林宫提议的回答，中国人建议开始双方副外长级的"磋商"，以讨论中苏关系正常化的可能性。这样，由于苏联入侵阿富汗而取消的谈判现在又重新开始，而且政治氛围更为有利。虽然双方谁都没有预想外交关系能早早地、迅速地得到改善，但是，中国和苏联

[①] 据新华社1982年9月4日电。

外交联系的正常渠道又建立起来了。11 月，由于勃列日涅夫逝世，中国人（以外交部长黄华个人名义）能够直接向新的苏联领导人转达这样的信息：北京仍然为更全面地探讨改善双方的关系敞开大门。

与此同时，中国反复地明确表示，中苏关系绝不会以损害中国与西方的关系为代价而改变。中国与美国、日本和西欧有着广泛的经济和技术联系，这一利害关系太重要了，不能为了同苏联试探性的、仍然是充满疑问的政治关系去冒风险。80 年代初的不确定、不稳固状态也一直牵制着北京。但是，与敌对国家和友好国家有更多样化的外交关系至少为中国外交政策的长期稳定提供了可能，而这一问题曾如此长久地困扰着中国领导人。当 1982 年即将辞别之际，邓和其他中国领导人，如果还不能感到满足，起码也有理由满意了：持久可靠的外交路线如果还没有完全实现，其轮廓也终于依稀可辨了。

中美关系的意义

中国对美国的开放，极大地改变了亚洲的国际关系，由于摒弃了朝鲜战争以来支配中美关系的敌对政策，北京开始了进行重新组合的过程，这一过程比中苏冲突以来的任何事件都明显地改变了国际秩序。然而，这种变化不论出现何种结果，都不是命中早已注定，中美两国都必须把握住改善关系对他们各自的政治进程的影响。与此同时，双方又都根据自己的需要解释和解的意义和所取得的成果。此外，当双方的注意力都从宏观战略迅速地转向政治较量的时候，中美和解的设计者们便不能把他们最初的进展维持下去。

最初，毛泽东同意早点向美国开放。的确，没有他的认可，中美关系的改善就会碰到障碍或被阻止。但是，毛对这一政策的认同并没有多大保证。他既不能保护周恩来、邓小平免受"崇洋媚外"的指责，也不能确保他始终如一地支持与美国的关系，毛深受苏联对中国构成长期威胁的困扰，认为诱导美国与北京建立关系会使美国提供中国的安宁所必需的安全和政治保障。然而，他的愿望并没有完全得到满足。更为重要的是，毛主要关心的是中国政治的连续性，他想限制他的下属，特别是邓的政治权力。因而，向美国开放的门并没有完全打开。毛从来就没有完全让中国进一步介入国际事务，他把与美国改善关系更多地看成是解决中国在安全方面的严重困境的一个办法，而不是一条通向经济与技术进步的道路。

中国与西方和解的不平坦的道路，反映了在恢复关系的最初几年，两国都缺乏能够持久发展的策略，每一方都有自己认为必需的政治要求，而双方都不能在这些要求上作出让步。两国都在努力遏制苏联势力的扩大。但是，要使这些考虑成为对双方政治体制更多的谅解，是极为困难的。只是到 70 年代末，随着邓的第二次复出、地位不断巩固，以及历届美国政府与北京合作的更为明确的政策，全面外交关系才最终实现。然而即使这种关系也是短暂的，因为里根政府上台不久，两国关系受到严峻考验，随后又对此作了重新解释。

70 年代中美关系的改善不是一帆风顺的，但是，这为 80 年代更为多样化的关系创造了条件。第一，由于双方最高层达成了谅解，为双方领导人经受反复的挑战和压力创造了基础，更重要和更深层的关系最终都建立在这个基础上。第二，向美国的开放，为中国更为全面地介入现存的国际体系铺平了道路。中国进入联合国也许是北京摆脱了"文化大革命"的孤立状态后的必然结果。但是，中美关系的改善无疑加速了这一进程。

但是，从第一点上看，中国在国际场所的政策安排与美国的政策选择分歧极大。尤其是，北京对重要的政治和经济问题主张采取"重新分配主义"的办法。[①] 只有在中美统一阵线"高潮"的时候，北京才有意在共同反对苏联的讲坛上，努力寻求与美国政策的共同点。80年代初，随着对外交政策的重新估价，北京重新努力绘制它一整套独特的，显然再一次与美国不同的全球战略，尤其在对第三世界的关系上。

第三，20 年之久的孤立中国政策的结束，为中国更为全面地进入地区和全球性经济发展敞开了大门。中国除了在联合国与其他国际

---

① 参见塞缪尔·S. 金《中国、联合国和世界秩序》。

组织中采用"全球主义"倾向外，中国的实际行为则表明，它对国家的需求十分敏感。经过一段时间后，中国对国外的贷款、投资、技术和其他形式的援助要求的不断增长，这反映了中国在推动实现它所宣布的政策与其决心抓住每一个经济发展的机会之间是有差别的。中国显然想得到世界银行的帮助。[①] 但是，如果中美关系的改善没有得到明确的承认，那么，中国在国际经济体系中的几乎全面合作似乎是极难成功的。这些影响对日本特别明显，中美关系的改善无疑使日本得到最大好处，它已成为中国主要的贸易伙伴。

因此，到 70 年代末，中国被排除在东亚经济政治之外的不正常现象结束了。"文化大革命"后较长时间的政治动荡拖延了这一结合过程。但是，80 年代初，随着中国与其周边国家建立更为全面的关系，这些影响很快就消失了，与此同时，北京的结论是，中美关系持久的结构不能过多依赖于战略合作，还要在两个体制之间建立更为多样的一整套政治、经济及法律制度关系。

但是，对外开放的最大影响是在中国制度内部。当北京寻求全面参与全球和地区性的政治事务后，中国的国际孤立主义的偏颇与幻想便迅速消失了。现代化建设的使命，以及中国作为一个独立自主的大国出现在世界上，以继续进行国际合作为先决条件。一个好汉三个帮。虽然与美国关系的全面建立并没有解决其国内长达一个多世纪的关于西方世界经济和技术优越性的论争，但是，中国已把这个争论很久的问题提高到国内政治进程中最重要的位置上。因而，向美国开放既是结束，又是开端。

---

① 见塞缪尔·S. 金："转变中的中国的世界政策"，《世界政策杂志》（1984 年春季号），第 603—633 页。

第三篇

"文化大革命"及其后果

第 六 章

中国的经济政策及其贯彻情况

引　言

　　"文化大革命"的 10 年间（1966—1976 年），几乎没有提出什么真正有新意的经济思想或政策。尽管曾经有过一些经济方面的争论延续到并贯穿于"文化大革命"期间，但追根溯源，这些争论却产生于一个较早的时期，特别是在"大跃进"及紧随其后的灾难时期，当时，全国上上下下都在思索，到底是什么地方出了差错。

　　截止到 1956 年，中国政府完成了私人工商业的改造，农业也实行了合作化。这种社会主义经济的计划和管理的工具，是从苏联整套照搬来的。中国重视机械和钢铁的经济战略，实际就是 30 年代斯大林为俄国制定的发展战略的翻版。

　　这种计划工具和发展战略的选择，部分地反映了当时在许多发展中国家领导人中存在的一种看法，即苏联代表了针对资本主义经济发展做出的一种现实的、也是一个相当成功的抉择。中国的领导人虽对苏联的成就也持同样的看法，但从一开始，他们就对苏联经济体制的许多特征感到担心。这种担心之所以产生，其原因在中国高级领导人中是因人而异的。一些人对这种高度集中的计划和管理体制的僵化表示担心，而另外一些人则认识到，中国不能照搬苏联的模式而忽视农业。在某些方面，毛泽东与那些和他关系密切的人，对苏联制度滋生出来的、且与日俱增的社会官僚化，对它重视与资本主义而不是与未来共产主义理想更一致的价值观的做法，感到不安。

　　因此，实际情况是，社会主义改造刚一完成，中国领导人便开始调整体制，使之更好地适应中国的需要，这些需要是他们凭直觉所认定的。1957 年，他们做了一些减少过度集中的尝试，措施是放松对某些私人市场的控制以及将一些决策权下放到省和省以下的机构。1958 年和 1959 年，出现了"大跃进"和人民公社这样的激动人心的尝试。1960 年"大跃进"失败后，他们又回到集中计划上，同时加强市场作用、提高对个人的物质刺激，这特别体现在农业上，在一定程度上也体现在工业上。

在 20 世纪 50 年代后半期的大多数时间中，那些后来被冠以"左派"和"右派"或"激进主义者"和"实用主义者"东西之间的界限，尚未清楚地划分出来。一方面，有些领导人，如陈云，亲自过问经济事务；而另一方面，毛泽东和多数党的高级领导人关心的则是在政治上巩固革命成果。然而大的问题，如合作化的速度问题，既涉及政治，也涉及经济，因而这些要人所关心的问题却也会相互重叠。但是，毛本人对经济发展的中心问题并不特别在意。他在 1956 年的讲话《论十大关系》，或许与其说是试图深刻地阐明他个人的主张，毋宁说是集体创作，只是署了他的大名，以使文章更具权威。

后来，在 1958 年，毛亲自介入经济决策之中，对随后 20 年产生了深远影响。用毛本人的话来说：

> 去年八月（1958）以前，主要精力放在革命方面，对建设根本外行，对工业计划一点不懂……但是，同志们，1958 年，1959 年主要责任在我身上，应该说我。过去责任在别人……大办钢铁的发明权是柯庆施还是我？我说是我。[1]

如上一段话所示，毛在 1958 年和 1959 年不仅介入经济决策，还将这种做法建立在他对经济发展了解不多的基础之上。事实上，"大跃进"的尝试，更多地是政治理想，而不是某个人的经济概念的产

---

① 毛泽东："在庐山会议上的讲话"，1959 年 7 月 23 日，S. 施拉姆编：《毛泽东同人民的谈话》，第 142—143 页。

物。"大跃进"是一场很长的群众运动，发动这场运动的目的是促使中国迅速地跨入工业化国家的行列。关键的投入是人的努力——在自家院子里土高炉中生产钢材的努力，为灌溉华北干旱的土地而搬移了数百万吨土石的努力。

对这场群众运动之后的灾难性后果的完善分析，将在本章其他地方加以讨论。这里，与此相关的关键一点是领导层诸位成员对这场灾难的性质得出了迥然相异的结论。由于 1959—1961 年间气候的恶化，更由于 1960 年苏联决定从中国撤走技术专家，要对已发生的这些事实进行分析，就不是那么简单的了。因此，那些与毛看法相同的人便会辩解说，"大跃进"的基本思想并非不正确，只是因为贯彻得不力、时运不济（气候）以及苏联背信弃义，才导致了暂时的失败；而另外一些领导人则持异议，他们认为，正是"大跃进"的观念才是这场灾难的主要根源。

60 年代初期，由于人们一致认为恢复是当务之急，因此，这些观点上的分歧，对经济政策只产生了有限的影响。但到 1962 年，由于毛反对农村责任制，认为它破坏了农业合作化经济，这时，意见不同的争执的迹象才显露出来。责任制最极端的形式，实际已被阻止并予以否定，直到 80 年代，它们才再度出现。然而，除了遏制放弃合作化的做法的努力之外，毛还把注意力转投到他认为是问题的症结之所在，即存在于绝大多数人民（包括许多中国共产党党员）中的那些尚未改造的价值观和态度。其结果首先是改革军队的尝试，接着，又发动了社会主义教育运动。

毛在 60 年代初期是否花了一些时间对其经济发展思想进行反思和推敲，现在尚无证据证实这一点。毛那个时期的讲话几乎没有任何经济方面的内容，除了十分随便地说几句外。与毛观点相近的那些人也没能及时从"大跃进"中吸取精华，祛除糟粕，进而制定一个经济发展战略。

所以，当 1965—1966 年"文化大革命"发动之时，对那些想要提出一个更激进的新经济路线的人来说，几乎没有任何指导方针可循。60 年代初所做的增进财政指标和财政管理的作用的尝试，被攻击为"利润挂帅"，而作为财政管理首倡者的孙冶方，也遭到贬斥。但除了"大跃进"的试验之外，人们几乎提不出任何经济战略，以取代在刘少奇和邓小平领导下制定的政策。不过，也没有一个人希望重蹈"大跃进"之覆辙。

因此，1966年后所贯彻的政策，就是自50年代以来提出的并在60年代初期加以修改的并加进了1958—1959年间"大跃进"方式的某些部分的那些政策。关于这个战略的性质，无需阅读那些"左"倾或右倾的领导人的言论，只要仔细分析一下此后10年的经济工作的实际情况，人们便可充分地了解。领导人中很少有人明确地表述一种战略，这或许是由于以某种特定的方式处理日常事务在政治上更容易、更安全的缘故。可是，尽管所制定的政策只不过是出于短期考虑而产生的，但时间久了，它们便会汇成一种长期的战略。

经济混乱，1966—1969年

然而，在把目光转向"文化大革命"时期中国的发展战略之前，我们必须首先论及这个观点，即在这个时期，由于全国始终处于混乱状态，中国根本就没有一个前后一致的战略。当然，政治往往是混乱的，但是，这里的问题在于，政治是否经常波及到经济，导致工作的中止和更糟糕的情况。

重要数据是本文分析的基础，列于表8、表9和表10之中。这些表格所提供的信息既清楚，又连贯。首先，混乱的状况只限于1967年、1968年和1969年三年。而工业和运输业也只是在1967年和1968年才面临巨大的困难。到1969年，很多工业已达到并超过1966年的最高水平。而且，即使在混乱的年度中，工业产量与"正常的"1965年相比，水平往往也没有下降得很厉害，何况还远远超过1962年萧条时期的数字。尽管各个省份的混乱程度不尽相同，但绝大多数在1967年和1968年两年中都经历了严重的混乱。在这个格局中，一个值得注意的例外是上海，这里的工业生产只在1967年一年中遭到较大程度的破坏。到1968年，上海的工业恢复并超过了

1966 年前的最高水平。[①] 由于上海是"文化大革命"的领袖们的基地，他们如果搞了一套更具试验性和潜在破坏力很大的经济政策，便不会成为意料之外的事情了。不过，我们对上海在 1966—1976 年间的经济情况一鳞半爪的了解告诉我们，上海情况与中国其他地区极其相似。在此期间，上海总的工业增长率低于全国平均水平（1965—1978 年间上海为 8.3％，全国平均增长率为 10.2％），而这样的结果是从 50 年代开始的那个政策的体现，其目的是将工业从沿海地区迁移开。

表 8　　　　　　　"文化大革命"时期工业产量指数

（以 1966 年为 100）

分类＼年份	1957	1962	1965	1966	1967	1968	1969	1970	1975
发电量	23	56	82	100	94	87	114	140	237
钢	35	44	80	100	67	59	87	116	156
原煤	52	87	92	100	82	87	106	140	191
原油	10	40	78	100	95	110	149	211	530
水泥	34	30	81	100	73	63	91	128	230
化肥	6	19	72	100	68	46	73	101	218
机床	51	41	74	100	74	85	156	253	319
布匹	69	35	86	100	90	88	112	125	129
自行车	39	67	90	100	86	97	142	180	304

资料来源：国家统计局《中国统计年鉴（1981）》，第 225—231 页。

表 9　　　　　　　"文化大革命"时期农业产量和投入

分类＼年份	1952	1962	1965	1966	1967	1968	1969	1970	1975
粮食（百万吨）	195	160	194.5	214	218	209	211	240	284.5
指数	91	75	91	100	102	98	99	112	133

---

①　1966—1970 年间的地区数据必须根据分散的材料重新整理。这里的说法是以 R. 迈克尔·菲尔德、尼古拉斯·拉迪和约翰·菲利普·埃默森的《对中华人民共和国诸省工业总产值的重新整理（1949—1973）》一书中的数据为基础的。

年 份 分 类		1952	1962	1965	1966	1967	1968	1969	1970	1975
棉 花										
	（百万吨）	1.64	0.75	2.10	2.34	2.35	2.35	2.08	2.28	2.38
	指 数	70	32	90	100	101	101	89	97	102
生 猪										
	（百万头）	145.9	100.0	166.9	193.4	190.1	178.6	172.5	206.1	281.2
	指 数	75	52	86	100	98	92	89	107	145
化肥（百万吨）	总产量	0.15	0.46	1.73	2.41	1.64	1.11	1.75	2.44	5.25
	进口额	1.22	1.24	2.73	3.15	4.88	5.21	5.55	6.42	4.94
	对农民 供应量[a]	1.79	3.11	8.81	12.58	13.68	10.13	13.61	115.35	26.58
	供给指数	14	25	70	100	108	81	108	122	211

a. 这里的数字是以总重量计数的，而产量和进口的数字指的是肥料。

资料来源：国家统计局《中国统计年鉴（1981）》，第 229、386 页；《中国农业年鉴》（1980），第 34、40 页。

全国的农业与工业相比，所受的影响要小一些。1968 年和 1969 年，粮食产量下降；1969 年和 1970 年，棉花产量也下降。猪的头数（通常能从中反映出自留地和自由市场情况）在 1968 年和 1969 年也明显地下降了。农业产量下降，部分是由气候恶化造成的，但 1968 年的主要问题是，化肥严重不足，其供应量下降了 30％ 多。1966—1968 年，化肥的进口量增加了 65％，弥补了国内化肥生产的急剧下降，否则的话，化肥短缺的情况就会更加严重。这时，有人担负起责任，以确保农民至少不会由于工业遭到破坏而损失惨重。

表 10　　　　　　　　**"文化大革命"时期的运输业和商业**

年 份 项目及单位	1957	1962	1965	1966	1967	1968	1969	1970	1975
水陆运输 （10 亿吨/公里）	181.0	223.6	346.3	390.1	305.0	310.9	375.3	456.5	729.7

续表

年　份 项目及单位	1957	1962	1965	1966	1967	1968	1969	1970	1975
铁路运输 （10 亿吨/公里）	134.6	172.1	269.8	301.9	226.9	223.9	278.3	349.6	425.6
小件邮寄 （10 亿元）									
城　市	23.84	31.85	33.89	36.28	38.20	37.32	39.35	40.00	60.69
农　村	23.58	28.55	33.14	37.00	38.85	36.41	40.80	45.80	66.42
农产品购买 （10 亿元）	21.75	21.11	30.71	34.59	34.48	33.82	32.40	34.78	47.86
粮食购买 （百万吨）	45.97	32.42	39.22	41.42	41.38	40.41	38.45	46.49	52.62
对外贸易 （10 亿美元）									
出　口	1.60	1.49	2.23	2.37	2.14	2.10	2.20	2.26	7.26
进　口	1.51	1.17	2.02	2.25	2.02	1.95	1.83	2.33	7.49

资料来源：国家统计局《中国统计年鉴（1981）》，第 283、333、345、357 页。

到 1970 年，工农业不仅恢复到而且超过了 1966 年或 1967 年所达到的最高水平，长期以来一直贯彻的方针也恢复了。简言之，工人的罢工、工人与红卫兵的冲突，用铁路运输将红卫兵带往全国各地串联的做法，只使中国产量下降了两年，仅仅如此而已，至少在短期内是这样。而在较长的时期里，出于害怕政治报复，中国的计划制定者们遇到新问题和新机会时，应变能力受到严重的压抑，尽管这些压制因素所造成的困难在 70 年代后期才充分显示出来。对此，我们将在以下部分进行系统的论述。总的来说，在第三个五年计划期间（1966—1970 年），国民生产总产量的年均增长率为 6％。①

---

① 例如，被视为农产品中最重要部分的粮食的产量，1966—1970 年年均增长率为 4％。而能直接反映出工业部门情况的发电量，在 1971 年超过 1965 年 71％，这说明五年之中年均增长率为 11％。

"文化大革命"造成的破坏，与"大跃进"造成的破坏相比，有着明显的不同。"大跃进"之后，粮食产量下降了 26%，棉花产量也与 1958 年的最高产量相差 38%。[①] 1961 年，私人农业活动事实上被消灭之后，生猪的头数仅是 1957 年最高水平的 52%。

关于"大跃进"及以后的灾难期的工业数据，解释起来较为棘手。不管怎么说，1961—1962 年这段时间的工业总产量显然要比 1958—1959 年间的最高产量低。由于物价上涨，也由于谎报成绩，1958—1959 年的最高产量被夸大了。另外，尽管第一个五年计划的工业总产量与第二个五年计划的工业总产量处于同一水平，然而，如果"大跃进"没发生的话，仅凭早在第一个五年计划期间便开始兴建的工厂和设备，1958 年和 1959 年的工业产量也会迅速提高的。此外，从苏联购买的许多成套的工厂 1958 年和 1959 年均已到货，因此，60 年代初期，工业产量本应不断地迅速增长。但事实却是，工业产量在 1961 年和 1962 年急剧下降，最早到 1965 年才完全恢复。[②] 当然，苏联在发出通知后仅两个星期的时间里便撤走了技术援助，这多多少少地减缓了恢复的速度。

从许多方面看，"大跃进"和"文化大革命"中遭到破坏的程度，最好通过下一节的表 14 和表 15 对有关投资生产比（资本—产出的比率）的数据进行比较就可看出。这些数据表明，巨额的投资仅带来了产量的有限增长，或者说，根本就没有增长。整个 1958—1965 年的国民收入增长率还不到 1966—1978 年的一半，而在前一时期的投资水平高出后一时期的一倍。简言之，"大跃进"是一场代价极高的灾难。而"文化大革命"在其高峰期（1967—1968 年）的干扰虽是严重的，但基本上是短暂的，是大多数国家都不时经历过的。

"文化大革命"最具破坏性的后果，并不是红卫兵年代的无秩序造成的，而是长期遵循一个独特的发展战略并由此战略而产生的计划

---

① 有关农业的数据，全部来自《中国农业年鉴（1980）》，第 34—36、38 页。

② 作为这些论述的基础的工业方面的材料，出自国家统计局《中国统计年鉴（1981）》，第 225—231 页。

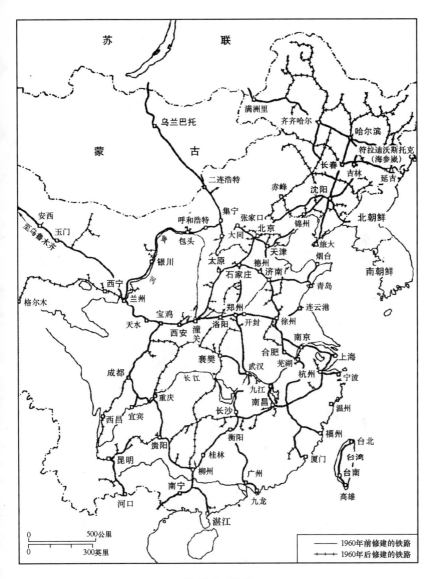

地图7 铁路

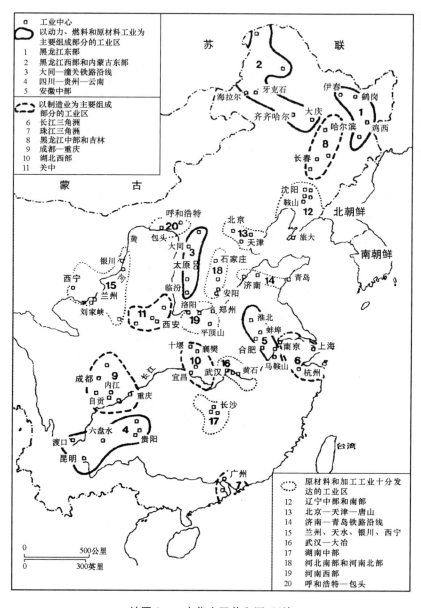

地图 8　中华人民共和国:经济

和管理的质量所致。因此，要解决这个中国长期以来一直存在的问题，不能仅凭用军队平息红卫兵的办法，而需要从根本上改变战略，但中国的计划制订者在 10 年之后才充分认识到这一点。

工业发展战略，1966—1976年

中国基本的工业发展战略，是在 1953—1957 年的第一个五年计划中提出的。苏联的现代化工业部门是突击建成的，受此经验鼓舞，中国希望从更落后的工业基础上取得同样的变化。这个进程的最初几个阶段在《剑桥中国史》第 14 卷中有所论述。这里的问题在于，"文化大革命"是否改变了这个战略。"文化大革命"是否导致了部门重点的转移——例如，从重工业转为其他部门？

对这些问题简明的回答是"否"；50 年代制定的基本的工业战略，在整个 60 年代后期和 70 年代初期始终没有废弃。事实上，1979年之前，大的方针并未发生什么重大的变化，而其他方面的变化在1977 年前也未出现。这种政策上的连续性，究竟是"文化大革命"期间经济计划制订者有意造成的，还是由于他们的工作停滞而导致的结果？思索一下这个问题还是饶有趣味的。有些外界的观察家走得过远，认为 60 年代后期和 70 年代初期几乎没有什么计划存在；但是，表 11 的数据却表明，计划还是有的，而且除了遭到严重破坏的那几年外，这些计划与经济成就还是有一定联系的。鉴于"文化大革命"时期的政府，尤其是计划制订者们软弱无力，下面的解释是合乎情理的：虽有计划，但因为计划制定者瘫痪了，所以不可能认真考虑发展重点的变化。如果大多数新观念会受到攻击，那么，最稳妥的办法就是，以前怎么做，现在仍如法炮制。

由于在 60 年代后期，许多高层的经济领导人要么受到清洗，要么至少从人们的视野中消失，而他们的再度出山则往往是多年之后的事了，这个事实使人们愈加注意平时的谨小慎微。据估计，在 316 名最高层经济官员中，可以肯定的是约有 1/3 受到清洗，而仅有 1/4的人仍在公共场合露面，或以其他方式表明他们仍在办公室上班。况

表 11   **计划指标的实现情况**

(作为计划指标百分比的实际产量)

年 份 项 目	1967	1969	1972	1977	1979	1980
工业总产值 (增长%)	—	—	65.3	178.8	106.3	145.0
轻工业	—	—	—	—	115.7	—
重工业	—	—	—	—	101.3	—
钢	60.5	83.3	101.7	103.2	107.8	112.5
煤	76.3	96.7	106.2	112.2	102.4	93.9
原 油	81.6	117.5	101.5	100.7	96.5	100.0
发电量	81.5	95.9	101.6	107.1		103.7
水 泥	67.1	—				
化 肥	99.5					
棉 纱	76.9	75.9	103.9	106.9	—	110.5
基本建设投资 (预算内)	64.5	86.2	94.0	124.9	116.3	144.9

资料来源:实际产量的数据来自国家统计局《中国统计年鉴(1981)》,第225—231页和《中国统计年鉴(1986)》,第246—248页。计划数据来自房维中主编《中华人民共和国经济大事记(1949—1980)》,第430—431、451—452、488—489、578、606、624页。

且,官职越高,受到清洗的可能性也就越大。

关于"文化大革命"时期主管经济的各部委的运行情况,我们仍有必要写一部有深度的历史,但本章没有余地做此努力。然而,显而易见的是,政府经济机构失去了经验丰富的领导。而政治上支持"文化大革命"的那些人的行列里懂经济、能接替他们的人,如果还有的话,也为数很少。在主管经济的各部委中,有1/10仍被保留下来,他们力所能及地继续开展工作。如果面临重大变化但缺乏强有力的领导的话,最稳妥、也是唯一可行的办法是,在决定生产什么、在什么地方投资等事情上,继续按先前的路子走。

我们说下级经济管理官员维持了经济体制的运转,如果我们的看法是正确的，那么这也解释了为什么 1971 年林彪死亡对经济工作影响甚微。在 1972 年和 1973 年中，绝大多数工业产品的产量都有所增长，基本建设的投资也保持在高于 1966—1969 年的平均水平之上。即使在 1972 年严重的旱灾造成粮食减产的情况下，农业收成也稍有增长。在 1974 年和 1976 年，一些重要的工业产品有所下降，其中引人注目的是钢和机床；但是能源及其他多种产品的产量，即使在政治动乱的年月中，仍有所增长。因此，即使像 1976 年——那年，周恩来和毛泽东先后去世，还发生了唐山大地震——那样一整年处于混乱状况，也不会对经济工作产生持续的影响，其影响的程度与 1967—1968 年的情况相当，比"大跃进"的影响程度还要低。

中国的计划制定者始终如一遵循的是怎样的一种工业战略呢？它的核心思想很简单，可以在不破坏其真实性的情况下，用规范的数学模式描绘出来。这一模式是由苏联和印度的经济学家各自独立发展来的，因此，这个模式通常因其名而被称为费尔德曼—马哈拉诺比斯模式。这个模式提出了几个重要的假设。[①] 在这里，我们将不完全展开这个模式，但必须得描述一下，因为，无论如何，中国的计划制定者与他们的苏联同行一样，都毫无保留地在同样的原则下实行管理。

这个模式的关键在于这样一种信念：计划制定者面临的最重要的抉择是，对生产资料进行投资，还是对消费品进行投资？也就是说，对那些诸如机械和电力之类能用来制造出其他产品的项目进行投资，还是对那些诸如服装和食品之类能用于消费的项目进行投资？如果要揭示出这个抉择的深刻意义的话，下列两个假设都是不可或缺的：

1. 资本—产量的比率是一定的：就是说，一定的投资量每年都造成产量同样的增长。

2. 对外贸易与经济规模和总投资的规模关系甚小：如果对外贸易与投资关系甚大，计划制定者就会对消费工业进行投资，然后再出口这些产品，换取生产资料。如果对外贸易与投资关系甚小，这些生

---

① 有关这个模式的最优秀的也是相当简明的论述，参见海韦尔·G. 琼斯《现代经济增长理论导引》，第 110—119 页。

产资料就必须在国内制造,否则这个国家将短缺造新厂和新设备所需要的生产资料,经济增长将停顿下来。

如果这些假设成立的话,那么,顺理成章的是,对生产资料的投资额越大,经济增长就越快。对生产资料的投资额要是提高了,消费便会在短期内遭受损失;但长远来看,消费也将增长得更快,并且最终会超过首先向消费投入更多资本所能达到的水平。计划制定者不会把最多的投资投向生产资料的唯一的理由是,短期内消费太低将导致人民挨饿(甚至造反)。

对 60 年代和 70 年代的中国而言,这个模式中的关键假设是否正确呢?低下的对外贸易比率或封闭的经济的假设,是十分接近实际情况的一个。中国对外贸易和国民收入的数据见表 12。70 年代后期以前,进口额在国民收入中的百分比,通常在 5% 和 7% 之间上下波动。如果进口的都是需要投资的产品,那么,鉴于 60 年代后期和 70 年代的投资达到国民收入的 30%,中国将近 20% 的投资产品仍需向外国购买。[①] 而全部需要投资的产品的 4/5 仅须中国自产。其实,进口的 1/3 以上的东西,既是消费品,也是介于消费品和生产资料之间的中性产品,仅有相当于国民收入 3% 的需要投资产品要进口。[②]

对外贸易所占比率很低,在一定程度上反映了中国人口众多的特点,在某种程度上说,也是由审慎的政策选择造成的。人口众多的国家的贸易量要比小国低一些(占国民生产量比例而言),其原因尚不全为人们所知。例如,60 年代中期,印度的进口总额相当于其国民生产量的 6%;日本是 9%。与之相反,较小的国家,如马来西亚和泰国的进口率则分别为 41% 和 20%。[③]

---

① 如果进口占国民收入 5%,投资占 30%,而且全部进口是由需要投资的产品构成的话,那么,投资的 16.7% 将由进口提供(5/30),而其余的则靠国内自产。

② 中国的数据表明,全部进口的 80% 是"生产工具",但是,中国的数据中包括许多中性产品,如纺织纤维、橡胶等。

③ 这些数据来自霍利斯·切纳里和莫里斯·赛尔奎因《发展模式(1950—1970)》,第 192—195 页。

但是，如果人们对 1977 年和 1979 年政策的变化及其后果进行讨论的话，就会清楚地看到，如果中国的计划制定者愿意的话，中国的贸易率将会更多。然而，中国的计划制定者却同他们的苏联同行一样，制定了最大限度地减少国家对外贸的依赖的政策，这一政策不只是在"文化大革命"中存在，在 50 年代就已开始实行。如表 12 中的数据所示，外贸比率从一个时期到另一个时期起伏不定，找不出一个清晰可辨的趋向。60 年代初和 1967—1970 年这两个时期进口率处于最低水平。前者是由于严重混乱和 1959—1961 年自然灾害造成的，后者是 1967—1969 年经济混乱的结果。

在"文化大革命"期间，所有反对盲目依赖国外产品和技术的言论，在当时有什么样的影响呢？在 60 年代后期，钢、铜、化肥及其他许多东西的进口达历史最高水平。粮食和其他消费品进口下降，但这主要是国内收成较好使然。机械和设备的进口在 1968 和 1969 年中骤然下降，可能部分是由于"左"派敌视国外技术的缘故，而 1967

表 12　　　　　　　　　　　　　　　**外贸比率**

项　目 年　份	(1) 国民收入	(2) 出口	(3) 进口	外贸比率	
	(10 亿人民币)			(2) ÷ (1)	(3) ÷ (1)
1952	58.9	2.71	3.75	0.046	0.064
1957	90.8	5.45	5.00	0.060	0.055
1962	92.4	4.71	3.38	0.051	0.037
1965	138.7	6.31	5.53	0.045	0.040
1970	192.6	5.68	5.61	0.029	0.029
1975	250.3	14.30	14.74	0.057	0.059
1978	301.0	16.77	18.74	0.056	0.062
1980	366.7	27.24	29.14	0.074	0.079
1982	426.1	41.43	35.77	0.097	0.084
1986	779.0	108.20	149.86	0.139	0.192

资料来源：国家统计局《中国统计年鉴（1981）》，第 20、357 页；《中国统计年鉴》(1986)，第 40、481 页；国家统计局《中国统计摘要（1987）》，第 4、89 页。

年和 1968 年工业遭到的全面破坏可能也是一个因素。[①] 总的来说，
1966—1970 年总进口额的票面价值，与 1953—1957 年大体相当；从
票面价值来看，1971—1975 年的进口额几乎超过 1953—1957 年水平
一倍以上。如果考虑到通货膨胀和国民收入的实际增长，1966—1970
年的外贸率就大大低于 1953—1957 年的水平了，而直到 1975 年才恢
复到先前的水平。简言之，即使在外贸方面，"文化大革命"时期依
然保持着第一个五年计划期间制定的封闭的经济战略，而没有偏离
丝毫。

表 13 　　　　　　　　　部门基本建设投资（以％计）

年　份 项　目	1953— 1957	1958— 1962	1963— 1965	1966— 1970	1971— 1975	1976— 1980
重工业	38.7	54.9	48.0	54.5	52.1	48.0
建筑业	3.9	1.4	2.2	1.9	1.7	1.9
地质勘探	2.6	1.2	0.4	0.5	0.7	1.3
运输业	16.4	13.8	13.3	16.4	18.9	13.5
小计	61.6	71.3	63.9	73.3	73.4	64.7
轻工业	6.8	6.5	4.1	4.7	6.1	6.9
农业	7.6	11.4	18.4	11.4	10.3	11.0
商业	3.9	2.0	2.6	2.3	3.0	3.9
教育、卫生等	8.1	3.9	6.0	3.0	3.3	5.7
市政公共事业	2.6	2.3	3.0	1.9	2.0	4.2
其他	9.4	2.6	2.0	3.4	1.9	3.7
小计	38.4	28.7	36.1	26.7	26.6	35.4
总计	100.0	100.0	100.0	100.0	100.0	100.0

资料来源：国家统计局《中国统计年鉴（1981）》，第 300—301 页。

[①] 机械、设备和科学仪器的进口额，从 1966 年的 34870 万美元，跌至 1968 年和
1969 年的 13600 万美元和 13180 万美元，此后，在 1970 年又急速回升到 27660 万
美元〔美国中央情报局：《中华人民共和国：国际贸易手册》（1972 年 12 月），第 25
页〕。

　　在封闭经济的条件下，中国与早先的苏联一样；遵循着费尔德曼—马哈拉诺比斯模式中阐述的高速发展的主要原则。最大的投资被引到生产资料部门，而没引向能生产出更多消费品的工厂。在表13中，项目的分类不甚精确，但基本信息还是清楚的。全部投资的3/4用来制造机器，目的是要制造更多的机器，或用来进行该部门的基础建设。1963—1965年的生产资料投资额下降，但这更多地是由于1959—1961年的危机后恢复工作的需要造成的，而不是因为长期战略发生了什么变化。在现有的工厂尚未得到充分利用而人民仅能勉强满足他们最低生存需求的情况下，把大宗资金投入新型的重工业工厂是没什么意义的。恢复时期结束后，投向生产资料的资金就一下子回到了"大跃进"时期的水平。

　　根据费尔德曼—马哈拉诺比斯模式，这条战略（它就是根据费—马模式制订的）不仅在国民收入和生产资料工业方面，而且在消费品和人民生活水准方面，都造成一个高速发展。实际上，这个模式提出的唯一正确的预测是，投资率将随着国民收入的增长而提高。国民收入增长率不提高，投资率便会下降，消费增长率也将随之下降。有关消费情况的数据将在以后提到，而当务之急是解释为什么没有出现中国的计划制订者所期望的、上述模式所预测的那些结果。

　　情况往往就是这样，模式本身是不错的，但这个模式发生作用的那些假设在中国是没有根据的。最大的错误在于资本—产量比率固定不变的假设——一定的投资水平每年将造成相同的生产水平。而事实上，60年代后期和70年代初期，中国的资本—产量比率开始逐渐上升，而既定的投资水平造成的产量增长却越来越小。

　　提出这种观点所依据的材料是不够充分的，但表14和表15中却列举了一些相关的数据。表14的统计数据并不是严格意义上的资本—产出比率，但在这些工业中，这些比率所发生作用的情况应与实际资本—产出的比率大体相当。表14中所列各部分，占全部基础建设投资和绝大多数与生产资料部门相关的投资的60％。

表 14　　　　　　　　　　重点工业的投资—产量比率

产业门类	项目 \ 年份	1953—1957	1958—1965	1966—1970	1971—1975	1976—1980
电力工业	投资	2.978	11.095	6.860	12.939	21.874
	产量的增加（10亿千瓦小时）	32.24	34.1	75.3	75.2	77.25
	比率	0.092	0.325	0.091	0.172	0.283
冶金工业	投资	4.661	20.317	9.879	17.308	18.969
	钢材产量的增加（百万吨）	6.88	−7.66	7.55	2.24	9.24
	比率	0.677	—	1.308	7.716	2.05
机器制造业	投资	3.847	14.129	7.409	21.676	17.846
	机床产量的增加（千台）	99.6	−69.0	116.4	15.9	−61.5
	比率	0.039	—	0.064	1.36	—
煤炭工业	投资	2.968	11.213	4.665	9.074	13.625
	产量的增加（百万吨）	0.011	0.0	0.026	0.063	0.192
运输业	投资	9.015	21.708	15.001	31.759	30.245
	货运量的增加（亿吨/公里）	196.0	22.0	236.0	252.0	333.0
	比率	0.046	0.987	0.064	0.126	0.091
石油工业	投资	1.198	4.154	3.884	8.900	13.142
	石油产量的增加（百万吨）	2.94	11.08	31.42	46.72	10.64
	比率	0.407	0.375	0.124	0.190	1.24

　　说明：（1）全部投资数据以 10 亿元为单位。（2）产量的数据在投资与产出之间以两年为间隔。为消除某些年与年之间的起伏，这里使用了三年的平均值。因此，1953—1957 年的产量增长，实际上就是 1958—1960 年与 1953—1955 年之间各年的平均增长，等等。1976—1980 年的增长就是 1980—1981 年与 1976—1978 年间各年的平均增长。（3）比率获得的方式，是把投资的数字用产量增长数字去除。

　　资料来源：国家统计局《中国统计年鉴（1981）》，第 227—231、283、300—302页。（煤炭工业栏漏掉产量增加的数字，只有投资和比率数。——译者）

表 15　　　　　　　　　边际资本—产出比率

分　类 年　份	积累 （物质产品 净值的%）	按 1980 年的价格实 际物质产品 净值的增长率	内在资本—产出比率
1953—1957	24.2	6.62	3.66
1958—1962	30.8	−4.30	—
1963—1965	22.7	8.05	2.82
1966—1970	26.3	6.50	4.05
1971—1975	33.0	5.26	6.27
1976—1980	33.2	5.57	5.96
1981—1985	30.8	9.95	3.10

说明：物质生产净值（中国的术语叫国民收入值）的增长率的估算，首先是取得部门通货紧缩的指数，再利用这些通货紧缩的指数，将物质生产净值的时价折算成物质生产的不变价格。

资料来源：国家统计局《中国统计年鉴（1986）》，第 40、41、49 页。

　　这些比率说明了什么呢？在第五个五年计划（1976—1980 年）期间，生产一千瓦小时的电所需投资，是第三个五年计划（1966—1970 年）期间所需投资的三倍；生产一吨钢所需投资近乎于第三个五年计划期间所需投资的两倍；每吨运输公里所需投资超过第三个五年计划期间所需投资的 40%。从资本投下到开始生产需要一段时间。对此间隔时间长短有不同假设。除了通货膨胀因素外，不同的假设将改变这些结果，但并不改变全部结论。[①]　就付出的资本而言，中国所得到的收益越来越少。表 15 反映了全国范围内所受到的影响。

　　我们在本章后面将对资本—产出比率高速增长的原因进行探讨。工人物质刺激的减少和计划不当，只是一部分原因。可能新油田是在条件更差的地方开发的，也可在地形条件极差的地方修建新铁路。但无论是什么原因，国民收入增长率明显地下降了，而由于投资率提高，消费资金几乎没有什么可增长的了。

　　国防开支迅速增加，也使 60 年代后期的消费额进一步压缩；据

———————————

① 　在这几个时期，中国物价的增长率非常有限。

西方的估计，国防开支在 1965 年为 240 亿元人民币，1971 年增至
400 多亿元。如果这些开支大部分投入到军备生产的话，它的增长也
将促进资本—产出比率的提高。不管是什么情况，林彪的倒台使国防
开支增长到了头。1972 年军费预算减少了几十亿元；到 1979 年中国
打入越南之前，军费预算一直稳定在 400 亿元左右。

从表 16 的工资和农业收入的数据中，我们可以观察到消费方面
的一些情况。在第一个五年计划和第五个五年计划期间，实际工资几
乎没有增长。农村集体的收入每年都在增长，但增长率仅为平均 2%
以下。由于就业工人在家庭成员中的比率增大，城市的收入实际上也
有所增长。总而言之，在 1957—1978 年间，国民消费量在人口增长

表 16　　　　　　　　　　实际和名义工资与农村集体收入

（每年以元为单位）

分　类 年　度	国家部门年度平均工资		农村集体人均收入分配	
	名义	实际 （1952 年的价格）	名义	实际
1952	446	446	—	—
1953—1957	559	522	41.75[a]	38.8
1958—1962	546	461	42.9	35.8
1963—1965	651	530	48.7	39.2
1966—1970	623	525	59.5[a]	50.1
1971—1975	614	513	63.8	54.4
1976—1980	672	529	74.2	60.2

说明：工人和职员的实际工资通过他们的实际工资除以生活费用指数获得。对
农村地区来说，没有任何合适的价格指数，既能排除在购买工业品时价格的变化，
又能排除所配给的实物价格的变化。由于没有更好的选择，所以使用了普通零售价
格指数。

a. 这些数据仅是 1956—1957 年至 1970 年的。

资料来源：《中国农业年鉴（1980）》，第 41 页；国家统计局：《中国统计年鉴
（1981）》，第 411—412、435—436 页。

率为2％的情况下，以每年年均4.5％和人均2.5％的比率增长着。①
年均2.5％的增长率，将使中国人民的物质生活水平每28年翻上一
番；与美英19世纪的水准相比，这个成就不可谓不很重大。但年均
增长2.5％距年均增长5％的承诺相差甚远，后者似乎是中国参考50
年代苏联的增长模式提出的。5％的增长率，将使人均消费量在
1952—1980年之间提高4倍，实际工资也将走出停滞状态。

工业战略的变化，1977—1980年

1976年下半年，毛去世。这以后的两年中，与以前相比，工业
政策只发生了有限的变化。从工业战略的角度来看，最重要的变化是
越来越重视出国学习国外的技术和重新依赖物质刺激促使工人农民工
作得更加努力、更有成效。

然而，在1977年和1978年，计划制定者似乎没有充分意识到这
个强调点的变化对工业投资政策的意义。他们这时的想法体现在调整
和贯彻毛去世前制定的"十年规划"（1976—1985年）之中。② 到
1985年，钢产量翻了一番多，达到6000万吨，仍然被视为工业发展
的"关键环节"。计划中的120个大型工程中，钢铁联合企业占了10
个，有色金属联合企业占了9个，铁矿占了8个，油田和天然气田占
了10个，发电站占了30个，新建货运铁路占了6个，重要港口占了
5个。这10年中，仅其中8年的总投资额便将"大大超过"前28年
的投资总额。简言之，这个十年规划简直就是苏联式的对重工业进行
高投资的计划。

---

① 这些消费估算，是采用中国对实际国民收入指数的估算获得的，去掉供积累使用的资
金，从而得出一个消费指数。中国在编排国民收入指数时，使用方法对增长率略有夸
大，因而，消费增长率也被夸大了。

② 该十年计划于1975年夏由国务院讨论，此后，计划草案虽遭到"四人帮"的反对，但
得到了政治局的批准。毛去世之后，该计划经修改提交1978年2月召开的全国人民代
表大会通过。参见华国锋在1978年2月26日于第五届全国人民代表大会第一次会议
上所作的"政府工作报告"，《北京周报》第10期（1978年3月10日），第19页。

起草这个规划时是否经过审慎思考是值得怀疑的。众多重要的计划制定者仍有待于恢复名誉和给予有实权的官职。统计数据仍然是在地方一级搜集的，但这些数据并未被反复核对过，甚至数据的编制往往也不是在国家一级进行的。①

这个计划质量之差从一个地方便可看出：计划把十个新油田——"十个新大庆"——的指标当作目标提出来。十个新大庆意味着，石油产量将从年产 1 亿吨增至年产 4 亿吨左右。这些新油田事实上只是白日做梦罢了。近海的勘探工作尚未开始，岸上的勘探工作也不充分。一个大庆尚未出现，更何况十个大庆了。这些油田只好留待时机成熟时再开发了。1978 年初的实际情况是，中国石油产量正值高峰期，在 1982 年，中国至少全力以赴才能维持产量不下降；但是，规划却是以提高几倍为基础的。中国已经没有大量的过剩能源可供出口，此后很长一段时期内，它将面临能源短缺的局面。钢铁部门的计划也比石油部门好不了多少。据西方的一项估算，中国人必须花费400 亿美元外汇，方能实现 6000 万吨钢材指标，② 或者说，每年要花50 亿美元，而 1978 年全部出口所得只有 97.5 亿美元。

这个规划不只是杂乱无章和依据不足，正如已经指出的，经济计划制定人还决定更大限度地购买国外技术和提高工资与农产品的购价以增加刺激，但他们对此决定的深远含义尚未能够理解。要大量增加进口，中国要么必须有效地加强出口，要么必须大量地向国外借款。实际上，借款只是杯水车薪，丝毫满足不了中国对外汇的需求，只有靠出口了。可是，中国有什么东西可望迅速扩大出口呢？

1977 年和 1978 年，农业作为中国传统的出口资源，直接或间接地提供了中国外汇的一半还要多。但农业是中国拖后腿的项目，政府为城市征收足够的粮食都很困难，更谈不上增加对外销售了。况且，在富有物质刺激的新计划下，国内对粮食的需求比以往增长得更快。

---

① 就其他方面的来源而言，这个说法是以 1979 年江苏省统计厅在南京提供给美国经济代表团的简介为依据的。

② 美国国家对外评估中心：《中国：70 年代和 80 年代的钢铁工业》。

降低人口增长虽能以另外的方式起些作用,但总的来说,中国不能通过出口更多的粮食来满足进口需要。

十年计划的起草者或许希望靠石油减缓一下萧条状况,但如已指出的,这个愿望是徒劳的。此外,唯有可能的是出口制造品,但出口哪一类制造品呢?该规划要求生产更多的钢材和机械,然而,中国会成为重工业产品的出口国吗?在某种程度上或许有此可能,但更有能力生产这些东西的典型国家是那些更发达的工业国,而不是中国这样的发展中国家。其余的便是消费品了。消费品是刺激中国的邻国和地区——二三十年代的日本以及六七十年代的韩国、台湾、香港和新加坡——出口的驱动力。

中国对物质刺激的重视,也助长了国家在工业和农业中更重视消费品的倾向。如果新增钱币什么也买不到的话,工资和农产品价格的提高将毫无意义。事实上,货币收入增长,而消费品生产却没有增长,这是反生产性的。不仅私人消费没有增加,配给已有的产品也得紧缩,不是正式紧缩(发配给票证)就是非正式紧缩(排长队)。

因此,在十年规划的目标和正在出现的外向性的以物质刺激为基础的战略之间存在着一个基本矛盾。随着1978年的进展,或是当时的政策制定者意识到了这个矛盾,或是始终意识到这个矛盾的那些人再次掌权,或是两种人都有,不论是哪种情况吧,1978年12月做出决定:调整工业发展的重心,至少是暂时地调整。

1978年12月22日发表的十一届三中全会公报表明了即将到来的政策。在公报中,讨论的一半以上的经济议案集中在提高农业产量和人民生活水平这些问题上。[①]更重要的是,陈云当选为党中央副主席和政治局常委。陈云在1961—1965年期间,是恢复政策的设计者;在更早的时候,他曾在1956年中共八大上作过一个重要讲话,提倡更大地发挥市场作用和限制过度的集中化。[②]当50年代引进苏联式

---

① "中国共产党第十一届中央委员会第三次全体会议公报"(1978年12月22日通过),《北京周报》第52期(1978年12月29日),第11—13页。

② 陈云:《在中国共产党第八次全国代表大会上的发言》。

的工业战略时，他虽是经济领域的中心人物之一，但人们都知道，他对过分强调重工业的危险作出了敏锐的评价。

1979 年 6 月的全国人民代表大会公布了新的重心。国家计划委员会主任余秋里要求人们重视农业、轻工业和对外贸易的发展，将其作为首要的重点。就其发生的变化而论，1979 年重工业的计划增长率为 7.6％，低于轻工业 8.3％的计划增长率。① 重工业的投资也从 1978 年占总投资的 54.7％缩减到 1979 年的 46.8％，而全部投资额仍保持在与 1978 年相同的水平上。

计划指标跟计划执行的实际情况不总是一回事。苏联的计划往往要求人们更重视消费品，但当一年结束时，重工业在资金和关键投入的实际分配中仍占优先地位。但在中国，重心转移却是实实在在的。

所谓"调整时期"前三年的有关数据列于表 17 中。重心的转移表现得十分突出。在这前三年中，不仅轻工业年增长越来越快，而且重工业的产量在 1981 年实际上也下降了。最有意义的变化，或许是出口的增长。在 1952—1978 年间，出口增长率仅为年均 7％，而就其实际增长而言，它应该更低。1979—1981 年，名义上的增长率是原来增长率的 4 倍（每年 29％），而实际增长是 3 倍（每年 18.6％）。② 增加的出口中，绝大部分是向国外销售制造品，其中，纺织品是最大的项目，但绝不是唯一的项目。在出口物资中，"工矿业产品"份额的数据（不包括纺织品）从 1978—1980 年，从占总出口量的 37.4％升至 51.8％，这不仅是由于 1979 年石油价格提高的缘故，而且也是诸如自行车、缝纫机、瓷器甚至机床出口扩大的结果。③ 到 1981 年，出口额升至国民收入的 9.5％，将近前 20 年出口

---

① 这些数据来自余秋里："关于国民经济计划草案的报告"，《人民日报》1979 年 6 月 29 日第 1、3 版。

② 我们至今仍无一个合适的价格指标能用来缩小中国这整个时期中的外贸数据。1979—1981 年间实际意义上的数据，来自《中国对外贸易年鉴》(1984) 第 4 卷，第 5 页。

③ 1981 年中国人改变了划分外贸项目的方式，因而，要得出一个通行的数据，与 1981 年和更早几年的类似范畴进行比较，是不可能的。

额的两倍。[①] 此外，中国不仅从日本和西欧，而且还决定加入国际货币基金组织和世界银行，获得大量资助性贷款。通过开放，中国经济已不再是"封闭的了"，中国在制定未来发展战略方面可选择的机会越来越多。

军费开支也降了下来。与越南的战争，造成 1978 年和 1979 年军费开支的短期暴涨，但到 1980 年这项开支便缩减到 70 年代中期的水平。军事现代化是"四个现代化"中的一项，但花费大宗资金增加过时的坦克和飞机的数量是毫无意义的。真正的现代化首先需要改进中国的技术，技术是奠定先进武器体系的设计和制造的基础。

表 17　　　　　　　　　　调整时期第一阶段的经济指标

（1979—1981 年）　　　　　　单位：增长率（%）

年份 分类	1979	1980	1981
重工业	7.7	1.4	−4.7
轻工业	9.6	18.4	14.1
全部工业	8.5	8.7	4.1
农业	8.6	2.7	5.7
基本建设投资[a]	4.2	7.9	−20.7
出口[a]			
名义	26.2	28.7	35.0
实际	25.6	20.3	10.6
进口[a]			
名义	29.6	20.0	26.2
实际	15.7	6.5	−6.7

　　a. 基本建设投资、出口和进口的数据以时价计。其他的百分比全部得自不变价格的数据。

　　资料来源：国家统计局《中国统计年鉴（1981）》，第 136、210、299、357、390 页。

---

① "国家统计局关于 1981 年国民经济计划结果的报告"，《中国经济年鉴（1982）》，第 82—83 页。

这个重心上的明显改变的部分原因，或许是中国有意识地要沿着它的东亚邻国的发展战略方向进行，部分原因也可能是不得已而为之。不仅仅是投资的效益越来越少——这个问题可以设法从管理改革上解决而不致造成工业重心的改变。但管理改革并不能克服这个事实：中国的能源产量不足以维持一个高速增长的重工业战略。

在 1952—1978 年间，能源生产总量每年以 10.3％的速度增长着。煤的生产的增长率较为缓慢，但 60 年代和 70 年代初大庆、胜利和其他油田的迅猛发展足以弥补了煤的不足。在 1978—1981 年间，能源总产量的增长实际已处于停滞状态，这三年中的增长率仅为微不足道的 0.2％。早先几年忽视勘探工作、忽视发展新煤矿，以及忽视修建能将煤运往能够利用它的地方的铁路，都是造成这个重大损失的原因。如果中国的计划制定者还是继续坚持以往低效率的重工业战略，1978 年后中国要想继续发展，只有转向单位产量耗电量较少的消费品工业部门，并对高效能源设备进行投资。计划制定者还着手于一项重要的投资方案，开发新的石油和煤的资源，发展一套支援运输网络；但是，这些投资即使是有大国际能源公司的参与，在 80 年代中期以前也是不能获得多大益处的。因此，调整时期实际上是"文化大革命"时期工业战略及其贯彻过程中的错误和低效的最终产物。

加速工业增长，1982—1987年

原估计工业调整时期将贯穿整个 80 年代的绝大部分时间，但结果却是，只有 1981 年一年，总的增长便减到第六个五年计划中规定的调整指标（即工业增长每年仅为 4％）。[①] 到 1982 年，中国已处在持续 80 年代大部分时间中的经济繁荣的早期阶段。

由于发生几个事件，这个调整计划刚一提出便被废止。首先，在1980 年和 1981 年已经下降的能源生产总产量，在 1982 年恢复增长，而到 1984，能源产量的年增长率已超过 9％，这个数字可与 70 年

---

① 《中华人民共和国经济和社会发展第六个五年计划（1981—1985）》，第 23 页。

代初所达到的增长率相媲美，直到 1986 年才降回到仅为 3％的增长率。近海地区并无重大的石油发现，也没有发生使能源产量重新增长的其他方面的突破。能源的增长是大力发展原煤生产、运用引进的技术从现有油田中开采出比以往所探明的可能性更多的石油、水力发电的适度发展，特别是葛洲坝第一期工程完成的结果。中国工业对能源的需求大大超过了它所能供应的限度，但这种过度需求是苏联式官僚指令性经济的一个特征。

　　具有同样或更大意义的是放松了对中国工业外汇的限制。中国扩大出口的最初尝试，已被证明是极其成功的。在 1978 年之后的三年中，出口在名义上翻了一番多，尽管进口迅速增长，但到 1981 年贸易赤字已被消灭，并在 1982 年出现了大量顺差（表 18 和表 20）。出口的增长是扩大制造品出口和油价上涨的结果。简言之，在油价下跌以及石油出口随之下降之前，石油出口占中国出口总量的 1/4（参见表 19）。

表 18　　　　　　　　　　　　　**外贸的增长**

年　份 分　类	1970	1975	1978	1980	1983	1986
总出口（以百万美元计）	2260	7260	9750	18120	22230	30940
总进口	2330	7490	10890	20020	21390	42920
贸易差额	－70	－230	－1140	－1900	840	－11980

年　份 项　目	1971—1978	1979—1983	1984—1986
出口增长率（以每年％计）			
价值	20.0	17.9	11.7
数量	7.8	16.0	n. a.
进口增长率（以每年％计）			
价值	21.3	11.2	26.1
数量	12.9	6.7	n. a.

　　资料来源：国家统计局《中国统计年鉴（1986）》，第481页；国家统计局《中国统计摘要》(1987)，第89页；《中国对外经济贸易年鉴（1984）》第4卷，第5页。

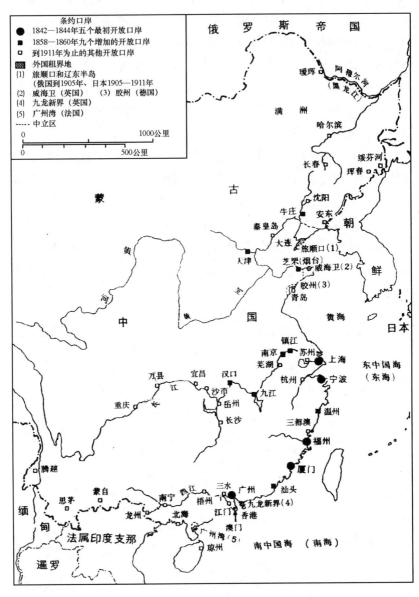

地图 9　至 1911 年的不平等条约下的条约口岸

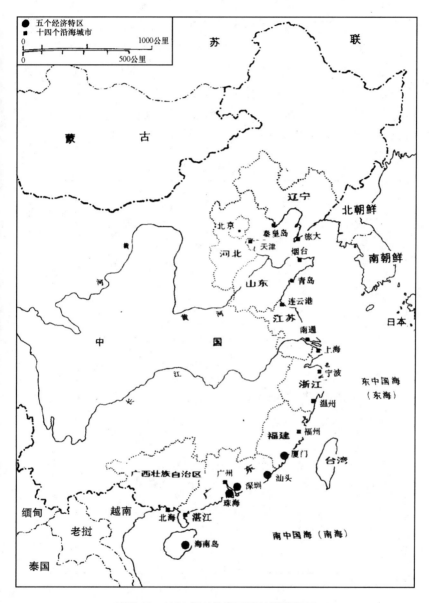

地图 10 1984 年对外资开放的沿海地区

除了扩大出口外，中国开始大量向国外借款，并为大规模的旅游业敞开国门。最初，这些借款来自中国的主要贸易伙伴，采取了援助性信贷的形式。1980 年，中国加入国际货币基金组织和世界银行，1981 年世界银行同意向中国提供第一批贷款。① 此外，中国还决定同意外方以合资和其他方式直接进行投资。同意合资的决定意味着，中国必须正式拟订合资法、新税收法以及能保证将外方投资者和中国政府之间关系中的可预测性和稳定性引入其他法律。然而，却没有一部

表 19 中国的进口结构

分类 年份	总进口 （百万美元）	制造品的进口 （占总进口的%）	其中重工业和化学工业制造品的进口（占总进口的%）	初级产品的进口 （占总进口的%）	其中石油和矿业产品的进口（占总进口的%）
1953	1022	20.6	8.3	79.4	0.8
1957	1597	36.4	10.1	63.6	1.1
1965	2228	48.8	17.8	51.2	3.1
1970	2260	46.5	12.8	53.5	2.8
1975	7264	43.6	12.5	56.4	15.0
1978	9745	46.5	10.4	53.5	13.8
1980	18272	46.6	12.9	53.4	25.1
1983	22197	53.8	22.0	46.2	21.2
1986	30942	63.6	n.a.	36.4	11.9

资料来源：《中国对外经济贸易年鉴（1984）》第 4 卷第 9 页；国家统计局《中国统计摘要（1987）》，第 89 页。

---

① 哈罗德·K. 雅各布森、米歇尔·奥克森伯格："中国与基本的国际经济组织。"

法典能充分保护外国投资者，使之能避免那种绝大部分投入的资金由国家分配而不是由市场自由获得的经济体制的不确定性。可是，日本和美国的公司仍开始大规模地投资，以期在将来获得利润。但是，直接投资最多的却是香港，而且其投资主要投向与这块殖民地相邻的广东省。在 20 世纪 80 年代初期，基于文化、语言和家族纽带的私人关系恐怕是更好的保护，比国家不成熟的法律更可靠些，也可避免与政府做生意的不确定因素。

如表 20 中的数据所示，当中国贸易顺差，或贸易逆差很小的时候，每年从旅游业、贷款和直接投资中获得 30 亿—40 亿美元。结果，中国的外汇储备迅速增加，1982 年超过 110 亿美元，1983 年更超过 140 亿美元。尽管借款额增大，但中国仍成为国际金融市场的净贷方。由于调整政策，中国投资减缓，而外汇又如此迅速增长，这就意味着，中国积累了多于它能有效利用的外汇。由于有了积累起来的外汇盈余，再继续维持调整时期的低速增长率的指标，在经济上就没有什么意义了。

表 20　　　　　　　　**为中国贸易逆差支付的资金**

（所有数据均以百万美元计）

年　份 项　目	1978	1979—1982	1983	1984	1985	1986
贸易差额逆差（一）或 顺差（＋）	（年平均）					
	−1140	−55	＋840	−1270	−14890	−11980
旅游业的外汇收入	263	662	941	1131	1250	1530
国外贷款的使用	n. a	2718	1065	1286	2688	5015
外国直接投资的使用	n. a	442	916	1419	1959	2244
外汇储备—年终 （不包括黄金）	2154[a]	5079	14342	14420	11913	10514

a. 这个数字为 1979 年的数字。

资料来源：国家统计局《中国统计年鉴（1986）》，第 499、530 页；国家统计局《中国统计摘要（1987）》，第 80、93 页。

表21 **工业增长**

（1981—1986年）

分类 年份	国营工业	农村集体工业	城市集体工业及其他	全部工业
总产值（以1980年价格10亿元计）				
1981	405.44	60.10	80.04	545.58
1982	434.03	65.90	88.24	588.17
1983	474.78	78.91	100.29	653.68
1984	517.12	111.31	132.02	760.51
1985	584.02	170.28	171.28	925.58
1986	620.13	223.06	187.57	1030.73
年增长率（以%计）				
1982	7.1	9.7	10.2	7.8
1983	9.4	19.7	13.7	11.2
1984	8.9	41.1	31.6	16.3
1985	12.9	53.0	29.7	21.7
1986	6.2	31.0	9.5	11.4
1982—1986	8.9	30.0	18.6	13.6

说明："农村集体工业"和"全部工业"的数据，包括"村办工业企业的产量"。中国的数据通常将村办工业的产量包括在农业生产总值中。

资料来源：国家统计局《中国统计摘要（1987）》，第24、38页；国家统计局《中国统计年鉴（1986）》，第130、227页；《中国统计年鉴（1984）》，第194—195页；《中国统计年鉴（1983）》，第215页。

最后，令人吃惊的是，中国领导层竟发觉自己正处在80年代初期农业繁荣的时期。在两个极好的年景之后，1980年一年收成欠佳，但到1981年农业产量回升，随后，在1982年和1983年农业产量迅速增长。关于增长率上升的原因，我们将在本章后面加以讨论。这里要提的一点是，农业的缓慢增长限制了工业发展的速度。农业是消费品工业投入资金的主要来源。农业出口是外汇的来源之一，农业进口是外汇的主要用户。例如，中国粮食进口从1979年的880万吨增至1982年的1610万吨，但1985年便减至仅为

600 万吨。[1] 仅粮食进口减少这一项便节约了 10 亿多外汇。

对经济上这三方面限制放松的同时，又实行进一步下放经济决策权——包括投资分配——的政策。[2] 例如，在 1971—1979 年间，对受国家预算控制的国有企业的投资，是对不受国家预算控制的国有企业投资的 2 倍。相反，在 1980—1984 年间，对预算外的国有企业的投资，比依照预算运行的国有企业的投资要高 40%。[3] 因此，早在 1981 年便已开始的重申中央对投资的控制权的尝试没有成功。

如果中央政府更成功地重申它对投资的控制权的话，我们就很难弄清这怎么会给中国经济带来了纯利润。中国取得工业迅速发展的成就，部分原因是由于较早放权促成的。况且，工业的迅速发展在很大程度上并非集中在拥有大型企业的那些部门中。在 1982—1986 年这五年中，工业生产总值增长的一半以上，是来自集体所有制的中小型企业，而非国营企业；工业产量全部增长的 1/3，是来自农村地区的企业。

在中国，农村的工业化开始于 50 年代，但由于"大跃进"（1958—1960 年）的失误，它的发展夭折了。60 年代后期和 70 年代初期，中国再度努力发展农村工业，以向农业提供诸如化肥和水泥之类重要的投入物资；这在有关农业发展的部分中有详细的论述。然而，80 年代初的农业工业化，与先前的尝试有着本质的不同。这些新兴的农村工业，大多集中在距大城市较近的农村地区。最大的自成一体的中心在上海、无锡、南京以及这个地区其他大城市附近的江苏省南部地区。这些新兴工业多数与城市中的大型国营企业有分包合同关系。重视这些小规模生产，并非意味着这是调整时期重视消费品做法的延续。重工业方面的投资仍低于先前的水平，但鉴于轻工业增长

---

① 《中国对外贸易年鉴（1984）》第 4 卷，第 118 页；国家统计局：《中国统计摘要（1987）》，第 91 页。

② 巴里·诺顿："工业财政和计划改革"，美国国会联合经济委员会：《面向 2000 年的中国经济》第 1 卷，第 604—629 页。

③ 德怀特·H.珀金斯："改革中的中国经济体制"，《经济文献杂志》第 26 期（1988 年 6 月），表 2。

率降至与 1966—1978 年接近的水平，重工业的产量跃居前茅。（参见表 22）

表 22 　　　　　　　　重工业与轻工业的产量与投资 　　　　　　　（%）

年 份 分 类	1966—1978	1979—1981	1982—1986
全部工业总产值	10.2	7.1	11.8
重工业总产值	11.8	1.3	12.5
轻工业总产值 .	8.3	14.0	9.1
基本建设的比重			
重工业	50.0	40.8	38.3
轻工业	5.5	8.2	6.4
住房建设	5.7	19.7	19.3

资料来源：国家统计局《中国统计年鉴（1986）》，第 373、375 页；国家统计局《中国统计摘要（1987）》，第 65—66 页。

1981—1986 年，中国工业产量几乎增长了一倍，但这种发展速度难以持续下去。归根到底，对 1984 年和 1985 年工业特别迅速发展的限制来自外汇。在 1985 年，中国的外汇储备，特别是由中央政府支配的那一部分，开始迅速下跌。只是通过大力扩大海外借款，才使外汇储备没有下跌到 70 年代以来未曾有过的低水平。结果中国外债总额增加了，到 1987 年已达 200 亿美元。

通过年进口量的大大增长来刺激工业的加速发展，这只是需求方面的问题而已。而供应方面的问题，则是 1981 年后中国出口减缓造成的。1986 年以后油价下跌，并未造成太大的影响。主要的困难在于，中国没有能够继续维持以前的制造品出口的增长率。障碍并不在于保护主义的抬头或全世界范围内的经济萧条，而是价格制度（包括汇率）有利于国货的销售，而不利于进口货的销售。企业仍可以通过国内市场的销售获得更大的利润。1985 年，随着价格调整，中国也开始了货币贬值，这有助于改善这种局面。1986 年，尽管油价暴跌，但制造品的出口仍提高了 45%，或许这使总出口提高了 13%。1987 年，中国的制造品出口再次猛增，进口削减了；尽管工业增长率提高了，但中国贸易的账目再次接近平衡。

在迅速增长的时期，工业发展的速度较大幅度地波动一般来说是正常的。在台湾，70 年代制造业的增长率最低为－6.3％（1974 年），最高为 25.6％（1976 年）。[①] 同一时期的大韩民国，波动的范围在11.6％（1970 年）和 35.7％（1973 年）之间。[②] 日本在五六十年代达到长期国际收支顺差以前，往往在经过了工业的迅速增长之后，便因国际收支紧张而出现一个发展缓慢的时期。因此，中国工业增长率的起伏，应被视为迅速发展中的相当典型的伴生物。在"大跃进"时期，工业生产漫无计划和毫不协调，在两年（1958—1959 年）中增长了110％，最终带来了灾难性结果；70 年代末和 80 年代中国工业运转周期与"大跃进"情况是毫不相干的。中国第七个五年计划要求工业年增长 7.5％，[③] 这比第六个五年计划（1981—1985 年）的指标更加现实。中国无论实现还是超过这个指标，都依赖于外汇紧张状况的严重程度和经济改革的全面进展。

改革工业体制

中国为克服能源和外汇方面的障碍以加速工业增长所做的努力，仅仅是 80 年代工业政策的一部分。意义最为久远的变化是在工业体制改革方面所做的尝试。

中国 70 年代的城市工业体制，从许多方面来看，是苏联工业中官僚指令性体制的翻版。生产什么、投入多少，均由中央计划制定者决定。企业直接从负责分配资金和物资投入的国家机构获得它们所需一切。如果需要更多的投入，企业要么必须回到计划制定者那里去索求额外的分配，要么不得不同某些拥有这种特定物资的其他企业去进行非正式的（往往也是不合法的）交易。由于没有投资市场，因而也不可能通过市场获得投入的资金和物质。

---

① 经济计划与发展委员会：《台湾统计数据（1986）》，第 83 页。
② 经济计划委员会：《韩国经济主要统计资料（1986）》，第 83 页。
③ 《中华人民共和国经济和社会发展第七个五年计划（1986—1990）》，第 23 页。

投资决策更加中央集权化。为造新厂而成立一些特殊企业；工厂造好就交给后生产性企业。造厂所需款项与生产性企业毫不相关，而是由政府预算调拨。银行的首要作用不是作为提供投资基金的来源，而主要是监督企业对计划的服从情况。

苏联模式的僵化体制，从一开始便困扰着中国的经济学家。决策过分集中，已被看作造成本章前面所描述的工业效率日益低下的一个原因。80年代之前，解决这一弊端的主要办法是把决策权下放到省甚至县一级。但是，这种官僚指令性体制的基本特征却仍旧未被触动。关键的投入仍由政府机构按计划分配。在这些决定中，市场几乎或者说根本不起任何作用。

1979年，中国的计划制定者已开始了改革这种官僚指令性体制的试验。这些最初的改革尝试涉及这样的措施：允许企业与其他地区的企业进行竞争，而在这之前每家企业在本地区的市场享有垄断。[1]另外，他们还试图重新利用奖金来刺激工人和管理人员，而且一改以往政府计划只重视生产总值指标的做法，而更加重视利润指标，以此从内部提高企业的效率。

这些早期的变化丝毫未改变中央计划和官僚指令性体制的作用。市场力量的作用增加了，但仍明显服从于计划。扩大市场作用的努力遭到政治局某些成员强有力的抵制，他们阻止1982年和1983年激进的改革，也取得了一定的成功。这次辩论中的核心人物又是那位陈云，不过这次他是站在阻挡进一步变革的那些人一边的。他看到了市场的作用，但他仍坚定不移地相信计划和官僚指令性体制应占主导地位。[2]

并非是陈云的观点改变了，事实是一个更加年轻、更加激进的改革集团获得了既有权势又有影响的地位。这个集团中最重要的人物是赵紫阳，他于1980年出任总理。1984年10月"关于经济体制改革"

---

[1] 威廉·伯德等编：《中国近期经济改革：对两个工业企业的研究》。

[2] 例见陈云在1979年3月8日发表的、后重登在《北京周报》上的"计划与市场"一文［第29卷第29期（1986年7月21日），第Ⅰ—Ⅷ页］。

的文件就主要是由这些更激进的改革者起草的。[1] 这个文件为掩饰其全部意图使用了隐晦的语言，但事实上，它号召大力摆脱官僚指令性体制，各经济部门都向发挥市场力量的方向发展。

在此后的三年中（1985—1987 年），围绕着适当地发挥市场力量的作用而出现的政治斗争时起时落。主张市场化的那些人在 1986 年占了上风，只是在 1987 年胡耀邦被免职以及经济领域之外的改革者受到清洗时，他们才遭受到挫折。然而，到 1987 年秋的中共十三大上，尽管在政治局常委中出现了两名被认为是支持继续发挥官僚指令性体制作用的成员，但向市场经济方向发展的改革已回到正轨。

不管支持这个改革的政治基础是什么，在 1984 年 10 月的文件公布之后的那几年中，市场力量的作用被大大地增强了，但市场力量的扩大并未触及中央计划和指令性体制的重要组成部分。

要使市场机制提高经济效益，就须有五个重要的因素：

1. 首先，工业的投入与产出必须与市场的购买与销售相适应。早在 1985 年上半年，对 429 个企业抽样调查的结果是，市场销售量从 1984 年占总销售量的 32.1％提高到 43.8％。由市场提供给这些同样的公司企业的物资投入，也从 16.4％提高到了 27.3％。[2] 从此以后这些百分比还大大提高了，但具体统计数据我们无法获得。

2. 企业管理人员必须依据市场规律行事，否则，市场力量将不能使企业产生有效的结果。到 80 年代中期，中国的企业管理人员不再像典型的苏联指令性模式中那样，全然不顾市场机制，一味提高生产总值，这一点已毫无疑问。企业首次同利润挂钩，这些利润可用来支付奖金、盖住房，或为员工其他方面的福利。[3] 但是，对一个有效的市场来说，关键在于企业通过降低成本或提高销售量来提高利润，而不是想方设法从政府搞到资助。

---

[1] "中共中央关于经济体制改革的决定"（1984 年 10 月 20 日），《北京周报》第 27 卷第 44 期（1984 年 10 月 29 日），第 I—XII 页。

[2] 《改革：我们面临的挑战与选择》，第 45 页。

[3] 威廉·伯德、吉恩·蒂德里克："中国工业中的部门配置"。

然而，中国的企业仍严重依赖官僚体制提供各种资助。例如，随着最近的一项改革，税率应按一个固定的比率计算，但在实践中税率仍是商定的，以使企业免遭损失。[①] 尽管银行试图提高提供贷款的条件，但企业仍然很容易以高额补贴的利率从银行获得贷款。批准破产法的工作正在做，但到 1987 年，这个法律仍处于试行阶段。尽管小型的集体公司往往可通过或不通过破产法便被允许破产，但事实上，仅有一家沈阳的国营公司被许可宣告破产。

因此，在 80 年代中期，中国的企业管理人员对混合在一起的各种信号做出反应。与利润挂钩，使他们比在 70 年代或更早的时候更加注重市场的力量。但企业管理人员成功的关键，仍取决于他们迎合高层经济官僚的愿望的能力。

3. 改革的第三个关键因素是，价格能反映出经济中真正相对短缺的情况。如果价格不正常，投入和产出都不会投到或产自最需要的地方。但是，在诸如中国这样的体制中，绝大多数的价格由国家制定，因此，进行价格改革极其困难。国家每改变一次价格，都会造成赚方（产品获得更高价格者）和赔方（必须支付更高价格者）。赔方竭尽全力，抵制这个价格改革。就中国情况而言，赔方中有许多是为能源及其他投入物资支付更高价钱的大企业，因此，它们可以向制定价格的官僚机构施加相当大的影响。在 80 年代初期，物价改动的只有极少数，绝大多数物价仍稳定在 20 年前制定的水平上。

然而，随着可以越来越多地从市场上获得工业投入与产出，中国人发现在市场上价格波动所受的抵制越来越小。结果发展出了一套双轨价格体系。官僚机构分配的货物仍然按照国家制定的旧价格支付，而同种产品在市场出售，其价格就要由市场上的供求情况决定。因此，物价改革的关键在于，扩大在起辅助作用的市场上物资的范围，在这个市场上的价格是不固定的。而事实上在 1986 年和 1987 年也正是这么做的。市场最终能否制定所有的价格，抑或国家能否继续在价

---

① 例见安德鲁·G. 沃尔德："企业财政改革的日常范围"，见美国国会联合经济委员会《面向 2000 年的中国经济》第 1 卷，第 630—645 页。

格制定上起主导作用，这仍是争议颇大的问题。

4. 扩大市场作用的主要原因是促进生产率的加速发展。但市场之所以能提高生产率，在很大程度上是因为通过市场能感受到竞争的力量。如果每个企业都垄断了自己的市场的话，就不会有任何压力去改善生产状况了。在 70 年代初期的中国，甚至县级企业都获得对所在地的市场的垄断权。企业之间的竞争并未集中在市场上，而是采取了赶超国家定额的形式；获胜者可得到一面红旗或一次到北京旅游的机会。

在 80 年代初期，国家行使的企业垄断权开始消失。在商业领域，集体与个体的零售商直接和国家的零售商店展开竞争，因此，这很容易对已经改善的工作（更长的服务时间，服务更周到的售货人员）造成进一步的冲击。生产那些积压商品的工业企业，也必须降低产品价格，改善产品质量，或者在产品销售上投入更多的努力。问题在于，许多工业企业所面临的市场，需求大大超过供给。对这些企业来说，几乎没有在竞争中改善生产状况的压力。即使质量不高，服务不周，销售也是自动进行。增加竞争性并不仅仅意味着简单地废除国家行使的垄断权，且要改革必须通过使管理人员按上述"2."所描述的市场规律办事，消除需求过大的根源。

5. 最后，一个有效运行的市场，需要政府维持一个能为人接受的价格稳定水准。而什么能为人接受是由政治决定的。在中国，消费者长期以来已习惯于价格丝毫不提或一年中只提 1％或 2％。这种稳定性部分地是对 40 年代的恶性通货膨胀所做的反应，那时的通货膨胀削弱了国民党统治的基础，并导致了共产党上台。因此，中国的政治家很难容忍价格增长。当 80 年代价格上涨时，他们自然而然的本能就是重新控制物价。但面对过度的需求，再控制物价就造成了排长队现象及其他各种形式的定量配给，使经济退回到官僚指令性体制的道路上。1985 年和 1986 年，中国的问题尤其尖锐。在这两年中，官方统计的城市生活费用指数分别提高了 12％和 7％。人们普遍相信，按非官方统计，物价增长率高得更多。这些增长特别给城市居民带来了麻烦，他们的批评是市场取向改革放慢速度的一个重要因素。对改革者来说，解决问题的办法是，学会运用宏观经济控制，限制过度的需求，从而限制物价上涨的速度，进而把工作做得更好。但是，这个任务是艰巨的，在某种程度上，这是因为改革者尚无运用宏观经济政策的杠杆控制通货膨胀的先例可循。

到1987年年底，中国工业部门在进一步向市场经济体制迈进的过程中，在五个因素方面上都获得了实质性进展。但是，官僚对企业行为，特别是对大型国家企业行为的控制，依然无处不在。也许改革者中没有一个人会设想全面走向诸如在香港通行的那种自由市场体制的道路。但是，他们中的许多人认识到，实行一种官僚指令性经济与市场经济的混合体制的可能性是存在的，这种体制普遍具备50年代的日本和60年代的韩国的体制所具备的那些特征。中国与其东亚邻国之间依然有个重大差别，这就是公有制与私有制的程度。在日本、韩国和中国台湾省，尽管国有企业很多，但工业中占优势的是私有制。在中国，事实上，所有未与外国企业合资的大型企业都属国家所有，尚无计划表明要把它们中的任何一个出售给私营部门。

在中国，市场经济改革的前途并不仅仅取决于政治和政治局的组成。具有相同或可能更大意义的则是中小型企业的发展情况。1986年有40万个这样的企业，它们的产量占中国工业产量的40%。中央没有办法通过计划来控制这些企业。实际上，在80年代中期，这些企业的绝大多数都在市场上购买投入物资和出售产品。这些公司绝大部分是集体所有的，但公司中的私有制成分正起着越来越大的作用。[1] 只要这些小型企业如此迅速地持续增长，国家就别指望退回到像1956—1957年或1963—1965年的那种完全苏联式的指令性体制上去。因此，80年代中期所进行的促进农村和其他集体企业发展的尝试，起到了进一步向市场经济方向发展的作用。

---

[1] 对截止到1987年的农村工业化所做的最系统的研究，收在为1987年11月在北京召开的、由中国社会科学院和世界银行联合举办的关于乡镇和私人企业的大会准备的论文中。

农村发展战略

1978—1979 年以前中国领导人之所以能做出忽视消费品投资的决定，是因为他们理论上对斯大林主义的或费尔德曼－马哈拉诺比斯的发展模式中的一些说法深信不疑的缘故。但中国的计划制定者还另有一个原因。使他们早些年不担心忽视消费品投资所造成的后果。全部消费品的 2/3—3/4 由农业部门提供。[①] 而就农业而言，中国有一个无需国家大规模对农业基础设施进行投资的发展战略。

这个农业发展战略的核心思想是，农民可在没有很多外援的情况下，满足绝大部分的需求。"自力更生"一词在中国过去 30 年中，含义不尽相同，但在六七十年代的农村地区，这个词意味着一种战略，依此战略农民自己提供他们所需的大部分投入，不管是劳力、资金，还是诸如肥料之类的经常性投入。

与"文化大革命"时期的其他方面完全相同，构成这种自力更生战略的思想起源于较早的时期——尤其是在 1955—1956 年全国性的合作化运动的第一阶段，在 1958—1959 年的"大跃进"中则更为明确。这个战略有什么特征呢？尽管侧重点因时而异，但主要的组成部分在 1978—1979 年政策变化之前始终未变，而某些组成部分即使在政策变化之后依然存在。其主要特征如下：

1. 相信中国大量的农业劳动力对发展来说，是一笔可以动员的财富。如果适当地加以激励和引导，这些劳动力能为自己提供灌溉系统、道路和平整田地之类的基础建设。关键在于如何提供必要的动力，而"解决的办法"很多，从"社会主义教育"运动到鼓励人们为社会福利而忘我地工作，直至调整农业生产合作社和公社，以确保农村建设有益于农民物质利益等等，不一而足。

---

① 在 70 年代后期和 80 年代初期，食品约占农村家庭预算的 65％和城市家庭预算的 60％以上。此外，服装又占去家庭预算的另外 12％—15％，而服装的价值多来自棉花［国家统计局：《中国统计年鉴（1981）》，第 439、443 页］。

2. 尤其是在 1959—1961 年的歉收之后，人们清楚地认识到，必须对农业投入更多的现代化物资，如化肥和机械，但问题仍然是，由谁来提供这些投入物资。在 1966—1976 年的大部分时间里，解决问题的办法是着眼于农村地区的小型企业，而不是那些往往由国外引进的、位于城市工业中心的较大的工厂。

这两个主要特征与 70 年代末以前的农村地区的实际情况有着清楚的关系。在公众的言论中，往往还提到其他几个重要的特征，但它们与实际情况的关系还不太清楚。人们强调过减少农村地区之间和城乡之间的差别。当时还提出过"以粮为纲"的口号，这导致了对经济作物的忽视，但这个口号没能坚持始终，只是偶尔被提起。按照某些分析者的解释，"以农业为基础"的口号，意味着在关键性物资的投入与分配上，农业享有首要的优先地位；但正如前文对投资重点的讨论所澄清的，这个解释并不符合事实。我们将返回收入分配和过分重视粮食的问题上，但首先，我们对自力更生战略的中心特征以及对它们对生产与收入的影响的评价，需要一个更加清楚的了解。

基本建设中的劳力动员

就 1955—1956 年农业生产合作社和 1958 年农村人民公社在全国范围内的成立而言，唯一的、也是最重要的经济方面的理由是，人们相信，它们的成立就有可能动员千千万万的农村"剩余"劳动力来修建中国缺乏的灌溉系统、道路之类的基础设施。这个观念并不新奇。西方的经济学家（纳克斯、米尔德尔以及其他许多人）一直主张，发展中国家的农村地区拥有大规模的尚未开发的农业劳动力资源，这些农民绝大多数以在小块土地上种植庄稼为生。这个主张认为，这些农民能自己解决基本设备（铁锹、运土筐），利用农闲，从事掘沟挖渠、变多丘荒地为可耕田的工作以及其他工作。如果适当地加以组织，这类工作可在不影响中央政府的预算并在短时间中毫不减少农业产量的情况下进行。印度的社区发展规划和世界性的农村工程项目，都是以过剩劳动力可以通过这种方式调动起来的信念为基础的。结果，这些项目有许多完全失败了，其余的只是在接受了中央政府或国际援助机构的大量资助后才得以存在。

然而，中国由于在绝大部分农业用地中废除了私有制，情况便有所不同。私有制给使农村劳动力自愿从事公共工程项目的工作带来了困难，因为，从事这些工作的人往往得不到主要的好处。以一条新建的灌溉渠为例，主要的受益者是那些在渠边拥有土地的人，他们用水最为便利。但那些从事这项工程的人，却往往不得不从较远的地方引水，况且，其中许多人是无地的劳动者或者佃农。他们要么根本认识不到生产力会提高，要么即使住得离水渠很近，能够使产量提高，也只能眼睁睁地看着增加部分被更高的费用抵消。

农业合作社及后来的公社的成立，使劳动与利益的结合成为可能。可以动员全村的人去修建一条水渠，但这条水渠仅能使全村 1/4 的土地增产。而村民（公社社员）将按其完成的工作量得到数额不同的"工分"。增加的产量并不归耕种较丰产的 1/4 土地的那些人，而归全村所有。全部产量，包括增加的那部分，将在村民中依所得工分多少，按比例分配。[①]

遵循这个原则，中国在 1956—1957 年动员了上千万的农民，而在 1958—1959 年动员的则更多。数量庞大的土石被搬走了，但随后在 1959—1961 年，出现了 1949 年以来最严重的一次作物歉收。像"大跃进"时期的其他许多方面一样，人们很难分辨清楚随后的那些灾难应在多大程度上归咎于恶劣的天气，应在多大程度上归咎于管理不善，应在多大程度上归咎于这个事实——首先劳力动员的观念一直是基于错误前提之上的。由于缺乏明确的评判基础，一旦从"大跃进"时期的作物歉收中恢复过来后，那些仍认为劳力动员是农业发展之关键的人，便又能重申他们的主张。由于将高低不平的干旱土地改造成大片的便于灌溉的平坦土地的成就，诸如大寨大队和林县之类的地方于是成为闻名全国的榜样。虽然我们没有可靠的数据说明 60 年代

---

① 更确切地说，总产量以及由此推算出来的税收、投资、时价和福利基金的定额，由当时作为基本核算单位的合作社或生产队计算。剩余的数额按工分总数均分，以决定单个工分的价值，而家庭集体收入是由家庭的工分总数乘以单个工分价值而得出的。

表 23   **农业产量的增长率**

（以年％计）

年 份 项 目	1953—1957	1958—1965	1966—1978	1979—1982	1983—1986
粮食	3.5	0	3.5	3.9	2.5
棉花	4.7	3.1	0.2	13.5	−0.4
油料作物	0	−1.8	2.8	22.7	5.7
甘蔗	7.9	3.2	3.6	15.0	8.1
肉类	3.3	4.1	3.4	12.1	9.2
农业总产值 （不包括副业产量）	5.2	0.9	3.1	6.4	5.8

    说明：副业产量绝大部分来自农村的工业，它们被从全部总产值中抽掉了；全部数据被转换成 1980 年的价格，而这是从 1971 年中国农业总产量数字中得到的价格指数中得出的；1971 年的数据既有 1957 年又有 1970 年的价格，1980 年的则既有 1970 年的又有 1980 年的价格。

    资料来源：国家统计局《中国统计年鉴（1986）》，第 130 页；国家统计局《中国统计摘要（1987）》，第 28—31 页。

后期和 70 年代初期劳力动员和完成工程的数量，但这些东西却是实实在在的。但是，问题在于这些工程是否会对农业生产产生较大的影响。

    有关中国农业产量的基本数据参见表 23。这些数据表明，1966—1976 年间，生产的增长率高于 2％的人口增长率。问题是这种生产的增长是通过劳力动员实现的，还是由于增加了化肥之类的现代化投入物资的数量和改良了农作物品种的缘故。有关农业投入的数据，参见表 24。

    农村建设中劳力动员的目的，是为种植农作物增加土地数量，提高土地质量。但表 24 的数据却表明，1965—1975 年间可耕地的数量实际上减少了，而水浇地的面积却增加了 1000 万公顷，从 1965 年占全部土地的 32％提高到了 43％。由于人们普遍相信可耕地的数据被低估了，[①] 因此，在"文化大革命"时期，可耕地可能是

---

① 《中国经济年鉴（1981）》第 6 卷第 9 页指出"可耕地面积的数据偏低，有待于今后核实"。

在纯增长。另一方面，水浇地面积的增加在很大程度上要归功于在华北平原上引入机井这一事实，而机井的引入与劳力动员几乎没有什么关系可言。

表24 **农业的投入**

年 份 分 类	1957	1962	1965	1970	1978	1982	1986
农村的劳动力 （百万人）	205.7	213.7	235.2	281.2	303.4	332.8	379.9
农业中劳动力[a]	n. a.	n. a.	233.0	n. a.	294.2	320.1	313.1
可耕地[b] （百万公顷）	112.0	102.3	103.9	101.2	99.4	99.6	96.85[d]
水浇面积 （百万公顷）	27.34	30.48	33.06	36.04	44.97	44.18	44.23
电力灌溉面积 （百万公顷）	1.20	6.07	8.09	14.99	24.90	25.15	25.03
农业使用机械 （百万马力）	1.65	10.19	14.94	29.44	159.75	225.89	284.33[d]
农业使用电力 （每公顷千瓦）	1.25	15.7	35.8	94.5	253.1	396.9	606.0
化学肥料的消费 （百万吨养分）	0.373	0.630	1.942	3.21[c]	8.84	15.13	19.35

a. 这些数据实际上是泛指农业方面的劳动力的，因此，包括少数非农业劳动者在内。

b. 土地数据部分来自机耕或灌溉土地面积以及机耕或灌溉地在全部土地中的百分比。人们普遍相信，土地数据被低估了。

c. 这些数据自包含0.202的营养成分（1981年的实际营养成分）的"标准重量"的肥料中得出。

d. 这些数据是1985年的。

资料来源：《中国农业年鉴（1980）》第4卷，第342—345页；国家统计局《中国统计年鉴（1981）》，第185页；国家统计局《中国统计摘要（1987）》，第17、19、36页；国家统计局《中国统计年鉴（1986）》第4卷，第111页。

农村建设的主要结果，或许不是在丰年中提高平均产量，而是保障农民在恶岁中免遭旱灾和涝灾之苦。但在 1972 年、1978 年和 1980 年，旱涝灾害直接影响的面积分别达到 1720 万、2180 万和 2230 万公顷。而仅在 1960 年和 1961 年这两个灾年中，受灾面积就分别达 2500 万和 2880 万公顷，这是自 1949 年以来受灾面积最多的。[①] 无疑，这些灾害在 70 年代造成的后果要比以前小，所以，一些重要成果被归功于农村建设方面所做的努力，但是，如果把它们与 1956—1976 年 20 年中所投入的巨额劳动时间相比，这些成果是微不足道的。

在如何看待劳力动员对提高农业产量所做的贡献这个问题上，可供选择的办法之一是，首先不妨评价一下现代化投入物资对提高农业产量的贡献，然后再对不能用现代化投入物资来解释的其他因素做一个评价。这个方法被冠以"增长计算法"之名而为人所知，它常常被用来估价生产率的提高情况。[②] 就中国的情况而言，进行这些计算所需的数据是未经整理过的，而且很可能是利用那些有争议的假设获得的。然而，表 25 中所列的统计结果还是有启发的。如果将这 20 年（1957—1979 年）的劳力动员视为一个整体的话，化肥、杀虫剂和改良品种的增多等生物学方面的因素占作物产量总增长近 2/3。而增加直接用于农作物生产的劳力，加上使用了节省劳动的机械[③]以及增加了使产量增长的水浇地等因素，占作物产量总增长的其余部分。而如

---

① 这些数据来自国家统计局《中国统计年鉴（1981）》，第 205—206 页。

② 增长计算法正规地采取如下形式的生产函数：$Q=F$（L，Ld，K，C，t），这里，Q 是产量，L 是劳动，Ld 是土地，K 是固定资本，C 是经常性投入，t 是时间。这里使用的规范形式包括：假定恒定的利润，把与时间相关的方程式转化成一个简单的形式，得出如下公式：$dQ/dt=F/t+F/C\times dC/dt+F/L\times dL/dt+F/Ld\times dLd/dt$，其中，化肥是最近投入物资的代表，水浇地面积的增长仅仅代表了土地上的重要变化。

③ 机械化问题是"文化大革命"时期及其以前的主要争论点。机械化的实行部分地是为了克服劳动力短缺，诸如在一年两熟或三熟的情况下，人们必须在一个相对较短的时期中收获一季作物并换种另一季作物。然而，机械化也被看做是服务于社会政治目的的，诸如：减少城乡之间劳动样式的差别和巩固集体经济（拖拉机尤其在为集体所有的情况下，有助于补充集体所需的劳动力）。参见本尼迪克特·斯塔维斯《中国农业机械化的政治》。

表 25　　　　　　　　　**中国农业增长情况**

（以 1970 年的价格，10 亿元）

提供的投入物资	1965—1975	1957—1979
生物学用品（化肥、改良的植物品种）[a]	8.35	22.7
在作物种植中使用的劳动和扩大劳动的机器[b]	3.9	6.6
水浇地面积的扩大[c]	4.4	7.7
作物产量（1970 年）价格总值的变化[d]	22.0	35.2
其余的所有起作用的因素和生产率的提高 [4—（1+2+3）][e]	5.35	—1.8

a. 尽管由于地方条件有些不同，按养分测量的一吨化肥通常能使粮食产量增长 10 吨左右。化肥产量增长的情况从表 24 的数据可以得到。为了增加农业产量，化肥产量增长到了 10 倍，而且在 1970 年，粮食的平均收购价格提高到 216.4 元（《中国农业年鉴（1980）》，第 381 页）。如果假定某些肥料用于经济作物，总额就会更高一些。

b. 这个劳动估算包括了绝大多数以最不可靠的数据为基础的假设。农村劳动力的数字来自表 24。我们假定了每个劳动者一年中将 130 天专门用于种植物。这个数字是 1957 年的，来自《统计研究》第 8 期（1958 年 8 月 23 日），第 8 页。最棘手的问题是，在事先未对农业生产函数作出估算之前，去估算那种劳动的边际产量。一项中国的调查指出，集体劳动每天的人均（收入）值在 1976 年为 0.56 元，比 1956 年的 0.70 元和 1957 年的 0.68 元有所下降（《人民日报》1978 年 12 月 7 日）。这些均是平均产量的数据，而既然它们在下降，这种边际产量可能要比平均产量低。在这里，我们使用了 0.50 元的估算作为一日种植作物所耗劳动的边际产量。

c. 有关水浇地面积扩大的数据来自表 24。假定水浇地每年比非水浇地能多生产两吨粮食的话，那么，按 1970 年的价格，每吨粮食 216.4 元。

d. 农业生产总值的数据，在 1957 年和 1965 年以 1957 年价格计算，在 1970 年、1975 年和 1979 年按 1970 年价格计算，它们都来自《中国农业年鉴（1980）》，第 41 页。1980 年作物生产的有关数据，以 1970 年和 1957 年价格计算，这表明作物生产的通货膨胀扣除率为 1.35，这个数字与 1970 年高于 1957 年的 1.33 的农民购买价格指数大体一致。我运用 1.35 的率将 1957 年的数据转换为 1970 年的价格。1975 年的作物产量的数字是采取了农业生产总值的 70％ 为作物构成的办法获得的。

e. 这些数据，是通过从作物生产总值的变化（4）中减去已被核实的投入物资（1，2，3）得出的。

早已指出的，水浇地面积的扩大，绝大部分是通过对动力传动的现代化机井的资本投资带来的，而不是通过大量的强迫劳役带来的。1965—1975 年的数据不完全可靠，但与真实情形相差不远。对这个时期来说，留存下来的东西至少还是确实的，这意味着增长的农作物产量中有一部分并不是由于现代化投入物资的增加，也不是由于庄稼中直接使用了更多的劳动和机器，必然另有原因。

假设稍有不同，结论也会稍有不同，然而，只有根本性的变化才能改变主要的结论。大规模动用农村劳力，对农作物产出的影响，无论是直接的或间接的影响都很小，或者是另外一种情况：影响确实很大，但都造成现代化投入物资的浪费，致使收成大减。更具体地说，如果化肥和相关物资投入能得到合理使用且获得预期的产量，即 1 公斤养分生产出 10 公斤粮食，那么产量增加的原因有一半甚至多于一半要归功于化肥。否则，肥料被无效使用，造成产量更低，在这种情况下，通过劳力动员进行的土地改良或许会在提高产量上作用更大。这里所重用的增长手段，不允许这两种可供选择的解释之间存在任何不一致的地方。

这两种解释中，没有一个能使人得出这样的结论：农村建设的劳力动员已被证明是中国达到农业产量增长的一个成功的手段。充其量它只是农业增产的一个辅助因素。效果不大的部分原因是公社体制存在管理和物质刺激方面的问题（公社是劳力动员战略的一个基本组成部分）。但是，这种类型的农村建设工程，不是能给中国缺少灌溉系统的地区带来灌溉系统改进的最适用的技术手段，原因也是如此。华南地区早在 1000 年以前便已开始修建这种灌溉系统，这些系统虽可改造，但这些改造工作所能带来的收益是有限的。华北地区迫切需要一个更可靠的水源，但是，只在少数几个地区，诸如大寨和林县所在的太行山脉边缘地区，才有可能仅仅通过劳力动员来显著扩大水浇地面积。在其他地方，人们不得不更多地利用长江水，这就意味着首先要清除很多淤泥，而这项工作只有在制定了一个大规模的方案，在长江上游兴建堤坝和发展绿地的条件下，才能进行。① 或者，就得像人们时时考虑的那样，必须想方设法南水北调，把长江里的水往北引，这在任何情况下都不是件小事，肯定不是，几百万农民扛着锄和锹，依靠他们自己的力量能干的工作。

农村的小型工业

尽管现代化的投入或许是农业产量提高的主要原因，但在1966—1976年间，这些投入物资至少多数是由农村地区很小的工厂提供的。如前文在工业战略的讨论中所提及的，与"文化大革命"时期许多其他事情一样，农村工业化的基本思想起源于"大跃进"期间。但"大跃进"的小型工业工程，设计上有很严重的缺陷。冶炼钢铁的土高炉比比皆是，便是工业重点的选择不合时宜的一个最好的典型例子。这些高炉与其他大多数公社的企业一样，既费物又费时，而生产出的价值却微不足道。到1963年，公社企业的数量从1960年的11.7万个减至1.1万个，而1966年仍只有1.2万个。②

然而，1966—1970年间，社办工业企业再次处于上升状态，而且还有许多也属于小型的新兴县级国有工厂加入进来。但是，与早在"大跃进"时期所进行的尝试不同，这个方案并非建立在领导人某些乌托邦想法的基础之上。这个时期的关键性观念是明确的。农业需要现代化的投入物资，但是，如果这些投入物资要由大型的成套引进的企业提供，将造成国家投资和外汇预算的大规模转移。而且，高额的农村运输费用，使得将企业安置在既靠近原料产地，又靠近产品用户的做法合情合理。把石灰石和煤作为投入生产出水泥。用水泥为例能说明这一点。中国多数农村地区都有石灰石和煤，因而，将水泥厂建在石灰石和煤产地附近，以满足修建水渠和其他目的的要求，还是可能的。如果工厂不大，当地人只需利用有限

---

① 关于华北地区用水问题的讨论，参见詹姆斯·E.尼克姆《中华人民共和国的水利工程和水力资源》；阿尔瓦·刘易斯·埃里斯曼："引水灌溉华北平原的潜在费用与收益"；见德怀特·H.珀金斯《中国农业的发展（1368—1968）》，第4页。
② 国家统计局：《中国统计年鉴（1981）》，第207页。

的外部的技术监督，便能自建工厂。如果修建一个能生产 100 万—200 万吨水泥的大厂，就能生产出更高质量的水泥，但绝大多数的公社要花费两倍或三倍于生产费用，才能把水泥运到使用它们的地方。

农业机械从另一个角度说明了把这些小工厂建在靠近产品用户的优越性。拖拉机和其他机械故障频仍。在工业国家，农民可以到附近的销售者所设的修理店去更换零件。但在发展中国家中鲜有销售商，而备用零件也不充足，甚至没有存货。农民为了修理起见，只能将拖拉机远远运到上海或北京，但这要花费几个月甚至几年的时间。解决的办法是在公社用户的周围设立修理单位。但是，大修需要有多种最初制造这一产品所需的技术和设备，所以，把大修单位改造为制造业企业并不困难，而中国所做的就是如此。①

1965—1970 年，社办小企业的数量提高到 4.5 万个，而到 1976 年，数量达 10.6 万个，差不多回到"大跃进"的水平。五种工业尤其受到重视——水泥、农业机械、化肥、钢铁以及电力。到 70 年代初期，中国水泥总产量的一半，或者说农村使用的几乎全部水泥，都是由小型工厂生产的（见表 26）。几乎一半化肥也是来自小型工厂，这些化肥的构成主要是低质的碳酸氢铵。在 70 年代后期，中国开始关闭了许多小型企业，而这些都是属于那些浪费原料且成本高得无法允许的企业。1966—1976 年 10 年间决定修建许多工厂，并未充分考虑它们的经济效益，这并不令人吃惊。令人吃惊的事是，没有几家工厂是因为低效率而关闭的，因为"文化大革命"中的许多决定是在高度政治化的气氛下做出的。②

---

① "大跃进"和"文化大革命"期间，小型工业做了许多有益的工作。例见乔恩·西格森《中国农村的工业化》；卡尔·里斯金："小工业与中国的发展模式"，《中国季刊》第 46 期（1971 年 4—6 月）；德怀特·H. 珀金斯编：《中华人民共和国农村的小型工业》，美国农村小型工业代表团的报告。

② 对 1976 年以后那个时期所做的一项有用的研究是，克里斯廷·汪（音）："中华人民共和国农村的工业化：'文化大革命' 10 年的教训"，见美国国会联保经济委员会《四个现代化下的中国》，第 394—418 页。

表 26　　　　　　　　　　小型水泥厂

年　份 \ 项　目	小型水泥厂的数量[a]	小型水泥厂的年增长率	小型水泥厂在总产量中所占的比例（%）
1949	—		7.6
1953—1957	—	—	2.6
1958—1962	—	38.0	19.8
1963—1965	—	77.1	26.8
1965	200		
1966—1970	—	14.9	39.0
1972	2400		
1971—1975	—	20.8	53.0
1975	2800	—	
1976—1980	—	14.8	65.9
1980	4533		

a. 小型包括县也包括公社一级的水泥企业。

资料来源：高文习（音）"中国的水泥工业"，《中国经济年鉴（1982）》第5卷，第205页；乔恩·西格森：《中国农村的工业化》，第153页；美国小型工业代表团：《中华人民共和国农村的小型工业》，第86页。

小型钢铁工业是遭受关闭打击十分严重的部门，500家工厂中有300家（主要是最小的）被关闭。小化肥厂也颇遭非议，但在多家效率极低的工厂被关闭之后，这些工厂的化肥产量可以达到其最高水平的3/4。[1] 可是，总的来看，小型工业仍以迅猛的速度持续增长。到1980年，共有18.7万家社办企业，比1976年多出8万家。

原来的五种小工业中，有些（特别是水泥业）在70年代后期继续增长（表26）。1979年，机械和建筑材料（砖和水泥）占了社级企业增长总值的一半以上，而化学制品和煤又占去13%。[2] 但至少在城

---

[1] 至少山东省的情况是如此（汪："中华人民共和国农村的工业化"，第413页）。

[2] 这些数据来自《中国农业年鉴（1980）》，第368页。

市工业中心周围的公社中，人们日益尝试着把社办工业当作以城市为基地的大型企业的转包者。这些和其他的变化，造成已经描述过的80年代发生的小型集体工业的迅速发展。但80年代的这个发展，只是中国工业化战略的一部分，与农业发展只有间接的关系。由于这在工业战略部分早有讨论，因而这里不再赘述。

1979年以后农村政策的变化

在某些方面，特别是在小型工业的持续发展上，"文化大革命"以后那段时间继续坚持1966年以来的方向。然而，其他方面却发生了显著的变化。大寨大队由于提出了错误主张，公然遭到人们的耻笑。征派大量劳动力从事农业基本建设的情况也许还存在，但已不再被强调。

在80年代初期的中国领导层看来，中国1977年全年的农业成就是不能满足本国需要的，其失误在于计划不周和管理不力，在于农民缺乏努力工作和发挥积极性的动力。毛及其同僚依靠组织方式上的变化，通过大规模的劳力动员，以实现农业奇迹；邓及其同僚同样依赖改变组织方式——只是两种组织变化十分不同——来提高农业生产率。

第一步是对农副业产品敞开市场，鼓励农民不仅扩大集体收入，而且扩大个人收入。原则上，自由市场和个人家庭副业在1960年和1961年便已恢复，并在此后从未中断。个人的家庭自留地在1960年也已恢复，60年代初期面积还稍有增加，[①] 并在"文化大革命"时期一直保留下来。事实上，各种个体活动不断受到负责集体生产的农村干部的压制。这些干部的责任是，不仅要保证粮食及其他集体种植作物的产量和完成上缴指标，而且还要赋予农民社会主义价值观和劳动

---

① 例如，在巴基斯坦代表团所调查的10个公社中，个人自留地总共占全部可耕地的7.55%，而政府的指标是5%。沙义德·贾维德·伯基：《中国公社研究（1965）》，第35—36页。

作风。个体活动在集体劳动以外的时间进行，这助长了被视为"资产阶级的"价值观。因此，1979 年以前，个体贸易活动只是小规模的，个人家庭活动可能也只是为了自家使用，尽管这个说法尚无任何公开的数字来核实。但到了 1979 年，个人活动不再被看作时乖命蹇的必需，而是受到大力的扶持，其结果是显而易见的。农贸市场兴旺发达，每天都有成千农民拥入城里，出售他们自留地上的产品。1964年，私人收入约占家庭收入的 19％，1966—1976 年间的数字可能更低；但是，根据一项调查，到 1982 年，个人收入可能已达家庭收入的 38％。[①]

到 1979 年，集体农业活动的组织方面正在发生一场意义更为深远的变化。在中国最贫困的省份，特别是在安徽，中国领导层开始了叫做"生产责任制"的某些尝试。从 1962 年起，贯穿整个 70 年代，集体的基本核算单位是生产队，每个生产队平均有 25 户人家。[②] 集体的农作物由队里组织种植，社员的集体收入主要基于所在队的产量。有些地方是以大队为基本核算单位的——大队平均由 200 个家庭组成，是公社组织结构中更高的一级单位——约占不到 10％的农村人口。[③] 但就绝大部分情况而言，大队和公社一级仅负责市场与农村小型企业，而不管种植作物。因此，农业生产的主要单位不大，但形式仍是集体的。

在某些情况中，生产责任制保留了集体的或以组为单位的农耕，但在其他情况中，责任进一步下放到家庭中。到 1981 年或 1982 年，在最贫困的省份中，90％以上的家庭以户而不是以生产队为单位负责耕种以前的集体土地，这个制度在较富的省份中也日益推广开来。在某些情况下，收入仍依赖全队的成果；而在其他情况中，收入甚至由

---

① 60 年代的数字出处见前引书，第 40 页。1982 年的数字来自国家统计局《中国统计年鉴（1984）》，第 471 页。

② 这种数字年年都稍有起伏。这里的数字是 1965 年的（《中国农业年鉴（1980）》，第 5页）。

③ 同上。

家庭自身的生产情况来决定。①

到 1983 年年底，甚至这些集体农业的痕迹，也大量地从中国农村消失了。在私人和集体之间划分收入已没有什么意义了。因为几乎全部农业生产都是以家庭为基础的。即使"公社"和"大队"的名称也被更古老的名称"乡"和"村"所取代。农业在经历了 1/4 世纪的集体化尝试以后，再次建立在以家庭为基本生产单位的基础之上。②

市场力量在农村地区的作用也进一步扩大。统筹和分配转向市场体制，在农村地区本来就比在城市工业部门中要简单得多。从一开始，就多数农产品而言，新兴的市场便已存在，并被允许获得更大的发展。如前所述，这在 1979 年就已经开始了。即使在 1979 年以前的集体经营下，就主要作物而论，市场也起到一定作用。结果，在"文化大革命"中，作物的价格偶尔也会变化，而这些价格变化或许不会像城市地区的价格那样，过多地背离相对短缺的实际。③ 或许最重要的是，农业家庭作为生产单位，自然而然地会按与市场需求一致的方式运作。由于对家庭成员来说，收益越高，便意味着生活水准也就越高，因此，农业家庭自然地成为收入或利润的增进者。而且，增加利润的唯一方式是增加产量或降低生产成本。与工业方面情况不一样，没有国家补助计划或提供赞助的银行家准备帮助那些始终处于亏损状态的农业家庭摆脱困境。国家只有在农民面临饥馑威胁时，才肯

---

① 有关 1981 年各种责任制的讨论，参见刘绪茂："我国农村目前实行的几种生产责任制介绍"，《经济管理》第 9 期（1981 年 9 月 15 日），第 12—14 页。在凯思林·哈特福德的"社会主义农业死了；社会主义农业万岁！：中国农村组织的变迁"中，对这些制度也有大段论述，见伊丽莎白·J.佩里、克里斯廷·汪编《毛以后中国的政治经济改革》，第 31—62 页。

② 关于向家庭农业转变的过程，许多作者曾做过描述和分析。这个过程中较早的部分能够描述，这部分地是以第一手的村庄研究材料为基础的，见威廉·L.帕里什《中国农村的发展：巨变》；又见戴维·兹维格："对中国农村变革的反对：责任制与人民公社"，《亚洲概览》第 23 卷第 7 期（1983 年 7 月）；弗雷德里克·W.克鲁克："公社体制的改革与乡—集体—家庭体制的兴起"，美国国会联合经济委员会：《面向 2000 年的中国经济》第 1 卷，第 354—375 页。

③ 然而，与实际缺货市价的背离，依然确实存在。例见尼古拉斯·拉迪："中国的农业价格"。

采取措施。最后，当人们对付的是几亿农业家庭时，要控制几个特定市场的垄断权是行不通的。不管官僚制度是否允许，竞争是不可避免的。

因此，市场运行良好的基本条件在中国农村是存在的。然而，这个事实并不意味着官僚政府对下列改革步骤是心甘情愿的：让相对价格的变化来控制生产与销售。但是，向市场体制的运动，在农业中比在工业中所取得的进展还是要大得多；到80年代中期，一项决定原则上使全部农产品的买卖都通过市场进行。国家对农民的强制性的购买额将被废除，而代之以自愿性的合同。但是在实践中，国家官僚不愿把更多的控制权拱手交出。至少在1987年年中，合同还不是完全自愿性的。

在那些更不情愿的改革者看来，问题的性质可以通过粮食市场加以说明。到80年代中期，由于要提供有关补贴的高额费用，中国政府的压力更大，被迫减少它在粮食买卖中的作用。城市粮食售价要比付给农民的价格低得多，如果包括运输和市场买卖的费用，那就更低了，由此而造成的损害大大地耗费了中央政府的财力。

完全放开粮食价格并非是一个容易为人采纳的解决方案。城市粮食价格会立即迅速上涨，造成影响深远的政治稳定方面的后果。这短期的危险缓解了，部分原因是由于1982—1984年粮食获得大丰收。关于这次大丰收，我们在后文还将提到。由于大量的剩余粮食冲击市场，粮价上涨本应缓和下来。然而，城市市场粮价在1985年仍比国家牌价高88%，因此，国家取消粮价将使价格大增，尽管不会大到88%的地步。[①]

即使眼下的政治问题能得到处理，从党内保守派的观点来看，还存在另外一个更基本、更长期的，与依靠市场提供基本食物相关的问

---

① 如果双重市场（其中一个受控制）被一个单一的不受控制的市场取代，则辅助性市场的价格往往就反映不出可能发生的事情。这个统一市场上的价格将高出过去政府控制的价格水平。但是，较高的价格将造成粮食消费缩减，因此，供求通常能在低于辅助性市场的价格上达到均衡。然而，要确定所达到的具体价格，关系到种种假设。由于这些假设过于复杂，在这个注脚中我们不能涉及。

题。在保守派看来，危险是如果市场不能促进粮食产量达到足够的程度，那将怎么办？严重的供应短缺，会造成价格迅速上涨或发生更坏的事情，甚至会造成营养不良，就像 1960 年和 1961 年中在国内部分地区发生的事情一样。1960—1961 年的那次危机是造成中国共产党党内分裂的主要因素，这次分裂酿成了"文化大革命"的过火运动。1985 年，经过连续三次创纪录的丰收之后，这个危险似乎不很大；但到 1987 年年底，粮食收成连续三年没有超过 1984 年的最高水平，因此，保守派的担心不是完全没有道理的。

实际情况是，在 80 年代中期，中国粮食供给充足；而在 1985—1986 年，尽管人均消费有所增长，但中国仍然是一个事实上的纯出口国（见表 27）。而且，中国从出口中一年挣得 300 亿美元。而相比之下，在 1960—1961 年所得还不到 20 亿美元。1987 年，中国可能以大约 10 亿美元的价格进口了 1000 万吨粮食。如果中国在 1987 年严重歉收，因而，比如说，要以当时的世界粮价进口 5000 万吨粮食，费用将低于 60 亿美元，或者说，还不到中国外汇收入的 20%。即使世界粮价迅速上涨（这在中国如此大量购粮的情况下是可能的），中国也有外汇度过这次亏损，消费不会下降。无论如何，政府对农民可种什么的直接干涉（这是保守派对危险的回答），是制定一个有效的粮食保障政策的脆弱的基础。政府规定的粮食上缴额并未考虑天气恶劣的因素。过去，这些定额限制了农民能力的发挥，不能把粮食作物转换成经济作物，但代价却是农业总产量低了。如果取消控制，农业总产量几乎肯定要比这高。

中国农业的现实问题并不是面临因天气恶劣或粮价突然下降致使粮食作物大规模地改为经济作物而造成的那种周期性衰退的危险。如果中国也像日本、中国台湾、韩国一样，给耕地以补助，那么它的农业和粮食政策的中心问题，就是如何满足国民迅速增长的食物需求。中国的东亚邻国日益依靠食物进口来解决土地问题。例如，韩国在 1979 年全国每人年均进口粮食 145 公斤。而对中国来说，如果人均进口也这么高的话，就要从国外购入 14500 万吨粮食。而在 80 年代，进口这多的粮食将大大超过中国外汇支付的能力。

表 27　　　　　　　　　　　**粮食进出口**

（以年均百万吨计）

年　　份	进　　口	出　　口	纯进口
1950—1960	0.082	2.273	−2.191[a]
1961—1965	5.932	1.623	4.309
1966—1976	5.015	2.772	2.243
1977—1978	8.089	1.767	6.322
1979—1981	13.203	1.419	11.784
1982—1984	13.321	2.135	11.186
1985—1986	6.867	9.372	−2.505

a. 负号表明纯进口。

资料来源：国家统计局《中国统计年鉴（1981）》，第 372、388、394、398 页；《中国统计年鉴（1984）》，第 397 页；国家统计局《中国统计摘要（1987）》，第 90—91 页。

　　1980 年作物产量下降，而紧接着在 80 年代初期就取得了几次大丰收，这使得这个长期的问题变得令人捉摸不定。这几次大丰收的原因各不相同。天气好有一定的作用。放手让农民自己决定在土地上种植什么，使得投入物资重新分配给经济作物，这提高了整个农业生产率。但是，粮食产量在 1982—1984 年中也向前飞跃，这表明只要放松对农民的控制，就将产生积极的影响，这影响还不只局限于从粮食向经济作物的转变。在 80 年代，诸如化肥、农业机械和电力之类的关键性投入物资，也在持续增长着。本章没有余地测算每一部分对产量增长的具体贡献。一个部分的成效肯定会增强其他部分的影响。然而，如果不搞责任制，不搞家庭承包的话，毋庸置疑，农业生产的增长肯定要大大低于 1980 年初的水平。

　　20 世纪 80 年代，中国农业生产的增长（不包括农村工业）年均高于 9％；农业增长的这种迅猛势头，不可能长期维持下去。其经验看来只是由于拆除了农业有效生产的障碍后而出现的一次性增长。一旦达到更高的效率水平，中国农业增长率在 1985—1987 年便降回较为固定的水平。此外，更加恶劣的天气有时也是一个因素。农业产量每年增长 5％，按世界标准来看是高的，高于这个增长率的算是十分罕见的了。在东亚,由于耕地增产潜力有限和迅速的工业化,更低的增长率才是符合标准的。例如,在日本,80年代初期的农业产量与60年代中期基本相同,而人均粮食产量却仅达60年代中期的一半。[1]更为贴切的对比是,在韩国,农业在1965—1984年间年均增长4.3%,而粮食却仅以一年1.2%的百分比增长着。[2] 对于台湾来说,在同一时期的增长率可比数字是2.4%—0.3%。[3] 因此,对中国来说,农业生产一年4%的增长率和粮食生产一年2%—3%的增长率,可能也算是个成就了。

中国长时期的问题是,对农产品,特别是对粮食需求的增长高于3%—4%。例如,在1980—1984年间,中国对粮食的需求肯定是以一年5%以上的比率增长的,[4] 而产量增长却达一年6%以上,这就造成了可能使中国在1985—1986年成为有盈余的纯出口国。如果粮食产量是在一个持久不变的基础上一年增长3%,那么对工业化和国民收入增长的需求,以现价计,如果不更高的话,至少也在一年中将增长4%,而中国也将重新变回与其东亚邻国一样的主要粮食进口国。

因此,责任制和由此产生的农业发展的突飞猛进,使中国得以在短时间内暂缓这个长期存在的全国性的农业问题。工业化得以向前波动;农村地区的人均收入,在食物需求未超出国内供应的情况下也能翻上一番。然而,到1987年,中国或许已经返回到一个更加正常的方向上,这个方向符合人均耕地0.1公顷的国情。因而,中国农业的未来选择,可能与70年代后期所面临的选择更为类似。实际人均收入增长加快,可能使中国在农业中投入足够的资金,确

---

[1] 联合国:《亚洲和太平洋地区统计年鉴(1984)》,第277页。

[2] 经济计划委员会:《韩国经济主要统计资料(1986)》,第75页。

[3] 经济计划与发展委员会:《台湾统计数据册(1986)》,第65、67页。

[4] 中国人的收入年均增长约为9%。对粮食需求(包括牲畜饲料)的收入弹性的保守估计可能是0.6,这样就意味着粮食需求一年中以5.4%的速率增长。假设不同,得出的结果也就不同;但是,要提出一个在这个时期产生出不高于5%的需求增长率的合理假设,并不是件容易的事。

保这个部门的增长率足以保持在农业进口更迅猛的增长不超过中国挣取外汇支付进口的能力的水平上。由于农业投资有这种预期的后果，因此，与80年代初期发生的情况一样，给农民以物质刺激，使他们充分利用这些投资和其他投入物资，达到最大效果，这也是必不可少的做法。

如果走回头路，仍控制农业产量，那也能解决中国长期存在的对粮食的过度需求，主要是因为减少了物质刺激，收入的增长明显减慢，所以需求也就下降了。以鼓励出口战略转为向内，也会达到同样结果。由于不仅粮食进口而且所有产品进口的增长减慢，全部国民收入的增长也减缓下来，这样，对粮食的需求便能缩减了。另外，国家可以重新实行严格的分配制度，这种制度即使在收入迅速增长的情况下也能减小粮食需求。给出了这么多选择方案，然而毫不令人惊奇的是，至少有些改革者主张更加市场化的改革，鼓励农民生产，大力促进出口，以满足粮食进口预期增长的外汇需要。[①]

收入分配

无论1966—1976年间组织农业生产的方式有多少优点和弊端，人们还是普遍地相信，这种制度至少减少了农村中的和城乡居民之间的不平等。人们担心1978年以后政策的改变，将会造成进一步的不平等。80年代初期公布的数字，提出了有关这两种假设的问题。正如罗尔的评判所表明的，40年代后期和50年代初期的土地改革，造成占农村人口20％的最贫困者收入大增，而这绝大部分是在损害地主利益的基础上取得的，地主丧失大部分财产，却丝毫没有得到补偿。[②] 在1953—1955年期间继续存在的不平等，是在既定地区中富裕农民与贫苦农民之间和贫富地区之间的不平等。1955—1956年农

[①] 例如，在1987年11月在北京召开的一次关于乡镇企业的会议上，杜润生在发言中清楚地指出了鼓励进口的政策和解决粮食问题的方案之间的关系。

[②] C.R.罗尔：“中国农村收入的分配：30年代与50年代的比较”。

业生产合作社的成立，消除了土地占有量上的差别。合作社（以及后来的生产队）中仍然存在着差别，这是由各个家庭中健康的成年劳力与不从事劳动的受赡养者（孩子、上年岁的父母和病人）的不同比例造成的。尽管这些差别可能是千真万确的，但它们与由占有不同数量的土地所造成的不平等大不相同。

对到过中国农村参观的人来说，印象最深的是任何一个既定的集体单位都有的相对的平均主义结构。参观者不能或没有看到的是，在地区之间收入差别很大，集体化对这些差别可能根本没有产生任何影响。与富裕郊区的农民一样，贫困山区的农民也要和本地区的其他贫穷农民结合在一个生产队中。山区境况较好的农民，尽管收入比全国农村平均收入要低得多，而他们集体后收入还会有所下降；而郊区不太富裕的农民，尽管收入往往高出全国农村平均收入一倍，但集体后他们的收入却会有所增长。

对于最终的计算必不可少的数据现在还未找到，但罗尔的数据指出，即使在 1956—1957 年完全受集体影响的情况下，不平等也没有减少多少。[①] 地区性的差异大到这种程度：集体单位内无论如何缩小不平等，也不足以平衡地区间的差别。本章的中心问题是，1965 年后采取的措施是否改变了这种地区悬殊的现象。

农村不平等的缩小是可以通过四种方式中的任何一种达到的：农村公社的累进税或许能减少不平等，但中国税制中几乎没有任何累进可言。给予最贫困地区的福利金也有助于不平等的缩小。尽管我们对中国农村的福利制度知之甚少，但地区间的相互调拨显然是相当小的。面临严重营养不良的公社，显然可以获得援助；但绝大多数的其他公社却被要求自谋出路。第三种措施是使农民从最贫困的地区迁往较富裕的地区，但是，在一个几乎没有新的土地可供开

---

① 罗尔的数据按地区给出了富裕的、中等的和贫穷的农民的收入。如果假设在既定地区富裕农民和贫穷农民的收入在集体之后与中等收入农民一样，便能得出这个模拟分配的基尼系数为 0.211，这个系数勉强低于集体之前（和土地改革后）的那些时期的 0.277 的数字。

展这项工作的国家中，这个办法势必会在农村导致严重的矛盾。最后，国家可以把投资和经常性投入指向最贫困的地区，或许国家偶尔也曾这样做过。但是，由于在许多贫困地区，资金回收率在运转过程中很低，这种政策经常是以生产率的缓慢增长为代价的。往往较富的地区供水充足，这为更多地利用化肥和改良植物品种提供了可能。

因此，几乎没有理由要求农村的不平等——尽管与绝大多数其他发展中国家相比程度要低——在六七十年代减少很多，而且，似乎也找不到多少支持这种观点的数据。测量不平等的标准方法是用基尼系数，这个系数的数值范围是从"0"（完全平等）到"1"（完全不平等）。例如，有关 1980 年大队集体收入分配的数据，提出一个 0.232 的基尼系数，这个数字事实上与从罗尔的有关土地改革之后和集体之前那个时期的数据中得出的 0.227 的系数完全一致。[①] 各省的数据也加强了这一结论。各省的数据表明，各省之间人均农业收入的差异，70％能用人均拥有土地的数量和质量来解释。[②] 由于各个地区间人均拥有土地的相对数量和相对质量在整个 60 年代和 70 年代中几乎没有多少变化，相对收入也几乎没怎么变。

1978 年后的变化是否改变了这种情况？一般来说，人们很难在短时期里分辨出收入分配的趋势，而且，所能得到的中国数据根本也不适合于这种精确的计算。但是，城市和运输干线周围已富裕起来的公社，很可能从发展经济作物和副业活动的良机中获得大小不一的好处。毕竟，贫困的山区既不能为城市居民提供蔬菜，又不能为城市企业从事分包工作。因此，经济控制自由化后，或许造成 80 年代初期不平等的某种程度上的增长。

然而，当我们转向城乡收入差别情况问题时，放松控制与不平等扩大之间的关系便不十分清楚了。事实上，放松控制在一定条件下，能较大地缩小不平等。

---

① 罗尔："中国农村收入的分配"，第 72 页。
② 德怀特·珀金斯、沙义德·尤素福：《中国农村的发展》，第 115—119 页。

整个六七十年代的一个中心特征是，从农村向城市移民实际上是禁止的。此外，成百万的城市青年被遣送到了农村公社和国营农场。如本章早已描述的，在同一时期，国家继续源源不断地把投资倾入以城市为基地的工业。在投资成为日益增长的资金动力时，城市地区对劳力的需求仍在稳步增长。这个需求可从已是城市居民的人中得到满足，或从那些住在城市附近的公社中、能经常往来于城市之中而无需城市户口的人中得到满足。结果，在城市中，城市人口的劳动者与被赡养者的比率稳定地增长着，而对那些在国内已经是最富裕的公社来说，在城市中工作的机会增加了。如表28的数据指出的，工资虽未增加，但结果是，城市里人均消费比在农村增加得更快。有关郊区公社的类似数据无法得到，但这些数据或许将指明一个相同的趋势。

表28   **城市与农村的人均消费**

（以时价元计）

年　份	(1) 农村的消费	(2) 非农村的消费	比率 (2)÷(1)
1952	62	148	2.39
1957	79	205	2.59
1965	100	237	2.37
1978	132	383	2.90
1980	173	468	2.71
1982	212	500	2.36
1986	352	865	2.46

资料来源：《中国经济年鉴（1982）》第7卷，第28页；国家统计局《中国统计摘要（1987）》，第98页。

1978年以后发生了什么事情？部分答案是，从乡村向城市移民并不是在那个时期所制定的放松控制的措施之一。许多被送到农村的城市青年，被允许或者已经自作主张地返回城市，而到80年代中期，一些农业人口也被允许迁入较小的城镇，但是，农村居民仍然不能随意迁往城市。虽然农产品收购价格的大大提高并未改善农村居民的相对地位，但是，由于城市食物的销售价格没有提高，因此，对中央政府的预算来说，这个措施的代价太大，不可能重蹈这个覆辙。[①] 对城市住宅的大规模投资和城市工资的普遍增长，有助于城市居民保持他们优于农村地区的地位。无论如何，只要中国更贫困地区的农民离开本地区、迁往城市甚至县城的做法受到阻止，迅猛的工业化便可能伴生出一个很大的、可能范围很广的城乡收入差额。因此，1980 年和 1982 年城乡差距比 1978 年缩小了一些，但不应将此视为一个长期趋势的开端。实际上差距在 1986 年确有扩大。不过表 28 的质量仅如此而已，我们不能从这些估价的微小差别中得出太大的结论。

结　论

显然，认为整个"文化大革命"时期根本没有任何经济发展战略的说法是错误的。投资计划是一个斯大林主义式重视机械与钢铁的计划没有改动的翻版。自力更生，或者说最大限度地减少对国外进口和外国技术的依赖，在 1966—1976 年这 10 年间成了常用的术语，听起来像是毛主义的调门。但在实际上，自力更生与 50 年代中国自给自足的政策或 30 年代俄国对外贸易的政策之间，不存在显著的差别。

在中国农村，政策受苏联影响极小。首先，人们认识到如果农业产量停滞不前，就是致命的大事。问题在于如何提高农业产量，而不是要不要提高。而中国采取了一种双管齐下的战略，将"实用主义"与"激进主义"的观念不稳定地结合在一起。"实用主义"推动了化肥工业迅速发展并进口了大量肥料。那些与毛观点接近的人搞了大规模的群众劳力动员，还树立了大寨榜样。他们还力主农业所需的现代化投入物资大部分应由农村地区的小型工厂提供。

---

① 这个问题在拉迪的"中国的农业价格"一文中有更大篇幅的讨论。

在形式上，计划和控制的经济体制依然沿袭苏联的集中化模式，只是 60 年代初期作了小小的修改。五年计划或许始终都有问题，但年度计划依然决定着一个企业生产什么。重要的物资和设备通过行政手段而不是市场进行分配。工资依据苏联的八级制度来支付；而农村集体的收入，与 50 年代（不包括"大跃进"时期）和 60 年代初期一样，是以所挣工分为基础的。

如果形式上尚无不同的话，那么，在 60 年代后期和 70 年代初期，在这种形式的范围内，政策的实际贯彻情况却发生了相当大的变化。苏联的八级工资制的意图本是提供物质刺激，促使人们更努力地工作，但中国人以冻结工资级别和取消奖金的手段，撤销这些物质刺激。在农村地区，政治态度在分配工分时，往往与所付出的劳动具有同样重要的影响。在管理方面，企业继续接受降低成本和投入的指标，但如果产量指标完成了，这些指标就不必认真地对待。此外，政治上的考虑常常干扰着评判标准，而在其他国家，这种评判工作是更加重视技术条件的。

在"文化大革命"期间，政治干扰和取消物质刺激的尝试，看起来并未减缓增长。但事实上，现在有了可以分析研究 60 年代末 70 年代初增长情况的数据，使许多分析家大吃一惊的是，在此期间，除政治动乱达到最高峰的 1967 年、1968 年两年外，发展仍然相当迅速。但是，这种增长是建立在比以往任何时候都要高的投资和能源投入上的，而这些投资和能源投入的无效使用正与日俱增。只要这些投资能持续增加，大庆油田的石油源源不断地涌出，就会构成维持增长的可行手段，尽管这种手段对提高人民生活水准作用不大。

然而，到了 70 年代中期，经过 20 年实际工资的停滞之后，劳动纪律正受到破坏；大庆和其他油田的石油产量已达到顶峰，面临着下降的危险。投资率虽然持续上升，但资本—产量比提高得则更快。无论由谁来控制政治局面，由于恣意滥用人力和物力，保持稳定增长的年月都是快到尽头了。

随着毛的去世和"四人帮"被清洗，中国在 1977—1978 年间的暂时领导人在一场加速增长的尝试中，进行了明显的外向型转变，鼓励企业大量引进国外技术；他们还同样明显地推翻了"文化大革命"反对物质刺激的政策，恢复了奖金，提高了农业收购价格，全面提高工资。但是，人们仍然重视机械和钢铁，这种重视与物质刺激和对外贸易的政策不相协调。

在1978年末和1979年初，中国的计划制定者最终、至少暂时地放弃了斯大林主义的经济学。消费品第一次不仅在国内消费，而且在出口方面，取得了优先于生产资料的地位。中国的发展战略向它的东亚邻国成功地遵循的那个模式迈出了意义深远的一步。

改革时期第一阶段的某些特征持续的时间并不太长。为"调整"经济体制而全面减缓增长速度的做法并没延伸到1981年之后。1981年，工业和农业的增长速度猛升。降低重工业重要性的做法也是暂时的。在1982—1986年这个时期，重工业与轻工业的增长比率回到"文化大革命"期间通行的那个水平上。能源供应的不景气状况结束了，这个关键部门重新恢复了增长势头，这为再次推动能源消耗大户的重工业部门的发展提供了可能。

但是，中国的部门发展战略并未完全返回以前的模式。重视扩大出口、向海外借款和欢迎外国来中国直接投资的外向转变，不仅得以持续，而且还有所发展，并在更多的领域中出现。降低轻工业和消费品重要性的做法与其说是真真实实的，倒不如说是表面现象。农业生产波浪式的发展意味着，消费品增加了，增加了的工资和获得的奖金能买到东西。就部门发展战略而言，中国迈出了引人注目的一步：沿着其东亚邻国已证明是行之有效的战略的方向前进。出口在中国的发展战略中所起的作用，不如在韩国大，但是，这种情况更多地是说明中国幅员辽阔，也反映了这样的事实：贸易在大国的国民生产总值中所占比重要比小国小。中国的贸易比率，尽管比韩国或台湾小得多，但与日本60年代的比率非常相似。与周围较小的国家相比，中国贸易的这种比率，是中国之所以在发展的早期阶段更加注重重工业的一个重要原因；而相比之下，韩国在20世纪60年代集中发展轻工业，它对重工业产品的需求是通过进口得到满足的。

部门战略上的这些变化，仅仅是毛去世和1978年12月的三中全会之后所进行的改革的一个部分而已。具有更大潜在意义的是，为根本改革以前管理经济的制度而采取的若干行动。

早在 1977 年中央便已开始放松对外贸易的集中管理，但是又不得不恢复控制，因为企业趁机签订了远远超过中国支付能力的进口合同。那些已延续下来的最初几项改革措施中，有一项是取消对农村市场管理的控制。紧随其后的是生产责任制推广了，到 1983 年，合作制农业实际上被放弃了。在 1979—1983 年这短短五年里，中国已从一个受来自上级的国家定额和更多地来自党的干部所坚持的那些标语的共同严格控制的合作农业体制，走向主要通过间接的市场机制控制的私人家庭农业体制。少数市场限额虽仍保留下来，但 80 年代中期已采取措施开始取消这些限额。

工业中苏联式的计划和管理体制废除的速度比较缓慢，一部分原因是由于这里需要进行的改革比农村中的情况复杂得多。工业体制改革的试验早在 1979 年便已开始。这些最初的尝试，本质上是试图使苏联式的官僚指令性体制能更好地运行。企业的内部管理作了一些改革，对地区市场的垄断控制有所放松，以利于竞争；给予各种计划指标的优先地位也进行调整，效益方面的指标越来越受重视，而产量指标却越来越不强调了。

到 1984 年 10 月，部分地由于农业改革取得显著成就，党要求在工业部门进行更加彻底的改革。在接下来的三年中，中国采取了重要的步骤，使中国的工业管理和控制的体制摆脱以往集中化的官僚指令性体制，沿着一个将市场控制和统筹的方法与关键部门中继续存在的官僚化的控制结合在一起的体制的方向变化。至少对某些改革者来说，目标是建立一个市场与国家控制相结合的社会主义模式，就是 60 年代的日本和韩国搞的市场与国家控制相混合的那种体制的翻版。然而，到 1987 年年底，实际情况与这个目标相差甚远。在 1987 年 10 月中共十三大上选出的某些政治局成员，仍然反对经济体制上的这种巨大变化。同样或更加重要的是，官僚化的控制体制根深蒂固，即使是最坚决的改革者，在试图铲除这些体制时，也面临着许多阻力。

中国部门战略的转变和改革经济体制的努力在许多方面反映出中国已认识到（虽已耽搁很长时间）国家的经济资源。农业方面的问题是，如何从一个非常有限的土地和过剩的劳动力中获得更多的粮食。通过大规模的劳力动员实现这个目标的尝试失败了。更多地使用化肥和改良的植物品种，只能解决一部分问题；而同样重要的是，必须更有效地使用这些投入物资。以家庭为基础的农业在亚洲其他地方已被证实可有效地使用资源；在中国，这种农业在 1981 年后也被证明是同样地行之有效。

同样地，高度集中的计划与控制体制，对控制与协调几十万个在各种不同条件下进行作业的小型生产单位来说也肯定是个效果不佳的手段。维护中央控制的尝试导致局部性垄断，并导致了若干严重妨碍小型企业发展和效率的其他措施的产生。一旦这些控制被撤除，这个工业部门便会兴旺发达。

随着农业和工业的迅速发展，中国的国民生产总值也提高了，其提高速度可与韩国、（中国）台湾和日本在以前曾有过的那些发展相媲美。在从 1977—1987 年底这整整 11 年中，中国的纯物质生产年均增长率达 8％以上。以人均计算的国民生产总值翻了一番。然而，即使增长如此巨大，中国经济以人均计，或许仅相当于 60 年代中期的韩国和几年前台湾的水平。中国劳动力大多数仍在农业之中，而更大比例的人口仍居住在农业地区。农村人口所占比例在 80 年代迅速下降了，但还需要 10 年或更长时间，这种发展势头才能将绝大部分中国人口和劳动力变为城市人口和工业劳动力。

中国人民已普遍享受了加速增长的第一阶段所带来的好处。事实上，由于农业地区首先经历了经济的兴旺发展，很可能全国范围的不平等现象比 80 年代初期在某种程度上有所减少。城市里克服不平等的情况不及农村那么好，但城市的收入提高了，绝大多数家庭开始购买诸如电冰箱和电视机之类的耐用消费品。可以想见，基于市场原则的持续的迅速发展，会日益增加不平等。但在 80 年代后期，中国仍然采用高度平均主义的方法分配这些增长的利益。

因此，到 1987 年年底，中国在极大程度上并不是它的东亚邻国的翻版。无论中国的改革者多么努力地发挥市场的作用，中国这种从苏联式集中计划发展而来的社会主义体制的最终发展结果，与在东亚其他地方可以发现的、基于私有制的计划与市场的混合体制，还是有几分不同。中国与 80 年代后期东亚其他地区出现的城市繁荣仍有相当的距离。但到 80 年代后期，中国已从业已存在数千年之久、70 年代初虽有改善但仍明显可见的贫困的农业经济中，向前跨了几大步。

第 七 章

教 育

学校在无产阶级"文化大革命"中的作用

"文化大革命" 10 年期间，教育既是手段也是目的，教育制度的改革是这场运动的最终目标之一。运动是从学校开始的，学生和老师被动员起来充当先锋。它们的影响远远超出教育范围，建立了教育改革及其他领域改革的舞台。回顾过去，由于教育作用的双重性常混淆不清，因此，本章将发起这场运动的动员阶段和此后旨在使"教育革命"制度化的巩固阶段分开来谈。[①]

1966—1968 年的运动可看做这场大革命的动员阶段，如同其他几次运动（从 40 年代的土地革命开始）一样，都打上了毛的烙印。这种说法认为，毛作为运动发起人，在他脑海里有一个宏伟目标。就是要保证中国革命沿着他自己的路线进行社会主义建设，而不是沿着党内其他与自己意见相左的人的路线发展。根据这种说法，权力之争和群众参加反官僚主义的斗争，可以看做"文化大革命"的一种手段而不是目的。

毛的路线在 1958 年"大跃进"时期已十分系统地采用过了。尽管这次冒进给经济带来了灾难，但毛不愿放弃其目标。甚至在实现这一目标的难度已使党内领导分裂，反对他的意见日益明朗化时，他仍然如此。在他看来，只在经济上搞社会主义改造还不够，上层建筑领

---

① 这一解释来源见本章第 558 页注①，参见后文中朱莉娅·匡（音）《中国学校中的"文化大革命"（1966 年 5 月至 1969 年 4 月）》；梁恒和朱迪思·夏皮罗：《文革之子》；安尼塔·詹：《毛的孩子们》。

域也还有待革命化。为实现这一目标，全国上下与其观点相悖的思想以及持这种思想的人都有待改造。社会主义教育运动（如《剑桥中国史》第 14 卷第 9 章所表明）已定下了这些目标，但与完成这些目标所担负的任务又不相适应。因此，"文化大革命"又继续担当起社会主义教育运动未竟的任务。同时，又增加了执政党内权力斗争这个必要的组成部分。革命是连续不断的。"文化大革命"是民主革命和社会主义革命的继续。民主革命经过 28 年（1921—1949 年）才完成，社会主义革命又进行了 17 年（1949—1966 年），毛发动"文化大革命"，就是要完成上述目标。①

1966 年的"五·一六通知"指出了"文化大革命"的目标：

> 彻底批判学术界、教育界、新闻界、文艺界、出版界的资产阶级反动思想，夺取在这些文化领域中的领导权。而要做到这一点，必须同时批判混进党里、政府里、军队里和文化领域的各界里的资产阶级代表人物，清洗这些人，有些则要调动他们的职务。

为进行如此雄心勃勃的事业，既要纠正错误的思想，又要夺那些拥护这些思想的人的权，毛发动了这场群众运动。1966 年 6 月 1 日的《人民日报》社论宣称，"解放以来的经验证明，如果充分发动了群众，走群众路线，使移风易俗成为真正广大的群众运动，那么，见效就可能快起来"。毛接着操纵这场群众运动，向"目标"放出了"群众"能量。他就是用这种方法在土地革命时期夺取了中国农村的政权。只要旧的政权机构统治着农村，土地改革就不会取得胜利。同样，在那些反对他的势力被推翻以前，毛的社会主义建设路线和政策也不会成功。不过，一个重要的区别是，那些反对他的当权派是他自己党内的领导人，并都曾是整个革命事业过程中的先锋。

这已不是毛第一次发动群众来批评党。但就这些对象的性质和范

---

① "在中央工作会议上的讲话"，1966 年 10 月 25 日，载于《万岁》（1969 年），第 658—659 页。

围说，这是最大胆的一次实践。这样利用群众有很多相关作用，是打击对象的一种有效方法；由于允许群众直接参与权力斗争，因而，他们在这一过程中就有他们个人的利害关系；运动期间自然涌现出来的领袖人物成为接替被推翻的当权者的新的领导来源。总之，这可以使接班的那一代人在毛死后能继续进行他的革命。

当然，这会产生"过头事情"。但毛泽东早就发现过头事情有一种功能。所以，只要这些过头事情发生在"广大群众的自觉斗争"时期，就是可以容许的。在运动的巩固阶段，当群众痛恨的对象已被打倒，这种过头事情就随之被纠正，因此，认为运动高潮时期的所有情况到运动后期的温和阶段都会保留下来的看法，是不正确的。这就是毛泽东在以前群众运动中采取的原则，先发动、促进，而后限制。在"文化大革命"期间，他又采取同一方法。因而，从 1966 年 5 月起，他故意使这场运动走向极端。一方面允许运动按其原有的方式发展，另一方面又操纵被鼓动起来的群众，攻击包括党内最高层领导人在内的被他指为批判对象的所有反对派。在破坏性阶段似乎达到目的后，这些过头事情就被纠正。然后，一个新的上层建筑就由一个新的或至少变乖了的领导班子来建立。

1968—1976 年采取的教育制度变革可看做这次运动重建阶段的一个组成部分，因为这些变革不可能在 1966 年以前的领导班子下实行。整个教育制度在 1976 年毛死后，又突然被全面地恢复到 1966 年以前的形式和结构，而且在其他许多方面也是如此。这些情况为这一说法提供了又一个合理证据。即随着权力的丧失，政策也随之被轻而易举地推翻了。1976 年以后的逆转情况，似乎最终证实两条路线的斗争确实存在，只是斗争不按毛的条件，而是按其对手的条件来解决。他曾预言，需要一百多年，要再来几次"文化大革命"才能战胜这些对手。在发动红卫兵阶段的第一年年底，他还说过：巩固这场运动至少要十年。①

---

① "对阿尔巴尼亚军事代表团的讲话"，1967 年 5 月 1 日，载于《万岁》（1969 年），第 677 页。

发 动 群 众

一开始，北京大学哲学系教师聂元梓等人写的大字报标志着遍及全国各校的政治活动得到了加强。聂是哲学系党总支书记，也是北大支持 1964 年高校社会主义教育运动的党员之一。她在这次运动中，反对校长兼党委书记陆平。她的大字报在 1966 年 5 月 25 日贴出，毛命令将大字报向全国广播，然后又在 6 月 2 日的《人民日报》上发表。大字报攻击了北京市委的两位委员及陆平，批评他们企图以强调学术内容来阻止北大开展"文化大革命"，限制群众参加，缩小运动的政治意义。

事实上，那年春天，学校的政治活动仍集中在学术问题上。批评教育制度的势头日益猛烈。批判的焦点还是集中在学校的课程、教材及政治学习上，论点与毛 1964 年春节谈话相一致。关于剧本《海瑞罢官》的辩论，也仍然被看做学术论战和学生作文的题目，而不被看做批评毛的社会主义建设路线的政治攻击。

聂元梓的大字报使这场运动聚焦在政治问题上，因而意义重大。大字报是在 6 月 2 日发表的，紧跟在 6 月 1 日具有同样挑衅性的《人民日报》社论《横扫一切牛鬼蛇神》之后。社论说："革命的根本问题是政权问题。上层建筑的各个领域，意识形态、宗教、艺术、法律、政权，最中心的是政权。有了政权，就有了一切。没有政权，就丧失一切。"

批斗对象与运动参加者

全国高等院校入学考试不能如期于 7 月举行的消息在 6 月 13 日宣布之后，学生们便把全部注意力转移到这场运动上来。为使学校能进行"文化大革命"，彻底改革教育制度，新生入学要推迟一个学期。特别是要实行一种新的招生方式，让大量的工人、农民和士兵走进大学，可这又是一个权力问题。资产阶级权威绝不会做一丝一毫的让步。6 月 18 日的《人民日报》宣称："他们是不斗不倒的，倒了还想爬起来。因此教育制度改革的过程，必然是一个尖锐复杂的阶级斗争的过程。"

党组织想继续控制这场运动。如第二章中所讲，6月初根据负责党的日常事务的刘少奇和邓少平的指示，工作组被派到全国各大中学校。工作组在大学里起了制造分裂的作用。他们试图抑制运动的发展，限制群众的参与和防止发生暴力，把活动限制在各校园内。有些地方，工作组想把学校党的领导人列在运动对象之外。聂的大字报发表后，学校党的领导人即受到攻击。后来，工作组受到批评，被说成是"矛头向下"，保护少数，打击多数。工作组还反对前几个星期表现最突出、对工作组企图干涉这场新生运动表示不满的积极分子。

在6、7月间，这种冲突还只是局限于校园里。但是，在全国不同的地方发展情况各不相同，对斗争对象的性质也缺乏统一理解。由于运动是在党外发动的，是反对党组织的，因此，由上而下的正常领导渠道被中断了。各省运动的进展只能根据当地对各种信息的反应，如国家新闻媒介提供的信息，还通过"北京来信"，或在各地串联的北京积极分子的报告会这类非正式的传播渠道得以加强。

在北京6、7月间，学校领导干部戴高帽子在校园内游街，在学校会议上挨批斗，批判他们的资产阶级教育方针。在中学，召开批判大会批斗校长和党支部书记。这是最早的"牛鬼蛇神"。在审讯和批斗期间，他们受到学生不同程度的拘禁，还关过"牛棚"。牛棚的含义并不是指"牲口棚"，而只是一个关押"牛鬼蛇神"的地方。对他们的斗争终于结束了。他们被释放出来后要接受群众监督，被调离工作或"靠边站"，从事某种卑下的体力劳动。

在运动发展最迅猛的北京，工作组试图控制和阻止的正是这种行为，最终把清华大学蒯大富之类造反派学生定成目标。这时有八百多学生因参加这种活动而被定为"反革命"。[1] 他们自己也受到了管制和严格的监督，并在群众大会上受到批判。

---

① 威廉·欣顿：《百日战争：清华大学的"文化大革命"》，第55页。

这一时期，一些党外学术权威也受到批判并"靠边站"。这些人很容易成为靶子。运动初期被列为靶子的人，如果不是因为阶级出身不好，就是因为他们在1949年以前与国民党有牵连，或者由于他们的右倾思想和死不悔改的行为。这种人常被称为"黑五类"，意即地主、富农、反革命分子、坏分子和右派分子。黑五类时多时少，这主要取决于他们所在的社会团体。在此后两年的大部分时间里，这些靶子也受到不同程度的监督。在中国一些地方，他们是首批"斗争对象"。后来的运动仅仅反对行政领导和党的领导，而以前人们只知道资产阶级知识分子是唯一的斗争对象。

为了控制这场运动，工作组在每所学校都发动一些学生起来领导运动。他们虽然不能说全部是，但基本上都有很好的阶级出身，也就是工人、农民、干部（特别是那些1949年以前入党的）、军人和革命烈士的子女，这些人被称为"红五类"。这些学生和那些支持工作组的学生，成了各个学校建立的"文化大革命"筹备委员会的领袖。

7月底，毛以阻碍"文化大革命"发展为由，命令工作组从学校撤离。随后，他又把6月10日至7月31日工作组时期的50天称为"白色恐怖"时期。但工作组撤离时，留下出身好的学生作为运动的领袖。他们把后来这段时间自称为"红色恐怖"时期。在北京是人所共知的"红八月"。

工作组撤出后，各种学生组织开始形成。学生在来自中央的各不相同的消息的推动下自然地作出了反应，他们沿着相应的路线发生了分裂。"保皇派"或保守派，并没有采取像工作组那样的行动去支持某位学校领导，据推断，他们也没有去支持刘少奇和党的组织。学校筹备委员会是这些学生的领导。造反的学生（造反派）则站在相反的立场上。这种分歧发展成为互相对抗的红卫兵组织。

尽管他们之间的分界线并不是绝对的，往往随运动的发展而发生变化，有分裂，有联合，但各地都形成了一种有普遍性特点的参加组织的模式。地方和军队干部及他们的子女往往站在保守派一边，他们不愿攻击党组织，而是较积极地反对其他斗争对象。中产阶级和白领阶层的人，如他们自己所说，既不红也不白，站在造反派一边。阶级出身不好的人，如参加的话，也倾向于这一边。这些人更激烈地攻击党的权力机构，而对那些与他们有诸多关联的对象却不太攻击。那些出身于工人阶级的人分成两派，两边都有参加者。

许多教师和下级干部及职员——他们并不是运动对象，既不是反动学术权威，也不是走资本主义道路的当权派——形成了他们自己的派系。他们也按类似路线分派，并与相应的学生组织结盟。有时候，比如在北大，学生和教师开始都参加同一组织。最典型的是绝大多数中学或大学教师有时加入这一派或另一派，理由不是出于积极性，就是出于同情心。比如，北大教授周培源，从1972年起与周恩来一起致力于提高大学教育水平，并因此而闻名，在1967—1968年间曾积极支持北大的"造反"派。这一派与当时还算"保守的"聂元梓的红卫兵派是对立的，而后者对党组织的态度要比造反派温和一些[1]。

阶级出身好的青年控制着最早的红卫兵组织，它们形成于1966年8—9月。工作组撤走后，批判大会变得更猛烈了。对校长、党委书记、资产阶级知识分子的批判仍在进行，而且在批斗过程中，他们常常挨打，有人向他们扔墨水瓶，还受到其他侮辱。殴打和虐待的情况在各地都有，只是程度不同，最严重的事件发生在各省的中学里。在"红色恐怖"时期，斗争对象的数量也有所增加。这时，斗争对象已包括阶级出身不好的学生和其他一些最初未被列入的人，包括从未被实际列为右派但被认为有右倾思想的老师，或者是那些家在海外或有海外关系的人，或者是那些在海外学习过而仍然欣赏国外资产阶级生活方式的人，即使他们并没有犯什么政治错误。

据作者在香港访问过的前教师和学生说，每所大中学校里大约有10％或者略少一些的教师与一些老同志一起被当作"牛鬼蛇神"对待。在办公室和研究机构工作的知识分子也受到同样对待。隐藏的国民党特务和坏分子也被查了出来。在此期间，这些斗争对象常常被抄

---

[1]　李翔云（音）：《中国"文化大革命"的政治：个案研究》，第210页。

家，因为红卫兵要寻找资产阶级财产和其他罪证。他们的家属也受到不同方式的羞辱和虐待。妇女被强迫在洗衣板上跪数小时，头发被剃光，要写自白书，还常常挨打。在这一时期，各地都有关于斗争对象死亡或自杀的报道。

有时那些未正式被定为"牛鬼蛇神"的人也受到类似的体罚。教师也参加了这场运动——不愿参加这场运动的老师，学生会贴墙报批判他们。所有教师都要作书面检讨，分析自己是怎样推行修正主义的资产阶级教育路线的。所有学生都参加进来，批判他们的老师，评价老师的检讨。对大多数老师来说，事情就到此为止了。一些有严重"问题"的，即使没有严重到要召开群众批斗大会的程度，但也受到进一步调查和审讯。在这些过程中，如果他们回答问题稍慢些，有时还会挨打或受虐待。

就在这时，由于红卫兵冲出学校破"四旧"而引起了国际上的关注。"四旧"是指旧思想、旧文化、旧风俗、旧习惯，红卫兵们找到什么反什么。旧的街道名称被更改，"封建的"艺术和建筑被毁坏。有些学校非常严格，只允许阶级出身好的红卫兵上街执行寻找和摧毁"四旧"的任务。但在其他学校，虽然每人分成不同的组，却都愿与出身好的红卫兵一起出去。而中产阶级的年青人则跟他们自己的造反派一起活动。

也是在8月，红卫兵及其他一些人开始免费在全国旅行，以"交流革命经验"。北京的青年走向各省，各省的青年汇集到北京。在北京，他们参加了一系列大型集会，毛及其追随者借此机会进一步动员和指导这场运动。第一次大型集会是在8月18日，毛亲自参加，并接受了一幅红卫兵袖章，表示他对他们行动的支持。那年秋天，在免费旅行取消之前，约有1300万青年人来到北京。正是在这种串联中，来自各省的红卫兵，过去不知道，现在才知道了斗争对象的真正性质。

秋天，毛及其在高层的追随者在中央委员会下设立了一个中央"文革"小组，把运动的焦点直接指向首要斗争对象。8月8日党中央《十六条决定》及8月5日毛的题为"炮打司令部"的大字报发表之后，情况就更明朗化了。毛的大字报赞扬聂元梓的大字报，批评了在工作组的 50 天中试图抑制"文化大革命"的那些干部，这就直接指向派遣工作组的刘少奇和邓小平。《十六条决定》指出："大中城市的文化教育单位和党政领导机关，是当前无产阶级'文化大革命'运动的重点。"并指出右派分子和反动资产阶级学术权威是运动的对象。但"方针"明确指出："这次运动的重点，是整党内那些走资本主义道路的当权派。"①

对于主要斗争对象，毛不能单靠那些出身好的红卫兵，因为这些红卫兵即使不受他要打倒的那些干部的子女所领导，至少也会倾向于保护这些干部。他们很容易被鼓动去攻击那些级别较低的校长和党委书记；而当矛头明确指向上边时，他们的作用也会发生问题。因此从 6 月开始，毛便在暗中支持那些处于守势，还不能与工作组和早期的红卫兵抗衡的造反派。在北京，造反派消除了他们原先的对立，控制了 10 月 6 日天安门广场的集会。他们鼓励每一个人（不仅仅出身好的），都参加到这场打倒党内走资本主义道路的当权派的斗争中来。到 1966 年底，随着阶级出身好的人的排他思想受到批判，忠于他们的势力被削弱，造反派得到进一步发展。一段时期内，他们似乎控制了这场运动。例如：有些高干的孩子和其他一些开始时领导过这场运动的人站到了造反派一边；少数人成为反对现有机构的"极'左'分子"，另外一些人由于运动目标逐渐牵扯到自己的家人而退出。

此时运动又向前发展了一步，允许学生进一步扩大他们的活动范围，他们可以进入机关与那里的当权派进行斗争。于是，运动由学校扩展到工厂和政府部门；学生也参加了他们的斗争。这时官方禁止逼供信，这在反对学术权威初期尚未禁止。但新的斗争对象仍然受到殴打和虐待。批斗大会上最常见的是"坐喷气式"，或强迫被批斗者在会上弯腰站着，人在后面用胳膊架着他们。

---

① 《人民日报》1966 年 8 月 9 日。

夺　权

到 1966 年底，最大的斗争对象被揭露出来了：刘少奇是要被打倒的最大的走资本主义道路的当权派。运动从学校升级到党中央只用了半年时间。1967 年 1 月，"文化大革命"的领导层号召工人和农民加入到知识阶层夺取党和国家权力的斗争中来。上海市的一月夺权斗争被当做官方的政策而传遍全国，波及到各级党政机关。造反派与当权派之间的斗争很快在全国各省、市、县以这样或那样的形式反复进行；结果引起混乱，精心建立起来的深入到每一个工作单位和行政单位的党组织停止了工作。群众运动迅速扩大，除毛和林彪以外，整个党的高级领导层以及各地的省级领导都受到了群众的批判。[①] 凡当权派得不到保护的地方，当权者就会发现他们所受到的是与早先地位较低的和出身不好的人一样的待遇。这一时期的运动以 1967 年 4 月由蒯大富及清华大学的造反派组织的批判刘少奇的妻子——王光美的批判大会为代表。在斗争对象受到批判并被剥夺权力之后，漫长的和充满分歧的建立权力机构的过程开始了。

毛显然鼓励全国青年做他的革命事业的先锋，但要他把党和国家的领导权交到被发动起来的革命群众手里，似乎绝无可能。然而，毛当初利用群众不只是要攻击当权派，而且是要真正把当权派推翻。一些人认为，他的这一思想，是"文化大革命"的首要特征，毛发动"文化大革命"就是出于这一目的。当然，对于一位党的领导人来说，允许非党群众以这种方式来参加权力斗争是前所未有的。1967 年 1 月以后，群众在日后掌权的希望逐渐受到伤害，并产生了失望。正是这个问题使运动重又分为"保守派"和"激进派"。

但是，人们可能永远不会了解：全国已经起来的造反力量在从当权者手中夺权后，毛究竟打算让他们分享多少权力；毛重建政权机构的计划最终在多大程度上受到派系斗争和一月风暴后官僚主义的抵

[①] 这一时期受到批判并被撤职的负责教育和文化的部长、副部长名单见朱莉娅·匡（音）《转变中的中国教育："文化大革命"的序曲》，第 157 页。

制。很可能，毛当初只想指出大方向，并把群众运动引向那个方向。同时像他过去多次所做的那样，根据"群众运动规律"，一面沿着那个方向走，一面考虑朝那个方向发展的细节。因此，1966 年 8 月的《十六条》确实号召建立一个以巴黎公社为模式的永久性的群众组织——"文化革命"委员会来领导这场运动（第九条）。但一月风暴后，所面临的任务已不仅仅是建立群众组织的问题，而是建立一个新的国家和行政权力机构的样式的问题。毛选择了一条更为"保守"的道路，从而为"左"势力的发展创造了条件，尤其是在运动的主动力到了精疲力竭的时候。①

　　1967 年 2 月，官方的政策转为控制一月风暴无节制的夺权活动所产生的过头事情。中央谴责无政府主义，号召加强革命纪律性，对改正错误的干部实行宽大处理。毛自己也认为革命委员会比巴黎公社式的政权形式更适合于作为重建国家权力机构的形式。新的革命委员会基本上是由革命干部、军人和群众领袖的代表组成的三结合组织。在重建过程中，毛还让解放军在重建过程中起主要作用。第一个复课闹革命的号召是 1967 年初发出的，从春节之后的那一学期开始。同时，1967 年 3 月，毛指出："军队应分期分批对大学、中学和小学高年级实行军训，并且参与关于开学、整顿组织、建立三结合领导机关和实行斗、批、改的工作。"②

　　中央这些关于夺权后的指示，给了干部和保守派所需的机会。造反派将这些对他们不利的变化称为"二月逆流"。"文化大革命"的领导层接受了这一定论。这股保守潮流对当权派有利。为恢复平衡，中央于 3 月发出警告，群众组织的领袖在革命委员会或"文化大革命"中的支撑作用不容忽视，否则，"文化大革命"就会被否定。这就掀起了批判副总理的高潮。这些副总理与周恩来一道，想使政府各部夺

---

① 关于极"左"路线的最著名论述是湖南省无产阶级革命大联合委员会（"省无联"）1968 年 1 月的"中国向何处去？"译文见《中国大陆报刊概览》第 4190 期（1968 年 6 月 4 日），第 1—18 页。

② "中国共产党中央委员会文件"，译文见《当代背景材料》第 852 期（1968 年 5 月 6 日），第 96 页。

权时要有节制，这就助长了"二月逆流"。

不过，此后，中央再不让造反群众像 1966 年 10 月至 1967 年 1 月发动他们时那样来控制这场运动了。3 月，毛命令解放军进驻学校，表明他要对此加以控制。此后，运动的发展主要是协调和平衡各派力量之间的权力。这些力量是以周恩来为首的党政官员、以林彪为首的解放军、中央"文革"小组（小组成员意见并不一致），以及互不相容的群众组织。在全社会革命委员会中建立的三结合领导班子与最高层的三位一体是相一致的。毛通过这三位一体的权力机构来操纵这场运动。同样，1967 年 1 月以后群众组织的分化也反映出在权力平衡中各主要派系之间方针的不同，尽管各自继续宣称他们忠于毛主席。

迫在眉睫的任务很让人为难，对每一个受打击的干部的案子要进行鉴定，要给他或她的错误定性，要用毛泽东思想对他们的立场做出判断。"好"的干部可以复职，甚至可以成为新的革命委员会的成员。很多权力落到群众组织手里，因为革命委员会是经过民主选举产生的。由于在各学校和工作单位中分成了许多派别，因此，难题是怎样在这些群众组织之间以及在群众组织内部取得一致意见。群众对近几个月的冲突仍然记忆犹新，有时很难容忍不同派系的人坐在一起，在谁当学校新领导的问题上也难取得一致。一个组织支持复职的干部自然会被其对手否决，其对手支持的干部也会遇到相同情况。随着不同意见的增多，个别成员可能会退出这一派而参加另一派。

根据 3 月 7 日毛的命令被派到各校的军代表成为决定性力量，如果不是特别指派，他们本来是不参加进来的。实际上，他们的任务是要把长期不和的各派重新组成一个统一的全校性的红卫兵组织，然后参加组建学校的革命委员会。当初的目的，是要重建红卫兵组织，以替代从前的共青团。

但是军代表肩负一项不令人羡慕的任务：筹组大联合、建立三结合的革命委员会，而所做的一切都要与中央的阶级路线保持一致。对于那些出身不好的坏分子本人（并不是他们的子女），如果他们在思想和行动上不肯悔改，就禁止其参加群众组织，甚至不能重返工作岗位当教师或干部，大家对这一规定没有矛盾。这些人被划归为以前所定的"牛鬼蛇神"之列。他们被遣送回乡，在群众监督下接受劳动改造。而那些出身好的则应作为学校中新的红卫兵组织的"骨干"。这一规定却引起了紧张局面。此外，"非劳动人民家庭出身的学生，对毛主席有深厚感情，有无产阶级革命精神，一贯在政治思想上表现比较好的，也可以参加"。①

军队本身就由阶级出身好的人所组成，在机灵的城市青年看来，它绝对是由"没有受过教育的农民"占支配地位的。他们被训练成服从命令听指挥，不会花点时间理智地对互不相让的中产阶级造反派的革命精神进行评估。因此，军队支持那些出身好的人，并不在乎他们属于哪一派，也不管在此之前他们曾做过些什么。当然，还是那些阶级出身好的人才能成为新的红卫兵组织的领袖，讨论干部及其复职问题时也只有他们的话更起作用。一般说来，出身好的人听中央的话，中央则要对干部宽大处理，故而他们成为学校中解放军的天然盟友。

中产阶级的学生对这种阶级路线的重新出现十分不满，因为这种路线当初曾使他们不能充分参加这场运动。现在要建立新的权力机构，他们又一次被降到次要地位。他们中有些人甚至被拒绝参加红卫兵组织。正因为如此，1967 年春天，保守派与激进派才又一次分裂。两派的分野和从前一样主要是在权力关系上，两边的参加者常常不总是站在原地不动。1966 年后半年，由于放宽了参加运动的条件，斗争对象也明确了，阶级界限的划分曾发生过变化。1967 年，对象被打倒后，在谁能参加新的权力机构问题上，群众组织又发生了分歧。

与激进派不同，保守派较愿意与前当权者妥协。阶级背景问题进

---

① "中共中央委员会关于当前正在大专院校进行的伟大的无产阶级'文化大革命'的管理规定（草案）"，1967 年 3 月 7 日；及"中共中央委员会关于中学进行无产阶级'文化大革命'的意见"，1967 年 2 月 19 日。二者均被译在《当代背景材料》第 852 期（1968 年 5 月 6 日），第 87、100 页。

一步加强了这种区别，尽管这种区别不总是绝对的。那些"红五类"分子，尤其是生于当权者家庭的，往往倾向于保守派。尽管任何一个学校都存在着不同的组织，但在保守派与激进派之间的分裂中，这些组织不是站在这边，就是站在另一边。在全市或全省的派系实行大联合后，这种分裂又进一步扩大。在北京，保守的组织把自己与"天派"联系在一起，之所以称"天派"，是因为北京航空学院的一个组织在其中占主导地位。与之对立的"地派"，是由北京地质学院的一个组织所领导的。在广东省，保守派团结在"东风派"周围，而激进派追随"红旗派"。

但是激进派在权力对比中无法夺回主动权，除非官方政策再回到1966年后期那样使他们处于有利地位，而这没有发生，显然是因为毛是不会批准的。而且，中央的态度是妥协和模棱两可的，官方一面想要保持"一月风暴"的革命势头，一面要在革命中探索一种可行的力量平衡。这给各派领袖留有很大余地，使他们能从各方面操纵群众，直到他们之间发生武斗。对于产生的分歧，"文革"小组一般站在激进派一边，解放军站在保守派一边。周恩来表面上在双方之间斡旋，实际上则倾向于保守派。

在军队最初进入学校对全体人员进行军训时，其目的是要促进联合，加强纪律性。从某种意义上讲，实现了这一目的。天津的延安中学被树为这方面的典型。① 军训可能还做了一件事，即为武斗增加了一个机会。因为正是在1967年春季到秋季，很多地区的派系斗争才升级为严重的武斗。现在，运动参加者把破坏性冲突的矛头直接指向对方。

1967年7月发生了武汉事件，地方上的保守派居然绑架了中央"文革"小组派去的调查员，江青用其著名的口号"文攻武卫"把激进派推上了舞台。此后，他们盗用部队的武器，不久，两派都有了武

---

① "中发85号（1967年）文件"，1967年3月8日，译文在《当代背景材料》第852期（1968年5月6日），第96—98页；反映这一时期中学情况的两个论文集，参见《当代背景材料》第846期（1968年2月8日）和第854期（1968年5月24日）。

装小分队。这一时期激进派情绪再次高涨，有些组织开始攻击整个权力结构和所有的干部，不管他们是不是"好"的毛主义者。有些人甚至要求继续彻底重新分配社会和政治权力。同时，他们还攻击政府领导人、保守派群众组织和解放军。

此刻，毛又出面干预，支持温和派。8月初，激进的"五·一六"兵团被曝光，该组织是受中央"文革"小组某些成员领导的，矛头指向周恩来。早已策划好的反军队当权者的运动被取消。9月初，江青撤回她武斗的号召。宣布的新措施清楚地表明运动的巩固阶段开始了。秋天，又宣布了重建党和清理阶级队伍的任务。工人，而不是学生，被正式称为"文化大革命"的主力，学生因犯错误受到批判。像春天那次一样，他们又接到回学校复课的通知。1967年底，毛以同一种调子发出了一系列指示，目的是缩小斗争目标，重申对干部采取宽大政策，维护解放军的统一，使不和的各派群众组织联合起来。

在此基础上各省的革命委员会才最后形成。省里争权的领袖们，包括解放军、干部和保守派与激进派的群众组织代表，都被召到北京。在"文革"小组、周恩来及军队的积极监督下，他们自己商讨解决他们之间争端的办法。但保守派与激进派的分歧并没有因大联合而消失，分歧被带进新的执政的革命委员会。

当时，激进派对由解放军支持的日渐强大的干部—保守派联盟来说，明显处于守势。中央在1968年春天发动了最后一场反右倾运动。双方利用从解放军那里夺来的武器进行武斗，甚至把当地驻军也牵扯了进去。激进的争论者当时宣称，"争夺政治权力的斗争的焦点始终是关于干部问题的两条路线斗争"。同时，"资产阶级的"干部被复职，而革命干部却靠边站。而且激进派群众组织的代表正在被挤出中学的革命委员会。在这些问题的斗争还在进行时，有些激进分子就退出了斗争，他们预料他们这一派会成为"为革命付出的代价"。①

---

① "对广州有些学校作出纠正右倾翻案的决定的调查报告"和"踏遍青山人未老"，均载于《红色造反者》新第2期（1968年6月），译文在《当代背景材料》第861期（1968年9月30日），第1—2、20—21页。

1968 年 7 月中央发出严禁武斗的命令，毛召集北京的红卫兵领袖开会，会上他严厉批评他们参加内战。[①] 学生拒绝停止内战，毛遂亲自命令工人进入学校去阻止战斗。他送给驻清华大学"工人毛泽东思想宣传队"的巴基斯坦芒果被作为是毛支持工人进入学校的标志而传遍全国。在学校，他们与解放军一起制止武斗，并领导清理阶级队伍运动，还组织大家进行了大量的政治学习，做了许多毛泽东思想宣传工作。清理阶级队伍的目的是要对这次群众运动作最后的永久性的结论。

官方指明要正式撤职的对象，是死不改悔的走资本主义道路的当权派和"黑五类"，如果必要，他们会受到惩罚。可是，每人都要受审查。所有的老师都要进行最后一轮的批评与自我批评，以评价他们在运动期间和以前是否符合现在已拔高了的毛主义的标准。尽管中央的指示精神是公平的，但到 1968 年后半年，由于新的革命委员会强调阶级出身，工人和解放军也进驻了大中学校，因此新出现的权力均势不可逆转地倒向保守派—干部一边。[②]

巩固阶段

1969 年 4 月的第九次党代表大会肯定了这些发展。大会宣称，作为政权机构的各省革命委员会已胜利建立。但革命还没有结束，因为反对资产阶级的斗争不会因夺取政权而消亡，还要继续进入斗批改

[①] 《毛泽东思想杂录》（1949—1968 年），第 469—497 页。

[②] "文化大革命"巩固阶段的最后历史尚未写出；本文的论述是根据现在香港的参加过这场运动的学生和教师的描述，及以下论述，安炳炯：《中国的政治与"文化大革命"》；李：《中国"文化大革命"的政治》；斯坦利·罗森：《红卫兵的派性与广州的"文化大革命"》第二部分；戴维·密尔顿、南希·达尔·密尔顿：《风不会减弱：在革命的中国的岁月（1964—1969）》；欣顿：《百日战争》；戈登·A. 贝纳特、罗纳德·N. 蒙塔珀图：《红卫兵：戴小艾政治传记》；尼尔·亨特：《上海日记："文化大革命"目击记》；珍妮·多比尔：《中国"文化大革命"史》；肯林：《上天的报应：一个中国青年的日记》；鲁思·厄恩肖·洛·凯瑟琳·S. 金德曼：《在外国人眼里："文化大革命"期间一位美国妇女在中国》；安妮塔·詹："中国社会结构的反映"，载于《世界政治》（1982 年 4 月），第 295—323 页。

阶段，还要"把上层建筑领域里的社会主义革命进行到底"。会议报告强调全国各单位的斗批改应分以下几个阶段进行：建立三结合的革命委员会，开展群众大批判，清理阶级队伍，巩固党组织，精简行政机构，让知识分子下去参加劳动。为把革命进行到底，当前必须贯彻执行毛1966年"文化大革命"开始时发布的"五·一六通知"和"十六条决定"中规定的无产阶级政策。[①]

因此，"文化大革命"或多或少按毛最初制定的路线发展着：先夺取政权，然后利用它来改变上层建筑以适应他的路线。斗批改的主题是重申群众运动的必然性，它贯穿于从"十六条"（第一条）到毛1967年3月关于派军队进驻学校以及从九大直到1970年初的整个过程。教育革命的政策路线作为整个运动的一部分，也同样一开始就包括在1966年6月招生制度改革的决定及8月的"十六条决定"（第十条）中。

根据这两项政策声明，教育制度应该彻底改革。应设计一种大学和高中招收新生的新办法，因为现有的办法不能从资产阶级考试制度的固有模式中解放出来。新的挑选方法应以推荐和无产阶级政治为基础，以使工人阶级出身的青年有更多的机会升学。另外，教学、考试及升学等一切安排都要与教育内容的改革同时进行。学习的时间要缩短，课程要少而精。虽然学生的主要任务是学习，但是他们也要兼学别样，如工业、农业知识及进行军事训练。至于如何才能最好地把教育与生产劳动相结合，还要进行研究。

教材要简化，新教材要在毛泽东思想指导下进行编写。所有学生，从小学开始直到大学，都要学习毛的著作。这场更大的阶级斗争范围内的彻底革命，要消灭资产阶级权威在思想领域的一个重要力量基础，要把精神贵族滋生地与他们的堂皇气势和世袭宠物一起摧毁。[②]

---

① 第九次党代表大会文件，见《当代背景材料》第880期（1969年5月9日），参见第904期（1970年4月20日）。
② 《人民日报》1966年6月18日及8月9日。

无产阶级"文化大革命"中的教育

毛主义者——红卫兵对教育的批判

当教育改革在学校里展开时，就以这些原则作为这场运动三个阶段（斗争、批判及改革）的基础。如前面所指出的，党组织当初是想把运动集中在知识分子问题和教育改革上。[①] 由于运动逐步升级，脱离了党的控制，毛的教育原则于是就为批判教师及斗争对象提供了基础。在批判斗争对象时言辞变成严厉的指责，仿照官方媒介的争论路线，要"揪出"学术界的当权派和资产阶级学术权威，因为滋长精神贵族的温床，就掌握在他们手中。

实际上，当时教育制度的改革问题已退居幕后，因为红卫兵转向社会，到处打击当权派。教育改革本身是属于运动巩固阶段的事。因此，不得不等派系冲突降温。第一次"复课闹革命"的号召是在1967年发出的。小学在2月春节后开始复课。中学教师和学生3月1日也接到通知，停止外出交流经验，大学生被命令在3月20日前返校。[②] 此后碰到的困难前面已有阐述。

然而，1967年秋季那个学期，在中央再次号召全国所有学校应立即复课时，一些派性冲突不严重的中学确实恢复了学校生活的原状。[③] 在军训和学习毛泽东思想之间，组织学生批判他们的教材和学校体制其他方面的特征。1967年底，第一批高中学生毕业了，要第一次分配工作。1968年春那个学期，许多学校开始招收"文化大革

[①] 这一时期对周扬1961年后暗中破坏1958年教育革命的批判及对中共北京市委教育部前部长张文松的批判，见《解放日报》1966年8月11日及《北京日报》1966年6月21日，译文在《中国大陆报刊概览》（增刊）第155期（1966年9月28日），第1—21页。

[②] 根据1967年2月和3月以中共中央名义发布的对三种学校的指示，均译在《当代背景材料》第852期（1968年5月6日），第62、87、99页。

[③] 《教育革命》1967年11月17日，北京，译文在《中国大陆报刊概览》（增刊）第218期（1968年2月20日），第1页。

命"开始以来的第一批新生。老生先做新生的班长，然后逐渐被分配出去，大部分在农村或国营农场工作。对大学生的遣散工作到 1968年才开始。1965 年和 1966 年的毕业生在 1968 年得以分配工作。让他们去的地方是"山区、农村和边疆地区"。1967 年和 1968 年的毕业班，根据国家政策，统一去军队农场劳动一年或更长时间之后才分配工作。从此结束了学生时代动荡的红卫兵生涯。

但他们对 1966 年以前的教育制度留下了详细的带有一定偏见的批评意见。由于这些批评意见基本上是 1967—1968 年遣散阶段的产物，在红卫兵组织重新统一以前，这些意见反映了他们所处的不同组织之间的利益冲突。在清华大学，斗士们仍沉浸在争斗中，改革教育的号召遭到两派领袖的抵制。他们争辩说，权力是关键问题，在哪方控制学校的问题解决之前，讨论具体改革是无任何意义的。

在广东，保守派很快响应中央号召集中精力进行教育改革。激进派起初抵制这一号召，说这是保守派要阻止深入进行大革命的花招。他们继续专注于其正在丧失的权力争斗。一旦教育改革真正成为下一件要干的事，双方便想从不同角度来解释它。例如，由出身好的人领导的保守派，强调教师和资产阶级知识分子应对 1966 年前的修正主义路线负责，他们歧视工人和农民。由中产阶级家庭出身的学生领导的激进派则谴责当权者而不是教师，并把焦点放在他们主要的竞争对象——干部子女所享受的特权上。但是，不管看法如何，这些批判基本上是在中央指导下进行的。因此，从整体上看，它不仅提供了毛主义者对 1966 年前教育制度的详细看法，而且指明了未来的新方向。

延安经验与国民党遗留的制度　延安抗日军政大学（抗大）被捧为培养大批革命干部的无产阶级教育典范。1949 年以后，教育战线面临着一种选择，是沿用延安的经验来改造国民党的教育体制，还是相反。据说毛赞成前者而刘少奇支持后者。刘与修正主义分子诽谤抗大式教育是"不正规"和"过时"的，是干部的品德教育班，是不适合全国采用的。

苏联的经验　于是走资本主义道路的人求助于苏联。教育制度、课程设置、教育内容、教学方法、考试方法，一切都照搬苏联的。有些走抗大路线的学校被重新组成"正规"大学。1949 年以前老解放区发展起来的教育风格和形式也因此而消失了。

"大跃进" 1958 年，毛发动了一场教育大革命。资产阶级知识分子对教育的垄断局面被打破了，他们所领导的教育制度被当成封资修的混合体而受到批判。但毛的反对派攻击教育革命中提出的具体政策和措施，称之为"偏向"，并在 60 年代初开始把教育制度恢复到 1958 年前的样式。实际上，1960 年以来凡未经毛亲自批准的教育上的每一步发展，都被重新解释为偏离了毛的正确教育路线，而刘少奇被认为是反对毛路线的领袖。

领导权 毛的反对派鼓吹取消学校中党支部的领导作用，把党降为监督者的角色。领导权应交回到资产阶级知识分子手中；解放那些戴帽右派；尊重为社会主义事业而工作的一切知识分子。

教育双轨制 自 60 年代初以来，"走资本主义道路"的党的领导人将注意力放在对资产阶级知识分子的培养上。因此，他们重视的是各级正规的全日制学校。"大跃进"时为发展教育而建立起来的半工半读学校大多数被关闭了，尤其是在农村。同时建立的校办工厂也被关闭了。但是，当刘在 1964 年明白他不能超越毛改革教育制度的指示时，开始提倡"两种教育制度"，把它作为战胜毛路线的一个方法。刘（原文为"林"，有误——译者）的策略是在不改变全日制学校的同时，把毛对劳动锻炼和实践锻炼的要求转到半工半读上来。其结果与资本主义国家的教育"双轨"制相同，一种是天才和富人的教育，一种是劳动阶级的教育。

重点学校 这些学校被说成是宝塔形，有级别，有层次。据说刘拥护具有旧时塔式形态的教育制度，在塔的顶端是重点学校，每上升一层所容纳的进行研究和思考的学问人就越少。只有具有最高学历的人才能占据最高位置。与此相类似，只有相当少的"最好的"学生才能在宝塔式重点学校学习，这些学校的环境是新建的且耗资不小。同时，普通学生要在普通学校学习，工人和农民有时无学可上。

社会成分 重点学校的红卫兵组织公开了学生的阶级出身。不同的组织根据自己的家庭出身将其批判放在不同的方面。但最后结果是相同的：重点学校中出身于干部和中产阶级知识分子家庭的学生最多；出身于工人阶级家庭的青年占少数；出身于农民家庭的几乎没有。这种阶级构成是优秀学业成绩和好的阶级出身双重标准结合的结果。这个双重标准在 1966 年以前不同程度上适用于这些学校的招生工作。在大学这一级，1958 年和 1959 年根据推荐制度招收的工农学生被开除或退回，最终被清理。这是因为根据 60 年代初实施的更为严格的标准，他们跟不上功课。

教学方法和内容 毛以其多次引用的 1964 年春节讲话为开头的评论，亲自为这个领域内的批评定了调子。后来，他也批评了学究式和不切实际的大学教育。他建议包括学校行政人员、教职员工和学生在内的每个人应当到农村去看看土地和人民。红卫兵批评家详细阐述了这些主题。教学方法以填鸭式和死记硬背课文为基础，学生们从小学开始起就被锁入考试的生活中。在此教育制度下，他们必须"关起门来"学习，脱离生产和实践。

学习的目的 在政治和实践受忽视的学校，主要目的是学书本知识，学生们肯定要死抱住分数、升级率和升学不放。这种教育制度以这种方式控制着学生，并将他们纳入这种制度中。学生们最终被自私的目标所驱动，而不顾政治或社会目标。学校自身也会是这样。采取一切策略提高及格率，而牺牲差分学生利益，目的是为学校赢得荣誉。学校里成立了特殊重点班；学生们按成绩好坏分了开来；劝说分数低的学生在毕业之前退学，以便不影响学校的升学率。正规全日制学校的情况当时就是这样。因此，学校的入学、考试和升学制度时刻受到万一失败就升不了学的威胁，这是"资产阶级对教育实行专政的工具"，还把工农子弟排除在学校之外。这种学校是具有很高学术水平的最优秀的和最有经验的教师的天堂。这些教师把他们的资产阶级价值观传给了以后的各代学生。

知识青年上山下乡 理想的情况是，这一措施是有助于实现缩小城乡差别的社会主义目的之途径。现实中，这是对正规学校制度的补充。"最优秀"的城市青年上山下乡了；品行、学习和阶级出身不好的青年则在上完初中之后被送往农村，结果，甚至连农民都看不起他们。

毛的反应　在中国社会主义经济改造完成之后，中央委员会内部出现了资本主义复辟的倾向，修正主义教育路线就是其中的一个部分。这恰好与国际共产主义运动中日益发展的修正主义倾向相吻合，为防止中国改变颜色，毛发展了其社会主义社会的阶级和阶级矛盾的理论及继续革命的政策方针。毛把争夺青年一代的斗争视为"最重要的问题"，并断言中国的年轻一代必须在阶级斗争风浪里经受革命锻炼。在毛1964年春节讲话发表的评论以后，他还亲自发出许多关于教育工作的指示。其目的是要建立一种制度，能消灭三大差别，即体力劳动与脑力劳动之间的差别，工人和农民之间的差别，城市和乡村之间的差别。但仅仅改革课本和教学方法是不够的。相反，必须"彻底批判和消灭修正主义教育路线，确立毛主席的教育路线，培养革命事业的接班人"。"文化大革命"及作为其一部分的教育革命是毛最终选择为实现其目标的工具。①

毛的改造：使全国采用延安经验

1967—1968年间，官方报刊上搞教育革命的建议如潮水般涌来。大学、中学和行政区均被要求提出各自的建议。在这等毛泽东主义教育原则鼓舞下，在新汇编出版的毛关于教育的语录（同样体现了毛主义教育原则）的鼓舞下，②它们很快把先前对1966年以前教育制度的批评来了个180度大转弯，变成为改革开出良方。这些良方是试探

---

① 此评论是由许多来源的资料拼凑而成。独一无二的内容最为丰富的官方文本是1967年5月6日北京出版的《教育革命》所载的"十七年来教育战线两条路线斗争大事记"，该篇译文载于彼得·J. 西博尔特编《中国的革命教育：文献和注解》，第5—60页。亦见于1967年7月18日、10月28日、11月21和22日的《人民日报》以及欣顿《百日战争》，第20—40、139、171—178页。红卫兵的变化及地方上的详细情况见罗森：《红卫兵的派性》第一部分；斯坦利·罗森：《下乡青年在中国"文化大革命"中的作用：广州实例》；李：《中国"文化大革命"的政治》，第78—84、306—308页。

② 例如，《毛主席教育语录》（东方红公社，1967年7月）；以及"毛主席论教育革命"，译文在《当代背景材料》第888期（1969年8月22日）。

性的和实验性的，要在"革命实践中进行试验"。有几个建议被选作典型和样板，这暗示着它们特别为官方所称道。

这个试验的显著特点是地方分权和弹性很大，尽管它总是在毛的教育原则的范围之内。因此，如同对"文化大革命"的政治目的一样，不能确定毛打算把最初提出的最激进的建议保留下来的程度，也不能肯定这些建议因 70 年代初遭到非常明显的抵制而逐渐受到破坏的程度。似乎最可能的结论是，毛的用意仅仅是指引大的方向，开始时把它引向极端是为了保证发生他所期望发生的变革，让运动发展来解决问题，他认为不时通过他必要的干涉，就能使发展中的教育制度按他所制定的路线发展。

应当注意的是，在此过程中，相互对立的红卫兵被称为"保守派—激进派"，但这称呼意思与这些红卫兵使用它们时的意思几乎完全相反。因此，干部、军队及工人组成的"保守派"领导联盟却负责在学校中实行"激进"的教育革命。与此同时，前造反派和激进派又保守起来，对改革进行抵制。新激进派在中央的核心中央"文革"小组经 1968 年"左"派被清洗后，剩下的人由江青借用毛的名义领导，后来成了激进的"四人帮"及其追随者。一致起来反对他们的是前知识分子造反派如周培源等人。他们受到周恩来支持最终与"文化大革命"主要靶子的当权派和资产阶级学术权威结成同盟。

1968 年以后出现的新教育制度从来没有全国范围的官方统一标准。在许多方面，其"试验的"性质一直持续到 1976 年秋。结果该制度只是临时性的，几乎年年变化，细节上各地也不同。这也使观察家们很难区分哪些变化是在中央方针精神允许范围之内的，哪些变化是超出中央允许之外的。然而，中央方针规定了新的教育制度的基本参数。

领导权和管理权　公开宣布的目标是要打倒旧的当权派和资产阶级学术权威的统治。1966 年，教育部和高教部在全国范围内停止工作。如果回顾一下 1944 年的延安整风，以前教育官僚部门的权力也曾受到类似的限制。制定教育方针的职责被中央"文革"小组及其专门的教育委员会所接任。1972 年，国务院下设科学和教育组。教育部直至 1975 年方恢复工作,当时其全部工作人员加起来仅有大约 300 人。

教育的行政管理被分散下放到省和省以下教育局。例如,大学里由国家教育部规定的统一课程、课本和教材都被废弃了,各校设计自己的课程并准备自己的教材。中小学里,全国统一的课程和课本也被废弃了,准备这些材料的责任被下放到省和省以下教育局。省市甚至公社决定学制长短、课程和学习计划,而以前这是由中央决定的。高等院校入学统考也被废除。大学的招生权转移到了投考人的工作单位。中学毕业生不能直接上大学,而需要先工作一段时间,这样,上大学的权力就给予其工作单位了。

在县一级,国家教育部门赋予县教育局的权力也被下放了。乡村小学由公社生产大队管理;现存的乡村国办小学亦要移交生产大队管理。中学也由公社和生产大队管理。

在实践中,这意味着管理责任双轨制。根据该制度,教育领导权由县教育局和所在地联合行使。例如,国家资金以不同方式在县里各学校之间分配,然后由地方集体财政补充。地方投入资金,地方上的人就有权力或权利来聘用、解雇和调换教职员工。但该权力也是以不同方式由各方分享,因为典型的乡村小学一些教师是通过教育局由国家委派和发给工资的,一些则是当地雇来的,并从生产大队收入中以工分形式付给报酬。这实际是原"民办公助"模式的或民办学校模式的改头换面——现在,其性质是集体的,国家给予帮助。

正规教育部门在各个学校的作用由革命委员会替代了。如人们所注意到的,最先的革命委员会是在干部、群众组织和军队或民兵代表结合的基础上组成的。红卫兵这一代被挤退后,军队一般就从学校领导层至少是较低一级的领导层中退出。其在中学革命委员会中的地位及其作为纪律和秩序维护者的作用由工宣队继承下来。城市学校里的工宣队直到毛去世后才正式撤离。农村学校中农宣队更是个形式,往往只是临时的。地方领导权在任何时候均由生产大队党支书和公社党组织直接行使。

的确,在 70 年代初共产党组织生活恢复后,学校党支部及其革命委员会是紧密地结合在一起的。它们构成一种统一领导的形式，整个教育系统从上到下都是这样重复的。正是为了加强教育工作，70年代初，各级党的第一书记均要负责教育工作。根据一条材料，毛亲自"建议"，省、地、县级党的书记要主管教育。[①]

在各校，领导权的统一是通过在两种机构中同时任职这一常见做法而取得的。学校党支部的领导成员通常是校革命委员会成员。工宣队队长肯定是党员，并同时在党支部和革命委员会任职，作为该两个机构的工人代表。学生群众代表不久即被从革命委员会中赶出。红卫兵学生领袖在毕业离校后没有人接替他们，其群众代表的位置被运动中或以其他方式表现积极的青年教师所替代。但这些群众领袖很快就被吸收入党，因此，他们以非党员身份呆在革命委员会里的时间并不长。事实上，建立了许多不同形式的三结合，而革命委员会总是与党支部紧密结合在一起。

至于干部代表，他们经常是从同一城市或县里的其他学校调来的。这是为了避免某领导在回到其原来受到群众批判的学校时会发生的尴尬而这么做的。不过，干部生活及工作的等级秩序本身从未被打破过。在运动的高潮时期，当权者蒙受了巨大的人身侮辱，还必须从事卑下的体力劳动。而一旦作出恢复其职务的决定，大多数情况下，都会分配给与其原来职务相当的工作。整个教育系统都经历了这个过程，1973年邓小平复出时，国家教育部门也经历了这个过程，并被当做样板。

"资产阶级学术"权威在巩固时期受到了比前当权者更为有效的限制。旧知识分子中那些被视为死不改悔的黑五类的资产阶级学术权威被解职了。每个学校中这种人充其量不过是少数几个人，更多的是构成教师"骨干"的那些人，这在好的重点学校尤其如此。他们一般是有经验的老教师，自己不是地主或资本家，但往往有糟糕的阶级出身或者有某些给其政治履历蒙上阴影的问题。这些教师一般被委派至

---

① 教育部高教局代表张学新（音）1977年7月19日在北京和作者的会见；以及广东电台1972年8月21日的广播，见《联合出版物研究署》第69期，第5页。

新学校或被送到附近农村学校以加强其师资力量。他们把自己视为教育数量和质量并重这一新政策的"牺牲品"。[①]

在这些改革的影响之下，教育行政管理中至少因此同时发生了三种相关的变化。其一是教育部门的权力下放；其二是人员非专业化，这是由于知识分子权威被打倒，由于前当权者的权威现在一部分被来自教育界以外的领导（即工人）削弱，另一部分被运动中成长起来的年轻积极分子削弱。这个情况被概括为外行领导内行。第三个相关的变化是地方集团特别是当地党组织对教育的控制加强了。因此，非职业化情况出现时，首先是在当地党组织领导下采用的。具有讽刺意味的是，"文化大革命"最初看起来要旨在减少党的控制权范围、遵从群众的控制权，而1968年以后的变化实际上加强了地方党组织对教育的领导。

这些变化遵循了延安的改革精神，而其目的是促进适合于各地生活和工作的一种教育制度的发展，但未将不同类型的学生明确分成几个等级。灵活性是新制度的特点。在前几个阶段迅速发展和改革的时期里，在不断变化的同时，正规学制或多或少地还像以前一样在运转。而在"文化大革命"10年的改革时期，整个教育制度被卷入运动之中。

中小学这两级的数量和结构变化　　全日制与半工半读制学校之间的两种体制的差别被废除了，各种形式的特殊教育和尖子教育，包括重点学校、干部子弟学校、只招收女生或男生的学校、华侨学校及专为少数民族开办的学校也被统统取消，大多数变成了就近上学的普通学校。这促进了共同发展，即全国性的学校发展计划在这一时期得以持续下去。初中以上入学统考被取消了，学生就近入学。在小学尚未普及的地方要努力实现小学普及教育。上述地区主要是指农村。城乡中学教育都有了发展。

人们重温并经常引用毛1944年的一个讲话以促进农村地区教育

[①] 关于在面临强大的反面压力时教师的政治作用及其促进其团体利益时的坚韧精神，见戈登·怀特《党和专业人员：当代中国教师的政治作用》。

的发展："在教育工作方面，不但要有集中的正规的小学、中学，而且要有分散的不正规的村学、读报组和识字组。"[①] 因此，人们不曾努力去完全消除正规和非正规的区别。现在对"双轨制"的批评不应太从字面上加以解释。受到摧残的是国家教育制度将学习分成固定的等级，而不是不平等，或学制不正规。

如同所指出的，70 年代初普及农村教育的主要方法是采取民办公助方式。发展教育的压力来自上面并经党的领导。但生产大队和公社兴办学校，雇用足够的当地老师，经常依靠下乡的城市青年补充师资队伍，并提供管理机构以维持农村学校网。而且，民办公助方式依地区的财力不同及国家教育预算的大小而差异很大。该方式的变化和差异性质本身就是发展程度的标志。

因而，对"非正规学校"的偏见，例如 60 年代初地方反对办农中，实际上一直存在，并在某种程度上对民办小学也是如此。正如实际上 50 年代后期兴办的城市民办学校很快不是被关闭便是被并入发展中的国家教育制度一样，似乎有一个不可阻挡的趋势，即农村民办小学在可能的情况下，也要求得到国家日益增多的支持。根本没有学校时，问题也就不会产生。但当发展到学校不仅分布广而且人们普遍接受小学统一学制的程度时——这本身就是过去 30 年发生在中国农村的一个重要变化——那么，要求平等的呼声便出现了。人们的这一要求至少以下述方法表现出来：对明显不好的替代办法缺乏热情。家长对上中学的性价比计算起来，感到复杂时，他们宁愿没有学校也不要差的农中。在小学一级，农民愿意支持差的民办学校，但并非不要求增加国家支持的数额。

因此，在广东部分地区、在福建、在上海郊区，合适的方式可能是"国家兴办、集体支援"。据被采访者——主要是这些地区以前的教师——告，许多农村小学到 70 年代中期已经主要由国家出资。不过，

---

① 原文出自 1944 年 10 月 20 日（此日期有误，应为 30 日——译者）"文化工作中的统一战线"，引自《毛主席论教育革命》及《红旗》1971 年第 6 期第 38 页，《红旗》1973 年第 6 期第 75 页。

即使在这种学校，也总是要收学费，这多少会对教育预算起点儿作用。生产大队主要是负责大队雇用的教师的薪金，补充不足的房屋和设施保养费用。

在北京郊区某公社，据某前任教师说，甚至当地雇用的教师的薪金都是从国家下拨的教育预算中支付的，大家认为小学是"国办"的。这个提供消息的人说，他一直认为民办学校不过"只是用来为报纸作某些宣传用的"。他和他的妻子两人都在离北京或远或近的几个郊区公社工作了近20年，从未碰到一个民办学校。按照更为"经典"的说法，人们的眼光应该放到教育更不发达的省，如云南和新疆。在那里，人们较容易见到公社和生产大队自己兴办学校，并完全用集体收入办学。不过，乡村小学最普遍的方式是在国家资助的大范围内，地方集体筹资和管理。正是这一方式和其他旨在提高入学率的措施一起，使得官方声称到"文化大革命"10年结束时小学教育"几乎普及"，使95％的学龄儿童（或1.5亿学龄儿童）入学。[①]

被采访人说，初等教育唯一没有得到发展的地区是福建南部的华侨区。"文化大革命"10年间，华侨的资助大部分停止，招生人数不一定下降，但学校数目却下降了。泉州地区的某些公社，实际上每村都有学校，近一半学校由东南亚华侨资助兴办和维持。由于来自个人和家族组织的慷慨捐助，这些学校经常提供免费上学。华侨资助方式持续到1966年，并在70年代后期又恢复了。

这些学校被认为是旧私立学校和家族学校的现代翻版，并不被视为民办或集体筹资的学校。这些有外来资助的学校是一般规律中的例外。如果有选择的话，地方社区宁愿完全由国家兴办学校，而不是当地资助的学校。海外爱国侨胞的资助非常慷慨，据说，他们资助的学校，特别是在1976年以后的恢复阶段，有时比地方重点学校的设备还好。

"文化大革命"10年期间，农村中学招生人数的主要增长部分也归功于民办公助方式。一般做法是，根据官方的指导方针，将初等教

---

① 采访教育部，1977年7月19日，也见表29。

育从六年减为五年，然后把为期一两年的初中班转到现有小学去作为它们的毕业班。不过，在公社中心区建立的正规中学通常主要是国家出资办的。官方声称的招生人数的迅速增长（见表 29），已被所有被

表 29 小学和招生人数

年 份	学校数	学生人数	年龄组百分比
1949	346800	24000000	25
1965	1681900	116000000	84.7[a]
1966		103417000	
1971		112112000	
1972		125492000	
1973		135704000	
1974		144814000	
1975		150941000	
1976	1044300	150055000	95
1977		146176000	
1978		146240000	
1979	923500	146629000	93
1980		146270000	
1981	894074	143328000	
1982		139720000	

a：官方在 80 年代初发表的"文化大革命"10 年统计数字与在其他资料来源中较早提供的统计数字大抵相同。后来官方编纂中一个混乱的来源是未分清学年和日历年的区别。表中所见的后来的统计数字和较早发表的统计数字之间的比较，见苏珊娜·佩珀："毛以后的中国教育"，《中国季刊》1980 年 3 月，表 6。一个主要的未解释的差异出现在 1965 年的数字中。世界银行的数字（《中国：社会主义经济发展》第 3 卷第 134 页）表明，是 682000 个小学而不是所引资料来源给的数字 1681900 个小学，是所招收年龄组的 70%，而不是 84.7%。但在校学生人数和引用该数字的所有资料来源中的人数相同。

资料来源：1949—1979 年学校数字来源于《中国百科年鉴（1980）》，第 535 页。1981 年学校数字来源于 1982 年同一出版物，第 568 页。1949—1965 年的学生人数和年龄组来源于《北京周报》第 5 期（1978 年 2 月 3 日）；1966—1981 年的学生人数和年龄组百分比来源于《中国统计年鉴（1981）》，第 441 页。1982 年的学生人数来源于 1983 年的同一出版物，第 511 页。1976—1977 年底的数字"95%"以上是 1977 年 7 月 19 日教育部的一个代表与作者会见时与 1.5 亿小学招生数字一起给的；又见《中国季刊》1977 年 12 月第 72 期，第 815—816 页。年龄组"93%"的数字来源于《中国社会广义经济的发展》第 3 卷，第 134 页。

采访者所确认。据广东、福建、浙江和山东的老师说，各公社正规中学至少必须达到所规定的四或五年制标准。云南远远落后于这个标准。上海和北京郊区1966年以前已大大超过该标准，并在现有基础上得到了发展，修建了足够的新学校以达到普及初中教育。到"文化大革命"10年结束时，主要城市（包括北京、上海、杭州和广州）已经达到普及十年中小学教育。

中小学的内容和质量　随着群众教育的发展，教育质量下降是不言自明的，中国的情况也不例外。事实上，当地雇用教师、缩短学制（依地方决定，中小学从12年减为9年或10年）、减少课程这几项因素合起来使教育的迅速发展成为可能，这自然对教育质量有不利影响。这一时期的格言可能也出自于延安时代："反对千篇一律"，不必担心"标准不一致"。既然如此，有的学校当然办得比其他学校要好。影响教育内容和质量的主要变化情况如下：

主要用来决定入重点学校的小学入学考试被取消了。城乡中学入学统考也被取消了；学生就近入学。但凡是在这种学校制度尚未普遍实行的地方，各学校通常实行入学考试，并将其作为招生的标准。

不仅重点学校制度遭到取消，而且各种形式的所谓"尖子"教育，诸如把学校的学生按成绩分班的做法也受到禁止。同样，也禁止让学生留级的做法，但过去的教师指出，学生留级的情况仍然普遍存在，尽管这种做法仅仅是个例，而不是有明文规定的做法。

为适应缩短了的学制，课程与教材被压缩、简化和修改了。在此过程中，越来越多地强调实践知识、政治和劳动课。物理、化学和生物这种课被全部修改以强调其在工农业中的应用。地理和外语常常是迅速发展的教育的受害者：教师缺乏，往往不可能开设这些课程。政治课有时和语文合并在一起上，因为它们通常使用同样的教材（毛的著作）。到70年代中期，中学生每学年要参加约两个月的体力劳动。因而，每个人实际上都在接受某种形式的半工半读教育。更早的几年里，学生们更多的时间花在了劳动上，因为要经常为兴建新学校和其他地方项目而贡献劳力。

为消灭20世纪50年代以来继承下来的"分数挂帅"的方法，改革了教学和考试方式。教师们要设计更为灵活、非正式的教学和考试方式。所有被采访的人都说，整个时期，期中和期末考试继续进行，但严格的考试生活被有效地打破了，学生们往往都能通过考试关，一年一年地升级而不论其成绩如何。但是，如个别学生需要留级，只有学生和学生家长同意这样做才行。[①]

第三级　（似指高等院校、科研机构所属或与它们有关联的学校，招收高中毕业学生入学——译者）在第三级应用延安精神有更为严重的后果。1976 年以后就"文化大革命"对教育的影响作的最有力批判也在这一级。多数第三级学校至少 4 年不招收新生。教师们被送到农村劳动，接受再教育。这些学校自 1970 年恢复后，他们才逐渐返回。当然，他们就像教育系统里的其他单位一样，同样的原则对他们也适用。

大学生的课程量从 4 或 5 年减到 3 年左右。课程内容被缩减和简化了，重点强调实际应用。[②] 甚至那些没有参加"文化大革命"后期（1974—1976 年）雄心勃勃的开门办学教育实验的学校，在校生的课程也表明被减少了近一半。课程修改了，所谓"适当的技术"也变了。原来的问题是一个不发达国家资源少得可怜，有能力用最先进手段对精英进行培训否；如今在中国，这个问题就变成：不发达国家完全没有这种培训也行。

就教育革命的目的而言，为完成整个教育制度的改造，同样重要的是要有相应的社会变革。所有的年轻人在离开中学以后，特别在上大学之前都必须参加体力劳动。这意味着，由于缺乏足够的城市工作岗位，多数城市青年不得不接受在农村的工作分配。全国入学统考被取消了，正如已提到的，报考人是根据其工作所在地的推荐而遴

---

① 　也见乔纳森·昂格尔《毛统治下的教育：广州学校中的阶级与竞争（1960—1980）》，第二部分。

② 　如同其他两级一样，关于高等教育一级的教育革命的建议和文章在 60 年代末和 70 年代初的中国报刊上有很多。美国驻香港的总领事馆收集了许多这样的材料并把它们译成了篇幅很长的名为"社会主义大学"的《当代背景材料》丛书，见《当代背景材料》第 881、890、916、923、945、955、975、996、1007 期。

选的。

这些变化对中国知识精英的传统是明显的打击。其目的是建立结构和内容上更为平等的高等教育，不仅为工人和农民创造更大的受教育机会，而且产生出新型工农知识分子。这个目标明显地超出了"文化大革命"前大学扩大招收工农的目的。强调教育制度性质本身必需改变，是基于这样的假想：受过常规教育的工人、农民甚至革命干部子弟，可与其他人一样容易进入知识精英之列。

此外，尽管招生方式改变了，以上这些类型的学生可能被大学录取这一早期的设想看来并不完全正确。[①] 这一结论基于下面的材料，即 70 年代初大学招收的新生集中在被送到农村的城市青年中。后来与前农村教师的交谈得知，这一招生模式并未统一遵循。此外，新的完全中学过多，这到 70 年代中期开始对农村学生进大学有利。这在恢复全国高等学校入学考试之后以及在开始关闭新的公社高中之前的 1977 年和 1978 年就看得很清楚了。来自这些新学校的农村学生的确上了大学，尽管一般是由不怎么有名的教师培养出来的，又上了一些农业课。公社和生产大队干部的子弟似乎在这些农村大学生中占了不适当的比例。

在精英层，高干——一旦他们自己的政治问题得到解决——的典型做法是设法操纵有利于其子弟的入学方式。但白领中间阶级（包括知识分子在内），其子弟在 1966 年以前与干部子弟在大学后备军里平分秋色，这时则缺乏必要的地位优势和好的阶级出身优势。他们的子弟在大学招生推荐制度下似乎是败方。[②]

逆流　毛在"文化大革命"开始时发动红卫兵，以使其反对派名誉扫地。人们注意到这与以前的群众运动有类似之处。"文化大革命"的不同之处在于靶子是执政党自身。对毛而言，过去可以同声名狼藉

[①] 苏珊娜·佩珀："教育和革命：修正过的'中国模式'"，《亚洲概览》1978 年 9 月，第 871 页。

[②] 关于大学招生更进一步的结论来自于香港的采访资料；又见于苏珊娜·佩珀《中国的大学：毛以后的招生政策及其对中等教育结构的影响》表 13；又见于罗伯特·泰勒《中国知识分子的困境：政治与大学招生（1949—1978）》。

的地主阶级进行妥协。如今再不需要。如果必要的话，他可使资本家甚至知识分子循规蹈矩。但党的最高领导不能完全抹掉，可以推测，毛从未想过这么做。因此，在"文化大革命"开始时受到批判的各级各部门的干部1970年后就被"解放"了。很明显，其设想是，这些人（其中以邓小平为最突出）已经经历了再教育和被改造过。

在教育界，情况不是如此。这到1973年已显而易见。1972年，周恩来凭其威信要求提高高等教育的标准。周培源教授1972年10月6日发表在《光明日报》的文章把这个要求公之于世，表明他有上层的支持。既然如此，它不会是无根据的要求。正是在1973年，提高教育标准的运动加快了步伐。那年夏天，各省实行了大学入学统考。这一新动向被激进分子视为企图复辟资本主义，是由学术界及其政治靠山推动的复辟旧的教育秩序的"逆流"。

这引发了反潮流运动。此次运动是由辽宁省一名叫张铁生的知青考生写的一封抱怨1973年考试不公平的公开信而发动的。斗争后来和批林批孔运动结合在一起。以后两年，当学生们被再次动员起来在两条教育路线斗争中进行战斗时，行动主义复活了。宣传媒介在全国突出介绍以张铁生的方式反抗其教师的学生。

在中学一级，行动主义往往变得具有破坏性。砸学校玻璃是一项广为报道的消遣。来自一些而不是所有地区的当过教师的人回忆，正规的课堂活动再次被彻底破坏，随便不上课，以示造反。与此同时，在北京大学和清华大学，开展了雄心勃勃的开门办学和半工半读教育实验，使大部分学生在1974—1976年期间的一段时间内有几个月离开校园。其他大学也如此。

不过，1975年初，周荣鑫被任命为1966年以来的第一个教育部长。从北大年底关于他的大字报上看，他任期的大部分时间花在了批判教育革命所推行的极端性上，特别是针对上层。他的观点和邓小平的观点一致，邓的观点这时也广为传播并被激进分子贴上"毒草"的标签。然而邓和周的观点本身并不极端。它们与过去几个发展阶段遵循的关于发展的观点相类似。他们关心的是标准太低；教育仅仅与现在而不是将来的需要相联系；大学不参与理论和科学研究；以及只要知识分子还被嘲笑为"臭老九"，就不能好好地工作。[①]

否定教育革命

1977 年 8 月，就在毛去世一年以后，中共第十一次全国代表大会宣告"文化大革命"结束。两个月后（在 10 月 21 日）宣布恢复全国高等院校入学考试。前 10 年产生的教育制度从而被摧毁。但这种全盘颠倒由于来得突然而让人多少有些惊讶，因为它和在此之前的批判没有直接关系。在 1976 年 10 月逮捕"四人帮"后的一年多的时间里，官方在批判时对他们有关教育战线的两项主要指控似乎遵循了 1975 年温和的批评路线。"四人帮"把党的政策推向极端，并要利用教育作为其夺权的工具。"四人帮"的对手似乎不愿承认他们可能实际上正以"四人帮"在垮台之前的论战中所使用的方式把两条路线斗争的现实继续到底。当然，在早期对"四人帮"的批判中，还没有追究"文化大革命"或伴随着它的教育上的变化的直接的责任。

但是，两年后，情况明朗了，用 1980 年中国某大学一位领导在采访时的话说，"文化大革命"被"完全否定了"。这时，整个十年的正式问题对研究中国教育问题的外国人还没有公开。两条路线斗争不再存在，只有一条路线。这条路线在 1966—1976 年"十年灾难"期间受到严重破坏，现在已恢复到其合法状态。毛由于起了促使灾难发生的作用而受到官方的批评。刘少奇和所有"文化大革命"的斗争对象一起被宣布无罪。至少就不直接与国家安全相关联的活动的各个方面而言，阶级路线的政策被放弃了，理由是阶级出身问题对 1949 年后生长的各代人不再适用了。敌人还存在，但他们是新的政治敌人，如死不悔改的激进分子，他们被嘲笑为来自"文化大革命"时代的

---

① 关于 70 年代中期的教育的论战，陈锡恩：《1949 年以来的中国教育：学术和革命模式》，第 121—152 页；昂格尔：《毛统治下的教育》，第 188—205 页。尽管周荣鑫患严重疾病，但还是被迫在 1976 年 1 月离开医院，反复受到审查。他于 1976 年 4 月 12 日一次审查会之后去世。

"保守的"毛主义的当权派（原文如此——译者）。

教育方面，权力又回到学术权威手中，并集中在教育部领导的国家教育官僚机构里。教育部的人员到 1980 年为止很快从约 300 人增至 500—600 人，接近 60 年代中期 700 人的数字。① 大中小学的课程、课本和教材在全国范围内重新统一了。在教育的重新集权化和把权力交给内行的同时，又宣布了把党的作用减小为监督者和保证者这一目标。然而学术自主的程度仍不清楚。因为这个新目标与吸收更多的知识分子入党的新要求联系在一起。

内行们权力恢复了，他们着手恢复"文化大革命"前的制度，并决心要对"群众运动规律"作出合乎逻辑的结论。对"文化大革命"前政策、结构、名称及象征——甚至在一些其教育价值被颠倒了的最有争议的问题上——的恢复是系统而全面的。看来，所发生的与其说是以务实精神寻找最合理的教育发展形势，不如说是为了在政治上否定"文化大革命"的实验。在那 10 年里受到批判的每件事情均被宣布无罪，那时提倡的任何东西后来均名誉扫地，而不考虑"客观"原因和社会原因。情况后来很明显，不论在批判时对细节多么夸大，的确存在与权力斗争相联结的政策分歧及代表两种不同发展战略的分歧。

在两者斗争的过程中，情况也变得很清楚：每种发展战略都以自己的方式发展，对教育发展的普遍问题作出反应，都有自己解决这些问题的方式。但每种战略都同样没有很好地解决每个问题。看来最好最合理的办法就是，明智地把它们掺和在一起，这样无疑会有最好的效果。可是，由于政治斗争如此剧烈，两种战略要取得任何实质性的统一，看来似乎不可能。因此，毛以后的教育部只愿在没有风险的领域和次要问题上作出妥协。

---

① 苏珊娜·佩珀："中国的大学：社会民主和行政改革的新试验"，《现代中国》1982 年 4 月，第 190 页。本篇论文及已被引用的关于大学招生政策的专题文章是以作者 1980 年在中国三个半月的研究旅行期间收集的数据为基础的。材料主要是通过 20 个大学和 8 个中学的会见而收集的。由于在教育部先前订有协议，问题被官方限制在 1976 年以后，因为对"文化大革命"的 10 年进行正式调查"还为时过早"。

小学教育

毛以后的政府公开批评其前任的平均主义思想。新领导人认为，唯物主义和发展过程的逻辑决定了为保证质量，在某种程度上必须牺牲数量，因为同时要达到两个目的的耗费太大，中国经济无法承受。

在小学一级，毛以后的领导尽管没有直接这样说，但却是在让农业部门承担损失。教育当局私下对外国人承认（虽然不能在国内公开），农民子弟需要了解的耕地知识，多数是从其父辈处学来的。因此，地方教育局不再推动不需要那么高的教育水平的农村地区去发展教育。这种"善意忽视"的态度替代了70年代初开始的对农村教育的积极推动。

这一新态度因许多有关的发展而加强了。其一是官方提出的想法，即国家应遵循全国教育正规化的发展趋势承担起所有农村小学的责任。再就是许多学校为了服从质量要求并适应劳动和实际知识突然遭到冷遇的状况，停办了各种农场、车间以及对学校预算也有帮助的项目。最后，农业的新责任制和非集体化削弱了支撑队办小学的结构。为了对有关关闭和合并70年代末这类学校的报道作出反应，1979年官方澄清说，国家不能立即对所有农村学校承担责任。因此，地方应在过渡期间继续兴办学校。[1]

根据在香港会见的前教师的说法，各地正根据"地方兴办国家支援"的做法通过不同形式继续维持其农村小学。对小学教育的主要影响来自新的个人承包责任制。该责任制导致了失学率的日益增长，这也是中国报刊普遍报道的一个现象。[2] 据说，这表明农民宁愿让他们的子女去工作以增加家庭收入，也不许他们的子女上完小学。根据新近全国重新统一的课程在恢复六年制小学方面，农村学校也落后于城市学校。

---

① 《人民日报》1979年8月12日；《光明日报》1979年7月24日；长沙湖南电台1979年5月29日消息；外国广播信息处：《中国动态》1979年5月31日，第4页；沈阳辽宁广播电台1979年5月21日，《世界广播新闻概要》，FE/6126/BII/8，1979年5月26日。

② 例见《中国青年报》1981年5月9日；《光明日报》1981年10月5日；《广州日报》1981年8月4日。赵紫阳总理也于1981年底在五届人大四次会议上的报告中承认了这个问题。

这些不断变化的政策及实施这些政策的官方想法所产生的结果是小学学龄儿童入学的比例不断下降，即从 1977 年的"95％以上"下降到两年后的 93％。小学数量和招生人数的下降在官方统计中有记载，见表 29。小学招生人数从 1975 年高达 15094 万人下降到 1982 年的 13972 万人。小学从 1976 年刚好 100 多万个下降到 1981 年的 89.4 万个。在 1979—1981 年之间，小学第一年的入学人数从 3779 万人下降到 2749 万人。[①] 据说上小学的人中约 60％能上到毕业。[②] 早些年的失学率估计数没有得到。然而，应当指出，表里下降的数字应归因于出生率的下降。在 1975 年之前节制生育执行得不平衡。某些地区，尤其是上海，那时因学龄人口的减少，已经关闭和合并了一些小学。

中等教育

在中学这一级，据说，"文化大革命"的政策是不仅想过早地普及中学教育，并要以一种不适宜中国需要和经济发展水平的方式使教育单一化，就是使教育数量和质量"平等化"，新政策就是试图改变"文革"的政策造成的数量和质量的"平等化"。1978 年以来，中学人数急剧减少是人为的，随之产生一些社会抗议。1965 年，中国的中学全部学生人数是 1400 万人，如表 30 和表 31 所示。1977—1978 学年的人数是 6800 万人。[③] 新政策于 1978—1979 学年开始实行，仅 1980 年一年里，就造成 2 万多所中学关闭，到 1982 年，整个中学招生名额减少了 2000 多万人。据 1981 年 10 月 12 日《光明日报》报道，高中减少得最多，1981—1982 学年的招生人数与 1978 年相比，

[①] 1979 年一年级招生数字见《中国：社会主义经济的发展》第 3 卷，第 205 页；1981 年的数字来自于《中国百科年鉴（1982）》，第 568 页。其他数字的来源表 29 中予以注明。

[②] 张承先："克服'左'倾思想影响，搞好教育调整"，载《红旗》1981 年第 3 期，第 28 页。

[③] 1977—1978 学年的早期数字是：有 6890 万名学生在普通中学，另有 80 万名在中专（克拉克·克尔等编：《中国的教育和劳动关系评论（1978 年春）》，第 3 页；中专招生名额出自《人民日报》1979 年 7 月 28 日。新的官方数字列于表 30）。

大约减少 2/3。1981 年，整个上海市 7.5 万名初中毕业生中，只有 2 万多即最多 30％的学生能通过毕业考试升入高中。[①] 与此相似，北京全部 13.9 万名初中毕业生中只有 5.4 万名即 39％多一点的人能于 1981 年秋季学期升入高中[②]。上海中学学龄人口数量小，反映了在这个城市较积极地注意计划生育。

在农村，全国普遍实行的计划是，关闭公社高中，只在每个县保留一个或几个高中。附属于生产大队小学的初中班也被取消。计划在每个公社或相当于公社的地区（因为公社组织被取消了）保留一个初中。

当新成立学校的高中部于 1979 年开始关闭时，当地出现了各种不满情绪。一个被采访者描述了在山东一个县城里，开了三次大会来安抚当地人民的不满情绪的情形。教育局发的一份强迫他们接受的通知说，他们的孩子上大学机会那么少，却要求为他们的孩子兴办代价高昂的高中，这是片面的、自私的。所以，从整体上讲，为了民族的长远利益，他们必须"牺牲当今一代"。

另外一个被采访者在县教育局公布这一最后决定前，离开了福建一个办得很好的公社中学。公社社员要求允许继续开办高中班，作为民办学校，雇用他们自己的教师，而不要永久关闭掉。第三个前教师也是福建人，他把这种请求说成枉费心机。他解释道，关闭学校是当今"路线"的一部分，只要教育路线本身不变，只要决定路线的中央最高权力不变，每个地方还得执行。

如表 30 和表 31 所示，还没有任何迹象表明要马上将学生按比例从普通学校转到技术学校，也没有做任何工作使关闭中学与学龄人口的减少相适应。中等教育的缩减要马上进行，而不考虑人口发展的趋势，也不考虑技术学校和职业学校的发展。

---

① 上海《文汇报》1981 年 10 月 21 日第 4 版。关于上海中学学龄人口数量少的情况，见《文汇报》1982 年 2 月 25 日。

② 《人民日报》1981 年 11 月 12 日。

表 30　　　　　　　　　中等学校和学生：普通中学

年　份	学　校	学　生	
1949	4045	1039000	
1965	18102	9338000	
1966		12498000	
1968		13923000	
1970		26419000	
1972		35825000	
1974		36503000	
1975		44661000	
1976	192152	58365000	
			初中 43529000 高中 14836000
1977		67799000	
1978		65483000	
1979	144233	59050000	
			初中 46130000 高中 12920000
1980		55081000	
1981	106718	48595600	
			初中 41445800 高中 7149800
1982		45285000	
			初中 38880000 高中 6405000

　　资料来源：(1) 学校：《中国百科年鉴（1980）》，第 535 页；《中国百科年鉴（1982）》，第 568 页。1976 年、1979 年学校的数目与其他资料提供的不一致，如，苏珊娜·佩珀："'四人帮'以后就中国教育的变化进行的一次采访"，《中国季刊》第 72 期（1977 年 12 月），第 815—816 页；《中国经济年鉴（1981）》第 4 卷，第 205—206 页；《中国：社会主义经济的发展》第 3 卷，第 134 页。(2) 学生：《中国百科年鉴（1980）》，第 536 页；《中国百科年鉴（1982）》，第 568 页；《中国统计年鉴（1983）》，第 511—512 页。

　　应该指出，中国正处于转回到 1966 年前的 12 年学制的过程中，即小学 6 年，中学 6 年，后者又分初、高中各 3 年。据称，这是必要的，因为新的全国统一的初、高中课程如按 10 年制教学大纲教完，学生压力太大。

表 31　　　　　　　　　　　　中等学校和学生：中专

年 份	专业技校和师范		职业/农业	
	学校	学生	学校	学生
1949	1171	229000		
1957	1320	778000		
1965	1265	547000	61626	4433000
1976	2443	690000		
1979	3033	1199000		
1980	3069	1243000	3314	453600
			390	(职业) 133600
			2924	(农业) 320000
1981	3132	1069000	2655	480900
			561	(职业) 213100
			2094	(农业) 267800
1982		1039000		704000

资料来源：1949—1979 年：《中国百科年鉴（1980）》，第 535—536 页；《中国经济年鉴（1981）》第 4 卷，第 205—206 页；《中国百科年鉴（1982）》，第 568 页；《中国统计年鉴（1983）》，第 511—512 页。

因此，从理论上讲，高中学生数量的减少并不标志着总体教育的下降。假如普及小学和中学教育能保持的话，大多数人总的来说仍受 9 年教育。但是很清楚，情况并不如此，因为农村地区的辍学率上升，不能上初中的青年人数比例日益增加。初中一年级的入学人数从 1979 年的 1770 万人减少到 1981 年的 1410 万人。总的中学入学人数从 1979 年的 4610 万人减到 1982 年的 3880 万人。[①] 这样，新的教育发展战略的最终结果是向狭窄、尖细的金字塔发展：以质量和数量而言，少数人可受到更多的教育，而多数青年人实际上受到的教育更少，尽管他们所受的教育质量要比以前好。

尽管在中国谈社会主义理想已不再时髦，但问题依然存在，因此，也有人提出了批评。理论刊物《自然辩证法通讯》发表的一篇文

---

① 《中国：社会主义经济发展》第 3 卷，第 205 页；《中国百科年鉴》（1982），第 568 页。

章宣称，"以这样一个人口结构去建设现代化的国家是不可想象的"。根据目前质量优于数量的教育政策倾向，作者估计，按照目前教育水平，到 1980 年，年龄 6—18 岁的 32200 万名青少年可能会有以下情况：有约 2000 万人成为文盲；至少 13300 万人只有小学以下水平；而仅有 1000 万人能得到某种专门的中等或高等水平的教育。他辩称，数量和质量是一个硬币的两面，他批评目前片面强调质量的做法。"我们现在就应该想到这一点，改变这一点，"他强调说，"不要等后代人写历史来总结教训。"①

　　"文化大革命" 10 年间质量平等的情况被坚决颠倒了过来。起初，重要的问题是确定普通学校和中等专科学校的比例。事实上，前者总是占优势的，但据说 1∶1 的比例最为合理，因为来自普通中学的毕业生需要 2—3 年的训练才能工作，养家糊口。不过，把普通学校转移为技工学校很快被认为是行不通的。如表 31 所示，这些学校增长很慢。一种可选择的办法是把职业课程引入普通非重点学校的高中课程中。目前正根据国务院 1980 年 10 月批准的教学大纲在这样做。② 这种做法的结果是，这些学校的学生基本上不可能去为升大学而竞争，而向他们提供的实际训练又不一定有用。中国人立刻遇到了其他国家在这一级学校引入职业训练时所遇到的同样问题。困难在于使教师和专业训练计划与学生毕业后可能做的工作相适应。例如，福建一个中学引进的第一批职业课程之一是服装加工。有这种技能至少可使他们从事商业，做个体服装制造商或裁缝。但是，这一地区没有这类工厂，而学生又没有学到加工整套服装的技能。所以，开这项课程被认为是失败的。

　　旧的半工半读思想曾短暂地以农中形式恢复过。农业中学在 70 年代末曾被正式提倡。一些大学知识分子对农村一致反对办这些学校

---

① 宋健："人口和教育"，载《自然辩证法通讯》第 3 期（北京）（1980 年 6 月），第 1—3 页，译文在《联合出版物研究署》第 77745 期，《中国报告：政治、社会学和军事事务》第 178 卷第 3 期，1981 年 4 月 3 日，第 43 页。

② 《中华人民共和国国务院公报》，北京第 16 号（1980 年 12 月 1 日），第 493 页。

表示惊讶不已。然而，地方官员却痛痛快快地承认确实如此。20年前农民不愿把他们的孩子送到这些学校现在仍不愿意，理由相同。如果一个孩子进不了县城的正规学校，那么上公社的类似学校也行。由于小学教育和初中教育发展了，要求进这种公社级中学的人也增多了。但是，进农中向有经验的农民学习农业知识则是一种浪费。学生们可以从他们年长的人那里学到很多同样的知识，而与此同时，还能开始挣钱。已建立的为数不多的这类学校到1981年正逐渐减少，如表31所示。

如果说农村是这一战略的败方，那么这个战略支持的城市重点学校或第三级学校则是它所引以为骄傲的。作为大学后备力量的重点学校已完全恢复到过去的状况，并得到慷慨的财政预算支持，完善了破旧的设施。受到称赞的从小学到大学层层建立起来的求学"金字塔"，在全国各地恢复起来。有些城市甚至宣布重建重点幼儿园。新的全国统一的课程和课本，特别在理科教育方面得到了加强和更新，以便能适应这些学校学生的水平。

现在官方政策明确表示，对接收新生的政策和对不同学生给予不同教育的做法所产生的社会后果不用考虑。企图提拔工、农知识分子的尝试被公然嘲笑为缩小城乡差别、脑体差别的不成熟企图。给予工人阶级的青年以入学资格照顾的早期做法和后来片面照顾"出身好"的考生的做法都已被取消。现在每人或多或少是"在分数面前人人平等"。学生要进入各级学校的大门，都要经过统一考试。从这种体制中最能得益的，据说是干部、知识分子的孩子，现在他们想在重点大学争得一席之地已全无障碍。大多数进重点中学的学生来自重点小学或普通小学的重点班。在小学里，老师们表示要考虑孩子父母的情况，因为受过教育和经济上可靠的父母的孩子一般在学校里表现都比较好。

可是，当地官员坦率地承认，"在社会上"存在着对恢复的重点学校的批评。这就引发了对重点学校的一片反对声，这在1981年底的报刊上短暂地出现过。这种评论从本质上说（即使程度不同）是"文化大革命"中的批判音的共鸣。有关反对这些学校的论点，自

1976 年以后还是首次出现在报刊上。一位作者列举了三点反对理由，建议再次取消重点学校：（1）它们对普遍提高教育质量起不到作用，因为它们压抑绝大多数教师和学生的学习热情，而只使少数人得益；（2）它们无益于整个民族素质的全面提高，因为它们片面强调升学率，对学习有损害；（3）它们不利于普及教育，因为它们浪费财力、物力。[①] 但是，公开争论很快就中止了，没有取得实质性结果。

这种突然爆发的对重点学校的反对，是正在发生的争论的一部分。所争论的问题是：有关"分班制"的做法，或者说，对不同层次的学生要根据他们的能力分别施教；由于每一级学校须有升学考试，使教育制度重新采取不灵活的僵硬做法；为争取提高升学率而随之出现竞争。所有消息来源认为，填鸭式教学和竞争情况比 1966 年以前更为厉害。老师们几乎一致赞成"正规化"，赞成有明确标准和要求的全国统一教学课程：固定的课程进度，并通过一整套的小测验、平时考试、期中和期末考试来强化，所有这一切就是要彻底恢复 1966 年前的制度。不过，针对这些细节而进行的争论中的合理教学意见在某种程度上被采纳了。例如，教师们欣然承认，把学生按智力划分成不同班，教学固然较方便，但这样做仅对最聪明的学生有益。因此，如听任这种制度的缺点泛滥，甚至老师也会有理由批评。但是，任何纠正措施都要由负责制定这一制度的集中统一规则的领导部门来下达。可以预言，假定两条路线斗争还存在另一逻辑的话，那就是，纠正措施不会指责新制度，而是指责新制度的前身。

在答复 1981 年 12 月召开的全国人民代表大会会议上代表们提出的批评意见时，教育部长蒋南翔承认，由于有那么多弊端，升大学的竞争比过去任何时候都激烈。但他解释说，重要原因是，中等教育和第三级学校不成比例地高速发展。他回顾说，当 50 年代初期首次采

---

① 《中国青年报》1981 年 11 月 21 日，此期间的其他批评性评论参见《中国青年报》1981年 10 月 31 日、12 月 5 日、12 月 12 日；《文汇报》（上海）1981 年 10 月 21 日、1981年 12 月 12 日；《北京日报》1981 年 12 月 12 日；《光明日报》1981 年 11 月 7 日、11月 16 日、12 月 5 日；也见《国际先驱论坛报》纽约时报发行处，上海，1981 年 12 月21 日。

用大学统一入学考试时,也没有造成追求升学率的现象,因为在早先那些年中,甚至还没有那么多中学毕业生能满足大学的招生人数。接近 60 年代,高中教育大力发展以后,升大学的各种竞争情况才出现。他认为,那时高中毕业生上大学的比例在 30％—40％之间。改变这种状况的原因是,1966—1976 年 10 年间过早普及高中教育。结果每年高中毕业生中只有 4％—5％的人能上大学。这位部长最后说,这一"极其激烈的竞争"并不是恢复入学考试的结果,而是由于数量庞大的高中毕业生和数量很少大学招生名额之间空前尖锐的矛盾所致。[1]

因此,所有争论意见得出同一结论:中等教育的目的是为升大学做准备,既然只有很小一部分毕业生能继续深造,所以解决的办法就是缩减中学招生名额,重新把人力物力资源集中在重点学校上。根据这一判断,高中毕业生人数从 1979 年的 720 万人的高峰降到 1981 年的 480 万人。在三年内,将另减 100 万人。1981 年接收的高中一年级新生只有 320 万人。[2]

高等教育

不过,在第三级,在所谓弥补"文化大革命"十年损失的努力中,这些数目都在反向变动。那些认为对国家经济发展最重要的是科学技术的意见受到特别重视。全国入学总人数从 1976 年的 56.5 万人上升到 1981 年的 130 万人,同期高校数目从 392 所上升到 704 所。[3]国际发展方面的专家们认为,像中国这样规模的国家应有约 200 万大学生,这是 1990 年的目标。1949 年以来,中国第一次直接转向西方资本主义,把其作为获得援助和专门技能的来源。世界银行给中国提供的第一批贷款是用于高等教育的,用于购置设备,并为进一步发展全国电视大学网络提供资金。在 1978—1981 年间,有万余名中国学

---

[1] 香港《文汇报》1981 年 12 月 17 日;《北京日报》1982 年 1 月 3 日。

[2] 《中国百科年鉴 (1980)》,第 538 页;《中国百科年鉴 (1982)》,第 568 页。

[3] 《中国百科年鉴 (1980)》,第 535—536 页;《中国百科年鉴 (1982)》,第 568 页。

生和学者被派到国外学习和研究，大多数去了西方国家和日本，到美国的人数最多。[①]

在这一体制中，其他各级所必须坚持的集中统一的倾向，在第三级学校一级也是明显的。全国课程统一，由教育部准备。全国的学生和教师都得接受其规程，不可改变。正如他们在20世纪50年代时首次引入中央统一课程时那样。正是在这种情况下，江西共产主义劳动大学（在《剑桥中国史》第14卷第9章中有阐述）靠半工半读教学大纲维持的全省分支网络被取消了，保留下来的主校则采纳了这种统一的课程及教育部颁布的"正规"农业大学的全日制教学大纲。

同时，大学知识分子，至少是老一代知识分子认为是从毛主义压抑下30年解放了出来。实际上，所有过去的右派分子和阶级敌人都被平了反，分配了工作。所有这些人都成了为社会主义服务的脑力劳动者，而且他们的生活及工作条件很快得到了改善。不过，很多人仍不满足似的回顾他们的过去，看看国外同行，比比自己，仍不甘心。他们的这些倾向在某种程度上与毛以后领导人的兴趣是一致的，他们想使西方技术成功的秘诀适用于现代化建设。而他们初期努力的成果是巩固50年代从苏联模式中吸取来的教育制度的某些特色；同时把西方教育特色尤其是美国教育特色掺到苏联模式中去。这个有争议的混合物，究竟能演化成什么样的新形象，仍有待来日决定。

中国共产党和知识分子对这一方式尚不满意，并不赞同，这表现于70年代后期在现代化口号下而奇怪地又复活了的20世纪初的一场论战中。所辩论的问题是，中国社会要有多大变化才能使西方科技满足其经济繁荣的希望。到1983年，党的领导人十分忧虑地发起了一场反对"精神污染"的运动，其目的之一是反对不加批判地接受西方的一切东西。但在一件事情上，现任党的领导和大学知识分子看法是完全一致的：根据延安经验而取得的任何经验应该坚决地放回到最初产生它们的农村中去。

[①] 《中国百科年鉴（1982）》，第573页。

就业与青年

在农村，年轻人从童年开始就成为劳动力，实际上，他们辍学是为了从事各种不同的农副业，以增加家庭收入。在城市，这样的机会就不太多。毛以后的政府在处理城市青年就业问题方面采取与其前任十分不同的策略。"文化大革命"十年提供了一个双管齐下的解决方案。第一个措施是促进中等教育的普及，当时的原因是担心青年人可能会上街。中国学校行政管理人员和香港被采访者均引用过这个原因，说正是由于这一原因，当 1978—1979 年首次宣布政策时，一些地区起先拒绝减少中学的招生名额。第二个措施是"文化大革命"十年中采取的把城市青年分配到农村去工作的做法。

为"文化大革命"十年间知识青年上山下乡运动付出代价的是几百万年轻人，他们从来就没有与农民结合为一体，即使他们可能学会了与农民一起生活。他们想尽一切办法逃离农村。正是在这批知青中（在"文革"十年中下乡的），产生了不同政见的倾向——好像他们仍然生活在"造反有理"这句毛主义的老口号中。这个口号在 60 年代后期把他们鼓动了起来。有些人要求社会主义制度自由化，有些人则全盘反对社会主义制度。

实际上，所有的这一代人都回到了城市，即使他们自己没有找到回城市的途径，但由于 1978—1979 年政策的改变，他们仍会被允许返城。他们的返城引起了一个大量失业的问题。这一问题随着后来允许他们从事个体或集体经营而逐渐缓解，而以前这是被作为资本主义尾巴而禁止的。城市的知识青年以后都允许留在城市。可是，还得寻找办法来处理许许多多在小小年纪便走出校门，而生活前景又不十分光明的年轻人的问题。理想的解决办法是，既降低出生率，又提高城市就业机会。同时，小学入学年龄在 70 年代后期正式规定为 6 岁，但后来，为与缩减中学入学名额的决定相协调，很快改定为 7 岁。这使年轻人"步入社会"推迟了一年。但是，他们的问题依然存在。

据说这些年轻人无视法律的情况呈上升趋势。这一趋势在 1983

年下半年被一场全国性打击犯罪运动暂时制止了。但是，由于没有再给青年下乡运动赋予政治意义，因此当政府号召城市青年自愿去边疆地区落户时，并没有指望得到热烈响应，这次是号召帮助开发偏远的青海省。碰巧，这一号召与打击犯罪运动同时发生，大量城市犯罪青年被送往青海以接受改造和教育。因此，1966 年以前那些决定城市的失败者和落伍者命运的迁移计划所没能实现的意图，现在立即实现。大学行政当局 1980 年的报告说，甚至在国家的精英中，说服他们的毕业生到远离家乡的地方接受毫无吸引力的工作都遇到了前所未有的困难。毛以后的官方信条认为，一个人能通过为自己的利益服务而为国家的利益服务，这个信条不是没有弊端的。但是，党的领导人不承认其中有些社会问题是他们自己政策矛盾造成的结果，反而发动反"精神污染"运动，反对一切机械地照搬西方的东西，并驳斥社会主义制度里能存在异化的主张。

"中国模式"在第三世界的前景

对第三世界国家发展问题的共同关心和 1970 年后中国新的"文化大革命"政策的出台，产生了各种"学习中国模式"的国际运动。探讨向中国学些什么，中国哪些经验可被其他国家采用，成了时兴的事情。① 单纯追求发展经济，使许多第三世界国家出现了令人难忘的经济增长率。但是，不论在国际还是在国内，工业化了的富人与农村穷人之间的差距不一定缩小，实际上可能已经扩大了。如果我们发现世界有如此多的人并没有从经济增长率中获益，那么这个经济增长率的概念就有新的含义了。因此，联合国第二个发展 10 年（1970—1980 年）的大部分时间都用于探索更有意义的发展定义和战略上。70 年代要优先考虑的，是把开发力量集中在农业而不是工业上，集中在农村而不是在城市里，集中在采取办法帮助那些最需要帮助的人而不是单单提高国民生产总值上。

---

① 例见罗纳法·多尔《文凭病：教育、资格和发展》。

在教育发展领域里，也发生了轻重缓急要重新安排的问题。原先学院式的教育倾向向职业和技术训练转移。但这方面的努力没有成功，特别是在职业学校方面，因为很难使职业课程与现有的工作岗位相适应，还因为许多人认为，职业学校低人一等是为不能进入高校的人准备的。在60年代末和70年代初，注意力转到上学难的问题上，特别是在农村，尽管大家认识到农村的难题主要不在教育上，但是，教育者对解决农业现代化这种如此基本的问题不愿等待，因此，他们着手寻找解决办法，以使教育能适应发展中的农村地区。"非正规教育"是一种办法，"农村化"的课程是另一种办法。然而这些解决办法的难题是，这些办法使那些接受这些办法的学生被限制在这些办法本身造成的隔离区内，并有意使目前劳动分工中固有的不平等得以扩大，还一代一代地传下去。

敢于提出措施的计划者们和大学教师的下一步合理措施，是改革整个教育制度。甚至对胆子不大的人来说，分散性、多样性、灵活性、活到老学到老等标语口号都成了教育发展的口号。其目标是使教育制度建立在这些概念之上，即允许课程和一个年级按智力划分的班组之间能上下或横向运动，至少使教育隔离减少到最小限度。因此有了"文化大革命"产生的试图沿这条路线改革中国教育的激情。国际发展社会并不认为社会主义是个解决办法。但是，由于中国人正在解决相似的问题，并且彼此条件也一样，所以有一种感觉，即他们的经验似乎可用于其他地方。至少有一个国家，坦桑尼亚，正认真地在这样做。在这种意义上，中国教育并不像公众所认为的，在毛死后只是重新融入世界其他地区而已。在那个时期，中国的经验已经成为有关教育发展的国际争论的一部分，此外，其他地区那时还问他们应向中国学些什么。后来，毛以后的中国领导人不承认有过这种情况。他们唯一关心的是怎样忘记过去，向西方资本主义学习他们能学到的东西。

的确，学习中国模式的做法在毛死后确实突然中断了。那时，中国人宣称世界如此认真学习的这种模式是假的。显然是有两种中国模式，而不是一种；引起国际那么关注的那种模式，还没有机会充分发展就被否决了。这就使得对中国人的经验进行评估很困难，而且不利于不同文化之间的相互学习，这些教训只能留待学者们去估量。但是，国际发展社会的变化无常也许情有可原。一旦毛以后的领导人开始着手工作——抛去毛主义的战略，从公开记录中抹杀它的成就，除了否定"文化大革命"10年的各个方面外，什么事也不准做——每个人，不管愿意与否，都要受这一新的官方路线的支配。当所有其他消息来源被切断时，即使抱怀疑态度的人也找不到别的解释。

世界银行很聪明，当它为中国准备第一份国别报告时，除非绝对必要，它不让自己卷进两条路线的斗争中去。世界银行仅仅重新提供了 1979 年所得的资料，以统计术语阐明了中国教育制度的优劣，也指出了两种战略。这些资料是在 1979 年收集的，那时正是毛以后新的政策要开始实施的时候。中学的缩减和各级优秀重点学校的重建，对教育制度的影响尚未完全记录。

在小学一级，学龄儿童的净入学率达到 93％，中国比其他 92 个发展中国家的平均入学率高 30％。全部小学生中 45％为女生（不发达国家平均为 43％），这也许表明，7％没有上学的学龄儿童中大多数是女孩子。在中学一级，整个入学率是 46％（包括未到年龄和超龄的学生）。与此相比，其他发展中国家的这一比例只有 26％。在小学一级和中学一级，人数增加最多的是在毛的战略居统治地位时期，即 50 年代后期的"大跃进"时期，另一个是在"文化大革命"10 年间。①

中国 25 岁以上未受过教育的人口比例估计为 38％。相比之下，其他亚洲国家和地区"未受教育"的比例是：巴基斯坦，81％；印度，72％；新加坡，48％；泰国，34％；香港，29％；日本，1％。②

1979 年，全国初级教育的全部经费（44 亿元）中，估计有 56.8％从国家预算中拨出；27.2％的资金来自地方，包括农村的生产大队和城市的企业单位；个人缴纳的学杂费占 15.9％。③世界银行的报告指

① 《中国：社会主义经济的发展》第 3 卷，第 147、152—153、211 页。
② 同上书，第 135 页。
③ 同上书，第 181 页。

出，在大多数社会主义国家，普遍是地方和父母承担较多的经济负担。因此，中国过去的民办学校，在国家支援和指导的全国框架里加以推广和提高，使一个基本上是农业国的国家基本上达到普及小学。

与令人印象深刻的中小学数量显示相比较，高等教育却是这样的记录：中国每 1 万人中，只有 10.5 个大学生。在印度是 60 个。印度高等教育发展的这个数字与中小学相比是比例失调的。美国每 1 万人中有 500 名大学生。然而，中国的小学、中学入学率，在整个 70 年代都远在其他 92 个发展中国家之上。在高校一级，入学率在 60 年代初期落后于这些国家，"文化大革命"期间大幅度下降，1979 年仍然远远落在后面。[①]

可是，整个制度的另一个特征是：人员超编，使用率低，不经济。因此，中小学教师每星期授的课时要比其他国家的同类人员少。在中国的小学里，学生与老师的比例是 27：1，其他发展中国家的平均比例是 38：1—34：1。中等专科学校的学生与老师的比例是 19：1，其他发展中国家是 22：1 或 23：1。在中学一级，每星期教学工作量通常只有 12—13 小时。在高校一级，这一体制的效率甚至更差，全国的学生与老师的比例只有 4.3：1。[②]因此，扩大高校招生名额和提高初、中等学校教学质量是可通过更有效地利用现有人员和设备取得的，而不必浪费地关闭学校和减少招生名额。工作人员的削减没有根据学生减少的人数按比例进行。因此，到 1982 年，学生与老师的比例更不经济：小学是 25.4：1；中学是 16.4：1；高等学校的新比例是 4：1。[③]

毛主义战略的优势明显在于其有决心、有能力推动农村地区群众普及的教育，并使不同种类的学生所受教育的质量、数量得到平衡。这一战略的特别明显的弱点在于对高校领域的处理，农村社会主义者对统治教育领域的西方化城市知识分子的怀疑，使毛教育战略的弱点更为突出了。毛的战略的另一个特点是通过群众运动这个工具来实现

① 《中国：社会主义经济的发展》第 3 卷，第 135、164、211 页。
② 同上书，第 150、154、168 页。
③ 《中国统计年鉴（1983）》，第 514 页。

的，通过伴随毛战略的动员取得最大的成功。但是，从克服阻力所必要的"过头事情"来说，这种方法本身的代价是高昂的。同时，在运动巩固阶段，不可避免地会产生浪费和不满。毛去世后，他的发展战略和推动这种战略的延安经验，作为教育制度的模式被抛弃了。甚至民办学校模式也只是被容忍了，作为在农村维持普及小学教育的唯一方法被保留下来，但不会为它欢呼。

1976 年以后，决定着教育制度性质的各种力量的对比情况同 50年代反右斗争开始以前那段时间相似。那时，苏联式的结构和亲西方的知识界主宰着正规学校制度，这种制度本身却是注意力的焦点。可是这种力量对比仍然与其所依赖的群众基础之间保持着不稳定的关系。关于关闭学校，以及建立在毛以后战略基础上的、显示了紧张关系的重点学校制度的精英主义，都遭到了"社会"抗议，既有来自城市的，也有来自农村的。党的领导人本身对他们政策所鼓励的亲西方倾向毫不担心，并不像他们对"精神污染"所表现的那么忧虑。

外界观察者无能为力，只能推测而已，推测毛如能设法控制群众运动所释放出来的能量，并利用这种能量搞出一种破坏性不大，但有同样明确性的方法来实现他的目标的话，可能会有什么样的结果？也许其结果是不会那么令人难忘。然而由于"过头事情"少了，所以付出的代价也小了，对"过头事情"产生的不可避免的反抗也可能不会那么过激了。

第 八 章

文艺创作与政治

　　自从中华人民共和国成立以来，文艺创作就与政治生活紧密相连。"文化大革命"不但证实了这一点，而且表明在这种密切的关系中还可能蕴藏着千变万化。早些年相对轻松的政治气候，曾使文学一度成为含蓄地抨击时事的媒介，但到了 1966 年，这种政治气候却突告结束。支持"文化大革命"的中国领导人转而反对一些文学著作和戏剧作品，并且极力要以新的文艺作品来取而代之。他们对艺术思想的恐惧似乎比任何一个民主政府更有过之而无不及。几乎所有著名的作家都遭到迫害，而取而代之的，则是一帮常常自愿或不自愿地匿名发表作品的无名之辈。

　　所有这些，都可以通过各种不同方式来加以解释和描述。其中之一就是把"文化大革命"期间的文艺创作看做政治对艺术干预的结果：对个别作家进行猛烈的思想攻击，对文化机构进行彻底改组，甚至解散，使文艺生活几乎窒息；另一种则是仅限于对文学体系的变化进行研究。这种变化，尽管缘于政治，但影响文学的风格体系，诸如故事的结构、诗歌的形式以及舞台的套路。虽然政治对文艺生活的干预与文学体系的变化两者之间存在着相互联系，但以后还是要把它们分开来谈；事实上，这些事件也可以按年代顺序来加以区分：思想批判文章刚刚出现的时候，人们根本弄不清楚文艺创作是否能满足新制定出来的要求。而几部代表新艺术的样板作品也只是在经过相当一段时间后才出版，但即使依据当时的新标准，这些样板作品的质量也令人怀疑。

"文化大革命"的发端：作家遭受思想攻击，文化机构陷入混乱

1966 年 4 月 19 日，"伟大的社会主义文化革命"——后来正名为"无产阶级文化大革命"，在经过精心策划后，通过《人民日报》正式宣布开始。1964—1965 年间，数名知识分子受到批判，其中如哲学家杨献珍、历史学家周谷城、评论家邵荃麟等。对这些人进行批判，尤其是对思想极为接近中宣部副部长周扬的邵荃麟的批判，使文化机构受到削弱。

1965 年 11 月，姚文元发表文章，辛辣地批判历史学家、北京市副市长吴晗，指责他的历史剧《海瑞罢官》（1961 年曾作为京剧演出）是对毛主义政策进行含沙射影的攻击。海瑞是明朝官吏，吴晗在其他的作品中也写过他。毫无疑问，吴晗是在"借古讽今"，因为他早年的作品已表明他自己是清楚这种手法的。吴晗笔下的海瑞是清官，他站在百姓一边，要退田与民、为民申冤。因此，姚文元说吴晗实际上是煽动解散人民公社。他这一理解并不十分牵强附会。其他激进的评论家则把海瑞比作彭德怀元帅。彭于 1959 年对灾难性的"大跃进"和人民公社制度力陈己见，结果招致罢官免职。当然，也有的观点是支持《海瑞罢官》的。[1] 除了这些政治解释外，还有人认为《海瑞罢官》颂扬一种刚正不阿的道德观是离经叛道。这一点，在 1965—1966 年上半年中国报刊发表的关于吴晗的数以百计的文章中，也进行了反复的争论。那种认为封建社会偶尔也会有清官的观点，被视为与马克思主义历史观水火不相容。激进的评论家认为，所谓"清官"，是一个矛盾的说法，因为这些人混淆了阶级斗争，因此阻碍了历史的进步。

对吴晗的攻击并不只限于《海瑞罢官》，而且还祸及他的其他历史著作和评论文章。1961—1964 年间，吴晗与北京市委成员廖沫沙、北京市委书记邓拓一起为《前线》撰写了一系列文章，定名为《三家

---

[1] 詹姆斯·R. 普西：《吴晗：借古讽今》，第 35 页。

村札记》；1961—1962 年间，身为《人民日报》前总编、具有相当政治分量的邓拓，发表了题为《燕山夜话》的一系列类似的文章，后来还重印成五个小册子。这两个作品都受到了严厉的攻击。1966 年 5 月初，攻击的矛头直指邓拓。姚文元在他的一个小册子里，指控邓拓为了其"反党反社会主义"的目的，滥用其作为《前线》主编和北京市委书记的权力，宣扬"右倾机会主义和修正主义路线"。这种批判显然与文学关系不大，而更多的则是思想意识和政治上的问题。吴晗、廖沫沙、邓拓因通过报刊不加掩饰地批评毛主义政策而备受责难。他们用来表达自己观点的文学形式，是鲁迅最拿手的讽刺散文——杂文，而毛泽东在其《在延安文艺座谈会上的讲话》中则反对在无产阶级专政条件下使用杂文。

尽管杂文便于进行隐晦的和公开的斗争，但从文学的角度看，杂文并不是主要的文学流派。在吴晗、廖沫沙、邓拓由于政治原因遭到攻击之前，他们的杂文也不怎么有名。他们被选为替罪羊，是因为通过批判他们的文章，就可以为攻击北京的党政领导开路，矛头对准的是吴晗和邓拓的顶头上司、北京市市长、市委第一书记彭真，中宣部副部长周扬，中共中央总书记邓小平，中国共产党副主席、中华人民共和国主席刘少奇。从 1966 年 5 月开始，"文化大革命"的政治意图日渐昭然，而开创文学创作生动活泼局面却没有什么起色。

1966 年 7 月 1 日，《红旗》杂志发表批判文章，一口咬定周扬自 1949 年负责文艺工作以来所推行的文化政策是全盘错误的。周扬被说成是王明一类的右倾机会主义者。周扬的右倾在 1936 年已很明显，因为那时他曾表明支持机会主义者的口号"国防文学"，以反对更能代表无产阶级的鲁迅思想——"民族革命战争的大众文学"。据说，评论家们在争论中翻旧账是空见惯的事，但要追溯到 30 多年前去发现周扬原来是一个修正主义者，或更糟的其他什么，岂不令人瞠目。

评论家们把周扬树为鲁迅的敌人，是为了利用一些作家和读者出于各种原因对周扬及其负责的文化机构的不满，求得哗众取宠之效。1967 年 1 月 3 日，姚文元在《人民日报》撰文称，毛主席过去曾多次训斥过周扬的修正主义思想，但毫无作用。姚文元认为周扬必须为其 1961 年在某文学杂志上发表的关于题材问题的文章负责。周的文章认为，文学的目的应是反映纷繁复杂的世界，并建议不要把所有的生活现象都简单地以阶级斗争来划分。姚文元把这看作是企图为"叛徒、走狗、流氓、地富反坏右分子歌功颂德"。他说，1959 年，赫鲁晓夫表扬米哈伊·肖洛霍夫的短篇小说《一个人的遭遇》时，称赞故事"描绘平民百姓复杂而丰富的内心世界"，周扬与赫鲁晓夫正好臭味相投。按照姚文元的逻辑，周扬自然也认为中国作家应出版类似的"叛徒文学"。

把周扬和赫鲁晓夫的阶级斗争观念联系起来，这点很重要。从姚文元对引言和事实的理解来看，其谩骂并不一定站得住脚[①]，但周扬的确在 1962 年的一次演讲中使用过"全民文艺"这一术语，这自然使人联想到赫鲁晓夫式的定义："全民国家"、"全民党"。周扬由于支持邵荃麟的观点，认为动摇于两个阶级之间、阶级立场不明确的"中间派"，也应成为文学作品描绘的对象，因而易受到攻击，被指控支持"人性论"的观点，即认为人类的某些特性超越阶级界限。这种理论不管是在 1964 年对冯定的批评中，还是在更早时候毛的延安《讲话》中都被批判过。

周扬不仅仅是因为对适合文学的题材持不同看法而使他与强硬的"毛主义"立场格格不入，他还一而再地强调艺术与科学、文学与思想的区别。周扬对创作和文学的作用的看法，很大程度上依赖从 19 世纪的评论家别林斯基到社会主义现实主义理论的苏联文学理论传统，因此，他不可避免地吸收了浪漫主义和现实主义的概念，诸如别林斯基"艺术是寓于形象的思维"的观点。自然，这一点在"文化大革命"中立即遭到炮轰。早在 1966 年 4 月，后来加入权倾天下的"文革"小组的郑季翘，在《红旗》杂志上发表文章，认为"形象思维"不能达到抽象归纳，因而与马克思主义的认识论相抵触。[②] 这一

---

① 迈其高·克莱尼：《中国文艺与政治评论：周扬的文艺政治观》，第 193 页。
② D.W. 福克玛、埃尔鲁德·伊布斯奇：《20 世纪的文学理论》，第 107 页。

点对否定周扬起了相当重要的作用。另外，郑季翘的文章认为，必须约束作家为了富有想像力的创作所要求的相对自由。至于其他激进的评论家，则否认作家可以通过艺术手法接近现实。他们鼓吹一种朴素的与苏联美学相去甚远的唯物主义文学观念。如果将这种文学观念进行逻辑推理，得出的结论必然和恩格斯对巴尔扎克的著名评价相抵触。按照恩格斯的评价，巴尔扎克作为作家，尽管观念保守，但其作品对社会的艺术洞察的结果，却是进步的。

新的、严格的唯物主义文学创作理论强化了对文艺作品的思想审查。任何艺术作品，任何新形象、新典型都被认为是以抽象归纳为基础的，作者再也无法凭借模糊的比喻或直觉的认识来逃避思想管制。

激进的文艺创作观，大部分是以 1966 年 2 月林彪和江青在上海组织的部队文艺工作座谈会上的一份报告为基础的。如果把上海座谈会看做与北京以彭真为首的"五人小组"唱对台戏，或许并没有什么不对。"五人小组"1966 年 2 月初在北京曾为吴晗一案准备了一份报告，试图把批判引向没有政治后果的学术争论。[①] 上海座谈会的结果并没有马上发表，直到一年多后《红旗》杂志才刊登了座谈会的纪要。[②]

上海座谈会《纪要》总的来说，支持毛在延安《讲话》的原则，但同时也提出某些方面需要具体甚至是一边倒的观点。延安《讲话》强调文学必须为政治斗争服务，而现在，政治斗争则被具体解释为一种反对"资产阶级、现代修正主义文艺思想逆流"的斗争，或简言之是一种反对"黑线"的斗争。这种斗争被说成是艰巨的、复杂的、"要经过几十年甚至几百年的努力"，但对中国革命以及世界革命的胜利都是很有必要的。《纪要》否定过去 20 年的文艺创作，认为不符合延安《讲话》所表明的毛主义标准；否定不同时期作家所喜欢的各种文学流派，诸如秦兆阳 1956 年提出的"现实主义广阔的道路"（取代社会主义现实主义）以及邵荃麟在 1962 年为之捍卫的"中间人

---

① 默尔·戈德曼：《中国的知识分子：建议和异议》，第 123—124 页。
② 《红旗》1967 年第 9 期，第 11—21 页。

物"论。

　　然而，争论尽管没有点周扬的名字，但总的说来，实际已形成了对周扬的批判。比如，《纪要》猛烈攻击"30 年代文艺"，但当时周扬的政策则是要尽可能地保持大作家如茅盾、巴金和老舍的传统；《纪要》反对别林斯基、杜勃罗留波夫以及其他苏俄评论家提出的文学观念，但周扬则极力支持把这些人的作品译成中文并且吸收他们的文学观和文学创作的思想；《纪要》不赞成欧洲、包括俄国的传统名著在中国如此受欢迎，而负责欧洲尤其是俄国作品的翻译和发行的，又正是周扬，他本人也十分熟悉俄国文学，能阅读原著。《纪要》认为，斯大林对苏联及欧洲的传统名著的态度也过分宽容，暴露了《纪要》对外国影响的极端嫌恶。《纪要》说斯大林"对俄国和欧洲的所谓经典著作都无批判地继承，后果不好"。

　　上海座谈会明确规定，社会主义文学创作的题材应是工农兵英雄模范、社会主义革命和社会主义建设以及解放战争中的一些战役。对文学主题的限制也十分具体：描写战争，不要在描写战争的残酷性时去渲染或颂扬战争的恐怖，以免产生资产阶级和平主义；描写英雄人物，不要写他们违犯党的纪律；描写敌人，要暴露其剥削、压迫人民的本质。显而易见，这样做的结果，是使故事情节一看开头便知结局。

　　《纪要》谈到诗歌的地方不多，但其中"工农兵发表在墙报、黑板报上的大量诗歌"，被认为是"划出了一个完全崭新的时代"。事实上，与叙事文学、剧作相比，诗歌更不能被看做传达政治信息的工具。在戏剧方面，《纪要》为现代革命京剧的出现而欢呼，并提到了其中几出，这在本章后面的部分还要谈到。同样，题材问题在这里也有决定性意义。1967 年 5 月，刊登《纪要》的《红旗》杂志还在同期发表了一个声明，说毛泽东在 1944 年曾批评传统中国戏剧"由老爷太太少爷小姐们统治着舞台"，而"人民却成了渣滓"。《纪要》强调革命京剧所依据的正是这个指示。

　　上海座谈会讨论的问题其实并不新鲜，只是与早期的文学艺术理论相比，其侧重点又有所不同。按照马克思主义的美学观，党从思想意识上对现实的理解是一方面，文艺对生活的艺术表现则是另一方面，两者之间总存在着不符。换言之，按马克思主义的说法，党性原则和典型原则之间总有一种辩证关系。上海座谈会过分强调了党性，以致没有给艺术创作留下多少余地。这在下一部分将举例说明。

文学体系的变化

由于政治和思想方面的缘故，同时也由于上海座谈会的缘故，"文化大革命"对文学创作是不能容忍的。对吴晗和邓拓的思想的批判，显然就是一种用来削弱毛泽东和林彪的政敌的政治武器。同样，对其他作家的批判，诸如巴金、老舍、曹禺、罗广斌、周立波、赵树理、柳青、杨沫、梁斌、吴强、周而复等，也主要是为了政治目的。这些作家均受到政治审查，常常被看成是罪犯。巴金的公民权被剥夺，多年来一直被软禁在家，其他作家也都被囚禁多年。老舍、罗广斌自杀或被迫自杀；赵树理、柳青和吴晗死于狱中；邓拓 1966 年 5 月被捕后不久即遭杀害（也有人说是自杀）。不但是作家，另外还有画家（如齐白石、林风眠）、音乐家（如《东方红》的曲作者贺绿汀——原文如此——译者）以及一大批导演和演员都受到批判、迫害。"文化大革命"中受迫害和被杀害的知识分子人数并没有可靠的统计数字，所以他们所受的苦难也就无法估量。如果将这些年的恐怖和流血比作苏联 30 年代斯大林时期的镇压和纳粹德国的大屠杀，并不算夸张，只不过中国的迫害速度比较缓慢，屠杀也不很系统。

然而，"文化大革命"支持者的生活也并不安逸。他们陷入了派系斗争，时常不知如何捍卫自己的毛理想，以抵抗现实的需要。1966年夏天，陶铸不很情愿地接替陆定一出任中宣部部长，但同年不久即被捕死于狱中，成为"文化大革命"的受害者。接替陶铸的是极"左"派王力，但任期不足 8 个月便下台。1967 年 9 月，"文革"小组组长陈伯达被任命负责中央宣传领域。令人避之犹恐不及的"文革"小组，从 1966 年夏开始活动频繁，但一年后便乱成一团：1967年 9 月，其最激进的少壮派王力、林杰、关锋和穆欣被捕；1968 年 2月，一贯利用义和团起义宣扬对外国人的仇视，以此作为与帝国主义和现代修正主义作斗争的武器的戚本禹受到批判，并从此从政治舞台上消失。至此，"文革"小组实际上只剩下陈伯达、江青、张春桥、姚文元这几个人，此外还有顾问康生。1970年，陈伯达因据说阴谋反对毛主席而被清洗掉。

由于内部的纷争和外部的压力，"文革"小组从来就缺乏权威，不能对文艺创作进行有效的指导，因此，除了促进现代革命京剧的发展外，它对文艺生活的干预根本就看不见成效。和别的行政部门一样，文化机构也出现了严重的混乱。如果"文革"小组真的希望在文学领域采用"大跃进"时期的政策，那么，它显然就无力指挥和监督诗歌创作的另一场群众运动。况且，人们很快就明白，"文革"小组要的是权力，而不是思想改革。在争夺权力的斗争中，文学和艺术并非是首当其冲的。

"文化大革命"头几年的文化生活几乎停滞不前，这不足为怪。那时，作家被当做修正主义者或异端分子而遭到批判，而文学故事则往往被认为是作家政治信仰的表露。作者与故事主人公没有区别，甚至故事里某一人物的政治信仰都可以直接认为是作者的政治信仰。上海座谈会之后，政治短文和文学小说之间的明显区别被取消，结果，毛泽东在延安《讲话》中提到的"通讯文学"便成为最受欢迎的文学类型。据林彪女儿林豆豆所言，林彪赞扬报告文学是一种集小说和散文的功能于一体的写作风格，与政治生活更贴切，有说服力，能在对人民群众进行的现实主义教育中发挥更大的作用。[1] 林豆豆本人也从事报告文学创作，其中有些作品还被译成英文，并于1967年在《中国文学》上发表。

然而，报告文学不大适合延安《讲话》以及"座谈会纪要"所反复强调的要求，即文学"应该比普通的实际生活更高，更强烈，更有集中性，更典型，更理想，因此就更带普遍性"。[2] 这种几乎是亚里士多德式的文学观在"文化大革命"的头几年里完全被忽视，作家除

---

[1]　林豆豆："林副主席论写作"，《火炬通讯》（1968年7月）。

[2]　"座谈会纪要"，第231页。

了写些对当前政治目的表示积极支持的作品外，对其他任何题材均不敢轻易动笔。1967—1971 年期间，《人民日报》和《红旗》杂志从来没有肯定地评论过一篇现代或古典小说，也没有肯定地评论过任何一位诗人的一篇诗作。当然，毛泽东的诗是例外。但是，这些诗尽管在政治论文中常被引用，却从来不会受到文学批评。

1971 年 9 月林彪死后，文学创作的局面才有所改观，变化的标志是《人民日报》于 1971 年 9 月 19 日刊登了郭沫若的几首诗。我们不妨回忆一下 1966 年 4 月 "文化大革命" 正式宣布开始前，郭沫若受命充当的角色，就是用可怜的自我批评形式告知全国等待着知识分子的将是什么。他此次发表的诗，主题是政治的胜利以及由此而赢来的多姿多彩的美好生活。郭沫若通过对新疆生活和自然风景的描写，借机激发作家们重新提起他们的笔杆：

> 云笺天上待诗篇。
> 一池浓墨盛砚底，
> 万木长毫挺笔端。[①]

1971 年 11 月，郭沫若还发表了一部研究李白与杜甫的著作，旨在鼓励对古典文学进行更多的研究。尽管郭沫若没有回避历史唯物主义的解释，但其作品得以出版这一事实已意味着恢复了对历史的研究。

1971 年 12 月 16 日，《人民日报》发表毛泽东的讲话："希望有更多的好作品问世"，证实了文化气候的转变。毛的干预只能被解释为试图将文学从被 "文化大革命" 拖入的死胡同里解救出来。林彪坠机后，他和江青组织的上海座谈会的观点不再被采纳，因此亟须重新阐明文艺政策。1971 年 12 月 16 日，《人民日报》发表社论，试图填补这一空白。社论强调中国文学的连续性，认为文学必须为工农兵服务，而文学中的英雄人物都应有无产阶级背景，从这一方面来说，

---

① 引自《中国文学》英译本第 1 期（1972 年 1 月），第 52 页。

"革命样板戏"如现代京剧，就值得学习。社论说，必须继续批判刘少奇一类政治骗子所鼓吹的反马克思主义观点，肃清"修正主义文艺黑线的余毒"。然而，仅仅批判是不够的，还应当有新的、富有创造力的作品问世。因此，凡具有革命内容、形式健康的文学作品，不管是业余作者或是专业作家创作的，都应予以鼓励；而只要作者以马克思主义世界观为指导，任何文艺流派都可以发展。

虽然"以马克思主义世界观为指导"这一条是潜在的严格约束，但社论对新的文学创作仍是一种鼓舞。自从"文化大革命"开始以来，只有为数不多的几个合著或无名氏的诗集出版，诸如《颂歌献给毛主席》、《千歌万曲献给党》等，这些诗集都保持了"大跃进"期间所形成的业余写作的传统。如今，诗人单独出版自己的诗集再次成为可能。1972 年，张永枚、李学鳌、李瑛和贺敬之（《白毛女》原著作者之一）都出版了诗集。这些诗集在"文化大革命"前曾出版过，所以包括了早期版本的一些诗作。毫无疑问，他们的作品对生活充满了马克思主义的乐观态度，但斗争的主题相对不明显，而更多体现的是社会主义美好生活的神话。李瑛的作品尤为如此，他极力要把乡村的生活写成"世外桃源"。①

小说创作的恢复，只有在把虚构的文学故事与政治文件材料区分开后才有可能。1954 年因猛烈抨击俞平伯对《红楼梦》的解析而开始其评论家生涯的李希凡，"文化大革命"开始后一直保持沉默，但 1972 年却发表了一篇论述鲁迅的重要文章。李希凡认为，故事的主人公没有必要就是故事的作者。他说，鲁迅的故事都是虚构的，并不是发生在鲁迅身上的事。② 李希凡的观点不但使对所谓修正主义作家的批判失去根据，而且对新小说的创作也起了鼓励作用。小说不同于报告文学，也不同于历史纪实。高玉宝在谈他的小说《高玉宝》是如何写成的时，也提出了这个观点。《高玉宝》首版于 1955 年，英文版译为

①　见他的诗"笑"，载李瑛的《枣林村集》第 71—73 页；《中国文学》英译本第 8 期（1972 年 8 月），第 33—35 页。
②　李希凡："旧式的知识分子"，《中国文学》第 12 期（1972 年 12 月），第 24—32 页。

《我的童年》。1972年小说的修订版发行时，高玉宝声明：《高玉宝》不是自传，我是把它当做小说来写的。高玉宝引用延安《讲话》解释道，小说所反映的生活应具更高层次，比现实生活更具典型性。[①]

1972年出版的小说绝大部分是再版本。李云德、黎汝清、高玉宝以及浩然的小说均属此列。尽管浩然同时还开始写一部新的小说——《金光大道》，但他对“文化大革命”的政治斗争却避而不谈。事实上，绝大多数在1966—1976年发表作品的作家都小心翼翼地绕开1960年以来的政治发展。1967年，有消息传胡万春正着手写一部关于红卫兵的小说和一篇关于上海“一月风暴”的短篇小说。[②] 但由于官方对红卫兵和上海“一月风暴”的评价不断改变，所以，这两篇小说最终没有问世，其原因也就不难理解了。

金敬迈提供了另一个相反的例子。1965年，他的小说《欧阳海之歌》在《收获》杂志上发表，同年又出版成书，1966年4月，出了修改后的第二版，后来又作了进一步的修改，并于1967年5月再版。[③] 欧阳海1963年死于一次事故，这位军队英雄的事迹是金敬迈这部小说的主要素材。在小说第一版里，金描写了刘少奇《论共产党员的修养》对欧阳海的积极影响，后来他修改了这一段，加进了涉及毛主席著作的内容，还赞扬了林彪。1971年林彪失宠，这种改法又过时了。最后，到1979年出了新版，但又出早了，它没来得及增加对已故的刘少奇的赞颂。

《欧阳海之歌》的命运代表了中国小说家进退两难的处境。一方面，他们有责任表现社会主义革命中英雄人物的形成，但是一旦进入细节，提及最新的政治指示和文件，他们就冒着这样的风险：在其小说准备付印时，党的路线可能已经变化。如果党的路线不因政治、经济形势的变动而变化，或至少不像60年代末和70年代那样变得眼花

---

① 高玉宝：“我是怎样成为一名作家的”，《中国文学》第6期（1972年6月），第111—118页。

② 红卫兵报纸《井冈山》1976年4月7日；《北京工人》1967年5月27日。

③ 详细情况见D.W.福克玛：“‘文化大革命’中的中国文学”，《东西方文学》1969年第13期，第335—358页。

缭乱，那么，服从党的路线（党的精神）和艺术概括（典型化）之间的进退两难的处境就会有所好转。

　　小说除了要优先反映人民共和国的早期历史外，还有其他许多禁锢。小说是没有什么心理活动余地的，因为小说的主人公都要有几分马克思主义知识，而马克思主义有使主人公在困难的情况下化险为夷的威力。小说的作者及小说中的主要人物都是性格外露的人，所进入的是一个假想的客观世界，没有时间也没有理由去反省和怀疑，因为据说马克思主义能为实现正确的目标提供正确的指导。如果主人公的动机没有心理条件为基础，作者就必须从社会和经济的决定因素中寻找动机——总而言之，从阶级冲突中寻找。实际上，1966—1976年间的所有小说都是冲突的小说，所有的冲突，根据毛泽东的说法，归根结底都是阶级的斗争（阶级斗争是不可能和人性发生冲突的，因为毛泽东不承认超越阶级差别之上的人性的存在。此外，与自然灾害的斗争也被当做阶级斗争来解释，因为不同的阶级对灾难会有不同的反应）。

　　不过阶级斗争可用不同的手法来处理：（1）公开的阶级斗争，它的弊端是从开头就能预知到结局；（2）隐蔽的阶级斗争，它却可能引诱作家以赞赏的笔调描写阶级敌人，以怀疑的手法写无产阶级英雄；（3）类似阶级斗争，把斗争变为一种误会，一次考验，一场玩笑。中国作家一直很喜爱这后一种办法，如浩然，他在作品中用类似阶级冲突的手法描绘出相当于一首文学的田园诗，一个没有麻烦问题的社会。[①]

　　虽然人物刻画的规则在"文化大革命"过程中时有变化，但下面的概括是有根据的：70年代初，小说中（以及小说外）的阶级敌人以前是一个地主或富农，一个国民党员，一个书呆子，一个官僚，或一个自私自利的人，通常他是一个老头，如果是年轻人，他受了在资本主义旧社会腐化了的老者的欺骗。阶级亲人是穷人，出身无产阶级，是党委委员，他们与其他进步人士保持良好关系，并关心别人。

　　还有下列变化："文化大革命"头两年中，一种倾向是把共产党员的党票授予有缺点的英雄，如1967年版《欧阳海之歌》中的一些

----

① 　如《艳阳天》，译文出自《中国文学》第4期（1972年4月），第13—28页。

章节。但很快就不允许了，党员的身份留给了完美的英雄，如同"文化大革命"前一样。学习材料也从"文化大革命"头几年赞扬有缺点的英雄变为后来几年赞扬完美的英雄。自传体小说《高玉宝》的作者骄傲地把其中的一章定名为"我要读书"。中国作家须为某种政治目的而改变敌人和英雄的性格，这使作家的创作任务更加艰难了。事实上，作家在写小说时便是当时政治形势的俘虏，他必须不时修改写作计划，以适应要他遵守的政治指示。一旦政治形势变化，作者必须修改作品，如同前面所提到的几位作家一样。

长篇小说适应不了这种变化的要求，而短篇小说和诗歌这样较短的形式则游刃有余。这种要求也有利于舞台演出：京剧、歌舞及现代话剧，它们都靠口头表演，因此容易随莫测的政治气氛的变化而作出调整。

现代革命题材的京剧样板戏

1949年以来一直在进行京剧现代化的尝试，《白毛女》是（1958年）第一批现代京剧之一，它源自一出传统秧歌戏，"文化大革命"期间，它的情节被编为一出同名芭蕾舞，并被列入几出"革命样板戏"之列。"革命样板戏"这个名词是江青1967年11月12日提出的，[①] 她把这一时刻视作与文化部门在演出传统戏问题上作斗争的一个胜利（虽然事后发现这场胜利付出了很大代价）。在1964年6—7月间举行的现代题材京剧汇演中，彭真、陆定一坚持仍可上演历史剧。陆定一主张上演那些"好的传统剧目，例如三国戏，水浒戏，杨家将戏等。也不反对演出一些好的神话戏，例如大闹天宫、三打白骨精等"。[②] 在参加汇演的戏剧工作者出席的一个座谈会上，江青的讲话却大异其趣：

---

① 参见 D.W. 福克玛："毛主义的神话及其在新京剧中的体现"，《亚洲季刊》1972年第2期，第341—361页。

② 陆定一："在京剧现代戏观摩演出开幕式上的讲话"，载《文化战线的一个大革命》，第68页。

　　当然，要在不妨碍主要任务（表现现代生活，塑造工农兵形
象）的前提下来搞历史剧。传统戏也不是都不要，除了鬼戏和歌
颂投降变节的戏以外，好的传统戏都尽可上演。[①]

　　这里，陆定一和江青都提到了那些将鬼神拟人化的戏应否上演的
问题。1961年，吴晗曾从历史观点为上演鬼戏辩护。[②]

　　然而，这不单单是岌岌可危的鬼戏上演的问题，而且也涉及神话
及传统道德的价值。在《矛盾论》（1937年）中，毛泽东曾分析道：
"最好的神话具有'永久的魅力'（马克思）。"[③] 吴晗曾引用了这句
话。对禁演传统戏的反抗加强了，这显然得到了毛主席的支持。《人
民日报》1966年12月4日报道，江青对京剧现代化的尝试由于缺少
京剧团体的合作而长期受挫，到1966年，北京京剧一团、中国京剧
院及其他几个剧团并入军队并实行军事化管理后，情况才得以改变。
直至此时，拥有人民解放军文艺工作顾问正式头衔的江青，才得其门
而入，着手实施她的京剧现代化计划。从意识形态观点来说，这项工
作极其重要，但也应该提提数量方面的问题。现代话剧从来没有像京
剧那样普及。1964年，中国有3000个专业剧团，而据江青说，只有
不到100家剧团在演现代戏，2800多个专演各种传统戏。[④]

　　1967年11月被江青封为戏剧样板的五个现代题材的京剧剧目
是：《奇袭白虎团》、《智取威虎山》、《沙家浜》、《红灯记》、《海港》。
其中没有一个是"文化大革命"的产物；头两个戏的剧本最早完成于
1958年，其他几个1964年以后就有了。[⑤] 不过，在重新改编后的剧

---

① 江青："谈京剧革命：1964年7月在出席京剧现代戏汇演的文艺工作者座谈会上的讲
　　话"，《中国文学》第8期（1967年8月），第120页。
② 吴晗："神话剧是不是宣传迷信？"，《中国青年》1961年第15期。
③ 《毛泽东选集》第1卷，第341页。
④ 江青："谈京剧革命"，第119页。
⑤ 参见赵聪《中国大陆的戏剧改革》。样板戏被拍成了电影，它们是"文革"期间制作的
　　仅有的几部电影，1966年前拍的电影几乎全被打入冷宫。见保罗·克拉克："70年代
　　的电影业"，载于邦尼·S.麦克杜格尔主编的《中华人民共和国的通俗文学和表演艺
　　术（1949—1979）》，第177—196页。

本里，舞台上再现了毛主义的道德观，并试图制造一个毛主义的新神话。

除《海港》外，它们的题材都涉及战争和反抗。新的毛式英雄的确切形象应该怎样，并不是一下就明白了的，剧本经过了反复的修改。《智取威虎山》剧本1967年有一版，1969年10月又出了一个修改本，它没有提到前一个版本，这是一个独特现象，好像要有意抹掉历史。《智取威虎山》的剧情取材于1957年出版的曲波的长篇小说《林海雪原》。与上述情况相类似的是，在欢天喜地讨论这出戏时，却完全对原小说置之不理，这也许可解释为对剧本历史的一种否定态度。有一次还以诋毁的态度对1967年以前该剧本的历史进行了讨论。在众多剧本的修改过程中，主要人物的形象都曾作了美化，这一点是很明显的。为了增加可信度，杨子荣最初被描绘成一个带有土匪习气的人，他哼着黄色小调，和他的对手座山雕的女儿调情。但"文化大革命"开始不久，就有人对此作了重新审议，并删去了上述情节。杨子荣原来的形象被斥为"宣扬刘少奇反革命盲动主义、冒险主义、军阀主义军事路线的活典型"。[①] 重新塑造的杨子荣这一角色，为仿造毛式英雄提供了榜样，并被赋予了清教徒式的面目。

1963年开始宣传战士模范和工人模范，京剧样板戏中英雄人物的道德风范从这些英雄模范中获得灵感。雷锋、欧阳海、王杰、麦贤得是这些模范人物中的著名榜样，而他们又是从张思德的事迹中得到了启发。在中国，模仿英雄人物的历史就同儒家学说那样源远流长。纪念张思德就是制造毛式英雄的肇始，张思德因毛泽东1944年发表的简短而重要的讲话《为人民服务》而名垂千古。在"文化大革命"期间，这篇文章是所谓的"老三篇"之一，并印行数百万册。张思德是中共中央警卫团的战士，1933年参加革命，经过长征，在执行任务时负过伤。1944年在陕北安塞县山中烧炭时，因炭窑突然倒塌而牺牲。他死于大火。

---

① 上海京剧院《智取威虎山》剧组："努力塑造无产阶级英雄人物的光辉形象：赞扬杨子荣等英雄形象的塑造"，《中国文学》第1期（1970年1月），第62页。

张思德能作为所有现实和文学作品中毛式英雄榜样的原因，在于他为革命而尽职尽责，为革命而英勇牺牲。他在军事和生产战线两方面都很出色，这是典型之处。在张思德身上，人们看到了从事生产的游击战士和随时准备战斗的工人的形象，很重要的是，他没有看到共产党政权的建立，他不过是从不间断的革命连环中的一环，这场革命是永无止境的。1967 年秋，以他的事迹为剧情，上演了一出名叫《张思德》的戏，在北京引起了很大的兴趣。

京剧现代戏中的英雄人物，包括清教徒式的杨子荣，都与张思德有许多共同特征。他们与张思德一样，对毛泽东忠贞不渝，富有纪律性和战斗精神，毫不利己，坚信共产党一定胜利，其中最有意思的一个英雄人物是样板戏《红灯记》里的李玉和。1970 年发表在《红旗》杂志上的该剧剧本是根据翁偶虹和阿甲的老剧本改编而成的，以适应对毛泽东的个人崇拜。铁路扳道工李玉和须将一份密电码送到一支游击队手中，但未能完成任务，他的女儿继承了他的事业，这样，革命工作没有中断。由这位扳道工的红灯所代表的革命传统由父亲传给了女儿。他在日本人的严刑拷打下坚贞不屈，为使革命继续进行而牺牲了自己的生命。这出戏没有什么战斗场面，李玉和在日本人的监禁下顽强反抗是本剧的主题。按京剧套路所要求的传统方式，李玉和受刑后在舞台上跌跌撞撞，控制着自己的姿势，他的身上血迹斑斑，而其精神却是不可战胜的。

为表现符合毛主义道德规范的英雄，京剧这个形式显然是提供了受人欢迎的机会，它场面壮观，故而心理刻画虽大大减少但仍引人入胜。在京剧场面里，有传统的唱段和音乐，有高度表达主题的手势和动作，有武打动作以及舞台艺术。但是为了表现革命的理想而回到传统的风格，颇有点自相矛盾。在道德标准上，毛主义和儒家学说有某些相似之处，但不很多。儒家学说也树立楷模，也是教训人的，毛主义和儒学都从空想中汲取了力量。另一方面，儒家理想中的廉正的清官（如《海瑞罢官》所表现的）是从他们个人的义务感和诚实感中汲取道德力量的，这与列宁的顺从思想是不相容的——列宁将革命比喻成机器，人则是机器中的一个"齿轮"。这一差异可能与当代远为发达的通讯系统有关（但不能完全这么解释），如果没有无线电和电话，"文化大革命"也许不可能发生，这个假定似乎是正确的。

在某种程度上说，毛式英雄与儒学以外的传统有关，例如侠客传统，他们机灵、愚忠、扶弱济贫，这些品格在传奇小说均有描述。一个不同点是，毛式英雄盼望共产主义社会，而侠客通常忠于被推翻的朝代；另一个不同点是，如同詹姆斯·J.Y.刘①所解释的那样，侠客一般都是独来独往我行我素的江湖英雄，自己认为怎么合适就怎么干，无须征求他人意见，也不管当权者持何态度，而毛式英雄符合列宁的比喻，必须遵守党的纪律，必须按最新的意识形态规定来表现。作为政治家手中的工具，毛式英雄在制造一个新的神话方面是不成功的，京剧样板戏的观众们对于倾轧、敲诈、非法拘监、自杀、暗杀太了解了，他们是不相信那些戏剧化的共产党员的行为举止的。

1976年和"伤痕文学"的产生

1976年4月的清明节几乎是专门用来纪念当年1月逝世的周恩来总理的。在北京，成千上万的人聚集在天安门广场，他们献花圈、发表讲演、朗诵诗歌，想以此来悼念总理，联想到"五四运动"，这次自发的示威被冠以"四五运动"之名。但是，工人民兵、警察被用来镇压这场示威，4月8日的《人民日报》称示威为反革命运动。"四人帮"的这个定性直到两年多以后，即1978年11月21—22日，才被揭发和推翻。此后，过去只能秘密流传的悼念周恩来的诗集，得以正式出版。

只是在推翻了对天安门事件的结论以后，文化气候才开始有了决定性的变化。"文化大革命"期间受批判、遭逮捕的作家恢复了名誉，这又被看做新的信号：新政治领导人赞成对文学艺术采取一项不同的政策。

1978年公开平反的有：艾青（诗人，1957年遭批判，1958—

---

① 詹姆斯·J.Y.刘：《中国文史中之侠》。

1976年被送到新疆劳动改造）、周立波（小说家，1966年受迫害）、周扬（文艺理论家，官员，1966—1967年坐牢）、刘白羽（短篇小说作家，官员，1967年受批判）、夏衍（剧作家，官员，1965年受批判）、欧阳山（小说家，1965年受批判）、王若望（评论家，短篇小说家，1957年和1962年受批判、坐牢）。

1979年平反的有：陈荒煤（评论家，1966年遭迫害）、周而复（小说家，1969年遭批判）、廖沫沙（杂文家，1966年遭批判）、刘宾雁（短篇小说家，1957年受批判）、丁玲（小说家，1955年、1957年遭批判，1958—1970年被送到东北劳改，1970—1975年坐牢，1975—1978年在人民公社）、王蒙（短篇小说家，1957年遭批判）、吴强（小说家，1968年遭批判）、阳翰笙（剧作家，1966年遭批判）、杨沫（小说家，1967年遭批判）。

对有些作家来说，平反来得太迟了。1978—1979年间，被宣布平反的已故作家有：赵树理（小说家，1967年遭批判，1970年死于狱中）、冯雪峰（评论家，诗人，1957年遭批判，1976年因长期患病而死）、老舍（小说家，1966年遭批判，同年自杀或他杀）、柳青（小说家，1967年被捕，约在1977年死于狱中）、罗广斌（小说家，1966年遭批判，1967年自杀或他杀）、邵荃麟（文艺理论家，评论家，1964年遭批判，1971年死于狱中）、陶铸（评论家，官员，1966年被捕，1969年死于狱中）、邓拓（杂文家，1966年遭批判，同年自杀或他杀）、田汉（剧作家，1964年遭批判，1966年被捕，1968年死于狱中）、吴晗（剧作家，杂文家，1965年遭批判，1966年被捕，1967年自杀）。

平反通常是无条件的。邓拓的《燕山夜话》（1961—1962年）曾于1966年5月遭到最残酷的批判，1979年，北京出版社重印了15万多册。其他在"文革"期间受迫害的作家的作品也得以重新发行。最后，胡风（1955年被捕）于1981年获得平反。同时，中国古典文学作品及30年代的文学作品、欧洲文学作品被重新发掘出来了。1978年出版了巴尔扎克、高尔斯华绥、萨克雷、马克·吐温、莎士比亚作品的译本，这一势头在以后几年里继续发展。

　　在新作家中，刘心武是第一个尖锐地涉及"文化大革命"恶果的作家。他的短篇小说《班主任》（1977 年）引起了全国的瞩目，[①] 它触及了被"文化大革命"牺牲了的年轻人的犯罪及犯罪渗入他们正常生活的后果，卢新华是另一位很快就声名鹊起的年轻作家，在小说《伤痕》（1978 年，也译作《伤口》）中，他按毛泽东去世、"四人帮"被捕后剧烈变化的政治气氛，分析评价了一个所谓进步的女儿和她所谓修正主义分子的母亲之间的关系。这篇小说获了奖，并被收入一短篇小说集再次发行。[②] 这部短篇小说集引起了广泛的注意。卢新华的小说成了"伤痕文学"的典型，这是描写正直的人们在"文化大革命"中受害的文学。这种暴露文学确实具有真诚的激情，但看来它们也服务于一个政治目的：加强了旨在彻底消除"文化大革命"后果的邓小平派的力量。加入清算"文化大革命"理论和实践的队伍的作家还有：陈国凯、茹志鹃、高晓声、王亚平。他们的作品也时常影射"大跃进"。刘宾雁和王蒙是 1956—1957 年"百花齐放"期间活跃一时的作家，现又重新登场，并异常活跃。

　　偶尔也有人提出这样的问题：夸大"文化大革命"的消极面是否明智？1979 年 7 月 31 日，李准在《人民日报》提出对（"文化大革命"中）道德败坏和经济混乱情况的描写要有节制。王若望，这位反右运动的受害者在谈到同一问题时则为揭露"文化大革命"的伤痕小说辩护。周扬以全国文联副主席的身份支持王若望的观点。[③] 周扬在度过了 10 年牢狱生活后，已恢复了 1966 年以前的众多官衔，但是他的权威已不能同"文化大革命"以前同日而语了，这不光是因为他老了，而且他现在也希望与他过去在反右运动中反对过、甚至将他们投入监狱的作家如刘宾雁（短篇小说家，1957 年受批判）、丁玲、王若望等人合作。在为王若望辩护时，他解释道，延安《讲话》提供了行

---

① 刘心武：《班主任》，《人民文学》1977 年第 11 期，第 16—29 页；英译本《中国文学》1979 年 1 月号，第 15—36 页。

② 卢新华：《伤痕》，《1978 年全国优秀短篇小说评选作品集》，第 244—258 页。

③ 周扬的意见见《中国文学》第 1 期（1980 年 1 月），第 94—95 页。

动的准则，但不能作教条的理解。与上海座谈会相反，他强调文学创作的特殊性："领导经济工作，不能违反经济规律……领导文艺工作，也应当按照艺术规律办事，否则，也会失败。"[1] 虽然周扬没有详细阐述"文艺规律"，但在党性与人物典型化的紧张关系中，他打算把全部重点放在艺术创作，或者说"典型化"之上，这一点是很明确的了。和周扬一样，其他评论家也都提到了"百花齐放"时期曾经争论过的问题，旧话题又被重新提起，有时是被原来的同一个倡导者——如果他们幸免于"文化大革命"之难的话。开明的评论家强调艺术和宣传的不同，并倡导扩大现实主义这个概念的内涵，王若望和秦兆阳是其中的两位。

1981 年因剧本《苦恋》而引起的争论，在国内和国外都被认为是对创作自由的一个考验。4 月 20 日，《解放军报》指责作者白桦否定爱国主义，对党的政策不满。白桦和刘宾雁曾是 1979 年第四次文代会上最大胆的直言者中的两位，他们悲叹虚伪在增加，不敢相信朋友，不敢保留日记。白桦还赞扬了独立思考的青年作家的勇气和能力。[2] 两年后，他的作品遭到了批判，在评价这广泛批判时，不应忽视的是白桦是解放军文化部门的一名军官，这使他的案件特别微妙。此外，人们从一开始就被告知，这场批判不是一场反对作家的运动的开端。迟至 1983 年 7 月，《北京周报》突出报道了白桦在继续从事创作，最近曾有他的一出戏在北京上演。对白桦的批判不仅显示了创作自由的限度，而且还表明了中国共产党的两难困境：如何允许中国知识分子有相当程度的自由，而又不使这种自由打乱以至完全破坏党所喜爱的意识形态结构。也许，这种两难困境只有到共产党停止对文化生活的监督以至最终解除党对文学艺术新潮流的责任之时才能摆脱。

保守的共产党领导人及他们在知识界的代理人日益担心中国知识分子使用与"公开性"（glasnost）相类似的用语。他们利用邓小平

---

[1] 周扬："也谈谈党和文艺的关系"，《红旗》1979 年第 11 期，第 27 页。

[2] W.J.F. 詹纳："1979 年：中国文学的新开端"，《中国季刊》第 86 期（1981 年 6 月），第 294 页。

本人对混乱局势的憎恶，于 1983 年下半年至 1986 年初发动了短暂但有恐吓性的反"精神污染"运动，并于 1987 年初清理了像作家刘宾雁、物理学家方励之、马克思主义理论家苏绍智、大编辑王若水这样杰出的知识分子。这场清理是紧随 1986 年学生示威、胡耀邦被撤销总书记职务之后的事。但是，作家的自由仍然比 1949 年以来的任何时候都大。至少，文学创作很快就与"文化大革命"时代大不相同。虽然社会和政治条件仍决定着文学的主题，但也与"文化大革命"时的情况有极大的不同，流行题材很多，有官僚权力与个人责任之间的关系、希望与幻灭、母女关系、父子关系、爱情、艺术创作、贪污、犯罪、裙带关系等。

由于有了心理描写的新的机会，王蒙（后来当了文化部长）和茹志鹃便尝试运用意识流的技巧及叙事手法。意识流可以不遵循事件的时间顺序。中国小说中出现的自我反省，作为一种文化价值，其重要性估计再高也不算过分。每人凭自己良心作出决定，而不再无条件服从党的指示。不管这一趋势的政治前途如何，至少它产生了活生生的、多种多样的文学成果，完全使江青曾经保护过的十几个样板戏作品黯然失色。

第四篇

共产主义统治下的
生活和文学

第 九 章

共产主义统治下的农村

毛泽东在他著名的《湖南农民运动考察报告》中描述了"束缚中国人民特别是农民的四条极大的绳索"。这些绳索代表了四种权力的束缚：

> （一）……国家系统（政权）；（二）由宗祠、支祠以至家长的家族系统（族权）；（三）由阎罗天子、城隍庙王以至土地菩萨的阴间系统以及由玉皇上帝以至各种神怪的神仙系统——总称之为鬼神系统（神权）。至于女子，除受上述三种权力的支配以外，还受男子的支配（夫权）。这四种权力——政权、族权、神权、夫权，代表了全部封建宗法的思想和制度。[①]

为取得政权，中国共产党人努力通过砸碎这些权力的束缚建立起一个农民支持的政权基础，并且他们在 1949 年取得政权后，仍坚持不懈地实现这一进程。虽然他们所做的努力确实促成了中国农村生活结构的重大变化，但传统的农民生活方式似乎比共产党指望的更具有弹性，生活方式方面实际发生的变化也与他们的初衷大相径庭。

[①] 毛泽东："湖南农民运动考察报告"，《毛泽东选集》第 1 卷，第 44 页。

建立一个新的经济和政治制度，
1949—1955年

中国农村社会的结构

即使在今天，当中国农民讨论他们村庄的大小时，也通常指有多少户而不是有多少人，这是把个人主要看做一个家庭（他的或她的）的亲属的长期传统的结果。作为中国农村基本生活单位的家庭，最理想的是一对夫妇和所有的儿子、儿媳及孙子、孙女几代同堂。然而，实际上，这种大家庭的理想很少能实现，因为维持这样一个大家庭需要中等以上的家产，并要依赖十分娴熟的理家经验处理人与人之间的关系。[①] 比较典型的家庭通常只有一对夫妇和他们的孩子，可能还包括丈夫年迈的双亲。中国家庭基本的社会结构历来是家族制和家长制，丈夫比妻子权大，父母比儿子权大，年长者比年轻人权大。把家庭看做凌驾于家庭成员中的任何个人之上已经成为一种生活的准则。某种程度上，家庭除在世的外，还包括死去的祖先，由此产生的特定的伦理责任是基于一种广泛的血缘关系。在这种广泛的血缘关系里，以叔叔、伯伯、侄子、堂兄弟等为代表的男性通常靠直系的关系形成了家庭中的核心。在共产党解放中国以前，这个家庭单位的经济基础是一小块土地，拥有一小块土地是他们的理想，但通常只能租地，生产的粮食除了自己家里吃以外，还拿到当地市场上变卖，换一些生活必需品。

虽然家庭是农民社会生活的中心，但传统的中国农民家庭生活是不能自给自足的。许多户农民同住在一个村子里，户与户之间经常沾亲带故，他们以复杂的方式进行互相协作、互相竞争。[②] 村民们经常

---

① 关于这方面的分析，请看林耀华《金翅：中国家族制度的社会学研究》；杨庆堃：《共产主义革命中的中国家庭》；马杰里·沃尔夫：《李家：一个中国农民家庭的研究》。

② 见莫顿·弗里德《中国社会的组织：对中国一个县城的社会生活的研究》；施坚雅："中国农村的集市和社会结构"，《亚洲研究杂志》第 24 期（1964—1965 年）。

到村外去买和卖、借和贷，为他们的儿子寻媳妇、为女儿找婆家。或是寻找政治保护和求神灵保佑。这些活动通常集中在一个市镇上，市镇可能是18个左右村庄的经济和社会中心。在这样的市镇里，你会发现粮店和木匠铺、诊所和钱庄，以及各种各样的酒店、茶馆和寺庙。定期地，也许每五天，或者有时每三天或每隔一天有次集市，周围村里的人们混杂在人群中与来回吆喝的小贩们讨价还价。集市上，从蔬菜、家畜到衣服和手工农具等东西都可以买卖。

然而，这种本地市场关系从来不纯粹是经济关系，还受习俗的驱使和深刻在人们心中的人与人交往中的忠诚的影响。台湾的一位农村妇女，在与人类学家马杰里·沃尔夫谈起农村小店店主的苦衷时，指出：

> 如果你没有很多钱，开一个乡村小店真很困难，因为你认识了几十年的邻居和所有亲戚没钱却来要东西，你不得不给他们。你知道，有时如果你卖给这个人东西，他却不给你钱，当你要他付钱时，他就会暴跳如雷，说你不尊重他，并且跑到周围的人那儿说你侮辱了他的家庭。假如你不卖给这些人，他们就对你很生气，但如果你给了，你就不可能赚钱。在乡村开店确实很难。[①]

中国农民经常谈起每天生活所必需的超越家庭关系的一个词"Kan ch'ing"，这词的实际意思就是"感情"，这种关系通常的意思是指施恩的长者与接受恩惠的少者之间的联系。在传统的农村生活中，每份"感情"皆有所不同，其力量和弹性取决于亲属一方的个人性格和通过各种关系换来的物质和精神财富精确的数量和质量，以及"感情"发展的特定历史。[②]

中国共产党取得政权后，中国人生活的这种基本结构在社区安排

---

① 马杰里·沃尔夫：《李家：一个中国农民家庭的研究》，第22页。
② 莫顿·弗里德在《中国社会的组织》一书第99—134页中提供了有关这些忠诚方面最系统的分析。

方面在全国各地都发生了很大变化。村子的规模和社区固定的方式南北方各不相同，南方一些地方每个村庄可能有 500 户人家（约 2500人），每家都认为他们是同祖同宗，组成了单一的共同家族，这个家族中的几个长者是正式的领袖。[①] 而中国北方一些地方的社区可能只有 50 户家庭，这些家庭代表几个不同的家族。市场网络的规模和复杂性方面也不相同。

经济和社会差别的具体情况在村与村、集市区与集市区之间也有很大的不同。几乎所有的村都被分成两部分，一部分家族土地很多，而另一部分则很少。那些土地很多的家族自己种不过来，就把他们剩余的地租给那些缺地的人家。一些地主通过出租土地获得的收入就足以养活自己，因此他们不需要自己再下地干活。其他不够富裕的地主除了出租土地获得的收入外，自己也种地。完全靠租地耕作的家庭，常常必须把 40％的收成作为租金交给地主。在大部分村，总有一些无法租到土地的家庭，因此就被迫做雇工。但是地主与"贫雇农"的比率各地差别很大。在一些土壤非常肥沃的地区，地里收成很好，拥有土地便成了一项非常赚钱的投资，村里贫富两极分化，一部分是家产万贯的地主，另一部分是一大群佃农。在土地较贫瘠的地方，有一小块能养活自己的土地的中农居多，只有少数地主过着表面富足实际贫穷的生活，贫农和雇农相对也要少一些。同样，有些集市区是由财富和势力相当的村子组成，而其他集市区则明显不同。[②]

地多与地少的人之间的关系在本质上也很不一样。许多有钱的地主已经离开村庄到了城里。家里没有人来管他们的佃农。因此，往往由当地一些残酷的中间人来代管，穷人非常恨这些贪得无厌的寄生虫。其他地主，可能还不是特别有钱，仍住在本村，他们靠血缘关系或者靠强有力的"好感"来管理他们的佃农，血缘关系和"好感"至

---

① 有关这方面的权威的社会学研究，请看莫里斯·弗里德曼《中国东南的家系组织》。

② 在中国共产党取得政权以前，就有不少人论述这种差别，如杨庆堃《一个向共产主义过渡初期的中国乡村》；威廉·欣顿：《翻身：中国乡村革命的证据》；伊莎贝尔和戴维·克鲁克：《一个中国乡村的革命：十里店》、《十里店：一个中国乡村的群众运动》；莫顿·弗里德：《中国社会的组织》。

少使一部分佃农对这些地主很忠诚、很尊敬。[1]

每个社区贫富的实际情况各不相同，并不断在变化。即使在收成好的年份，许多穷人家庭粮食还是不够吃，更不要说治病和婚丧嫁娶了。农闲季节家里的一些人能到城里干点手艺活的这种家庭一般能维持生计。三四十年代社会和政治的动荡引起巨大的社会变迁，因此，许多地主因战乱、经商亏本、抽鸦片或赌博而破产。也有许多中农甚至贫农一下子暴富起来（绝大部分是通过走私鸦片等非法活动发家的）。[2]

所有这些复杂的因素常常导致中国共产党所称的中国农村"阶级觉悟水平低"。贫雇农没有充分意识到为了共同利益，须要团结起来反对本村有钱的地主。的确，当大多数农民第一次听到共产党的阶级分析理论时，觉得这套理论是外来的，感到很新奇。这个理论首先包含了一些新术语：乡村社会被分成"地主"、"富农"、"中农"（以后更进一步分成"上中农"和"中农"）、"贫农"和"雇农"。虽然村民们都清楚地知道他们在当地社区中的经济和政治差别，但他们平常不爱使用这些词，来明确与有权有势阶层之间的差别。[3] 甚至当他们学会使用这些词时，他们也不一定认识到他们以前的忠诚是由这种差别决定的。共产党的土地改革运动就是根据这种设想，认为人的主要利益和人的主要义务应该这样来决定。

土改运动的目标是瓦解这种"封建家长式"的关系（地方社会就是通过这些关系而组成复杂形态的），并以重新组织的、阶级分明的结构取而代之。但中国社会的结构与这种简单的划清界限是相抵触的。当土地改革的进程触及那种生活结构时，它产生了丰富多彩的人类实践经验的类型，而这些类型与共产党对土地改革应该如何进行的官方规定又不完全适合。

---

① 莫顿·弗里德：《中国社会的组织》，第104—109页。
② 关于这种复杂情况的分析，见杨庆堃《一个向共产主义过渡初期的中国乡村》。
③ 理查德·马德森：《中国农村的伦理和权力》，第72—80页。

土 改

土改的历程各不相同,这首先取决于土改发起的确切时间。在共产党所称的"老革命根据地",如陕西延安周围,在 20 世纪 30 年代中期就已经建立了共产党,这里的土改是在迫在眉睫的内战烟云笼罩着政治和心理的气氛下,于 1946 年刚过就开始的。指导这次土改的政策是激进的,强调彻底剥夺富人的财产,鼓励使用暴力。在这种情况下,常常发生如刘少奇后来所述的"不加区别的乱打滥杀现象"。[①]有时一些村民把土改作为清算个人宿怨的借口,将自己在村里的冤家对头划为地主,而实际上这些人最多只能划为中农。当"斗争的成果"——重新分配的富人财产——根本不足以使贫农们摆脱贫困时,贫农们就试图把那些仅比他们拥有稍多一点土地的农民重新划为地主和富农。[②] 这些漫无约束的农民的激进主义常常由于其摧毁了擅长耕作的农民从事农耕的积极性而导致经济上的危机。毛泽东 1948 年春的一次讲话标志着激进路线的结束。他指出前一时期的土改路线是基于绝对平均主义的"左"倾。土改的直接目的是发展农业生产,这就要求土改必须采取"循序渐进、区别对待"的方法。农民被重新划分了阶级成分,那些曾经被不恰当地剥夺了财产的人获得了补偿。[③]

在"老解放区"(像中南部省份湖北和湖南),土地改革始于 1948 年左右或者 1949 年初,这是在温和得多的路线起作用后在共产党已有把握将最终战胜国民党的形势下进行的。群众被较为严密地控制,地主被允许保有足以谋生的财产,富农则继续拥有其大部分的土地、农具、牲畜。[④]

---

① 刘少奇 1950 年 6 月 14 日在中国人民政治协商会议全国委员会上所作"关于土地改革问题的报告",见《刘少奇选集》,第 29—47 页。

② 欣顿:《翻身》,第 280—475 页。

③ 同上书,第 479—508 页。毛的这一讲话发表于 1948 年 4 月 1 日,在《翻身》一书中录有其摘要,第 486—487 页。

④ 关于该地区土改详情,请看维维恩·舒《过渡中的农民的中国:向社会主义发展的动力(1949—1956)》。

在"新解放区"（如南部省份），土改在 1949 年之后才开始，它遵循 1950 年 6 月颁布的更为温和的土地改革法，强调保持"富农经济"的必要。然而到了 1950 年 10 月，随着朝鲜战争的爆发，开始执行的是一个强硬得多的土改路线。大约有 80 万地主最终作为"反革命"被处决。[①]

土改通常在村一级开始，随着一个由十多个外来干部组成的"工作队"进驻而展开。这十多个干部里约半数是熟悉当地情况的农民，半数是城里人，通常是知识分子，被下派到农村，以证明他们对党的事业的忠诚以及在土地革命的烈火中培养革命精神。一个地区土改的基调，通常是根据工作组在精心选定的几个村作"试点"取得的最初经验而定。

工作队在最初几个星期里生活在村里，帮助农耕，熟悉本地情况。在附近城里的上级官员的密切监督下，工作队对村民家庭的阶级状况作一个大致的估计。阶级成分的划分依据是村民们当时（或土改三年前）拥有的土地数量以及他们的收入中来自于出租土地及雇工等剥削收入所占的比重。贫雇农被邀请参加贫农团（贫农团由工作队密切指导，工作队本身由一个党组织机构严密指导）以帮助决定村民们各应属于什么社会阶级。最初划分的成分可能根据农民的意见或上级指示而多次修改。

将村民划分阶级是土改过程中最重要的阶段。一个人的名字在工作队张贴于村中心开会处的官方公告中所列的位置将不仅决定他在土地再分配中的得失，而且决定随后数十年官方对其政治可靠性的评判。在有些场合下，这一划分甚至可以决定其生死。农民认识到划分谁应该属于什么阶级的过程肯定是极不精确的，这肯定已引起许多农民的极大不安。

在土改初期，决定谁是地主、富农……的官方标准是模糊不清的。即使后来一个详细规定如何划分阶级的细则取代了原来那个草略的大纲，大量模糊不清之处依然存在。一个家庭究竟拥有多少数量的土地？即使丈量可以得到这一精确数字（由于缺少官方记录，通常这

---

① 本尼迪克特·斯塔维斯：《中国的农业机械化政治》，第 29—30 页。

也是一个棘手的难题），仍须考虑这些土地中究竟有多少是价值高的肥沃土地，有多少是只能勉强耕作的土地，从而决定这些土地的真正价值。由于一个家庭拥有的土地通常是以小块形式散布村中，作出这一估价将极为困难。一个人的收入究竟有多少来源于"剥削"？由于缺少系统的文字记录，这一数字也很难得到。但是，这些数字很可能决定他被划为富农还是中农。一个家庭的农具究竟值多少？其犁具是否已破烂不堪到不能使用，或者是还有价值的农具？其水牛或骡子是役龄将满还是尚可长期役使？这些问题的不同答案就有可能使他被划为中农或者贫农。一个看起来富裕的人有多少收入来源于其合法拥有的商业企业，如一个小药店，又有多少来自于他在村中出租的小块土地？这可能是区分他是一个地主或者只是一个小土地出租者的依据——在土改的某些时期，这一区分甚至能决定一个人的生死。①

在政治高压气氛下，没有经验的工作队干部们，他们自己也会处于来自上级相互冲突的政治压力之下，可能会试图向目不识丁的农民解释这些复杂的差别。而农民与同村村民的关系有亲有疏，为忠于某一派而不明事理。在这种情况下根本不能指望作出的结论会客观准确而不带感情色彩。事实正是如此。土改工作队难以避免的错误带来的遗产之一是一系列持久不断的怨恨。这些幽怨成了随后数十年形形色色的个人及政治冲突的根源。举例来说，如果许多村民认为老王实际上应划为富农而不是中农，如果老王具有全村里许多村民讨厌的个人性格，村民们就会对老王发泄私恨，而这种发泄就可能引发或大或小的冲突。或者假如小李被划为富农，而许多熟悉他的人认为他只应划为中农，那么他的朋友们就会对负责把他划为富农的人永远耿耿于怀。

准确划分农村人口阶级成分的压力使得在农村基层指导这一任务的工作队干部们付出了代价。许多干部是天真的理想主义者，真心实意地试图圆满地完成这一任务。然而，他们不仅要对付当地农民的隐瞒行为和各种伎俩（传统上这些农民不相信外人），例如地主将财产

---

① 目击者关于诸如此类错误的陈述，见欣顿《翻身》，第 280—475 页，以及杨庆堃《一个向共产主义过渡初期的中国乡村》，第 131—152 页。

"赠送"给亲友或将财产隐匿起来，以使自己看上去更像穷人；再如，贫农们说，他们有些日子过得稍好一些的邻居实际上比表面上更富有，等等；工作队的干部们而且还要对付政府政策上的变化，诸如这个月说"地主"的界限要放宽些，而下个月则要求更严格些。有时候，他们还要在自己的良心和政府政策之间取得平衡，不管他们实际调查结果如何，政府至少含蓄地下个指标，要求在村里一定要划定若干比例的地主名额。作为经历如此遭遇的后果，有些干部政治上被毁了，或是心理上垮了，而不是在革命斗争中锻炼得更坚强。[1]

阶级成分划定后，土改中的"斗争阶段"也就开始了。最坏的地主——其中那些曾犯有残酷剥削和虐待佃户罪行的人被称为"恶霸"，另一些人则称为"土豪"和"反革命"——被带到村民大会上。在工作队的指导下，村民们开始控诉，有时候是殴打（有时甚至打死）这些从前的地方精英。通常刚开始时，村民们不太愿意以这种方式批斗地主，或许他们与地主有着血缘或个人情感上的联系，或许仅仅是出于对这些从前村里的头面人物的尊重，有时则是担心有朝一日地主会重新掌权。有时基层工作队不愿积极消除农民的敌意，必须由上级向他们施加压力，以推动农民们参加阶级斗争。一旦阶级斗争的冰盖被打破，当地积极分子（通常是一些活跃而有政治抱负的年轻人）便开始出面带头斗争地主，大量的批斗常常随之而来。在酝酿对这些前地方精英发起群众斗争的过程中，共产党试图摧毁农村中这些地方精英传统权力合法性的基础。看来在很大程度上共产党取得了成功。[2]

从中国共产党的观点看，摧毁中国农村中传统权力结构这一政治性的任务才是土改的主要目标，然而，在农民看来，土改的主要目标则是经济性质的。绝大多数贫农参加土改是出于获得财富的愿望。在对地主（激进政策时期还包括富农）进行剥夺后，其绝大部分土地，连同由传统组织如家庭、寺庙所拥有的全部土地，被重新分配给穷人。这一分配通常是经过谁是真正的穷人以及谁需要多少土地的激烈

---

① 关于这方面的戏剧性事例之一，见欣顿《翻身》，第364—368页。
② 见弗朗兹·舒尔《共产党中国的意识形态和组织》，第431—437页。

辩论之后进行的。如此重新分配的结果常常是村里每户人家都拥有一小份土地：中农们保有其曾经拥有的土地，地主（那些幸免于被打死和被处决者）留下与中农相当的财产，富农（至少是在"维持富农经济"政策时期）被允许留下其大部分土地和牲口，贫农获得与他们从前曾经租耕的面积相当的土地（实际上常常就是其过去耕作的同一块地），雇农获得与贫农一样多的土地。[①] 不过，土地重新分配是以村为单位，而不是几个村子在一起分，因此，一个富裕村里的贫农最终可能获得比另一个贫穷村里的中农更多的土地和粮食。

互 助

20 世纪 50 年代最初几年里流行的官方口号是"发家致富"——鼓励个人享受土改的成果。但是，绝大部分贫农几乎没有致富的现实希望，至少在近期内如此。的确，他们不必再为其耕作的土地缴纳地租，但他们仍然要为其产品纳税。在 50 年代早期，虽然税收政策也同其他政策一样有很大波动，各地干部收税方法也不尽相同，但是农村总的税收负担要比在旧政权下为重，尽管税收负担比过去要均匀得多。[②] 虽然贫农在纳税后的盈余比在旧制度下交租后的盈余要多些，但他们仍穷；因为在旧制度下他们贫穷的一部分原因是要为其耕作的小块土地交租；同时，也因为贫农在经济、社会及个人方面都存在一些难以克服的制约因素。他们缺少农具及牲口，以便能够有效地耕作其土地，同样更为经常的是他们缺少信誉，借不到钱来改善其农业生产或者帮助家庭渡过难关。被困于不幸境地而难以脱身的穷人们还常常因为他们不能适应在村中具有支配地位的亲情关系网，或者是因为其他什么的，而使他们逐渐疏离传统上将村邻们联结在一起的良好情感这一纽带。有些人的贫困则是因为家中缺少强壮的劳力，或者是因

---

① 关于各地实际土地分配差异的例子，见欣顿《翻身》，第 592 页；杨庆堃：《一个向共产主义过渡初期的中国乡村》，第 146—152 页；维维恩·舒：《过渡中的农民的中国》，第 61、90 页。

② 这至少是杨庆堃在《一个向共产主义过渡初期的中国乡村》里的结论（第 155—157 页）。这一时期税制的详细论述见维维恩·舒《过渡中的农民的中国》，第 102—143 页。

为缺乏从事有效劳动所需的技能、积极性、纪律。[1]

所有这些问题都不是只靠简单地重新分配村中的土地就能解决的，而有些问题甚至因为土改而变得更糟了，例如缺少农具和牲畜这些有效耕作所需的最重要因素，土改后农村中为购买农具和牲畜提供信贷的来源几乎完全枯竭了。过去，主要的信贷来源是本地地主和富农的高利贷（提供信贷实际上是他们权力的主要来源之一），虽然利率可能会因为借贷人之间有着良好的私人感情或者借款人处境非常艰难而有所降低。土改后，只要利率适中，私人借贷在法律上仍然是许可的，但是即使那些富裕农民有钱可以出借，他们也不愿意这样做，因为借钱极其明了地显示了一个人的财富。而在新社会，这是一桩危险的事，因为新政府没有明确保证这些借款将来必须偿还。[2] 在这种情况下，穷人的农业生产和可支配收入都停滞不前，贫农和富裕农民的不平等状况依然如故。有时，这种差距甚至扩大了，以至贫农由于没能靠新获得的土地生活而开始成为富农的雇工。

为解决这些问题，政府不可能向村民们额外提供更多的土地，以及至少在目前，也不可能增加资本数量，所以政府主张采取建立互助组这一解决办法，据认为这一办法可以较好地利用有限的生产资源。从形式上看这是一个温和的革新。在共产党的领导下，村民们被建议以传统的合作形式为基础建立互助组。在此之前，邻近的家庭已经习惯于根据亲情关系组成小组，在抢收抢种等农忙季节里合作安排农事。起初这些新的互助组约由三五个过去农忙时曾经互相帮助的农户组成，它们基本上是旧式互助的翻版，主要的区别在于新式互助组的劳动交换较之过去的互助形式有更为正式的记账程序，并且全年可进行换工。[3]

---

① 安妮塔·詹、理查德·马德森、辛格森·昂格尔：《陈村》，第 52 页。

② 维维恩·舒：《过渡中的农民的中国》，第 247—250 页；杨庆堃：《一个向共产主义过渡初期的中国乡村》，第 163—165 页。

③ 见威廉·欣顿《翻身：一个中国村庄的继续革命》，第 76—93 页；维维恩·舒：《过渡中的农民的中国》，第 153—191 页；以及杨庆堃：《一个向共产主义过渡初期的中国乡村》，第 203—214 页。关于共产党时代之前的互助，莫顿·弗里德：《中国社会的组织》，第 117—120 页。

扩大劳动交换的一大传统障碍是如何才能确保平等互利。例如，如果一家比另一家有更强的劳力和更好的农具，那么为什么这家的人要在邻居的田里花上一天，而换取的只是其邻居带上其较粗陋的农具用较弱的劳力所作的较低质量的一天劳动呢？过去村民们解决或避免此类问题的办法之一，是将合作互助范围限制在一个相互间有着紧密的亲朋关系、家庭条件大致相当的小组里，以促进相互信任；办法之二是将劳动互换范围限制在某些易于监督管理的特定农活上。但是，如果找到了一个更好的办法，能对每家每户就某一共同事业所作贡献进行客观估价，如果有个制度能保证每家都承担起应作贡献的份额，那么参加合作的户数将增加，劳动交换的数量和质量也将提高。这将提高劳动生产率并有助于改善那些进行互助合作的农民的生活。

因此，尽管在共产党指导下建立起来的早期互助组与传统的劳动交换小组很相似，它还是有两点重要的革新：一是有一个官方指定的领导人负责管理互助组，二是以"工分"制来记录每一个组员的贡献大小，并根据"工分"计算报酬。一旦有了这两项革新，地方官员就可以推动互助组扩大范围，互助组规模变得更大，而且由只在收种季节合作发展到全年合作。

不过，扩大互助组规模和功能的每一步都牵动着农村传统的生活架构，从而引起紧张和冲突。互助组成员的范围愈是超出邻居和亲情的小圈子，据以维系组中成员相互信任与理解的纽带也愈是脆弱，对于合理的领导、劳动分工、生产计划等的意见也愈难达成一致。简·迈尔达尔曾采访一位农民，这位农民这样描述了那些困扰着他的羽毛未丰的互助组的冲突：

> 互助组中有八户，我们拟定了一个时间表，今天为这家、明天为那家干活……但是，制定这样的时间表并非易事，为此有着许多争吵。李仲银（音）争吵得最厉害。他总想占先，因为谁先耕种常常是重要的。结果我们同意轮着来，可他从未满意过。[1]

---

[1]　简·迈尔达尔：《来自一个中国村庄的报告》，第140页。

互助组越大，组员们拥有资源的种类也就越多，互助合作的潜在利益也越大。但是同样，互助组越大，那些拥有较好农具和耕作技术以及具有较高工作热情的组员们就越有理由担心他们是在贴补那些生产能力差或者懒惰的组员。政府官员们不得不一再向村民们施加压力（这在有些地方更为成功些），以抵制所谓"将找将、兵跟兵"的倾向，即家庭境况较好的农民之间组成互助组，他们排斥家境较差的农民（不过，富农被排除在互助组之外，政府将互助组作为孤立他们的一种手段）。互助组规模和多样性的扩展为组内长期不断的冲突提供了基础。

互助组内工作种类的增加也可能引发持久的冲突。组员间的劳动类别越是不同，越是难以确定每一种劳动的相对价值，对于每个人的劳动究竟应得多少报酬的潜在争议也越大。迈尔达尔曾采访过的那位农民说道：

> 当劳动互助组的头头是一桩吃力不讨好的差事。每天总有人说"你不公平"，例如有时候某人会嚷着"转过身来，转过身来看看，你没看到我田里的草比他田里的草多得多吗？草可不会轮流长。如果今天你们不为我除草，那我可就苦了"。后来，我们选派了一个小组，专门对付诸如此类的问题……但正如我所说，这不容易……怨怒和争吵有的是。[1]

要是互助组规模扩展慢些，要是组员能看到他们能从政府所曾寄望的生产的扩展中明显得益，这种紧张便会减少到最低限度。然而，在对互助组进行了数年相当谨慎的试验之后，到1953年末，政府开始加快建立和扩展互助组的步伐，而这种扩展只给农民带来了一定的物质利益。实际上，建立互助组并非单纯是给农民指出一条提高生活水平的道路，而是为了更好地控制他们以便从农村获取更高的农业剩余去支持城市重工业。[2]

---

[1]　简·迈尔达尔：《来自一个中国村庄的报告》，第141页。

[2]　维维恩·舒：《过渡中的农民的中国》，第185、195—245页，

获取这种农业剩余的办法是 1953 年秋开始推行的"统购统销"。这一制度取消了农村中独立的粮食市场。粮价由国家规定,每个地方都有交售公粮的指标。向每个农户下达这样的指标是不可能的,但对于像互助组这种规模的团体则是可能的。因此,要求每个农户都加入互助组也就势在必行。在农民们看来,互助组已成为社会控制的工具,用以强化贯彻政府以极低价格获取农民辛劳所得粮食的意图。这个办法很有效,到 1954 年底,有许多地区报告缺粮。①

当农民不仅发现他们要在一个新的组织里与那些他们曾不愿与之联系在一起的人在一块儿劳动,而且发现他们辛劳所得的收入也在减少时,他们的不满是自然而然的。不过这时他们不满的焦点常常不是共产党政府,因为至少在终于获得一些属于自己的土地的前贫农中间,新政府拥有很大的合法性。此外,新政府也太过于强大,难以向其公开挑战。这样一来,经济窘迫的压力造成的常常是互助组成员之间的争执。正如上文引述的那位农民(他自己就是个互助组领导)的话所示,争吵的矛头常常指向互助组领导和记工分的方法。"大家总是不满意,总有人指责你不公平和偏心眼儿"。② 对领导和工分的争吵将始终伴随农村向更高级的集体化组织过渡的每一新的步骤。

农村确实在向更高程度的集体化迈进。不管普通农民是否认识到这一点,互助组只不过是走向彻底集体化的准备。

社会改造,1955—1963年

集体化

在农村中建立互助组的方法预示了农业集体化的过程。首先是声势浩大的宣传,以使农民确信新农业组织形式是自己的长远利益所

---

① 埃兹拉·沃格尔:《共产主义统治下的广州:一个省城的规划与政策(1949—1968)》,第 138—142 页。

② 简·迈尔达尔:《来自一个中国村庄的报告》,第 141 页。

在。然后是在自愿的基础上建立这种新的农业组织形式，新形式与农民过去所习惯的形式只是稍有不同，而且显然符合许多农民的最大利益。接着是那些控制着农村经济命脉的国家机构的转变——这种转变使得农民如果抵制加入新组织，他们在经济上就将处于不利地位。同时，新组织也朝着有利于国家把农业剩余输往城市工业的方向发展。许多农民对此感到气愤，但并没有直接抵制，因为绝大多数农民在还没有完全弄清究竟发生了什么事情之前，就已经发现他们被以隐蔽的方法置于一种新的境地。有少数几个确曾抵制的，恭候他们的是迅速而强大的政治压力。[①]

第一个集体农耕组织叫"农村生产合作社"，是自愿参加的。虽然如此，许多合作社的"先驱们"仍是带着相当大的惊恐迈出这一步的。对普通农民来说，生产合作社是一个急剧的转变，与他们追求的美好安定生活的基础背道而驰，比互助组的震动大多了。在旧社会，每个中国农民的目标是尽可能多地拥有土地，正如维维恩·舒所指出的，"在中国农村这不是致富的唯一方法，但它可能一直是最安全和最光荣的办法，假如这办法成功了，农民富了，其后代就继承了一份宝贵的家产"。[②] 在新的生产合作社里，农民用家中最重要的有形财产，他们的土地，换来了一些希望的许愿。山西省长弓村的农民曾经这样说："三人一条心，黄土变成金"，[③] 逐步完善的合作将促使提高生产力，并使农民有更多的收入，公平分配。

生产合作社能提高生产力的说法有一定的道理。每个农民一般都有几小块分散的土地，每块土地用小田埂与邻居的土地隔开。如果所有土地都合在一块儿，去掉这些浪费的田埂，成为连成一片的土地，那就可以有秩序地、合理地耕作了。然而，发展生产力的机

---

① 有关集体化的详尽分析，请看维维恩·舒所著的《过渡中的农民的中国》，第275—317页；杨庆堃：《一个向共产主义过渡初期的中国乡村》，第203—237页；埃兹拉·沃格尔：《共产主义统治下的广州》，第146—177页；欣顿的《翻身》第81—166页中冗长的阐述。

② 维维恩·舒：《过渡中的农民的中国》，第276页。

③ 欣顿：《翻身》，137页。

遇受一些危险因素所制约。如果合作社的成员合作得不顺利，比较合理的统一耕作的优势就很容易失去。当然，在首批合作社里，因合作社组织的规模相对较小，这种危险要小一些。首批合作社一般只有约 30 个农户，通常是村里同姓或左邻右舍组合而成——人们以血缘关系或长期以来彼此的熟悉了解而联系在一起。这种合作社一般都比较成功，麻烦不多。

合作社建立之初，当局说集体生产会增加粮食，合作社社员将得到一份公平的收入。这种许诺有很多不确定因素。土地较多和耕作能力较强的农户自然会担心合作社里较穷的人沾他们的光。虽然政府特别希望并鼓励贫农加入生产合作社，但同时也希望中农参加合作社，事实上，如果合作社想得到适当的资金和耕作技术的话，就得需要这些中农。把中农早先带到合作社的财产总数与其报酬密切结合起来，因而最大限度地减少了中农入社的障碍。中农加入合作社时，不是把其财产贡献给合作社，而是租给合作社使用。除了劳动所得之外（通常是采取打工分的办法），合作社还定期地付给他一定的财产租借费。政府规定租借费总量不能高于合作社社员的收入总额，但没有规定不能低于多少。劳动力和土地股息的收入比率变化很大：劳动力收入从 60％—80％ 不等，土地股息从 40％—20％ 不等。起初，为了争取中农参加，股息收入的比率定得比较高，但不久就被削减。中农们不禁想知道（而且担心）其财产的股息究竟多久才能付完。政府说付股息就付，全凭它一句话，但政府政策的主要趋势是推行平均主义，清除旧社会遗留下来的不平等状况。政府也真的这样搞了。对此，中农们反响很强烈，经常对本地官员大发牢骚。[①]

令中农忧虑的另一方面是他们借给合作社的牲畜和农具的命运。适度的经济保障的关键不仅是一个人拥有土地的数量，而且要有管用的农具。在土改中，那些被划为中农的人家通常有一头牛、或一头驴、或一头骡子、或一匹马，以及可用的犁。富农一般有几头牲畜和

---

① 维维恩·舒：《过渡中的农民的中国》，第 299—300 页，农民们的收入主要来自于租息和劳动两部分；欣顿：《翻身》，第 126—143 页。

若干农具。在财产的再分配中，中农和富农都设法保住了这些主要财产的大部分。地主则失去了绝大部分财产，但这些被征用的牲畜和农具仍不能满足众多贫农的需要。因此，绝大多数贫农和雇农仍然没有牲畜和农具，只好望田兴叹。得到这些东西的那些人（一般都是土改中的"积极分子"），或者那些在以后的土改中有钱买这些牲畜和农具的农户，在经济地位上，逐渐与中农不相伯仲。他们事实上也被称为"新中农"。那些没有得到这些财产的农户们没有摆脱贫困。合作社对那些仍很穷的农民来讲，最大吸引力是可以使用牲畜和农具。中农们（和那些被拒之于互助组门外、现在迫于压力也加入了合作社的富农）最主要的忧虑是失去他们的牲口和农具。合作社的新章程规定，合作社作为集体可租用中农和富农的牲畜和农具。可是，那些有牲口和农具的人没法不担心，他们的财产一旦被借出去，就会被损坏殆尽。合作社社员为了从这些牲口中尽快地榨干油水，常常超载或鞭打这些牲口，看到自己的牛或骡子负荷过重和被社员抽打，他们（中农）心里非常难受和愤怒。①

在争取一部分农民在"自愿和互利基础上"加入合作社（第一批加入者中的许多人是带有某种政治动机的"积极分子"）和最成功的合作社显示出赢利之后，政府积极稳妥地推动发展合作社成员。发展合作社成员最有效的方法是抽走农民单干的一切好处。取消私人借贷之后，政府办了信用社，信用社成为贷款的唯一来源，信用社不贷给农民个人；随着取缔商品自由市场之后，供销社成了唯一的收购粮食和出售农具的地方，这些都给生产合作社带来有利条件。粮食定额制

---

① "至于借用的牲口……主人很可能继续有所有权并负责饲养，合作社使用时要付费；或者主人对这些牲口还得保留所有权，但让合作社饲养，合作社想用时，就有权使用，合作社最后付给租金，或者主人把牲口卖给合作社，合作社在几年以内分期付款。在前两种情况下，如果一头牛死了或伤了，主人反而遭受责备。因此，一次性购买牲口是最好的办法，合作社成立后一般都这么做。合作社付给农民征用牲口、农具以及其他东西的费用，标准相差很大。"（维维恩·舒：《过渡中的农民的中国》，第290页）关于征用牲口的价格如何有利于合作社，请参阅欣顿《翻身》第144—149页。《翻身》第149—151页还记述了农民看到自己的牲口征用后被超载或抽打后的一些令人伤心的烦恼的故事。

度也不利于单干者，对想加入合作社的农民和富农实行优惠政策。[①]

因此，由于政府的积极推动，合作社在1954年和1955年在规模和范围上又获得新的进展。那些对合作社不感兴趣的人感到了政府施加的极大压力，这部分人主要是中农和富农，此外，一些人不喜欢或不信任他们邻居的贫农，一旦加入，就得和他们一起合作。政府压力是广泛的、复杂的，不单单指一些来自说得出姓名的官僚或当地干部的、看得见的人格化的压力，它是一种无法让人直接责骂、反驳或拒绝的压力。由于这些农民是被迫加入合作社的，所以他们就消极对抗，表现形式是对苦活累活缺乏主动性和热情。

由于产量下降，中央一些对此感到忧虑的官员要求放慢合作化的步子，减少合作社农民上交的粮食。但正如《剑桥中国史》第14卷第2章叙述的那样，毛泽东和他的支持者主张加速合作化的进程，他们占了上风。因此，不仅合作化的步子很快加速，而且扩大了原有的规模，其内部机构也进行了改革，所以，合作社的性质不仅仅是"半社会主义"，而完全是社会主义的了。

新的"高级合作社"比低级社或原来的合作社要大近十倍，一般要求平均达到200—300户（大约1000—1500人）。所有加入高级社的社员都处在一个起点上，没有人再从合作社那儿收到土地和农具的租借费。富农和中农的财产实际上已被充公。在推进这一工作过程中，政府再一次举起了阶级斗争的旗帜。

如果说加入高级合作社对所有人都有好处的话，那么有好处的是贫农。在这场合作化斗争中，贫农充当了英雄的角色，而富农则被当做反面角色。那些曾用摧残其牲口等方式反对过征用他们牲口和田地、或曾经公开抱怨政策的富农经常在"批斗会"上被惩罚。从这时起，富农加入了地主、反革命分子和"坏分子"行列，被称为"四类分子"——在政治地位上属于最底层，这些人实际上已丧失了公民权，不断被"批斗"，而且几乎无法摘去这顶帽子，这帽子还要按男性系统传给下辈。

---

① 维维恩·舒：《过渡中的农民的中国》，第284—285、299—300页。

中农虽没有被列为贱民阶层，但也不断地被排挤出权力位置之外——此时的政策是"依靠贫农，团结中农"。但阶级斗争的新动向迫切需要重新划分阶级成分。土改完成后，大多数村民在政府的新阶级划分中掉进了"中农"的行列，因为大多数（不是所有的）原先的贫农家庭已经有了相当于中农的土地。在以后紧接着的土改的年代里，正像我们所知道的，一部分新的中农分到了牲口，靠庄稼地里的好收成或开小作坊富了起来。然而，其他人实际上仍很穷。虽然他们也有跟其他中农差不多的地，但缺少牲口、农具和其他财产，因而无法保障地尽其利。从 1955 年起，这些农民都被划为"下中农"，其政治地位实际上相当于贫农。到 20 世纪 50 年代后期，那些政府依靠的对象——好的阶级，通常被简称为"贫下中农"。[①] 强调从这一阶层中吸收积极分子来巩固和加强高级合作社。

新的合作社在规模上超过了绝大多数自然村落的联系网络，由此使得农村的联系变得不方便。在中国南方，一个村子一般有 1000—2000 人，这里一个村子就是一个合作社。而在村子较小的其他地区，合作社由几个自然村组成。尽管农民们已习惯于被管理——通过这种组织从上头层层管下来——但他们不习惯在这样大的组织里与其他社员合作一起从事共同的经济活动。各种不同的血缘之间、村与村之间以及邻居之间的公仇和在这种大合作社中不同家庭之间的个人宿怨损害了合作的基础，破坏了增加农业生产的必要前提。

尽管存在这些问题，高级社仍受到了不少这场农村运动的投机者的欢迎。许多当地干部，尤其是那些曾经当过贫下中农、在早期的合作社中攫取了领导位置的干部，都拥护合作社进一步向高级合作社发展。他们觉得依据一个既不清楚又经常变化的标准付给中农和富农额外的股息，已经成了一件难以承受的事情。当这些事情妨碍他们行使权力时，就必须予以解决，他们决定取消这种做法。此时他们已从负担中解放出来，拥有了比以前大得多的管理地方经济事务的权力。这种地方干部成了人民政权群众基础的一部分，毛将此称为"农村的社

---

① 参见理查德·鲍姆《革命的序幕》。

会主义高潮"。[1]

那些被政府定为贫下中农的有抱负的年轻人自然就形成了那种政权基础的另一部分。对他们许多人来说,这无疑是非常激动人心的时代。他们有机会获取村领导的权力。他们所要做的是积极推动合作社化的进程,坚决谴责富农和其他所有在向社会主义金光大道迈进中拖他们后腿的人。但是,对中农和上中农来说,日子则很暗淡。而那些被划作富农的人,就更惨——他们失去了所有的财产和政治权利。

对许多已到中年的贫下中农来讲,这也是个充满未知数的时代。虽然间接地得到了使用富农和中农财产的机会,但更多的是他们失去了对自己工作的控制权。他们到处受合作社干部的摆布,这些干部基本上都是外地人,属于别的村、别的家族、别的姓和另一辈——这些人不欠他们的情,因此有可能对他们毫无同情心和忠诚感。然而当这些农民们所担心的问题将要解决的时候,又出现了更大的问题。1958年,毛主义者的政府开始了"大跃进"。

在普通农民看来,"大跃进"初期是好的。大量城里的干部被政府派下来,开始进驻村里,帮助提高粮食生产,直到此刻,大部分城里的干部受到了欢迎。他们将帮助农民播更多的种子,打更多的粮食。但许多人拥进农村,以及这时新出台的大部分政策——也带来了问题:政府总是把好事一下子送得过多。太多的城里人下到村里,村里难以消受。[2]

城里干部下到农村与政府不断升温的"多快好省地建设社会主义"的口号同时发生,实现这个口号的方法之一是在农闲期间,组织数以千计的农民修建堤坝,兴建更新、更好的水利工程。从此,季节性的工作节奏被打乱。这时候已不存在"农闲季节",耕种和收割之间不再有空闲时间,以前农民们在这个时候可以在家里放松一下或搞些个人副业。如今一年四季都得参加集体或公益劳动。每年定期的播种季节到来时,农民们就被要求采用一些新的耕作和播种技术。他们

---

① 维维恩·舒:《过渡中的农民的中国》,第 300 页。
② 沃格尔:《共产主义统治下的广州》,第 228—229 页。

告诉农民，如果田能犁得更深些，行距密一些，粮食产量就将大幅度提高。根据"两条腿走路"的方针，建立新的村办工业，如"小高炉"。这些炼铁炉一般技术都很简单，劳动强度很高。[①]

这个时期几乎所有的新的改革措施都需要投入大量的劳动力。这些劳动力从哪里来？来源之一是农村的妇女，在中国的大部分地区，她们传统上是不下地的，只被限制在家里做家务和手工活。农村自由市场取消之后，她们几乎再也无法靠手工纺织为家里增加收入了，但又仍然需要干家务活和照看小孩。在河南省，当地干部搞了一个公社集体食堂，目的是为了把妇女从锅台上解放出来，使她们在农业和水利建设中能与男人并肩劳动。年轻姑娘和年岁大的妇女被安排照看公社的小孩、病人和老年人。家庭生活的节奏从此改变了。

所有这些活动怎么协调？高级社的规模太小，无法完成这一任务。解决的办法是把生产合作社联合起来搞成更大的合作组织。河南省在1958年中期在这方面做了尝试，新建立的组织称之为"人民公社"。这年的8月，毛主席视察了河南第一个人民公社，宣称"人民公社好"，在短短几个月之内，中国的所有地方都建立起人民公社。

人民公社是"一大二公"，在规模上要大大超过传统的社会和经济合作组织。新的公社可能包括10—20个村，平均人口约25000人，一般相当于几个当地的集市。[②] 这样的大单位在其辖区内有很多公共财产——田地、牲口、工厂，等等。那些农民一直认为不可剥夺的私人财产，如首饰、炊具，甚至屋里的金属门闩，也经常擅自被拿到落后的炼铁炉上熔化来生产钢，或者卖掉为发展新的公共经济提供经费。人民公社空前的规模使得管理成为一个难题。[③] 公社指挥部是决

---

① 有关共产主义运动的一些好的例子，请看沃格尔的《共产主义统治下的广州》，第243—252页；弗朗兹·H. 舒尔曼：《共产党中国的意识形态和组织》，第474—482页；安妮塔·詹、理查德·马德森、乔纳森·昂格尔：《陈村》，第24—26页；欣顿：《翻身》，第169—247页。

② 然而，公社规模不尽相同。参见安炳炯："中国人民公社的政治经济：变化与连续性"，《亚洲研究杂志》第34卷第3期（1975年5月）。

③ 在沃格尔的《共产主义统治下的广州》第233—270页和舒尔曼的《共产党中国的意识形态和组织》第464—490页中作了非常精彩的论述。

策的中心，对公社范围内的工程项目，如如何实施水利建设或炼钢，或者关于种什么作物，在哪儿种以及怎么种等事项作出决策。然后，指挥部从公社的各个村中选派排组和队（军事术语，管理公社确实须要一种集体合作和高度统一的精神）的人去干。指挥部为数不多的干部，在时间非常紧的情况下，怎么决定哪些民工干哪些活？由于不可能对这种事情作出非常准确的判断，因此大量劳动力浪费掉了。指挥部的干部也不可能知道每个民工所干的工作以及应该付给他们多少报酬，因此每个人得到的都一样。1958 年秋，在第一个成立公社的热潮期间，为了摆脱剥削，刮起了"共产风"（村民们现在还这样叫），这种想法叫人难以理解，其后果实际上是爆炸性的：是真正的共产主义而不仅仅是社会主义的组织形式。至此，政府的口号不再是"按劳分配"，而是"按需分配"。

起初，相当多的农民好像欢迎这股共产风。确实，在某些地方，好像来了一位财神爷，一股狂喜有点类似于中国历史上不时出现的狂热一样：当起义领袖号召农民起来造反，并许诺即将建立的新世界会给他们带来好处时所激起的热情一样，在这种情形下，有充裕的食物经常是人们最主要的梦想。在"大跃进"期间，许多农民陶醉于这个梦想而幸福地忘我工作。当所有人不用付钱，都可以到公社食堂随便吃以后，似乎乌托邦的理想社会变成了现实。广东的一位农民对看似丰富的免费吃饭制度至今还留有美好的记忆，"我们走到哪儿吃到哪儿，啊，开始的时候，我们吃得都很胖，我们什么时候想吃，就什么时候都可以到公社食堂里去吃。"[1] 公社运动的早期被一些农民叫做"吃光"阶段，因为一个人一天经常要到公社食堂去吃五六顿。[2]

但这种无节制消费的梦想不久变成了一个噩梦。高层领导下达指示，要求试行不切实际的新耕作方法。那些对此有不同看法的地方领导被说成是"右倾"。面对不合理的要求，他们只好谎报，投其所好，

---

[1] 安妮塔·詹、理查德·马德森、乔纳森·昂格尔：《陈村》，第 25 页。
[2] 同上。

上面领导在生产增长方面想听到多少，他们就报实现了多少。有些革新，如密植，结果使整块地的粮食都浪费掉。工作安排不合理，因此，在完成一项重要工作之前，农民经常被从一个地方调到另一个地方。农民们吃光了他们公社集体食堂的所有粮食，就只好让别的村帮助其解决种子问题。公社化的整个过程，就如一些农民形容的"太早、太快、太急"。① 这股"共产风"导致了社会的混乱，1959 年十分恶劣的天气造成的自然灾害加剧了社会混乱。

所发生的饥荒是 20 世纪最大的人类悲剧之一。根据最近的人口统计分析，1959—1962 年，大约 2000 万人直接或间接死于饥荒。1960 年死得最多，而有些农村地区一直到 1962 年还有人饿死。这个数字表明在这次饥荒中农村人口损失要比城市多得多。②

然而，令人惊奇的，几乎找不到有关记载这次人类悲剧所遭受的损失方面的材料。假如这么严重的灾害发生在世界别的任何地方，旅游者和社会科学家就会根据所看到的情况大量报道和描述其情形。但是，中国作家在当时不让报道饥荒，外国记者一般都被拒之门外（这时候极少数来到中国的外国记者是中国的"老朋友"，像埃德加·斯诺和韩素音，他们相信主人的话——虽然有些困难，但没有什么了不起，或者自觉地遮掩这次饥荒的一些情况）。③ 在 70 和 80 年代被采访的农民都不愿意谈他们那时候的遭遇。他们即使谈了，也谈不出更具体的情况。

---

① 引自安炳炯的"政治经济"，第 634 页。

② 关于在饥荒期间死亡人数的总数，参见尼古拉斯·拉迪："重压下的中国经济（1958—1965）"，第 376 页；彭尼·凯恩：《中国的饥荒（1959—1961）：人口统计和社会影响》，第 89—90 页。根据拉迪的统计，死亡人数为 1600 万—2700 万。凯恩的估计是 1400 万—2600 万。我要特别感谢凯恩所提供的信息。

③ 韩素音是世界性的作家，其母亲是中国人，父亲是比利时人。她在 1980 年的回忆录中写了她是如何出于对祖国的忠诚，隐瞒了饥荒的真相。"我虔诚地、全身心地护着中国，甚至面带微笑地向那些外交官和好刺探消息的记者撒谎。因为只有中国是我的'心脏'，流淌在我的血液中，遍布于我全身的每一个细胞。我别无选择，中国选择了我。在寒风凛冽、寒冷侵袭大地的时候，整个世界似乎幸灾乐祸地威胁中国。然而，我首先是中国人。"韩素音：《我的屋子有两扇门》，第 296 页。

20 世纪 80 年代，根据临时凑合在一起的目击者的大致回忆，出现了下面一幕在饥荒中人们吃草根情景。粮食吃完后，农民们开始吃村周围能吃的青草、树根和野兽。[1] 在一些饥荒特别严重的地方，他们只好背井离乡，四处要饭——自然，如果附近地方真有多余的粮食，如果那些濒于绝望的人有钱购买，外出才能解决一点问题。[2] 生产队和大队——这是公社所属单位，是按农民居住的自然村划分的——把剩下的所有粮食救济那些急需的家庭。"大跃进"期间，有些生产队和大队在某种程度上抵制了集体化的最"左"的指示，或把要在公社范围内进行一平二调的粮食藏了起来。他们此时的境况要好一些，比那些顺从听话的大队和生产队能较好地照顾自己的社员。那些有余粮的大队和生产队对外来买粮的人经常毫无顾忌地要高价。[3]

死于饥荒的人大多数是小孩和老人。成年男人在数量极少的粮食供应中，享有第一优先权。原因是他们要在地里干活，必须有足够的能量才能去种新的谷物。[4] 至少有一个地方，许多妇女不得不离家去要饭——再也不回到她们的丈夫那儿。[5] 为了节省能量，小孩被迫停课。[6]《陈村》一书曾引述了一位农民的大致回忆："一些人病了，一些老人死了。我们村变得很寂静，好像人都死了。"[7]

当时死一般的寂静可能表示了人们因衰竭而不再活动。共产党宣传说要有远见，反对传统的农民社会的宿命论，宣传说，中国共产党将从根本上破除农民的迷信，使农民成为自己命运的主人。开始时，让人觉得似乎共产党真要实现这个目标。土改的目标不仅为了土地，

---

[1] 例见史蒂文·W. 莫舍《破碎的大地：农村的中国人》，第 50 页。

[2] 彭尼·凯恩：《中国的饥荒》，第 118 页。

[3] 在欣顿《翻身》第 251—252 页中有这样一个例子。

[4] 请见凯恩《中国的饥荒》，第 116—118 页。

[5] 这个例子出自费孝通在 1980 年前后会见开弦弓的几个男人，询问他们为什么离婚的材料。

[6] 威廉·拉夫利所作的统计数字表明，四川南充绝大部分儿童的教育在三年自然灾害中被耽误了。见"中国农村生育率的变化：来自四川什邡县的报告"，载《人口研究》1984 年第 38 期，第 370—371 页。

[7] 安妮塔·詹、理查德·马德森、乔纳森·昂格乐：《陈村》，第 25、53 页。

而且也是为了自主。贫农将不受地主和高利贷者意志的摆布。土改开始不久，看起来确实不错，贫农似乎终于获得了主宰自己命运的权力。他们参加农会组织，斗地主，分田地。后来，农民们在"自愿和互利"的基础上加入了互助组。但集体化运动实际上使他们失去了很多自主权。随着运动的深入，政府逐渐用强制的权力把农民的生活控制得越来越紧。到了 50 年代后期，农会作为一个群众组织已名存实亡。[①] 如果农会还存在的话，它们也不过充当政府的宣传渠道和完成上级制定的政策的组织罢了。同时，那些宣传越来越荒唐，政策也越来越多变。

共产党政府的官员能够把农民控制起来，这种控制对农民来说比地主更令人痛苦。随着公社的建立，农民们看到干部们住在远处的指挥部里发出荒唐的命令（出于上头很大的压力），这些没同任何"群众"商量过的命令导致了可怕的破坏性后果。此外，还有些干部拿走农民的个人财产，强迫他们到公共食堂吃饭。

在公社运动中，农民们经常抱怨公共食堂，以此来表示他们无权的情绪。他们经常抱怨饭菜质量差，并怀疑厨师和干部多吃多占。他们抗议要在规定的时间到公共食堂就餐，抗议吃那些不合他们胃口的饭菜。烧饭和吃饭在过去一直是家里的事情。事实上，所谓一家一户，其定义就是一个有厨房的家庭单位。饭菜不是在自己家里做的，被迫吃别人做的饭，吃饭的次数、环境皆由别人操纵，这些在农民心态中，也许就是无权的中心内容。

"大跃进"的失败越来越显而易见，饥荒也开始横扫乡村，此时农民恨透了"命令主义"。当地干部天黑以后不敢单独出门，害怕被人打，这成了当时人们的话题。[②] 然而，农民对他们命运的抱怨极少变成行动上对应对他们这种状况负责的权力制度的反抗。如果村里变得"很安静"，那是消极抵抗，表明其本身毫无生气，以及当务之急是活下去而不是公共福利。部分原因无疑是饥饿引起的身体虚弱造成

---

① 沃格尔：《共产主义统治下的广州》，第 315 页。
② 同上书，第 255 页。

的。但最重要的原因是由于政治上的无能为力所产生的精神上的绝望。政府的政策再次教育他们要相信命运。

"大跃进"是建筑在对人类本性极其乐观的看法的基础之上的——相信中国人民一旦给予适当的机会，灌输适当的政治思想，就会激发极大的热情为公共利益而勤奋工作。"大跃进"显而易见的错误管理方法破坏了寄予希望的一切基础。即使到 1962 年，粮食供应开始有所好转，也很少有农民再愿意好好干，尤其是如果卖力气干并不比偷懒的邻居多给家里带来好处时。很少有农民再关心公共利益。在集体田里干活的农民在收割东西的时候常偷偷地给自己留下一部分。[①]

勤俭节约

为了缓和"大跃进"带来的经济灾难，政府需要做的事情之一，就是提高农民的积极性。因此，当饥荒遍及全国的时候，政府宣布了确定新的农村政治经济秩序的计划，其实质是重新给予农户以更多的经营自主权，而这些自主权在集体化的激进阶段已经被取消。这一新秩序体现在 1962 年 9 月颁布的《农村人民公社工作条例》修正案中（即大家熟知的"六十条"）。

作为 1960 年就已开始的一系列农业改革的最终成果，新的条例在名义上保存了人民公社制度，但在具体做法上已经作了根本的改变。首先，公社的规模缩小了，平均大约只有原来土地和人口的1/3，通常接近于传统的区域集市规模。更为重要的是，公社一级不再负责日常的农事安排，而是负责对基层的农业计划进行总体协调，以及管理某些企业和公共事业，如中学、医院、小工厂、修理铺，等等，在村一级经营管理这些企事业是不可能富有效率的。公社的下一级行政机构是"生产大队"，这是一个大约由 200 户家庭的大村庄或几个小村庄组成的单位，相当于过去的高级农业生产合作社。这些生产大队的职责是指导基层民兵组织，维护当地的公共安全，充当基层宣传机

---

① 曾被国民党情报机构掠去的并在台湾出版的福建省连江县的一系列档案中也坦率地承认问题出自较低的农民觉悟，参看 C.S. 陈所著的《连江县的农村人民公社》。

构，负责本地的小学，兴修小型水利设施，调整农民之间的经济规划。但是对于普通农民的日常经济生活，这种控制是很有限的。平时的农业经营和集体生产财富的分配，由生产队一级来负责，生产队是个大约有 20 户家庭、100 人的组织，通常是由邻居和亲属组成，其规模和结构形式相当于过去的初级农业生产合作社。①

生产队是最基层的集体所有制单位，是土地、牲畜、大型农具的所有者。农民无须再听从陌生人的命令，该播种什么，选择哪里，如何种植庄稼，自己就可以做主。生产队由领导们决策（领导是经过当地党组织的严格考验从候选人中选举出来），② 只要不超出政府的规定范围，能够自行决定如何合理使用土地和合理安排劳力。相互熟识的人组成了生产队，勤劳的农民可以自得其乐地享受劳动所得，无须担心本地域外不相识的人来分享劳动财富。社员们共同分配生产队的集体劳动所得，因而条件好、又善于管理的生产队的社员们的所得自然比命运不好的邻队多。较熟练、较勤劳的农民不用再担心缺少技术和积极性的他人会得到同壮劳力一样多的红利分配。生产队的利润是通过工分制分配给社员们的，社员们多劳多得报酬。

政府允诺，"六十条"将成为未来 30 年农业组织的框架性文件，事实上，在此后的 15 年里，他们确实这么做了。这是个灵活的框架。新文件明确规定了生产队领导如何行使权力、安排劳动和取得劳动报酬。政府官员借此得以允许中国农业朝着类似于私人农业或者半社会主义的集体农业的方向发展。

20 世纪 60 年代初期，政府为了刺激生产力的发展，便以这样一种方式来制定政策，它使农民觉得仿佛又回到了社会主义以前的私人

---

① 关于公社、大队和生产队组织和管理的情况，请看安："政治经济"；约翰·C.佩尔泽尔："中国大跃进后一个生产大队的经济管理"，载 W.E.威尔莫特编：《中国社会的经济组织》；鲍大可、埃兹拉·沃格尔合著的《共产党中国的干部、官僚政治和政权》中也有此类论述。

② 詹、马德森和昂格尔：《陈村》，第 66—71 页。从采访中国各个地方的人中了解到，实际选举的程度因地而异。

农业经营时代。① 生产队仅仅负责把大量农业任务分配给小组，这些小组仅由二三户家庭组成。这些小组只要每年向政府送交定额的定购粮食，就可以随意地安排自己的工作（即包产到组——译者）。集体劳动实际上意味着处于互助的初级形式。在一些地方，生产队把农事责任分别落实到了每个农户身上（即包产到户——译者）。诸如此类，生产队指定每户一小片土地，而每户与生产队协商达成合同，确定每年以政府规定的低价送交一定定额的粮食。农户想方设法地安排自己的工作，只要履行责任完成送交定额粮食就行。超过定额的余粮，农民可以自留或者以集市价出售。

然而，这并非是真正回归到商品经济制度，因为，当时没有农民出售必须生产的基本商品的自由贸易市场。政府规定，农民必须"以粮为纲"，不能想种什么就种什么，绝大部分田地必须种粮食。农民也不能在自由市场上出售粮食，而必须以人为规定的低价，交售给政府固定数量的粮食。

但是至少农民不需再和不相干、不相识的生产队农民争执谁挣多少工分了；也不需要生产队领导来命令每天该干什么。劳动掌握在小部分相关的私人小组而非大的公共组织手中。仅此就似乎起到了积极的效果，刺激了农民的主动性，提高了他们的士气。

随着有限的自由市场的恢复，私人经营范围也越来越扩大，1956年社会主义高潮时期砍掉的农村集贸市场，现又恢复了。新的规定允许每个农户有一小片自留地（土地面积按照家庭的人口数分配，但被指定作为自留地的整个面积仅占村社土地的5%—7%）。自留地上所种蔬菜，除家庭食用外，可拿到最近恢复的集市上卖掉。农民能够利用有限的时间去搞副业了，诸如手艺活、养蜂或饲养家禽，都能拿到市场上卖掉。有手艺、有干劲又善于管理的家庭搞私人企业，就能获得整个收入的30%。

---

① 佩尔泽尔在其所著的"中国大跃进后一个生产大队的经营管理"中描述道：广东省的生产大队是一个负责把大部分生产任务派到生产队的小组的组织，小组通常有两个友好和合得来的家庭组成。两个家庭中有一个缺劳力，而另一个则劳力富余。

　　诸如这些措施调动了农民的积极性，然而也造成了农民的不平等并使农民漠视公共利益。尽管在同一大队，所有家庭所利用的生产资料都是相同的，而每户的生产能力却有差别。因此，在分散的生产制度下，一些农户不仅完成定额任务，甚至还有相当多富余供自己使用，而另一些农户——病残户、不善筹划者、或者懒惰者，在完成定粮之后就所剩无几了，温饱都难以维持。成功的愈来愈红火，贫穷的愈来愈困难，因此，生产队——传统的邻里或村庄——再次出现贫富分化。农民更倾向于关心自留地，照料自家的猪群，忙于出售农副产品，农民无心关照整个集体的公共利益。①

　　至少中央政府领导中的毛主义者是这样看的，并将深切地感到"自发资本主义势力"在农村复辟了，于是中央政府在 1964 年开始改变农村管理和劳动报酬制度，以利于农村工作朝着社会主义方向前进。它提议，生产管理的绝大部分责任应落实到生产队领导身上。抛弃了包产到组、分田到户的做法，又重新合并成集体耕作的大田。在分配上，工分制又扮演了重要的角色；不管是在调动生产队里每个农民的积极性，还是在推进这一集体的平等与团结方面，工分制都成了越来越重要的方式。而提高农民积极性的代价却是增加了生产队里的不平等现象。

　　在"六十条"框架内这些向社会主义方向发展的运动也永远不能产生根本的平等和十分合理的劳动管理。生产队是基层集体所有制单位，它的规模被控制在这样的范围内：能与当地农村生活的传统社会伦理、亲属关系、邻里关系相适应。因而，农村仍存在着相当的不平等，这种不平等在生产队之间比在生产队内部成员之间可能会更大。在同一农业生产地区，如一个队的条件好，有健康强壮的劳力，又有好领导，自然就比邻队富裕。一个工分值多少钱是衡量富裕程度的一个指标。由于一个工分能给社员一份生产队的红利，利润高的生产队的一个工分就比利润低的生产队的一个工分挣的钱多。例如，广东省的陈村生产大队，由 5 个相邻的高产的生产队组成，1971 年，10 个

---

① 关于这一时期村里不平等的普遍状况，参看詹、马德森和昂格尔的《陈村》，第 50—54 页。陈的《连江县的农村人民公社》提供了县级干部对这一现象的看法。

工分值 1.10 元，而由于领导不力、劳动力差而低产的生产队，10 个工分仅值 0.70 元。即便在人民公社时，陈村也比邻村穷得多，然而这个公社平均生活水准也比中国其他贫穷省份的人民公社高得多。[①]

尽管生产大队（比生产队高一级的行政单位）能够在学校、小型工厂、抽水站，诸如此类，投入一小部分物力，动员一些生产队的劳动力投入，但它要想让农民在大队的工作项目上与其他生产队的人共同合作的话，进展就很缓慢了。60 年代和 70 年代要想动员农民进行公社一级共同项目的劳动，这种进展就更为缓慢。大部分农村劳动和劳动分工局限在生产队范围内。

的确，在 60 和 70 年代，在"六十条"还生效期间，农村的社会生活变得多姿多彩，超过了以往几十年。在中国历史上的大部分时间里，农村总是向外面世界的社会开放，村与村因有无数关系而结成当地统一的（虽然是松散的）市场网络。如前所述，他们常把女儿嫁到外村，又从外村娶回媳妇。他们定期在附近的集贸市场上和外村人做生意。有时候，他们甚至离开家乡，移居城市或者土地可能会更肥沃的其他地方。但是，现在许多交换的途径被取消了。

到 1958 年，政府规定，适当限制农民往生产队外流动，除非经特殊允许。但这并不能立即冻结农村人口，因为随着"大跃进"时期大规模基建项目的建设，成百万的农民，大部分是单身汉，作为合同工被带到城市工作。但是随着"大跃进"而来的经济滑坡，政府又把劳动力送回农村人民公社，还有城市无业居民也被送到农村公社。1961—1962 年，总计有 2000 万人从城市来到农村。绝大部分人都不愿去农村，而绝大部分农村公社，刚从饥荒的最险恶岁月中恢复过来，仍面临着痛苦的食物短缺，也不愿接受他们。政府的主要措施是采取强制手段，强行禁止人们流动，不准迁往他们所向往的地方。整个 60 年代和 70 年代，几乎所

---

① 《陈村》第 247 页注。将此与梁恒的报告相比，1968 年前后在湖南省的一个贫困地区，10 个工分仅值 1 角 4 分。梁恒、朱迪思·夏皮罗：《文革之子》，第 172—173 页。关于影响工分价值各因素的详细论述，威廉·L. 帕里什和马丁·金·怀特：《当代中国的村庄和家庭生活》，第 47—72 页。

有人口流动都是从城市迁往农村。农民想从农村往城市流动是根本不可能的，并且想在农村自由流动也变得十分困难。

当地的自由集市是村民和本地区其他居民进行联系的重要渠道，它在 60 年代初还被允许存在，但到了 60 年代中期，以迅速向社会主义发展为名，自由集市也被禁止了。村民们通常都是从外村娶进媳妇，同村村民禁忌通婚，但当政府谴责这个传统为封建迷信时，这种最亲切不过的社会交换形式，在某些地方也被取缔了。自从中华人民共和国成立以来，政府在中国社会上大肆宣传，目的是使公民意识到自己是属于国家社会，但是六七十年代农村政策的一个没有想到的结果却是抵消了这种宣传效果，因为它鼓励当地社区转向自己依靠自己。①

60 年代中期，政府努力的另一个结果，本想促使生产队的内部机制更加社会主义化，而随之而起的是爆发了内部无休止的争吵，抑制了农民的积极性，降低了生产力。这些争端集中体现在工分制问题上。

在 50 年代互助组和集体化运动期间形成的工分制度复杂多样。②这个制度主要分为两大类：计时制和计件制，在计时制中，每个生产队队员通过集体讨论，一年一次或两次给每个有劳动能力的社员排个等级。通常 25 周岁至 45 周岁的健康男子得到的工分最多，一天的劳动一般能得 9 分到 10 分，妇女能得 7 分或 8 分，孩子只有 6 分。一个社员想要计算他所挣的工分数，只要简单地把他或她的工分定额乘

---

① 帕里什和怀特：《当代中国的村庄和家庭生活》，第 302—308 页。

② 同上书，第 59—71 页。另一个关于生产队收入分配的问题是口粮定额的制定。正如帕里什和怀特所述："粮食分配是与工分相分离的。工分影响一个家庭的收入，粮食分配则影响其支出……粮食分配通常有三种方法，首先是按人头分配，由各人的年龄和性别决定口粮数额。因为这一数额不因该年的劳动而变，这样分配的粮食被称为'基本口粮'。这一方法为每个村民提供了一定的缓冲保险。第二种方法按照每个家庭成员当年的劳动量，或更不确切些，按所挣工分进行粮食分配。当粮食分配以工分为基础时（这称为'工分口粮'），能劳动挣工分的人才能分到粮食。第三种方法是将小部分口粮（通常是 10%）用于鼓励人们将粪肥交给生产队，这部分的口粮称为'肥料粮'"（第65—66 页）。"基本口粮"的比重越大，一个生产队中消费的平均程度也越高，强壮劳力的劳动积极性也越差（如果这种劳动的唯一动力是经济上自利的话）。随着 60 年代后期要求农村更"社会主义"化的压力，基本口粮的比重上升，而工分口粮的比重则下降了。

以劳动天数就行了。在计件制中，各种各样的工作都定了一套工分，譬如耕一块地值 50 个工分。一个农民完成这项劳动后就能得到这么多工分。计件制积极地鼓励了个人，同时也使身强力壮、有雄心的劳动力大受裨益。一人完成个人的工作越快，所挣的工分也就比其他社员越多。但是，同样的原因，计件制消极地阻碍了社员们的协作精神。他们刺激了个人只关注自己的劳动数量，却忽视了对劳动质量的关注，同时，他们也鼓励了个人狭隘地关心自己的个人劳动，而忽视了该劳动应如何和他人的工作相协调的问题。例如，妇女按计件制插秧播种的工作，有时为了图快，尽可能多插几行，但秧插得太浅，当稻田灌上水后，秧苗根就松动了。

另一方面，计时制却鼓励个人关心集体劳动的整体质量，原因是一个人的工分额一部分要取决于他在团队劳动中的总体表现。计时制，在一定程度上也扶助了弱者，抑制了强者。因为一等劳力和二等劳力差别相对来说很小，不过是一天 9 个工分和 10 个工分的区别而已（其实全天仅值 5 分或 1 角人民币）。计时制也比计件制更社会主义化。尽管大多数生产队使用计时和计件两种混合制度，然而，政府提倡提高农村社会主义组织的水平，所以更倾向于计时制。

更具社会主义性质的工分制度是"大寨工分制"。大寨是山西省一个模范生产大队。从 60 年代早期到 70 年代晚期，政府一直提倡农民"农业学大寨"。虽然这件事真相很模糊，但大寨却被公认为是个典型的具有自力更生、集体团结精神、平等和高度的政治觉悟的生产大队，并因此而闻名。大寨发展了工分制度，像计时制，所有劳动力都排了等级，不过男劳力之间和女劳力之间级差很小。但是大寨工分制不仅基于劳动能力，而且基于政治觉悟，是在一个人完成阶段性工作之后，经过在大庭广众的大会上评论后认定的，不像以前计时制那样认定。大寨的经验迫使生产队社员们互相进行严格的监督，要求社员们用无形的尺度评估对方。60 年代末农村政策激进时期，大寨的经验被广泛推广。但是绝大部分地区推行大寨经验，其结果却是令人啼笑皆非，引起争执和讥讽。农民们常常因私愤而利用——或者彼此怀疑利用——所谓的政治标准给自己的同伴评低工分。有时，工分评值大会通宵达旦却没能取得决定性的结局。要求高度的"社会主义意识"，这远远超过了农村居民力所能及的范围，所以政府号召各生产队推行大寨经验不久，大寨经验就不得不被废除了，至少它的纯洁形式已被取消了。[①]

从 90 年代的高度看，这些失败的教训现在是非常清楚不过了，即使在 60 年代对共产党领导阶层中毛主义者还不十分清楚的话。农户能自行安排他们劳动的程度越大，他们与数不清的其他人在生产上协作的必要性就越小；他们获取自己主动创造的劳动所得越多，他们的生产力就越高。尽管毛主义者在 60 年代就意识到了这是一种实情，但他们仍主张，要是农民阶级的信念变了，农民就会变得更平等、团结，同时更富有生产力。这是 60 年代中期把社会主义社会价值观念灌输到农民心中，塑造"社会主义新人"的大规模新运动的理论基础。

塑造"社会主义新人",1963—1976年

领导权之争

塑造"社会主义新人"的努力是以"社会主义教育运动"的形式出现的。社教运动的目的是提高农村基层干部的思想品质。这是在 1962 年 9 月召开的中国共产党中央委员会八届十中全会上应毛泽东的请求发起的，毛提出，党千万不要忘记阶级斗争。这位主席担心，如果再不制止，带有旧统治阶级特点的统治方式就会通过政权本身的行为、地方政府及党的官员的活动在农村重新复活。[②]

共产主义运动伊始，中国共产党就在培养和训练本地干部上投入

---

① 詹、马德森和昂格尔：《陈村》，第 91—93 页；帕里什和怀特：《当代中国的农村和家庭生活》，第 63—71 页。
② 鲍姆：《革命的序幕》，第 11—59 页；马德森：《中国农村的伦理和权力》，第 67—101 页；詹、马德森、昂格尔：《陈村》，第 37—73 页。

了巨大的力量。尽管诸如农村土改这样的重要运动是由外地干部组成的工作组发起的，但一个工作组的首批任务之一通常是寻找当地的积极分子，他们成为即将开始的运动的"骨干分子"。① 那些在随后发生的斗争中证明自己是忠诚的和有效的积极分子将被吸收进中国共产党。每一个重要运动——土改、互助组、合作化、"大跃进"——都有大批新人入党。不过，中国共产党总是一个高度排他的团体，而且党员数量即使增加，在总人口中也不占多大比例。土改后，不到1%的农村人口入了党。到1960年，这一比例提高到大约2%，到了80年代，这一比例稍稍超过了3%。② 为了控制当地村社的政治和经济事务，党的基层干部必须依靠许多非党员本地干部的帮助。而且，为了使工作富有成效，当地党的干部就得依靠他们自己村社中的人民对他们的普遍尊敬和忠诚。

在中华人民共和国的历史上的不同阶段，吸收党员和选拔当地领导干部时，他们的社会成分是不尽相同。土改期间，工作组找那些贫农出身的、鲁莽而又大胆的年轻男人（或许还有几个妇女）在反对旧统治阶级的斗争中打头阵。就是这些人被吸收进中国共产党，并成为支持当地农民协会的领导力量。但是，如果他们要使像农民协会这样的团体得到农民的尊敬，中国共产党至少也应该罗织（如果不是正式吸收）一些年龄较大、德高望重、善于妥协和施以小恩小惠来拉拢"感情"的人。这样的领导通常来自中农。这些中农领导干农活一般都比较熟练，在指导生产时经常显得特别重要。③

随着中国共产党的目标的变化，随着"发家致富"的政策让位于强调互助和合作化的政策，在早期运动中上台执政的当地领导的大杂

---

① 关于"积极分子"和党的领导的关系的简明分析，见理查德·H. 所罗门："关于积极性和积极分子：把国家和社会联系起来的动机与政治作用的毛主义者的思想"，《中国季刊》第39期（1969年7—9月），第76—114页。

② 到1960年农村地区党员的统计数字，见沃格尔的《共产主义统治下的广州》，第371—372页。我还没能找到此后农村地区党员的精确数字。1982年中共十二大报告指出，在中国10亿多人口中，党员总数3900万。

③ 维维恩·舒：《过渡中的农民的中国》，第95—96页。

烩会变成实施这些新政策的障碍。因为建立农业生产合作社的运动危及许多中农的利益，因此，不能依靠有这种背景的干部来执行党的政策。就此而言，许多出身贫农的干部也不能依靠，因为他们利用土改期间取得的地位发了财，变成了"新中农"。所以，中国共产党要想执行政策，就必须把他们小心翼翼地撇到一边。

通常都是通过发动"整风运动"来实现此目的，在整风运动中，干部要被调查，其胡作非为的事都要查出来，干部被迫进行批评和自我批评，有时以折磨人的群众声讨会的形式进行。只要适当地加以惩戒，一般说来，他们就会乐意追随党的正确路线，至少暂时会这样。同时，那些年轻的、雄心勃勃的、在揭露莫须有的渎职行为中发挥领导作用的本地积极分子都被吸收为党的新成员。①

土改期间主要是整顿农村干部，特别是惩处年轻的、在自己的工作中没能严守道德纪律私吞斗争果实或因保护富裕农民而受贿的本地干部。1955 年，在大力推行合作化的前夕，一场反对"隐藏的反革命分子"的运动给那些支持农民脱离农业生产合作社的农村干部打上了反革命的印记。合作化开始后，农村干部因太同情中农而被迫进行批评和自我批评。"大跃进"开始后，干部因太谨小慎微、太拘泥传统方式而受到批判。在"大跃进"之后，他们因为太专断，把村社饭厅建得太远以及太多的私有财产集体化而受到惩罚——对这些错误，一般说来，他们的上司应比他们负更多的责任。

除了容易受上级的公开批评以外，本地干部还经常受群众私下里的抱怨。一个本地干部对威廉·欣顿说："群众对待你就像背着儿媳过小溪的公公。他付出了大量的努力，但得到的回报除了咒骂外什么都没有。为什么呢？因为别人怀疑他想把儿媳搂在怀里，想拥抱她。儿媳觉得老人放肆无礼，儿子认为老爹调戏他的新娘。"②

---

① 对这些运动的生动描述，见欣顿《翻身》，第 319—400 页。50 年代广东省影响到农村干部的各种运动的编年史，见沃格尔的《共产主义统治下的广州》，尤其是第 109、133、153 页。

② 欣顿：《翻身》，第 157 页。

　　既然这个职务这么让人不踏实和易受批判，为什么一些人还想当干部呢？说得出口的是，当干部的高尚动机是渴望为人民服务，至少有一些当地干部，在他们踏上仕途之初，满怀理想致力于提高自己村社的福利。但对一个雄心勃勃的贫农来说，当干部无论如何是他们在社会上掌权和提高声望的唯一途径，而且在这种情况下，所能捞取的实惠可能超过表面上的风险。

　　不管怎样，1962 年后，地方干部的品德问题成了中国共产党的关键问题。根据 1963 年 5 月发起社教运动的关键文件即"前十条"，至关重要的不外是这样的问题，即"这是关系社会主义和资本主义谁战胜谁的问题，是关系马克思列宁主义和修正主义谁战胜谁的问题"。[1] 尽管有点夸张，但这个提法并非完全不准确。好的本地领导对集体农业的成功是至关重要的。集体劳动应该比个人劳动好，因为集体劳动效率较高，因而对那些参加者更为有利。但是如果某处的本地干部不诚实，私吞了一些集体财产，或如果他们不公正，通过分派称心如意的工作和评定高工分照顾亲朋好友，那么，农民的士气和信心就会下降，随之而来的将是集体农业劳动生产率的下降。

　　因而，在社教运动的第一阶段，中国共产党发起了一场"四清运动"，以清理农村干部在经济、政治、意识形态和经营管理方面的错误。然而，要清除的主要问题是经济方面的。干部因贪污集体资金和滥用公共财产受到指控。他们主要因受贿，用公款吃喝旅游而受到指责。他们之所以犯这些错误，据说是因为，尽管他们出身于贫农家庭，但其思想觉悟受到了旧的资产阶级和地主阶级思想意识形态的腐蚀。[2]

　　对许多村民来说，"四清运动"看起来像土改运动。先从试点村

---

① 引自鲍姆的《革命的序幕》，第 24 页，译文和有关社教运动的其他文献，见理查德·鲍姆和弗雷德里克·C·泰维斯《四清：1962—1966 年的社会主义教育运动》。关于这一时期当地领导理解学习的特征，见米歇尔·奥克森伯格："中国农村的本地领导人（1962—1965）：人品、官职政治补充"，载鲍大可编《中国共产党的现行政治》，第 155—215 页。

② 鲍姆：《革命的序幕》，第 11—41 页；詹、马德森和昂格尔：《陈村》，第 37—40 页；马德森：《中国农村的伦理和权力》，第 68—72 页。

社开始，再向外扩展，由外地干部组成的工作组进驻村子，他们住在村里并"扎根"好几个月；找出对现状不满的贫农并从中吸收积极分子；准备告发当地生产小组和生产队的领导干部，最后发动本地农民在愤怒的"斗争会"和"批判会"上谴责那些发现有罪行的干部。[1]

如果严格按照反腐败的规章来办事的话，那么，大多数本地干部确实有一些错误。像别人一样，本地干部也从集体获得一份利润，他们的工分比其他任何好劳力略高一些。他们——和其他许多同乡村民——通常认为：对他们的辛劳给予非正式补偿，或是因为参加工作会议而有好吃好喝，或接收一些请求给予特殊照顾的村民的"礼品"，这些都是可以接受的。他们还觉得非得要给亲朋好友以特别的关照不可。只要这种行为不过分，许多村民就不会谴责它。但是，现在外地来的工作组要求严格按照法律条款制裁这种不正当的行为。因这些坏事受到谴责的干部（工作队通常有一个要抨击的本地干部的定额，而且要在持续一昼夜的审问中强迫他们坦白）被剥夺了职务并被迫将他们据说是不正当获得的东西交还给群众。正如土改摧毁了乡村的旧精英，"四清"到它结束时，也摧毁了新的本地精英。

"四清运动"一个令人不安的方面是阶级斗争思想的复活。据说，腐化干部之所以犯错误，是因为他们的思想是旧阶级的思想。在某种意义上，他们确实是旧阶级的成员，因此，应受到激烈的斗争。但事实上，大多数干部是贫农出身。如果一个人的个人行为（或者，就这一点而言反映了一个人的内心意识）现在成了判定一个人是好阶级还是坏阶级成员的决定性因素，而不是根据一个人客观的社会出身来判定，那么，这就为武断地判定谁是阶级朋友和谁是阶级敌人的极端专横的做法敞开了大门。武断的阶级斗争逻辑在"四清运动"中得到了实践，还成了日后的"文化大革命"的特征。[2]

其实，阶级分析的整体含义与农村生活发展中的现实是脱节的，

---

① 詹、马德森和昂格尔：《陈村》，第 41—64 页。
② 马德森：《中国农村的伦理和权力》，第 72—80 页。也见维维恩·舒的分析《过渡中的农民的中国》，第 339—341 页。

二者没有联系。在土改中，中国共产党使用了阶级分析这一词汇，在60年代中期，它又成了政治术语中的一个主要论题。贴有"地主"或"富农"标签的人现在并不比其他任何人富裕，而且由于他们经常遭到有意的歧视，所以，事实上他们比较贫穷。而另一方面，许多贫农变得相对富裕了。一个人的兴旺富裕取决于一大堆复杂的因素，这些因素没有涉及官方对阶级剥削的解释。一旦农业集体化了，经济成功就取决于下列这些因素：一个人有多么强壮，家庭成员的健康状况如何（当然，反过来，这与一个人所处的生命周期所在的阶段有关）；一个人与亲属和邻居的关系是不是好（这取决于一个人能否适应贯穿全村生活的血缘关系网）；政府考察一个人过去的政治关系是否有利；或一个人有多守纪律、多勤奋和有多少雄心壮志。[①] 上述这些因素加在一起产生了新的利益集团，而且有时在村民中导致了新的敌对情绪，如果用阶级分析的观点来看，这种敌对情绪就不可理解了。

村一级通常提到的社会阶级更像是一种新的种姓等级制度。每个人都贴了一个阶级标签，不是土改时授予的，就是从父系继承的（如果在50年代初他还太小而不能得到自己的成分）。尽管这种分类与一个人现实的经济状况仅有间接的联系，但它是一个人政治和社会地位强有力的决定因素。如果一个人是"贫农"或"下中农"，他就有资格被考虑提升为干部并享受政府的一切优惠待遇。如果一个人是"中农"，极能干又极可靠，他就可能有资格当小干部，但他通常多少要受点政治责难。如果一个人是"四类坏分子"——地主、富农、反革命分子或"坏分子"之一，这个人就会永远洗刷不掉这个污名。这个人就没有权利出席生产小组或生产队的会议（尽管在会议结束后，这个人会被派去打扫会议室），他在生产小组或生产队选举时不能投票，他对自己命运的一些怨恨会被解释为反革命行动并有可能受到严厉的惩罚——而且没有贫农或下中农与其结婚，除非是这些人在走投无路的情况下。

到了60年代，这些阶级标签已固定下来。大家都被彻底归了类，

---

① 詹、马德森和昂格尔：《陈村》，第52—53页。

谁都甭想从中有所变动。尽管对约占人口总数 6％ 属于四类坏分子的人来说肯定是悲惨的，但对大多数被划分贫农和下中农的人来说还是有些安全感的。良好的阶级成分为后者提供了政治资本的基础，在正常情况下，它是不会丧失的，除非这个人犯有重大的反革命罪行。但在"四清运动"的理论中，贫农、下中农以及出身于这种背景的干部由于犯了一些较小的错误，现在就可能会失去好的阶级成分。在当地的政治斗争中，阶级成分成了致命的武器。①

"四清运动"引起的政治战争不像土改对旧的乡村精英斗争时那样你死我活。尽管一些本地干部的仕途生涯被打断，还有报道说至少有一些人自杀，但新精英的毁灭并不像地主的毁灭那样是决定性的。本地干部中的大部分，除了那些犯有最严重罪行的人，都能使对他们的指控得到修改，并被恢复原职。不过，他们受到的惩戒通常足以（至少暂时可以）制止搞特殊关系和私吞公款。而且他们必须与新的、年轻的干部分享一些本地权力，这些新干部是工作组从运动中的积极分子队伍中吸收来的。

社教运动的"四清"阶段结束后，下一个阶段则更为积极。在此阶段，村民学会珍惜社会主义的价值观念，并把这些价值观念较全面地付诸实践。就在 1965 年和 1966 年前后，对毛的狂热崇拜传入乡村。农民们参加学习小组，背诵从毛的著作中选出来的一些段落（例如题为《为人民服务》的文章），学唱革命歌曲，听老农民富有感情地忆苦思甜，并讨论无私地为人民服务的重要性。这些（忆苦思甜大会）经常与诸如推行大寨的工分制这样的社会主义改革联系在一起。②

由于 20 世纪 60 年代中期农民物质生活水平的提高，对"大公无私、毫不利己"的新强调或许暂时为大家所乐于接受。总的说来，恰恰是从"大跃进"后的几年自然灾害以来，经济增长了。一些资金被

① 见理查德·柯特·克劳斯《中国社会主义中的阶级斗争》，尤其是第 39—114 页；马德森：《中国农村的伦理和权力》，第 75—80 页。
② 马德森：《中国农村的伦理和权力》，第 130—150 页；詹、马德森和昂格尔：《陈村》，第 74—102 页。

用来改良种子和购买化肥。60年代中期，农村的许多地方通了电。由当地医务人员行医的农村卫生所广泛地成立起来。物质生活的质量逐步提高。或许许多农民认为这些改善和提高都是因为有了毛主席，由于庞大的宣传机构的努力，毛几乎以神化的形象出现在他们面前。不过，随着"文化大革命"的开始，这个信念受到严重的考验。

"文化大革命"

"文化大革命"对农村的影响主要是间接的。"文化大革命"期间震撼全中国的大规模社会运动是以城市为中心的。红卫兵和革命造反派主要由学生和城市工人组成。但是，城市的不稳定不可避免地扩散到了农村。受影响最大的是那些与城市联系最密切的农村。红卫兵和革命造反派来到郊区农村，而且有时甚至到较为偏僻的地区传播造反信息。在60年代初"被下放"的城市青年受到革命热情的感染，并在所在农村组织了红卫兵派别。企图逃避"文化大革命"造成的混乱的城里人逃了出来，去看望他们在农村的亲戚。[①]

通常在外来鼓动者的推动下，一些年轻的村民组成了他们自己的红卫兵组织，但一般说来，这些似乎是对其城里的榜样相当淡漠和无力的反应。一些红卫兵组织开始在生产队"夺权"，他们接管了官员们使用的办公室公章，并宣布现在由他们来负责本地事务。尽管对许多本地农民来说这是暂时的破坏且令人讨厌，但这些事件并没有深刻改变当地的政治形势。村民们没有理由尊敬干这种事的年轻人或与之为伍。许多公认的本地干部经常仍在处理当地事务，至少也是非正式的。不过，乡村还是感受到了1967年发生在较高层的省、县一级而且有时是公社总部的夺权的影响。当这些单位被红卫兵和革命造反派的联盟（主要是城市）接管后，乡村和外部世界稳定的政治联系就被

---

① 詹、马德森和昂格尔：《陈村》，第103—140页；欣顿：《翻身》，第451—553页；梁恒、朱迪思·夏皮罗：《文革之子》，第161—188页；理查德·鲍姆："农村的文化大革命：剖析一种有限的造反"，载托马斯·W. 鲁宾逊编《中国的文化大革命》，第347—476页。

切断，对本地村社来讲，这是一种混乱的且有潜在破坏性的经历。不过，国家权力崩溃造成地方上不稳定的潜在危险通常并没有变为现实，因为此事发生时农民正忙于收获和播种，还因为军队采取行动及时重建法律和秩序以防止发生重大分裂。带来混乱的这种冲击的最重要影响不是政治的，而是心理的，最终是文化的。如果没有别的什么的话，"文化大革命"强化了农民的传统思想，即外部世界是一个危险的地方，他们常常害怕、躲避而不是信任那些陌生人，尤其是中央政府的代表。因此，"文化大革命"将社教运动所取得的进步化为乌有，社教运动曾在农村造就了一批热心公益、具有新道德的社会主义新人。村民又转回来求助于根植于传统的宗教和礼仪之中的较为古老的道德和价值源泉。

宗教和仪式

从传统来看，农民对生活意义的想法、感觉，以及对道德规范的根本要求，都由一种构思完整的宗教系统来解释和证实究竟是否正当。这种神圣看法的核心是一个有神、鬼和祖先的圣殿。在农民的想象中，神比生活中的政府官员形象要大，是天国之君主管辖下的有自己官阶的官员。鬼是附着阴魂的平民，是死去的陌生人的危险的灵魂，而好的灵魂则是那些死去的、自己祖先的灵魂。一年之中，农民要定期，以及不定期地（如在人生的重要关头）举行仪式，展现他们这种世界观的种种方面，庆祝生活的意义。[①]

重要的节日如阴历的新年、清明节、中秋节和冬至的中心内容是祭祖，为一个家族死去的祖先上供并庆祝这个家族现在的团结。生丧嫁娶的宗教仪式的规模大小象征着这个家族的完整和向心力，表明了它与过去的联系和对未来的希望。像饿鬼节这样的节日，其目的在于安慰那些所有在农村游荡的、危险的鬼。另外，迷信的农

---

① 对中国大众宗教的规模大小的最系统分析是以台湾的人类学实地调查为根据的，见阿瑟·P. 沃尔夫："神、鬼和祖先"，载阿瑟·P. 沃尔夫编《中国社会的宗教和仪式》；也见杨庆堃《中国社会的宗教》。

民还经常搞一些日常仪式，以保护自己免受陌生人的充满敌意的灵魂之侵害。最后，每个村社都有自己的土地神，在天国官员的级别中，它是自己本地的守护神，其生日必须庆祝。在宗教方面精于世故的村民还要抚慰其本地神的上司——附近的城隍——和较高级别的神，它们都定期巡视其辖区各地。

中华人民共和国成立后，尽管执政的共产党信奉无神论思想，但古老的宗教习俗并没有消失。官方对宗教的政策还算宽容。虽然宗教是虚伪错误的，但只有政治上最危险的、对社会最有害的方面应受到直接压制，其余的宗教习俗就像经济剥削的苦难随着社会主义的改造消失了一样自然衰亡。① 在农村，实际上这意味着，属于大家族祠堂的地产和其他财产应该没收。大家族祠堂建立了崇拜共同的祖先的制度，它为大的家族集团和家族祠堂的联合提供了基础，随其而来的是大笔的捐款；还为政治上抵制中央权威提供了一个道德和经济的基础，因此这是不能容忍的。也不允许本地的土地爷有寺庙，因为土地庙为村社团结反对外部世界提供一个中心；也不能容忍专职的宗教执事，如萨满教巫师、算命占卜者和巫医，因为这类独立经营的政治经济必须受政府控制。但对本家族的祖先在家内祭拜是允许的，对不时打断生活周期的事情举行传统仪式也是允许的，只要这些仪式不兴师动众、大操大办，且不破坏农业生产。以驱除恶鬼和带来好运为目的的一点儿私人宗教仪式仍受到官方的嘲笑，但在实际上并不怎么管，只要它们本质上仍是私人的。

然而，"文化大革命"有一部分对大多数农民产生了直接影响，那就是破"四旧"（旧思想、旧文化、旧风俗和旧习惯）运动。实际上，这是一次对传统宗教习俗的冲击。红卫兵（主要来自城市）要求毁灭所有的传统祭奠的物件。他们强迫农家搬出并毁掉他们最崇拜的圣物，捣毁刻着历代祖先名字的牌位，这些牌位供奉在正房的祭坛上。他们没收并烧毁了含有宗教内容的旧书籍，摧毁神像和护身符，

---

① 关于变化中的宗教政策的材料，见唐纳德·E. 麦克因尼斯编《共产党中国的宗教政策及其实践》。

至少在一个地方，他们甚至打碎了模具，这是家庭主妇用来做带有传统的护身符的米饼的。在"文化大革命"引起的反宗教狂热的重压下，许多农民避而不搞以生丧嫁娶为目标的传统仪式。[1]

"文化大革命"产生了许多代替旧神的新神和鬼。毛（"我们心中的红太阳"）成了一个圣人。他的画像和语录被刻在所有农村的墙上。每家都要买几套充斥他的语录的红宝书，家里曾经供奉祖先牌位的祭坛现在摆放了数套四卷本毛选。一些地方的村民在开会之前，甚至要握拳宣誓和跳"忠字舞"，这种舞和着"大海航行靠舵手，干革命靠的是毛泽东思想"的旋律，跳起来很像弗吉尼亚舞蹈。如果说毛代替了神，那么阶级敌人就代替了鬼。不仅在"文化大革命"期间而且在更早些的运动中，人们打击的对象在官方文献中经常被称为"牛、鬼、蛇、神"，这个传统的称呼由一些危险的超自然怪物的同义词构成。新政府的节日，如元旦（按西方日历）和 10 月 1 日的国庆节，在其意义和重要性上都是旧节日的对立物。[2]

然而，"文化大革命"的悲剧之一是，它提出的新神象征是如此的不可信。在毛的名义下，一群失控的乌合之众大行暴虐。由于获得了现代大众传播的手段，大部分村民都知道了困扰中国大城市的那种无政府状态。如果说这些事件太遥远没能对农民形成一场深刻的道德和感情上的冲击的话，那么，像在"文化大革命"的混乱时期，在1968 年发起的清理阶级队伍运动与农民的关系就太密切了，这场运动旨在惩处破坏法律和秩序的人。

清理阶级队伍确实波及了一些农村地区，它要求农民们在同村居民中找出一批（定额约 3%）要对"文化大革命"最具破坏性的部分负责的人。"文化大革命"期间肇事者相对少一些的村子也必须捏造出几人。按照毛主义者社会阶级的理论，阶级出身好的人通常不会搞

---

[1]　詹、马德森和昂格尔：《陈村》，第 118 页。

[2]　马德森：《中国农村的伦理和权力》，第 130—150 页；詹、马德森和昂格尔：《陈村》，第 169—174 页；帕里什和怀特：《当代中国的农村和家庭生活》，第 287—297 页。

反革命活动。所以，那些在"文化大革命"中制造浩劫的工人和贫农可能不是好阶级的真正成员，而是受到了坏阶级血统中隐藏的污点影响的人。如果公开的肇事者带有坏阶级出身的隐藏的污点，那么，这种隐藏的污点甚至会影响那些显然没做过任何明显错事的人。在广东"陈村"附近地区，至少这是对没有人缘的村民进行政治迫害而使用的逻辑。这些没有人缘的村民包括爱说闲话的老妇，村民说她们在土改期间被错划了成分，或是与错划了成分的人有近亲关系。所有这些都是在"文化大革命"最狂热的时候，以毛主席的名义干的。它导致了正义公理的公然失败，以至许多农民对毛是光荣的、革命新道德的源泉的说法完全失望。①

随后在 70 年代初期发动了其他运动，例如 1971 年的"一打三反"运动和 1973 年的"批林批孔"运动，所有这些运动都是在毛的名义下发动的，结果造成了一种印象：政府在农村采取完全不合理的举动。批判林彪运动向人们展示了这样一幅景象：林彪从尊贵的地位上跌下来，而在"文化大革命"期间，人们被告知，林彪是毛最亲密的战友。既然毛的形象已变得如此暗淡，那还有什么值得人们信任呢？

或许，许多农民通过回到自己的家庭获得了安慰。不管已为人们投身公益事业打下了多么坚实的基础，不管已为农村社会主义树立了多么好的道德基础，所有这一切都被"文化大革命"深深侵蚀了。这是一大讽刺，因为"文化大革命"公开宣称的目的是创立一种新型的社会主义道德。由于害怕因用残存的传统方式祭拜祖先或进行婚丧嫁娶而受到惩罚，许多古老的家庭礼仪悄悄地复活了。不过，各家必须谨慎，不要明目张胆地进行这种"封建迷信"，他们还须临时凑用一些仪式物品，例如用几盘蚊香代替真正的烛香。传统的公共仪式或许永远消失了。没有对一个家族共同祖先的祭拜。没有对本地土地神或城隍的有组织的祭拜。不仅因为这些仪式被官方禁止，而且还需要支出一笔公共基金。而公共基金自土改以来就没有了。但是现代公众庆典——庆贺毛主席，庆贺国家或人民解放军——明显地唤不起人们的激

① 马德森：《中国农村的伦理和权力》，第 195—198 页。

情，而且除了获得几小时不工作的机会外没有什么意义。尽管（或许是由于）有中国共产党 20 年的宣传，农民仍生活在以家庭为中心、基本上是在自己的道德观念的世界里，不适应社会主义要求的集体纪律。[①]

受围攻的农村

除了对农村进行大肆宣传，以图加强农村与国家政体的道德和社会联系外，毛主义者的政府还从城市派来了数百万年轻人。正如前面已经提到的，政府实际上禁止农民移入城市。事实上，跳出农村的唯一机会是参加中国人民解放军。然后，这个人便能周游全国，可能有机会学会像开卡车这样的一门技术，它能使这个人在县城，甚至是大城市里找到职业。然而，人民解放军只挑选一些最强壮的、政治上最积极的农村青年。

在城市和农村之间设立障碍的最终结果是两个独立的、但无疑是不平等的社会的形成。城市和农村之间的工作、社区和文化生活方式有着极大的差异。城里人倾向于把农村看成野蛮的、奇怪的和危险的地方，乡下人绝对低城里人一等。农民承认其生活低城里人一等。

为了弥合城市与农村之间的差距，为了缓和城市过分拥挤引起的人口问题，60 年代初期，政府开始派少男少女"上山下乡"。首先，这个活动是自愿的。政府鼓励满怀理想的中学生献身于建设农村这一光荣的工作中去。然而，甚至在用这些理想化的术语表述时，到农村去的基本思想也承认：这是一种献身行为，言下之意是农村生活水平比城市低。在这个运动期间，从 1962—1968 年，约有 120 万城市青年"下乡"。1968 后，这一活动大大增加了。1968—1978 年间，1200万左右的城市青年被下放，这个数字约占城市总人口的 11％。不过，此时这个运动看不到一点自愿的样子了。[②]

[①] 帕里什和怀特：《当代中国的农村和家庭生活》，第 266—272、287—297 页。

[②] 有关知识青年上山下乡运动最详细的研究是：托马斯·P. 伯恩斯坦：《上山下乡：中国青年从城市走向农村》；也见彼得·J. 西博尔特编《中国城市青年的农村生活：一段社会经历》；詹、马德森和昂格尔：《陈村》，第 8—11、103—111、231—235 页；马德森：《中国农村的伦理和权力》，第 105—129 页。

甚至当为数较小、动机很好的年轻人到农村后，他们也经常是成事不足，败事有余。他们对农村生活中的肮脏和不讲究卫生情况感到吃惊。他们不会农活，却坚信自己文化上高人一等。许多城市青年很快就丧失了理想主义并企盼回家，正如一位前上山下乡的青年在与B. 迈克尔·弗罗利克谈话时指出的，想回到"文明世界"。[①] 对村民来说，城市青年农活做得不够多，养活不了自己，他们是"饭桶"，是本地经济的一个负担。甚至当他们想为贫下中农服务时，这些城市青年也因为以恩人自居的态度而招致农民的反感。有时，农民把城市青年当成是有利可图的人。前上山下乡青年回忆起许多轶事时说，农民侵吞国家为照顾城市青年提供的款项，挪作本村使用，而且还有相当多的农民对城市女青年进行性虐待的例子，这刺激了农民伤风败俗的丑恶陋习。[②]

在知识青年下乡活动的最初几年，有时在发展城里人与农民的相互尊重和理解方面取得了真正的进步；而且城市青年帮助农村提高识字率以及在医疗保健和新型工具的使用方面发展本地的技术专长。但自从1968年后大批青年被派往农村，这些有益的事情就很少能实现了。第一批到农村的人中，许多是以前那些无法无天的红卫兵，他们把自己被派往农村看成是对他们在1966年和1967年敢于造反的惩罚。他们没有使自己融入农民生活的良好愿望，只是耗费农村的资源，还抱怨自己命运不佳，惹是生非，有时还从他们寄宿的房东那里偷粮食和蔬菜，而且冥想苦思能离开他们所在的农村。[③] 到70年代初，政府颁布政策，每个家庭只有一个孩子中学毕业后可以留在城市；这就是说其他所有孩子都必须去农村。不想去农村的城市人口大量流入农村，数量之大经常超过了农村所能承受的。

① B. 迈克尔·弗罗利克：《毛的人民：革命中国的十六个生活肖像》，第48页。
② 詹、马德森和昂格尔：《陈村》，第51—53页。
③ 许多来自中国官方出版物的文章之译文见西博尔特《中国城市青年的农村生活》，它们反映了部分官员对城市青年较低的思想水平的看法，反映这种基本思想水平丧失的生动例子，见梁恒、朱迪思·夏皮罗《文革之子》，第189—192页；詹、马德森和昂格尔：《陈村》，第226—235页；弗罗利克：《毛的人民》，第42—57页。

因此，青年下乡活动不仅没有缩小城乡之间的差别，总的说来，反而使城乡差别进一步扩大。村民们可能把自己的村社看成是城市过剩人口的倾销地，城市青年可能自认为被抛弃了，"被扔进了历史的垃圾堆"，正如一个这样的青年所指出的。[1] 城乡之间的敌对情绪增加了。对许多村民来说，外部世界——城市和政府的世界——似乎必定是弊多利少的根源。

这种感受由于 70 年代前半期制定的许多不切实际的农业政策而更强烈。例如，中央政府中的激进派开始发布一刀切的命令，要求各地应种植某种作物，这完全脱离了经济现实。例如，命令华南的农民种棉花和小麦（基本的理由是，在苏联进攻时，中国北方种植的这些作物可能会受到危害），即使这些作物在亚热带气候的华南不能很好地生长。[2] 在 60 年代的大部分时间里，不管存在其他什么问题，政府对农业的做法通常至少是有助于增加生产的。现在，许多农民又必须对付政府日益僵化的命令，这些命令不符合现实情况，而农民最熟悉他们当地的情况——这却是成功经营农业的条件。

他们也必须对付日益增加的强征粮食。政府以各种借口，要求农民把较大数额的粮食以国家规定的人为低价出售，留给农民自己消费的数量极少。农民的生产积极性下降，在整个 70 年代，农业生产率逐渐下降。

这些惊人的趋势由于村一级小规模工业化的成功而得到部分缓解。到 70 年代初期，农民应该"以粮为纲"的口号被修改为"以粮为纲，全面发展"。在农村组织的公社一级和生产队一级，在政府鼓励下，当地干部建立了许多小工厂，用于制造和修理农具、制造化肥、加工粮食等。这些工业为本地提供了受欢迎的新式服务，使公社更加自给自足。工业上的利润也增加了经济的影响力，公社，尤其是生产队因此而能对自主的生产小组施加影响。新式企业为农民提供了

---

① 马德森：《中国农村的伦理和权力》，第 129 页。

② 詹、马德森和昂格尔：《陈村》，第 236—243 页。有关类似大错的消息定期出现在 1978 年的中国刊物上。

一种新的、"现代"型的工作经历，农民用机械工具进行稳定的室内劳动，而不是靠自己的双手随季节变化在户外劳动。新工业中的职业是吸引人的，而且把农民的胃口刺激得更大。[①]

不过，这些不可否认的积极发展有时会产生农民与国家日益疏远的效果。当地人在很大程度上凭自己的力量出人头地。现在他们比以往任何时候在经济上都更为自给自足。就改善生活质量而言，他们似乎对政府没有太多的需求，实际上，政府索取的比给予的更多。

较年轻一代农民似乎尤受这种疏远感的影响。看到新的虽然不是很大经济发展景象，接触到大众传播媒介传送的大量信息，自己至少具备小学教育知识以及听到下乡的城市青年讲述的关于城市生活享乐的故事——所有这些都助长了无法满足的奢望。一个广东农民说："我父母仅想能填饱我们全家的肚皮，我们年轻人想要从生活中得到比这更多的东西。"[②]但在 70 年代中期农村经济停滞的时候，更多的只能是想想而已。

复旧，1977年以后

非集体化

70 年代即将结束时，农民的情况发生了突然而富有戏剧性的变化。邓小平巩固了他对政治联盟的控制（这个政治联盟是继毛泽东和他的被免职的拥护者之后出现的），他的政权就开始发布农业非集体化的命令。

新的农业体制在 1979 年 12 月后的两年间生效了，但各地执行情况又有相当大的差异。这个新体制还不是完全的非集体化。农民不能

---

① 詹、马德森和昂格尔：《陈村》，第 213—223 页；德怀特·珀金斯编：《中华人民共和国农村的小型工业》；玛丽安·巴斯蒂："经济决策的级别"，S. 施拉姆编：《中国的权力、参与和文化变化》，第 159—197 页。

② 詹、马德森和昂格尔：《陈村》，第 25 页。

正式拥有土地，就是说他们不可以买卖和租让土地。但在这个国家的大部分地区，生产责任"被分散到农户家里"。至少在一些地方，土地根据1949年前农民的地契来划分，不过，这一做法受到了官方的批评。[①] 在这种受欢迎的、"责任制"下，每一家农户以自己认为合适的任何方式获得耕种一份土地的责任，这份土地以前是由集体耕种的。在卖给国家一定数量的粮食和其他产品后（国家通常详细规定地里必须种植什么作物），农户可随意处理其产品。这是一种事实上的租佃，国家现在充当了地主。

新体制也允许农民多留自留地。现在，将近25％的可耕地可以留作自留地，在这块土地上，农民可以种想在自由市场上出售的任何东西。随之而来的是，副业生产的范围大大扩展了。在10年"文化大革命"期间大量被取缔的农村市场，带着自50年代初期以来从未有过的生机，现在也获准重新开张了。城市近郊农民也获准在城里设立"农副产品市场"，这种事情自1958年以来一直是被禁止的。生产队仍是拥有牲口和大型农具的单位，生产大队是拥有大型机械如拖拉机、小型工厂、车间和卫生所的单位。但在一些地方，甚至连这些公有财产都出租给个人以赚取利润。[②]

个人追逐利润被当做社会主义的对立面批判了20多年，现在则成了被赞誉的事情。一个流行的口号是"致富光荣"。这是一个绝大多数农民欣然接受的政府口号。农村经历了一场巨大的承包运动，个人首创精神带来了农业生产的大幅度增长。现在比以前能买到的消费品更多了，新富裕起来的农民用新式家具、自行车、收音机甚至电视机装饰自己的家。尽管他们生活在名义上还是社会主义的体制之下，但农民也许感到现在经济上比从政府开创社会主义道路以来的任何时候都要自由。

然而，随这种经济自由而来的是，社会主义已部分缓和了的许多问题又重新出现了。贫富差距扩大了。到80年代初出现了"新富农"

---

① 于尔根·多姆斯："公社的新政策：中国农村社会结构笔记（1976—1981）"，《亚洲研究杂志》第41卷第2期（1982年2月），第264页。

② 詹、马德森和昂格尔：《陈村》，第272—273页。

的说法，其中一些人成了万元户，与新中国成立前旧社会的富裕地主的收入一样多。不过，与旧的地主统治阶级不同，这些新富农主要不是从地租而是从商业活动中赚的钱。或许，致富的最快途径是垄断当地一项重要的服务行业（如运输）。在公共设施如卡车运输方面的实际垄断权有时可通过与干部们的特殊关系而获得，这些干部负责给他们发放许可证。与当地干部确立"好感"关系经常是通过行贿来实现的。有时，本地干部亲自开办有利可图的新企业。所以，随着经济的发展，使本地干部腐败的诱惑也增多了。[①]

此外，经济自由的好处却为老、弱、穷和不走运的人带来日益增多的不安全感。伴随着致富的新机会而来的是变穷的新的可能性。如果农户因生病、计划失当、自然灾害或只是运气不好，他们就无法从承包的土地上打出足够多的粮食，无法在完成国家定额后还能获得足够的收入，帮助他们摆脱困难的途径更少了。新体制下悬而未决的问题是：在一个各自独立的小的承包人世界里，诸如灌溉系统的维持和发展这样的公共工程将如何管理。[②]

中国人生活的特征是家庭关系网。在旧社会，对穷人、弱者和老人的帮助（如果真有此等帮助的话）是来自这张关系网。[③] 同样，对村社范围的公共工程的经济支持也是按扩大了的血缘关系界限来组织的。在新的自由企业体制下，传统的血缘关系、朋友关系和良好的人际感情有可能替代公社体制下提供的社会福利安排。然而，正当家庭关系对农民的长远福利比对这一代人的安逸变得更为重要的时候，政府强制推行了会从根本上削弱农民家庭能力的政策，使他们无力提供那种福利。

婚姻和家庭

为了理解这些新政策的重要性，我们应该回顾一下中华人民共和

---

① 詹、马德森和昂格尔：《陈村》，第276—279页。
② 多姆斯："公社的新政策"，第264—265页。
③ 有关照顾老人的安排的详细研究，见德博拉·戴维斯-弗里德曼《长寿：中国的老人与共产党革命》。

国成立以来政府的政策对家庭生活的影响。新政府的首批法令之一是1950年颁布的一个全新的婚姻法，它废除了"建立在男尊女卑基础上，且无视儿童权益的专制的封建婚姻制度"[1]。但由于这个法律在农村并没有得到大力推行，所以，它对农村家庭生活的基本结构没有产生深刻影响。农民还像共产党上台之前那样结婚、生育和抚养孩子。

新婚姻法以"自由选择伴侣……及妇女和儿童的合法权益受到保护"为基础，其主要前提是这样一个原则：婚姻是通过两个平等个人的自由选择建立一个新的家庭，而不是由双方家庭一手包办，根据家庭的整体利益安排子女的婚姻。尽管根据新的婚姻法，婚姻由男女双方自己做主，但实际上，在订婚时父母的意见仍起着举足轻重的作用。

有一点可以肯定，与20世纪初相比，子女在选择配偶上逐步获得了更多的发言权。1949年以前，由父母包办子女的婚姻，常常是新郎新娘直到举行婚礼那天才得第一次见面。不过，在中华人民共和国成立后的数十年间，父母对婚姻安排的控制明显地减弱了。现在，即使有时父母主动为子女安排婚姻，通常也是事先与结婚双方商议过的。青年男女通过一块儿上学或在同一个生产单位劳动，互相了解的机会越来越多；他们常常自己向对方表露爱慕之情，尽管随后的发展仍将受到父母的极大影响。这些变化仍然没有从根本上改变这样一个事实，即婚姻基本上是由双方家庭，而不是由个人安排的。[2]

新婚姻法也以"两性权利平等"为基础，不像那些使妇女明显地从属于男人的传统习俗。不过，在中国的农村地区，妇女的地位仍明显低于男人。婚姻仍是男方的事，女人"嫁进其夫之家"（通常意味着嫁入其他村子）并有义务为其婆家的幸福做贡献。所以，儿子仍然比女儿更得宠——生儿子称"大喜"，而生女儿是"小喜"，因为把女儿养大后，她将为别人家服务。在家里，妻子的地位明显低于丈夫，实

---

[1]　中央人民政府1950年5月1日颁布的婚姻法的译文，杨庆堃：《共产主义革命中的中国家庭》，第221—226页。

[2]　见帕里什和怀特《当代中国的农村和家庭生活》，第155—199页。

际上也低于公婆。尽管妇女像在传统时代一样，经常最终设法在家里获得不少的非正式权力，但最后的决定权仍在她丈夫或许甚至是公公手里。

虽然 1949 年后的 30 年，农村妇女的生活确实有了一些改善，但这些改善并没有产生或导致传统的家长制的根本改变。妇女在社会主义改造后下田劳动时，她们获得了一些地位。现在，她们挣得的工分是家庭收入必不可少的部分。随着妇女在经济上变得更有价值，新郎家付给其未来的媳妇家的聘礼也有所增加。在家里，男性家长的专断统治似乎有所削弱。然而，妇女去集体农田劳动得到的工分总是比男人少一些，她们的收入没有分给她们自己，却给了她们家里。除了做农活外，她们还要做所有的家务活。此外，农村绝大多数干部是男人。生产队一级唯一的妇女干部通常是妇联主任。如果丈夫把妻子打得很严重，足以造成严重的伤害，丈夫现在可能会受到惩处，但丈夫打老婆的事情仍然常常发生。人们对丈夫的性不忠看得较平淡如妻子性不忠那就严重得多了。①

家长制持久不衰，其根本原因是它为其家庭成员、尤其是病人和老者提供福利方面发挥了极重要作用。当老夫老妻无法养活自己时，他们的儿子和儿媳将照顾他们。反过来，当儿子和儿媳工作时，年迈的父母会照料他们的孩子。因此，大家庭的古老理想又复活了，在这种家庭中，已婚的儿子和他们的家人共同生活在一个年迈的家长的权威之下。像过去一样，这种理想在大多数家庭只是部分地实现了。最常见的模式是：老两口与他们已婚的儿子之一（通常是长子）住在一起；其余的已婚儿子在离父母住房非常近的家中各自居住。② 但有一些迹象表明：在经济状况改善了的今天，与 1949 年以前相比，有更多的家庭生活在大家庭的传统理想之外。③

---

① 帕里什和怀特：《当代中国的农村和家庭生活》，第 200—221 页；朱迪思·斯特西：《中国的家长制和社会主义革命》；凯·安·约翰逊：《中国的妇女、家庭和农民革命》；玛杰里·沃尔夫：《把革命放在次要地位：当代中国妇女》。
② 戴维斯-弗里德曼：《长寿》，第 34—46 页。
③ 费孝通："关于中国家庭结构的变迁"，译文见《中国的社会学和人类学》第 16 卷第 1—2 期（1983—1984 年秋冬季号），第 32—45 页。

在社会主义农业体制下，那些无儿无女的老人应受到"五保"的保护：保吃、保穿、保住、保医疗保健和丧葬费用。每个生产队都应从年收入中拿出一部分以支付贫困老人的上述费用。不过，这种社会福利制度是建立在这样一种假设之上的：仅几个老人需要五保，因为绝大多数老人有其子女照料。尽管政府规定他们应受到很好的照料，但是许多农村老人得不到任何一个已婚儿子的照料，他们生活在可怜贫穷的境地。[①]

随着 70 年代末农业的非集体化，五保户农民的情况甚至变得更加不稳定。新体制的一些条例规定：应当保证老、弱、鳏、寡和孤儿的生计。但由于生产队和生产小组失去了对农户的许多权力，谁能保证这样的社会福利计划最终能有充足的资金呢？

在这种背景下，农民极为关注维护传统家长制家庭的完整，这是很有道理的。然而，正当经济和政治自由的新阶段似乎正给农村带来繁荣兴旺之时，政府开始通过强有力的行动打破这种完整，这就是每家只能生一个孩子。

计划生育运动在农村并不是什么新生事物。到 20 世纪 60 年代中期，政府开始做出巨大的努力以限制农村地区家庭的规模（计划生育运动于 50 年代中期在城市开始，但在"大跃进"中被人口越多越好的教条所中断）。有一些迹象表明：许多农民，尤其是年轻一代农民赞成限制生育。良好的卫生条件降低了婴儿死亡率。要求妇女下地干活更增加了她们照料大量孩子的负担。由于跳出农村的机会受到限制，由于用于集体生产的土地不会有什么增加，生许多孩子将给家庭带来经济负担。但限制家庭规模的一些倾向被生儿子的重要性所抵消。大多数家庭希望有两个儿子，以便能至少保住一个，与他们一起生活、共同工作并在晚年照顾他们。但起码至少要有一个儿子。[②]

在 70 年代初期，由于促进计划生育的政治和技术手段变得相当发达——国家和省级计划生育委员会可以直接对基层干部（大部分是

---

① 戴维斯-弗里德曼：《长寿》，第 85—95 页。
② 帕里什和怀特：《当代中国的农村和家庭生活》，第 138—154 页。

男性）施加压力，干部有权对生三个以上孩子的家庭实行物质制裁；避孕方法更加有效，并且形成了由当地卫生所发放避孕用具的更完善的网络——农村的出生率明显下降。官方有关家庭规模的口号是："一好，二足，三多，四超"。不论是出于遵守政府的政策，还是（这更可能）出于对经济收入的考虑，大多数家庭至少部分地遵循了这个口号，不超过三个孩子，在许多情况下只有两个孩子，特别是如果这两个都是儿子时。但是如果一对有三四个女儿而无儿子的夫妇继续生育直到有一个儿子时，农民、甚至当地干部中也很少有人反对。

不过，到 70 年代后期；鉴于众多的人口给中国现代化造成的潜在困难，中央政府迅速实施了每对夫妇只生一个孩子的严厉政策。在许多地区，政府全力对付那些违反新政策的人。事实上还有这样的报道：怀孕达八个月之久的妇女被强迫去做人工流产。也有迹象表明：由于父母担心出现年迈时没有一个成家的儿子在身旁照料的悲惨结局，溺杀女婴的事件开始急剧增加，尽管这个关于家庭规模的残酷政策在整个 80 年代中期一直实行，但有一些迹象表明，它是采用一种更灵活的方式来执行的。[1]

邓小平政权的改革大大拓宽了农村经济和政治自由的范围。除了允许更多地利用当地市场因素外，这个政权还放松了许多毛时代非常苛刻的政治约束。大多数地主和富农"摘了帽子"；也就是说，为他们消除了阶级成分的政治污点并允许他们作为全权公民参加当地活动。[2] 在日益武断的阶级斗争概念下进行强暴的政治改造的时代已经结束，至少在可以预见的将来是一去不复返了。知识青年上山下乡的计划也结束了，从而去掉了压在农村和城市人民肩上的一大负担。但在农民生活的最重要方面（对此颇有争议），即家庭生活的性质中，

---

[1] 怀孕很长时间后做流产和杀女婴的提法见史蒂文·W. 莫舍在《破碎的大地》第 224—261 页的描述。不过，诺马·戴蒙德在"中国农村的集体化和非集体化——一篇评论文章"（《亚洲研究杂志》第 44 卷第 4 期（1985 年 8 月），第 785—792 页）中指出：莫舍看到的发生这些极端行为的地区不具代表性。

[2] 根据《北京周报》（1980 年 1 月 21 日），超过 99％的地主和富农被摘掉了"帽子"，曾有不下 400 万地主富农，现在仅有 5 万"死不改悔的分子"。

政策力量比以往任何时候都更加显著。

结　　论

一面推行农村经济自由化，一面又强制实行计划生育，这种讽刺性现象说明，要断定农民是如何评价我们所描述的这些复杂的历史性变迁是多么的困难。大多数对农民肯定有好处的变革与一些似乎有坏处的变革紧紧交织在一起。年轻一代欢迎的变化不一定能得到老一代的赞同；而且，甚至那些对大多数农民有利的变化也经常会对相当多的少数人不利。

从农村经济史中可以找出这种固有的、模棱两可的例子。根据1978年中国政府的统计数字，自20世纪50年代中期以来，人均粮食产量几乎没有增长。① 但是，即使村民可得到的平均粮食总数没有增加很多，经济发展却给许多村社普遍带来了根本的物质利益：良好的公路、一些电力和大众信息传播、新的卫生所和改善了的健康状况。农村人口增长虽然可能会给整个国家带来经济问题，但它却是物质生活改善的一个标志。而且作为在这里叙述的30年历史的结果是：这些物质利益在村民中间比革命前分享得更公平了。

在土改时期，大多数村民是贫农，因而他们有理由感激对村社的经济进行改造。但如果在土改时期，他们的年龄大得足以参加这项运动，那么他们也会记住60年代初期的大灾荒，那时，政府为创立一种激进形式的社会主义而进行大错特错的尝试，其结果是：如此多的人遭受苦难，甚至死亡。他们也可能考虑这些问题：自农业社会主义改造以来，他们得为集体的事业多工作多少小时，妇女如何不得不走出家门去干农活，而且农闲季节如何不得不献身于集体举办的公共工程项目——而且他们会惊诧：从额外的劳动中获得了多少，政府拿了

---

① 《中国统计年鉴（1984）》第2页的统计曲线表明：从1956—1958年粮食产量大约增长50%（当然，"大跃进"期间有一个陡降，随后在60年代和70年代有一个持续的回升），同时，中国的人口大约也增长了同样的百分比。

多少给城市，又有多少浪费在错误指导下的农业规划中。

　　然而，总的来说，老年人可能比年轻一代有更多的感激。中国共产党经济发展战略的一个代价是限制城乡之间流动。年老一代的许多农民，由于祖祖辈辈生活在本地的村社，对能否迁到城市不太关心。但年轻的农民，特别是当他们从报纸和收音机以及现在日益增多的电视机中了解到更多的外部世界后，他们可能感到沮丧。1979 年在一所农中进行的一次民意测验显示：仅 6% 的学生想当农民；在一所城市小学进行的一次民意测验显示：只有 0.5% 的学生想当农民。[1] 随着农民受教育的机会日益增多，年轻人比老年人更意识到地区之间和乡村之间存在的不平等，而且来自较贫困地区的那些人会惊奇为什么会存在这种不平等。

　　不过，从大部分农民的观点来看，政治领域的好坏比例比经济领域成本与利润之间的平衡更为含糊不清。现在农民不必像在 30 年代和 40 年代那样感到害怕，那时，他们常受到当地恶霸地主的胁迫、凌辱和剥削，或受到土匪恶棍的抢劫盘剥，或被入侵的军队杀死。共产党政府给他们带来了至少比那时多的秩序和稳定。土改期间，共产党把贫农和雇农组织起来参加群众运动，打倒当地农村最大的剥削者。尽管中国共产党相继剥夺了农民协会的权力，但它仍继续组织贫下中农，至少让他们讨论如何处理当地事务。虽然新体制一点也不民主，但贫下中农比以往任何时候都更正式、更有组织地参与决策，管理当地的村社。[2]

　　此外，管理生产队和生产大队的基层干部几乎全都来自他们管辖的相同的乡村或小村庄。他们容易受到邻居和亲戚的各种非正式的社会监督，甚至在他们因有腐败迹象而受到上级领导的审查时，也是如此。尽管有这些缺点，村民们还是有了比革命以前更负责任，而且总

---

[1]　陈月芳、张百川、余团康："小学生的志愿和学习兴趣一览"，译文见《中国的社会学和人类学》第 16 卷第 1—2 期（1983—1984 年秋冬季号），第 145—158 页；蓝成东、张崇举："当年高中毕业生的志愿和爱好：上海三所高中一览"，译文见同一版本的《中国的社会学和人类学》，第 159—169 页。

[2]　这是帕里什和怀特的观点，见《当代中国的农村和家庭生活》，第 327—328 页。

的说来更诚实、更守纪律的土生土长的领导。正是这样一种体制，可能使村民对日常生活的集体监督意识比以前更多了。

但不管本地干部对村民有多同情，他们只有受到上级党的领导的严格审查后才被提拔，并仍受党和国家官僚组织机构的巨大权力的支配。由于政府不断改变其政策，对农民来说，这样的政府似乎是危险的和反复无常的。传统上，农民学会躲避政治，让本地名流调解纠纷和维持秩序，并对政府官员敬而远之。但是，现在中国的政治与他们息息相关。50年代，政府的经济政策引起大规模的饥荒；60年代和70年代，由于对阶级斗争不切实际的想法，政治运动毁灭了他们的前途，有时夺走了无辜的生命。

尽管政府的宣传充斥农村，试图为它的政策辩护，并给农民一种参与了超越他们本地地区界限的政治事业的感觉，而且把以下作为其最大目标：试图从根本上将农民意识改造成新型的"社会主义的"思维方式——但农民的心态在许多方面对政府政策持怀疑态度，并且仍然紧密集中于村社和家庭生活。可以肯定，一些农民，例如当地党的干部和复员的人民解放军战士，比起其他人来受到马克思列宁主义毛泽东思想的意识形态的熏陶更系统，因而有时会使他们对自己在国家政体中的地位有一点粗略的了解。年轻一代，其中大多数到现在已至少完成了六年的小学教育，对政府意识形态的基本信条比他们的父辈有更好的理解和掌握。但是，甚至连这些人最关心的也仍然是农村生活，其原因很简单，就是在现行的政治经济体制下，他们几乎无望离开农村，因此，也无法直接参与更广泛的公共事务。

中央政府仍是一个遥远的、神秘的、但强大的实体。这里所叙述的30年历史中的某些时期，至少对贫下中农来说，政府似乎是一个本质上仁慈的、包含着一个几乎神圣的道德承诺的实体。60年代中期，许多农民敬畏毛，甚至把他作一个神来膜拜，就像在以前的时代对待皇帝一样。但"文化大革命"的破坏性政策及其后果似乎抹去了中央政府的神秘色彩。到70年代中期，政府在许多农民的心目中变成一个危险的、外来的、爱管闲事的力量。50年代末期，政府还能通过干预农村生活为其冒进的"大跃进"政策激起至少一阵短促的热情爆发，而在 70 年代末期，它主要是通过撤销对地方经济的控制来激发农民的热情。

农民对他们社会生活方式中的变化的评价可能会产生一种积极与消极判断之间的张力，这种张力比起由关于政治和经济生活的评价所造成的张力要小，因为他们社会生活模式的变化毕竟不像他们的政治和经济生产的变化那样急剧。与 50 年代一些西方社会学家的估计正好相反，中国农村的社会主义改造并没有从根本上改变农民家庭的结构，或解体村社生活的传统组织结构。当共产党为紧紧围绕传统的农村社会生态学的集体农业建立新的组织结构时，其社会主义改造的尝试最为成功。当他们确实试图解体一些传统社会生活的基本模式，尤其是当组织高级农业生产合作社和人民公社时，结果造成了经济和政治的混乱。所以，他们最终还是同意大体上保留这些模式。

所以，在一个人的生活中，传统家庭仍是最重要的道德、感情和经济表现形式。血缘关系仍是父系的，家庭住地仍是父家的，而且家庭仍是夫权制。老人仍与成家儿子中的一个住在一起。儿子们仍然承担着照顾年迈父母的义务，而且实际上至少在一般情况下都屈从于他们的权威。几个已婚儿子及其家庭与他们的父母居住在同一个院子里，吃同一锅饭，这样的大家庭至少在一些地方甚至比过去更为普遍，而且由于农村人口流动的限制，越来越可能出现这样的情况：一对年迈夫妇至少有几个已婚的儿子，他们住在邻近的独家小院，但仍保持赡养父母和在经济上互相合作的关系。

把出自同一个祖先的数百家纠合进一个正规组织的共同宗族已经成了历史，他们共有的财产和祠堂都被共产党政府没收了，而且他们的权威遭到压制。甚至在共产党掌权之前，这种家系组织就已开始衰落。[①] 然而，即使在今天，远亲关系在由"感情"形成的特别的人际关系网中也还起着重要的加固纽带作用，正是这种关系网构成了各种地区联盟和合作的模式。

进入 80 年代后，最具社会破坏性并且令人不满的、政府要改变

---

① 见杨庆堃《共产主义革命中的中国家庭》，第 191—196 页。

社会生活的尝试是它的一对夫妇只能生一个孩子的政策。不过，要评判这个计划的效果仍然为时过早。发生在农村家庭中的大部分持久的变化并不是由于政府直接的压力，而是由于农村生活中不断变化的机会结构而逐步产生的。父母包办婚姻不再多见，部分原因是：年轻人在学校或生产小组有更多的机会接触未来的配偶。妇女在家庭中的地位有了一定的提高，因为现在她们的田间劳动具有更重要的经济价值。这些变化可能会受到大多数年轻一代的欢迎；而且这些变化还不足以强烈和迅速到严重冒犯老一代的程度。一些年轻人确实希望农村家庭生活中发生更迅速的变化。尤其是妇女，她们的负担只是有稍许的减轻。虽然她们希望减轻负担，但是她们似乎并没有形成能系统地促进其地位改善的思想方式和组织形式。

因此，无论好坏，毛在20年代发现的束缚农民的至少三条"极大的绳索"，现在仍然粗壮而牢固。旧的政治权威的束缚已被解放，但取而代之的是强大的新束缚。家庭生活的束缚仍然很紧。而且妇女仍然束缚于丈夫的权威。第四条绳索——传统宗教的束缚又怎么样了呢？

西方对这个题目研究得很少，旧神是官僚体制下政治秩序的神圣化身。现在看来旧神的权威基本上消失了。大的神庙（就像台湾农村中常见的那些）都消失了。不再有为纪念这些圣物而举行的繁杂而豪华的公众庆祝活动。在"文化大革命"前夕，政府试图用崇拜毛来代替崇拜传统的神。但对毛的狂热崇拜失败了，而且官方的政治性庆祝在农村几乎没产生多少感情上的共鸣。然而，农民神圣的祖先仍受到纪念和崇敬。"文化大革命"期间被毁坏或藏起来的祖先牌位现在又被重修或找了出来。农民仍然庆祝用以纪念祖先和维护其子孙团结以及他们家庭命运的主要节日。尽管萨满教僧和占卜算卦者已被取缔，但政府在70年代末就注意到，其中一些人仍在从事"封建迷信"活动。[①] 至少还有一些鬼怪，作为由从事这种宗教活动的人所引出的代表险恶、异族和非理性的传统象征，尽管是非法的，但似乎仍然没有绝迹。

---

① 理查德·马德森："宗教和封建迷信"，载《清风》，第110—196、217—218页。

第 十 章

人民共和国的城市生活

中国共产党 1949 年夺取了政权以后，它就从一个控制全国广大农村地区的运动而形成了中央政府，不得不处理城市中纷繁复杂的各种问题。当然，中国新一代领导人并非是农村乡巴佬：在 1927 年揭竿而起之前，他们之中大多数人都曾有过城市生活的体验。尽管如此，把城市纳入新政府的规划之中也不是一件举手之劳的事。因为这些城市不仅曾是中国国民党的统治中心，而且也是上个世纪外国势力在中国影响和渗透的焦点。由于城市具有世界主义特征，这就很难把它们改造过来，使之适应中国新统治者的民粹主义思想。当时，一些城市精英和外国人都自命不凡地认为他们的地位不会受到任何威胁，因为中国共产党人既不会经营发电站，也不精通对外贸易之道，更无法处理城市生活的其他方方面面的复杂问题。中国共产党人不依靠他们依靠谁呢？

事实证明，这种狂妄自大的估计是大错特错了。中国共产党人试图从根本上改造城市机构和社会生活。改造城市的记录说明，共产党人的努力有成功亦有失败。在短时期内，新政府的成就给人留下深刻的印象。他们克服了许多似乎是难以克服的困难，改变了不少不可改变的行为方式。但是，在长时期内，管理中国城市生活的困难又带来了诸多新的问题和危机，单凭组织技巧和追求理想的热情不足以解决这些问题。在以后城市发展过程中，民众早期那种好感逐渐烟消云散，当市民们回顾以往三十多年的历史的时候，留下来的是耿耿于怀的惆怅和失意。

想把剧烈的社会变化给人类所带来的影响表述得一清二楚，恐非易事，尤其在当代中国问题上更是如此。人们的感觉往往会囿于主观

678

王国之内，对过去发生事件的记忆也常常是模糊不清，甚至面目皆非。多数可资参考的材料也难免存有偏见或缺乏典型性。而且，城市情况又千姿百态，各不相同。身居北京和上海的人，其经历就与在广东和重庆的人不同；城市居民和县城及城镇相比，悬殊就更大了。知识分子在观察问题时的角度与干部、工人、学生和士兵不一样；有海外关系的人、基督徒、穆斯林、经过长征的老战士和家庭主妇的经历也不可与其他的城市居民相提并论。此外，由于 1949 年以后的中国政策多变，又搞了一次又一次政治运动，许多人遭受打击，这些人的经历也千差万别——在校学生，或是在不同的时期刚刚踏上工作岗位，或是分别了一两年的人，也往往有着迥异的生活经历。因此，一般的叙述（像本文一样）是不可能全面详实地介绍这色彩斑斓的城市生活的。但是可以讨论一下中国人城市生活的总的趋势和印象，把焦点对准大城市，偶尔也看看城市社团的各种反应。本章是描述群众感情的，重点不在于介绍那些受过高等教育的知识分子和城市精英们的反应，而是在力所能及的范围内，从"老百姓"的观点来看待这些事件，换言之，从城市平民，如工人、店员、学生、技术人员等其他普通居民的角度来观察中国城市的历史的变迁。①

中国共产党人并不满足于就城市来管理城市。虽然多年来有过几次重要起伏，但城市某些总的方向和政策仍清晰可辨。中国的城市看上去具有许多消极的特征：它们建立在资本主义的财产关系和市场交

---

① 这一章使用了多种有关城市生活的资料。首先是通过对几个现已离开中国到香港的人采访得到了最初的印象，特别是通过最近出版的一本由马丁·金·怀特和威廉·L. 帕里什写的专题著作《当代中国的城市生活》。其次，获益于一些个人出版的著作，其中有中国人，也有外国人。他们在过去的 30 年中曾生活在城市地区。以后，在合适的地方将引用他们的资料。另外还有一些补充材料，如中国的报纸、短篇小说、剧本和有关中国的第二手文学作品。在这章里论述的许多问题上，几个资料看法是一致的，但也有不少观点是凭印象得出的和有争论的。作者感谢夏威夷大学亚太研究中心，在他们的帮助下，作者才得以完成本章的写作。同时，也感谢斯蒂芬·乌哈利、唐纳德·克莱因——以及与我一起完成以后各卷的作者，感谢他们提出修改意见，但不是所有意见皆能吸收的。

换基础之上；刺眼的不平等、惊人的浪费、贫困、乞丐、失业以及贫民窟恶劣的居住条件；极易爆发无法控制的通货膨胀；富裕家庭的孩子在受教育和其他方面享受种种特权；外国势力和文化影响高度集中；城市官僚专横腐败，对平民的需要麻木不仁；犯罪、卖淫、吸毒以及黑社会敲诈勒索猖獗；城市不关心农村的需求；到处充斥着实利主义、玩世不恭和异化了的人们。

中国共产党决心从根本上改变中国城市的特征，而不单纯是从资本主义向社会主义的转变的问题。中国新的领导人想摆脱上述种种城市罪恶，重建新型的城市——稳定的、生产性的、平等的、斯巴达式的（艰苦朴素的）、具有高度组织性的、各行各业紧密结合的、经济上可靠的地方；减少犯罪、腐败、失业和其他城市顽疾。他们还期望调整城市发展方向，为农村地区服务，缩小"城乡差别"。这些努力就意味着限制城市化的发展，特别要控制大城市，主要是沿海城市的发展；同时，鼓励内地的小型和中等城市的发展。①

中国新的领导人希望实现这些目标的进步过程，能造就一代参与奋斗、有忍耐性、乐观和勇于牺牲，为改变国家面貌作出贡献的公民。对中国城市社会的主要特征评估尽管是否定的，但如将中国共产党简单说成是"反城市"的就十分错误了。中国共产党的精英们承认中国城市具有双重性——它是许多社会罪恶的中心，同时也是未来经济和技术进步必不可少的中心。打个比喻吧，他们面临的问题是如何避免宰杀"会生金蛋的鹅"，而使之成为社会主义的天鹅。如上所说，尽管取得了开始的胜利，改造、利用和控制中国的城市仍非易事。

---

① 中国跟许多殖民地社会不同，城市人口不是集中在以发展对外贸易为主的沿海港口城市，中国中小型城市分布得相当均衡。通商口岸条约时代确是不合比例地产生了这些以外贸为主的城市，特别是像上海这样的城市，因而中国共产党希望调整这种状况。参见克利夫顿·潘内尔《现代中国城市发展》，第91—113页。据1953年人口普查表明，有13.2%的中国人口为城市居民，其中有不到8%的城市居民生活在其最大的城市上海。（低收入国家的典型数字在大约20%—40%之间。）参阅莫里斯·厄尔曼"大陆中国的城市（1953—1959）"，载杰拉尔德·布里斯编《新兴发展中国家的城市》，第81—103页。

早期年代，1949—1956年

由于过去国民党统治最后几年城市的秩序普遍混乱，因而（共产党）巩固对城市地区的控制和赢得民众支持的工作比预期的要顺利一些。下面的事人所皆知——（国民党）官方腐败、昏庸无能、野蛮残暴、通货膨胀失去控制、犯罪和其他乌烟瘴气的混乱情况，所有这一切便把国民党因抗日战争胜利而获得的"天子"般的特权扫得荡然无存。从1948年中国共产党进入城市起，城市里人的态度很不统一，但总的来说是希望有个改变和改进。多数国民党的忠实拥护者、许多相信他们将失去一切的人和有能力逃跑的人纷纷到了台湾、香港或海外其他地方。一些财产较少办法不多的市民则逃往山中避难，他们害怕新的统治者——谣传说中国共产党实行共妻、破坏家庭、强迫穆斯林吃猪肉和其他骇人听闻的暴行。另外一方面，一些市民，特别是学生和激进的知识分子，则急切地等待着机会欢迎中国人民解放军的到来。然而，大多数市民不愿意走极端，他们怀着无可奈何和等一等看一看的态度期待着新统治者带来的变化。许多人觉得，新的统治者不可能比国民党还差劲。即便是如此，他们也还是担心，不知未来的变化将对他们和他们亲人产生何种影响。当中国人民解放军开始进城的时候，一般的反应是锁上大门，关上窗户，把传家之宝埋在地下，他们认为一场掠夺怕是在劫难逃。许多市民从紧掩的窗户缝里偷偷向外窥视那些进城的军队。一两天后，一些人鼓起勇气，小心翼翼地走出去，他们看到了外面的变化，感到了安全。

在短暂的恐惧之后，中国的市民们对眼中看到的一切的初步反应几乎完全一致：喜出望外。中国人民解放军显然训练其部队在进城时，给市民留下良好印象，特别是在夺取大城市时更小心谨慎。市民们对已经被打败的国民党军队蛮横无理和缺乏纪律的行为已司空见惯，现发现中国人民解放军战士展现出一个崭新的形象。在这个时期，到处充满了令人难以置信的轶事和看到解放军战士彬彬有礼地问路，帮助市民干家务活，不要市民送给他们食品或其他物品，拿了也要付钱给市民，个个还是干体力活的能手，市民们充满了感激之情。甚至一位在中国待了 23 年，后被囚禁又驱逐出境的坚决反共的美国牧师在谈到这一时期时说："这是我所看到的最好和最有组织纪律性的军队。"① 然而，市民对解放军的反应不是完全一样都深怀敬意，几乎与此同时，有关挖苦农村招来的"乡巴佬"士兵故事也开始流传起来。其中最有趣的一个笑话是讲一位士兵把西式抽水马桶当成洗米设施，结果一下把自己的口粮冲跑了。的确，农民出身的士兵与他们所处的城市环境形成的反差很大，以至于一位在中国最大的国际化大都市的记者把这种现象比喻为"火星人在上海"。② 这些故事和谣传大概能帮助人们了解占领军是用心善良的，即使是一帮质朴的士兵。

由于中国共产党接管城市采取了其他措施，所以城市过渡得以顺利完成。尤其重要的是初期在"新民主"的口号下，推行了宽大政策。尽管国民党到处散布谣言，说在城市里的大街小巷到处是新政府的牺牲者流下的血迹，但是中国共产党一再使平民大众相信，只有一些组织，特别是与国民党要害人物有直接联系的组织才会成为专政的对象，广大民众在新社会都能各得其所。开始，这些允诺似乎是兑现了，尤其是在大城市里，很多非共产党著名人士和一些有名的国民党告密者以及其他敌对的人物都得到了宽恕。当然，后来这种宽大政策逐渐消失，但此时中国共产党控制的整个城市地区业已得到了巩固。

对新政权印象最深的，莫过于人们从亲身参加的种种似懂非懂的新鲜事物中所得到的感受。当时，几乎所有的大学生、知识分子和骨干企业的工人开始投身到一系列新奇的活动中去。频繁的会议、政治学习、定额的体力劳动和运动动员大会——这便是新政权的特点和标志。人们被迫去熟悉那些他们原本非常陌生的哲学家及其思想——不仅有马克思、恩格斯，而且还有康德和黑格尔。他们被组织在一起，

---

① 马克·坦南：《无密可保》，第 64 页。

② 罗伯特·吉莱恩在与奥托·范·德·斯普伦克和迈克尔·林赛合著的《新中国：三家说》中使用了这个词，见第 84 页。

讨论进化理论，接受人是由类人猿进化而来（对于学生和知识分子来说不是新观点，但对于大多数市民来说就很有点振聋发聩了）的观念。这时，有一系列的成语和政治术语必须得掌握。满怀激情的学生们掀起写日记的时尚，将自己的思想记录下来。年轻人，特别是参加示威和游行的年轻人，学会并且表演表达丰收喜悦的"秧歌舞"成为时髦之举。曾经一段时期，他们站在平房顶上富有激情地宣讲最新事态和报道新闻。

各种各样的活动都在等待愿意的人去参加。1949 年新加入的人被组成"南下工作队"，开赴南方，和中国人民解放军一道进入其他城市，帮助建立起当地政权。学生和其他人组织起来，投入清理城市阴沟、整修贫民窟地区、修理河道防护堤岸和其他改善城市环境活动的热潮中。随后，大批高等院校学生、知识分子和其他人奔赴指定的农村，在工作队干部们的带领下，用数周的时间去视察农村土地改革进行的情况（工作队干部也是比他们早一点响应号召的人）。有组织的市民们同通货膨胀展开斗争，他们在全市动员积极购买公债，警惕投机商人。与此同时，戏剧团也组织起来，演出揭露旧的婚姻传统弊端的短喜剧，帮助宣传新的 1950 年婚姻法。还有一些人参加了扫盲队，教他们的邻居学文化。1950 年底中国参与朝鲜战争后，又开展了一系列的类似活动——卖公债、给在前线的战士写信交"笔友"、组织戏剧团到工厂和矿山巡回演出爱国短剧。在这期间，甚至连和尚和尼姑都被动员起来，加入了爱国游行的行列，有趣的是人们发现他们在行进的队伍中，出现了与整个气氛不协调的场面。

对这突如其来的各种新的活动，反应不尽相同。有人怀疑许多活动是否有价值，例如，这几年学生花费了大量的时间走出教室而没有能在学校里学习更多的东西。还有一些新活动，引起了朋友间和家庭里相当激烈的冲突。例如，一些父母得知自己的孩子（特别是女儿）想加入南下工作队或是解放军后，感到非常着急甚至气愤。还有一些家长在儿女们用新的婚姻政策来反对他们包办的婚姻时，感到难以接受，沮丧至极。

并非所有的变化都受欢迎。例如，官方决定，所有的狗必须从市区内消灭，随之派出专人在大街上见狗就杀，使得狗的主人苦恼不已，而当局并没有对此作出令人满意的解释。[①] 一出控诉人民痛苦生活的革命剧《白毛女》引起了极大的反响，无论在哪里上演都是人山人海，但是在这期间上演的一些改编过的传统剧目，则遭到人们的反对。德克·博德曾记下了在北京期间的头一年第一次演出传统剧时的情景，观众高喊着"清除封建制度的残余"并拒绝离开剧院，当一位官方发言人出来安抚他们的时候，观众向他扔西瓜籽。[②] 起码在开始，许多市民发现接受新的行为方式对他们来说很困难——积极参与而不是避开政治；直率地对他人提出批评而不是把冲突隐藏在和谐的表象之下等等。

另一方面，许多市民发现这些新活动非常有益，令人振奋。对学生、年轻的干部和一些没有受过什么教育的市民来说尤其如此。威廉·休厄尔还描述了当时参加一项世俗的甚至是卑下的——城市阴沟清理——工作时所产生的兴奋情绪："这是一个难以忘怀的日子：一起干活时的兴奋、充满了成就感、喧闹声和色彩纷呈。"[③] 休厄尔还叙述了他在四川教书时的一件事：当大学里的工人和服务人员与全体教师和管理人员在一起讨论政治和学校管理问题并参与决策时，他们表现出极大的满足。他写道，玩麻将的人、爱唠叨的老太婆和学校里看大门的人都在新的政治活动中成为极富热情的参加者。他发现，"新生活道路所产生的一个出人意料的后果，是它给本毫无色彩的生活带来了欢乐"。[④]

新政府所造成的积极印象，不单是它发动人民参与了众多的新的

---

① 对灭狗事件有多种不同的说法，包括环境卫生问题、狗携带病菌和喂狗浪费粮食以及堵住狗嘴满足人类等。后来，养狗又蔚然成风，导致了1983年在北京进行了新的灭狗战役。

② 德克·博德：《北京日记：革命的一年》，第235页。

③ 威廉·休厄尔：《我在中国的日子》，第100页。

④ 同上书，第107页。政权的变化事实上并未给学生生活带来多大的改变，在玛利亚·严（音）的《宏大的园地：红色中国学生生活写照》中可以看出，新政权对改变学生生活明显缺乏热情。尽管如此，通过严的叙述（主要是北京大学），人们还是不难发现，大多数学生对给他们提出的要求的反应是充满热情的。

活动，而且还有其他的因素。特别是新政府办事时说话算话和效率很高给人以深刻印象。在中国社会长期存在而成了慢性病的一些问题迅速得到了控制和消灭——吸鸦片、乞丐、卖淫、扒手、秘密社团敲诈勒索等等。处理这些问题所使用的战术是一个模式。首先，在一个时期内宣布宽大政策，使那些沾有上述恶习的人到当局自首并表示悔过。经过一段时间的政治学习和相互揭发，当局认为已获得了他们足够的证据时，便会突然禁止他们进行的活动。乞丐和娼妓被集合起来分配去作"诚实的劳动者"或是被送回乡下老家。如果再有人因参加已禁止的活动被抓获，他们就会遭到逮捕和监禁，负隅顽抗者将被处死以警示后人。在一二年内，这种战术曾带来了巨大变化。

　　政府的效率在其他许多方面也显而易见。对新政府如何管理复杂的城市持怀疑态度的人，很快便发现电、煤、粮食和其他生活必需品的供应比过去都更有保证。通货膨胀似乎难以克服，但是到了1951年，尽管中国参加了朝鲜战争，通货膨胀也已得到了控制。在大城市，一些贫民窟得到了修整，新的工人公寓楼开始拔地而起，有效的城市管理环境开始形成。针对"压榨"（轻微的行贿受贿）而开展的战役揭开了序幕，要求收据的规定和强有力的检查制度迅速改变了过去的交易方式。那位英国观察家评论上海政权更迭之初所产生的影响时说（也许有些夸张）："在上海，5月24日你可以向任何人行贿，但在5月26日你就不能贿赂任何人了——一百多年来这恐怕还是第一次。"[1] 强制性规定百货商场的收费标准和严令禁止收小费也同样有效。就连被观察家称之为中国最底层的"粗鲁的三轮人力车夫"的态度也发生了改变——以前为了争顾客而彼此反目，或是为讨价还价而争论不休；现在大伙轮流接客，并接受了统一的收费标准。1951年燕京大学的一位教师记录了这种明显的变化："我们终于有了一个期待已久的政府，这是一个不只是说说而已，且脚踏实地办事的政府。"[2] 一位英国传教士教授也同样感受深刻，"北京

---

[1]　戴维·米德尔迪奇，转引自诺埃尔·巴伯《上海的陷落》，第159页。
[2]　转引自拉尔夫·拉普伍德和南希·拉普伍德《中国革命纵览》，第69页。

的生活效率普遍提高……对于一个深谙旧中国生活的人来说，简直难以相信。"①

对新政府日益增强的敬意，不但来自于其高效率，而且新领导人作风让人佩服，他们被认为是努力工作、很少腐败、比他们的前任更加平易近人。这个时期的惊人的记录，是发现干部们在办公桌前勤勤恳恳，而不是打瞌睡；他们往往工作到深夜；他们也参加政府规定的各项新的闹哄哄的活动——政治学习、集体唱歌等等。在早些年，老干部仍过着早年供给制生活，不领取月工资，也给人留下深刻印象，因而他们看上去似乎没有从自己的服务中获得多少物质利益。一位英国观察家曾有感于亲身经历的一件事：他在北京火车站碰上一位来自天津国家安全局的官员，后来他了解到，这位官员在火车站等了整整一个下午也没能买上车票，最后只得买站票返回天津。这位观察家（奥托·范·德·斯普伦克）写道："作为一个国家官员，他不利用职务，采取最简单的办法——将几个乘客从火车里赶下去——给自己搞个座位，这是世界上向平民大众展示他们是什么样的领导人和公仆的最好的宣传。"②

甚至高层领导人也努力为他们自己塑造生活艰苦朴素和平易近人的形象，尽管他们的许多活动是鲜为人知的。但是他们通过巡视农村和工厂、做规定的体力劳动和定期会见"群众代表"便能加深给人的印象。在 50 年代，许多在首都工作的年轻干部都对国家高级官员同年资较低的同事一起跳舞、游泳和以当时流行的方式参加其他休闲活动留下难泯的记忆。拉尔夫·拉普伍德总结了这些干部得到的肯定印象："不计报酬地工作便是人民政府能成功地动员起亿万中国人民参加有效行动的秘密武器……"③

这种观点是同 1949 年以前的官员作的比较，包含了一些夸张成分，其实新干部对野心和私利不是毫不沾边的。我们掌握的这些年新

① 转引自拉尔夫·拉普伍德、南希·拉普伍德《中国革命纵览》，第 124 页。
② 范·德·斯普伦克等：《新中国：三家说》，第 8 页。
③ 拉普伍德：《中国革命纵览》，第 61 页。

官僚机构中的情况，也给我们画出另外一幅不尽相同的图画。一位随同南下工作队到武汉的干部描述他的同伴在办公室的空间和家具间玩起"游击战"，另有人刻画官僚机关内部钩心斗角，为级别待遇发牢骚，说这些成了这些年来国家机关里的顽疾。[①] 此外，供给制的存在，并不意味着干部生活在平等待遇的基础上。供给制是分等级的，单是进餐就有三种规格，坐车也有级别等等。因此，人们对地位的竞争，绝不会漫不经心。不过，由于早些年的一系列干部整风运动，起码大多数城市居民相信，干部中腐败和纪律问题一露头，新政府就会毫不留情地严肃处理的。[②] 就总体而言，对新的领导人员的印象是肯定的。

在早些年，民族感情的凝聚力发挥了相当大的作用。1943 年，外国人在中国享受的治外法权终结，但是直到 1949 年，在中国的主要城市，外国人拥有的权力和影响还很大。几年之后，西方人的影响便大大削弱，一部分被苏联人的影响所取代。开始，至少在大城市，外国人曾获益于全面的宽大政策，当局出于城市形势的复杂性和获得外交承认的考虑，举止谨慎。但从一开始变化已显露端倪——过去用英语书写的城市的标志和官方的照会变成了中文；在制成品上印刷的商标也同样发生了变化；法庭审讯和其他官方文书也都用中文书写。外国人被告知，只要他们不违反新政府的法律和各项政策，他们就可以继续在中国生活和工作。我们不知道这种允诺的真实性有多大，因为 1950 年朝鲜战争的爆发，改变了当时的气氛。许多外国人被迫离开，或是被捕最后被驱逐，一个从事间谍活动的偏执狂使得留在那里的人无法再过舒适的生活。一些想离开的外国人，遇到了官僚主义设置的障碍，让他们耐心等待。这也是中国的新统治者有意向他们显示，中国人才是他们自己土地上的真正主人。

1950 年以后，全国掀起削减西方人特别是美国人影响的运动。

---

① 刘少通：《走出红色中国》，第 109 页；参见埃斯特·周英《红色中国乡下的灰姑娘》。
② 对这些早期的整风运动见弗雷德里克·C.泰维斯的《中国精英人物的训练：整风的强迫与说服的方法（1950—1953）》。

好莱坞的电影受到了批判，后来遭到禁演，苏联和中国的电影取而代之；西方人的服装和西服受到批判，旗袍和其他被视为"资产阶级的"中国服饰也遭到了批判；开始流行中国式的服饰：各种各样的制服大行其道，其中最有名的是中山服、解放服或叫列宁装，以后国外管它们叫毛泽东装。在很短时间内，人们把高跟鞋、皮货、美国陆军剩余下的夹克和其他过时的东西包包扎扎收藏起来或变卖出去（其中有相当一部分被一批批蜂拥而来的苏联游客劫走了），化妆品从女性的脸上消失，有些人因为穿了"资产阶级的"服装而受到批评，但许多人则认为这是新社会的风尚，他们自觉自愿地跟上了前进的步伐。在政治学习会上开展自我批评，那些受西方影响的中国人被迫承认他们有"美国的月亮比中国的亮"的感觉，并发誓要改正这种错误的观点。

反击外国影响的措施并不仅仅是象征性的。许多西方人拥有的商业被迫关门或被接管，一些受外国人资助的医院、学校和其他组织都被收归国有，在所有的组织中，中国人都要起主导作用。1950年起，政府成立了"中国基督教三自爱国运动委员会"，并发起"三自"运动，旨在使基督教会割断同外国的联系和接受政府的领导，如果他们还想在中国生存的话。在有的情况下，使用了极端的战术，煽动对外国人的敌对情绪。在许多不同的城市里，天主教修女们曾办起了育婴堂，收留那些被遗弃的婴儿和孤儿。1950年以后，这些育婴堂被指控玩忽职守甚至暗杀和肢解中国人的婴儿。报纸印发了耸人听闻的照片，画面上是发掘出来的据说是被害者的骨头，那些修女被拖进体育场，站在充满愤怒的暴民们的面前，接受批斗。[①]

通过这一系列措施，西方人在中国的势力和影响急剧减弱。一位印度观察家评论说，英国在1952年时对中国的影响已退回到110年前的鸦片战争之前，在香港拥有基地和一些领事，但是没有常驻北京

[①] 有关此类事件的叙述，如1951年的广州事件，见坦南《无密可保》，第26页。在上海，发生了天主教徒反对强制性同梵蒂冈断绝关系的抗议，在其他地方一直持续到1960年。

的大使。[①] 对这些年来针对西方的攻击，有种种不同的反应。许多中国基督教徒和其他同外国人保持长期接触的人感到非常恐惧，有的人被监禁或被处死。但就一般的市民特别是那些没有从外国人那里得到多少好处的普通工人和农民出身的市民而言，他们对这种变化感到自豪。他们看到自己的政府在一个多世纪以来，第一次能够勇敢地面对外国人并且结束了他们在中国的特权。朝鲜战争加深了人们的这种感觉，这个时期，市民们满腔爱国热忱，对自己的祖国在现代化的联合国军队面前的表现感到无比的骄傲。中国共产党取得了政治上的团结，经济建设上的初步成就，并对外国势力和特权进行了卓有成效的打击，所有这一切都激发起民族自豪感，政府则尽最大努力来扩大和增强这种自豪感。

诚然，这些年也是仿效苏联模式、"一边倒"的几年，但是苏联的出现，似乎无损于新的民族自豪情绪。有的中国人怀疑苏联人的动机，怀疑苏联1945年后从满洲撤走工业设施等行为。他们觉着彻头彻尾地照搬苏联模式——在学校里用苏联的五分等级制代替沿用了多年的百分制——并不是一个好主意。但是政府强调，苏联的建议和专家是应邀来中国的，而不是强加给我们的，学习苏联"老大哥"才是唯一正确的选择，因为用马克思主义的观点来看，"苏联的现在，就是中国的未来"。

公众对于成千上万像潮水般拥进北京友谊宾馆和其他城市里类似宾馆的苏联专家看法不一。年龄的差异是产生这种认识区别的重要原因。那些当时还是青年学生的人回忆说，他们被那个时期翻译过来的苏联卫国战争小说里的男女英雄们所鼓舞，一些人还给自己起了俄罗斯名字，并和苏联的笔友建立通信联系。当得知斯大林逝世的消息后，许多人痛哭流涕。不少中国成年人也同苏联专家建立了个人关系，因为他们对苏联政府早期执行的一些措施，比如不允许到中国观光的苏联专家顾问乘坐人力车等，留下极其美好的印象。但是许多年龄较大的中国人，抱着怀疑的态度，甚至是厌恶的表情看着那些出出

① 弗兰克·莫里斯：《毛的中国的报告》，第170页。

进进的苏联客人。尽管苏联人采取了一些公关措施，但是，中国人还是很快就发现，许多苏联客人看上去有相当多的"资产阶级"情调——他们的服饰、行为、挽着妻子，特别是他们对旅游、购物和闲聊表现出强烈的兴趣。[1] 人们发现有些苏联专家非常傲慢和苛求，他们认为，中国人全盘接受他们的建议和以苏联人的方式去做事是很自然的。总之，许多被苏联老大哥派到中国来的代表，其所作所为实在是与小说中的英雄人物相去甚远。

尽管苏联人没有给中国人留下良好的印象，正如一位中国人曾把一些苏联人称为"无产阶级的王子"，苏联仍没有像西方那样被认为是对中国主权构成威胁的国家。因此，新政府并没有因为与苏联结成的关系而影响它巧妙利用人们的爱国感情这方面。一位来自香港的中国记者（此君 1952 年后被监禁了几年，直到 1957 年才被允许离开中国），看了 1956 年 10 月 1 日的游行后写了下面一段回忆："我必须承认，我几乎被那不可用语言来表达的感情噎死——我从未感到过作为一个中国人是如此的骄傲"。[2]

然而，对于新政府的支持，恐怕没有什么影响比经济安全和经济条件改善更重要的了。中国共产党是在各方面条件都十分不稳定的情况下执掌政权的。由于通货膨胀，一杯咖啡在上海的价格超过 300 万元（这是被认为是"不怕通货膨胀"的新"金圆圈"），四川一个看门人的月工资，只够往欧洲发三封航空信。[3] 有效地控制通货膨胀只是变化的一个部分，但不是全部。也许新政权采取的一个更为重要步骤是加大了流动的机会。死了和走了的人，需要有人替代，处于蓓蕾状态的官僚机构需要增添职员，即将到来的工业化需要技术人才，这就导致了一场大规模的个人进修活动——短期的训练课程、"革命大学"、干部学校等等。全日制学校也迅速扩大，由于学校实现了国有

---

① 有关这部分生动的描写，请参阅米哈伊尔·克洛奇科《在红色中国的苏联科学家》。

② 埃里克·乔：《男人必须选择》，第 223 页。"无产阶级的王子"的说法也来源于上书，第 234 页。

③ 关于咖啡的价格，参见巴伯《上海的陷落》，第 134 页。看门人的工资，参见休厄尔《我在中国的日子》，第 38 页。

化，学费大幅度削减，所以在大城市里的绝大多数小学注册人数几乎满员。这样，许多有志的年轻人认为是政权的改变才使得学校的大门向他们敞开。农民也加入了社会流动的大军。当局在50年代不断做出努力，试图把那些来自农业地区的盲流，引回到他们乡下老家，但是在接近50年代末的时候，这些努力并不十分成功。在此期间，许多农民挖空心思在城里找到了落脚点，并加入了城市工人的行列。[①]

不仅就业机会增加，在国营企业（甚至在一些大的私人企业）里工作的人在工资、工作条件和数额不大的补助等方面也逐渐实现了标准化和制度化。起初，政府在提高工资问题上犹豫不决，开始是鼓励工人对资本家提出要求，后来又迫使工人满足于他们的低工资以确保商业的稳定。但是，市民们对（政府）在食品供应和销售体系的改进以及努力降低价格等方面，印象极佳。有了这些固定的工资收入，他们就可以购买高质量的粮食（米、面，而不是玉米和大麦），其他食物如鱼类也比40年代末买得更经常了。随着1956年整个工资待遇的提高，人们改善生活条件的自信心也增强了。[②]另外，小额补助制度也得到了完善，其中包括医疗保险、伤病工资、产假工资和退休金等等，这些措施给大多数在职人员提供了安全保障，须知他们以前对这些社会保险措施闻所未闻啊（虽然这些优惠并没有照顾到所有的劳动力方面）。总之，在这个时期，人们对生活条件将会改善和流动机会将会增加都普遍持乐观态度。

自相矛盾的情况发生了。不断改善的经济条件和小额优惠政策的逐渐扩大，居然发展成一种中国共产党政策明确要避免出现的趋势：

---

① 有人作过估计，在1949—1957年，有2000多万或更多的农民流入城市。参见小野家悦造："中国城市人口地区分布"，《发展中的经济》第8卷第1期（1970年），第92—122页。最近的中国统计数字表明，这几年有1850万流动人口。参见张泽厚、陈玉昆："人口结构和经济发展的关系"，《中国社会科学》1981年第4期，转引自利奥·奥林斯："中国的城市人口：概念、密集和影响"，载美国国会联合经济委员会《四个现代化下的中国》第1卷，第279页。

② 一位西方人曾努力核实官方的报道，说城市生活水平即使与30年代相比也有了很大的提高。参见布鲁斯·雷诺兹："上海产业工人生活水平的变化（1930—1973）"，载于克里斯托夫·豪编《上海：一个亚洲主要城市的革命和发展》。

与使革命走向胜利的农民相比较，市民的优越地位不断增长。在城市里，由国家负责提供"一揽子福利"待遇，社会主义从而被认为是前途光明的；但是在农村，提供任何福利的负担，最终都不是落在国家而是落在集体和农民自己的身上。结果经济改善的情况比城市少得多。总体而言，1949 年以后，中国城乡差别在收入、获得消费品、文化娱乐和有保障的工作以及福利待遇等方面逐渐扩大，使得城市居民越来越意识到城市生活的优越，也使农民越来越羡慕城市生活。也就只有在住房方面，农村居民有一定的优势，到 70 年代末期，典型的农民居住面积扩展到平均约为每个市民的 3 倍。[①] 但是即便如此，绝大多数市民仍可用很少的钱来付房租——通常是他们收入的 5%或者更少——而农民在投资建房及维修时，只能掏自己的腰包。

当然，也有人倒霉的，以前的城市精英们就失去了很多利益，有的甚至丢了性命。不过，由于几个因素的作用，人们头脑中并没有因这而改变了生活确有改善的印象：例如，那些失利者比起得利者在数量上还是占少数，况且他们那部分利益早已引起了别人的不满。在不少情况下，他们虽摔倒，但不很痛——1956 年社会主义改造完成之后，资本家根据官方对他们资本的估计获取利息（在多数情况下，资本家还有满意的工资），原来薪金丰厚的人仍拿"保留工资"，保留工资比新的标准工资要高。收房租、拿版税和其他非工资收入的取消是一个渐进的而非突然的过程。

在 20 世纪 50 年代，或许最重要的事是资本家和知识分子的后代在不同程度上都从新的机会中获得益处。尽管官方偏爱工人和农民，但是新政府同样急需高技术人才，因此那些富裕家庭出身的城市学生，被鼓励钻研学业，在新社会里能担任好的工作。只要他们愿意遵循新政策，在形式上批判他们父母的"资产阶级"价值观念（只要他们的

---

① 据 1982 年公布的数字表明，每个农民平均居住面积为 10 平方米。（参见《北京周报》1982 年第 20 期，第 8 页。）几年前的 1978 年，城市居民平均每人居住面积只有 3.6 平方米。参见周京："九亿中国人的住房"，载《北京周报》1979 年第 48 期，第 18 页。

父母没有介入严重的政治斗争），他们就可以从事高尚的职业，并有光明的前途。在50年代，社会上人际关系注重阶级背景的风气还没有渗透进学校里，学校里注意阶级出身还是后来的事。那时，学生之间建立友谊的基础是成绩接近，或个人的兴趣爱好相投，而不是后来那种以阶级背景和政治因素来取舍朋友，总的来说，那时还没有人感到为了一个有希望的机会需要进行非常紧张的竞争。在50年代一段时期，事实上高等学校招生人数比当年毕业的高中学生还要多。[①] 到了60年代，在理论上被称为"坏阶级"（资本家、商人等等）家庭出身的子女，平均来说，仍然比工人家庭的孩子更有前途。[②]

　　30年之后，许多市民回忆起当时的情景，仍觉着有许多事情值得怀念。秩序恢复了，外国的特权结束了，经济条件正在逐渐改善，政府看上去富有效率且关心人民，就连犯罪的危险也大大减少了。尤其是那些当时还在学校里读书的人，回想起来那些令人激动和有意义的事——刻苦学习，振兴中国，从事业余爱好，徒步旅行，阅读苏联和中国的英雄人物小说，加入宣传队到农村和工厂巡回演出，把他们在学校里取得的成就和喜悦带给他们的父母。这是一个十分乐观的时期，此时中国作为一个国家能创造许多奇迹，城市居民，尤其年轻人能实现生活中许多美好的理想。

　　然而，如果要说城市居民从起初对新政府的怀疑、观望一下子变为对新政府无限的热情的话，这也失之偏颇。从一开始，起码有不少人对新秩序的一些方面就感到是不祥之兆。例如，新政府对人口采取了比其前任更为高度严密的组织和控制措施，渗透到了市民私人生活之中，对市民施加了更大的压力来改变个人的行为方式和私人关系。在起初的仁慈政策之后，这种严密的组织控制措施逐渐升级和有区别地进行。新政府执政后几天，新闻控制和审查制度就生效了，但是美

---

① 根据罗伯特·泰勒：《中国的教育与大学招生政策（1949—1971）》，第3页。从1953年到1956年，大学里实际可容纳的学生人数高于应届高中毕业生15％。
② "资产阶级"的孩子在"文化革命"中继续得到好处的事例，参见怀特、帕里什《当代中国的城市生活》第3章。

国电影一直上演到 1951 年。大学学生立即组织政治学习、劳动和上街游行，他们仍可以选择自己宿舍的室友和想学的专业。到了 1951—1952 年度，学生住宿就统一安排，专业成为强制性的，一年后，建立了大学统一招生和统一分配制度。新政府执政的头几周内，国营纺织厂的工人成立了由官方发起的工会，但对那些小厂子里的工人和从事手工业劳动的工匠以及小商贩的管理非常松散，直到 50 年代中期才组织起来。在城市家庭生活中，开始变化不太大，可是到了 1954 年，成立了标准的居民组织——居民委员会，并开始对每个人的活动施加影响。①

虽然这些变化在某些方面是渐进的，但是到了 50 年代中期，新的组织体制开始出现，这就使得比从前能够更有效地进行控制和动员市民。1949 年之前城市里的集团——同业公会、同乡会、小集团、秘密社团、街坊协会等等或被取消，或加以改造。取代它们的是一个新的在共产党绝对控制之下的城市基础结构。城市的每个街区，都成立了在政府官员和警察局领导下的居民委员会。委员们既组织有益的服务活动，如打扫街道卫生，设立修理自行车的小摊和急救站，也对当地居民的生活进行控制——组织他们参加政治学习会，检查没有登记的个人和不正常的活动，进行夜间安全巡逻，后来发展到说服一些家长把他们的孩子送到农村和限制他们多生育。新的组织体制的另一个主要支柱，是工作单位。工作单位组织本单位人员的生活（包括上班和下班后的生活），并视此为己任。大的单位不仅为他们的人员提供住房、医疗和其他服务，而且还组织政治学习，管理业余活动，同意结婚或是离婚，监督释放了的罪犯，并参加类似于居民委员会的其他各种社会控制的活动。

除了所在单位和居民委员会，许多市民还受一系列新的"群众组织"的监督——共产主义青年团、妇女联合会、工会、工商会、作家协会和独立基督教协进会等。这些组织监督每人工作和业余时间的活动。越来越多的生活必需品是通过这些新的官僚体系发放，而不是由

---

① 关于这个渐进的变化，在雪莉·伍德的《中国的一条街道》中有生动的描述。

市场发配或由个人或由几个人自愿结合的组织去搞。例如，在实施第一个五年计划时期，工作都是由官僚机构分配，基本上是终身就干这份工作。劳动力市场开始消失。这个时期的城市生活形式发生了一个转变，即开始实行严格的配给供应制（由工作单位和居民委员会管理），购买基本食物和生活消费用品都受到控制，住房由单位或城市专门机构负责，私人行医被取缔，市民们对中国共产党控制的新的官僚机构的依赖性越来越大。其他地方的官僚制度也一样，结果是个人常常失去了自己喜欢有的东西。例如，当配偶们发现他们被安排在不同的城市工作时，他们不得不忍受两地分居的苦楚，每年只有在一次很短的探亲假时才能见上一面。

城市组织机构的转变，导致了一系列重要的后果。中国城市的市容和声响开始发生变化。商业的官僚化和标准化，使那些曾给城市里的大街小巷带来生机和色彩的贸易和商贩们——沿街叫卖的小贩、修锅补盆的工匠、代写书信的先生、雕刻印章的艺人、走街串巷兜售小玩意的商人等等——逐渐消失了。由于国家接管了向城市居民提供需求的责任，也就没有必要再用鲜艳的色彩标志和各式各样的号子或大声叫卖来吸引顾客了。

地位等级制度也发生了重要的变化。城市精英、资本家、商人和知识分子失去了往日的地位。从事服务行业的职工、小商贩和从事宗教及其他仪式的专业人员等的处境也在下降。身居要位的高官（高干）和军官控制着新的等级制度，高级知识分子和技术专家的地位居其次，但处于那些官僚权贵的牢牢控制之下。工人、技术人员和其他与工业生产有关系的人威信上升，而其他一些被社会所遗弃的团体（阶级敌人、阶级成分有问题的、被控对象）落入了社会的最底层。你在新的城市等级中处于何种地位、收入多少和有无大学文凭变得不那么重要了，官僚的头衔和党票则变得越来越重要。在什么单位和行政"系统"工作也很重要，其重要性几乎同这垂直的等级制度中的位置不相上下。一些大型的和强有力的官僚机构，如军队和铁路，能给他们的职工提供更多的利益和特权，规模小、联系范围小的单位如小学或是街道工厂，就很难满足其成员的需求。所以，一个人在新城市结构中地位如何，要看他的单位怎样，以及他自己头衔有多大。

到 1956 年，中国的一些难驾驭的城市，也都逐渐控制在新的官僚制度之下，对此曾抱有怀疑态度的人惊慌失措了。熟悉 1949 年以前城市生活的观察家们都知道中国城市行为方式中长期存在的无足轻重的弊病，如不遵守交通规则乱穿马路、在街上随地吐痰。在新政府的控制下，这些似已荡然无存，他们无不感到震惊。1955 年，在北京的一位敏锐的观察家曾预言，"这可能是历史上第一个由官方把计划生育作为强制性措施的政权，可以肯定，这些规定将会被普遍服从。"①

这个严密的组织系统帮助解释了为什么这个时期发生的理论上属最主要的变化（1955—1956 年城市经济向社会主义形式的过渡）在某些方面完成得那么突然。国家对原材料、市场、信贷和其他方面的控制逐步加强；1951—1952 年"五反运动"对资本家和对社会主义持非议的人的恫吓；1955 年镇压反革命运动；工会和党控制的工商业联合会在组织上施加压力——到了 1955 年所有的这些使城市出现了一种局面：城市资本家和商人几乎没有自治权力和活动余地。是年后期，当向社会主义过渡的运动加速发展时，基本上未遇到什么抵制，一切都比原计划进行得迅速。在个别地方速度更为惊人，1956 年 1 月，北京宣布向社会主义过渡的整个运动已经全部完成，前后历时仅仅 10 天。

然而，社会主义过渡运动也揭示了中国共产党建立的组织系统存在着严重的弊端。例如，动员人们进行变革很容易，但是要使新建立的组织机构富有成效地进行工作就不是那么容易了。加速社会主义过渡，在许多方面成了"纸上成功"——工厂和商店的资本和存货清单还没有开列出来，新的簿记制度还没有建立，缺乏受过训练的管理人

---

① 无名氏观察家引自罗伯特·吉莱恩《六亿中国人》，第 295 页。这位观察家描述了居民委员会如何确定生育名额、做说服工作和"监视那些已婚夫妇"，农业合作社（人民公社的前身）在农村如何分配避孕用具和如何在农业生产计划的基础上增加再生产的任务。所有这些说法在 70 年代都灵验了。

员和专业会计以及其他使社会主义企业运转所必备的条件。因此还需要几个月的工作来清理这些混乱状况，然后现实方能接近运动口号提出的要求。

党在进行运动时所使用的动员技巧是令人折服的，但带来的变化却是毫无意义甚至有害的。例如，在 1956 年社会主义过渡完成之后的生产运动"小跃进"时期，人们自力更生解决中国的问题的热情被激励出来了，结果出现了所谓的新发明"双轮双铧犁"和一项控制生育技术——要求妇女吃大量的活蝌蚪。两者都未取得成功。虽然这两项发明很快就被抛弃了，但是，这种体制敢于置民众的疑虑于不顾并使用新的技术和组织形式继续蛮干的劲头却未收敛，而在 1958 年开始的"大跃进"中更变本加厉地显示出来，造成了更大规模的灾难。

当局说，为了解决中国的许多问题，就需要有高度组织形式的生活，大多数中国人赞同这种论点。这样的结果，就是使市民服从要求苛刻的当局日益加紧的控制，而当局却不受公众影响的左右。人们发现，许多人不得不改变自己珍爱的习惯和行为方式，以免与新当局的要求发生冲突。赌博、参加基督教会的活动、阅读西方小说、请人算命、祭祀祖先和其他许多活动都变成了有疑问的事情——这些活动是不是违反了新规定？中国人好幽默，但是当局在涉及他们的想法和计划时，是毫无幽默可言的，当人们聚集在一起开小组批判会的时候，大家知道这时不能说句俏皮话或开个政治玩笑。如今不只是像 1949 年前一样，须防范几个告密者，现在除了极少的几个知心朋友和家人之外，对任何人也不能说句不该说的话。（然而，这种对人们相互交流的压抑，主要是在干部、知识分子和学生中间，工人和其他社会地位较低的人相对要好一些。工人不会被怀疑有异常的想法，即使有，他们也很可能会被谅解，因为他们受的教育程度低。）

诚然，几个世纪以来，中国已认识到他们必须适应新统治者的种种狂想才行，抛弃佛教是如此，蓄留起辫子是如此，搞"新生活运动"也是如此（这是 30 年代国民党发起的促进道德复兴的运动）。1949 年以后情况不同之处在于，要求改变的范围更大，为达到这些要求而进行的组织渗透更深。建国之初，一位老教授曾向威廉·休厄尔吐露，一切都会平安无事的，因为中国人不会当殉道者。"我们向竹子学到了诀窍，风来时它们弯下腰；当风停息后，它们又挺得笔直了。"① 但是，还过了不到一年，这位教授就因不能适应新社会导致精神错乱而自杀了。

最初的仁慈宽大时期结束后，官方控制加紧，扩大了对个人和团体实行高压统治的范围。在"肃反"运动、"三反""五反"运动、思想改造运动、反胡风反革命集团运动和挖出隐藏着的反革命分子运动中，大批的人被卷入政治斗争，遭到逮捕或是被杀害。前国民党官员及其支持者、秘密社团和宗教首领、资本家、包工头、外国和本国的牧师、腐败的干部、对政府不满的知识分子、黑市商人和那些仅仅是在公共场所批评新政府的人，都发现自己陷入了严重的政治麻烦之中。监狱里塞满了被捕的人，临时凑合起监狱来关押过剩的犯人，其中很多人被杀害或是消失，从此杳无音讯。② 这个时期每次主要的运动，都引起那些成为或害怕成为斗争目标的人自杀的浪潮。尽管新政府的官员们一再让人们消除疑虑，说政府欢迎批评，镇压手段是用来对付一小撮阶级敌人的，但是人们很快就明白了，绝不能对新政府有任何不满，如果有人不信，那等待他的将是严厉的惩罚。

新政府实施严密的组织控制和大范围的镇压，但它也做出了许多成就。市民思想中对这两者是如何进行平衡的呢？对此有迥然不同的

① 休厄尔：《我在中国的日子》，第 53—54 页。

② 对中国在 1949—1952 年枪毙人数有各种各样的估计，出入较大（没有单独城市枪毙人数的估计数字，农村土改运动中枪杀的人数较多）。有人认为数万人（拉普伍德：《中国革命纵览》，第 146 页）；有的认为有 80 万人（到 1953 年，出自一篇未公开发表的毛泽东 1957 年的讲话《关于正确处理人民内部矛盾的问题》，转引自《纽约时报》1957 年 6 月 13 日，第 8 页）；还有一说是 200 万（莫里斯·迈斯纳：《毛的中国：人民共和国史》，第 81 页）；有 500 万之说（雅克·吉勒马：《执政的中国共产党（1949—1976）》，第 24 页）；更有 1500 万或更多之说（坦南：《无密可保》，第 159 页；理查德·L. 沃克：《人类的代价——共产主义在中国》，给美国参议院司法委员会国内安全小组的报告，第 16 页）。

反应，一些集团对这个新秩序显然反感，惶惶不安。但大多数市民并没有因此而觉得受到威胁，有不少人甚至对此表示欢迎。我们已经说过，许多人认为有必要加强组织的严密管理。难道实现街区的安全、稳定货币、建立统一强盛的国家不需要付出这些代价吗？同时，政府也相当成功地使市民相信，绝大部分镇压是有选择地针对那些的确是罪有应得的人的。许多人认为，清除社会渣滓是一件好事。当局大讲日本汉奸、国民党特务、秘密社团头目和天主教修女的邪恶行为，手段十分高明，在市民中果真对这些人产生了敌对情绪，当局又巧妙地利用了当时业已存在的愤恨情绪。

在这个年代，即使自己不是斗争目标的城市居民，也各有不同的经历。有些人的父母被莫须有的罪名投入牢房；有些人的心爱的老师成了1955年肃反运动的对象，随后就消失了；有的人的老朋友在新的政治压力下被迫自杀了。① 这种个人的曲折经历，引起了他们对新社会性质的痛苦的反思。他们对新社会抱有乐观态度，愿为之献身，但从此产生了挥之不去的怀疑。即使在这种情况下，当局也可找出适当的理由来消除人们思想上的混乱。正如毛泽东很久以前就指出的，"革命不是请客吃饭"，在普遍的混乱之中，某些错误就在所难免。对许多人来说，一个合适的解释是（独裁政权惯用此法）——"如果毛知道就好了"。官方的政策和领导是英明和仁慈的，但是，那些显然缺乏训练和不守纪律却在贯彻政策的基层干部出了"偏差"，他们滥用权力，而犯了大量错误。市民们希望在每次大的运动过后的总结检查阶段，能够改正以前不公正的行为。所以，尽管这些年运用了大规模的镇压措施，许多市民还是认为这个时期是相当乐观甚至是宽大为怀的。他们认为，大多数的镇压是可以接受的，甚至是值得称赞的，错误不是全局性的，是执行有问题而造成的。所以，在这些年由于官方的镇压而导致的个人的痛苦，还不足以削弱新秩序带来的公众的积

① 雪莉·伍德在《中国的一条街道》第107—108页中提到，"在上海，几乎每个人都说，解放后，他们曾同那些被镇压的人在不同程度上多少都有点关系，政府对'反革命'的镇压……使一部分人陷入惊恐之中"。

极参与和乐观情绪。

中期年代,1957—1965年

早期年代的生活节奏不尽相同。一直到 1952 年,这几年是充满新奇和混乱的时期,搞了几次运动,社会从而井然有序地运转,人们学习了新的规矩。从 1953—1956 年,是结束朝鲜战争和开始实施第一个五年计划的时期,工作的重点更多地转移到动员有效地学习和工作来帮助国家进行经济建设上来,"超出课程之外"的各项活动减少到最低限度。1957 年,以及随后而来的"大跃进",节奏又开始回到运动动员阶段。中国陷入了先是政治而后是经济的危机之中。不过,早年建立起来的信念和乐观主义精神,仍在相当广阔的范围内继续下来,使政府能够相当成功地渡过了难关。

1957 年一系列事件使人们感到心神不安。首先,中国人开始注意到了 1956 年发生在东欧的动乱,同年,有人知道了赫鲁晓夫作了谴责斯大林罪恶的秘密报告。起码他们已经模糊地意识到这些事件引起了中国领导人的忧虑,对社会主义的前途有些捉摸不定。然而,大多数人对中苏冲突的最早迹象都不甚了解,对两国保持友好的关系仍深信不疑。

"百花齐放,百家争鸣"运动和接着发生的反右运动可谓击中要害了。人们对 1956—1957 年的自由化和中国共产党号召对党进行公开批评有不同的反应。在早些年的运动中,对政府提出批评意见的人遭到严厉的打击,使人们谨慎小心,但同时不少人总的来说对自己周围的社会和个人生活还是相当满意的。经过了几轮温和的批评之后,1957 年春天,终于爆发了涉及面广、人们情绪高昂的"百花齐放,百家争鸣"批评运动,这次运动由重要的但是面很有限的一些城市社会部门发起——知识分子、学生、"民主党派"成员和专业人员。这些人在理论上是中国共产党领导下的统一战线的亲密盟友,他们认为自己的荣誉和自主权受到了严重的侵蚀。他们的批评意见形形色色,但是主要还是集中在知识分子与专业范围内的自治同党的控制的关系等方面。这些批评开始在黑板报和国家的报纸上逐渐登载，大多数市民没有参与而以一种迷惑的态度袖手旁观。许多人对中国共产党能够允许甚至鼓励这种直率的批评感到不可理解，同时在某种程度上对一些人气愤的腔调感到震惊。1957 年 6 月，当政府发动了反右运动进行反击的时候，声称"群众"要求那些爱挑剔的人闭嘴这一说法并不全错。城市地区的许多非知识分子（甚至一些与知识分子合作的人）的确感到这种批评太过头了，对革命带来的进步和社会凝聚力构成了威胁。

党的反击得到许多人的支持。与此同时也有一些人表示怀疑。对于那些大学生和一些中学生来说，反右运动预示着一次不祥的变化。在前些年，他们全都参加过批判会，感受到针对各种组织的斗争与压制，但是现在，他们第一次被动员起来参加对他们自己同学的或多或少的生死斗争。他们原是集中精力进行学习和参加有组织的娱乐活动，只是偶尔被政治干扰（1955 年的肃反运动就是在暑假期间开始的，当时卷入的主要是老师），现在他们发现，他们的精力都集中在政治斗争方面了。让同学们相互告发的压力特别大，许多学生感到非常苦恼，"指标定额"使他们必须给一些同学戴上"右派"的帽子，即使他们没有犯什么严重的错误。

这样做的后果是不太愉快的。许多被打成"右派"的人被带走从事体力劳动——不仅是从学校带走的人，而且还有从正如火如荼开展运动的单位里被带走的人。[①] 一些被认为是不太严重的右派，不被送到劳动营去接受再教育，他们还可以留在所在学校或是工作单位，或是被调到一些不太敏感的单位去工作。但是，他们成为被社会遗弃的人。一位移居外国的人这样描写当时的情景："他们仍然到办公室上班，但是没有人跟他们说话，也没有人和他们在同一张桌子前就座，

---

① 在此期间，一位曾在外文出版社工作的印度人称，该社的 500 名职工中，有 30 个被划成右派，有四五个严重的人被划成反革命分子。参见奥姆·普拉卡什·曼彻《在毛的中国的五年》，第 31 页。在北京大学，有 500 名学生和 100 名教职员工被划成右派。这个数字超过了整个大学总人数的 7%。乐黛云（音）、卡罗林·韦克曼：《走进暴风雨：奥德赛——一位中国革命妇女》，第 102—103 页。

'右派'分子们也彼此互不交谈。以前的熟人在街上碰上他们，便把头扭向另一个方向，他们别指望有人来访、有电话找他们和有他们的信件。"① 在这样的气氛中，即使人们承认有必要反对那些提意见的人，有必要保卫中国的社会主义制度，他们有时也还会有另外的想法。

1957 年，开始了"下放"运动，把许多干部调到小镇或是农村工作。大批在这次运动里被调到下面去的人中，起码有一部分人被告知这次下放是暂时的；这是一项要求所有机关人员定期下放做体力劳动和做卑下的工作、使思想得到"净化"的总政策的开始。许多不太重要的右派也自然在下放运动的旗帜下，被送往农村。对于那些已经看到生活和事业有了改进的城市人来说，深知政策如此灵活，有朝一日也可能向其他方向发展，即使你没有犯任何政治错误也难保不会被下放，所以他们感到了威胁。

然而，1957 年还发生了其他许多事件，使前几年的乐观主义因此而得以延续。在这一年里，苏联成功地发射了人造地球卫星，武汉长江大桥建成，许多新建的工厂开始上马。猪肉涨价和棉花供应短缺，曾是"百花齐放，百花争鸣"运动中批评政府的人指责经济没有改善的论据，但是政府接二连三地公布统计数字，证明情况却与此相反。大多数城市居民接受政府的观点。他们的生活正在一天天好起来，新的学校开学了，越来越多的小说和翻译著作出版了，总体来看，中国仍然在前进中。

从公众对次年起始的"大跃进"的反应，可以看出人们的乐观主义态度在继续发挥着作用。加速经济发展的步伐，用 15 年左右的时间赶超英国，迅速进入共产主义的富裕社会这一前景，激发了许多人特别是年轻人丰富的想像力。此时许多更多更新和更激烈的活动又开始了，更刺激了这些饱满的热情。1958 年春天，开展了一场除"四害"——苍蝇、蚊子、老鼠和麻雀——的战役。一队队满怀热情的参

---

① 穆富胜：《百花运动的衰落：毛统治下的知识分子》，第 173 页。另见莫里斯·威尔斯《叛徒：一个美国人在共产党中国的 12 年》，第 100 页。

加者，比赛看谁上缴的死苍蝇多；他们站在高高的屋顶和围墙上敲打着锅盆和其他能发出噪音的东西，使麻雀不能停落，最后麻雀只有累死掉下来。[①] 在城市和农村地区，学生、办公室的工作人员和其他人操作着著名的"土高炉"，读着由当局准备的专业指导小册子，使用着原始的工具和原料（包括垃圾桶、平底锅和栏杆），那些从来没有见过钢铁是怎样生产出来的城里人建起了原始的砖炉，开始出产质量很差的钢锭。在北京，各行各业的人被集合起来加入了极其劳累的、24 小时不停的建设人民大会堂的人流，以惊人的速度，仅用了 10 个月的时间就完成了建设任务。好几万人被动员去首都郊区，通过手工劳动建设十三陵水库，周恩来和其他领导人给参加者留下深刻印象，他们亲自参加了定额劳动，起码是短暂地参加了这些劳动。其他城市也同样搞起大型工程（虽不及人民大会堂宏伟），并搞起了植树造林、建厂房及其他群众劳动大军参加的工程。

这也是农民大规模流入城市的时期。由于城市经济的迅速扩展，向城市移民的控制暂时放松，一些雄心勃勃的城市企业积极从农村劳动力中招工，从而导致了以前控制城市规模的努力付诸东流。1958—1959 年间，估计有 2000 万农民变成城市居民，特别是在内地新兴的工业城市尤为如此，引起了城市人口的拥挤并对城市资源造成严重压力。[②]

"大跃进"初期的许多事件同 50 年代初很相似，组织之间的障碍被打破，不同工作单位、不同行业的人紧密地（即便是临时地）汇集在一起，把早年（"袖手旁观的人"）也动员进来了。特别是对那些家庭妇女来说，她们在动员下走出了家门，组织了缝纫组、加工工厂和参加其他经济生产活动。为了便于她们参加工作，还开设了幼儿园、

[①] 1949 年以后，每年都要或多或少地进行消灭苍蝇和其他害虫的运动，但是 1958 年达到空前的规模。当然，随之而来的便是由于消灭了太多的麻雀而造成的灾难——昆虫猖獗到无法控制的地步。所以臭虫取代了麻雀成为被列为消灭的主要害虫。一位颇有名气的中国大夫曾告诉外国人，1949 年前后城市最惊人的变化是 1949 年后彻底消灭了苍蝇。参见威廉·凯森编《在中国的童年》，第 189 页。

[②] 参见小野家悦造："中国城市人口地区分布"，第 93—127 页。

食堂、洗衣房和其他减轻家务负担的设施。随后，开始在城市建立一个全新的组织形式——城市公社——与当时正在成立的农村公社相呼应，但让人不可理解的是其结果并没有对公众的意识产生什么影响。对于大多数城市居民来说，城市公社似乎仅仅意味着那些劳动组织和服务设施由街坊四邻们管理，而不是由中国的领导人设想出来的那套居民委员会和生产单位进行综合管理。（1960年以后，放弃了创立城市公社的努力，但是这些劳动组织和服务设施都保留下来了。）

"大跃进"又要求人们改变生活习俗，又回到了50年代初期时的情况。艰苦朴素的风尚受到赞扬，"资产阶级"和传统的行为方式受到批判。老百姓开始意识到，当局对那些祭祀祖先、铺张浪费的婚礼以及继续以传统的方式庆祝中国的节日的人都表示不满。这个时期，开始劝说城市居民接受火葬，并对想要进行传统土葬的人设置重重困难。（许多棺材店和墓地被关闭；即便如此，直到"文化大革命"时期，仍有一些坚决的市民能设法搞到棺材并把死者运到农村去土葬。）这时期，各方协同努力，取缔了私有企业最后的残余势力，对流动在大街小巷的小商贩采取了严厉的打击措施。也就在此时，一位当时还名不见经传的意识形态工作者张春桥声称，官僚主义和不公正已发展到了不可收拾的地步，中国应重新实行供给制度[①]（革命前酬劳官员的制度）。

对大多数城市居民，特别是对体力劳动者来说，"大跃进"最主要的是要加快工作步伐。在建国之初，苏联开创的各种社会主义竞赛的方法被照搬过来，中国出现了一批自己的斯达汉诺夫式先进生产者。现在为了突破经济发展的障碍，又更加紧推行了一些竞赛措施。工人被动员起来保证完成越来越高的生产指标，在经常出现的生产高潮阶段，工人们在各自的岗位上一干就是两天或更长时间，以令人担忧的高速度进行着。机器在超过其三四倍负荷中运转着，机器和它们的操作者都绷紧了弦，走向其极限。即使非体力工作者也受到了影响。作家、记者和其他搞文字工作的人，都决心超过他们以前的工作

[①] 见张春桥的文章，载《人民日报》1958年10月13日。

量，保证完成多少数量的写作计划。一批批学生马不停蹄地编写自己使用的、适应新时代要求的教科书。许多人睡在工作单位，一周回家一次与家人作短暂的团聚。学生把这一时期描绘成要求不断变化、活动难以预料的时期——突然宣布去农村劳动，又一声令下回学校学习，而后学习又被打断，学生被动员起来参加游行示威，或是"向党交心"，净化思想。在整个社会，各种各样的轰轰烈烈的运动和活动充满了日常生活。

对于这场波及全社会的高速度运动，反应有好有坏。许多人，特别是在年轻人当中，发现气氛令人振奋，获取丰厚物质财富的前景已经稳稳呈现在地平线上，令人陶醉。以前的一个学生这样记录下他的体会："我第一次被卷入了这种令人迷茫不解的生活方式。看起来是无法逃避的，但也并不是一点意思也没有。一切都是变化莫测的。"[①] 甚至那些被体力劳动折腾得疲惫不堪的人，反应也是积极的。一位曾参加十三陵水库建设的美国人记述了他的想法："到周末，我们浑身上下满是污秽；连个洗澡的地方也没有。我感到十分疲惫，全身疼痛，极其厌倦。但当时的气氛却很好——一个大家共同的热烈气氛。这种场面也帮助了中国的知识分子认识到参加此等劳动的意义。"[②] 然而，其他一些人，特别是那些年岁较大的和有经验的老工人、技术专家——他们的态度就不那么积极了。这些人对如此高的速度和如此创造发明是否明智持怀疑态度，他们能预见到会发生质量问题和工业事故，工人也会嘟嘟囔囔发牢骚（如此发展经济当然会带来这些问题）。但总的来说，大多数市民起初是愿意把"大跃进"设想为有益的，并希望它取得成功。

当然，结果并非是他们想象的那样物质大大丰富起来，从1959—1961年中国进入了经济衰退的"三年困难时期"。1959年食品供应急转直下，大食堂的定量减了，全国出现了大范围的饥荒。工作单位不

---

① 董志平（音）、汉弗莱·埃文斯：《思想革命》，第43页；包柏漪：《第八个月亮》，第57页。
② 威尔斯：《叛徒》，第103页。

仅取消了高速度，而且被迫削减工作量和减少其他活动，以便有更多的休息。考虑到人的热量有限，工间操、民兵训练和其他活动都被取消了。在此后的危机中，城市组织开始试制了一些食物代用品——例如，用海藻作为原料，从中提取一些有营养的特殊液体，虽然它不符合中国人习惯的口味。另外，人们体重普遍下降，终日处于困倦和饥饿之中，发病率和病假条猛增。一位年轻的中国人回忆当时长沙的情景时谈道："我所知道的许多老人和几乎所有的儿童患上了'水浮肿病'，即浮肿病，我们的肚子胀起来，退不下去。我们没精打采地步行上学，等到了学校已是筋疲力尽。熟人相见，大伙相互掐彼此的腿，看看肿胀得怎么样了，再检查一下彼此的皮肤，看是否变黄了。"① 对食物的需求成为让人着迷的头等大事。有个人说，这段时期他在天津，每天早上 3 点就得起床，为的是在排得很长的队中挤个位置，希望买到运到城里来的蔬菜。② 农村的情况更加严重，这个时期出现的非正常死亡大多数发生在农村。这种情况下，城市享有的特权是一个生与死的问题，正如我们那个来自长沙的小伙子的父亲对他所说："你是福气好……生活在一个省会大城市，党和毛主席从粮仓里给你们弄来食品。农民只能自己想办法解决他们的问题。"③

是否所有的城里人都在遭受同样的苦难？对这个问题有种种不同的想法。很显然，一些高级干部和其他人继续享受许多优惠——在食堂的"小灶"里用餐。他们能得到较多较好的食物，在接待外宾的时候，他们可以参加奢侈的宴会等等。一位观察家讲道："在困难时期，厨师和高级官员是中国唯一能保持体重不减的人。"④ 因此，有相当数量的人开始发牢骚。但很多中国人还是被知识分子和一些高层人物

---

① 梁恒、朱迪思·夏皮罗：《文革之子》，第 17 页。
② 包柏漪：《第八个月亮》，第 75—76 页。作者把她的篮子放到路边，然后回家睡觉，六点再起来返回路边等待。在路边放个空篮子，不用去照看，就算是排队占了位置，可见当地社会秩序还是很好的，有些人记述了这个时期的一些极端的做法，例如，北京的学生被迫吃春天的树芽充饥。见斯文·林奎斯特《危机中的中国》。
③ 梁恒、朱迪思·夏皮罗：《文革之子》，第 17 页。
④ 威尔斯：《叛徒》，第 94 页。另见伊曼纽尔·约翰·赫维《在中国的一个非洲学生》，第 79 页。

同其他人一起同甘共苦所感动。在"三年困难时期"就要结束的时候，一场小运动使他们更是深信不疑：一些组织的领导干部在他们的下级面前公开检讨，他们曾利用职务之便，为他们自己和家属搞到了额外的食物。许多人相信，比起1949年以前来，这次起码是大家一起挨饿的。中国共产党注意了对那些利用职权吃得好的人进行惩罚。

"大跃进"失败的后果，不仅仅是饥饿，还有其他副作用。经济被迫进入紧缩时期，削减指标，一些小型工厂关闭，职工解散。工资开始冻结（除了少数例外，工资一直冻结到1977年）。原来国营企业里的一些职工，看到工厂的经济前景暗淡，干脆辞掉工作，到集体企业干活，集体企业的利益分配原则似乎允许多挣一点。当局也被迫取消了对私人企业活动的种种限制，允许沿街叫卖的小商小贩、马路边上的裁缝和卖小吃的摊主们重新开张。城市移民的限制大大加强，据估计，大约有2000万刚刚招募来的城市工人被强制送回农村。① 几年前，业已控制了的犯罪和黑市交易，以及乞丐等其他现象现因城市经济恶化又故态复萌了。

对于"大跃进"的失败，同样有多种不同的反应。当然，有些对新秩序本来就不满和一些对新秩序持怀疑态度的人，把这种危机看成是制度有缺陷的迹象，因为这种制度没有能够使错误的政策受到制止。一位经历过这个时期的苏联观察家，提供了一个与毛之后的领导有共识的评论：

> 人们可以把毛统治中国时的行为方式比作一个喝醉酒的司机开公共汽车那样：酩酊大醉的巴士司机把他载满乘客的车子开到了一条陡峭弯曲的山路上。许多乘客都意识到每时每刻都存在着危险，但是没有人敢站出来让司机靠边，由他自己来负责把这辆车开到安全地带。②

---

① 这个数字见曾志先（音）："中国经济发展中的就业问题"，转引自一篇未发表的论文，见奥林斯的"中国的城市人口：概念、密集和影响"，第279页。
② 克洛奇科：《在红色中国的苏联科学家》，第211—212页。

当然，中国领导层内部也开始承认这个问题，但在新闻媒介中仅仅是隐讳地批评毛。（彭德怀起码是直率地试图使这个司机清醒过来，结果导致了彭在 1959 年被清洗。）那时，给公众的解释却是很不一样的。以官方的观点而论，"大跃进"基本上是好的，但是由于恶劣的气候，苏联在 1960 年背信弃义撤走了专家和援助计划，基层干部的盲目冲动，结果导致了这场突然发生的灾难。

作出有把握的判断是困难的。但那时，如果不是大多数城市居民，起码是许多人都接受了官方的大部分观点。俄国专家突然撤走，就很容易被理解成苏联背信弃义，许多地方气候确实恶劣，基层干部的狂妄自大和瞎指挥的例子也确实不难发现。与此同时，大多数市民仍然没有意识到在中国共产党的领导层内部已经有人对毛提出了批评。当然，他们知道林彪在 1959 年代替彭德怀出任国防部长，但是，至少在基层干部和知识分子当中对彭批评"大跃进"政策的详细情况，并不都是十分了解的。有关彭对毛的不忠和同情苏联的谣言，又把这个问题搅混。即使在 60 年代初，当邓拓、吴晗和其他党内的高级知识分子开始出版他们对毛进行婉转批评的作品时，大多数市民仍然没有意识到毛就是被批评的对象（假如他们读过他们作品的话）。

或许最重要的是，市民们总的说来相信官方的解释，不管解释如何难以令人置信。他们竭尽全力建起的幢幢高楼大厦和大型水库竟是官方巨大失误的组成部分，这种想法太让人痛苦了，同样，如果要说毛不仅难免犯错误而且有可能把中国带向无秩序的混乱状态，这也同样是不可想象的。在内心深处，大多数市民依旧感谢发生在 50 年代给他们的生活带来改善的变革，不愿意相信曾经使中国"站起来"的领导如今应该对"三年困难"负责。因此，对许多市民来说，尽管"大跃进"危机带给他们难忘和痛苦的经历，但却不能泯灭他们在新秩序下建立起来的信心。[1]

---

[1] 斯文·林奎斯特使用了"日环食"这个词语来概括三年困难时期的情绪，表达了中国人的普遍感觉，太阳（即好时光）将会再次到来，人民可以期待并计划未来的普遍的感情。见他的《危机中的中国》，第 35、116 页。

还应该注意的是，中苏关系破裂（"大跃进"危机使关系破裂公开化）所引起的焦虑不似1949年后抵制西方而造成的那么多的不安和担忧。其部分原因是由于依赖苏联的时间比起早些时候与西方接触的时间要短。事实上，这次对苏联的抵制并不是那么全面。即使同盟关系破裂了，许多引进来的思想和机构仍然存在。数以千计的被送到苏联学习的中国人，的确发现他们所掌握的专业知识有些已经不太需要了（俄语很快在中国失宠），但他们并不需要像以前许多在西方受教育的知识分子那样斥责他们以前的生活和活动。因此，他们的事业没有受到严重的损害。另外，中国公众对苏联人一直就有某些看法：苏联专家狂妄自大和资产阶级化，赫鲁晓夫像个乡下佬似的粗鲁同毛的精明和教养形成对比，苏联的援助并非像他们说的那样慷慨和不附带任何条件。中苏关系破裂时，利用中国公众对苏联人的恶感是轻而易举的事。所以，当形势发生了反对苏联这一转变的时候，没有什么迹象表明公众反对或是不满。在某种意义上，这种变化意味着中国终于摆脱了从属于外国势力的最后一点残余。

1962年以后，经济状况好转，这是肉眼可见的。城市情况似乎也回到了"大跃进"以前的样子。市场供应提高，就业问题得到了改善，1963年进行了部分工资调整——特别是提高了那些工资级别较低的阶层的人的收入。犯罪问题、投机买卖和黑市交易似乎再次减少了，市民们觉得社会治安也得到了改善。在这个时期，发生了一些中国人引以为自豪的事件——例如，1962年中国取得了对印度的边境战争的胜利，1964年中国得到了法国的承认，同年，中国的第一颗原子装置爆炸成功。虽然生活依然是一场斗争——"大跃进"时期大多数被动员走上工作岗位的妇女现仍继续她们的工作，不仅是出于社会主义的义务，而且也承认是生活所必需的——但是未来的前景似乎更明亮了。

这几年，政府对修补被破坏了的士气表示了极大的关注，这种努力采取了政治学习和宣传的形式，最终形成社会主义教育运动。在农村，这场运动在有些地方引发了自土地改革以来规模最大的冲突；但是在城市，只是为了加强人们对社会主义的信仰而进行的比较温和的努力。为此开展了各种各样的活动——学习雷锋等先进人物；搜集整理足以说明共产党的领导带来了翻天覆地变化的家庭历史和工厂历史；听饱尝苦难的老工人和老农民忆苦；推广在人民解放军中使用的政治工作制度等。[①] 这些活动的主要目的，是要让一种思想深入人心，那就是如果中国没有实行社会主义，那么三年困难时期的痛苦会更深，每人分摊的痛苦更不平等。许多城市居民倾向于接受这种观点。第二个主题是（1962 年之后这个主题变得越来越重要）：潜伏的阶级敌人企图伺机颠覆社会主义，他们必须被镇压下去。开始，人们对谁是城市范围里的敌人这个问题感到相当的模糊，但是，他们逐渐被所有的"忆苦"活动说服了——过去，老地主和国民党分子是卑鄙的人。

然而，在恢复和改善的气氛下，隐藏着一些不祥的倾向，其中最重要的是人口问题。在充满乐观主义的 50 年代，婴儿出生率大幅度增长，学校迅速增加，另外，许多农民家庭举家从农村流入城市（之后不是所有农村来的人都被赶出了城市）。到 60 年代初，大批大批的应届学生从城市中学毕业，但是，在经济领域和高等教育方面的紧缩措施，使得能够接纳他们的地方受到了限制。正如我们提到的，在 50 年代，曾有一段时期，高等院校招生人数比应届高中毕业生还要多；到 1965 年，仅有 45% 的应届高中毕业生可能进入高等院校深造。[②]

这种人口形势的变化所产生的结果是多方面的。高考的竞争更加激烈。有鉴于当时的学校制度，这意味着进入质量高的重点小学和重点中学，竞争就非常激烈，因在这些学校里就读的学生，比其他学校里的学生有更多的机会考上大学。由于进大学机会的相对减少，中小

---

① 雷锋是一个普通的士兵，他死于一次事故。他死后留下了一本日记，记录了他为其他战友所做的好事和他对毛主席的忠诚。1963 年以后，他的行为成为学生和其他人效仿的榜样，他成为最受官方推崇的英雄。雷锋的日记在他死后，似乎至少有一部分已出版。参见威尔斯《叛徒》，第 127 页。

② 数字引自斯坦利·罗森："中国教育改革的障碍"，载《现代中国》第 8 卷第 1 期（1982 年 1 月），第 11 页。

学里竞争的气氛愈演愈烈，由于政府的教育政策不断变化，围绕竞争本身的一些不确定因素又增加了。对学校等级、考试分数、政治表现和阶级成分的强调不断变化，今年与明年就不一样，学生按条件最有可能在竞争中取胜的，但条件变了，那些把自己的战略建立在学习成绩基础上的学生发现，由于格外强调政治标准，他们上大学的机会正在减少。学生之间的关系也受到了影响，阶级出身和其他政治因素现在成为友谊和学校小派系形成的主要因素。当时的教育政策事实上把学校分成三类：重点学校、国家开办的普通学校和民办学校，这些学校都招收城市的学生。在这种制度下的第二类、特别是第三类学校中的气氛是不同的，普遍缺乏竞争。这些学校里的学生考上大学的机会很渺茫，充其量只能在城市里找到一份工作；这些学校学生的学习动力和纪律也明显地差劲。①

这样，在"文化大革命"前几年，教育领域里已冒出一种前途难测的现象，很多有理想和有才华的年轻人在这种情况下对未来感到心灰意懒。很多人眼看着兄长姐姐就在几年前轻而易举地考上了大学并得到了称心如意的工作，而自己的前途却变幻莫测，因此特别感到痛苦。一位年轻妇女在回忆她当时极度痛苦的情形时这样写道："才14岁，我的生活就定型了。今后的日子，就是在三年后当一名小学教师，每月挣32元钱。我就没有必要想入非非再为自己未来进行设计了。"②

对于大多数没有指望上大学的城市青年人来说，考虑将来的工作更为现实，但就业形势也同样捉摸不定并且竞争很激烈。50年代形成的工作统一分配制度，是以经济将持续蓬勃发展并能给新的就业者提供就业机会为前提的，但是，这种期望由于"大跃进"的失败而受到了阻挠。由于控制非常严格，国营企业未经批准不得招收新职工，

---

① 这个时期的教育情况，请参见苏珊·舍克《竞争的同志：中国的职业性刺激与学生的策略》；乔纳森·昂格尔：《毛统治下的教育：广州学校中的阶级与竞争（1960—1980）》；罗森："中国教育改革的障碍"。

② 包柏漪：《第八个月亮》，第71页。

每年都有成批的学生离开学校，但是并没有足够的新的岗位容纳他们。（50 年代刚刚走向工作岗位的人都是相当年轻的劳动力，这就意味着每年因退休而腾出来的位置数目很小。）即便是农村人口被严禁流入城市，仍然没有多少空余的工作岗位。有些毕业生被安排了工作，但其他毕业生则得返回家中，等待将来或许能给安排个工作。这些年轻人由城市居民委员会监督管理，有时他们参加一些建筑或运输方面的临时工作，虽然有极少数幸运的人最终还是被安排了一份永久性的工作，但是失业的人数在逐步扩大。这些没有被分配工作的年轻人被称为"社会青年"，他们被认为是这个时期的一个难题。居民委员会试图组织他们进行政治学习，参加一些"健康的"活动，不时催促他们自愿到农村安家落户。然而他们的人数迅速膨胀，处理他们的问题也就更加难。所以，同 50 年代的乐观情绪相比，城市里的年轻人和他们的家长在 60 年代发现，竞争十分激烈，情况又不断变化，想在此形势下计划他们的生活实在是太困难了。

对于那些已经在工作的人来说，其境况稍好些，但是气氛同以前不大相同。在"大跃进"之前，大家感到新的机会是对每个人敞开的，那些学习勤奋并运用于实践的人可能会在工作上得到提升，换一个更有意思的工作，或者每隔几年就可以在工资方面得到晋升，到了 60 年代，这种形势发生了变化。大多数人日复一日年复一年地在干同一种工作，工资冻结在同一水平，尽管当时还没有发生通货膨胀，他们已经在为能否养活越来越多的一大家人而殚精竭虑。虽然人们觉得自己的工作还是相当稳定的，也可从中得到皮毛的福利，但他们仍然觉着向下调的可能性比向上升的可能性要大。随着经济走出紧缩阶段，他们承认，他们的命运已经和单位未来的前途联系在一起，个人的努力和贡献不会使他们的境况发生多大的改变。的确，由于无法摆脱的政治运动仍在继续，阶级斗争一再强调，他们还是不得不担忧，是否会因为一句没有留意的言辞或行动而把自己置于极其危险的境地。

这种气氛既未能产生多少英雄事迹，也没有使人们去钻研业务。在控制日益严格的基层组织，也就是工作单位中，人们趋向明哲保身，只求保住自己位置。开会时要注意留下好印象，同上级要搞好关系。总之，努力避免得罪任何人已蔚然成风。在这样的结构中，那些感到遭受虐待或凌辱的人还不能轻易地发牢骚或是一走了之，只能把怨气埋在心里，等到能够发泄的时候再一吐为快。1966 年，这样的时刻来到了。

"文化大革命"的十年，1966—1976年

在 60 年代初，几乎没有市民注意到即将发生的一场大动乱的苗头。后来发生了一些事，如党内知名知识分子发表的讽刺性文章，指导社会主义教育运动的指示被篡改，这些事被认为是其他人对毛权威的进攻。但当时的市民，如果确实已注意到这些事件，他们也会把它们看做中国政治潮流中的正常现象。即使对吴晗、邓拓和其他人的攻击到 1966 年初逐步升级的时候，大多数人也没有感到有什么值得担心的理由。过去的历次运动常常是发生在文化领域，然后波及到其他部门，市民们个个身经百战，没有理由怀疑这是一次不同于以往的运动，没有理由怀疑他们以往的经验会在他们今后的日子里一无用处。只是到了 1966 年夏天，北京市市长彭真遭到清洗，红卫兵在北京举行大规模的集会和其他一些史无前例的事件发生的时候，他们才认识到他们要参加新的运动了。而后，市民们开始专心致志地观察事态的发展，既感到兴奋，又觉得忐忑不安。

"文化大革命"的发展过程众所周知，这里不再赘述。[①] 我们的目的旨在评论"文革"对人们生活和感情造成的影响，这不是件容易的事，因为"文化大革命"的影响是如此的复杂和多方面。不论这场运动是否已经成功，如口号所言已"触动人们的灵魂"，很显然，在短短的一段时间内，各种各样全新的令人产生强烈情感的经历，成为市民们感觉的一部分——红卫兵在全国各地串联，揭露当权的领导人滥用职权和卑鄙的行为，中国共产党瘫痪了，抄家搜寻隐藏着的与毛主义纯洁性不一致的物件和标志，让那些曾经不可一世的官员在愤怒

---

① 参见李翔云（音）《中国文"化大革命"的政治》和本卷第 2、4 章。

的人们面前示众和丢脸，谴责 17 年来的许多文艺政策和作品，红卫兵投入到了夺权和派系斗争之中，在许多城市爆发了激烈的武斗，动用了机枪、迫击炮甚至坦克，军队干预了民间社会，老百姓的生活陷入空前的混乱之中。同以前的情况一样，人们对这种突如其来的事件的反应有明显的差异。

对于许多城市年轻人来说，这是一个令人振奋的时刻，起码开始时是这样。他们不必再在竞争激烈的城市工作等级制中苦苦寻觅未来的机会，发现自己在更大更重要的舞台上扮演着新型的革命先锋作用。虽然大多数人仍然犹豫不决，甚至开始时有点担心，对他们自己的老师和党的领导人所犯下的"罪行"半信半疑，许多人很快发现，参加这些活动的报酬令人激动。他们不必整天再去学习，也不再受学校纪律的约束，他们通过在全国各地串联发挥着新的作用，在国家领导人面前游行，去那些他们慕名已久的风景点去观光，频繁地同其他年轻人交流思想和经验。他们有能力管理自己的学校，起草新的规章和制度，使学校教师和管理人员忍受羞辱，搜查机密档案，出版未经审查的小报。他们可以随便闯入别人的家里，执行搜查"四旧"的东西和参加其他"共产风"的活动——赋予一些街道和组织以新的更革命的名称。要求每个地方都张贴毛的画像和语录，毁损古代庙宇等。一些青年人甚至换了自己的名字，如把"梅花"改成"卫东"或"文革"等。红卫兵开进了工厂、机关和其他机构。为了他们的革命，他们随意改变宗教信仰，在有些情况下，他们甚至参加了当地的"夺权"斗争，大概最重要的是他们感觉到毛特别选中了他们在建立一个更纯洁的社会主义制度的努力中起主导作用。他们从一个曾被高度控制的政治新手，转眼之间进入了自由和权力的王国，在中国社会里获得一个有价值的地位——这条道路上的障碍似乎已经不再存在了。在这种狂风暴雨式的气氛中，年轻人的热情一旦释放出来，要收就非常难了，这一点已经不再有怀疑了。

然而，这些事情的展开，对不同年轻人有不同的影响。1966 年已出现了派系间的分裂，导致了在 1967 年和 1968 年的暴力对抗，以后这种敌对情绪持续了很长时间。总的来看，阶级出身比较好并掌握了学生组织领导权的年轻人，倾向于组织比较保守的派别；而那些"中间"阶级（例如，小资产阶级和专业人员等）出身的，则倾向于组成激进的派别。后者认为"文化大革命"是证明他们的革命气概和对那些在学生集团内部曾对他们称王称霸的人进行报复的大好时机。奇怪的是，这场冲突造成的社会分裂正如1957年"百花齐放，百家争鸣"运动导致的社会分裂一模一样，尽管在这次运动中所使用的手段及其结果有明显不同。那些出身不好的学生在大部分时间里都靠边旁观了。因为他们看到即使他们参加了运动，也不会有机会让他们证明自己，也无法避免麻烦事。[1] 由于派系间暴力冲突不断升级，城市状况日趋恶化。单位和居民区的大门都设立了警卫，以防受到外面的冲击，即使到市场去采购，弄不好就会被派系间的交叉火力击中，或被流弹打死。在这种环境下，越来越多的年轻人由于害怕和家长的恳求，从战斗中退出来，把战场留给双方那些勇于献身的参加者。

在工作单位，也发生了程度不同的骚乱，大多数"出身好"的人组成了保守派，打上中间标签的人组成了激进派，少数出身不好的人则试图置身于两派斗争之外。在单位里，派系之间还有其他的划线标准，如，年轻人对岁数大的，临时工对正式工，脑力劳动者对体力劳动者等，使得冲突复杂化了。[2] 单位里发生的冲突比在学校要相对缓慢一些，因为成年人更关心生产的消长和他们自己的生命。但是，单位里实际上长期存在着不满情绪，现在"文化大革命"允许人们表达自己的不满，所以，在某些情况下，在单位里发生的一些冲突比起学校来更激烈，也更难以解决。在单位里由于起码需要保证生产，至少是断断续续的生产，因而派系斗争形势很尴尬，工作上要相互合作，吃饭时彼此避免接触，工作结束后，彼此进行恶毒的攻击，即便如此，一些成年人起初对"文化大革命"充满热情，因为他们认为这场

① 参见安妮塔·詹、斯坦利·罗森、乔纳森·昂格尔："学生与阶级斗争：广州红卫兵冲突的社会根源"，引自《中国季刊》第83期（1980年9月），第397—446页；李：《中国"文化大革命"的政治》；戴维·拉道克：《中国青少年的政治行为》。

② 例见马克·布里奇、戈登·怀特《当代中国的微型政治：对一技术单位在"文革"中和"文革"后情况的分析》。

运动反对官僚主义,反对特权;但是当真刀真枪地打起来的时候,他们比年轻人退得更快,许多成年人撤回到家中,和家人在一起,瞧瞧发生在他们周围的无秩序状态,思考着这一切对中国的前途将意味着什么。

"文化大革命"导致的政治后果是很复杂的。起初,这场运动带来了空前的自由。虽然一系列事件是由上面指挥的,但没有受到严格控制,中国共产党瘫痪了,崭新的、相对自觉成立的造反组织成为政治角色。中国政治局面变了。俱往矣(暂时的),那些严格组织起来的、强迫别人赞成现行政策的政治学习小组!代之而起的是,人们可以随意阅读官方的或是红卫兵的报纸,对各种活动也根据自己的兴趣决定是否参加,调查生活和查阅个人的档案材料以及参加其他一些自己认为是有益的活动。通过这些经验,他们了解了被隐瞒起来的权贵们的特权,官僚的腐败和相互倾轧,还有其他一些弊病。当他们四处串联的时候,在相当自发自愿的气氛中学习到了其他人的经验;他们对那些农民、临时工和许多人的生活留下深刻印象,因为这些人的生活同官方宣传所描述的实在是天壤之别。不同派系间热烈的辩论和同朋友夜半长谈,使人们更深刻地思考这个社会。对于城市居民来说,相当普遍的反应,是他们感到自己在"文化大革命"前太幼稚和容易上当受骗,但是,现在他们的"眼睛已经睁开了"。这是"文化大革命"所导致的一种反作用,即利用人们盲目的信仰最大极限地进行了动员,结果却使人们觉醒并形成自己独立的见解和意味深远的怀疑主义。

"文化大革命"也改变了人们对政治生活的思想状态。在这之前,大多数人觉得自己是受到信任的,不会有问题的,尽管他们承认官方的控制太严,对待阶级敌人太残酷。"文化大革命"以及之后进行的一些运动(例如,1968—1969年、1970—1971年,为进一步清除"隐藏的阶级敌人"而搞的清理阶级队伍和"一打三反"运动),使安全感和信任感逐渐让位于一种觉得当政者武断专横、惶惶不安的感情。阶级斗争范围逐步扩大,许多原本认为自己会免除政治危险的人,突然发现他们成为攻击的对象。例如,对许多干部和知识分子来说,蹲"牛棚"(在单位临时建起来的监狱)的经历,目睹父亲被押到群众大会上挨批斗时的情景，以及自己被强迫搬出宽敞的住房住进狭窄的茅草棚里，这一切使他们第一次清楚地认识到了所谓的政治牺牲品是个什么样子。由于斗争范围不断扩大，就连那些普通体力劳动者和商店小职员也开始日益担心自己成为政治的牺牲品。[①]

不但政治受害者的范围在逐渐扩大，而且规则似乎越来越武断和无法预测。有的人在组织里花了多年时间同领导建立起信任关系，但是，突然之间领导倒了，下面的人便失去保护。政治的激进化，意味着过去人们曾以其指导他们的生活的规则和程序不再有效，在政治的海洋里人们感到茫然不知所措，随波逐流。在这种形势下，有可能讨好新的领导而获得安全，但由于北京的政治冲突错综复杂，千变万化，这是一个颇具风险的战略。有些人希望赌注下对了并积极参加到"文化大革命"后期的运动中去，还有一些人则以请病假或以其他方法"中途退出"，也有人淡泊地面对自己将来的政治前途。

这些年政治上的觉醒和受害者的不断增加同其他一些因素结合在一起（如林彪的死亡），增加了人们对高级领导人的怀疑和不信任。领导人的行为同过去的 10 年或是 20 年前相比到底变化了多少，谁也说不清。但是，人们已经清楚地看到了情况在恶化。领导人艰苦奋斗和大公无私的形象，开始被另外一种情感所代替，即权贵们关心维护自己的权力犹胜于关心造福社会。他们不仅能够而且也急于通过使用他们的权力和"后门"等手段，为他们自己和朋友以及家属谋取利益。新的领导人关心建立他们的地位和特权，正如被他们取代了的那些人一样。当老干部们恢复了职务的时候，他们似乎一心想着重新获得他们失去的种种特权，并且等待时机，报复那些曾经折磨过他们的人。因此，"文化大革命"增强了人们对官僚主义者骄横的敏感性，但在克服官僚主义方面并没有取得成功（甚至产生相反的效果）。50年代说干部的模范行为是促进民众对新的政治制度产生敬意的主要因

① 一些中国资料表明，有将近 1 亿人程度不同地成为"文化大革命"的受害者。我们自己的研究结果则认为，"文化大革命"十年中，在城市地区由于政治问题而在运动中受到冲击的人超出总人口的 5%。参见怀特、帕里什《当代中国的城市生活》第 9 章。

素，70年代，对于干部所作所为产生厌恶，表明人们越来越对中国政治制度的幻想破灭。

政治领域混乱一团，经济状况也不断恶化。毋庸置疑，一部分人从中得到了好处——一些临时工在1971年转成了正式工，派系斗争中的胜利者被封官加爵，有些军人挤进了市政府机关，有些军人把他们农村的家属办进城市并和他们生活在一起。在医院里，一些护士干起了医生的活，卫生员干起了护士的活，而医生则不得不去清理便盆和擦玻璃。在这10年中，对于一般的市民来说，前景不妙，由于政治上的错误而被降级和受处分的机会比以前增加了。给职工的奖金和其他工资外的津贴变成了平均主义的分配方式，有的干脆被取消了，这样就打击了那些勤奋能干的人的积极性。工资晋级仍然被冻结着，只是在1971—1972年对那些低工资作过一些调整，因此，在长达15年甚至更长时期里，人们用同样工资来维持家庭的需求。

在这种形势下，社会上有几部分人清楚地看出他们的处境每况愈下。那些与海外华侨有关系的人在住房、获得消费品和其他方面都失去了很多特权，有时受到恫吓不敢去领海外来的汇款。许多有政治问题或是家庭出身不好的人被赶进了狭小拥挤的小屋或被停发工资，还有相当一部分人被注销了城市户口，全家被强制迁回他们的农村出生地（在许多情况下，有些人从未在那里居住过）。[①] 到了70年代，有一部分人取得了他们失去的部分东西，但其他人又倒霉了。例如，军队开始交出政府和文职机构的领导权，官方的政策要求从农村招募来的军人在复员后必须返回他们土生土长的村庄，不能在城里安排工作。

除了前途不妙外，许多市民明显感到这些年的市场供应和生活水平在下降，一些诸如收音机和手表等东西似乎比以前更容易买到，但是这并不能使人们对食品匮乏的不满得到补偿：食品更少，定量更

---

① 中国的资料表明，在1966—1976年，有1300万城市人口被以这种方式下放到农村。参见卡姆·温·詹、徐学强（音）："1949年以来中国的城市人口增长和城市化：重建基数"，《中国季刊》第104期（1985年12月），第606页。

紧，采购花的时间也越来越多，越来越使人垂头丧气。一位嫁给中国人的美国妇女曾对当时的景象作过如下描述：

> 在长长的革命混乱的年代里，可以得到的生活原材料一点点减少。越来越多的时候，我们的饭桌上只有米饭和一个用花生油稍微炒一下的蔬菜……情况同饥荒不同，大米还有供应，但是想达到均衡饮食的标准已经是不可能了……几乎每个人，包括我自己在内，几乎整天都在为吃饭发愁……研究如何使用肉票的最佳方案，成为家里每天谈话时的主要话题，一谈就是几个小时。[1]

一位曾在 1975—1977 年间生活在北京的澳大利亚学生，记述了当时在购物时最常听到的四句话："没有"、"卖完了"、"明天再来"和"对不起"。[2] 住房紧张也成为一个严重问题，因为 50 年代初兴建住房的势头未能保持下来。尽管加强了对农村向城市移民的限制，也无济于事。老房子一部分坏了，人们只得挤在更小的居住面积里凑合，那些想要新房的人得等好几年。[3]

"文化大革命"所产生的后果之一，是在某种程度上促进了城市分配制度趋于平等。在收入和获得消费品方面的差距逐步缩小。[4] 然而，这种变化带来的社会效果并不像中国平均主义改革家们所预期达到的那样健康。当"馅饼"越来越大，每个人得到的越来越多的时候，那些处于社会最底层的人所得部分大得不成比例的时候，平均分

---

① 鲁思·埃厄恩肖·洛和凯瑟琳·金德曼：《在外国人眼里："文化大革命"期间一位美国女人在中国》，第 209、283—284 页。
② 贝弗利·胡珀：《北京内幕：一个人的报告》，第 78 页。
③ 一份在 1978 年对中国的 192 个大城市的调查报告中指出，每个城市的住房面积在 1949 年以后下降了 20%——每人从 4.5 平方米下降到 3.6 平方米。参见周："九亿中国人的住房问题"，第 8 页。其他一些材料以 1952 年为例，说那时人均占有住房面积仍有 4.5 平方米，参见周叔莲和林森木："谈谈住房问题"，《人民日报》1980 年 8 月 5 日，第 5 版。
④ 对这种平均分配努力的效果，在怀特和帕里什的书中有详细描述。参见《当代中国的城市生活》第 3—4 章。

配才是最容易的。社会底层的人们感到兴高采烈的时候，而上层人物也不感到不快，这正是 1955—1956 年向社会主义过渡时使用的战略。但在"文化大革命"的 10 年中，情况并非如此。对于城市居民来说，"馅饼"在一天天缩小，要实现平等，只有削减各特权集团的利益，使他们的生活接近其他市民的水平。这样，利益受损的集团感到不满意了（完全可以理解），而社会底层的人们的生活也未看到如何提高。作为一种推行平均的战略，它肯定引起了人们普遍的不满。增加社会平等并未能取得有意义的效果，因为在许多市民看来，显而易见的是分配制度本身就不如过去平等。① 那些工作更努力和贡献更大的人并没有发现这种分配上的变化使他们的工资袋充实了或是使他们能得到更多的消费品——或许更重要的是人们发现那些有关系的人能够"超越这种制度"：他们能得到耐用的消费品、公费医疗、住房和其他一般人难以得到的紧俏物品。在当时供应紧张的条件下，每个人被迫去发展各种关系来满足自己的需求，有的人能"走后门"，他们比其他人更成功些。显而易见，那些身居要职的人在玩这种游戏时，肯定要比一般的市民强，对中国权贵们的不满也会随之增长。

在这些年，年轻人所面临的问题最严重。在"文化大革命"开始阶段，他们处在世界的顶峰；但是到了 1968 年，他们中很少有人能再获天恩。大多数人不是被匆匆撵到了农村就是被下放到边境地区安家落户，成为农业劳动者。在以后 10 年里，有 1700 万城市青年经历了这样的命运。上山下乡虽在当时是光荣的使命，而且政府继续以此作为处理城市过剩"知识青年"就业问题的一种有效手段，但是事实证明，就社会而言，这场上山下乡运动付出了极大的代价。许多城市年轻人发现他们难以忍受农村艰苦的生活条件，所以不久就开始违反规定，跑回城市里呆上很长一段时间。由于他们已经被注销了户口，不能再被合法地雇用或得到日常生活必需品的供应，他们不得不依靠

---

① 应该记住平等与公平之间的区别。平等是分配方面的绝对差异。但是公平是指人们是否得到应该得到的东西（按当时的标准的水平）。这样，一个比较平等的分配制度可能被认为是更公平的，也有可能是不公平的。

家庭和朋友，或进行一些非法的活动。在20世纪70年代初期，这些返城的青年是制造城市犯罪的祸首。这些年轻人在城市系统中没有一席之地，在许多情况下，他们对"文化大革命"愤怨不已，这些都促使他们成了胆大包天的犯罪分子——对他们的控制比起对一般市民来要困难得多，甚至比控制城市的农村盲流都困难。由此而产生的大量问题使得当局不得不在很多方面更改过去的计划，甚至在毛去世之前就着手改变——提供更多的资金来安置青年人，特别是把送青年人到农村去安家落户的制度改为年轻人轮流到农村接受锻炼的制度，在农村干了几年的青年，如符合条件，就可以返回城市并给予安排工作。

除了以前的红卫兵之外，其他人也受到了变幻莫测的形势发展的影响。他们的弟弟和妹妹在这种学校制度下成长起来，其前途并没有什么保障。随着"文化大革命"时期教育制度的改革，他们很清楚他们不可能从中学直接上大学，其中大部分学生毕业后将送往农村。由于不再强调成绩，每人每年自动升级，学生学习成绩和在学校表现与来日的工作安排没有什么联系，因而城市的学生感到他们没有什么理由再努力学习，或是循规蹈矩，安分守己。无论他们的表现如何，对于他们的未来都不会有什么区别。其结果，是使那些仍然在校的学生逃学旷课和违法乱纪的增加了。家长非常担忧他们的孩子表现如何，但对于怎样才能使他们的后代遵守纪律，却又感到不知所措。有的年轻人和他们的家长忽然提出一条希望能够奏效的战略：培养他们体育或是音乐方面的专长，就有可能使他们对城里某个工作单位有吸引力。但是对于多数人来说，规划未来几乎是毫无希望的。一些年轻人开始请教算命先生或是寻找其他的神秘的答案来解决他们生活中的未知的将来。在人们普遍焦虑不安时，社会权贵们却能够给他们的子女在城里安排工作，或者把子女从农村"救"回来送去参军或上大学，这就加剧了人们对当权者的不满情绪。

"文化大革命"严重破坏了城市的社会秩序，但是如上所述，1969年大动乱阶段的结束并未能使社会秩序恢复到以往那种程度。黑市交易、非法买卖和投机倒把猖獗。在公共汽车和有轨电车上小偷肆虐，晾在外面的衣服及放在外面的自行车稍有不慎就会不翼而飞。人们在晚上独自行走时比过去更加害怕，一些耸人听闻的传说如抢劫、强奸、谋杀更令人毛骨悚然。也许最使人胆战心惊的是犯罪集团或"黑社会"开始在大城市出现，他们的犯罪方式同世界其他地方的一样——占据地盘，制造土武器，同敌对的集团进行火并。城市居民们越来越害怕到这些黑社会活动猖獗的地方去，他们也同样担心自己的孩子会受到这些黑社会势力的影响。比较而言，中国城市犯罪率比世界其他一些国家低得多，然而，中国的市民们已感觉到他们曾无限感激的50年代里的社会安全和公共纪律现在已是荡然无存了。

城市秩序的其他方面也下降了。随手乱扔垃圾和在大街上吐痰的现象比以前更常见了。尽管广泛宣传毛的"为人民服务"的口号，但是商店里营业员和饭店里招待员的态度却越来越差。在公共汽车上，人们似乎不再像以前那样乐意给老人让座，汽车和火车也不如从前准时了，甚至连苍蝇、老鼠和其他城市害虫也都"杀回来了"，而在10年前或更早些时候，这些害虫曾得到较好的控制。也许有些看法不太确切，仅仅在某种程度上反映了人们的一种怀旧之情，但它的确表明了人们日益增长的看法：城市制度垮了。

"文化大革命"也是一场强行与无产阶级文化保持一致的巨大努力（官方说是无产阶级文化，但未详细解释其定义）。这种努力渗透到了市民们日常生活的每一个角落。红卫兵造反揭开了运动的序幕，以后几年的政策，又使这种压力得以保持下去。首先，这个政权不是自由主义的堡垒，因此，许多早年允许的表达形式、风俗习惯和文化物品，现在都被禁止了。[1]

1966年红卫兵破"四旧"期间，许多家庭的珠宝、祖传的神龛、圣经、老式的衣服、香水、古书和一些传家宝都被没收了。就连那些没有被抄家的人，也由于担惊受怕而将他们的门神、外国书籍、古典油画和其他容易引起麻烦的物品毁坏或是埋藏起来。这时候，在很多

---

[1] 一个生动的百名被放逐的红卫兵的名单被译在《中国的社会学和人类学》（1970年春夏季号）第215—217页上（材料来源于1965年9月北京的一份红卫兵文件）。

地方，即使连养金鱼、养鸟和其他小宠物也被视为"资产阶级"的生活作风。每个家庭都必须在家里显要的位置张贴毛的画像，并用毛的语录作为家庭的主要装饰。在一些单位，人们每天早晨给毛跳"忠字舞"，回电话时先说"毛主席万岁"。① 在"文化大革命"初期，人们走在大街上，随时都有可能被勒令停下来，如果他们的穿戴不符合无产阶级的式样，就会被剪掉头发，撕烂衣服。在有的单位，淋浴室甚至洗衣间和其他一些服务设施都被认为是过分地迎合了"资产阶级"的个人需要而被拆除。

书店和图书馆急忙把新近定性的禁书从书架上取下来，电影公司的影片和剧团也受到了同样剧烈的冲击。一些庙宇被损坏，寥寥无几的基督教堂被关闭，那些希望以任何方式参加宗教仪式的虔诚的教徒们，只有偷偷地在自己的家中秘密地进行。许多娱乐性的活动，如跳舞、郊外野营和一些业余爱好俱乐部都被怀疑有"资产阶级"倾向而遭到大规模的削减。当局还试图通过鼓励人们在传统节日加班，并禁止人们吃月饼、焚香、赛龙舟和其他一些因节日而举行的仪式，来阻止人们对传统节日的庆贺。在大城市里，火葬开始越来越普遍，只有在小城镇和农村仍然实行土葬。其他一些民间活动仪式也都受到了影响——豪华的结婚筵席、身着西服的结婚照以及传统的哀悼仪式等，在这些年都在禁止之列。女佣人、武术教师、魔术师和其他一些行业的人都发现，他们的职业因为与中国的社会主义毫不相干，所以都成了问题。在大城市里拥有不动产的私房主被迫交出他们的契约，然后开始为他们的住房付房租。小规模的有执照的小商贩和个体工匠前几年是可以经营的，现在又一次被禁止了；甚至一些集体企业也受到了严格的限制，不能给职工发放奖金。70 年代对人口出生率开始进行严格的控制，人们生孩子和使用避孕物品情况都要

---

① 克劳迪·布罗耶利、杰奎斯·布罗耶利和伊夫林·奇尔哈特：《重新看中国》，第 204 页。可能在 1952 年已经提到，拉弗尔·拉普伍德曾赞许地提到此事（参见《中国革命纵览》，第 81 页）。在国民党的统治下，学校的学生在早晨要向孙中山的画像鞠躬，新政权没有对毛泽东采用这种崇拜仪式。

检查，以防止城市家庭生育两个以上的孩子，到 1977 年一个家庭只能生一个孩子。（事实上，"大跃进"失败后，在 1962 年城市地区就推行计划生育，特别从 1970 年起在对计划生育的宣传和组织等方面都加强了。）

1976 年前的一段时期，虽然有些限制开始有点松动，但"文化大革命"对大众文化产生的效果就是破坏以前的风俗习惯，要求遵循经允许的、范围有限的行为准则。人们在官方不断变化的要求方面已积累了丰富的经验，但是新的控制措施如此之多，不少人仍感到懊恼，他们眼睁睁瞧着传家之宝被砸烂，再不能像他们希望的那样去求神拜佛，再不能以他们认为合适的方式举行各种婚礼或是丧葬仪式。另外一个结果，是使人们的文化和娱乐生活近乎于枯竭状态。人们没有机会参与各种各样的活动，而是被强制性地反反复复参加一些范围很窄的活动，最典型的是组织人们翻来覆去地看革命样板戏。

允许搞的活动很少，在有些情况下这就意味着组织的活动确实不多了。而在过去，单位还经常在庆祝国庆节时给大伙发点好吃的东西，组织各种体育比赛，举办舞会和其他许多娱乐活动以示庆贺；到了 70 年代，有些单位在这样的重大节日只让职工听个报告，然后就让大伙回了。学生们也发现，他们的课外活动和有组织的假期活动同过去相比少得可怜。娱乐活动上由多变少而产生的奇怪后果是：市民们在他们的业余时间，越来越退回到自己的家中和亲近的朋友的小圈子里，而不像激进派们希望的那样投身到大规模的集体事务中去。

所有这些变化对家庭生活的影响是复杂的。在"文化大革命"开始阶段，人们已明显感到紧张。年轻人参与了红卫兵的活动，父母为他们担忧，甚至吓得心惊肉跳。在有的情况下，这些活动使年轻人同他们的父母发生了直接的冲突——参加破"四旧"的活动，到他们自己的家里翻箱倒柜进行搜查，谴责他们的父母甚至同他们断绝关系。有时，对不同的派别的同情或是政治观点上的分歧，也造成了夫妻间关系的紧张，有的甚至导致了离婚。以后，家长们因无力帮助孩子们免去农村或是不能帮助孩子们计划生活，又感到痛心疾首，家家都在为那些在农村的孩子们能否在这几年中料理好自己的生活而担忧。许多成年人也被迫离开他们的配偶和子女，被送到劳改机构或是"五·七干校"进行"改造"。

尽管有不少高喊无限忠于毛泽东的浮夸之词，然而总的来说，这个时期的家庭的关系和彼此的热爱还是得到了加强，而不是削弱了。例如，家里有一个人遇到了麻烦，全家人能休戚与共分担厄运，他们面对歧视，全家人抱成一团，同仇敌忾。我们已经说过，这个时期娱乐活动贫乏也加强了家庭成员之间的关系。关系网和"走后门"的重要性，也鼓励着人们依靠亲属，而不去遵守官僚的规章制度。或许最重要的是，由于严重的破坏和生活贫困使人产生了寻找盟友和寻求保护的需要；但是由于政治风向的不断变化，许多以前的同盟者不在了或不再可靠了，在处理各种变化无常的生活时，人们比以前更越来越多地依赖于家庭成员和亲密的朋友。因此，在这期间，许多家庭都发现，家庭成员之间的亲情日益密切，家庭也更有力量和更加稳固。然而，尽管各个家庭全力以赴，他们还是发现一些重要的家庭目标是难以实现的。使家庭更加富裕，家庭成员能生活在一起，看着儿女们建立家庭并开创他们的事业，以恰如其分的方式庆祝家中喜事——所有这些都是人们希望有的家庭目标，而在"文化大革命"10年中，这些非常基本的家庭目标都经常被挫败，难以实现。

值得一提的是，在那个时期，一个非常重要的亲属关系遭到严重的损害——城市居民和他们的农村亲戚之间的关系。为对付城市生活的压力，一个人当然首先要靠自己的家庭，住在本市其他地方甚至在其他城市里的亲戚也常常给予帮助。许多市民都能讲一些这样的事：在其他城市里的亲戚如何寄来了"小心轻放"的包裹，里面装满了那里供应比较丰富的物品；通过他们在那个市里的个人关系请专家大夫做特殊手术或是提供其他方面的帮助。但由于当时的其他一些因素，正如我们已经提到的——对移民的限制，城里禁止土葬，禁止祭祖，工作紧张以及工资收入和生活方式的不同等原因——使得中国城市和乡村之间的差距逐渐扩大，形成了两个独立的世界。[①] 一个人同其故乡的纽带关系，同农村的密切联系，是以前传统的中国城市的显著特点，但是在革命后 30 年来，这种特点越来越不明显了。这里有一个非常具体的例子，1952 年一位观察家在上海曾写道："当春节就要到来的时候……几乎所有的老人们都走出乡村，肩上扛着年货，到城里去看望他们的子孙。"[②] 这位观察家提及的这种走访活动，常常要持续两个月左右的时间，城乡亲戚之间相互馈赠食品、礼物和其他人们喜闻乐道的东西，但是到了 70 年代，这些现象就很难再看到了。

1976 年毛去世时，许多重要的支持政府的力量都被侵蚀了，各种对政府的不满情绪在歌舞升平的表象下积聚起来。这时期严格的政治控制使得这些不满隐伏下来，但是偶尔也有一些地方发生动乱，一些罢工活动、老年群体的抗议以及其他的类似事件确有发生。在看似平静的外表下，问题成堆，1976 年的几个月里，周恩来、朱德和毛泽东相继去世，再加上毁灭性的唐山大地震，更加剧了人们对未来前途的忧虑。

毛泽东以后的中国，1977年及1977年以后

随着毛的去世和一个月后毛的激进的支持者"四人帮"被捕，中国领导人在工作中不能不感到危机。危机来自多方面：人们工作不积极，党的权威被削弱，权贵们搞特权遭人民憎恨，供应匮乏又怨声载道，青少年犯罪不断上升和其他紧迫问题。后来改革开始。改革采取旨在处理这些危机的多种方式：揭露和谴责由于"文化大革命"所带来的灾难，削减把城市青年送往农村的计划，逐步建立各项法规，对

---

① 这种差异的详细情况，请参见马丁·金·怀特："当代中国的城镇"，载《当代城市研究》1983 年第 10 期，第 9—20 页。有关 1949 年以来农民和城市居民之间隔阂的详细情况，请参见苏拉米斯·海因斯·波特："现代中国社会秩序中农民的地位"，载《现代中国》1983 年第 9 期，第 465—499 页。

② 伍德：《中国的一条街道》，第 149 页。

西方贸易和接触实行新的开放政策，放松了对通信、文化和私人企业活动的控制，努力恢复"文化大革命"前的教育制度和重新激活可预见的机会结构，重新强调尊重知识分子以及努力降低阶级斗争的重要性。总之，一种痛苦反思中国缺点的气氛取代了"文化大革命"十年中那种革命的自满热情。

在经济领域，毛去世后，食品和工业制品供应方面都有改进，人们的抱怨少了。1977年以后工资增加了几次，工资长期冻结的局面宣告结束；劳动者又可以通过奖金和计件工资等方法，增加他们的收入；加快了城市住房建设，给那些住房条件恶劣，早该分房的人解决了住房问题；总的来看，这些变化是受欢迎的，虽然期望得到的东西很多，一时还难以得到充分的满足。

在人员流动和提高地位方面，大批曾遭受污辱或被降级的人得到了平反和提升，许多有技术的人重新找到了更适合他们的工作，使他们能发挥自己的聪明才智。海外华侨和知识分子等恢复了他们往日的特权，有的人甚至由于补发工资或房租，而获得了意想不到的横财（事实上，这种补偿从1977年就开始执行了）。加速为下乡青年在城里安排工作，对城市应届中学毕业生下放到农村去的压力有效地取消了。由于恢复了考试竞争、重点中学、从中学保送上大学等制度，城市青年们感到，要想以后获得一份光宗耀祖的工作，现在主要必须清除一系列影响成绩提高的障碍。表达个人的喜好和事业上的理想不再受到责难，有极少数的人甚至可以出国深造。以前绝对禁止私有企业和限制集体企业的做法业已否定，人们开始大量地以私营方式开饭馆和做其他服务行业的生意，集体公司也如雨后春笋大量涌现出来，吸收了绝大多数还是第一次谋职的城市青年。这些变化以及在城市里农民"自由市场"的重新开放，给原本单调的城市生活注入了些许生机。

一些其他因素使市民们对眼前的变化并没有像当局希望的那样感到心满意足。比如说在1979年之后，肉类、蔬菜和其他基本食品的价格上涨，政府控制物价显有难色，引起通货膨胀新高潮，使许多市民感到纳闷，他们增加了的工资究竟能使他们多买多少东西。尽管那些获得平反和恢复先前地位的人感谢他们获得的改进，但他们主要的情感往往依然是为自己辩护。在这种情况下，他们的感激之情又被怨恨冲淡。同时，由于变化缓慢和官僚们在这些变革问题上无休止的争吵，许多人又感到着急和愤怒。

　　基本的问题是事实上所有的人都感到他们早该获得这些改善了，但是在实施这些改革措施中，有一部分人受到青睐，获得了实惠和特权，其他人却没有，从而引起更多的妒忌和怨恨。1977 年以后，人们在单位里花费了无数时间开会讨论谁应该涨工资，谁应该得奖金，有时一些没有被评上的人甚至在同事和上级面前声泪俱下，向他们诉说如果这次他们评不上，今后生活将会如何艰难。那些不在评选之列的人当然不会心甘情愿，有时他们会以别出心裁的方式来表达肚子里的怨气，比如在工厂烧热水的锅炉工，用停止供应热水的办法来告诉其他人：他们对生产也起着十分重要的作用。[①]因此，相当数量的市民开始意识到，他们并没有从这些变化中得到足够的利益。在当时怀疑一切的气氛中，认为官僚和高级知识分子比一般老百姓得的好处多的观点被广泛接受了。之后，当局要"砸破铁饭碗"以提高企业效率，解雇或开除那些素质不高和调皮捣蛋的工人，这些都使工人感到了威胁。

　　对于那些工作还没有着落的年轻人来说，在这种形势下，他们更是心急如焚。逐步停止"上山下乡"运动，起码使他们不再担心会被流放到农村。但是大部分过去积极要求下放到农村的人仍然被困在那里，他们对自己的命运感到伤悲，当 1978—1979 年"民主运动"爆发的时候，他们中的一些人溜回城市并参加示威游行。即使那些能找到工作的年轻人也发现，他们大多数人都只能在集体或是新恢复的私营单位工作，这些工作大都收入微薄，没有名气，几乎没有福利，更谈不上什么前途了。因此，一些年轻人虽然从农村返回了城市，但是在许多情况下因为不能发挥他们的聪明才智以实现自己的理想而感到

[①]　参见法新社报道，北京，1979 年 2 月 4 日，载外国广播信息处《中国动态》1979 年
　　2 月 6 月。

怅然若失。由于被困在不体面的工作岗位上影响一个人的一生——不仅在收入方面，而且还在住房、找对象和其他方面——有些年轻人干脆拒绝接受给他们安排的工作而甘心待业，寄希望于最终能考上大学或是重新能被安排一个较好的工作。

改革后的学校制度，使大多数城市学生一心想上大学，然后在当时中国号召的"四个现代化"的进程中做一名备受尊重的专家。[①]　但是，正在变化中的人口形势，使得这种竞争比过去更加白热化。1965年，超过40％的应届高中毕业生都可以上大学（在1953—1956年曾达到100％），到70年代末，能够顺利上大学的不足4％。[②]　所以在毛泽东以后发生的变化恢复了一个清晰的机会结构，给人们以想象和希望，但只是几乎不可能实现的希望而已。1979年以后，当局开始着手处理由此而带来的问题，如把一些普通中学改成职业或技术学校，鼓励父母提前退休以便让自己的儿子或女儿接替。然而，如何安置大批失望了的城市中学毕业生（现在称之为"待业青年"而不是"知识青年"或"社会青年"）成为一个严重的问题。

在70年代，市民们感到前途暗淡，也可以从另一个方面诠释为什么官方的计划生育政策能取得不同寻常的成功。这期间，在有的城市出生率下降到10‰。根据官方的说法，这个成功应该归功于计划生育运动本身。"文化大革命"的混乱秩序使计划生育政策受到挫折，1970年以后，这项政策逐步走向严格，每对夫妇只能生两个小孩，并为实施该政策而建立了严格的奖罚制度，采取避孕措施有时甚至连妇女的月经期都受到了单位和邻居的监视。但是官方的这种要求忽视了一个事实，那就是城市的出生率从60年代初就开始下降，到1971年已经降到很低的水平，此时官方计划生育政策的实施正出现方兴未

---

① 例如，一位到中国访问的人在观看一场音乐演出的时候，发现女主角用歌词表达了她希望把她红色的花朵敬献给的人："多少年来我们赞美工人和农民而忽视了科学家，我留着这些，准备献给那些努力学习将来成为科学家的孩子。他将领导中国的现代化。"W.E.加勒特："中国著名景点"，载《国家地理》1979年第156期，第548—549页。

② 最后一个数字转引自罗森："教育改革的障碍"，第11页。

艾的势头。① 由于人们对自己的孩子所面临的未来茫然不可预见，再加上住房和日用消费品短缺，以及由于女性普遍都有工作而加重了抚养孩子的沉重负担，使得限制只生两个或只生一个孩子能被许多市民接受，因此，甚至在政府对他们提出这种要求之前他们就已经这样做了。②

在任何复杂的经济生活中，都存在这样的难题：已有的物质产品和机遇与人们的愿望之间很难完全一致。而在中国，两者之间的悬殊所带来的后果，尤其令当局感到棘手。例如，长期被抑制的需求更刺激了愿望的增长，其增长速度之快使当局很难满足其要求，原以为作了一些改善能使大家感激涕零的，但由于水涨船高的原因，人们感激的程度减少，甚至没有了。另外，个人有了表达自己志向的新的机会，也可以倾吐自己的苦情和同情别人的遭遇；这样市民就知道原来有如此众多的人跟他们一样都有被剥夺感。社会主义的性质使得这种情感在政治上具有重要性，因为在这种制度下，国家就应该给人民提供更多的福利，所以当他们感到本应得到的被剥夺了的时候，他们就责备国家，而不去怨天尤人、叹息自己命运欠佳或埋怨自己本领不济或是其他什么"外部"因素。

最近的研究结果表明，愿望受挫本身并不能产生反抗或革命，但是由于人们备受挫折和对权贵们特权的不满，要说服他们勤奋工作和驯服听话就甚不容易了。今天，中国当局或许同意观察家 R.H. 托尼在 1932 年所作的结论："中国的政治势力就像中国的河流一样。河水对河堤的压力已经很大，但却看不见；只有等到洪水决堤的时候，

① 例如，参见朱迪恩·班尼斯特提供的关于上海的统计数字："上海的人口死亡率、出生率和避孕措施"，载《中国季刊》第 70 期（1977 年 6 月），第 268 页。整个国家的情况，请查阅安斯利·J. 科尔《中国人口的急剧变化（1952—1982）》，第 5 页。

② 例如，根据对中国两个城市市民时间的安排研究结果表明，中国夫妇每天在家务活方面花费的时间比其他社会主义国家和资本主义国家的家庭要多。另外，在家务活上花费的时间与孩子多成正比——没有孩子的妇女平均每天花在家务劳动上的时间为 3.4 个小时；有一个孩子的妇女每天要花费 4.3 个小时；有两个孩子的妇女则要花费 4.7 个小时。参见王雅林、李金荣："城市职工家务劳动研究"，载《中国社会科学》1982 年第 1 期，第 177—190 页。

才看到压力何等之大。"①

对毛泽东以后政治领域的变化也可作与此相同的评论。政府试图翻开新的一页，从而使个人重新感到有了相对的安全，不再会成为政治牺牲品，相信政治机构的公平和效率，尊重共产党和国家的权威。但是，这时期采取的一些变革在某种程度上恰恰起了相反作用。对当局在"文化大革命"十年所实行的镇压和其他错误的揭露，不断增长的言论自由和对政府公开的批评，这两者结合在一起，使人们产生这样的想法：中国的政治制度存在着腐败，并在交流中发现不少人也赞成这样的观点。对中国政治采取一种玩世不恭的态度成为一股潮流，制定法规、整党及新的规章制度和程序皆不能阻止这种潮流扩展。70年代后期和进入80年代以后，中国几乎所有的城市尤其是大城市，普遍出现了当局陷入危机的迹象：政治性小册子的发行量减少到最低限度，学生对要求他们上的政治课极其反感，在年轻人中进行的民意测验显示，他们对社会主义的优越性普遍产生怀疑，对权贵们的"特权"表示愤怒。迈克尔·林赛早在1950年就注意到，在中国政治中，两种相互对立的倾向在交战，"一方面是理性的思考，良好的管理和对普通人的尊重；另外一方面是盲目信奉教条，官僚主义，蔑视个人……中国发展的道路可能因哪一种倾向占主导地位而完全不同。"②到1979年后期，许多市民遗憾地发现上述第二种倾向在中国政治中占了上风。

1979年之后，政府对这诸多问题的一个反应是再次处置持不同政见者——逮捕著名的持不同政见者，取消了宪法中的"四大自由"，组织对那些偏离正统路线太远的作家的批判。对有些市民来说，这些行动证明了当局更感兴趣的与其说是对中国社会问题进行彻底反思，不如说是维护其对人民的控制。在这方面，由于1957年以来的变化，公众对官方镇压措施的支持与反右运动时相比要弱得多，一部分市民不顾批评会受压制的漫长历史教训，仍激烈地发表批评意见，这说明

①　转引自吉尔伯特·罗兹曼编：《中国的现代化》，第310页。
②　范·德·斯普伦克等：《新中国：三家说》，第130页。

人们已经感到因发表不同政见而沦为政治的牺牲品的可能性似乎比过去小了。

政府试图采取一系列措施，激发人们参与政治活动的热情：召开工人代表大会，举行无记名投票直接选举地方和县级人民代表大会代表，以及其他方式。但是，在70年代发展起来的怀疑主义使许多城市居民不相信这些机构能拥有自主权，不相信党能容忍敢坦率批评当局的人进这些岗位。由于市民们经历了这些年来的许多事件，所以许多人都恢复了过去对政治的传统观点——政治是个不可预知的和危险的领域，必须尽可能地避免卷入。结果是政治气氛发生了重要变化。市民急切地要求加入中国共产党的人比以前少了。在50年代和60年代初期，人们竞相表现自己的积极性，那些被认为在政治上"落后"的人常常处于遭受污辱的危险之中，而到了70年代末，感到孤独和被人看不起的恰恰是这些积极分子。官方的政策帮助促成了这种局面：官方赞美专家们的贡献和威胁要降那些文化水平低的干部的级。但是在这个过程中，他们又制造了一群心怀不满的人——数以千计只凭政治积极性为自己赢得名声，结果感到他们地位受到威胁的人。在80年代初，至少部分强调加强政治工作和"红"的美德，也许对这些人从感情上来说是一个安慰。

植根于"文化大革命"的犯罪和青少年犯罪，到了后毛泽东时代还在延续，这使人们感到担忧。的确，逐步结束城市青年上山下乡计划和允许满腹牢骚的青年返城但又不能安排他们充分就业，可能又加重了城市犯罪问题。1979年以后，由于新的新闻政策允许对大的犯罪案情进行报道，加之对执行新刑法所作的广泛宣传，人们感觉到的犯罪危险或许比真正的犯罪率还高。人们留恋过去的好时光，那时候他们能在夜间独自一人无忧无虑地散步，公共道德水准极高。在毛泽东以后时期，这种怀旧情感依然很强烈。

1976年之后，人们对文化生活和风俗习惯的倾向，总的来看大多数人采取了比较积极的态度。前10年对文学和艺术非常荒谬可笑的控制以及强行用刻板的社会主义清教徒式的习俗进行统一，不仅使文化生活不能满足城市居民的需要，而且强迫市民取消了怀有情感的风俗习惯和行为方式。当种种限制在 1976 年稍稍放松之后，效果很大，变化明显。新的文学和艺术作品层出不穷，虽然按国际标准还不够大胆，但是显然已经冲破了原来的条条框框。爱的感情，既不是十全十美的好人也非十恶不赦的坏人，悲怆的结局——这些和其他因素都推动了中国文学多样化的发展。书店、电影院和舞台上开始出现斑斓的色彩——许多禁书和新作品问世。西方著作被允许引进的规模之大为过去 30 年所未见。外国的书籍被翻译成中文，外国的电影和电视节目也可以公开上演，外国电台的广播也可以再次合法地收听（虽然台湾电台和香港电视节目仍被排除在外）。对于城市群众来说，实现由《红色娘子军》到《大西洋底来的人》（一部美国电视连续剧）的转变是个令人惊叹的变化。

被忽视了的单位里举行的文化和娱乐生活也重新开始受到重视——学校课外活动丰富多彩，单位的聚会和社交活动增加，等等。宗教活动也开始被当局再次容忍，朴素的传统节日庆祝活动也得到了恢复，有的家庭又重新养起了宠物，还有其他一系列曾被禁止了的民间活动都开始复活了。在家庭仪式方面，有的市民迫不及待地利用对自由主义放宽限制之机，在婚礼或丧葬时大肆挥霍浪费并举行一些复古的仪式。总之，随着人们从过去那种僵化死板的束缚中解脱出来，当时在社会生活和风俗习惯等方面出现了一种好像一切都"变活了"的趋势，而且不出所料，这种转变很快便会引起官方的注意，因为他们认为这种变化走得太远了，官方劝阻举行豪华的结婚筵席或效仿西式风尚及毛泽东以后时期出现的现象。自由化的趋势并没有扩展到所有的领域。如前所述，就在这个时期，老百姓传统的多子多孙的愿望受到极其严格的限制，当局实行了奖罚分明的措施强制性推行一个家庭只能要一个孩子的政策。

人与人之间关系的变化，也受到广泛的欢迎。一部分变化是人际之间那种极端偏执和小心谨慎情况有了缓和。偏执和谨慎是以往紧张的政治局势造成的。但是，毛泽东以后时期的政策允许很多家庭把他们的子女从农村"领回来"；使大批被强制性工作安排而同其配偶分居的干部夫妻团聚，两人并在同一个地方工作；大批曾被污辱的人得以平反昭雪，并可以着手修补被破坏了的亲属和朋友关系；那些在政治压力下被迫离婚的夫妇破镜重圆，甚至出现了一个复婚的小高潮。此时，在许多方面，市民们都可以感觉到人与人之间的关系正在逐渐恢复接近正常状况。当然，人与人相互接触和联系的恢复在某些情况下，起了使人们交流怨言和痛苦经历的效果，对政府当局来说这种变化的含意就变得忧喜参半了。

在毛泽东以后时期，开始重新评价城市在中国发展过程中的作用。长期以来控制城市发展特别是控制大城市发展的政策，在一定程度上取得了成功。虽然没有系统发表城市人口的统计数字，但是很显然，在共产党统治下，城市发展的速度大大超过总人口增长的速度。1953 年城市人口占总人口的 13％，1964 年上升到 18.4％，1982 年上升到 20.6％。[①] 而且鉴于城市地区本身有特许权力的性质，如果不是那些年对农村流入城市移民的严格限制和把"过剩"的城市居民放逐到中国的农村地区的话，城市的发展速度一定还会更快。虽然有的城市如北京和武汉等发展迅速，但是，中国最大的城市上海的人口增长速度还是受到了一定的控制，所以它的"老大哥地位"——它在城市总人口中所占比例——事实上下降了：1953 年为 8％，到 1982 年下降到 4％。[②]

然而，形势的发展使人们越来越认清了这样一个事实，那就是对城市发展的控制付出了相当大的代价。这些代价的一部分是几年中

[①] 这种比较只是一个近似的比较，因为城市人口的确切统计数字随时都在发生变化，城市的疆界也在变化之中（虽然这些关于城市地区的数字是比较符合实际的，但是它并没有把城市周围的县级地区算进去）。这里的数字均来源于厄尔曼："大陆中国的城市（1953—1959）"，第 81—103 页；《北京周报》1982 年第 45 期，第 21 页。

[②] 实际上，上海这个中国最大城市的人口随时都在波动——从 1949 年的 440 万人增加到 1953 年的 620 万人；1958 年达到 720 万人；1971 年降为 570 万人；1982 年则又增加到 630 万人。参见班尼斯特《上海的人口死亡率、出生率和避孕措施》，第 259—260 页。另见《中国第三次人口普查的主要数字》，第 14—15 页。显而易见，这些城市的人口统计数字有时会使人误入歧途，因为他们忽视了相当一大批在六七十年代进入城市干"临时工"的农村人。在 80 年代，这些为数众多的没有户口的农村人住在城市里，往往一呆就是很长时期，现在已经成为官方讨论的一个潜在问题。

成千上万的人被迫离开城里家庭而产生的愤怒和痛心，以及那些最终返回了城市的人生活遭到的破坏。但是官方和政策也并没有达到其促进城乡结合的目的。到了 70 年代末，城市居民在生活水平和生活方式等方面同农民发生了很大的差异，这种差别比 1949 年之前要明显得多。被剥夺了种种城市里才可能有的机会的农民常常对城里人抱着一种不满和轻蔑的态度。[①] 或许同样重要的是毛泽东以后时期的领导人发现，中国的城市在刺激经济发展和革新方面，没有起到它们应该起到的促进作用。虽然这些领导人没有拆除反对农民永久性向城市移民的障碍，但是他们采取了步骤加速城市企业的发展速度和创造力，称赞大城市的主导作用，使许多中小型城市对其周围的农村地区进行直接管理。这些措施表明，他们逐渐开始意识到，以前的政策防止了中国会像发生在第三世界其他地方很普遍的城市无计划的蔓延和过度城市化等问题，或许由于同样的原因，他们也阻碍了整个经济的推动力，不仅仅损害了城市。究竟城市在中国未来的发展中应该起什么作用，仍将是今后有争议的一个热门课题。

结　　论

到了 20 世纪 80 年代，中国的情况已经很明显，创立一个有高度组织性的、平均主义的、艰苦朴素和生产性的城市社会的设想已出现了偏差，其结果是市民们远非像当局希望的那样都能够积极参加和投身到建设之中。50 年代成功地开创了一个新的城市形式，但是 20 年过去之后，人们不得不痛苦地对其错误进行重新评价，并努力寻找使城市摆脱困境的新答案（或恢复旧答案）。

中国在进入 80 年代之后，城市人口的情绪也不是千篇一律。多

---

① 值得注意的是，由于 1979 年粮食收购价格上涨和农村组织和政策自由化，长期以来形成的趋势扭转了，至少暂时扭转了。农民的收入和消费额在 1979—1984 年的增长速度比同期城市居民的要快。

少年来世事和政策几经巨变，使人们产生了不同的生活经验，几代人的经历迥然不同，不同经历的人对毛泽东以后时期城市的发展又有截然不同的看法。我们无法在此对这些差异进行详尽的分析，但是勾画一个粗略轮廓还是可以一试的。①

对于那些年过花甲的人，特别是那些已经从工作岗位上退下来的人，他们有一种普遍的失落感，即他们的阳光日子到此结束了。他们中有的人能够过着富裕悠闲的生活；也有的人回忆往事徒增伤悲，认为自己大部分才智在新社会里白白浪费了；还有些人则是苦了一辈子。进入80年代以后，四个现代化和未来对他们吸引力也不大，他们像其他社会里的老人一样，只是从家庭和朋友那里得到一点简单的乐趣，安度晚年。虽然很少有人能像传统上大多数人孜孜以求的那样无忧无虑地走完他们最后的路程——例如，他们大多数人得帮助儿女们照料孩子，做点家务，以便让儿女们更专心致志地投入到工作中去——但是，他们享受的社会保险和乐趣仍是很多的。大多数城市老年人都有退休金，享受公费医疗，同成年孩子中的一个生活在一起，由孩子照料并负责他们的后事。他们中大多数人仍然保持着与邻居和以前的老同事的社交往来（政府对城市居民的居住和职业流动的限制加强了这种关系）。因此，尽管有许多例外，但总的来说，城市老年人和比他们年轻的人相比，倾向于安于现状。通过下面一段这个年龄段的人对毛逝世的反应的叙述，可以印证我们以上提出的论点：

> 老人们总把现在跟过去相比，过去的（旧）中国到处是疾病和饥馑、成群的乞丐和失业的游民。（现在）尽管供应不足，还有腐败现象和政治上的不完善，但大多数老人都认为，毛主席的社会主义给他们带来了比较好的生活。对他们许多人来说生活改善很小，但这关系不大。他们对毛充满感激之情，当得知毛逝世

---

① 有关年轻人中年龄的差异问题，请参见托马斯·B.戈尔德："中国的年轻人：问题和计划"，载《问题和研究》1982年第18卷第8期，第39—62页。目前的讨论受到了戈尔德文章的影响。

的消息后，他们像失去了自己的父母一样悲痛欲绝。[1]

80年代初，那些当时40—50岁的人，大多数是受所谓"辉煌岁月综合征"影响的一代人。他们大多数人在1949年后不久就走向成熟并开始工作，并且被卷入到这个时期乐观主义的洪流之中。当时他们认为新政府残酷无情，要求严厉，但是这个政府创立了一个比较好的社会，并为人民带来了比过去好的生活。他们为当局贡献了自己的力量，并使自己的理想服从于国家大目标；但是现在许多人感到幻想破灭了。他们现在置身的社会，并不是他们当年努力工作而为之奋斗的社会，他们为发生的错误感到痛苦。他们这代人中许多人也感到愤愤不平和失望，但同时，大多数人并没有与这种制度一刀两断。风华正茂时代不平凡的经历，又使他们对过去怀有深深的眷恋，他们思念过去的一切并想着什么是本应该发生的事情。因此，虽然他们对现在的趋势和官方的说法抱着怀疑的态度，但是许多这个年龄段的人仍然相信，一切都会好起来的。[2]

在80年代初，那些三十来岁的人对各种问题的看法则有点不同，尤其是那些红卫兵出身的人更是如此。同样，他们也是在一个充满乐观主义和革命热情的气氛中成长起来的，虽然比起其兄姐来，他们经历了一场更为激烈的竞争。由于他们难忘早年的乐观主义和信念，他们1966年以后的生活现实却是对他们最无情的打击——派系间的暴力冲突，农村的流放生活，在受教育和婚姻方面的失望，以及最终虽返回城市却干的是城市里最没有地位的工作。他们这些人普遍感到被人欺骗了，进而对他们生活中的制度采取一种玩世不恭的态度，并敢于批判这种制度。尽管其中有一些人的运气不错——上了大学或是在国营单位里有份有保障的工作——但对这制度也敬而远之。1974年

---

[1] 梁恒、朱迪思·夏皮罗：《文革之子》，第263页。

[2] 约翰·赫西对许多他在中国遇到的老一代知识分子所表现出来的"衷心地向往中国光明的前途"感到吃惊。参见"一个未被捕的记者：回到家乡"第3部分，载《纽约人》1982年5月24日，第61页。反映这种感情的有关个人的叙述，请参见乐黛云和韦克曼《走进暴风雨》

著名的李一哲在大字报上发表的一席话，或许是对他们这种情感的最生动的表述："我们是所谓'不畏虎'的年轻人，但也并非不知道虎的凶残，甚至可以说，我们是被那种动物吞噬过一回，但终于咬不住，吞不下去的余生者，脸上留着爪痕，不是漂亮人物。"[①]

在70年代和80年代初结束学业的年轻人又展示了另外一幅不同的画面。他们在被破坏了的教育制度和经常发生运动的经历中，与比他们岁数大的那批人不同，他们没有被灌输进去多少乐观主义和信念之类的东西，况且那年头不断变化的标准和不可预见的事情的发生，使他们中许多人学会了对竞争对手进行恫吓和为了达到自己的目的而不择手段。由于这个年龄段的人起初的愿望就不太高，因此，他们的失落感和不满与那些岁数较大的人相比就明显要少一些。但与此同时，政治口号对他们来说已经没有什么感召力了，他们中的许多人对获得消费品和在某种程度上异乎寻常的生活方式更有兴趣，他们的表现使那些岁数大一点的人感到震惊。这些年轻人中许多人对政治漠不关心，与其去抗议，不如躲得远些。[②]

最年轻的市民，是那些在80年代仍在学校读书的学生——政府努力通过重新建立各种规章制度、加强组织纪律性和灌输道德教育等方式"拨乱反正"，给学生提供更多的可以达到的目标和机会。这种努力将会取得多大的成功，政府将如何为他们成年后提供更好的生活才能满足这一代人的期望，尚未可知，仍有待于观察。

在"文化大革命"后对过去的30年重新评价时，首先一个问题便是过去到底错在哪里，一般人分析认为，应该谴责激进分子，特别是毛泽东，因为他发动了"文化大革命"（和在此之前的其他错误导向的运动），破坏了人们正常的生活，摧毁了人们的希望。通过对以往城市状况的回忆，我们不难发现，这种分析实在是过于简单了。推动或是打击了公众对于政治制度热情的因素是非常复杂的，而非这种

---

① 引自林一堂（音）搜集的《他们如是说：当前中国的地下出版物》第17卷。
② 赫西（《一个未被捕的记者》，第65页）把这些人描绘成具有"平淡无奇的、拐弯抹角的、冷嘲热讽的和乳臭未干的"特点。

观点所能一言以蔽之的。

1949 年后，在相当广的范围内，当局设想以加强组织制度的密度和对理想信念的灌输为出发点，就能成功地解决城市问题。这种假设忽视了这样的事实：人们不同的价值观念和志向构成对政府当局的不同反应。1949 年初的中国城市居民已经不是"一穷二白"、准备吞噬领导意志的大众了，他们抱着具有悠久历史的价值观念和志趣，这些价值观念和志趣使他们对新制度抱有各种期望，其中包括希望国家强盛和政治稳定、经济有保障、平等和机会；关心控制犯罪、卖淫和其他社会罪恶；急切希望政治上获得安全和信任；希望能有丰富的文化和娱乐消遣活动；渴望有良好的环境，使他们能完成和保持人与人之间的密切关系。在 50 年代形成的相当高度的乐观主义态度和信念，在很大程度上也是由于人们普遍认为，这些愿望在 1949 年以后实现的比以往任何时期都充分得多。同时，在很大程度上也是由于新政府采取了大量的行动和计划的结果。后来这种美好感情给破坏了，同样是因为人们日益感到这些理想不再可能实现了，日益感到政府的做法应当受到责备。

然而，这种感情的变化，不纯粹是激进政策和错误导向的运动的产物。其中导致这些变化的有些因素，诸如不断增长的人口问题和官僚结构老化问题，都是在乐观的 50 年代发生的事件触动下长期发展而逐渐形成的。其他有问题的政策——例如冻结工资或限制人口流动——也不单纯是激进的运动刺激的结果。另外，有些激进的事虽被毛泽东以后时期的领导人谴责了，但在当时还是很得人心的——例如，1957 年对右派的镇压，"大跃进"初期的总动员以及"文化大革命"对官僚特权的打击。

此外，认为 50 年代公众对政府的支持到 80 年代完全消失了的观点有失偏颇。尽管在早些年，许多城市居民历经了苦难和生活没有保障，但是支持政府的强大力量仍然存在。一部分原因是中国有对统治者表示尊敬的传统，对新政府也抱一定程度的"假定政府是无辜"的希望。另外，值得注意的是，仍然有千百万的城市居民——特别是在干部和体力劳动者中——认为虽然遇到了不少困难，但由于革命，他们的生活好多了，比以前更有保障了，他们依旧希望带来这些改善的政治制度能处理好中国的新问题。那些享受公费医疗、购买新电视机、看着他们的邻居组织起来打扫卫生消灭苍蝇，或是安排他们的子女接自己班的城市居民仍念念不忘社会主义给他们带来的好处。

最后，还有一个对当局支持的主要力量同其他力量一样还没有受到侵蚀——对国家的强大和独立自主感到骄傲。在许多方面，80年代世界舞台上的中国，与50年代相比，她更强大更有力量，中国人一个世纪以来念念不忘国家所蒙受的奇耻大辱和被出卖的历史，作为后代，他们对中国强盛的每个迹象都感到由衷的自豪；无论是其驻联合国代表富有成效的演讲，还是外国元首怀着尊敬的心情到北京朝圣，或是中国人在国际排球锦标赛上取得胜利（与此相反的另外一面，则是做中国人的羞耻感和潜在的社会不安定因素。当中国人感到中国的一些决策失误或被外国污辱时，他们感到羞耻）。

也应该注意的其他一些方面是，在中国政治的激进阶段，人们的民族自豪感比其他温和阶段都要强烈。例如，在"文化大革命"10年中，中国进行了成功的（普遍看法是这样）反苏斗争，结束了外交孤立状况，恢复了在联合国的席位，发射了人造地球卫星，大批的外国领导人——从理查德·尼克松到其他第三世界革命家——访问中国。毛泽东以后时期，中国仍然相对落后于其他东亚发展中国家，而且越来越明显；中国失去了对柬埔寨的庇护；同越南人进行了一场被认为是比较不成功的边境战斗；整个国家又陷入新的来访者浪潮中，来访的外国人不再是来寻求革命的真理，而是来要中国让步、从中国攫取利益的（这是自革命以来从不曾允许的）。[①] 如果强烈的爱国主

---

① 外国人获得的新的利益，不仅是可以在中国直接投资和大批外国人进入中国，而且还将著名的海滨避暑胜地北戴河工人休息的地方变成了接待外国人的宾馆。1978年以后，在报纸上可以看到一些对新的开放政策表示反对的争论：例如，19世纪西方化的中国人是好还是坏；指控由于外国的影响而使犯罪增加；偶尔还发生了一些更强烈的事件——中国人殴打外国游客或向外国游客脸上吐唾沫。请参见加勒特："中国著名景点"，第552页。在80年代中期，在北京和其他城市曾发生了严重的骚乱事件，起因于在一场足球比赛中中国队输给了香港队以及在中国市场上被认为是不符合国际标准的日本商品泛滥成灾。

义仍是人们支持政府的关键因素，那么将中国向世界开放的政策就会使当局恢复公众对它支持的努力遭到破坏。

后毛泽东时期的领导人所面临的问题，是"所有中国共产党的臣民"展现出来的、一旦被破坏就难以再修复的问题。他们要重建 50 年代的乐观主义精神和赢得公众的支持。但是，那时赖以产生这种气氛的条件已经不可能再恢复了——受教育的人不多，需要建立一个新的官僚机构并配备相应的工作人员，抗日战争和国内战争结束不久，人们记忆犹新等等——因此即使恢复以前政策也不会达到预期的目的。无论是加强组织纪律性还是进行新的思想教育运动，亦都将于事无补。只有在更广泛的领域里，想法满足城市居民的基本价值和需求，才有可能克服革命成功以来的三十多年中积累下来的各种危机。这种努力在 90 年代和以后更长的时期，将是一场对中国的精英们的技能的挑战。

第十一章

共产主义统治下的文学

社会主义文学的建立，1949—1956年

文学创作的组织

1949年7月2日至19日，在中华人民共和国成立约三个月之前，有650名代表参加的第一次中华全国文学艺术工作者代表大会在北京举行。① 毛泽东、周恩来及其他国家领导人出席了会议，这显示了他们对发展新型的社会主义文化和建立必要的指导机构的高度重视。这一组织后来（1953年）被命名为中华全国文学艺术界联合会，所有的文化活动都由这一组织协调。这个联合会成立40年（"文化大革命"期间即1966—1976年中断了10年）以来，共创设了10个分支机构，其中包括：作家协会（成员包括小说家和诗人）；戏剧家协会（因为它也吸收演员和剧作家，所以是最大的协会）；此外还有电影家、舞蹈家、美术家、曲艺家、民间艺人、儿童文学家和杂技家协会（最后一个协会直到1979年11月第四次文代会才成立）。

尽管中国文联在四次代表大会召开期间（1949年、1953年、1960年和1979年）负责全盘工作，但作家协会对新文学的指导和发展工作起了核心作用。该机构最早可追溯到老舍、郭沫若和其他优秀作家在1937年成立的一个爱国文艺团体（"抗战文协"——译者）。

---

① 参看《六十年文艺大事记（1919—1979）》，这是为第四次文代会编印的文件（草案），对组织问题提供了权威性资料。

现在它为作家们提供了一个讲坛，经常在全国各地举行讨论会。对文学、艺术理论和政策的研讨，可以发表在中国文联出版的《文艺报》上。中国作协也创办了像《人民文学》这样的一流杂志，发表代表国家水平的创造性作品。作协还制定刊物的编辑方针，开展与其他国家的作家、学者的交流活动，帮助和扶持有发展前途的青年作家，派他们去有关单位搜集素材，为他们提供出差条件，等等。

1949 年，中国文联的首任主席是诗人兼剧作家郭沫若（1892—1978 年），他出任此职直到去世。其后由第一副主席、小说家茅盾（1896—1981 年）继任。他死后由早年的第二副主席、评论家周扬（1908 年—　）接任。

在第一次全国文代会的一个主要报告中，[1] 周扬把作家们在解放区所取得的成就称为"一个伟大的开端"，这是他引用毛泽东在 1942 年 5 月发表的《在延安文艺座谈会上的讲话》中的话。周反复强调毛的主要观点：文学艺术既是打击阶级敌人的武器，又是社会主义者建设国家的工具；应向广大工人、农民和士兵提供"人民大众喜闻乐见"的作品；为了满足这些要求，作家或艺术家有责任"消除与人民大众的觉悟之间存在的差距，使自己成为群众的一员"。艺术家必须具有无产阶级和广大群众的立场观点，必须歌颂他们的劳动和斗争，并教育他们。艺术标准是必要的，也是重要的，但是像国家生活的其他方面一样，必须优先考虑文艺的政治标准。

在这样的方针指导下，华北地区迅速出现了一个崭新的文学面貌。周扬在报告中用统计数字宣布了作家们的创作情况：在创作的 177 篇新作品中，101 篇涉及战争题材，41 篇反映农民生活，只有 16 篇描写工业生产（现在这应该走在前列）。

周扬的报告还提到，这些作品的作者们已经成功地摆脱了"五四运动"时期知识分子的狭窄道路，首先使用了大众语言。这方面赵树理（1906—1970 年）是一个突出的例子。但是，个别成就若与民间文

---

[1]　周扬："新的人民的文艺"，见《中华全国文学艺术工作者代表大会纪念文集》，第 69—99 页。

化形式的艺术觉醒相比就微不足道了。"扭秧歌"（一个新歌剧，唱腔以"插秧歌"旋律为基础）和民间小曲，都是民间艺人喜欢的形式。新年来临时，他们在村庄、部队驻地或工厂表演，能即兴发挥，创造出新的表现方式。

对已取得的成就给予适当的表扬之后，就该提醒今后如何进行了。传统歌剧形式大受欢迎实是一个威胁：不健康的价值观和习俗要顽固存在下去。戏剧改革必须着手进行。作家们必须创造出新形式来歌颂逐渐涌现的社会主义新人（男人和女人）的形象，使得文学作品中的反面人物在趣味性和感染力方面不再超过正面人物。尽管必须提高创作和评论的水平——"我们还是不能忽视农村"——因为根本任务还是要为一向渴求文化的人提供大众的文学和艺术。为此，1949年第一次文代会指示全国主要城市组建作家、艺术家分支机构，仅仅数月，不少于 40 个作家、艺术家的组织便成立了。

第一次文代会的主题之一是对战争年月在上海或重庆度过、迄今还不是延安共产党机构中一员的作家们表示欢迎，欢迎他们参加到中华人民共和国行列里来。然而这些男女作家们几乎没有人认为新的文艺方针适合于创工作。身兼作协主席的文化部长茅盾，放弃小说创作，而当文学评论家，评价每一批小说技术上的成就，对人物塑造和写作风格提出意见。巴金（1904— ）1949 年以后再没有写出新的优秀小说，而只写了几篇关于朝鲜战争的作品，使用了太多的夸张手法，以至于读起来毫不真实。沈从文（1903 年— ）处于矛盾之中，以前他写的农民生活的小说极其生动，无人出于其右，但是，他对新时代的农村却生疏了，不能按照要求去歌颂社会主义农村的改造。终于，沈从文找到了一个新的角色。从事对中国古代纺织品和服饰的研究；有关这方面的著述到了 70 年代后期才得以问世。而直到 1981年，评论家才重新肯定沈从文那些四五十年前写的小说。

诗　歌

许多早已成名的诗人，战时和战后是在国民党统治地区度过的，随着中华人民共和国的建立，他们努力使自己的作品与新时代的精神相一致。其中最突出的是郭沫若。他在 50 年代出版了几本新诗集。郭沫若恢复了 30 年前曾使他诗名陡增的热情奔放的特有的顿呼法风格，昂扬亢奋地赞美新时代的各种成就和期望：比如水库、桥梁、周恩来万隆会议的成功以及英国在苏伊士危机时的恶劣表现，等等。郭沫若的诗作过于简单肤浅，而且越来越变得感情外露。《百花齐放》（1958 年）是他近年来诗歌创作中这方面毛病最明显的例子，那时正是"大跃时"时期，"反右运动"已使毛泽东提出的"百花齐放"方针百无一用。此后，郭沫若除了偶尔和毛等国家领导人友好应对时写点古典格律诗外，很少写诗。冯至（1905 年— ）早在 1941 年就以富有哲理灵性的"十四行诗"而闻名，这些恬静的沉吟风格与新时代的喧嚣很难协调一致，他便通过描述那些土改工作中涌现的民间传奇和日常生活中的短小抒情诗，寻求新的表现手法。当他把自己和矿井的钻机融为一体的时候，偶然间，一个新的强有力的隐喻诞生了：一个全新的工业经济萌芽的心脏和地表上的人们的心脏何等相似：

> 山沟里的溪水日日夜夜地流，
> 铁轨上的煤车日日夜夜地运行，
> 一百五十公尺下的煤层里，
> 电钻的声音日夜不停。
> 溪水两岸是一片欢腾的市声，
> 到处是妇女的笑语、儿童的歌唱，
> 可是人们听不见地下的电钻，
> 像是听不见自身内跳动的心脏。[1]

在 40 年代没有哪位诗人能比臧克家（1905 年— ）更尖刻地公开鞭笞社会的不公正。[2] 尽管臧克家也写颂歌，但 50 年代他的诗仍

---

[1] 冯至："煤矿区"，选自《十年诗抄》，引自 S.H. 陈："隐喻与中国诗韵的意识"，西里尔·伯奇编：《中国的共产主义文学》，第 52 页。

[2] 参看作者的"零度生活"（1947 年），一首描写旧上海贫民区冻僵的儿童尸体的诗。或看许芥煜编：《20 世纪中国诗歌选》，第 289 页。

然回溯过去，控诉旧社会的黑暗。比如他那首《有的人》把最伟大的讽刺作家鲁迅和那些"为了自己活就不能让别人活"的人作对比。袁水拍（1919—1982 年）的《马凡陀山歌》鞭挞内战期间的国民党人，同时，这些诗也保持了他的讽刺性的诗体。但是，后来袁水拍的目标转向了海外的资本主义和帝国主义者对新生共和国的敌视。

像卞之琳（1910 年— ）和何其芳（1912—1977 年）这样有成就的诗人，在 1949 年后主要转向文学研究与文学评论，只是偶尔动笔写诗。何其芳是一个来自解放区的有声望的作家，地位显赫。他 1954 年发表了一系列文章反复强调继承 30 年代现代诗的形式和格律的必要性。那些正处在自由体和民歌体之间犹豫不决的诗人们受到文章的激励，纷纷进行"自由体四行诗"和其他形式的探索，这些形式通常都是押韵的。

与这些人相比，艾青（1910 年— ）50 年代已成为一个很活跃的新人，他出访并赞美苏联，哀挽广岛悲剧，还把维也纳比作：

> 像一个患了风湿症的少妇，
> 面貌清秀而四肢瘫痪。[①]

还写了他所出访过的拉丁美洲国家革命初期的热情。新中国成立前艾青是左翼诗人中的一员主将。1942 年在延安时期与丁玲等人一起受到批判。他那时期的作品初看起来相当单调，没有夸张的笔法，没有顿呼，着重于叙述和详细的描写。他的作品集中表现中国大地的富饶和人民的贫困，对比强烈。他诗里强烈、粗糙的措辞与他要表达的思想十分相称。50 年代初的作品中，他顺从上级意图，试写以民歌节奏为基础的结构很紧、分成几节的诗，但诗人抗议的战斗精神在选择主题中表现得相当明显。诗集《海岬上》（1957 年）收入许多首自我意识浓厚的诗作，中心思想是将诗人自己比喻成捍卫自己独立，捍卫自己话语

---

① 节选自张钟等编的《当代文学概观》，第 39 页。（北京大学出版社 1980 年版。——译者）

权利的卫士。他的心有如一颗"珍珠之母",慢慢地产生了他的信条的珍珠;他的人格像一块礁石,稳固地迎接浪涛的一次次拍打。在一首写于"百花齐放"期间的寓言诗里,艾青把诗人比作黄鸟。在麻雀的展翅鼓噪下,作为批评家的喜鹊啄击黄鸟,但是,黄鸟毫不气馁,依然歌唱。另一首诗(1956年),艾青因为里面有对明朝最后一个皇帝(在煤山树上上吊自杀)的同情而受到批评。由于艾青坚持个性独立,不妥协于以前对他的攻击,还由于与"丁玲集团"过从甚密,使得他在1957年的"反右运动"中,被树为一个突出的靶子。两年后,艾青就被送到新疆一个偏僻地区,直到1975年才被允准返回。艾青有20多年在诗坛上销声匿迹,是中国新诗遭受到的最痛苦的事件。

1949年,在53种重印的《中国人民文艺丛书》中,有两部叙事长诗,是40年代新诗的代表,对以后诗的创作有重大影响。第一部是田间(1916年—)的《赶车传》。田间的诗艺原来是模仿"新月派"的,作、做诗讲究标准化的韵律规则。但在苏联革命诗人马雅可夫斯基的影响下,田间作诗改为分行断韵。《赶车传》大概有1.2万字,说的是车夫的女儿如何从恶霸地主魔掌中解放出来的故事。在以下段落中,车夫为了偿还地主的债务不得不以女儿作抵押。直接、浅显的现代口语是此诗的基本语言,诗句按平衡对称原则构思得很巧妙,类似于古典民歌风格,有力的节奏高潮由谚语引出:

> 谁能猜,谁能猜
>
> 穷人的车呵
>
> 装的泪载的仇
>
> 好比包着的大雾
>
> 又淋的暴雨
>
> 蓝妮虽上车
>
> 人也哭车也哭
>
> 在不平的路上
>
> 哭声四面传来
>
> 车儿和蓝妮

> 滚来又滚去
>
> 路呀，好难走
>
> 难走，好难走
>
> 走呵也是愁
>
> 不走也是愁
>
> 真是冤仇一日结
>
> 千年难割断！（第29—30页）

20年后，田间在另一首代表作《铁大人》（1964年）中表明他已从铿锵有力的"击鼓式节奏"转向更加固定的句法结构。《铁大人》告诉人们要对修正主义和阴谋破坏者继续保持警惕，这些人（用诗里的话说）会扮成狐仙来麻痹公社的保卫者：

> 狡猾的狐狸你别妄想，
>
> 别想叫我放下枪。
>
> 你就是个大狐狸，
>
> 你想拉我下泥塘。
>
> 我为革命流过血，
>
> 我为祖国负过伤。
>
> 我还为公社植过树，
>
> 如今梨花开满树成行。
>
> 明月要把红心赏，
>
> 大树应作社中梁。
>
> 你别想来诱惑我，
>
> 刀口上的蜜糖我不尝。①

这首诗特有的节奏令人想起诗人李季（1922—1980年）。李季是

---

① 见《诗刊》1964年第7期，第4—7页。译文见许芥煜编《中华人民共和国的文学》，第708—712页。

河南一户穷苦人家的儿子，是他写了第二部引人注目的叙事长诗《王贵与李香香》。该诗有近 400 行对句，每行大概是 7 个音节。评论家周而复把李季这部诗的出版描述为："无疑，这首诗开创了中国新诗的一个新纪元，作者李季并不是一个文学工作者，也不是一个诗人，只是生活在人民大众中的普通一员，热爱文学的一员……这是一首真正来自人民内部的诗，想人民所想。诗的语言也是广大劳动人民的，源自最可靠的人民大众的核心。"①

《王贵与李香香》采用陕北民歌"信天游"的形式，特点是，每一组对句中先是一个比喻，然后是一个陈述，例如：

> 山丹丹花开红姣姣，
> 香香人材长得好。

接着，与此并列的数句之后：

> 地头上沙柳绿蓁蓁，
> 王贵是个好后生。

人物形象对应着众所周知的有浪漫色彩的事物：

> 隔窗子了见雁飞南，
> 香香的苦处数不完。

> 人家都说雁儿会带信，
> 捎几句话儿给我心上的人：

> "你走时树木才发芽；
> 树叶落净你还不回家。"

---

① 周而复：《新的起点》，第 120 页。

年轻情侣罗曼蒂克的欢悦情调足以抵消诗文中的粗俗和韵味的不足。《王贵与李香香》继承了"梁山伯与祝英台"这一类传统爱情歌谣的写法，而为大众所喜爱。

李季后来还写过很多叙事诗，如歌颂玉门石油工人的诗。1958年，他写了一部叙事长诗《杨高传》，讲述一个贫苦的放羊娃如何向一个盲人歌师学习民间歌谣的故事。盲人歌师也是一位共产党的地下工作者，所以，《杨高传》的许多章节涉及抗击日本侵略者和国民党的英雄事迹，但这不影响杨高后来参加土改运动，成为一个革命英雄。长诗的最后一部分描写杨高来到玉门油田的故事。诗人擅长描写地下储藏的石油波澜起伏的景象，以及处理叙事诗行的跳跃。李季的不足之处在于，他急于让人一目了然，这就导致诗句在具体事物的描写方面显得苍白无力、琐碎杂乱。但是，李季可能依然是新中国具有最为广泛的读者群的诗人。后来，李季担任《人民文学》和《诗刊》两家刊物的编委，在促进新诗的大众化方面起了很大作用。

50 年代初，邵燕祥（1933— ）是广播电台的一名年轻记者，他以第一个五年计划期间热火朝天的建设为题材做诗、作曲，高度颂扬工业战线的建设者。在诗集《到远方去》中，邵燕祥描写了一批赶赴遥远的建设工地的城里青年：

> 在我将去的铁路线上
> 还没有铁路的影子
> 在我将去的矿井
> 还只是一片荒乱
> 但是没有的都将会有
> 美好的希望谁都不会落空[1]

此外，孙友田（1936 年— ）这位淮南煤矿的诗人描写了工业战线建设者的形象，从而也为中国诗歌的发展作出了贡献。而李学鳌

---

[1] 邵燕祥：《到远方去》，第 65 页。

（1933 年—　　）则在 1956 年出版了诗集《印刷工人之歌》。

农民题材的小说

前些年，赵树理（1906—1970 年）写农村题材的小说得到高度评价，并有许多作家纷纷模仿。1943 年，赵树理发表了《小二黑结婚》，用直率简单的方法描写农村男女青年婚姻自主。小说中的青年人要克服保守的父母的压力，破除农村迷信，其活生生的代表分别叫"三仙姑"和"二诸葛"。赵树理创作这篇小说时有意识地吸收了他的家乡山西山区农村民间艺人的说书艺术，用语朴素、简单，并尽量使用符合人物身份的语言，善于制造悬念，阐说情节的发展，以保证吸引读者，他的小说以娴熟的写作技巧，即刻抓住读者的兴趣。赵树理这种小说写法虽然开始时只在局部地区取得很大的成功，但是很快，许多地方的记者都有意识地把赵的手法当做新时代作家的榜样来学习。他的小说不属于都市化的资产阶级知识分子的传统，而是真正具备农民背景的创作。的确，赵树理本人来自农村。赵树理在文学上很快声名鹊起，无疑是因为他作为一名党的宣传工作者，其作品坚持了毛泽东 1942 年在延安文艺座谈会上的讲话精神。

继《小二黑结婚》之后不久，赵树理又发表了小说《李有才板话》，这无疑是作者最心爱的一部长篇小说。在《李有才板话》的开场白中，很明显地流露了赵树理在他所选择的社会总体环境的制约下独有的、具体而简明的手法：

> 阎家山这地方有点古怪：村西头是砖楼房，中间是平房，东头的老槐树下是一排二三十孔土窑。地势看来也还平，可是从房顶上看起来，从西到东都是一道斜坡。西头住的都是姓阎的；中间有姓阎的，也有杂姓。不过都是些本地户；只有东头特别，外来的开荒的占一半，日子过倒霉了的杂姓，也差不多占一半，姓阎的只有三家，也是破了产卖了房子才搬来的。（第 1 页）

因为当地统治者姓阎，所以，这是不足为奇的。乡村歌师李有才编了一段快板讽刺统治者，并教育村民，向党的新政权指出他们的错误：

> 村长阎恒元，一手遮住天，
> 自从有村长，一当十几年。
> 年年要投票，嘴说是改选，
> 选来又选去，还是阎恒元。
> 不如弄块板，刻个大名片，
> 每逢该投票，大家按一按。
> 人人省得写，年年不用换，
> 用他百把年，管保用不烂。

赵树理第一部长篇小说是《李家庄的变迁》（1946 年）。这部小说表现了地主（以李如珍为代表）与受压迫农民（以张铁锁及其伙伴为代表）之间反复交错的拉锯战。小说的故事发生在 20 年代山西北部的一个乡村。在这部小说里，作者原来擅长的幽默风格变得冷峻起来，叙述也经常客观冷静：在镇压共产党武装最严厉的时期，挖出双眼、砍断双手，太阳穴直冒鲜血；最终人民群众将地主李如珍五马分尸（尽管后来党组织知道后曾经批评过这种报复手段）。反动派狡猾的诡计，以及生动地描写农民日益自信他们的力量，加上赵树理经常使用活泼通俗的语言，使这部小说在 50 年代初非常畅销。直到丁玲和周立波更成熟的农村小说出现以后，赵树理这部小说的地位才被取代。

1955 年，赵树理响应领导关于合作化运动的号召，用他最富于雄心的著作，再次显示他善于接受艰巨任务的能力。尽管我们可以从他的《李有才板话》或他的短篇小说《登记》、《传家宝》等反映农村生活变化尤其是反映农村妇女的小说看出，这并非赵树理的专长。《三里湾》描写一个遥远的北方农村新生的农业合作社建设一项水利灌溉工程的故事。村民们在干部带领下，采用了新方法，克服了唯利是图的包工头和自私自利的中农分子设置的种种障碍，从而使他们受到现实的教育。在这部小说里，赵树理重新捡起了早期作品中的幽默风格，尤其表现在描写青年人温柔的爱情追求方面。但从总体上看，赵树理的涉及面太广了，《三里湾》显得不够紧凑。最为遗憾的是，他的《灵泉洞》始终未能完稿，该书的第一部分于1959年首先发表。他的这部作品描写山西乡村人民在1940—1941年间抗击日本侵略者和四处抢劫的国民党残余部队的故事，这代表了作者回到了早期拿手的写作风格。作者从往昔陈旧的军事题材中，从容地呼唤英雄形象，挖掘丰富的乡村文化，用令人轻松而不是粗野嘲弄的笔法处理小说中的巫术、迷信成分。

60年代，赵树理仅仅写了少量不甚出众的短篇小说。后来他受到批判（错误是突出了中间人物），"文化大革命"高潮期间，他在一次愚昧的动乱中惨遭迫害致死。

丁玲（1907年—　）在1948年出版了一部反映土改的著名小说《太阳照在桑干河上》，该小说荣获1951年度斯大林文学奖。40年代末，土改运动随着共产党军队横扫华北大地而蓬勃发展，这时，丁玲的那部小说才由原来粗糙的、公式化的框架发展成鸿篇巨制。小说揭示了一个基本的道理，教育农民清楚认识到地主就是他们的剥削者。地主在富农中寻找联盟，寻找易受他们欺骗的追随者。他们的诡计欺骗了幼稚的干部，但到最后，村民们在经验较为丰富的外来干部的帮助下取得了进步，识破并阻止了地主的反动计谋。

丁玲凭借她所受的几年训练，成为一名作家，她早期的小说是富有浪漫色彩的独白，延安时期，她以现实主义的手法暴露社会，这使她在40年代初期遇到麻烦。在《太阳照在桑干河上》中，丁玲用现实主义和浪漫主义相结合（尽管从未承认过这一点）的创作手法，给年轻一代的作家们提供了一个成功的范例。比如丁玲用的是田园诗般的优美笔调，描写受到人们高度赞美的苹果园：闪光的露珠晶莹透明，村里的顽童光着屁股无忧无虑地玩耍……丁玲诗意化的语言足以驱散任何理想化的怀疑。丁玲在这部小说里，用较短篇幅勾勒了顽固的地主钱文贵，他的侄女儿黑妮和程仁之间错综复杂的相互关系。程仁以前是钱文贵的帮工，也是黑妮的情人，现在，他是农协主席，威信渐长,钱文贵企图通过黑妮引诱程仁。顾涌是一个勉强接受共产主义改造的中农,但最后,他却向人游说尊重他好不容易得到的农民身份。这部小说的反面人物很有意思,但没有正面人物形象那么光彩。比如,小说嘲讽一位教师的无耻,这位教师喜欢替地主拨弄是非、贩卖谣言。他制造的谣言是地主的主要资源之一;又如那个傲慢自大的文采,他让人明白他所学到的书本上的社会主义理论是荒唐的,不适用于他所面对的客观现实。

另一部获得斯大林文学奖的土改小说《暴风骤雨》也发表于1948年,作者周立波(1908—1979年)是位老党员。小说的标题指的是毛泽东曾经用来形容觉醒的农民运动席卷中国大地的景象。周立波曾经翻译过肖洛霍夫的《被开垦的处女地》,《暴风骤雨》模仿了该书的写法。当然,周立波本人也没有自诩过是一个搞创造的作家。《暴风骤雨》尽管很翔实地描绘了农民生活,这表明他观察生活很细致,但是,作品塑造的人物形象还是缺乏丁玲小说人物的深度和细腻。作者较满意的作品是他后来的《山乡巨变》(1955年),小说描写了50年代中期湖南的一个乡镇为成立农业合作社而展开的斗争。但是,周立波把笔墨着重于性格坚强的硬汉,以及他笔下人物的婚姻关系上,这使他遭受了批判,给他带来了痛苦。但是,正是他这种对于人性基本因素的细致关注,才使得人们深信,《山乡巨变》是新作品中最成功的五六部长篇小说之一。

战争小说

在西方现代文学看来,1914—1918年的第一次世界大战事实上已经宣告了赞美战争勇士的终结。而恰恰与此相反,中国共产主义制度下的小说根本没有显示出对战争厌倦的迹象,中国作家不知疲倦地讴歌中国人民解放军及其领导者在抗日战争、国内战争、朝鲜战争时期的勇敢、智慧,讴歌他们如何痛击敌人,歌颂军民亲如一家的鱼水之情。

《新儿女英雄传》是夫妻作家孔厥和袁静所著,他们早在1947年就写过反映农民和部队生活的短篇小说《受苦人》。但是,他们50年代初离婚，文学上的合作关系也结束了。

19世纪满族文人文康写过《儿女英雄传》，那里面试图教育青年人通过尽孝道才能建功立业。而孔厥和袁静笔下的人物是"新"英雄。主人公牛大水和他的妻子杨小梅，以及他们的同志受新道德（即对国家、对党的忠诚）而非旧道德的影响。八年抗战影响了生活在河北白洋淀的人们，小说的主人公就是八年抗战的中心人物。小说细致地描写了共产党的抵抗规模如何逐渐扩大，从搜集溃逃的国民党遗弃武器的小股行动，发展到攻击敌汽艇、占领敌碉堡，乃至最后对城墙环绕的大小城市发动全面进攻。小说揭示了这样的道理：随着对革命新道德的不断认识，革命胜利果实日益扩大。小说有点说教的味道，但是，作者娴熟的叙述技巧引导读者的兴趣，而把说教的功能掩盖了。

孔和袁后来写了一部反映朝鲜战争的小说《生死缘》，想再次获得成功，结果却不很成功。

第二部表现共产党在抗日战争中作用的重要小说《吕梁英雄传》，也是一部合著之作，影响很大。作者之一的马烽（1922年—　）是在延安部队里成长起来的作家，在50年代以短篇作品多产达到其创作顶峰。《三年早知道》、《饲养员赵大叔》是他最好的小说，表现了学会合作的农民的活生生的形象。

另一位作者西戎小马烽一岁，尽管其文学成就不如马烽，但经历基本相同。《吕梁英雄传》采用章回体的形式、别具一格的语言，符合老式草莽英雄传奇的传统，所以，立即赢得了广泛的声誉。全书由100多个章节组成，虽然其中的很多章回可以自成体系。但是，小说的背景都发生在山西的山区，而且都围绕着一个村庄的民兵活动而展开，从而使整部小说统一起来。《水浒传》及与其相似的小说是这种生动活泼的传奇写法的典范，《吕梁英雄传》继承并发扬了这种中国民族文化的特点，因而可以说它是较好地符合毛泽东1942年在延安文艺座谈会上"讲话"的要求：作家要写出中国人民"喜闻乐见"的作品。

40年代和50年代初，战争为短篇小说和长篇作品提供了大量素材。刘白羽（1916 年—　）原来写类似小说的报告文学，此时，他继续从事这方面的创作。最近，他写了一篇关于华北油田的小说。但是，纵观他的作品，其中大部分英雄人物是与军人——日本鬼子、国民党军队和朝鲜战争中的美国兵——作斗争，而不是以大自然为对手。因为他是部队的一名重要的文化工作者，他这样写符合他的身份。也许是因为他太关注部队生活，刘白羽多产的作品描写的大部分是不怕敌人枪弹的那种喜剧性的英雄形象。其中最有名的作品是短篇小说《火光在前》（1952 年），该小说描写内战中抢渡长江的战斗经历。不久以后，刘白羽转向写朝鲜战争。但是，也许还是杨朔（1913—1968 年）的《三千里江山》更能代表这段历史的小说创作，这可又是一部短篇小说。这部小说以刻画中国人民志愿军的火车司机吴天炮不屈不挠的精神为中心内容。

　　这些作家所面临的技术性问题是，应该多围绕战争场面的急剧变动来写，从令人兴奋的战斗而不是孤立的游击战，到描写大规模的战役。1951 年，柳青（1916—1978 年）写了《铜墙铁壁》，小说写的是建造粮仓，而不是写某一个英雄人物，作者试图在小说中解决上述问题，但总的来说，尝试是失败的。小说写到青年干部史铁夫被国民党抓到后，叙述的思路才清晰起来。从这以后，粮库转入背景，作者描写抵抗和逃亡的惊险故事也变得流畅了。杨朔的《三千里江山》成功地设计了一列给前方部队运送军火的列车，大胆地想象列车藐视隐蔽的敌机投下的炸弹。但是，可能由于要为志愿军战士树碑立传，小说几乎没有尝试在战略部署方面花大量笔墨来刻画战争场面。

　　从这一方面看，1954 年出版的杜鹏程（1921 年—　）的长篇小说《保卫延安》达到了新标准，至今仍是战争题材的优秀小说。小说描写主角周大勇是一尊带着"一双炯炯有神眼睛的铁铸塑像"。1947年，国民党发动大规模攻势，企图占领共产党的政权所在地延安。周大勇便出现在这样一个大背景中。共产党主要的战略家在小说中出现，最著名的就是脾气倔强的彭德怀。主人公所受的政治教育是他对最高指挥部真实的战略意图的认识不断提高的关键。在共产党守卫部队暂时撤离延安时，周大勇大胆地装出假象，引诱国民党主力部队远离其供应补给线。周大勇由于鲁莽，几乎使他陷入绝望。不过，这也使他逐渐认识到，个人英雄主义行为必须在整个战略部署指导下，把敌人紧紧拖住，直到敌人弱点暴露才可向敌人发起进攻。与打日本侵略军不同。打日本占领军多为零星袭扰性的，共产党现在面对的是能在一次战役中投入几十万部队的敌人。周大勇战胜了创伤和疲惫，战胜了一次又一次差些把他的小股兵力击溃的强大的敌军，他的胜利被牢牢地置于红军从防御转向进攻，乃至最终取得全面胜利的那种铁一般的宏大的整体框架之中。

1959 年，彭德怀由于直言上谏、反对毛泽东的"大跃进"运动而被贬职。杜鹏程和他那气势磅礴的小说连带遭殃，《保卫延安》成为禁书，1963 年被勒令销毁版型。尽管杜鹏程以后还继续写关于公社化及社会主义建设的作品，但是，他再也没有尝试写像《保卫延安》那样的大部头作品了。

工人题材的小说

1942 年毛泽东延安讲话确立工人、农民、军人为新文学的服务对象。三者之中，工人题材的作品出现得最晚。除了巴金描写煤矿生活的《雪》（该作品深受左拉《萌芽》的影响）、张天翼（1906 年— ）和其他作家的一些作品以外，以前几乎没有工人题材的小说。小说家们从苏联文学中找到了样板，比如格拉特科夫的小说《水泥》，还有厄普顿·辛克莱，他们在 30 年代就驰名中国。

在以中国工人生活为题材的小说中，第一部重要的作品是草明（1913 年— ）所写的《原动力》。草明是广东主要作家欧阳山（1908 年— ）的妻子。新中国成立后的恢复时期，草明曾在东北地区的水力发电厂和钢铁厂从事过政治思想工作，她的工作为她的创作提供了素材。尽管草明在《原动力》里把老工人老孙放在笔墨的中心，但她还是把建设水电站本身当做该书的一种群体形象，并取得了一定的成功。日本鬼子和国民党军队撤离时捣毁的工厂像一片废墟，遗弃在东北冬季严寒的天地里。当工厂修复后，发出隆隆之声，重现出它的活力时，草明写了好几段文字，深情地歌咏工厂的变迁（如第九章，写妇女们在湖边采花时工厂成了田园牧歌式背景的一部分）。

一开始，老孙就显示了英雄人物的品性，如奋不顾身地从冰封的池塘抢捞出宝贵的油料。老孙既坚忍不拔，又机智乐观。小说中有一段小插曲表现老孙的外交手腕，甚至有点"狡猾"——他哄骗当地农民交回他们偷来的屋顶铁盖板。被任命为厂领导的王运明是一位有事业心的干部，他运用群众路线，意识到要信任这位老工人，而不是殷勤的工会主席及受日本教育的技术专家，从而使自己受到了政治教育。根据毛泽东后来所用的语言，与这些人的紧张关系是非对抗性矛盾，是先进的工人阶级自身内部的矛盾。但是，这一充满戏剧效果的情节主要还是从与国民党故意破坏捣乱的对抗性矛盾中产生出来的。这些冲突表明《原动力》属于早期的工业恢复阶段的小说。

草明早期写过反映农民生活的短篇小说，而继《原动力》之后，她又写了《火车头》（1950年），题目喻指马克思主义是推动历史前进的火车头。小说反映的是火车上的工人和干部政治觉悟的不断提高。1959年，草明又写了长篇小说《乘风破浪》，歌颂"大跃进"的大炼钢铁运动。不过，后来的这些小说大不如《原动力》影响巨大，《原动力》有不少模仿者。柯岩1954年发表了《王青春的故事》，虽然小说中的英雄，即这部虚构的自传体小说的主角是老孙的晚辈，但这部小说重复了通过生产过程的考验使政治觉悟不断提高的主题。雷加（1915年— ）的《春天来到了鸭绿江》（1954年）探索了与《原动力》类似的主题，只是水力发电厂的背景换成了造纸厂，再有，这时的工人们要克服他们与党干部之间的官僚障碍，还要应付复杂的机器和人民的（阶级）敌人，雷加这部小说是他《潜力》三部曲中的第一部；以前，雷加也写过许多反映劳动人民生活的短篇小说。

随着第一个五年计划（1953—1957年）的实施，重工业，尤其是钢铁生产成为人们引以为骄傲的地方。来自东北"钢都"鞍山的一位小说人物王青春是一位建设者。但铸造厂的工人形象更为突出，这就是继《原动力》之后又一部反映工业方面的重要著作《百炼成钢》中的主人公。这部小说于1957年发表，作者艾芜（1904年— ）是新中国成立前具有左翼倾向的一位多产作家。艾芜在这部作品里显示了他的创作技巧，尤其是为了适应读者的趣味，作者有几段文字详细地描写高炉的操作过程，说明其中的问题。主角秦德贵是一位炼钢工人——工业骄子，工业题材小说没有哪一个形象超得过他的魅力。小说一开头，就有秦德贵一个特写镜头，他利索地脱掉带着火焰的石棉手套出现在高炉口边。那时正值反对"又红又专"的当口，秦不如他的授业师傅袁廷发熟悉业务，也没有他那么强的竞争意识，但他比袁要"红"，他受为国家进步事业献身的思想意识的支配，而不是因为个人虚荣或物质待遇。他所取得的真正成绩与其说是炼钢，打破钢铁产量的纪录，不如说是"锻炼"他的同志们，因为他的工作是在领导干部的指导下解决厂里的主要冲突。这种冲突就是，一方面加快生产，一方面提高工厂和工人的福利。这些两难的要求使小说的情节固定在一系列真实的问题上，人们不会对这些问题提出疑问。但同时，掩盖了适合小说情节的破坏者的捣乱企图，而这就削弱了作品的结尾。

1958 年，主要的战争小说《保卫延安》的作者杜鹏程又写了长篇小说《在和平的日子里》。和《保卫延安》相比，被列为工业小说的《在和平的日子里》容量要小得多。这部作品的背景是发生在四川省的宝成铁路施工，但实际上，这是杜鹏程描写战争小说的一种继续。小说的主要人物都是战斗英雄，为了适应和平和重建的需要，这些人相应地成了该小说的主角。阎兴天生是一位领导，却能使自己屈从于群众的意志。而梁建在战争年代能出生入死，但在长期的和平环境影响下，有浓厚的个人主义意识。梁建因为悲观主义而消沉颓唐，但阎兴却每每在艰难困境中显示出力量。杜鹏程没有浮夸的、感情奔放的语言，但他像在战争小说里一样，充分发挥了擅长描写野外场景和与大自然抗争的优势。他写作中的浪漫热情使人想起了罗曼·罗兰。在下面的一段文字中（工人们手挽手正在抢运大袋水泥），他写道：

> 阎兴感觉到：狂风抽打工人们，好像在激发人们无穷的力量！浪花拍击工人们，好像要使人们的情绪更加昂扬！电光闪

闪，好像在给工人们照路！[①]

新戏剧

50 年代初期，许多城市的旧剧院修葺一新，新剧院平地而起，表演学校纷纷创办，古装传统戏剧作品得以编辑和再版。周恩来这位古装戏迷对此给予了强有力的支持。1952 年，第一届地方戏剧艺术节在北京召开，20 多种传统剧目重新上演；1957 年举办的第二届地方戏剧艺术节增加了上演的剧种。对剧目进行了联合审查：凡淫秽台词和姿势一律禁演，所有上演的京剧和其他传统曲目，其内容如果被判定为过于迷信或"封建的"，也一律禁演。

然而，改写比彻底禁演更习以为常。一出戏因改写而得救的有趣的例子是《白蛇传》，它已被大剧作家田汉（1899—1968 年）作了较大的检查和处理。传统的剧本并无隐晦之处，但总的来看，白蛇虽然以人体的妖魔之美出现，但显然贴有邪恶的标签，最终被方丈法海的佛力给镇住了。田汉的剧本把角色颠倒了过来，改为法海及其迷信的妖术被挫败，剧终时白蛇在暮日之中消失（这是被解放的妇女的缩影）。白蛇和侍女小青蛇这一对，由于将其原来令人神魂颠倒的魅力修改为只是赞颂女性之美，必然失去了某些戏剧效果，但该剧通过了审查，得以继续上演。1956 年，经过删节，剧情更显紧凑的苏州昆曲《十五贯》也作为"推陈出新"政策的优秀成果，受到了热烈欢迎。

50 年代初，有两部剧作以话剧形式反映了当代社会问题。话剧是 20 年代以后在中国发展起来的。杜印（1916 年— ）等人在 1951 年写的《在新事物的面前》考察了一位身为沈阳一家炼钢厂厂长的转业军人干部与他所必须依靠的能使钢厂恢复运转的技术人员之间的紧张关系。夏衍（1900 年— ）在 1953 年写的《考验》与该剧题材相类似但却更为复杂。夏衍曾经是 30 年代左翼剧作家的主要组

---

① 《在和平的日子里》，第 93 页，引自迈克尔·戈茨："中国当代小说中的工人形象（1949—1964）"，第 96 页。

织人，写过几部战时的剧本，对中国电影的发展做出了重大贡献。夏衍的"工业"剧本《考验》以"三反"运动为背景，尤其在那位西方培养的工程师同官僚管理的斗争中，表达了对他的同情，并通过该剧，较为克制地发出了在使知识分子为国家服务的过程中应给予耐心和理解的呼吁。

1954 年，曹禺（1910 年—　）写了一出与上述剧作主题相近的话剧《明朗的天》，描写了北京一家美国人创办的医学院里，人们如何逐渐克服自身接受美国科学文化带来的负面影响。另一位公认的剧作家宋之的（1914—1956 年），以其描写朝鲜战争的《保卫和平》和描写社会主义农业改造的《春苗》（1956 年），而对 50 年代的话剧作出了贡献。

陈白尘（1908 年—　）也属于中国的老一代剧作家。50 年代末，他写了几部讽刺美国"纸老虎"的剧本，但此后过了几乎 20 年，在周恩来和毛泽东逝世之后，他的下一部剧作《大风歌》才在 1977 年问世。

1954 年，夏衍被任命为文化部副部长。四年以后，他把茅盾在 1932 年写的中篇小说改写并拍成了很有影响的电影《林家铺子》。

1963 年，代沟成为两部剧本的主题：一是陈耘等人的《年轻的一代》，二是丛深（1928 年—　）的《千万不要忘记》。代沟是当时十分要命的问题：担心青年人身上的革命精神会逐渐失掉，他们不太明白为他们曾付出了多大的牺牲，把新社会诞生当作理所当然的事，有不知不觉地堕入资产阶级只顾自我的危险。一个特别棘手的问题是，他们不情愿去农村。在这两部剧作中，思想变修了的青年主人公都不可避免地陷入严重错误之中而不能自拔，然后在引导下认识到了错误。

在 30 年代的小说中，很少有比老舍（1899—1966 年）的小说读来更脍炙人口的了，尤其是他 1933 年写的讽刺小说《猫城记》，以及 1937 年写的名著《骆驼祥子》。《骆驼祥子》描写的是一个农村小伙子在腐朽的、无法忍受的北京街面上为生存而苦苦挣扎的悲惨故事。中日战争期间，老舍作为国统区爱国作家组织的一名领导人，练就了运用民歌和短剧作为宣传工具的本领。1949 年以后，除了那部我们可视为未完稿但却令人悦目的自传体小说《正红旗下》之外，老舍没写任何新小说。这本写于 60 年代初的小说，直到 70 年代末才得以出版。然而，老舍的确在剧作家这门新行当里获得了惊人的成功。他的 20 多部剧本中，《龙须沟》是在中华人民共和国成立之后他最早获得成功的剧作之一，但 1957 年问世的《茶馆》虽然最初反应冷淡，但如今被认为是他最好的剧本。后来，《茶馆》获得了巨大的成功，且于 1979 年赴欧洲巡回演出。老舍以其对北京的风情，尤其是对城里穷人生活的十分的熟知，为上述两出话剧增添了激情，剧中妙语连珠。"龙须沟"是一条臭水沟的雅称，由于旧的腐败政府的忽视而造成的恶臭冲天是对生活在沟边的穷人命运的不折不扣的象征。然而这种惨景并没有使市政当局对这些栖身之地免征"卫生税"。共产党政权成立后，排掉了沟里的臭水，修建了排水道，居住在上面的人们开始了生产活动。这个城市恢复了活力的心脏地带呈现出一派生机勃勃的景象。类似这样的新旧社会的对比还贯穿于老舍的后一个剧本《全家福》中：民警为了使一个在旧社会因各种原因失散的家庭重新团圆而不遗余力。

话剧《茶馆》通过对北京一个茶馆的老茶客生活的三个阶段的描写，准确地追述了这个"旧社会"的衰落。这三个阶段是：1898 年（第一幕），满清没落的年月；1916 年（第二幕），北京控制在军阀手里；1946 年（第三幕），国民党人无望修补战争的创伤。随着时代的变迁，茶馆发生了许多变化，一个变得越来越显著的特征是：一组告诫"莫谈国事"的字幅。如果在第三幕（最后一幕）结束时，观众中愤世嫉俗的人想象第四幕会写中华人民共和国时期，茶馆里会出现更尖刻的字幅，这就不在老舍所能写的范围之内了。然而，在"文化大革命"到来时，老舍作为一名具有顽固不化信念的资产阶级作家而受到严厉的攻击，一般都认为他是因被红卫兵恶棍们殴打致死的。[1]

---

[1] 保罗·巴迪："死亡与小说——谈老舍的自杀"，载《译丛》第 10 期（1978 年秋季号），第 5—14 页。（更确切地说，老舍是投湖自尽的。——译者）

从"百花齐放，百家争鸣"到社会主义教育运动，1956—1965 年

小说中的批判现实主义

刘宾雁（1925 年— ）和王蒙（1934 年— ）在读者脑海里是紧紧联系在一起的。他们两人都是在 1956—1957 年中的"百花齐放，百家争鸣"期间，推出对官僚主义进行大胆批评的作品而一举成名的。两人后来都被打成右派，20 年没有发表作品。而且两人都是在推翻"四人帮"后，又拿起笔杆从创作生涯曾经中断的地方继续前进。刘宾雁主要是记者，仍在喷射他的愤慨。王蒙则早在他 22 岁时写的第一篇小说中，就表现出他的成熟和敏锐的洞察力。他现在被认为是中国最有成就的短篇小说家。

刘宾雁的作品属于报告文学类型，这一类文学作品或是揭露性的，或是歌功颂德的（这居多），允许使用事实材料，并且不拘泥于形式，虽然它应该是有很大一部分"逐字逐句"的对话。他的第一篇作品是《在桥梁工地上》，由于它达到一种空前坦率的程度（对 1956 年 4 月来说）而引起了轩然大波。作品中，桥梁工地上的工程总指挥和总工程师两人都是入党多年的老党员，都有赫赫战功，但都安于现状，因循守旧，在任何困难面前，总是将他们个人的利益放在第一位。作者将他们的所作所为的一些细节作了详尽陈述：在他们的墙上有一个意见箱，但是箱子上的锁锈死了。一个热情洋溢的年轻工程师被调离工地，而当报道者，即文章中的叙述者与他的老朋友工程总指挥阔别数月之后再次造访他时，发现他的管理方式没有一丝一毫的改进。

《本报内部消息》是一篇更长的报告文学，1956 年 6 月和 10 月分成两部分发表。① 这篇作品揭露编辑们对真相的歪曲和压制，他们或自高自大，或麻木不仁，主要是些自私自利的官僚主义者。故事视

---

① 《人民文学》1956 年第 6 期，第 6—21 页；第 10 期，第 48—59 页。

线中心是个年轻女记者能否入党问题，而这个问题最终仍未解决。看来她如要想入党就不能不对当地矿山及其他地方的情况作出肉麻吹捧的报道。"原来他是这么个主意！为了入党，倒可以不来维护党的利益！为了入党，倒要压制自己的意见！"（第21页）

王蒙的《组织部新来的青年人》发表于1956年9月，①跟刘宾雁的报告文学一样，都是刻画官僚政治的惰性的，但它是一篇更具匠心的作品。文章主线是一个没有结局的爱情故事，相当隐晦，不是一眼能看穿的。在当时以爱情为主线本身就是富于革命性的；周扬曾经否定了爱情作为一个重要主题的可能性：

> 在新的农村条件下，封建的基础已被摧毁，人民的生活充满了斗争的内容。恋爱退到了生活中最不重要的地位，新的秧歌有比恋爱千万倍重要，千万倍有意义的主题。②

评论家黄秋耘在这同一个"百花齐放，百家争鸣"时期，归纳了当代作家表现出来的几种爱情类型：

> ……"见面就谈发明创造"式的爱情，"扭扭捏捏、一笑就走"式的爱情，"我问你一个问题，你爱我不?"式的爱情，"由于工作需要而屡误佳期"式的爱情，"三过家门而不入"式的爱情……（最后一种类型原指的是一个古代神话中的英雄，他为了大众幸福而怠慢了他的妻子）。③

林震和赵慧文的关系是"新来的青年人"里的故事线索。林震原是学校教员，调入一个工厂党委组织部工作，他从那位幻想破灭的领导、与丈夫分居的妻子赵慧文身上得到了鼓励和支持。故事很巧妙地

① 《人民文学》1956年第9期，第29—43页。
② 周扬：《表现新的群众的时代》，第20页。
③ 黄秋耘："谈爱情"，《人民文学》1956年第7期，第59—61页。

把两个年轻人拉在一起，他们的接近成了冷漠无情、索然无味的党的官员活动天地里的一块绿洲，在这个天地里剔着牙齿的党的官员使人想起 30 年代张天翼笔下的那些小无赖；在这个天地里组织部长也承认他干枯、乏味、缺少情趣——"据说，炊事员的职业病是缺少良好的食欲，饭菜是他们做的，他们整天和饭菜打交道。我们，党工作者，我们创造新生活，结果生活反倒不能激励我们……"（第 40 页）——在这个天地里，一个党委组织委员在和林震的第一次谈话中显露出他的厌烦和嘲讽态度：

> "一九五六年第一季度，你们发展了几个人？"
> "一个半。"
> "你的'半'个是什么意思？"
> "一个我们报上去了，区委拖了两个多月还没有批下来。"
> （第 31 页）

总之，王蒙的故事勾画出一幅干部卷入厂里一场争论的画面，如此逼真，使人信服。参加争论的所有的人——干部、工人、管理人员、工长——走在一种偏向和另种偏向之间的刀刃上。

1957—1958 年中其他有影响的小说也被抨击为异端，是修正主义甚至是资产阶级的东西，因为这些小说很明显是干部文学，是为知识分子写的而不是为工农兵大众服务的。它们包括《美丽》（丰村），《来访者》（方纪，1919 年——　）。在丰村的故事中，"美丽"指的是当今青年的思想，对工作的献身精神及自我牺牲精神，但小说实际上讲的是一个年轻女干部为了加班加点工作，而不得不放弃谈恋爱找对象的令人沮丧的故事。方纪的"来访者"是一个被他唱大鼓的情人弄得心灰意冷的知识分子，这是一个要伤感得多的人物。这篇故事和唐代一个著名的罗曼史《李娃传》有相似之处。《李娃传》的主人公因长安名妓之故赶考落第，断送了仕途前程，但他仍得到名妓的帮助。方纪笔下的年轻助教则企图自杀，转而向党组织求援，向一个无动于衷的干部记者倾诉他的往事，最后以接受劳教结束。这两篇小说不仅都以个人的爱情悲剧为中心，而且在背景中它们都刻画出官僚作风的冷漠，在方纪的小说中甚至还有昔日烟花巷里的鸨母、捎客在新社会的残留。

替以王蒙《组织部新来的青年人》为代表的作品进行最有力辩护的是秦兆阳（1916 年— ）的文章。这篇文章出现在小说发表的同一月份里，即 1956 年 9 月，是以"何直"这一假名发表的。[①] 这是一个宣言，此等宣言为数不多，被要求有更多创作自由的作家举为旗帜，一直举到 60 年代中期。它也同样多被好挑毛病的党的辩护者们所引用。青年作家刘绍棠（1926 年— ）响应了秦兆阳的主张，受到严厉的批判；秦兆阳本人有更强大的根底，他当时是首家全国性文学杂志《人民文学》的一名编辑。这两个人口头上都说了些要贯彻毛泽东 1942 年在延安对作家们所做的指示，刘绍棠将毛的基本原则复述如下：

> 文艺为工农兵服务，政治标准第一和艺术标准第二，作家深入生活和思想改造，过去、现在，以至无穷远的将来都同样具有最根本的指导意义。这些原则和定理，是不容许修正或取消的，而且也是无法修正和取消的。[②]

但是毛的教导被曲解了，秦兆阳认为正确理解中最大的障碍之一，是 1934 年苏联对社会主义现实主义的定义：

> 社会主义现实主义要求艺术家对革命发展中的现实作真实的、历史的具体的描述，其中的真实和历史的具体必须与思想改造和劳动人民的教育任务结合于社会主义精神之中。[③]

---

① 何直："现实主义——广阔的道路"，《人民文学》1956 年第 9 期，第 1—13 页。
② 刘绍棠："我对当前文艺问题的一些浅见"，《文艺学习》1957 年第 5 期，第 7—10 页。聂华苓编：《百花齐放的文学》第 1 卷，第 63—71 页。
③ 杜威·W. 福克玛：《中国的文学教条与苏联影响（1956—1960）》，第 116 页。

像刘绍棠所评论的：

> 如果不认为生活现实是真实的，并且写作本身应该关照现实底"革命发展"的话，就会迫使作家们去粉饰生活而忽略生活真正的特征。按照"革命发展中的现实"原则，作家们就不应该反映社会主义社会中的问题或者刻画那些被忽略的社会层面，因为这些都是暂时的，可以解决的事情，可是，牵涉到现实主义时，"现实"的意义何在呢？

毛的指示很多地方得助于瞿秋白和瞿秋白对苏联模式的解释，由于机械运用苏联理论和生硬执行毛的指示，近几年教条主义盛行，单调和矫揉造作的文学作品充斥文坛。秦兆阳呼吁用"社会主义时代的现实主义"代替"社会主义现实主义"。他的"社会主义时代的现实主义"只是重复了胡风的理论文章中的基本原则。胡风（1904年——　）刚于一年前成为那场最严酷的运动的牺牲品，运动的结果是将胡风作为反革命分子逮捕并将他逐出文学舞台（1981年胡风得以平反）。现在秦兆阳的现实主义是一种更诚实、更持批判态度，同时更富人情味的现实主义，胡风的很多理论原则又重新出现了。更诚实意味着描写非真实的社会主义天堂的夸张成分将会减少。更多批判的精神意味着允许在文学作品中反映和剖析新社会存在的现实问题。在"人情味"的名义下意味着个人可以抒发感情，可以对现实的各个方面发表看法，而不仅仅局限于阶级斗争。

过去的某些文学模式在胡风以及像秦兆阳那些人的理论文章中频繁再现，这些人在百花齐放期间试图扩展写作范围，而不局限于狭窄的正统思想领域之内。高尔基和鲁迅是被引用得最多的，肖洛霍夫次之，而讨论仍然集中在胡风的两位偶像身上——巴尔扎克和托尔斯泰。一位是旧基督教的保皇党人，一位是神秘的无政府主义者，他们的作品却都构成了19世纪现实主义的基石，这就雄辩地说明了应把艺术家与特定的政治活动分开来。当时理论界和批评界讨论的关键问题是：艺术家的自主问题，他们需要的创作时间，他们对思想改造的恐惧，他们对被摆布的反抗。一个作家可能受到的琐细的清规戒律的约束情况，可以从姚雪垠（出生于 1910 年）讲述的一桩趣事中窥见一斑：

> 我曾经写过一部中篇小说，其中有一个次要角色是一个落后工人，有浓厚的宗派情绪和嫉妒心理。如果他看见别人装错齿轮，他会抄起双手不管，机器从而不能正常运转。出版社的某些编辑同志认为工人不会这样的，要我把这个工人改写成特务，我不同意，这部稿子就压下来了。[①]

中国的读者或许应该感激"某些编辑"，他们拒绝发表也许正促成了姚雪垠决心投身于远离当代生活的题材创作，即一部宏伟的、多卷本的关于推翻明朝的农民起义领袖李自成的长篇历史小说。《李自成》1963 年开始出版，最近几年连续再版仍极受欢迎。

革命浪漫主义："大跃进"时期的诗歌

对要求自由的呼声反击最猛烈的文字，有些来自李希凡（1927 年—　）和姚文元（1930 年—　）。李希凡因于 1952 年批判俞平伯（1899 年—　）而成名。他指责俞平伯对 18 世纪的古典名著《红楼梦》作了"资产阶级"的阐释，这一中伤酿成了政府对知识分子思想进行控制的第一次重要运动。姚文元要晚一些，1965 年他把吴晗（1909—1969 年）的《海瑞罢官》定性为难以令人接受的针对毛本人的讽刺文学，从而作为"文化大革命"的一名主要鼓动者出现。后来姚因是千夫发指的"四人帮"成员而遭人唾骂。发表正统路线的主要声明的任务留给了周扬，他于 1958 年 3 月发表了一篇权威性的概说。[②]

---

① 姚雪垠："打开窗户说亮话"，《文艺报》1957 年第 7 期，第 10—11 页，译文见聂华苓编《百花齐放的文学》第 1 卷，第 81—96 页。
② 周扬："文艺战线的一场大辩论"，《文艺报》1958 年第 5 期，第 2—14 页。

周扬提倡的新公式是"革命的现实主义与革命的浪漫主义相结合"。这是毛泽东的理论。周扬一提出，郭沫若立即表示欢迎。按照这一公式，社会主义现实主义就成了强制性理论，大家对现实只能抱乐观的、向前看的态度了，对刚刚掀起的"大跃进"来说这不失为一句极好的文学口号，"大跃进"也是把那些没有被划成右派而实际上已经保持沉默的作家如刘宾雁、王蒙等搞得无所适从的极好方法。

"大跃进"的总口号是"多、快、好、省"，这是各个生产领域的指导方针。夏衍为他的同行们将这句口号改了一下，要求"写得又快又好且适于上演的大量的剧本"。① 各类作家宣布创作定额来响应这一口号：巴金在一年时间内承担了一部长篇、三个中篇再加上一本译著的任务。田汉宣称他将写十部戏剧和十个电影剧本。这些计划无一完成，茅盾为他的短篇小说画了一个一万字的最适界限，并要写五千到六千字半小说性的"报告"。② 为凑指标，小小说受到青睐。

在写万首诗、唱万首歌的口号推动下，诗歌领域率先完成了"大跃进"的创作指标。

自 8 世纪以来，五言或七言押韵的四行诗在中国诗坛占据了一个颇为荣耀的位置。在 1958 年的"大跃进"年代，五言和七言是创作高产诗的理想工具，它能抓住稍纵即逝的灵感。

> 花生壳，圆又长，
> 两头相隔十几丈；
> 五百个人抬起来，
> 我们坐上游东海。③

夸张到这等程度就变成了喜剧了，但当形象引人注目时仍然给人

---

① 夏衍："多、快、好、省，量中求质"，《文艺报》1958 年第 6 期，第 26 页。
② 茅盾："谈最近的短篇小说"，《人民文学》1958 年第 6 期，第 4—8 页。
③ 引自赵聪："1958 年的中共文艺"，《祖国周刊》1959 年第 26 卷第 9—10 期，第 43—46 页。

留下深刻印象：

> 稻堆堆得圆又圆，
> 社员堆稻上了天；
> 撕片白云揩揩汗，
> 凑上太阳吸袋烟。[①]

不仅仅是大丰收（不管是已收获的还是希望的），而且发电、油井、钢厂、森林和渔场保护部门，以及每个生产领域都在这些"新民歌"中被赞美得无与伦比。"新民歌"是毛泽东提倡的，广大民众也蜂拥而上，彼此赛诗。其精华部分被选进郭沫若和周扬命名的《红旗歌谣》中而备显尊贵。"写万首诗、唱万首歌运动"本身或许并不夸张，因为那时确实创作了大量诗歌。这场运动力图将全国推进到共产主义的黄金时代，因为那时每个人不论男女，都成了诗人。举办诗会，优胜者获奖。模范工人用同志们写的赞美诗装饰他们的车床。据称光是在上海，就有 20 万工人参与了文学活动，创作了 500 万篇作品。

通过对红花、红太阳、"愚公移山"、万众一心重整山河的描绘，诗歌创作的浪漫主义渐渐达到一个高峰。诗人和劳动人民融合一体，成了一个巨人，一个高耸入云的普通人：

> 天上没有玉皇，
> 地上没有龙王。
> 我就是玉皇，
> 我就是龙王。
> 喝令三山五岳开道，
> 我来了！[②]

[①] 郭沫若、周扬：《红旗歌谣》，第 218 页。
[②] 同上书，第 172 页。

按郭沫若对"社会主义现实与共产主义理想结合"① 这一形式的注释，浪漫主义达到一个新的巅峰。激情的文字所创造的美境使人们眼中见到的现实难免逊色了。

"大跃进"时代的夸张当然不只限于那些新一代年轻的通俗诗人（经常是失误的），甚至在卞之琳这样的大诗人极有分寸的想象里，修建北京城外十三陵水库的挖土工也成了巨人：

> 你这是干什么
> 一铲又一铲？
> 二十五万亩水浇地，
> 要在我掌心里涌现！②

对"新民歌"的这种贡献使卞之琳得以在这个紧张的时代里有了一点机动余地，从而可以和何其芳及其他人一起，反对那些将这种简单的小诗尊为新诗的唯一形式的人的论调。何其芳在 50 年代主张，除了自由、松散、叙述式的诗体外，还要发展格律形式严格的诗。何和卞都不是高产诗人，但何是从 40 年代解放区来的，政治地位无懈可击，这使他颇具分量。

50 年代早期出现的一个现象是在开发西部疆域中一大批年轻诗人从云南和西藏高原，从新疆和内蒙古草原和沙漠中涌现出来，他们将那些广漠的疆土、个人领悟的激情都化成了高度浪漫化的抒情赞美诗。公刘（1927 年—　）生于江西，1956 年他迁居北京时拿柔弱的南方与坚硬的北方对比道：

> 绿色的南方向北方送礼，

---

① 郭沫若："就目前创作中的几个问题"（答《人民文学》编者问——译者），《人民文学》1959 年第 1 期，第 4—9 页。

② 卞之琳："动土回答"，《诗刊》1958 年第 3 期，第 10 页，由劳埃德·哈夫特译，译文在许芥煜的《中华人民共和国的文学》，第 380 页。

> 礼物是水稻、树苗和我的歌曲。
>
> 于是在匆忙中,我失落了叶笛。
>
> 但北方递给我唢呐,
>
> 并且说,"这是你的武器!"①

公刘因领导改编云南撒尼族的口头叙事诗《阿诗玛》为汉文版而成名。阿诗玛是一位撒尼族姑娘,她因勇敢追随她的恋人而死在狠毒的头人手里,她的不朽形象鼓舞着当地人民寻求解放(当然最后总是由中国共产党领导的);这一故事被改编成了一部很受欢迎的电影。

梁上泉(1931年—)是四川人,他现在仍居住在四川。在 50 年代中期服完兵役后,他参加了内蒙古战斗的尾声——他的诗完全是从一个中国人的视点出发:

> 牛羊儿似珍珠,
>
> 颗颗闪光耀;
>
> 蒙古包似花蕾,
>
> 朵朵欲放苞。
>
> 台上烽烟不再起,
>
> 眼望彩虹心含笑。②

高平(1932年—)有一首关于一个藏族女孩的长篇叙事诗。地主为了除掉她,派她去找寻根本没有希望找到的羊群。(结果迷失在大雪纷飞中——译者)她的故事是以第一人称追溯直到她的死亡,随着她不幸的命运背景渐渐明朗而感人至深。诗中对话简洁,俨然是田间 10 年前写的叙事诗《赶车人传》的风格。

当少数民族开始有了他们自己能用汉文创作的作家,像藏族诗人

---

① 引自张钟的《当代文学概观》,第 63 页。

② 梁上泉:"长城内外",《山泉集》,第 76—78 页。译文在许芥煜的《中华人民共和国的文学》,第 181 页。

饶阶巴桑（1935 年—　）和蒙古族短篇小说家玛拉沁夫（1930 年—　）后，他们借鉴当地的色彩的兴趣就少了（虽然剧作家曹禺写《王昭君》时，曾为内蒙古的绚丽色彩所吸引，《王》剧应官方之约写成于 1978 年）。

"大跃进"对这些年轻诗人来说只是浪漫的乐观主义的一种延伸，1959 年梁上泉在抒写公社的果林时将大自然人格化，这是"大跃进"诗中常见的：

> 河有多长，果林就有多长，
> 站在河岸就像仪仗队，
> 迎接汽轮往高山上开，
> 投给客船以果实。①

跟大多数人相比，梁塑造的形象更为精致，并且他的对比有特别敏锐的眼光。对革命者来说，塔是迷信的产物，是压制力量的象征，压制了某种圣者的遗迹，（像杭州著名的雷峰塔那样，压着一个被囚禁的仙子）梁上泉在他的诗《黑塔》中把这种建筑描写成一个小镇的主要特征。而这个小镇现在建起了一个发电站：

> 我望着，我远远地望见，
> 又一座黑塔与它并排高站，
> 近看才知是火电厂的烟囱，
> 不息地吐着墨一样的浓烟，
> 暗夜在地上绘出繁星般的灯火，
> 白昼在天上绘出黑色的牡丹。②

"大跃进"时代出现的雄心最大的诗篇之一是阮章竞所写，并从 1958—1963 年经五年修改的《白云鄂博交响诗》。阮 1914 年生于广

---

① 梁上泉："彩色的河流"，《诗刊》1961 年第 6 期，第 16—17 页。
② 梁上泉：《开花的国土》，第 67 页。

东，但他是由于一首关于大西北三个备受蹂躏的农妇"翻身"的长篇叙事诗而成名的。这就是《漳河水》。早在50年代初这首诗被誉为李季的《王贵与李香香》的后继者。而《白》诗与早期的成功之作是不能相比的。它的主题，即克服蒙古牧民抵制工业化的迷信保守倾向，对过分浪漫化的叙事细线来说是太沉重了。而更糟的是，诗的开头是草原牧歌式的幽美，接着讲一位先人曾以鲜血去换取珍贵的水的粗犷的英雄行径，又讲老牧民保护神圣的泉水的决心——所有这一切使读者也觉得为开发矿藏而将水源破坏实在可恨，直到最后我们也远不能相信草原将"跃进到钢铁时代"——诗作者（兼宣传家）没有使我们相信他已摸准草原主人（牧民们）的心事。

小说中的英雄和中间人物

"大跃进"时期的短篇小说中最受青睐的一个模式，是说明如何引导个人主义的农民或工人消除思想障碍，相信集体努力会迅速提高生产的过程。作家或是主要叙述者，重访一个村庄或是工作点，惊异地发现一个典型的革命劳动者，正是两三年前那个头脑守旧、固执己见的人，并通过一系列倒叙了解到他这一转变过程。大量这类故事中因其幽默魅力而引人注目的一个例子是马烽写的《三年早知道》，"三年早知道"是那个精明的农民赵的口头禅，他想对互助组的养猪业作出贡献，于是在途中埋伏下一只奖得的猪，等候邻村的公猪经过。而邻居家用以遮盖的杂草堆太小了，于是他的计谋暴露无遗。赵的"成就"奖可悲地灰飞烟灭了，他受到教育而认识到自己行为的错误。故事结尾他变成了一个模范，阻止他的伙伴们掘沟使邻村的水改道以供他们自己使用。

另一种对比是以英雄的现在与不幸的过去相比，从而表明模范工人在社会主义时代不可抗拒的劳动热情。工人作家费礼文（1929年—　　）在他的小说《船厂追踪》中写到两个模范工人，他们回忆起在新中国成立前夕破烂不堪的船厂所受到的虐待，如今，即使拼命工作了一晚上之后他们仍然如此急迫地想返回到打铆工场，其中一个被党支部书记反锁在老工人休息室里，那只有跳窗逃跑才能继续他那已经遥遥领先的劳动额了，这种理想化的行为模式在这类小说中被竞相模仿，其可信度并不高，而更重要的是船厂的厂景，它散发着现代化大工厂迷人的魅力，巨大的汽轮船体在黑夜中隐约可见，被高空中铆工们的电筒突然照亮。

战争词汇的广泛使用反映了"大跃进"的迫切心态。最下层的劳动者变成了生产"大队"里（此字英文亦作"旅"解——译者）的"战士"，"精锐"工人们组成"突击队"，他们在与自然力量斗争时是"向天宣战"。而真正的战争继续为这一时期的英雄小说提供着素材，无论是纪念红军自己或是在过去年代战斗精神饱满的工人和学生。葛琴写的《海燕》，刻画了1926—1927年的上海的白色恐怖中一个年轻的女革命者形象。它采用电影剧本的结构，但并不乏充满激情的段落：

> 一阵密集的骤雨般的枪声，在铁路两侧的工人们手中发射出来。这神圣雄伟的枪声，它骄傲地震动着人心，震动着黑暗中的天空和大地。可爱的人们，站起来了，在暴风雨中勇敢地前进。[1]

新社会里缺少令人满意的反面人物。这就迫使小说家们不仅转向战争主题，而且转向1949年前党的地下斗争。两部重要的长篇小说运用这类素材导致两种大相迥异的结局。第一部《青春之歌》，作为小说及电影它对年轻人都构成非凡的吸引力。这是杨沫（1914年—　）1958年写成的，她在她的女主角林道静身上倾注了大量的浪漫希望。这个女孩在30年代早期由一个耽于空谈的学生成长为一个谨严的地下工作者，对她的情人（自由知识分子胡适的一个崇拜者）渐渐增长的轻蔑主宰着她的生命和行为，她先后热烈地献身于两位党的宣传工作者。《青春之歌》的风格和氛围很让人想起五四时期的左翼作家，例如胡也频（原文如此——译者）。女主人公受到的

---

① 葛琴：《海燕》，《人民文学》1958年第3期，第31—50页引文见第44页。

囚禁和拷问（她精神成长的巅峰状态）甚至也被高度浪漫化了。

第二部反映共产党地下工作的重要作品是《红岩》，由罗广斌（1924—1967年）和杨益言（1927年—　　）写于1961年。它与《青春之歌》的反差是明显的。杨沫的作品在出版后不久的一场重要讨论中受到批评，因为她的理想化的重要女主角的资产阶级立场，尤其是她的想法、语言，她整个的对革命行动的思考，都和群众的生活有着差距。杨沫令人感动地响应了这一批评，在修改版中加进了新的篇章，其中女主角林道静很不协调地被"派下去"——她在一个地主家以教师身份开展工作。和农村生活这种理论上的合并，最终并没有减轻我们如下感觉：作者和她的主人公都是透过五四知识分子玫瑰色的镜片来看待学生运动、党的地下工作以及整个革命进程的。

而与之相对，《红岩》则和理想的社会主义现实主义作品的距离十分相近。它基本上是纪实性的。罗广斌和杨益言没有写过别的小说。他们于1959年写成一本回忆录《在烈火中永生》，《在烈火中永生》是写重庆郊外中美合作社的一家集中营里的政治犯，以及像他们本人一样的地下工作者的亲身经历。时间是最紧张的内战后期，当时国民党正在抗战时的陪都作困兽犹斗。罗和杨据说花了10年时间将他们的回忆录改编成小说，并将300万字的草稿最后润色成大约40万字的《红岩》本文。错综复杂的叙述关涉到犯人们对剥夺、审问、诱惑和拷打的反抗，以及他们坚持不懈并最终成功地与监外的党的地下组织和当地的解放军部队取得联系。《红岩》提供了一系列坚定的男女革命者的群像图而并非只有一个主人公，也写到动摇分子和变节者，以及奸诈而绝望的国民党秘密组织的官员们。此书宏大的篇幅和严酷的主旨通过一系列强化写成的高潮场景而得到好评：许云峰在他单独监禁的牢房呕心沥血地挖掘越狱的地洞，直到他英勇就义；江姐面对高悬的丈夫血淋淋的头颅，镇静地开展她自己的工作；华子良为保持自己传递消息的角色而装疯三年。

《红岩》是为那些在二十多年的地下斗争中献身的无数共产党人树立的感人至深的纪念碑。它也许比其他共产主义文学作品拥有更多的读者，作为电影和舞台剧，它也具有最广泛的知名度。它所记叙的事件的性质和特征使它完全可以跻身于中国散文史诗的传统行列。

在所有那些力图反映中国新型的共产主义社会伦理的小说中，柳青写于1959年的《创业史》最具可信度。这是四卷本中的第一卷，而第二卷的第一部分直到1977年即柳青去世的头一年才出版。柳青的身份是无法指摘的。他于1916年生于陕西，20岁加入共产党，1938年奔赴延安。他发表过短篇小说，1947年写成他第一部长篇小说《种谷记》，这是以抗日战争时期陕西农村的互助组的发展为背景的。柳青在内战中的经历为他的第二部长篇小说《铜墙铁壁》打下了基础。这部小说中的中心人物石得富来自农村党组织，无论是国民党的严酷囚禁还是大规模战役中的英勇经历，都无损于他对农民兄弟们的忠心耿耿以及他和他们的紧密联系，从而树立起了一个崭新的游击队英雄形象。

这种英雄模式在《创业史》中得到了进一步发展。它基本是梁生宝的故事。这个青年农民对社会主义合作化意义的认识越来越高，对合作化给陕西农村带来的好处看得越来越清楚，于是他成了一个带头人就是很自然的结果了。梁生宝的魅力是此书成功的关键。他或许是个英雄，但他是个含蓄地表现出来的英雄。他是被慢慢地、而且是间接地通过他父亲梁三老汉充满批评的口吻介绍出来的，生宝总是先于自家财产而考虑集体利益，梁三老汉顽固的个人主义思想便受到公然冒犯。梁三老汉自身就是个引人注目的形象，他长期冥顽不化但最后转变成为关心集体、富于自我牺牲精神的新形象，并且作为合作化带头人的父亲而获得了一种新的尊严。在60年代中期一场大讨论中，这个"中间人物"被频频引用，因为他占据了柳青太多的注意力，但是要求将重点更专一地放在正面的英雄身上的批评家们，没有欣赏到这个乖戾的父亲作为一种烘托对那个"社会主义新人"——他的儿子梁生宝的宝贵作用。

慢慢地出场，而后笼罩在一束并不显眼的光束中，梁生宝在为合作社一次出差途中显示出他十分节俭，小说结尾则说他没有承担另一项任务并且同恋人又分了手，·因为恋人认为他们两人的个性都太强而不适于结成一项成功的婚姻。

《创业史》中的一个中心情节是梁生宝组织的到山上砍竹子编扫帚的远征故事。当时正值农闲，而合作社需要资金；但是对梁生宝来说更重要的是这是一次证明组织起来的集体力量的价值的机会。当他率领的人自动团结起来搭成一间草棚时，他在想象中获得了一种新的信心：

> 大伙这种亲密无间，乐乐和和的情绪，深深地感动了年轻的领导。生宝精神非常振奋，并不是因为自动要求他领导的人对他服从，而是他又从这种现象获得了一种新的认识。以前，他以为要改造农民，好嘛，在近几十年内，准备着年年冬季开通夜会吧！现在，他看出一点意思来了，改造农民的主要方式，恐怕就是集体劳动吧？不能等改造好了才组织起来吧？要组织起来改造吧？（第 403 页）

在整部《创业史》中，柳青关注的是梁生宝本质上是个普通人，这位可信的英雄从日常生活体验中学到的东西要比书本上的多得多。正是因为我们可以贴近小说中的中心人物，所以读者更准备接受柳青自己热情洋溢地抒发的对华北平原美丽田园的玫瑰色未来的幻想。

居于英雄和坏蛋之间的"中间人物"，对外界观察者来说他比前两种人更像人，他出现于文学作品中常常增加了作品的可信程度。他不会恶毒地阻碍人性向前发展，也不会暗中破坏革命——他并不是个坏蛋——但他将个人的舒适和利益置于第一位，因而落后于英雄人物，换句话说，就是那种中不溜的人，好几百年来已在生活中和文学作品中为人们所熟悉。

在意识形态专家看来，这种人已从中国基本上消失了，而代之以周扬所称的"新时代的人物"：

> 一些具有资产阶级偏见的作家总是认为：我们所描写的人民群众中的先进人物是不真实的，只有灰色的"小人物"或者卑劣的反面人物才是"真实"的。他们的论据是：每一个人都有缺点

和毛病，每一个人的心灵深处都隐藏着光明和黑暗的斗争，这就是他们的所谓"内心的复杂性"。我们反对把人物的内心简单化。新时代人物的内心生活，正是最丰富又最健康的。他们知道应当如何对待劳动，对待友谊，对待爱情，对待家庭生活，他们当然也有苦恼和内心的矛盾，也会有这样那样的缺点，犯这样或那样的错失；但是他们总是努力把共产主义的思想和道德作为他们一切行动的最高准则。[①]

茅盾站在相同的立场上：

选择题材中重要的是看它有没有社会意义，能不能反映时代精神。在人物刻画方面，要舍弃修正主义者按人物的本来面目描写的原则；人物身上的缺点必须表现为暂时的，可以改正的，如果无法改正，那就属于阶级敌人特有的注定要失败的象征。社会阴暗面要描绘成让读者明白这是消灭反动势力和解决矛盾冲突中不可避免的。[②]

因此，当邵荃麟（1906—1971 年）、秦兆阳以及其他一些人紧接着1962 年 8 月份在大连召开的一次研讨会，提倡更多地关注中间人物以提高生活的真实性时，他们被指责为倒退甚至是反革命活动，企图从献身于"共产主义思想和道德"的英雄人物身上转移注意力，而这类英雄人物，现在据称在总人口中占压倒多数。批判提倡中间人物主将们的文章一直在 1964 年晚期的《文学报》上连载，而且势头越来越猛，一直到"文化大革命"的爆发，这时所有的这类讨论当然不合时宜了。

陈登科（1918 年—　　）是个出生于农民的作家，他在抗战和内战的故事中认识了人生。他的长篇小说《风雷》（写于 1964 年）是关于

---

① 周扬："我国社会主义文学艺术的道路"，《文艺报》1960 年第 13—14 期，第 15—37 页。
② 茅盾："反映社会主义跃进的时代，推动社会主义时代的跃进"，《人民文学》1960 年第 8 期，第 8—36 页。（原文只是茅盾文章的局部概要，而非节选。——译者）

50年代中期将合作化强加给一个落后的村子（就在陈的家乡安徽省）的一部作品，叙述最为大胆，充满暴力。克服农民对合作化的抵制也是白危（1911年— ）写于1959—1963年的《垦荒去》的主题：在这篇小说中，河南省（作家1950—1954年曾在此工作）黄河泛滥成灾，留下大片荒地，党领导下的农民就是与这些荒地作斗争的。

孙犁（1913年— ）在50年代后期和60年代初期因他的关于农村生活的短篇小说而备受欢迎，这些小说描写老少两代人对合作化的不同态度，这多少有点赵树理方式。

在文学作品中反映工厂和矿山的生活始于职业作家草明、艾芜以及其他一些人，但到了50年代后期从工人队伍中涌现出一批写工业题材的年轻作家。唐克新（1928年— ）因为是无锡人，其作品（大多是短篇小说）是写纺织工人的。纺织厂也许缺乏一种由鼓风炉或煤矿产生的高度戏剧潜力，相对来说又小又旧的生产规模（至少是老式的纺织机）在工人中产生了一种持续的相互作用，在唐的作品中这些工人永远是嘻嘻哈哈、互相轻侮，但是到最后都互相激励着改进态度，提高生产率。《沙桂英》是一篇中篇小说，写的是一个模范青年纺织女工的成长过程。沙桂英的名字与古代女英雄穆桂英是同名不同姓，而穆桂英是评书和传统戏剧爱好者很熟悉的古代女英雄。沙桂英以对集体利益的无私奉献争取了一个落后同志，她和她换织布机，情愿用差一些的机器工作（后来她进行了修理）。她的高度政治良知让一个单相思者、男性沙文主义者邵顺宝感到羞愧，当然，经过她的责任感的灌输，他接受了批评。

胡万春（1929年— ）和唐克新联系很紧密，像唐克新一样，他的大部分作品仅限于短篇小说（虽然他也写过剧本和电影脚本），并且在"文化大革命"那些年里仍然活跃于上海。胡的背景是机械行业和钢厂，他的大多数小说都取材于此。他是个出色的文体家，能将日常生活司空见惯的现象加以提炼，使用到作品中，他最好的一些作品关注到老工人，像《晚年》（发表于1962年）中的顺发。顺发退休以后产生无用之感，而当他认识到他的工作对社会进步的贡献时感到一阵欣慰。胡笔下的年轻徒工身强体壮，有饱满的革命热情，但头脑容易发热；而那些老练的工人师傅则有一副令人敬重的尊严，因为他们是新社会的主人，有一种责任感。因此发表于 1958 年的短篇小说《步高师傅所想到的》的结尾，当炼钢老师傅的生产纪录刚被他的徒弟超过时，他感到的只是满足：

> 天亮了，红彤彤的太阳，放出了万道金光。从那轰鸣着机器声的轧钢车间里，又传出了咚咚锵锵的锣鼓声。原来杨小牛乙班的全体工人，创造了一个新的纪录。人们是这么高兴，这么有劲，生活呵！在奔腾地前进![1]

金敬迈发表于 1965 年的《欧阳海之歌》，现在也许可作为"文化大革命"狂热的不祥前兆来读。这位年轻战士为阻止一场列车事故而献出了生命。这种真实生活中的英雄行为被说成是他在旧社会不幸的童年以及毛泽东思想对他培育鼓舞的结果。但是令人困惑不安的是：只有病态般的视死如归，不畏牺牲，才是成为一个优秀共产党员的必由之路吗？作品明显地暴露出"三位一体"创作公式的弱点，这一公式是领导提出思想内容，群众提供生活素材，而作者贡献写作技巧。

60 年代的诗歌

毛泽东曾在延安《讲话》中提倡发展"民族形式"。1960 年，在一篇重要的政策性报告中，周扬描述了这方面所取得的进展：

> 在百花齐放和推陈出新的方针指导下，一方面继承和革新我国优秀文学艺术遗产，使它们成为先进的社会主义文化的一部分；另一方面使各种形式和体裁的新文艺具有更耀目的民族特色。[2]

---

[1]　胡万春：《特殊性格的人》，第 96 页，戈茨：《中国当代小说中的工人形象》，第 265 页。
[2]　周扬："我国社会主义文学艺术的道路"，第 15 页。

毛本人可以作为所有诗人的典范：要用群众语言进行创作，但又坚持彻底的传统古典诗词的风格。当然，毛能潇洒自发地这样创作，而他又轻描淡写地说他的诗不能真正算作对新文学的贡献。做诗填词只是他的爱好，而不必当成榜样去效法。然而请不要过于相信这句话：毛毕竟是一位伟大的诗人，他在传统的形式中融入了新的主题和意象，这就给其他诗人指出了一条道路，诗人们也很快效法起他来。

毛最好的诗写于建国前，像《长沙》、《雪》等，但直到 1957年除夕①才在《人民日报》上第一次公开发表。我们可以用《游泳》一词来说明他的成就，这首词是为庆祝他 1956 年畅游长江而写作的：

才饮长沙水，
又食武昌鱼，
万里长江横渡，
极目楚天舒。
不管风吹浪打，
胜似闲庭信步，
今日得宽余。
子在川上曰：
逝者如斯夫！

风樯动，
龟蛇静，
起宏图，
一桥飞架南北，
天堑变通途。
更立西江石壁，

---

① 《人民日报》1957 年 1 月 1 日。

782

截断巫山云雨，
高峡出平湖，
神女应无恙，
当惊世界殊！①

《游泳》一词严格地按照"水调歌头"这种古典词牌对音节和韵律的要求填写，运用了一首 3 世纪的民间小曲，提到新省会的建立和历史上被形容为"天堑"的长江。龟和蛇是长江两岸两座山的名字，它们都在武汉市；"神女"显然是指公元前 3 世纪的一首赋中一个帝王的情人，"子"就是孔夫子了。毛整首词驳斥的正是孔子的时间不变的观点（原文如此——译者）。通过运用巧妙的反语，毛把三峡水库和武汉新大桥这些今天的成就与古代引喻糅在了一起。从中可以看出它象征了毛的个人成就：铁腕使他跨越时空，统一了全中国，并带领中国进入现代社会。

像毛这样投入古典诗词创作的其他国家领导人中，陈毅大概要算最严肃的一位了。他曾是名叱咤风云的战将，后来任外交部长。他是位为人熟知的人物：1979 年沙叶新创作了一部诙谐的喜剧《陈毅市长》，颇受群众欢迎。它刻画了陈毅担任上海市长②期间那足智多谋的形象。1979 年出版了他的包括 150 首诗的诗集。尽管他对传统风格的诗的技巧驾驭得不如毛那么娴熟，也不如毛那样高瞻远瞩，但他的诗的确比朱德、董必武的生动。

60 年代，郭沫若转向了古典诗的写作，以便与毛和诗。其实，对许多作家来说，古典绝句确实是简洁的，它的魅力是难以抗拒的。甚至它也吸引了像萧军这样以现代写实散文而著名的作家。早年，他因与党的领导发生抵触，在延安时期就被逐出了文学界。但是，在那些受屈辱、遭放逐的岁月中，他始终保持着自己精神上的独立，在下

---

① 毛泽东："游泳"，选自《毛主席诗词三十七首》。
② 沙叶新还是早在 1979 年早些时候的《假如我是真的》一剧的作者之一，本章后面还要讨论当时对他的争论。

面这首绝句中，他通过老虎这一象征表达了自己的信念：

> 虎啸山林百兽惊，
> 旷野独行月色昏，
> 饥寒刺骨雄心老，
> 决不摇尾媚他人。[①] （未注明出处，按英文译出。——译者）

毛新旧兼容的主张明确地体现在戈壁舟的诗中。戈壁舟1916年生，从50年代起就成了著名诗人。1962年他发表了4首《新北邙行》组诗，北邙是洛阳附近古代陵墓的所在地，也是一个为人熟知的传统的供人凭吊的处所。但是，这组诗歌中却丝毫不含悲哀的意思。第三首末尾是这样的：

> 在这新洛阳市里，
> 旧洛阳哪里去寻！
> 彩霞里伊水似凤舞，
> 白云中洛河如龙腾，
> 看茫茫绿树大海，
> 排排烟囱森林，
> 座座工厂似战舰成队，
> 成队的战舰呵，
> 开始了万里航程！[②]

60年代初期，抒情诗人们的整体创作成绩不如他们之前的50年代前辈们那般绚丽多姿。革命显然还没有消除阶级特权，诗人们可以歌唱新社会的喜悦，但必须牢记还要挫败可能会再次造成威胁的反动

[①] 萧军1981年8月访问伯克利时，将写有此诗的一幅墨宝送给了作者。

[②] 戈壁舟：《北邙新诗四首》，《人民日报》1962年3月24日，译自S.H.陈的《隐喻与意识》，第44页。

力量。1964 年，陆鲁琪（1931 年— ）写了一首组诗《重返杨柳村》（组诗在那时十分流行），其中有一首叫做《算盘响》，诗中描绘了一本给人以深刻印象的革命账本。诗人所听到的响声不是拥挤在一处的牲畜发出来的，也不是公社丰收装运粮食时发出来的，而是打算盘的响声。这里，算盘象征着对旧社会苦难的累计，也象征着和地主"清算"血债的战斗。而现在算盘的作用也"转变"了，不是用来收租子而是用于算工分。①

严阵（1930 年— ）最初以《老张的手》一诗获得赞誉，这首诗集中描写了一个寸地全无的农民的一双手，生动地表现了他的"翻身"。这双手先是为地主种地，随后拿起了讨饭碗，再后来在革命中扛起了枪，又参加了修淮河挖新渠的工作。最后他回到自己的土地上，"叩响了大地的门环"。

1961 年，严阵完成了诗集《江南曲》的写作，它表现了农村富于诗情画意的美好生活，严阵将农村生活理想化了，使人想起旧戏中富于浪漫色彩的华丽辞藻。然而到了 60 年代中期，他那微笑着的原野显然也意识到了自己的冬天：

> 雪原上的松柏林：我赞美你，
> 你绿得浓郁啊，你绿得坚强。
> 深山里的腊梅花：我赞美你，
> 你开得热闹啊，你香得久长。
> 赞美啊，枝条正在雪下生添新绿，
> 赞美啊，根须正在泥里孕育芬芳，
> 冰块下，激流正在日夜欢笑啊，
> 天空间，春雷正在云霞里蕴藏，
> 谁说冬天是风雷的世界呢？
> 不，风雷只是冬天的一种现象。②

① 参考许在《中华人民共和国的文学》第 728 页上的译文。
② 引自张钟等编写的《当代中国文学概观》，第 74 页。

写这首《冬之歌》时，严阵正经历 1959—1961 年的三年困难时期，他通过吟咏 1 月盛开的腊梅，赞美了人民那坚忍的耐力，而不像 10 年前那样歌咏红牡丹，那时几乎是遵命而作。

郭小川（1919—1976 年）40 年代在延安时就开始了诗歌创作，到 60 年代，他成为主要诗人之一。郭小川尝试过的诗歌形式和主题非常广泛。他 1959 年创作的《望星空》节奏强烈、深刻感人，但却被攻击为有极端个人主义倾向，其实他的诗的主题通常是大众化的，比如他 1963 年用"新辞赋体"创作的《刻在北大荒的土地上》：

> 这片土地哟，一直如大梦沉沉！
> 几百里没有人声，但听狼嚎、熊吼、猛虎长吟；
> 这片土地哟，一直是荒草森森！
> 几十天没有人影，但见蓝天、绿水、红日如轮。
> ……
> 哦，没有拖拉机，没有车队、没有马群……
> 却有几百亩土地——在温暖的春风里翻了个身！
> 哦，没有住宅区，没有野店，没有烟村……
> 却有几个国营农场——在如林的帐篷里站定了脚跟！[1]

这首诗共有 17 小节，由大段隔行押韵的排比句组成，有力地表现了诗歌的内容，讴歌了那片严峻、荒凉却又值得奉献的土地。

郭小川是一位认真投入的多产作家。对他来说，大海提供着象征着人民群众革命力量的丰富隐喻，这在他的同时代人来看也是一样的。在《致大海》一诗中，他对大海的呼唤带有某种对词语的硬性注释：

> 我要像海燕那样，

---

[1] 郭小川：《甘蔗林——青纱帐》第 3—7 节，译文见许芥煜《中华人民共和国的文学》，第 685 页。

吸取你身上的乳汁，

去哺养那比海更深广的苍穹；

我要像朝霞那样，

在你的怀抱中沐浴，

而又以自己的血液把海水染得通红；

我要像春雷那样，

向你学会呼喊，

然后远走高飞去吓退大陆地上的严冬；

我要像大雨那样，

把你吐出的热气变成水滴，

普降天下，使禾苗滋长

使大海欢腾……①

　　郭小川较为著名的诗有：创作于 1955 年的组诗《致青年公民》；创作于 50 年代末期的《将军三部曲》以及《甘蔗林——青纱帐》，在后一首诗中，他极其娴熟而自如地运用风景对照描写手法，列举了祖国南北发生的社会主义变化。

　　和郭小川一样，贺敬之（1924 年—　）的诗歌创作也显示出苏联诗人马雅可夫斯基的影响。他直到现在仍不断创作"楼梯式"风格的诗（即形式上不断反复，诗行短小）。早期作品中，他则采用"信天游"对句的形式，这种形式是由民歌借鉴而来的，李季创作《王贵与李香香》时最先采用过。贺敬之的诗比郭小川的更明显地带有政治色彩。1956 年，他创作了《回延安》，这一主题在当时十分流行。他于 1963 年创作的《雷锋之歌》，讴歌了这位勇于牺牲的模范战士，使其成为社会主义教育运动中的最好学习教材。这首诗在当时各种风格类型的大量诗篇中十分突出。

---

① 引自张钟等编写的《当代中国文学概观》，第 82 页。

郭小川和贺敬之在他们的作品中都保持了那种无懈可击的热情，或许正是这个原因使得他们在"文化大革命"那个相当贫乏的时期，仍能继续成功地创作。

李瑛（1926年— ）在他创作的大约20个诗歌集子中，讴歌了30年部队生活中的那些战友们，赞美了他游历过的大好河山。他曾就读于北京大学，后来投笔从戎。在借鉴中国传统古典诗词时，他不是醉心于其中的引喻或过时的修辞风格，而是学会诗人用训练有素的眼光去发现新鲜的意象。《边寨夜歌》一诗用的是唐代神圣的主题，李瑛可能是希望求助于杰出的诗人李白：

> 边疆的夜，静悄悄，
> 山显得太高，月显得太小，
> 月，在山的肩头睡着，
> 山，在战士的肩头睡着。[①]

尽管李瑛和其他诗人一样，也感到有义务去写具有明显爱国主义、反对帝国主义主题的诗歌，但是他的创作主题更普遍地却是写战士的日常生活，抒发看到日出的欢乐（像戈壁上的"雄鸡的翎羽"），或是描写海岸堤坝下那汹涌奔腾的大海。他总是从小的事物落笔，为一盏瞭望灯、一棵枣椰树，或是一排防风竹篱，然后通过想象点出风景的神韵来。在坚定的浪漫主义到来之前，李瑛的诗也可能沉湎于感伤主义之中。他赞美一位炊事员走路比鹿轻，起得比鹰早，然而在诗的末了几行，他因结尾几行大胆描绘炊事员的形象而获盛誉：那位炊事员挑着烧早饭的水桶，一个水桶里盛着红太阳，另一个水桶里是蓝色的小山。

闻捷（1923—1971年）是写边塞风光的诗人，1954年，他创作了《吐鲁番情歌》，他后期的诗歌创作于60年代。这一时期，严辰（1914年— ）在他的诗中也热情歌颂了祖国大地的美好。在毛以后

---

① 引自张钟等编写的《当代中国文学概观》，第55页。

的时代，他担任了《诗刊》的主编，成为新诗最有影响的倡导者之一。

历史剧——一种表示抗议的工具

中国戏剧爱好者曾津津有味地讲述一件轶事，这件事能够说明传统戏剧形式大受青睐的程度以及它对新话剧发展的阻碍。话剧刚出现，还是新生事物时，有一次，一位剧作家去参加他自己创作的话剧的首场演出，但他迟到了，可他发现虽然演出已经开始，却仍有一群人在剧场门厅里闲荡。他问他们为何不入场，他们说："噢，演员们还没演戏呢，他们正站在台上闲聊"——显然，缺少音乐、歌曲、舞蹈动作的东西就不会被看成是戏剧。

人们曾经认为戏剧的形式是中国舞台上的精华，这导致了"革命现代戏"的发展，它成为"文化大革命"期间最高的表演形式（而且几乎是唯一的成果）。这些作品的真正开先河之作是《白毛女》。

迅速的作曲配乐的采用，使这种宣传形式很容易鼓动农民观众反对地主阶级，抗击日本侵略者，这构成了30年代以来解放区文化生活的一个特征。《白毛女》是超越这一传统、最富雄心与创见的一部作品，这一整出戏都是根据40年代初发生在河北的真事写成的。它由鲁迅艺术学院的师生们集体创作，在贺敬之的领导下修改定稿，这出戏后来成为中华人民共和国建国后头几年最受欢迎的舞台剧之一。

这个故事讲的是一位姑娘被恶霸地主抢去，后来逃了出来，在山洞中躲藏了数月，以树根野果充饥。穷困的生活使她变得满头白发，迷信的村民们昏暗中遇见她都以为撞上了鬼。直到八路军解放这里之前，地主一直利用"鬼"，以达到他那无耻的目的。姑娘以前的恋人跟着八路军回来了，他勇敢地站出来，驱除了"鬼"，找回了失去的爱。姑娘在剧中的结束语里，喊出："旧社会把人变成鬼，新社会把鬼变成人。"正义终于胜利地回来了。歌剧《白毛女》在1951年赢得了斯大林奖，可是，在"文化大革命"中《白毛女》的故事被改编成现代芭蕾舞剧，并搬上了银幕，而不是"样板歌剧"了。

田汉创作的《关汉卿》是新中国成立后上演的新戏中最感人的一出戏，同时也是最直露地要求给艺术家以自主权的一部作品。田汉在长达30多年的时间里一直是位多产作家，他还担任着戏剧家协会的主席。在《关汉卿》一剧的创作中，他对主题的选择是高明的。13世纪是元杂剧的鼎盛时期，关汉卿是当时一位开风气之先的剧作家。现在他被誉为具有戏剧表演和创作才能，对艺术有着深厚学术研究的民间艺术家。关汉卿可能行过医，当过演员，除此之外，对他的生平知之甚少。然而重要的是，他在多部戏中，都表现了鞭笞肆虐的富豪恶霸，保护受压迫妇女的立场。

田汉创作的《关汉卿》从本质上来说，表现手法是高度现实主义的，但是，其中又包含了很多像传统戏剧一样的快速变换场景的因素，带上了大量的历史色彩，又添加了一些关汉卿的杰作《窦娥冤》中的片断。《窦娥冤》里有些台词是中国戏剧里最有煽动性的。县衙门被描绘成一个倒扣着的碗，真理之光丝毫也不能透射进来，官吏们充耳不闻百姓的冤屈，窦娥这个年轻的寡妇被处决时，天气显现反常（时值盛夏，突降大雪——译者），表明苍天也认为她是无辜的。当时蒙古封建领主对这出戏中直露的内容不能容忍。命关汉卿修改剧本，以便为某位大臣表演时少一点攻击性。但关汉卿拒绝修改，他的演员班子也支持他进行勇敢的抵制。威胁和惩罚都不能使关汉卿屈服。田汉十分注意这些情节，并在他的剧中用这些情节组织起主要矛盾和冲突。田汉的这出戏最终以关汉卿被放逐为结尾。田汉给《关汉卿》以及另一出戏《谢瑶环》设计的结局预示了他自己的命运：他在"文化大革命"的高潮中死于狱中。

1961年发表的《谢瑶环》是田汉根据一部名叫《女巡按》的民间舞剧改编成的京剧。这部戏发生在唐朝武则天女皇统治时期，剧中，武则天被描写成一位受蒙蔽的统治者，她言路闭塞，过分宠信野心勃勃而又暴虐成性的大臣。谢瑶环作为武则天的钦差大臣，被派往地方上去安抚农村刚刚兴起的暴乱，这些暴乱是由那些大臣以及他们在地方上的爪牙的压迫行径所引起的，谢瑶环临死前拼着最后一口气提醒武则天皇帝要警惕大臣们所掌握的破坏性权力。

由于《谢瑶环》明显涉及到即将出现的毛领导的失误，这出戏被当做当代戏剧中的"三株大毒草"之一而遭到批判。另两株"毒草"是孟超编写的发生在宋代的鬼魂剧《李慧娘》，以及在《谢瑶环》前一个月发表的《海瑞罢官》，它是由杰出的历史学家吴晗（1909—1969年）创作的，这出戏是所有这些作品中争议最大的。吴晗从1949年起就极少发表作品，"大跃进"中他还受到了冲击。他认为要树立一个反对滥用权力的榜样，海瑞这个历史人物是一个最好的"古为今用"的典型。海瑞是16世纪一个学者型的官吏，明朝时有许多反对暴虐、仗义执言而牺牲生命的监察官、地方官和其他一些公职人员，海瑞是他们当中十分突出的一位。他第一次上书劝谏皇帝，就被判处死刑。这段故事早已被上海的演员兼剧作家周信芳改编成了新历史剧。吴晗按照传统公案剧的方法塑造海瑞。剧中，一开始海瑞新被任命为地方官，来审理告老还乡的太师之子犯下的行凶夺财案，海瑞站在受害农民一边，拒绝了太师的贿赂和威胁。地方豪门及其同党施展阴谋诡计，使海瑞被罢官解职。在戏的最后一场，海瑞拒绝移交官印，一直等到他听见行刑炮声已响，知道下属已按他的命令将罪犯处决，才将官印移交给他的继任者。

从形式上来说，《海瑞罢官》是标准的京剧，在九场戏中都有一些受人欢迎的老套套。例如，海瑞的老母多次重复孔子关于"德"的训诫。这出戏刚上演时并未引起太大的波澜。比起田汉的《关汉卿》，等鞭挞虚伪、暴虐的戏来要小多了，然而它最终却成为"文化大革命"的导火索，这种命运是批评家姚文元强加在它身上的。姚文元从1965年下半年开始了阐释这出戏的工作，从一种先验的结论出发，这出戏被读解成替彭德怀元帅翻案的辩护状，彭德怀元帅因为反对"大跃进"而遭降级并最终被清洗。那么海瑞就是彭德怀，而把土地还给农民就是主张解散人民公社，而在这一切（戏中强烈地暗示过的）的背后是被蒙骗的皇帝——毛泽东本人。

中国的"文化大革命",台湾的新作家, 1966—1976 年

革命样板戏

　　毛泽东的妻子江青曾是位演员,她致力于戏剧振兴。1964 年 6 月到 7 月间,在一次当代主题的京剧汇演中,江青作了一个发言,她批评传统戏剧"都是帝王将相、才子佳人,还有牛鬼蛇神"。[①] 而这种封建主义、资产阶级的垃圾必须要从舞台上清除掉,让位于表现当代主题的作品,另外还要从传统戏剧中、从西方流行的歌剧和芭蕾舞中尽可能地吸取音乐和舞蹈的营养。自 60 年代初起,出现了五出所谓的"样板戏"。《海港》是五出戏当中唯一一出非军事题材、具有严格当代主题的作品。它描写了与海港上的破坏者进行的斗争。《红灯记》和《沙家浜》是五出戏中最受欢迎的。它们的故事都发生在抗日战争时期,前者讴歌了铁路工人的英雄主义,后者讲述了一个茶馆的老板娘帮助抗日军队的故事。其余的样板戏(最早的那一批——70 年代初期又产生了几出)有《智取威虎山》,写的是 1946 年一个解放军小分队攻占匪巢的故事。还有一出是《奇袭白虎团》,是有关朝鲜战争中的故事。按照继续革命的理论以及不断创新的观念,样板戏经过了反复的修改。从早期版本到后来版本发生了很大的变化,即矛盾冲突越来越尖锐,反面角色被脸谱化,灰色调完全从英雄身上消失,再也不存在任何资产阶级的痕迹。《沙家浜》中的主角本来是茶馆的老板娘——地下党员阿庆嫂,可在作品的表演中,重点越来越落在郭建光和他所带领的解放军(原文如此,应为"新四军"——译者)战士的身上。郭建光在舞台上跳跃、造型时,他那令人目眩的白制服震慑着人们的双眼。

　　尽管样板戏充满了善与恶简单化了的表演,配乐也是为纯粹的艺

[①] 江青:"谈京剧革命",《中国文学》1967 年第 8 期,第 118—124 页。

术家所反对的柴可夫斯基式的，道具和灯光效果过于精致，但它还是产生了短暂的戏剧性的光彩，实现了真正的大众化，然而由于一再重复表演而削弱了它的影响。阿庆嫂是成熟的女演员想扮演的最主要的角色。为了打消别人怀疑她实际上是与共产党联成一气，她声称对所有的茶客皆一视同仁，包括忠义救国军军官刁德一。"人一走，茶就凉"，阿庆嫂一边唱，一边恰到好处地将狼狈不堪的刁德一手中的剩茶倒掉。她最精彩的片断出现在达到高潮的很长的第七场。伪军拖出一个老村妇，要把她当成共产党的奸细枪毙。忠义救国军军官们一直千方百计想揭开阿庆嫂那漠不关心的假象，这时候，他们盯着阿庆嫂——很快她就将暴露共产党员的身份了。然而沉默了片刻，她忽地站起来，"司令！"阿庆嫂开口了，他们等待着，但是阿庆嫂非常轻松自然地接着说道："我该走了。"反面角色的阴谋破产了。不久，他们特意留下老村妇的命，以便控制她作为诱饵，好抓住那谜一样村庄中其他的共产党员。

张永枚（1925 年—　）是"文化大革命"期间能够创作的极少几位作家之一：他在 1974 年发表的长诗《西沙之战》得到了江青的首肯。张永枚长期创作军队生活的诗歌，将革命热情融入作品之中。早在 50 年代初，他就创作了一首有关士兵传奇故事的诗（即《骑马挎枪走天下》，这是他最有名的一首诗歌），诗中，描写了同志情谊，军民"鱼水"关系以及朝鲜、越南战场上战士们英勇抵抗的事迹。

浩然的小说

至少对局外人来说，70 年代的中国文坛除了修改革命现代京剧以外，唯一的创作就是浩然的短篇小说了。这位作家如此之多产，以致有人怀疑说"浩然"不过是一个"文化大革命"的写作班子的共同笔名罢了。不错，"浩然"正是梁金广（1932 年生）的笔名，他所写的关于农民生活的小说是与赵树理、柳青这样的主流作家一脉相承的。

像抢救一匹瘦病马、修理一辆小推车这种事情，浩然也能够写成短篇小说（《一匹瘦病马》、《车轮飞转》）。写前面这篇小说时他运用了一个程式——这个程式虽非他首创，但他把它发展了，形成了自己的特色：叙述者——一个干部或者一个记者——重访一个村子时发现一个大有进步的变化，这里说的是一匹毛色光滑、漂亮无比的拉大车的马。令叙述者大为惊讶的是，这正是他上次来访时所看到的那匹可怜的劣马。接下来通过倒叙讲了一个青年社员如何不使公社的宝贵财产受损失的奉献故事。当然，最后不仅是马得救了，更主要的是，主人公和他的同伴也上了一堂生动的自力更生的课。《车轮飞转》也表现了同样的主题，但叙述的方法用的是"递进"——一种在中国小说的抒情传统中所惯用的方法，微末琐事，层层累积，终臻浓重效果。发生在小推车修理过程中的小插曲似乎琐碎至极，对话也只有透过学校操场上少年的喧闹才偶尔听到一两句。但是最后，在两个青年恋人与劳动环境之间建立起一种令人信服的关系。浩然曾用一个吃甘蔗的小孩来描述对他的短篇小说的阅读体会，那是说，你嚼的时间愈长，就愈有滋味。

从 1956 年发表第一批短篇小说至今，浩然的小说已愈百篇，收入多个集子。但他最知名的还是两部多卷本长篇小说，一部是写于1964—1966 年的三卷本《艳阳天》，一部是写于 1972—1974 年的两卷本《金光大道》（与柳青的《创业史》有许多共同之处，这部书也和《创业史》一样原打算写四卷，但没有能完成）。这两部小说讲的是农村合作化的曲折历史，但在时序上正好相反：《艳阳天》的故事的发生限制在 1957 年夏天的一个月左右的时间里，正值夏收，进步的贫农起来斗争，挫败中农、富农等乡邻不顾公社利益试图自肥的阴谋，这里浩然的方法是全景式的，许多性格鲜明生动的男女老少形象纷纭杂呈。《金光大道》故事结束的时候正是《艳阳天》的开始，前者大体上讲的是 50 年代初贫苦农民组织起来战胜贫穷，克服战争、饥荒和地主破坏所带来的恶果；这一切努力时而显得凄婉，但最终却显出英雄（主义）来。这部作品在时间跨度上更大（像柳青的《创业史》，有一个革命前的序幕），浩然更着力于展现一组先进的代表人物及其胜利的过程，或者一组落后的代表人物及其失败的过程。这部作品正是"文化大革命"的产物，服务于"路线斗争"，以"三突出"为结构原则。"金光大道"当然是社会主义者的道路：为相互的利益团结一致，为公众的利益自我牺牲。小说再现了高大全及其同伴这样的最贫苦的农民与地主、富农以及对地富分子怀有同情的误入歧途的农民之间的对抗，后者的资产阶级个人主义路线甚至不能使他们自己致富。"三突出"是那时为艺术创作所设定的一个公式的简称，这个公式受到"文革"领导人的赞赏：在所有人物中突出正面人物；在正面人物中突出主要英雄人物；在主要人物中突出最主要的中心人物。

像《创业史》里的梁生宝一样，高大全得到党支部书记和其他干部的引导，也从对毛主席著作的如饥似渴地学习中得到教益。不过，作为"文革"年代里意识形态强化的典型产物，《金光大道》也遍布着伟大舵手的黑体字的语录。高大全比梁生宝更类型化：心理上更坚强，道德上更富于自我否定，革命热情的火焰熊熊燃烧。他鹤立鸡群，明显地突出于同伴之上，那些同伴可能更激进，但缺乏头脑；或者更谨慎，但少了魄力，一句话，高大全是个完人。惟其完人，却也因此少了人情味儿。早在《艳阳天》里浩然就已露出好走极端的苗头："为了社会主义"，为了不错过宝贵的夏收季节，党支部书记肖长春中止了寻找他的年幼的儿子的工作——他的儿子被一个蓄意破坏的过去的地主劫持了。《金光大道》里英雄人物的形象更形夸张，时而失实。当高大全只手挽救倾覆的马车，伸出膝盖抵住，让同伴把接榫扳回榫窝，又大无畏地冲下山道的时候，他就从一个可信的英雄降为民间传说中那个大力神保罗·布尼安了。

《西沙儿女》写于 1974 年，在这部关于海南岛渔民民俗和渔民战斗业绩的中篇小说中，浩然发展到抽象的抒情浪漫主义的程度。批评家对此不能接受，他们把它看成是对江青的阿谀逢迎。随着"四人帮"的倒台，浩然也就失去了他作为中国最多产小说家的地位。

但是很难想象浩然不会卷土重来。在讲故事的绝对流畅方面没有谁比得了他。用精心选择的细节来使人物的一举一动一颦一笑富于感染力，从庸常琐碎中抢救出的小插曲也饱含寓意，而象征则既像芟剪枝蔓的斧斤，又像在扣结之处蓄着力量的绳索——一个生动的故事所具有的这一切都似乎行云流水般出自浩然。他在《西沙儿女》中的主要艺术（区别于政治的）缺点是他写了他所不熟悉的题材；华北平原的农民生活才是他亲切熟悉的，深切体验过的，也是他能够随心所欲地表达出来的。

台湾新小说

作为一种历史的讽刺，正值大陆文学受到严酷压制之际，台湾文学却蓬勃发展起来。在台湾发表作品的作家（包括不在台湾居住的作家，如：张爱玲、白先勇长期居住在美国），没有受到既定意识形态的控制，因而，他们从本民族的文学遗产中汲取精华的同时，也可以在全世界的范围内从各个时期不同的艺术思潮中吸取养料。他们之中一些卓越的诗人和小说家的优秀作品是现在活着的华人作家至今仍无法超越的。从 1980 年开始，已经有一部分作品陆续在大陆出版，当台湾作家先进的创作技巧和大胆的社会批评态度被大陆作家发现后，将对大陆作家产生何种影响，这是今后发展的最有兴趣的事情。

张爱玲（1921 年—　　）是在日本占领时期的上海开始她的创作生涯的。她的一些极其精美的短篇小说收集在她的小说集《传奇》里。1952 年，她离开大陆去了香港，创作了两部小说：《秧歌》和《赤地之恋》。它们都是在 1954 年这一年写成的，在这里，张爱玲表现了从共产主义"新"道德中醒来的痛苦，这种觉醒在时间上却早了几十年。虽然这两部作品也可以称得上是力作，但从艺术水平来讲，却无法与其 1943 年的作品匹敌。《传奇》依然占据着张爱玲和她的读者们的心。

《传奇》中的《金锁记》描写了一个大家庭衰败、堕落的历程，故事的背景与张爱玲自己在上海和天津的家极为类似，她曾在那里度过了她悲惨的童年。故事中的女主人公七巧是一个被卖给一个富贵人家的残废儿子做妻子的女孩儿，在这个封闭、幽暗的大家庭里，在瘫痪不起的丈夫身边，她葬送了自己美妙的青春和生活的热情，变得越来越衰老，越来越痛苦，甚至染上了鸦片瘾，最后，竟在自己的孩子身上（变态地）寻求报复。且不说这篇小说在文体上的简约精致，单就其在感觉想象上的丰富、精微和在对人物行动观察上的敏锐深入来说，也是十分令人称道的。

自从 1955 年移居美国之后，张爱玲的健康状况一直很糟糕，基本上是过着一种深居简出的生活。1967 年，她用英文出版了 *The Rouge of the North* 一书，它是对《金锁记》的基本叙事主题的回复和扩充，1968 年，经过翻译和润色后在台北出版，中文名为《怨女》。

张爱玲认为罪恶在不合理的社会制度下会根深蒂固，受扭曲心理驱使而变得更为复杂。她之所以精心地对《金锁记》的故事进行重写和扩充，就是要揭露这深重的罪恶。

自从 18 世纪的《红楼梦》之后，中国的小说还从没有如此深入地揭示过这一主题。《红楼梦》这部中国古典名著，正是张爱玲艺术灵感的主要源泉。

1949 年以后，台湾真正杰出的小说并不是很快就涌现出来了。有一个人也许作了一点贡献，他就是杨逵。他的小说以揭露日本占领期间的社会现实而闻名，但 1949 年他因批评国民党而被关进监狱长达 12 年之久。70 年代中期，他重新开始发表作品。作为台湾本土出生的作家，他被当做台湾"乡土"文学运动的代表人物。另外，姜贵（1907 年—　）1957 年发表的《旋风》和陈纪滢（1908 年—　）的《荻村传》也以他们对几十年的动乱的生动描述引起了人们的注目。这些动乱最终以共产党的胜利而结束。

朱西宁（1926 年—　）是一位颇有天赋的作家，自从 50 年代以来，他一直在不停地发表作品，创作包括长篇和短篇小说。他是一个虔诚的基督徒，曾在军队服役多年，他的作品以强烈的戏剧冲突展现了人们在道德上的两难困境，从而引起了人们的强烈关注。他的最著名的作品《铁浆》创作于 1961 年，他在这里描写了一个英雄部落的首领，他为了迎接敌手的挑战，以一种惊人的方式——喝下熔化的铁水而自尽——来展示他的英雄气概。在小说的叙述中，部落首领的壮烈牺牲成了英雄价值的象征和抗议现代入侵的宣言。他的另一部作品《破晓时分》发表于 1963 年，在这里，他讲述了一个中世纪的中国故事（即《十五贯》或称《错斩崔宁》——译者），但他以一个善于进行哲学反思的叙述者代替了传统的"说书人"，从而大大改变了故事的叙述结构、叙述角度和主题内涵。但朱西宁对口传下来的优秀故事仍十分喜爱。另外还有一位酷爱故事的作家，他就是司马中原（1929年——　）——这是一位天生会讲故事的人。这两人年龄相仿，作品的基调也相似。

白先勇生于1937年，他是白崇禧将军的儿子（白是国民党最有实权的军事领导人之一）。这就无怪乎他会在他那些最感人的作品里（如《梁父吟》）描绘了这位英年已逝的将军的悲怆，和当他回忆往年戎马生涯时为接受别人敬礼而将老态龙钟的躬背挺直。1960年，他与王文兴（生于1939年）一起创立了深具影响的《现代文学》杂志。在《现代文学》上发表作品的作家都是艺术造诣颇深的人，他们的写作技巧在中国小说里是不多见的。其中，白先勇的贡献尤为突出，完全可与张爱玲媲美。他将现代反思手法、时间的结构安排、叙述方式的多样变化与他在选材和艺术趣味等华夏文化精髓方面的娴熟技巧融为一体，这是他的突出贡献。他的早期作品《玉卿嫂》十分鲜明地体现了蕴含在他全部创作中的几个特点：叙述者的观察、理解力是敏锐的，但却受到一定的限制（在这篇作品里是通过一个男孩的追忆）；描写下层人物（这里是一个青春已过的女仆）的深层情感；由极度的性激情而突变成骇人的暴力。白先勇最著名的作品是1971年出版的《台北人》（小说集），其中，《永远的尹雪艳》是第一篇由台湾介绍到大陆的作品，登载在1980年的《当代》上。我们很容易明白这其中的原因：美丽的尹雪艳在精心的保养下青春长驻，而那个丑陋的大亨吴先生则眉毛都快掉光了，他们之间的关系反映了在新发迹的台北又重现了资产阶级上海堕落生活的丑恶本质。

王文兴除一些短篇小说外，只创作了两部长篇小说，但每部都引起了一阵轰动。《家变》创作于1972—1973年，这部作品在形式上进行了大胆的革新，语言上也打上了明显的作家个人风格的印记，没有明白确定的结尾，而这正蕴含了作者的深意。全书分为157个章节，其中一些章节只有几行字，作为对范晔（书中主人公——译者）的童年和青年时期的印象式记叙。全书的主要部分是表现范晔对其父由崇敬到鄙弃的转变过程，巧妙的穿插部分则逐渐使我们明白范晔的父亲其实是被他的残暴虐待赶走的，而范晔对其父所做的一次失败的追寻则出于一种复杂的心理动机：好奇和悔恨。这部作品曾因其违反传统道德而不被接受，而在很多情况下，读者对其写作形式的抗拒同与对其道德含义的抵触同样强烈。这一时期，王文兴受到詹姆斯·乔伊斯的很大影响，因而在作品中很自然地显示出乔伊斯的风格：语言的高度自觉，雕琢语句并创造新词，对语音字形和超句法结构进行试验。这个过程一直延续到他1981年创作的另一部作品《背海的人》，在这部小说里，他用了一大段对于猥亵情景的描写作开头（可能是为了从一开始就把那些不想成为超越性文学的读者的人赶跑），并且，在接下去的文字中也继续这种暴露性的描写以构成一个失败的、一个比《家变》中更虚无、更充满道德焦虑的世界。

陈映真（1936年—　）是在台湾出生的作家，他的影响大大超过了他为数不多的创作实绩（一些短篇小说和散文），这部分是由于他对作家自由精神的英勇捍卫——为此，他曾被关押长达7年之久（1968—1975年），此后还进一步遭到骚扰。陈映真生长在一个信奉基督教的家庭，他的作品里也多次出现基督的形象，以在这个充斥暴政的世界里增添一种殉道者的神圣气息。他是在大学里学英语的，很长一段时间内被禁止离开台湾。

他写的都是一些平凡的、朴素的故事，有时带有一点讽刺的笔调，但大多数的时候是充满深深的同情的。他笔下的人物也大都是些不幸的、无家可归的人，他写他们面临的失败、忍受的痛苦和最终的死亡，并试图揭示出关于生存的某些真理。他把他的主人公们置于难于应付的社会环境之中，因而使他们显得有点狡猾，带一点通俗喜剧的色彩。在他的小说世界里，会有无缘无故的死亡发生，而直到故事的结尾也将看不到什么出路存在。小说提出的理论、试想可以给人以巨大的鼓舞，但落实到具体实践上则显得有些抽象，无法贯之以行动。陈映真的代表作是《将军族》，它的力度是20世纪中文短篇小说中没有几个能望其项背的。《将军族》描写了两个乐师——一个年迈的大陆人和一个年轻得足以做他的女儿的妓女之间崇高而纯洁的爱情。1967年出版的《六月里的玫瑰花》描写了另一段绝望的爱情——在一个黑人美国大兵和一个与他一起从越南逃走的酒吧女招待之间，作品表现了屠杀者和被屠杀者，女友和母亲以及无辜的越南孩子之间相互怜悯而又相互憎恨的情感。

对台湾虚伪政治的强烈反对和他在作品中对台湾当代社会深层问题的一再揭示，自然地把他推向了"乡土"文学运动的前沿。"乡土"文学运动兴起于 70 年代，后逐渐发展起来，在推进严肃的中文创作方面与"现代主义"文学运动展开竞争。陈映真理所当然地成为这一运动的理论领袖。

聂华苓（生于 1926 年）、於梨华（生于 1931 年）和陈若曦（生于 1938 年）这三位著名的女作家也是身居美国，但仍在台湾发表作品的作家。聂华苓和於梨华已从事创作多年，她们的作品带有鲜明的女性特征，"受挫"是她们作品里经常表现的主题，不管受挫的是少女的愿望还是少妇的雄心。於梨华曾被当做"无根的一代"的代言人。聂华苓一部最重要的创新之作是她于 1976 年创作的《桑青与桃红》，描写了一个中国妇女的痛苦经历，她在本国连年战乱的颠沛流离中丧失了本真的自我，又在加利福尼亚遭受了如当年唐纳会（Donner party，中国 19 世纪众多涌向美国的华工中的一个组织）般悲惨的命运。

陈若曦在 1967 年随丈夫回归大陆以前已是成名的短篇小说作家。在大陆 7 年中（这正是"文革"开始的七年），她报效祖国的梦想彻底化成了理想幻灭的痛苦。离开大陆后，她于 1976 年创作了著名的《尹县长》（短篇小说集），首次以令人信服的事实向外界揭示了"文革"期间中国人民所受到的压抑、迫害。

"乡土"文学运动在 70 年代蓬勃发展起来，创作出一批数量相当可观的作品，尤其是在小说方面，它显示出的原始的创造力和强健的生命力给读者留下了很深的印象。"乡土"作家，顾名思义，就是那些在台湾出生的，沉醉于活生生的台湾乡村或小镇生活，而避开那些流亡、怀乡等创作主题的作家。陈映真自然是属于这类作家，黄春明（1939 年—　）、王祯和（1940 年—　）和王拓也在此列，并且取得了更显著的成就。他们深入细致地表现了那些生活在社会最底层的人们：目不识丁者、耳聋口哑者、一无所成者所忍受的痛苦和他们面对生活的勇气，当然，也有他们的幽默：黑色的幽默或荒唐的滑稽。黄春明的讽刺文体具有寓言的力量，如 1975 年创作的《小寡妇》，它描写的一个精明机灵的商人有一天忽然灵机一动，想开一个酒吧，在这里，未婚少女可以将自己假扮成年轻的寡妇，穿上古典的服饰并效仿古代美女那样优雅的举止，以刺激那些兴趣麻木的顾客。这是中国传统的卖淫方式进入到现代商业社会的一个绝妙的象征。王祯和最著名的小说是 1966 年创作的《嫁妆一牛车》，它讲述的是一个绝妙的古老的故事：妻子与人通奸。可怜的聋车夫万发为了一辆牛车将自己奇丑无比的妻子让给了一个比他有钱但却在胳肢窝下长满癣的令人作呕的人。王祯和在作品里使用了大量的土语方言，常常多得不得不用脚注来加以解释。这大大增加了他作品的现实感。比起黄春明和王祯和来，王拓的作品在思想意识方面更大胆泼辣，敢作敢为，1979 年 12 月"高雄事件"之后，他与杨青矗等人一起被捕。杨青矗的作品与黄春明有不少相似之处，也描写了穷人如何因贫困而坠入卖淫、堕落乃至杀人的深渊，但他的作品带有更多的左拉式的性和暴力的成分。

恐怕在所有的海外作家中，没有一个像张系国那样继续被中国人的身份问题苦苦纠缠，难以解脱。张系国 1944 年出生于重庆，他是一个受过高等教育的数学家和工程师。他不仅创作小说，并且因对文学形式的探索和具有现代写作风格的熟练技巧而出类拔萃。他创作过短篇小说、散文和长篇小说，其中最著名的是 1975 年创作的《棋王》。他笔下的主人公是一些处于政治两难困境中的知识分子，在朋友的信义和爱国的原则之间进行抉择，对 20 世纪后半叶做个中国人的含义进行苦苦的思索。

台湾新诗

尽管久居香港，余光中（1928 年—　）仍是台湾最负盛名的诗人之一。他于 1954 年参与创立的蓝星诗社，是 1948—1949 年陆续来台的大陆作家中率先促成现代新诗运动的形成和发展的诗社之一。蓝星诗社具有唯美主义倾向和浪漫主义色彩，这些特点也曾是中国古典诗歌中固有的，并在五四之后经徐志摩和其他一些新月派诗人的改造而进入到现代诗歌创作之中。不过余光中从他创作的早期开始，就跨过了几个重要的艺术过渡阶段。他是一个多产的诗人，一直在不停地进行着试验、探索。他努力运用大量的艺术技巧驾驭那些丰富的感性想象。1964年，诗集《莲的联想》出版，从而奠定了他在读者中不可动摇的地位，尤其是在那些青年读者中，因为其中很大一部分诗歌是关于浪漫爱情的。6年后，他又出版了另一本诗集《冷战的年代》，在这个诗集里，他表达了对处于世界列强中的中华民族的命运的关注，并宣称他信奉主观抒情主义，以此来抗拒现代工业社会和它带来的战争对人的精神、理想的摧残。题为《莲的联想》的这首诗比较鲜明地体现了他的几个典型的艺术特点，在他的所有创作中具有代表性的意义。

已经进入中年，还如此迷信
迷信着美。
对此莲池，我欲下跪，

想起爱情已死了很久。
想起爱情
最初的烦恼，最后的玩具。

想起西方，水仙也渴毙了：
拜伦的坟上
为一只死蝉，鸦在争吵。

战争不因海明威不在而停止。
仍有人喜欢
在这种火光中来写日记。

虚无成了流行的癌症。

当黄昏来袭，
许多灵魂便告别肉体。

我的却拒绝远行。我愿在此
　　伴每一朵莲
守小千世界，守住神秘。

是以东方甚远，东方甚近。
　　心中有神
则莲合为座，莲叠如合。

诺，叶何田田，莲何翩翩。
　　你可能想像
美在其中，神在其上。

我在其侧，我在其间，我是蜻蜓。
　　风中有尘，
有火药味。需要拭泪，我的眼睛。①

　　纪弦（1913年—　）从30年代起就在戴望舒等象征派诗人的影响下在大陆开始诗歌创作。他是台湾现代派诗歌的理论倡导者和亲身实践者，并在1956年正式宣告了台湾现代诗社的成立。与蓝星诗社不同，纪弦和他的同仁们十分重视西方文化的影响，大胆使用"晦涩"的意象，宣称新诗乃是"横的移植"（从西方）而非"纵的继承"（从古典传统）。并且要求诗从歌词的状态、过时的节奏和严格的韵律中解脱出来。纪弦对于诗坛强烈的震动冲击可以看做痖弦（1932年—　）和洛夫（1928年—　）所创作的超现实主义诗歌的先

---

① 余光中自译诗，引自齐邦媛等编的《当代中国文学选集：台湾（1949—1974）》，第103—104页。

声。痖弦于 1957 年创作的著名诗歌《深渊》，是一首长长的关于现代社会弊病的总汇，读起来就像是一首中国的《荒原》。痖弦还时常热衷于讽刺，这表现在一些描写城市（如罗马、芝加哥）的诗歌中，虽然他并不一定到过那些地方。

虽然郑愁予（1933 年— ）与现代诗歌有着紧密的联系，并且，他的作品偶尔也确有费解之处，但与现代派诗歌不同的是，他的诗歌中有一种超常的明朗、宁静，充溢着一股浓郁的古典风情。虽然他算不上是一个高产诗人，但他那些令人迷醉的爱情诗却为他赢得了众多的读者和热情的崇拜者。比起我们上面提到的这些诗人来，老诗人周梦蝶（1920 年— ）受西方文化的影响比较小，他和郑愁予一样，从本民族文化的精华中得到了大量灵感。他明显地受到了佛教的强烈影响，用禅宗中"悟"的方式触及了一些先验的命题和神秘的情境。

叶维廉（1937 年— ）和杨牧（本名王靖献，1940 年—，创作前期曾用笔名叶珊）都侨居在美国，但仍不停地发表诗作。叶维廉的诗是很学院化的，颇有 T.S. 艾略特（叶曾翻译过他的诗作）和埃兹拉·庞德（叶曾研究过他的作品）之风。他于 1960 年创作的《赋格》，是对人被放逐后的孤独感和怀旧感所进行的一次高度抽象性的探寻，强烈的情感和音乐感冲破经过千锤百炼的严整措辞而喷发出来。台湾是杨牧的故乡，他那些如山水画般的诗歌和他在创作中对台湾民俗和传奇故事的偏爱都流露了他浓郁的乡情。他的诗剧《吴凤》就是以台湾历史上的一个英雄为主人公的。

在对西方现代主义文学引进的过程中，一些追求者逐渐走上了一条偏路，他们征引一些鲜为人知的西方经典，并且吸收、运用的方式也是纯粹个人化的。这种偏激的方式在 70 年代初激起了一股反对的浪潮，反对者要求诗歌能更直接地表现宽广的现实生活，少一点对个性的开掘，多一点公众性内容。1977—1978 年的"乡土"文学运动正是这股浪潮的自然顶峰。吴晟（1941 年— ）是"乡土"文学在这一时期诗歌领域的代言人之一。吴晟一直生活在农村，乡村生活和家庭背景为他的诗歌提供了一种尺度，使其成为衡量现代异化生活的参照系。1974 年，他借用母亲的语气，用新鲜而朴素的话语写下了如下的诗行——《泥土》：

> 日日，从日出到日落
> 不了解疲倦的母亲，这样讲——
> 清爽的风是最好的电扇
> 稻田，是最好看的风景
> 水声和鸟声，是最好听的歌。
>
> 不在意远方城市的文明
> 怎样嘲笑，母亲
> 在我家这片田地上
> 用一生的汗水灌溉她的梦。[①]

毛以后的时代

"伤痕文学"、暴露文学和新浪漫小说

毛泽东的去世和"四人帮"的倒台，打开了各种文学创作的闸门。四五十岁的作家打头阵，但很快又被更年轻的男女作家所取代。短篇小说一再走红，成为受欢迎的形式，充斥着各种新的国家级的和地方性的杂志。饥渴已久的读者迫不及待地加入了讨论，因为新的小说、戏剧或电影一个接一个地引起轰动。

人们所关心的三个领域很快就形成了。首先是认识到"文化大革命"的荒谬的道德世界，以及它留在所有中国人特别是年轻人心灵上深重的、也许是难以根除的伤痕。其结果是产生了"伤痕文学"。这个名称得自一位二十多岁的年轻人卢新华于 1978 年秋发表的一篇短篇小说《伤痕》。这是关于一个积极的女青年的悲伤的故事，她不能同她的母亲，一个在"四人帮"时代受到不公正待遇的干部和解。

---

① 译文在朱莉娅·林的《中国现代诗》。

随着反对"四人帮"及其追随者的义愤心情开始减退，作家们意识到应该更深入地检讨50年代末期以来所发生的事情的全过程，检讨整个当代长期存在的弊病和不公平。随着永远是绝对真理的领袖神话的破灭，这一切如今反映在"暴露文学"中。1979年夏天开始了一个异常的开放时代，第二年作家们便赶紧描绘腐败的官僚制度、伪君子和恶霸，使用了40年代以来中国文学领域中所未曾使用过的方法进行谴责和讽刺。

毛以后的时代的作品的第三个重要主题是人生活中的个人价值、爱情在社会生活中的恰当地位、对爱情的否认带来的危害——这一切首先是小说、传奇文学（介于道德情节和狂想曲之间）和大量令人难忘的思想深沉的故事、诗歌和戏剧等所提出的问题。

"伤痕文学"的第一部作品，实际上是宣言，就是刘心武（1924年—　　）（刘的出生年代应为1942年——译者）的小说《班主任》（发表于1977年11月）。主角是一个以第一人称叙述的高中教师，这是刘心武喜爱的叙述方式，在他后来的几篇小说中同样采用这一手法。《班主任》中这位教师讲述了一个故事，这个故事本身虽然平淡无奇，但却简练地烘托了几种不同类型的年轻人。一个是"四人帮"时代遗留下来的失足少年。这位教师不顾同事们的种种猜疑，帮他恢复正常的生活。但是问题并不在于失足少年，而在于那位抱有成见的团支书的思想：她思想上不能容忍的程度比这个不可救药的少年自暴自弃思想更甚。她过于积极和幼稚，动辄将她从未读过的文学作品说成是黄色书籍。与之正面对照的是第三个学生，她的家庭环境保护了她，使她在动乱年代能继续从书架上拿到托尔斯泰、歌德、茅盾和罗广斌的作品，从而得到健全发展。

刘心武已成为正在涌现的青年作家的雄辩的发言人。在1979年11月召开的第四次文代会上，他用演讲令人感动地介绍了100多个在1966—1976年10年中丧生的作家的名字，其中有许多人被暴力夺去了生命：

当年的左联五烈士，他们被杀害时，是说他们是共产党，是搞革命的，也就是说，是把他们当左派杀的。他们牺牲得惨烈，但我想他们的灵魂是并不痛苦的；而我们现代所悼念的这一大批牺牲者，他们被残害时，给予他们的是些什么罪名呢？"反革命修正主义分子"、"资产阶级反动权威"、"老右派"、"大右派"、"漏网右派"、"黑帮"……总而言之，统统是当成右的势力来残害的，那些没能等到粉碎"四人帮"便牺牲掉的文艺烈士们，他们的灵魂一定受尽了痛苦的煎熬！面对着这份名单，当我们低首默哀时，我们不能不想到这样一个问题：为什么在我们共产党所领导的社会主义国家里，投身为人民服务、为祖国繁荣富强的文艺事业，却还要作好牺牲性命的思想准备？难怪当我开完那天的会，见到我的一些亲友时，他们当中就有人充满善意地说："你不要以为你上了主席台是件有福气的事，文艺界，那是个地雷阵，你看光是一个'文化大革命'就整死了多少人，现在你踩进那个圈子里去了，你作好被地雷炸死的准备了吗？"①

刘心武对于短篇小说技巧的驾驭能力提高极快。1979 年 6 月他发表了《我爱每一片绿叶》，这篇小说成功地将隐喻、戏剧性事件和复杂的时间结构糅合成为一个读者难以忘怀的画卷，一个才智过人但却遭受灾难的离经叛道的人的肖像。这篇小说的一个中心形象，是主人公保存在桌子里的一张女人照片——他同她的关系并没有明确的表述。当一个好管闲事的同事发现了这张照片并公之于众时，他陷入了极度的痛苦之中。这个女人后来拜访了他——显然他在保护她，使她免遭政治攻击。刘心武将这个隐藏的照片形象令人注目地比喻成这位知识分子的"自留地"。农民可以拥有自己耕种的自留地，知识分子难道不应该拥有自己的自留地，一个自主的心灵角落，一个精神上的栖身之处？在中国的传统中，这是一个具有潜在爆炸能量的概念。

---

① 刘心武："向母亲说说心里话"，《上海文学》1979 年第 12 期，第 80—85 页。由海伦娜·科伦达翻译，译文在霍华德·戈德布拉特编的《80 年代的中国文学》，第 137—138 页。

知识分子代替了前 10 年不可替代的工人、农民和解放军战士的主人公形象，成为许多"伤痕文学"作品的主人公。有缺陷的和摇摆不定的中间人物自 60 年代中期销声匿迹以来又第一次与大家重新见面。好人仍遭受悲剧性命运。所有结局通常都是乐观的；然而表现手法多少有点程式化，离不开对革命光辉前程的信念，而触及现实的程度不如后来很快出现的作品，即被称为"暴露文学"或被一些敌对的批评家称之为"绝望文学"的作品。曹冠龙（1945 年— ）的小说《三个教授》涉及的仍是"文化大革命"留下的"创伤"，但其色调十分阴暗，因而仍可划在"暴露"一类。这篇故事几乎具有博格斯式的错综复杂，讽刺了对才智的摧残。三教授之一的学生在狱中自杀了，这个男孩已完成的论文被没收，锁在一间上了新式锁的房子里。这位教授在数学方面的天才使他得以破解这把锁的奥秘。他坐在那间屋子里，沉迷于学生的论文中，边读边修改，直到"他们"进来将他逮捕。这篇小说中一个令人难忘的特色（如其他一些青年作者的著作一样）是对科学术语的想象性使用：教授的大脑全速运转时好比显像管上的荧光屏。作者还详尽地描述了他用以开锁的复杂途径。

另一个例子是刘庆邦（1951 年— ）的《看看谁家有福》，超出了 1966—1976 年十年浩劫的时间范围，直接揭露了 1959—1961 年"三年自然灾害"时期农村的饥荒。一面描写农民们的煮饭锅被送进了小高炉后，如何为寻得一口粮食而不顾一切，一面鞭笞干部的昏庸无能和冷酷无情。

"百花齐放，百家争鸣"时代的两个"修正主义"作家刘宾雁和王蒙，自从粉碎"四人帮"之后重新引起了最大的关注。刘宾雁1979 年的"报告文学"《人妖之间》是一个暴露"四人帮"时代盛行的腐化堕落的极好例证。但是刘宾雁的奉献精神和勇气显然在于他坚持认为这种腐败仍然存在。刘宾雁笔下的罪恶之"妖"是王守信，一个"四人帮"时期的女干部，通过敲诈勒索、造谣惑众、拉拢引诱、行贿受贿等各种手段，爬上了东北一个煤炭公司的经理和党委书记的宝座。凭借这一基地，她建立了一个金钱和政治权力的私人帝国。刘宾雁的控诉不只限于 1966 年以后，他还描绘了早在"三年自然灾害"

时期，在人民吃树皮的时候，干部的孩子却在大街上把肉包子扔给狗。刘宾雁的矛头也不只是对准一个妇女，因为他简略地勾画了形形色色的谄媚的阴谋家。刘宾雁的最新作品更加注重语言的精炼、结构的精巧，而其基调也许变得更为刺耳了，这导致了1986年他被开除党籍。

王蒙作为最多产和最有影响的作家之一出现在文坛上。他出任文化部长的几年中，为使邓小平政权迎合男女文人的需要做了不少工作。王蒙主要关心的仍是做官的道德，一个官员通过仕途生涯来维护统一，以及一个知识分子在"文化大革命"和"四人帮"时期的浩劫之后，为保持和重新获得革命信仰而进行的斗争。由于他乐意进行技巧革新的试验，因而他的作品列在当前中国小说的前沿。在他著名的小说、1956年发表的《组织部新来的青年人》中，作者与主角之间就已存在相当可笑的距离：虽然当年王蒙才22岁，但他不切实际的成分显然比"新来的青年人"要少得多。因为王蒙脱离了天真的自叙传，所以他最近的小说如《布礼》就具有特殊的力量。这篇小说中，一个地方官员描述了他自己对党的态度的发展轨迹，从最初充满热情，中间成为右派和劳改犯所经历的痛苦，直到最近重新入党；在《夜的眼》中，一个知识分子在离开城市20年后重新回来时，面临着"走后门"的腐败问题。《悠悠寸草心》的中心人物是一个技艺娴熟的理发师，他想"为党服务"却受到挫折，高傲自大又刚愎自用的干部压制了他的报国之心，人们肯定会想到这也是作者自己的遭遇。王蒙这三篇小说均发表于1979年。

王蒙在他的小说中巧妙地设计出乐观的结局（虽然这些结尾有时被看成是硬凑上去的"光明尾巴"），因而他在许多争端和指责（指责他是消极主义）中挺住了。

在一个更加强调描写真实、反对特殊的"社会主义"现实主义的运动中，蒋子龙扮演了一个有趣的角色。他完全是一个主流作家而不是一个修正主义作家。他的第一篇小说发表于1976年（原文如此，实际上比这要早——译者），远在刘宾雁和王蒙这些被标上"右派"的作家允许发表作品之前。蒋子龙是毛主义思想指导下的工人作家，他的主人公不屈不挠地排除困难进行生产。这些困难可能产生于有资产阶级思想的专家、自鸣得意的干部，或者是极"左"分子，视当时意识形态的气候而定。但是蒋子龙已为自己的放胆直言拓开了一块地盘，他的小说也可能为领导们所接受。他1979年的小说《基础》描述了高级干部一个个推诿责任，甚至拒不承认一个沉重机器的水泥基础已经破裂、动摇，完全不能用了。诚实的老班长鼓励他的钢铁工人拆除基础，以便重建，但是工人们因为停工待料而虚度了几个月时光，他们的兴趣仅仅在于假日为加班费工作。最后，一个女青年积极分子成功地使工人们投入行动，但这也是在她对下列事件表示了令人痛苦的忧虑之后工人才动起来的：中国不能在生产和技术上赶上资本主义国家。

作家茹志鹃（1925年—— ）在1958年写了脍炙人口的小说《百合花》，这篇小说以极其感伤的笔调描述了内战中一个负伤死去的战士。令人难忘的显然是第一人称叙述者的青年女干部被压抑的性意识。茹志鹃对暴露文学的贡献之一是1979年发表的《剪接错了的故事》，这篇小说批评了"大跃进"的浮夸风和后来的掩盖手段。

新创刊的地方文学杂志不同程度上鼓励了作家的创作勇气：其中安徽和广东最倾向于支持作家放胆直言。1979—1980年发表的小说倾向于使大众深切地认识到已经发生的错误，而这种细节的描述则是前些年所不曾见到的。地下的或"非官方的"杂志，在1979年"北京之春"时期大量产生。这些杂志也发表一些作家如诗人黄翔的抗议和警告。在1976年以前的年代里，黄翔被人揭发说他将手稿藏在一个蜡封的塑料包中，当政治气候转变、可以发表的时候便熔蜡取出他的作品。[①] 在这些短命的杂志上发表的、躲过了出版审查机构审查的小说中有些引起了广泛的注意。苏明的短篇小说《可能发生在2000年的悲剧》是一支政治狂想曲，它断言一代人所经历的"文化大革命"的灾难将再次降临。《在废墟上》虽然有力地唤起人们记住刚刚过去的年代所遗下的荒原，但仍在结尾时通过其主人公，一个老迈的

---

① 见罗杰·加赛德《活跃起来！毛以后的中国》。

教授对历史作出的长远的透视而展现了希望的光辉。

"暴露文学"的其他主要作品有丛维熙的《大墙下的红玉兰》,小说以一个新囚犯来到劳改农场开头,以全副武装的卫兵结束:玉兰被无辜者的鲜血染红了。刘真的《她好像明白了一点点》暴露了60年代早期的山村贫困引起的饥荒;竹林的《生活的路》报道了1975年农村存在的行乞现象。这个时候,高晓声的小说虽然充满机智和热情,却传达了村民生活的阴郁凄惨,他的主人公为改变贫困的生活而进行了不懈的努力,但是显然前景暗淡。《李顺大造屋》和《陈奂生上城》是他最为有名的小说中的两篇。

有些小说使用一种框架,请读者通过这个框架去品味他对残酷现实的觉悟,居然与一位高级干部对残酷现实的认识十分相似,而这位高干渐渐发现这些苦难正是他自己过去的行为所造成的。钱玉祥的《历史啊,你审判我吧》就是这样一部小说。另一些小说则把两代人并列在一起,描绘了老干部和老知识分子认识到他们已使他们的青年继承者失望了:陈村的《两代人》和金河的《重逢》从不同的角度探索了这个主题。

纪念文人的文章在中国有着悠久的历史。许多年来唯一允许的纪念主题是鲁迅,但在1979年大量涌现了对黑暗的十年中遭受迫害的作家表示敬重的文章。邵荃麟及其妻子受到他们的女儿的纪念。邵荃麟是提倡小说描写"中间人物"的主要倡导者,他在60年代中期成为教条主义批评家的主要攻击目标。大量的这类文章中最为人欣赏的是巴金怀念他已故的妻子的作品。

对浪漫的爱情故事的偏爱只是一个征兆,预示着人们再次关心小说、故事对个人生活史的评估。谌容(1935年—)1980年发表的小说《人到中年》,表现一个女眼科医生,如今因为心脏病突发和精神崩溃,自己也躺在了病床上。通过她的回忆和思考,小说加深了当时的内省基调。充满强烈感情色彩的散文传达了医学的浪漫;作为纪念品的是一个戏剧性的眼科手术;但是小说表现的基调是极度紧张、过度劳累、官僚主义的挫折和缺少报酬等感觉。谌容故事中的主角,一些年纪稍大的知识分子,背负起社会的重担,但却很少得到承认,很少受到注意。一个同事的出国移居计划赢得了更多的同情而不是批评，事实上这位移民从机场的来信完全破坏了故事欢乐的结尾（一个老农民的痊愈）。

女作家张洁（1938年— ）于1980年发表的《爱是不能忘记的》由于勇敢地肯定了浪漫的爱情而受到欢迎，但也由于同样的原因，她遭到攻击，说是行为放荡，道德不容。这个故事由一个女孩对她母亲的悲惨回忆构成。她母亲同一个平庸的丈夫结了婚却爱上了一个老干部，老干部为了保护她而与她疏远，和一个革命烈士的遗孀结婚了。他们的浪漫史就这样保留着一丝缺憾。

有两篇小说引起了相当大的争论，因为它们被认为是在"人性"幌子下过分渲染了个人的或感情上的满足。《第二次握手》是青年作家张扬的作品。它在60年代末以手抄本形式流传，但到了1979年，作者从反党罪的监禁中释放出来以后此书才得以出版。这是一部关于著名的进步科学家"永恒的三角"爱情生活的无害的狂想曲。"第二次握手"意味着重新解放，意味着现代化，意味着对老式的言情小说之类"长时间阅读的书"的需求。

戴厚英的小说《人啊，人!》于1981年出版，这部小说在小说技巧上更接近时尚，虽然同中国台湾、日本或西方世界的小说相比，其内心独白、梦境等"创新"，其象征和引喻的繁复使用实际上显得略为平淡。这本书许多地方涉及围绕出版一部关于"马克思主义和人性"的爆炸性主题的手稿而展开的斗争。这个主题也是长期压抑的知识分子何荆夫的信条。何荆夫是孙悦的情人，孙悦则是作者的另一个自我。她对过去20年的回忆，表现了对阶级斗争是通向未来的钥匙这一概念的极度幻灭，主张和呼吁回到更为人道的价值观。

抗议的新诗人

在近年来所有的旧体诗作者中，给人印象最深的是无题诗，这种传统的五言四行诗于1976年4月初出现在天安门广场烈士纪念碑前，悼念三个月前举行了葬礼的周恩来。当时一首优雅而精致的悼念诗引起了周恩来的敌人（臭名昭著的"四人帮"及其追随者）的注意，这首诗也反映了他们在周恩来死后的表现：

> 欲悲闻鬼叫，
> 我哭豺狼笑。
> 洒泪祭雄杰，
> 扬眉剑出鞘。

虽然《天安门诗抄》[①] 中的诗歌大部分都使用现代语体和通俗的民歌形式，但另一些如上面引用的这种类型的诗歌却发挥了它们传统风格的作用，更加强了毛自己诗词给人们的教益：古诗词形式在新社会里远未过时。

新诗人在暴露文学中起了一定作用。叶文福的《将军，不能这样做》，正如题目所暗示的，鞭笞了为个人目的而滥用职权的行为。韩瀚、雷抒雁和女诗人舒婷都写了使人耳目一新的具有浓厚个人情感的诗歌；一些成名诗人如艾青和白桦在沉寂了多年之后重新归来，对任何专制压迫的复辟提出了严厉的警告：

> 真理怎么能是某些人的私产！
> 不！真理是人民共同的财富，
> 就像太阳，谁也不能垄断。[②]

最为极端的形式回归是回到惠特曼式的散文诗风格，使用无韵的、复杂的，但有节奏的分行形式。毕塑望在《只因》中使用了这种形式，为女干部张志新唱了一曲挽歌。张志新在 1975 年被残酷地处死，这一事件成为"的重大罪行［在被带到刑场上之前，她的喉咙被钻了一个洞，（原文如此，实际是割断喉管——译者）不让她喊叫；据说一个卫兵见此惨状当场晕倒了］。

---

① 诗集由一群教师以童怀周的集体笔名出版于 1978 年。
② 白桦："阳光，谁也不能垄断。"

以北岛（赵振开，1949 年— ）和顾城（1958 年— ）为首的 80 年代早期的青年诗人，在关于"朦胧"的论争中成为主要目标。朦胧对于训练有素的诗歌之耳和诗歌之眼来说意味着含蓄之美，但对几十年来献身通俗化语言的批评家来说，则是一定程度的不必要的猜测的困难。像北岛的《雪线》这样的诗歌自然令人想起 19 世纪法国象征主义或 30 年代中国象征主义诗人：

> 忘掉我说过的话
> 忘掉空中被击落的鸟
> 忘掉礁石
> 让它们再次沉没
> 甚至忘掉太阳
> 在那永恒的位置上
> 只有一盏落满灰尘的灯
> 照耀着
>
> 雪线以上的峭崖
> 历尽一次次崩塌后
> 默默地封存着什么
> 雪线下
> 溪水从柔和的草滩上
> 涓涓流过①

这些青年诗人是怎样接受他们前辈的直接影响的，这一问题仍有待讨论。

自 1976 年以来出现了许多女诗人，包括舒婷，她的《赠别》令人想起冯至的十四行诗的那种安详的沉思，但却流动着一股清流，力

---

① 译文见邦尼·S.麦克杜格尔《太阳城的提示：北岛的诗》，第 73 页。（见《北岛诗选》，新世纪出版社 1988 年第 2 版，第 100 页。——译者）

图再现往日的美好；梅绍静的《问》是对那些承受了20年沉默的人提出来的，他们像牡蛎一样蜷缩在自己营造的重壳里，或者像蚕一样为造丝而受煎熬。

诗人雷雯1979年12月发表的作品则表达了当代中国社会的幸存者所必需的坚忍意志：

> 菱
> 没有自己的泥土
> ……
> 因此
> 它用那带刺的果实
> 保卫
> 艰辛的生活[①]

一位至少最初是以诗而成名的作家现已转向一种新的表现形式。徐迟（1916年—　）已将报告文学变成一种有趣的诗歌性散文样式。1978年的《哥德巴赫猜想》和一些其他的作品描述了数学家、地理学家以及其他科学家的生活和成就，对科学的小说化作出了重要贡献，同时也为那些创造科学知识的人偶然的乖僻行为辩护。

新话剧

可能正是由于"文化大革命"非常过分地将革命样板戏的唱段强行塞进观众嗓子之故，因而人们转而钟情于话剧。也许这个转变是真正现代化的一个组成部分，或者仅仅是由于新一代的剧作家和戏迷认为这个更富当代意义的名词更合胃口。无论出于何种原因，60年代早期引起争论的话剧是披着历史剧的外衣，而70年代后期的话剧则

[①] 雷雯："小诗一束"，见《诗刊》1979年第12期，第56页。译文见 W.J.F. 詹纳："1979年：中国文学的一个新起点？"载《中国季刊》第86期（1981年6月），第274页。

垄断了新爆发的舞台活动。

"四人帮"的倒台，同讽刺他们滥用权力的戏剧在舞台上的出现，中间只有短暂的一瞬。《枫叶红了的时候》是一个表现"四人帮"追随者企图破坏一个研究所的工作的讽刺剧，这个研究所的成员哀悼毛逝世的同时，仍全身心投入重新开始的科研工作，以纪念毛。更为感伤也更受大众欢迎的，是1977年苏叔阳创作的《丹心谱》。这出戏的戏剧高潮是舞台上收到了来自病床上的敬爱的领袖周恩来的电话。1976年4月天安门广场的拥护周恩来反对"四人帮"的示威也是宗福先1978年创作的《于无声处》的主题。赵寰等的《神州风雷》（1979年）中，周恩来被搬上了舞台。朱德是这出通俗道德剧的另一个主角，反面角色是"四人帮"成员们。

1979—1980年，倾泻了对"四人帮"的愤怒声讨之后，一大批对仍然存在的专权进行更深入探索的新剧又出现了，其中最引人注意的是邢益勋的《权与法》。这出戏上演于1978年5月，揭露了一个如今已恢复了权力的以前"四人帮"的受害者。这个人成功地掩盖了他20年前犯下的罪行，包括因用救灾款而导致许多人的死亡。人物的现实主义表现赢得了观众的同情，他们在他们自己和先辈们所开创的制度下，悲叹这种几乎不可能发生的事情。

赵国庆的《救救她》探讨了新近认识到的少年犯罪猖獗的问题。在一个干部子弟的引诱下，女主人公成了一个持枪流氓集团的成员，并且有了一个私生子，而她以前那个老实的男朋友在最后一幕又忠诚地接受了她。

1979年的戏剧《假如我是真的》，[①] 标题表达了情节本身讽刺的循环：假如年轻的主人公确曾是高干的儿子，而不只是一个冒名的顶替者，那么他就能享有中国官僚主义的下属们持续不断的诌媚而给予他的各种特权。这出戏比它的模特，果戈理的《钦差大臣》更入木三分。它只上演了为数不多的几场，也仅限于北京和上海的内部演出，并且当年年底便被禁演了。苏叔阳1980年的《左邻右舍》虽然由于

---

① 沙叶新等创作，又名《骗子》。

对追求个人享乐的干部进行讽刺而仍然有着广泛的影响，但却更加显得不关痛痒。这出戏通过 1976—1978 年国庆节对北京一个四合院的冲击而展开，表现出作者对老舍及其《茶馆》的借鉴。

王靖的《在社会的档案里》是一部电影本，讲述犯罪行为——强奸和谋杀——被保护高级官员的军队所掩盖。李克威的《女贼》是另一部描写青年人的电影，这些父母受迫害的子女或受到引诱的受害者与社会发生了冲突。同《假如我是真的》一样，这些电影在 1980 年 2 月北京的一个大型讨论会上讨论过，在这次讨论会上胡耀邦作了一个关键性的发言。大家都同意，作家不应忽视社会难题的长期性，但他们应该认识到旧社会残余对造成这些问题的影响，应该关心突出新社会的积极力量，这样就能产生新的面貌。总之，作者应该考虑他们作品的效果。

在大量新的通俗戏中，许多都探讨了长期遭到压制的罗曼蒂克的爱情主题。田芬和钱曼兰 1980 年的《她》突出了成年人追求爱情和婚姻这样一个诚实的主题。《她》重新肯定了一个年轻寡妇追求幸福的权利，她一直孝顺地侍候婆婆；而男主人公则不顾自己家庭的反对去追求这个寡妇的爱。这一类戏剧坚决主张表现个人问题并解决这些问题，完全不同于那种统治舞台多年的宣传口号式的自我牺牲主张。

附　言

《被爱情遗忘的角落》是张弦 1980 年一篇小说的题目。可把这种措辞看成是对中国过去 30 年看法的象征，这是四十几岁或更为年轻的作家们的观点。他们自 1976 年以来就已统治了中国文坛。从遇罗锦的《一个冬天的童话》，到张辛欣《我们这个年纪的梦》（1982年），这类作品如雨后春笋般涌现，它们常常实质上或样式上是自传性的，重新肯定了个人的价值，特别是妇女的价值，她们需要关怀，需要爱。

在这 30 年中共产主义统治下的文学已为中国乡村的文化沙漠储存了一种肥料。它提供了英雄、主角模式以及社会主义实践的课程。

获得公认的少数成功作品——《红岩》、《创业史》以及少数诗歌和戏剧——不断重版,反复肯定。同时,作家们力图沿着现代主义方向改进技巧,并在他们的作品中正视新社会生活的真正难题,他们的努力仍碰上挫折。1981年对白桦《苦恋》的攻击,是毛时代终结以来第一次对一部作品的大批判。周扬再次成为制定文艺政策的决定性人物[1]。虽然胡乔木在1981年底说毛的文学原则与现实生活的相互关系不是一成不变的,但他重新强调了党的一贯思想:作家继续坚持马克思主义、社会主义、无产阶级专政和党的领导。[2]

讽刺作家亚历山大·季诺维也夫借他自己笔下的一个人物之口对苏联作如下评说:

> 苏联的历史实际上(而不只是显然)是一部有关代表大会、会议、计划、义务、起坐、征服新的领域、新的部门、游行、奖章、鼓掌、民间舞蹈、欢送典礼、欢迎仪式等等,简言之,就是在苏联官方报纸、杂志、小说上所能读到的一切,或在苏联电视上看到的一切,以及其他等等的历史。有些苏联发生的事情并没有出现在大众信息媒介、教育、规劝和娱乐中。但所有这一切却是无形的非历史背景的苏联真正的历史。对于没有受过苏联生活方式这所大学校教育的外来观察家来说,所有一切似乎都是谎言、煽动、形式主义、官僚政治喜剧、宣传,实际上这一切却表现了这种生活方式的血肉,实际上就是这种生活方式本身。而那些一切似乎是痛苦的真实,事物的实际状态,常识性思考的东西等等,实际上只不过是这个真实过程的微不足道的外壳。[3]

自从毛时代结束以来,这个"痛苦的真实,事物的实际状态,常

---

① 周扬:"继往开来,繁荣社会主义新时期的文艺",《文艺报》1979年第11、12期,第8—26页。

② 胡乔木:"当前思想战线的若干问题",载《红旗》1981年,第23期,第2—22页。

③ 亚历山大·季诺维也夫:《光辉前程》,转引自克莱夫·詹姆斯:"黑暗中的笑声",《纽约书评》1981年3月19日,第20页。

识性思考的东西等等"的外壳在中国文学作品中越来越自我显露了。无论是新作家还是老作家都不断地突破主题和技巧的边界。一直在加强控制的过程现在已经放慢了，虽然尚不清楚这个过程是否已经被逆转过来。共产主义统治下的文学从强加给它的不可忍受的重压下生存下来了。它反映了新社会缔造者的许多梦想，如今，在它走向现代主义世界的缓慢进程中，将会开始观照现实的更大部分。

第 五 篇

分 离 的 省 份

第十二章

国民党统治下的台湾，
1949—1982年

1945年10月25日，国民党将军陈仪在台北接受日本投降，并出任台湾省主席。他控制的这个地区，其历史与中国其他地区差别甚大。中国人在台湾定居较晚，是在16世纪和16世纪以后，当时一些福建人移居台湾。1895年，台湾沦为日本的殖民地。[①] 日本人统治台湾的50年期间台湾物质条件与台湾人民态度的诸多变化，对国民党统治之下的台湾的发展有着重大影响。

日本人早期的主要目标，是在这个偶有反抗精神的民族中建立法律和秩序。日本人首先采取军事行动，随后建立广泛的警察机构和行政、法律制度，以保障台湾社会的和平与安定。日本统治者非常严厉，有时甚至是独裁，但他们在台湾创造了一种有助于经济发展与现代化的环境。这种情况与20世纪前叶中国大陆由于内战、军阀混战、土匪横行、日本军事入侵而形成的局势截然不同。

台湾经济发展的主要目标，是为了日本帝国的利益，而不是为了台湾人民。但是，其发展过程却使台湾人民的生活稳步提高。到1945年，台湾人民的生活方式比中国大陆一般人要先进些。例如：20世纪30年代初期，台湾拥有2857英里铁路，而整个中国大陆只

---

① 台湾人大部分为福建省南部移民的后裔，讲厦门方言。一小部分为广东人的后裔，讲客家话。这两部分人通常统称为"台湾人"。台湾的"大陆人"系由1945年以后由大陆移居台湾的中国人组成。他们讲多种方言，但其共同语言是以中国北方方言为基础的国语。1982年，台湾总人口为1800万，其中200万为"大陆人"及其子女。台湾总人口还包括约20万当地部族人，他们主要居住在山区，其祖先在中国人到来之前即定居台湾。他们与马来人有血缘关系，操多种语言。

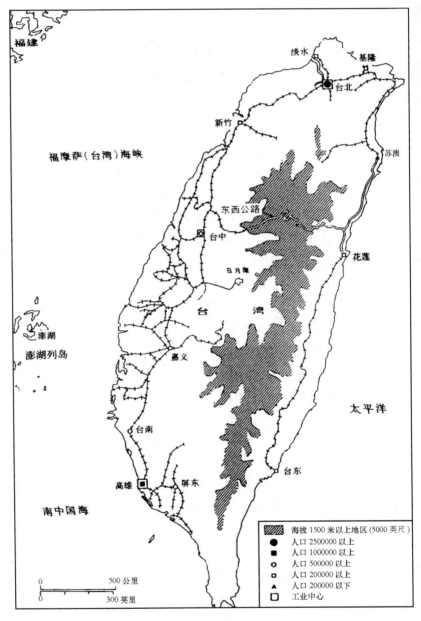

地图 11 台湾

824

有 9400 英里。台湾的发电量与整个中国大陆的发电量几乎相等。[①]
日本人大大改善了台湾的公共卫生条件，扩大了初等教育，修建港口
与公路，并开始建立工业基地。他们通过土地勘察、明确土地所有
权，革除了大规模逃避土地税的旧习，从而理顺了公共财政，并为后
来国民党政府实施土地改革奠定了基础。日本人通过扩大灌溉设施、
引进新的耕作技术、组织农业协会，使农业生产有了大幅度的增长。

台湾人虽然为他们在日本统治下取得的物质成果感到高兴，但对
日本人把他们当做二等公民极为不满。台湾当局所有的高级职位，以
及行政、管理、技术等部门的高级职务均控制在日本人手里。台湾人
中能够受到小学以上教育的几近于无。[②] 台湾活动分子为争取在台成
立有代表性的政府，并在日本国会中有台湾代表，进行了长期斗争，
但直到 1941 年太平洋战争爆发时为止收效甚微。一些日本自由主义
人士同情台湾争取政治代表权的愿望，但是，日本统治集团的主流认
为只有当台湾人在语言、文化和为天皇效忠等方面完全被日本人同化
时，才能给台湾人以同等的政治权利。极端的日本民族主义者则断然
拒绝这些殖民地的臣民可能被同化并且成为真正的日本人的看法。

1945 年战争结束时，台湾人热烈欢迎把日本人赶出台湾，赞成
台湾归属中国，认为他们将继承被充公的日本财产，继任原先由日本
人担任的职务。但他们看到台湾被一群新军阀接管了。这些新军阀的
的确确是中国人，但操不同的方言，经常看不起甚至歧视当地人。他
们大失所望。1947 年台湾人的愤懑情绪终于爆发成为暴力行动，大
陆人和台湾人之间的关系极为紧张，成了国民党面临的一个长期难以
解决的政治问题。

自中华民国政府 1949 年撤到台湾以来，在国民党的统治之下，
台湾的历史贯穿着三条主线，即：要求台湾成为国际社会里一个单独
的政治实体的斗争；努力发展经济；在情况不断变化的压力下调整内
部政策。美国在 1950 年 6 月朝鲜战争爆发时作出了对台湾安全的保

---

① .乔治·H. 克尔：《福摩萨：特许的革命与地方自治运动（1895—1945）》，第 185 页。
② 同上书，第 177 页。

证，20 年中，这种保证为台湾进行现代化建设提供了可靠的庇护。但是，在 1971 年尼克松总统对中华人民共和国实行开放政策及中华民国失去在联合国的席位之后，台湾人民对美国保证的连续性日益感到怀疑。美国从广泛的地缘政治因素出发，认为 1972 年、1979 年和 1982 年美国为维持与 10 亿中国人民之间富有成果的关系，而在台湾问题上对北京所做的让步是必要的。可是，这些让步引起了台湾的不安，尽管美国对台重新作了安抚。北京关于如果台湾"回归祖国"将允许台湾政治上自治的承诺，对台湾政府和人民来说是难以置信的。台湾政府和人民认为，只有继续保持其单独的地位，才能更好地维护他们自己的利益。

台湾的经济发展是过去 30 年里最突出的成就之一。这是人们公认的事实。其发展之快，是由诸多不寻常的因素结合而形成的：日本人遗留下来的相对发达的基础结构；拥有成千上万的来自中国的训练有素、富有经验的技术人员、商人和政府行政管理人员；前 15 年获得的大量的美国经济援助；政治稳定；上层官员愿意听从专家的意见。进入 80 年代，台湾已接近发达国家的地位，其人均生活水平在亚洲名列前茅，其经济发展成果已使广大台湾人民普遍地得到益处。

台湾没有武装暴乱和军事政变的困扰。自 1947 年台湾起义以来，极少发生许多发展中国家经常面临的那种政治动乱及其他社会骚乱。面临来自北京的威胁，自身生活水平不断提高，两个最高领导人——蒋介石与其子蒋经国——的统治的合法性为众所公认，这些因素结合起来有助于政治稳定。批评家们曾指责台湾的政治制度僵化和不民主，反对大陆人通过国民党一党专权，反对取缔反对党，反对继续实施军事管制、逮捕政治上的反对派并限制新闻自由。但是，多年来台湾的政局发生了实质性的变化。数以万计的台湾人加入了国民党，台湾人在党政部门也可担任要职。独立的政治家参与了地方和省的选举，有时还在一些重要的竞选中击败国民党的候选人。自 1969 年以来，国家选举机构不断增选新成员。虽然仍禁止谈论某些敏感问题，但近几年来允许新闻界争论的问题的范围已有所扩大。经济和社会的现代化在政府内部和政治反对派之间都造成一种共识：政治改革必须加速进行。

当蒋介石于 1950 年 3 月 1 日在台北重新出山担任中华民国总统时，形势是严峻的。国民党在中国大陆的防务崩溃之迅速比毛泽东预期的还快。由于国民党驻济南部队司令投降，山东省 1948 年 9 月失守。紧接着，国民党驻满洲（东北）的精锐部队亦被围歼。共产党的军队迅速包围了北京和天津，同时集结部队在南京以北进行了对胜负具有决定意义的淮海战役。此一役，国共双方共投入兵力 100 万人。1948 年 12 月，徐州要地失守，打断了国民党防御体系的脊梁，整个长江暴露于共产党的攻击之下。1949 年 4 月，南京失陷。上海、汉口在 5 月失守。广州也于 10 月失守。仅仅一年的时间，几乎整个中国大陆都落入了共产党手中。国民党政府先从南京逃到广州，再逃到重庆，尔后又到成都。最后，于 1949 年 12 月逃至台北。

军事上的失利使人们对国民党货币丧失信心。纸币贬值。到 1948 年夏，纸币价值仅仅相当于其印制成本。1948 年 8 月发行新币"金圆券"，金圆券也遭到了同样的命运，在数以千计的充满信任的公民依法将手中的黄金、白银和外汇兑换为"金圆券"之后，"金圆券"很快也变得分文不值了。

军事失败和经济崩溃，使得国民党上层要求蒋介石退位和同共产党谈判的呼声越来越高。1949 年 1 月，蒋到其故乡浙江省奉化隐居，形式上将政府移交李宗仁。李成为代总统。然而，蒋并未辞去总统和国民党总裁的职务。在隐居期间，他继续干预国家事务，并着手准备在台湾建立最后的立足点。蒋在隐退前不久，还亲自委任其亲信——50 岁的陈诚将军为台湾省政府主席兼台湾省警备总司令。任命其子——40 岁的蒋经国为国民党台湾省党部主任。1949 年 2 月，蒋没有通知代总统，直接饬令中国中央银行总裁将政府的黄金储备悄悄地转移到台湾。1949 年 5 月，蒋亲自赴台，在台建了一幢住宅。他由中国大陆到菲律宾和南韩访问期间，曾多次在该处居住。1949 年 12 月，蒋最后一次离开中国大陆，是在共产党占领成都之前不久，由成都飞往台北的。

当蒋介石重新出任总统（代总统李宗仁拒绝赴台，逃往美国）

时，中国共产党领导人已在策划进入南中国海的海南岛和上海东南75 英里的舟山群岛。上述两地分别于 1950 年 4 月和 5 月为中共占领。"解放台湾"已被宣布为中共 1950 年的主要任务，由第三野战军副司令员粟裕负责此项任务。对蒋介石来说，在军事上唯一可以夸耀的是：1949 年 10 月共产党军队在攻打厦门外海之金门岛时作战失利，损失惨重。

蒋介石难以从美国得到什么援助。蒋夫人赴美寻求 30 亿美元的援助，并要求美国委派一高级军官来指导制定战略和供应计划，历时一年未果，于 1950 年 1 月返台。美国政府对中华人民共和国占领台湾的战略后果极为关注，但不愿从其他更重要的地区抽调兵力来加以阻止。美国政府内外进行了一场激烈的争论，有影响的共和党参议员和参谋长联席会议要求向台湾提供军事援助。但杜鲁门总统鉴于国民党政府在大陆表现不佳，予以否决。1949 年 12 月，国务院向美驻外新闻官员下发了一个机密备忘录，通报他们台湾可能失陷，并指导他们如何应付此事，以使美国利益少受损害。1950 年 1 月杜鲁门总统宣布：

> 美国现时不想从福摩萨获取特权或在福摩萨建立军事基地，也不打算出动武装部队来干预目前形势。美国政府将不奉行可能导致陷入中国内部冲突的方针政策。同样，美国政府也不向福摩萨提供军事援助和建议。①

蒋介石在美国军事援助和军事干涉均无指望的情况下，迫于中共入侵的威胁，积极加强台湾的防务。首先是改组从大陆撤到台湾的 80 万杂牌军队，清除共产党的渗透。1949 年 12 月，他任命受过美国教育的前上海市长吴国桢接替陈诚出任台湾省主席，让陈集中精力进行军队改组。陈遣散了数万名超龄和低能的军官，将部队兵员削减了2/3。之后，蒋任命陈诚为行政院长，并委任受过美国教育、曾指挥

----

① 《国务院公报》1950 年 1 月 16 日，第 79 页。

美训新 1 军在缅甸和东北作战、又在台湾任编练司令的孙立人将军为陆军总司令。

蒋介石认为在大陆溃败的一个重要原因是没有一个对武装部队实施政治控制并进行政治教育的机构。为此，他建立了国防部总政治部，由蒋经国出任主任，并在每个部队设置政治军官。同属蒋经国督导的保安机构以"共产党特务"的罪名逮捕了数百人，其中包括副参谋总长及其夫人。由于搜捕间谍和改善武装部队的组织指挥，台湾防务大大加强了。但是，并没能解决其缺乏武器装备、弹药和物资供应的问题。[①]

巩固基业，1949—1959 年

美国的干预

国民党在聚集力量对付共产党进攻的时候，碰上了好运气。杜鲁门总统改变了其撒手不管台湾的政策。杜鲁门总统及其顾问认为，1950 年 6 月对南朝鲜的入侵是苏联支持的，目的是扩大苏联统治范围，此后苏还可能在美国及其盟国所设置的包围圈上的薄弱环节进行试探。总统认为，在这种情况下允许台湾为共产党集团所控制是轻率的。而且，他如果继续拒绝共和党参议员支持国民党保卫台湾、防止中共进攻的要求，他所需要的两党对美在朝鲜军事干预的支持将会减弱。因此，杜鲁门总统宣布：

　　共产主义势力占领福摩萨将对太平洋地区的安全和美国在该

---

① 关于对 40 年代末期和 50 年代初期台湾情况的估计，参阅约瑟夫·W. 巴兰坦《福摩萨：美国外交政策的一个问题》；弗雷德·W. 里格斯：《中国国民党统治下的福摩萨》；董显光：《蒋介石》；鲍大可：《共产党接管前夕的中国》，第 20 章："海岛避难"；艾伯特·雷文霍尔特："今日福摩萨"，载《外交事务》第 30 卷第 4 期（1952 年 7 月），第 612—614 页；马克·曼考尔编：《今日福摩萨》，出自《中国季刊》专刊，1963 年 7—9 月，第 15 期。

地区执行合法的和必要的任务的部队构成直接的威胁。为此，我已命令第7舰队防止对福摩萨的任何进攻。由于采取了此种行动，我呼吁设在福摩萨的中国政府停止一切反对大陆的空中和海上作战活动。第7舰队务必使这一点落实。福摩萨的未来地位须待太平洋地区的安全得以恢复、与日本和平解决问题之后再确定，或由联合国考虑予以解决。[①]

中共武装力量中，海、空军力量甚小，难以对抗第7舰队。他们不再准备入侵台湾，开始加强海岸防务，并将其军备重点转向朝鲜边境。美国为台湾提供军事保护之后，台湾大大地松了一口气，对其前途又看到了希望之光。美国立即制定了军援计划，增加了经济援助，这使国民党的士气更加高涨。

朝鲜战争是美国对台湾和中华人民共和国态度的转折点。种种迹象表明，中苏合作关系密切，美国希望一种中国式的"铁托主义"能在中国大陆发展起来的幻想开始落空。中华人民共和国1950年11月派遣"志愿军"跨过鸭绿江，给战线过长的美国及南朝鲜军队以沉重打击。这进一步加强了1950年2月签订的中苏同盟条约。苏联人开始以大量现代化自动步枪、火炮、飞机、坦克、舰艇，有系统地装备中共武装力量。同时，他们还制定了大规模的经济援助计划，以发展中国的重工业。在美国人看来，50年代初期，中苏联盟已牢固地建立起来，并不断发展，对其周边的非共产主义国家构成了威胁。中共与美国军队在朝鲜开战，加深了两国人民之间的敌对情绪。在中华人民共和国，展开了一场恶毒的反美宣传运动；在美国，参议员约瑟夫·R.麦卡锡肆无忌惮地攻击共产主义，掀起了一系列恐共仇共活动。

全球冷战愈演愈烈。在朝鲜已发展成为热战。这种情况改变了美国政府和美国人民对台湾的态度。美国政府已不愿再容忍中华人民共和国占领台湾，认为台湾是正在迅速发展的西太平洋安全体系的重要环节。台湾位于美国北方盟友日本与南朝鲜以及南方盟友菲律宾、泰

---

① 《国务院公报》1950年7月3日，第5页。

国、澳大利亚和新西兰之间，战略地位重要，对遏制共产主义在东亚的扩展具有重要作用。道格拉斯·麦克阿瑟将军 1950 年夏访台后，提出了一个使人难忘的观点——台湾是"不沉的航空母舰"。为了把台湾正式纳入美国发起的安全体系，并制定一个稳定的长期的对台经济与军事援助计划，美国于 1954 年 12 月与中华民国签订了共同安全条约。

同中华民国建立正式的防御同盟，给美国造成了一个问题，因为美国的目标与其盟友的目标不同。蒋介石的目标是反攻大陆，推翻中国共产党政权，恢复国民党的统治。蒋的军队占领着许多靠近大陆沿岸的岛屿，作为国民党决心重返大陆的政治象征。但是，美国不愿支持此类冒险行动，美国所关注的仅限于台湾和附近澎湖列岛的防务。因此，在履行条约时，谨慎地局限于台湾和澎湖列岛的防务。在签约后的一次换文中，中华民国同意除"显属行使固有自卫权力之紧急性行动"外，台湾只在与美国"共同协议"的情况下，才会从台湾、澎湖或其他沿海岛屿出动军队。[①]

国民党对沿海岛屿的占领，使美国处于尴尬的境地。丢掉一个较大的岛屿对其盟友来说将是一个严重的打击。但是美国政府并不希望承担保卫这些易受攻击的岛屿的义务。1954 年 9 月，在签订条约之前，中华人民共和国猛烈炮击了最大的海岛——金门。1955 年 1 月初，中华人民共和国的两栖部队占领了浙江省沿海的大陈岛。因为这些岛屿位于台湾的空中支援范围之外，国民党在第 7 舰队的援助下，撤走了他们的驻军。为了防止中华人民共和国攻击其他沿海岛屿，艾森豪威尔总统于 1955 年 1 月下旬要求国会通过了"福摩萨决议案"。该决议授权总统，在他认为保证台湾和澎湖防务所需要的时候，可以动用美国武装部队保卫台湾和澎湖以及"友邦控制的该地区有关阵地和领土"，防止武装进攻。[②]

其后 3 年，台湾海峡再未发生严重的冲突。1955 年 8 月，美国

---

① 丘宏达编:《中国与台湾问题》，第 250—253 页。

② 同上书，第 257 页。

响应周恩来总理的建议，同意与中华人民共和国开始举行大使级会谈。中华民国强烈反对中美会谈，担心背着它达成某种交易。但是美国要考虑自己的利益，特别是要争取释放关押在中华人民共和国的美国公民。由于在会谈中达成了一项协议，大部分被关押的美国人被释放了。但是，关于中华人民共和国建议举行外长会议、取消美国对华贸易禁运和交换记者等问题没有达成协议。中华人民共和国拒绝了美国关于不在台湾地区使用武力的建议。会谈于 1957 年 12 月暂时中止。

1958 年 8 月，毛泽东决定考验一下美国帮助中华民国保卫沿海岛屿的意志。他这样做可能是受到苏联发射人造卫星和世界形势发展趋势的鼓舞。世界形势的发展使毛于 1957 年访问莫斯科时宣布"东风压倒西风"。8 月 23 日，中华人民共和国炮兵对金门进行了大规模轰击，首次切断了该地的供应线。艾森豪威尔总统和杜勒斯国务卿决心阻止中华人民共和国占领该岛，甚至不惜使用核武器。第 7 舰队集结兵力，负责台湾的空防，并开始为中华民国运输舰护航至金门外 3 英里一线。在一个月之内，封锁被打破。炮击之后不久，恢复了大使级会谈。会谈中虽没有就美国的停火建议达成协议，但是炮击却减少了，只在单日进行象征性的炮击，以强调中华人民共和国拒绝停火，并显示其能够随意阻止或允许对金门恢复供应。[①]

1958 年沿海岛屿危机对美国与中华民国同盟既有积极的影响，又有消极的影响。它表明了美国不允许金门被占领的决心，美国与国民党军队合作，成功地迫使中华人民共和国放弃其切断该岛供应线的企图。在战斗过程中，国民党为其军队获得了先进的武器，主要为金门配了 8 英寸寸榴弹炮，为空军配备了"响尾蛇"导弹。另一方面，由于双方在军事行动上的分歧以及美国国内和世界其他地区的盟国对美国政策的反对，该危机使美国与中华民国的同盟受到极大的压力。据国务卿杜勒斯说，艾森豪威尔政府在拯救金门的斗争中，不得不使

---

① 关于对 1954—1955 年与 1958 年沿海岛屿对抗形势的具体分析，参见 J. H. 卡里基《中美危机的形式》。

它同国会、同盟国的关系紧张，几乎达到破裂的地步。蒋介石极力反对美国为实现沿海岛屿与大陆之间停火而作的努力，因为停火将削减这些岛屿作为反攻大陆跳板的象征性价值。实际上，杜勒斯劝蒋将其守岛部队削减 1.5 万人作为增强海岛守军火力的交换条件，并发表一项声明，表示中华民国收复大陆的主要手段将是通过实行孙中山的三民主义，而不是使用武力。

中华人民共和国对切断台湾与沿海岛屿联系的做法是否明智的问题，作了重新考虑。在华沙会谈中，美国强烈要求为这些海岛建立一个特殊政权。联合国和其他地方的舆论均赞成台湾军队撤出这些岛屿，以减少该地区发生冲突的危险。但是北京赞成蒋介石"一个中国"的主张，对国际上支持台湾独立势力的增长感到震惊。因此，国防部长彭德怀宣布改为单日炮击时，对"台湾同胞"广播说他要他们能够向沿海岛屿运送足够的补给品，以便长期驻守。1958 年 12 月，陈毅外长对驻京外交官说，中华人民共和国的政策是或者一下子解放台湾和沿海岛屿，或者维持现状。

美国一面在安全方面支持台湾国民党政府，一面在外交上支持中华民国在联合国的代表席位。中华民国是联合国的创始国，也是安理会五个常任理事国之一。50 年代初期，美国对联合国成员国的影响很大。1950 年 1 月，美国在安理会组织力量击败了苏联提出的一项驱逐中华民国的决议，苏联代表退场，声称只要中华民国代表还留在安理会，苏联就不参加。朝鲜战争爆发时，苏联代表缺席，因此使安理会有可能通过了谴责北朝鲜入侵和呼吁联合国成员国援助南朝鲜的决议。1950 年 7 月，苏联代表重返安理会，进一步设法争取由中华人民共和国取代中华民国，但未获成功。1951 年，中华人民共和国武装干涉朝鲜之后，美国能够使联合国大会通过决议，把中华人民共和国谴责为进攻驻朝联合国军的侵略者。其后，在 50 年代，华盛顿年年都怂恿联合国大会通过"不考虑"任何改变中国在联合国代表席位的决议。

中华人民共和国出兵朝鲜，严重地妨碍了她争取恢复联合国席位和获得国际承认的努力。在美国，1954 年成立了一个"百万人委员会",动员公众舆论支持中华民国,反对中华人民共和国。该委员会包括许多国会成员。每年美国国会都通过一项决议反对恢复中华人民共和国在联合国的席位。在 1950 年 1 月,已有 26 个国家(大部分是苏联集团和中立国家)承认了中华人民共和国。但在其后五年,再没有一个国家承认之,尽管中华人民共和国显然已具备了被承认为中国合法政府通常所需的条件。许多国家政府本想同中华人民共和国和中华民国都保持外交关系,但后两者都不愿容忍双重承认。由于必须做出抉择,许多国家在放弃中华民国而与中华人民共和国建交的问题上犹豫不决。因为它们或者不愿得罪美国,或者其领导人反共情绪强烈,或者它们希望联合国带头。中华民国本身则积极争取支持,特别是争取新独立的非洲国家的支持,邀请它们的领导人正式访问台湾,并隆重接待。

50 年代末,台湾中华民国的前景比 10 年前大有改善,已不再仅仅是一个没有国际支持、面临崩溃的、被围困的逃亡政府。它同美国有正式的防御条约,得到大量的美国军、经援助。在美国的帮助下,台湾保留了其在联合国的地位,建交国家比中华人民共和国还多。台湾虽然对美依赖甚深,但却不是美外交政策的被动工具;台湾利用 50 年代的冷战气候,通过外交活动,在美国拥有巨大的影响。它雇用美国公共关系机构来宣传它的事业。"院外援华集团"系由死心塌地反共的出版界人士、商人、国会议员组成,它不断强调支持反共的台湾作为反对中苏集团的全球斗争中的重要成员。台湾在华盛顿官僚中也有赞助者。这些官僚与不断增加的对台军、经援助计划有利害关系。

对许多美国人来说,东亚形势的发展使他们感到加强台湾的力量,使台湾成为"自由世界"的一部分是不无道理的。1954 年法国人在奠边府的失败和印度支那的分裂,使中苏集团取得进一步的进展,对东南亚其他地区构成了威胁。美国没有在台湾建立可与美在日本冲绳和菲律宾的军事基地相提并论的军事基地,只在台驻有一个"斗牛士"导弹部队,这种导弹能够打击中国大陆上的目标。美国还花费 2500 万美元改建了台湾中部的公馆机场,作为 B—52 战略轰炸机紧急备降机场。1959 年莫斯科和北京之间发生了理论和政策分歧。这些分歧在大多数美国人看来只不过是中苏合作大厦中的一条小小裂缝。很少人预见到这条裂缝将会很快扩大起来。[①]

防务现代化

台湾军事当局鉴于不必再为应付迫在眉睫的进攻而进行紧急战备，在美国帮助下，开始实施一项长期的军事现代化计划。首要的改革是以现代的招募与人事制度取代部队忠于长官而不是忠于军队的传统制度。为各军种建立了新的军事学院训练年轻军官，实行普遍的两年或三年兵役制，保障了足够的年轻兵员，从而使来自大陆的年老、病残兵员退出现役。由美援基金赞助成立了退役军人职业援助委员会帮助退役军人寻找工作。建立了统一领导的现代财务制度，结束了指挥官克扣部分士兵薪饷的陋习。组建和扩大了后备力量。这种后备力量由服完现役的年轻人组成，每年征召复训一次。为了提高专业技能，削弱高级军官谋求政治影响的倾向，并为年轻有为的军官开创前途，参谋总长和各军种司令每 2—3 年更换一次。由联合勤务部门统管各军种财政和采购事宜，并管理兵工厂和军械仓库。

美国军援顾问团负责执行军援计划，并向中华民国武装部队提供建议和训练。首批人员由一名少将率领，到 1960 年已增加到 2000人，成为世界上最大的美国军事顾问团之一。该顾问团监督用现代化自动步枪、卡车、通讯装备、火炮、坦克、飞机、雷达、驱逐舰及其他海军舰艇重新装备台湾武装部队。数以千计的军事人员到美国受训。到 50 年代末，这支由大陆逃台的涣散不堪的败军已被改造成为一支拥有 60 万人的现代化武装力量。虽然在数量上不如海峡对岸的敌手，但却是值得夸耀的。在 1958 年的海岛危机中，中华民国的

[①] 关于五六十年代美国与中华民国关系的发展，参见拉尔夫·N. 克拉夫《岛国中国》；福斯特·雷亚·杜勒斯：《美国对共产党中国的外交政策（1949—1969）》；丘宏达编：《中国与台湾问题》；丘宏达编：《中国与台湾争端》；卡尔·洛特·兰金：《在中国任职》。

F—86战斗机与中华人民共和国的米格－15战斗机作战，击毁率为8：1。

政治上的巩固

国民党在中国大陆的失败既是军事上的失败，又是政治上的失败。[①] 共产党在组织能力和宣传技术上，特别是在农村，都优于国民党。当蒋介石将其政府撤到台湾时，他知道必须优先建设一个更有效的政府和政党，恢复士气，严厉打击贪污腐化和派别之争。[②] 蒋介石威望下降，但他仍能通过其亲信来控制主要的政权机构，如国家财政部门、各安全机构和军队中的精锐部队。由于副总统李宗仁和其他政治对手不在台湾，蒋的任务容易多了。没到台湾的要人包括：一些投降共产党的军阀和高级陆军将领；蒋的亲戚宋子文和孔祥熙等人，他们有钱，在美国、香港或欧洲找到比台湾更安全的避难所。一些由大陆跑到台湾的高级政界人物由于他们与地方政治基础的联系被切断，财源被卡，大部分人只好仰仗政府和国民党来维持他们的地位和生计。

台湾的条件在许多方面有利于国民党重整河山。台湾幅员小，日本人为其修建了许多铁路、公路和电站。农业高度发达。经济虽在第二次世界大战期间遭到破坏，但已很快恢复。文化教育程度远远高于大陆。台湾社会秩序井然，组织良好，没有盗匪和军阀部队的骚扰，也不像大陆大部地区那样经常遭灾。共产党地下势力不大，防止共产主义渗透的工作比大陆任何一个省都要容易得多。1946—1950年期间，200万难民逃到台湾，加重了台湾的负担。但是，难民中有数以千计的训练有素和富有经验的技术人员和高级官员，他们填补了遣返回国的日本人留下的空缺。这些日本人曾占据了台湾所有重要职位。

国民党把它的政府结构不加改变地从大陆移来。它是以中华民国

---

① 关于50年代和60年代的政治形势，参见克拉夫《岛国中国》；丘宏达编：《中国与台湾问题》、《中国与台湾争端》；道格拉斯·H.门德尔：《福摩萨民族主义政治》；彭明敏：《自由的体验》；保罗·T.K.西编：《现代台湾》。

② 蒋的目标是把台湾建成一个样板省，作为收复大陆后进行建设的坚实基础。参见董显光《蒋介石》，第490页；布赖恩·克罗泽：《丢掉中国的人》，第353页。

缔造者孙中山提倡的、由传统中国政治观念与西方政治观念相结合的三民主义为基础、依据 1946 年南京宪法建立起来的。政府包括：国民代表大会（选举总统、副总统和修改宪法）、立法院（通过各种法律）、行政院（执行法律）、司法院（解释宪法并享有最后裁决权）、监察院（负责监督政府官员）、考试院（负责对文官考核）。国民代表大会、立法院与监察院的代表于 1947 年和 1948 年由中国各省选举产生。上述机构许多成员未到台湾，但"动员戡乱时期"采取的紧急措施使那些逃台成员的任期得以延长，因此这些机构在缺员的情况下能继续工作。

蒋介石既是国家总统，又是执政党国民党（孙中山于 1919 年在原先几个革命党的基础上创建的）的总裁。蒋在国民党内的地位由于其他有势力的党魁未到台湾而得到加强。1950 年他得到党最高执行机构的赞同，展开清党运动，清除动摇和不忠于党的分子，为召开 1952 年的党代表大会进行准备。1952 年党代会选举了新的中央委员会和常务委员会。另有两个小党：中国青年党和民主社会党，它们与国民党一起到的台湾，但均系小党派，无甚影响。台湾的政治制度实质上是一党制，不允许建立新党。因此，台湾要实施新政必须先改组国民党。

蒋介石重新出任总统时，对政治稳定最严重的威胁除了共产党之外，就是来自大陆的 200 万难民与 600 万台湾本地人之间的紧张关系。台湾人虽然讲中国方言，并保持着他们来自大陆的祖先传下来的中国文化传统，但是，日本人 50 年的统治使他们养成了一种不同于新来的大陆人的意识。他们学过日语，有人在日本留过学。他们都在某种程度上受到日本音乐、报刊、电影和其他民间文化的影响。台湾人曾希望自己在管理台湾方面比日本统治时期占有更重要的地位。但他们看到日本人撤走后遗留下来的位子被大陆人占据了，而许多大陆人只顾没收日本财产中饱私囊，对建立公正有效的省政府不感兴趣。对此，台湾人感到沮丧。

1947 年 2 月 28 日，台湾人日益增长的不满情绪发展成为动乱。动乱中，大陆人遭到很大伤亡。整个岛上的台湾人迅速地组织起来，要求国民党省长陈仪将军进行改革。① 陈先采取顺应群众的姑息手段，待从上海开来的援军抵台后，对台湾人进行了残酷镇压，打死数千人，包括起义中的一些领导人。国民党中央执行委员会处罚了陈，将陈撤职。但是"二·二八事件"造成了台湾人对大陆主子的经久不减的恶感。有些台湾人逃到香港，在香港组织了台湾独立运动。这一组织不久分裂成亲共派和反共派。亲共派迁到北京，主张"解放"台湾，台湾归回中华人民共和国。反共派迁到东京，主张台湾独立。

除了大陆人的贪婪和"二·二八事件"引起的仇恨之外，大陆人和台湾人之间还有更根本的分歧。蒋介石及其同僚的长远目标是从共产党手中收复大陆，台湾的建设是次要的。另一方面，台湾人主要关心台湾的安全与繁荣。他们对收复大陆不感兴趣，可能只希望多数大陆人在收复大陆后都回家去。在大陆人看来，国民党政府原先是在大陆成立的，应是收复大陆的主要责任者。因此，国民党政府必须在联合国保持其中国合法政府代表席位，代表全中国人民，而不仅仅是代表台湾人民。省和地方政府可以主要由台湾人组成，但是如全国政府也主要由台湾人组成则将削弱收复大陆的理论基础。台湾人自认为是台湾人口的主体，不甘心在全国政府中被贬到次要地位，因为有关他们命运的重要问题都是由全国政府决定的。

在40年代末和50年代初，国民党政府采取了许多缓解大陆人与台湾人紧张关系的经济、政治和社会措施。虽然这些措施无一是纯粹为了这个目的，但多年以后，在它们共同作用下，却取得了这种结果。

最重要和最有效的措施大概是在"耕者有其田"的口号下实行的

---

① "二·二八事件"后，究竟死了多少人，没有精确的统计。外国观察家最翔实的描述是乔治·克尔的《被出卖的福摩萨》第14章"三月屠杀"。克尔系美驻台北副领事。他估计大陆人死亡约30—100余人，台湾人死亡人数可能像福摩萨作家经常使用的数字那样约2万人。然而，克尔说：各方面都夸大自己的伤亡数字。他在《福摩萨：特许的革命》中写道，至少有1万福摩萨人被杀死或监禁，数千人被迫逃往海外。另，维克托·H.李估计死亡"数千人"（"台湾与美国的对华政策：引言"，载于李所编《台湾的前途》第2页）；约翰·斯里明的《青梅竹马》第133页说是"7000人"；道格拉斯·门德尔认为是"1万至2万人"（《福摩萨民族主义政治》第37页，援引卡尔的数字）；林天奔（音）认为是"2万人"（"黑色的1947年3月"）。

土地改革。土地改革对台湾经济的大发展有着重大的贡献。但最初进行土改主要是为了政治目的。国民党领导人很清楚共产党在大陆是如何有效地利用贫农对地主的不满情绪的。陈诚在主持台湾土地改革之后写道：

> 允许佃农和长工在地主的剥削之下呻吟，不仅是个土地和经济问题，而且是个社会和政治问题。这个问题如不及时解决，必然会影响局势的稳定甚至国家的生存。[1]

土地改革时，台湾 50％的人口从事农业生产，几乎所有的农民都是台湾人。土改中，迫使地主将土地卖给政府，政府再将土地卖给佃农。这样，为数比地主多得多的佃农买到了自己耕种的土地，生活水平有明显提高。土改的结果使乡村政治稳定、经济繁荣。国民党在大陆搞土地改革没有成功，而在台湾却成功了。究其原因有：地主与实施土改的官员没有政治联系；台湾农村没有内战和共产党的渗透；日本殖民统治时期已建立了精确的土地档案。

土地改革为台湾经济的迅速发展奠定了基础。而经济的迅速发展对大陆人和台湾人都有益处。虽然大陆人为自己保留了政府、国民党、国营公司和军界中的高级职位，但城乡的土地所有权主要在台湾人手中。他们因土地价格上涨和私营企业（主要为台湾人所有）的发展而获得益处。经济利益在某种程度上抵消了台湾人因被排斥于政权之外而产生的不满情绪。

采取措施增加台湾人在地方和省级参政的机会也有助于缓和台湾人的不满情绪。例如，在日本统治时期，在乡、县、省各级都建立了农民协会。这些协会为农民提供了多种服务，如贷款、储蓄、销售农产品、卫生服务、调解纠纷、供应日用品等。日本统治时期，各级农民协会的理事都是由日本官员指派的。国民党统治时期改变了这种做法。规定协会会员中凡农业收入占家庭收入一半以上的均有选举权，

---

[1]　陈诚：《台湾的土地改革》，第 21 页。

协会理事通过选举产生。这样，国民党政府帮助大批台湾农民家庭不仅获得了耕田，而且能在影响他们日常生活的组织中起更大的作用。

国民党还改进了省和地方各级的选举方法。日本人不允许设立全岛范围的选举机构。地方行政官员是指派的，地方议会半数议员也是指定的。蒋介石则决定县、市议会以及县长、市长均由普选产生，从1950年开始实行。1951年县、市议会选举了省议会。但在1959年之后，省议会也由普选产生。在地方和省级选举中，所有20岁以上的公民均有选举权。

省和地方选举打开了台湾人参加政治活动的渠道。由于禁止成立新政党，大批台湾人参加了国民党。而国民党在地方选举中不得不提名台湾人为候选人，以便争取台湾人聚居的选区的选票。地方党部帮助有野心的台湾人树立威信，在某种情况下甚至授予任命权。这些人如果在地方选举部门表现良好，有时还可向上爬，在省政府甚至全国政府中谋得职位。他们虽然不能成立自己的政党，但他们可以无党派独立人士的身份与国民党候选人竞选，有时还能当选。国民党候选人有党的基金和组织帮助竞选，而某些独立人士尽管受到诸多限制，却可以呼吁台湾人反对大陆人所控制的国民党，从而获得胜利。省和地方选举的经验，在其后全国机构的补选中对国民党和无党派政客以及对选民都是宝贵的。

为逐步消除大陆人与台湾人之间的紧张关系，国民党还采取了其他措施，如在学校教育中通用国语；中学和专科学校招生以及文官的招募均实行公平考试制度。国民党曾经试图在大陆推广国语，因日本入侵和内战而没有实行。在台湾推广国语比较容易。从1946年起各学校均用国语教学。到50年代末，年轻的一代多数会讲国语。台湾人和大陆人之间的语言障碍逐渐消除。

不管是大陆人还是台湾人都认为使子女受到最好的教育对家庭的未来至关重要。进中学和专科学校求学要通过统考。考生进名牌学校还是普通学校，要依考试成绩而定。考试是极公正的。一个孩子能否考上学校或攻读自选的专业均取决于考试分数，而不靠其父母的地位。文官考试也是如此。因此，虽然早些年大陆人的子女由于在大陆受到较好的教育曾占有一定优势，但当考生都是台湾学校 1945 年后培养出来的学生时，这种优势就消失了。台湾人感到在政权方面受歧视，但他们有平等地接受教育和考取文官的机会，这就避免了严重的社会分裂。大陆人和台湾人在学校和政府机关中一起学习、工作，也有助于消除隔阂，增加交流。

虽然国民党政府在地方政治生活中引进了民主程序，但这并没有根本改变它独裁的性质。中央政府仍受蒋介石严格控制。这种做法起到了安全阀的作用，因它为许多台湾人提供了实现政治抱负的机会。蒋于 1954 年和 1960 年连续当选总统。他诡计多端，通过高级军、政官员的任命来平衡各派势力，从而巩固自己的权力。1949 年实施军事管制，军事法庭可对被指控从事颠覆活动的人进行秘密审判。由于美国卷入，担心共产党进攻的恐惧消失，使台湾保安措施有了某些放松，但是保安机构仍很活跃。省主席吴国桢认为台湾的气氛使人窒息，因此他于 1953 年辞职赴美。吴致函国大和蒋介石，谴责台湾缺乏民主，特务横行。武装部队总司令孙立人将军于 1955 年被撤职并被软禁，罪名是有些心怀不满的军官居然在阅兵时上书蒋介石，孙对此负有责任。

经济稳定

当蒋介石 1950 年重新出任总统时，台湾的经济由于受到一系列打击，十分脆弱。[①] 在日本统治下，台湾经济是外向型经济。1937 年出口占其生产的 44％，主要是加工食品，几乎全部输往日本。第二次世界大战结束时，台湾受台日航线中断的影响，农业生产下降到 1939 年水平的一半。台湾工业的 3/4、发电厂的 2/3、交通网的 50％均被美国轰炸机炸瘫。由于美国驻日本占领当局的命令，台湾失去了

---

① 关于 50 年代至 70 年代中期台湾经济发展最新和最全面的分析，请参见沃尔特·盖伦森编《台湾的经济增长与结构变化：中华民国战后的经历》；尼尔·H. 雅各比：《美国对台湾的援助：外援、自助与发展之研究》；T. H. 沈编：《农业在发展战略中的地位：台湾经验》；K. T. 李：《台湾经济发展的经验》；简·S. 普赖拜拉：《台湾的财富、发展、稳定与公正的社会目标》；以及雪莉·W. Y. 郭《过渡中的台湾经济》。

在日本的传统市场，因此转而与中国大陆发展经济关系。但是，到1948年，台湾对遭受战乱困扰的中国大陆的贸易仅达台湾战前外贸额的1/4。1949年上海陷落，台湾失去了大陆市场，因此不得不寻找新的出口市场。1949年台湾当局发行新币，以黄金和外汇为十足准备，并与美元挂钩，而同大陆国民党货币脱离关系。然而通货继续膨胀，因为台湾银行为满足极为巨大的军费开支而印发纸币。此外，台湾物价从1946年起平均每年上涨一倍，1949—1950年度则上涨500%。

台湾经济尽管在40年代发生了金融危机，并遭到严重损失，但仍拥有很好的基础，到50年代又得以复苏和发展。台湾经济发展的最重要因素是拥有人力资源。从亚洲标准来看，台湾公共卫生条件良好，人民教育程度高，农民技术好、生产力高，同时还有一支小而精的工人队伍。30年代，日本人即认识到台湾的重要战略地位，为了日本市场的需要，除在台发展食品加工业外，还发展其他工业，建立了纺织厂、自行车厂、水泥厂、化工厂、纸浆与造纸厂、化肥厂、炼油厂、铝厂和钢铁厂等。中国大陆逃台难民中有许多管理人员、工程师和技术员，取代了约3万离台返日的日本人的职位。电站、铁路和公路建设适当，一旦被战争破坏的部分得以修复，即能支援农业和工业重新发展。

到1950年，工农业发展势头明显见好。工业与农业分别于1951年和1952年达到战前最高生产水平。美国决定保护台湾的安全起了稳定人心的作用；台湾当局采取了限制金融的措施；从1951年开始，大量美援商品抵台。由于这些因素，通货膨胀才有可能得到控制。到1953年消费物价指数的增长已降到19%，1954—1960年期间年均在9%以下。

1949年开始土地改革，主要农作物的地租由50%降至37.5%。土改对农业生产和工业化有着重要的作用，并为六七十年代台湾经济的迅速发展创造了必要条件。在土地改革的第二阶段，政府向农民出卖了大量从日本人手中收回的公地。第三阶段于1953年完成。在此期间，地主除保留3公顷水稻田或6公顷旱田外，必须将其余田地卖给政府，由政府转卖给佃农。地主得到的补偿是：获得为期10年的实物（大米或甘薯）公债和在四大政府公司（没收的日本财产）中分得股份。佃农买田的钱分 10 年付给政府。

土地改革极大地削弱了农村地主阶级的势力，使台湾农村实现了耕者有其田。多数农民人均有 2 公顷以下的土地。这就增加了农民的收入。农民劳动积极，投入也多，农业生产率普遍提高。土地改革还削减了地主的财产，因为政府购买他们多余的田地时，购价低于市场价格，给他的公债利息也低于市场利率。土地改革还把四家大公司变成私营企业，使地主成为股东。

在台湾实行土改，并进一步发展农业生产，是由中美农村重建联合委员会协助进行的。该委员会成立于 1948 年，由美援款项资助，由三名中国专员和两名美国专员领导。蒋梦麟任联合委员会主席多年。蒋系著名教育家，曾任北京大学校长和教育部部长。沈宗瀚为中方专员，获康奈尔大学博士学位。李登辉亦获得康奈尔大学博士衔，是该委员会农业经济专家（李在此之后任台北市市长和台湾省主席，1988 年蒋经国去世后任中华民国总统）。该联合委员会不算中国政府的正常机构，薪金高，能招聘到特别能干的农业专家。联合委员会有双重作用：代行中国政府农业部的职能；作为美国援助团的农业分支机构，负责将美国对台经援的 1/3 用于发展农业。这几乎占台湾接受美国经援期间（1951—1965 年）对农业净投入的 60%。中美农村重建联合委员会进行了广泛的农村建设活动，包括改良农、畜品种，兴修水利，水土保持，改善农业组织、农业财政与农村卫生，进行农业研究等，被称为发展中国家中推进农村全面建设的楷模。[①]

在土地改革与中美农村重建联合委员会制定的农业发展计划的共同促进下，从 1952—1959 年农业生产年均增长 4%，超过了同期人口增长率（3.6%）。畜牧业生产增长了 73%。美国经援（每年约 9000 万美元）的 1/4 是以提供剩余农产品的形式给台湾的。这样，台湾不仅有足够的粮食来满足人口迅速增长的需要，还能改善人民的营养状况，

---

① 关于中美农村重建联合委员会的情况，参见约瑟夫·A. 亚格尔《台湾农业的改革：农村重建联合委员会的经验》。

维持农产品出口水平不变。农产品是这一时期台湾主要的出口物资。

农业也是政府收入的主要来源。政府征收土地税（收缴大米）；以低于市价的价格征购大米；实行大米、肥料的实物交换计划。化肥由政府独家经营。用化肥换大米是政府的一项巨大收入，可保证对军政人员的大米供应，也可在市场上出售，以稳定物价。政府对主要粮食的控制使当局能保证对政府雇员的粮食供应，防止米价上涨和商人囤积居奇。国民党在大陆时商人囤积居奇造成市场混乱不堪。

台湾在早期即强调发展农业，使工农业能平衡发展。这在发展中国家中是不多见的。虽然为了工业发展提供资金，农业也受到"压榨"，但其交换条件不像其他地方那样对农业极为不利。土地改革增加了农户的收入，为工业生产中的非耐用消费品提供了广阔的市场。过去的地主由于不能再兴办农场，也开始向工业投资。

台湾当局早期作出的其他经济决策，对50年代经济均衡发展也有重要作用。50年代初，从日本人手中接收过来的国营公司（主要是化工、化肥和石油公司）占工业生产的56%。当时的领导人决定不再扩大国营企业，上述企业保持已有的水平，而将资金用于扩大基础建设，并创造条件发展私营工业、生产消费品，以替代进口消费品。据此，政府开始投资扩建乡村公路网，改善铁路交通（铁路密度在亚洲仅次于日本），增加电力生产，以满足未来对电力不断增长的需要。

由于采取措施鼓励发展生产替代进口商品的工业，工业生产逐渐由出口食品加工业转向生产纺织品、橡胶和皮革制品、自行车、木材制品等国内市场消费项目。生产这些商品需要资金不多，技术要求也低，因此可以由经验不足的台湾人办的企业生产。为此，台湾人在大城市四周或小城镇兴建小厂（可利用农村的剩余劳动力）。50年代，由于工业下放，农村人口拥向大城市的速度相对减缓。由于公共汽车和铁路运输的发展，许多新工人宁愿住在农村，乘车去城镇工厂工作，也不愿迁入城市。"以工兴农、以农促工"的格言，正付诸实践。

50年代工业生产每年增长10%。到50年代末，生产替代进口商品的工业已发展到饱和程度。进口的消费品在全部消费品中仅占5%。在某些方面，生产能力已大于实际需要。这时政府需要决定是否将重心转向生产原先进口的耐用消费品和重工业产品，还是出口已在生产的非耐用消费品。经过一段犹豫，政府选择了后者。在作出这一决定之前，台湾已明显地增加了工业产品的出口。1952 年，92％的出口商品是农产品和加工农产品，只有 8％为工业产品。到 1959年，工业品的出口已上升到总出口的 24％。50 年代末和 60 年代初，外汇、金融和财政政策的一系列变化为工业品出口的迅速发展打开了大门。台湾工业得以从主要利用国内原料为国内市场生产商品，转向利用劳动密集工业加工进口原材料，生产出口产品。[①]

1960 年的台湾在几个重要方面与其他发展中国家不同。它的农业不是现代化农场与大批落后农民并存，而几乎全是小土地所有者。他们多数受过教育，生产效益较高。它的工业没有搞国营重工业项目的迹象，而是集中力量进行基础建设并创造有利气氛，鼓励私营企业从事劳动密集型的消费品生产。乡村和城市工业平衡发展，收入分配比较平均。蒋介石及其同僚（包括严家淦、蒋梦麟等一些受过西方教育的著名技术专家）为六七十年代不寻常的经济增长奠定了基础。

然而，1960 年还没有人预见到即将到来的经济起飞。金门冲突记忆犹新。军事开支占国民收入的 11％。大陆中国粮食短缺，加之乌托邦式的"大跃进"失败、苏联专家撤离，这些使台北又有了希望：共产主义在中国就像杜勒斯国务卿所说，可能真是"一个瞬息而过的而不是永久的阶段"。蒋介石和许多其他国民党领导人依然认为台湾建设的目的是准备有朝一日群众起来反对共产党统治时为收复大陆提供机会。

经济起飞，1960—1970 年

国际地位

1961 年，自从周恩来要求联合国驱逐中华民国，恢复中华人民

---

① 参见 K. T. 李 1969 年写的文章："公共政策与经济发展"，载于李《台湾经济蓬勃发展的经验》，第 30—73 页。

共和国在联合国的席位已经过了 10 年多了。联合国成员国中反对搁置中国问题的越来越多。因此,美国及其盟国同意就中国席位问题进行辩论和表决,但他们提出一项议案,规定中国席位问题必须由 2/3 的多数通过才能解决,并动员成员国支持此一议案。在整个 60 年代他们借此议案成功地保留了中华民国在联合国的席位,继续把中华人民共和国排斥在外。但国际上对中华民国的支持一再下降。这个趋势只是因中国"文化大革命"在国际上引起恶感而暂时中止,然而不久又重新恢复。1970 年,驱逐中华民国、接纳中华人民共和国的议案在联合国表决中首次赢得简单多数,但因未获得 2/3 的多数而没被通过。

整个 60 年代,中华民国除争取保留其在联合国的席位外,还在争取国际承认方面与中华人民共和国进行较量。它邀请许多国家的要人访问台湾,观察台湾的进步,并于 1961 年制定了派遣技术人员援助发展中国家的计划,主要帮助它们发展农业。到 1970 年,它在 23 个非洲国家中派有 702 名技术人员(包括短期和长期工作的),在 11 个亚洲和拉美国家派有 111 名技术人员。此外,它还在台湾为发展中国家训练了数以千计的技术人员。中华民国的富有想像力的外交使它同相当多的国家保持了外交关系。但是,中华人民共和国由于拥有控制着大陆中国的王牌,仍缓慢地走向胜利。法国、加拿大和意大利先后于 1964 年和 1970 年转而承认中华人民共和国。到 1970 年,已有 53 个国家承认了中华人民共和国,另有 68 个国家仍然承认中华民国。

60 年代期间,中华民国能够保持其国际地位主要靠美国的政策。美国在联合国接纳中华人民共和国的问题上拥有否决权。它每年都投入大量政治资本劝说其盟友和友好国家支持中华民国的地位。但是,美国的亲密盟友,如法国、加拿大、意大利等在此问题上同美国背道而驰,说明美国影响在减弱。而且,美国人对中国问题的态度也在逐步变化。到 60 年代末期,没有几个美国人不认为中苏分裂是真正的、严重的,并将长期持续下去。中苏之间的论战愈演愈烈。苏联人在中苏边境驻扎了重兵。1969 年,莫斯科与北京之间的敌对情绪爆发,在珍宝岛(达曼斯基岛)发生了军事冲突。50 年代的两极世界消失了。越来越多的美国人认识到，在已经出现的多极世界中，美国迫切需要同苏联的强大对手发展关系。

由于越南战争和中国"文化大革命"，美国官方未及时认真考虑改变对华政策问题。台湾虽然不是美国的永久军事基地，但在越南战争中却是有用的辅助基地。美国在清泉岗（原称公馆）机场驻有一个C—130 运输机联队和一个 KC—135 空中加油机中队。该机场的跑道是 50 年代美国出资扩建的，供美机在紧急情况下使用。驻菲律宾的美国第 13 航空大队的两个分队也驻在台湾。台湾是西太平洋除日本之外最好的维修基地。美国战斗机、坦克、装甲人员输送车均在台湾进行大修。到 60 年代末期，美驻台军事人员（不包括家属）近万人。这样，台湾在美国作战方面的实际价值、美国政府忙于进行一场日益不得人心的战争、中国在"文化大革命"中的混乱局面等，种种因素导致美国推迟重新考虑中国问题。

与此同时，美国与台湾之间大量具有实际价值的关系也在四下辐射。整个 60 年代里，美国继续向台提供军援，至 60 年代中期总额已超过 30 亿美元。朝鲜战争中使用过的 F—86 战斗机已由 F—100、F—104和 F—5 战斗机所取代。中华民国获得了 C—119 运输机，并获得特许与贝尔直升机制造公司联合生产军用直升机。奈克—大力神和隼式导弹加强了台湾的防空能力。台湾还得到了新型驱逐舰和登陆艇，增强了其向沿海岛屿运送补给的能力。更多的坦克和榴弹炮也已运抵台湾。台湾还发展了军工生产，到 60 年代末已能生产 M—14 步枪、机枪、炮弹、迫击炮以及其他军事装备。数千名军人曾到美国受训。

美国在 1965 年逐步结束了对台湾的经济援助。从 1951 年起美共向台提供了 14 亿美元的经援。台湾已能在经济上自立。美国官员宣称台湾是从美国经援计划"毕业"的第一个发展中国家，并以此而自豪。美国实业家认为台湾是一个宜于投资的地方，到 1968 年底，23家美国企业在其台湾的工厂中雇用了 2.2 万多中国雇员。两家美国银行在台湾设立了分行。数以百计的美国牧师，因被拒绝进入中国大陆而定居于台湾。美国的大学同台湾的大学建立了各种交流关系，每年美国大学都招收数千名台湾毕业生。

经济发展

台湾 60 年代的 10 年是经济全面突飞猛进的 10 年。人均收入增长率从 50 年代的年均 2.7％，猛升至 60 年代的 5.8％。工业品出口的增长是高速发展的主要原因，导致了经济结构的根本变化。农业生产从 1960 年占国内生产净值的 33％降至 1970 年的 18％，而工业生产从 25％升至 35％。工业生产中，国营部分所占比重从 1960 年的 48％降至 1970 年的 28％。而同期私营部分由 52％升至 72％。对外贸易从 1960 年的 4.61 亿美元猛增至 1970 年的 30 亿美元。工业产品在外贸中所占比例从 1960 年的 32％跃升为 1970 年的 79％。

台湾在利用进口原料通过劳动密集型工业生产商品，促使出口迅速增长的基础上实现经济高速发展，这绝不是哪一个原因造成的，而是政治稳定，一贯强调发展 50 年代开创的农村经济、采取新的外汇、金融与财政措施以促进出口等诸多因素结合的结果。

农业生产增长速度虽较 50 年代有所减缓，但发展势头依然良好。3.6％的年增长率仍然超出人口增长率。由于工业化影响和政府于 60 年代初期实行的鼓励计划生育的政策，人口增长率由 1960 年的 3.5％降至 1970 年的 2.4％。鉴于台湾的可耕地几乎已被全部利用，农业生产的增长只有靠提高单位面积产量。通过改良品种、增加劳力，特别重要的是增施化肥，农作物单位面积产量有了提高。大米在农产品中所占比例大幅度下降，因为农民增加了更有利可图的产品，如水果、蔬菜和牲畜等的生产，而群众由于收入增多，也要求增加食品的品种。

60 年代工业生产年增长率为 20％，为 50 年代的两倍。其产品主要是纺织品、木制品、皮革制品和纸制品，是当时台湾出口活动中的尖刀商品。在 60 年代后半期，电子器材地位上升，外国制造商开始在台湾建厂，利用台湾廉价的受过简单训练的劳动力为他们的制成品生产部件，运到其他地区组装。台湾建立了出口加工区，可免税进口原料，由台湾劳动力加工而后出口，繁文缛节减到最低限度。这进一步促进了外商在台湾设厂的积极性。

台湾工业迅速发展有以下原因：有足够的廉价劳动力；城乡收入不断提高，形成了一个不断扩大的国内市场可以作为出口市场的补充；储蓄增长，50 年代占国民生产总值的 5％至 10％，到 1970 年升至近 30％。招工容易，农村收入增加（增长速度比城市稍慢一些），都与台湾工业布局比较分散有密切关系。1956—1966 年期间台湾工人分布情况表明，台湾 16 个最大城镇的工业工人占总人口的 32％，并呈下降趋势。而农村中的工业工人由总人口的 47％增至 52％。[①]由于工业布局分散，到 1972 年，农户一半以上的收入来自非农业生产。储蓄增加，银行存款额大幅度增长，为迅速实现工业化提供了资金。这是群众信心提高、收入增加的反映，也是中国人攒钱备用的习俗的表现。1958 年沿海岛屿危机的结局表明，台湾不会遭受中华人民共和国的军事进攻。60 年代期间，政府已采取措施，使通货膨胀率降至每年 2％—3％。银行存款利率提高，经济生机勃勃，失业率低，群众对个人前途比 50 年代更有信心。

1965 年美国终止对台经济援助时，曾引起政府官员的不安，但实际上对台湾经济发展未产生不良影响。1968 年援款虽然用完，但外国私人投资却有增加，其规模超过了过去美援提供的每年 9000 万美元的数额。到 1970 年台湾已积累了 6.27 亿美元的外汇储备，相当于 5 个多月的进口费用，完全有资格从外国银行按商业利率获得贷款。

政治稳定

60 年代，台湾的政治体制没有出现结构性的变化。蒋介石 1960 年重新当选为总统，1966 年连任，1969 年又再次被选为国民党总裁。他不时重申中华民国是全中国的合法政府，并表示决心光复大陆。1947 年和 1948 年在大陆当选并尚存的国大代表、立法委员和监察委员，仍然继续履行他们的宪法职能。政治稳定为台湾经济的迅速发展

---

① 见古斯塔夫·拉尼斯："工业发展"，载盖伦森《经济增长》，第 224 页；塞缪尔·P.S. 何（音）的"台湾农村的非农业部分"，载《世界银行就业和农村发展研究》第 32 卷。

提供了必要的基础，而经济发展为群众提高生活水平带来机会，从而又有助于维持政治的稳定。

虽然台湾的政治体制未变，但政府的施政重点却毫无疑问地出现了微妙的变化。那些把台湾主要当做光复大陆基地的人们，他们的权势在下降；而那些主要关心台湾本身发展的人们，他们的影响却加强了。重返大陆的希望，在 1961—1962 年中华人民共和国遭受严重经济困难时，曾昙花一现。为了利用大陆可能出现的叛乱，蒋介石曾命令部队作好战备；中华人民共和国则增兵福建，进行对抗。约翰·肯尼迪总统曾以公开的方式，并通过华沙的渠道，通知中华人民共和国：美国反对在该地区使用武力，并且不会支持中华民国采取进攻行动。之后，除偶然发生过对大陆小规模的袭扰之外，中华民国的战备完全用于保卫台湾及沿海诸岛。专家治国论者关心台湾的经济发展，他们的计划和政策日益得到蒋介石的支持。

光复大陆的希望虽日趋渺茫，但大陆人统治集团并未因此动摇其继续掌权的决心。他们仍然控制着国民党内的高级职位、安全机构、武装部队以及财政和经济各部。为了对付来自共产党方面或台湾独立运动方面的威胁，他们有选择地实施戒严令。有一位叫雷震的大陆人，是政论杂志《自由中国》半月刊的编辑，曾企图组建由大陆人和台湾人共同参加的反对党。此人于 1960 年被判处 10 年徒刑，罪名是隐瞒编辑部内的一名过去的共产党员，未向当局报告。台湾领导人不能容忍任何人进行有组织的反国民党的活动。

国民党的党员人数在 60 年代末已接近 100 万。该党在维持台湾的政治稳定上起着重要作用。它的一个主要职责是设置和控制公众辩论的限度，手段是利用自己的宣传媒介，并监督私营媒介，超出规定限度的便加以取缔。该党在地方和省级选举中，都提出自己的候选人。在 1964—1968 年进行的选举中，该党候选人当选率达 78％至 92％。该党通过中国青年团（前身是三民主义青年团）、农民协会、工会、渔民协会、合作社及妇女团体，在政府和人民之间沟通联系。在校园内，党的官员密切监视着学生的言行。

随着 1947 年"二·二八事件"的过去，大陆人同台湾人之间的紧张关系开始缓和。但是，台湾人对大陆人专权行为的抱怨并未消失。1965 年，国立台湾大学政治系原系主任彭明敏教授秘密印制传单，号召台湾人奋起反抗，推翻"蒋介石的独裁统治"。此人及另两名同谋者因此被判处 8 年徒刑，之后被减刑，并逃离台湾。台湾独立运动继续煽动台湾独立。其活动主要在日本和美国进行。但该运动力量弱小，且受内部派系斗争困扰，在台湾本土影响不大。1965 年，曾在 11 年前被东京的一群台湾流亡者任命为"福摩萨共和国临时政府"总统的托马斯·廖（廖文毅），脱离该运动并返回台湾，之后其他一些人也效法他回归台湾。

以外国为基地反对国民党的运动，之所以未能在台湾产生大的影响，部分原因是岛上安全机构的有效控制，虽然这种控制本身也引起了台湾人的不满。另一个同样重要的原因可能是得益于经济的增长。因为这种增长为大批台湾人提供了就业和经商的机会，并提高了他们的收入水平。特别是台湾籍商人正同官僚机构中的大陆人发展关系，双方对维持政治稳定都有共同的利益。此外，台湾籍从政者正在更大范围内寻求政治参与。虽然他们组织反对党的权利被剥夺，但却更加策略地以独立人士的名义提出候选人，同国民党候选人竞争。高玉树（亨利·高）是一位在日本受过教育的台湾籍工程师，他在 1964 年的选举中智胜国民党，第二次蝉联台北市市长。在同年的选举中，独立人士还赢得了基隆和台南两个城市市长的宝座，从而使台湾五大城市中，有三个为非国民党人担任市长。为了在未来的台北市市长选举中不出现同国民党竞争的局面，蒋介石于 1967 年将该市定为"特别市"，直属行政院领导，并指定高玉树为首任委任市长，从而巧妙地将台湾人的不满化为乌有。1969 年，台湾籍从政者首次获得了参加全国性竞选的机会。情况已很明显，由于在大陆当选的代表敌不过生老病死的自然规律，全国由选举产生的一些机构的委员人数在迅速减少。因而，国民大会选出了 15 名新代表，立法院选出了 11 名新委员，监督院选出了 2 名新委员。这样，在 60 年代，台湾人通过商业上的成功、选举上对国民党的挑战以及直接加入国民党等方式，在大陆人占统治地位的社会中找到了越来越多的扩大自己影响的途径。

在整个 60 年代，蒋介石仍是无人与其挑战的领导人。他自 1938 年以来是党的首脑，自 1948 年以来是民国的总统，又是武装部队的总司令，掌握着任免全部高级军政官员的大权，是所有重大问题的最高决策人。他以传统的儒家方式实施统治：家长作风，远离群众，对群众施恩并要求群众对他本人效忠相报。他个人生活俭朴，也要求下属节制。蒋在 60 年代初已年逾七旬，其继承人的传闻集中在副总统陈诚和蒋的儿子蒋经国两人身上。蒋经国当时是台湾安全和情报工作的总负责人。此二人在国民党的高层人物中均不乏大量的支持者。蒋介石对此事不表态，相反却抓紧权力不放，不允许其他任何人拥权过大。1965 年陈诚去世，终年 68 岁，从而消除了蒋经国最大的竞争对手。1964 年蒋经国任国防部副部长，次年出任部长。陈诚死后，普遍认为他正被培养为蒋介石的继承人。

社会变革

随着 60 年代经济和政治的发展，在教育、都市化和劳动力组合方面，也出现了显著的变化。中国人的教育程度长期以来与他们的经济收入和社会地位有关。他们习惯为自己的孩子——特别是男孩，谋求最好的教育。在台湾，早在 1950 年，相当数量的女孩也接受教育。当时，女生占小学人数的 1/3 以上，占中学人数的 1/4。但在大专院校中，仅占 11％左右。到 1960 年，女生人数的比例在小学上升到将近 50％，中学上升到 34％，高等学府上升到 23％。在 60 年代，由于收入增加，父母竭力为自己的孩子谋求更多的教育。由于人口出生率下降，到 1970 年，接受基础教育的人口比例略有下降，但接受中等和高等教育的人口比例却增加了一倍。文盲在 6 岁以上人口中的比例从 27.1％下降到 14.7％。女生人数在中学生中的比例达 44％，在大学生中的比例达 36％。1968 年，免费教育从 6 年延长到 9 年，这是中学入学人数增加的原因之一。

大学毕业生大批聚集美国进行深造，每年去美人数平均为 2000—3000 人。其中很多人在美国定居不归，因为在 60 年代，获得博士、硕士学位的人才，特别在理工科方面的人才，在美国就业的机会很多。

这个时期赴美国留学的人,仅有约 5% 回归台湾。这种"人才外流"利弊都有。它使台湾失去了政府花了大量投资培养出来的人才。但另一方面,台湾不可能吸收这样大批受过高等教育的人才,向他们提供他们所学专业的工作岗位。一群受过高等教育而又未充分就业,并且不满现状的过剩的年轻人,可能制造政治麻烦。去美国留学,使台湾的许多优秀大学生把精力集中到学习上,而不是像有些发展中国家的大学生那样,把精力转向搞政治骚动。而且,在美国受过良好训练的中国人日益众多,是个人才库,他们同在台湾的家庭仍保持着联系,当台湾的工业和科研进一步发展后,他们仍可回台工作。

同其他许多发展中国家一样,随着工商业的发展,台湾正变得更加都市化。在 60 年代,大城市人口增长 87%,城镇人口增长 73%,而同期全台湾人口仅增长 35%。关于台湾都市化对社会的影响,迄今还未彻底加以研究,但从现有资料即可得出某些结论。[1] 台湾农村人口流入城市,并不像其他许多地方那样,是由于农村人口增长对土地产生压力的结果。因台湾的农业增产已大大抵消了农村人口的增长。这种人口的流动,似乎更多的是由于城市工商业就业机会的增加和农民对城市生活的向往,而不是逃避贫困。都市化带来了劳动力组合方面的巨大变化。在 60 年代,农、渔、林业的雇用人员仅增长 16%,而商业、制造业和服务性行业的工作人口却分别增长 43%、82% 和 115%。台湾的城乡差别较小,因此这种人口流动对家庭生活和传统价值观所带来的破坏性影响不像其他地方那样严重。台湾是个小岛,公共汽车和火车运输方便,因此去城市的移民较易同他们在农村的老家保持联系。许多移民在城市呆了一段时间之后,又回到农村。有一份研究材料断定,进入台湾最大的几座城市的每 4 个移民中,有 3 人离去。[2] 由于有收音机(平均每 10 人拥有 1 台)和全岛范

---

① 参见埃米莉·马丁·艾亨、希尔·盖茨编《台湾社会的人类学》;詹姆斯·C. 熊(音)等编:《台湾经验(1950—1980)》。

② 小奥尔登·斯皮尔:"台湾的都市化及人口移动",载熊等人编《台湾经验》,第 281 页。

围发行的日报，城乡居民在了解信息方面已无差距。在 60 年代，报刊和书籍的出版发行量迅速增加。

新的挑战，1971—1978 年

到了 70 年代，台湾在敌对环境中生存的能力受到自 40 年代末以来最严峻的考验。它的国际地位和国内经济遭受严重打击。它还必须搞好从蒋介石统治到一位新政治领导人统治的过渡。台湾接受了这些挑战，并继续发展和繁荣。这证明台湾统治精英们在过去数十年所建立起来的政治和经济制度是正确的。

外交上的挫折

1971 年 7 月，华盛顿令人吃惊地宣布：理查德·M. 尼克松总统打算访问北京。对台湾来说，70 年代就这样不祥地开始了。尼克松及其国家安全事务顾问亨利·基辛格曾断定，同中华人民共和国建立关系，有助于解决不得人心的越南战争，并使美国在对苏联的缓和攻势中，处于更为有利的地位。他们正确地判断，在中国问题上，美国的舆论已经转变，将会支持他们的行动。美国国会未按惯例作出反对中华人民共和国进入联合国的决议，这是 20 年来的第一次。尼克松总统也不再反对中华人民共和国进入联合国，虽然他的代表也在为台湾保留在联合国的席位而活动。但就在联大就此问题进行紧张的辩论时，他却派出亨利·基辛格访问北京。这表明他把这个目标放在较低的优先位置。1971 年 10 月，联合国通过表决，决定接纳中华人民共和国，驱逐台湾，因为北京坚持如果台湾仍为联合国成员，它将不参加联合国。

台湾被逐出联合国之后，大多数与它有外交关系的国家同它断交，并转而承认中华人民共和国为中国唯一合法的政府。带头这样做的国家之一便是日本。日本领导人对于尼克松总统未事先同日本商量就决定改变美国对华政策，感到十分震惊。1972 年 9 月，日本承认中华人民共和国，并与台湾断绝外交关系。到 1977 年，同台北仍维持外交关系的国家仅剩下 23 个。台湾丧失在联合国的席位之后，使中华人民共和国更便于将其逐出其他国际组织。仅仅数年之间，台湾几乎丧失了所有的国际官方机构中的席位，而要保留在国际非政府组织中的地位也何等困难。中华人民共和国不仅决心制止台湾政府宣称代表中国，而且拒绝国际社会将台湾看做一个单独的政治实体。对北京领导人来说，"一中一台"和"两个中国"一样，都是不能容许的。

台湾同大多数国家的外交关系断绝之后，被迫采取异常的办法以维持国际交往。由于出口占台湾国民生产总值的一半，对外贸易对其生存至关重要。日本是台湾除美国之外最重要的贸易伙伴。1972 年，台日贸易占台出口的 12％和进口的 42％。出于政治和经济上的原因，东京和台北双方都希望维持密切的实质关系。正如日台外交关系终止后，日本外相大平正芳对自由民主党内的同事所说："日台之间存在着强大而深厚的关系。因此，即使外交关系中断，双方的行政关系必须受到尊重和珍惜。只要他们不触犯维护日中关系的根本原则，我们愿意尽最大的努力保持日台之间的行政关系。"[1]

在日台断交 3 个月之后，双方即同意作出非官方的安排，以取代外交关系。[2] 日本建立了一个由一名前大使领导的交流协会，在台北设有事务所，而台湾也成立了亚东关系协会，在东京、横滨、大同、福冈等地设有办事处，由国民党一位中央委员担任会长。两个协会的工作人员多是现任或已退休的外交人员，但以私人身份任职。虽然他们没有享受给予外国外交官的全部优惠及豁免权，但仍充分享受特殊的待遇，以便他们能够完成通常由外交使团执行的任务。日台之间的贸易继续进行，没有发生中断。1972—1979 年，台湾从日本的进口总值增长 4 倍，而对日本的出口增长 6 倍。日本在台湾的投资，在停滞一年之后，又恢复向上发展的势头。

---

[1] 《朝日新闻》1972 年 10 月 1 日。

[2] 戴维·纳尔逊·罗：《非正式外交关系：1972—1974 年日本同中华民国的情况》，具体叙述了日台建立特殊机构取代正式外交关系的情况。也可参阅克拉夫《岛国中国》第 7 章。

1974—1975 年，由日台双方国家航空公司经营的航线被停止一年多，这是对日台实质关系唯一严重的一次干扰。其原因是日本外相大平在宣布同中华人民共和国建立航空联系时，涉及对中华民国国旗的轻蔑处置，从而台北命令双方停飞。外国航空公司迅速填补了由日航及华航经营的这条航线，因此双方的空中运输并未中断。经过交流协会同亚东关系协会长时间的谈判，并且由大平的继任宫泽喜一外相在日本国会发表了安抚性的谈话之后，华航及日航的子公司——日本亚洲航空公司，终于恢复了这条航线。

为了促进在全球范围内的贸易，台湾建立了"中国外贸发展协会"。这是强制各出口商捐助而成立的民间组织，它在国外的办事处有各种不同的名称，这取决于驻在国的政治态度。在有些地方，当使用"中国"字样可能带来麻烦后，该办事处就取名"远东贸易服务中心"办事处。由于在多数国家都没有领事官员，台湾想出许多办法，为那些希望访问台湾的外国人提供签证。例如在西德，人们可以从"台湾旅行社"获得"推荐函"，以此在台湾入境时换取入境签证。在东京，亚东关系协会提供的签证上盖的印章是："中国大使馆，汉城，韩国"。在马来西亚和泰国，签证由华航发放。由于同许多国家都没有外交关系，致使台湾在解决那些需要由政府出面解决的问题时，便感到更加棘手，在国际上采取行动时也产生不便和出现迟延。但所有这些，都没有严重妨碍台湾同其他国家保持实质关系。台湾同其他国家的这种实质关系，使得它能在国际社会中作为一个单独的政治实体继续繁荣发展。

当然，在这 10 年的大部分时间里，台湾继续同它最重要的支持者和贸易伙伴——美国，保持着外交关系。在 70 年代，台湾同美国的贸易，占台湾进口的 22%—27%，出口的 34%—42%。1972 年 2 月，在上海发表的经过仔细斟酌的联合公报中，美国同意进行具体协商，以促进同中华人民共和国的关系正常化；但是，对何时和在何种条件下实现关系正常化，美国并未作出承诺。美方称，它对海峡两岸中国人主张只有一个中国、台湾是中国的一部分的立场，不持异议。美国重申由中国人自己和平解决台湾问题的兴趣，宣布随着这个地区紧张局势的缓和，美国将减少在台湾的军队和设施，直到全部撤出台湾。该公报是华盛顿和北京同意暂时将台湾问题搁置一边，以便发展相互间的各种关系的象征。1973 年，两国在对方首都成立了联络处，使发展双边关系的工作有了执行机构。台湾政府和人民对该公报以及互设联络处感到震惊，预感到这是他们今后前途的凶兆。但是，他们并不反对美国在发展同中华人民共和国关系的同时，加强同台湾的经济联系。

尼克松总统访华之后不久，美国进出口银行总裁即去台湾，向当地的公私项目提供长期信贷。到 1975 年，该行在台湾的贷款和信贷保证已将近 20 亿美元，是该行除在巴西之外投放资金最多的地区。1973 年，美国在台北成立贸易中心。美国私人投资继续涌入台湾。1972—1975 年，加入台北"美国商会"的美国公司从 60 个增至 200 个。从 1971—1978 年，台湾从美国的进口总值增长 6 倍，向美国的出口增长 5 倍。1978 年，美台双向贸易额达 74 亿美元，而美中贸易额当时才 11 亿美元。

在美台经济联系加强的同时，军事关系却在改变。美国为履行《上海公报》的承诺，逐渐撤出在该岛上的军事人员，使其从 1972 年的 1 万人减少到 1978 年底的 750 人。1974 年，美国国会悄悄地撤销了 1955 年的《福摩萨决议案》。台湾虽仍继续从美国获得军事装备，但须以信贷或现金购买，而不是以赠送的形式进行。美国继续帮助台湾改善军火工业，特别是批准诺斯普拉公司从 1974 年起，在台湾合作制造 F—5E 战斗机。

70 年代，台湾大学毕业生继续流向美国，但返回台湾的人数在增加。特别是 70 年代末，高级专业人才在台湾就业的机会增多；而在美国，因经济衰退，工作机会减少，回归的人更多。许多父母送孩子去美国留学，不仅是为了学习和改善经济条件，也是为了当他们的孩子在美国获得永久居住权或加入美国国籍之后，一旦台湾的安全受到严重威胁，这些孩子可以为他们提供出逃的去处。因此，他们申请在美国享有永久居住权的"绿卡"，"绿卡"成为这些人的珍贵财产。

经济上的压力

台湾经济经过了 20 年的高速发展之后，在 70 年代首次遭到严重的衰退。在这 10 年的前三年，国民生产总值年均增长率达 13%。但是，这种高增长率因石油价格猛涨而迅速停滞下来。因为台湾完全依赖进口石油，油价上涨对其打击特别大。1974 年，台湾国民生产总值增长率下降到 1.1%，工业生产 20 年来首次下降 4.5%，消费品价格指数上扬 47%。但是，在对付这次危机上，台湾显示出它特殊的灵活应变能力。"十大建设"（本节以后将予以讨论）在 70 年代初即开始进行。虽然当时有些经济学家持反对态度，认为在过热的经济中，政府不应投入太多的资金；但是，为了抵消私营工业生产下滑带来的影响，这些工程被证明是有益的。1975 年初采取残酷措施，当年的通货膨胀率便下降到 5%。纺织业因国际市场萎缩受到打击，大批年轻纺织女工失业而回到她们的农村家园。这些工人没有失业保险，家庭代替了这种保险。1975 年，经济逐渐恢复，达到 4.5% 的中等增长水平，之后几年又进一步回升。从 1976—1979 年，平均年净增长率达 12%。

70 年代，农业生产增长速度放慢，平均年增长率为 2.3%。大米生产持平，增长主要来自蔬菜、水果和畜牧业。农村收入与城市相比，一直呈下降趋势。政府为维护农村收入的增长，完全改变了过去的政策。1973 年废除了大米换化肥的做法，从而使化肥降价，并得以大量使用。政府不但取消了以低价强制收购大米，相反还以高于市场的价格购买，以此作为对米农的补贴。这样，政府放弃了过去为了工业而榨取农民资金的做法，转而像工业化程度最高的国家那样，对农业实行补贴。同其他地方一样，这些补贴使大米大量过剩，成为国库开支的很大负担。但为了缩小城乡在收入上的差别，防止农民政治不满情绪的增长，这样做是必要的。到 1970 年，农业工人的数量已饱和。农村劳动力的日趋短缺，刺激了机械化的发展。投入使用的动力耕作机、拖拉机、联合收割机、稻米干燥机、动力喷水机的数量，相当迅速地增加。但是，由于农场规模小（平均每户仅约 1 公顷土地),难以单独投资搞机械化,使机械化进程受阻。为了推进机械化,政府在农民中间促进多种形式的合作,但收效不大。这样,到70年代末,政府需在诸多相互矛盾的目标中作出困难的决策:是否仍以家庭农场为标准单位,如何以机器代替日益紧缺和昂贵的农业劳动力,如何避免大米极度过剩和国库的沉重负担,如何缩小城乡收入上的差别,以及如何保持台湾的基本粮食品种自给自足。

在70年代,工业生产的增长速度也慢了下来,但仍然取得了年均增长15%的突出成就,虽然其间1974年是下降,1975年增长较小。这种增长较50年代快,但比60年代末期慢。工业生产中,私营部分对公营部分的比重一直持续上升,但这种增长势头到70年代宣告结束,公私营部分的比例大约稳定在19%:81%。这种变化反映出:在基础工业及私营企业无力投资的大型项目上,政府需作更多的投资。政府投资的"十大建设",包括台中新港的修建、苏澳港的扩建、南北高速公路、铁路电气化,以及一个新的国际机场、一个联合钢铁厂、一个大型造船厂和几个石油化工厂的兴建等。

台湾的进出口贸易从1971年的39亿美元猛增到1979年的310亿美元。其中工业品的比重从1971年的81%逐渐上升到1979年的91%。台湾的生存仍然依赖对外贸易。为了同劳动力便宜的国家(如菲律宾、印度尼西亚和中华人民共和国等)竞争,台湾政府认识到需要不断提高出口产品的质量和技术水平。70年代,台湾开始将劳动密集型工业转变为资金和技术密集型工业。本地制造的机器设备日益取代过去的进口产品,资本货物开始向东南亚及其他发展中国家出口。台湾领导人力图将主要是一家一户经营的小规模企业转变为大型现代化企业,从而在高技术产品上适应国际竞争的需要,采取的措施是在教育和训练方面下更多投资,政府要作更多的干预。

政治过渡

1972年,蒋介石以85岁的高龄再次当选总统,任期6年。但他的健康日益衰退,已不能参加政府的日常工作。这时,培养蒋经国为其继承人的工作早就开始了。蒋经国担任行政院副院长 3 年之后，于 1972 年出任院长。作为行政院长，他实际上是政府的最高决策人，但在重大问题上他仍请示他父亲，以尽人子孝道。1975 年，蒋介石去世。副总统严家淦按宪法规定继任总统。严是个专家治国论者，没有政治背景，蒋经国遂成为真正的领袖。蒋介石死后不久，蒋经国即当选为国民党主席，1978 年当选为中华民国总统。

蒋经国执政后，台湾政治体制的独裁性质并没有立即改变，但蒋经国的工作重点和统治方式，与其父迥然不同。他谋求在官僚体制的范围内，建立较明确的责任制，而不太强调派系背景和同领导人的个人关系。他经常到岛上各地旅行，身穿运动衫和宽松裤，直接倾听士兵、农民、工人和渔民的意见。这种做法与其父高高在上的儒家作风大相径庭。他大张旗鼓地发起反腐败运动，使一些高级官吏被定罪伏法。他曾经当过 21 年的"中国青年团"的领导，因而仍然对青年工作感兴趣，并重用年轻人。尤其重要的是，他采取一系列措施，改善台湾人的地位。他任命台湾人为行政院副院长、省长和其他高级官员。他特别关心农业改革，其目的在于提高几乎全部是台湾人的农民的生活水平。"二·二八事件"已过去 25 年，大陆人与台湾人之间的关系已趋成熟。尼克松总统对中华人民共和国政策的改变，在台湾不论对大陆人或台湾人，都是很大的冲击，使他们认识到彼此携手合作以对付来自大陆严重威胁的重要性。

70 年代，戒严令继续执行，其他形式的政治控制也未放松。但蒋经国受到高层领导人中一些自由派人士的影响，允许在一定程度上放宽政治活动和言论自由。1971—1972 年，在国立台湾大学的知识分子中间，政治讨论活跃，并见诸报端。这次讨论涉及诸如学术自由的限度、治安警察的作用以及收入分配等敏感问题。台湾政府和国民党对此作出谨慎而有效的反应，使这次讨论重新回到他们认为恰当的限度之内。有一家叫《台湾政论》的月刊，曾大胆引用一位在国外的反国民党知识分子的话说，台湾人民的选择只有两条，一是推翻国民党建立独立国家，一是同中华人民共和国谈判实行统一，两者必居其一。该杂志仅出版了 5 期，1975 年便被停刊。其编辑次年以煽动叛乱罪被叛处 10 年徒刑。有些问题在台湾仍被列为禁忌。[①]

70 年代，许多因素结合起来，形成了必须进行政治变革的压力。由于在大陆选出的全国代表机构里的委员亡故很快，更加突出感到必须重新考虑以下问题，即作为一项基本国策，这些机构必须在全中国都有代表性。1972 年和 1973 年，新增选了少数国大代表、监察院和立法院的委员。但这仅是权宜之计，对于如何长期解决这一难题，并未找到办法，只得将其束之高阁。台湾籍的从政者谋求在现有体制下，并在允许的范围之内，取得更大的势力。因此，地方性的政治活动变得更为活跃。他们以各种花招争取流入城市的大批移民。这些移民已不再被原来地方以政治忠诚和义务所束缚。教育程度的提高使群众关心选举活动。富裕的台湾籍商人为了自身的利益，不惜投巨资为某些候选人竞选。在 1977 年的省级和地方选举中，无党派候选人首次在全岛范围内进行合作。有些人公开警告国民党，不允许他们操纵选举。在中坜，当一名国民党官员涉嫌在选票上搞鬼之后，一群暴民骚乱，纵火焚烧了警车和消防车。政府平息这次骚乱时表现得十分小心。无党派候选人赢得了 1/5 的席位，多于他们在 1973 年选举中获得的席位，但少于此前有几次选举中所获得的席位。台湾的第三和第四大城市——台南和台中，都由无党派人士当选市长。无党派从政者因这次选举结果而欢欣鼓舞，他们认为这是向较为民主的制度迈进了一步，虽然微小，但很有意义。

文化和学术生活

自从国民党政府来到台湾之后，从中国大陆移植到台湾的中国文化经历了巨大的变革。来自西方的新苗被嫁接在中国的砧木上，产生了形形色色的杂种。新的技术发展以及大规模的教育，产生出一种大众文化。它几乎立即传播到全岛，并日益紧密地同世界文化潮流结合在一起。虽然官方竭力鼓励追求传统的中国文化，但其崇拜者的队伍

[①] 关于 70 年代初的政治趋势，请参阅马黄（音）《台湾知识分子骚动：要求实行政治改革（1971—1973）》。

却日益缩小。

国民党及其政府，在努力影响文化发展趋势的过程中，曾受到各种反对力量的冲击。为了反共求生，台湾当局企图利用文化，并争取知识界，为其反共服务。例如早在 1950 年，政府即建立文学奖，鼓励作家生产"反对集权主义和共产主义，捍卫人类自由的，有积极意义的文学作品"。[①] 许多作品，特别是 50 年代的作品，带有明显政治色彩：须要用最重的笔把共产党大陆描绘成漆黑一团；须要避免可被认为对台湾政府有颠覆作用的主题。30 年代中国的主要作家几乎全是"左"倾分子，他们仍留居大陆，其著作在台湾被列为禁品。

台湾领导人将台湾描绘成珍藏中国传统文化的场所，宣传中国共产党人反复灌输外国思想，正在摧毁中国文化。而大陆在反右斗争中残酷迫害知识分子，搞"文化大革命"，以及扫"四旧"运动中红卫兵大量毁坏书籍和艺术品等，证明国民党对共产党的指责言之有据。国民党领导人认为，强调中国传统文化十分重要。这不仅为了尽量划清他们同共产党人之间的界限，增加台湾对海外华侨的吸引力，也是为了强调他们对"一个中国"的保证。

为了使台湾人认识到他们属于中国文化，政府禁止进口日本出版物及电影片，不允许地方电台播放日本歌曲。并在学校课程中增设中国历史及文明史，反复灌输中国传统的价值观念，诸如尊敬父母和尊重权威等。60 年代，台湾政府修建了"故宫博物院"，这是一个宏伟的展览馆，从大陆带来的大批价值连城的中国文物珍品都在此展出。政府多次主办在台湾的艺术家的传统中国画和书法展览，以及中国古典音乐表演。军队支持四个独立的京剧团。这些京剧团不仅为台湾及沿海岛屿的武装部队服务，也为公众演出。[②]

学术生活仍由健在的"五四"运动时代的学者们领导。罗家伦负责文史馆的工作，开始编辑辛亥革命史和中华民国史。傅斯年在

---

① 齐邦媛等编：《当代中国文学选集：台湾（1949—1974）》第 2 卷，第 1 页。
② 参见伊尔姆加德·约翰逊："台湾的京剧改革"，载《中国季刊》第 57 期（1974 年 1—3 月），第 140—145 页。

1919 年也是北京大学的学生领袖之一，担任国立台湾大学校长。他在大陆时领导过中央研究院历史语言研究所。该所现已迁到台北郊区南岗的新址，与其他研究所成了近邻。它所公布的当时中国外交部（总理衙门）档案中有关帝国主义战争及中国国内运动情况的文件，对全世界的历史研究工作都有裨益。

大陆的某些大学在台湾重新成立。北京的清华大学和上海的交通大学在新竹重新成立，并在该地为新竹科学工业场提供理工方面的援助。政治大学和中央大学原在南京，现分别重新安置在台北和中坜两地。东吴大学的校友们在台北建设了一座新的东吴大学。罗马天主教会过去曾资助过北京的辅仁大学，现又在台北建立了一座辅仁大学。亚洲基督教大学联合董事会在台中创办了东海大学。在台北过去的帝国大学，变成了台湾最有声望的最高学府——国立台湾大学。以上仅是台湾 105 所高等院校中的一小部分。1987 年，高校学生共有 44.3 万人。

台湾政府力图将岛上的知识分子团结起来，组成统一的反共队伍，以保卫中国的传统文化。随着时间的推移，这种做法同从西方——特别是从美国涌入的思想发生了日益严重的冲突。官方认为，台湾既是中国传统的储藏所，又是自由世界的堡垒。为了从美国继续获得对台湾生存至关重要的支持，台湾当局在自由问题上虽要些花言巧语，但也给予知识分子一些自由，且不允许两者之间出现太大的差距。台湾当局的上述政治需要，加上社会的迅速现代化，使知识分子，特别是在台湾成长起来的年轻一代，在文学、音乐、戏剧、艺术和舞蹈上，更广泛地应用西方的主题和艺术形式进行试验。

台湾文化变革最大的特点是大众文化的传播。这种集新旧为一体的文化因得助于现代科学技术而兴起。半导体收音机很早就出现了，其数量很快成倍增加，使全岛千百万人能听到新闻广播、京剧及通俗音乐。之后，立体声唱片或录音带（多是非法翻录的，并且很便宜）开始普及起来。到 1980 年，台北的许多出租汽车司机都在车上装上了磁带收放机，以便他们能欣赏自己喜爱的音乐。台湾著名歌星演唱通俗歌曲的磁带，是中国大陆城市中年轻人渴望寻觅的对象。

政府经营以及私营的电影制片厂生产的影片日益增多。这些影片供台湾放映，并在香港及东南亚和其他地方的华侨中散发。到70年代末，台湾制片厂年产影片150—200部，主要是历史片、功夫片、爱情片及喜剧片。就质量而论，台湾片不及日本最好的导演导制的影片，但上座率却很高。到80年代初，电视已成为接近公众最有效的手段。1979年，台湾电视机总数已超过300万台，约每5人1台。[①]台湾电视节目受美国的影响，也结合变革后的中国传统文化，主要播放新闻和文娱节目。节目包括杂耍、台湾剧、现代肥皂剧（日间播放的连续剧）、历史剧，以及一些教育和公众服务影片。全岛3家电视台靠广告收入维持。到1979年，播送的节目几乎全部是彩色的了。

过去30年来，台湾发行的日报数量没有大的变化，仍然保持在30家左右。但是，随着识字率的提高和生活的逐渐富裕，特别是自1965年以来，受欢迎的日报的发行量大幅度上升。为了使岛上各地的报道迅速传送，安装了高速印刷机和传真排版机，从而使报纸的印刷能满足需要。到1980年，全岛四大日报（私营的《中国时报》、《联合报》、《台湾时报》以及国民党办的《中央日报》）的发行量将近300万份。台湾全部日报的总发行量为400万—500万份，平均约每4人有1份日报。[②]各大报都预订了国际主要通讯社及台湾中央社国际部的新闻稿，因此这些报纸登载相当大量的国际新闻。《中国时报》和《联合报》还设有文艺副刊，为在台湾的作家提供发表作品的重要园地。《联合报》还在美国出版美洲版，供当地华侨阅读。

文化生活还有其他方面，从台湾传统的"拜拜节"（在整个农村中大宴敬神，并伴有戏剧和木偶表演）到艺术家和作家种种标新立异的试验（如西方的抽象派艺术及象征主义、存在主义作家的写作方法）。当前正风行振兴中国民间舞蹈，并使之现代化。一个生气勃勃的青年舞蹈团——云门舞蹈团，将中国的和现代的舞蹈技巧很巧妙地

① 《中华民国统计年鉴（1980）》，第595页。
② 许倬云："文化价值和文化的连续性"，载熊等人编《台湾经验（1950—1980）》，第24页。

结合在一起，已在美国和欧洲演出过。

自从国民党政府在台湾成立以来，在该地产生的中国小说已经历了很大的变化。[①] 50 年代，长短篇小说皆是出于政治需要的反共作品，或是来自大陆的作家怀旧和逃避现实的作品。50 年代末，夏济安曾评论说："过去 10 年在台湾发表的长篇小说中，我没有发现任何一部作品是严肃或诙谐地描写工农生活，或教师、政府职员等小资产阶级人物生活的。其实这些作家本身就属于上述这些人，例外的几乎没有。"[②]

但在 1960 年，一群有才干的年轻大学生创办了《现代文学》杂志。他们利用这份杂志发表自己的作品，或翻译介绍一些西方的现代作家，如卡夫卡、戴维·劳伦斯、弗吉尼亚·伍尔夫、乔伊斯、萨特、菲茨杰拉德、福克纳和斯坦贝克等人。出于政治上的原因，这批年轻人不得不舍弃曾吸取过西方文学技巧的 30 年代中国文学主流派，而重新使西方的现代思想适应中国小说的创作。他们作品中的佼佼者，如白先勇的《台北人》，达到了很高的艺术水平。他的作品，以及他的同事王文兴、陈若曦和欧阳子等人的作品，打破了 50 年代的旧框框，使台湾文坛显得更加生动活泼。但是，有人却批评这些作家，说他们只关心形式而忽略内容，也说他们对当前台湾人面临的问题，缺乏从文化和历史的角度进行深入的探索。[③]

70 年代，台湾小说界出现了一种新的声音：台湾出生的作家关心穷苦人民，特别是农村的穷苦人民和社会上被欺凌的人们的生活。这些写所谓乡土文学的人，如陈映真、王拓、王祯和、杨青矗和黄春明等，在他们的作品中，使用了不少台湾方言，描写来自农村的"小人物"在现代化带来的社会快速变革中所遇到的苦恼。这些作家中，有人因参加政治活动而被捕。陈映真因"颠覆活动"罪被判 7 年徒

---

① 参见珍妮特·L. 福洛特编《台湾的中国小说：批评的观点》。

② 夏志清：《现代中国小说史（1917—1957）》，夏济安的附录，第 511 页。

③ 利奥·李欧凡（音）："台湾文学的现代派和浪漫主义"，载福洛特《台湾的中国小说》，第 6—30 页。

刑，王拓和杨青矗因与 1979 年 12 月高雄暴乱有牵连，1980 年被判 12 年徒刑。

在台湾，如同在其他地方那样，通俗小说作家的作品远比"现代派"作家和"本土派"作家的作品畅销（"现代派"作家力图以革新的手法，在自己的小说中使用西方的文学技巧；而"本土派"作家则关心现代化对社会最底层人们带来的影响）。最突出的例子是琼瑶。她已写出 20 部长篇小说，其中大部分已拍成电影。她写的爱情故事有美满的结尾，从而赢得了大批读者。她的第一部长篇小说 1963 年问世，迄今已再版 30 次。[①]

台湾文化存在着三种趋势：为保留中国的传统文化而奋斗，知识分子为创造独特新颖的文艺作品而努力，以及现代群众文化的出现。所有这些趋势在大陆也可以察觉到，但却有很大的不同之处。不管在中国，或是在台湾，孩子们不再单调地背诵儒家名篇，或花长时间用毛笔练写书法。很少有官员能赋诗作画。古典文艺也多被送进博物馆而无人问津。但是，大陆较之台湾，有更多的有利条件，即它拥有如长城和故宫等著名的历史古迹。大陆的考古工作者还在不断发掘古代的珍宝，包括蔚为壮观的西安秦始皇陵墓（兵马俑）。在"文化大革命"时期被压制的传统通俗文艺——京剧、杂技、木偶剧以及街头卖艺的吞剑表演等，在 70 年代末迅速复苏，使长期患娱乐饥饿症的群众十分高兴。由于北京政府强调保护文物，院校又培训了年轻的杂技演员、民间舞蹈演员、京剧和地方剧种演员，对群众喜闻乐见的传统通俗娱乐活动又全面放松限制，这样，台湾宣称只有它才是中国传统唯一保护人的说法就不那么理直气壮了。

在受西方影响的现代大众文化的冲击下，台湾的传统大众文化已在步步退却。台湾的大众文化已日益国际化和商业化。在大陆，人们要求翻译西方国家的书籍，播放极受欢迎的外国电影和电视节目，年轻人对来自台湾和西方的音乐很感兴趣。这说明，大陆的人们希望接触早已席卷台湾的世界文化，至少在沿海城市是如此。

---

① "台湾文学的现代派和浪漫主义"，第 22 页。

在台湾，有志于进行严肃的文艺工作的人们，在发挥自己的才能方面，比在大陆的人享有更大的自由。在共产主义制度下，以现领导人规定的办法，迫使文艺"为人民服务"，使人们的创造性受到束缚。台湾与此相反，国民党虽限制接触敏感问题，但并不强迫作家只搞一种模式。党的官员可能不理解或不赞成抽象派艺术，但画家和雕塑家仍有自由去进行试验。这些年来，台湾艺术家和作家的创造在生动和技巧方面有了进步。

到1980年，有些台湾小说已在大陆出版。同时，二三十年代大陆的一些伟大作家，如鲁迅和老舍，他们的著作虽仍在官方禁忌之列，但对那些知道何处有香港非法出版的版本的人而言，不难获得他们的著作。因此，在80年代初期，大陆和台湾双方已开始互补而共同得益。

中华人民共和国的主动倡议

尼克松总统在1972年访华及《上海公报》发表之后，中华人民共和国加倍努力使台湾政府和人民确信："解放"台湾不可避免。中华人民共和国发言人告诫说，美国不可靠，并号召台湾当局就国家统一问题同大陆进行谈判。北京过去发出这种号召时，几乎完全针对在台湾的大陆人，现在却开始注意台湾人。中华人民共和国的领导人很清楚，大陆人在台湾政府中的统治地位终将结束，占人口大多数的台湾人必将取而代之。他们认为，到那时，台湾领导人继续执行一个中国的政策是至关重要的。

70年代初，周恩来亲自会见了几批海外华侨，包括在台湾出生的华侨。他向他们保证，台湾并入中华人民共和国之后，其生活水平将不会降低，而且台湾社会和政治制度的改造将逐渐进行。他邀请台湾的人们到大陆访问，亲眼看看大陆的情况。他还强调台湾人在"解放"台湾中的重要作用。在这类会见中，周恩来和邓小平均强调，为了实现统一，需要长时间的耐心工作。但是如果和平方式失败，他们并不排除使用武力的可能性。中华人民共和国当局在向台湾人民努力发出呼吁时，明显地缓和了对台湾独立运动的态度，认为该运动的领导人虽然冥顽不化，但还可挽救。

中华人民共和国在注意做台湾当地人工作的同时，并没有忽视大陆人。它向这些大陆人保证，不管过去的罪恶多大，只要现在为台湾回归祖国工作，他们将获得宽恕。它邀请他们公开或秘密地来大陆访问。它释放了几百名已关押 25 年或更长时间的国民党高级将领和相当一批在 60 年代捕获的特务分子。如果这些人愿意，还允许他们去香港或台湾。但是，中华人民共和国的呼吁，同过去一样，对台湾影响不大。1976 年，行政院长蒋经国在立法院说："我们的态度是：决不同共产党人建立任何形式的联系。"① 在台湾，几乎没有人（不管是大陆人或是台湾人）认为，在北京控制台湾后，他们个人会从中得到任何好处。相反，他们害怕，台湾的生活会降低到大陆的水平，而且他们会同样遭受强加在大陆中国人身上的那种难以忍受的控制。大批美国和日本的华侨访问中华人民共和国后，向他们传达了在大陆的见闻，但与他们在台湾相对舒适的生活相比，大陆的情况对他们没有多大吸引力。

美中关系正常化以后的台湾

1977—1978 年，美国驻台北大使曾预告台湾领导人：美国政府正准备同北京建立正式外交关系。尽管如此，当 1978 年 12 月 15 日吉米·卡特总统宣布同中华人民共和国实现关系正常化时（此决定仅提前数小时通知蒋经国），台湾政府和人民仍感到十分震惊。美国政府承认中华人民共和国是中国的唯一合法政府，决定从 1979 年 1 月 1 日起建立外交关系，并同时废除同中华民国的外交关系，从该日起的一年内终止同中华民国的共同防御条约，在 4 个月内撤出在台湾的所有剩余军事人员。经华盛顿和北京同意的联合公报宣布：美国将与台湾人民保持文化、商务及其他非官方的关系。美国也承认中国的立场，即"只有一个中国，台湾是中国的一部分"。美国政府在一项单

---

① 《中国动态》1976 年 9 月 20 日，B1。

独声明中称：美国继续对台湾问题的和平解决感兴趣，并希望中国人自己会和平解决此问题。中国政府则宣布，台湾回归祖国的方式完全是中国的内政。在宣布关系正常化的一次记者招待会上，中国共产党主席华国锋透露，中美两国政府在向台湾出售武器问题上存有分歧。在会谈期间，美国曾表示，将继续向台湾供应数量有限的防御性武器，对此，中华人民共和国拒绝同意。

台湾政府官员对上述关系正常化协议立即进行了尖锐的谴责。12月底，副国务卿沃伦·克里斯托弗访问台湾，讨论中美关系正常化后华盛顿和台北的关系问题。当他的代表团抵达时，愤怒的群众高喊侮辱性的口号，并冲破警察的保护圈，以棍棒击打代表团的车辆。蒋经国要求，在终止外交关系后，华盛顿与台北之间建立某种形式的政府之间的关系，遭到克里斯托弗的拒绝。因为，美国政府已保证，同台湾只保持非官方关系。

美国国会议员们对行政部门事前未同他们充分磋商而表示不悦，对政府草拟的未来对台湾关系法也表示不满。他们对该法案进行了反复修改，于 1979 年 3 月底予以通过，这就是《与台湾关系法》。[①] 该法案遵照卡特政府在与北京谈判时同意的，即未来同台湾的关系应是非官方关系的原则，并规定建立非官方机构——美国在台协会，在华盛顿和台北设办事处，以处理双方的这种关系。该法案还提供法律根据，即按照美国法律，继续将台湾作为一个法律实体对待，并在改变之前，使双方现有的条约和协议继续有效。还作出规定，允许美国官员暂时脱离其官方职位，以民间身份去美国在台协会任职。

但是，对国会中设计此法案的主要负责人来说，该法案关键的规

[①] 该法案的原文及对该法案的分析，请参阅丘《中国与台湾争端》；其他分析参阅鲍大可《美国的武器出售：中国—台湾缠结》；罗伯特·L.唐恩：《重大的忧虑：进入 80 年代的美台关系》；威廉·金特纳、约翰·F.科珀：《两个中国问题：美国外交政策中的中国—台湾问题》；埃德温·K.斯奈德、A.詹姆斯·格雷戈尔、玛丽亚·张霞：《与台湾关系法和中华民国的防务》。还可参阅 1980 年 6 月给美国参议院外委会的报告：《与台湾关系法的实施：第一年》；美国参院外委会、国会研究所、国会图书馆 1980 年 6 月发起的专题讨论会：《台湾：美中关系正常化一年后》；1980 年 5 月 14 日美国参院外委会东亚及太平洋事务小组的听证会《与台湾关系法的疏漏》。

定着眼于，当其共同防御条约终止之后，台湾的安全仍然有保障。该法案明确指出，同中华人民共和国建立外交关系是基于：期望台湾的前途以和平方式决定，而对于以和平方式以外的方式决定其前途的任何做法，美国都将严重关切。该法案还表示，美国有意向台湾提供防御性武器；美国有意保持自己的能力，以抵抗任何人凭借武力或其他形式的强制手段，危害台湾人民的安全或社会、经济制度。

台湾当局对于美国大幅度改变对台政策后可能出现的影响，虽然仍十分焦虑，但对《与台湾关系法》却表示欢迎，并开始使自己适应新的形势。他们成立了一个北美事务协调委员会，作为美国在台协会的非官方的对应机构，以行使过去由他们的驻美使馆和各领事馆执行的职能。中华人民共和国强烈抗议《与台湾关系法》，认为该法违反了关系正常化协议的规定，构成了对中国内政的干涉。但是，他们表明态度并记录在案之后，并未纠缠下去。1979 年和 1980 年，他们开始同美国建立广泛的关系。

1980 年下半年，中华人民共和国日益关切美国同台湾的关系。美国飞机公司同台湾讨论可能向台出售一种先进战斗机的要求，得到卡特政府的批准；同时，美国在台协会同北美事务协调委员会签订协议，规定相互给予对方几乎相当于外交使团享受的各种优惠和豁免权。这些事态发展使中国感到不安。在 1980 年的竞选中，罗纳德·里根总统发表了亲台湾的讲话，其中包含有意使美台关系"升格"的内容，使北京更感惊恐。中华人民共和国在正式声明和公开评论中，开始提醒华盛顿，中国从未同意美国继续向台湾销售武器。因为荷兰向台湾出售两艘潜艇，中国领导人为强调反对外国向台湾提供武器，于 1981 年 3 月将同荷兰的外交关系降为代办级。1981 年秋，他们警告华盛顿：除非美国规定出停止向台出售武器的时间表，否则中美关系将恶化。

·经过长期反复谈判，双方终于在 1982 年 8 月 17 日达成一个措辞严谨的联合公报。鉴于自 1979 年 1 月 1 日以来中华人民共和国对台湾采取和解政策，以及在本公报中，中方重申和平统一台湾是其"基本政策"，美国在公报中表示，美国不想执行对台湾武器销售的长期政策，美对台的武器销售在性能和数量上都不会超过近几年来的水平，美将逐渐减少对台的武器销售，在经过一段时间之后，使这个问题得到最后解决。[①] 台湾官方尖锐批评这个公报，认为它违反了《与台湾关系法》的文字和精神。虽然美国决定延长合作制造 F—5E 战斗机的协议，以便能再生产 60 架该型飞机，在一定程度上使台湾安静下来；但对于美国拒绝向他们出售更先进的战斗机，他们表示遗憾。与此同时，《人民日报》发表社论，在欢迎该公报的同时，宣称"笼罩在中美关系上的乌云还没有全部扫除"。该社论希望"美国政府切实履行自己的诺言，实实在在而不是敷敷衍衍地减少对台湾的武器出售"，以使这个问题"早日彻底解决"。[②]

北京—台北的相互影响

美国同意逐渐减少对台湾的武器销售时，十分指望中华人民共和国提出台湾与大陆和平统一的建议。北京在与美国建立外交关系的同时，宣布停止向沿海岛屿发射散发宣传品的炮弹。从 60 年代初以来，一直是每逢单日发射这种宣传品。大陆的电视台还首次播放了一部显示台湾风景区和闹市情况的纪录片。中华人民共和国的新闻媒介不再称台湾领导人为"蒋帮"，而代之以"台湾当局"。全国人民代表大会呼吁台湾批准同大陆通商、通航、通邮和实行人员往来，并称中国尊重台湾的现状，将采取合理政策解决统一问题，以使人民免遭损失。邓小平副总理在会见来访的美国参议院代表团时，甚至保证说：在统一之后，台湾将享受充分的自治，保持其现有的社会和经济制度以及武装力量。邓还对这些参议员说，只有在台湾当局无限期拒绝谈判，或者苏联进行干涉时，中华人民共和国才会对台湾使用武力。

1981 年 9 月，全国人民代表大会常务委员会委员长叶剑英提出了一个关于统一问题的全面的九点建议，让台湾作为一个特别行政区，拥有自己的武装力量，享受"高度的自治权"。他说，中央政府

---

① 联合公报全文见《纽约时报》1982 年 8 月 18 日。

② 《华盛顿邮报》1982 年 8 月 18 日。

将不干涉台湾的地方事务,台湾现行的社会、经济制度不变,与外国的经济、文化关系不变。叶还许诺不侵犯私人财产的所有权、继承权和外国投资。叶也答应向台湾提供经济援助,并在大陆的全国性政治机构中,为台湾官员安排领导职位。他呼吁国共两党代表会晤,以便就统一问题深入交换意见。①

和过去对付北京的提议的做法一样,台湾当局断然拒绝了叶的建议,重申他们同中华人民共和国不谈判、不接触的政策。他们将叶的建议描绘成主要针对美国的宣传,其目的是想说服美国:台湾不需要美国武器。他们指出,叶在建议中允许台湾保留自己的武装力量,但是中华人民共和国又竭力反对台湾为这些武装力量从美国或其他地方获得新的武器,这两者之间是矛盾的。他们宣称,中华人民共和国任何有诚意的谈判建议,应该秘密提出,而不是通过公开的宣传媒介。在台湾政府内部和群众中普遍存在的恐惧是:假如台湾当局开始同中华人民共和国谈判该岛的归并问题,他们将处于危险境地,最终将导致台湾为北京所控制,并在台湾强制实行共产主义制度。他们对中华人民共和国领导人的许诺缺乏信心,因为即使年迈的邓小平有诚意,也不能保证他的继承人会履行他的承诺。北京拒绝答应不对台湾使用武力,更增加了他们的担心。

虽然谈判的道路走不通,但在 1979—1982 年间,台湾人民和大陆人民之间各种形式的非官方接触却在稳步增加。1978 年之前双方微不足道的双向贸易,到 1981 年发展到约 5 亿美元(主要通过香港进行)。在国际奥林匹克委员会(之后扩大到其他国际体育联合会),双方达成妥协:大陆体育组织称"中国奥林匹克委员会",而台湾的相应组织称"中国台北奥林匹克委员会"。从而使双方的运动员都能参加国际体育比赛。台湾和大陆的科学家日益频繁地在国际会议上会晤。双方在美国大学或其他地方学习的学者和学生,也走到一起相互了解。虽然台湾政府仍然禁止台湾和大陆之间直接通邮,但亲戚之间通过在香港、美国或日本的亲友交换信件,已变得日益平常。台湾少

---

① 叶的声明全文见《北京周报》1981 年 10 月 5 日,第 24、40 页。

数人甚至到大陆探亲而未被政府拘捕，虽然他们这样做如严格按照法律规定是非法的。通过各种形式的交流，人们对海峡两岸的情况正在形成更加现实的看法。

政治上的紧张和经济上的衰退

台湾原拟于 1978 年 12 月举行立法院和国民大会的选举。反对派政客在 1977 年的地方选举中取得成功之后，在行动上更加放肆，并显得更有信心。他们在全岛范围内更紧密地协调行动，并提出废除戒严令、释放政治犯和增加民选官吏等更大胆的要求。就在选举即将举行的前几天，美国意外地宣布同北京关系正常化，使政府推迟了选举。在美台中断外交关系之后的紧张气氛中，政府以涉嫌通共罪，将一名台湾籍的反对派政客和他的儿子投入监狱；对于参加游行、抗议这次逮捕的一名非国民党县长，也给以撤职处分。

国民党内保守分子的势力暂时上升，他们要求在国家危急关头加强团结，因而公开辩论敏感问题的势头受阻，但这种势头又很快恢复。1979 年 2 月，政府受具有自由思想的国民党领导人的影响，取消了已实行一年的对新杂志不予登记的禁令，使新的政治性杂志很快出现。这些杂志在观点上从鼓噪反共的《疾风》，到坚决反对国民党的《美丽岛》（《福摩萨杂志》），应有尽有。中间派的杂志受到国民党内的温和分子和走中间道路的反对派政客的支持。一场活跃的政治大辩论很快展开。这场大辩论公开讨论了敏感问题，这是前所未有的。政治评论家们提出了进行政治和司法改革的广泛而具体的建议，并要求有组建反对党的权利，同时猛烈批评国民党。

以立法委员黄信介为首的一批著名的台湾籍反对派政客赞成《美丽岛》观点（该杂志自诩为"台湾民主运动杂志"）。《美丽岛》集团的主要目标是：由台湾人选举成立自己的新政府，并且暗示，要建立一个独立的台湾国——虽然它不敢这样公开宣布。该集团在台湾各地迅速建立起 10 个支部，每个支部由当地一位著名的台湾籍反对派政客领导，并开始举行反国民党的招待会和集会。这个集团实际上已成为一个影子政党。这个集团在反国民党方面是团结一致的，但内部组织松懈,纪律涣散。它成了强硬派《疾风》的主要攻击目标,被毒骂成亲共分子。由于它组织的集会规模日益扩大,气焰更加嚣张,因而遭到不仅是国民党内台湾籍政客的批评,也受到温和的台湾籍反对派政客的非难。后者认为,刺激国民党摊牌是不智之举。

1979年12月10日,双方终于进行了摊牌。在高雄,由《美丽岛》集团组织的游行发展成为暴乱。为此,该集团有14名领导人被捕,其中8人(包括立法委员黄信介)以煽动叛乱罪被控,并被判处12年徒刑到无期徒刑。① 这样,政府一下子就消除了台湾籍反对派中极端分子的主要骨干。回顾起来,很清楚,《美丽岛》集团过高估计了公众的支持,过低估计了政府的决心和能力。政府绝不允许任何政治集团以"台湾是台湾人的台湾"的口号煽动群众情绪,反对国民党。虽然大多数台湾人赞成台湾人在政府中应有更大的影响,但许多人不同意《美丽岛》集团所采取的方式。台湾人和大陆人的一致意见是:应该有秩序和逐渐地进行政治改革,而不是同执政党进行大规模的对抗,因为这种对抗只会危害政治稳定、公共秩序和几乎所有人皆已得益的经济增长。

高雄事件及其以后对一些人的定罪,引来了一段对政治言论严格控制的时期。立法院通过了新的选举法。该法的目的在于保护国民党的统治地位,防止选举活动中发生群众混乱,但仍允许有可能获胜的反对派候选人参加竞选。按照新的选举法,1980年举行了立法院和国民大会的选举(原定1978年12月举行,被推迟),1981年又举行了省级和地方选举,均能顺利进行。虽然在省级和地方选举中,候选人花的钱比过去哪一次都多。这种收买选票的做法,在宣传媒介中曾遭到猛烈抨击。

从1979年开始,世界性的经济衰退也使台湾遭到损失。但美国中断同台湾的外交关系对台的经济并未产生明显的不利影响。1979年,台湾的国民生产总值增长8%,1980年增长6.8%。1979年,新的外国投资额达到创纪录的3.29亿美元,1980年又猛升到4.66亿

---

① 约翰·卡普兰:《军事法庭上的高雄被告》。

多美元。台湾在争取外国贷款上毫无困难。1980 年，台湾向美国、欧洲和日本银行共借贷 12 亿多美元。台湾的长期外债总额仅为 50 亿美元，其偿债率仅约 6%，这在发展中国家中是异常低的。外国银行都渴望在台湾开设分行，而政府不得不在每年批准一定的数量，以抑制竞争。1980 年，有 8 家外国银行在台北设立分行，其中 5 家为欧洲银行。到 1981 年初，共有 23 家外国银行在台湾设有分行。

1980 年，台湾同 100 多个国家进行双边贸易，总额超过 390 亿美元。经济政策的决策人强调对西欧的贸易，部分原因是使台湾的贸易伙伴多样化，但也是为了增加欧洲人对台湾的了解，以便将来争取他们政治上的支持。台湾同西欧贸易的增长率，高于台湾全部贸易的平均增长率。1980 年，欧共体各国超过日本，成为台湾的第二大市场。台湾还一改过去严格的反共立场，于 1979 年解除了不同 5 个东欧国家直接贸易的禁令，并允许同其他东欧国家进行间接贸易。

回顾与展望

1949 年以来，台湾的历史由两个主要部分组成：对外是在巨大的威胁面前，为生存而斗争；对内是使一个农业社会现代化。

由于台湾同大陆之间有 100 英里之遥的海峡相阻，加上美国的支持和保护，台湾的生存才有了保证。只要美国第 7 舰队承担防止入侵的任务，台湾海峡这条海上屏障就能成功地阻止中华人民共和国的入侵。同时，一个海岛防止渗透和颠覆，要比大陆的一个省容易得多。即使在 1979 年底美国同中华民国的安全条约被终止之后，台湾海峡由台湾的 50 万美式装备的部队防卫，也是一个难于逾越的障碍。在安全条约终止之后，美国继续是台湾新式武器和军火备件的主要供应者。美国不仅在防御上给予台湾极其重要的支持，而且多年来维护了台湾在国际社会中的地位，并在经济上向台湾提供了对其经济腾飞非常重要的援助。美国给予台湾人民喘息的机会，而台湾人民很好地利用了这个机会，从而到 70 年代，当美国为了照顾同中华人民共和国新建立的关系而减少对台湾的支持时，他们更加自信，自立能力也更强大。

台湾不仅生存了下来，而且繁荣昌盛。其人均国民生产总值从 50 年代的约 200 美元，猛增至 1982 年的 1800 美元。在从农业社会到工业社会的转变中，台湾大大地走在前列。它与南朝鲜、新加坡和香港一道，被称为西太平洋的"四小龙"。在发展中国家中，它们以经济的高速发展著称，而这种发展主要依靠对外贸易。这些国家加上日本的榜样，可能是中国在邓小平的领导下，决心扩大对外贸易和使用物质刺激，以促进工农业生产的部分原因。但是，台湾异常快的经济增长，是由本章前面的部分讨论过的许多因素决定的，不是都能为中华人民共和国所抄袭的，例如：日本人在台湾留下的相对发达的基础；从大陆汇集来的大批有经验的行政管理和技术人才；美国早年给予的大量经济援助；土地改革；重视教育；60 年代初，当世界贸易空前迅速发展时，决定转变以出口带动工业增长；对私营企业的鼓励；保守但灵活的货币和金融政策；领导人依靠有才干的技术治国专家。

只有具有稳定的政治环境，才有可能取得经济上的进步；而政治稳定也要有可观的经济上的进步，二者是相辅相成的。当人们看到他们的生活水平逐年提高，而且有信心使自己的孩子今后生活得更好时，他们就不会轻易被革命的花言巧语所煽动，去参加对抗或使用暴力，以强制手段进行政治变革；大多数群众就会同意政府强调法治秩序和实行逐步、渐进的变革。台湾的政治稳定，还有一些因素不同于其他发展中国家：高层领导人的合法性被接受；国民党实行坚定但适度压制性的统治；以及大陆共产主义制度的威胁（这里广泛认为大陆制度的压制性更大）。此外，早先规定了地方选举，大批台湾人加入国民党，任命台湾人担任政府和党内日益高级的职务，也有助于缓和大陆人领导层同广大群众之间的矛盾。

20 世纪 80 年代，虽然世界贸易的增长速度放慢，但台湾仍然扩大了自己的出口，并继续保持经济的高速增长。到 1987 年，台湾人均国民生产总值已上升到 5000 美元，外汇储备猛增至惊人的 760 亿美元（这仅次于联邦德国和日本）。由于美国对台湾贸易出现大量赤字，双方的贸易摩擦开始增多。在美国的压力下，台湾勉强同意减少贸易壁垒，使台币对美元升值。台湾面临几个严重的经济问题，特别是需要尽快将劳动密集型产品转变为较高技术的产品，以保持对其竞争者的优势。也需要使其银行体制现代化，以刺激国内投资。台湾面临的超量出口、储蓄和外汇储备等问题，与多数发展中国家面临的问题截然相反。台湾有经验的经济管理人员，正为此作出必要的调整，前景看好。

为了对付日益富裕的中产阶级及受过良好教育的青年一代的压力，蒋经国于1986年宣布有意废除戒严令，解除对成立新政党的禁令，并允许办新的报纸。1979年高雄暴乱被关押的多数反对派领导人被释放。其中有些人成了新建立的反对党——民主进步党的领导人。对政治言论的控制也大大放松，政治生活较前活跃。因各种问题而上街游行已司空见惯。到90年代初，1947年和1948年在大陆当选的几乎所有的立法委员、监察委员和国大代表，都将去世或退休，届时他们的职位将被台湾人民选出的较年轻的从政者所接替。国民党可能继续保持其支配地位，但将面临民主进步党和其他一些新政党日益剧烈的挑战。

民主进程不可逆转，它将使越来越多的台湾人走上国民党和政府的高层职位，正如台湾当地人李登辉那样。1988年1月蒋经国死后，他立即就任总统及国民党代理主席。领导层的"台湾化"提出了一个问题，即新的领导人是否会放弃"一个中国"的立场而宣布台湾独立。为防止分裂，中华人民共和国以使用武力相威胁。这对台湾独立是一个强大的威慑因素。但较大的可能是：台湾以一个事实上独立的政治实体这种不明确的身份，继续存在下去；而台湾和大陆之间的贸易及其他形式的相互作用进一步增加。在蒋经国于1987年决定允许台湾人到大陆探亲之后，这种趋势日益发展。

假如台湾同中华人民共和国之间的紧张关系进一步缓和，和平共处的稳定局势不断发展，对台湾采取军事行动的危险就会下降。美国根据1982年8月中美联合公报的规定，减少向台湾供应武器，将不会从消极方面影响到台湾的安全。可是，不管何种原因，假如这种趋势出现逆转，则不但中国的两部分，还有美国，都将面临困难的抉择。

后　记

统 一 的 重 任

在第 14 卷中，我们说过，只有在一个世纪之后，才有可能就中国共产主义事业提出全面的看法。为中国两千年历史的最后一卷写结束语是件冒险的工作。但是，我们的著述既已涉及现实状况，如果不提出一些当代的看法（即使这种看法可能只会成为未来历史学家的笑料），似乎过于怯懦。

我们在最后这两卷的导言（即第 14 卷第 1 章）"中国的再统一"中指出："生活在欧洲和美洲的 10 亿左右欧洲人，分成约 50 个独立的主权国家，而 10 亿多中国人却生活在一个国家中。"① 欧洲人没能恢复罗马帝国，而中国却成功地恢复了自己的帝国，这单纯从地理上和民族差异上来解释是不够的。与此相反，我们认为，战国时期（公元前 403—公元前 221 年）的混战局面使中国的政治哲学家如孔子等，把和平和秩序奉为最高理想，统一成了压倒一切的政治目标。一旦统一实现了，就建立官僚政府加以维护。② 政府因有全国统一的象征——皇帝，而顺利行使其职能，因有全国统一的社会意识形态而合法化。政府又是意识形态的保护者。

从长远的历史角度看，中国共产党可被视为另一个统一的"朝代"。他们拥有"帝王"式的主席、"帝王"式的政府和"帝王"式的意识形态。然而，他们的成就，对当代人来说，虽然十分惊人，但与秦（公元前 221—公元前 206 年）、隋（公元 589—617 年）相比却相形见绌。秦朝结束了战国时期的混乱局面，成立了第一个真正的帝

---

① 参见费正清："中国的再统一"，载于《剑桥中国史》第 14 卷。
② 同上。

国。隋朝，在历时三个世纪的分裂之后重建了秦汉制度，使统一再次成为政治组织的准则，并延续了 1300 年。而毛及其同僚在近 40 年的混乱之后，建立了自己的政权，其功绩与汉、唐、明、清等朝代（均较快地接管了政权）更为相似。

不管其成就多大，共产党要求统一，就得到了所有爱国的中国人的支持。国民党显然希望在它的旗帜下统一中国，没有一个人对统一这个古老的理想持怀疑态度，特别是在经历了 1916—1928 年军阀割据之后。的确，如果统一使改朝换代合法化（像我们所说的那样），那么，共产党成功地统一了中国大陆（蒋介石从未做到这一点），它就获得了传统的"天子"地位。

许多中国历史书中都承认并推崇中国争取统一的政治斗争。[①] 但是，从今天的角度来看，在共产党统治 40 年后，中国人这一历史性成就的消极后果已开始显露出来。

正如我们所指出的，治理中国众多的人口是一项"巨大的任务"。按照传统，皇帝对臣民的生死和思想拥有绝对的权力。实际上，帝王文官制度的框架只能对法治和经济保持一般的和表面的监督。特别是在 18 世纪人口爆炸之后，它完全依赖地方豪绅对社会进行具体监督。地方豪绅赞成政府要求稳定的意愿和儒家的意识形态，但帝王统治模式允许广大群众有不同的习俗和信仰以及经济活动的自由。共产党却打破了中央和地方、国家与社会之间的这种平衡关系。

共产党在执政前的数十年中，已在毛的领导下被磨炼成控制和动员群众的有力工具。"中国共产党幸运的是，现代运输和通讯工具以及火力和警察网络的发展，使新的人民共和国政府拥有各种手段来控制国家，并曾一度控制着中国社会。"[②] 中国共产党的干部深入到各个最偏僻的农村。

中国共产党虽拥有高超的组织和技术手段，但这并不使它与传统的政权机构有何区别。不仅如此，更重要的是，它具有生气勃勃的改

---

① 参见费正清："中国的再统一"，载于《剑桥中国史》第 14 卷。
② 原文缺注释文。——译者

造自然的强烈要求。这种与顺其自然的传统截然不同的社会气质的变化可与秦、隋时期的改革性突破相媲美。过去的政府旨在维持一个稳定的农业社会，而现在共产党则决心把中国改造成一个现代化的工业国，而且还要高速度地实现这一目标。

> 中国由于具备有利条件，在经历了数十年分裂后，到1957年已根据其既定目标建立起一个强有力的中央集权国家。由于在朝鲜战场上与世界上最强大的国家打成平手，中国的民族自豪感和国际威望有了巨大的增长。中国在工业化方面取得了长足的进步，经济发展迅速，人民生活水平明显提高，社会制度已按照马克思主义的原理以比较平稳的方式进行了改造。[1]

在国外，特别是在亚洲非共产党国家中，中国共产党的成就引起了人们的畏惧。

但是，在头脑发热、盲目追求某种目标的时候，成功的工具也会成为破坏的武器。中国共产党能够将备受压迫的农民训练成为战绩赫赫的战士，将小土地所有者变成集体农民，但也可动员他们投入使数百万人丧生的灾难性的"大跃进"运动。[2] 只有在像中国这样一个统一的、受严格控制的国家中，才可能发生这样一场可怕的全国性灾难。

如果说"大跃进"突出了改革目标与动员本领相结合的消极面，那么，"文化大革命"则暴露了新发现的由中央直接向全国灌输意识形态教育的灾难性后果。帝王时代的儒家学说渗透到民间基层时已不可避免地会掺杂别的内容，而纯正的毛泽东思想却可以通过广播电台、电视台和散发数以百万计的"红宝书"直接传播到全国各地。

"文化大革命"也突出地显示了传统的政治文化的另一个方面：帝王象征的权力。过去的皇帝主要依赖理智的朝廷命官和豪绅来扩大

---

[1] 弗雷德雷克·C.泰维斯："新政权的建立与巩固"，载《剑桥中国史》第14卷。

[2] 参见尼古拉斯·拉迪："困难重重的中国经济（1958—1965）"，载《剑桥中国史》第14卷；罗德里克·麦克法夸尔：《"文化大革命"的起源，2."大跃进"（1958—1960）》。

和维护民众对他的敬仰，而朝廷命官和豪绅都有自己的全国和地方议事日程。但是，对"帝王"式主席的崇拜却是由毛与狂热的红卫兵和机会主义助手直接联系而培育起来的，并通过他们和新闻宣传机构广为散播。在毛及其思想的名义下，无数暴行得以发生，整个国家可以被推到无政府状态的边缘。

传统上强调统一，动用传统的政治工具——帝王、官吏和意识形态教育——来维护统一，并使之与现代宣传和组织相结合，再加上改造社会的现代目标，这种种因素结合在一起所造成的灾难性后果，到 1976 年毛逝世时已昭然若揭。上述因素结合在一起其威力之大已多次使中国经济上濒于崩溃和政治上陷于无政府状态的边缘。

1978 年 12 月中国共产党第十一届中央委员会第三次全体会议上邓小平再次出山掌握最高权力后，他所采取的行动表明，他至少已记取了一些教训。他没有放弃统一的思想，因为统一是共产主义革命最主要的目标。他也没有放弃改造社会的希望，因为改造社会是革命的另一个重要目标。但是，他确确实实地改变了传统政治工具的作用，节制使用那些曾使传统政治工具起破坏作用的现代技术。他试图削弱"帝王"象征的重要作用，本人不担任党和国家的正式最高领导职务。他与毛不同，真心实意地扩大他所选定的接班人的权力。他削弱了意识形态的作用，并鼓励把社会从官僚统治束缚中解放出来。这个解放进程是毛在"文化大革命"中开创的。

长期以来，毛不断批评官僚，特别是当他感到他们企图束缚自己手脚的时候。他认为，中国共产党执政以后，是在压制人民而不是解放人民。邓似乎与毛有同样的看法，但他主要指党的控制对经济的扼杀作用。他削弱了党的作用，把农民从集体主义中解放出来，在城市中鼓励发展私营企业。他否定了意识形态的作用（这种作用在"文化大革命"后已在不断减弱），提出实践是检验真理的唯一标准。宣传媒介不再主要是进行意识形态灌输的工具。

但是，毛、邓之间存在着一个深刻分歧：毛看来喜欢"乱"，而邓却痛恨"乱"，特别是他看到"文化大革命"所造成的全国动乱和个人悲剧之后，更是如此。像中国传统的政治哲学家一样，他追求和平与秩序，并把国家团结视作必要的前提。

然而，邓的改革计划破坏了原有的保证安定团结的象征与工具，也没能提出新的代替措施。社会上开始出现各种各样的活动，并从80年代中期开始提出新的要求。当时，国家只有一件保证安定团结的工具，即中国人民解放军。

1989年年中天安门广场事件，暴露了中国改革计划中的政治真空。它把一个继续存在的根本问题展现在试图把中国引入现代世界的中国政治家面前：在允许人们享有充分的政治、经济和社会自由，以使国家繁荣昌盛的同时，如何维护10亿人的团结？

中国共产党像他们之前的儒家一样害怕宗派主义，并曾镇压过地方主义。这是他们维护统一的责任。从这一角度来看，欧洲没能保持或恢复罗马统一不是失败，而实际上是实现欧洲多元化前程的关键。吉本在分析西罗马帝国失败的影响时指出了这种益处（对中国人来说，这可能是一种痛苦的经验）：

> 欧洲现在分裂为12个强大（虽不平等）的王国、3个令人尊敬的政治实体和许多较小的独立国家。政府官员因统治者增多也相应的增加了……由于恐惧与羞耻的相互影响，各种暴政受到制约。共和制国家社会秩序良好，局势稳定。君主制国家或者吸收了自由的原则，或者采取了温和的政策。随着时代的发展，那些缺陷最多的宪法也引进了一些荣誉感和正义感。和平时期，如此众多的活跃的国家之间的竞赛，加速了知识和工业的进步。战时，欧洲各国军队在适度的和非决定性的斗争中得到锻炼。[①]

吉本进一步指出，欧洲在旧帝国分崩离析的基础上形成了许多独立的小国，而正是由这些国家组成的欧洲政治体系保证了欧洲现代化

---

① 爱德华·吉本：《罗马帝国的衰亡》第2卷，第95页。

的自由。国家之间的对立竞争与均势比帝国时期那种沉闷的、死气沉沉的单调一致状况好得多。人们经历了20世纪的大屠杀，对吉本18世纪关于"适度的和非决定性的"战争的轻描淡写心寒胆战。但是，吉本关于不重建罗马帝国对欧洲人有利，因为它打破了单调沉闷的局面并鼓励有益的国际竞争的满怀信心的论断，适合当今的情况，特别适合中国的情况。

在当今这个民族主义时代，特别是中国的文化民族主义时代，没有一个中国政治家敢设想解散这个已有2000年历史的国家。但是，北京的政治家们必须承认，进行政治和经济方面的机构改革是必要的。因为许多中国和外国观察家已告诉他们，不允许思想自由市场的存在，就不可能走向商品自由市场，不建立政治交流和参与的渠道，就不可能调动经济上的主动性。

在这个发展的尖端问题上，历史可以提供若干启示。台湾和新加坡成功的历史表明，在商品交换社会中，强有力的、支持商品交换的政府可以维持政治上的控制而同时允许并鼓励工商业的发展。在香港，中国企业家已经证明，他们甚至可以在一个允许发展贸易但持袖手旁观态度的外国政府控制下，求得迅速的发展。

在中华人民共和国，设立了5个经济特区和14个对外贸易开放口岸，这表明了大陆经济改革者的诚意。政治上可能采取什么样的相应措施呢？这个世界上人口最多、政治历史最久的国家如何改造其政治体制呢？20年代，有人曾考虑实行美国式的联邦制。到1990年，在台湾、东欧乃至苏联，政党的独裁统治都在变化。

当然，管理三条"小龙"的操华语的官员们只需考虑其域内远较大陆为少的人口，而且他们管理的公众主要生活在城市，是从事商业而不是仍然以农业为主的偏僻农村中的居民。这更说明中国共产党如果想不使中国的现代化计划走向失败，就迫切需要寻求分割政治、经济和社会的形式，不能再允许中央独裁之手扼杀人民的才智。

毛和邓对此都很理解，但拿出的对策略不相同。1957年7月，毛号召他的同僚"创造一个又有集中又有民主，又有纪律又有自由，又有统一意志、又有个人心情舒畅、生动活泼,那样一种政治局面",① 作为中国建设的基础。在 1978 年 12 月具有历史意义的三中全会上,邓重申了这一号召,并更具体地阐述如下:

> 当前这个时期,特别须要强调民主。因为在过去一个相当长的时间内,民主集中制没有真正实行,离开民主讲集中,民主太少。现在敢出来讲话的,还是少数先进分子……这种情况不改变,怎么能叫大家解放思想,开动脑筋?四个现代化怎么化法?②

邓看到了中国和欧洲的不同,以及中国的巨大幅员和以农业为中心的经济给他和他的同僚带来的束缚:

> 我国有这么多省、市、自治区,一个中等的省相当于欧洲的一个大国,有必要在统一认识、统一政策、统一计划、统一指挥、统一行动之下,在经济计划和财政、外贸等方面给予更多的自主权。③

当然,难就难在这里。"统一认识、统一政策、统一计划、统一指挥、统一行动",这无疑是理想的。但是,对一个拥有 10 亿多人口的政治实体来说,这显然是不可能的。实际上,如果要使思想得到发展,这样做也是不利的。在国家和党、警的强制下的"统一认识"是无效的空门面。这里,统一这个概念只能是自我拆台,是无法实现的。

本卷中的主要论述截止于 80 年代初期,以便提供一些历史背景。

---

① 引自麦克法夸尔《"文化大革命"的起源,1. 人民内部矛盾(1956—1957)》,第 287 页。

② 见《邓小平文选(1975—1982)》,第 155、156 页。(中文版为 134 页。——译者)

③ 同上书,第 157 页。(中文版为第 135 页。——译者)

80 年代初期是充满希望的岁月，人们真正感到在邓的领导下，已有了新的开端。中国人民开始显示，他们愿意，也能够利用新的自由来改善自己的命运。

但是，中国领导层内关于统一和多元化的争论仍在继续。整个 80 年代，邓全力支持经济多元化，并使中国实施对外开放政策，以鼓励经济多元化。但是他对外国影响腐蚀中国政治统一的状况日益感到不满。因而他采取行动，对被他自己的改革调动起来的正在发展的社会势力，重新从中央加强了政治控制。1983—1984 年他采取了短暂的行动。1986—1987 年，他采取了更严厉的措施，1989 年夏甚至动用了军队。

毛和邓都无法完成不可为而为之的事，既保持统一，又同时允许自由。镇反运动、反右斗争、"大跃进"、"文化大革命"和"六·四"天安门广场事件等悲剧就是足够的证明。总而言之，就中国领导人而言，统一及作为其基础的纪律严明的秩序似乎总是更重要的，而自由及其造成的失控则是太危险了。

但是，中国领导人承担的维护统一的重任是中国人民日益沉重的负担。如果说在中华人民共和国 40 年的历史中有一条有历史意义的教训而需要记取的话，那就是，多少世纪以来把中国人民联系在一起的政治制度必须作根本的改变。否则，正在发展中的、日益自信的社会将产生越来越大的压力，最终使这一制度完全崩溃。在 90 年代及 90 年代之后，只有实行多元化，才能维护统一。

附　录

会议与领导人

表 32　　　　　　　　　　**正式的ª 高层党的会议**

(1966—1982 年)

会 议 名 称	地 点	时　间
中共八届十一中全会	北京	1966 年 8 月 1—12 日
中共八届十二中全会	北京	1968 年 10 月 13—31 日
中国共产党第九次全国代表大会	北京	1969 年 4 月 1—24 日
中共九届一中全会	北京ᵇ	1969 年 4 月 28 日
中共九届二中全会	庐山	1970 年 8 月 23 日至 9 月 6 日
中国共产党第十次全国代表大会	北京	1973 年 8 月 24—28 日
中共十届一中全会	北京ᵇᶜ	1973 年 8 月 30 日
中共十届二中全会	北京	1975 年 1 月 8—10 日
中共十届三中全会	北京	1977 年 7 月 16—21 日
中国共产党第十一次全国代表大会	北京	1977 年 8 月 12—18 日
中共十一届一中全会	北京ᵇ	1977 年 8 月 19 日
中共十一届二中全会	北京	1978 年 2 月 18—23 日
中共十一届三中全会	北京	1978 年 12 月 18—22 日
中共十一届四中全会	北京	1979 年 9 月 25—28 日
中共十一届五中全会	北京	1980 年 2 月 23—29 日
中共十一届六中全会	北京	1981 年 6 月 27—29 日
中共十一届七中全会	北京	1982 年 8 月 6 日
中国共产党第十二次全国代表大会	北京	1982 年 9 月 1—11 日
中共十二届一中全会	北京ᵇ	1982 年 9 月 12—13 日

　　a. 正式会议是用来区别其他高层会议，如经常于中共各届全会前召开的中央政治局或中央工作会议。关于正式和非正式会议的目录可参看利伯撒尔和迪克逊编写的《党中央和政府会议研究指南（1949—1986）》。

　　b. 一中全会通常在全国党的代表大会后立即召开，以便正式选举新的政治局及其他中央机构如书记处等的成员。

　　c. 这份资料中注明是 8 月 31 日，但其他资料上是 8 月 30 日。

　　资料来源：《中国共产党历次重要会议集》（下），由中共中央党校党史教研室资料室编辑。

党的领导人

职　务	"文化大革命"前夕 1965 年	八届十一中全会 1966 年 8 月 1—12 日	中共第九次全国 代表大会 1969 年 4 月 1—24 日
中央政治局 常务委员会 委员	毛泽东[b]　刘少奇[c] 周恩来[c]　朱　德 陈　云[c]　林　彪[c] 邓小平[d]	毛泽东[b]　林　彪[c] 周恩来　　陶　铸 陈伯达　　邓小平 康　生　　刘少奇 朱　德　　李富春 陈　云	毛泽东[b]　林　彪[cf] 周恩来　　陈伯达 康　生
中央政治局 委　员[e]	董必武　彭　真 陈　毅　李富春 彭德怀　刘伯承 贺　龙　李先念 李井泉　谭震林	董必武　陈　毅 刘伯承　贺　龙 李先念　李井泉 谭震林　徐向前 聂荣臻　叶剑英	叶　群[f]　叶剑英 刘伯承　　江　青 朱　德　　许世友 陈锡联　　李先念 李作鹏[f]　吴法宪[f] 张春桥　　邱会作[f] 姚文元　　黄永胜[f] 董必武　　谢富治
中央政治局 候补委员[e]	乌兰夫　张闻天 陆定一　陈伯达 康　生　薄一波	乌兰夫　薄一波 李雪峰　宋任穷 谢富治	纪登奎　李雪峰 李德生　汪东兴

a. 某位领导人在"文化大革命"初期被罢黜的确切日期，并不总是很容易确定的。

b. 中共中央主席。

c. 中共中央副主席。

d. 总书记。

e. 除了毛和林彪，中共九届代表大会后的政治局成员中政治局常委的位置不容易确定，其他如政治局委员和候补委员都是按姓氏笔画排列的。

f. 林彪和叶群在 1971 年 9 月 13 日逃离中国时因飞机失事而丧生。李作鹏、吴法宪、邱会作和黄永胜于 1971 年 9 月 24 日被逮捕。

党的领导人

表 34			(1973—1982 年)			
职 务	中共第十届 全国代表大会 1973 年 8 月 24—28 日		中共第十一届 全国代表大会 1977 年 8 月 12—18 日		中共第十二届 全国代表大会 1982 年 9 月 1—11 日	
中央政治局 常务委员会 委 员	毛泽东[a] 王洪文[ed] 叶剑英[c] 朱 德[e] 董必武[e]	周恩来[c] 康 生[c] 李德生[cf] 张春桥[ed] 邓小平[fc]	华国锋[al] 邓小平[c] 汪东兴[ck]	叶剑英[c] 李先念[c] 陈 云[bc]	胡耀邦[b] 邓小平 李先念	叶剑英 赵紫阳 陈 云
中央政治局 委 员	韦国清 江 青[d] 华国锋 吴 德 陈永贵 李先念	刘伯承 许世友 纪登奎 汪东兴 陈锡联 姚文元[d]	韦国清 方 毅 许世友 苏振华 吴 德[k] 张廷发 陈锡联 聂荣臻 徐向前 邓颖超[b] 王 震[b]	乌兰夫 刘伯承 纪登奎[k] 李德生 余秋里 陈永贵 耿 飚 倪志福 彭 冲 胡耀邦[bjl] 彭 真[i]	万 里 王 震 乌兰夫 邓颖超 杨尚昆 余秋里 张廷发 聂荣臻 徐向前 廖承志	习仲勋 韦国清 方 毅 李德生 杨得志 宋任穷 胡乔木 倪志福 彭 真
中央政治局 候补委员[g]	吴桂贤 倪志福	苏振华 赛福鼎	陈慕华 赛福鼎	赵紫阳[ijm]	姚依林 陈慕华	秦基伟

a. 中共中央主席。毛泽东于 1976 年 9 月 9 日去世。华国锋于 1976 年 10 月 7 日成为主席,但在十一届六中全会(1981 年 6 月 27—29 日)上被胡耀邦所取代。

b. 总书记。这次会议废除了主席这一职位,总书记正式成为党的领袖。

c. 中共中央副主席。

d. "四人帮"于 1976 年 10 月 6 日被逮捕。

e. 这些成员是按姓氏笔画排列的。

f. 邓小平是在 1973 年 12 月被重新选进政治局的,并在十届二中全会(1975 年 1 月 8—10 日)上被补选为中共中央副主席、政治局常委,取代了李德生的位置,后者仍为政治局委员。

g. 政治局委员和政治局候补委员是按姓氏笔画排列的。只有第十二次代表大会的候补政治局委员是按得票多少排列的。

h. 十一届三中全会(1978 年 12 月 18—22 日)上增补的。

i. 十一届四中全会(1979 年 9 月 25—28 日)上增选的政治局委员。

j. 十一届五中全会(1980 年 2 月 23—29 日)上增选的政治局常委。

k. 十一届五中全会上免职的。

l. 在十一届六中全会(1981 年 6 月 27—29 日)上胡耀邦取代了华国锋。华国锋降为副主席。

m. 在十一届六中全会上被任命为副主席。

资料来源:王健英编《中国共产党组织史资料汇编》,红旗出版社 1983 年版,北京;郝梦笔和段浩然编:《中国共产党六十年》(下)。

国家领导人

表 35　　　　　　　　　（1965—1983 年）[a]

职务	1965 年	1975 年	1978 年	1983 年
国家元首	刘少奇			李先念
国家副主席[b]	宋庆龄 董必武			乌兰夫
全国人大常委会委员长[b]	朱　德	朱　德	叶剑英	彭　真
总　理	周恩来	周恩来[c]	华国锋[d]	赵紫阳
副总理	林　彪　　陈　云 邓小平　　贺　龙 陈　毅　　柯庆施[e] 乌兰夫　　李富春 李先念[f]　谭震林 聂荣臻　　薄一波 陆定一　　罗瑞卿 陶　铸　　谢富治	邓小平　　张春桥[g] 李先念　　陈锡联 纪登奎　　华国锋[c] 陈永贵　　吴桂贤 王　震　　余秋里 谷　牧　　宋　健	邓小平[h]　李先念 徐向前[h]　纪登奎 余秋里　　陈锡联 耿　飚　　陈永贵 方　毅　　王　震 谷　牧　　康世恩 陈慕华　　王任重[h] 陈　云[jh]　薄一波 姚依林[j]　姬鹏飞[j] 赵紫阳[jd]　万　里 杨静仁[j]　张爱萍 黄　华[j]	万　里 姚依林 李　鹏 田纪云

a. 这些任命是在第三届（1964 年 12 月 21 日—1965 年 1 月 4 日）、第四届（1975年 1 月 13—17 日）、第五届（1978 年 2 月 26 日—3 月 5 日）、第六届（1983 年 6 月 6—21 日）全国人民代表大会第一次会议上分别做出的，在这些会议之间进行的免职和增补都有注释。

b. 遵照毛泽东在 1970 年提出的意见，国家主席和副主席的职位在第四届和第五届全国人民代表大会第一次会议上颁布的新宪法中被取消了。

c. 周恩来于 1976 年 1 月 8 日逝世，华国锋于同年 2 月 3 日成为代总理，4 月 8 日《人民日报》公布了决定：华国锋不再是代总理，从此行使总理职权。

d. 华国锋的总理职位在第五届全国人民代表大会第三次会议上被赵紫阳取代。

e. 1965 年去世。

f. 李先念是 1965 年当选的副总理中历经"文化大革命"唯一在位的，其他人的正式罢免日期很难确定。

g. 1976 年 10 月 6 日被捕。

h. 1980 年 9 月辞职。

i. 1980 年 4 月被免职。

j. 王任重在 1978 年 12 月被任命。其他人的任命时间是：陈云、薄一波和姚依林在 1979 年 7 月，姬鹏飞在 1979 年 9 月，赵紫阳和万里在 1980 年 4 月，杨静仁、张爱萍和黄华在 1980 年 9 月。

资料来源：《中华人民共和国第十届全国人民代表大会第十次会议文件汇编》；郝梦笔、段浩然编：《中国共产党六十年》。

参考文献介绍

第一章　1949—1976 年的毛泽东思想

　　这一章是 1987 年出版的《剑桥中国史》第 14 卷中有关 1949 年前的毛泽东思想一章的续篇，对 1949 年后毛泽东思想的研究由于许多决定性的文章无法得到而长期没有进展。那些在中国发表的文章通常都经过大量的修改以致很难从中追溯其最初的说法。虽然在"文化大革命"初期，大量以前未发表的文件被广泛传播，但直至今天，尚没有一个中文原版的 1949 年后毛泽东著作的综合版本能与在日本发行的、20 卷本的毛泽东早期著作的汇编相匹敌。（有关这个由竹内实指导编写的 1949 年以前毛泽东著作汇编的详情，请参看第 13 卷中截至 1949 年关于毛泽东思想的文献。）

　　由官方在 1977 年出版的包括 1949—1957 年间著作的《毛泽东选集》第五卷，（同时有英译本）是经过多方筛选的。现在已经因在编写过程中受极"左"思潮影响而停止发售。1980 年，中共中央委员会下设的一个机构——中央文献研究室奉命出版几本专题资料汇编，包括书信和一些在报刊上发表过的文章。但直到 1987 年，被认为非常完整的按年代顺序编写的第一卷才开始有限地发行（参看《建国以来毛泽东文稿》第一卷，1949 年 9 月至 1950 年 12 月）。这卷覆盖时间仅包括一年零一个季度却长达 784 页的文稿足以向人们显示要完成截至 1976 年的文稿的编辑工作将需要多么大的劳动量，花费多么长的时间。

　　同时，德国、美国、日本的学者们为了分别用德文、英文、中文编辑出版毛泽东的著作，在毛去世不久便开始搜集有关的材料。最初的一批人在赫尔穆特·马丁的领导下，用了几年的时间成功地完成了这项工作（参看原文《毛泽东》）。然而，他们的高效率却得到了相反的酬劳。当他们的最后一辑将要出版时，一大批新材料如洪水般涌来。这一方面由于上面提到的中国官方的活动，另一方面由于"文化大革命"时期"红卫兵"编辑物在海外更加广泛的传播。在这种新形势下，德国的版本虽然仍旧有用（特别是因为它包括许多中文原文作为附录），但却已显得过时而无法令人满意。

相反，由竹内实和中村公义带领的一批日本学者却决定放弃继续编写 1949 年 10 月以后中文毛泽东著作汇编的努力。因为所有关键的手稿和文件都在中共权威机构的控制下，要与之竞争是毫无希望的。（当然，这时的情况与《毛泽东集》中所涉及的时代已大不相同。那时，毛的许多文章在写出后便立刻发表了，因此可以在许多图书馆里找到。）

美国的一批学者，在高英茂的指导下，努力尝试在这两个极端中找出一条中间路线。他们编辑的文稿第一卷（包括截至 1955 年的文章）目前已经问世。［参看《毛泽东文稿（1949—1976）》，由迈克尔·高英茂和约翰·K.龙（音）编写，第 1 卷，1949 年 9 月—1955 年 12 月）］他们正在努力翻译所有新出版的中文材料，把它们收进这套汇编中，或者收入按年代编辑的部分，或者收入一个最后的增补本中。

但是，就目前来看，有关这方面的资料无论是中文的还是外文的，都不够完整和实用，而在近期内出现令人满意的版本的希望也很微小，在大多数情况下，那些对毛泽东的思想有兴趣的人不得不依靠不同的专家和机构根据他们自己的观点所做出的选择。

大量十分有用的、但不是最好的红卫兵材料的译文由联合出版物研究署在 1974 年以《毛泽东思想杂录》的书名出版，共两卷。最近出版的一个重要文集，收集了 20 余篇新近得到的非官方资料，书名为《毛主席的秘密讲话》（1989 年），由罗德里克·麦克法夸尔、蒂莫西·奇克和尤金·吴编辑。一卷的毛泽东于 1956—1971 年的谈话和信件的书在 1974 年用英文出版，书名为《毛泽东的讲话和信件》

（美国版名为《毛泽东同人民的谈话》），由 S. R. 施拉姆编辑。还可参看杰罗姆·陈编辑的《毛泽东的文章与目录》（1970 年）和由莫斯·罗伯茨翻译的毛泽东的《读苏联〈政治经济学教科书〉谈话记录的论点汇编》（1977 年）。

在西方人对毛的思想的阐释中，由约翰·布赖恩·斯塔尔所著的《继续革命：毛的政治思想》（1979 年）是一部概述。它具有把毛从1920—1970 年所写的一切都看做一个整体的倾向。它用这样一种方法来分析毛的思想，认为毛的整个生活和思想在"文化大革命"中达到顶点。弗雷德里克·E. 韦克曼在他的《历史与意愿》一书中同样把五四时期毛泽东的思想与其后期思想相联系，但不像前书那样过于简单化和不加鉴别。在早期的一些著作中，阿瑟特·科恩所著的《毛泽东的共产主义》（1971 年 ［1964 年]）强调了毛泽东的思想中的斯大林主义根源。詹姆斯·熊（音）的《思想与实践》则强调了毛的思想与中国传统的关系。虽然他把毛泽东的思想作为知识分子活动的独特的中国模式这一点与西方通用的系统教义大相径庭，并因此引起争议，但他的研究从总体上来说无疑是有关这个题目的最富积极意义的工作之一。这可参看 S. 施拉姆编写的《毛泽东的政治思想》（1969年修订本）。另外，在迪克·威尔逊所著的《在历史天平上的毛泽东》（1977 年）一书中可以看到对毛泽东在各方面的贡献所进行的一系列虽不太成熟、但却是有益的评价。

在最近出版的关于 1949 年以后毛泽东思想的著作中，有两本文集或许是最值得注意的，一本是莫里斯·迈斯纳所著的《马克思主义、毛主义和乌托邦思想》（1982 年），书中提出这样的观点：虽然毛倡导的社会目标是秉承马克思列宁主义的，但他为达到这个目标所使用的手段却不是。迈斯纳认为毛在"大跃进"，特别是在"文化大革命"中的思想和行动有着深刻的、积极的历史影响。今天，没有多少中国人会同意这个观点，但迈斯纳花费了大量精力来进行论证。另外一本是邹谠所著的《"文化大革命"和毛以后的改革》（1988 年），书中进行了更客观、更审慎和深刻的分析，其中大半涉及毛晚年的理论和政策。

许多有关毛的思想的最有趣和最新颖的著作目前出现在中国国内，那里原文的准确程度和学术独立性都有了很大改善。官方对毛泽东历史地位的评价包括在 1981 年 6 月 27 日中央委员会的决议中。当然，其中某些方面涉及毛的思想。但是，要使中国学者在几年的时间里脱离过去的框架是不容易的。不过这些束缚还是不断遇到挑战或被给以非常灵活的解释。这种灵活性在《毛泽东思想研究》杂志的文章中很少看到。该杂志在成都出版，处于杨超的影响之下。杨是毛在延安的哲学学习小组的活跃分子，也是该小组成员中目前尚健在的唯一一人。另外一些不太正统的解释也在公开发行的文章中出现，如在由苏绍智主编的《马克思主义研究》中。杨超的《唯物辩证法的若干理论问题》（1982 年）最初名为《论毛主席哲学体系》（1978 年），几乎发表于毛在世的年代。像由萧延中编写、由李锐撰写序言的《晚年毛泽东：关于理论与实践的研究》这一类的著作，是绝不可能在毛在世时出版的。在内部还发表了一些非常有意思的分析文章，如在中央文献研究室的刊物《文献和研究》上以及其他内部刊物上等。确实，前面所提到的有关毛晚年的文章，其资料很多来源于这些内部刊物。

第二章　中国陷入危机

事实上，像任何一个其他城市机构一样，中国官方的出版事业也在'文化大革命'的动乱中受到严重破坏，几乎没有什么新书出版，实际上，所有专业性杂志都停刊了。甚至党的理论刊物——《红旗》杂志也有几个月暂停出版。国家的宣传机器的确仍在运转——主要有新华社、《人民日报》、《解放军报》和《北京周报》这些刊物和宣传机构进行了大量论战性和言过其实的宣传，这些思想贫乏的文章的绝大部分都被美国驻香港的总领事馆译成了英文并发表在他们的三份杂志上，这三份杂志是：《中国大陆报刊概览》、《中国大陆杂志选》和《当代背景材料》。此外，美国和英国政府都设有机构不断监听和翻译中国国家和各省的电台广播，并把结果记录在外国广播信息处的《动态》和《世界广播概要》上。

中国的中央当局试图通过发布一系列中央指示和传播国家领导人的重要讲话来维持"文化大革命"中的社会秩序，大部分这种指示和讲话都通过内部渠道传达，但是有许多被红卫兵组织公布出来，然后被外国研究机构搜集在一起。其中有用的纲领性文件有《中国共产党无产阶级文化大革命文件集（1966—1967）》、"有关伟大的无产阶级'文化大革命'的文件集"、"外传的中共领导人 1966 年 7—10 月的讲话和言论"。在这个时期毛泽东发表的最重要的讲话可以在以下著作中找到：由杰罗姆·陈编的《毛泽东的文章与目录》、《毛泽东思想杂录(1949—1968)》，由 S. 施拉姆编写的《毛泽东同人民的谈话(1956—1971)》。这些资料都被约翰·布赖恩·斯塔尔和南希·安妮·戴尔按目录分类并编制了索引收进《解放后毛泽东的著作：目录和索引》中。由迈克尔·高英茂编辑的《林彪事件：权力政治和军事政变》一书包括一个类似的林彪讲话选集。

非官方出版的过多的报纸、杂志弥补了官方出版物的缺乏。它们都是由各种不同政治倾向的红卫兵组织出版的。这些出版物包括对中央及各省领导的极富煽动性的谴责；对 1949 年以来的主要政策批判性的评论；"文化大革命"的年表以及对在不同的单位和机构中派性斗争的感情激动的叙述。某些红卫兵出版物还包括一些"文化大革命"主要受害者的自我批判。当然，红卫兵传播媒介的准确程度是十分值得怀疑的，但如果使用谨慎，它们仍然是一种无法估量的研究工具。

由于从表面上看，在中国国内保存的红卫兵出版物数量很少，因此，有兴趣的学者必须依靠在中国以外保存的资料集。在华盛顿的中国研究资料中心收集了八批红卫兵资料，用微缩胶卷和照相复制本分发给各个对此有兴趣的图书馆。许多这些出版物被依次译出并刊登在《中国大陆杂志选》和《当代背景材料》中。对这些红卫兵出版物的最好的文献指南是李翔云编辑的《红卫兵出版物研究指南（1966—1969)》。此外，联合研究所和密执安大学都出版了他们自己所拥有的红卫兵资料的目录：《联合研究所所藏红卫兵出版物目录》及由汤腺文和马唯一编辑的《有关红卫兵和无产阶级"文化大革命"的原始资料》。

自从毛泽东去世、"四人帮"覆灭、华国锋去职以后，人们试图对"文化大革命"的起源及结果作一次广泛的评价。作为这种努力的一部分，在中国又出现了关于"文化大革命"出版物的第二次高潮。在这些新出现的资料中，有对"四人帮"和林彪的支持者进行审判的记录：《中国历史上的一次大审判——对林彪江青反革命集团的审判（1980年9月—1981年1月）》。同样重要的有对"文化大革命"的描述和评价，包括在官方发表的《关于建国以来党的若干历史问题的决议》中。

该历史决议的起草和颁布为有关"文化大革命"的详细材料的出版提供了机会，如：全国党史资料征集工作会议和纪念中国共产党六十周年学术讨论会秘书处编辑的《党史会议报告集》；中共党史研究会编写的《学习历史决议专集》和孙敦璠等编写的《中国共产党历史讲义》。

1976年以来，一批回忆录和个人传记相继问世。其中有"文化大革命"中的一些有趣的资料和特殊的细节。陈再道的"武汉'七·二〇'事件始末"详细叙述了他在1967年7月武汉事件中的经历。中国最高级的军事将领之一聂荣臻的回忆录在1983—1984年出版，也揭示了许多他在"文化大革命"中的经历。由邓小平的女儿毛毛撰写的"在江西的日子里"讲述了她父亲在1967—1973年间受管制和在国内流放的情况。一本对周恩来进行广泛赞扬的《周恩来传略》由方钜成和姜桂侬撰写。对康生进行了深刻批判性研究的是仲侃撰写的《康生评传》。

20世纪70年代末80年代初的"伤痕文学"对中国知识分子看待"文化大革命"的思想方式提供了一定的理解依据，一些故事集披露出运动对个人生活产生了怎样的影响，这包括陈若曦的《尹县长的处死和无产阶级文化大革命的其他故事》；佩里·林克编的《顽固的毒草》和《玫瑰与刺：中国小说的第二次百花齐放（1979—1980）》；海伦·F.绥和泽尔达·斯特恩编写的《毛的收获：中国新一代的呼声》。

对所谓"北京之春"运动的抗议文学作品以及其他近期所写的分析文章，都对当代知识分子如何解释和评价"文化大革命"的起源、过程和结果提供了思路。王希哲的"毛泽东和'文化大革命'"一文对该次运动进行了最无情的谴责，其程度远远超出了官方的解释。由更年轻的知识分子撰写的一本有趣的文选于 1986 年春天在纽约出版，书名是《知识分子》。

在中国之外，"文化大革命"曾经是一系列的次生文学的题目，这些作品有很多被詹姆斯·C.F. 王（音）在《中国的"文化大革命"：书目注释》一书中所引用。最早的著作由西方记者和政府官员所写，很多成书于香港。虽然这些著作不具备事后认识和观察的便利条件，但它们大部分最能代表中国观察家的思想。其中特别有价值的是两份香港的时事通讯：《中国新闻分析》，由 L. 莱德尼神父编撰；《中国新闻概览》，由英国政府出版。更为详细的、相对来讲更全面的当代的评述有罗伯特·S. 埃勒根特所著的《毛的大革命》；斯坦利·卡诺的《毛与中国：从革命到革命》和爱德华·E. 赖斯的《毛的道路》。具有同样价值的还有由美国政府的一位分析家菲利普·布里奇姆所编辑、收在《中国季刊》的系列文章："毛的'文化大革命'：起源和发展"，"毛的'文化大革命'：夺权斗争"和"毛的'文化大革命'：巩固权力的斗争"。

所有关于中华人民共和国的主要政治史都包括对"文化大革命"的一些评论，其中最好的是帕里斯·H. 张的《中国的权力和政策》（第二次编辑）；于尔根·多姆斯的《中国国内政治（1949—1972）》；雅克·吉勒马的《执政的中国共产党（1949—1976）》和莫里斯·迈斯纳的《毛的中国：中华人民共和国史》。有趣的是，对"文化大革命"的深入的学术性研究尚付阙如。例外的是琼·多比尔著的《中国"文化大革命"史》，该书从某种意义上讲是按照毛主义的观点来写的。此外还有更客观一些的，有李翔云（音）的《中国"文化大革命"的政治：个案研究》以及安炳炯的《中国的政治和"文化大革命"：政治进程动力学》。虽然该书主要是关于 60 年代早期的情况的，但也包括对"文化大革命"前几个月的详细评述。

要全面了解"文化大革命",只有通过对该运动在某些具体的地方和单位开展的方式进行考察,对"文化大革命"在一些主要省市展开时的典型事例进行研究。这方面的成果有:维克多·福肯汉的"广西、云南和福建的'文化大革命'";加德尔·福尔塔多的"黑龙江和河北省革命委员会的成立(1966—1968)";尼尔·亨特的《上海日记》;保罗·海尔和威廉·希顿的"内蒙古的'文化大革命'";维克多·倪的"革命和官僚政治:'文化大革命'在上海"、《各省的"文化大革命"》及安德鲁·G.沃尔德的《张春桥和上海"一月风暴"》。

对在特殊的基层单位开展的"文化大革命"活动的比较分析研究有:马克·J.布里奇和戈登·怀特所著的《当代中国的微型政治》;威廉·欣顿的《百日战争》;戴维·密尔顿和南希·戴尔·密尔顿所著的《风不会减弱》以及维克多·倪的《北京大学的"文化大革命"》。

另一种研究"文化大革命"的方式是考察积极投身于这个运动中的个人。令人感兴趣的是,虽然关于"文化大革命"的一章通常也是毛传记的结尾,但却只有很少的著作把视点集中于毛在该运动中的作用上,更多的则是对其他领导人的描述。如对周恩来,可参见鲁宾逊编的《中国的"文化大革命"》一书中由托马斯·W.鲁宾逊撰写的文章"周恩来与'文化大革命'";关于刘少奇,可看洛厄尔·迪特默的《刘少奇与中国文化革命》;有关"文化革命"人物江青的最著名的两篇传记是罗克珊·威特克的《江青同志》和罗斯·特里尔的《白骨精》。此外,几部关于当年的红卫兵的回忆录也已出版,包括戈登·A.贝内特和罗纳德·N.蒙塔珀图的《红卫兵》;高原的《生来红:文化革命记事》;梁恒和朱迪思·夏皮罗的《"文革"之子》以及肯林的《上天的报应:一个中国年轻人的日记》。

在"文化大革命"中卷入最深的三个社会集团是被当做运动目标的党和国家的干部,作为打击武器的红卫兵和主要的直接受益者人民解放军。对国家官员试图在红卫兵的扫荡中逃生的描述与分析可看帕里斯·H.张的"省级党的领导人在'文化大革命'中的生存策略"和理查德·鲍姆的"困难条件下的精英行为"。关于"文化大革命"

对党政中枢构成的影响有以下文章和著作：理查德·K.迪奥的"'文化大革命'对中国经济界精英的影响"；唐纳德·W.克莱恩的"国务院和'文化大革命'"；查尔斯·纽豪瑟尔的"'文化大革命'对中共机器的影响"和弗雷德里克·C.泰维斯的《中国的省的领导层："文化大革命"及其后果》。关于中共九大所作的中央委员会和政治局的变动的分析可看唐纳德·W.克莱因和洛伊斯·B.黑格的"第九届中央委员会"和罗伯特·A.斯卡拉皮诺的"中共领导层的变化"。

关于对红卫兵运动及致力于领导这个运动的激进的知识分子的研究，下列著作是比较值得注意的：安妮塔·詹的"中国社会结构的反映"；帕里斯·H.张的《中国文化革命中的激进分子和激进思想》；克劳斯·梅内尔特的《北京和国内外的新左派》；斯坦利·罗森的《红卫兵的派性与广州的"文化大革命"》；马丁·辛格的《受过教育的青年与"文化大革命"》。托马斯·P.伯恩斯坦的《上山下乡》描述了当年的红卫兵在1968年运动结束后被送往农村地区的情况。

有关中国人民解放军在"文化大革命"中的作用的研究有以下著作：钱玉生（音）的《衰退的中国革命》；于尔根·多姆斯的"'文化大革命'与军队"和"军队在革命委员会成立中的作用（1967—1968)"；哈维·W.内尔森的"'文化大革命'中的军事力量"和"'文化大革命'中的军队官僚"。

其他社会集团在"文化大革命"中所受影响较小，如关于农民的可看理查德·鲍姆的"农村的'文化大革命'"，关于知识分子的可看默尔·戈德曼的《中国的知识分子》以及安妮·F.瑟斯顿的"中国'文化大革命'的受害者：看不见的创伤"。

最后，还有一大批对"文化大革命"进行阐释的文学作品，它们考察"文化大革命"的起源，评价它的结果，从更加客观的理论和历史的视角来确定它的地位。一般来讲，在毛去世和"四人帮"覆灭之前所撰写的著作对"文化大革命"有更多的同情，自那之后的著作则更具批判性。理查德·鲍姆和路易斯·B.贝内特编写的《中国在骚动："文化大革命"透视》就是一个实际的例子。其他值得注意的阐释性文章有安炳炯的"'文化大革命'和中国对政治秩序的寻求";约翰·伊斯雷尔的"无产阶级'文化大革命'的意识形态的连续性与不连续性";罗伯特·杰伊·利夫顿的《革命的不朽》;莫里斯·迈斯纳的文章"列宁主义和毛主义";S.施拉姆的"从历史角度看'文化大革命'";理查德·所罗门的《毛的革命和中国的政治文化》以及邹谠的文章"'文化大革命'与中国的政治制度"。约翰·刘易斯的《中国的党的领导和革命权力》一书中的三篇文章同样很有价值,它们是:伦纳德·夏皮罗与约翰·威尔逊·刘易斯的"在极权主义领袖之下坚如磐石的党的作用";许华茨的"在美德统治下"以及S.施拉姆的"中国共产主义思想意识中的党"。

第三章　中苏对抗:中国北部边疆地区的战争与外交

除了正式的(经常是宣传性的)官方声明,从当时北京制定外交政策的两个机构外交部和中国共产党得到的原始资料十分有限,因此,除红卫兵的材料之外,专家们只能主要依据讲话、官方报纸的评论、政府出版物透露的消息、宣传小册子以及对电台广播的监听——所有这些都必须谨慎使用,因为首先,不同文字间的分析技术不够完善,其次,在这一章的事例中使用的是非中文材料,大部分是英文和俄文的一手或二手资料。即使在"文化大革命"以后,中文材料取消了限制,诸如回忆录、可靠的中国方面的分析资料及内部材料等仍见得不太多。但愿这种状况在不久的将来会改变。

关于中国外交政策的著作需要使用所有可能的资料并附加一些辅助材料,即:在中国文件的基础上建立一个导论,再结合以外部来源的资料。人们必须在各种各样的资料中寻求逻辑上的一致性。由于在这一章的事例中大部分材料都不是中文而是俄文的,很多重要时期的-材料在事件发生后不久便得到了,因此审慎地筛选和压缩将会得出比较满意,有时是决定性的结果。

红卫兵的材料目前全被图书馆控制着。参见中国研究资料中心出版的《红卫兵出版物》(23 卷并 8 篇附录),美国主要的大学研究图书馆都有大量中国资料集刊(伯克利大学、芝加哥大学、哥伦比亚大学、哈佛大学、密执安大学和斯坦福大学),它们都有自己的目录索引,国会图书馆也是如此。

除此之外,人们还必须借助正式的中国官方出版物,如《人民日报》、《解放军报》、《北京周报》、《世界知识》、《红旗》杂志,然而,目前最重要的资料来源是美国政府出的译文集《中国动态》,由国外广播信息处出版。(总的来说,英国刊物《世界广播概览:远东》并不能与《动态》完全重叠,两种刊物须相互补充。)没有《动态》,撰写有关中国外交政策的著作均会感到相当的不便并留下很多空白。当然,也还需其他美国政府的译文集作为补充。如:《有关中华人民共和国的译文集》(根据题目附有不同的小标题),由联合出版物研究署出版。《中国大陆报刊概览》及与此相关的较次要的资料集,由美国驻香港总领事馆一直出版到 1977 年 9 月 30 日。苏联的资料与中国官方资料一样有其局限性。这包括俄国的《真理报》、《消息报》和塔斯社。对苏联资料来源的必不可少的参照是外国广播信息处的《苏联动态》和《当代苏联报刊文摘》。

有一些中国文件集包括中国对外政策以及中苏关系方面的主要公报和声明。它们是:哈罗德·欣顿编的 5 卷本的《中华人民共和国(1949—1979)》(还有两卷增补本《中华人民共和国 (1979—1984)》);约翰·吉廷斯编的《中苏争论概观》以及詹姆斯·T.迈尔斯编的 2 卷本的《中国政治:文件和分析》。令人遗憾的是,权威的《现代中国社会》(由施坚雅主持编写)却未收进中国外交政策的条目。

一些中文的研究著作、回忆录和有关外交政策方面的文集在 1980 年开始出现。这包括高皋和严家其的《"文化大革命"十年史(1966—1976)》;郑德荣等编的《新中国记事 (1949—1984)》、《中国共产党历史讲义》、《当代中国外交》;郝梦笔和段浩然编的《中国共产党六十年》。

一些英文杂志对研究中国外交政策也是十分有用的,特别是不可或缺的《中国季刊》,它有一个季度年表和文件表,按照国家和专题对中国的外交关系进行观察。同样有参考价值的还有《问题与研究》（台北）、《亚洲概览》、《共产主义问题》、《远东经济评论》、《时事》（香港，1961—1972 年）、《当代中国》（1974—1979 年）、《中国大陆评论》（香港，1965—1967 年）、《太平洋事务》和《中国新闻概要》。非常有用的还有韩国杂志《中苏关系》，它有一部分内容是英文的。还有两份台湾杂志经常包括一些在其他地方无法得到的信息，但使用时必须谨慎。它们是《大陆中国内幕》和《中共研究》。最重要的俄文杂志是《远东问题》，它主要研究中国问题。其他有关的俄文杂志有《世界经济和国际关系》、《共产党人》和《国际事务》。还可参看内部年鉴《中国的国家和社会》，该年鉴资料由莫斯科东方研究所的中国科编写，其中经常包括一些关于苏联对中国政策的洞察与分析。

有关中国外交政策的文献为数不算多。一些特殊题目的原始资料只有在国会图书馆的计算机复制服务处能够得到。但必须注意在关键词句上不要探究和解释得过宽或过窄。托马斯·W.鲁宾逊有一部未发表的著作《中国对外关系文献目录（1949—1975）》，它有 3637 个条目；并有作者和题目的双重索引。另外还有杰西卡·S.布朗等编的《中苏冲突：历史文献目录》。更近期的英文著述资料有《外交事务》，著作有《近期国际关系丛书》，系列文章有《政治学 ABC》和《有关中国问题的博士论文》。《亚洲研究杂志》确实在它的年鉴文献中编列了中国外文政策的资料栏，但内容每年出入相当大。在苏联方面，《斯拉夫评论》出版了一个年鉴文献，但有着同样的局限。幸运的是，俄文材料的索引很完善。首先，有 V.P.朱拉夫勒瓦的《中国文献》年鉴。它是由 P.E.斯卡奇科夫编写的早期的一份同名的传统年鉴的补充（但那份年鉴至今仍未作为单独的一卷出版）。除此之外，还有《远东问题》杂志的评论专栏、《人民中国》年鉴、《亚非人民》杂志以及正式的俄文著作、文章和重要的报纸（《当代苏联报刊文摘》上附有《真理报》和《消息报》的英文索引）。

关于中苏关系的著作数量相当大，大多数是对基本政策的分析。下面所列的只是使用原始资料及分析质量很高的著作。遗憾的是，篇幅有限，因此只能容纳与本章所涉及的时期有关的著述，且对每个大的领域只能收入一部典型著作。

奥顿·安布罗兹的《世界权力的改组》；安泰顺（音）的《中苏领土争端》；鲍大可的《中国和东亚的大国》；罗伯特·博德曼的《英国和中华人民共和国（1949—1974）》；O. B. 鲍里索夫和 B. T. 科洛斯科夫的《苏中关系（1940—1973）》；O. 埃德蒙·克拉布的《中国和俄国的"重大比赛"》；丹尼斯·J. 杜林的《中苏冲突中的领土要求》；赫伯特·J. 埃利森编的《中苏冲突》；戴维·弗洛伊德的《毛反对赫鲁晓夫》；雷蒙德·L. 加特霍夫编的《中苏军事关系》；哈里·格尔曼的《苏联在远东的军事集结和反华冒险》；乔治·金斯伯格和卡尔·F. 平克勒的《中苏领土争端（1949—1964）》；约翰·吉廷斯的《中苏争论概观》和《世界与中国（1922—1972）》；托马斯·M. 戈特利布的《中国外交政策的不同的派系和战略三角关系的起源》；威廉·E. 格里菲斯的《中苏关系（1964—1965）》和《中苏分裂》；梅尔文·格尔托和汪永木（音）的《处于威胁下的中国》；莫顿·H. 霍尔珀林编的《中苏关系与军备控制》；哈罗德·欣顿的《熊在门口》及《三个半大国》；G. F. 赫德森、理查德·洛温撒尔和罗德里克·麦克法夸尔的《中苏争论》；C. G. 雅各布森的《毛以来的中苏关系》；杰弗里·朱克斯的《苏联在亚洲》；基辛研究报告《中苏争端》；米哈伊尔·A. 克洛奇科的《在红色中国的苏联科学家》；肯尼思·G. 利伯撒尔的《70 年代的中苏冲突》；阿尔弗雷德·D. 洛的《中苏争端》；克劳斯·梅内尔特的《北京和莫斯科》；乔纳森·D. 波拉克的《联盟政治的教训》、《80 年代的中苏冲突》及《中苏敌对与中国安全之论争》；托马斯·W. 鲁宾逊的《边界谈判和中美苏关系的前景》及《中苏边界争端》；哈里森·E. 索尔兹伯里的《中俄战争》；格雷特津·安·桑德勒斯的文章《中华人民共和国眼中的苏联形象（1949—1979）》；哈里·施瓦茨的《沙皇、大臣和政委》；巴巴尼·森·格普塔的《70 年代以后苏联同亚洲的关系》；理查德·H. 所罗门等编的《苏联在远东的军事集结》、《核对峙与亚洲的安全》；罗伯特·G. 萨特的《"文化大革命"后中国的外交政策（1966—1977）》；罗杰·斯韦林根的《苏联和战后日本》；唐纳德·

B. S. 扎戈里亚的《中苏冲突（1956—1961）》；肯尼思·G. 韦斯的《炮舰里产生的力量：中苏危机中的美国》；艾伦·S. 惠廷的《中国威慑微积分学：印度和印度支那》；理查德·威奇的《中苏危机的政治》；迈克尔·B. 亚胡达的《中国在世界事物中的作用》；唐纳德·S. 扎戈里亚编的《苏联在东亚的政策》、《中苏冲突（1956—1961）》和《越南三角关系：莫斯科、北京和河内》。

虽然关于这个题目的俄文书籍经常是宣传性的，但也有几本杰出的分析性的作品问世。另外，一些关于中国其他方面的俄文材料表面上似乎与中国对外政策无关，实际上却包含着相当有用的资料。由于俄国人倾向于不直接说出其真正的兴趣所在，故下面所列著作虽从标题上看并不明显，但的确是与该题目相关的。

O. B. 鲍里索夫的《中国 70 年代的对内对外政策》；O. B. 鲍里索夫和 B. T. 科洛斯科夫合著的《1945—1970 年的苏中关系梗概》；费德尔·勃拉茨基的《毛泽东：一幅意识形态和心理肖像》；L. P. 德留辛的《毛主义的社会政治本质》；K. A. 伊格洛夫的《中华人民共和国的政府机构（1967—1981）》；V. G. 吉尔布拉斯的《中国：危机在继续》；B. N. 戈尔巴切夫的《中国军队的社会和政治作用（1958—1969）》；L. M. 古德什尼科夫的《中华人民共和国的政治结构》、《中国：社会与国家》、《中国：寻求社会主义的发展道路》、《中国：传统与现实》、《中国邻邦》、《中华人民共和国（1973—1979）》；L. S. 丘扎基里安的《中华人民共和国的意识形态运动（1949—1966）》；M. I. 马卡洛夫等编的《中华人民共和国的外交政策》；雷莎·米洛维茨卡娅和尤里·西姆尤诺夫合著的《苏中关系简史》；G. N. 莫斯克的《中国军队：毛主义者冒险政治的工具》、《危险的道路》、《中华人民共和国工人阶级发展中的问题和矛盾》、《苏联中国问题研究的题目》；A. M. 鲁缅采夫的《"毛泽东思想"的来源及其发展》、《中华人民共和国的社会经济结构和经济政策》、《外国对当代中国的研究》；S. L. 齐赫文斯基的《中国的历史和现在》；O. 弗拉迪米洛夫和 V. 伊亚赞切夫合著的《毛泽东：一幅政治肖像》及 B. 扎尼津、A. 米洛诺夫和伊亚·米哈伊洛夫合著的《论中国的发展》。

第四章　毛的接班人问题和毛主义的终结

　　"文化大革命"以前，西方对中国政治的研究只是为了搞到资料。因为只有十分有限的中央报纸和杂志、数量很少的公开讲话以及个别流落到香港的难民可资询问。一些省内报纸的复印件被偷带到香港，省里的电台广播与北京的电台一样受到监听。即使这些简单的传递工具也仍然需要进行大量的释读和甚至更多的翻译工作，但它毕竟是一个容易掌握的资料基础。

　　在"文化大革命"中，这类资料被一大批新的和不同类型的材料所补充，它们大部分由那些搜查被罢黜的官员的红卫兵所披露。新材料中最重要的是迄今未发表的毛的讲话集，这类材料令人迷惑地使用同样的题目，最常见的是《毛泽东思想万岁!》，它们的译本以不同形式出现，最著名的是 S. 施拉姆的《毛泽东的讲话和信件（1956—1971）》（美国版名是《毛泽东同人民的谈话》）；杰罗姆·陈的《毛泽东》及《毛泽东的文章与目录》；由联合出版物研究署出版的两卷本的《毛泽东思想杂录》以及有争议的《中国的法律和政府》（1.4，9.3，9.4，10.2，10.4，11.4），这些选集明显地被不同的机构收集到一起，甚至在"文化大革命"以后，许多新版本仍旧在中国不断出现。结果导致由罗德里克·麦克法夸尔、蒂莫西·奇克和尤金·吴编写的一套新译本《毛主席的秘密讲话》的问世。一部 1949 年以后毛的著作全集正在由高英茂和约翰·K. 龙（音）编辑并整理，该书名为《毛泽东文集（1949—1976）》，第 1 卷已经出版。但是，这些文集中的大部分材料涉及"文化大革命"以前的时期，1966 年之后的讲话由于众所周知的原因直到 1968 年夏天红卫兵上山下乡之后才解禁。

　　其他大部头的、由红卫兵出版的资料是报纸。这些刊物经常对当时及"文化大革命"前的中国事务进行倾向性极明显的评论。但它们已被李翔云精心整理后收进《中国"文化大革命"的政治》一书中。还有，这些材料只包括到 1968 年夏天这个时期，在那以后，虽然中国公开了关于林彪事件的内部文件，但资料来源明显地减少了。另外，70 年代来中国的西方人增多，导致了一些目击者的报道。如罗杰·加赛德的《活跃起来！毛之后的中国》，尽管书名如此，但仍包括从 1976 年 1 月开始的一些事件。

只是在"文化大革命"结束之后，一大批关于 1969—1976 年的新材料才得以面世。它们以不同的形式出现。尽管官方对这个主题的研究有限制，但仍出现了一些综合性的评论，最可靠和最全面的是王年一的《1949—1989 年的中国：大动乱的年代》。作者是国防大学的一名教授，显然掌握着一般人无法得到的材料。一部更早的非常可信的著作由政治学家高皋和严家其（原中国社会科学院政治学所所长——原文如此——译者）撰写，书名为《"文化大革命"十年史》。该著作在出版前夕被查禁，最初的版本在香港发行，但最初的天津版的版本在西方也流传很广。作者感到只利用公开的材料局限性太大，但却又因其他材料使用不当造成一些错误而受到指摘。第二版显然接受了批评进行了修改。第一版的英译本在台湾出版。在一般的西方著作中，于尔根·多姆斯的《中国国内内政（1949—1972）》及《中华人民共和国的政府和政治》把广泛地描写和对特殊事件的严密分析结合起来。《中国共产党和马克思主义（1921—1985）：一幅自画像》由香港时事通讯《中国新闻分析》的长期编辑在对中国进行了多年观察的基础上撰写而成。

还有一些中文的文章选集，涉及不同方面的问题、事件或"文化大革命"的经历。周明的《历史在这里沉思：1966—1976 年纪实》共 6 卷。第一卷论及那 10 年中高级领导人的活动及其命运，包括一些幸存的亲属所写的文章，其中最著名的是刘少奇的孩子。第二卷涉及那段历史本身的一些事件，如 1965 年武汉的武斗、1967 年的"二月逆流"和 1971 年的林彪事件。第三卷重又描写个人的命运，如一些级别较低的高层官员和知识分子，同样有这些人的亲属所写的文章，如陶铸的妻子。金春明的《"文化大革命"论析》是一本文章集，由党的资深历史学家撰写，论述这 10 年中的主要事件，其中包括与本章所论及的时期相关的有趣资料。《十年后的评说——"文化大革命"史论集》由谭宗级和郑谦编著,是同样类型的著作。

更全面的中国共产主义运动的历史材料现在已可以从各省的出版社得到,大部分是重复的,但在一些有趣的题目上作一番浏览还是值得的。这样你可以看到表面上在某处是很明显的一个事实,在其他地方都并非如此。例如:广东人民出版社 1981 年出版的《中国共产党简史讲义》看来似乎是第一部这样的著作。它透露了 1959 年在庐山的工作会议和中央全会之间,还开了一次政治局常委会,会上彭德怀受到了批判。所有有关这个范围的著作都被当代的作者研究过,最全面的、有准确的资料以及会议参加者名单的著作是郝梦笔和段浩然编的《中国共产党六十年》,该书第二卷包括 1949 年以后的时期,同样非常有用的是稍后党的历史学家中的老前辈胡华的《中国社会主义革命和建设史讲义》。《关于建国以来党的若干历史问题的决议(1949—1981)》是在中共成立 60 周年之际由中共出版的文献,作为对"文化大革命"及其以后年代的评价和总结。对于它的解释性的著作有中共中央文献研究室的《关于建国以来党的若干历史问题的决议·注释本》,以上两本书都是确定官方对重大事件态度的基本读物,与胡华的著作一样,后者在公开发行之前在西方也有内部版本流传。

另一类有价值的资料是编年史,它并不仅仅是简单的资料的重复,同时包括颇有用的主要会议和事件的概要。这些重要的材料包括:解放军政治学院中共党史教研室编的《中国共产党六十年大事简介》、《中共党史大事年表》、《中国共产党历次重要会议集》;房维中编的《中华人民共和国经济大事记(1949—1980)》,该书涉及的人远远超出经济学家的范围。

另一类作品致力于单个事件的描述,包括党代会、人代会等。这些会议都有官方出版的文献,如《中国共产党第十次代表大会文件汇编》。关于林彪事件的文件从来都不是官方发表的,但是在西方也有汇编和译本,如高英茂编的《林彪事件》;另有一部中文的分析著作是于南的"周总理处置'九·一三'林彪叛逃事件的一些情况";由荷兰记者雅普·冯·吉内肯撰写的一部西方评述性著作是《林彪浮沉录》;更近的有关这一事件的译本,是以林彪女儿的陈述为基础的,原文是《华侨日报》上的连载文章"生活在历史阴影中的林豆豆"（1988年6月14—23日）；另有谭宗级发表在《教学参考》（下）上的"林彪反革命集团的崛起及其覆灭"；《华侨日报》上还有另一篇由王若水撰写的连载文章"从批'左'倒向反右的一次个人经历"，描写了林彪从一个极"左"的样板转变为极右派的道路。

　　"四人帮"的写作班子"梁效"的活动被它某位成员的妻子在乐黛云和卡罗林·韦克曼所著的《走进暴风雨》中进行了描述。该书是一部极其吸引人的著作，它叙述了1949年以后的全面清洗，全书从一个背离了党的路线从而犯了严重错误的党员的角度来进行描述。在1976年4月的"天安门事件"后为纪念周恩来所作的诗被收进《革命诗抄》和《天安门诗文集》中，还有一个英文版本的由萧兰编的《天安门诗抄》。官方对"四人帮"进行审判的正式文本可以参看中国最高人民法院研究室编的《中华人民共和国最高人民法院特别法庭审判林彪、江青反革命集团案主犯纪实》。中国还出版了较短的中、英文版本的《历史的审判》、《中国历史上的一次审判》。戴维·邦纳维亚的《北京裁决》中有译成英文的实况广播报道的摘录。正像其题目提示的那样，约翰·加德纳所著的《中国政治和对毛的继承》一书讨论了许多这类的事件，默尔·戈德曼在《中国知识分子》一书中详细论及了知识分子的内讧。戴维·茨威格的《中国农村的激进主义》叙述了"四人帮"为在重要的中国政治舞台制定一条极"左"路线所进行的活动。这部书是第一批从漫长的对中国农村的研究中受益而写成的专题著作中的一部。

　　以上提到的胡华也是大部头系列丛书《中共党史人物传》的主编。该书30多卷在他去世前已成书，这是一部极有价值的概要，每一卷包括至少12个已去世的党的领导人的传记。通常是把早期的烈士与那些在"文化大革命"爆发前仍健在的国家领导人混合编排在一起。

　　自从这些丛书的第一卷于1980年出版以后，有关人物生平的专著、对某位领导人的回忆文章集和他们的著作选都陆续问世。其中有许多比胡华的丛书中的短文更为详细。虽然有些很明显是杜撰的，包括许多令人怀疑的谈话记录，但总的来说还都是有参考价值的。对于这章所涉及的时期，到目前为止最重要的是《周恩来书信选集》、《周恩来选集》（下）、《周总理生平大事记》；关于周的还有《不尽的思念》。关于其他人的有《邓小平文选（1975—1982）》；张云生的《毛家湾纪实：林彪秘书回忆录》；南枝的《叶群野史》；朱仲丽（前高级官员王稼祥的遗孀）的《女皇梦：江青外传》；叶永烈的《张春桥浮沉史》；仲侃的《康生评传》；林青山的《康生外传》；薛冶生编的《叶剑英光辉的一生》；《萦思录：怀念叶剑英》；《聂荣臻回忆录》（下）。关于个人的文章通常先发表在期刊上，然后才被收进各类书籍中。《新华月报》和《新华文摘》有专栏刊登这些文章中的一部分。

西方关于中国领导人生平的详细著述要少得多，这类书包括户西恩·派伊的《毛泽东：领袖人物》（这是一部心理分析的作品）；迪克·威尔逊编的《在历史天平上的毛泽东》。在毛去世后不久，一系列由著名专家撰写的专著陆续出版。它们有：罗斯·特里尔的《毛泽东》及《白骨精》（关于江青的）；罗克珊·威特克的《江青同志》，该书主要根据江青会见作者时的自述写成；罗杰·法利格特和雷米·考夫的《康生及其在中国的秘密工作（1927—1987）》；丁望的《王洪文、张春桥评传》和《华主席：中国共产党人的领袖》。

很明显，仅仅依靠中文（和西文）的著作是远远不够的。关于党史的中文杂志和其他出版物，很多曾属于内部刊物，目前可以得到复印件，也很有参考价值。如《党史研究》（1980—1987年）曾经是内部刊物，现在已用《中共党史研究》的刊名公开发行（1988年—）。此外还有《党的文献》、《党史通讯》、《文献和研究》、《党史研究资料》、《内部文稿》、《党史资料征集通讯》。在以上杂志及文选上刊登的文章偶尔在其他刊物上也可看到，最著名的是由朱成甲编辑的3卷本的《中共党史研究论文选》。但是，接触这些更秘密的材料并未使人们忘记这样的事实，即重要的文章经常在定期刊物上出现。

目前在中国的各种刊物中出现这样多的材料，以致一批较年轻的西方学者在蒂莫西·奇克的指导下编辑了《中国共产党研究通讯》（1988年秋—　），以便在这个领域中向大家通报出现的最重要的新材料。这份杂志是那些寻求及时接触有价值的新资料的人所必读的。希望当代中国的权威人物们注意到这份杂志并意识到在开放的年代"内部"已经成为完全过时的分类方法，对于哪些资料是真正需要保密的这个问题将会出现一种更现实的看法。

在那些更加普及的西方杂志中，《中国季刊》和《澳大利亚中国事务杂志》刊载的有关"文化大革命"的文章较多。《中国季刊》的"每季大事和文献"栏也是很有参考价值的，台北的《问题与研究》经常最先登载重要的共产党文件的译文。

在中国出版物中，对"文化大革命"后这段时期的政治进行严密分析的著述较少。这主要是因为，在 1976 年以后的年代里，中国领导人邓小平仍健在并主管国家事务，另一方面，当代资料的性质与过去中国历史上任何一个时期都不同。这类材料汗牛充栋，著作和期刊的出版都出现了空前的爆炸，官方出版物更趋真实，更少宣传性，同时可以把它们与公开表达的各种观点进行对照。此外，中国政治进程的透明度也比过去高得多，因此，对上层争论的详细报道很快就会在香港刊物《争鸣》和《九十年代》等上面出现。

另一方面，内容集中于毛以后时代的编年史是很重要的。著名的有李盛平和张明澍的《1976—1986：十年政治大事记》；黄见秋、孙大力、魏新生、张占斌、王洪模等编的《新时期专题记事（1976 年10 月—1986 年 10 月）》；李永春、史远芹、郭秀芝编的《十一届三中全会以来政治体制改革大事记》。一部极有价值的编年史的西方译本是肯尼思·利伯撒尔和布鲁斯·J. 迪克森合编的《党中央和政府会议研究指南（1949—1986）》。

除《邓小平文选（1975—1982）》外，已经被引用的还有一部主要的文献集《十一届三中全会以来重要文献选编》（2 卷）。从不同角度来看待这段历史时期的、由西方人编的文献集是约翰·P. 伯恩斯和斯坦利·罗森的《毛以后的中国的政策冲突》；以及肯尼思·利伯撒尔、詹姆斯·唐和恽赛充（音）编的《中共中央和政治局文件》，该书解释了这类文件是如何产生及传达的。

西方对邓小平改革运动的报道数量惊人，从一般的著作、专题文章到记者的分析等应有尽有。在综合性的著作中，最好的有鲍大可和拉尔夫·N.克拉夫编的《现代化进程中的中国》；哈里·哈丁的《中国的第二次革命》；戴维·M.兰普顿编的《毛以后的中国政策的实施》；伊丽莎白·J.佩里和克里斯廷·汪编的《毛以后中国的政治经济改革》；邹谠的《“文化大革命”与毛以后的改革》。一部十分有用的背景材料是一年一本的《中国简报》，由亚洲协会中国委员会出版。专著有戴维·S.G.古德曼的《北京街头的呼声》；埃利斯·乔菲的《毛以后的中国军队》；肯尼思·利伯撒尔和米歇尔·奥克森伯格的《中国政策的制定》，该书分析了“文化大革命”以前、“文化大革命”过程中及其以后的能源工业。琼·C.奥伊的《国家和当代中国的农民》，该书从50年代中期写到80年代末，同茨威格的书一样，也是得到了这个时期之后农村研究的一些资料才写成的。

许多西方报社驻中国的记者在“文化大革命”中，或像美国记者那样，在“文化大革命”后，很快接受有关中国的训练或很快了解中国的情况。在早期报道性的著作中，最优秀的有理查德·伯恩斯坦的《从世界的中央寻求关于中国的真相》；戴维·邦纳维亚的《中国人：一幅肖像》；福克斯·巴特菲尔德的《中国：生活在苦海中》；约翰·弗雷泽的《中国人》；杰伊和林达·马修斯的《十亿：中国记事》；菲利普·肖特的《龙和熊》；史蒂文·W.莫舍的有争议的《破碎的大地：农村的中国人》，这本书是根据一个人类学博士生的报道写成的。这个博士生是那些1979年1月中美复交后第一批到中国农村考察的美国学者之一。西蒙·利斯是一位学者兼随笔记者，他的作品交织着对中华人民共和国尖锐的评论和对许多关于中国的西方著作中的空话的揭露，他的主要著述有《中国的阴影》、《毛主席的新衣》、《破损了的偶像》。

第五章　对美开放

虽然有大量的第二手资料，但人们对中共九大和十大之间的中国外交政策仍然研究得很不够。主要的障碍来自资料方面：现有的资料难以对这个时期中国的决策过程作出全面的描述。中国人对中国外交政策的内幕一直十分敏感。这些禁忌近年来已有所缓减，人们已经能够和与外交事务有关的官员和研究机构进行较密切的接触了。但是，对于外交政策的讨论和制定，对于国际政治和国内政治之间的关系（特别是在领导层斗争激烈的时期），现有的历史资料却什么也没有告诉我们。

然而，由于官方越来越鼓励人们做整理档案的工作，中国的研究人员已经编成了更全面的中国外交史（包括 20 世纪 70 年代）的档案资料书籍。这些活动的高潮是《当代中国外交》的出版。这本书简要叙述了这个时期的外交事件，具有权威性，尽管它没有透露政策制定方面的情况。此外，高级官员的一些回忆录和回忆文章对 60 年代末 70 年代初中国的外交政策作了较深入的重估，尽管还不十分详细。其中有：《聂荣臻回忆录》；铁竹伟："陈毅在'文化大革命'中"（见《昆仑》）；叶剑英传记编写组：《叶剑英传略》。亨利·基辛格秘密访华之前，埃德加·斯诺与中国高级官员的谈话记录也是珍贵的资料，它们都完整地发表在斯诺《漫长的革命》一书中。

美国官员们关于 20 世纪 70 年代中美关系的著作也使学者们获益匪浅。这些著作包括：兹比格纽·布热津斯基：《权力与原则》；亨利·基辛格：《白宫岁月》、《动乱年代》；理查德·尼克松：《尼克松回忆录》；米歇尔·奥克森伯格："中美关系十年"（见《外交事务》）；理查德·H. 所罗门：《中国人的政治谈判行为》；赛勒斯·万斯：《艰难的选择》。

"文化大革命"以后中国外交政策的基本资料的主要来源，仍然是中共主要的新闻媒介，特别是《人民日报》和《红旗》杂志的社论和评论员文章。关于重要的外交政策声明，《北京周报》亦有很高的参考价值。70 年代末 80 年代初，中国恢复了 1966 年中断的探讨外交事务的重要期刊的出版工作。这些期刊包括《世界知识》和《国际问题研究》，这两种杂志都是由外交部出版的。要探讨外交政策的发展动态，美国政府出版的外国广播信息处的《中国动态》和英国广播公司出版的《世界广播概要：远东》是两种基本的参考资料。美国政府出版的联合出版物研究署的系列期刊中也有一些极为重要得文件和资料。

此外,邓小平的讲话(包括一些评论中国外交政策的重要讲话)都收录在《邓小平文选(1975—1982)》中。流传到台湾或西方的中国内部文件和领导人的讲话可作为这些资料的补充。虽然有时候人们对这些材料的可信程度有争论,但其中的许多材料还是提供了发生重大政策冲突时的重要情况。收录了这些文件的两部书籍是:陈庆编:《中国与第三世界》;高英茂编:《林彪事件》。反映中国内部对敏感的外交问题进行争论的讽刺文章是另一个重要的资料来源,虽然有些学者怀疑其价值。关于此类资料的解释,请参阅肯尼思·G.利伯撒尔:"讽刺文章中反映出的外交政策争论(1973—1976)"(见《中国季刊》);哈里·哈丁:"中国全球姿态中的内部政治(1973—1978)",见托马斯·芬格等编的《中国对独立自主的追求》。

尽管资料有限,学者们还是写出了关于某些具体事件和某些时期的一些专著和一些重要得多卷本著述。关于多卷本著述,特别请参阅约瑟夫·卡米莱里:《中国的外交政策》;戈兰姆·W.乔德赫里:《中国在世界事务中》;哈里·哈丁编:《80年代中国的对外关系》;塞缪尔·金(音)编:《中国与世界:毛以后时代中国的外交政策》;理查德·H.所罗门编:《中国因素》;迈克尔·亚胡达:《孤立主义走向尽头:毛以后的中国外交政策》。

促成中美和解的诸多因素中,最重要的一点是,中苏发生军事冲突之后北京改变了安全计划。关于这个论题,参阅约翰·W.加弗:《中国决定与美国和解(1968—1971)》;哈里·格尔曼:《苏联在远东的军事集结和反华冒险》;托马斯·M.戈特利布:《中国外交政策的不同派系与战略三角关系的起源》;梅尔文·格托夫和汪永木(音):《处于威胁下的中国》;萧铮和迈克尔·魏图恩斯基编:《中美关系正常化及其政策深意》;理查德·威希:《中苏危机的政治》。

许多单卷本和多卷本专著还对70年代末80年代初中美关系和中苏关系的全球战略环境的变化进行了研究。这些专著有:赫伯特·J.埃利森编:《中苏冲突》;班宁·N.加勒特和邦尼·S.格拉泽:

《战争与和平》；肯尼思·G. 利伯撒尔：《70 年代的中苏冲突》；乔纳森·D. 波拉克：《中苏敌对和中国的安全之辩论》、《联盟政治的教训》；杰拉尔德·西格尔：《毛以后的中苏关系》；道格拉斯·T. 斯图尔特和威廉·T. 托编：《中国、苏联和西方：80 年代的战略和政治面面观》；苏吉（音）：《苏联对中国的想像及其对华政策（1969—1979）》；罗伯特·G. 萨特：《中国外交政策：毛以后的发展》；艾伦·S. 惠廷：《西伯利亚的发展与东亚：威胁还是承诺?》。

与中美关系和中苏关系相比，中日关系研究得还很不够。然而也有一些成果，参阅罗伯特·E. 贝德斯基：《脆弱的协定：1978 年中日和平条约的全球透视》；李季银（音）：《日本面对中国》、《中国与日本：新的经济外交》；罗伯特·泰勒：《中日轴心：亚洲的一支新生力量?》。关于中日关系的重要文章，有新木内江藤："日本和中国———一个新阶段?"（见《共产主义问题》）、"近期中日关系的发展"（见《亚洲概览》）；良清国分："中国对外经济政策制定中的政治"（见《中国季刊》）。

中国与东南亚关系（特别是中越关系的恶化）的有关资料既丰富又详细。特别引人注目的著作是纳严·詹达：《兄弟仇敌：战争之后的战争》。另阅张保民（音）：《北京、河内、华侨和处在中国与越南之间的柬埔寨》；威廉·J. 杜克尔：《中国和越南：冲突的根源》；尤金·K. 劳森：《中越冲突》；罗伯特·S. 罗斯：《印度支那纷争：中国的对越政策（1975—1979）》。

关于 70 年代中国在国际组织中再次出现的意义，塞缪尔·S. 金的《中国、联合国和世界秩序》一书作了详尽的研究。关于对 70 年代中国外交政策中经济方面的评析，参阅鲍大可：《从全球角度看中国经济》；艾伦·S. 惠廷：《70 年代中国的国内政治和外交政策》。

第六章　中国的经济政策及其贯彻情况

有关 80 年代中国经济改革的研究和著述是与改革本身同步的。

关于"文化大革命"时期（1966—1977 年）经济政策及其实施情况的研究工作也刚刚起步。论述六七十年代中国经济的文章和书籍确实很多，但论述当前中国经济的著作却不得不依据数量有限且可靠程度大有疑问的资料。事实上，西方关于"文革"时期中国经济的大部分文献资料都集中在对农业、工业、国民总产值和其他许多项目的重建成就的估计上。尽管有这些限制，但也不乏有价值的著作。对写于六七十年代的有价值的英文著作有兴趣的读者，可查阅德怀特·H.珀金斯的"中华人民共和国经济之研究：概览"（见《亚洲研究杂志》）一文中的书目索引。

从 1979 年开始，中国政府又恢复了对官方统计资料的公布和出版。这项工作已中断了将近 20 年，这期间中国把所有的经济资料都当做国家机密。1979 年统计工作的规模很小，进入 80 年代以来，规模就越来越大了。最有用的资料是国家统计局用中英文出版的《中国统计年鉴》。该年鉴始于 1981 年，以后每年一版，收录的资料越来越多，其中不但有 80 年代的，而且有更早时期的。1989 年的《中国统计年鉴》共 1029 页，而 50 年代的主要统计资料《伟大的十年》（国家统计局编）只有 200 余页，且开本要小得多，二者显然不可同日而语。目前尚有数十种各部门的专门统计年鉴（如《中国农业年鉴》），各省的统计年鉴（如广东统计局的《广东省统计年鉴》）以及许多专项研究资料（如国家统计局编的《中国固定资产投资统计资料（1950—1985)》）。

除这些统计资料外，依据在中国的实地调查资料写成的英文著作也越来越多，有一些实地调查工作是中国社会科学院和世界银行的合作项目。这些合作项目的两项重要成果是吉恩·蒂德里克和陈毅远编的《中国的工业改革》和威廉·伯德和林青松编的《中国的乡镇企业：结构、发展和改革》。

在依据新获得的材料对六七十年代的中国进行的各种研究中，对中国农村的研究成果最多。根据中国的实地调查资料对改革前后农村的研究，参阅威廉·L.帕里什编：《中国农村的发展》。对1949 年以来中国农业的发展进行的较广泛的经济分析（利用了一些新资料），参阅尼古拉斯·拉迪：《中国现代经济发展中的农业》；
德怀特·珀金斯和沙义德·尤素福：《中国农村的发展》。仅依据
80 年代新获得的资料对六七十年代中国工业的发展的研究成果很
少，较卓著者是巴里·诺顿的"三线：在中国内地保卫工业化"
（见《中国季刊》）。

有一些综合性的论文集集中讨论了 80 年代中国的经济改革和经
济成就的有关问题。此类著作有：美国国会联合经济委员会编：《面
向 2000 年的中国经济》（2 卷）；伊丽莎白·J.佩里和克里斯廷·汪
编：《毛以后中国的政治经济改革》。目前出版的许多论文集是中外经
济学家合作的结晶，其中最有用的是布鲁斯·L.雷诺兹编的《中国
的经济改革》（《比较经济学杂志》专刊）。世界银行大约每隔四年推
出一本关于中国经济的综合性著作。德怀特·H.珀金斯的"改革中
的中国经济体制"（见《经济资料杂志》）一文从总体上分析了中国的
改革活动，文中附有很多书目索引。

80 年代与六七十年代的一个不同之处是，80 年代中国学者的经
济研究成果越来越多了。这些成果有的发表在数十种经济学杂志上
（其中许多杂志在 1979 年以前是不存在的），有些发表在各种报纸上。
上海出版的《世界经济导报》在组织文章辩论经济改革的争议问题方
面尤为活跃，读者群很广。然而，此类文章大部分是用中文写的，虽
然其中的一些被译成了英文以便让其他国家的读者阅读。最值得注意
的英文译文集是由中国经济体制改革研究所编辑、由 M.E.夏普出
版公司出版的《中国的改革：挑战与选择》（布鲁斯·L.雷诺兹写
了引言）。该公司还定期出版名为《中国经济研究》的专门刊登经济
论文译文的杂志。

最后，还有一类讨论中国经济的著作。这类著作主观上主要是写
给生意圈中的人看的，但其中亦有论述当前人们普遍感兴趣的经济问
题的文章。这类著作中较著名的有美中贸易委员会出版的《中国贸易
评论》和日本海外贸易组织出版的《中国通讯》。着重讨论贸易问题
的一本有用的论文集是尤金·K.劳森编的《美中贸易：问题
与前景》。

第七章　教育

　　本章是《剑桥中国史》第 14 卷第 4 章和第 9 章的续文。那两章中所述的资料和研究方法是笔者在此处提供资料和进一步评论的必不可少的背景材料。总的来讲，官方的中文报刊杂志仍是主要的资料来源，但某些变化值得注意。从 50 年代末开始，中国政府限制报纸在境外发行，使香港联合研究所剪报的用处减少了许多。不过，联合研究所的剪报一直保持到了 70 年代初。最后，当该研究所于 1983 年关闭时，始于 1950 年的剪报全部移交给了香港浸礼会学院图书馆。此外，红卫兵编印的大量非官方出版物记录了 1966—1968 年间发生的事件，并对"文革"前几年的事情做了重要的回顾。然而，当红卫兵"复课闹革命"后，他们的独立出版活动就停止了。"文化大革命"的 10 年（1966—1976 年）中，地方政府的报纸一直在出版，只是在 1967—1969 年动乱最严重的时期在各地曾有过简短的中断。

　　不过，这些出版物在境外的发行仍受到严格限制。所以，1969—1976 年间，外国人所能接触到的中国新闻媒体基本上限于"两报一刊"。这些都是由毛的中央政府控制的国家出版物，作为建立中央政府在红卫兵群众运动阶段结束以后谋求建立的新秩序的舆论工具，它们拥有绝对的权威性。《人民日报》、《解放军报》和《红旗》杂志，加上紧紧追随它们的《光明日报》和后来的《学习与批判》，是"教育革命"试验及 1968—1976 年间发生的事件的主要资料来源。偶尔也有地方出版的研究刊物被带出中国，例如广东师范学院出版的《教育革命》和上海师范大学出版的《教育实践》等。

　　这就是 60 年代末 70 年代初口述历史方法流行的客观环境。当时，学术界和其他行业对中国的兴趣都很高，在新闻媒体受到严格控制的情况下，采访离境的中国居民实际上是唯一可行的一种办法。在那些年中，这些采访活动主要由在香港的美国教授和研究生们主持，他们以成立于 1963 年的大学服务中心为主要研究基地，该中心是从中国大陆迁来香港的。正如在第 14 卷的书目说明中指出的，主要依据口述资料写成的关于教育的书的作者是斯坦利·罗森、苏珊·舍克和乔纳森·昂格尔。他们三人都是在大学服务中心开始博士论文的撰写工作的。

1976 年以后官方出版物的激增和向境外销售限制的放宽，在一定程度上弥补了前 10 年文件资料的匮乏。目前最值得人们注意的是香港的大学服务中心于 1987 年获得的大批省级报纸。1987 年后，该中心已不再是独立的研究机构，但它的图书馆坐落在香港中文大学，仍然是收藏中国国家级和省级报纸最全、查阅最方便的地方。实际上，各省从 1949 年一直到今天出版的报纸该图书馆都有。这些报纸收藏是研究"文化大革命"的 10 年的独一无二的资料来源，亦可替代大学服务中心收藏的早些年间的剪报，因为（据出版的索引介绍）那些剪报的来源——各省的报纸很不完备。此外，这些报纸收藏还优于中国本土的报纸收藏，原因有二：一是它们很容易借阅，二是中国的图书馆没有把如此大量的报纸收藏在一处供人使用。

1976 年之后，关于教育、青年和科学的官方和半官方的出版物也极为丰富。到 80 年代中期，花费笔墨集中讨论这些主题的报纸主要有：《光明日报》、《中国教育报》、《教育文摘》、《教师报》、《中国青年报》、《中国少年报》、《科技日报》、《科学文化报》、《两用人才报》（专登军队教育方面的消息）等。中国人民大学的报刊资料选编有一些与上述主题有关的系列专集，收录的与教育问题有关的文章虽然不很完备，但很有利用价值。

主要的刊物有：《人民教育》、《教育研究》、《高教战线》（80 年代中期改名为《中国高等教育》）、《高等教育研究》、《教育理论与实践》、《教育与职业》、《教学通讯》。各省市都有这些专业报刊的复印资料汇编本，其中的大部分都与教育有关。北京、上海和其他许多省市还出版自己的刊物，如《上海教育》、《山西教育》和《福建教育》等。这些省市级教育刊物在形式上都是相似的，刊登的主要是与教学有关的消息，面向的是教师。

另一个资料来源是绝大多数高等院校出版的学报。这些刊物所登的学术论文的面非常之广，主要讨论教育问题的是师范院校出版的刊物，如《北京师范大学学报》、《华东师范大学学报》、《华南师范大学学报》、《华中师范大学学报》和《东北师范大学学报》等。

具有讽刺意味的是，在中国的出版物数量大增的同时，各个翻译机构译出的成果却日趋减少。各个方面的主题（特别是与教育有关的主题）的译文数量都减少了。美国政府主要的翻译材料（报刊概览、报刊摘要、《当代背景材料》和附录）都于1977年并入了外国广播信息处的《中国动态》中。这份刊物简要摘发每天的重大新闻。据美国驻香港领事馆人员讲，决定合并的原因是（决定是他们于1976年做出的），当时把持中国官方新闻媒介的"两报一刊"使大规模的翻译活动成了多余之事。但是，由于美国政府的中国问题专家在预料事情的发展方向一事上发生了一系列历史性的失误，这个决定今天看来是个错误。合并计划刚执行完毕，中国的出版物就如雨后春笋般大批出现了。这就需要对越来越多的资料进行整理。这种需要于1979年导致原来的美国联合出版物研究署变成了出版系列专业丛刊的机构。1979—1987年间，联合出版物研究署和外国广播信息处联合出版的《中国报告：政治、社会和军事事务》中译载了关于教育和青年问题的文章。80年代中期，联合出版物研究署各类丛刊进一步专业化。以1987年为例，有三种丛刊译载有关教育问题的文章，它们是：《中国地区报告》、《中国——红旗》和《中国——国务院简报》。科技文章的译文由一份专门的丛刊发表。然而，遗憾的是，1977—1979年间，这些丛刊对教育问题的兴趣虽然极高（当时毛主义的实验正在被推翻），但当教育制度恢复到"文化大革命"以前的状态后，讨论教育问题的译文的比例很快就大幅度下降了。结果，大约从1980年开始，想要单纯依靠英文译文对教育战线的发展做一个概括的了解都成为不可能的事了。对不懂汉语的人来说，《中国教育译丛》是一份很好的杂志。1977年前，它由国际艺术和科学出版社出版，1977年后由M.E.夏普出版公司出版。这份杂志一年出四期，译文的面虽然不宽，但都非常好。

除了某些专业领域之外，中国方面可能仍对中国国内和世界各地政治模式和公众情绪的变化特别敏感（包括中国的和外部世界的）。

特别是，外国研究者感到惊讶的、能提示当代中国的情况的变化，就是那里发生的政治事件的反映，其结果与对中国人自己一样令人感到冷讽挖苦。所以，尽管自 1976 年以来我们通过亲身体验和出版物对中国的了解有了大幅度增加，但目前有兴趣的英文读者所能看到的资料却没有相应的增加。不过，这类英文资料也许足够了，因为有兴趣的读者群本身已经减小了。中国先是作为敌人，后来又作为新朋友，曾引起人们的强烈关注，这种关注以各种形式持续了 30 年。但到了 1980 年，原来的倾向性已经过时，后来的新鲜感已开始消逝。1976 年后重新推行开放政策的中国自认是一个贫穷落后、寻求西方援助、谋求让西方社会接受的国家。就引起人们的好奇这一点而言，作为友好亲善的第三世界国家的中国与 70 年代初期使得观察家们以同情的心态观察其革命实验的中国是完全不同的。

就同要在该领域吸引公众更大的兴趣一样，学术研究为得到鼓舞也花费了许许多多的精力。1945 年以后的冷战造成了这样的心态：开始是竭力证明中国是亚洲的头号共产党敌国，后来则竭力证明中国不是头号敌国。到 1980 年，这两种任务都成为过去，没有与之相比的新任务出现。这些变化和另一些事情促成了 40 年代末以来知识界对中国问题的研究出现史无前例的沉寂状态。学者们争相寻找采访对象，了解某项政策在某市或某村的实施情况及发现一些新文件即可引起轰动的日子突然间一去不复返了。另外也不仅仅是获得的"内部"文件太多和潜在的情报提供者的人数太多以至于败坏了胃口的问题。人们对许多论题的研究和探索仍很不充分，尽管可供研究的资料比以前多得多。

对中国教育的研究仍然是所有这些研究政治和各代人的倾向的中心。50 年代的研究中，知识分子的思想改造是主要的课题。"文化大革命"开始以后，与教育社会学和教育发展有关的课题很快成了人们注意的中心。此后，这些课题一直引人注目，因为毛的"教育革命"深深触动了世界各地那些极想知道中国的实验能否大规模推广以及会留下什么样的教训的人的神经。然而，当毛以后的中国政府无条件地自动放弃那些实验时，早先为革命运动说好话的那些富有同情心的记者的声誉受到了损害。所以，学者们和公众对教育问题的关心程度大为减轻。毛的继任者是否能长期把教育从中国国内对公共政策的争论中摆脱出来，还有待于进一步观察。但是，目前的事态发展有效地抑制了外国人对中国教育经验的广泛兴趣。当然，每个人都知道中国历朝历代和历届中国政府都通过夸大本朝的成就和诋毁前朝的政绩来强调自身的合法性。但到80年代末，人们普遍缺乏兴趣和好奇心去证实新政府就与教育有关的问题和其他许多问题而对本届政府和以前的毛主义者的政府发表的声明。结果，中文资料查阅环境的改善所造成的综合运用文件和实地调查资料进行研究的机会在许多领域里都提供了便利条件。

最后，除上面已提到者以外，还有一个因素是造成对中国教育研究的落后现状的重要原因。这与中国大批知识分子得到"解放"有关，他们以前被当做革命事实上的或潜在的敌人而处在受怀疑的地位。他们被"解放"后还出现在国际学术界，作为各国学者的朋友和同事对中国教育作权威性的演讲。但是在这互相影响的过程中，外国研究人员越来越难以区分这些中国知识分子所扮演的各种角色了，他们关于"文化大革命"以及专门的教育问题的观点和著述与毛以后中国政府的倾向性完全一致，使人难以分清他们是学术研究人员还是中国政治圈子中的人物。把教育置于中国的传统环境来观察，人们也许会认为，知识分子官僚化的体制的建立是为了帮助新政府重写历史。把教育置于1949年以来的历史环境来观察，人们也许会认为，被平反的知识分子阶层是革命的受害者，就承担的义务和自身利益而言，他们又是"文化大革命"以后的新秩序的忠实同盟者。也许，还需好多年才会使每个人从1949—1979年动乱的阴影中摆脱出来，只有到那时，中外学术界才可能重新获得培养研究教育问题的新一代学者的必要的见识和动力。

第八章 文艺创作与政治

描述"文化大革命"时期知识分子的生活（特别是文学家和艺术

家的命运）的资料可分下述四类：（1）中国出版的汉文资料；（2）国外出版的汉文资料；（3）中国出版的英文资料；（4）国外出版的英文和其他语种的资料。

1. 第一类除小说、诗歌、杂文、戏曲剧本和评论之外，还包括官方和非官方的报纸。《人民日报》和《红旗》杂志刊登显示文化界动态的重要官方文件；红卫兵自编自印的小报的主要消息来源是谣言，不可尽信，只能使人们对"革命气氛"产生深刻的印象。"文化大革命"期间，中国学术刊物的数量大幅度减少，70年代才逐渐恢复出版。

2. 在"文化大革命"进行过程中，台湾和香港出版的汉文资料很有价值。开始时，这些资料的出版是为了参加"两条路线斗争"。例如，1967年6月香港自联出版社出版了一本红皮小册子——《刘少奇语录》，与《毛泽东主席语录》唱对台戏。然而，严肃可靠的研究著作是赵聪的《中国大陆的戏剧改革》（香港中文大学出版）。

3. 中国出版的英文资料的长处在于它刊登重要文件和报告的官方译本。"文化大革命"早期的一份著名刊物是《有关中国无产阶级"文化大革命"的重要文件汇编》。"文化大革命"期间一直出版的《中国文学》（只在1967年有过短暂中断），是对我们的论题极为重要的一份刊物。毛泽东逝世之后作家和艺术家得到平反的情况，不但见于中文报刊，而且常出现于英文版的《中国文学》上。

4. 除香港的联合研究所出版的英语刊物和台湾出版的《问题与研究》（只偶然涉及文学、艺术和知识分子的生活）之外，欧洲和美国还出版了大量的文章和书籍。不过，对目击者的报告和专家学者的分析应加以区别。

有些目击记是欧洲人写的，出版很快；有些是中国人写的，主要是80年代出版的。俄国社会学家阿列可谢·泽罗克霍夫契夫写的报告是1968年在《新世界》月刊上出版的，该书的德文译本名为《中国"文化大革命"探微》。在德文中，作者的名字被拼为A. N. Schelochowzew。和这个阶段苏联的其他出版物一样，本书的调子很不友好，充满攻击之词，但它对"文化大革命"初期的描述是准确且相当可靠的。V. A. 基维佐夫、S. D. 马尔可夫和 V. F. 索罗金合编的《文化在中华人民共和国的命运（1949—1979)》一书也充满着攻击之词。泽罗克霍夫契夫和马尔可夫还出版了更多关于"文化大革命"时期中国文学的著述。荷兰外交官 D. W. 福克玛的《来自北京的报告》是根据亲身经历集中描述意识形态和知识分子问题的一本书。法国外交官让·埃曼写了《中国的"文化大革命"》一书。梁恒和朱迪思·夏皮罗合写的《"文革"之子》一书，根据亲眼所见的事实描述了一位 12 岁即成为红卫兵的中国青年的兴衰荣辱，是一本很有价值的书。现为北京大学中国文学教授的乐黛云向卡罗林·韦克曼讲述了自己遭受迫害和侥幸生存下来的经历，后者据此写成了《走进暴风雨》。

在学术研究著作中，默尔·戈德曼的《中国的知识分子》一书很出色，它对 1960—1980 年间的政治史和知识分子史作了全面且可靠的概括性论述。在这本书之前还有许多著作，如理查德·H. 所罗门：《毛的革命和中国的政治文化》；托马斯·W. 鲁宾逊编：《中国的"文化大革命"》。罗克珊·威特克的《江青同志》是一本独一无二的资料，它主要是依据江青对作者的讲述写成的。

论述文学和艺术的著作较少。黄胄的《共产党中国的英雄和坏蛋：从当代中国小说看现实生活》一书涉及了"文化大革命"的初期阶段。许芥煜的《中国文坛》既有分析研究，又有访谈记录。毛泽东逝世以后，特别是西方社会学家注意到"伤痕文学"现象以后，出现了论述这一文学现象的著述，此处只能提到其中的一部分，如戴卫·S. G. 古德曼：《北京街头的呼声》；霍华德·戈德布拉特编：《80 年代的中国文学》；沃尔夫冈·库宾和鲁道夫·G. 瓦格纳编：《中国现代文学和文学批评文集：1978 年柏林会议论文集》；鲁道夫·G. 瓦格纳编：《中华人民共和国的文学和政治》；杰弗里·C. 金克利编：《毛以后的中国文学和社会（1978—1981)》；迈克尔·S. 杜克：《繁荣与争论：毛以后时代的中国文学》。

第九章　共产主义统治下的农村

1949 年以前，世界上一些最出色的农村社会学和人类学研究是在中国进行的，其中一部分是由西德尼·甘布尔、莫顿·弗里德等西方人搞的，而大部分是由费孝通、林耀华和杨庆堃这些才华横溢的中国社会科学家搞的。这些学者的著作，著名的有西德尼·甘布尔的《定县：中国北方的一个农村社会》；莫顿·弗里德的《中国社会的组织》；费孝通的《中国农民的生活》；林耀华的《金翅》。这些著作对了解共产党夺取政权前 10 年中国农村生活的经纬，提供了厚实的基础。

但是，中华人民共和国建立后不久，新政权压制了社会学和人类学的研究，其理由是它们传播资产阶级的理论。除此而外，对像费孝通这样的极出色的学者也进行了悲剧性的迫害；压制社会科学的研究也极大地损害了国际间的了解。关于中国广大农民的经历的完整材料，外国人简直一点也得不到。

中国各地出版了大量的各种各样的地方志，经常以丰富的、引人入胜的章节来描述一个村庄、公社或县。可是，这些文献通常发行量非常有限，在中国境外是见不到的。在其他国家可以买到的中文文献，或者是在外国的图书馆里可以借到的中文文献，主要是有关农村的土改、合作化、"大跃进"、社会主义教育运动和"文化大革命"等事件的，是用一成不变的言辞对其进行赞扬的。它们被现实的政治路线所渲染，以至于没有多少普通农民对这些事件的真实想法的第一手可靠资料。例如，60 年代和 70 年代期间，大量的报刊文章和书籍赞美山西省的一个生产大队——大寨，这个生产大队被认为是经济上丰产且具有革命精神的样板。这类著作中一本用英文写的优秀代表作，名为《大寨：中国农业的旗手》。但是，到了 70 年代末，邓小平及其伙伴们推翻了毛主义者以后，官方出版物宣称大寨的成功是虚构的，把大寨的英雄式的领袖陈永贵贬称为骗子。

通过对一份《连江文件》的研讨，可以得到其使用的丰富的、直言不讳的资料的线索。该文件是一份有关福建省在'大跃进'以后的问题的地方报告，被台湾的文化特务搞到了，这类文献通常对外国人是保密的。这些文献现在已经被译在 C.S. 陈编写的《连江县的农村人民公社》一书中。

然而，在这期间，即20世纪50年代、60年代和70年代的大部分时间里，中国出版的，而且能在西方找到的中文报纸、书籍、期刊，还是提供了大量线索，说明中国农村正在干什么。从50年代中期到70年代中期，在西方的中国专家做了大量的工作来筛选和解释这些线索。采用这种方法整理出来的关于农村生活的报告，最成功的是弗朗兹·舒尔曼：《共产党中国的意识形态和组织》；埃兹拉·沃格尔：《共产主义统治下的广州》；理查德·鲍姆：《革命的序幕》；维维恩·舒：《过渡中的农民的中国》；杨庆堃：《共产主义革命中的中国家庭》、《一个共产主义过渡初期的中国乡村》。杨的两本著作把共产党执政前夕在广东一个村庄进行的人类学分析和对50年代发表的关于农村生活的谨慎分析结合在了一起。

从60年代中期到70年代中期，采访了从中国去香港的移民。移民的谈话越来越多地补充了从中国官方出版物中获得的线索。然而，使用这种方法去认识中国农村生活的演变过程固然不错，但有一个问题：大部分移民是来自中国的城市，而不是来自农村。因此，当西方学者写到农村生活时，他们使用的资料充其量不过是二手资料，是那些市民（通常是来自广东地区）凭记忆叙述的农村生活。这些人在农村只度过一段时间（常常是不自愿地被下放到农村去的）。在60年代中期到60年代末，有许多主要是依靠这些采访材料写成的著作，约翰·C.佩尔泽尔的"中国'大跃进'后一个生产大队的经济管理"（载 W.E. 威尔莫特编的《中国社会的经济组织》）则是这类著作的佼佼者。到70年代初跑到香港来的人多了，这些人都在农村呆了很长时间。探寻这些人的住址和采访他们的方法都精细了，因而获得了一些极有参考价值的材料。威廉·L.帕里什及马丁·金·怀特的《现代中国的农村和家庭生活》，使用了量多质优的社会学分析，描绘了一幅广东省农村地区社会连续性和变迁的复杂图画。安尼塔·詹、理查德·马德森和乔纳森·昂格尔的《陈村》以及理查德·马德森的

《一个中国农村里的伦理和权力》，使用了来自广东同一个村子里的移民们的叙述，从而构成了一份那个村自 1950—1980 年的上下连贯的社会历史。

此外，有些外国人由于有特殊关系访问了中国农村，目睹了农村的生活情况。他们的丛书又补充了那些从外部了解中国的专业社会科学家的研究工作。其材料经常缺乏科学的分析，加之他们信仰中国革命而担负的政治义务，材料就蒙上了浓厚的色彩。不过，其中最好的著作也生动、详细、真实地叙述了农村的生活，甚至这些叙述并不符合作者对社会主义的期望。而这类著作中最出色的是威廉·欣顿的《翻身》和《身翻》——山西省"长弓村"盛衰兴败目击记。这类书的其他著作还有：杰克·陈的《福星高照的一年》；伊莎贝尔和戴维·克鲁克的《一个中国乡村的群众运动》，以及简·迈尔达尔采访柳林农民的录音——《来自一个中国村庄的报告》；简·迈尔达尔和冈·凯斯勒的《中国：革命在继续》；简·迈尔达尔的《重返一个中国村庄》。

到了 1978 年，中国小心翼翼地开始允许专业社会科学家到农村去进行科研工作。他们去了以后的第一批成果是史蒂文·莫舍的《破碎的大地：农村的中国人》，这是史蒂文在广东一个村庄里呆了一年的研究成果，但是却引来了非议，因为中国人指责作者使用了不道德的研究方法。戴维·茨威格的《中国农村的激进主义（1968—1981）》，是在南京附近进行实地调查的基础上写成的。爱德华·弗里德曼、保罗·G. 皮科韦兹及马克·塞尔登的《中国的村庄，社会主义国家》是在河北省研究了八年的基础上写成的。在离他不远的地方，西德尼·甘布尔也在为其《定县》而进行实地考察。《华南的代理人和受害者：农村革命的帮凶》一书，则是海伦·绥在广东进行研究之后写成的。

对系统了解中华人民共和国农村生活更具长远重要意义的是，80年代社会学作为合法的学科再次在中国学术生活中出现，速度虽然慢些，但很稳健。费孝通再次披挂上阵，重新去开弦弓农村进行调查研究。这里是他 1939 年出版的经典名著《中国农民的生活》的基础。

一系列文章已源源不断地刊登在《社会》等杂志刊物上，这些皆是费孝通和其他中国农村社会学学者研究的成果。费孝通新的研究成果有些已译成英文，刊登在费孝通的《中国农村特写》一书中。

关于中国人口统计学及农村经济的大量统计数字将会涌出，社会学家和研究中国农村的其他学者将受益匪浅。直到 80 年代初，根本找不到准确、详细的人口和经济统计数字。在此以前发表了经过编纂的统计数字，不过这些数字皆属于"社会科学小说"特征的一类。国家统计局发表的有关中华人民共和国头十年的统计数字，《伟大的十年》便是一例〔译本 1974 年由华盛顿州立大学（东亚研究项目）发表〕。就像处理科学小说一样，真正的事实可能埋藏在想象的叙述中，需花大力气才能把有用的事实挖掘出来。

由于中国在 80 年代推行改革政策和对西方开放，搜集统计数字和公开发表许多统计汇编的工作也专业化了。1982 年使用最现代化的技术，进行了全国范围的人口统计。人口调查取得了丰富的资料，对研究农村人口发展趋势的学者非常有用。人口调查的资料译成英文发表在《1982 年中国人口普查》和《新中国的人口》上。中国社会科学院人口研究中心每年发表"中国人口年鉴"。

1981 年中华人民共和国国务院经济研究中心和国家统计局发表了由薛暮桥主编的《中国经济年鉴》（附 1949—1980 年经济统计数字）。此后每年由中国统计资料及咨询服务中心发表一本《中国统计年鉴》。自 1981 年起还发表了《中国经济年鉴》。绝大多数省份也发表各自的经济年鉴，西方主要研究中心的图书馆都有这些材料。

第十章　人民共和国的城市生活

自 1949 年以来，用中文写的有关城市社会组织和生活方式的一般作品实为凤毛麟角。不过，有两份主要的中国城市规划的刊物《建筑学报》和《城市建设》刊登关于城市政策和城市某特定地区进行改造的文章，能提供不少信息。此外，有关官方城市政策和计划的作品、文章也很多。参见赖志衍编的《接管城市的工作经验》；刘少奇等的《新民主主义的城市政策》；卢蕻的《论城乡合作》、《论城市关系》、《祖国新型城市》；武汉市城市规划设计院的《城市规划参考图例》。还有几本有关几个特殊城市变迁的著作。参见老舍：《我热爱新北京》和《肇家浜的变迁》（肇家浜是上海的一个贫民区）。自 1979年以来，几种新社会学杂志开始发表关于城市社会生活的带有资料的经验主义研究。可特别参见：《社会科学战线》、《社会》和《中国社会科学》。还有一本中国出版的英文版《中国社会科学》及一本西方翻译过去的刊物《中国的社会学和人类学》，不时地发表有关城市社会模式的有意思的文章。

西方学术界对 1949 年以前的中国城市组织和社会生活也有许多有益的研究，这些研究为了解 1949 年以后的变迁提供了重要的背景。其中特别重要的著作有：施坚雅编的《中华帝国晚期的城市》；马克·埃尔文和施坚雅编的《两个世界之间的中国城市》；威廉·罗的《汉口：一个中国城市的商业和社会（1796—1889）》、《汉口：一个中国城市的冲突和社团（1796—1895）》；西德尼·甘布尔的《北京：社会概览》；乔治·凯茨的《丰收的年岁》；奥尔加·兰的《中国的家庭和社会》；爱德华·李的《现代广州》；莫顿·弗里德的《中国社会的组织》；H.Y. 洛的《吴的历险记》；罗兹·墨菲的《上海：开启现代中国之门的钥匙》和艾达·普鲁伊特的《韩的女儿和尹老夫人》。

一些学者的研究兴趣集中在 1949 年以后个别城市的变迁。可特别参见埃兹拉·沃格尔的《共产主义统治下的广州》、林恩·T. 怀特第三的《在上海的经历》和肯尼思·利伯撒尔的《天津的革命与传统（1949—1952）》。也可参见克里斯托弗·豪编的资料丰富的会议文件集《上海：一个亚洲主要城市的革命和发展》。总的说来，有关1949 年以后中国城市组织结构变化的最出色的研究成果还是弗朗兹·舒尔曼的《共产党中国的意识形态和组织》（第 6 章）。约翰·刘易斯编的《共产党中国的城市》是一本非常有用的关于城市组织和发展趋势的会议文件汇编，一直收集到“文化大革命”。马丁·金·怀特和威廉·L. 帕里什的《当代中国的城市生活》一书，就中国城市是以什么方式组织起来的，以及中国城市的独特的社会生活类型问题，提供了一部社会学研究的概览，其重点集中在 70 年代。盖尔·亨德森和迈伦·S. 科恩的《中国的医院》一书，则呈现给读者一幅人种分布的肖像图和对武汉一所医院的社会生活模式的分析。

一些专题论文和论文集论述了 1949 年前后城市人口发展趋势、城市地理和城市规划等。参见吉尔伯特·罗兹曼的《满清和日本德川时期的城市网络》；C.K. 龙（音）和诺顿·金斯伯格编的《中国：城市化与国家的发展》；莫里斯·厄尔曼的《1953 年和 1958 年的大陆中国城市》；罗兹·墨菲的《正在消失的毛主义幻想》；劳伦斯·马和爱德华·汉顿编的《现代中国的城市发展》；埃德温·温克尔和珍妮特·卡迪编的《中国的城市规划》；以及理查德·柯克比的《中国的城市化》（也可参见施坚雅的《中华帝国晚期的城市》）。劳伦斯·马也提供了一份同一个主题的、非常有用的书目提要——《中华人民共和国的城市和城市规划》，并参见利奥·奥林斯关于中国官方城市人口统计混乱的讨论；美国国会联合经济委员会编的《四个现代化下的中国》第一卷中的"中国的城市人口：概念、密集和影响"和柯克比的《中国的城市化》。

一些刚刚引用的成果涉及限制人口增长的努力的效果，这个效果也是一些专题论文论证的中心。例如田心源的《中国的人口战》；托马斯·伯恩斯坦的《上山下乡》；以及朱迪斯·班尼斯特的"上海的死亡率、出生率及避孕措施"。有关城市就业问题的有查尔斯·霍夫曼的《中国的工人》；克里斯托弗·豪的《1949—1957 年中国城市的就业和经济增长》、《现代中国的工资类型和工资政策（1919—1972)》；托马斯·罗斯基的《中国的经济增长和就业》。有关城市的社会管理问题在下面这些文章中提到了：约翰·刘易斯主编的《共产党中国的城市》；艾米·威尔逊、西德尼·格林布拉特和理查德·威尔逊编的《中国社会的不正常现象和社会控制》；以及杰罗姆·艾伦·科恩的《中华人民共和国刑事诉讼程序入门（1949—1963)》（特别是第 2 章）。

还有许多以前曾经在中国不同的城市居住过的中国人和外国人，他们以第一人称的手法叙述的材料，给我们提供了他们当时生活情况的生动画面。材料特别丰富的是德克·博德的《北京日记：革命的一年》；伊曼纽尔·约翰·赫维的《在中国的一个非洲学生》；贝弗利·胡珀的《北京内幕》；米哈伊尔·克洛奇科的《在红色中国的苏联科学家》；拉尔夫和南希·拉普伍德的《中国革命纵览》；梁恒和朱迪思·夏皮罗的《"文革"之子》；斯文·林奎斯特的《危机中的中国》；鲁思·厄恩肖·洛和凯瑟琳·金德曼的《在外国人眼里》；罗伯特·罗的《逃出红色中国》；彼得·卢姆的《1950—1953 年的北京》；包柏漪的《第八个月亮》；威廉·休厄尔的《我在中国的日子》；董志平（音）和汉弗莱·埃文斯的《思想革命》；雪莉·伍德的《中国的一条街道》；埃斯特·周英（音）的《红色中国乡下的灰姑娘》；玛丽亚·严（音）的《宏大的园地》以及乐黛云和卡罗林·韦克曼的《走进暴风雨》。M. 伯纳德·弗罗利克的《毛的人民》一书中的一些描写和陈若曦的《尹县长的被处死》中的虚构故事，描述得同样栩栩如生。众多记者的报道对于评论中国城市在特定时代的环境同样有用，例如：理查德·伯恩斯坦的《从世界的中央寻求关于中国的真相》；福克斯·巴特菲尔德的《中国：在苦海中生存》；詹姆斯·卡梅伦的《红衣官员》；约翰·弗雷泽的《中国人》；罗伯特·吉莱恩的《六亿中国人》；弗兰克·莫里斯的《毛的中国的报告》；弗雷德里克·诺萨尔的《北京快讯》；鲁思·赛德尔的《丰盛之家》；威廉·史蒂文森的《黄风》和罗斯·特里尔的《铁树开花》。画册和导游书也对中国的首都有出色的描绘，例如：胡佳（音）的《北京今昔》；奈杰尔·卡梅伦和布赖恩·布雷克的《北京：三个城市的故事》；弗利克斯·格林的《北京》；藤彦太郎的《北京》和奥迪尔·凯尔的《北京》。

第十一章　共产主义统治下的文学

研究当代中国文学的主要资料是发表的书籍（小说、剧本、短篇小说集、论文、理论著作及诗刊）和文学杂志。最近几年，北京的人民文学出版社及其他出版社发行每个年度的获奖作品选集或者其他新的文学作品选集。在毛以后的时代，期刊如雨后春笋。早期创刊的杂志中,"文化大革命"期间停刊、现又复刊的有《人民文学》(刊载创作性作品)、《文艺报》(理论性探讨)、《文学评论》(发表评论文章),它们都倾向于代表自己既定的观点。在发表新作品方面更勇于冒险的是《收获》、《十月》、《当代》;特别是省级办的刊物,像广东的《广州文艺》和《书评》,湖北的《湖北文艺》、《长江文艺》,辽宁的《鸭绿江》,《安徽文学》和《上海文学》。有关剧本方面的专业杂志包括《剧本》、《戏剧报》和《上海戏剧》。电影方面的有《中国电影》。新诗的主要期刊是《诗刊》、《星星》和《诗探索》。《文艺学习》、《文艺研究》和《读书》刊载重要的评论文章。上海图书馆编辑的《全国报刊索引》是一份期刊索引,每月出版一期,包括文学杂志。上海的《文学报》则是一份时事通讯周刊。一些大陆的地下出版物自1980年开始被台湾翻印成丛书——《大陆地下刊物汇编》,由台北的中国共产主义问题研究所出版。

密切注视中国文学发展情况的香港刊物包括《九十年代》、《动向》和《明报月刊》。美国伊利诺伊大学中国研究中心出版了《现代中国文学通讯》。关于当代文学的论文时常出现在《亚洲研究》、《中国文学、论文、文章和评论》、《当代中国》和伦敦的《中国季刊》上。台湾的新作品主要发表在《纯文学》、《中外文学》、《现代文学》、《台湾文艺》和《幼狮文艺》等主要杂志上。

北京外文出版社出版了许多现代大陆作品的英译本。该社《中国文学》每月还刊载新的翻译作品。这本杂志的索引(包括1976年以前的)已分别由汉斯·J. 欣鲁普和唐纳德·吉布斯出版。由已故的许芥煜主编的两本重要的文集是《中华人民共和国文学》和《二十世纪中国诗歌选》。聂华苓两卷本的《百花文学》则是一部记述1956—1957年那个极重要年代的,集创作、评论和理论诸论题、作品为一书的很有益处的集子。霍华德·戈德布拉特主编的《80年代的中国文学》是一部关于"第四届作家和艺术家代表大会"的文件集。毛以后时代的创作成果被翻译并发表在迈克尔·S. 杜克编的《当代中国文学》上;李怡编的《新现实主义》;佩里·林克编的《玫瑰与刺》、《顽强的毒草》;斯蒂芬·C. 宋(音)和约翰·明福特主编的《高山上的树木》；以及海伦·F.绥（音）和泽尔达·斯特恩主编的《毛的收获》。齐邦媛出版了两卷本的《台湾当代中国文学选集（1949—1974)》，收集了各种文体的台湾文选，并将其翻译成英文。

蔡美西（音）的《当代中国小说和短篇小说（1949—1974）：书目提要》用途很广。包括更多的书目提要材料的书是文化部文学艺术研究会为 1979 年底召开的第四次代表大会准备的《六十年文艺大事记（1919—1979)》。陈若曦的"民主墙与地下刊物"则提供了一份 1978—1979 年间地下文学的细目。《中国当代作家小传》和香港出版的《中国文学家的昨天》则是两本有助于研究的传记辞典。

两部关于当代文学史的主要的新著，已由几个大学的学者组成的写作组编纂而成，由福建人民出版社（1980 年以后部分）和吉林人民出版社分别出版，书名为《中国当代文学史》。两卷本的《中国当代文学史初稿》已由北京的人民文学出版社于 1981 年出版。林曼叔等编的《中国当代文学史稿》的内容截止到 1956 年。在夏志清的《现代中国小说史》中，作者对大陆的一些主要作家没有表示同情。科林·麦克拉思的《现代中国戏剧》中的后几章，提供了自 1949 年以来这一时期的有价值的资料。而一本更早、更详细的研究成果是赵聪的《中国大陆的戏剧改革》。杰伊·莱德的《电影》一书主要讲的是 1949 年以后的电影。朱莉亚·林的《当代中国诗歌》是对大陆诗人的研究。

有关评论研究方面的重要著作是张钟主编的《当代文学概观》、《中国当代文学作品选讲》（1980 年整理收集），以及有关毛以后时代的新作家的《文学评论丛刊》第 10 集（《当代作家评论》专集）。夏志清在《新文学的传统》中对当代台湾作家提出了个人见解。何欣的《中国现代小说的趋兆》也包括了台湾小说。叶维廉编的《中国现代作家论》和尉天聪主编的《乡土文学讨论集》则是两本重要的评论论文集。

历次学术讨论会的内容已经汇编成评论性的论文集。较早的见西里尔·伯奇编的《中国共产主义文学》。较近年代的著作包括：沃尔夫冈·库宾和鲁道夫·G.瓦格纳编的《中国现代文学和文学批判文集：1978 年柏林会议论文集》；邦尼·麦克杜格尔编的《中华人民共和国的通俗文学和表演艺术（1949—1979）》，文章来自 1979 年在哈佛举行的会议，以及杰弗里·C. 金克利编的《毛以后：中国的文学和社会（1978—1981）》（是 1982 年在圣约翰大学举行的会议论文选）。1979 年在得克萨斯大学举行的关于台湾小说的会议论文收集在珍妮特·L. 福洛特编的《台湾的中国小说》中。

一些论文对 1949 年以来的大陆文学形式也进行了探讨。亚罗斯拉夫·普鲁赛克的《解放后的中国文学及其民间传统》是对早年使用民间形式创作的一种有益研究。D.W. 福克玛的《中国的文学教条与苏联的影响》和默尔·戈德曼的《共产党中国的持不同文艺见解者》两书都记载了 50 年代的主要争论。黄胄的《共产党中国的英雄和坏蛋》分析了主流小说的重要作品，而迈克尔·戈茨的"当代中国小说中的工人形象（1949—1964）"是一篇未发表的论文。迈克尔·S. 杜克的《繁荣与争论：毛以后时代的中国文学》则分析了最近的作品。关于作家个人的最出色的研究是梅仪慈的《丁玲的小说》。理论家姚文元（"四人帮"成员）则是拉斯·拉格瓦尔德的《作为文学评论家和理论家的姚文元》的主题。

第十二章　国民党统治下的台湾，
1949—1982 年

台湾作为 1885 年后中国的一个省的 10 年历史，在《剑桥中国史》（第 11 卷）中作了评鉴，对精力充沛的、主张现代化的巡抚刘铭传（1885—1891 年）领导下的台湾税制改革和西方化建设项目作了详细介绍。作者 K.C. 刘教授和 R.J. 史密斯教授引用了威廉·M. 斯派德尔、郭丁一（音）、伦纳德·H.D. 戈登和其他学者的研究成果。有关 1949 年以前的台湾历史的第二手英文资料是：詹姆斯·W. 戴维森的《福摩萨岛》；W.G. 戈达德的《福摩萨》；乔治·W. 巴克利的《殖民地的发展与台湾的人口》；以及乔治·H. 克尔的《福摩萨》；薛光前编的《现代台湾》涉及 1949 年以前的台湾历史。

谢觉民的《台湾—厄尔巴—福摩萨》（1964 年出版），虽然现在过时了，但仍不失为一本出色的地理学著作。

日本从 1895 年以后统治台湾达半个世纪之久，台湾 1945 年以来的历史当然受日本统治时期的影响很深。《剑桥中国史》没有涉及日本殖民主义统治下的台湾，这可以理解，但也令人遗憾。《剑桥中国史》没有一卷追溯 20 世纪初叶中国人在日本帝国范围内的生活经历。虽然近数十年来日本对其帝国的研究已拓宽了，使用了许多材料，问题也讨论了，但比较而言对这个问题的研究还不够。中国历史学家应该从中找到更多的机会进行深入的研究。

一位研究 1895—1945 年时期台湾的主要学者是拉蒙·迈尔斯，他写了不少关于台湾作为日本帝国的殖民地，以及台湾在日本人统治下的农业经济的文章。此后又由他和马克·R. 皮蒂编了一本专题论文集《日本殖民帝国（1895—1945）》，还有 14 位撰稿人参加编写，皆来源于 1979 年的一次研讨会。这本论文集主要讨论如何集中探讨日本的动机、管理、经济动力以及关于朝鲜和台湾的历史编纂工作，但是若干章节提供了不少资料，并引用了已发表的关于台湾历史几个特殊方面的材料。请参见陈青直（音）写的第五章（"帝国的警察和社会控制系统"）；陈以德写的第六章（"统一帝国的尝试"）；塞缪尔·何保山（音）写的第九章（"殖民主义与发展：韩国、台湾和广东"）；敏行沟口和有三山本写的第十章（"台湾和朝鲜资本的形成"）；以及拉蒙·H. 迈尔斯和山田三郎写的第十一章（"帝国的农业发展"）。一部开拓性的专著是帕特里夏·楚鲁米写的《日本在台湾的殖民教育（1895—1945）》。

收录了 636 条 1945—1979 年间出版的有关台湾内容的文献目录，请参见 1980 年第 3 期《台湾近代史研究》杂志。英文出版物请参见 J. 布鲁斯·雅各布斯、琼·哈格和安妮·塞奇利合编的《台湾：一本包罗万象的英文出版物文献目录》，布鲁斯·雅各布斯为其写了引言。

对 1949 年以来台湾发展的研究与对中华人民共和国发展的研究相比较，成果要少得多，虽然台湾大部分课题的研究资料更丰富，更容易得到。欧洲和日本学者很少有人对台湾产生兴趣，这个领域全由美国学者垄断了。而且,美国学者的成果高度集中在美国对华政策因美国与台湾的关系而造成的难题上。

研究台湾的作品题目,除美—台关系外,就是台湾的经济发展。由于经济建设上的成功,台湾被视为一个样板,为了可能将其经济政策应用到其他的发展中国家,人们对其进行研究。最近的一个例子是约瑟夫·A.亚格尔写的一份见识广博的研究报告《台湾的农业改造:农村建设联合委员会的经验》。1950—1979年间人类学家和社会学家不准进入中国大陆,他们只得去台湾作实地考察,并发表了许多著作。70年代台湾的诗歌、小说引起了比较文学学者越来越多的注意。比较而言,对台湾军事部门及政治演变的基础性研究,就几乎等于零了。另外一个被忽视的方面是自中华民国失去了在联合国的席位,并与大多数国家断交后台湾对外关系的情况。

研究台湾的重要原始资料来源,是台湾当局和省政府各机构发表的数量众多的出版物。最有用的刊物包括:《中国年鉴》(政府新闻署);《统计年鉴》(预算、会计、统计总署);以及《台湾统计资料册》(经济计划与发展委员会)。台北国民党总部也发表有关国民党的资料。报纸很多,特别是《中央日报》(国民党党报)、《中国时报》(私营)以及《联合报》。《中国时报》与《联合报》在美国有中文版。政治刊物如《时报周刊》、《八十年代》、《深耕》以及《黄河》等,刊载美国和中华人民共和国对当前政治形势的分析与看法。由于作者不得不回避敏感的问题,如蒋经国的接班人问题、对北京的政策问题,政治分析发表以后还必须采访台湾消息灵通人士加以补充。无以数计的经济、文学及其他专题的期刊,皆唾手可得。

美国对台政策方面的原始资料有《美国对外关系》丛书的中国卷(现已出到1957年)、《中国白皮书》(1949年,斯坦福大学1968年以上下两卷重新发表),以及每月一期的美国《国务院公报》。国会不时举行对华政策听证会,提供了很珍贵的材料,特别是参议院对外关系委员会和众议院对外事务委员会举行的听证会。可资使用的回忆录有:哈里·S.杜鲁门的《面临决策的一年》(1955年)、《考验与希望的岁月》(1956年);迪安·艾奇逊的《欣逢肇始》(1969年);德怀特·艾森豪威尔的《受命变革（1953—1956）》（1963 年）和《缔造和平（1956—1961）》（1965 年）；小阿瑟·M.施莱辛格的《一千天》（1965 年）；西奥多·索伦森的《肯尼迪》（1965 年）；以及罗杰·希尔斯曼的《推动一个国家》（1968 年）。《纽约时报》和《华盛顿邮报》是不可缺少的资料来源。华盛顿特区国会季刊公司出版的《中国与美国的远东政策（1945—1967）》（1967 年）和《中国与美国的外交政策》（1973 年）包括了美国对华、对台政策的总结，使用非常方便。

香港出版的《远东经济评论》和《亚洲华尔街杂志》周刊经常刊登有关台湾的文章。《远东经济评论年鉴》和《亚洲概览》每年 1 月份和 2 月份发表的年度调查文章，皆对台湾上一年的发展情况作一总结。《中国季刊》和《亚洲研究杂志》有时也刊载关于台湾的文章。

《人民日报》是中华人民共和国的对台政策和对美国的台湾政策发表看法的原始资料。最重要的社论和政府的政策声明用英文登在《北京周报》上。华盛顿特区外国广播信息处出版的《中国动态》则是最重要的英文资料，内有中国广播内容的译文。中国杂志如《世界知识》、《国际问题研究》等刊登关于台湾和美国对台政策的文章。北京办的香港报纸，如《大公报》和《文汇报》亦是如此。

全面探讨台湾经济、军事、政治和外交关系史的书几乎没有几本。最全面的要属拉尔夫·N.克拉夫的《岛国中国》（1978 年）。丘宏达编的《中国与台湾争端》（1973 年）以及《中国与台湾问题》（1979 年），包括了台湾早期历史、政治经济发展的章节，并汇集了很有价值的文件。以上这三本书都特别强调了美—台关系。詹姆斯·熊（音）等编的《台湾经验（1950—1980）》（1981 年）摘录了许多书和文章里的有关内容，涉及的面很广，包括文化价值、教育、社会状况、法律与正义，以及防务政策等问题。乔云万（音）编的《台湾的未来?》（1974 年）从各种不同的角度来观察台湾，而维克托·H.李编的《台湾的本来》（1980 年），包容了美国华人的一场辩论，对台湾与中华人民共和国未来的关系的看法五花八门。

关于美国对华政策中的美—台关系书籍，除了上面提到的以外还

有：福斯特·雷亚·杜勒斯的《美国对共产党中国的外交政策
(1949—1969)》；罗斯·Y. 凯恩的《美国政治中的院外援华集团》；
威廉·J. 巴恩兹编的《中国与美国：寻求新的关系》；鲍大可的《对
华政策：外汇决定》和《美国武器出售》；拉尔夫·N. 克拉夫、罗
伯特·P. 奥克斯南和威廉·瓦茨合著的《美国与中国》；杰罗姆·科
恩、爱德华·弗里德曼、哈罗德·欣顿和艾伦·S. 惠廷合著的《台
湾与美国的政策》；理查德·穆尔斯廷和莫顿·阿布拉莫维茨合著的
《重新制定对华政策》；前驻中华民国大使卡尔·L. 兰金的《在中国
任职》；邹谠的《金门纷争：毛、蒋和杜勒斯》；拉蒙·H. 迈尔斯主
编的《两个中国》；埃德温·K. 斯奈德、A. 詹姆斯·格雷戈尔及玛
丽亚·张霞（音）合著的《与台湾关系法和中华民国的防务》；罗伯
特·L. 唐恩的《重大的忧虑》；威廉·金特纳与约翰·F. 科帕合著
的《两个中国问题》。J.H. 卡利基的《中美危机的模式》剖析了
1954—1955 年和 1958 年在沿海岛屿的对抗。

　　对台湾经济发展的分析，请参见尼尔·H. 雅各比的《美国对台
湾的援助》；陈诚的《台湾的土地改革》；沃尔特·盖伦森编的《台湾
的经济增长与结构变化》；约翰·C.H. 费、古斯塔夫·兰尼斯和雪
莉·W.Y. 郭合著的《公平发展》；杨懋春的《台湾土地改革的社会
经济效益》；安东尼·Y.C. 顾（音）的《土改在经济发展中的作
用》；T.H. 沈（音）编的《农业在发展战略中的地位》；A. 詹姆
斯·格雷戈尔与玛丽亚·张霞、安德鲁·B. 齐默尔曼合著的《意识
形态与发展》；简·S. 普赖拜拉的《台湾的财富、发展、稳定与公正
的社会目标》；李国鼎的《台湾经济蓬勃发展的经验》；雪莉·W.Y.
郭的《过渡中的台湾经济》。同样有兴趣的是劳伦斯·J. 劳（音）编
的《发展模式》。

　　关于台湾政治发展的主要著作是：乔治·H. 克尔的《被出卖的
福摩萨》；彭明敏的《自由的体验》；道格拉斯·门德尔的《台湾民族
主义的政治》；马黄（音）的《台湾知识分子的骚动：要求实行政治
改革（1971—1973）》；阿瑟·J. 勒曼的《台湾的政治》；J. 布鲁
斯·雅各布斯的《在一个农村中国文化环境中的地方政治》。上面提到

的丘宏达编的两本书和薛光前的一部著作中也有台湾政治发展的章节。最新的一个研究成果是约翰·F.科帕与乔治·P.陈的《台湾的选举》(1984年)。亦请参见《中国季刊》第99期(1984年9月)的台湾专刊。

社会学和人类学的研究包括:埃米莉·马丁·艾亨和希尔·盖茨编的《台湾社会的人类学》;迈伦·L.科恩的《团结的屋子,分裂的屋子:台湾的中国家庭》;伯纳德·加林的《台湾的新星:一个变化中的中国村庄》;沃尔夫冈·L.格里奇丁的《1970年台湾的价值体系》;伯顿·帕斯特纳克的《两个中国村庄的亲戚关系和社会》;理查德·W.威尔逊的《学做中国人》;理查德·W.威尔逊和艾米·A.威尔逊、西德尼·L.格林布拉特编的《中国社会的价值变化》;诺马·戴蒙德的《昆沈:一个台湾村庄》;以及托马斯·B.戈尔德的最新成果《台湾奇迹中的国家与社会》。

有关蒋介石的传记,请参见董显光的《蒋介石》;布赖恩·克罗泽的《丢掉中国的人》。

关于军事能力,请参见斯图尔特·E.约翰逊、约瑟夫·A.亚格尔的《东北亚的军事平衡》和威廉·H.奥弗霍尔特的"东亚的核扩散"。

戴维·纳尔逊·罗的《非正式外交关系》是台湾被逐出联合国后唯一探讨台湾的国际关系的专著。丘宏达与冷少珅合编的《中国:1911年辛亥革命后的七十年》里有一章探讨从1949年到1981年台湾的国际关系。

台湾的主要文学作品是:齐邦媛等编的《当代中国文学选集:台湾(1949—1974)》(第一卷:诗歌和随笔;第二卷:短篇小说);维维安·苏林(音)编的《同根生:现代中国妇女故事》;黄春明(音)(译名为霍华德·戈德布拉特)的《一个堕落的坏女人及其他故事》;约瑟夫·S.M.劳和蒂莫西·A.罗斯编的《台湾的中国小说(1960—1970)》;珍妮特·L.福洛特编的《台湾的中国小说》,包括对台湾主要作家的评价和台湾小说的趋向。也可参见西里尔·伯奇在本书第11章中对台湾新小说和新诗的讨论。

参 考 书 目

〔1〕Acheson, Dean. Present at the creation: my years in the State Department. New York: Norton, 1987〔1969〕.

迪安·艾奇逊:《欣逢肇始:我在国务院的岁月》

〔2〕Adie, W. A. C. "Chou En-lai on safari." CQ, 18 (April-June 1964), 174—194.

W. A. C. 艾迪:"周恩来在出访中"

〔3〕Adie, W. A. C. "China and the war in Vietnam." Mizan, 8. 6 (November-December 1966), 233—241.

W. A. C. 艾迪:"中国与越南的战争"

〔4〕Agence France Pressc. Press service. Paris.

法新社

〔5〕Ahern, Emily Martin, and Gates, Hill, eds. The anthropology of Taiwanese society. Stanford, Calif.: Stanford University Press, 1981.

埃米利·马丁·艾亨、希尔·盖茨编:《台湾社会的人类学》

〔6〕Ahn, Byung-joon. Chinese Politics and the Cultural Revolution: dynamics of PolicyProcesses. Seattle: Universlty of Washington Press: 1976.

安炳炯(音):《中国的政治和文化大革命:政策进程的动力》

〔7〕Ahn, Byung-joon, "The Cultural Revolution and China's search for political order." CQ, 58 (April-June 1974), 249—285.

安炳炯:"文化大革命和中国对政治秩序的寻求"

〔8〕Ahn, Byung-joon. "The political economy of the People's Commune in China changes and continuities," JAS, 34. 3 (May 1975), 631—658.

安炳炯:"中国的人民公社的政治经济:变化与连续性"

〔9〕Ai Ch'ing. "Liao-chieh tso-chia, tsun-chung tso-ehia" (Undertstand writers, respect writers). CFJP, 11 March 1942.

938

艾青:"了解作家,尊重作家"

[10] Albinski,Henry S. "Chinese and Soviet policies in the Vietnam crisis."*Australian Quarterly*,40. 1(March 1968),65－74.

亨利・S.阿尔宾斯基:《越南危机中中国和苏联的政策》

[11] Ambroz,Oton. *Realignment of World power:the Russo－Chinese schism under the impact of Mao Tse-tung's last revoiution.* 2 vols. New York: Spelcer,1972.

奥顿・安布罗兹:《世界权力的改组》

[12] American Association for the Advancement of Science. *See* Gould,Sidney H. *American Political Science Review.* Quarterly. Washington,D. C. :American Political Science Association,1906－.

美国科学促进会。参见西德尼・H.古尔德《美国政治学评论》

[13] *An-hui wen-hsueh*(Anhwei literature). Monthly. Hofei:1979－.

《安徽文学》

[14] An Tai-sung. *The Sino-Soviet territorial dispute.* Philadelphia:Westminster Press,1973.

安泰顺(音):《中苏领土争端》

[15] An Tai-Sung, "The Sino-Soviet dispute and Vietnam."*Orbis*,9. 2(Summer 1965),426－436.

安泰顺:《中苏争端与越南》

[16] Ando Hikotar. *Peking*,Tokyo:Kodansha International,1986.

安藤彦太郎:《北京》

[17] Ashbrook,Arthur G. ,Jr. "China:economic modernization and long-term performance",in U. S. Congress[97th],Joint Economic Committee,*China under the Four Modernizations*,1. 99－118.

小阿瑟・G. 阿什布鲁克:"中国:经济现代化和长期成绩"

[18] *Asia Quarterly:Journal from Europe.* Quarterly. Bruxelles:Centre d'etude du Sud-Est asiatique et de l'Extrême-Orient,Institut de Sociologie,Université libre de Bruxelles, 1970 －. *Supersedes Revue du Sud-Est asiatigue et de l'Extreme Orient.*

《亚洲季刊》

[19] *Asian Survey:a monthly review of contemporary Asian affairs.* Monthly.

Berkeley：Institute of East Asian Studies，university of California Press，1916—.

·《亚洲概览》

[20] *Asian Wall Street Journal*. Weekly. [Hong Kong]：Dow Jones，April 30，1979—.

《亚洲华尔街杂志》

[21] Aspaturian，Vernon D. "The USSR，the USA and China in the Seventies." *Survey*，19. 2(87)(Spring 1973)，103—122.

弗农·D. 阿斯帕图里安："70 年代的苏联、美国和中国"

[22] *Atlas*. See *World Press Review*.

[23] *Atlas World Press Review*. See *World Press Review*.

[24] *Australian Journal of Chinese Affairs*，The，Semi-annual. Canberra：Contemporary China Centre，Australian National University，1979—.

《澳大利亚中国事务杂志》

[25] *Australian Quarterly*. Quarterly. Sydney：Australian Institute of Political Science，1929—.

《澳大利亚季刊》

[26] *Aviation Week & Space Technology*. Weekly. New York：McGraw-Hill，1916—.

《航空和空间技术周刊》

[27] Badgley，John H. "Burma and China：policy of a small neighbor"，in A. M. Halpern，ed. ，*Policies toward China*，303—328.

约翰·H. 巴利奇："缅甸与中国"

[28] Bady，Paul. "Death and the novel：on Lao She's 'suicide'". *Renditions*，10 (Autumn 1978)，5—14.

保罗·巴迪："死亡和小说：谈老舍的自杀"

[29] Balassa，Bela，and Williamson，John. *Adjusting to success：balance of payments policies in the East Asian NICs*. Washington，D. C. ：Institute for International Economics，1987.

贝拉·巴拉萨、约翰·威廉森：《为成功而调整》

[30] Ballantine，Joseph W[illiam]. *Formosa：a Problem for United States foreign policy*. Washington，D. C. ：The Brookings Institution，1952.

约瑟夫·巴兰坦:《福摩萨:美国外交政策的一个问题》

[31] Banister,Judith,"Mortality,fertilty,and contraceptive use in Shanghai."CQ, 70(June 1977),254—295.

朱迪思·班尼斯特:"上海的人口死亡率、出生率和避孕措施"

[32] Barber, Noel. *The fall of Shanghai.* New York: Coward, McCann & Geoghegan,1979.

诺埃尔·巴伯:《上海的陷落》

[33] Barclay,George W. *Colonial development and population in Taiwan*,Port Washington. N. Y.:Kennikat Press,1972;Princeton,N. J.:Princeton University Press,1954.

乔治·W. 巴克利:《殖民地的发展与台湾的人口》

[34] Barnds,William J. ,ed. *The two Koreas in East Asian affairs.* New York:University Press,1976.

威廉·J. 巴恩兹:《东亚事务中的两个朝鲜》

[35] Barnds,William J. ,ed,*China and America:the search for a new relationship.* New York:New York University Press,1977.

威廉·J. 巴恩兹:《中国与美国:寻求一种新的关系》

[36] Barnes,A. C. *See* Kuo Mo-jo.

[37] Barnett,A. Doak. *China on the eve of Communist takeover.* New York: Praeger,1963.

鲍大可:《共产党接管前夕的中国》

[38]Barnett,A. Doak. *China Policy:old problems and new challenges.* Washington,D. C.:The Brookings Institution,1977.

鲍大可:《中国的政策:老问题和新挑战》

[39] Barnett,A. Doak. *China and the major Powers in East Asia.* Washington,D. C.:The Brookings Institution,1977.

鲍大可:《中国与东亚的大国》

[40] Barnett,A. Doak. *The FX decision:"another crucial moment" in U. S. -China-Taiwan relations.* Washington,D. C.:The Brookings Institution, 1981.

鲍大可:《外汇决定》

[41] Barnett,A. Doak. *China's economy in global perspective.* Washington,D. C.: The Brookings Institution,1981.

鲍大可:《从全球角度看中国经济》

[42] Barnett, A. Doak. U. S. *arms sales*; *the China-Taiwan tangle*. Washington, D. C. : The Brookings Institution, 1982.

鲍大可:《美国的武器出售》

[43] Barnett, A. Doak. *The making of foreign policy in China — structure and process*. Boulder, Colo: Westview Press, 1985.

鲍大可:《中国外交政策的制定》

[44] Barnett, A. Doak, ed, *Chinese Communist politics in action*. Seattle: University of Washington Press, 1969.

鲍大可编:《中国共产党的现行政治》

[45] Barnett, A, Doak, and Clough, Ralph N. , eds, *Modernizing China*: *post-Mao reform and development*. Boulder, Colo. : Westview Press, 1986.

鲍大可、拉尔夫·N. 克拉夫编:《现代化进程中的中国》

[46] Barnett, A. Doak, with Ezra Vogel. *Cadres, bureaucracy, and political power in Communist China*. New York: Columbia University Press, 1967.

鲍大可、埃兹拉·沃格尔:《共产党中国的干部、官僚政治和政权》

[47] Bastid, Marianne. "Levels of economic decision-making", in Stuart R. Schram, ed. , *Authority, participation and cultural change in China*, 159—197.

玛丽安·巴斯蒂:"经济决策的级别"

[48] Bastid, Marianne, "Economic necessity and political ideals in educational reform during the Cultural Revolution. "*CQ*, 42(April-June 1970), 16—45.

玛丽安·巴斯蒂:"'文化大革命'期间教育改革中的经济需要和政治理想"

[49] Baum, Richard. *Prelude to revolution*: *Mao, the Party, and the peasant qestion*, 1962—1966. New York: Columbia University Press, 1975.

理查德·鲍姆:《革命的序幕:毛、党和农民问题(1962—1966)》

[50] Baum, Richard, ed. , *China's four modernizations*: *the new technological revolution*. Boulder, Colo. : Westview Press, 1980.

理查德·鲍姆编:《中国的四个现代化》

[51] Baum, Richard. "The Cultural Revolution in the countryside: anatomy of a limited rebellion", in Thomas W. Robinson, ed. , *The Cultural Revolution in China*, 367—476.

理查德·鲍姆:"农村的'文化大革命':剖析一种有限造反"

[52] Baum, Ricbard. "Elite behavior under conditions of stress: the lesson of the 'Tang-ch'üan p'ai' in the Cultural Revolution", in Robert A. Scalapino, ed., *Elites in the People's Republic of China*, 540—574.

理查德·鲍姆:"困难情况下的精英行为:'文化大革命'中'当权派'的教训"

[53] Baum, Richard, "China: year of the mangoes." *Asian Survey*, 9. 1 (January 1969), 1—17.

理查德·鲍姆:"中国:醋泡黄瓜的年代"

[54] Baum, Richard, ed., with Louise B. Bennet, *China in ferment: perspectives on the Cultural Revolution*. Englewood Cliffs. N. J.: Prentice-Hall, 1971.

理查德·鲍姆和路易斯·B. 贝内特编:《中国在骚动:"文化大革命"透视》

[55] Baum, Richard, and Teiwes, Frederick C. *Ssu-ch'ing: the Socialist Education Movement of 1962—1966*. Berkeley: Center for Chinese Studies, University of California, 1968.

理查德·鲍姆、弗雷德里克·C. 泰维斯:《四清:1962—1966 年的社会主义教育运动》

[56] BBC. *See* British Broadcasting Corporation.

[57] Bedeski, Robert E. *The fragile entente: the* 1978 *Japan-China peace treaty in a global context*. Boulder, Colo. : Westview Press, 1983.

罗伯特·E. 比德斯基:《脆弱的协定》

[58] Bei Dao. *See* McDougall, Bonnie S.

[59] *Beijing Review*. See *Peking Review*.

《北京周报》

[60] Bell, Carol. "Korea and the balance of power." *Political Quarterly*, 25. 1 (January-March and April-June, 1976).

卡罗尔·贝尔:"朝鲜与均势"

[61] Bennett, Gordon A. *China's Eighth, Ninth, and Tenth Congresses, Constitutions, and Central Committees: an institutional overview and comparison*. Occasional Paper, no. 1. Austin: Center for Asian Studies, University of Texas. 1978.

戈登·A. 贝内特:《中国的第八、九、十届党代会、党章和中央委员会》

[62] Bennett, Gordon A, and Montaperto, Ronald N. *Red Guard : the political biography of Dai Hsiao-ai*. New York: Anchor Books, 1972; Garden City, N. Y. : Doubleday, 1971.

戈登・A. 贝内特、罗纳德・N. 蒙塔珀图:《红卫兵:戴小艾政治传记》

[63] Berninghausen, John, and Huters, Ted, eds. *Revolutionary literature in China : an anthology*. White Plains, N. Y. : M. E. Sharpe, 1976. Originally published as two special issues of *Bulletin of Concerned Asian Scholars*, 8. 1 and 8. 2(January-March and April-June, 1976).

约翰・伯宁豪森和特德・哈特尔斯编:《中国的革命文学:诗集》

[64] Bernstein, Richard. *From the center of the earth : the search for the truth about China*. Boston: Little, Brown, 1982.

理查德・伯恩斯坦:《从世界的中央寻求关于中国的真相》

[65] Bernstein, Thomas P. *Up to the mountains and down to the villages : the transfer of youth from urban to rural China*. New Haven, Conn. : Yale University Press, 1977.

托马斯・P. 伯恩斯坦:《上山下乡:中国青年从城市走向农村》

[66] Binder, Leonard, et al. , contribs. *Crises and sequences in political development*. Studies in political development, no. 7. Princeton, N. J. : Princeton University Press, 1971.

伦纳德・宾德等编:《政治发展中的危机及后果》

[67] Birch, Cyril, ed. *Chinese communist literature*. New York: Praeger, 1962. Published as special issue of *CQ*, 13(January-March 1963).

西里尔・伯奇编:《中国的共产主义文学》

[68] Birch, Cyril. "Fiction of the Yenan period. "*CQ*, 4(October-December 1960), 1 —11.

西里尔・伯奇:"延安时期的小说"

[69] Blecher, Marc J. , and White, Gordon. *Micropolitics in contemporary China : a technical unit during and after the Cultural Revolution*. White Plains, N. Y. : M. E. Sharpe, 1979.

马克・J. 布莱克尔和戈登・怀特:《当代中国的微型政治》

[70] Boardman, Robert. *Britain and the People's Republic of China* 1949—1974. New York: Macmillan, 1976.

罗伯特·博德曼：《英国与中华人民共和国(1949—1974)》

[71] Bodde, Derk. *Peking diary: a year of revolution*. Greenwich, Conn. : Fawcett Publications, 1967. New York: Henry Schuman, 1950.

德克·博德：《北京日记：革命的一年》

[72] Bonavia, David. *The Chinese: a portrait*. Harmondsworth: Penguin, 1982; London: Allen Lane, 1981.

戴维·邦纳维亚：《中国人》

[73] Bonavia, David. *Verdict in Peking: the trial of the Gang of Four*. New York: Putnam; London: Burnett Books, 1984.

戴维·邦纳维亚：《北京裁决：审判"四人帮"》

[74] Borisov, O. B. *Vnutrenniaia i vneshniaia politika Kitaia v 70—e gody* (Internal and external policies of China in the seventies). Moscow: Politizdat, 1982.

O. B. 鲍里索夫：《七十年代中国的内外政策》

[75] Borisov, O. B. , and Koloskov, B. T. *Sovetsko—Kitaiskie otnosheniia 1945—1970: Kratkii ocherk* (Soviet-Chinese relations 1945—1970: a brief sketch). Moscow: Mysl', 1972.

O. B. 鲍里索夫和 B. T. 科洛斯科夫：《苏中关系概述(1945—1970)》

[76] Borisov, O. B. [Rakhmanin, Oleg B.], and Koloskov, B. T. [Kulik, S]. Ed. with an introductory essay by Vladimir Petrov. *Soviet-Chinese relations*, 1945—1970. Bloomington: Indiana Uiversety Press, 1975.

O. B. 鲍里索夫和 B. T. 科洛斯科夫：《苏中关系(1945—1970)》

[77] Borisov, O. B. , and Koloskov, B. T. *Sino-Soviet relations 1945—1973: a brief history*. Trans. from the Russian by Yuri Shirokov. Moscow: Progress, 1975.

O. B. 鲍里索夫和 B. T. 科洛斯科夫：《中苏关系简史(1945—1973)》

[78] BR. *Beijing Review*

《北京周报》

[79] Bradsher, Henry, "The Sovietization of Mongolia. *Foreign Affairs*, 5. 3(July 1972), 545—553. "

亨利·布雷德舍："蒙古的苏联化"

[80] Breese, Gerald, ed. *The city in newly developing countries: readings on urbanism and urbanization*. Englewood Cliffs, N. J. : Prentice-Hall, 1969.

杰拉尔德·布里斯编：《新的发展中国家的城市》

[81] Bridgham, Philip. "Mao's Cultural Revolution; origin and development. "*CQ*, 29(January-March 1967), 1—35.

　　菲利普·布里奇海姆:"毛的'文化大革命':起源和发展"

[82] Bridgham, philip, "Mao's Cultural Revolution; the struggle to seize power. " *CQ*, 34(April-June 1968), 6—37.

　　菲利普·布里奇海姆:"毛的'文化大革命':夺权斗争"

[83] Bridgham, Philip. "Mao's Cultural Revolution; the struggle to consolidate power. "*CQ*, 41(January-March 1970), 1—25.

　　菲利普·布里奇海姆:"毛的'文化大革命':巩固权力的斗争"

[84] Bridgham, Philip. "The fall of Lin Piao. "*CQ*, 55 (July-September 1973), 427—429.

　　菲利普·布里奇海姆:"林彪的覆灭"

[85] British Broadcasting Corporation, *Summary of world broadcast. Part 3. The Far East.* Caversham Park, Reading; British Broadcasting Corporation, 1966—. Cited as SWB.

　　英国广播公司:《世界广播概要》

[86] Brown, Jessiea, et al. *Sino-Soviet conflict; a historical bibliography.* ABC Clio Research Guides; 13. Santa Barbara, Calif; ABC-Clio Information Services, 1985.

　　杰西卡·布朗等编:《中苏冲突》

[87] Broyelle, Claudie; Broyelle, Jacques; and Tschirhart, Evelyne. *China; a second look.* Trans. by Sarah Matthews. Brighton; Harvester Press; Atlantic Highlands N. J. ; Humanities Press, 1980.

　　克劳迪·布罗耶利、杰奎斯·布罗耶利及伊夫林·奇尔哈特:《重新看中国》

[88] Brzezinski, Zbigniew. *Power and principle.* New York; Farrar, Straus, Giroux, 1983.

　　兹比格纽·布热津斯基:《权力与原则》

[89] *Bulletin of Concerned Asian Scholars. Quarterly.* Boulder, Colo. ; 1969—. Continues *CCAS Newsletter.*

　　《亚洲学者简报》

[90] *Bulletin of the State Council of the Peopoe's Republic of China. See Chung hua jen-min kung-ho-Kno Kuo-wu-yuan Kung-pao.*

《中华人民共和国国务院公报》

[91] Bullock, Mary Brown. *An American transplant: the Rockefeller Foundation and Peking Union Medical College*. Berkeley: University of California Press, 1980.

玛丽·布朗·布洛克:《美国的移植:洛克菲勒基金会与北京医学院》

[92] Burki, Shahid Javed, *A study of Chinese communes*, 1965. Cambridge, Mass. : East Asian Research Center, Harvard University, 1969.

沙义德·贾弗特·伯基:《中国公社研究》

[93] Buriatsky, Fedor. *Mao Tse-tung; an ideological and psychological portrait*. Moscow: Progress, 1980.

费德尔·勃拉茨基:《毛泽东:一幅意识形态和心理的肖像》

[94] Burns, John P. , and Rosen, Stanley, eds. *Policy conflicts in post-Mao China: a documentary survey with analysis*. Armonk, N. Y. : M. E. Sharpe, 1986.

约翰·P.伯恩斯和斯坦利·罗森编:《毛以后中国的政策冲突》

[95] Burton, Barry. "The Cultural Revolution's ultraleft conspiracy: the 'May 16 Group. '" *Asian Survey*, 11. 11 (November 1971), 1029—1053.

巴里·伯顿:"'文化大革命'的极'左'阴谋:'五一六兵团'"

[96] Butterfield, Fox. *China: alive in the bitter sea*. New York: Bantam Books, 1983; New York: Times Book, 1982.

福克斯·巴特菲尔德:《中国:在苦海中生存》

[97] Byrd, William, et al. *Recent Chinese economic reforms: studies of two industrial enterprises*. World Bank Staff Working Papers, no. 652. Washington, D. C. : World Bank, 1984.

威廉·伯德等编:《中国近期经济改革:对两个工业企业的研究》

[98] Byrd, William, and Lin Qingsong, eds. *China's rural industry: structure, development, and reform*. New York: Oxford University Press, for the World Bank, 1990.

威廉·伯德和林青松编:《中国的乡镇企业:结构、发展和改革》

[99] Byrd, William, and Tidrick, Gene. "Factor allocation in Chinese industry. " [Paper prepared for conference on Chinese enterprise management, Peking, August 1985.]

威廉·伯德、吉恩·蒂德里克:"中国工业中的部门配置"

[100] Cail，Odile. *Peking*. New York；Mckay，1972.［Fodor's *Peking*，Eugene Fodor，ed.］

奥代尔·凯尔:《北京》

[101] *Cambridge History of China*，The（CHOC）. Vol. 1. *The Ch'in and Han empires*，221 B. C. -A. D. 220，ed. Denis Twitchett and Michael Loewe （1986）. Vol. 3. *Sui and T'ang China*，589—906，Part Ⅰ. ed. Denis Twitchett （1979）. Vol. 7. *The Ming Dynasty*. 1368—1644，*Part* Ⅰ. ed. Frederick W. Mote and Denis Twitchett （1988）. Vol. 10. Late Ch'ing 1800—1911，Part Ⅰ，ed. John K. Fairbank （1978）. Vol. 11. *Late Ch'ing* 1800—1911，*Part 2*，ed. John K. Fairbank and Kwang-Ching Liu （1980）. Vol. 12. *Republican China* 1912—1949，*Part* Ⅰ，ed. John K. Fairbank（1983）. Vol. 13 *Republica China* 1912—1949，*Part 2*，ed. John K. Fairbank and Albert Feuerwerker （1986）. Vol. 14. *The People's Republic*，*Part* 1：*the emergence of revolutionary China*，ed. Roderik MacFarquhar and John K. Fairbank （1987）. Cambridge：Cambridge University Press.

《剑桥中国史》。第 1 卷《秦汉帝国,公元前 221 年至公元 220 年》,丹尼斯·特威切特和迈克尔·洛伊编;第 3 卷《中国隋唐,589—906 年》上,丹尼斯·特威切特编;第 7 卷《明朝,1368—1644 年》上,弗雷德里克·W. 莫特和丹尼斯·特威切特编;第 10 卷《晚清,1800—1911 年》上,费正清编;第 11 卷《晚清,1800—1911 年》下,费正清和刘广京编;第 12 卷《中华民国,1912—1949 年》上,费正清编;第 13 卷《中华民国,1912—1949 年》下,费正清和费维恺编;第 14 卷《中华人民共和国,上:革命的中国的兴起》,J. R. 麦克法夸尔和费正清编

[102] Cameron，James. *Mandarin red：a journey behind the "Bamboo Curtain"*. London：Michael Joseph，1955.

詹姆斯·卡梅伦:《红衣官员:"竹幕"里的一次旅行》

[103] Cameron，Nigel，and Brake，Brian. *Peking：a tale of three cities*. Foreword by L. Carrington Goodrich. New York：Harper & Row，1965.

奈杰尔·卡梅伦和布莱恩·布雷克:《北京:三个城市的故事》

[104] Camilleri，Joseph. *Chinese foreign policy：the Maoist era and its aftermath*. Seattle：University of Washington Press，1980.

约瑟夫·卡米莱里:《中国的外交政策:毛主义时代及其后果》

[105] CAR. *China Area Report. See* JPRS, *China Area Report*（*CAR*）.

《中国地区报告》

[106] Carrère d'Encausse, Hélène, and Schram, Stuart R. , comps. *Marxism and Asia: an introduction with readings*. London: Allen Lane, Penguin Press, 1969.

卡雷勒·德昂科斯和 S. 施拉姆编:《马克思主义与亚洲》

[107] *Catalogue of Red Guard publications held by URI. See* Union Research Institute.

《联合研究所所藏红卫兵出版物目录》

[108] *CB. See* U. S. Consulate General. Hong Kong. *Current Background*.

见美国香港总领事馆《当代背景材料》

[109] CCP. Chinese Communist Party. Chung-kuo kung-ch'an-tang.

中国共产党

[110] CCP CC Documentary Research Office. Chung-kung chung-yang wen-hsien yen-chiu-shih.

中共中央文献研究室

[111] *CCP documents of the Great Proletarian Cultural Revolution*, 1966 — 1967. *See* Union Research Institute.

《中国共产党无产阶级文化大革命文件集(1966—1967)》

[112] *CCP Research Newsletter*. 3/yr. Colorado Springs, Colo. : Chinese Communism Research Group, 1988—.

《中国共产党研究通讯》

[113] CDSP. *The Current Digest of the Soviet Press*.

《当代苏联报刊文摘》

[114] *Central China Normal University Journal*. See *Hua-chung shih-fan ta-hsueb hsueh-pao*.

《华中师范大学学报》

[115] Central Intelligence Agency. *See* United States, Central Intelligence Agency.

中央情报局

[116] *CFJP. Chieh-fang jih-pao*.

《解放日报》

[117] Chan, Anita. *Children of Mao: a study of politically active Chinese*

youths. London：Macmillan；Seattle：University of Washington Press，1985，With subtitle *Personality development and political activism in the Red Guard generation*.

安妮塔·詹:《毛的孩子们》

[118] Chan，Anita. "Images of China's social structure：the changing perspectives of Canton students. " *World Politics*，34. 3（April 1982），295—323.

安妮塔·詹:"中国社会结构的反映:广州学生的变化中的看法"

[119] Chan，Anita；Madsen，Richard；and Unger，Jonathan. *Chen Village：the recent history of a peasant community in Mao's China*. Berkeley：University of California Press，1984.

安妮塔·詹、理查德·马德森、乔纳森·昂格尔:《陈村:毛的中国的一个农村集体的近代史》

[120] Chan，Anita；Rosen，Stanley；and Unger，Jonathan，eds . *On socialist democracy and the Chinese legal system：the Li Yizhe debates*. Armonk，N. Y. ;M. E. Sharpe，1985.

安妮塔·詹、斯坦利·罗森和乔纳森·昂格尔编:《论社会主义民主和中国的法律体系》

[121] Chan，Anita；Rosen，Stanley；and Unger，Jonathan. "Students and class warfare：the social roots of the Red Guard conflict in Guangzhou. " *CQ*，83（September 1980），397—446.

安妮塔·詹、斯坦利·罗森、乔纳森·昂格尔:"学生与阶级斗争:广州红卫兵冲突的社会根源"

[122] Chan Kam Wing and Xu Xueqiang. "Urban population growth and urbanization in China since 1949：reconstructing a baseline. " *CQ*，104（December 1985），583—613.

詹卡翁(音)、徐学强(音):《1949 年以来中国城市人口增长和城市化》

[123] Chanda，Nayan. *Brother enemy：the war after the war*. New York：Harcourt Brace Jovanovich，1986.

纳严·詹达:《兄弟仇敌:战争之后的战争》

[124] Chang Ch'un-ch'iao. "P'o-ch'au tzu-ch'an-chieh-chi ti fa-ch'uan ssu-hsiang" （Eliminate the ideology of bourgeois，right）. *JMJP*，13 October 1958.

张春桥:"破除资产阶级的法权思想"

[125] Chang Ch'un-ch'iao. "On exercising all-round dictatorship over the bourgeoisie", in Raymond Lotta, ed., *And Mao makes* 5, 209—220.

张春桥:"论对资产阶级的全面专政"

[126] Chang Chung et al. *Tang-tai wen-hsueh kai-kuan* (Survey of contemporary literature). Peking: Peking University Press, 1980.

张钟等编:《当代文学概观》

[127] Chang Chung-li. *The Chinese gentry: studies on their role in nineteenth-century Chinese Society*. Intro. by Franz Michael. Seattle: University of Washington Press, 1955.

张中礼:《中国的绅士:关于他们在 19 世纪中国社会中的作用的研究》

[128] Chang Ming-yang. "An analysis of Lin Piao and the 'Gang of Four's' ultraleft foreign policy line." *Fu-tan hsueh-pao* (Fudan journal), 2 (March 1980), in *JPRS* 76141 *China RePort*, 103(30 July 1980), 40—51.

张明养:"林彪和'四人帮'极'左'外交路线剖析"

[129] Chang Pao-min. *Beijing, Hanoi, and the Overseas Chinese. Berkeley*: Institute of East Asian Studies, University of California, 1982.

张保民:《北京、河内和华侨》

[130] Chang Pao-min. *Kampuchea between China and Vietnam*. Singapore: Singapore University Press, 1985.

张保民:《处在中国和越南之间的柬埔寨》

[131] Chang, Parris H. *Radicals and radical ideology in China's Cultural Revolution*. New York: Research Institute on Communist Affairs, School of International Affairs, Columbia University, 1973.

帕里斯·张:《中国"文化大革命"中的激进分子和激进思想》

[132] Chang, Parris H. *Power and Policy in China*. University Park: Pennsylvania State University Press, 1975; revised and enlarged ed., 1978.

帕里斯·张:《中国的权力和政策》

[133] Chang, Parris H. "Provincial Party leaders' strategies for survival during the Cultural Revolution", in Robert A. Scalapino, ed., *Elites in the People's Republic of China*, 501—539.

帕里斯·张:"省级党的领导人在'文化大革命'中的生存策略"

[134] Chang Tse-hou and Ch'en Yü-kuang. "The relationship between population

structure and economic development." *Chung-kuo she-hui k'o-hsueh*，4 (1981)，29—46.

张泽厚、陈玉光："试论我国人口结构与国民经济发展的关系"

[135] [Chang Wen-t'ien]. *Chang Wen-t'ien hsuan-chi* (Selected works of Chang Wen-t'ien). Peking：Jen-min，1985.

《张闻天选集》

[136] Chang Wen-t'ien. "Lu-shan hui-i shang ti fa-yen" (Intervention at Lu—shan)，in *Chang Wen-t'ien hsuan-chi*，480-506.

张闻天："庐山会议上的发言"

[137] Chang Yü-feng. "Anecdotes of Mao Zedong and Zhou Enlai in their later years." *kuang-ming jih-pao*，26 December 1988—6 January 1989，trans. in FBIS *Daily Report：China*，27 January 1989，16—19 and 31 January 1989，30—37.

张玉凤："毛泽东、周恩来晚年二三事"

[138] Chang Yun-sheng. *Mao-chia-wan chi-shih：Lin Piao mi-shu hui-i- Lu* (An on-the-spot report on Mao-chia-wan：the memoirs of Lin Piao's secretary). Peking：Ch'un-ch'iu，1988.

张云生：《毛家湾纪实：林彪秘书回忆录》

[139] *Ch'ang-chiang Wen-i* (Yangtze literature and art). Monthly. Wuhan：1978—.

《长江文艺》

[140] *Chao-chia-pang ti pien-ch'ien* (The transformation of Chao-chia-pang). Editorial. Group. Shanghai：Shanghai Jen-min，1976.

《肇家浜的变迁》

[141] Chao Shu-li. *Li yu-ts'ai pan-hua* (The ballads of Li Yu-ts'ai). Peking：Chung-kuo jen-min wen-i ts'ung-shu，1949.

赵树理：《李有才板话》

[142] Chao Ts'ung. *Chung-kuo ta-lu ti hsi-chü kai-ko* (The reform of drama in mainland China). Hong Kong：Chinese University Press，1969.

赵聪：《中国大陆的戏剧改革》

[143] Chao Ts'ung. "1958 nien-ti Chung-Kung wen-i" (Chinese communist literature and art，1958). *Tsu-kuo chou-k'an*，26.9—10(June 1959)，43—46.

赵聪:"1958 年的中共文艺"

[144] Chao Tzu-yang [Zhao Ziyang], "Advance along the road of socialism with Chinese characteristics -report delivered at the 13th National Congress of the Communist Party of China on October 25, 1987", *Beijing Review*, 30. 45 (9-15 November 1987), I-XXVII.

赵紫阳:"沿着有中国特色的社会主义道路前进——1987 年 10 月 25 日在中国共产党第十三次全国代表大会上的报告"

[145] *Che-hsueh yen-chiu* (Philosophical research). Peking: 1956—.

《哲学研究》

[146] Cheek, Timothy. *See* MacFarguhar, Roderick.

[147] Chen, C. S., ed. *Rural people's communes in Lien — chiang: documents concerning communes in Lien-chiang county, Fukien province*, 1962-1963, Trans. Charles Price Ridley. Stanford, Calif.: Hoover Institution Press, 1969.

C. S. 陈:《连江县的农村人民公社》

[148] Chen Cheng [Ch'en Ch'eng] *Land reform in Taiwan*. Taipei: China Publishing Co., 1961.

陈诚:《台湾的土地改革》

[149] Chen, Ching-chih. "Police and community control systems in the empire", in Ramon H. Myers and Mark R. Peattie, eds., *The Japanese colonial empire*, 213—239.

陈青直(音):《帝国时期的警察和社会控制系统》

[150] Chen, Edward I-te. "The attempt to integrate the empire: legal perspectives", in Ramon H. Myers and Mark R. Peattie, eds., *The Japanese colonial empire*, 270—274.

陈以德:《统一帝国的尝试》

[151] Chen, Jack. *A year in Upper Felicity: life in a Chinese village during the Cultural Revolution*. New York: Macmillan; London: Coullier Macmillan, 1973.

杰克·陈:《在上福村的一年:"文化大革命"期间在一个中国乡村的生活》

[152] Chen Jo-hsi. *See also* Chen Ruoxi.

[153] Chen Jo-hsi. *The execution of Mayor Yin and other stories from the Great Proletarian Cultural Revolution*. Trans. Nancy Ing and Howard Goldblatt. Bloomington: Indiana University Press, 1978.

陈若曦:《尹县长的处死和无产阶级"文化大革命"的其他故事》

[154] Chen, King C., ed. *China and the three worlds-a foreign policy reader*. White Plains, N. Y. : M. E. Sharpe, 1974.

陈庆编:《中国和三个世界》

[155] Chen, King C. *China's war with Vietnam*, 1979: *issues, decisions, and implications*. Stanford, Calif. : Hoover Institution Press, 1987.

陈庆:《中越战争(1979)》

[156] Chen, King C. "Hanoi vs. Peking: policies and relations—a survey."*Asian Survey*, 12. 9 (September 1972), 807—817.

陈庆:《河内与北京:政策和关系管窥》

[157] Chen Ruoxi. "Democracy Wall and the unofficial journals."*Studies in Chinese terminology*, no. 20. Berkeley, Calif. : Center For Chinese Studies, Institute of East Asian Studies, University of California, 1982.

陈若曦:"民主墙与地下刊物"

[158] Chen, S. H. "Metaphor and the conscious in Chinese poetry", in Cyril Birch, ed. , *Chinese communist Literature*, 39—59.

陈世襄:"中国诗歌中的隐喻与意识"

[159] Chen, Theodore Hsi-en. *The Maoist educational revolution*. New York: Praeger, 1947.

陈锡恩:《毛主义的教育革命》

[160] Chen, Theodore Hsi-en, *Chinese education since* 1949: *academic and revolutionary models*, New York: Pergamon Press, 1981.

陈锡恩:《1949 年以来的中国教育》

[161] Chen Yun. *See* Ch'en Yun

[162] Ch'en, Jerome, *Mao Tse-tung and the Chinese revolution. London*: Oxford University Press, 1965.

陈志让:《毛泽东与中国革命》

[163] Ch'en, Jerome, ed. *Mao*. Englewood Cliffs, N, J. : Prentice-Hall, 1969.

陈志让编:《毛泽东》

[164] Ch'en, Jerome, ed. *Mao papers: anthology and bibliography*, London and New York: Oxford University Press, 1970.

陈志让编:《毛泽东的文章与书目》

[165] Ch'en Pei-ou. *Jen-min hsueh-hsi tz'u-tien* (People's study dictionary) 2nd ed. , Shanghai: Kuang- i shu-chü, 1953.

陈北鸥:《人民学习辞典》

[166] Ch'en Tsai-tao, "Wu-han'ch'i-erh-ling shih-chien' shih-mo" (The begining and end of the "July 20th incident" in Wuhan). *Ko-ming-shih* tzu-Liao, 2 (September 1981), 7—45.

陈再道:"武汉'七·二〇事件'始末"

[167] Ch'en Yue-fang; Chang Pai-chuan; and Yu Tuan-k'ang. "A survey of primary school student aspirations and learning interests. " Trans. *in Cinese Sociology and Anthropolgy*, 16. 1—2 (Fall—Winter 1983—1984), 145—158.

陈月芳、张百川、余团康:"小学生的志愿和学习兴趣一览"

[168] [Ch'en Yun] *Ch'en Yun wen-hsuan* (1956—1985) (Selected works of Ch'en Yun). Peking: Jen-min, 1986.

《陈云文选》

[169] Chen Yun[Ch'en Yun]. Speech, in *Eighth National Congress of the Communist Party of China* , 2. 157—176.

陈云:《在中国共产党第八次全国代表大会上的讲话》

[170] Chen Yun [Ch'en Yun]. "Planning and the market. " *Beijing Review* , 29. 29 (21 July 1986), 14—15.

陈云:"计划与市场问题"

[171] Chenery, Hollis, and Syrquin, Moises, with the assistance of Hazel Elkington. *Patterns of development* , 1950—1970. London: Oxford University Press, for the World Bank, 1975.

霍利斯·切纳里、莫伊塞斯·赛尔昆:《发展模式(1950—1970)》

[172] Cheng, J. Chester, ed. , with the collaboration of ch'ing-Lien Han et al. *The politics of the Chinese Red Army: a translation of the Bulletin of Activities of the People's Liberation Army*. Stanford, Calif. : Hoover Institution Press, 1966.

J. 切斯特·郑(音)等编:《中国红军的政治》

[173] Cheng-ming (Contention). Monthly. Hong Kong：1977—.

《争鸣》

[174] Cheng, Nien. *Life and death in Shanghai*. New York：Grove Press，1987；London：Grafton Books，1986.

郑念：《上海生死劫》

[175] Cheng Te-jung et al. , eds. Hsin chung-kuo chi-shih, 1949—1989（Records of the new China）. Changchun：Tung-pei shih-fan ta-hsueh, 1986.

《新中国记事》

[176] *Ch'eng-shih chien-she*（Urban construction）. Bimonthly. Peking：1980—.

《城市建设》

[177] Cheo Ying, Esther. *Black country girl in red China*. London：Hutchinson，1980.

埃斯特·切·英：《红色中国乡下的灰姑娘》

[178] Chi Hsin. *The case of th Gang of Four*. Hong Kong：Cosmos Books，1977.

齐辛：《"四人帮"案件》

[179] Ch'i Pang-yuan et al. , eds. and comps. *An anthology of contemporary Chinese Literature*, *Taiwan*：1949—1974. 2 vols. Taipei：National Institute for compilation and Translation，1975.

齐邦媛等：《台湾中国当代文学选集(1949—1974)》

[180] Ch'i Pang-yuan et al. , eds. *Chung-kuo hsien-tai wen-hsueh-chi*（Anthology of contemporary Chinese literature）. 2 vols. Taipei：Shu-p'ing shu-mu，1976.

齐邦媛等：《中国现代文学选集》

[181] Ch'i Pang-yuan et al. , eds. *An anthology of contemporary Chinese literature*：*Taiwan*, 1949—1974. Vol. 1：*Poems and essays*. Vol. 2 ：*short stories*. Seattle：University of Washington Press，1977.

齐邦媛等：《台湾中国现代文学选集(1949—1974)》第 1 卷，诗歌和散文；第 2 卷，短篇小说

[182] *Ch'i-shih nien-tai*（The seventies）. Monthly. Hong Kong：1970—1983. From 1984，title changed to *chiu-shih nien-tai*（The nineties）.

《七十年代》。从 1984 年起改为《九十年代》

[183] Chiag ch'ing. "On the revolution in Peking opera：speech made in July 1964

at a forum of theatrical workers participating in the Festival of Peking Operas on Contemporary Themes. " Chinese Literature，8（August 1967），118—124.

江青："谈京剧革命"

[184] Chiang Yi-shan. "Military affairs of communist China，1968." *Tsu-kuo*，59 (February 1960)，20—36.

江一山："共产党中国的军事事务(1968)"

[185] *Chiao-hsueh ts'an-k'ao：ch'üan-kuo tang-hsiao hsi-t'ung Chung- kung tang-shih hsueh-shu t'ao-lun-hui，shang，hsia* (Reference for teaching and study：national party school system's academic conference on CCP history，vols. 1 and 2). Anhwei：December 1980. Cited as *Chiao-hsueh ts'an-k'ao，hsia.*

《教学参考：全国党校系统中共党史学术讨论会》(上、下)

[186] *Chiao-hsueh t'ung-hsun* (Teaching bulletin). Various sources and editions.

《教学通讯》

[187] *Chiao-hsueh Yü yen-chiu* （Teaching and research）. Monthly. Peking：1953—.

《教学与研究》

[188] *Chiao-shih pao (Teachers'news)*. Formerly *shan-hsi chiao-yü pao* (Shensi education news). Weekly. Sian：1984—.

《教师报》，原名《陕西教育报》

[189] *Chiao-yü ko-ming* （Education revoiution）. Monthly. Canton：Kwangtung Normal College，1972—1976.

《教育革命》

[190] *Chiao-yü li-lun yü shih-chien* (Education theory and practice). Bimonthly. Taiyuan：1981.

《教育理论与实践》

[191] Chiao-yü shih-chien (Education practice). Monthly. Shanghai：1975—1976.

《教育实践》

[192] *Chiao-yü wen-chai* (Education extracts). Fortnightly. Peking：1984—.

《教育文摘》

[193] *Chiao-yü yen-chiu* (Education research). Monthly. Peking：1979—.

《教育研究》

[194] *Chiao-yü yü chih-yeh* (Education and occupation). Bimonthly . Peking：1917—1949；1985—.

《教育与职业》

[195] Ch'iao Huan-t'ien [Qiao Huantian]. "A discussion of Li Hung-chang's Westernization activities. " *JMJP*,30 March 1981 , in FBIS *Dally Report*：*China* ,3 *April* 1981,K8—12.

乔还田："有关李鸿章洋务活动的讨论情况"

[196] Ch'iao Huan-t'ien. "The diplomatic activlties of the Westernization propo—nents should not be cut off from the Westernization movement." *JMJP*,7 May 1981，in FBIS *Daily Report*：*China*,. 15 May 1981, K4—7.

乔还田："不应把洋务派的外交活动从洋务运动中抽出去"

[197] *Chieh-fang-chün Pao* (Liberation daily). 1956—.

《解放军报》

[198] *Chien-fang jih-pao* (Liberation daily). Yenan. 1949-1946. Shanghai. 1949—. Cited as *CFJP*.

《解放日报》

[199] *Chien-chu hsueh—pao* (Architectural journal). Monthly. Peking：1954—.

《建筑学报》

[200] *Chien-kuo i-lai*⋯*See* Mao Tse-tung.

[201] Chien Yu-shen. *China's fading revolution：army dissent and military divisions*，1967 — 1968. Hong Kong：Centre of Contemporary Chinese Studies,1969.

钱玉生(音)：《衰退的中国革命：军队中的不同意见与军队的分化(1967—1968)》

[202] *Chien-ko wan-ch'ü hsien-kei tang* (A myriad of songs and poems devoted to the Party). Shanghai：Jen-min，1971.

《千歌万曲献给党》

[203] *Chih-shih-fen-tzu* (The Chinese intellectual). New York：1984—1988，1989—.

《知识分子》

[204] Chin Chin-pai. "P'i-K'ung yü lu-hsien tou-cheng"(Criticism of Confucius

and two-line struggle). *HC*, 7 (1974), 23-34. Trans. in *PR*, 32 (1974), 6 —10,12, and 33(1974), 8—12.

靳志柏:"批孔与路线斗争"

[205] Chin Ching-mai. *Ou-yang Hai chih ko* (The Song of Ouyang Hai). Peking: Chieh-fang-chün wen-i-she, 1965.

金敬迈:《欧阳海之歌》

[206] Chin Ch'un-ming, *"Wen-hua to-ko-ming" Lun-hsi* (An analysis of the "Great Cultural Revolution"). Shanghai: Jen-min, 1985.

金春明:《"文化大革命"论析》

[207] Chin Ch'un-ming, "'Wen-hua ta-ko-ming' ti shih-nien" (The decade of the "Great Cultural Revolution"), in Chung-kung tang-shih yen-chiu-hui, ed. , *Hsueh-hsi li-shih chueh-i chuan-chi*, 144—169.

金春明:《"文化大革命"的十年》

[208] Chin, Steve S. K. *The thought of Mao Tse-tung: form and content*. Hong Kong: Centre of Chinese Studies, University of Hong Kong, 1979. [Preface to Chinese edition dated 1976.]

史蒂夫·S. K. 金:《毛泽东思想:形式和内容》

[209] *China(CAR). See* JPRS.

[210] *China briefing*. Annual, New York: China Council of the Asia Society, 1980—.

《中国简报》

[211] *China Business Review*, The. Bimonthly, Washington, D. C. : National Council on U. S. -China Trade [name changed to U. S-china Business Council], 1974—.

《中国贸易评论》

[212] *China children's News. See Chung-kuo shao-nien pao*.

《中国少年报》

[213] *China Daily*, Peking: 1981— . [Printed and distributed in Peking, Hong Kong, New York, et al.]

《中国日报》

[214] *China Education News. See Chung-kuo chiao-yü pao*.

《中国教育报》

[215] *China Mainland Review*, The. Quarterly. Hong Kong: Institute of Modern Asian Studies, University of Hong Kong, 1965—1967.

《中国大陆评论》

[216] *China News Analysis*. Fortnightly. Hong Kong: 1953—1982; 1984—. [1953—1982 published by Fr. Ladany.]

《中国新闻分析》

[217] *China News Summary*. Hong Kong: British Regional Information Office.

《中国新闻概要》

[218] *China Newsletter*. Bimonthly: Tokyo: Japan External Trade Organization (JETRO), 1975—.

《中国通讯》

[219] *China Quarterly*, The. Quarertly. London: Congress for Cultural Freedom (Paris), 1960—1968, Contemporary China Institute, School of Oriental and African Studies, 1968—.

《中国季刊》

[220] *China / Red Flag* (*CRF*). See JPRS.

《红旗》

[221] *China Report*. Quarterly since 1986 (formerly bimonthly). (Centre for the Study of Developing Societies, India). Newbury Park, Calif.: Sage, 1964—.

《中国报告》

[222] *China: socialist economic development*. *See* World Bank.

《中国社会主义经济的发展》

[223] *China/State Counil Bulletin* (*CSB*). Cited as *CSB*. *See* JPRS.

《中国/国务院公报》

[224] China Statistical Information and Consultancy Service Center. *Statistical yearbook of China*. Annual.

《中国统计年鉴》

[225] *China Topics*. Hong Kong: British Regional Information Office, 1964—. [London: n. p., "Y. B" [T. B.], 1961—Irregular].

《中国问题》

[226] *China Yearbook*. Annual. 1957—1979. compiled by the China Yearbook Edi-

torial Board. Taipei: China Publishing Company. Continues *China Hand-book* 1937 — 1945. New York: Macmillan. continued by *Republic of China* 1983—.

《中国年鉴》

[227] *China Youth News.* See *Chung-kuo ch'ing-nien pao.*

《中国青年报》

[228] *Chinese Agricultural Yearbook.* See *Chung-kuo nung-yeh nien-chien...*

《中国农业年鉴》

[229] Chinese Agricultural Yearbook Compilation Commission. See *Chung-kuo nung-yeh nien-chien.*

中国农业年鉴编委会,见《中国农业年鉴》

[230] *Chinese Communist Affairs: a quarterly review.* Quarterly. Taipei: Institute of Political Research, 1964—1969.

《中共事务评论季刊》

[231] *Chinese Communist internal politics and foreign policy: reviews on.* Reference materials concerning education. Taipei: Institute of International Relations, 1974.

《中共内部政治和外交政策评论》

[232] *Chinese Economic Studies,* Armonk, N, Y.: M. E. Shape Quarterly, 1967—.

《中国经济研究》

[233] Chinese Economic. System Reform Research Institute. *See* Reynolds, Bruce, ed.

中国经济体制改革研究所

[234] *Chinese economic yearbook.* See *Chung-kuo ching-chi nien-chien.*

《中国经济年鉴》

[235] *Chinese Education: a journal of translations.* Quarterly Armonk, N. Y.: M. E. Sharpe, 1968—. [Before 1977 published by IASP.]

《中国教育译丛》

[236] *Chinese Higher Education:* See *Chung-kuo kao-teng chiao-yü.*

《中国高等教育》

[237] *Chinese Law and Government: a journal of translations.* Quarterly Ar-

monk, N. Y. : M. E. Sharpe, Cited as *CLG*. 1968 — .

《中国的法律和政府》

[238] *Chinese Literature*. Monthly. Peking: FLP, 1951 — .

《中国文学》

[239] *Chinese Sociology and Anthropology: a journal of translations*. Quarterly. Armonk, N. Y. : M. E. Sharpe, 1968 — .

《中国的社会学和人类学》

[240] *Chinese statistical yearbook*. See *Chung-kuo t'ung-chi nien-chien*, Cited as *TCNC*.

《中国统计年鉴》

[241] *Chinese Studies in History: a journal of translations*. Quarterly. Armonk, N. Y. : M. E. Sharpe, 1967 — . [Formerly Chinese studies in history and philosophy.]

《中国历史研究译丛》(原名《中国历史和哲学研究》)

[242] *Ching-chi kuan-li* (Economic management). Monthly. Peking: 1979 — .

《经济管理》

[243] "Ching-chung ch'iao-hsiang liao" (An alarm has been sounded). Observer. *JMJP*, 15 January 1980, 6.

"警钟敲响了"

[244] Chinnery, John, "Lu Xun and contemporary Chinese literature. " *CQ*, 91 (September 1982), 411—423.

约翰·钦纳里:"鲁迅与当代中国文学"

[245] Chiu, Hungdah, ed. , *China and the question of Taiwan: documents and analysis*. New York: Praeger, 1973.

丘宏达编:《中国和台湾问题:文件和分析》

[246] Chiu, Hungdah, ed. , *China and the Taiwan issue*. New York: Praeger, 1979.

丘宏达编:《中国和台湾问题》

[247] Chiu, Hungdah, ed. , with Leng, Shao-chuan. *China: seventy years after the 1911 Hsin-Hai Revolution*. Charlottesville: University Press of Virginia, 1984.

丘宏达、冷绍佺编:《中国:1911年辛亥革命以后的70年》

[248] *Chiu-shih nien-tai*. See *Ch'i-shih nien-tai*.

《九十年代》

[249] Ch'iu Chih-cho. "Teng Hsiao-p'ing tsai 1969— 1972" (Teng Hsiao-p'ing in 1969—1972). *Hsin-hua wen-chai*, 4 (April 1988), 133—155.

裘之倬:"邓小平在 1969—1972 年"

[250] *CHOC. Cambridge history of China*, The.

《剑桥中国史》

[251] *Chou En-lai hsuan-chi*, *hsia* (The selected works of Chou En-lai, 2). Peking: Jen-min, 1984.

《周恩来选集》(下)

[252] *Chou En-lai shu-hsin hsuan-chi* (Chou En-lai's selected letters). Peking: Chung-yang wen-hsien, 1988.

《周恩来书信选集》

[253] Chou En-lai. See *Chou tsung-li*…

[254] [Chou En-lai]. "Chinese government and people strongly condemn Soviet revisionist clique's armed occupation of Czechoslovakia." *PR*, supplement to 34 (23 August 1968.) III—IV.

周恩来:"中国政府和人民强烈谴责苏修叛徒集团侵占捷克斯洛伐克"

[255] Chou En-lai. "Report to the Tenth National Congress of the Communist Party of China (delivered 24 August 1973). PR, 35 and 36 (7 September 1973), 17—25.

周恩来:"在中国共产党第十次全国代表大会上的报告"

[256] Chou En-lai. "Internal report to the Party on the international situation," in King C. Chen, ed., *China and the three worlds*, 137—138.

周恩来:"关于国际形势的党内报告"

[257] Chou Ern-fu. *Hsin-ti ch'i-tien* (A new start). Peking: Ch'ün-i 1949.

周而复:《新的起点》

[258] Chou, Eric. *A man must choose*, New York: Knopf, 1963.

埃里克·周:《男人必须选择》

[259] Chou Ming, ed. *Li-shih tsai che-li ch'en-ssu*: 1966-1976 *nien chi-shih* (History is reflected here: a record of the year 1966—1976). vols. 1-3: Peking. Hua-hsia, 1986; vols. 4—6: T'ai-yuan: Pei-yueh, 1989.

周明编:《历史在这里沉思:1966—1976 年纪实》

[260] Chou Shu-lien, and Lin Shen-mu. "T'an-t'an chu-chai wen-t'i "(Chatting on the housing problem). *JMJP*, 5 August 1980, 5.

周淑莲和林森木:"谈谈住宅问题"

[261] *Chou tsung-li sheng-p'ing ta-shih-chi* (Major events in the life of Premier Chou). Chengtu:Szechwan Jen-min, 1986.

《周总理生平大事记》

[262] Chou Yang. *Piao-hsien hsin-ti chun-chung ti shih-tai* (Expressing the new age of the masses). Peking:Hsin-kua shu-tien, 1949.

周扬:《表现新的群众的时代》

[263] Chou Yang. *The path of socialist literature and art in China*. Peking: FLP, 1960.

周扬:《我国社会主义文学艺术的道路》

[264] Chou Yang. "Hsin ti jen-min ti wen-i" (The people's new literature and art), *in Chung-hua ch'uan-kuo wen-hsueh i-shu kung-tso che tai- piao ta-hui chi-nien wen-chi*, 69-99.

周扬:"新的人民文艺"

[265] Chou Yang. "Wen-i chan-hsien ti i-ch'ang ta pien-Lun" (A great debate on the literary front). *Wen-i pao*, 5 (1958),2—14.

周扬:"文艺战线的一场大辩论"

[266] Chou Yang. "Wo kuo she-hui chu-i wen-hsueh i-shu ti tao-lu" *Wen-i pao*, 13—14 (1960), 15—37. Trans. as Chou Yang, *The path of socialist litera-ture*…

周扬:"我国社会主义文学艺术的道路"

[267] Chou Yang. "The fighting task confronting workers in philosophy and the social sciences",(Speech at the fourth enlarged session of the Committee of the Department of Philosophy and Social Sciece of the Chinese Academy of Sciences held 26 October 1963). *PR*, I (3 January 1964), 10—27.

周扬:"哲学社会科学工作者面临的战斗任务"

[268] Chou Yang. "Chi wang k'ai lai, fan-jung she-hui chu-i hsin shih-ch'i ti wen-i" (Inherit the past and usher in the future prosperity of the literature and art of the new socialist age). *Wen-i pao*, 11-12 (1979), 8—26.

周扬:"继往开来,繁荣社会主义新时期的文艺"

〔269〕 Chou Yang. "Yeh t'an-t'an tang ho wen-i ti kuan-hsi" (Speaking again of the relation between the Party and literature and the arts). *HC*, 11 (1979), 26—29.

周扬:"也谈谈党和文艺的关系"

〔270〕 [Chou Yang]. "Zhou Yang on reality in literature and other questions", [Interview with Zhou Yang.] *Chinese Literature*, 1980, 1 (January), 92—96.

周扬:"周扬谈文学和其他问题中的现实问题"

〔271〕 Chou Yang. "Kuan-yu Ma-k'o-ssu-chu-i ti chi-ko li-lun wen-t'i ti t'an- t'ao" (An exploration of some theoretical questions of Marxism). *JMJP*, 16 March 1983.

周扬:"关于马克思主义几个理论问题的探讨"

〔272〕 Choudhury, G [olam] W. *China in world affairs: the foreign policy of the PRC since* 1970. Boulder, Colo.: Westview Press, 1982.

G. W. 乔特哈里:《世界事务中的中国:1970 年以来中华人民共和国的外交政策》

〔273〕 Christman, Henry M. *See* Lenin, Vladimir Il'ich.

〔274〕 Chu Ch'eng-chia, ed. *Chung-kung tang-shih yen-chiu lun-wen hsuan, hsia* (Selection of research papers on the history of the CCP, vol. 3) Chang-sha: Hunan Jen-min, 1984.

朱成甲:《中共党史研究论文选》(下)

〔275〕 Chu Chung-li. *Nü-huang meng: Chiang Ch'ing wai-chuan* (Empress dream: an unofficial biography of Chiang Ch'ing). Peking: Tung-fang, 1988.

朱仲丽:《女皇梦:江青外传》

〔276〕 *Chu-shih-pen. See Kuan-yu chien-kuo-i lai*…

〔277〕 *Chu-pen* (Plays). Monthly. Peking: 1952— .

《剧本》

〔278〕 Ch'ü Po. *Lin hai hsueh yuan* (Tracks in the snowy forest). Peking: Tso-chia, 1957.

曲波:《林海雪原》

[279] *Ch'üan-kao Mao Tse-tung che-hsueh ssu-hsiang t'ao-lun hui lun-wen hsuan* (Selected essays from the national conference to discuss Mao Tse-tung's philosophical thought). Nanning: Kwangsi Jen-min, 1982.

《全国毛泽东哲学思想讨论会论文选》

[280] *Ch'üan-kou pao-k'an so-yin* (Index to newspapers and periodicals published in China). Monthly Shanghai: Shanghai Municipal Library, 1973—.

《全国报刊索引》

[281] Ch'üan-kuo tang-shih tzu-liao···See *Tang-shih hui-yi pao-kao-chi*.

《全国党史资料》

[282] *Ch'un wen-hsueh* (Pure literature). Monthly. Taipei: 1967—.

《纯文学》

[283] Chung, Chin O. *P'ongyang between Peking and Moscow: North Korea's involvement in the Sino-Soviet dispute*, 1958—1975. University: University of Alabama Press, 1978.

钟金(音). O:《夹在北京和莫斯科之间的平壤:北朝鲜卷入中苏论战，1958—1975 年》

[284] *Chung-hua ch'üan-kuo wen-hsueh i-shu kung-tso-che tai-piao ta-hui chi-nien wen-chi* (Documents commemorating China's national congress of literature and art workers). Peking: Hsin-hua shu-tien, 1950.

《中华全国文学艺术工作者代表大会纪念文集》

[285] *Chung-hua jen-min kung-ho-kuo chiao-yü ta-shih-chi*, 1949—1982 (Education chronology of the People's Republic of China, 1949—1982). Peking: Chiao-yük'o-hsueh, 1983.

《中华人民共和国教育大事记(1949—1982)》

[286] *Chung-hua jen-min kung-ho-kuo ching-chi ho she-hui fa-chan ti-ch'i ko wu-nien chi-hua*, 1986—1990 (The 7th Five-Year Plan for the economic and social development of the People's Republic of China, 1986—1990). Peking: Jen-min, 1986.

《中华人民共和国经济和社会发展第七个五年计划》

[287] *Chung-hua jen-min kung-ho-kuo kuo-wu-yuan kung-pao* (Bulletin of the State Council of the People's Republic of China). Peking: State Council.

《中华人民共和国国务院公报》

［288］ *Chung-hua jen-min kung-ho-kuo ti-wu-chieh ch'üan-kuo jen-min tai-piao ta-hui ti-san-tz'u hui-i wen-chien* (Documents of the third session of the 5th NPC of the PRC). Peking：Jen-min，1980.

《中华人民共和国第五届全国人民代表大会第三次会议文件》

［289］ *Chung-So Yongu* (Sino-Soviet Affairs). Quarterly，Seoul：Institute for Si-no-Soviet studies，Hanyang University，1980—.

《中苏研究》

［290］ *Chung-hua jen-min kung-ho-kuo tsui-kao jen-min fa-yuan t'e- pieh fa-t'ing shen-p'an Lin Piao, Chiang Ch'ing fan-ko-ming ch'i- t'uan an chu-fan chi-shih* (A record of the trial by the Special Tribunal of the PRC's Su-preme People's Court of the principal criminals of the Lin Piao and Chiang Ch'ing counterrevolutionary cliques). Tsui- kao jen-min fa yuanyen-chiu-shih (Research Office，Supreme People's Court) ed. Peking：Fa-Lü，1982.

《中华人民共和国最高人民法院特别法庭审判林彪、江青反革命集团案主犯纪实》，最高人民法院研究室编

［291］ *Chung K'an. K'ang Sheng p'ing-chuan* (A critical biography of K'ang Sheng). Peking：Hung-ch'i，1982.

仲侃:《康生评传》

［292］ *Chung-kung chung-yang tang-hsiao nien-chien*，1984 (CCP Central Party School Yearbook，1984). Peking： Chung-kung chung-yang tang-hsiao，1985.

《中共中央党校年鉴(1984)》

［293］ *Chung—kung shih-yi-chieh san-chung ch'üan-hui yi-lai chung-yang shou-yao chiang-hua chi wen-chien hsuan-pien* (Compilation of major central speeches and documents since the Third Plenum of the Eleventh Central Committee). 2 vols. Taipei：Chung-kung yen-chiu tsa-chih-she，1983.

《中共十一届三中全会以来中央重要讲话及文件选编》

［294］ *Chung-kung tang-shih ta-shih nien-piao* (A chronological table of major e-vents in the history of the Chinese Communist Party). Chung-kung chung-yang tang-shih yen-chiu-shih, ed. Peking：Jen-min，1987.

《中共党史大事年表》，中共中央党史研究室编

[295] *Chung-kung tang-shih yen-chiu* (Research into the history of the CCP). Bi-monthly. Peking: Chung-kung chung-yang tang-hsiap, 1988—. Replaced *Tang-shih yen-chiu*.

《中共党史研究》

[296] Chung-kung tang-shih yen-chiu-hui (Research Society on the History of the Chinese Communist Party), ed. *Hsueh-hsi li-shih chueh-i chuan-chi* (Special publication on studying the resolution on history). Peking: Chung-kung chung-yang tang-hsiao, 1982.

中共党史研究会编:《学习历史决议专辑》

[297] *Chung-kung yen-chiu* (Studies on Chinese communism). Monthly. Taipei: 1967—. Cited as *CKYC*.

《中共研究》

[298] *Chung-kou chiao-yü nien-chien*, 1949—1981 (China education yearbook, 1949—1981). Peking: Chung-kou ta-pai-k'o ch'üan-shu, 1984.

《中国教育年鉴(1949—1981)》

[299] *Chung-kou Chiao-yü pao* (China education news). 3/yr. Peking: 1983—

《中国教育报》

[300] *Chung-kou ching-chi nien-chien* (Almanac of China's economy). Annual. Hong Kong: Hsien-tai wen-hua ch'i yeh kung-szu, 1981—.

《中国经济年鉴》(香港)

[301] *Chung-kou ching-chi nien-chien* (Almanac of China's economy). Peking: Chung-kuo ching-chi nien-chien yu-hsien kung-szu, 1983—.

《中国经济年鉴》(北京)

[302] *Chung-kuo ch'ing-nien* (China youth). Monthly. Peking: 1949—1966, 1978—.

《中国青年》

[303] *Chung-kuo ch'ing-nien pao* (China youth news). Peking: 1951—.

《中国青年报》

[304] *Chung-kuo jen-k'ou nien-chien* (Chinese population yearbook). Annual. Population Research Center of the Chinese Academy of Social Sciences, 1985—.

《中国人口年鉴》

[305] *Chung-kuo jen-min chien-fang-chün chiang-shuai ming-lu* (The names and

records of marshals and generals of the Chinese People's Liberation Army).
Hsing-huo liao-yuan pien-chi-pu(A single spark can start a prairie fire editorial department). Peking：Chien-fang-chün, vol，1, 1986；vol. 2, 1987；vol.
3,1987.

星火燎原编辑部:《中国人民解放军将帅名录》

[306] *Chung-kuo kao-teng chiao-yü* (Chinese higher education). Formerly *Kao-chiao chan-hsien*(Higher education battlefront). Monthly. Peking：1965－.

《中国高等教育》,原名《高教战线》

[307] Chung-kuo kung-ch'an-tang. Chinese Communist Party.

中国共产党

[308] *Chung-kuo kung-ch'an-tang chien-shih chiang-i* (Teaching materials for a brief history of the Chinese Communist Party). 2 vols. Canton：Kwang-tung jen-min,1981.

《中国共产党简史讲义》

[309] *Chung-kuo kung-ch'an-tang li-shih chiang-i* (Teahing materials on the history of the Chinese Communist Party). Wuhan：Jen-min,1984.

《中国共产党历史讲义》

[310] *Chung-kuo kung-ch'an-tang li-tz'u chung-yao hui-i-chi* (Collection of various important conferences of the CCP). Chung-kung chung-yang tang-hsiao tang-shih chiao-yen-shih tzu-liao tsu,ed. Shanghai：Jen-min, vol. 1, 1982；vol,
2,1983.

《中国共产党历次重要会议集》,中共中央党校党史教研室资料组编

[311] *Chung-kuo kung-ch'an-tang liu-shih nien ta-shih chien-chien*(A summary of the principal events in the 60 years of the Chinese Communist Party).
Chung-chih hsueh-yuan Chung-kung-tang shih chiao-yen-shih, Cited as Teaching and Research Office for CCP History of the [PLA] Political Academy,*Chung-kuo kung-ch'an-tang*…Peking：Kuo-fang ta-hsueh,1985.

政治学院中共党史教研室:《中国共产党六十年大事简介》

[312] *Chung-kuo kung-ch'an-tang ti-chiu tz'u ch'üan-kuo tai-piao ta hui* (*hua-ts'e*)(Ninth Congress of the Chinese Communist Party[pictorial volume]).
Hong Kong：San-lien shu-tien,1969.

《中国共产党第九次全国代表大会（画册）》

[313] *Chung-kuo nung-yeh nien-chien*(Chinese agricultural yearbook,1980). Chinese Agricultural Yearbook Compilation Commisson. Peking: Agricultural Publishing House,1980—.

《中国农业年鉴》(1980)

[314] *Chung-kuo pai-k'o nien-chien* (China encyclopedia yearbook). Annual. Peking and Shanghai:Chung-kuo ta-pai-k'o ch'üan-shu,1980—.

《中国百科年鉴》

[315] *Chung-kuo shao-nien pao*(China children's news). Weekly. Peking: 1951—.

《中国少年报》

[316] *Chung-kuo she-hui k'o-hsueh* (Chinese social science). Bimonthly. Peking: 1980—.

《中国社会科学》

[317] *Chung-kuo shih-pao*(China times). Taiwan.

《中国时报》

[318] *Chung-kuo tang-tai tso-chia hsiao chuan*(Brief biographies of contemporary Chinese writers). Paris:Centre de publication Asie Orientale,1967.

《中国当代作家小传》

[319] *Chung-kuo tang-tai wen-hsueh shih*(History of contemporary Chinese literature). Comp. by Shantung and nineteen other universities. Foochow: Fukien jen-min,1980.

《中国当代文学家》

[320] *Chung-kuo tang-tai wen-hsueh shih ch'u-kao*(First draft history of contemporary Chinese literature). 2vols. Ministry of Education editorial committee advised by ch'en Huang-mei. Peking:Jen-min wen-hsueh,1981.

《中国当代文学史初稿》

[321] *Chung-kuo tang-tai wen-hsueh tso-p'in hsung-chiang*(Lectures on selected contemporary Chinese literary works). Comp. by. sixteen institutions of higher education. Nanning:Kwangsi jen-min wen-hsueh,1980.

《中国当代文学作品选讲》

[322] Chung-kuo ti-san-tz'u jen-k'ou p'u-ch'a ti chu-yao shu-tzu(Main figures from China's third population census). Peking:Chung-kuo t'eng-chi,1982.

《中国第三次人口普查的主要数字》

[323] *Chung-kuo tien-ying* (Chinese film). Quarterly. Peking：1958—.

《中国电影》

[324] *Chung-kuo tui-wal mao-i nien-chien*, 1984 (China's foreign trade yearbook, 1984). Peking：Chung-kuo tui-wai ching-chi mao-i, 1984.

《中国对外贸易年鉴》(1984)

[325] *Chung-kuo t'ung-chi nien-chien*, 1981 (Statistical yearbook of China, 1981). Chung-hua jen-min kung-ho kuo kuo-chia t'ung-chi chü, ed. Peking：Chung-kuo t'ung-chi nien-chien, 1982. Cited as *TCNC*.

中华人民共和国国家统计局编：《中国统计年鉴》(1981)

[326] *Chung-kuo t'ung-chi nien-chien* (Statistical yearbook of China, 1981). Hong Kong：Ching-chi tao-pao she, 1981—. Cited as *TCNC*.

《中国统计年鉴》(1981)(香港)

[327] *Chung-kuo t'ung-chi nien-chien* (Statistical yearbook of China, 1983). Chung-hua jen-min kung-ho-kuo kuo-chia t'ung-chi chü, ed. Peking：Chung-kuo t'ung-chi nien-chien, 1983. Cited as *TCNC*.

中华人民共和国国家统计局编：《中国统计年鉴》(1983)

[328] *Chung-kuo wen-hsueh-chia tz'u-tien：hsien-tai* (Biographical dictionary of Chinese writers：modern). Hong Kong：Wen-hua tzu-liao kung-ying she, 1979；part two, 1980.

《中国文学家辞典：现代》

[329] *Chung-wai wen-hsueh* (Chinese and foreign literature). Monthly. Taipei：1972—.

《中外文学》

[330] *Chung-yang jih-pao* (Central daily news). Taipei：1947—.

《中央日报》

[331] Chung-yang wen-hsien yen-chiu-shih. Department for Research on Party Literature.

中央文献研究室

[332] "Circular of [the] Central Committee of [the] CCP [on the Cultural Revolution]." (16 May 1966). PR, 21 (19 May 1967), 6-9.

《中国共产党中央委员会通知》(《五·一六通知》)

[333] *CKYC. Chung-kung yen-chiu.*

《中共研究》

[334] Clark, Paul. "The film industry in the 1970s", in Bonnie S. McDougall. ed. , *Popular Chinese literature and performing arts in the people's Republic of China*, 1949—1979, 177—196.

保罗·克拉克：《70 年代的电影业》，见 S. 麦克杜格尔·邦尼编：《中华人民共和国通俗文学和表演艺术(1949—1979)》

[335] Clark, Paul. "Film-making in China: from the cultural Revolution to 1981. " *CQ*, 94(June 1983), 304—322.

保罗·克拉克：《中国的电影制作：从"文化大革命"到 1981 年》

[336] *CLEAR*[Chinese literature, essays, articles, reviews]. Madison, Wis. : Coda Press, 1979—.

《中国文学、论文、文章和评论》

[337] Cleverley, John, *The schooling of China: tradition and modernity in Chinese education*. London: George Allen & Unwin, 1985.

约翰·克利弗利：《中国的学校教育》

[338] *CLG. Chinese Law and Goverment.*

《中国的法律和政府》

[339] Clough, Ralph N. *Island China*. Cambridge, Mass. : Harvard University Press, 1978.

拉尔夫·N. 克拉夫：《岛国中国》

[340] Clough, Ralph N. , et al. *The United States, China, and arms control*. Washington, D. C. : The Brookings Institution, 1975.

拉尔夫·N. 克拉夫等：《美国、中国和军备控制》

[341] Clough, Ralph N. ; Oxnam, Robert B. ; and Watts, William. *The United States and China: American perceptions and future alternatives*. Washington, D. C. : Potomac Associates, 1977.

拉尔夫·N. 克拉夫、罗伯特·B. 奥克斯南和威廉·瓦茨：《美国与中国》

[342] Clubb, O. Edmund. *China and Russia: the "Great Game. "* New York and London: Columbia University Press, 1971.

O. 埃德蒙·克拉布：《中国和俄国的"重大比赛"》

[343] Coale, Ansley J. *Rapid population change in China*, 1952—1982. Washington, D. C. : National Academy Press, 1984.

安斯利・科尔:《1952－1982 年中国人口的急剧变化》

[344] Cohen, Arthur A. *The Communism of Mao Tse-tung*. Chicago: University of Chicago Press, 1971[1964].

阿瑟・A. 科恩:《毛泽东的共产主义》

[345] Cohen, Authur A. "How original is 'Maoism'?" *Problems of Communism*, 10. 6(November-December 1961), 34－42.

阿瑟・A. 科恩:"'毛主义'是怎样产生的?"

[346] Cohen, Jerome Alan. *The criminal process in the People's Republic of China*, 1949－1963: *an introduction*. Cambridge, Mass. : Harvard University Press, 1968.

杰罗姆・艾伦・科恩:《中华人民共和国刑事诉讼程序入门(1949－1963)》

[347] Cohen, Jerome Alan; Friedman, edward; Hinton, Harold; and Whiting, Allen S. *Taiwan and American policy: the dilemma in U. S. -China relations*. New York Praeger, 1971.

杰罗姆・艾伦・科恩、爱德华・弗里德曼、哈罗德・欣顿、艾伦・S. 惠廷:《台湾与美国的政策》

[348] Cohen, Myron L. *House united, house divided: the Chinese family in Taiwan*. New York: Columbia University Press, 1976.

迈伦・L. 科恩:《团结的屋子,分裂的屋子:台湾的中国人家庭》

[349] "Collection of documents concerning the Great Proletarian Cultural Revolution." CB, 852(6 May 1968).

《有关无产阶级文化大革命的文件汇编》

[350] Commentator. "Ts'ung Yueh-nan tang-chü fan-hua k'an Su-lien ti chan-lueh i-t'u" (Soviet strategic intention as viewed from the Vietnamese authorities anti-Chinese activities). *HC*, 8(1 August 1978), 101－104.

《红旗》杂志评论员:"从越南当局反华看苏联的战略意图"

[351] Commentator. "Tang-ch'ien chan-cheng wei-hsien yü pao-wei shih-chieh ho-p'ing" (The current danger of war and the defense of world peace). *HC*, 11 (2 November 1979), 53－58.

《红旗》杂志评论员:"当前战争危险与保卫世界和平"

[352] Commentator. "Fan-mien chiao-yuan tsai kei ta chia shang hsin—k'o: p'ing

Su—lien ch'in-lueh ho chan-ling A-fu-k'an" (The teacher who teaches by negative example is giving everyone a lesson; commentary on the Soviet invasion and occupation of Afghanistan). *HC*, 2(16 January 1980), 46—48.

《红旗》杂志评论员:"反面教员在给大家上新课:评苏联侵略和占领阿富汗"

[353] "Communiqué of the Eleventh Plenary Session of the Eighth Central Committee of the Communist Party of China(adopted on August 12, 1966). "*PR*, 34 (19 August 1966), 4—8.

《中国共产党第八届中央委员会第十一次全体会议公报》

[354] "Communiqué of the Third Plenary Session of the 11th Central Committee of the Communist Party of China"(adopted on 22 December 1978). *PR*, 52 (29 December 1978), 6—16.

《中国共产党第十一届中央委员会第三次全体会议公报》

[355] *Communist Affairs: documents and analyses.* Quarterly. Guilford, Surrey: Butterworth Scientific, 1982—.

《共产主义事务:文件与分析》

[356] *Comparative Urban Research.* New York: 1972—1985. Continued by *Comparative Urban and Community Research.*

《城市比较研究》

[357] Compton, Boyd, trans. and intro. *Mao's China: party reform documents,* 1942—1944. Seattle: University of Washington Press, 1966[1952]; Westport, Conn. :Greenwood Press, 1982[c. 1952].

博伊德·康普顿译:《毛的中国:党改文件(1942—1944)》

[358] Congressional Quarterly, Inc. *China and U. S. foreign policy.* Ed, William B. Dickinson, Jr. Washington, D. C. :1973[2nd ed.].

《中国与美国的外交政策》

[359] Congressional Quarterly Service. *China and U. S Far East policy,* 1945—1967. *Washingfon, D. C.* :1967[rev.].

《中国与美国的远东政策(1945—1967)》

[360] "The Constitution of the People's Republic of China. "PR, 4(24 January 1975), 12—17.

《中华人民共和国宪法》

[361] *Contemporary China*. vol. 1. 1955. Hong Kong: Hong Kong University Press,1956. Vol. 2. 1956—1957,1958. Vol. 3. 1958—1959,1960. Vol. 1. 4. 1959—1960,1961. Vol. 5. 1961—1962,1963. Vol. 6. 1962—1964,1968.

《当代中国》(香港大学出版社)

[362] *Contemporary China*. *See* Sorich,Richard.

《当代中国》

[363] Contemporary China. Ed. Edwin Winckler. Boulder,Colo. : Westview Press, October 1976—Winter 1979.

埃德文·温克勒等编:《当代中国》

[364] Copper,John F. ,with George P. Chen, *Taiwan's elections: political development and democratization in the Republic of China*. Occasional Papers in Contemporary Asian Studies. Baltimore: University of Maryland School of Law,1984.

约翰·F. 科珀和乔治·P. 陈:《台湾的选举:中华民国的政治发展和民主化》

[365] Corbett,Charles Hodge. *Lingnan University*. New York: Trustees of Lingnan University,1963.

查理斯·霍奇·科贝特:《岭南大学》

[366] Codier, Andrew W. , ed. *Columbia essays in international affairs: the dean's papers*,1965. New York: Columbia University Press,1966.

安德鲁·W. 科迪埃:《哥伦比亚大学国际事务文集》

[367] Council for Economic Planning and Development. *Taiwan statistical data book*,1986. Taipei: Council for Economic Planning and Development,1986.

经济计划和发展委员会:《台湾统计数据册》

[368] *CQ. The China Quarterly*.

《中国季刊》

[369] *CRF. See* JPRS. *China/Red Flag* (CRF).

《中国/红旗》

[370] Crook,Frederick W. "The reform of the commune system and the rise of the township-collective-household system", in U. S. Congress, Joint Economic Committee,*China's economy looks toward the year* 2000,1. 354—375.

弗雷德里克·W. 克鲁克:《公社制度的改革和家庭联产承包责任制的

兴起》

[371] Crook, Isabel, and Crook, David. *Revolution in a Chinese village*: *Ten Mile Inn*. London: Routledge & Kegan Paul, 1959.

　　伊莎贝尔·克鲁克、戴维·克鲁克:《一个中国乡村的革命:十里店》

[372] Crook, Isabel, and Crook, David. *Ten Mile Inn*: *mass movement in a Chinese village*. New York: Pantheon, 1979.

　　伊莎贝尔·克鲁克、戴维·克鲁克:《十里店:一个中国乡村的群众运动》

[373] Crozier, Brian, with the collaboration of Eric Chou. *The man who lost China*: *the first full biography of Chiang Kai-shek*. New York: Scribner, 1976.

　　布赖恩·克罗泽:《丢掉中国的人》

[374] *CSB*. See JPRS. *China/State Council Bulletin* (CSB).

　　《中国/国务院公报》

[375] CSCPRC. Committee on Scholarly Communication with the People's Republic of China.

　　对华学术交流委员会

[376] *CSM. Christian Science Monitor*.

　　《基督教科学箴言报》

[377] *CSYB. Chinese statistical yearbook*.

　　《中国统计年鉴》

[378] Cultural Revolution. See Important documents on the Great Proletarian Cultural Revolution in China.

　　"文化大革命",见《有关中国无产阶级"文化大革命"的重要文件》

[379] *Cultural Revolution in the provinces*, The. Cambridge, Mass.: East Asian Research Center, Harvard University, 1971.

　　《省里的"文化大革命"》

[380] *Current Background*. See U. S. Consulate General.

　　《当代背景材料》

[381] *Current Digest of the Soviet Press*, The. Weekly. Columbus, Ohio: 1949—. Cited as *CDSP*.

　　《当代苏联报刊文摘》

[382] *Current History*. 9/year (monthly except June, July, August). Philadelphia: Current History, Inc. , 1914—.

《当代史》

[383] *Current scene: developments in mainland China*. Irregular. Hong Kong: The Green Pagoda Press, 1961—1972. Supersedes mimeographed publication by the same title, 1959—1961. After December 1972 "no longer available for American distribution."

《时事》

[384] *Daily Report: China*. See FBIS.

《中国动态》

[385] *Daily Report: Far East*. See FBIS.

《远东动态》

[386] *Daily Report: People's Republic of China*. See FBIS.

《中华人民共和国动态》

[387] *Daily Report: Soviet Union*. See FBIS.

《苏联动态》

[388] *Daily Report: USSR*. See FBIS.

《苏联动态》

[389] *Daily Telegraph*. London.

《每日电信报》

[390] Dake, Antonie C. A. *In the spirit of the Red Banteng: Indonesian communists between Moscow and Peking* 1959—1965. The Hague: Mouton, 1973.

安东尼·C. A. 达克:《"红野牛"精神:处在莫斯科和北京之间的印度尼西亚共产党人》

[391] Dallin, Alexander, with Jonathan Harris, and Grey Hodnett, eds. *Diversity in international communism: a documentary record*, 1961 — 1963. New York: Columbia University Press, 1963.

亚历山大·达林、乔纳森·哈里森、格雷·霍内特编:《国际共产主义的分歧》

[392] Daubier, Jean. *A history of the Chinese Cultural Revolution*. Trans. Richard Seaver. Preface by Han Suyin. New York: Vintage Books, 1974.

琼·多比尔:《中国"文化大革命"史》

[393] Davidson, James W. *The island of Formosa: historical view from* 1430 *to* 1900. London: Privately Published, 1903.

詹姆斯·W. 戴维森:《福摩萨岛:历史的观点(1430－1900)》

[394] Davis-Friedmann, Deborah. *Long lives: Chinese elderly and the communist revolution*. Cambridge. Mass. : Harvard University Press,1983.

德博拉·戴维斯-弗里德曼:《长寿:中国的老人与共产党革命》

[395] *Decision of the Central Committee of the Chinese Communist Party concerning the Great Proletarian Cultural Revolution*. Peking: FLP,1966.

《中国共产党中央委员会关于无产阶级文化大革命的决定》

[396] "Decision of the Central Committee of the Communist Party of China on reform of the economic structure", 20 October 1984. *Beijing Review*, 27. 44 (29 October 1984), I—XVI.

《中国共产党中央委员会关于经济体制改革的决定》

[397] Deliusin, L. P. *The socio-political essence of Maoism*. Moscow: Novosti, 1976.

L. P. 德留辛:《毛主义的社会政治本质》

[398] Deng Xiaoping. *See also* Teng Hsiao-ping.

[399] Deng Xiaoping. *Selected works of Deng Xiaoping* (1975－1982). Peking: FLP,1984.

邓小平:《邓小平文选(1975－1982)》

[400] Deshpande, G. P. "China and Vietnam. "*International Studies*, 12. 4 (October-December 1973),568－581.

G. P. 德什潘德:《中国和越南》

[401] *Developing Economies*, The. Quarterly. Tokyo: Institute of Developing Economies-Ajia Keizai Kenkyūshō,1962－.

《发展经济学》

[402] Diamond, Norma. *K'un shen: a Taiwan village*. New York: Holt, Rinehart & Winston,1969.

诺马·戴蒙德:《昆沈(音):一个台湾村庄》

[403] Diamond, Norma. "Rural colléctivization and decolléctivization in China: a review article. "*JAS*,44. 4 (August 1985),785－792.

诺马·戴蒙德:"中国农村的集体化和非集体化"

[404] Diao, Richard K. "The impact of the Cultural Revolution on China's economic elite. "*CQ*,42 (April-June 1970),65－87.

理查德·K.迪奥:"'文化大革命'对中国经济界精英的影响"

[405] Dickinson, William B. *See* Congressional Quarterly, Inc.

[406] *Die Welt*. Daily. Hambury: 1946—.

[407] Dittmer, Lowell. *Liu Shao-ch'i and, the Chinese Cultural Revolution: the Politics of mass criticism*. Berkeley: University of California Press, 1987.

洛厄尔·迪特默:《刘少奇与中国文化大革命:群众批评的政治》

[408] Dittmer, Lowell. *China's continuous revolution: the post-liberation epoch, 1949—1981*. Berkeley: University of California Press, 1987.

洛厄尔·迪特默:《中国的继续革命》

[409] Dittmer, Lowell. "Bases of power in Chinese politics: a theory and an analysis of the fall of the 'Gang of Four.'" *World Politics*, 31. 1 (October 1978), 26—60.

洛厄尔·迪特默:"中国政治的权力基础:'四人帮'垮台的理论和分析"

[410] Dittmer, Lowell, and Chen Ruoxi. *Ethics and rhetoric of the Chinese Cultural Revolution*. Studies in Chinese Terminology, no. 19. Berkeley: Center for Chinese Studies, Institute of East Asian Studies, University of California, 1981.

洛厄尔·迪特默、陈若曦:《中国文化大革命的伦理和修辞》

[411] Djilas, Milovan. *The new class: an analysis* of the Communist system. New York: Praeger, 1957.

米洛万·吉拉斯:《新阶级:共产主义制度剖析》

[412] "Document of the Ministry of Foreign Affairs of the People's Republic of China" (9 October 1969). *PR*, 41 (10 October 1969), 8—15.

"中华人民共和国外交部文件"

[413] *Documents of the Chinese Communist Party Central Committee, September 1956—April 1969*. *See* Union Research Institute.

《中国共产党中央委员会文件集(1956 年 9 月-1969 年 4 月)》

[414] *Documents of the Thirteenth National Congress of the Communist Party of China* (1987). Peking: FLP, 1987.

《中国共产党第十三次全国代表大会文件汇编(1987)》

[415] Domes, Jürgen. *The internal Politics of China*, 1949-1972. Trans. Rudiger Machetzki. New York: Praeger; London: C. Hurst, 1973.

于尔根·多姆斯:《中国国内政治(1949—1972)》

[416] Domes,Jürgen. *The government and politics of the PRC:a time of transition*. Boulder,Colo. :Westview Press,1985.

于尔根·多姆斯:《中华人民共和国的政府和政治》

[417] Domes,Jürgen. "The Cultural Revolution and the army. "*Asian Survey*,8. 5 (May 1968),349—363.

于尔根·多姆斯:"'文化大革命'和军队"

[418] Domes,Jürgen. "The role of the military in the formation of revolutionary committees,1967—1968. "*CQ*,44(October—December 1970),112—145.

于尔根·多姆斯:"军队在革命委员会成立中的作用(1967—1968)"

[419] Domes,Jürgen. "New policies in the communes:notes on rural societal structures in China,1976—1981. "*JAS*,41. 2(February 1982),253—267.

于尔根·多姆斯:《公社中的新政策:中国农村社会结构笔记》

[420] Dommen,Arthur J. "The attempted coup in Indonesia. "*CQ*,25(January—March 1966),144—170.

阿瑟·J. 多门:"印度尼西亚的未遂政变"

[421] Doolin,Dennis J. *Territorial claims in the Sino-Soviet conflict:documents and analysis*. Stanford,Calif. :Hoover Institution,1965.

丹尼斯·J. 杜林:《中苏冲突中的领土要求:文件和分析》

[422] Dore,Ronald. *The diploma disease:education,qualification and development*. London:George Allen & Unwin,1976.

罗纳德·多尔:《文凭病:教育、资格和发展》

[423] Dorrell,William F. "Power,policy,and ideology in the making of the Chinese Cultural Revolution",in Thomas W. Robinson,ed. ,*The Cultural Revolution in China*,21—112.

威廉·F. 多雷尔:"中国文化大革命发起阶段的权力、政策和意识形态"

[424] "Down with the new tsars!"Editorial in *JMJP*,4 March 1969,in *SCMP*,4373(11 March 1969),17—19.

"打倒新沙皇!"

[425] Downen,Robert L. *Of grave concern:U. S. -Taiwan relations on the threshold of the 1980s*. Washington,D. C. :Center for Strategic and international Studies,Georgetown University,1981.

罗伯特·L. 唐恩:《重大的忧虑:进入 80 年代的美台关系》

[426] Downen, Robert L. *To bridge the Taiwan Strait:the complexities of China's* reunification. Washington, D. C. :The Council for Social and Economic Studies,1984.

《中国重新统一的复杂性》

[427] *Dual Purpose Personnel News. See Liang yung jen-ts'ai pao.*

[428] Duiker,William J. *China and Vietnam:the roots of conflict.* Berkeley:Institute of East Asian Studies,University of California,1986.

威廉·J. 杜克:《中国和越南:冲突的根源》

[429] Duke, Michael S. Blooming and contending:*Chinese literature in the post-Mao era.* Bloomington:Indiana University Press,1985.

迈克尔·S. 杜克:《繁荣和争论:毛以后时代的中国文学》

[430] Duke, Michael S. , ed. *Contemporary Chinese literature:an anthology of post-Mao fiction and poetry.* Ed. and intro. by Michael S. Duke for the Bulletin of Concerned Asian Scholars. Armonk, N. Y. :M. E. Sharpe, 1985.

迈克尔·S. 杜克:《当代中国文学:毛以后的小说、诗歌集》

[431] Duke,Michael S. "The second blooming of the hundred flowers,Chinese literature in the post-Mao era",in Mason Y. H. Wang, ed. , *Perspectives in contemporary Chinese literature*,1—48.

迈克尔. S. 杜克:"第二次百花齐放,毛以后时代的中国文学"

[432] Dulles, Foster Rhea. *American policy toward Communist China* , 1949 — 1969. Foreword by John K. Fairbank. New York:Thomas Y. Crowell,1972.

福斯特·雷亚·杜勒斯:《美国对共产党中国的政策(1949—1969)》

[433] *East China Normal University Journal. See Hua-tung shih-fan ta-hsueh hsueh-pao.*

《华东师范大学学报》

[434] Eastman, Llogd E. *The abortive revolution:China under Nationalist rule,* 1927—1937. Cambridge,Mass. Harvard University Press,1974.

易劳逸:《流产的革命:国民党统治下的中国(1927—1937)》

[435] *ECMM. See* U. S. Consulate General. Hong Kong. *Extracts from China Mainland Magazines.*

《中国大陆杂志摘要》

[436] Economic Planning Board. *Handbook of Korean economy*, 1980. Seoul: Economic Planning Board, 1980.

  经济计划委员会:《韩国经济手册》(1980)

[437] Economic Planning Board. *Major statistics of Korean economy*, 1986. Seoul: Economic Planning Board, 1986.

  经济计划委员会:《韩国经济主要统计资料》(1986)

[438] *Economist, The*. Weekly. London: Economist Newspaper Ltd., 1843—.

  《经济学家》

[439] *Education and Occupation*. See *Chiao-yü yü chih-yeh*.

  《教育与职业》

[440] *Education Extracts*. See *Chiao—yü wen-chai*.

  《教育文摘》

[441] *Education Practice*. See *Chiao-yü Shih-chien*.

  《教育实践》

[442] *Education Research*. See *Chiao-yü yen-chiu*.

  《教育研究》

[443] *Education Revolution*. See *Chiao-yü ko-ming*.

  《教育革命》

[444] *Education Theory and Practice*. See *chiao-yü li-lun yü shih-chien*.

  《教育理论与实践》

[445] Edwards, R. Randle; Henkin, Louis; and Nathan, Andrew J. *Human rights in contemporary China*. New York: Columbia University Press, 1986.

  R. 兰德·爱德华兹、路易斯·亨金、安德鲁·J. 内森:《当代中国的人权》

[446] Egorov, K. A. *Gosudarstvennyi apparat KNR*, 1967-1981 (The governmental apparatus of the PRC, 1967—1981). Moscow: Nauka, 1982.

  K. A. 伊格洛夫:《中华人民共和国的政府机构(1967—1981)》

[447] *Eighth National Congress of the Communist Party of China*. Vol. 1: *Documents*. Vol. 2: *Speeches*. Peking: FLP, 1981.

  《中国共产党第八次全国代表大会》

[448] Eisenhower, Dwight. *Mandate for change*, 1953 — 1956: *the White House years*. Garden City, N. Y. : Doubleday, 1963.

  德怀特·艾森豪威尔:《受命变革(1953—1956)》

[449] Eisenhower, Dwight. *Waging peace* 1956－1961: *the White House years.*
Garden City, N. Y. : Doubleday, 1965.

德怀特·艾森豪威尔:《缔造和平(1956－1961)》

[450] Elegant, Robert S. *Mao's great revolution.* New York: World, 1971.

罗伯特·S. 埃勒根特:《毛的大革命》

[451] *Eleventh National Congress of the Communist Party of China (documents).* Peking: FLP, 1977.

《中国共产党第十一次全国代表大会文件汇编》

[452] Elkin, Jerrold F. , and Fredericks, Brian. "Sino-Indian border talks: the view
from New Delhi. "*Asian Survey*, 23. 10(October 1983), 1128－1139.

杰罗尔德·F. 埃尔金、布赖恩·弗雷德里克斯:"中印边界谈判:新德里
的观点"

[453] Elliott, David W. P. , ed. *The third Indochina conflict. Boulder*, Colo. :
Westview Press, 1981.

戴维·W. P. 埃利奥特编:《第三次印度支那冲突》

[454] Ellison, Herbert J. , ed. *The Sino-Soviet conflict : a global perspective.* Seattle: University of Washington Press, 1982.

赫伯特·J. 埃利森编:《中苏冲突》

[455] Elvin, Mark, and Skinner, G. William, eds. *The Chinese city between two
worlds.* Stanford Calif. : Stanford University Press, 1974.

马克·埃尔文、施坚雅编:《两个世界之间的中国城市》

[456] *Enlightenment Daily.* See *Kuang-ming jih-pao.*

《光明日报》

[457] Erisman, Alva Lewis. "Potential costs of and benefits from diverting river
flow for irrigation in the North China plain. "University of Maryland, Ph. D.
dissertation, 1967.

阿尔瓦·刘易斯·埃里斯曼:"引水灌溉华北平原的潜在费用与收益"

[458] Esherick, Joseph W. "On the 'restoration of capitalism': Mao and Marxist
theory. "*Modern China*, 5. 1(January 1979), 41－77.

约瑟夫·W. 伊谢里克:"论'资本主义复辟':毛和马克思主义的理论"

[459] Esmein, Jean. *La Révolution culturelile chinoise.* Paris: Seuil, 1970.

琼·埃斯梅:《中国的"文化大革命"》

[460] Eto, Shinkichi. "Japan and China-a new stage?" *Problems of Communism*, 16. 6(November-December 1972), 1-17.

卫藤沈吉:"日本和中国——一个新阶段?"

[461] Evans, Humphrey. *See* Loh, Robert.

[462] *Extracts from China Mainland Magazines*. See U. S. Consulate General.

《中国大陆杂志摘要》

[463] Fairbank, John K. , ed. *The missionary enterprise in China and America*. Cambridge, Mass. : Harvard University Press, 1974.

费正清编:《在中国和美国的传教事业》

[464] Faligot, Roger, and Kauffer, Remi. *Kang Sheng et les services secrets chinois* (1927—1987). Paris: Robert Laffont, 1987.

罗杰·法利格特、雷米·考弗:《康生及其在中国的秘密工作(1927—1987)》

[465] Falkenheim, Victor. "The Cultural Revolution in Kwangsi, Yunnan, and Fukien. "*Asian Survey*, 9. 8(August 1969), 580—597.

维克托·福尔肯海姆:"广西、云南和福建的'文化大革命'"

[466] Fan Shuo. "The tempestuous October-a chronicle of the complete collapse of the 'Gang of Four. '" *Yang-ch'eng wan pao*, 10 February 1989, trans. in FBIS *Daily Report : China*, 14 February 1989, 16—22.

范硕:"暴风雨般的十月——'四人帮'覆灭记"

[467] Fang, Percy Jucheng, and Fang, Lucy Guinong J. *Zhou Enlai : a profile*. Peking: FLP, 1986.

方钜成、姜桂侬:《周恩来传略》

[468] Fang Wei-chung, ed. *Chung-hua jen-min kung-ho-kuo ching-chi ta -shih-chi* (1949—1980) (A record of the major economic events of the PRC[1949—1980]). Peking: Chung-kuo she-hui k'o hsueh, 1984.

房维中编:《中华人民共和国经济大事记(1949—1980)》

[469] *Far Eastern Economic Review*. Weekly. Hong Kong: Far Eastern Economic Review Ltd. , 1946—. Cited as FEER.

《远东经济评论》

[470] Far Eastern Economic Review. *Yearbook*. Annual. Hong Kong: Far Eastern Economic Review, Ltd. , 1962—1972. Continues in Part: *Far Eastern Eco-*

nomic Revlew ··· *Yearbook and Asian textile survey*. Continued by *Asia Yearbook*, 1973—.

远东经济评论:《年鉴》

[471] Faurot, Jeannette L. , ed. *Chinese Fiction from Taiwan*: *critical perspectives*. Bloomington: Indiana University Press, 1980. [Symposium on Taiwan fiction, 1979, University of Texas at Austin.]

珍妮特·L. 福洛特编:《台湾的中国小说》

[472] FBIS. *Foreign Broadcast Information Service*.

外国广播信息处

[473] FEER. *Far Eastern Economic Review*.

《远东经济评论》

[474] Fei Hsiao-t'ung. *Peasant life in China*: *a field study of country life in the Yangtze valley*. Preface by Bronislaw Malinowski. New York: E. P. Dutton, 1939; London: Routledge & Kegan Paul, 1932.

费孝通:《中国农民的生活(江林经济)——长江流域农村生活的实地调查》

[475] Fei Xiaotong [Fei Hsiao-t'ung]. *Chinese village close up*. Beijing: New World Press, 1983.

费孝通:《中国农村特写》

[476] Fei, John C. H. ; Ranis, Gustav; and Kuo, Shirley W. Y. *Growth with equity*: *the Taiwan case*. New York: Oxford University Press, for the World Bank, 1980.

约翰·C. H. 费、古斯塔夫·拉尼斯、雪莉·W. Y. 郭:《公平发展:台湾的情况》

[477] Feng chih. *Shih-nien shih-ch'ao* (Poems of a decade). Peking: Jen-min wen-hsueh, 1959.

冯至:《十年诗抄》

[478] Feuerwerker Yi-tsi Mei. *Ding Ling's fiction*: *ideology and narrative in modern Chinese literature*. Cambridge, Mass. : Harvard University Press, 1982.

梅仪慈:《丁玲的小说:现代中国文学中的意识形态和叙事》

[479] Feurtado, Gardel. "The formation of provincial revolutionary committees,

1966－1968: Heilungkiang and Hopei." *Asian Survey*, 12. 12 (December 1972),1014-1031.

加德尔·福尔塔多："省革命委员会的成立(1966—1968)：黑龙江和河北"

[480] Field,Robert Michael; Lardy, Nicholas; and Emerson, John Philip. *A reconstruction of the gross value of industrial output by provinces in the People's Republic of China*: 1949－1973. Washington, D. C. : U. S. Department of Commerce,1975.

罗伯特·迈克尔·菲尔德、尼古拉斯·拉德、约翰·菲利普·埃默森：《对中华人民共和国诸省工业总产值的重新整理(1949－1973)》

[481] Field,Robert Michael; McGlynn, Kathleen M. ; and Ahnett, William B. "Political conflict and industrial growth in China: 1965－1977", in U. S. Congress,Joint Economic Committee, *the Chinese economy post-Mao*, 1. 239—283.

罗伯特·迈克尔·菲尔德、凯思林·M. 麦克格林、威廉·B. 阿布尼特："中国的政治冲突与工业增长(1965－1977)"

[482] *Fifth session of the Fifth National People's Congress* (*main documents*). Peking:FLP,1983.

《第五届全国人民代表大会第五次会议重要文件》

[483] *The Financial Times*. Daily. London:1888－.

《金融时报》

[484] Fingar,Thomas, et al. , eds. *China's quest for independence: policy evolution in the 1970s*. Boulder,Colo. :Westview Press,1980.

托马斯·芬格等编：《中国对独立自主的追求：七十年代政策的变化》

[485] Fitzpatrick,Sheila, ed. *Cultural Rvolution in Russia*,1928－1931. Bloomington:Indiana University Press,1984[1978].

希拉·菲茨帕特里克编：《俄国的文化革命(1928－1931)》

[486] Floyd,David. *Mao against Khrushchev:a short history of the Sino-Soviet conflict*. New York:Praeger,1964.

戴维·弗洛伊德：《毛反对赫鲁晓夫：中苏冲突简史》

[487] FLP. Foreign Language Press.

外文出版社

〔488〕 Fokkema, D〔ouwe〕W. *Literary doctrine in China and Soviet influence*, 1956—1960. Foreword by S. H. Chen. The Hague: Mouton, 1965.

杜韦·W. 福克玛:《中国的文学教条与苏联影响(1956—1960)》

〔489〕 Fokkema, D. W. *Report from Peking: observations of a Western diplomat on the Cultural Revolution*. London: C. Hurst; Montreal: McGill-Queen's University Press, 1972. 〔Originally published in Dutch as *Standplaats Peking*.〕

D. W. 福克玛:《北京报道:一个西方外交官对"文化大革命"的观察》

〔490〕 Fokkema, Douwe W. "Chinese criticism of humanism: campaign against the intellectuals, 1964—1966." *CQ*, 26(April—June 1966). 68—81.

杜韦·W. 福克玛:《中国对人道主义的批判:针对知识分子的运动(1964—1966)》

〔491〕 Fokkema, D. W. "Chinese literature under the Cultural Revolution." *Literature East and West*, 13(1969), 335—358.

D. W. 福克玛:"'文化大革命'中的中国文学"

〔492〕 Fokkema, D. W. "The Maoist myth and its exemplification in the new Peking Opera." *Asia Quarterly*, 2(1972), 341—361.

D. W. 福克玛:"毛主义的神话及其在新京剧中的样板"

〔493〕 Fokkema, D. W., and〔Kunne—〕Ibsch, Elrud. *Theories of literature in the twentieth century: structuralism, Marxism, aesthetics of reception, semiotics*. London: C. Hurst, 1986 〔1979, 1977〕; New York: St. Martin's Press, 1986.

D. W. 福克玛、埃尔鲁特·伊布斯奇:《20 世纪的文学理论》

〔494〕 *Foreign Affairs*. 5/year. NewYork: Council on Foreign Relations, 1922—.

《外交事务》

〔495〕 Foreign Broadcast Information Service. Washington, D. C.: U. S. Department of Commerce, 1941—. Cited as FBIS. The *Daily Report* of this agency has appeared in sections designated for specific regions but the names of these regions have been changed from time to time in a manner that makes it difficult to construct a precise genealogy. These designations have been used at various times: Asia and Pacific, China, Communist China, East Asia, Eastern Europe, Far East, People's Republic of China, USSR, USSR and Eastern Europe. FBIS is discussed in *CHOC* 14. 557 et passim.

外国广播信息处

[496] Foreign Laneuages Press. Cited as FLP.

外文出版社

[497] *Foreign Relations of the United States*, 1866 —. Washington, D. C. : U. S. Government Printing Office. Cited as *FRUS*.

《美国对外关系文件(1866—)》

[498] *Formosa Taiwandang*, The. Irregular. New York: Formosan Readers Association.

《福摩萨台湾党》

[499] Franke, Wolfgang. *The reform and abolition of the traditional Chinese examination system*. Cambridge, Mass. : East Asian Research Center, Harvard Univetsity, 1972.

沃尔夫冈·弗兰克:《中国传统考试制度的改革和废止》

[500] Fraser, John. *The Chinese: portrait of a people*. London: Fontana/Collins, 1982; New York: Summit Books, 1980.

约翰·弗雷泽:《中国人》

[501] Fraser, Stewart E. , ed. *Education and communism in China: an anthology of commentary and documents*. Hong Kong: International Studies Group, 1969.

斯图尔特·E. 弗雷泽编:《中国的共产主义教育:评论和文件集》

[502] *Free China Journal*. Weekly. Taipei: Kwang Hwa Publishing Co. , 1964—. (From 1964 to 1983 was *Free China Weekly*.)

《自由中国杂志》,1964—1983 年名为《自由中国周刊》

[503] *Free China Weekly*. See *Free China Journal*.

《自由中国周刊》

[504] Freedman, Maurice. *Lineage organization in southeastern China*. London: Athlone Press, 1958.

莫里斯·弗里德曼:《中国东南部的家系组织》

[505] Fried, Morton H. *Fabric of Chinese society: a study of the social life of a Chinese courty seat*. New York: Octagon Books, 1969; New York: Praeger, 1953.

莫顿·H.弗里德:《中国社会的组织:对中国一个县城的社会生活的研究》

[506] Friedman,Edward;Pickowicz,Paul G.;and Selden,Mark. *Chinese village, socialist state*. New Haven,Conn.:Yale University Press,1991.

爱德华·弗里德曼、保罗·G.皮科威克兹、马克·塞尔登:《中国的村庄,社会主义国家》

[507] Frolic,B. Michael. *Mao's people:sixteen portraits of life in revolutionary China*. Cambridge,Mass.:Harvard University Press,1980.

B.迈克尔·弗罗利克:《毛的人民》

[508] FRUS. *Foreign Relations of the United States*.

《美国对外关系文件》

[509] *Fu-yin pao-k'an tzu-liao* (Reference materials reprinted from newspapers and periodicals). Monthly. Peking:Chung-kuo jen-min ta-hsueh.

《报刊复印资料》

[510] Funya,Keiji,ed. *Chiang Kai-shek,his life and times*. New York:St. John's University,1981. [Abridged English edition/Chunming Chang?]

凯杰·芬雅编:《蒋介石》

[511] Galenson,Walter,ed. *Economic growth and structural change in Taiwan: the postwar experience of the Republic of China*. Ithaca,N. Y.:Cornell University Press,1979.

沃尔特·盖伦森编:《台湾的经济增长和结构变化》

[512] Gallin,Bernard. *Hsin Hsin,Taiwan:a Chinese village in change*. Berkeley: University of California Press,1966.

伯纳德·加林:《台湾新星:一个变化中的中国村庄》

[513] Gamble,Sidney D.,assisted by John Stewart Burgess. *Peking:a social survey*. Foreward by G. Sherwood Eddy and Robert A. Woods. New York: George H. Doran,1921.

西德尼·D.甘布尔:《北京》

[514] Gamble,Sidney D. *Ting Hsien:a North China rural community*. Foreword by Y. C. James Yen. Stanford,Calif.:Stanford University Press,1968; New York:Institute of Pacific Relations,1954.

西德尼.D.甘布尔:《定县:中国北方的一个农村社会》

［515］Gao Yuan. *Born red：a chronicle of the Cultural Revolution*. Stanford，Calif.：Stanford University Press，1987.

　　高原：《生来红：文化革命记事》

［516］Gardner，John. *Chinese politics and the succession to Mao*. London：Macmillan，1982.

　　约翰·加德纳：《中国政治和对毛的继承》

［517］Gardner，John. "Edueated youth and urban-rural inequalities，1958－1966"，in John Wilson Lewis，ed.，*The city in communist China*，235－286.

　　约翰·加德纳：《受教育的青年与城乡差别(1958－1966)》

［518］Garret，Banning N.，and Glaser，Bonnie S. *War and peace：the views from Moscow and Beijing*. Berkeley：Institute of International Studies，University of California，1984.

　　班宁·N.加勒特、邦尼·S.格拉泽：《战争与和平：莫斯科和北京的观点》

［519］Garrett，W. E. "China's beauty spot." *National Geographic*，156(1979)，536—563.

　　W. E.加勒特："中国著名景点"

［520］Garside，Roger. *Coming alive*！：*China after Mao*. New York：McGraw-Hill；London：Andre Deutsch，1981.

　　罗杰·加赛德：《活跃起来！：毛以后的中国》

［521］Garthoff，Raymond L.，ed. *Sino-Soviet military relations*. New York：Praeger，1966.

　　雷蒙德·L.加特霍夫编：《中苏军事关系》

［522］Garver，John，W. *China's decision for rapprochement with the United State*，1968－1971. Boulder，Colo.：Westview Press，1982.

　　约翰·W.加弗：《中国决定与美国和解(1968－1971)》

［523］Gelb，Leslie H.，with Richard K. Betts. *The irony of Vietnam：the system worked*. Washington，D. C.：The Brookings Institution，1979.

　　莱斯利·H.盖尔布、理查德·K.贝茨：《越南的嘲弄》

［524］Gelber，Harry. "Nuclear weapons and Chinese policy." London：IISS Adelphi Paper，no. 99，1973.

　　哈里·盖尔伯："核武器与中国的政策"

［525］Gel'bras，V. G. *Kitai：krizis prodolzhaetsia* (China：the crisis continues).

Moscow: Izdatel'stvo"Mezhdunarodnye Otnosheniia", 1973.

V. G. 盖尔布拉斯:《中国:危急在继续》

[526] Gelman, Harry. *The Soviet Far East buildup and Soviet risk-taking against China.* Santa Monica, Calif.: The RAND Corporation, R-2943, August 1982.

哈里·格尔曼:《苏联在远东的军事集结和反华冒险》

[527] Gernet, Jacques. "Introduetion", in Stuart Schram, ed., *Foundations and limits of state power in China*, xv—xxvii.

S. 施拉姆编的《中国国家权力的范围》一书中由雅克·格内特写的"引言"

[528] Gibbs, Donald A. *Subject and author index to "Chinese literature" monthly* (1951—1976). New Haven, Cona.: Far Eastern Publications, Yale University, 1978.

唐纳德·A. 吉布斯:《〈中国文学〉月刊的主题及作者索引(1951—1976)》

[529] Ginsburg, Norton. *See* Leung C. K.

[530] Ginsbury, George, and Pinkele, Carl F. *The Sino-Soviet territorial dispute*, 1949—1964. New York: Praeger, 1976.

乔治·金斯伯格、卡尔·F. 平克勒:《中苏领土争端(1949—1964)》

[531] Gittings, John. *The role of the Chinese army.* London and New York: Oxford University Press, 1967.

约翰·吉廷斯:《中国军队的作用》

[532] Gittings, John. *Survey of the Sino-Soviet dispute: a commentary and extracts from the recent polemics* 1963—1967. London: Oxford University Press, 1968.

约翰·吉廷斯:《中苏争论概观:近期论战的评注与摘要(1963—1967)》

[533] Gittings, John. *The world and China*, 1922—1972. New York: Harper & Row, 1975.

约翰·吉廷斯:《世界与中国(1922—1972)》

[534] Gittings, John. "Army-Party relations in the light of the Cultural Revolution", in John Wilson Lewis, ed., *Party leadership and revolutionary power in China*, 373—403.

约翰·吉廷斯:"从'文化大革命'看军队与党的关系",载约翰·威尔逊·刘易斯编:《中国党的领导和革命权力》

［535］ Gittings,John. "The'learn from the army'campaign."*CQ*,18（April－June 1964）,153－159.

约翰·吉廷斯:"'学习解放军'运动"

［536］ Gittings,John. "The Chinese army's role in the Cultural Revolution."*Pacific Affairs*,39.3－4(Fall－Winter 1966-1967),269－289.

约翰·吉廷斯:"中国军队在'文化大革命'中的作用"

［537］ Goddard, W. G. *Formosa*:*a study in Chinese history*. Longon: Macmillan,1966.

W. G. 戈达德:《福摩萨》

［538］ Gold,Thomas B. *State and society in the Taiwan miracle*. Armonk,N. Y. : M. E. Sharpe,1986.

托马斯·B.戈尔德:《台湾奇迹中的国家与社会》

［539］ Gold,Thomas B. "China's youth:problems and programs."*Issues & Studies*,18.8(August 1982),39－62.

托马斯·B.戈尔德:"中国的青年:问题和计划"

［540］ Goldblatt,Howard, ed. *Chinese literature for the* 1980*s*:*the Fourth Congress of Writers and Artists*. Armonk,N. Y. :M. E. Sharpe,1982.

霍华德·戈德布拉特编:《80年代的中国文学》

［541］ Goldblatt,Howard. *See* Hwang Chun-ming.

［542］ Goldman,Merle. *Literary dissent in Communist China*. New York:Atheneum,1971;Cambridge,Mass. :Harvard University Press,1967.

默尔·戈德曼:《共产党中国的持不同文艺见解者》

［543］ Goldman, Merie, China's intellectuals:advise and dissent. Cambridge, Mass. :Harvard University Press,1981.

默尔·戈德曼:《中国知识分子:建议和异议》

［544］ Goodman,David S. G. *Beijing street voices*:*the poetry and politics of China's democracy movement*. London and Boston:Marion Boyars,1981.

戴维·S. G. 古德曼:《北京街头的呼声:诗歌与中国民主运动的政治》

［545］ Goodman,David S. G. *Centre and province in the People's Republic of China*:*Sichuan and Guizhou*, 1955－1965. Cambridge and New York:Cambridge University Press,1986.

戴维·S. G. 古德曼:《中华人民共和国的中央和省:四川和贵州（1955—

1965)》

[546] Goodman,David S. G. ,ed. *Groups and politics in the People's Republic of China.* Armonk,N. Y. :M. E. Sharpe,1984.

戴维·S. G. 古德曼编:《中华人民共和国的团体与政治》

[547] Gorbachev,B. N. *Sotsial'no-politicheskaia rol'kitaiskoi armii*(1958—1969) (The social and political role of the Chinese army[1958—1969]). Moscow: Nauka,1980.

B. N. 戈尔巴切夫:《中国军队的社会和政治作用》

[548] *Gosudarstvo i obshchestvo v Kitaie.* (State and society in China). Annual. Moscow:Institute of Oriental Studies(China branch).

《中国的国家和社会》

[549] Gottlieb,Thomas M. *Chinese foreign policy factionalism and the origins of the strategic triangle.* Santa Monica, Calif. : The RAND Corporation, R—1902-NA,November 1977.

托马斯·M. 戈特利布:《中国外交政策的不同派系与战略三角关系的起源》

[550] Gotz, Michael, "Images of the worker in contemporary Chinese fiction, 1949—1964. "University of California at Berkeley,Ph. D. dissertation,1977.

迈克尔·戈茨:"当代中国小说中的工人形象(1949—1964)"

[551] Gould,Sidney H. , ed. *Sciences in communist China.* Washington, D. C. :American Association for the Advancement of science,1961. [A symposium presented at the New York Meeting of the American Association for the Advancement of Science,26—17 December 1960.]

西德尼·H. 古尔德编:《共产党中国的科学》

[552] Graham, Angus. *The book of Lieh-tzu.* London:John Murray,1960.

安格斯·格雷厄姆:《列子的书》

[553] Graham, Angus. Chuang-tzu. *The seven inner chapters and other writings from the book "Chuang-tzu."* London:Allen & Unwin,1981.

安格斯·格雷厄姆:《庄子》

[554] Gray, Jack, and Cavendish, Patrick. *Chinese communism in crisis:Maoism and the Cultural Revolution.* New York:Praeger,1968.

杰克·格雷、帕特里克·卡文迪什:《危机中的中国共产主义:毛主义与

"文化大革命"》

[555] "The Great Proletarian Cultural Revolution: a record of major events-September 1965 to December 1966. "JPRS, 42, 349 *Translations on Communist China: Political and Sociological Information*(25 August 1967).

"'文化大革命'记事(1965 年 9 月－1966 年 12 月)"

[556] *A great revolution on the cultural front*. Peking: FLP, 1965.

《文化战线的一场大革命》

[557] *A great trial in Chinese history: the trial of the Lin Biao and Jiang Qing counterrevolutionary cliques*, Nov. 1980 － Jan. 1981. Peking: New World Press, 1981.

《中国历史上的一次大审判:审判林彪、江青反革命集团(1980 年 11 月－1981 年 1 月)》

[558] Greene, Felix. *Peking*. London: Cape, 1978.

费利克斯・格林:《北京》

[559] Gregor, A. James, with Maria Hsia Chang and Andrew B. Zimmerman. *Ideology and development: Sun Yat-sen and the economic history of Taiwan*. Berkeley: Center for Chinese Studies, Institute of East Asian Studies, University of California, 1981.

A. 詹姆斯・格雷戈尔、玛丽亚・张霞(音)、安德鲁・B. 齐默尔曼:《意识形态和发展:孙中山与台湾经济史》

[560] Grichting, Wolfgang L. *The value system in Taiwan* 1970: *a preliminary report*. Taipei: n. p., 1971.

沃尔夫冈・L. 格里奇丁:《1970 年台湾的价值体系》

[561] Griffith, William E. *The Sino-Soviet rift*. Cambridge, Mass.: SMIT Press; London: Allen & Unwin, 1964.

威廉・E. 格里菲思:《中苏分裂》

[562] Griffith, William E. *Sino-Soviet relations*, 1964 － 1965. Cambridge, Mass.: MIT Press, 1967.

威廉・E. 格里菲思:《中苏关系(1964－1965)》

[563] Griffith, William E. ed. *The world and the great power triangles*. Cambridge, Mass.: MIT Press, 1975.

威廉・E. 格里菲思编:《世界与大国三角关系》

[564] Griffith, William E. "Sino-Soviet relations, 1964—1965. " *CQ*, 25 (January—March 1966), 66—76.

威廉·E. 格里菲思："中苏关系(1964—1965)"

[565] Gudoshnikov, L. M. *Politicheskii mekhanizm Kitaiskoi Narodnoi Respubliki* (Political mechanisms of the People's Republic of China). Moscow: Nauka, 1974.

L. M. 古德什尼科夫:《中华人民共和国的政治机构》

[566] Guillain, Robert. 600 *million Chinese*. Trans. from the French by Mervyn Savill. New York: Criterion Books, 1957. [Published in England as *the blue ants*. London: Secker & Warburg, 1957.]

罗伯特·吉莱恩:《六亿中国人》

[567] Guillain, Robert. *When China wakes*. New York: Walker, 1966.

罗伯特·吉莱恩:《中国醒来的时候》

[568] Guillermaz, Jacques. *The Chinese Communist Party in power*, 1949—1976. Trans. Anne Destenay. Boulder, Colo. : Westview Press, 1976.

雅克·吉勒马:《执政的中国共产党(1949—1976)》

[569] Gurtov, Melvin. *China and Southeast Asia, the politics of survival: a study of foreign policy interaction*. Baltimore: Johns Hopkins University Press, 1975; Lexington, Mass. : [Heath] Lexington Books, 1971.

梅尔文·格尔托:《中国与东南亚,生存政治学:对外政策相互影响的研究》

[570] Gurtov, Melvin. "The foreign ministry and foreign affairs in the Chinese Cultural Revolution", in Thomas W. Robinson, ed. , *The Cultural Revolution in China*, 313—366.

梅尔文·格尔托:"中国'文化大革命'中的外交部和外交事务"

[571] Gurtov, Melvin, and Hwang, Byong-Moo. *China under threat: the politics of strategy and diplomacy*. Baltimore: Johns Hopkins University Press, 1980.

梅尔文·格尔托、黄永木(音):《处于威胁之下的中国:战略政治与外交》

[572] Halperin, Morton H. , ed. *Sino-Soviet relations and arms control*. Cambridge, Mass. : MIT Press, 1967.

莫顿·H. 哈尔珀林编:《中苏关系与军备控制》

[573] Halpern, A. M. , ed. *Policies toward China: views from six continents*. New

York:McGraw-Hill,1965.

A. M. 哈尔珀恩编:《对华政策:六大洲的观点》

[574] Han Suyin. *My house has two doors.* London:Jonathan Cape; New York: Putnam,1980.

韩素音:《我的屋子有两扇门》

[575] Hao Jan. *Yen-yang t'ien* (Bright days). 3 vols. Peking:Jen-min wen-hsueh, 1964-1966.

浩然:《艳阳天》

[576] Hao Jan. *Chin-kuang ta-tao* (A golden road). 2 vols, Peking:Jen-min wen-hsueh,1972—1974.

浩然:《金光大道》

[577] Hao Jan. "Bright clouds. "*Chinese Literature*,4 (April 1972),13—28.

浩然:"明朗的天"

[578] Hao Meng-pi and Tuan Hao-jan,eds. *Chung-kuo kung-ch'an-tang liu-shih-nien*,hsia (Sixty years of the Chinese Communist Party, part 2). Peking: Chieh-fang-chün,1984.

郝梦笔、段浩然编:《中国共产党六十年》(下)

[579] Harding, Harry. *Organizing China:the Problem of bureaucracy*,1949—1976. Stanford Calif. :Stanford University Press,1981.

哈里·哈丁:《组织中国:官僚问题(1949-1976)》

[580] Harding, Harry, ed. *China's foreign relations in the* 1980s. New Haven, Conn. Yale University Press,1984.

哈里·哈丁编:《八十年代的中国对外关系》

[581] Harding,Harry. *China's second revolution:reform after Mao.* Washington, D. C. :The Brookings Institution,1987.

哈里·哈丁:《中国的第二次革命:毛以后的改革》

[582] Harding,Harry. "The domestic politics of China's global posture, 1973—1978",in Thomas Fingar et al. ,eds. ,*China's quest for independence*,93—146.

哈里·哈丁:"中国全球姿态中的内部政治(1973—1978)"

[583] Harding,Harry. "Reappraising the Cultural Revolution". *The Wilson Quarterly*,4. 4(Autumn 1980),132—141.

哈里·哈丁:"重新评价文化革命"

[584] Harding, Harry. "From China, with disdain: new trends in the study of China. "*Asian Survey*, 22. 10 (October 1982), 934—958.

哈里·哈丁:"来自中国的蔑视:中国研究的新趋势"

[585] Harding, Harry, and Gurtov, Melvin. *The purge of Lo Jui-ch'ing: the politics of Chinese strategic planning*. Santa Monica, Calif. : The RAND Corporation, R—548—PR, February 1971.

哈里·哈丁、梅尔文·格尔托:《清洗罗瑞卿:中国战略计划中的政治斗争》

[586] Hartford, Kathleen. "Socialist agriculture is dead; long live socialist agriculture! : organizational transformations in rural China," in Elizabeth J. Perry and Christine Wong, eds. , *The Political economy of reform in post-Mao China*, 31—61.

凯思林·哈特福德:"社会主义农业死了;社会主义农业万岁!:中国农村组织的变迁"

[587] Hawkins, John N. *Mao Tse-tung and education: his thoughts and teachings*. Hamden, Conn. : Linnet Books/Shoestring Press, 1974.

约翰·N. 霍金斯:《毛泽东和教育:他的思想和教导》

[588] Hawkins, John N. *Education and social change in the People's Republic of China*. New York: Praeger, 1983.

约翰·N. 霍金斯:《教育和中华人民共和国的社会变革》

[589] Hayhoe, Ruth, ed. *Contemporary Chinese education*. London: Croom Helm, 1984.

鲁思·海霍编:《当代中国教育》

[590] Hayhoe, Ruth, and Bastid, Marianne, eds. *China's education and the industrialized world: studies in cultural transfer*. Armonk, N. Y. : M. E. Sharpe, 1987.

鲁思·海霍、玛丽安·巴斯蒂编:《中国的教育和工业化世界:文化变迁的研究》

[591] *HC. Hung-ch'i*.

《红旗》

[592] Heaton, William. "Maoist revolutionary strategy and modern colonization:

the Cultural Revolution in Hong Kong. "*Asian Survey*, 10. 9 (September 1970) , 840—857.

威廉・希顿:"毛主义的革命战略与现代殖民化:'文化大革命'在香港"

[593] Hellmann, Donald c. , ed. *China and Japan : a new balance of power.* Lexington, Mass. ; [Heath] Lexington Books, 1976.

唐纳德・C. 赫尔曼编:《中国和日本:一种新的均势》

[594] Henderson, Gail, and. Cohen, Myron S. The Chinese hospital. New Haven, Conn. ; Yale University Press, 1984.

盖尔・亨德森、迈伦・S. 科恩:《中国的医院》

[595] Hersey, John. "A reporter at large : homecoming, part 3. "*The New Yorker*, May 1982, 44—66.

约翰・赫西:"一个未被捕的记者"第3部分

[596] Hersh, Seymour. *The price of power : Kissinger in the Nixon White House.* New York : Summit Books, 1983.

西摩・赫什:《权力的代价:尼克松当政时期的基辛格》

[597] Hevi, Emmanuel John. *An African student in China.* New York : Praeger, 1963 [1962].

伊曼纽尔・约翰・赫维:《在中国的一个非洲学生》

[598] *HHPYK. Hsin-hua pan-yueh k'an*

《新华半月刊》

[599] *HHYP. Hsin-hua yueh-pao.*

《新华日报》

[600] *Higher Education Battlefront.* See *Chung-kuo kao-teng chiao-yü*

《高教战线》,见《中国高等教育》

[601] Hilsman, Roger. *To move a nation : the politics of foreign policy in the administration of John F. Kennedy.* New York : Dell, 1968.

罗杰・希尔斯曼:《推动一个国家:约翰・肯尼迪政府外交政策的政治》

[602] Hindley, Donald. "Political power and the October 1965 coup in Indonesia. "*JAS*, 27(1969) , 237—249.

唐纳德・欣德利:"印度尼西亚的政治权力和1965年10月的政变"

[603] Hinrup, Hans J. *An index to "Chinese literature"*, 1951—1976. London : Curzon Press, 1978.

汉斯·F.欣鲁普:《〈中国文学〉索引(1951—1976)》

[604] Hinton, Harold. *The bear at the gate：Chinese policy making under Soviet pressure. Washington*, D. C. ：American Enterprise Institute, 1971.

哈罗德·欣顿:《熊在门口:在苏联压力下中国政策的制定》

[605] Hinton, Harold. *Three and a half powers：the new power balance in Asia.* Bloomington：Indiana University Press, 1975.

哈罗德·欣顿:《三个半大国:亚洲新的均势》

[606] Hinton, Harold C. , ed. *The People's Republic of China*, 1949—1979：*a documentary survey.* 5 vols. Wilmington, Del. ：Scholarly Resources，1980.

哈罗德·C.欣顿编:《中华人民共和国(1949—1979)》

[607] Hinton, Harold C. , ed. , *The People's Republic of China*, 1979—1984：*a documentary survey.* 2 vols. Wilmington, Del. ：Scholarly Resources，1986.

哈罗德·C.欣顿编:《中华人民共和国(1979—1984)》

[608] Hinton, Harolct C. "China and Vietnam", in Tang Tsou, ed. , *China in crisis*, 2. 201—236.

哈罗德·C.欣顿:"中国和越南"

[609] Hinton, William. *Fanshen：a documentary of revolution in a Chinese village.* New York：Vintage Books，1967; New York：Monthly Review Press, 1966.

威廉·欣顿:《翻身》

[610] Hinton, William. *Hundred day war：the Cultural Revolution at Tsinghua University.* New York：Monthly Review Press, 1972.

威廉·欣顿:《百日战争:清华大学的"文化大革命"》

[611] Hinton, William. *Shenfan：the continuing revolution in a Chinese village.* New York：Random House, 1983.

威廉·欣顿:《身翻》

[612] *The historical experience of the dictatorship of the proletariat.* Peking：FLP, 1959.

《无产阶级专政的历史经验》

[613] *History of the Communist Party of the Soviet Union (Bolshevik). Short course.* Moscow：Foreign Languages Publishing House; New York：International Publishers, 1939.

《联共(布)党史简明教程》

[614] History Writing Group of the CCP Kwangtung Provincial Committee. "The ghost of Empress Lü and Chiang Ch'ing's empress dream. "*Chinese Studies in History*,12. 1(Fall 1978),37—54.

中共广东省委历史写作小组:"吕后的幽灵与江青的女皇梦"

[615] Ho, Samuel Pao-San. "Colonialism and development: Korea, Taiwan, and Kwantung",in Ramon H. Myers and Mark R. Peattie,eds. , *The Japanese colonial empire*,347—398.

塞缪尔·何保山(音):"殖民主义与发展:韩国、台湾和广东"

[616] Ho Chih[Ch'in Chao-yang]. "*Sien-shih chu-i-kuang-k'uo ti tao-lu*"(Realism-the broad highway). *Jen-min wen-hsueh*,9(1956),1—13.

何直(秦兆阳):"现实主义——广阔的道路"

[617] Ho Hsin. *Chung-kuo hsien-tai hsiao-shuo ti chu-ch'ao*(Major trends in modern Chinese fiction). Taipei:Yuan-ching,1979.

何欣:《中国现代小说的主潮》

[618] Ho-pei wen-i (Hopei literature and art). Monthly. Shih-chia-chuang: 1949—. Title changed to Ho-pei wen-hsueh(Hopei literature)after 1987.

《河北文艺》(1987年起改名《河北文学》)

[619] Ho Ping-ti and Tsou, Tang, eds. *China in Crisis:China's heritage and the communist political system*. Vol. 1,in two books. Foreward by Charles U. Daly. Chicago:University of Chicago Press,1968.

何炳棣、邹谠编:《危机中的中国:中国的传统继承和共产主义政治体制》

[620] Hoffmann,Charles. *The Chinese worker*. Albany,N. Y. :State University of New York Press,1975[1974].

查尔斯·霍夫曼:《中国工人》

[621] Holden, Reuben. *Yale in China:the mainland*, 1901 — 1951. New Haven, Conn. :Yale in China Association,1964.

鲁本·霍尔登:《耶鲁大学在中国大陆(1901—1951)》

[622] Holmes,Robert A. "Burma's foreign policy toward China since 1962. "*Pacific Affairs*,45. 2(Summer 1972),240—254.

罗伯特·A.霍姆斯:"1962年以来缅甸对中国的外交政策"

[623] Holsti,K[al]J. [Kalevi Jaakko],et al. *Why nations realign:foreign policy*

restructuring in the postwar world. London and Boston: Allen & Unwin, 1982.

K. J. 霍尔斯蒂:《国家为何重组:战后世界各国外交政策的调整》

[624] Hooper, Beverley. *Inside Peking: a personal report*. Foreword by Stephen Fitz-Gerald. London: Macdonald & Jane's, 1979.

贝弗利·胡珀:《北京内幕:一份个人报告》

[625] Howe, Christopher. *Employment and economic growth in urban China*, 1949—1957. Cambridge: Cambridge University Press, 1971.

克里斯托弗·豪:《中国城市的就业和经济增长(1949—1957)》

[626] Howe, Christopher. *Wage patterns and wage policy in modern China*, 1919—1972. Cambridge: Cambridge University Press, 1973.

克里斯托弗·豪:《现代中国的工资类型和工资政策(1919—1972)》

[627] Howe, Christopher, ed. *Shanghai: revolution and development in an Asian metropolis*. New York: Cambridge University Press, 1981.

克里斯托弗·豪编:《上海》

[628] *Hsi-chü pao* (Theater news). Monthly. Peking: 1950—. Formerly *Jen-min hsi-chü* (People's theater).

《戏剧报》(原名《人民戏剧》)

[629] Hsia, C. T. *A history of modern Chinese fiction* 1917—1957. With an appendix on Taiwan by Tsi-an Hsia. New Haven, Conn.: Yale University Press, 1971(1961).

夏志清:《现代中国小说史(1917—1957)》

[630] Hsia, C. T. "The continuing obsession with China: three contemporary writers." *Review of National Literatures*, 6. 1(1975), 76—99.

夏志清:"对中国无限眷恋:三个当代作家"

[631] Hsia Chih-ch'ing(C. T. Hsia). *Hsin wen-hsueh ti ch'uan-t'ung* (The tradition of the new literature). Taipei: Shih-pao wen-hua kung-ssu, 1979.

夏志清:《新文学的传统》

[632] Hsia yen. "To, k'uai, hao, sheng, liang chung ch'iu chih" (More, faster, better, more economically, seeking quality in quantity). *Wen-i pao*, 6 (1958), 26.

夏衍:"多、快、好、省、量中求质"

[633] Hsiang, Nai-kung. "The relations between Hanoi and Peiping." *Chinese Communist Affairs*, 1. 4(December 1964), 9—21.

向乃光(音):"河内与北平的关系"

[634] Hsiao, Gene T. , and Witunski, Michael, eds. *Sino-American normalization and its policy implications*. New York: Praeger, 1974.

萧铮、迈克尔·威图恩斯基:《中美关系正常化及其政策深意》

[635] Hsiao Yen-chung, ed. *Wan-nien Mao Tse-tung: kuan-yü li-lun yüshih-chien ti yen-chiu* (Mao Tse-tung in his later years: research on the relation between theory and practice). Preface by Li Jui. Peking: Ch'un-ch'iu, 1989.

萧延中编:《晚年毛泽东:关于理论与实践的研究》

[636] Hsieh, Chiao-min. *Taiwan-Ilba Formosa, a geography in perspective*. Washington, D. C. : Butterworth, 1964.

谢觉民:《台湾一厄尔巴一福摩萨》

[637] Hsien-tai wen-hsueh (Modern literature). Bimonthly. Taipei: 1960—1973, 1977—.

《现代文学》

[638] *Hsin-hua pan-yueh k'an* (New China semi-monthly). Peking: 1956—1961. Formerly *Hsin-hua yueh pao* (New China monthly). Peking: 1949—1955. In 1962, again became known as *Hsin-hua yueh-pao*, the name it retains at present.

《新华半月刊》(1956—1961),曾名《新华月报》(1949—1955),1962 年又恢复《新华日报》之名

[639] *Hsin-hua t'ung-hsun-she* (New China News Agency).

新华通讯社

[640] Hsin Hua-wen. Tachai, standard-bearer in China's agriculture. Peking: FLP, 1972.

辛华文(音):《大寨:中国农业的旗手》

[641] *Hsin-hua wen-chai* (New China digest). Monthly. Peking: 1981— . Formerly(1979—1981) *Hsin-hua yueh-pao wen-chai-pan* (New China monthly digest).

《新华文摘》,1979—1981 年曾名《新华月报文摘版》

[642] *Hsing-hsing* (Stars). Monthly. Chengtu: 1957—1960, 1979—.

《星星》

[643] Hsiung, James Chieh. *Ideology and practice : the evolution of Chinese communism*. New York : Praeger, 1970.

熊价:《意识形态和实践》

[644] Hsiung, James C(hieh). , et al. , eds. *The Taiwan experience*, 1950—1980 : *contemporary Republic of China*. New York : Praeger, 1981.

熊价:《台湾经验(1950—1980)》

[645] Hsu, Cho-yun, ed. "Cultural values and cultural continuity", Section 1 in James C. Hsiung et al. , eds. , *The Taiwan experience*, 1950—1980, 19—61.

许绰云编:"文化价值和文化的连续性"

[646] Hsu, Kai-yu, ed. and trans. *Twentieth century Chinese poetry : an anthology*. *Garden City, N. Y.* : Doubleday, 1964.

许芥煜编:《20世纪中国诗歌选》

[647] Hsu, Kai-yu. *The Chinese literary scene : a writer's visit to the People's Republic*. New York : Vintage Books, 1975.

许芥煜:《中国文学界:一个作家对人民共和国的访问》

[648] Hsu, kai-yu, ed. , with Ting Wang, co-editor, and special assistance of Howard Goldblatt, Donald Gibbs, and George Chen. *Literature of the People's Republic of China*. Bloomington : Indiana University Press, 1980.

许芥煜等编:《中华人民共和国的文学》

[649] Hsu, Vivian Ling, ed. *Born of the same roots : stories of modern Chinese women*. Bloomington : Indiana University Press, 1981.

维维安·苏林(音)编:《同根生:现代中国妇女故事》

[650] *Hsuehhsi -tzu-liao* (Materials for Study).

《学习资料》

[651] Hsueh-hsi wen-hsuan(Documents for Study). 1967.

《学习文选》

[652] Hsueh-hsi yü pi-p'an (Study and Criticism). Monthly. Shanghai : 1973—1976.

《学习与批判》

[653] [Hsueh Mu-ch'iao] Xue Mugiao, ed. *Almanac of China's economy*, 1981, *with economic statistics for* 1949—1980, Economic Research Centre of the

state Council of the People's Republic of China and the State Statistical Bureau, comps. Hong Kong: Modern Cultural Co. , 1982.

薛暮桥编:《中国经济年鉴》(1981)(附及 1949—1980 年经济统计资料)

[654] Hsueh Yeh-sheng, ed. *Yeh Chien-ying kuang-hui-ti i-sheng* (Yeh Chienying's glorious life). Peking: Chieh-fang-chün, 1987.

薛冶生编:《叶剑英光辉的一生》

[655] Hu Ch'iao-mu. "Tang-ch'ien ssu-hsiang chan-hsien ti jo-kan wen-t'i" (Some current problems on the thought front). *HC*, 23(1981), 2—22.

胡乔木:"当前思想战线的若干问题"

[656] Hu Hua. *Chung-kuo she-hui-chu-i ko-ming ho chien-she shih chiang-i* (Teaching materials on the history of China's socialist revolution and construction). Peking: Chung-kuo jen-min ta-hsueh, 1985.

胡华:《中国社会主义革命和建设史讲义》

[657] Hu Hua, ed, *Chung-kung tang-shih jen-wu-chuan* (Biographies of personalities in the history of the Chinese Communist Party). Sian: Shensi Jen-min. More than 40 volumes.

胡华:《中共党史人物传》

[658] Hu Hui-ch'iang. "Ta lien kang-t'ieh yun-tung chien-k'uang" (A brief account of the campaign to make steel in a big way). *Tang-shih yen-chiu tzu-liao*, 4 (1983), 762—765.

胡惠强:"大炼钢铁运动简况"

[659] Hu Shi Ming and Seifman, Eli, eds. *Toward a new world outlook: a documentary history of education in the People's Republic of China*, 1949—1976. New York: AMS Press, 1976.

胡实明(音)、伊莱·塞夫曼编:《展望新世界:中华人民共和国教育史资料》

[660] Hu Wan-ch'un. *Man of a special cut*. Peking: FLP, 1963.

胡万春:《特殊性格的人》

[661] Hu Yao-pang. "Li-lun kung-tso wu-hsu-hui yin-yen" (Introduction to theoretical work conference). in *Chung-kung shih-i-chieh san-chungch'üan—hui i-lai chung-yang shou-yao chiang-hua chi wen-chien hsuan-pien*, 2. 48—63.

胡耀邦:"理论工作务虚会引言"

［662］ *Hua-ch'iao jih-pao*(China daily news). New York:1940－1989.

《华侨日报》

［663］ *Hua-chung shih-fan ta-hsueh hsueh-pao*(Central China Normal Universlty journal). Bimonthly. Wuhan:1955－.

《华中师范大学学报》

［664］ Hua Fang. "Lin Piao's abortivecounter-revolutionary coup d'état."*PR*,23. 51(22 December 1980),19－28.

华方(音):"林彪流产的反革命政变"

［665］ Hua Kuo-feng. "Political report to the 11th National Congress of the Communtst Party of China(12 August 1977)."*PR*, 20. 35(26 August 1977), 23－57.

华国锋:"在中国共产党第十一次全国代表大会上的政治报告"

［666］ Hua Kuo-feng. "Report on the work of the government"at the First Session of the Fifth National People's Congress,26 February 1978. *PR*,21. 10 (10 March 1978).

华国锋:"在第五届全国人民代表大会第一次全体会议上的'政府工作报告'"

［667］ Hua Kuo－feng. "Unite and strive to build a modern, powerful socialist country! －Report on the work of the government delivered at the First Session of the Fifth National People's Congress on 26 February 1978."*PR*, 21. 10 (10 March 1978),7－40.

华国锋:"团结起来,为建设一个现代化的强大的社会主义国家而奋斗——在1978年2月26日五届人大一次会议上的政府工作报告"

［668］ *Hua-nan shih-fan ta-hsueh hsueh-pao*(South China Normal University Journal). Quarterly. Canton:1956－.

《华南师范大学学报》

［669］ *Hua-tung shih-fan ta-hsueh hsueh-pao*(East China Normal University Journal) Bimonthly. Shanghai:1955－.

《华东师范大学学报》

［670］ *Huai-nien Chou En-lai*(Longing for Chou En-lai). Peking:Jen－min, 1986.

《怀念周恩来》

［671］ Huang Chien-Ch'iu;Sun Ta-li;Wei Hsin-Sheng;Chang Chan-pin; and Wang

Hung-mo, eds. *Hsin shih-ch'i chuan-t'i chi-shih* (1976. 10—1986. 10)（Important events and special problems of the new period). Peking: Chung-kung tang-shih tzu-liao, 1988.

黄见秋、孙大力、魏新生、张占斌、王洪模编:《新时期专题纪实》

[672] Huang ch'iu-yun. "T'an ai-ch'ing"(On love). *Jen-min wen-hsueh*, 7 (1956), 59—61.

董秋耘:《谈爱情》

[673] *Huang Ho* (Yellow River). Monthly. Taipei: 1979—

《黄河》

[674] Huang, Joe C.. *Heroes and villains in communist China: the contemporary Chinese noval as a reflection of life.* London: C. Hurst; New York: Pica Press, 1973.

黄胄:《共产党中国的英雄和坏蛋》

[675] Huang, Mab. *Intellectual ferment for political reforms in Taiwan*, 1971—1973. Ann Arbor: Center for Chinese Studies, University of Michigan, 1976.

马黄(音):《台湾知识分子的骚动:要求实行政治改革(1971—1973)》

[676] Hudson, G. F.; Lowenthal, Richard; and MacFarquhar, Roderiek. *The Sino-Soviet dispute.* New York: Praeger, 1961.

G. F. 赫德森、理查德·洛温撒尔、罗德里克·麦克法夸尔:《中苏争端》

[677] Hughes, John. "China and Indonesia: the romance that failed". *Current Scene*, 19(4 November 1969), 1—15.

约翰·休斯:"中国和印度尼西亚:失败的罗曼史"

[678] *Hung-ch'i* (Red flag). Peking: 1958—1988. Cited as *HC.*

《红旗》

[679] *Hung-wei pao* (Red Guard news). Peking Foreign Languages Institute, 1966—1967.

《红卫报》

[680] Hunter, Neale. *Shanghai journal: an eyewitness account of the Cultural Revolution.* Boston: Beacon Press, 1971; New York: Praeger, 1969.

尼尔·亨特:《上海日记:文化革命目击记》

[681] Hwang, Chun-ming[Huang Ch'un-ming]. *The drowning of an old cat, and*

other stories. Trans. Howard Goldblatt. Bloominggton: Indiana University Press, 1980.

黄春明(音):《一个堕落的坏女人及其他故事》

[682] Hyer, Paul, and Heaton, William. "The Cultural Revolution in Inner Mongolia."*CQ*, 36(October-December 1968) 114—128.

保罗·海尔、威廉·希顿:"内蒙古的'文化大革命'"

[683] *I-chiu-ch'i-pa nien ch'üan-kuo yu-hsiu tuanp'ien -hsiao-shuo p'ing-hsuan tso-p'in-chi*(Critical selection of the best short stories of the whole nation published in 1978). Peking: Jen-min wen-hsueh, 1980.

《1978 年全国优秀短篇小说获奖作品集》

[684] IASP. International Arts and Sciences Press.

国际艺术和科学出版社

[685] *Important documents on the Great Proletarian Cultural Revolution in China*. Peking: FLP, 1970.

《有关中国无产阶级"文化大革命"的重要文件》

[686] *Index Foreign Broadcast Information Service Daily Report: China*. Monthly plus annual cum. (New Canaan, Conn. : News Bank, Inc. , 1975—). From 1975 to 1982, the index was published quarterly, but with Volume 9 in 1983, the publication became a monthly, with an annual cumulative index as well. Beginning in October 1977, FBIS began to compile an index to the *Daily Report* as well as the JPRS translations. With the fifteenth number in this series covering April to June 1981(published 28 August 1981), the series acquired the designation"For Official Use Only"and was no longer available to libraries.

《外国广播信息处动态索引:中国》

[687] *Inside China Mainland*. Monthly. Taipei: Institute of Current China Studies, 1979—.

《中国大陆内幕》

[688] *International Affairs/Mezhdunarodnaya zhizn'*. Monthly. Moscow: Vsesoyuznoe Obshchestvo"Znani", 1955— . Editions in English, French and Russian.

《国际事务》

[689] *International Herald Tribune*. Daily. Paris.

《国际先驱论坛报》

[690] *International Journal*. Quarterly. Toronto: Canadian Institute of International Affairs, 1946—.

《国际杂志》

[691] *International Studies. Quarterly*. Newbury Park, Calif. : Sage Publications. (School of International Studies, Jawaharlal Nehru University) 1961— Formerly *International Studies Newsletter*.

《国际研究》

[692] *Iowa Review*. Iowa City: School of Letters and the Graduate College of the University of Iowa, 1970— .

《衣阿华评论》

[693] Israel, John. *Student nationalism in China*, 1927—1937. Stanford, Calif. : Stanford University Press, 1966.

约翰·伊斯雷尔:《中国学生的民族主义(1927—1937)》

[694] Israel, John. "Continuities and discontinuities in the ideology of the Great Proletarian Cultural Revolution", in Chalmers A. Johnson, ed. , *Ideology and politics in contemporary China*, 3—46.

约翰·伊斯雷尔:"无产阶级，'文化大革命'的意识形态的连续性与不连续性"

[695] *Issues & Studies*. Monthly. Taipei: Institute of International Relations, 1964—.

《问题和研究》

[696] *Izvestia*. Daily. Moscow: Presidium of Supreme Soviet of the USSR, 1917—.

《消息报》

[697] Jacobs, J. Bruce. *Local politics in a rural Chinese cultural setting : a field study of Mazu Township, Taiwan*. Canberra: Contemporary China Centre, Research School of Pacific Studies, Australian National University, 1980.

J. 布鲁斯·雅各布斯:《在一个农村中国文化环境中的地方政治》

[698] Jacobs, J. Bruce; Hagger, Jean; and Sedgley, Anne, comps. *Taiwan : a comprehensive bibliography of English-lanuage publications*. Introduction by

J. Bruce Jacobs. Bundoor, Victoria: Borchardt Library, La Trobe University; New York: East Asian Institute, Columbia University, 1984.

J. 布鲁斯·雅各布斯、琼·哈格、安妮·塞奇利:《台湾英语出版物综合目录》

[699] Jacobsen, C. G. [Carl G.]. *Sino-Soviet relations since Mao: the Chairman's legacy*. New York: Praeger, 1981.

C. G. 雅各布森:《毛以来的中苏关系:毛主席的遗产》

[700] Jacobson, Harold K., and Oksenberg, Michel. "China and the keystone international economic organizations."Unpublished manuscript, 1987.

哈罗德·K. 雅各布森、迈克尔·奥克森伯格:"中国与基本的国际经济组织"

[701] Jacoby, Neil H. *U. S. aid to Taiwan: a study of foreign aid, self-help and development*. New York: Praeger, 1966.

尼尔·H. 雅各比:《美国对台湾的援助》

[702] Jacques, Tania. "Sharqiy Türkstan'or'Sinkiang'?"*Radio Liberty Research*, RL 98/75(7 March 1975), 1—4.

塔尼亚·雅克:"东土耳其斯坦还是'新疆'?"

[703] James, Clive. "Laughter in the dark."*New York Review of Books*, 19 March 1981, 19—20.

克莱夫·詹姆斯:"黑暗中的笑声"

[704] *JAS. Journal of Asian Studies.*

《亚洲研究杂志》

[705] Jen Ku-p'ing. "The Munich tragedy and contemporary appeasement." *JMJP*, 26 November 1977, *PR*, 20. 50(9 December 1977), 6—11.

任谷平:"慕尼黑的悲剧和当代的绥靖主义"

[706] *Jen-min chiao yü*(People's education). Monthly. Peking: 1950—.

《人民教育》

[707] Jen-min ch'u-pan-she. People's Publishing House. Cited as Jen-min.

人民出版社

[708] *Jen-min jih-pao* Editorial Department. "Chairman Mao's theory of the differentiation of the three worlds is a major contribution to Marxism-Leninism."*PR*, 20. 45(4 November 1977), 10—41.

《人民日报》编辑部:"毛主席关于三个世界划分的理论是对马克思列宁主义的重大贡献"

[709] *Jen-min jih-pao*(People's daily). Peking:1949— . Cited as *JMJP*.

《人民日报》

[710] *Jen-min jih-pao so-yin* (Index to People's daily). Peking:1951—.

《人民日报索引》

[711] *Jen-min shou-ts'e* (People's handbook). Peking: 1950 — 1953, 1956 — 1965,1979.

《人民手册》

[712] *Jen-min ta hsien-chang hsueh-hsi shou-ts'e*(Handbook for the study of the great pepole's constitution). Shanghai:Chan-wang chou-k'an, November 1949.

《人民大宪章学习手册》

[713] *Jen-min ta hsien-chang hsueh-hsi tzu-liao* (Materials for the study of the great people's constitution). Tientsin:Lien-ho t'u-shu,1949.

《人民大宪章学习资料》

[714] *Jen-min wen-hsueh*(People's literature). Peking:1949—1966, 1976—.

《人民文学》

[715] Jenner,W. J. F. "1979:a new start for literature in China?"*CQ*,86 (June 1981),274—303.

W. J. F. 唐纳:"1979 年:中国文学的一个新起点?"

[716] *JMJP*. *Jen-min jih-pao*.

《人民日报》

[717] Jo,Yung-Hwan,ed. *Taiwan's future*:Tempe:Center for Asian Studies, Arizona State University,1974.

乔云万(音)编:《台湾的未来》

[718] Joffe,Ellis. *Party and army:professionalism and political control in the Chinese officer corps*,1949—1964. Cambridge,Mass:East Asian Research Center,Harvard University,1965.

埃利斯·乔菲:《党与军队:中国军官的职业化与政治控制(1949—1964)》

[719] Joffe,Ellis. *The Chinese army after Mao*. Cambridge,Mass. :Harvard Uni-

versity Press, 1987.

埃利斯·乔菲:《毛以后的中国军队》

[720] Joffe, Ellis. "The Chinese army under Lin Piao: prelude to political interven-
tion", in John M. H. Lindbeck, ed., *China: management of a revolutionary
society*, 343—374.

埃利斯·乔菲:"林彪控制下的中国军队:政治干预的前奏"

[721] Johnson, Cecil. *Communist China and Latin America*, 1959 — 1967. New
York: Columbia University Press, 1970.

塞西尔·约翰逊:《共产党中国和拉丁美洲(1959—1967)》

[722] Johnson, Chalmers A., ed. *Ideology and polities in contemporary China*.
Seattle: University of Washington Press, 1973.

查默斯·A. 约翰逊编:《当代中国的意识形态与政治》

[723] Johnson, Irmgard. "The reform of Peking Opera in Taiwan." *CQ*, 57 (January—
March 1974), 140—145.

伊尔姆加德·约翰逊:"台湾的京剧改革"

[724] Johnson, Kay Ann. *Women, the family, and peasant revolution in China*.
Chicago: University of Chicago Press, 1983.

凯·安·约翰逊:《中国的妇女、家庭和农民革命》

[725] Johnson, Stuart E., with Joseph A. Yager. *The military equation in north-
east Asia*. Washington, D. C.: The Brookings Institution, 1979.

斯图尔特·E. 约翰逊、约瑟夫·A. 亚格尔:《东北亚的军事平衡》

[726] Joint Economic Committee. *See* United States Congress.

美国国会联合经济委员会

[727] Joint Publications Research Service (JPRS). Washington, D. C.: U. S. Gov-
ernment. Various series. See Peter Berton and Eugene Wu, *Contemporary
China: A Research Guide*. Standford, Calif.: Standford University Press,
1967, 409—430, and M. Oksenberg summary in *CHOC*, 14. 557—558. In-
cludes regional, worldwide and topical translations and reports. Pub lished
periodically. The following items are cited in footnotes:

Joint Publications Research Service. *Miscellany of Mao Tse-tung
Thought*. See Mao Tse-tung, *Miscellany*…

Joint Publications Research Service. *Translations on international com-*

munist developments.

Joint Publications Research Service, *Bibliography-index to U. S. JPRS research translations.* See Kyriak, Theodore.

Joint Publications Research Service. *China Area Report* (*CAR*). 1987—.

Joint Publications Research Service. *China report*: *Red Flag.* Monthly. Continues *Translations from Red Flag.*

Joint Publications Research Service. *China/Shate Council Bulletin* (*CSB*). 1987—. Cited as *CSB.*

Joint Publications Research Service. *China report*: *political, sociological and military affairs.* 1979—1987.

Joint Publications Research Service. *Translations on Communist China*: *political and sociological information.* 1962—1968.

联合出版物研究署:

《毛泽东思想杂录》

《国际共产主义运动译文集》

《美国联合出版物研究署研究译文书目索引》

《中国地区报告(CAR)》

《中国报告:红旗》

《中国/国务院公报》

《中国报告:政治、社会和军事事务(1979—1987)》

《关于共产党中国的政治和社会情报的译文(1962—1968)》

[728] Jones, Hywell G. *An introduction to modern theories of economic growth.* New York: McGraw-Hill, 1976.

海韦尔·G. 琼斯:《现代经济增长理论导论》

[729] Joseph, William A. *The critique of ultra-leftism in China*, 1958 — 1981. Stanford, Calif. : Stanford University Press, 1984.

威廉·A. 约瑟夫:《评1958—1981年中国的极左思潮》

[730] *Journal of Asian Studies.* Quarterly (irregular). Ann Arbor: Association for Asian Studies, University of Michigan, 1941—. Cited as *JAS.*

《亚洲研究杂志》

[731] *Journal of Comparative Economics.* San Diego, Calif. : Academic Press, 1971—.

《比较经济学杂志》

[732] *Journal of Economic Literature.* Quarterly. Nashville, Tenn. : American Economic Association, 1963—.

《经济文献杂志》

[733] JPRS. *See* Joint Publications Research Service.

[734] Jukes, Geoffrey. *The Soviet Union in Asia* Sydney: Angus &. Robertson; Berkeley: University of California Press, 1973.

杰弗里·朱克斯:《苏联在亚洲》

[735] *Kai-ko : wo-men mien-lin ti t'iao-chan Yü hsuan-tzu* (Reform: we face challenge and alternative). General Survey Group of the Chinese Institute for Economic Systems Reform. Peking: Chung-kuo ching-chi, 1986.

《改革:我们面临的挑战与选择》

[736] Kalick, J. H. *The pattern of Sino-Ameriean crises.* Cambridge: Cambridge University Press, 1975.

J. H. 卡利基:《中美危机的模式》

[737] *Kan yu ko yin tung ti ai* (Dare a song to move the earth to grieve). Hong Kong: Ch'i-shih nien-tai, 1974.

《敢有歌吟动地哀》

[738] Kane, Penny. *Famine in China*, 1959—1961: *demographic and social implications.* New York: St. Martin's Press, 1988.

彭尼·凯恩:《中国的饥荒(1959—1961):人口统计和社会影响》

[739] *Kao chiao chan-hsien.* See *Chung-kuo kao-teng chiao-Yü*

《高教战线》

[740] Kao Kao and Yen Chia-Ch'i. "*Wen-hua ta-ko-ming" shih-nien shih*, 1966-1976(A history of the ten years of the"Great Cultural Revolution", 1966—1976). Tientsin: Jen-min, 1986.

高皋、严家其:《"文化大革命"十年史(1966—1976)》

[741] *Kao-teng chiao-yü yen-chiu* (Higher education research). Quarterly. Wuhan: 1980—.

《高等教育研究》

[742] Kao Wen-hsi. "china's cement industry", in *Chung-kuo ching-chi nien-chien*, 1982, Part V.

高文习（音）："中国的水泥工业"

[743] Kao Yü-pao. "How I became a writer." *Chinese Literature*, 6 (June 1972), 111—118.

　　高玉宝："我是怎样成为一名作家的"

[744] Kaplan, John. *The court-martial of the Kaohsiung defendants*. Berkeley: Institute of East Asian Studies, University of California, 1981.

　　约翰·卡普兰:《军事法庭上的高雄被告》

[745] Karnow, Stanley. *Mao and China: from revolution to revolution*. New York: Viking Press, 1972.

　　斯坦利·卡诺:《毛与中国:不断革命》

[746] Karnow, Stanley. *Vietnam, a history*. New York: Penguin Books; New Virk: Viking Press, 1983.

　　斯坦利·卡诺:《越南史》

[747] Kates, George N. *The years that were fat. the last of old China*. Cambridge, Mass. : MIT Press, 1976[1952]. Intro. by John K. Fairbank.

　　乔治·N. 凯茨:《丰收的年岁》

[748] Kau, Michael Y. M. [Ying-mao], ed. *The Lin Piao affair: power politics and military coup*. White Plains, N. Y. : IASP, 1975.

　　高英茂编:《林彪事件:权力政治和军事政变》

[749] Kau, Michael Y. M. , and Leung, John K. , eds. *The writings of Mao Zedong* 1949—1976. Vol. 1. *September* 1949—*December* 1955. Armonk, N. Y. : M. E. Sharpe, 1986.

　　高英茂、约翰·K. 龙（音）编:《毛泽东文选(1949—1976)》第 1 卷, 1949 年 9 月至 1955 年 12 月

[750] Kau, Ying-mao. "The case against Lin Piao." *CLG*, 5. 3—4 (Fall—Winter 1972—1973), 3—30.

　　高英茂:"反林彪事件"

[751] Keesing's Research Report. *The Sino-Soviet dispute*. Bristol: Keesing's, 1970; New York: Scribner, 1969.

　　基辛的研究报告:《中苏争端》

[752] Kerr, Clark, et al. *Observations on the relations between education and work in the People's Republic of China: report of a study group*. Berkeley, Ca-

lif. ：The Carnegie Council on Policy Studies in Higher Education,1978.

克拉克·克尔等编：《中国的教育和劳动关系评论》

[753] Kerr,George H. *Formosa betrayed*. Boston：Houghton Mifflin,1965.

乔治·H. 克尔：《被出卖的福摩萨》

[754] Kerr, George H. *Formosa：licensed revolution and the Home Rule movement*, 1895—1945. Honolulu：University Press of Hawaii,1974.

乔治·H. 克尔：《福摩萨：特许的革命与地方自治运动(1895—1945)》

[755] Kessen,William, ed. *Childhood in China*. New Haven,Conn：Yale University Press,1975.

威廉·凯森编：《中国的儿童》

[756] Kessler, Lawrence D. *K'ang-hsi and the consolidation of Ch'ing rule*, 1661—1684,Chicago：University of Chicago Press,1976.

劳伦斯·D. 凯塞勒：《康熙和清统治的巩固(1661—1684)》

[757] Kim,Ilpyong J. "Chinese Communist relations with North Korea：continuity and change."*JAS*,13. 4 (December 1970),59—78.

金日平(音)："中国共产党与北朝鲜关系的演变"

[758] Kim,Roy U. T. "Sino-North Korean relations."*Asian Survey*,8 (August 1968),17—25.

罗伊·U. T. 金："中国和北朝鲜的关系"

[759] Kim,Samuel S. *China,the United Nations,and world order*. Princeton,N. J. ：Princeton University Press. 1979.

塞缪尔·S. 金：《中国、联合国和世界秩序》

[760] Kim,Samuel S. ed. *China and the world：Chinese foreign policy in the post-Mao era*. Boulder,Colo. ：Westview Press,1984.

塞缪尔·S. 金：《中国与世界：毛以后时代中国的外交政策》

[761] Kim,Samuel S. "Chinese world policy in transition."*World Policy Journal*, 1. 3(Spring 1984),603—633.

塞缪尔·S. 金："中国转变中的世界政策"

[762] Kinkley,Jeffrey C. , ed. *After Mao：Chinese literature and society*, 1978—1981. Cambridge,Mass. ：Council on East Asian Studies, Harvard University,1985.

杰弗里·C. 金克利编：《毛以后：中国的文学和社会(1978—1981)》

[763] Kinmer, William R. , and Copper, John F. *A matter of two Chinas：the China-Taiwan issue in U. S. foreign policy.* Philadelphia：Foreign Policy Research Institute,1979.

威廉·R. 金特纳、约翰·F. 科珀:《两个中国问题》

[764] Kirkby, Richard. *Urbanization in China：town and country in a developing economy*,1949－2000 A. D. New York：Columbia University Press,1985.

理查德·柯克拜:《中国的城市化》

[765] Kissinger, Henry. *White House Years.* Boston：Little, Brown, 1979.

亨利·基辛格:《白宫岁月》

[766] Kissinger, Henry. *Years of upheaval.* Boston：Little, Brown, 1982.

亨利·基辛格:《动乱年代》

[767] *Kitai：obshchestvo i gosudarstvo* (China：society and the state). Moscow：Nauka,1973.

《中国:社会与国家》

[768] *Kitai：traditsii i sovremennost'* (China：traditions and the present). Moscow：Nauka,1976.

《中国:传统与现实》

[769] *Kitai i sosedi* (China and its neighbors). Moscow：Nauka,1982.

《中国及其邻国》

[770] Kitaiskaia Narodnaia Respublika 1973(－1979). (The People's Republic of China 1973[－1979]. Annual. Moscow：Nauka,1975－1981.

《中华人民共和国(1973－1979)》

[771] Kiuzazhian, L. S. *Ideologicheskie Kampanii v KNR* 1949－1966(Ideological campaigns in the PRC 1949－1966). Moscow：Nauka,1970.

L. S. 丘扎基里安:《中华人民共和国的意识形态运动(1949－1966)》

[772] Klein, Donald W. "The State Council and the Cultural Revolution", in John W. Lewis, ed. , *Party leadership and revolutionary power in China*,351－372.

唐纳德·W. 克莱因:"国务院和'文化大革命'"

[773] Klein, Donald W. "Peking's diplomats in Africa. "*Current Scene*,2. 36 (1 July 1964),1－9.

唐纳德·W. 克莱因:"在非洲的北京外交官"

[774] Klein, Donald W. , and Clark, Anne B. *Biographic dictionary of Chinese communism*, 1921 — 1965. 2 vols. Cambridge, Mass. : Harvard University Press, 1971.

唐纳德·W. 克莱因、安妮·B. 克拉克:《中国共产主义人名词典(1921—1965)》

[775] Klein, Donald W. , and Hager, Lois B. "The Ninth Central Committee", *CQ*, 45(January-March 1971), 37—56.

唐纳德·W. 克莱因、洛伊斯·B. 黑格:"第九届中央委员会"

[776] Klenner, Makiko. *Literaturkritik und politische Kritik in China : die Ausein-andersetzungen um die Literaturpolitik Zhou Yangs*. Bochum: Studienverlag Brockmeyer, 1979.

迈其高·克伦纳:《中国文艺与政治评论:周扬的文艺政治观》

[777] Klochko, Mikhail A. *Soviet scientist in Red China*. Trans. Andrew MacAndrew. New York: Praeger, 1964.

米哈伊尔·A. 克洛奇科:《在红色中国的苏联科学家》

[778] *KMJP. Kuang-ming jih-pao*.

《光明日报》

[779] Knight, Nick. *Mao Zedong's "On contradiction": an annotated translation of the pre-liberation text*. Griffith Asian Papers Series. Nathan, Queensland: Griffith University, 1981.

尼克·奈特:《毛泽东的〈矛盾论〉:解放前的注释译本》

[780] Knight, Nick. "Mao Zedong's *On contradiction and On practice*: pre-liberation texts." *CQ*, 84(December 1980), 641—668.

尼克·奈特:"毛泽东的《矛盾论》和《实践论》:解放前的版本"

[781] Ko Ch'in. "Hai-yen": (Stormy petrel). *Jem-min wen-hsueh*, 3 (1958), 31—50.

葛琴:《海燕》

[782] *Ko-ming shih ch'ao* (A transcript of revolutionary poems). 2 vols. Peking: Ti-erh wai-kuo-yü hsueh-yuan, 1977.

《革命诗抄》,北京第二外国语学院

[783] *Ko-ming-shih tzu-liao*(Reference materials of revolutionary history). Quarterly. Shanghai: 1979—. Formerly *Tang-shih tzu-liao*(Reference materials of

Party histroy).

《革命史资料》,原名《党史资料》

[784] Ko Pi-chou. *Pei-mang-shan hsin-hsing ssu-shou* (Four new songs of Pei-mang Mountain). *JMJP*, 24 March 1962.

戈壁舟:《北邙山新行四首》

[785] *K'o-chi jih-pao* (Science and technology news). 3/week. Peking: 1986—.

《科技日报》

[786] *K'o-hsueh wen-hua pao* (Scientific culture news). 3/week. Canton: 1984—.

《科学文化报》

[787] Koen, Ross Y. *The China lobby in American politics.* Ed. with an introduction by Richard C. Kagan. New York: Octagon Books, 1974; New York: Macmillan, 1960.

罗斯·Y. 科恩:《美国政治中的院外援华集团》

[788] Kokubun, Ryosei. "The politics of foreign economic policy-making in China: the case of plant cancellations with Japan. " *CQ*, 105 (March 1986), 19—44.

良清国分:"中国对外经济制定中的政治"

[789] *Kommunist.* 18/yr. Moscow: Pravda Tsentral'nogo Komiteta KPSS, 1924—. [Until 1952 published as *Bolshevik.*]

《共产党人》(1952 年以前为《布尔什维克》)

[790] *Komsomolskaya Pravda.* 300/yr. Moscow: Central Committee of the YCL, 1925—.

《共产主义真理报》

[791] Koo, Anthony Y. C. *The role of land reform in economic development: a case study of Taiwan.* New York: Praeger, 1968.

安东尼·Y. C. 顾(音):《土改在经济发展中的作用》

[792] *Krasnaia Zvezda* (Red star). Daily. Moscow: 1924—. [Central organ of Ministry of Defense of the USSR.]

《红星报》

[793] Kraus, Richard Curt. *Class conflict in Chinese socialism.* New York: Columbia University Press, 1981.

理查德·柯特·克劳斯:《中国社会主义的阶级斗争》

[794] Krivtsov, V [ladimir] A [leksaevich]; Markova, S. D. ; and Sorokin, V. F. ,

eds. *Sud'by kul'tury KNR* 1949—1974 (The fate of culture in the People's Republic of China 1949—1974). Moscow：Nauka，1978.

V. A. 基维佐夫、S. D. 马尔科娃、V. F. 索罗金编：《文化在中华人民共和国的命运(1949—1974)》

[795] 《*Kuan-yü chien-kuo-i-lai tang-ti jo-kan li-shih wen-t'i ti chuehVi*》*chu-shih-pen(hsiu-ting)*. (Revised annotated edition of the resolution on certain questions in the history of our party since the founding of the People's Republic). Peking：Jen-min，1985.

《关于建国以来党的若干历史问题的决议·注释本》

[796] "Kuan-yü kuo-min-tang tsao-yao wu-mieh ti teng-tsai so-wei'wu Hao ch'i-shih'wen-t'i ti wen-chien"(Document on the problems of the Kuomintang maliciously concocting and publishing the so-called 'Wu Hao no tice'). *Tang-shih yen-chiu*，1(1980)，8.

"关于国民党造谣诬蔑地登载所谓'伍豪启事'问题的文件"

[797] "Kuan-yü wo-kuo ti tui-wai ching-chi kuan-hsi wen-t'i"(On the question of our country's external economic relations). Editorial Department. *HC*,8(16 April 1982),2—10.

"关于我国的对外经济关系问题"

[798] *Kuang-chou wen-i*(Canton literature and art). Monthly. Canton：1973—. Formerly *Kung-nung-ping wen-i*(Worker-peasant-soldier literature and art).

《广州文艺》(原名《工农兵文艺》)

[799] *Kuang-ming jih-pao*(Enlightenment daily). Peking：1949—.

《光明日报》

[800] Kubin, Wolfgang, and Wagner, Rudolf G. , eds. *Essays in modern Chinese literature and literary criticism：papers of the Berlin Conference*，1978. Bochum：Germany：N. Brockmeyer，1982.

沃尔夫冈·库宾、鲁道夫·G. 瓦格纳编：《现代中国文学和文学评论文集：1978 年柏林会议论文集》

[801] Kuhn, Philip A. *Rebellion and its enemies in late Imperial China：militarization and social structure*，1796—1864. Cambridge, Mass. ：Harvard University Press，1970；paperback ed. with new preface，1980.

孔飞力:《中华帝国晚期的叛乱及其敌人:1796—1864年的军事化和社会结构》

[802] Kun,Joseph C. "North Korea:between Moscow and Peking. "*CQ*,31 (July-September 1967),48—58.

约瑟夫·C. 昆:"处在莫斯科与北京之间的北朝鲜"

[803] Kung Yü-chih. "Fa-chan k'o-hsueh pi-yu chih lu—chieh-shao Mao Tse-tung t'ung-chih wei ch'uan-tai'Ts'ung iVch'uan hsueh t'an pai-chia cheng-ming'i wen hsieh ti hsin ho an-yü"(The way which the development of science must follow-presenting Comrade Mao Tse-tung's letter and annotation relating to the republication of "Let a hundred schools of thought contend viewed from the perspective of genetics"). *Kuang-ming jih-pao*,28 December 1983.

龚育之:"发展科学必由之路——介绍毛泽东同志为转载'从遗传学谈百家争鸣'一文写的信和按语"

[804] Kung Yü-chih. "Mao Tse-tung yü tzu-jan k'o-hsueh"(Mao Tse-tung and the natural sciences),in Kung yü-chih et al. , eds. , *Mao Tse-tung ti tu-shu sheng-huo*,83—114.

龚育之:"毛泽东与自然科学"

[805] Kung yü-chih. "'Shih-chien lun'san t'i" (Three points regarding "On practice"),*in Lun Mao Tse-tung che-hsueh ssu-hsiang*,66—86.

龚育之:"《实践论》三题"

[806] *Kung yü-chih,P'ang Hsien-chih,and Shih Ch'ung-ch'üan. Mao Tse tung ti tu-shu sheng-huo*(Mao Tse-tung's reading activities). Peking:San-lien shu-tien,1986.

龚育之、逄先知和石仲泉:《毛泽东的读书生活》

[807] *Kun-lun* (Kunlun literary bimonthly). Bimonthly. Peking:1982—

《昆仑》

[808] *Kuo-chi wen-t'i yen-chiu* (Journal of interational studies). Quarterly. Peking:1959— .

《国际问题研究》

[809] Kuo Hsiao-ch'uan. *Kan-che-lin*(Sugarcane forest). Peking:Tso-chia,1963.

郭小川:《甘蔗林》

[810] Kuo Mo-jo. *Li Po yü Tu Fu*(Li T'ai-po and Tu Fu). Peking:Jen-min wen-

hsueh,1971.

　　郭沫若:《李白与杜甫》

[811] Kuo Mo-jo. *Mo-jo shi-tz'u hsuan* (Selected poems of[Kuo] Mo-jo). Peking: Jen-min wen-hsueh,1977.

　　郭沫若:《沫若诗词选》

[812] Kuo Mo-jo. "Chiu mn-ch'ien ch'uang-tso chung ti chi-ko wenVt'i"(Some current problems in creative writing). *Jen-min wen-hsueh*, I (1959),4—9.

　　郭沫若:"就目前创作中的几个问题"

[813] Kuo Mo-jo. "Three poems."*Chinese Literature*,1(1972),50—52.

　　郭沫若:"诗三首"

[814] Kuo Mo-jo. "On seeing'The monkey subdues the demon.'"Chinese Literature,4(1976),44.

　　郭沫若:"看《孙悟空三打白骨精》"

[815] Kuo Mo-jo. "Kuo Mo-jo's poem."*Chinese Literature*,4(1976),50.

　　郭沫若:"郭沫若诗词"

[816] Kuo Mo-jo and Chou Yang, comps. *Hung-ch'i ko-yao* (Songs of the red flag). *Peking:Hung-ch'i tsa-chih she*,1959. Trans. A. C. Barnes. *Songs of the red flag*. Peking:FLP,1961.

　　郭沫若、周扬编:《红旗歌谣》

[817] Kuo, Shirley W. Y. *The Taiwan economy in transition*. Boulder, Colo.：Westview Press,1983.

　　雪莉·W. Y. 郭(音):《转变中的台湾经济》

[818] *Kwangtung-sheng t'ung-chi nien-chien* (Kwangtung province statistical yearbook). Kwangtung Statistical Office,1985—.

　　《广东省统计年鉴》

[819] Kwong, Julia. *Chinese education in transmon：prelude to the Cultural Revolution*. Montreal:McGill-Queen's University Press,1979.

　　朱莉娅·匡(音):《转变中的中国教育:"文化大革命"的序幕》

[820] Kwong, Julia. *Cultural Revolution in China's schools*,*May* 1966—*April* 1969. Stanford,Calif.：Hoover Institution Press,1988.

　　朱莉娅·匡(音):《中国学校中的"文化大革命"(1966 年 5 月—1969 年 4 月)》

[821] Kyodo. News service.

共同社

[822] Kyoto Daigaku Jimbun Kagaku Kenkyusho. *Mō Takutō chosaku nenpyō* (Chronological table of Mao Tse-tung's works). Vol. 2. *Goi sakuin* (Glossary and index). Kyoto: Kyoto Daigaku Jimbun Kagaku Kenkyūsho, 1980.

京都大学人文科学研究所:《毛泽东著作年表》

[823] Kyriak, Theodore, ed. *Bibliography-index to U. S. JPRS resea-rch translations*, vols. 1—8. Annapolis, Md.: Research and Microfilm Publications, 1962—.

西奥多·基里亚克编:《美国联合出版物研究服务处研究译丛书目索引》

[824] Ladany, Laszlo. *The Communist Party of China and Marxism*, 1921—1985: a self-portrait. Stanford, Calif.: Hoover Institution Press. 1988.

拉斯兹罗·拉达尼:《中国共产党与马克思主义(1921—1985):自画像》

[825] Lai Chih-yen, ed. *Chieh-kuan ch'eng-shih ti kung-tso ching-yen* (Experience in the takeover work in cities). Peking: Jen-min, 1949.

赖志衍编:《接管城市的工作经验》

[826] Lampton, David M. *Policy implementation in post-Mao China*. Berkeley: University of California Press, 1987 [1985].

戴维·M. 兰普顿:《毛以后中国的政策贯彻》

[827] Lan Ch'eng-tung and Chang Chung-ju. "Aspirations and inclinations of this year's senior high school graduates: a survey of three high school in Shanghai. "Trans. *Chinese Sociology and Anthropology*, 16. 1—2(Fall—Winter 1983—1984), 159—169.

蓝成东、张钟汝:"当年高中毕业生的志愿和爱好:上海三所高中一览"

[828] Lang, Olga. *Chinese family and society*. New Haven, Conn.: Yale University Press; London: G. Cumberlege, Oxford University Press, 1946. Published under the auspices of the International Secretariat, Institute of Pacific Relations and the Institute of Social Research.

奥尔加·兰:《中国的家庭和社会》

[829] Lao She. *Wo je-ai hsin Pei-ching* (I love new Peking). Peking: Peking ch'u-pan-she, 1979.

老舍:《我热爱新北京》

[830] Lapwood, Ralph, and Lapwood, Nancy. *Through the Chinese revolution.* London: Spalding & Levy, 1954.

拉尔夫·拉普伍德、南希·拉普伍德:《中国革命纵览》

[831] Lardy, Nicholas R. *Economic growth and distribution in China.* Cambridge: Cambridge University Press, 1978.

尼古拉斯·R.拉迪:《中国的经济增长和分配》

[832] Lardy, Nicholas R. *Agriculture in China's modern economic development.* Cambridge: Cambridge University Press, 1983.

尼古拉斯·R.拉迪:《中国现代经济发展中的农业》

[833] Lardy, Nicholas. "Prices, markets and the Chinese Peasant." Center Discussion Paper, no. 428. New Haven, Conn.: Yale Economic Growth Center, December 1982.

尼古拉斯·拉迪:"价格、市场和中国农民"

[834] Lardy, Nicholas. "Agricultural prices in China." World Bank Staff Working Paper, no. 606. Washington, D. C.: The World Bank, 1983.

尼古拉斯·R.拉迪:"中国农业的价格"

[835] Lardy, Nicholas R. "The Chinese economy under stress, 1958—1965." *CHOC.* 14. 360—397.

尼古拉斯·R.拉迪:"困难重重的中国经济(1958—1965)"

[836] Lardy, Nicholas R., and Lieberthal, Kenneth, eds. *Chen Yun's strategy for China's development: a non-Maoist alternative.* Trans. Ma Fong and Du Anxia; introduction by the editors. Armonk, N. Y.: M. E. Sharpe, 1983.

尼古拉斯·R.拉迪、肯尼思·利伯撒尔编:《陈云的发展中国的战略:一种非毛主义的可取办法》

[837] Larkin, Bruce D. *China and Africa, 1949—1970: the foreign policy of the People's Republic of China.* Berkeley: University of California Press, 1971.

布鲁斯·D.拉金:《中国和非洲(1949—1970):中华人民共和国的外交政策》

[838] Lasater, Martin L. *The Taiwan issue in Sino-American strategic relations.* Boulder, Colo.: Westview Press, 1984.

马丁·L.拉萨特:《中美战略关系中的台湾问题》

[839] Lasater, Martin L. *Taiwan: facing mounting threats*. Washington, D. C. : Heritage Foundation, 1984[rev. 1987].

马丁·L. 拉萨特:《台湾》

[840] Latham, Richard J. "The implications of rural reforms for grass-roots cadres", in Elizabeth J. Perry and Christine Wong, eds. , *The political economy of reform in post-Mao China*, 157—173.

理查德·J. 莱瑟姆:"农村改革对基层干部的影响"

[841] Lau, D. C. *Mencius*. Harmondsworth: Penguin Books, 1970.

D. C 劳:《孟子》

[842] Lau, Joseph S. M. "The concepts of time and reality in modern Chinese fiction. " *Tamkang Review*, 4. 1(1973), 25—40.

约瑟夫·S. M. 劳:"现代中国小说中的时间概念和现实"

[843] Lau, Joseph S. M. "'How much truth can a blade of grass carry?': Ch'en Ying-chen and the emergence of native Taiwan writers. " *JAS*, 32. 4 (1973), 623—638.

约瑟夫·S. M. 劳:"'一叶小草能载多少真理?':陈映真与台湾乡土作家的出现"

[844] Lau, Joseph S. M. , and Ross, Timothy A. , eds. *Chinese stories from Taiwan*, 1960—1970. Foreward by C. T. Hsia. New York: Columbia University Press, 1976.

约瑟夫·S. M. 劳、蒂莫西·A. 罗斯编:《台湾的中国小说(1960—1970)》

[845] Lau, Lawrence J. , ed. *Models of development: a comparative study of economic growth in South Korea and Taiwan*. San Francisco: Institute for Contemporary Studies Press, 1986.

劳伦斯·J. 劳编:《发展模式:南朝鲜和台湾经济增长的比较研究》

[846] Lavely, W. R. "The rural Chinese fertility transition: a report from Shifang Xian, Sichuan. " *Population Studies*, 38(1984). 365—384.

W. R. 拉夫利:"中国农村出生率的变化:一份来自四川什邡县的报告"

[847] Lawson, Eugene K. , ed. *U. S. -China trade: problems and prospects*. New York: Praeger, 1988.

尤金·K. 劳森编:《美中贸易:问题和前景》

[848] *Le Monde*. Daily. Paris: 19 Dcember 1944— .

《世界报》

[849] Lee, Chae-jin. *Japan faces China : political and economic relations in the post-war* era. Baltimore: Johns Hopkins University Press, 1976.

　　李季银(音):《日本面对中国:战后的政治和经济关系》

[850] Lee, Chae-jin. *China and Japan : new economic diplomacy.* Stanford. Calif. : Hoover Institution Press, 1984.

　　李季银:《中国和日本:新经济外交》

[851] Lee, Edward Bing-Shuey [Li Ping-jui]. *Modern Canton.* Shanghai: Mercury Press, 1936.

　　李平锐(音):《现代广州》

[852] Lee, Hong Yung. *The politics of the Chinese Cultural Revolution : a case study.* Berkeley: University of California Press, 1978.

　　李洪勇(音):《中国"文化大革命"的政治:个案研究》

[853] Lee, Hong Yung. *Research guide to Red Guard publications*, 1966—1969. Armonk, N. Y. : M. E. Sharpe, 1991.

　　李洪勇:《红卫兵出版物研究指南(1966—1969)》

[854] Lee, Leo Ou-fan. "Modernism and romanticism in Taiwanese literature", in Jeannette L. Faurot, ed. , *Chinese fiction from Taiwan*, 6—30.

　　李欧凡:"台湾文学的现代派和浪漫主义"

[855] Lee, Leo Ou-fan. "Dissent literature from the Cultural Revolution. " *CLEAR* [*Chinese Literature : essays, articles, reviews*], 1(January 1979), 59—79.

　　李欧凡:"文化革命的异端文学"

[856] Lee Yee, ed. *The new realism : writings from China after the Cultural Revolution.* New York: Hippocrene Books, 1983.

　　李怡编:《新现实主义》

[857] Legge, James, trans. *The Chinese classics.* 5 vols. Reprinted Hong Kong: Hong Kong University Press, 1960 [1866].

　　詹姆斯·莱格译:《中国古典名著》

[858] Lei Wen. "Hsiao-shih i-shu" (A handful of poems). *Shih-k'an*, 12 (1979), 56.

　　雷雯:《小诗一束》

[859] Leifer, Michael. *Cambodia : the search for security.* New York:

Praeger, 1967.

迈克尔·利弗:《柬埔寨:寻求安全》

[860] Leifer, Michael. "*Cambodia and China: neutralism*, 'neutrality', and national security", in A. M. Halpern, ed., *Policies toward China: views from six continents*, 329—347.

迈克尔·利弗:"柬埔寨和中国:中立主义、'中立'和国家安全"

[861] Lenin, Vladimir I. "The state and revolution", in Henry M. Christman, ed., *Essential works of Lenin*. New York: Bantam Books, 1966, 271—364.

列宁:《国家与革命》

[862] Lerman, Arthur J. *Taiwan's politics: the provincial assemblyman's world*. Washington, D. C. : University Press of America, 1978.

阿瑟·J. 勒曼:《台湾的政治》

[863] "Letter of the Central Committee of the Party of Labour of Albania and the Council of Ministers of the P. S. R. of Albania to the Central Committee of the Communist Party of China and the State Council of the People's Republic of China on July 29, 1978. "*Zeri i Popullit*, 30 July 1978, in FBIS *Daily Report: Eastern Europe*, 1 August 1978, B 1—24.

"阿尔巴尼亚劳动党中央委员会和阿尔巴尼亚部长会议致中国共产党中央委员会和中华人民共和国国务院的信,1978 年 7 月 29 日"

[864] Leung, C. K. , and Ginsburg, Norton, eds. *China: urbanization and national development*. Chicago: Department of Geography, University of Chicago, 1980.

C. K. 伦格、诺顿·金斯伯格编:《中国:城市化和全国发展》

[865] Lewis, John Wilson, ed. *Party leadership and revolutionary power in China*. Cambridge: Cambridge University Press, 1970.

约翰·威尔逊·刘易斯编:《中国党的领导和革命的权力》

[866] Lewis, John Wilson, ed. *The city in Communist China*. Stanford, Calif: Stanford University Press, 1971.

约翰·威尔逊·刘易斯编:《共产党中国的城市》

[867] Lewis, John Wilson. "China and Vietnam", in University of Chicago Center for Policy Studies, *China briefing*, 53—56.

约翰·威尔逊·刘易斯:"中国和越南"

［868］ Leyda,Jay. *Dianying:an account of films and the film audience in China.* Cambridge,Mass. :MIT Press,1972.

　　杰伊·莱达:《电影:中国的电影和电影观念的情况》

［869］ Leys,Simon. *The Chairman's new clothes:Mao and the Cultural Revolution.* London:Allison & Busby,1977.

　　西蒙·利斯:《主席的新衣:毛和"文化大革命"》

［870］ Leys,Simon. *Chinese shadows.* Harmondsworth:Penguin Books,1978.

　　西蒙·利斯:《中国的阴影》

［871］ Leys,Simon. *Broken images:essays on Chinese culture and politics.* London:Allison & Busby,1979.

　　西蒙·利斯:《破损了的偶像:中国文化和政治论文集》

［872］ Li Chi. *Wang Kuei Yü Li Hsiang-hsiang* (Wang Kuei and Li Hsiang-hsiang). Peking:Chung-kuo jen-min wen-i ts'ung-shu,1949.

　　李季:《王贵与李香香》

［873］ Li Hsi-fan. "Intellectuals of a bygone age."*Chinese Literature*,12(December 1972),24—32.

　　李希凡:"往昔的知识分子"

［874］ Li Hung-k'uan. "Ode to the constitution",in David S. G. Goodman,*Beijing street voices:the poetry and politics of China's democracy movement*,70.

　　李巷宽(音):"宪法颂"

［875］ Li Jui. *Lun San-hsian kung-ch'eng* (On the Three Gorges project). Changsha:Hunan k'o-hsueh chi-shu,1985.

　　李锐:《论三峡工程》

［876］ Li Jui. "Ch'ung tu Chang Wen-t'ien ti 'Lu-shan ti fa-yen'" (On rereading Chang Wen-t'ien's intervention at Lu-shan). Tu-shu,8(1985),28—38.

　　李锐:"重读张闻天同志的'庐山的发言'"

［877］ Li,K. T.［Kuo-ting］. *The experience of dynamic economic growth on Taiwan.* Taipei:Mei Ya Publications,1976.

　　李国鼎:《台湾经济增长动力的经验》

［878］ Li Sheng-p'ing and Chang Ming-shu,eds. 1976—1986:*Shih-nien cheng-chih ta-shih-chi*1976—1986:(A record of the great politicai events of the ten years 1976—1986). Peking. Kuang-ming jih-pao,1988.

李盛平、张明澍编:《十年政治大事记(1976—1986)》.

[879] *Li-shih-ti shen-p'an* (A historical trial). Peking:Ch'ün-chung,1981.

《历史的审判》

[880] *Li-shih yen-chiu* (Historical research). Bimonthly. Peking:1954—.

《历史研究》

[881] Li,Victor H. *De-recognizing Taiwan*: *the legal problems*. Washington,D.

C. :Carnegie Endowment for International Peace,1977.

维克托·H.李:《不承认台湾:法律问题》

[882] Li,Victor H. ,ed. *The future of Taiwan*:*a difference of opinion*:*a dialogue* [among Trong R. Chai et al.] White Plains, N. Y. : M. E.
Sharpe,1980.

维克托·H.李编:《台湾的未来》

[883] Li Ying. Tsao-lin ts'un-chi(Jujube village collection). Peking:Jen-min,1972.

李瑛:《枣林村集》

[884] Li Ying. "Hsiao" (Laughter),in Li Ying,Tsao-lin ts'un-chi,71—73. Trans.
in *Chinese Literature*,8(August 1972),33—35.

李瑛:《笑》

[885] Li Yung-Ch'un, Shih Yuan-ch'in, and Kuo Hsiu-chih, eds. *Shih-i chieh san chung ch'üan-hui i-lai cheng-chih t'i-chih kai-ko ta-shih-chi* (A record of the major events of the reform of the political system since the Third Plenum of the 11th Central Committee). Peking:Ch'ün—ch'iu,1987.

李永春、史远芹、郭秀芝编:《十一届三中全会以来政治体制改革大事记》

[886] Liang Heng and Shapiro,Judith. *Son of the revolution*. New York:Vintage,
1984;New York: Khopf,1983.

梁恒、朱迪思·夏皮罗:《"文革"之子》

[887] Liang Hsiao. "Yen-chiu Ju-Fa tou-cheng ti li-shih ching-yen"(Study the historieal experience of the struggle between the Confucian and Legalist schools). *HC*,10(1974),56—70.

梁效:"研究儒法斗争的历史经验"

[888] Liang Shang-ch'üan. K'ai hua ti kuo-t'u (Flowering homeland). Peking:
Chung-kuo ch'ing-nien,1957.

梁上泉:《开花的国土》

[889] Liang Shahg-ch'üan. Shan-ch'üan chi(Mountain spring poems). Peking. Ts-ochia,1963.

梁上泉：《山泉集》

[890] *Liang yung jen-ts'ai pao* (Dual purpose personnel news). Weekly. Cheng - tu：1984—.

《两用人才报》

[891] Liao Kai-lung. Ch'üan-mien chien-she she-hui-chu-i ti tao-lu(The road to building socialism in an all-round way). *Yun-nan she-hui k'o-hsueh*,2(March 1982),1—8,and Peking:Chung-kung chung-yang tang-hsiao,1983.

廖盖隆：《全面建设社会主义的道路》

[892] Liao Kai-lung. *Tang-shih t'an-so* (Explorations in Party history). Peking：Chung-kung chung-yang tang-hsiao,1983.

廖盖隆：《党史探索》

[893] Liao Kal-lung. "Kuan-yü hsueh-hsi 'chueh-i'chung t'i-ch'u ti i-hsieh wen-t'i ti chieh-ta"(Answers and explanations regarding some questions which have been posed in connection with the study of the"Resolution[of 27 June 1981]"). *Yun-nan she-hui k'o-hsueh*,2(March 1982),101—110.

廖盖隆："关于学习《决议》中提出的一些问题的解答"

[894] Liao Kai-lung. "Kuan-yü Mao Tse-tung kung-kuo p'ing-chia ho she-hui-chu-i kao-tu min-chu-tui Shih-la-mn chiao-shou lun Mao Tse-tung ti chi p'ien wen-chang ti p'ing-shu"(Regarding the evaluation of Mao Tse-tung's merits and faults,and high-level socialist democracy—a commentary and evaluation on several articles by Professor Schram on Mao Tse-tung),in Liao Kai-lung,*Ch'üan-mien*…,319—337.

廖盖隆："关于毛泽东功过评价和社会主义高度民主——对施拉姆教授论毛泽东的几篇文章的评述"

[895] Liao Kai-lung. "Li-shih ti ching-yen ho wo-men ti fa-chan tao-lu" (The ex-perience of history and the path of our development). *CKYC*. 9 (September 1981),101—177.

廖盖隆："历史的经验和我们的发展道路"

[896] Liao Kai-lung. "She-hui-chu-i she-hui chung ti chieh-chi tou-cheng ho jen-min nei-pu mao-tun wen-t'i"(The problem of class struggle and of contra-

dictions among the people in socialist society), in Liao Kai-lung, ch'üan-mien…,229—283.

廖盖隆:"社会主义社会中的阶级斗争和人民内部矛盾问题"

[897] Liao Kuang-sheng. *Antiforeignism and modernization in China*, 1860—1980: *linkage between domestic politics and foreign policy.* Foreword by Allen S. Whiting. Hong Kong: Chinese University Press; New York: St. Martin's Press,1984.

廖广胜(音):《排外主义与中国的现代化(1860—1980):国内政治与外交政策的联系》

[898] *Liberation Army News*. See *Chieh-fang-chün pao*.

《解放军报》

[899] Lieberthal, Kenneth. *A research guide to central Party and government meetings in China* 1949—1975. Foreword by Michel Oksenberg. Michigan Papers in Chinese Studies, Special Number. White Plains, N. Y. : International Arts and Sciences Press,1976.

肯尼思·利伯撒尔:《中共中央和政府会议研究指南(1949—1975)》

[900] Lieberthal, Kenneth G. *Sino-Soviet conflict in the* 1970s: *its evolution and implications for the strategic triangle.* Santa Monica, Calif. : The RAND Corporation, R-2342-NA, July 1978.

肯尼思·G. 利伯撒尔:《70 年代的中苏冲突:演变及其对战略三角的影响》

[901] Lieberthal, Kenneth G. *Revolution and tradition in Tientsin*, 1949—1952. Stanford, Calif. : Stanford University Press,1980.

肯尼思·G. 利伯撒尔:《天津的革命和传统(1949—1952)》

[902] Lieberthal, Kenneth G. "The foreign policy debate as seen through allegorical articles,1973—1976. "*CQ*,71(September 1977),528—554.

肯尼思·G. 利伯撒尔:"讽刺文章反映出的外交政策争论(1973—1976)"

[903] Lieberthal, Kenneth. "The Great Leap Forward and the split in the Yenan leadership. "*CHOC*,14. 293—395.

肯尼思·利伯撒尔:"'大跃进'与延安领导层的分裂"

[904] Lieberthal, Kenneth, and Dickson, Bruce J. *A research guide to central Party and government meetings in China* 1949—1986. Armonk, N. Y. : M. E.

Sharpe,rev. and expanded ed. ,1989.

肯尼思・利伯撒尔、布鲁斯・J.迪克森:《中共中央和政府会议研究指南（1949－1986）》

[905] Lieberthal,Kenneth,and Oksenberg,Michel. *Policy making in China：leaders，structures，and processes.* Princeton，N. J.：Princeton University Press,1988.

肯尼思・利伯撒尔、米切尔・奥克森伯格:《中国的政策制定:领导人、结构和过程》

[906] Lieberthal,Kenneth,withnthe assistance of James Tong and Sai-cheung Yeung. *Central documents and Politburo politics in China.* Ann Arbor:Center for Chinese Studies,University of Michigan,1978.

肯尼思・利伯撒尔等:《中共中央文件和政治局政治》

[907] *Lien-ho pao*(United daily news). Taipei:1951－.

《联合报》

[908] Lifton,Robert Jay. *Revolutionary immortality：Mao Tse-tung and the Chinese Cultural Revolution.* New York:Random House,1968.

罗伯特・杰伊・利夫顿:《革命的不朽:毛泽东和中国的"文化大革命"》

[909] Lim T'ianbeng. "The Black March of 1947." *The Formosan Taiwandang* (Spring 1969).

李天奔(音):"1947 年的'黑色三月'"

[910] Lin Ch'ing-shan. *K'ang Sheng wai-chuan*(An unofficial biography of K'ang Sheng),Peking:Chung-Kuo ch'ing-nien,1988.

林青山:《康生外传》

[911] Lin, Julia. *Modern Chinese poetry：an introduction.* Seattle:University of Washington Press,1972.

朱莉娅・林:《中国现代诗歌介绍》

[912] Lin Man-shu et al. *Chung-kuo tang-tai wen-hsueh shih-kao*(Draft history of contemporary Chinese literature). Paris:Pa-li ti-ch'i ta-hsueh tung-ya ch'u-pan chung-hsin (University of Paris VII, East Asian Publication Center),1978.

林曼叔等:《中国当代文学史稿》,巴黎第七大学东亚出版中心

[913] Lin Piao. "Long live the victory of People's War!" *PR*, 8. 36 (September

1965),9—30. Also Peking:FLP,1965.

林彪:"人民战争胜利万岁!"

[914] Lin Piao. "Report to the Ninth National Congress of the Communist Party of China. "*PR*,12. 18(30 April 1969),16—35.

林彪:"在中国共产党第九次全国代表大会上的报告"

[915] Lin Piao. "Address to Politburo"(18 May 1966). *CLG*,2. 4(Winter 1969—1970),42—62.

林彪:"在政治局扩大会议上的发言"

[916] "Lin Piao's speech at the Military Academy. "*Issues & Studies*(Taipei),8. 6 (March 1972),75—79.

"林彪在军事学院的讲话"

[917] Lin Tou-tou. "Vice-chairman Lin Piao on writing. " *Huo-chü t'ung-hsun* (Torch bulletin [Canton]), 1 (July 1968). Quoted from *SCMM*, 630 (1968),1—7.

林豆豆:"林副主席论写作"

[918] Lin, Yih-tang, comp. *What they say:a collection of current Chinese underground publications*. Taipei:Institute of Current China Studies, n. d. [1980?].

林一堂:《它们如是说:当年中国的地下出版物集》

[919] Lin Yueh-hwa [Yao-hua]. *The golden wing:a sociological study of Chinese familism*. London:Kegan Paul, Trench, Trubner, 1948. Issued under the auspices of the International Secretariat,Institute of Pacific Relations.

林耀华:《金翅:中国家族制度的社会学研究》

[920] Lindbeck,John M. H. *Understanding China:a report to the Ford Foundation*. New York:Praeger,1971.

约翰·M. H. 林德贝克:《了解中国:给福特基金会的报告》

[921] Lindbeck,John M. H. , ed. *China:management of a revolutionary society*. Seattle:University of Washington Press,1971.

约翰·M. H. 林德贝克编:《中国:一个革命社会的管理》

[922] Lindqvist, Sven. *China in crisis*. Trans. Sylvia Clayton. New York: Crowell,1963.

斯文·林奎斯特:《危急中的中国》

[923] Ling, Ken. *The revenge of heaven*: *Journal of a young Chinese*. Trans. Miriam London, and Lee Ta-ling. New York: Putnam, 1972.

肯·林:《上天的报应》

[924] Ling, ken. *Red Guard*: *from schoolboy to "Little General" in Mao's China*. New York: Putnam, 1972.

肯·林:《毛的中国的红卫兵:从中学生到"小将"》

[925] Link, Perry, ed., *Stubborn weeds*: *popular and controversial Chinese literature after the Cultural Revolution*. Bloomington: Indiana University Press, 1983.

佩里·林克编:《顽强的毒草》

[926] Link, Perry, ed. *Roses and thorns*: *the second blooming of the Hundred Flowers in Chinese fiction*, 1979—1980. Berkeley: University of California Press, 1984.

佩里·林克编:《玫瑰与刺》

[927] *Literature East and West*. Quarterly. New York: Modern Language Association of America, 1953—.

《东西方文学》

[928] *Literaturnaya Gazeta*. Weekly. Moscow: Soyuz Pisatelei SSSR, 1929—.

《文学报》

[929] Liu Ch'ing. *The builders*. Peking: FLP, 1964.

柳青:《建设者们》

[930] Liu Hsin-wu. "Pan-chu-jen" (The class teacher). Jen-min wen-hsueh, 11 (November 1977), 16—29. Trans. in *Chinese Literature*, 1 (January 1979), 15—36.

刘心武:《班主任》

[931] Liu Hsin-wu. "Hsiang mn-ch'in shuo-shuo hsin-li hua" (Telling mother what's on my mind). *Shang-hai wen-hsueh*, 12(1979), 80—85.

刘心武:"向母亲说说心里话"

[932] Liu Hisn-wu. "Telling mother what's on my mind." Trans. Helena Kolenda, in Howard Goldblatt, ed. *Chinese literature for the 1980s*…, 137—138.

刘心武:"向母亲说说心里话",海伦娜·科伦达译

[933] .Liu, James J. Y. *The Chinese knight-errant*. Chicago: University of Chicago:

Press;London:Routledge & Kegan Paul,1967.

　　詹姆斯·J. Y. 刘:《中国侠客》

[934] Liu,Kwang-ching,and Smith,Richard J. "The military challenge:The northwest and the coast."*CHOC*,11. 202—273.

　　刘广京、理查德·J. 史密斯:"西北与沿海的军事挑战"

[935] Liu Pin-yen. "Pen-pao nei-pu hsiao-hsi" (Exclusive-confidential). *Jen-min wen-hsueh*,6(1956),6—21 and 10(1956),48—59.

　　刘宾雁:"本报内部消息"

[936] [Liu Shao-ch'i]. *Collected works of Liu Shao-ch'i*,1945—1957. Hong Kong:Union Research Institute,1969. *Collected works of Liu Shao-ch'i*,1958—1967. Hong Kong:Union Research Institute,1968.

　　刘少奇:《刘少奇选集(1945—1957)》

[937] Liu Shao-ch'i. "Report on the question of agrarian reform"delivered at the Committee of the Chinese People's Political Consultative Conference,14 June 1950,in *Collected works of Liu Shao-ch'i* 2. 215—233.

　　刘少奇:"关于土地改革问题的报告"

[938] Liu Shao-ch'i et al. *Hsin-min-chu chu-yi ch'eng-shih cheng-ts'e* (New democratic urban policies). Hong Kong:Hsin-min-chu,1949.

　　刘少奇等:"新民主主义城市政策"

[939] [Liu Shao-ch'i]. *Liu chu-hsi yü-lu* (Sayings by Chairman Liu) Hong Kong:Tzu-lien,1967.

　　[刘少奇]《刘主席语录》

[940] [Liu Shao-ch'i]. *Liu Shao-ch'i hsuan-chi* (Selected works of Liu Shao-ch'i). Peking:Jen-min,vol. 1,1981;vol. 2,1985.

　　《刘少奇选集》

[941] Liu Shao-t'ang "Wo tui tang-ch'ien wen-i wen-t'i ti i-hsieh ch'en-chien" (Some thoughts on literary problems today). *Wen-i hsueh-hsi*,5 (1957),7—10.

　　刘绍棠:"我对当前文艺问题的一些浅见"

[942] Liu Shao-tong. *Out of Red China*. Trans. Jack Chia and Henry Walter;introduction by Dr. Hu Shih. New York:Duell,Sloan & Pearce;Boston:Little,Brown,1953.

刘少通(音):《走出红色中国》

[943] *Liu-shih-nien wen-i ta-shih-chi*,1919—1979(Major cultural events of sixty years,1919—1979). Peking:Institute of Literary and Artistic Research, Ministry of Culture,October 1979.

《六十年文艺大事记(1919—1979)》

[944] Liu Shu—mao. "An introduction to the several types of production responsibility systems currently in use in our rural areas."*Ching-chi kuan-li*,9(15 September 1981),12—14.

刘绪茂:"我国农村目前实行的几种生产责任制介绍"

[945] Lo Jui-ch'ing. "Commemorate the victory over German fascism Carry the struggle against U. S. imperialism through to the end!"*HC*,5(1965),in *PR*,8. 20(14 May 1965),7—15.

罗瑞卿:"纪念战胜德国法西斯 把反对美帝国主义的斗争进行到底!"

[946] Lo Jui-ch'ing. "The people defeated Japanese fascism and they can certainly defeat U. S. imperialism too."*NCNA*,4 September 1965,in *CB*,770(14 September 1965),1—12.

罗瑞卿:"人民打败了日本法西斯主义,当然也能打败美帝国主义"

[947] Lo,Ruth Earnshaw,and Kinderman,Katherine S. *In the eye of the typhoon: an American woman in China during the Cultural Revolution*. Introduction by John K. Falrbank. New York:Harcourt Brace Jovanovich, 1980.

鲁斯·厄恩肖·罗、凯瑟琳·S.金德曼:《在外国人眼里:一个美国妇女在中国"文化大革命"中的经历》

[948] Löfstedt, Jan-Ingvar. *Chinese educational policy:Changes and contradictions*,1949—1979. Stockholm:Almqvist & Wiksell International;Atlantic Highlands,N. J. ;Humanities Press,1980.

简-英格瓦尔·洛夫斯泰德:《中国的教育政策:改革与矛盾(1949—1979)》

[949] Loh, Robert,as told to Humphrey Evans. Escape from Red China. New York:Coward-McCann,1962.

罗伯特·洛:《逃出红色中国》

[950] *Look*. Biweekly. Des Moines,Iowa:Cowles Pub,1937—1971.

《展望》

[951] Lord, Bette[Bao], [Sansan, as told to]. *Eighth moon：the true story of a young girl's life in Communist China.* New York：Harper & Row, 1964.

包柏漪：《第八个月亮》

[952] *Los Angeles Times.* Daily. Los Angeles Times Mirror Co. ；4 December 1881—.

《洛杉矶时报》

[953] Lotta, Raymond, ed. *And Mao makes 5：Mao Tse-tung's last great battle.* Chicago：Banner Press, 1978.

雷蒙德·洛塔编：《和毛等于五：毛泽东的最后一次大战》

[954] Lovelace, Daniel D. *China and "People's War" in Thailand*, 1964—1969. Berkeley：Center for Chinese Studies；University of California, 1971.

丹尼尔·D. 洛夫莱斯：《中国与泰国的"人民战争"(1964—1969)》

[955] Low, Alfred D. *The Sino-Soviet dispute：an analysis of the polemics.* Rutherford, N. J. ；Fairleigh Dickinson University Press, 1976.

艾尔弗雷德·D. 洛：《中苏争端》

[956] Lowe, H. Y. *The adventures of Wu：the life cyclce of a Peking man.* Introduction by Derk Bodde. Princeton, N. J. ： Princeton University Press, 1983.

H. Y. 洛：《吴的历险记》

[957] Lowenthal, Richard. *World communism：the disintegration of a secular faith.* New York：Oxford University Press, 1964.

理查德·洛温撒尔：《共产主义世界》

[958] Lu Hsin-hua. "Shang-hen"(The scar), in *I-chiu-ch'i-pa nien ch'üan-kuo yu-hsiu tuan-p'ien hsiao-shuo p'ing-hsuan tso-p'in-chi*, 244—258.

卢新华："伤痕"

[959] Lu Hung. Lun ch'eng-hsiang ho-tso (On urban-rural cooperation). Peking：San-lien shu-tien, 1949.

卢藇：《论城乡合作》

[960] Lu Ting-i. "Speech at the opening ceremony of the Festival of Peking Opera on Contemporary Themes", in *A great revolution on the cultural front*, 78—86.

陆定一："在现代戏观摩演出京剧开幕式上的讲话"

[961] Lum, Peter. *Peking：1950—1953.* London：Robert Hale, 1958.

彼得·卢姆：《北京(1950—1953)》

[962] *Lun Mao Tse-tung che-hsueh ssu-hsiang* (On Mao Tse-tung's philsopohical thought). Peking:Jen-min,1983.

《论毛泽东哲学思想》

[963] Lutz,Jessie Gregory. *China and the Christian colleses*,1850—1950. Ithaca, N. Y. :Cornell University Press,1971.

杰西·格雷戈里·卢茨:《中国与教会学校(1850—1950)》

[964] Ma,Laurence J. C. *Cities and city planning in the People's Republic of China:an annotated bibliography.* Washington,D. C. :Office of Policy Development and Research,U. S. Department of Housing and Urban Development,1980.

劳伦斯·J. C. 马:《中华人民共和国的城市和城市规划》

[965] Ma,Laurence J. C. ,and Hanten,Edward W. , eds. *Urban development in modern China.* Boulder,Colo. :Westview Press,1981.

劳伦斯·J. C. 马、爱德华·W. 汉顿编:《现代中国城市的发展》

[966] MacFarquhar,Roderick. *The origins of the Cultural Revolution*,1:*contradic-tions among the people* 1956—1957. London:Oxford University Press; New York:Columbia University Press,1974.

罗德里克·麦克法夸尔:《"文化大革命"的起源,1. 人民内部矛盾(1956—1957)》

[967] MacFarquhar,Roderick. *The origins of the Cultural Revolution*,2:*the Great Leap Forward* 1958—1960. London:Oxford University Press;New York:. Columbia University Press,1983.

罗德里克·麦克法夸尔:《"文化大革命"的起源,2. "大跃进"(1958—1960)》

[968] MacFarquhar,Roderick;Cheek,Timothy;and Wu,Eugene,eds, *The secret speeches of Chairman Mao:from the Hundred Flowers to the Great Leap Forward.* Cambridge,Mass. :Council on East Asian Studies,Harvard University,1989.

罗德里克·麦克法夸尔、蒂莫西·奇克、尤金·吴编:《毛主席的秘密讲话:从百花齐放到"大跃进"》

[969] MacFarquhar,Roderick. "Passing the baton in Beijing."*The New York Review of Books*,35. 2(18 February 1988),21—22.

罗德里克·麦克法夸尔:"北京的交接班"

[970] MacInnis, Donald E., comp. *Religious policy and practice in communist China* : a documentary history. New York: Macmillan, 1972.

唐纳德·E.麦克恩斯:《共产党中国的宗教政策及其实践》

[971] Mackerras, Colin. *The Chinese theatre in modern times, from* 1840 *to the present day.* Amherst: University of Massachusetts Press, 1975.

科林·麦克拉斯:《1840年以来中国的戏剧》

[972] .Mackerras, Colin. "Chinese opera after the Cultural Revolution (1970 — 1972)." *CQ*, 55 (July—September 1973), 478—510.

科林·麦克拉斯:"'文革'后的京剧(1970—1972)"

[973] Madsen, Richard. *Morality and power in a Chinese village.* Berkeley: University of California Press, 1984.

理查德·马德森:《一个中国乡村的伦理和权力》

[974] Madsen, Richard. "Religion and feudal superstition." *Ching feng* (Hong Kong), 1980, 190—218.

理查德·马德森:"宗教与封建迷信"

[975] Major, John S., ed. *China briefing*, 1985. Boulder, Colo. : Westview Press, 1987[1986].

约翰·S.梅杰编:《中国简况》

[976] Makarov, M. I., ed al. *Vneshniaia politika KNR* (Foreign policy of the PRC). Moscow: Izdatel'stvo Mezdunarodnye Otnosheniia, 1971.

M. I.马卡罗夫等编:《中华人民共和国的外交政策》

[977] Mancall, Mark, ed. *Formosa today.* Derived from a special issue of CQ, 15 (July—September 1963). New York: Praeger, 1963.

马克·曼考尔编:《今日福摩萨》

[978] *Manchester Guardian.* Daily. Manchester: 1 May 1821 — 22 Angust 1959. Continued by *Guardian*, 24 August 1959—.

《曼彻斯特卫报》

[979] Mantri, Om Prakash. *Five years in Mao's China.* New Delhi: Perspective Publications, 1964.

奥姆·普拉卡什·曼特里:《在毛的中国的五年》

[980] *Mao Chu-hsi chiao-yü yü-lu* (Quotations from Chairman Mao on education).

Peking: Peking tien-chi hsueh-hsiao Tung-fang-hung kung-she (East is Red Commune of the Peking Electrical School), July 1967.

北京电机学校东方红公社编:《毛主席教育语录》

[981] *Mao Chu-hsi kuan-yü kuo-nei min-fus wen-t'i ti lun-shu hsuari-pien* (Selections from Chairman Mao's expositions regarding problems of nationalities within the country). Peking: Kuo-chia min-tsu shih-wu wei-yuan-hui ti-san ssu (Third Department of the State Commission on Minority Affairs), October 1978.

国家民族事务委员会第三司:《毛主席关于国内民族问题的论述选编》

[982] *Mao Chu-hsi tui P'eng, Huang, Chang, Chou fan-tang chi-t'uan ti P'i-p'an* (Chairman Mao's criticism and repudiation of the P'eng, Huang, Chang, Chou anti-Party clique). Peking: n. p., 1967.

《毛主席对彭、黄、张、周反党集团的批判》

[983] *Mao Chu-hsi wen-hsuan* (Selected writings by Chairman Mao). n. p., n. d.

《毛主席文选》

[984] Mao Mao. "In the days spent in Kiangsi." *JMJP*, 22 August 1984, in FBIS *Daily Report: China*, 23 August 1984, K1—K6.

毛毛:"在江西的日子里"

[985] Mao, *MTHC*. See Mao Tse-tung. *Hsuan-Chi*

《毛泽东选集》

[986] Mao Tse-tung. See also *Mao Chu-hsi*···

毛泽东

[987] Mao Tse-tung. *Hsuan-chi* (selected works). Peking: Jen-min, vols. 1—4, 1960; vol. 5, 1977. Cited as *MTHC*.

《毛泽东选集》

[988] Mao, *SW*. see Mao Tse-tung, *Selected works of Mao Tse-tung*.

《毛泽东选集》

[989] Mao Tse-tung. *Selected works of Mao Tse-tung* [English trans.]. Peking: FLP, vols. 1—3, 1965; vol. 4, 1961; vol. 5, 1977. Cited as Mao, *SW*.

《毛泽东选集》英文版

[990] Mao Tse-tung. *Selected readings*. Peking: FLP, 1967. Trans. of an earlier, and substantially different, version of *Mao Tse-tung chu-tso hsuan-tu*.

《毛泽东著作选读》

[991] Mao Tse-tung. *Miscellany of Mao Tse-tung Thought* (1949—1968). 2 vols. Arlington, Va. : Joint Publications Research Service, Nos, 61269—1 and—2, 20 February 1974. [Trans. of materials from *Mao Tse-tung ssu-hsiang wan-sui.*]

《毛泽东思想杂录》

[992] *Mao Tse-tung. Pien-cheng wei-wu-lun : chiang-shou t'i-kang* (Dialectical materialism : lecture notes). Dairen : Ta-chung shu-tien, n. d. [c. 1946]

《辩证唯物论:讲授提纲》

[993] *Mao Tse-tung ssu-hsiang wan-sui!* (Long live Mao Tse-tung Thought!). Peking : n. p. , 1967 Cited as *Wan-sui* (1967).

《毛泽东思想万岁!》(1967 年)

[994] *Mao Tse-tung ssu-hsiang wan-sui.* Peking : n. p. , 1967. Supplement. Cited as *Wan-sui* (Supplement).

《毛泽东思想万岁》(附录)

[995] *Mao Tse-tung ssu-hsiang wan-sui!* Peking : n. p. , 1969. Cited as *Wan-sui* (1969).

《毛泽东思想万岁》(1969 年)

[996] *Mao Tse-tung che-hsueh ssu-hsiang* (*chai-lu*) (Mao Tse-tung's philosophical thought[extracts]). Compiled by the Department of Philosophy of Peking University. Peking : 1960.

《毛泽东哲学思想(摘录)》

[997] *Mao Tse-tung t'ung-chih lun Ma-k'o-ssu-chu-i che-hsueh* (*chai-lu*) (Comrade Mao Tse-tung on Marxist philosophy[extracts]). Urumchi : Sinkiang : ch'ing-nien, 1960. Compiled by the Office for Teaching and Research in Philosophy of the Party School under the Chinese Communist Party Committee, Sinkiang Uighur Autonomous Region.

《毛泽东同志论马克思主义哲学(摘录)》

[998] *Mao Tse-tung chu-tso, yen-lun, wen-tien mu-lu* (A bibliography of Mao Tse-tung's writings, speeches, and telegrams). Peking : Chung-kuo jen-min chieh-fang-chün cheng-chih hsueh-yuan hsun-lien pu t'u-shu tzu-liao kuan, February 1961.

《毛泽东著作、言论、文章目录》

[999] Mao Tse-tung. *Selected letters*. See *Mao Tse-tung shu-hsin hsuan-chi*.

《毛泽东书信选集》

[1000] Mao Tse-tung. *Quotations from Chairman Mao Tse-tung*. Peking:Jen-min, 1966.

《毛主席语录》

[1001] Mao Tse-tung. *A critique of Soviet economics*. Trans by Moss Roberts. New York:Monthly Review Press,1977.〔A translation of Mao Tse-tung, "Tu'cheng-chih ching-chi-hsueh…'"〕.

《读苏联〈政治经济学教科书〉谈话记录的论点汇编》

[1002] *Mao Tse-tung shu-hsin hsuan-chi* (Selected letters of Mao Tse-tung). Peking:Jen-min,1983.

《毛泽东书信选集》(1983 年)

[1003]〔Mao Tse-tung〕. *Chien-kuo i-lai Mao Tse-tung wen-kao* (Draft writings by Mao Tse-tung since the establishment of the regime). vol. 1: *September 1949 — December* 1950. vol. 2:1951. vol. 3:1952. vol. 4: 1953 — 1954. Peking:Chung-yang wen-hsien,1987—1990.

《建国以来毛泽东文稿》

[1004] Mao Tse-tung. *Mao Chu-hsi Shih-tz'u san-shih-ch'i shou* (Thirty-seven poems by Chairman Mao). Peking:Wen-wu,1963.

《毛主席诗词三十七首》

[1005] *Mao Tse-tung chu-tso hsuan-tu* (Selected readings from Mao Tse-tung's writings). 2 vols. Peking:Jen-min,1986.

《毛泽东著作选读》(1986 年)

[1006] *Mao Tse-tung che-hsueh P'i-chu-chi* (Mao Tse-tung's collected annotations on philosophy). Peking:Chung-yang wen-hsien,1988.

毛泽东:《矛盾论》

[1007] Mao Tse-tung. "Mao-tun lun"(On contradiction). *MTHC*,1. 278—326

毛泽东:《矛盾论》

[1008] Mao Tse-tung. "Ch'ing-nien yun-tung ti fang-hsiang"(The orientation of the youth movement).〔Speech on the 20th anniversary of the May 4th Movement〕. *MTHC*,2. 549—557.

毛泽东:"青年运动的方向"

[1009] Mao Tse-tung. "Chung-kuo ko-ming yü Chung-kuo kung-ch'an-tang"(The Chinese revolution and the Chinese Communist Party). *MTHC*, 2. 615-650.

毛泽东:"中国革命与中国共产党"

[1010] Mao Tse-tung. "Hsin min-chu chu-i lun"(On new democracy). *MHTC*, 2. 655—704.

毛泽东:"新民主主义论"

[1011] Mao Tse-tung. "Lun jen-min min-chu chuan-cheng: chi-nien Chung-kuo kung-ch'an-tang erh-shih-pa chou-nien" (On the People's Democratic Dictatorship: in commemoration of the 28th anniversary of the Chinese Communist Party). *MTHC*, 4. 1473—1486.

毛泽东:"论人民民主专政:纪念中国共产党二十八周年"

[1012] Mao Tse-tung. "Tsai Sheng, shih, tzu-chih-ch'ü tang-wei shu-chi hui -i shang ti ch; ang-hua" (Talk at the meeging of provincial, municipal, and autonomous area Party secretaries)[27 January 1957]. *MTHC*, 5. 368.

毛泽东:"在省、市、自治区党委书记会议上的讲话"

[1013] Mao Tse-tung. "Kuan-yü cheng-ch'ueh ch'u-li jen-min nei-pu mao-tun ti wen-t'i" (On the correct handling of contradictions among the people). [Talk of 27 February 1957]. *MTHC*, 5. 392.

毛泽东:"关于正确处理人民内部矛盾的问题"

[1014] Mao Tse-tung. "Tso ko-ming ti ts'u-chin-p'ai"(Be promoters of progress) [Speech at the Third Plenum 9 October 1957). *MTHC*, 5. 497.

毛泽东:"做革命的促进派"

[1015] Mao Tse-tung. "I-ch'ieh fan-tung-P'ai to shih chih lao-hu"(All reactionaries are paper tigers). [Speech of 18 November 1957 in Moscow]. *MTHC*, 5. 531.

毛泽东:"一切反动派都是纸老虎"

[1016] Mao Tse-tung. "Lun shih ta kuan-hsi"(On the ten great relationships). *MTHC*, 5. 267—288. Trans. in Stuart R. Schram, ed. ,*Mao Tse-tung unrehearsed*.

毛泽东:"论十大关系"

[1017] Mao Tse-tung. "Report on an investigation of the peasant movement in Hunan. "[March 1927]. Mao, *SW*, 1. 23-59. (Pages vary in different editions.)

毛泽东:"湖南农民运动考察报告"

[1018] Mao Tse-tung. "Talks at the Yenan forum on literature and art. "*Mao*, *SW*, 3. 69－98.

毛泽东:"在延安文艺座谈会上的讲话"

[1019] Mao Tse-tung. "Tu'cheng-chih ching-chi-hsueh chiao-k'o shu'"(Reading notes on the [Soviet] textbook of political economy). *Wan-sui* (1967), 167-247. The best English version is Mao Tse-tung, *A critique of Soviet economics*, q. v.

毛泽东:"读《政治经济学教科书》"

[1020] Mao Tse-tung. "Tsai Hangchow hui-i shang ti chiang-hua"(Talk at the Hangchow meeting[December 1965]. *Wan-sui*(1969).

毛泽东:"在杭州会议上的讲话"

[1021] Mao Tse-tung. "Tsai Ch'eng-tu hui-i shang ti chiang-hua"(Talks at the Chengtu conference)[March 1958]. *Wan-sui*(1969),159－180.

毛泽东:"在成都会议上的讲话"

[1022] Mao Tse-tung. "Tsai Hankow hui-i shang ti chiang-hua" (Talk at the Hankow meeting[April 1957]. *Wan-sui*(1969),180.

毛泽东:"在汉口会议上的讲话"

[1023] Mao Tse-tung. "Tsai k'uo-ta ti chung-yang kung-tso hui-i shang ti chiang-hua"(Speech at the enlarged Central Work Conference)[30 January 1962]. *Wan-Sui*(1969),399－423.

毛泽东:"在扩大的中央工作会议上的讲话"

[1024] Mao Tse-tung. "San-ko fu tsung-li hui-pao shih ti ch'a-hua"(Interjections at a report meeting with three vice-premiers)[May 1964]. *Wan-sui* (1969),494.

毛泽东:"三个副总理汇报时的插话"

[1025] Mao Tse-tung. "Ch'un-chieh t'an-hua chi-yao"(Summary of talk at the Spring Festival) [13 February 1964]. *Wan-sui*(1969),455—465.

毛泽东:"春节谈话纪要"

[1026] Mao Tse-tung. "Chao-chien shou-tu hung-tai-hui fu-tse jen ti t'an-hua"

(Talk with responsible Red Guard leaders from the capital). *Wan-sui* (1969),687—716.

毛泽东:"召见首都红代会负责人的谈话"

[1027] Mao Tse-tung. "Kei Lin Piao, Ho Lung, Nieh Jung-chen, Hsiao Hua chu t'ung-chih ti hsin"(Letter to Comrades Lin Piao, Ho Lung, Nieh Jung-chen,and Hsiao Hua)[December,1963]. [Mao], *Tzu-liao Hsuan*-pien. Reproduced by Center for Chinese Research Materials,287.

毛泽东:"给林彪、贺龙、聂荣臻、萧华诸同志的信"

[1028] Mao Tse-tung. "Kei yin-yueh kung-tso-che t'an-hua"(Talk to music workers). Trans. in Stuart R. Schram,ed. *Mao Tse-tung unrehearsed*, 84—90.

毛泽东:"同音乐工作者的谈话"

[1029] Mao Tse-tung. "Tsai Chung-kuo kung-ch'an-tang ti-chiu-chieh chung-yang wei-yuan-hui ti-i-tz'u ch'üan-t'i hui-i shang ti chiang-hua"(Talk at the First Plenum of the Ninth Central Committee of the Chinese Communist Party) [28 April 1969]. *CKYC*,4. 3(March 1970),120—126.

毛泽东:"在中国共产党第九届中央委员会第一次全体会议上的讲话"

[1030] Mao Tse-tung. "Reply to Comrade Kuo Mo-jo"(17 November 1961). *Chinese Literature*,4(1976),43.

毛泽东:给郭沫若同志的回信(1961 年 11 月 17 日)

[1031] Mao Tse-tung. "Reply to Comrade Kuo Mo-jo"(9 January 1963). *Chinese Literature*,4(1976)48—49.

毛泽东:给郭沫若同志的回信(1963 年 1 月 9 日)

[1032] "Mao Tse-tung's private letter to Chiang Ch'ing(July 8,1966)."*CLG*,6, 2 (Summer 1973),96-100.

"毛泽东给江青的信"

[1033] Mao Tse-tung. "Tsai Pei-tai-ho hui-i shang ti chiang-hua"(Talk at the Pei-tai-ho conference)[August 1958]. *Hsueh-hsi tzu-liao*.

毛泽东:"在庐山会议上的讲话"

[1034] MaoTse-tung. "Speech at the Lushan Conference",23 July 1959,in Stuart R. Schram,ed. ,*Chairman Mao talks to the people*,131—146.

毛泽东:"在庐山会议上的讲话"

[1035] Mao Tse-tung. "Fan-tui pen-pen chu-i"(Oppose bookism). In Mao, Selected readings,48－58.

毛泽东:"反对本本主义"

[1036] Mao Tse-tung. "Tsai pa-chieh shih-chung ch'üan-hui shang ti chiang-hua" (Address at the Tenth Plenum of the Eighth Central Committee)[24 September 1962]. *Wan-sui*(1969),430－436.

毛泽东:"在八届十中全会上的讲话"

[1037] *Mao Tse-tung ssu-hsiang yen-chiu*(Research on Mao Tse-tung Thought). Quarterly. Ch'eng-tu:1983－.

《毛泽东思想研究》

[1038] Mao Tun. "T'an tsui-chin ti tuan-p'ien hsiao-shuo"(On recent short stories). *Jen-min wen-hsueh*,6(1958),4－8.

茅盾:"谈最近的短篇小说"

[1039] Mao Tun. "Fan-ying she-hui chu-i yueh-chin ti shih-tai, t'ui-tung she-hui chu-i ti yueh-chin" (Reflect the age of the socialist leap forward,promote the socialist leap forward). *Jen-min wen-hsueh*,8 (1960),8－36.

茅盾:"反映社会主义跃进的时代,推动社会主义的跃进"

[1040] *Mao Zedong's"On contradiction."See* Knight,Nick.

《毛泽东的"矛盾论"》

[1041] Martin,Helmut,ed. *Mao Zedong. Texte.* 6 vols. in 7. Munich:Carl Hanser Verlag,1979－1982.

赫尔穆特·马丁编:《毛泽东》

[1042] Marx,Karl. "Critique of the Gotha Programme", in Karl Marx and Friedrich Engels, *Selected works.* London:Laurence & Wishart, 1970, 311－331

卡尔·马克思:《哥达纲领批判》

[1043] Materials Group of the Party History Teaching and Research Office of the CCP Central Party School. See *Chung-kuo kung-chan tang li-t'zu chung-yao hui-i-chi.*

中共中央党校党史教研室资料组:《中国共产党历次重要会议集》

[1044] Mathews,Jay,and Mathews,Linda. *One billion:a China chronicle.* New York:Ballantine Books,1983.

杰伊·马修斯、林达·马修斯:《十亿:一部中国的编年史》

[1045] Matthews, Mervyn. *Education in the Soviet Union: policies and institutions since Stalin.* London: George Allen & Unwin, 1982.

默文·马修斯:《苏联的教育》

[1046] Maxwell, Nevill. "The Chinese account of the 1969 fighting at Chenpao." *CQ*, 56 (October-December, 1973), 730—739.

内维尔·马克斯韦尔:"中国人对 1969 年珍宝岛之战的描述"

[1047] Maxwell, Neville. "A note on the Amur/Ussuri sector of the Sino-Soviet boundaries." *Modern China*, 1. 1 (January 1975), 116—126.

内维尔·马克斯韦尔:"关于中苏边界黑龙江和乌苏里江段考"

[1048] McDougall, Bonnie S. *Mao Zedong's talks at the Yan'an conference on literature and art": a translation of the 1943 text with commentary.* Ann Arbor: Center for Chinese Studies, University of Michigan, 1980.

邦尼.S.麦克杜格尔:《毛泽东 1943 年在延安文艺座谈会上的讲话的译文及注解》

[1049] McDougall, Bonnie S. , ed. *Popular Chinese literature and performing arts in the People's Republic of China*, 1949 — 1979, Berkeley: University of California Press. 1984.

邦尼·S.麦克杜格尔:《中华人民共和国的通俗文学和表演艺术(1949—1979)》

[1050] McDougall, Bonnie S. , ed. and trans. *Notes from the city of the sun: poems by Bei Dao.* Ithaca, N. Y. : China-Japan Program, Cornell University, rev. ed. 1984[1983].

邦尼·S.麦克杜格尔编译:《太阳城的提示:北岛的诗》

[1051] McDougall, Bonnie S. "Poems, poets and Poetry 1976: an exercise in the typology of modern Chinese literature." *Contemporary China*, 2. 4 (Winter 1978), 76—124.

邦尼·S.麦克杜格尔:"1976 年的诗、诗人和诗集"

[1052] Mehnert, Klaus. *Peking and Moscow.* Trans. Leila Vennewitz. New York: Putnam, 1963.

克劳斯·梅内尔特:《北京和莫斯科》

[1053] Mehnert, Klaus. *Peking and the New Left: at home and abroad.* Berkeley: Center for Chinese Studies, University of California, 1969.

克劳斯·梅内尔特:《北京和国内外的新左派》

[1054] Meisner,Maurice. *Mao's China: a history of the People's Republic.* New York: Free Press, 1977.

莫里斯·迈斯纳:《毛的中国:人民共和国史》

[1055] Meisner,Maurice. *Marxism, Maoism, and utopianism: eight essays.* Madison: University of Wisconsin Press, 1982.

莫里斯·迈斯纳:《马克思主义、毛主义和乌托邦思想》

[1056] Meisner,Maurice. "Leninism and Maoism: some populist perspectives on Marxism-Leninism in China."*CQ*,45(January-March 1971),2—36.

莫里斯·迈斯纳:"列宁主义和毛主义"

[1057] Melanson,Richard A. ,ed. *Neither cold war nor détente?: Soviet-American relations in the* 1980s. Charlottesville: University Press of Virginia, 1982.

理查德·A.梅兰森编:《既非冷战也非缓和?:八十年代的美苏关系》

[1058] Mendel,Douglas H. *The politics of Formosan nationalism.* Berkeley: University of California Press, 1970.

道格拉斯·H.门德尔:《台湾民族主义的政治》

[1059] *Mezhdunarodnaia zhizn'* (International affairs). Monthly. Moscow: "Znanie", 1955—.

《国际事务》

[1060] Miksche,F. O. "USSR: Rot-China—An der Ostgrenze Russlands Wacht die Dritte Weltmacht."*Wehr und Wirtschaft*(October 1974),424—428.

F. O. 米克舍:"苏联:红色中国——在俄罗斯东部地区看世界第三大国"

[1061] *The Military Balance.* Annual. London: International Institute for Strategic Studies, 1959—. Various titles.

《军事平衡》

[1062] Miller,H. Lyman. "China's administrative, revolution."*Current History*, 82. 485(September 1983),270—274.

H. 莱曼·米勒:"中国的行政革命"

[1063] Milton,David,and Milton,Nancy Dall. *The wind will not subside: years in revolutionary China*,1964—1969. New York: Pantheon,1976.

戴维·米尔顿、南希·多尔·米尔顿:《风不会减弱:在革命的中国的岁月(1964—1969)》

［1064］ *Ming-pao yueh-k'an*(Ming Pao monthly). Monthly. Hong Kng：1966－.

《明报月刊》

［1065］ *Mirovaia ekonomika i mezhdunarodnye otnosheniia*(World economy and international relations). Monthly. Moscow：Institut mirovoi ekonomiki im-ezhdunarodnykh otnoshenii,1957－.

《世界经济与国际关系》

［1066］ Mirovitskaya,Raisa,and Semyonov,Yuri. *The Soviet Union and China*：*a brief history of relations*. Moscow：Novosti,1981.

《苏中关系简史》

［1067］ *Miscellany of Mao Tse-tung Thought*. *See* Mao Tse-tung.

《毛泽东思想杂录》

［1068］ Mitchell,Ronald G. "Chinese defense spending in transition",in U. S. Con-gress,Joint Economic Committee,*China under the four modernizations*，Ⅰ.605－610.

罗纳德・G.米切尔："中国变化中的防务支出"

［1069］ *Mizan*. Bimonthly(irregular). London：Central Asian Research Centre,1959－1971. Incorporating *Central Asian Review*.

《密宗》

［1070］ Mizoguchi Toshiyuki and Yamamoto Yūzō. "Capital formation in Taiwan and Korea",in Ramon H. Myers and Mark R. Peattie,eds.，*The Japanese colonial empire*,399－419.

沟口敏行、山本有三："台湾和韩国资本的形成"

［1071］ *Modern China*：*an international quarterly of history and social science*. Quarterly. Newbury Park,Calif.；Sage,1975－.

《现代中国：历史和社会科学国际季刊》

［1072］ *Modern Chinese Literature Newsletter*. Semi-annual. Various publishers,1975－1978.

《现代中国文学通讯》

［1073］ Montaperto,Ronald N.，and Henderson,Jay,eds. *China's schools in flux*：*report*. White Plains,N. Y.；M. E. Sharpe,1979.

罗纳德・N.蒙塔珀图、杰伊・亨德森编:《中国处于变化中的学校》

［1074］ Moorsteen,Richard,and Abramowitz,Morton. *Remaking China Policy*：

U. S. -China relations and governmental decisionmaking. Cambridge, Mass. : Harvard University Press, 1971.

理查德·穆尔斯廷、莫顿·阿布拉莫维茨:《重新制定对华政策:美中关系和政府的决策》

[1075] Moraes, Frank. *Report on Mao's China*. New York: Macmillan, 1954.

弗兰克·莫里斯:《毛的中国报告》

[1076] "More on the historical experience of the dictatorship of the proletariat. " *JMJP*, 29 December 1956, 21—64. Trans. in *The historical experience...*

"再论无产阶级专政的历史经验"

[1077] Mosher, Steven W. *Broken earth : the rural Chinese*. New York: Free Press; London: Collier Macmillan, 1983.

斯蒂文·W. 莫舍:《破碎的大地:农村里的中国人》

[1078] Mosher, Steven W. *Journey to the forbidden China*. New York: Free Press; London: Collier Macmillan, 1985.

斯蒂文·W. 莫舍:《禁地中国旅行记》

[1079] Mos'ko, G. N. *Armiia Kitaia : orudie avantiuristicheskoi politiki Maoistov* (The Chinese army: instrument of the adventuristic policies of the Maoists). Moscow: Voennoe izdatel'stvo Ministerstva Oborony SSSR, 1980.

G. N. 莫斯克:《中国军队:毛主义者冒险政策的工具》

[1080] Mozingo, David P. *Chinese policy toward Indonesia*, 1949—1967. Ithaca, N. Y. : Cornell University Press, 1976.

戴维·P. 莫辛戈:《中国对印度尼西亚的政策(1949—1967)》

[1081] *MTHC*. See Mao Tse-tung. *Hsuan-chi* (Selected works of Mao Tsetung).

《毛泽东选集》

[1082] Mu Fu-sheng[pseud.]. *The wilting of the hundred flowers : the Chinese intelligentsia under Mao*. New York: Praeger, 1963[1962].

穆富胜:《百花运动的衰落:毛统治下的中国知识分子》

[1083] Munro, Donald J. "Egalitarian ideal and educational fact in communist China", in John M. H. Lindbeck, ed. , *China : management of a revolutionary society*, 256—301.

唐纳德·J. 芒罗:"共产党中国的平均主义思想和教育真相"

[1084] Murphey, Rhoads. *Shanghai : key to modern China*. Cambridge, Mass. :

Harvard University Press,1953.

罗兹·墨菲:《上海:开启现代中国之门的钥匙》

[1085] Murphey,Rhoads. *The fading of the Maoist vision:city and country in China's development*. New York:Methuen,1980.

罗兹·墨菲:《正在消失的毛主义幻想》

[1086] Myers,James T. ,Domes,Jürgen;and Groeling,Erik von,eds. *Chinese politics:documents and analysis*. vol. 1. *Cultural Revolution to* 1969. Vol. 2. *Ninth Party Congress*(1969)*to the death of Mao*(1976). Columbia:University of South Carolina Press,1986,1989.

詹姆斯·T.迈尔斯、于尔根·多姆斯、埃里克·冯·戈林编:《中国政治:文献和分析》

[1087] Myers,Ramon H. ,ed. *Two Chinese states:U. S. foreign policy and interests*. Introduction by Robert A. Scalapino. Stanford,Calif. :Hoover Institution Press,1978.

拉蒙·H.迈尔斯编:《两个中国》

[1088] Myers,Ramon H. ,and Peattie,Mark R. ,eds. *The Japanese colonial empire*,1895—1945. Princeton,N. J. :Princeton University Press,1984.

拉蒙·H.迈尔斯、马克·R.皮蒂编:《日本殖民帝国(1895—1945)》

[1089] Myers,Ramon H. "Taiwan's agrarian economy under Japanese rule. "*Journal of the Institute of Chinese Studies of the Chinese University of Hong Kong*,7. 2(December 1974),451—474.

拉蒙·H.迈尔斯:"日本统治下台湾的农业经济"

[1090] Myers,Ramon H. ,and Yamada,Saburō, "Agricultural development in the empire",in Ramon H. Myers and Mark R. Peattie,eds. ,*The Japanese colonial empire*,420—452.

克劳斯·梅内尔特:《北京和国内外的新左派》

[1091] Myrdal,Jan. *Report from a Chinese village*. Trans. Maurice Michael. New York:Pantheon,1965.

简·迈尔达尔:《来自一个中国村庄的报告》

[1092] Myrdal,Jan. *Return to a Chinese village*. Trans. Alan Bernstein. Foreword by Harrision E. Salisbury. New York:Pantheon,1984.

简·迈尔达尔:《重返一个中国村庄》

[1093] Myrdal, Jan, and Kessle, Gun. *China: the revolution continued*. Trans. Paul Britten Austin. New York: Pantheon, 1970.

简·迈尔达尔、冈·凯塞尔:《中国:革命在继续》

[1094] Nan Chih. *Yeh Ch'ün yeh-shih* (An unofficial history of Yeh Ch'ün). 3rd ed. Hong Kong: Mirror Post Cultural Enterprises, 1988.

南枝:《叶群野史》

[1095] *Narody Azii i Afriki* (The peoples of Asia and Africa). Bimonthly. Moscow: Nauka, 1955—. Continues *Problemy vostokovedeniia*.

《亚非人民》

[1096] National Foreign Assessment Center. *See* United States.

国家对外评估中心

[1097] *National Geogrsphic Magazine*. Monthly. Washington, D. C. : National Geographic Society, 1888—.

《国家地理杂志》

[1098] Naughton, Barry. "Finance and planning reforms in industry", in U. S. Congress, Joint Economic Committee, *China's economy looks toward the year 2000*, 1. 604—629.

巴里·诺顿:"工业财政和计划改革"

[1099] Naughton, Barry. "The third front: defence industrialization in the Chinese interior. "*CQ*, 115 (September 1988), 351—386.

巴里·诺顿:"三线:在中国内地保卫工业化"

[1100] NCNA. New China News Agency.

新华社

[1101] Nee, Victor, with Don Layman. *The Cultural Revolution at Peking University*. New York: Monthly Review Press, 1969.

维克多·倪、唐·莱曼:《北京大学的"文化大革命"》

[1102] Nee, Victor. "Revolution and bureaucracy: Shanghai in the Cultural Revolution", in Victor Nee and James Peck, eds. , *China's uninterrupted revolution: from 1840 to the present*, 322—414.

维克多·倪:"革命与官僚:'文化大革命'中的上海"

[1103] Nee, Victor, and Peck, James, eds. *China's uninterrupted revolution: from 1840 to the present*. New York: Pantheon, 1975.

维克多·倪、詹姆斯·佩克编：《中国不间断的革命：从 1840 年至今》

[1104] *Nei-pu wen-kao*(Internal manuscripts). Nos. 7,13(1981),No. 10 (1987). Peking：Hung-ch'i tsa-chih-she"nei-pu wen-kao"pien-chi pu.

《内部文告》

[1105] Nelsen,Harvey W. *The Chinese military system：an organizational study of the Chinese People's Liberation Army*. 2nd ed. ,rev. and updated. Boulder,Colo. ：Westview Press,1981[1977].

哈维·W. 内尔森：《中国的军事制度：人民解放军体制的研究》

[1106] Nelsen,Harvey W. "Military forces in the Cultural Revolution. "*CQ*, 51 (July-September 1972),444—474.

哈维·W. 内尔森："'文化大革命'中的军队"

[1107] Nelsen,Harvey W. "Military bureaucracy in the Cultural Revolution. " *Asian Survey*,14. 4(April 1974),372—395.

哈维·W. 内尔森："'文化大革命'中的军队官僚"

[1108] Neuhauser,Charles. *Third World politics：China and the Afro-Asian People's Solidarity Organization*, 1957 — 1967. Cambridge, Mass. ：East Asian Research Center,Harvard University,1968.

查尔斯·纽豪瑟尔：《第三世界政治：中国与亚非人民团结组织（1957—1967）》

[1109] Neuhauser,Charles. "The impact of the Cultural Revolution on the CCP machine. "*Asian Survey*,8. 6(June 1968),465—488.

查尔斯·纽豪瑟尔："'文化大革命'对中共机器的影响"

[1110] *New China Monthly*. See *Hsin-hua yueh-pao*.

《新华月报》

[1111] New China News Agency. (*Hsin-hua-she*). Cited as NCNA. See *Hsin*hua t'ung-hsun-she.

新华社

[1112] New China News Ageney. *Daily News Release*. Hong Kong：1948—.

新华社：《每日新闻发布》

[1113] *New China Semi-monthly*. See *Hsin-hua pan-yueh-k'an*.

《新华半月刊》

[1114] *New China's population*. China Financial and Economic Publishing House.

English trans. New York：Macmillan，1988.

《新中国的人口》

[1115] *New Republic：a journal of opinion.* 48/yr. Washington，D. C.：1914—.

《新共和》

[1116] *New Times.* A Soviet weekly of world affairs. Moscow：Trud，1943—.

《新时代》

[1117] *New York Review of Books*，*The.* 21/yr. New York：NYRB. 1963—.

《纽约书评》

[1118] *New York Times*，*The.* Daily. New York：13 September 1857—.

《纽约时报》

[1119] *New Yorker*，*The* Weekly. New York：The New Yorker Magazine，1925—.

《纽约人》周刊

[1120] *News from Chinese provincial radio stations. See* United Kingdom Regional Information Office for Southeast Asia.

《中国省级广播电台新闻》

[1121] Nickum，James E. *Hydraulic engineering and water resources in the People's Republic of China.* Stanford，Calif.：U. S. -China Relations Program，Stanford University，1977. [Report of the U. S. Water Resources delegation，August-September 1974.]

詹姆斯·E. 尼库姆：《中华人民共和国的水力工程和水资源》

[1122] Nieh，Hua-ling，ed. *Literature of the Hundred Flowers.* 2 vols. New York：Columbia University Press，1981.

聂华苓编：《百花文学》

[1123] Nieh Jung-chen. "Several questions concerning Lin Biao"，*Hsin-hua jih-pao*，18 and 19 October 1984，in FBIS，*Daily Report：China* 5 November 1984，K18—21.

聂荣臻：有关林彪的几个问题

[1124] *Nieh Jung-chen hui-i lu* (Memoirs of Nieh Jung-chen). 3 vols. Peking：Chieh-fang-chün，1983，1984.

《聂荣臻回忆录》

[1125] 1982 *population census of China (major figures)*，*The.* Hong Kong：Economic Information Agency, 1982.

《1982年中国人口普查(主要数字)》

[1126] Ning Lao t'ai-t'al. *See* Pruitt, Ida.

《宁老太太》

[1127] Nixon, Richard M. RN: *the memoirs of Richard Nixon*. New York: Grosset & Dunlap, 1978.

理查德·M.尼克松:《尼克松回忆录》

[1128] *Northeast Normal University Journal.* See *Tung-Pei shih-ta hsueh-pao.*

《东北师范大学学报》

[1129] Nossal, Frederick. *Dateline Peking.* London: Macdonald, 1962.

弗雷德里克·诺萨尔:《北京电讯》

[1130] "Nothing is hard in this world if you dare to scale the heights." *JMJP, HC, Chieh-fang-chün pao* (Liberation Army news) joint editorial, 1 January 1976. Trans. in "Quarterly chronicle and documentation." *CQ* 66, (June 1976), 411—416.

"世上无难事,只要肯登攀"

[1131] Oi, Jean C. *State and peasant in contemporary China: the political economy of village government*. Berkeley: University of California Press, 1989.

琼·C.奥伊:《当代中国的国家与农民》

[1132] Ojha, Ishwer C. *The changing pattern of China's attitude toward a negotiated settlement in Vietnam*, 1964—1971. Edwardsville: Southern Illinois University Press, 1973.

伊什沃.C.欧嘉:《中国对谈判解决越南问题的态度的变化模式(1964—1971)》

[1133] Oksenberg, Michel. "Local leaders in rural China, 1962—1965: individual attributes, bureaucratic positions, and political recruitment", in A. Doak Barnett, ed. , *Chinese communist politics in action*, 155—215.

米歇尔·奥克森伯格:"中国农村的地方领导(1962—1965)"

[1134] Oksenberg, Michel, and Yeung Sai-cheung. "Hua Kuo-feng's pre-Cultural Revolution Hunan years, 1949—1966: the making of a political generalist. " *CQ*, 69 (March 1977), 3—53.

米歇尔·奥克森伯格、恽赛充(音):"华国锋'文化大革命'前在湖南的岁月（1949—1966）"

[1135] Oksenberg, Michel. "A decade of Sino-American relations. "*Foreign Affairs*, 61. 1(Fall 1982), 175—195.

米歇尔·奥克森伯格:"中美关系十年"

[1136] "On the historical experience of the dictatorship of the proletariat. "Editorial Department, *JMJP*, 5 April 1956. Trans. in *the historical experience*…

"无产阶级专政的历史经验"

[1137] Onoye, Etsuzō. "Regional distribution of urban population in China. "*The Developing Economies*, 8. 1(March 1970), 93—127.

小野家悦造:"中国城市人口地区分布"

[1138] *Opasnyi kurs*(Dangerous course). Moscow: Politizdat, 1969—1981.

《危险的事业》

[1139] *Orbisa journal of world affairs*. Quarterly. Philadelphia: Foreign Policy Research Institute, 1956—.

《世界事务杂志》

[1140] Orleans, Leo A. , ed. , with the assistance of Caroline Davidson. *Science in contemporary China*. Stanford, Calif. : Stanford University Press, 1980.

利奥·A. 奥林斯和卡罗林·戴维森:《当代中国的科学》

[1141] Orleans, Leo A. "China's urban population: concepts, conglomerations, and concerns", in U. S. Congress, Joint Economic Committee, *China under the four modernizations*, 1. 268—302.

利奥·A. 奥林斯:"中国城市人口"

[1142] Overholt, William H. "Nuclear proliferation in Eastern Asia", in William Overholt, ed. , *Asia's nuclear future*. Boulder, Colo. : Westview Press, 1977, 133—159.

威廉·H. 奥弗霍尔特:"东亚的核扩散"

[1143] *Pa-shih nien-tai*(The eighties). Monthly. Taipei: 1979—.

《80 年代》

[1144] *Pacific Affairs: an international review of Asia and the Pacific*. Quarterly. Vancouver, B. C. : 1926—. vols. 1-33 published by the Institute of Pacific Relations. vols. 34-published by the University of British Columbia, Vancouver.

《太平洋事务:亚洲和太平洋地区国际评论》

[1145] *Pai-chia cheng-ming — fa-chan k'o-hsueh ti pi-yu chih lu*. 1956 *nien* 8 *yueh ch'ing-tao i-ch'uan hsueh tso-t'an hui chi-shu*. (Let a hundred schools contend-the way which the development of science must follow. The record of the August 1956 Tsingtao Conference on Genetics). Peking: Commercial Press, 1985.

　　《百家争鸣——发展科学的必由之路,一九五六年八月青岛遗传学座谈会记述》

[1146] Pai Hsien-yung. "The wandering Chinese: the theme of exile in Chinese fiction."*Iowa Review*, 7. 2—3(Spring—Summer 1976), 205—212.

　　白先勇:"迷茫的中国人:中国小说中的流放主题"

[1147] Pan Ku. *The history of the former Han Dynasty*. Trans. Homer H. Dubs. 3 vols. Baltimore: Waverly Press, 1955[1944, 1938].

　　班固:《前汉书》

[1148] Pannell, Clifton. "Recent growth in China's urban system", in Laurence J. C. Ma and Edward Hanten, eds. ,*Urban development in modern China*, 91—113.

　　克利夫顿·潘内尔:"中国城市体系的新发展"

[1149] Parish, William L. , ed. *Chinese rural development: the great transformation*. Armonk, N. Y. : M. E. Sharpe, 1985.

　　威廉·L. 帕里什编:《中国农村的发展:巨变》

[1150] Parish, William L. "Factions in Chinese military politics."*CQ*, 56(October-December 1973), 667—699.

　　威廉·L. 帕里什:"中国军队政治中的派系"

[1151] Parish, William L. , and Whyte, Martin King. *Village and family life in contemporary China*. Chicago: University of Chicago Press, 1978.

　　威廉·L. 帕里什、马丁·金·怀特:《当代中国的农村和家庭生活》

[1152] Pascoe, B. Lynn. "China's relations with Burma, 1949—1964", in Andrew W. Cordier, ed. ,*Columbia essays in international affairs: the dean's papers*, 1965, 175—204.

　　B. 林恩·帕斯科:"中国同缅甸的关系(1949—1964)"

[1153] Pasternak, Burton. *Kinship and community in two Chinese villages*. Stanford,Calif.；Stanford University Press,1972.

伯顿·帕斯特奈克:《两个中国村庄的亲戚关系和社会》

[1154] Payne,Robert. *Chiang Kai-shek*. New York：Weybright & Talley,1969.

罗伯特·佩恩:《蒋介石》

[1155] Peck,James. *See* Nee,Victor.

[1156] *Pei-ching jih-pao* (Peking daily). 1954 —. (Ceased publication for a time during Cultural Revolution.)

《北京日报》

[1157] *Pei-ching kung-jen* (The Peking worker). Monthly. Peking：1984 —.

《北京工人》

[1158] *Pei-ching shih-fan ta-hsueh hsueh-pao* (Peking Normal University journal). Bimonthly. Peking：1956—.

《北京师范大学学报》

[1159] *Peking Daily*. See *Pei-ching jih-pao*.

[1160] *Peking Normal University Journal*. See *Pei-ching shih-fan ta-hsueh hsueh-pao*.

[1161] Peking Review. Weekly. Peking：1958—. (From January 1979,Bei jing Review.)

《北京周报》

[1162] Pelzel, John C. "Economic management of a production brigade in post-Leap China",in W. E. Willmott,ed. ,*Economic organization in Chinese society* ,387—414.

约翰·C.佩尔泽尔:"中国'大跃进'后一个生产大队的经济管理"

[1163] Peng Dehuai[P'eng Te-huai]. *Memoirs of a Chinese marshal；the autobiographical notes of Peng Dehuai* (1898 — 1974). Trans. Zheng Longpu；English text edited by Sara Grimes. Peking：FLP,1984.

彭德怀:《彭德怀自述》

[1164] Peng Ming-min. *A taste of freedom；memoirs of a Formosan independence leader*. New York：Holt,Rinehart & Winston,1972.

彭明敏:《自由的体验:一个福摩萨独立领袖的回忆录》

[1165] [P'eng Te-huai]. *The case of P'eng Te-huai*,1959—1968. Hong Kong：Union Research Institute,1968.

《彭德怀事件》

[1166] P'eng Te-huai. "Letter of opinion", in *The case of P'eng Te-huai* 1959—1968, 7—13.

彭德怀:"意见书"

[1167] *P'eng Te-huai tzu-shu* (P'eng Te-huai's own account). Peking: Jen-min, 1981. Trans. as *Memoirs of a Chinese marshal*. Peking: FLP, 1984.

《彭德怀自述》

[1168] *People's Daily*. See *Jen-min jih-pao*.

《人民日报》

[1169] *People's Education*. See *Jen-min chiao-yü*

《人民教育》

[1170] People's Publishing House. Jen-min ch'u-pan-she. Cited as Jen-min.

人民出版社

[1171] Pepper, Suzanne. *China's universities: post-Mao enrollment policies and their impact on the structure of secondary education: a research report.* Ann Arbor: Center for Chinese Studies, University of Michigan, 1984.

苏珊娜·佩珀:《中国的大学:毛以后的招生政策及其对中等教育结构的影响———一份研究报告》

[1172] Pepper, Suzanne. "An interview on changes in Chinese education after the 'Gang of Four.'" *CQ*, 72 (December 1977), 815—824.

苏珊娜·佩珀:"'四人帮'以后就中国教育的变化进行的一次采访"

[1173] Pepper, Suzanne. "Education and revolution: the 'Chinese model' revised." *Asian Survey*, 18. 9 (September 1978), 847—890.

苏珊娜·佩珀:"教育和革命:修正过的'中国模式'"

[1174] Pepper, Suzanne. "Chinese education after Mao." *CQ*, 81 (March 1980), 1—65.

苏珊娜·佩珀:"毛以后的中国教育"

[1175] Pepper, Suzanne. "China's universities: new experiments in socialist democracy and administrative reform-a research report." *Modern China*, 8: 2 (April 1982), 147—204.

苏珊娜·佩珀:"中国的大学:社会主义民主和行政改革的新试验———一份研究报告"

[1176] Perkins, Dwight H. *Agricultural development in China*, 1368—1968. Chicago: Aldine, 1969.

德怀特·H. 珀金斯:《中国农业的发展(1368—1968)》

[1177] Perkins, Dwight, ed. *Rural small-scale industry in the People's Republic of China*. Berkeley: University of California Press, 1977. [Report of the American Rural Small-Scale Industry Delegation.]

德怀特·珀金斯编:《中华人民共和国农村的小型工业》

[1178] Perkins, Dwight H. "Research on the economy of the People's Republic of China: a survey of the field." *JAS*, 42. 2(February 1983), 345—372.

德怀特·H. 珀金斯:"中华人民共和国经济之研究概览"

[1179] Perkins, Dwight H. "Reforming China's economic system." *Journal of Economic Literature*, 26(June 1988), 601—645.

德怀特·H. 珀金斯:"改革中的中国经济体制"

[1180] Perkins, Dwight, and Yusuf Shahid. *Rural development in China*. Baltimore: Johns Hopkins University Press, for the World Bank, 1984.

德怀特·珀金斯、沙义德·尤素福:《中国农村的发展》

[1181] Perry, Elizabeth J. "Social ferment: grumbling amidst growth", in John S. Major, ed. , *China briefing*, 1985, 39—52.

伊丽莎白·J. 佩里:"社会骚动:增长中的怨言"

[1182] Perry, Elizabeth J. , and Wong, Christine, eds. *The political economy of reform in post-Mao China*. Cambridge, Mass. : Council on East Asian Studies, Harvard University, 1985.

伊丽莎白·J. 佩里、克里斯廷·汪编:《毛以后中国的政治经济改革》

[1183] Pien Chih-lin. "Tung t'u wen-ta" (Dialogue of the earth movers). *Shih-k'an*, 3 (1958), 10.

卞之琳:《动土问答》

[1184] *Polemic on the general line of the international communist movement, The*. Peking: FLP, 1965.

《关于国际共产主义运动总路线的辩论》

[1185] *Political Quarterly*. Quarterly. Oxford: Basil Blackwell, 1930—.

《政治季刊》

[1186] Pollack, Jonathan D. *The Sino-Soviet conflict in the* 1980s: *its dynamics and policy implications*. Santa Monica, Calif. : The RAND Corporation, 1981.

乔纳森,D. 波拉克:《80 年代的中苏冲突》

[1187] Pollack, Jonathan D. *The Sino-Soviet rivalry and Chinese security debate*. Santa Monica, Calif. : The RAND Corporation, R-2907-AF, October 1982.

乔纳森・D. 波拉克:《中苏敌对与中国安全之辩论》

[1188] Pollack, Jonathan D. *The lessons of coalition politics : Sino-American security relations*. Santa Monica, Calif. : The RAND Corporation, R-3133-AF, February 1984.

乔纳森・D. 波拉克:《联盟政治的教训:中美安全关系》

[1189] Pollard, D. E "The short story in the Cultural Revolution. "*CQ*, 73 (March 1978), 99—121.

D. E. 波拉德:"'文化大革命'中的短篇小说"

[1190] Pollard, D. E. "The controversy over modernism 1979 — 1984. "*CQ* 104 (December 1985), 641—657.

D. E. 波拉德:"现代主义之争(1979—1984)"

[1191] Potter, Sulamith Heins. "The position of peasants in modern China's social order. "*Modern China* , 9. 4 (October 1983), 465—499.

萨勒米斯・海因斯・波特:"现代中国社会秩序中农民的位置"

[1192] Powell, Ralph L. "Commissars in the economy : the'Learn from the PLA' movement in China. "*Asian Survey*, 5. 3 (March 1965), 125—138.

拉尔夫・L. 鲍威尔:"经济中的政委:中国的'学习解放军'运动"

[1193] *PR. Peking Review*.

《北京周报》

[1194] Pratt, Lawrence. *North Vietnam and Sino-Soviet tension*. Toronto: Baxter, 1967.

劳伦斯・普拉特:《北越与中苏紧张关系》

[1195] *Pravda*. Daily. Moscow: CPSUCC, 1912—.

《真理报》

[1196] PRC State Statistical Bureau. Chung-hua jen-min kung-ho-kuokuo-chia t'ung-chi chü. See *Chung-kuo t'ung-chi nien-chien*.

中华人民共和国国家统计局

[1197] Price, Jane L. *Cadres, commanders and commissars: the training of the Chinese Communist leadership*, 1920 — 1945. Boulder, Colo. : Westview Press, 1976.

珍妮·L. 普赖斯:《干部、指挥官和政委》

[1198] Price, Ronald F. *Education in communist China*. London: Routledge & Kegan Paul, 1970; 2nd ed. published under the title *Education in modern China*. London and Boston: Routledge & Kegan Paul, 1979.

罗纳德·F. 普赖斯:《共产党中国的教育》

[1199] Price, Ronald F. *Marx and education in Russia and China*. London: Croom Helm; Totowa, N. J. : Rowman & Littlefield, 1977.

罗纳德·F. 普赖斯:《马克思与俄国和中国的教育》

[1200] *Problems of communism*. Bimonthly. United States Information Agency. Washington, D. C. : U. S. Government Printing Office, 1952—.

《共产主义问题》

[1201] *Problemy Dal'nego Vostoka* (Problems of the Far East). Quarterly through 1986; bimonthly 1987—. Institute of the Far East, USSR Academy of Sciences. Trans. as *Far Eastern Affairs*. Moscow: Progress, 1972—.

《远东问题》

[1202] *Problemy i protivorechiia v razvitii rabochego klassa KNR* (Problems and contradictions in the development of the working class of the PRC). Moscow: Institute of the International Workers' Movement, Academy of Sciences, 1978.

《中华人民共和国工人阶级发展中的问题和矛盾》

[1203] *Problemy sovetskogo kitaevedeniia* (Topics in Soviet Sinology). Moscow: Institute of the Far East, 1973.

《苏联的中国学主题》

[1204] Pruitt, Ida. *A daughter of Han: the autobiography of a Chinese working woman* [by] Ida Pruitt, *from the story told her by Ning Lao T'al-t'ai*. Stanford, Calif. : Stanford University Press, 1967; New Haven, Conn. : Yale University Press; London: H. Milford, ·Oxford University Press, 1945.

艾达·普鲁伊特:《老韩的女儿:一位中国劳动妇女的自传》

[1205] Pruitt, Ida. *Old Madam Yin: a memoir of Peking life*, 1926-1938. Stanford, Calif. : Stanford University Press, 1979.

艾达·普鲁伊特:《尹老太太:对北京生活的回忆(1926—1938)》

[1206] Prušek, Jaroslav. *Die Literatur des befreiten* China und ihre Volkstraditionen. (The literature of liberated China and its folk traditions). Prague: Artia, 1955.

亚罗斯拉夫·普鲁赛克:《解放后的中国文学及其民间传统》

[1207] Prybyla, Jan S. *The societal objective of wealth, growth, stability and equity in Taiwan*. Occasional Paper in Contemporary Asian Studies, no. 4. Baltimore: University of Mary land School of Law, 1978.

简·S. 普赖拜拉:《台湾的财富、发展、稳定与公正的社会目标》

[1208] *Pu-chin-ti ssu-nien* (Inexhaustible memories). Peking: Chung-yang wen-hsien, 1987.

《不尽的思念》

[1209] Pusey, James R. *Wu Han: attacking the present through the past*. Cambridge, Mass. : East Asian Research Center, Harvard University, 1969.

詹姆斯·R. 普西:《吴晗:借古讽今》

[1210] Pye, Lucian W. *Mao Tse-tung: the man in the leader*. New York: Basic Books, 1976.

卢西恩·W. 派伊:《毛泽东:领袖人物》

[1211] Pye, Lucian. *The dynamics of Chinese politics*. Cambridge, Mass. : Oelgeschlager, Gunn & Hain, 1981.

卢西恩·派伊:《中国政治的动力》

[1212] Pye, Lucian W. , with Mary W. Pye. *Asian power and polities: the cultural dimensions of authority*. Cambridge, Mass. : Harvard University Press, 1985.

卢西恩·W. 派伊和玛丽·W. 派伊:《亚洲的力量和政治》

[1213] "Quarterly chronicle and documentation. "*CQ*, in each issue.

"每季大事和文献"

[1214] Ra'anan, Uri. "Peking's foreign policy 'debate', 1965 — 1966", in Tang Tsou, ed. , *China in crisis*, 2. 23—71.

尤里·拉阿南:"北京对外政策的'辩论'(1965—1966)"

[1215] Raddock,David. *Political behavior of adolescents in China*. Tucson：University of Arizona Press,1977.

戴维·拉多克:《中国青少年的政治行为》

[1216] *Radio Liberty Dispatch*. Weekly. Various titles. From 1989 became *Report on the USSR*. New York：Radio Liberty Committee.

《自由电台快讯》

[1217] *Radio Liberty Research Bulletins on the Soviet Union*. Weekly. Munich：RFERL,Inc. ,1956—. Formerly *Radio Liberty Research Bulletins*.

《自由电台苏联研究简报》

[1218] Ragvald,Lars. *Yao We-yuan as a literary critic and theorist*. Stockholm：Department of Oriental Languages,University of Stockholm,1978.

拉斯·拉格瓦尔德:《作为文学评论家和理论家的姚文元》

[1219] Ranis,Gustav. "Industrial development",in Walter Galenson,ed. ,*Economic growth and structural change in Taiwan*,206—262.

古斯塔夫·拉尼斯:"工业发展"

[1220] Rankin, Karl Lott. *China assignment*. Seattle：University of Washington Press,1964.

卡尔·洛特·兰金:《中国的分配》

[1221] Ravenholt,Albert. "Formosa today."*Foreign Affairs*,30. 4(July 1952),612—624.

艾伯特·雷文霍尔特:"今日福摩萨"

[1222] Rawski,Thomas G. *Economic growth and employment in China*. New York：Oxford University Press,for the World Bank,1979.

托马斯·G. 罗斯基:《中国经济的发展与就业》

[1223] *Red Flag*. See *Hung-ch'i*.

《红旗》

[1224] *Renditions*：*a Chinese-English translation magazine*. Semi-annual. Hong Kong：Research Centre for Translations, Chinese University of Hong Kong,1973—.

《译丛:中英文翻译杂志》

[1225] "Report on the investigation of the counterrevolutionary crimes of the Lin Piao anti-Party clique."From *Chung-fa* , No. 34(1973),in Michael Y. M.

Kau, ed., *The Lin Piao affair*, 110—117.

"关于林彪反党集团反革命罪行的审查报告"

[1226] Research Office of the Supreme People's Court. See *Chung-hua jen-min kung-ho-kuo*…

最高人民法院研究室

[1227] *Resolution on certain questions in the history of our Party since the founding of the People's Republic of China* [27 June 1981]. NCNA, 30 June 1981; FBIS *Daily Report: China*, 1 July 1981, K1—38; published as *Resolution on CPC History* (1949—1981). Peking: FLP, 1981.

《关于建国以来党的若干历史问题的决议》

[1228] *Review of National Literatures*. Annual. Whitestone, N. Y.: Council on National Literatures, Griffon House Publications, 1970—.

《民族文学评论》

[1229] Reynolds, Bruce L. "Changes in the standard of living of Shanghai industrial workers, 1930—1973", in Christopher Howe, ed., Shanghai: *revolution and development in an Asian metropolis*, 222—239.

布鲁斯·L. 雷诺兹："上海产业工人生活水平的变化（1930—1973）"

[1230] Reynolds, Bruce L., ed. and intro. *Reform in China: challenges and choices*. Chinese Economic System Reform Research Institute, Peking. Armonk, N. Y.: M. E. Sharpe, 1987.

布鲁斯·L. 雷诺兹编：《中国的改革：挑战与选择》

[1231] Reynolds, Bruce L., ed. *Chinese economic reform*. A special issue of the *Journal of Comparative Economics*, 11. 3 (September 1987). Boston, Mass.: Academic Press, 1988.

布鲁斯·L. 雷诺兹：《中国的经济改革》

[1232] Rice, Edward Earl. *Mao's way*. Berkeley: University of California Press, 1972.

爱德华·厄尔·赖斯：《毛的道路》

[1233] Riggs, Fred W. *Formosa under Chinese Nationalist rule*. New York: Octagon Books, 1972; New York: Institute for Pacific Relations, 1952.

弗雷德·W. 里格斯：《中国国民党统治下的福摩萨》

[1234] Riollot, Jean. "Soviet reaction to the Paracel Islands dispute." *Radio Liber-*

ty Dispatch(11 February 1974),1—3.

琼·里奥洛特:"苏联对西沙群岛争端的反应"

[1235] Riskin,Carl. "Small industry and the Chinese model of development. "*CQ*, 46(Apri-June 1971),245—273.

卡尔·里斯金:"小型工业与中国的发展模式"

[1236] Robinson,Thomas W. *The Sino-Soviet border dispute:background,development,and the March 1969 clashes.* Santa Monica, Calif. : The RAND Corporation,RM-6171-PR,1970;*American Political Science Review*, 66. 4 (December 1972),1175—1202.

托马斯·W.鲁宾逊:《中苏边界争端:背景、发展和 1969 年 3 月的冲突》

[1237] Robinson, Thomas W. , ed. *The Cultural Revolution in China.* Berkeley: University of California Press,1971.

托马斯·W.鲁宾逊编:《中国的'文化大革命'》

[1238] Robinson,Thomas W. *The border negotiations and the future of Sino-Soviet-American relations.* Santa Monica,Calif. : The RAND Corporation, P-4661,1971.

托马斯·W.鲁宾逊:《边界谈判与中苏美关系的前景》

[1239] Robinson,Thomas W. "A politico-military biography of Lin Piao,part II, 1950—1971. "Draft manuscript,August 1971. "

托马斯·W.鲁宾逊:"林彪的政治军事生涯"

[1240] Robinson,Thomas W. "Explaining Chinese foreign policy:contributing elements and levels of analysis. "Unpublished manuscript,1978.

托马斯·W.鲁宾逊:"解释中国的外交政策"

[1241] Robinson, Thomas W. "Chou En-lai and the Cultural Revolution", in Thomas W. Robinson,ed. ,*The Cultural Revolution in China* ,165—312.

托马斯·W.鲁宾逊:"周恩来与'文化大革命'"

[1242] Robinson,Thomas W. "The Wuhan Incident:local strife and provincial rebellion during the Cultural Revolution. "*CQ*, 47 (July-September 1971), 413—438.

托马斯·W.鲁宾逊:"武汉事件:'文化大革命'时期的地方冲突和省级官员的造反"

[1243] Robinson,Thomas W. "China in 1972:socio-economic progress amidst political uncertainty. "*Asian Survey*, 13. 1(January 1973), 1—18.

托马斯·W. 鲁宾逊:"1972 年的中国:社会经济在不稳定的政治环境中的发展"

[1244] Robinson, Thomas W. "China in 1973: renewed leftism threatens the 'New Course.'"*Asian Survey*, 14. 1(January 1974), 1—21.

托马斯·W. 鲁宾逊:"1973 年的中国:复活的'左'倾思想威胁着'新事业'"

[1245] Robinson, Thomas W. "American policy in the strategic triangle", in Richard A. Melanson, ed. , *Neither cold war nor détente?* 112—133.

托马斯·W. 鲁宾逊:"战略三角关系中的美国政策"

[1246] Robinson, Thomas W. "Political and strategic aspects of Chinese foreign policy, "in Donald C. Hellmann, ed. , *China and Japan: a new balance of power*, 197—268.

托马斯·W. 鲁宾逊:"中国外交政策的政治和战略层面"

[1247] Robinson, Thomas W. "Detente and the Sino-Soviet-U. S. triangle", in Della W. Sheldon, ed. , *Dimensions of detente*, 50—83.

托马斯·W. 鲁宾逊:"缓和与中苏美三角关系"

[1248] Robinson, Thomas W. "Restructuring Chinese foreign policy, 1959—1976: three episodes", in K[a1]J. Holsti, et al. , *Why nations realign: foreign policy restructuring in the postwar world*, 134—171.

托马斯·W. 鲁宾逊:"1959—1976 年中国外交政策的调整:三部曲"

[1249] Robinson, Thomas W. , and Mozingo, David P. "Lin Piao on People's War: China takes a second look at Vietnam. "Santa Monica, Calif. : The RAND Corporation, Rm-4814-PR, November 1965.

托马斯·W. 鲁宾逊、戴维·P. 莫津戈:"林彪论人民战争"

[1250] Roll, C. R. "The distribution of rural income in China: a comparison of the 1930s and the 1950s. "Harvard University, Ph. D. dissertation, 1974.

C. R. 罗尔:"中国农村收入的分配"

[1251] Rosen, Stanley. *The role of sent-down youth in the Chinese Cultural Revolution: the case of Guangzhou*. Berkeley: Center for Chinese Studies, University of California, 1981.

斯坦利·罗森:《下乡青年在中国"文化大革命"中的作用:广州实例》

[1252] Rosen, Stanley. *Red Guard factionalism and the Cultural Revolution in Guangzhou(Canton)*. Boulder, Colo. : Westview Press, 1982.

斯坦利·罗森:《红卫兵的派性与广州的"文化大革命"》

[1253] Rosen, Stanley. "Obstacles to educational reform in China. "*Modern China*, 8. 1(January 1982), 3—40.

斯坦利·罗森:"中国教育改革的障碍"

[1254] Ross, Robert S. *The lndochina tangle*: *China's Vietnam policy*, 1975—1979, New York: Columbia University Press, 1988.

罗伯特·S. 罗斯:《印度支那的纷争:中国的越南政策(1975—1979)》

[1255] Rowe, David Nelson. *Informal diplomatic relations*: *the case of Japan and the Republic of China*, 1972—1974. Hamden, Conn. : Shoestring Press, 1975.

戴维·纳尔逊·罗:《灵通的外交关系》

[1256] Rowe, William. *Hankow: conflict and community in a Chinese city*, 1796—1895. Stanford, Calif. : Stanford University Press, 1984.

威廉·罗:《汉口:一个中国城市的冲突和社会》

[1257] Rowe, William. "Urban society in late imperial China: Hankow 1796—1889. "Columbia University, Ph. D. dissertation, 1980. Published as *Hankow: commerce and society in a Chinese city*, 1796—1889. Stanford, Calif. : Stanford University Press, 1989.

威廉·罗:"晚期中华帝国的城市社会:汉口(1796—1889)"

[1258] Rozman, Gilbert, *Urban networks in Ch'ing China and Tokugawa Japan*. Princeton, N. J. : Princeton University Press, 1974[1973].

吉尔伯特·罗兹曼:《满清和日本德川时期的城市网络》

[1259] Rozman, Gilbert. *The Chinese debate about Soviet socialism*, 1978—1985. Princeton, N. J. : Princeton University Press, 1987.

吉尔伯特·罗兹曼:《中国关于苏联社会主义的辩论(1978—1985)》

[1260] Rozman, Gilbert, ed. *The modernization of China*. New York: Free Press, 1981.

吉尔伯特·罗兹曼编:《中国的现代化》

[1261] Rumiantsev, A. *Istoki i evoliutsiia Idei Mao Tsze-duna*"(Sources and evolution of "Mao Tse-tung Thought"). Moscow: Nauka, 1972.

A. 卢米安契夫:《"毛泽东思想"的来源与发展》

[1262] Rupen, Robert A., and Farrell, Robert, eds. *Vietnam and the Sino-Soviet dispute*. New York:Praeger,1967.

　　　　罗伯特·A. 鲁彭和罗伯特·法雷尔编:《越南与中苏争端》

[1263] Salisbury, Harrison E. *War between Russia and China*. New York:Norton, 1969.

　　　　哈里森·E. 索尔兹伯里:《中俄战争》

[1264] Salisbury Harrison E. "Marco Polo would recognize Mao's Sinkiang."*New York Times Magazine*,23 November 1969.

　　　　哈里森·E. 索尔兹伯里:"马可·波罗会承认毛的新疆"

[1265] Sandles, Gretchen Ann. "Soviet images of the People's Republic of China, 1949—1979."University of Michigan,Ph. D. dissertation,1981.

　　　　格雷特津·安·桑德勒斯:"中华人民共和国眼中的苏联形象(1949—1979)"

[1266] Sansan. *See* Lord,Bette [Bao].

[1267] Sardesar, D. R. "China and peace in Vietnam."*China Report*,5. 3(May-June 1969),13—18.

　　　　包柏漪:"中国与越南的和平"

[1268] Scalapino,Robert A. *On the trail of Chou En-lai in Africa*. Santa Monica, Calif. :The RAND Corporation,Rm-4061-PR,April 1964.

　　　　罗伯特·A. 斯卡拉皮诺:《周恩来在非洲的足迹》

[1269] Scalapino,Robert A. ,ed. *Elites in the People's Republic of China*. Seattle: University of Washington Press,1972.

　　　　罗伯特·A. 斯卡拉皮诺编:《中华人民共和国的精英》

[1270] Scalapino,Robert A. "Africa and Peking's united front."*Current Scene*, 3. 26(1 September 1965),1—11.

　　　　罗伯特·A. 斯卡拉皮诺:"非洲与北京的统一战线"

[1271] Scalapinao,Robert A. "The transition in Chinese party leadership:a comparison of the Eighth and Ninth Central Committees",in Robert A. Scalapino,ed. ,*Elites in the People's Republic of China*,67—148.

　　　　罗伯特·A. 斯卡拉皮诺:"中共领导层的变化:第八和第九届中央委员会之比较"

［1272］ Schapiro, Leonard, and Lewis, John Wilson. "The roles of the monolithic party under the totalitarian leader", in John Wilson lewis, ed. , *Party leadership and revolutionary power in China* , 114－145.

伦纳德・夏皮罗和约翰・威尔逊・刘易斯:"在极权主义领袖之下坚如磐石的党的作用"

［1273］ Schelochowzew, A. N. *See* Zhelokhovtsev, A.

Schlesinger, Arthur, M. , Jr. *A thousand days*: *John F. Kennedy in the White House*. Boston: Houghton Mifflin, 1965.

小阿瑟・M. 施莱辛格:《一千天:约翰・F. 肯尼迪在白宫》

［1274］ Schram, Stuart［R. ］. *Documents sur la théorie de la révolution permanente"en Chine*. Paris: Mouton, 1963.

S. 施拉姆:《有关中国永远革命论的文件》

［1275］ Schram, Stuart［R. ］. *Mao Tse-tung*. Rev. ed. Harmondsworth: Penguin Books, 1967.

S. 施拉姆:《毛泽东》

［1276］ Schram, Stuart R. *The political thought of Mao Tse-tung*. Rev. ed. New York: Praeger, 1969.

S. 施拉姆:《毛泽东的政治思想》

［1277］ Schram, Stuart R. *Authority, participation and cultural change in China*. Cambridge: Cambridge University Press, 1973.

S. 施拉姆:《中国的权力、参与和文化变化》

［1278］ Schram, Stuart ［R. ］. *Mao Zedong*: *a preliminary reassessment*. Hong Kong: The Chinese University Press, 1983.

S. 施拉姆:《毛泽东:初步再评价》

［1279］ Schram, Stuart［R. ］. *Ideology and policy in China since the Third Plenum* , 1978－1984. London: School of Oriental and African Studies, 1984.

S. 施拉姆:《十一届三中全会以来中国的意识形态和政策》

［1280］ Schram, Stuart R. , ed. *Chairman Mao talks to the people. See* Schram, Stuart R. , ed. , *Mao Tse-tung unrehearsed* .

S. 施拉姆:《毛泽东同人民的谈话》

［1281］ Schram, Stuart R. , ed. *Mao Tse-tung unrehearsed : talks and letters* , 1956－1971. Harmondsworth: Penguin Books, 1974. Published in the United

States as *Chairman Mao talks to the people*:*talks and letters* 1956—1971. New York:Pantheon,1974.

S. 施拉姆编:《毛泽东的讲话和信件(1956—1971)》

[1282] Schram, Stuart〔R.〕, ed. *The scope of state power in China*. London: School of Oriental and African Studies,and Hong Kong:The Chinese University Press,1985.

S. 施拉姆编:《中国国家权力的范围》

[1283] Schram,Stuart〔R.〕,ed. *Foundations and Limits of state power in China*. London:School of Oriental and African Studies,and Hong Kong:The Chinese University Press,1987.

S. 施拉姆编:《中国国家权力的基础与范围》

[1284] Schram,Stuart R. "The Cultural Revolution in historical perspective",in Stuart R. Schram, ed. , *Authority, participation and cultural change in China*,1—108.

S. 施拉姆:"用历史观点看文化大革命"

[1285] Schram,Stuart R. "The party in Chinese communist ideology",in John Wilson Lewis, ed. , *Party leadership and revolutionary power in China*, 170—202.

S. 施拉姆:"中国共产主义思想意识中的党"

[1286] Schram,Stuart〔R.〕. "Decentralization in a unitary state:theory and practice 1940—1984",in Stuart Schram,ed. ,*The scope of state power in China*,81—125.

S. 施拉姆:"中央集权国家的分权:理论与实践(1940—1984)"

[1287] Schram,Stuart〔R.〕. "MaoTse-tung's thought to 1949."*CHOC*,13. 789 —870.

S. 施拉姆:"1949 年以前的毛泽东思想"

[1288] Schram,Stuart〔R.〕. "Party leader or true ruler? Foundations and significanoe of Mao Zedong's personal power",in Stuart R. Schrarn,ed. ,*Foundations and limits of state power in China*,203—256.

S. 施拉姆:"党的领袖还是真正的统治者? 毛泽东个人权力的基础和影响"

[1289] Schram,Stuart〔R.〕. "The Marxist",in Dick Wilson,ed. ,*Mao Tse-tung in the scales of history*,35—69.

    S. 施拉姆:"马克思主义者"

[1290] Schram,Stuart[R.]. "Mao Tse-tung and the theory of the permanent revolution,1958—1969."*CQ*,46(April-June 1971),221—244.

    S. 施拉姆:"毛泽东与永远革命理论(1958—1969)"

[1291] Schram,Stuart R. "From the'Great Union of the Popular Masses' to the 'Great Alliance.'"*CQ*,49(January-March 1972),88—105.

    S. 施拉姆:"从'群众大联合'到'大联盟'"

[1292] Schram,Stuart[R.]. "Chairman Hua edits Mao's Literary heritage:'On the ten great relationships'",*CQ*,69(March 1977),126—135.

    S. 施拉姆:"华主席编辑毛的文学遗产:'论十大关系'"

[1293] Schram,Stuart[R.]. "New texts by Mao Zedong,1921—1966."*Communist Affairs*,2. 2(April 1983). 143—165.

    S. 施拉姆:"毛泽东的新文选(1921—1966)"

[1294] Schram,Stuart[R.]. "'Economics in command?' Ideology and policy since the Third Plenum,1978—1984."*CQ*,99(September 1984),417—461.

    S. 施拉姆:"'经济挂帅'? 三中全会以来的意识形态与政策(1978—1984)"

[1295] Schram,Stuart[R.]. "The Limits of cataclysmic change:reflections on the place of the'Great Proletarian Cultural Revolution' in the political development of the People's Republic of China",*CQ*,108(December 1986),613—624.

    S. 施拉姆:"剧变的限度:对'伟大的无产阶级文化大革命'在中华人民共和国政治发展中的地位的看法"

[1296] Schram,Stuart[R.]. "China after the Thirteenth Congress."*CQ*,114 (June 1988),177—197.

    S. 施拉姆:"十三大以后的中国"

[1297] Schurmann,Franz. *Ideology and organization in Communist China*. Berkeley:University of California Press,1968[1966].

    弗朗兹·舒尔曼:《共产主义中国的意识形态和组织》

[1298] Schwartz,Benjamin I. *Chinese communism and the rise of Mao*. Cambridge,Mass. :Harvard University Press,1964[1951].

许华茨:《中国的共产主义与毛的崛起》

[1299] Schwartz. Benjamin I. "The reign of virtue: some broad perspectives on leader and party in the Cultural Revolution", in John Wilson Lewis, ed., *Party leadership and revolutionary power in China*, 149—169.

许华茨:"在美德统治下"

[1300] Schwartz, Benjamin I. "The primacy of the political order in East Asian societies", in Stuart Schram, ed., Foundations and limits of state power in China, 1—10.

许华茨:"东亚社会中政治秩序的首要地位"

[1301] Schwartz, Harry. *Tsars, mandarins, and commissars: a history of Chinese-Russian relations*. Philadelphia: Lippincott, 1964; Rev. ed. Garden City, N. Y.: Doubleday, 1973.

哈里·施瓦茨:《沙皇、大臣和政委:中俄关系史》

[1302] *Science and technology in the People's Republic of China*. Paris: Organization for Economic Co-operation and Development, 1977.

《中华人民共和国的科学技术》

[1303] *Science and Technology News*. See *K'o-chi jib-pao*.

《科技简报》

[1304] *Scientific Culture News*. See *K'o-hsueh wen-hua pao*.

《科学文化报》

[1305] *SCMM. See* U. S. Consulate General (Hong Kong). *Selections from China Mainland Magazines*.

《中国大陆杂志选》

[1306] *SCMP. See* U. S. Consulate General (Hong Kong). *Survey from China Mainland Press*.

《中国大陆报刊概览》

[1307] Segal, Gerald. *Sino-Soviet relations after Mao*. London: International Institute for Strategic Studies, Adelphi Paper, no. 202, Autumn 1985.

杰拉尔德·西格尔:《毛以后的中苏关系》

[1308] *Selected works of Deng Xiaoping [Teng Hsiao-P'ing]* (1975—1982). Peking: FLP, 1984.

《邓小平文选》

[1309] Sen Gupta, Bhabani [Sena Canakya]. *The fulcrum of Asia : relations a-mong China , India , Pakistan and the USSR.* New York : Pegasus, 1970.

巴巴尼·森格普塔:《亚洲的支轴:中国、印度、巴基斯坦和苏联之间的关系》

[1310] Sen Gupta, Bhabani. *Soviet-Asian relations in the* 1970s *and beyond : an interperceptional study.* New York : Praeger, 1976.

巴巴尼·森格普塔:《70 年代以后苏联同亚洲的关系》

[1311] Sewell, William. I stayed in China. New York : A. S. Barnes, 1966.

威廉·休厄尔:《我在中国的日子》

[1312] Seybolt, Peter J. , ed. *Revolutionary education in China : documents and commentary.* White Plains, N. Y. : International Arts and Science Press, 1973.

彼得·J. 西博尔特编:《中国的革命教育》

[1313] Seybolt, Peter J. , ed. *The rustication of urban youth in China : a social experiment.* Introduction by Thomas P. Bernstein. White Plains, N. Y. : M. E. Sharpe, 1977[1976, 1975].

彼得·J. 西博尔特编:《中国城市青年的农村生活:一段社会经历》

[1314] Shambaugh, David L. "China's America watchers : images of the United States, 1972—1986. "University of Michigan, Ph. D. dissertation, 1989.

戴维·L. 香博:"中国的美国旁观者:对美国的想象(1972—1986)"

[1315] *Shang-hai hsi-chü* (Shanghai theater). Bimonthly. Shanghai : 1956—.

《上海戏剧》

[1316] *Shang-hai wen-hsueh* (shanghai Literature). Monthly. Shanghai : 1935—. Formerly *Wen-i yueh-k'an* (Literaure and art monthly).

《上海文学》

[1317] Shao Hua-tse. "Kuan-yü 'wen-hua ta ko-ming' ti chi-ko wen-t'i" (On several questions concerning the "Great Cultural Revolution"), in *Tang-shih hui-i pao-kao-chi*, 337—392.

邵华泽:"关于'文化大革命'的几个问题"

[1318] Shao Yen-hsiang. *Tao yuan-fang ch'ü* (Far journey). Peking : Tso-chia, 1956.

邵燕祥:《到远方去》

[1319] Shaw, Brian. "China and North Vietnam: two revolutionary paths. "*Current Scene*, 9. 11(November 1971), 1—12.

布赖恩·肖: "中国和北越: 两条革命道路"

[1320] *She-hui* (Society). Bimonthly. Shanghai: 1981—.

《社会》

[1321] *She-hui k'o-hsueh chan-hsien* (Social science front). Quarterly. ch'ang-ch'un: 1978—.

《社会科学战线》

[1322] Sheldon, Della W. , ed. *Dimensions of detente*. New York: Praeger, 1978.

德拉·W. 谢尔登编: 《缓和面面观》

[1323] *Shen keng* (Plow deeply). Taiwan.

《深耕》

[1324] Shen, T. H. , ed. *Agriculture's place in the strategy of development: the Taiwan experience*. Taipei: Joint Commission on Rural Reconstruction, 1974.

T. H. 沈(音)编: 《农业在发展战略中的位置: 台湾经验》

[1325] "Sheng-huo tsai li-shih yin-ying chung-ti Lin Tou-tou"(Lin Tou-tou who lives in the shadow of history). New York: Hua-ch'iao jih-pao, 14—23 June 1988.

"生活在历史阴影中的林豆豆"

[1326] *Shih-chieh chih-shih* (World knowledge). Monthly. Peking: 1934—.

《世界知识》

[1327] *Shih-chieh ching-chi tao-pao* (World Economic Herald). Weekly. Shang-hai: 1980—1989.

《世界经济导报》

[1328] Shih Chung-ch'üan. "Tu Su-Lien 'cheng-chih ching-chi hsueh chiao-k'o shu'ti t'an-hua"(Talks on reading the Soviet textbook of political econo-my), in Kung Yü-chih et al. , *Mao Tse-tung ti tu-shu sheng-huo*, 148—178.

石仲泉: "读苏联《政治经济学教科书》的谈话"

[1329] Shih Chung-ch'üan. "Ma-K'o-ssu so-shuo-ti'tzu-ch'an-chieh-chi ch'üan-li'ho Mao Tse-tung t'ung-chih tui t'a ti wu-chieh" (The "bourgeois right"re-ferred to by Marx, and Comrade Mao Tse-tung's misunderstanding of it).

Wen-hsien ho yen-chiu,1983,405—417.

石仲泉:"马克思所说的'资产阶级权利'和毛泽东同志对它的误解"

[1330] Shih Chung-ch'üan. "Review of *Mao Tse-tung che-hsueh P'i-chu-chi*."Che-hsueh yen-chiu,10(1978),3—9,40.

石仲泉:"评《毛泽东哲学批注集》"

[1331] *Shih-i chieh san chung ch'üan-hui i-lai chung-yao wen-hsien hsuan-tu* (Se-lected readings of important documents since the Third Plenum of the 11th Central Committee). 2 vols. Peking:Jen-min,1987.

《十一届三中全会以来重要文献选读》

[1332] *Shih-k'an*(Poetry journal). Monthly. Peking:1957—.

《诗刊》

[1333] *Shih-pao chou-k'an*(Sunday times weekly). Taipei:1977—.

《时报周刊》

[1334] *Shih t'an-so* (Poetry exploration). Quarterly. peking:1980—.

《诗探索》

[1335] *Shih-yueh*(October). Bimonthly. Peking:1978—.

《十月》

[1336] Shirk,Susan L. *Competitive comrades:career incentives and student strate-gies in China*. Berkeley:University of California Press,1982.

苏珊·L. 舍克:《竞争的同志,中国的职业刺激与学生的策略》

[1337] Short,Philip. *The dragon and the bear:inside China and Russia today*. London:Abacus,1982.

菲力普·肖特:《龙和熊》

[1338] *Shou-huo*(Harvest). Bimonthly. Shanghai:1957—1960,1964—.

《收获》

[1339] Shue,Vivienne. *Peasant China in transition:the dynamics of development toward socialism*, 1949 — 1956. Berkeley: University of California Press, 1980.

维维恩·舒:《过渡中的农民的中国:向社会主义发展的动力(1949—1956)》

[1340] Sicular,Terry. "Rural marketing and exchange in the wake of recent re-forms", in Elizabeth J. Perry and Christine Wong,eds. ,*The political econ-*

omy of reform in post-Mao China, 83—109.

特里·西科勒:"近期改革风中的农村市场和交换"

[1341] Sidel, Ruth. *Families of Fengsheng*: *urban life in China*. Baltimore: Penguin Books, 1974.

鲁思·赛德尔:《丰盛之家:中国的城市生活》

[1342] Sigurdson, John. *Rural industrialization in China*. Cambridge, Mass.: Council on East Asian Studies, Harvard University, 1977.

约翰·西格德森:《中国农村的工业化》

[1343] Sih, Paul K. T. , ed. *Taiwan in modern times*. New York: St. John's University Press, 1973.

薛光前编:《现代台湾》

[1344] Simon, Sheldon W. *The broken triangle*: *Peking, Djakarta and the PKI*. Baltimore: Johns Hopkins University Press, 1969.

谢尔登·W. 西蒙:《破裂的三角关系:北京、雅加达和印度尼西亚共产党》

[1345] Singer, Martin. *Educated youth and the Cultural Revolution*. Ann Arbor: Center for Chinese Studies, University of Michigan, 1971.

马丁·辛格:《受过教育的青年与"文化大革命"》

[1346] Siu, Helen F. *Agents and victims in South China*: *accomplices in rural revolution*. New Haven, Conn. : Yale University Press, 1989.

海伦. F. 绥:《华南的代理人和受害者:农村革命的帮凶》

[1347] Siu, Helen F. , and Stern, Zelda, eds. *Mao's harvest*: *voices from China's new generation*. New York: Oxford University Press, 1983.

海伦·F. 绥和泽尔达·斯特恩编:《毛的收获:中国新一代的呼声》

[1348] *Sixth Five-Year Plan of the People's Republic of China for Economic and Social Development* (1981—1985). Peking: FLP, 1984.

《中华人民共和国经济和社会发展第六个五年计划(1981—1985)》

[1349] Skinner, G. William, ed. *The city in late imperial China*. Stanford, Calif. : Stanford University Press, 1977.

施坚雅编:《中华帝国晚期的城市》

[1350] Skinner, G. William, et al. , eds. *Modern Chinese society*: *an analytical bibliography*. vol. 1: G. W. Skinner, ed. *Publications in Western Languages*,

1644－1972. Vol. 2: G. W. Skinner and W. Hsieh, eds. , *Publications in Chinese*, 1644－1969. vol. 3: G. W. Skinner and S. Tomita, eds. , *Publications in Japanese*, 1644－1971. Stanford, Calif. : Stanford University Press, 1973.

施坚雅等编:《现代中国社会:有分析的书目》

[1351] Skinner. G. William. "Marketing and social structure in rural China. " *JAS*, Part Ⅰ, 24. 1 (November 1964), 3－43; Part Ⅱ, 24. 2 (February 1965), 195－228; Part Ⅲ, 24. 3 (May 1965), 363－399.

施坚雅:"中国农村的集市和社会结构"

[1352] *Slavic Review*. Quarterly. Stanford, Calif. : American Association for the Advancement of Slavic Studies, 1941－. [Formerly *The American Slavic and East European Review.*]

《斯拉夫评论》

[1353] Slimming, John. *Green plums and a bamboo horse: a picture of Formosa.* London: John Murray, 1964.

约翰·斯利明:《绿色植物和一匹竹马:一幅福摩萨图画》

[1354] Smith, Roger M. *Cambodia's foreign policy.* Ithaca, N. Y. : Cornell University Press, 1965.

罗杰尔·M. 史密斯:《柬埔寨的外交政策》

[1355] Snow, Edgar. *Red star over China.* New York: Bantam, 1978; lst rev. and enlarged ed. New York: Grove Press, 1968; New York: Random House, 1938; London: Godancz, 1937.

埃德加·斯诺:《红星照耀中国》

[1356] Snow, Edgar. *The long revolution.* New York: Vintage Books; London: Hutchinson, 1973.

埃德加·斯诺:《漫长的革命》

[1357] Snow, Edgar. "Interview with Mao. " *New Republic*, 152 (27 February 1965), 17－23.

埃德加·斯诺:"毛泽东访谈录"

[1358] Snow, Lois Wheeler. *China on stage: an American actress in the People's Republic.* New York: Random House, 1972.

洛伊斯·惠勒·斯诺:《舞台上的中国》

［1359］ Snyder, Edwin K. ; Gregor, A. James; and Chang, Maria Hsia. *The Taiwan Relations Act and the defense of the Republic of China.* Berkeley: Institute of International Studies, University of California, 1980.

埃德温·K. 斯奈德、A. 詹姆斯·格雷戈尔、玛丽亚·西厄·张:《美国与台湾关系法和中华民国的防务》

［1360］ *Social Sciences in China: a quarterly journal in English.* Quarterly. Peking. Chinese Academy of Social Science, 1980—.

《中国社会科学》

［1361］ *Socialist upsurge in China's countryside.* Peking: FLP, 1957; and General Office of the Central Committee of the Communist Party of China, ed. Peking: FLP, 1978.

《中国农村的社会主义高潮》

［1362］ Soeya, Yoshihide. "Japan's postwar economic diplomacy with China: three decades of non-governmental experiences." University of Michigan, Ph. D. dissertation, 1987.

"日本战后对华经济外交"

［1363］ Solomon, Richard H. *Mao's revolution and the Chinese political culture.* Berkeley: University of California Press, 1971.

理查德·H. 所罗门:《毛的革命和中国的政治文化》

［1364］ Solomon, Richard H. , ed. *The China factor: Sino-American relations and the global scene.* Englewood Cliffs, N. J. : Prentice-Hall, 1981.

理查德·H. 所罗门编:《中国因素》

［1365］ Solomon, Richard H. *Chinese political negotiating behavior: a briefing analysis.* Santa Monica, Calif. : The RAND Corporation, R-3295, December 1985.

理查德·H. 所罗门:《中国人的政治谈判行为:一份简要分析》

［1366］ Solomon, Richard H. "On activism and activists: Maoist conceptions of motivation and political role linking state to society." *CQ*, 39 (July-September 1969), 76—114.

理查德·H. 所罗门:"关于积极性和积极分子:把国家和社会联系起来的动机与政治作用的毛主义者的思想"

［1367］ Solomon, Richard H. , and Kosaka Masataka, eds. *The Soviet Far East mil-*

itary buildup: nuclear dilemmas and Asian security. Dover, Mass. : Auburn House, 1986.

理查德・H. 所罗门和高坂正尧编:《苏联在远东的军事集结》

[1368] Soo Chin-yee(Sansan). *Eighth moon.* See Lord, Bette[Bao].

包柏漪:《第八个月亮》

[1369] Soong, Stephen C. , and Minford, John, eds. *Trees on the mountain: an anthology of new Chinese writing.* Hong Kong: Chinese University Press, 1984.

斯蒂芬・C. 孙(音)和明福德编:《高山上的树木》

[1370] Sorenson, Theodore C. *Kennedy.* New York: Harper & Row, 1965.

西奥多・C. 索伦森:《肯尼迪》

[1371] Sorich, Richard, ed. *Contemporary China: a bibliography of reports on China published by the United States Joint Publications Research Service.* Prepared for the Joint Committee on Contemporary China of the American Council of Learned Societies and the Social Sciences Research Council. New York: n. p. , 1961.

理查德・索里奇编:《当代中国:美国联合出版物研究署出版的关于中国的报告目录》

[1372] *Sotsial'no-ekonomicheskii stroi i ekonomicheskaia politika KNR* (Social economic structure and economic policies of the PRC). Moscow: Nauka, 1978.

《中华人民共和国的社会经济结构和经济政策》

[1373] *South China Normal University Journal.* See *Hua-nan shih-fan ta-hsueh hsueh-pao.*

《华南师范大学学报》

[1374] *Soviet Analyst. Semi-monthly.* Richmond, Surrey: n. p. [Ed. Iain Elliot], 1972—.

《苏联分析家》

[1375] *Sovremennyi Kitai v zarubezhnykh issledovaniiakh* (Contemporary China in foreign research). Moscow: Nauka, 1979.

《外国对当代中国的研究》

[1376] Speare, Alden, Jr. "Urbanization and migration in Taiwan", in James C. Hsiung et al. ,eds. ,*The Taiwan experience*,1950—1980,271—281.

小奥尔登·斯皮尔:"台湾的城市化与移民"

[1377] Special Commentator. "Su-lien cheng-pa Shih-chieh ti chün-shih chan-lueh" (The military strategy of the Soviet Union for world domination), *JMJP*, 11 January 1980,7.

"苏联称霸世界的军事战略"

[1378] "Speeches and statements alleged to have been made by Chinese communist leaders in July through October,1966. "*CB*,819(10 March 1967),1—84.

"1966 年 7—10 月中共领导人言论集"

[1379] Spence, Jonathan. *To change China*:*Western advisers in China*, 1620 —1960. Harmondsworth:Penguin Books,1980.

乔纳森·斯彭斯:《为了改变中国:在中国的西方顾问(1620—1960)》

[1380] Spence,Jonathan. *The Gate of Heavenly Peace*:*the Chinese and their revolution*,1895—1980. Harmondsworth:Penguin books,1982.

乔纳森·斯宾士:《天安门:中国人及其革命(1895—1980)》

[1381] Spitz,Allan A. ,ed. *Contemporary China*. Pullman:Washington State University Press,1967.

阿伦·A.施皮茨编:《当代中国》

[1382] Stacey,Judith. *Patriarchy and socialist revolution in China*. Berkeley:University of California Press,1983.

朱迪思·斯特西:《中国的家长制和社会主义革命》

[1383] Stalin,Joseph. *Economic problems of socialism in the USSR*. Peking:FLP, 1972.

约瑟夫·斯大林:《苏联社会主义的经济问题》

[1384] Stalin,Joseph. *Marxism and problems of linguistics*. Peking:FLP,1972.

约瑟夫·斯大林:《马克思主义和语言学问题》

[1385] Starr, John Bryan, *Continuing the revolution*:*the political thought of Mao*. Princeton,N. J. :Princeton University Press,1979.

约翰·布赖恩·斯塔尔:《继续革命:毛的政治思想》

[1386] Starr,John Bryan. "Revolution in retrospect:the Paris Commune through Chinese eyes. "*CQ*,49(January-March 1972),106—125.

约翰·布赖恩·斯塔尔:"回顾革命:中国人眼中的巴黎公社"

［1387］ Starr, John Bryan, and Dyer, Nancy Anne, comps. *Post-Liberation works of Mao Zedong: a bibliography and index*. Berkeley: Center for Chinese Studies, University of California, 1976.

约翰·布赖恩·斯塔尔和南希·安妮·戴尔:《解放后毛泽东的著作:目录和索引》

［1388］ *State Council of the People's Republic of China, Bulletin of*. See *Chunghua jen-min kung-ho-kuo kuo-wu-yuan kung-pao*.

《中华人民共和国国务院公报》

［1389］ State Statistical Bureau. *Ten great years: statistics of the economic and cultural achievements of the People's Republic of China*. Introduction by Feng-hua Mah. Bellingham: Western Washington State College, 1974. Information compiled. by the State Statistical Bureau. Originally published 1960.

国家统计局:《伟大的十年》

［1390］ Shate Statistical Bureau. *Statistical yearbook of China*. Annual. 1981—. Compiled by the State Statistical Bureau, People's Republic of China. English edition. Hong Kong: Economic Information Agency, 1982—.

国家统计局:《中国统计年鉴》

［1391］ State Statistical Bureau. *Chung-kuo t'ung-chi chai-yao*, 1987 (Chinese statistical summary, 1987). Peking: Chung-kuo t'ung-chi, 1987.

国家统计局:《中国统计摘要(1987)》

［1392］ State Statistical Bureau. *Chung-kuo ku-ting tzu-ch'an t'ou-tzu t'ung-chi tzu-liao*, 1950 — 1985 (Statistical materials on fixed capital investment in China). Peking: Chung-kuo t'ung-chi, 1987.

国家统计局:《中国固定资产投资统计资料(1950—1985)》

［1393］ "State Stafistical Bureau report on the results of the 1981 National Economic Plan." *Chung-kuo Ching-chi nien-chien*, 1982, 8. 79, 82—83.

《国家统计局1981年国民经济计划实施报告》

［1394］ "Statement of the government of the People's Republic of China." *PR*, 41 (10 October 1969), 3—4.

《中华人民共和国政府声明》

［1395］ "Statement of the government of the People's Republic of China", 24 May

1969. NCNA, 24 May 1969.

《中华人民共和国政府声明》

[1396] *Statistical yearbook of China*. *See* State Statistical Bureau.

《中国统计年鉴》

[1397] *Statistical yearbook of the Republic of China*. Annual. Taiwan: Directorate-General of Budget, Accounting and Statistics, Executive Yuan, 1975—.

《中华民国统计年鉴》

[1398] Stavis, Benedict. *The politics of agricultural mechanization in China*. Ithaca, N. Y. : Cornell University Press, 1978.

本尼迪克特·斯塔维斯:《中国农业机械化的政治》

[1399] Stevenson, William. *The yellow wind, an excursion in and around Red China with a traveller in the yellow wind*. London: Cassell; Boston: Houghton Mifflin, 1959.

威廉·史蒂文森:《黄风》

[1400] Stolper, Thomas E. *China, Taiwan and the offshore islands, together with an implication for Outer Mongolia and Sino-Soviet relations*. Armonk, N. Y. : M. E. Sharpe, 1985.

托马斯·E. 斯托尔珀:《中国、台湾和沿海岛屿及其对外蒙古和中苏关系的含义》

[1401] *Strategic Survey*. Annual. London: International Institute for Strategic Studies, 1967—.

《战略概览》

[1402] "Strive to create the brilliant images of proletarian heroes: appreciations in creating the heroic images of Yang Tzu-jung and others", by the Taking Tiger Moutain by Strategy Group of the Peking Opera Troupe of Shanghai. *Chinese Literature*, 1 (January 1970), 58—75.

"努力创造无产阶级英雄的光辉形象"

[1403] Strong, Anna Louise. "Three interviews with Chairman Mao Zedong. "*CQ*, 103 (September 1985), 489—509.

安娜·路易斯·斯特朗:《同毛泽东的三次会见》

[1404] Stuart, Douglas T. , and Tow, William T. , eds. *China, the Soviet Union, and the West: strategic and political dimensions in the 1980s*. Boulder, Colo. : Westview Press, 1982.

道格拉斯·T. 斯图尔特和威廉·T. 托编:《中国、苏联和西方》

[1405] *Study and Crticism.* See *Hsueh-hsi Yü P'i-p'an.*

《学习与批判》

[1406] Su Chi. "Soviet image of and policy toward China, 1969—1979." Columbia University, Ph. D. dissertation, 1983.

苏吉(音):"苏联对中国的想象及其对华政策(1969—1979)"

[1407] Su Shao-chih. *Tentative views on the class situation and class struggle in China at the present stage.* Peking: Institute of Marxism-Leninism-Mao Zedong Thought, Chinese Academy of Social Sciences, 1981.

苏绍智编:《试论我国现阶段的阶级状况和阶级斗争》

[1408] Su Shao-chih, ed. *Ma-k'o-ssu-chu-i yen-chiu* (Research on Marx ism). Peking: Institute of Marxism-Leninism-Mao Zedong Thought, Chinese Academy of Social Sciences, 1984.

苏绍智编:《马克思主义研究》

[1409] "Summary of Chairman Mao's talks to responsible local comrades during his tour of inspection (mid-August to September 12, 1971)." *CLG*, 5. 3-4 (Fall-Winter 1972—1973), 31-42.

"毛主席在外地巡视期间同沿途各地负责同志的谈话摘要"

[1410] *Summary of the Forum on the Work in Literature and Art in the Armed Forces with which Comrade Lin Piao entrusted Comrade Chiang Ch'ing.* Peking: FLP, 1968.

《林彪同志委托江青同志召开的部队文艺工作座谈会纪要》

[1411] "Summary of the Forum on the Work in Literature and Art in the Armed Forces with which Comrade Lin Piao entrusted Comrade Chiang Ch'ing", in *Important documents on the Great Proleterian Cultural Revolution in China*, 201—238.

"林彪同志委托江青同志召开的部队文艺工作座谈会纪要"

[1412] *Summary of World Broadcasts.* Daily and weekly reports. Caversham Park, Reading: British Broadcasting Corporation, Monitoring Service, 1963—. Cited as *SWB*.

《世界广播概要》

[1413] Sun Tun-fan, et al. , eds. *Chung-kuo Kung-ch'an-tang li-shih chiang-i* (Teaching materials on the history of the Chinese Communist Party). 2 vols. Tsinan; shan-tung jen-min, 1983.

孙敦璠等编:《中国共产党历史讲义》

[1414] Sung Chien. "Jen-k'ou yü chiao-yü"(Population and education).

宋健:《人口与教育》

[1415] Tzu-jan pien-cheng-fa t'ung-hsun(Journal of the dialectics of nature), 3 (June 1980). Trans. in JPRS. 77745 *China report; Political, sociological, and military affairs*, 178, 3 April 1981, 43—47.

"自然辩证法通讯"

[1416] *Sung-ko hsien-kei Mao chu-hsi*(Odes to Chairman Mao). Shanghai: Shanghai jen-min, 1970.

《颂歌献给毛主席》

[1417] *Survey.* 1957, 1962—1989. London and Paris; various publishers. For merly *Soviet survey*(1956—1957 and 1958—1961)and *Soviet culture* (1956). Bimonthly 1961—1962; qaurterly 1963—1982; irregular, 1983, 1989.

《概览》(1957、1962—1989)

[1418] Survey; *a journal of East and West studies*. London; Institute for Defence and Strategic Studies, 1959—.

《概览:东西方研究杂志》

[1419] Sutter, Robert G. *Chinese foreign policy after the Cultural Revolution*, 1966—1977. Boulder, Colo. ; Westview Press, 1978.

罗伯特·G. 萨特:《'文化大革命'后的中国外交政策(1966—1967)》

[1420] Sutter, Robert G. *Chinese foreign policy; developments after Mao.* New York; Praeger, 1985.

罗伯特·G. 萨特:《中国的外交政策:毛以后的发展》

[1421] Suttmeier, Rechard P. *Science, technology and China's drive for modernization.* Stanford, Calif. ; Hoover Institution Press, 1980.

理查德·P. 萨特梅尔:《科学技术与中国的现代化努力》

[1422] *SWB. Summary of World Broadcasts.*

[1423] Swearingen, Rodger. *The Soviet Union and postwar Japan.* Stanford, Calif. ; Hoover Institution Press, 1978.

罗杰·斯韦林根:《苏联与战后日本》

[1424] Swetz, Frank. *Mathematics education in China: its growth and development*. Cambridge, Mass.: MIT Press, 1974.

弗兰克·斯韦茨:《中国的数学教育》

[1425] *Ta-kung pao* ("L'Impartial"). Hong Kong.

《大公报》(香港)

[1426] *Ta-lu ti-hsia k'an-wu hui-pien* (Collection of the mainland underground publications). Taipei: Institute for the Study of Chinese Communist Problems. 1980—.

《大陆地下刊物汇编》

[1427] *Tachai. See* Hsin Hua-wen.

《大寨》

[1428] T'ai-Wan wen-i (Taiwanese literature and art). Bimonthly. Taipei: 1953—.

《台湾文艺》

[1429] "Taiwan briefing." Special section on Taiwan. *CQ*, 99 (September 1984), 462—568.

"台湾简报"

[1430] *Taiwan statistical data book*. Taipei: Council for Economic Planning and Development, Executive Yuan, 1971—.

《台湾统计数字册》

[1431] *Taiwan kingendaishi kenkyū* (Historical studies of Taiwan in modern times), 3(1980).

《台湾现代史研究》

[1432] Takeuchi Minoru, ed. *Mao Tse-tung chi* (Collected writings of Mao Tse-tung). 10 vols. Tokyo: Hokuboshe, 1970 — 1972, 2nd ed., Tokyo: Sososha, 1983.

竹内实:《毛泽东集》

[1433] Takeuchi Minoru, ed. *Mao Tse-tung chi pu chüan* (Supplements to the collected writings of Mao Tse-tung). 10 vols. Tokyo: Sososha, 1983—1986.

竹内实:《毛泽东集补选》

[1434] Tamkang Revilew. Semi-annual 1970－1977；Quarterly 1978－. Taipei：Graduate Institute of Western Languages and Literature, Tamkang College of Arts and Sciences, 1970－.

《淡江评论》

[1435] T'an Tsung-chi. "Lin Piao fan-ko-ming Chi-t'uan ti chueh-ch'i chi-ch'i fu-mieh"(The sudden rise of the Lin Piao counterrevolutionary clique and its destruction), in *Chiao-hsueh ts'an-k'ao*, *hsia*, 38－57.

谭宗级："林彪反革命集团的崛起及其覆灭"

[1436] T'an Tsung-chi and Cheng Ch'ien, eds. *Shih-nien-hou-ti p'ing-shuo—"Wen-hua ta-ko-ming"shih lun-chi*（Appraisals and explanations after one decade: a collection of essays on the history of the"Great Cultural Revolution"）. Peking：Chung-kung tang-shih tzu-liao, 1987.

谭宗级、郑谦编：《十年后的评说——"文化大革命"史论集》

[1437] Tang, Raymond N. , and Ma, Wei-yi. *Source materials on Red Guards and the Great Proletrian Cultural Revolution*. Ann Arbor：Asian Library, University Library, University of Michigan, 1969.

汤道文、马惟一：《有关红卫兵和"伟大的无产阶级文化大革命"的史料》

[1438] *Tang-shih hui-yi pao-kao-chi*（Collected reports from the Conference on Party History）. Ch'üan-kuo tang-shih tzu-liao cheng-chi kung- tso hui-yi ho chi-nien chung-kuo kung-ch'an-tang liu-shih chou-nien hsueh-shu t'ao-lun-hui mi-shu-ch'u(Secretariat of the National Work Conference on Collecting Party Historical Materials and the Academic Conference in Commemoration of the Sixtieth Anniversary of the Chinese Communist Party), eds. Peking：chung-kung chung-yang tang-hsiao, 1982.

全国党史资料征集工作会议和纪念中国共产党六十周年学术讨论会秘书处编：《党史会议报告集》

[1439] *Tang-shih t'ung-hsun*(Party history newsletter). Bimonthly 1980－1984；monthly 1984－1988. Biweekly 1989－. Title changed to *Chung-kung tand-shih t'ung hsun*. Peking.

《党史通讯》(后改名为《中共党史通讯》)

[1440] *Tang-shih tzu-liao cheng-chi t'ung-hsun* (Newsletter on the collection of materials on Party history). Peking：Chung-kung tang-shih tzu-liao, 1984—

《党史资料征集通讯》

[1441] *Tang-shih yen-chiu* (Research on Party history). Peking: chung-kung chung-yang tang-hsiao, 1980—. Also see *Chung-kung tang-shih yen-chiu.*

《党史研究》

[1442] *Tang-shih yen-chiu tzu-liao* (Research materials on Party history). Chengtu: Szechwan jen-min (for the Museum on the History of the Chinese Revolution), 1980—.

《党史研究资料》

[1443] *Tang-tai* (Contemporary). Bimonthly. Peking: 1979—.

《当代》

[1444] *Tang-tai Chung-kuo wai-chiao* (Diplomacy of contemporary China). Peking: Chung-kuo she hui k'o-hsueh, 1987.

《当代中国外交》

[1445] *Tang-ti wen-hsien* (Party documents). Bimonthly. Peking: 1988—.

《党的文献》

[1446] T'aoK'ai. "k'ai-shih ch'üan-mien chien-she she-hui-chu-i ti shih- nien" (The ten years which saw the beginning of the all-round construction of socialism), in Chung-kung tang-shih yen-chiu-hui, ed. , *Hsueh-hsi li-shih chueh-i chuan-chi.*

陶凯:"开始全面建设社会主义的十年"

[1447] TASS News Agency.

[1448] Tatu, Michael. *The great power triangle : Washington , Moscow, Pekjng.* Paris: Atlantic Institute, 1970.

米切尔·塔图:《大三角:华盛顿、莫斯科、北京》

[1449] Taylor, Robert. Education and university enrolment policies in China, 1949—1971. Canberra: Australian National University Press, 1973.

罗伯特·泰勒:《中国的教育和大学招生的方针(1949—1971)》

[1450] Taylor, Robert. *China's intellectual dilemma : politics and university enrolment ,* 1949—1978. Vancouver: University of Brnish Columbia Press, 1981.

罗伯特·泰勒:《中国知识分子的困境:政策与大学招生(1949—1978)》

[1451] Taylor, Robert. The Sino-Japanese axis: a new force in Asia? New York: St. Martin's Press, 1985.

罗伯特·泰勒:《中日轴心:亚洲一支新的力量?》

[1452] *Teachers' News*. See *Chiao-shih pao*.

《教师报》

[1453] *Teaching and Research*. See *Chiao-hsueh yü yen-chiu*.

《教学与研究》

[1454] Teaching and Research Office on CCP History of the [PLA]Political Academy. *See* Chung-kuo kung-chan-tang liu-shill-nien ta-shih Chien-chieh.

中国人民解放军政治学院党史教研室

[1455] *Teaching Bulletin*. See *Chiao-hsueh tung-hsun*.

《教学通讯》

[1456] Teiwes, Frederick C. *Provincial leadership in China: the Cultural Revolution and its aftermath*. Ithaca, N. Y.: China-Japan Program. Cornell University, 1974.

弗里德里克·C.泰维斯:《中国的省的领导层:"文革"及其后果》

[1457] Teiwes, Frederick C. *Elite discipline in China: coercive and persuasive approaches to rectification*, 1950 — 1953. Canberra: Contemporary China Centre, Research School of Pacific Studies, Australian National University, 1978.

弗里德里克·C.泰维斯:《中国精英人物的训练:整风的强迫与说服的方法(1950—1953)》

[1458] Teiwes, Frederick C. *Politics and purges in China: rectification and the decline of Party norms*, 1950—1965. White Plains, N. Y.: M. E. Sharpe, 1979.

弗里德里克·C.泰维斯:《中国的政治和清洗:1950—1965 年的整风和党的准则的衰败》

[1459] Teiwes, Frederick C. *Leadership, Legitimacy and conflict in China: from a charismatic Mao to the politics of succession*. Armonk, N. Y.: M. E. Sharpe, 1984.

弗里德里克·C.泰维斯:《中国的领导人、合法性和冲突:从具有超凡魅力的毛到接班政治》

［1460］ *Ten great years*. See State Statistical Bureau.

《伟大的十年》

［1461］ Teng Hsiao-p'ing. *Teng Hsiao-p'ing wen-hsuan* 1975－1982. (Selected works of Teng Hsiao-p'ing). Peking:Jen-min,1983.

《邓小平文选》

［1462］ Teng Hsiao-p'ing. *Fundamental issues in present-day China*. Peking:FLP, 1987.

邓小平:《我国目前的几个基本问题》

［1463］ Teng Hsiao-p'ing. "Memorial speech for Chou En-lai", in "Quarterly Chronicle and Documentation."*CQ*,66(June 1976),420—424.

邓小平:"在周恩来同志追悼大会上的悼词"

［1464］ Teng Hsiao-p'ing. "Answers to the Italian journalist Oriana Fallaci",in *Selected works of Deng Xiaoping*. ［*Teng Hsiao-p'ing*］(1975－1982), 326—334.

邓小平:"答意大利记者奥琳埃娜·法拉奇问"

［1465］ Teng Hsiao-p'ing. "Uphold the four cardinal principles",in Teng Hsiao-p'ing,*Selected works*,166—191.

Teng Hsiao-p'ing. "On the reform of the system of Party and state leadership", in Teng Hsiao-p'ing,*Selected works*,302—325.

Teng Hsiao-p'ing. "Conversation of 26 April 1987 with Lubomir Strougal,"in Teng Hsiao-p'ing, *Fundamental issues in present-day China*, 174—179.

邓小平:"坚持四项基本原则"

［1466］ Teng Li-ch'ün. "Hsueh-hsi'Kuan-yü Chien-kuo-i-lai tang-ti jo-kan li-shih wen-t'i ti chueh-i'ti wen-t'i ho hui-ta"(Questions and answers in studying the"Resolution on certain historical questions since the founding of the state"),in *Tang-shih hui-i pao-kao-chi*,74—174.

邓力群:"学习《关于建国以来党的若干历史问题的决议》的问题和回答"

［1467］ Teng Li-ch'ün. "Comments of 11—12 August 1981 on the Resolution of 27 June 1981",in *Tang-shih hui-i pao-kao-chi*.

［1468］ Tennien, Mark. *No secret is safe*. New York:Farrar, Straus, &

Young,1952.

马克·坦尼恩:《无密可保》

[1469] *The Tenth National Congress of the Communist Party of China* (*documents*). Peking:FLP,1973.

《中国共产党第十次全国代表大会文件汇编》

[1470] Terrill,Ross. *Flowers on an iron tree:five cities of China*. Boston:Little, Brown,1975.

罗斯·特里尔:《铁树开花:中国的五个城市》

[1471] Terrill, Ross. *Mao:a biography*. New York:Harper Colophon Books, 1981.

罗斯·特里尔:《毛泽东传》

[1472] Terrill,Ross. *The white-boned demon:a biography of Madame Mao Zedong*. New York:Wiliam Morrow,1984.

罗斯·特里尔:《白骨精:毛泽东夫人传》

[1473] Thomson,James C. ,Jr. *While China faced west:American reformers in Nationalist China*, 1928 — 1937. Cambridge, Mass. : Harvard University Press,1969.

小詹姆斯·C. 汤姆森:《当中国面对西方时:在国民党统治时期中国的美国改革家(1928—1937)》

[1474] Thurston,Anne F. *Enemies of the People:the ordeal of the intellectuals in China's Great Cultural Revolution*. New York:Knopf,1987.

安妮·F. 瑟斯顿:《人民的敌人》

[1475] Turston, Anne. "Victims of China's Cultural Revolution:the invisible wounds."*Pacific Affairs*,Part I,57. 4(Winter 1984—1985),599—620; and Part Ⅱ,58. 1(Spring 1985),5—27.

安妮·瑟斯顿:"中国'文化大革命'的受害者:看不见的创伤"

[1476] Tidrick,Gene, and Chen Jiyuan, eds. *China's industrial reform*. London: Oxford University Press,1987.

吉恩·蒂德里克、陈吉元编:《中国的工业改革》

[1477] Tieh Tzu-wei. "Ch'en I tsai 'Wen-hua ta-ko-ming' chung"(Ch'en I during the Great Cultural Revolution). *kun-lun*,5 (September 1985),121—143.

铁竹伟:"陈毅在'文化大革命'中"

[1478] Tien,H. Yuan. *China's population struggle:demographic decisions of the People's Republic*, 1949 — 1969. Columbus:Ohio State University Press,1973.

田心源:《中国的人口战》

[1479] *T'ien An Men shih-wen chi* (Collection of T'ien An Men poems). Peking: Peking ch'u-pan-she,1979.

《天安门诗文集》

[1480] T'ien Chien. *Kan ch'e chuan* (The carter's story). Peking:Chung-kuo jen-min wen-i ts'ung-shu,1949.

田间:《赶车传》

[1481] T'ien Chien. "*T'ieh-ta-jen*"(Big iron man). *Shih-k'an*,7(1964),4—7.

田间:《铁大人》

[1482] Tikhvinskii,S. L. Istoriia Kitaia i sovremennost'(The history of China and the present). Moscow:Nauka,1976.

S. L. 齐赫文斯基:《中国的历史和现在》

[1483] *Times*[London]. Daily. London:1785—.

《泰晤士报》

[1484] Ting Wang. *Chairman Hua*:;*leader of the Chinese Communists*. Montreal: McGill-Queen's University Press,1980.

丁望:《华主席:中国共产党的领袖》

[1485] Ting Wang. *Wang Hung-wen, Chang Ch'un-ch'iao p'ing-chuan* (Biographies of Wang Hung-wen and Chang Ch'un-ch'iao). Hong Kong:*Ming-pao yueh-k'an*,1977.

丁望:《王洪文、张春桥评传》

[1486] Ting Wei-chih and Shih Chung-ch'üan. "Ch'ün-chung Lu-hsien shih women tang ti li-shih ching-yen ti tsung-chieh"(The mass line is the summation of the historical experience of our Party). *Wen hsien ho yen-chiu*, 1983,420—428.

丁伟志、石仲泉:"群众路线是我们党的历史经验的总结"

[1487] Tong, Hollington K. *Chiang Kai-shek*. Taipei: China Publishing CO. ,1953.

董显光:《蒋介石》

[1488] Townsend, James R. *The revolutionization of Chinese youth: a study of Chung-kuo Ch'ing-nien.* Berkeley: Center for Chinese Studies, University of California, 1967.

詹姆斯·R. 汤森:《中国青年的革命化:〈中国青年〉研究》

[1489] Trager, Frank N. "Sino-Burmese relations: the end of the Pauk Phaw era." *Orbis*, 11. 4 (Winter 1968), 1034—1054.

弗兰克·N. 特拉格:"中缅关系:友好时代的结束"

[1490] Treadgold, Donald W. , ed. *Soviet and Chinese communism: similarities and differences.* Seattle: University of Washington Press, 1967.

唐纳德·W. 特瑞德戈德编:《苏联与中国的共产主义的异同》

[1491] Tretiak, Daniel. "The Sino-Japanese Treaty of 1978: the Senkaku incident prelude. "*Asian Survey*, 18. 12 (December 1978), 1235—1249.

丹尼尔·特雷蒂亚克:"中日一九七八年条约"

[1492] Truman, Harry S. *Memoirs.* vol. 1: *Year of decisions.* vol. 2: *Years of trial and hope.* Garden City, N. Y. : Doubleday, 1955—1956.

哈里·S. 杜鲁门:《杜鲁门回忆录》

[1493] *The truth about Vietnam-China relations over the last 30 years.* Hanoi: Ministry of Foreign Affairs, 4 October 1979. In FBIS *Daily Report: Asia and Pacific*, supplement, 19 October 1979.

《过去 30 年越中关系的真相》

[1494] Tsai Mei-hsi. *Contemporary Chinese novels and short stories*, 1949—1974: *an annotated bibliography.* Cambridge, Mass. : Harvard University Press, 1979.

蔡美西(音):《中国当代小说(1949—1974)》

[1495] Tsedenbal, Yu [mjagin]. "K Sotsialisticheskomu Obshchestvennomu Stroiu Minuya Kapitalizm" (Toward a socialist social order, by-passing capitalism). *Problemy Dal'nego Vostoka*, 4 (1974), 6—29.

泽登巴尔:"越过资本主义朝着社会主义的社会秩序迈进"

[1496] *Tso-chuan.* Legge's translation. *The Ch'un Tseu with The Tso Chuen*, in *The Chinese Classics*, V.

《左传》

[1497] *Tso-p'in* (Literary works). Monthly. Canton: 1954—.

《作品》

[1498] Tsou, Tang. *Embroilment over Quemoy*: *Mao, Chiang and Dulles*. Salt Lake City: University of Utah Press, 1959.

邹谠:《金门纷争:毛泽东、蒋介石和杜勒斯》

[1499] Tsou, Tang, ed. *China in crisis*. Vol. 2: *China's policies in Asia and America's alternatives*. Foreword by Charles U. Daly. Chicago: University of Chicago Press, 1968.

邹谠:《中国在危机中》第 2 卷:《中国在亚洲的政策和美国的选择》

[1500] Tsou, Tang. *The Cultural Revolution and post-Mao reforms: a historical perspective*. Chicago: University of Chicago Press, 1986.

邹谠:《从历史的角度看"文化大革命"和毛以后的改革》

[1501] Tsou, Tang. "The Cultural Revolution and the Chinese political system", *CQ*, 38(April-June 1969), 63—91.

邹谠:"'文化大革命'与中国的政治制度"

[1502] Tsou, Tang. "Marxism, the Leninist Party, the masses and the citizens in the rebuilding of the Chinese state", in Stuart R. Schram, ed., *Foundations and limits of state power in China*, 257—289.

邹谠:"中国国家重建过程中的马克思主义、列宁主义党、群众和公民"

[1503] *Tsu-kuo* (The fatherland [China monthly?]). Monthly. Taipei: 1964—.

《祖国》

[1504] *Tsu-kuo chou-k'an* (China weekly). Weekly. Taipei: 1953—.

《祖国周刊》

[1505] *Tsu-kuo hsin-hsing ch'eng-shih* (The motherland's new type cities). Shanghai People's Press Editorial Group. Shanghai: Shanghai Jen-min, 1974.

《祖国新型城市》

[1506] Tsurumi, Patricia. *Japanese colonial education in Taiwan* 1895—1945. Cambridge, Mass.: Harvard University Press, 1977.

帕特里西亚·楚鲁米:《日本在台湾的殖民教育(1895—1945)》

[1507] Tu P'eng-ch'eng. *Tsai ho-p'ing ti jih-tzu li* (In days of peace). Sian: Tung-feng wen-i, 1958.

杜鹏程:《在和平的日子里》

[1508] *Tu-shu* (Reading). Monthly. Peking: 1979—.

《读书》

[1509] "T'uan-chieh jen-min chan-sheng ti-jen ti ch'iang-ta wu-chi：hsueh-hsi'Lun Cheng-t'se'"(A powerful weapon to unite the people and defeat the enemy：a study of "On policy"). Writing Group of the CCP Hopei Provincial Committee. *HC*,9 (2 August 1971),10—17.

"团结人民战胜敌人的强大武器：学习'论政策'"

[1510] Tung, Chi-ping, and Evans, Humphrey. *The thought revolution*. London：Leslie Frewin,1967；New York：Coward-McCann,1966.

董志平(音)、汉弗莱·埃文斯：《思想革命》

[1511] *Tung-hsiang* (The trend). Monthly. Hong Kong：1978—.

《动向》

[1512] *Tung-pei shih-ta hsueh-pao* (Northeast Normal University Journal).

《东北师大学报》

[1513] T'ung Huai-chou [pseud.], ed. *T'ien-an-men shih-wen chi* (Poems from the Gate of Heanenly Peace). Peking：Jen-min wen-hsueh,1978.

童怀周：《天安门诗文集》

[1514] *Turkmenskaya Iskra*. Daily. Ashkhabad：Turkmenistan CPCC,Supreme Soviet,and Council of Ministers of Turkmen SSR.

《土库曼火花报》

[1515] *Twelfth National Congress of the CPC* (*September* 1982). Peking：FLP,1982.

《中国共产党第十二次全国代表大会》

[1516] *Tzu-liao hsuan-pien* (Selected materials). Peking：n. p. ,January 1967.

《资料选编》

[1517] Ullman,Morris. *Cities of mainland China*：1953 *and* 1958. [Washington, D. C.]：Foreign Manpower Research Office,Bureau of the Census, U. S. Department of Commeree,1961.

摩里斯·厄尔曼："大陆中国的城市(1953 年和 1958 年)"

[1518] Ullman, Morris B. "Cities of mainland China：1953 — 1959", in Gerald Breese,ed. ,*The city in newly developing countries*,81—103.

摩里斯·厄尔曼："大陆中国的城市(1953—1959)"

[1519] Unger,Jonathan. *Education under Mao*：*class and competition in Canton schools*,1960—1980. New York:Columbia University Press,1982.

乔纳森・昂格尔:《毛统治下的教育:广州学校中的阶级与竞争(1960—1980)》

[1520] Union Research Institute [URl]. *CCP documents of the Great Proletarlan Cultural Revolution*,1966—1967. Hong Kong:Union Research Instistute,1968.

联合研究所:《中国共产党无产阶级'文化大革命'文件集(1966-1967)》

[1521] Union Research Institute[URI]. *Catalogue of Red Guard publicatiohs held by URI*. Hong Kong:Union Research Institute,1970.

联合研究所:《联合研究所所藏红卫兵出版物目录》

[1522] Union Research Institute[URl]. *Documents of the Chinese Communist Party Central Committee*,*September* 1956—*April* 1969. Hong Kong:Union Research Institute,1971.

联合研究所:《1956年9月—1969年4月的中共中央文件》

[1523] *Union Research* Service. Hong Kong:Union Research Institute,1955—.

《联合研究署》

[1524] United Kingdom Regional Information Office for Southeast Asia. Hong Kong Branch. *News from Chinese provinclal radio stations*. Hong Kong. 1960s. Irregular.

联合王国东南亚地区情报部香港分局:《中国省级广播站的新闻》

[1525] United Nations. Economic and Social Commission for Asia and the Pacific. *Statistical yearbook for Asia and the Pacific*. Annual. Bangkok:Economic and Social Commission for Asia and the Pacific,1973—. *Continues Statistical yearbook for Asia and the Far East*.

联合国亚太经社委员会:《亚太统计年鉴》

[1526] United States. Central Intelligence Agency. *People's Republic of China: international trade handbook*. Washington. D. C. :Central Intelligence Agency,December 1972.

美国中央情报局:《中华人民共和国:国际贸易手册》

[1527] United States. [Central Intelligence Agency]. National Foreign Assessment Center. *China:the steel industry in the* 1970s *and* 1980s. Washington,D. C. :Central Intelligence Agency,May 1979.

美国(中央情报局)国家对外评估中心:《中国七八十年代的钢铁工业》

[1528] United States. Central Intelligence Ageney. National Foreign Assessment Center. *Chinese defense spending*, 1965—1979. Washington, D. C. : Central Intelligence Agency, July 1980.

美国中央情报局、国家对外评估中心:《中国的防务开支(1965—1979)》

[1529] United States Congress (92nd). Joint Economic Committee. *People's Republic of China : an economic assessment*. Washington, D. C. : U. S. Government Printing Office, 1972.

美国国会(第92届)联合经济委员会:《对中国经济的估价》

[1530] United States Congress (95th). Joint Economic Committee. *The Chinese economy post-Mao*. Vol. 1: *Policy and performance*. Washington, D. C. : U. S. Government Printing Office, 1978.

美国国会(第95届)联合经济委员会:《毛以后的中国经济》

[1531] United States Congress (97th). Joint Economic Committee. *China under the four modernizations*. 2 vols. Washington, D. C. : U. S. Government Printing Office, 1982.

美国国会(第97届)联合委员会:《四个现代化下的中国》

[1532] United States Congress (99th). Joint Economic Committee. *China's economy looks toward the year* 2000. Vol. 1: *The four modernizations*. Vol. 2: *Economic openness in modernizing China*. Washington, D. C. : U. S. Government Printing Office, 1986.

美国国会(第99届)联合经济委员会:《面向2000年的中国经济》

[1533] U. S. Consulate General. Hong Kong. *Current Background*. Weekly (approx.). 1950—1977. Cited as *CB*.

美国驻香港总领事馆:《当代背景材料》

[1534] U. S. Consulate General. Hong Kong. *Extracts from China Mainland Magazines*. 1955—1960. Cited as *ECMM*. Title Changed to *Selections from China Mainland Magazines*, 1960—1977.

《中国大陆杂志集萃》

[1535] U. S. Consulate General. Hong Kong. *Selections from China Mainland Magazines*. 1960—1977. Cited as *SCMM*. Formerly *Extracts form China Mainland Magazines*.

美国驻香港总领事馆:《中国大陆杂志选》

[1536] U. S. Consulate General. Hong Kong. *Survey of China Mainland Press*. Daily(approx.). 1950—1977. Cited as *SCMP*.

美国驻香港总领事馆:《中国大陆报刊概览》

[1537] U. S. Consulate General. Hong Kong. *Survey of China Mainland Press*, *Supplement*. 1960—1973.

美国驻香港总领事馆:《中国大陆报刊概览(补遗)》

[1538] U. S. Department of State. *State Department Bulletin*. Monthly. Washington, D. C. :1922—.

美国国务院:《国务院公报》

[1539] U. S. Department of State. *United States relations with China, with special reference to the period* 1944—1949. Washington, D. C. :1949. Reissued with intro. and index by Lyman Van Slyke as *China white paper*. 2 vols. Stanford, Calif. :Stanford University Press,1967.

美国国务院:《美国和中国的关系,尤其是关于1944—1949年时期》(《中国白皮书》)

[1540] United States Government. Joint Publications Research Service. *See* joint Publications Research Service.

美国政府联合出版物研究署

[1541] United States. National Foreign Assessment Center. *See* United States. Central Intelligence Agency.

美国国家对外评估中心

[1542] University of Chicago Center for Policy Studies. *China briefing*. Chicago: Center for Policy Studies, University of Chicago,1968.

芝加哥大学政策研究中心:《中国简况》

[1543] Urban, George, ed. and intro. *The miracles of Chairman Mao:a compendium of devotional literature*,1966—1970. London:Tom Stacey, 1971.

乔治・厄本编:《毛主席的奇迹》

[1544] URI. Union Research Institute. Hong Kong.

香港联合研究所

[1545] Usack, A. H. , and Batsavage, R. E. "The international trade of the People's Republic of China", in United States Congress(92nd), Joint Economic Committee, *People's Republic of China: an economic assessment*, 335—370.

A. H. 尤萨克、R. E. 巴特萨维奇:"中华人民共和国的国际贸易"

[1546] Van der Kroef, Justus M. "The Sino-Indonesian partnership." *Orbis*, 8. 2 (Summer 1964), 332-356.

贾斯特斯・M. 范・德・克罗夫:"中国—印尼伙伴关系"

[1547] Van der Kroef, Justus M. "Chinese subversion in Burma." *Indian Communist*, 3(March—June 1970), 6—13.

贾斯特斯・M. 范・德・克罗夫:"中国在缅甸的颠覆活动"

[1548] Van der Sprenkel, Otto; Guillain, Robert; and Lindsay, Michael. *New China: three views*. London: Turnstile Press, 1950.

奥托・范・德・斯普伦克尔、罗伯特・吉兰、米切尔・林德赛:《新中国:三家说》

[1549] Van Ginneken, Jaap. *The rise and fall of Lin Piao*. Harmondsworth: Penguin Books, 1976.

雅普・冯・吉内肯:《林彪浮沉录》

[1550] Van Ness, Peter. *Revolution and Chinese foreign policy: Peking's support for wars of national liberation*. Berkeley: University of California Press, 1970.

彼得・范内斯:《革命与中国的对外政策:北京对民族解放战争的支持》

[1551] Van Slyke, Lyman. See U. S. Department of State.

[1552] Vance, Cyrus. *Hard choices*. New York: Simon & Schuster, 1983.

赛勒斯・万斯:《艰难的选择》

[1553] Varg, Paul A. *Missionaries, Chinese and diplomats: the American Protestant missionary movement in China*, 1890—1952. Princeton, N. J. : Princeton University Press, 1958.

保罗・A. 瓦格:《中国人与外交家》

[1554] Vertzberger, Yaacov Y. I. *China's southwestern strategy: encirclement and counterencirclement*. New York: Praeger, 1985.

亚科夫・Y. I. 弗尔茨伯格:《中国的西南战略:包围与反包围》

[1555] Vladimirov, O. , and Ryazantsev, V. *Mao Tse-tung: a political portrait*. Moscow: Progress, 1976.

O. 弗拉基米洛夫、V. 伊亚赞切夫:《毛泽东:一幅政治肖像》

[1556] Vogel, Ezra F. *Canton under communism: programs and politics in a provincial capital*, 1949－1968. New York: Harper & Row, 1980; Cambridge, Mass. : Harvard University Press, 1969.

埃兹拉·F. 沃格尔:《共产主义统治下的广州:一个省城的规划与政治(1949－1968)》

[1557] Wagner, Rudolf G. *Literatur und Politik in der Volksrepublik China.* Frankfurt: Suhrkamp, 1983.

鲁道夫·G. 瓦格纳:《中华人民共和国的文学和政治》

[1558] Wakeman, Frederic. *History and will: philosophical persepectives of Mao Tse-tung's thought.* Berkeley: University of California Press, 1973.

弗雷德里克·韦克曼:《历史与愿望:用哲学观点看毛泽东思想》

[1559] Walder, Andrew G. *Chang ch'un-ch'iao and Shanghai's January Revolution.* Ann Arbor: Center for Chinese Studies, University of Michigan. 1978.

安德鲁·G. 沃尔德:《张春桥与上海"一月风暴"》

[1560] Walder, Andrew G. "The informal dimension of enterprise financial reforms", in United States Congress. Joint Economic Committee, *China's economy looks toward the year* 2000, 1. 630－645.

安德鲁·G. 沃尔德:"企业财政改革的日常范围"

[1561] Walker, Kenneth R. *Food grain procurement and consumption in China.* New York: Cambridge University Press, 1984.

肯尼思·R. 沃克:《中国食用粮食的收购和消费》

[1562] Walker, Richard L. "The human cost of communism in China." Report to the Subcommittee on Internal Security of the U. S. Senate Judiciary Committee. Washington, D. C. : U. S. Government Printing Office, 1971.

理查德·L. 沃克:"人类的代价——共产主义在中国"

[1563] *Wan-sui* (1967)(1969). see *Mao Tse-tung ssu-hsiang wan-sui.*

《毛泽东思想万岁》

[1564] Wang, James C. F. *The Cultural Revolution in China: an annotated bibliography.* New York and London: Garland, 1976.

詹姆斯·C. F. 王(音):《中国的"文化大革命":带注解的目录》

[1565] Wang Jo-shui. "Ts'ung p'i 'tso' tao-hsiang fau-yu ti i-tz'u ko-jen ching-li"

(The experience of one individual of the reversal from criticizing"leftism"to opposing rightism). *Hua-ch'iao jih-pao*,12—21 March 1989.

王若水:"从批'左'倒向反右的一次个人经历"

[1566] Wang Ling-shu. "Ji Dengkui[Chi Teng-k'uei]on Mao zedong."*Liao-wang* (Outlook)overseas edition,6—13 February,1989,trans. in FBIS *Daily Report*:*China*,14 February 1989,22—26.

王灵书:"纪登奎谈毛泽东"

[1567] Wang,Mason Y. H. ,ed. *Perspectives in contemporary Chinese literature.* University Ceneter,Mich. :Green River Press,1983.

梅森·Y. H. 王编:《当代中国文学中的思想》

[1568] Wang Meng. "Tsu-chih-pu hsin lai ti ch'ing-nien-jen"(The young newcomer to the organization department). *Jen-min wen-hsueh*,9(1956),29—43.

王蒙:"组织部新来的青年人"

[1569] Wang Nien-i. 1949—1989 *nien-ti Chung-kuo*:*ta-tung-luan-ti nien-tai* 1949—1989(China from 1949—1989:a decade of great upheaval). Honan:Honan jen-min,1988.

王年一:《大动乱的年代》

[1570] Wang Nien-i. "Mao Tse-tung t'ung-chih fa-tung 'wen-hua ta-ko-ming'shih tui hsing-shih ti ku-chi"(Comrade Mao Tse-tung's estimate of the situation at the time when he launched the"Great Cultural Revolution"),in *Tang-shih yen-chiu tzu-liao*,4(1983),766—774.

王年一:"毛泽东同志发动'文化大革命'时对形势的估计"

[1571] Wang Nien-i. "'Wen-hua to-ko-ming'ts'o-wu fa-chan mai- lo"(Analysis of the development of the errors of the"Great Cultural Revolution"). *Tang-shih t'ung-hsun*,October 1986.

王年一:"'文化大革命'错误发展的脉络"

[1572] Wang Xizhe. "Mao Zedong and the Cultural Revolution",in Anita Chan, Stanley Rosen,and Jonathan Unger,eds. ,*On socialist democracy and the Chinese legal system*:*the Li Yizhe debates*,177—260.

王希哲:"毛泽东与'文化大革命'"

[1573] Wang Ya-lin and L Chin-jung. "Ch'eng-shih chih-kung chia-wu lao-tung

yen-chiu" (Research on the housework of urban workers and employees).
Chung-kuo she-hui k'o-hsueh, 1(1982), 177—190.

王雅林、李金荣: "城市职工家务劳动研究"

[1574] *Washington Post*, *The*. Daily. Washington, D. C. : The Washington Post
Co. , 1877—.

《华盛顿邮报》

[1575] Watson, Andrew. *Mao Zedong and the political economy of the border re-
gion*. Cambridge: Cambrldge University Press, 1980.

安德鲁·沃森: 《毛泽东与边境地区的政治经济》

[1576] Watts, William. *See* Clough, Ralph N.

[1577] *Wehrtechnik*, *vereinigt mit Wehr und Wirtschaft*. Monthly. Monatsschrift
für wirtschaftliche Fragen der Verteidigung, Luftfahrt und lndustrie. Boon-
Duisdorf: Wehr und Wissen Verlagsgesselschaft gmbh, 1969—.

《国防技术》

[1578] "Wei shih-mo yao cheng-feng?" (Why do we want to rectify?). Editorial.
JMJP, 2 May 1957.

"为什么要整风?"

[1579] Wei T'ien-ts'ung, ed. *Hsiang-t'u wen-hsueh t'ao-lun chi* (Collected essays
on "native soil" literature). Taipei: Hsia-ch'ao tsa-chih she, 1978.

尉天聪编: 《乡土文学讨论集》

[1580] Weiss, Kenneth G. *Power grows out of the barrel of a gunboat: the U. S.
in Sino-Soviet crises*. Alexandria, Va. : Center for Naval Analyses, Decem-
ber 1982.

肯尼思·G. 韦斯: 《舰炮里产生的力量: 中苏危机中的美国》

[1581] Wen Chi-tse. "Mao Tse-tung t'ung-chih tsai Yenan shih-ch'i shih tsen-yang
chiao-tao wo-men hsueh che-hsueh ti?" (How did Comrade Mao Tse-tung
teach us to study philosophy during the Yenan period?), in *Ch'üan-kuo
Mao Tse-tung che-hsueh ssu-hsiang t'ao-lun hui lun-wen hsuan*, 68—82.

温济泽: "毛泽东同志在延安时期是怎样教导我们学哲学的?"

[1582] *Wen-hsien ho yen-chiu* (Documents and research). Peking: Chung-yang
wen-hsien wen-chiu-shih, 1983—.

《文献和研究》

［1583］*Wen-hsueh-pao*(Literary gazette). Weekly. Shanghai：1981—.

《文学报》

［1584］*Wen-hsueh p'ing-lun*(Literary review). Bimonthly. Peking：1957—. Formerly *Wen-hsueh yen-chiu*.(Literary research).

《文学评论》

［1585］*Wen-hsueh p'ing-lun ts'ung-k'an*，10：*tang-k'ai tso-chia p'ting-lun chuan-hao*，10：(Literary review series，10：special issue，critiques of contemporary writers). Peking：Chung-kuo she-hui k'o-hsueh，1981 ．

《文学评论丛刊》第10期："当代作家评论专号"

［1586］*Wen-hui pao*(Wenhui daily). Shanghai：1938—.

《文汇报》

［1587］*Wen-i hsueh-hsi*(Literary studies). Monthly. Peking：1954—.

《文艺学习》

［1588］*Wen-i pao*(Literary gazette). Weekly. Peking：1949—.

《文艺报》

［1589］*Wen-i yen-chiu*(Research on literature and art). Monthly. Peking：1979—.

《文艺研究》

［1590］West，Philip. *Yenching University and Sino-Western relations*，1916—1952. Cambridge，Mass. ：Harvard University Press，1976.

菲力普·韦斯特：《燕京大学与中西关系(1916—1952)》

［1591］White，D. Gordon. "The politics of *Hsia-hsiang* youth."*CQ*，59(July—September 1974)，491—517.

D. 戈登·怀特："下乡青年的政治"

［1592］White，Gordon. *The politics of class and class origin：the case of the Cultural Revolution*. Canberra：The Australian National University，1976.

戈登·怀特：《阶级和阶级起源的政治："文化大革命"》

［1593］White，Gordon. *Party and professionals：the political role of teachers in contemporary China*. Armonk，N. Y. ：M. E. Sharpe，1981.

戈登·怀特：《党与专业人员：当代中国教师的政治作用》

［1594］White，Lyun T. ，Ⅲ. *Careers in Shanghai：the social guidance of personal energies in a developing Chinese city*，1949—1966. Berkeley：University of

California Press,1978.

林恩・T. 怀特第三:《在上海的经历:在一个发展中的中国城市里涉及个人能力的社交指南(1949－1966)》

[1595] Whiting, Allen S. *The Chinese calculus of deterrence: India and Indochina*. Ann Arbor: University of Michigan Press,1975.

艾伦・S. 惠廷:《中国的威慑微积分学:印度和印度支那》

[1596] Whiting, Allen S. *Chinese domestic politics and foreign policy in the 1970s*. Ann Arbor: University of Michigan Press,1979.

艾伦・S. 惠廷:《70 年代中国的国内政治和外交政策》

[1597] Whiting, Allen S. *Siberian development and East Asia: threat or promise?* Stanford,Calif. : Stanford University Press,1981.

艾伦・S. 惠廷:《西伯利亚的发展与东亚:威胁还是承诺?》

[1598] Whiting, Allen S. *China eyes Japan*. Berkeley: University of California Press,1989.

艾伦・S. 惠廷:《中国看日本》

[1599] Whiting, Allen S. "How we almost went to war with China."*Look*,33（29 April 1969）,76.

艾伦・S. 惠廷:"我们是怎样几乎与中国开战的"

[1600] Whiting, Allen S. "The use of force in foreign policy by the People's Republic of China." *The Annals of the American Academy of Political and Social Science*,402(July 1972),55—66.

艾伦・S. 惠廷:"中华人民共和国外交政策中的武力使用"

[1601] Whiting, Allen S. "Sino-American detente."*CQ*,82(June 1980),334—341.

艾伦・S. 惠廷:"中美缓和"

[1602] Whitson,William W. , with Huang Chen-hsia, *The Chinese high command: a history of communist military politics*,1927－1971. New York: Praeger,1973.

威廉・W. 惠策恩和黄震遐:《中国的高层指挥:共产党军队政治史(1927—1971)》

[1603] Whyte,Martin King. *Small groups and political rituals in China*. Berkeley: University of California Press,1974.

马丁・金・怀特:《中国的小团体与政治仪式》

[1604] Whyte, Martin King. "Town and country in contemporary China." *Comparative Urban Research* 10. 1(1983),9—20.

马丁·金·怀特:"当代中国的城乡"

[1605] Whyte, Martin King, and Parish, William L. *Urban life in contemporary China*. Chicago:University of Chicago Press,1984.

马丁·金·怀特、威廉·L. 帕里什:《当代中国的城市生活》

[1606] Wich, Richard. *Sino-Soviet crisis politics:a study of political change and communication*. Cambridge, Mass. ;Council on East Asian Studies, Harvard University,1980.

理查德·威奇:《中苏危机的政治》

[1607] Willmott, W. E. , ed. *Economic organization in Chinese society*. Stanford, Calif. ;Stanford University Press,1972.

W. E. 威尔莫特编:《中国社会中的经济组织》

[1608] Wills, Morris. *Turncoat:an American's 12 years in Communist China*. Englewood Cliffs, N. J:Prentice-Hall,1968. [The story of Morris R. wills as told to J. Robert Moskin.]

莫里斯·威尔斯:《叛徒:一个美国人在共产党中国的 12 年》

[1609] Wilson, Amy Auerbacher;Greenblatt, Sidney Leonard;and Wilson, Richard Whittingham, eds. *Deviance and social control in Chinese society*. New York:Praeger,1977.

艾米·奥尔巴彻·威尔逊、西德尼·伦纳德·格林布兰特、理查德·惠廷厄姆·威尔逊编:《中国社会的不正常现象和社会控制》

[1610] Wilson, Dick, ed. *Mao Tse-tung in the scales of history:a preliminary assessment*. New York:Cambridge Universty Press,1977.

迪克·威尔逊编:《在历史天平上的毛泽东:一个初步评价》

[1611] *Wilson Quarterly*,5/yr. Washington, D. C. ;Woodrow Wilson International Center for Scholars,1976—.

《威尔逊季刊》

[1612] Wilson, Richard W. *Learning to be Chinese:the political socialization of children in Taiwan*. Cambridge, Mass. ;MIT Press,1970.

理查德·W. 威尔逊:《学做中国人:台湾儿童的政治社会化》

[1613] Wilson, Richard W. ;Wilson, Amy A. ;and Greenblatt, Sidney L. ,eds. *Val-

ue change in Chinese society. New York：Praeger，1979.

理查德·W. 威尔逊、艾米·A. 威尔逊、西德尼. L. 格林布兰特编：《中国社会价值的变化》

［1614］ Winckler，Edwin A. ，and Cady，Janet A. ，eds. *Urban planning in China：report of the U. S. urban planners delegation to the People's Republic of China*. New York：National Committee on U. S. -China Relations，1980.

埃德温·A. 温克勒、珍妮特·A. 卡迪编：《中国的城市规划》

［1615］ Witke，Roxane. *Comrade Chiang Ch'ing*. Boston：Little，Brown，1977.

罗克珊·威特克：《江青同志》

［1616］ Wolf，Arthur P. ，ed. *Religion and ritual in Chinese society*. Stanford，Calif. ：Stanford University Press，1974.

阿瑟·P. 沃尔夫编：《中国社会的宗教和仪式》

［1617］ Wolf，Arthur P. "Gods，ghosts，and ancestors"，in Arthur P. Wolf，ed. ，*Religion and ritual in Chinese society*，131—182.

阿瑟·P. 沃尔夫："神、鬼和祖先"

［1618］ Wolf，Margery. *The house of Lim：a study of a Chinese farm family*. New York：Appleton-Century-Crofts，1968.

玛杰里·沃尔夫：《林家：一个中国农民家庭的研究》

［1619］ Wolf，Margery，*Revolution postponed：women in contemporary China*. Stanford，Calif. ：Stanford University Press，1985.

玛杰里·沃尔夫：《把革命放在次要地位：当代中国妇女》

［1620］ Wolff，Lester L. ，and Simon，David L. ，eds. *Legislative history of the Taiwan Relations Act：an anlytic compilation with documents on subsequent developments*. Jamaica，N. Y. ：American Association for Chinese Studies，United States，1982.

莱斯特·L. 沃尔夫、戴维·L. 西蒙编：《〈与台湾关系法〉的立法过程》

［1621］ Wong，Christine Pui Wah. "Rural industralization in the People's Republic of China：lessons from the Cultural Revolution decade"，in United States Congress，Joint Economic Committee，*China under the four modernizations*，1. 394—418.

克里斯廷·汪培华(音)："中华人民共和国的农业机械化：'文革'十年得出的教训"

[1622] Wood, Shirley, *A street in China*. London: Michael Joseph, 1959.

雪莉·伍德:《中国的一条街道》

[1623] Woodside, Alexander. "Peking and Hanoi: anatomy of a revolutionary partnership." *International Journal*, 24. 1(Winter 1968—1969), 65—85.

亚历山大·伍德赛德:《北京和河内》

[1624] World Bank. *See* Chenery, Hollis.

[1625] World Bank. Papers prepared for the Chinese Academy of Social Sciences—World Bank Conference on Township Village and Private Enterprise, Peking, November 1987.

世界银行:为中国社会科学院——世界银行乡镇和私人企业讨论会准备的论文

[1626] World Bank. *China: socialist economic development*. Annex G: *Education Sector*. World Bank Document(1 June 1981). Washington, D. C.: World Bank, 1981.

世界银行:《中国:社会主义经济的发展》

[1627] World Bank. *China: socialist economic development*. vol. 1: *The economy, statistical system, and basic data*. vol. 2: *The economic sectors: agriculture, industry, energy and transport and external trade and finance*. vol. 3: *The social sectors: population, health, nutrition and education*. Washington, D. C.: World Bank, 1983.

世界银行:《中国:社会主义经济的发展》第 1 卷:《经济部门:农业、工业、能源和运输、对外贸易和财政》第 3 卷:《社会部门:人口、卫生、营养、教育》

[1628] *World Economic Herald*. See *Shih-chieh ching-chi tao-pao*.

《世界经济导报》

[1629] *World Policy Journal*. Quarterly. New York: World Policy Institute, 1983—.

《世界政策杂志》

[1630] *World Politics: a quarterly journal of international relations*. Quarterly. Princeton, N. J.: Center of International Studies, Princeton University Press, 1948—.

《世界政治:国际关系季刊》

[1631] *World Press Review. Monthly.* New York：Stanley Foundation，1961－. Formerly *Atlas*(1961－1972)；*Atlas World Press Review*(1972－1980).

《世界报刊评论》

[1632] Wu Chiang. "*Pu-tuan ko-ming lun-che pi-hsu shin ch'e-ti ti plen- chang wei-wu lun-che*" (A partisan of the theory of the permanent revolution must be a thoroughgoing dialectical materialist). *che-hsueh yen chiu*, 8 (1958),25－28.

吴江："不断革命论者必须是彻底的辩证唯物论者"

[1633] Wu,Eugene. *See* MacFarquhar,Roderick.

Wu Han. *Hai Jui pa kuan* (Hai Jui dismissed from office). Peking：Ch'u-pan-she,1961.

吴晗：《海瑞罢官》

[1634] Wu Han. "Shen-hua-chü shih pu-shih hsüan-ch'uan mi-hsin?"(Do plays of fairy tales spread superstition?). *Chung-kuo ch'ing-nien*, 15 (1961), 9 －11.

吴晗："神话剧是不是宣传迷信?"

[1635] Wu-han shih ch'eng-shih kuei-hua she-chi yuan(Wuhan City Urban Planning and Design Academy). *Ch'eng-shih kuei-hua ts'an-k'ao t'u- li* (Reference key to urban planning). Wu-han：China Construction Industry Press,1977.

武汉市城市规划设计院："城市规划参考图例"

[1636] Wylie,Raymond F. *The emergence of Maoism：Mao Tse-tung,Ch'en Po-ta and the search for Chinese theory*, 1935－1945. Stanford,Calif. ：Stanford University Press,1980.

雷蒙德·F. 怀利：《毛主义的出现：毛泽东、陈伯达和对中国理论的探索 (1935－1945)》

[1637] Xiao Lan [Hsiao Lan],ed. *The Tiananmen poems.* Peking：FLP,1979.

萧兰编：《天安门诗抄》

[1638] Xu Liangying and Fan Dainian. *Science and socialist construction in China.* Armonk,N. Y. ：M. E. Sharpe,1982.

许良英、范岱年：《中国的科学和社会主义建设》

[1639] *Ya-lu chiang* (Yulu River). Monthly. Shenyang：1950－. Formerly *Tung-*

pei wen-i (Northeast literature and art).

《鸭绿江》(以前为《东北文艺》)

[1640] Yager, Joseph A. *Transforming agriculture in Taiwan: the experience of the Joint Commission on Rural Reconstruction*. Ithaca, N. Y. : Cornell University Press, 1988.

约瑟夫·A.亚格尔:《台湾农业的改革:农村重建联合委员会的经验》

[1641] Yahuda, Michael B. *China's role in world affairs*. New York: St. Martin's Press, 1978.

迈克尔·B.亚胡达:《中国在世界事务中的作用》

[1642] Yahuda, Michael. *Towards the end of isolationism: China's foreign policy after Mao*. New York: St. Martin's Press, 1983.

迈克尔·B.亚胡达:《孤立主义走向尽头:毛以后的中国外交政策》

[1643] Yahuda, Michael. "Kremlinology and the Chinese strategic debate, 1965—1966." *CQ*, 49(January-March 1972), 32—75.

迈克尔·B.亚胡达:"苏联政策研究和中国的战略争论(1965— 1966)"

[1644] Yalem, R[onald] J. "Tripolarity and world politics." *Yearbook of world affairs*, 1974, 28. 23—42.

罗(纳德)·J.耶勒姆:"三极与世界政治"

[1645] Yang, C. K. [Ch'ing-k'un] *The Chinese family in the communist revolution*. Cambridge, Mass. : MIT Press, 1959.

杨庆堃:《共产主义革命中的中国家庭》

[1646] Yang, C. K. *A Chinese village in early communist transition*. Cambridge, Mass. : MIT Press, 1959.

杨庆堃:《一个共产主义过渡初期的中国农村》

[1647] Yang, C. K. *Religion in Chinese society*. Berkeley: University of California Press, 1961.

杨庆堃:《中国社会的宗教》

[1648] Yang Ch'ao. *Lun Mao Chu-hsi che-hsueh t'i-hsi* (On Chairman Mao's philosophical system). 2 vols. Hsi-yang tivch'ü yin-shua-so, 1978.

杨超:《论毛主席哲学体系》

[1649] Yang Ch'ao. *Wei-wu pien-cheng-fa ti jo-kan li-lun wen-t'i* (Some theoretical problems of materialist dialectics). Chengtu: Szechwan jen-min, 1980.

[Rev. ed. *of Lun Mao Chu-hsi che-hsueh t'i-hsi.*]

杨超:《唯物辩证法的若干理论问题》

[1650] *Yang-ch'eng wan pao*(Yang-ch'eng evening news). Daily. Canton: 1957—1966,1980—.

《羊城晚报》

[1651] Yang Kuo-yü et al., eds., *Liu Teng ta-chün cheng-chan chi*(A record of the great military campaigns of Liu[Po-ch'eng]and Teng[Hsiao-p'ing]). 3 vols,Kunming:Yun-nan jen-min,1984.

杨国宇等编:《刘邓大军征战记》

[1652] Yang, Martin M. C. *Socio-economic results of land reform in Taiwan.* Honolulu:East-West Center Press,1970.

杨懋春:《台湾土地改革的社会经济效益》

[1653] Yang Tung-liang. "A brief analysis of the debate on coastal defense versus land border defense." *KMJP*, 10 February 1981 in FBIS *Daily Report: China*,5 March 1981,L$_3$—L$_7$.

杨东梁:"'海防与塞防之争'简析"

[1654] Yao Hsueh-yin. "Ta-k'ai ch'ung-hu shuo liang-hua"(Open the window to have a direct talk). *Wen-i pao*,7(1957),10—11.

姚雪垠:"打开窗户说亮话"

[1655] Yao Meng-hsien. "Chinese communists and the Vietnam War." *Issuess & Studies*,1. 9(June 1965),1—13.

姚孟贤(音):"中国共产党人与越南战争"

[1656] Yao Ming-le. *The conspiracy and death of Lin Biao.* Trans. with introduction by Stanley Karnow. New York:knopf,1983. Published in Britain as *The conspiracy and murder* of *Mao's heir.* London:Collins,1983.

姚明乐:《林彪的密谋与死亡》

[1657] Yao Wen-yuan. *On the social basis of the Lin Piao anti-Party clique.* Peking:FLP, 1975 Also in Raymond Lotta, ed., *And Mao makes 5,* 196—208.

姚文元:《关于林彪反党集团的社会基础》

[1658] Yao Wen-yuan. "She-hui-chu-i hsien-shih-chu-i wen-hsueh shih Wu-ch'an chieh-chi ko-ming shih-tai ti hsin wen-hsueh"(Socialist realist literature is the new literature of the age of proletarian revolution). *Jen-min wen-hsueh*,9(1957),99—112.

姚文元:"社会主义现实主义文学是无产阶级革命时代的新文学"

[1659] Yao Wen-yuan. "On the new historical play *Hai Jui dismissed from office.*" *Wen—hui,pao*,Shanghai,10 November 1965. Reprinted in *CFJP*, 10 November 1965;*CB*,783(21 March 1966),1—18.

姚文元:"评新编历史剧《海瑞罢官》"

[1660] *Yearbook of world affairs.* Annual. London Institute of World Affairs. London:Stevens & Sons,1947—1984.

《世界事务年鉴》

[1661] Yeh Chien-ying. *See* "Ying-ssu lu" pien-chi hsiao-tsu.

[1662] Yeh Chien-ying Biographical Writing Group of the Military Science Academy. *Yeh Chien-ying chuan-lueh* (A brief biography of Yeh Chien-ying). Peking:Chün—shih k'o-hsueh yuan,1987. *See also* Hsueh Yeh-sheng.

军事科学院叶剑英传记写作组:《叶剑英传略》

[1663] Yeh Wei-lien, ed. *Chung-kuo hsien-tai tso-chia lun* (Contemporary Chinese writers). Taipei:Lien-ching,1976.

叶维廉编:《中国现代作家论》

[1664] Yeh Yung-lieh. *Chang Ch'un-ch'iao fu-ch'en shih* (The history of Chang Ch'un-ch'iao's rise and fall). Chang chun:shih-tai wen-i,1988.

叶永烈:《张春桥浮沉史》

[1665] Yen Ching-t'ang. "Chung-yang chün-wei yen-ko kai-k'uang" (Survey of the evolution of the Central Military Commission). in Chu Ch'engchia, ed. , *Chung-kung tang-shih yen-chiu lun-wen hsuan*,*hsia*, 567—587.

阎景堂:"中央军委沿革概况"

[1666] Yen Fang-ming and Wang Ya-p'ing. "Ch'i-shih nien-tai ch'u-ch'i wo-kuo ching-chi chien-she ti mao-chin chi ch'i t'iao-cheng" (The blind advance in our national economic construction in the early 1970s and its correction). *Tang-shih yen-chiu*,5(1985),55—60.

阎放鸣、王亚平:"七十年代初期我国经济建设的冒进及其调整"

[1667] Yen,Maria. *The umbrella garden:a picture of student life in red China.* New York:Macmillan,1954.

玛丽亚·严(音):《宏大的园地:红色中国学生生活写照》

[1668] Yen Yuan-shu. *T'an min-tsu wen-hsueh* (On national literature). Taipei: Hsueh-sheng, 1973.

颜元叔:《谈民族文学》

[1669] Ying, Esther Cheo. *See* Cheo Ying, Esther. "Ying-ssu lu"pien-chi hsiao-tsu. *Ying-ssu lu: huai-nien Yeh Chien-ying* (A record of contemplation: remembering Yeh Chien-ying). Peking: Jen-min, 1987. Cited as *Ying-ssu lu*.

《萦思录》编辑小组:《萦思录:怀念叶剑英》

[1670] Yu, George T. "Sino-African relations: a survey." *Asian Survey*, 5. 7 (July 1965), 321—332.

乔治·T. 于(音):"中国同非洲的关系概览"

[1671] Yu Shiao-ling. "Voice of protest: political poetry in the post-Mao era." *CQ*, 96 (December 1983), 703—720.

余晓玲(音):"抗议之声:毛时代以后的政治诗"

[1672] *Yu-Shih wen-i* (Young lion literature and art). Monthly. Taipei.

《幼狮文艺》

[1673] Yü Ch'iu-li. "Report on the 1979 draft national economic plan." *JMJP*, 29 June 1979, 1, 3.

余秋里:"关于 1979 年国民经济计划草案的报告"

[1674] *Yü Kuang-chung. Lien ti lien-hsiang* (Associations of the lotus). Taipei: Wen-hsiang shu-tien, 1964.

余光中:《莲的联想》

[1675] Yü Nan. "Chou tsung-li ch'u-chih '9. 13' Lin Piao p'an-t'ao shih-chien ti i-hsieh ch'ing-k'uang" (Some of the circumstances regarding Premier Chou's mangement of the 13 September incident when Lin Piao committed teachery and fled). *Tang-shih yen-chiu*, 3(1981), 59.

于南:"周总理处置'九·一三'林彪叛逃事件的一些情况"

[1676] Yuan Ssu. "Bankruptcy of Empress Lü's dream." *Chinese Studies in History*, 12. 2 (Winter 1978—1979), 66—73.

袁思(音):"吕后梦的破灭"

[1677] Yue Daiyun, and Wakeman, Carolyn. *To the storm: the odyssey of a revolutionary Chinese woman*. Berkeley: University of California Press, 1985.

乐黛云、卡罗林·韦克曼:《走进暴风雨:奥德赛——一位中国革命妇女》

[1678] *Yun-nan she-hui k'o-hsueh* (Yunnan social sciences). Bimonthly. Kun-ming: 1981—.

《云南社会科学》

[1679] Zagoria, Donald S. *The Sino-Soviet conflict* 1956—1961. New York: Atheneum, 1964; Princeton, N. J.: Princeton University Press, 1962; London: Oxford University Press, 1962.

唐纳德·S. 扎戈里亚:《中苏冲突(1956—1961)》

[1680] Zagoria, Donald S. *Vietnam triangle: Moscow/Peking/Hanoi*. New York: Western Publishing, Pegasus, 1967.

唐纳德·S. 扎戈里亚:《越南的三角关系:莫斯科、北京和河内》

[1681] Zagoria, Donald S., ed. *Soviet policy in East Asia*. New Haven, Conn.: Yale University Press, 1982.

唐纳德·S. 扎戈里亚编:《苏联在东亚的政策》

[1682] Zagoria, Donald S. "Moscow, Peking, Washington, and the War in Vietnam", in Allan A. Spitz, ed., *Contemporary China*, 14—20.

唐纳德·S. 扎戈里亚:"莫斯科、北京、华盛顿与越南的战争"

[1683] Zagoria, Donald S., and Kim, Young Kun. "North Korea and the major powers", in William J. Barnds, ed., *The two Koreas in East Asian affairs*, 19—59.

唐纳德·S. 扎戈里亚、金永昆(音):"北朝鲜与大国"

[1684] Zagoria, Donald. "The strategic debate in Peking", in Tang Tsou, ed., *China in crisis*, 2. 237—268.

唐纳德·S. 扎戈里亚:"北京的战略争论"

[1685] Zagoria, Donald S., and Ra'anan, Uri. "On Kremlinology; a reply to Michael Yahuda. "*CQ*, 50(April-June 1972), 343—350.

唐纳德·S. 扎戈里亚、尤里·拉阿南:"论苏联政策研究——答迈克尔·亚胡达"

[1686] Zanegin, B.; Mironov, A.; and Mikhailov, Ia. *K sobitiiam v Kitae* (On developments in China). Moscow: Politizdat, 1967.

B. 扎尼津、A.·米洛诺夫、伊亚·米哈伊洛夫:《论中国的发展》

［1687］ Zhelokhovtsev, Aleksei Nikolaevich. ［Schelochowzew, A. N.］*Chinesishe Kulturevolution aus der Nähe*. Stuttgart：Deutsche Verlags-Anstalt,1969.

阿列克谢·尼古拉耶维奇·泽罗克霍夫契夫:《中国"文化大革命"探微》

［1688］ Zhelokhovtsev, A. "*Kul'turnaya revolitusiya*" *s blizkogo rasstoyaniya* (*zapiski ochevidtsa*). Moscow：Politizdat, 1973. Originally published as a three-part article in *Novyi Mir*, 44. 1, 2, 3 (January, February, March 1968). Published in English as *The"Cultural Revolution"：a close-up* (*An eyewitness account*). Moscow：Progress,1975.

泽罗克霍夫契夫:"文化大革命"

［1689］ Zhou Enlai. *See* Chou En-lai.

［1690］ Zhou Jin. "Housing China's 900 million people. " *Beijing Review*, 48 (1979),17—27.

周金(音):"九亿人民的住房"

［1691］ Zinoviev, Alexander［Aleksandr］. *The radiant future. Trans*. Gordon Clough. London：Bodley Head,1981；New York：Random House,1980.

亚历山大·季诺维也夫:《光辉前程》

［1692］ Zweig, David. *Agrarian radicalism in China*, 1968 — 1981. Cambridge, Mass. ；Harvard University Press,1989.

戴维·兹威格:《中国农村的激进主义(1968—1981)》

［1693］ Zweig,David. "Opposition to change in rural China：the system of responsibility and people's communes. "*Asian Survey*,23. 7(July 1983),879—900.

戴维·兹威格:"中国农村改革的阻力:责任制与人民公社"

［1694］ Zweig,David. "Strategies of policy implementation：policy'winds'and brigade accounting in rural China,1966—1978. "*World Politics*,37. 2(January 1985),267—293.

戴维·兹威格:"政策执行策略:中国农村政策'风'和大队核算(1966—1978)"

重 印 后 记

    1992 年我们出版了《剑桥中华人民共和国史：中国革命内部的革命（1966—1982 年）》一书的中译本，当时由于时间仓促，共有五十余人参加了该书的翻译、校对、引文核查及统稿工作。虽然做了很大努力，但事后发现译稿中还是存在一些错译、漏译或译文不恰当等不尽人意之处。此次重印，我们特请李殿昌先生对全书重新进行了校订。对于李先生认真、细致的工作我们表示忠心的感谢；也要感谢李先生的妻子张晓华女士，她协助李先生做了大量工作；还要感谢孟庆龙和俞金尧先生，他们不仅参加翻译，而且做了大量组织和统稿工作；最后还要感谢所有译者及相关人士，他们的辛勤劳动和大力支持使该书得以顺利出版和重印。

编　者

2006 年 10 月